インデックス Index

Section 1
建築の表現

Section 2
環境

Section 3
室と場面

Section 4
居住

Section 5
福祉

Section 6
医療

Section 7
交流

Section 8
公共サービス

Section 9
教育

Section 10
図書

Section 11
展示

Section 12
芸能

Section 13
宿泊

Section 14
業務

Section 15
都市のオープンスペース

JN236604

第3版
コンパクト建築設計資料集成

日本建築学会＝編

丸善出版

装釘　桂川　潤

序

　建築設計資料集成のコンパクト版は，親版と通称されている大部な本体の簡略・小型化に止まるものではなく，重層的な性格を持っている．これまでに刊行された3巻が示すとおり，建築計画・設計の概説的・基礎的な教科書・教材として，実際の設計過程で紐解く事典・ハンドブックとしての役割を担ってきた第1版・第2版コンパクト版，さらには特定の建築型について親版で記述・掲載し切れなかった通時的・通文化的な事例を拡充した住居版，設計の重点的課題に関して親版では分散的に記述されている事項を集約したバリアフリー版などそれぞれ明確な目的をもって編纂されてきた．これらの特性は，利用者層を建築の枠外(非専門家を含めて)へと広げることに繋がったと思われる．こうした編集方針は建築設計資料集成委員会の前委員長内田祥哉先生をはじめ拡大幹事会の方々の発案によるものであり，その慧眼と努力を称えたい．

　その後，親版の大改訂が始まり，総合編(全1巻)の刊行(平成13年)に引き続き拡張編(全13巻)がまとめられ，現在「環境」を残すのみとなっている．こうした親版，特に総合編の改訂編集方針を踏まえた上で，この第3版コンパクト版の改訂作業が進められた．建築・都市を取り巻く社会状況の変化が本改訂を加速させたものと思われる．

　人類が直面している地球環境問題は建築・都市の計画・設計・維持の全過程の見直しを迫っていることを背景に，建築環境・設備の見直し，建築の再生・転用，歴史的構築物の継承など持続可能な建築・都市実現の手掛かりとなる資料の拡充を図ったのである．

　本書は長澤悟委員長のもと若手研究者の手によってまとめられた．同氏をはじめ編集・執筆・制作に携われた方々の多くの努力に対して敬意を表する次第である．本書が明日の建築・都市の羅針盤としての役割を果たすことを期待している．

2005年2月

日本建築学会建築設計資料集成委員会
委員長　高橋鷹志

　「コンパクト設計資料集成」の初版は，昭和58年9月に完結した建築設計資料集成全11巻を母体として昭和61年9月に誕生した．その狙いは膨大かつ有益な情報を別の形でより活用しやすくすることであり，その生かし方として学生を主たる対象に設計課題の補助資料，建築計画講義等の教材としての利用が想定された．そのためにハンディなスタイルと手ごろな価格設定とし，さらに内容的にも製図方法等を新たに加えて編集された．

　幸い多くの学校で教科書や副教材等として採用され，学生が社会に出た後も座右の地位を占める栄誉を得ている様子も聞こえる．それを大きな喜びとするとともに，期待される役割を考える時，世の中の大きな変化とそれに応じて建築の計画・設計上の課題も多様化している状況に対応して，伝えるべき内容やデータの更新を行うことは編集者の責務と考えられる．そのような考えから平成6年に第1回目の改訂が行われた．

　それからすでに10年以上が経過した．平成13年に上梓された「総合編」を皮切りに建築設計資料集成の大改訂が行われたのを機に，上に述べた当初の趣旨を踏まえながら，今回，全面的な改訂を行うものである．親版をもとにしながらもオリジナリティのある有用性の高いものとするため，若手研究者による編集体制を整え，構成，事例選定等について検討作業を進めた．その意味では親版の執筆者との合作といえる．

　今回の改訂においては，「建築の表現」として，その多様性と可能性を伝えること，「環境」はストーリー性を持たせ，地球環境問題から建築のレベルまでの関わりがわかるようにすること，「都市のオープンスペース」は都市スケールとの関わりの中で建築をとらえる視点を伝えることを大切にしたいとの考えから，新たに書き下ろされた．さらに「室と場面」により行為や心理や場や寸法の基本を伝え，建物種別については講義や設計課題で取り上げられる可能性が高いものを努めて扱うようにするとともに，各建物種別の計画史や今日的課題を示すようにした．なお，「総合編」はじめそれに続く各編が，本書と併せて活用されることを期待している．

　最後に本書が旧版の果たしてきた役割を継承し，時代に応えて活用されることを関係者一同願うものである．

2005年2月

第3版　コンパクト建築設計資料集成委員会
委員長　長澤　悟

「第3版　コンパクト建築設計資料集成」担当委員一覧

委員長　長澤　悟　　　幹事　木野修造，初見　学，太田浩史

区分	担当者	頁		区分	担当者	頁		区分	担当者	頁
[建築の表現]	岩岡竜夫	002～027			日色真帆	042～113			(協力)木野修造	
	岩下泰三	002～027		[居住]	槻橋　修	114～167		[展示]	小川次郎	254～265
	(協力)小川次郎			[福祉]	長澤　悟	168～181		[芸能]	小川次郎	266～277
[環境]	浅野耕一	028～031,033,034,035			菅野　龍	168～181		[宿泊]	篠崎正彦	278～287
	山村真司	032,036,037		[医療]	須田眞史	182～193		[業務]	長澤　悟	288～299
	渡邊　薫	032,036,037		[交流]	篠崎正彦	194～205			菅野　龍	288～299
	辻原万規彦	033,039		[公共サービス]	篠崎正彦	206～215		[都市のオープンスペース]	鍛佳代子	300～307
	長谷川兼一	038,040		[教育]	長澤　悟	216～241			太田浩史	308～313,317
	須永修通	040			廣瀬和徳	216～241				
	尹　聖皓	041		[図書]	長澤　悟	242～253			伊藤香織	314～316
[室と場面]	岩佐明彦	042～113			廣瀬和徳	242～253				

目次 Contents

建築の表現

- 002 製図用具，用紙の規格・種類
- 003 図面の種類
- 004 平面図の描き方
- 005 断面図の描き方
- 006 投象
- 007 かたちの種類
- 008 設計のプロセス
- 010 エスキス図面，エスキス模型
- 012 配置図
- 014 平面図
- 016 断面図
- 018 立面図
- 020 アクソメ・アイソメ
- 022 透視図
- 024 矩計図・展開図・詳細図等
- 026 模型

[コラム]
- 010 図面と模型によるエスキス
- 024 その他の図
- 025 アルミサッシ・一般引き違い窓上部の納まり

環境

- 028 建築環境システム
- 030 環境への開放と閉鎖
- 031 色彩と視覚
- 032 昼光利用
- 033 日射遮蔽
- 034 換気
- 035 通風
- 036 空調・照明設備（大空間）
- 037 空調・照明設備（アトリウム・アンビエント域・タスク域）
- 038 断熱・気密・防湿
- 039 半屋外による気候緩和
- 040 パッシブデザイン
- 041 緑化

[コラム]
- 028 水素経済社会と建築
- 029 ライフサイクルアセスメント
- 030 温熱環境要素
- 031 視覚の順応
- 032 昼光率の定義と基準
- 033 年間の太陽位置図
- 034 外部風/温度差による圧力
- 035 適風環境
- 036 空調の快適範囲
- 037 照明の快適範囲
- 038 住宅の省エネルギー基準
- 039 半屋外を対象とした気候緩和率
- 040 パッシブデザインの考え方と手順

室と場面

- 042 人体・場面・室
- 046 起居：行為と場面
- 048 起居：場面の採集
- 050 起居：個の場面
- 052 起居：住まいの中の場面
- 054 起居：複数の人がいる場面
- 056 起居：茶室・和室
- 058 着座：執務・会議・学習―個中心の場面
- 060 着座：執務・会議・学習―集団の場面
- 062 着座：執務・会議・学習―個中心の場面とその組合せ
- 064 着座：執務・会議・学習―緩やかに分節された学習場面
- 066 着座：鑑賞―コンサート・劇
- 068 着座：鑑賞―伝統芸能・映画・スポーツ
- 070 回遊：展示―平面・立体
- 072 回遊：観覧―生態・ストーリー
- 074 回遊：購買
- 078 運動：屋内競技・専用設備のいる競技
- 080 運動：屋外競技
- 082 水廻：調理
- 086 水廻：用便
- 090 水廻：入浴

[コラム]
- 042 各空間における一人当たり面積
- 043 人間の集合と座の配置
- 044 年齢と体形変化
- 045 座位寸法の国際比較
- 046 日本人の坐法
- 047 いす
- 048 座の配置
- 049 小学校・図書館での場面
- 050 密度と空間
- 051 臥位での空間知覚
- 052 「コレ・ソレ・アレ」領域
- 053 パーソナルスペースと起居様式
- 054 プライバシー
- 055 食事テーブルのセッテイング
- 056 茶室の平面構成
- 057 「茶事」の場面展開
- 058 上肢の動作寸法
- 059 机・テーブルの甲板寸法
- 060 座席配置と対人距離
- 061 対象の大きさと識別距離
- 062 作業と照度
- 063 フリーアドレスオフィス
- 064 学校の集団編成と場面
- 065 学校での行動場面
- 066 通路寸法といす
- 067 音と視覚
- 068 劇場の搬入口
- 069 劇場の備品と収納
- 070 見やすい展示の範囲
- 071 平面作品の寸法
- 072 雰囲気と光の工夫
- 073 シークエンシャルな展示のモデル
- 074 注視野・陳列棚の動作域
- 075 ディスプレイにおける垂直方向の区分
- 076 売場の天井高さ
- 077 大規模店舗の柱スパン
- 078 動作の基本動作1
- 079 動作の基本動作2
- 080 各競技のゴール，ネット
- 081 識別距離と競技場の大きさ
- 082 調理室の換気・排気
- 083 車いすと調理スペース
- 084 調理室の面積
- 085 調理室面積の算定
- 086 便所の換気・通風・除臭
- 087 便所の仕上げと保守点検
- 088 衛生器具の所要数算定（事務所）
- 089 便所設計の基本動作
- 090 入浴の分類および浴槽寸法と貯湯量
- 091 浴室の規模と使用人数

092	水廻：洗面	092	洗面・更衣室の採光・照明
093	水廻：更衣・洗濯	093	楽屋の配置と規模計画
094	補助：収納―収納棚	094	収納の動作空間
095	補助：収納―書架・書庫	095	書庫形状と収納効率
096	補助：駐車	096	回転軌跡の算出方法
		097	駐輪場の基本寸法
098	媒介：動線―通路・スロープ	098	移動・通路の寸法
		099	スロープ・階段の勾配
100	媒介：動線―階段	100	階段の種類・踊場の寸法
		101	階段の手すり
102	媒介：動線―エレベーター・エスレーター・吹抜け	102	高層ビルのエレベーター計画
		103	エレベーターの運行方式
104	媒介：境界―開口部・スクリーン・ルーバー	104	開口部の開閉方式
		105	日本の格子
106	媒介：境界―出入口・縁側・カウンター	106	カウンターの平面
		107	カウンターの断面
108	媒介：境界―玄関・エントランスホール	108	玄関まわりの動作寸法
		109	身体障害者配慮の出入口
110	外部：建築と一体化した外部空間	110	外部空間の物品（庭）
		111	外部空間の物品（公共空間）
112	外部：オープンスペース・街路	112	外部空間の物品（街路空間）
		113	D/Hと囲み感

居住

独立住宅　　　　　　　　　　　　　　　　　［コラム］
- 114 概要
- 116 伝統農家
- 117 町屋
- 118 都心居住
- 119 敷地への応答
- 120 ヴォイドのある住まい
- 124 空間を開く
- 128 多様化する住まい手
  - 129 バリアフリーの今後
- 130 流動的空間
  - 130 ロビー邸
- 132 構成形式の表現
  - 132 構成と形式
- 138 ランドスケープ
- 140 構造・構法
- 144 環境性能
  - 145 エコロジーと住宅設計
- 146 記憶・象徴としての住居
  - 146 民家再生

集合住宅
- 148 日本の集合住宅の変遷
- 149 住戸平面の変遷
- 150 密度と集合形式
- 151 アクセス方式
- 152 独立建，2戸建　　　152 ラドバーン方式
- 153 連続住宅
- 154 低層
- 156 傾斜地
- 157 コレクティブ，コーポラティブ
- 158 中層
  - 160 同潤会江戸川アパート
- 161 中層・SI住宅
- 162 複合
- 164 高層　　　　　　　164 中銀カプセルタワー
- 167 超高層

福祉

［コラム］
- 168 概要
- 170 概要―高齢者福祉
- 171 概要―施設基準
- 172 保育所　　　　　　172 保育所の1日
- 173 保育所・学童保育・児童館
- 174 高齢者福祉―居住系
  - 177 施設の小規模ユニット化
  - 177 個の空間づくり
- 179 高齢者福祉―グループ居住
  - 179 グループ居住
  - 179 高齢者施設の一日
- 180 高齢者福祉―通所系
  - 180 バリアフリーデザインとユニバーサルデザイン

医療

［コラム］
- 182 現況と変遷，部門構成
- 183 成長と変化，外来部門計画，診療部門計画
- 184 病棟部門計画　　　184 病棟タイプ
- 185 病室計画　　　　　185 病室ベッド配置の変遷
- 186 診療所・歯科医院
- 187 診療所・小規模病院
- 188 小規模病院
- 189 一般病院
  - 190 リハビリテーション部の計画
- 191 こども病院
- 192 精神病院・ホスピス・サナトリウム
- 193 診断・治療室，特殊病室

交流

- 194 概要
- 197 集会
- 201 文化
- 204 運動

目次 Contents

公共サービス

- 206 概要
- 208 庁舎
- 212 廃棄・リサイクル
- 214 防災・保安

[コラム]
- 213 リサイクル施設の計画

教育

- 216 学校建築の歴史と課題
- 218 制度と動向
- 219 教育課程と教育システム
- 220 計画の基準
- 221 幼稚園
- 222 オープンスペースの歴史
- 223 小学校
- 226 小学校―複合化
- 228 小学校―海外
- 229 中学校
- 232 高等学校
- 234 高等学校―海外
- 235 教室の計画
- 236 教室・教室ユニット―小学校
- 237 教室・教室ユニット―中学校
- 238 特別教室
- 240 図書室・メディアセンター
- 241 管理諸室・屋内運動場

[コラム]
- 216 戦後の学校建築の変遷
- 230 エコスクール, 学校ビオトープ
- 232 チャータースクール
- 234 PFI
- 237 ホームベース

図書

- 242 概要―現況と動向
- 243 概要―計画と設計
- 244 構成要素―閲覧机と書架
- 245 構成要素―カウンターと個人空間
- 246 戦後の公共図書館建築の系譜
- 247 海外の公共図書館建築
- 248 小規模公共図書館
- 249 中規模公共図書館
- 250 大規模公共図書館―センターコア形式の大規模閲覧室
- 251 大規模公共図書館―都心部における解法
- 252 大学図書館―文科系大学の巨大図書館
- 253 大学図書館―情報化への対応

[コラム]
- 244 無線LANシステム

展示

- 254 展示空間の変遷と動向
- 256 部門構成と所要室
- 257 展示方法と照明計画
- 258 光のコントロール
- 259 ホワイトキューブ
- 262 展示物のための固有な場
- 262 場所に根ざした展示空間
- 263 敷地環境との対話
- 264 都市財産の再生と拡張
- 265 巨大化―フレキシブルな容れ物

芸能

- 266 ホールの変遷と動向
- 268 概要
- 270 スタジオ劇場・ライブハウス
- 271 小規模ホール
- 272 ホール複合
- 273 コンサートホール
- 276 多目的ホール
- 277 シネマコンプレックス・伝統劇場

宿泊

- 278 概要
- 280 客室基準階平面
- 281 客室平面
- 282 シティホテル
- 283 小規模ホテル
- 284 リゾートホテル
- 286 旅館
- 287 体験

業務

- 288 概要―種類・コアタイプ
- 289 概要―計画上の留意点
- 290 概要―ペリメーターゾーン・防災計画
- 291 オフィスレイアウト
- 292 基準階計画
- 293 基準階平面図集
- 294 小規模
- 295 中規模
- 296 高層―中央コア

[コラム]
- 290 外壁まわりとペリメーターゾーンの断面計画
- 291 オフィス建築の変遷

- 297 高層—片寄コア
- 298 高層—外コア・分散コア
- 299 保存・再生

都市のオープンスペース

- 300 概要
- 302 移動とシークエンス
- 303 オープンスペースネットワーク
- 304 ペデストリアンと都市再生
- 305 街路の要素とスケール
- 306 街路の役割
- 307 歴史的な街路
- 308 都市のコンテクストと広場の類型
- 309 広場の空間構成
- 310 都市空間の再編と広場
- 311 歴史的な広場
- 312 植樹された広場
- 313 建築と広場
- 314 ウォーターフロント
- 316 ストリートファニチャー
- 317 パブリックアート

[コラム]
- 301 都市空間の解読
- 304 パーメアビリティ
- 306 ドライバーと歩行者の知覚の相違
- 308 広場と都市のアクティビティ
- 309 多様な立面による囲い込み
- 314 ウォーターフロントの要素

索引

- 318 事項索引
- 324 事例索引・文献リスト

凡例

1 建築および都市空間で取り上げた事例は,空間あるいは建物規模の比較を容易にするため図面の縮尺をページ内あるいは見開きページ内で統一することを原則とした.この場合,縮尺とスケールバーをページ上方隅に表示した.なお,図面の縮尺がページ内で異なる場合は,図面ごとに縮尺を示した.
2 単位はSI単位を用いることを原則とした.また,「室と場面」の寸法単位はcmを原則とし,異なる場合のみ近傍に単位を表記している.
3 事例の名称および諸元は以下の原則に基づき表記した.
　(1)施設名称・計画名称:施設名称は必ずしもその正式名称とは限らず,種別・設置主体などを示す語はできる限り省き,固有名を示した.なお,独立住宅はおおむね作品が発表された際の名称に従った.また,都市・地域計画の名称は,正式名称にこだわらず,簡素な表現に改めている.
　(2)所在地:所在地が市部の場合は市名まで,郡部の場合は町村名までを原則とした.ただし,東京都区部については区名まで示した.
　(3)建設年:竣工時を原則とした.
　(4)海外事例:原則として,現地語のカタカナ読みとし原綴りを併記した.
4 本書を作成するうえで引用または参考とした文献および「室と場面」の建物データは01, 02, …の記号を付し,各ページごと,もしくは見開きページごとに文章欄最下段に列記した.
5 同一事例あるいは関連する内容が他所で詳細もしくは異なる視点で解説されている場合は⇨**10**のように参照している.
6 用語は原則として1990年に改定された文部省制定「学術用語集　建築学編(増訂版)」および本会編「第2版建築学用語辞典」によった.また建築以外についても各分野の学術用語集によることを原則としたが,一部慣例に従ったものもある.

第3版
コンパクト建築設計資料集成

建築の表現：製図用具，用紙の規格・種類　Architectural Expression: Drawing Instrument/Paper

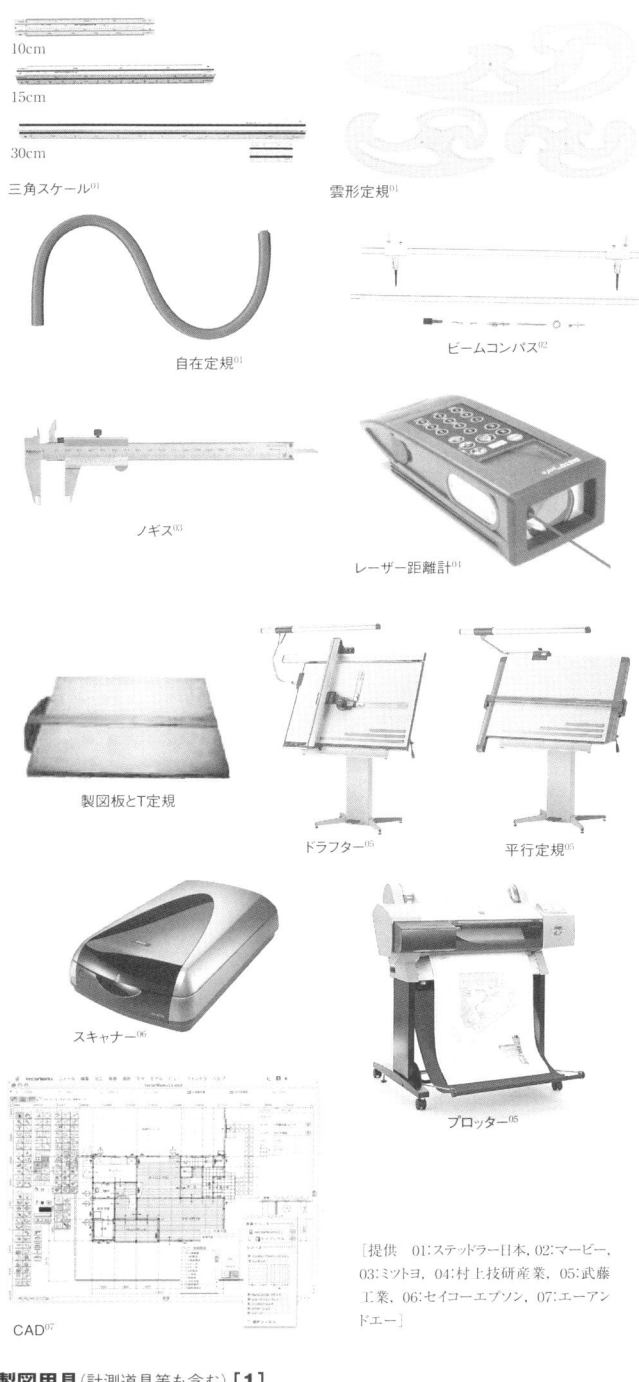

製図用具（計測道具等も含む）[1]

用紙の規格寸法[2]

用紙の種類[3]

[提供 01:ステッドラー日本，02:マービー，03:ミツトヨ，04:村上技研産業，05:武藤工業，06:セイコーエプソン，07:エーアンドエー]

建築製図

建築製図とは，図面・模型やそれに付随する文字・文章によって建築について表記する行為であり，おもに設計思考の定着と設計意図の伝達という二つの側面をもっている．表記にあたっては，
- 大きなものを小さく（＝縮尺）
- 複雑なものを単純に（＝記号・省略）
- 3次元のものを2次元に（＝投象）

などの変換を通して，図式化・抽象化がおこなわれる．設計思考の定着は，建築のもつ概念や構造を図式的に整理して，把握・認知を助けることであり，設計を練り上げていく過程や，設計チームの概念の共有化のためなどに作成される．また設計意図の伝達は，専らコミュニケーションのための表記であり，おもにJIS・ISOや慣習的なルールに則って作成される．JISでは，Z8319等に製図に関する規定があり，日本国内で行われるあらゆる製図の基本となっている．部門別では，A0150に建築製図通則があるが，ISOの翻訳を元にした規定は基礎的なものにとどまっており，実際の設計ではJISの規定を超えて慣習的なルールが使われている．

描くための道具[1]

製図には，描くための道具と，描かれるための道具（媒体）が必要となる．描く道具の基本は，鉛筆・ホルダー・シャープペン・烏口・ニードルペンなどの引線道具であるが，正確に描くために，三角スケールなどの測る道具や，T定規・平行定規・三角定規・勾配定規・コンパス・雲形定規・テンプレートなどの定形化の道具を合わせて使うことが多い．また引線道具の状態を良く保つためのカッター・鉛筆削り・芯研器，修正のための消しゴム・字消板，きれいな図面を作成するための製図用ブラシ・羽根箒など，さまざまな道具がある．描く道具のコンピューター化（CAD化）は，それらの道具の一体的な使用を可能にしている．

描かれる媒体[2][3]

描かれる媒体は，おもに紙やフィルムなど一様で平坦なものが用いられ，製図版＆製図台に固定して使用される．建築製図では，ISO（国際規格）によるA判系列の用紙が使われるが，ほかに新聞に用いられた菊判（636×939），4寸2分×6寸2分の製本を刷るための四六判（788×1092），A判の1.5倍の面積のB判（1030×1456），などもある．紙は製法や性質によって，上質紙，中質紙，塗工紙などに分類される．厚さの単位としてはμm，重さの単位としてg/m^{2}を用いることが92年の新計量法によって決められたが，同じ種類の紙の厚さは重さに比例するため重さを厚さの目安として使用されることも多い．A判の規格は，元の紙と半切の紙が相似形になるように，用紙の縦横比を$1:\sqrt{2}$とする．1m^{2}をこの比で割った841×1189を基準のA0として，半切ごとにA1・A2…となる．隣合うサイズで長さは$\sqrt{2}$倍となるが，複写機やニードルペンなどには，この比率に対応した機能や規格を持ったものがある．なお「判」とは用紙の規格を示し，「版」とは製本の規格を示す．

Architectural Expression: Kind of Drawings **建築の表現：図面の種類**　003

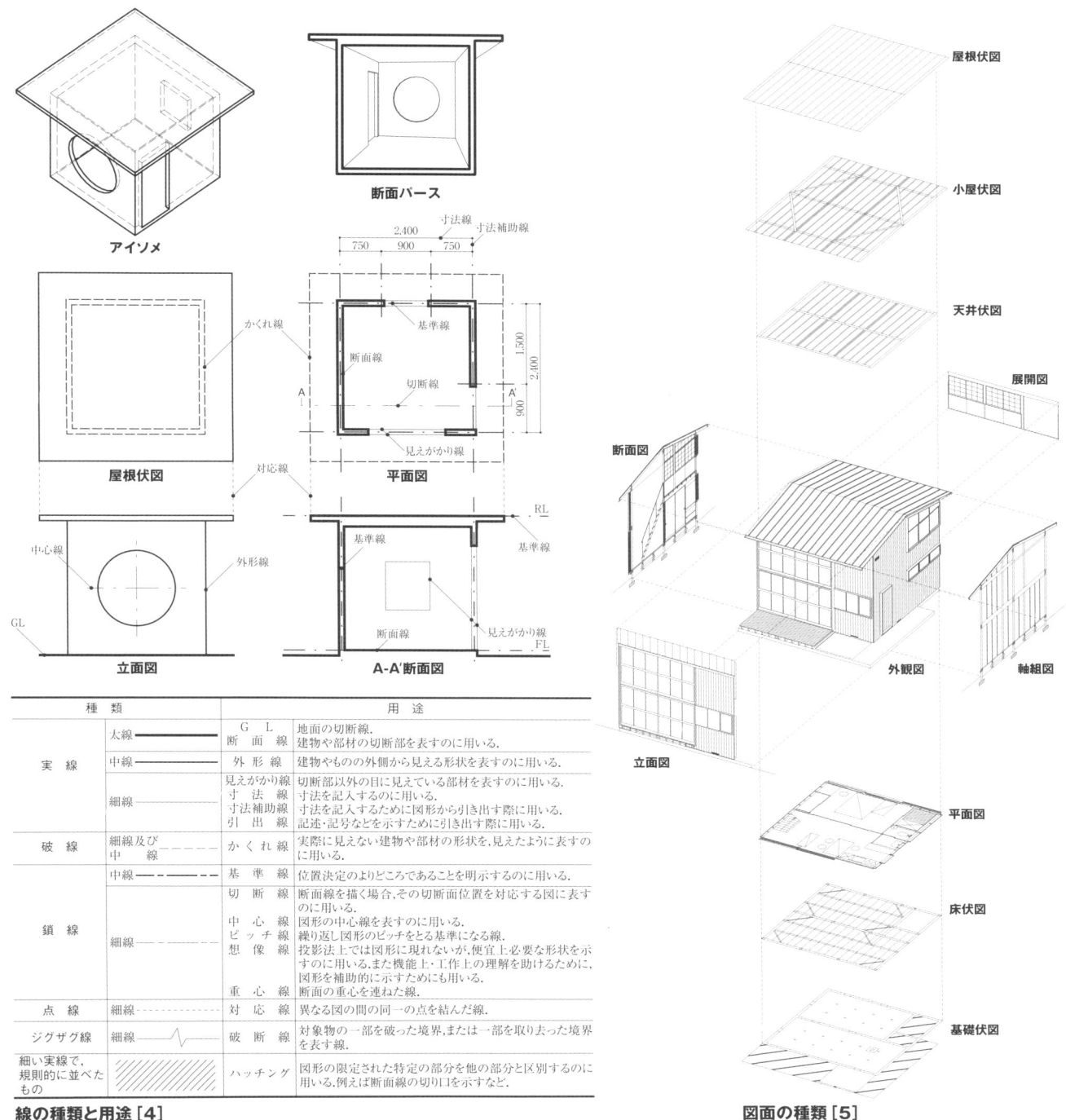

線の種類と用途[4]

図面の種類[5]

CAD製図

コンピューター化（CAD化）以前では、描くための道具と描かれる媒体の組合せが決められて作図されたが、コンピューター製図では、描かれる媒体の決定が最終段階まで留保される。またコンピューターで図面を描くことは、同時にデータを作成することでもあり、さまざまな人たち（設計者チームや施工者など）の間でデータを共有し、再利用することが可能となった．

図面の規則[4]

設計意図の伝達のためには、人々が図面から同じ意図を読み取る必要がある。そのために図面の名称や描き方にルールが決められている。図面は線・文字・記号等によって構成され、そのほとんどは線によって示される。線は、太さと種類で使い分ける。JIS A0150では、線の種類は実線・破線・点線・一点鎖線・二点鎖線の5種類、太さは太い線・細い線・その中間の線の3種類とされている。これらの線は、JIS Z8319と慣習的なルールによって使い分けられている。基本的には、実存する線を実線で、重要な線を太く描く。破線は存在するが見えない線、鎖線は想定・想像される線に使用する。点線は点が連続して線上に並んだもの、破線は短線が隙間を開けて並んだものと、それぞれ異なった線なので、明確に区別して描く必要がある。なお点線は対応線としてのみ使用される。

図面の種類[5]

建築では、外形と同時に（あるいはそれ以上に）内部が重要な意味を持っている。建築の内部は2つある。ひとつは、柱・梁・壁・スラブといったソリッドによって生み出されるヴォイド（内部空間）という内部であり、もう一つは、ソリッドの内部構造という内部である。それらを表現するために、建築製図ではさまざまな図面が描かれる。外形を表す図面としては、立面図、屋根伏図などがある。内部空間を表す図は、平面図、断面図、展開図、天井伏図など、多くの図面がある。また内部構造を表す図面には、基礎伏図、床伏図、小屋伏図、軸組図などがある。建築物は階層構造を持つものが多く、各層に応じて平面図や床伏図が描かれる。また、多数の部屋によって構成される場合には、各部屋に応じて展開図が描かれることになる。部材の構成や工法など、より細かなものの関係を表すものが詳細図である。基本的な納まりを網羅する平面詳細図や断面詳細図のほか、階段詳細図・水廻り詳細図・部分詳細などが描かれる。なお垂直方向の寸法と部材の標準的な納まりを示す断面詳細図を矩計（かなばかり）図という。これらの図は、立体を平面的に表す複面投象（⇒006）によって描かれるが、ほかに単面投象を用いて立体的に見えるような、アクソメ図や透視図（パース）が描かれる。アクソメ図はものや空間のかたちや立体的な構成、透視図は建築物によって生まれるビューを表すのに適している。

004 建築の表現：平面図の描き方 Architectural Expression: Drawing Method of Plan

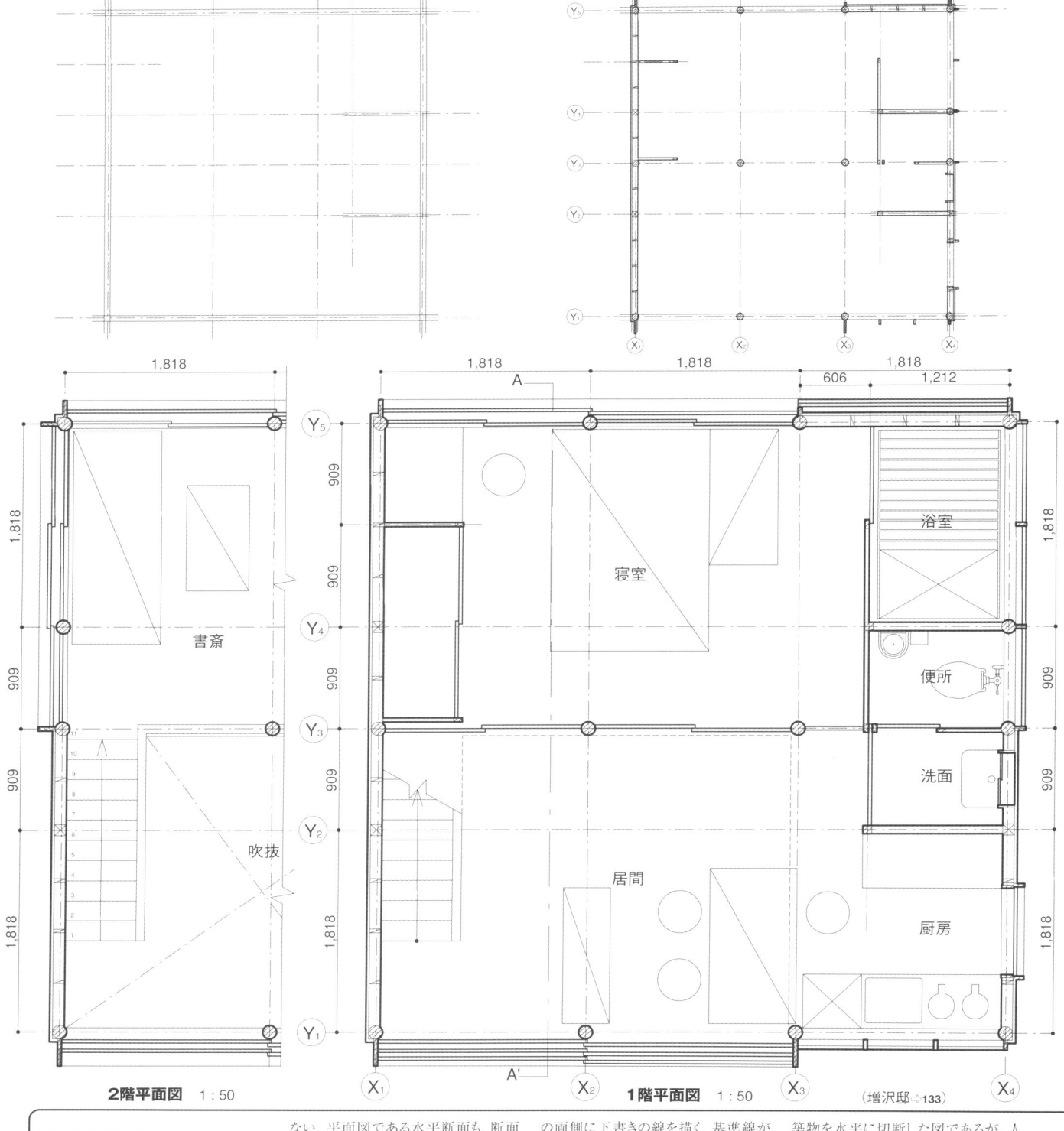

2階平面図　1:50　　1階平面図　1:50　　（増沢邸⇒133）

平面図と断面図

外形を表す図を除いたほとんどの図面は，建築物を水平・垂直に切断した状態を描いた水平断面図や垂直断面図が基本となっている．これらの図面では，切断された部分（切断面）が重要な意味を持っているので，断面を描く線は，最も目立つように実線の太線で描かれる．線の種類を使い分けることで，情報は正確に伝わり，線の強弱にメリハリをつけることで，より直感的に理解される表現となる．

作図の手順　上図に示す作図手順は，水平断面（平面図）・垂直断面（断面図）の一般的（慣習的）な描き方の一例で，どの描き方が正しいというものではない．平面図である水平断面も，断面図である垂直断面も，作図の手順はほぼ同じである．

1. 基準線を描く　一般的には構造体の中心（柱芯）を基準線とする．仕上材が板状で厚いときは，仕上材の中心（壁芯）を基準線とする（ALCなど）．垂直断面の垂直方向の基準線は，構造体および仕上の上端を基準線にする．これらの基準線は通芯ともいい，図面左下から右あるいは，上方向に記号が振られる．横方向にX1，X2…，縦方向にY1，Y2…，高さ方向にZ1，Z2…という振り方のほか，123，ABC，イロハなどが使われることもある．

2. 基準線をもとにダブルラインを描く　基準線から仕上面までの幅で，基準線の両側に下書きの線を描く．基準線が柱芯で壁が柱からずれているような場合は，基準線とは別に壁芯を描く場合もある．また，内外の仕上厚が異なるなど，ダブルラインは基準線から等距離とは限らない．

3. 構造・下地・仕上を描く　基準線をもとに構造体を配置し，ダブルラインをもとに下地材・仕上材を描く．構造材・下地材をどこまで描くかは縮尺によっても異なるので，特にコンピュータ製図では注意が必要である．さらに開口部の位置を決めて開口枠で寸法を押さえる．

4. 図面を仕上げる　階段などの見えがかり線，建具・家具・衛生機器などを描き，記号・寸法・文字・ハッチなどを描き加えて図面を仕上げる．平面図は建築物を水平に切断した図であるが，人間の知覚は視覚への依存度が大きいため，一般的に目線の高さである床上1～1.5mの高さで切断される．

一方，断面図は，空間の高さ方向の広がりや階の関係が描かれる基本的な図なので，階段や吹抜など上下階をつなぐ部分が描けるように切断位置が決められる．また外部との高さ関係を示すために，地盤面（G.L.）の記入も必須である．一般的には，平面的に直交する2方向の断面図が描かれる．

断面図の切断位置は平面図に記される．平面図上に断面図が立ち上がるようにイメージすることで，平面図・断面図から，建築物全体の形や空間が把握される．

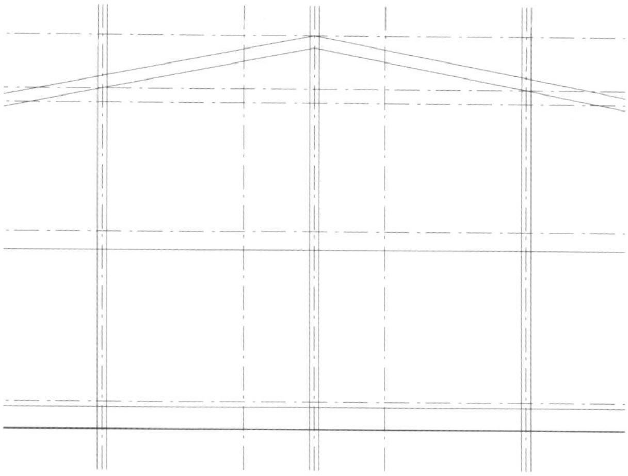

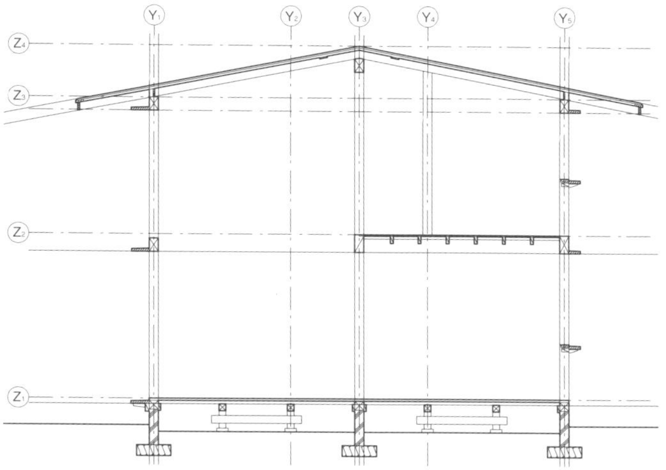

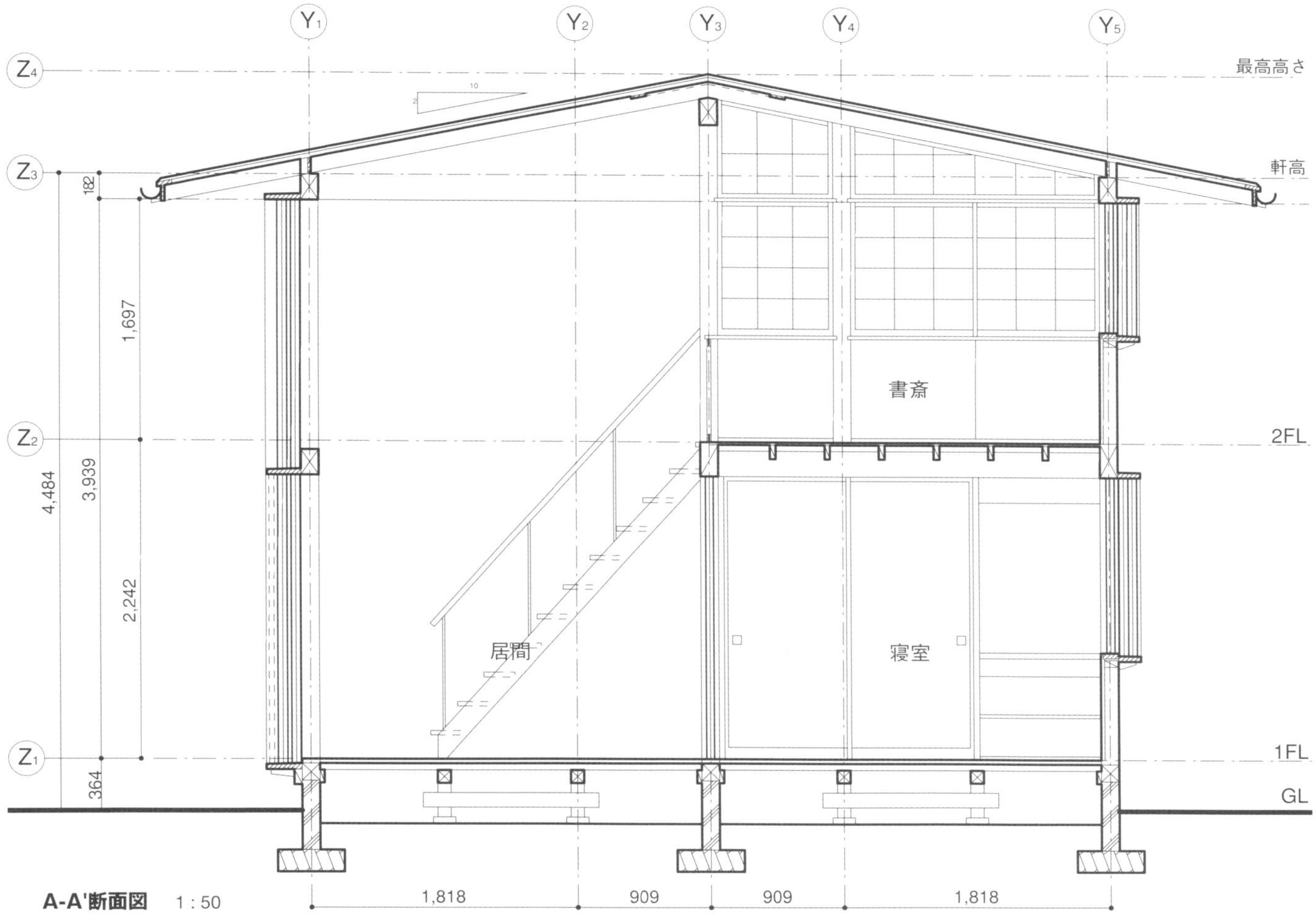

Architectural Expression: Drawing Method of Section **建築の表現：断面図の描き方** 005

A-A'断面図　1：50

最高高さ	
軒高	
2FL	
1FL	
GL	

様々な作図手順

作図の手順は設計の思考手順でもあり，設計の方法が違えば作図の仕方も変わるのが自然である．たとえば直交基準線からスタートしない作図手順もあり，このような作図（設計）手順もコンピューター化によって行いやすくなった．

例1：極座標的な基準線の設定（立川のハウス）　道路に対して弧状の壁面を想定して，その弧と弧に直交する放射線を基準線としている．

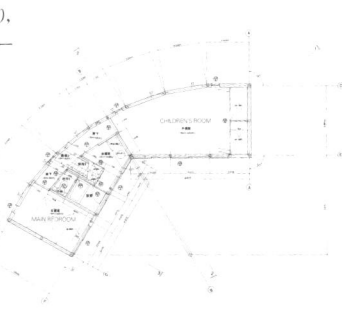

立川のハウス／西沢大良

例2：後付で基準線を設定（東村立富弘美術館）　平面を円の集積として構成し，各円の中心を結んだ線を基準線とする．（各円は基準線上で接する）

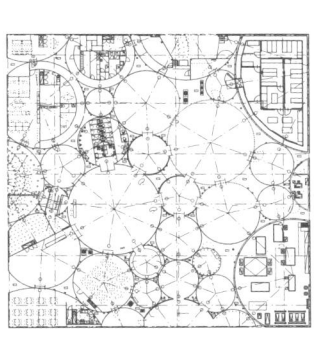

東村立新富弘美術館／ヨコミゾマコト＋aat

例3：基準線がない（ポリフォニー・ハウス）　円の動いた軌跡として建築のかたちを得る．後に施工のために便宜的に基準線がつくられる．

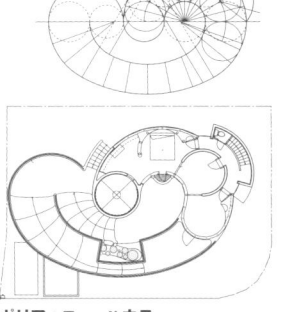

ポリフォニー・ハウス
牛田英作＋キャサリン・フィンドレイ

建築の表現：投象 Architectural Expression: Projection

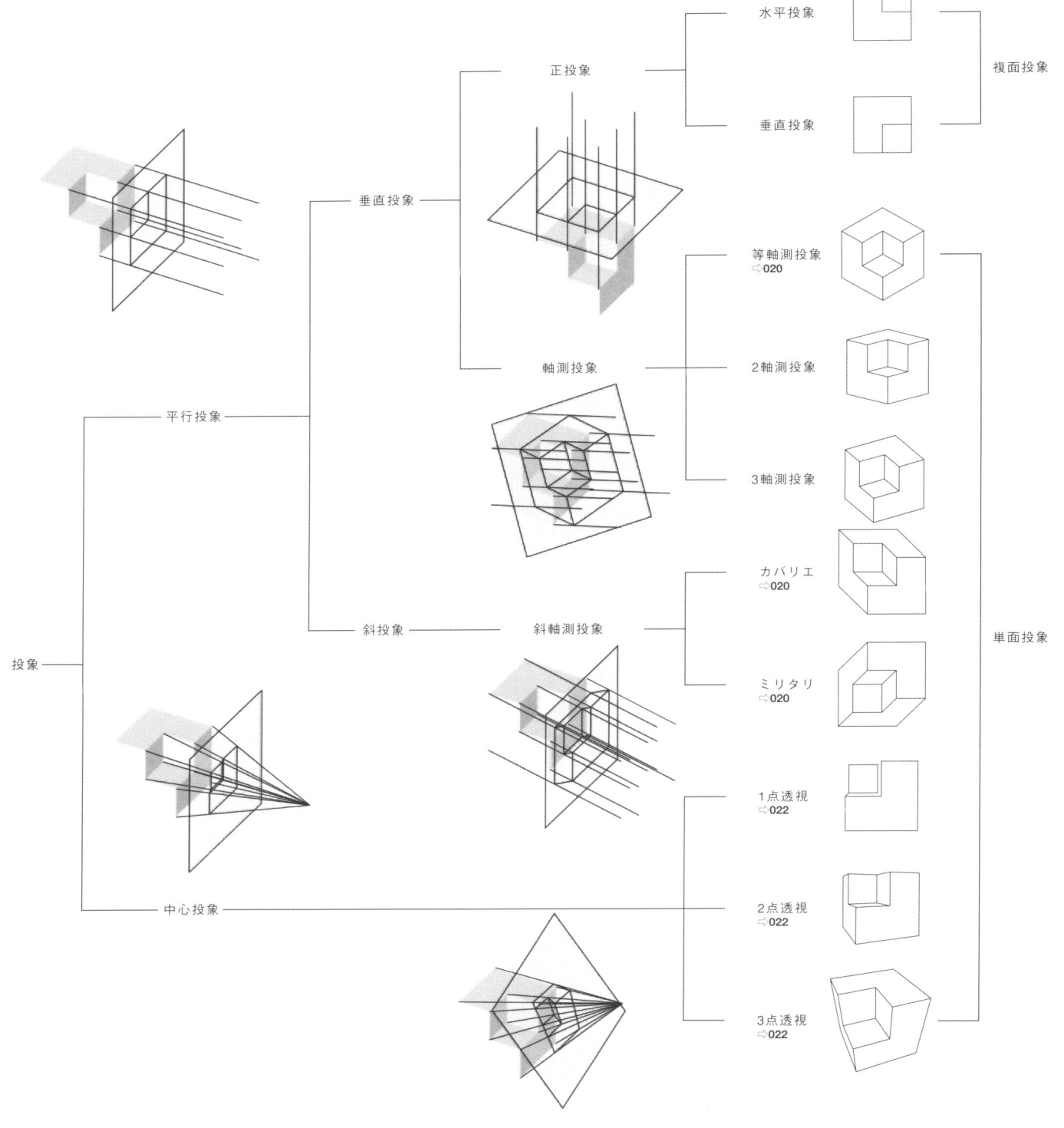

投象

建築製図では，3次元のものを2次元に表記するために投象という手法を使う．投象は，対象の手前に投象面（平面）を設定し，投象面に対して対象の反対側から対象に向けた投象線（視線）が投象面と交差した軌跡を（投象）図として得る．

投象法は，投射線・投象面と対象との関係から右表のように分類される．

正投象は，長さ・角度が正確に表現された図なので，建築製図で最も多用される．3ページの「図面の種類」の図でも，外観図以外はすべて正投象による図となっている．しかし，たとえば直方体（六面体）を正投象で描くと1枚の図で6面のうちの1面しか描けないため，立体（直方体）であることを表現するために複数の図を必要とする．このことから正投象を複面投象ともいう．同様に他の投象では，1つの図で立体を表せるので，まとめて単面投象と分類することもできる．

JISにはZ 8315に「製図—投影法」として投象についての規定がある．対象と投象面の位置関係で，第1角法と第3角法に分けられているが，建築では投象面が対象を貫いている断面図が基本であり，○○角法とはとらえにくい．断面図を平面図の下に描くか（第1角法的）上に描くか（第3角法的），これも一概にどちらが良いとは言えず，臨機応変に使い分けるのが良い．

また大きな建築物では，平面図・断面図が1枚におさまらないことも普通で，あまり気にする必要はない．

	対象の1面と平行な投象面	対象の1面と垂直な投象面	対象の1面と斜めな投象面
投象面に垂直な平行投象線	正投象	（副立面）	軸測投象
投象面に傾いた平行投象線	斜軸測投象	（投象面投象線共に傾くと認識しづらいので利用されない）	
放射状の投象線	1点透視	2点透視	3点透視

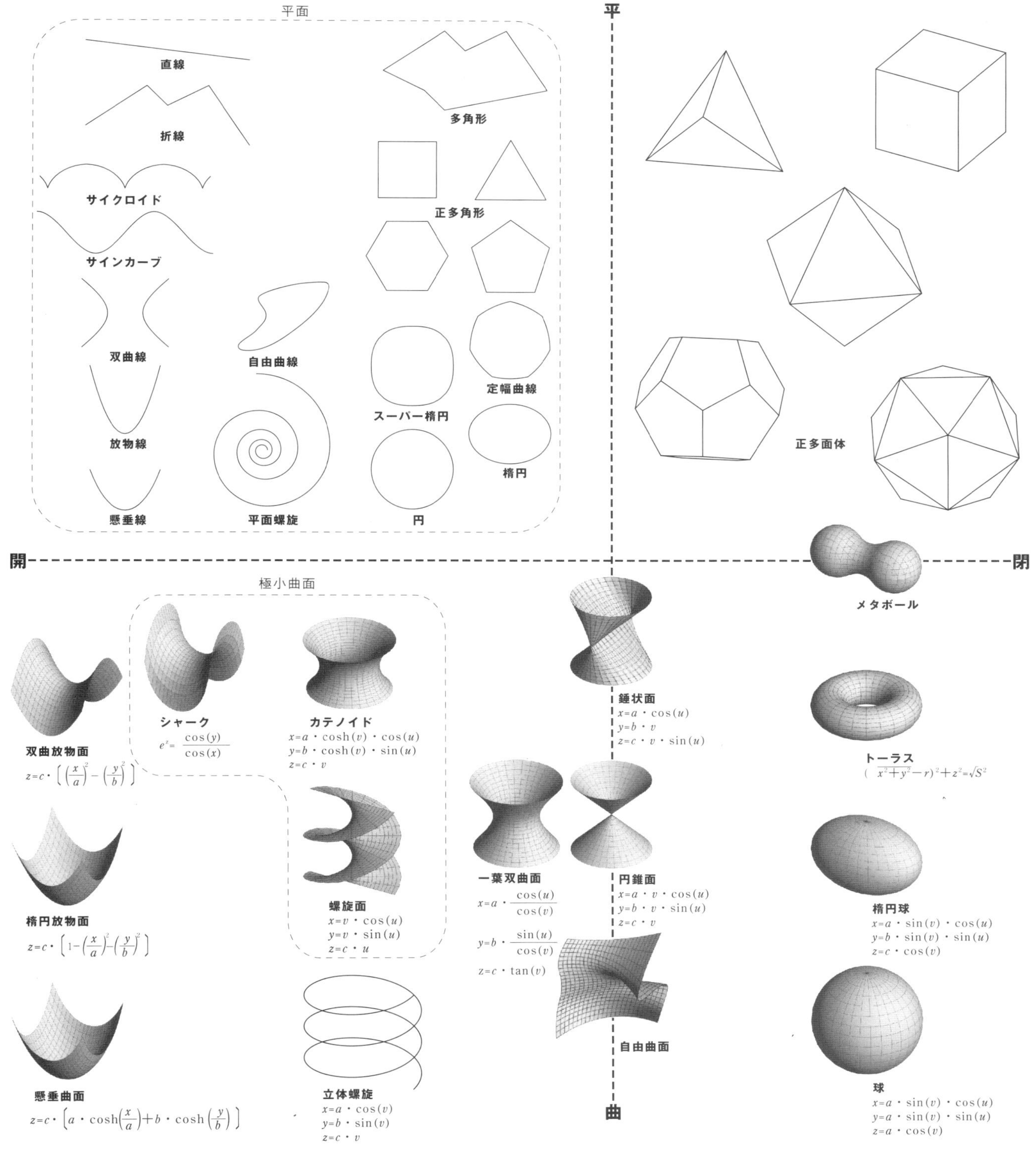

Architectural Expression: Projection **建築の表現：かたちの種類**　　007

平面 ─────────────────────── 平

- 直線
- 折線
- サイクロイド
- サインカーブ
- 双曲線
- 自由曲線
- 放物線
- 定幅曲線
- スーパー楕円
- 楕円
- 懸垂線
- 平面螺旋
- 円
- 多角形
- 正多角形

正多面体

開 ────────────────────── 閉

極小曲面

- 双曲放物面　$z = c \cdot \left\{ \left(\dfrac{x}{a}\right)^2 - \left(\dfrac{y}{b}\right)^2 \right\}$
- シャーク　$e^z = \dfrac{\cos(y)}{\cos(x)}$
- カテノイド　$x = a \cdot \cosh(v) \cdot \cos(u)$　$y = b \cdot \cosh(v) \cdot \sin(u)$　$z = c \cdot v$
- 楕円放物面　$z = c \cdot \left\{ 1 - \left(\dfrac{x}{a}\right)^2 - \left(\dfrac{y}{b}\right)^2 \right\}$
- 螺旋面　$x = v \cdot \cos(u)$　$y = v \cdot \sin(u)$　$z = c \cdot u$
- 懸垂曲面　$z = c \cdot \left\{ a \cdot \cosh\left(\dfrac{x}{a}\right) + b \cdot \cosh\left(\dfrac{y}{b}\right) \right\}$
- 立体螺旋　$x = a \cdot \cos(v)$　$y = b \cdot \sin(v)$　$z = c \cdot v$
- 錘状面　$x = a \cdot \cos(u)$　$y = b \cdot v$　$z = c \cdot v \cdot \sin(u)$
- 一葉双曲面　$x = a \cdot \dfrac{\cos(u)}{\cos(v)}$　$y = b \cdot \dfrac{\sin(u)}{\cos(v)}$　$z = c \cdot \tan(v)$
- 円錐面　$x = a \cdot v \cdot \cos(u)$　$y = b \cdot v \cdot \sin(u)$　$z = c \cdot v$
- 自由曲面
- メタボール
- トーラス　$(\sqrt{x^2 + y^2} - r)^2 + z^2 = \sqrt{S^2}$
- 楕円球　$x = a \cdot \sin(v) \cdot \cos(u)$　$y = b \cdot \sin(v) \cdot \sin(u)$　$z = c \cdot \cos(v)$
- 球　$x = a \cdot \sin(v) \cdot \cos(u)$　$y = a \cdot \sin(v) \cdot \sin(u)$　$z = a \cdot \cos(v)$

曲

かたち

かたちは，真直ぐか曲がっているか，開いているか閉じているかなどによって分類することができる（上図）．また，面の性質は，展開性・線織性やガウス曲率の符号によって分類することもできる（下表）．単曲面は，平面に完全に展開することができるが，複曲面は近似的にしか平面に還元することができない．一般に，ガウス曲率が正の曲面は湾型，負の曲面は鞍型といわれる．

黄金比とは，線分を分割し大きい部分と小さい部分の比が線分全体と前者との比に等しくなるときの比の値（1+√5）/2 ≒ 1.618 である．線分を黄金比に分割することは，西欧の古典的造詣の形態決定の基本とされている．

展開性	単曲面	複曲面		
線織性	単線織面	複線織面	線織性なし	
ガウス曲率	0	−	−	+
曲面の種類	円柱面 円錐面	錘状面 常螺旋面	一葉双曲面 双曲放物面	カテノイド シャーク	楕円球面 楕円放物面

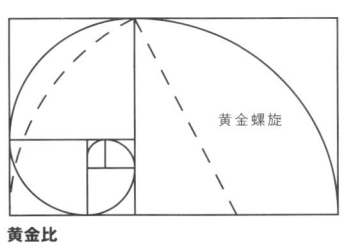

黄金比

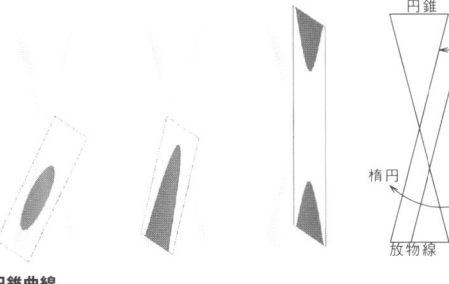

円錐曲線

建築の表現：設計のプロセス Architectural Expression: Process for Design

設計のプロセスと図面の種類

製図をおこなう場合に大切なことは，その図面がどんな目的で，いかなる内容を示すか，そのために用紙や縮尺の関係をどのようにするかを検討し，最も適した図面表現を選択することである．建築図面の主要目的を設計のプロセス順に大別すると次のようになる．

1. 考えるための図面：創案を目的とするエスキス図面で，設計者の建築に対する基本概念，空間表現の造形的なアイデア，構造方式や空調方式の検討など計画の基本を表すもので，建築に対するイメージの定着を目的とした図面．
2. みせるための図面：発注者に対して設計者の創案（＝基本設計段階）を提示するもので，設計意図をできるだけ正確に伝達することを目的とする．平面・立面図などの一般図にこだわらず，透視図あるいは模型などを用いて，一般の人々に容易に理解できる製図手法を用いることが望ましい．
3. つくるための図面：決定したデザインを実現するために作成する図面（＝実施設計図）．下表に示すように，図面の機能と目的によって意匠図・構造図・設備図などに分けられ，これらの図面では設計の意図が施工者や製作者に正確に伝達され理解されなければならない．これ以外に，施工にあたって実施設計図をもとにしてつくられる施工図・製作図・加工図などがある．

「スカイハウス」（⇒118）の一連の図面
設計／菊竹清訓
所在地／東京都文京区音羽
構造／鉄筋コンクリート造
階数／地上2階
高さ／最高8.4m
敷地面積／247.34m²
建築面積／104.00m²
延床面積／98.00m²
竣工／1958年4月

エスキス⇒010

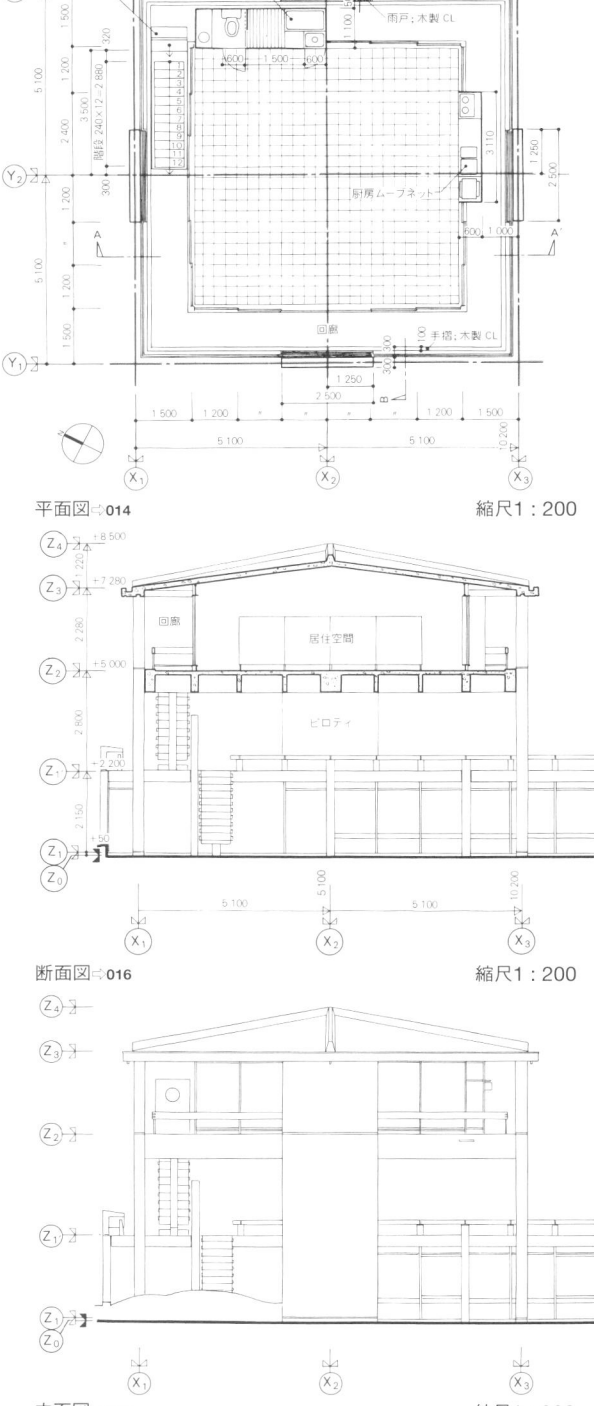

平面図⇒014　縮尺1:200

断面図⇒016　縮尺1:200

立面図⇒018　縮尺1:200

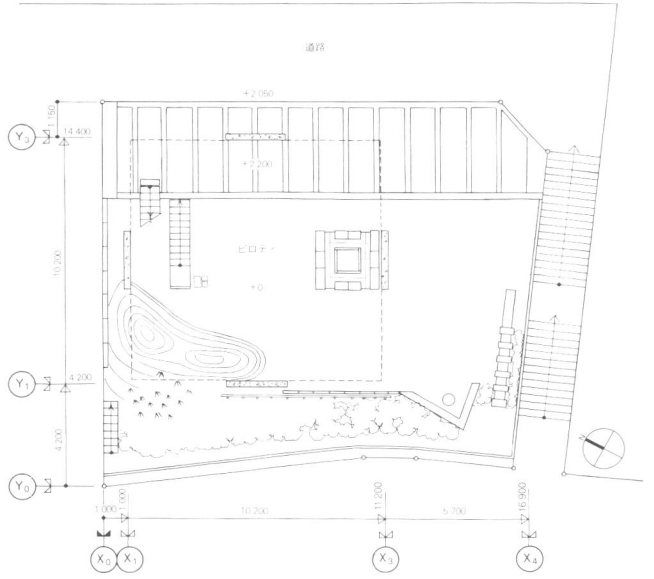

配置図⇒012　縮尺1:300

意匠図面1	縮尺	内容	意匠図面2	縮尺	内容
表　紙	—	作品名，設計者名，設計期日を記入する．	矩　計　図	1:20, 30, 50	建物と地盤，垂直方向の各部寸法の基準や基準詳細を示す．
建築概要書	—	建物の規模，階数，構造，設備の概要．	詳　細　図	1:5, 10, 20, 30	出入口，窓，階段，便所，その他主要部分の平面・断面・展開などの詳細な納まりを示す．
仕　様　書	—	工法や使用材料の種別・等級・方法，メーカーなどを指示．	展　開　図	1:20, 30, 50, 100	各室の内部壁面の詳細，北から時計回りにかく，設備関係の取付けも併せて示す．
面　積　表	—	建築面積，延床面積，建ぺい率，容積率などを記入．	天井伏図	1:50, 100, 200, 300	天井面の仕上材，割付，照明の位置など記入．
仕　上　表	—	外部・内部の表面仕上材や色彩などの指示．	屋根伏図	1:50, 100, 200, 300	屋根面の見下ろし図，形状，仕上げ，勾配などを示す．
案　内　図	1:500〜3000	敷地環境・都市計画的関連，方位，地形など，必ず北を上にする．	建　具　表	1:30, 50	建具の詳細，付属金物，数量，仕上げを示す．
配　置　図	1:100, 200, 500	建物のプロット，アプローチ，庭園樹木などを記入する．	現　寸　図	1:1	実物大の各部取合い，仕上げの詳細を示す．原寸図ともかく．
平　面　図	1:50, 100, 200, 300	部屋の配置を平面的に示した図．家具や棚なども記入することがある．	透　視　図	—	雰囲気や空間の構成を理解しやすいように絵で表現したもの．アイソメやアクソメで表すこともある．
立　面　図	1:50, 100, 200, 300	建物の外観，普通は東，西，南，北の4面．隠れた部分は別図で示す．	日　影　図	1:100, 200, 300	冬至における日照状況をかく，建築基準法で定められた方法によること．
断　面　図	1:50, 100, 200, 300	建物の垂直断面で，主要部を2面以上つくる．垂直寸法関係を示す．	積　算　書	—	コストプランニングや工事概算など，工事費の見積りなど．

Architectural Expression: Process for Design 建築の表現：設計のプロセス　009

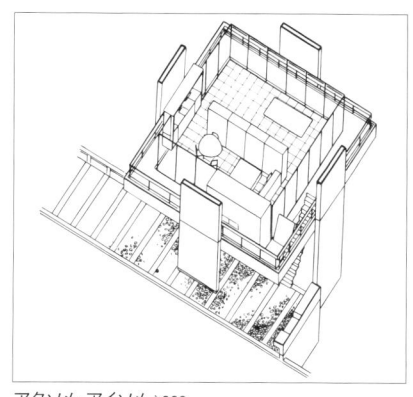
アクソメ・アイソメ⇨020

透視図⇨022

模型⇨026
（撮影：高瀬良夫）

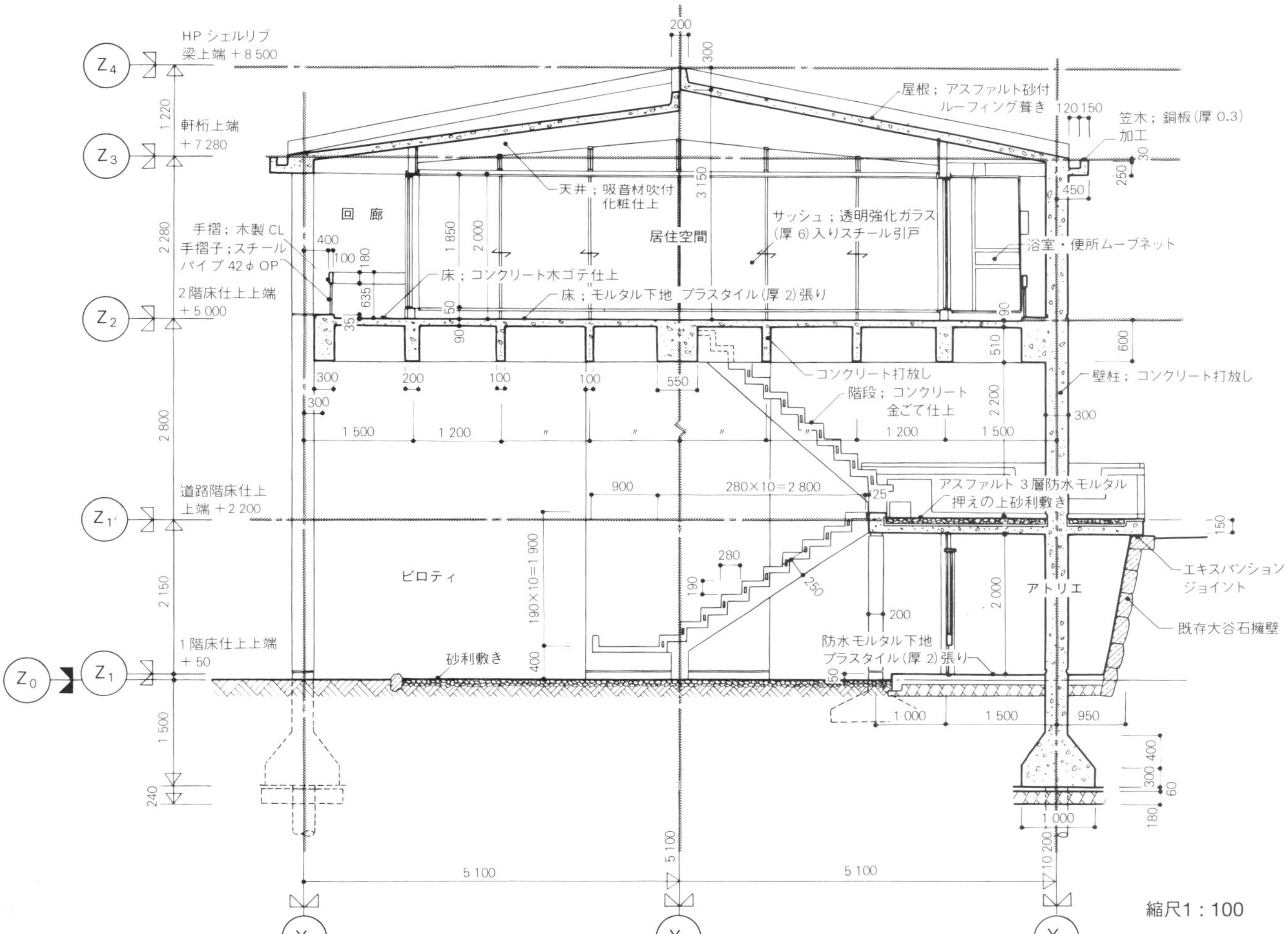

矩計図⇨024

縮尺1：100

構造図面	縮尺	内　　　容	設備図面	縮尺	内　　　容
仕様書	—	特記事項の記入，構造概要・工法・材料などの指定．	仕様書	—	設備のシステムや工法・材料，メーカーなどの指定．
杭伏図	1：100, 200	地質調査結果との関係，位置・大きさなどを示す．	電気設備図	1：100, 200	盤結線図
基礎伏図	1：100, 200	基礎の形状などを示す．	給排水衛生設備図	1：100, 200	計算書
床伏図	1：100, 200	床材の位置・大きさ・形状などを示す．	空調設備図	1：100, 200	熱計算書 ＋配置図，系統図，平面図，各部詳細図，機器・器具一覧表
梁伏図	1：100, 200	梁材の位置・大きさ・形状などを示す．	ガス設備図	1：100, 200	—
小屋伏図	1：100, 200	小屋梁，材料の大きさ，位置，構法などを示す．	防災設備図	1：100, 200	
軸組図	1：100, 200	柱・間柱などの垂直架構材を主に示す．	昇降機設備図	1：20, 100	平面詳細図・断面図・機器表など．
断面リスト	1：20	柱・梁・床・階段などの断面リスト，詳細を示す．			
矩計図	1：20, 50	柱・梁の垂直方向の架構詳細図．			
詳細図	1：5, 10, 20	架構部分の構造別詳細，階段など．			
構造計算書	—	構造設計図の根拠となるもの，強度の計算．			

010 建築の表現：エスキス図面・エスキス模型 Architectural Expression: Esquisse

ヘルシンキ現代美術館（キアズマ）（⇨022）
都市の中心部に建つ美術館のスタディ．まず周辺模型を製作し，様々な形態の建物ヴォリュームをそこに設置しながら周囲との関係を検討し，さらにスケールを大きくして素材や開口部などを詰めていくプロセスが伺える．

プラダ・ブティック青山（⇨018）
ファッションビルの外壁素材の材質およびパターンを検討するエスキスモデル．ガラス，プラスチック板，布，網，紙，アルミ箔など，身近にある材料を利用しながらイメージをふくらませている．

ベーシックスペースブロック6×6×6
設計エスキスのための道具の開発．1つの立体ブロックを2.5m立方の空間に見立て，それを3〜5個繋げることで1住戸単位とし，さらにそれらを立体的に組み上げることにより集合住宅のパターンモデルとなる．白色のユニットは屋外共用空間を示す．

鎌倉の住宅
意匠と構造とプランニングが重ねられた約40坪の敷地に建つ住宅の一連のエスキスモデル．それぞれの模型には番号が貼られており，クライアントと設計者との間に交わされた100以上にも及ぶ提案のプロセスがフィードバックできる．

01：EL CROQUIS 93, p.192（1999）
02：EL CROQUIS 109/110, p.296（2002）

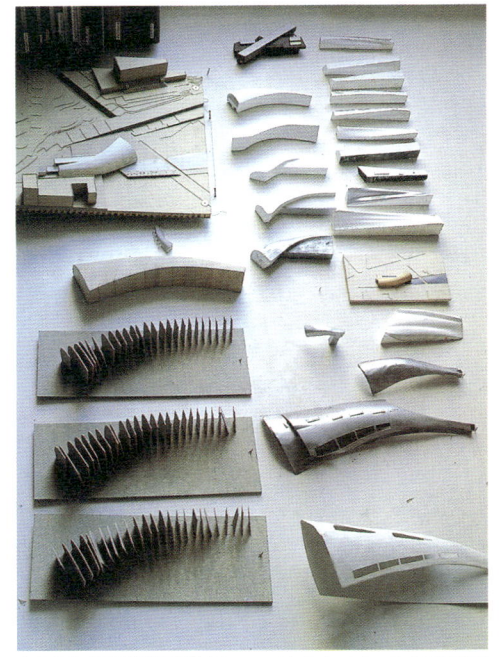

ヘルシンキ現代美術館[01]/Steven Holl Architects/1998年/ヘルシンキ

プラダ・ブティック青山[02]/Herzog & de Meuron/2003年/東京

ベーシックスペースブロック6×6×6
/小嶋一浩＋日色真帆＋東京理科大学小嶋研究室/1998年

鎌倉の住宅/西沢立衛/1999年

図面と模型によるエスキス

エスキスとは建物のデザインを構想する行為，またはその構想段階に制作するスケッチ図面やスタディ模型などを総称し，それらは設計者自身の手によってつくられた描画や立体モデルであるので，その表現方法において特に一定のルールはない．右図の一連のドローイングは，ヨーン・ウッツォン設計によるシドニーのオペラハウスのデザインプロセス（エスキス段階〜コンペ段階〜実施段階）を示したものである．

エスキス段階
設計者（ウッツォン）によるアイデアスケッチでは，中央に立ち上がるシェルから両サイドの横に広がるシェルまでが重なって，大きなヴォリュームを包み込むような伸びやかな空間のイメージが描かれる．

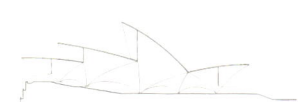

コンペ応募段階（1957年）
コンペ案では，アイデアスケッチでイメージされた空間に，実際の形態とスケールが与えられて，建築としての全体像が描かれる．

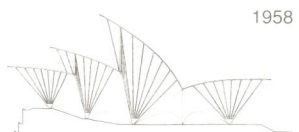

コンペ入選後の設計段階（1958年）
コンペ入選を受けて構造家（オーブ・アラップ）が加わり，設計者の描いた形を実現するための構造的提案が行われる．
初期のこの案では，外形が放物曲面で内側にリブをつけたシェルが描かれている．

Architectural Expression: Esquisse 建築の表現：エスキス図面・エスキス模型

丘の上のガラスの家（計画案）[03]／Mies van der Rohe／1934年

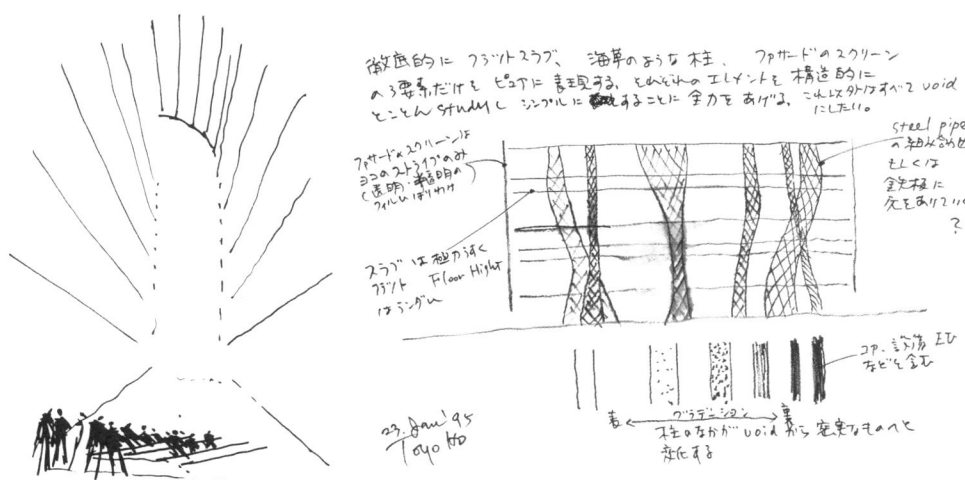
香港上海銀行[04]／Norman Foster／1979年／香港　　せんだいメディアテーク／伊東豊雄／1995年

ウォルト・ディズニー・コンサートホール／Frank O. Gehry／2003年／アメリカ

丘の上のガラスの家
ガラスのスキンとスティールフレームのみでできた住宅のスケッチ．このイメージは12年後にファンズワース邸として実現化することになる．チャールズ・イームズがこのスケッチを見て，自邸の初期案（ブリッジハウス，1945）を速やかに変更した逸話は有名である．

香港上海銀行
超高層ビル1階の吹抜けプラザのスケッチパース．スリット空間の最上部に設置されたサンスクープと呼ばれる反射鏡によって，間接的に自然光が降り注ぐアイデアを抽象的に描いている．

せんだいメディアテーク⇒026
絵と文字によるスケッチ．積層する水平スラブを支持するための「海草のような柱」が描かれている．さらにこうした純粋な形態をもつ建築の実現化に向けて「全力をあげる」ことが指示されている．

ウォルト・ディズニー・コンサートホール
建物の外観を描いたイメージ．ラフなスケッチのように見えるが，人物が示されていることで，建物全体そして各エレメントのスケールがすでに想定されていることがわかる．

上原通りの住宅
住宅のファサードを決定するまでの過程を示す一連のデッサン．何度も繰り返しなぞられる線の形跡の中に，意匠と構造とプランニングが抽象化のもとに統合され定着していく思考のプロセスを読むことができる．

03：ARCHITECTUAL Monographs『Mies van der Rohe』，p.91（1986）
04：イアン・ランボット編，鈴木博之監訳：ノーマン・フォスター作品集3，p.194，同朋社出版（1993）

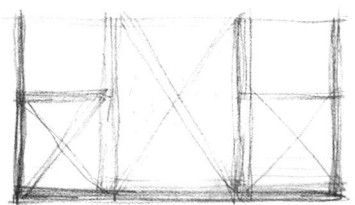 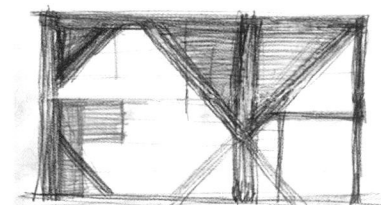 
上原通りの住宅／篠原一男／1976年／東京

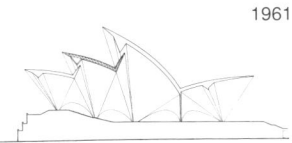  

1961　　　　　　　1961　　　　　　　　　　　　　　　　　1962-63

実施へ向けての更なるスタディ（1961年）
設計者や構造家たちによる打ち合わせがさらに進められ，様々なアイデアによる検討がなされる．

最終実施案（1962-63年）
様々なスタディを重ねた末に至った最終案．
同一径の球面から切り出されたシェルを細分化したユニットパーツで構成することで，意匠・構造・工法の合理性が図られた．

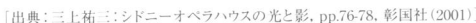

［出典：三上祐三：シドニーオペラハウスの光と影，pp.76-78，彰国社（2001）］

建築の表現：配置図　Architectural Expression: Plot (Site) Plan

ヴィラ・アドリアーナ
ローマ皇帝ハドリアヌスによって造られた広大な別荘．広場や中庭，塀や回廊などを含む様々な建造物が，斜めに交差する複数の軸線に沿って配されることで，古代でありながらバロック的な空間演出がなされている．

イリノイ工科大学キャンパス配置計画
直交グリッド上に沿って配された建物とそれ以外の余白部分を，黒／白で塗り分けることで，建物相互のヴォリューム関係および配置関係による外部空間の抽象的・幾何学的な演出が図られている．

レイクショア・ドライブ・アパートメント ⇨167
同一形状の2つの高層建築（26階建）の地上階における内外スペースを示す図．三角形の敷地の中に21フィート（約6.4m）モジュールの正方形グリッドを設定し，その上にすべてのコラム（角柱）が配されている．

シャンティガール
新首都建設のための都市計画マスタープラン．都市のメインネットワークをなす車道，遊歩道，緑地，河川，建物などのレイヤーが色別にプロットされ，それらの重なり合いがダイナミックに描かれている．

安曇野ちひろ美術館
建物本体の1階平面，敷地内の外構，敷地の外の周辺環境，それぞれを区切ることなく滑らかなタッチで描いた図．設計者の意図する建物とランドスケープの一体感や，敷地の内と外との連続感などが表現されている．

01：佐野敬彦・林寛治訳：図説 都市の世界史 1, p.174, 相模書房 (1983)
02：L.Hilberseimer：MIES VAN DER ROHE, p.132, Paul Theobald and Company (1956)
03：Werner Blaser：Mies van der Rohe-The Art of Structure, p.132, Birkhauser Verlag (1993)
04：吉阪隆正訳：ル・コルビュジェ全作品集 第5巻, p.114, A.D.A. EDITA Tokyo (1978)

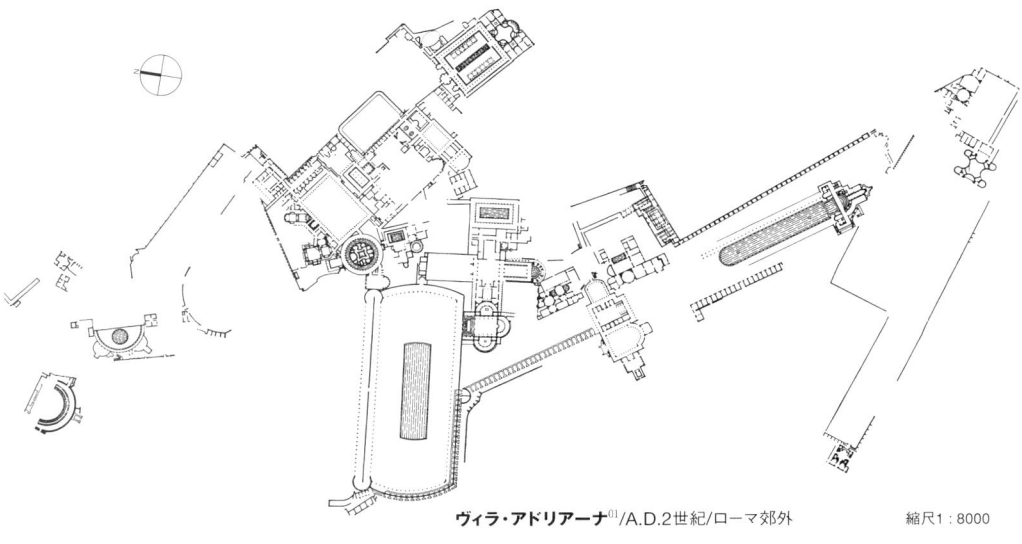
ヴィラ・アドリアーナ[01]／A.D.2世紀／ローマ郊外　　縮尺1：8000

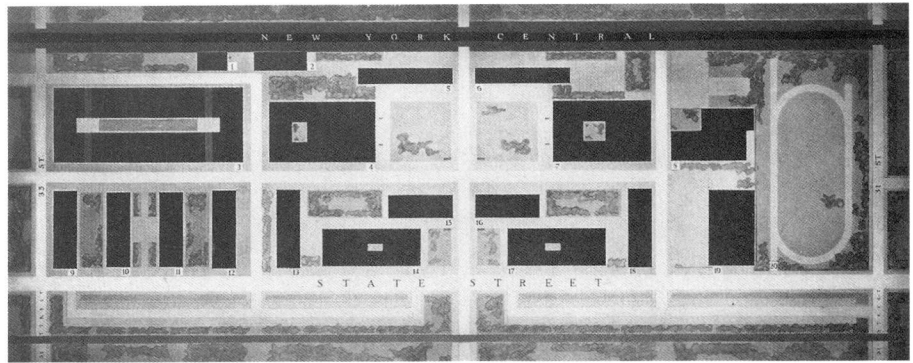
イリノイ工科大学キャンパス配置計画[02]／Mies van der Rohe／1942-46年／シカゴ　　縮尺1：6000

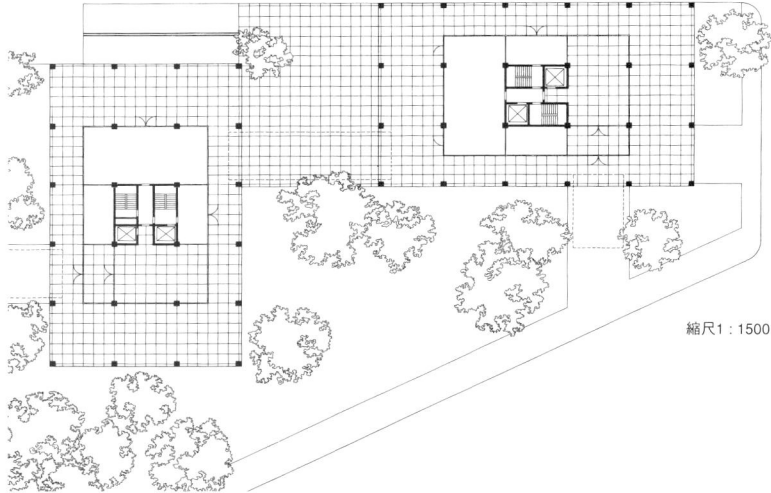
縮尺1：1500
レイクショア・ドライブ・アパートメント[03]／Mies van der Rohe／1951年／シカゴ

配置図

配置図（＝プロットプラン）とは，主に敷地形状や敷地内の建物の位置と大きさ，あるいは人や車の導入経路などを平面的に示した図である．敷地内の様子だけでなく，その外側の道路や隣家といった周辺環境の状態を示す場合もある．

また敷地内の建物の表示については，屋根形状（＝屋根伏図）で表す場合と地上階（主に1階）の平面図で表す場合がある．配置図においては特に，方位（＝オリエンテーション），スケール（＝縮尺），敷地境界線（鎖線表記），地表面の仕上げ状態，植栽の樹種などの情報が不可欠である．

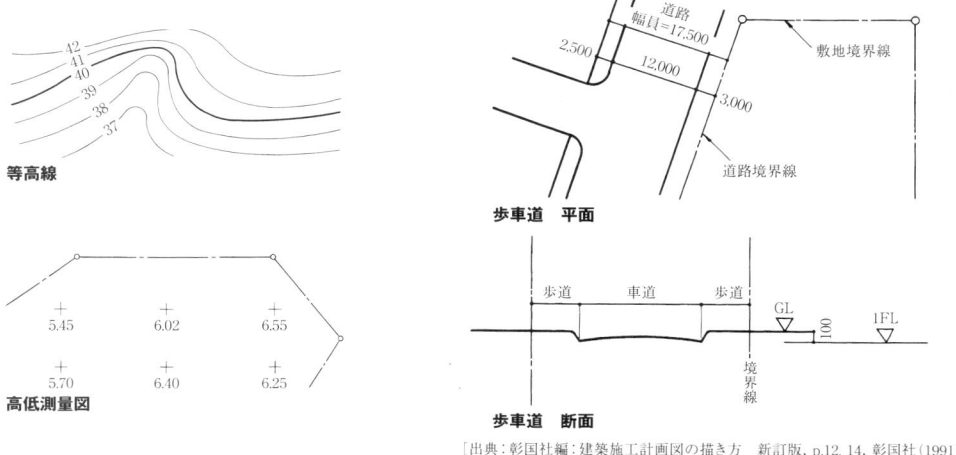

等高線　　高低測量図　　歩車道 平面　　歩車道 断面

［出典：彰国社編：建築施工計画図の描き方 新訂版, p.12, 14, 彰国社 (1991)］

Architectural Expression: Plot (Site) Plan **建築の表現：配置図** 013

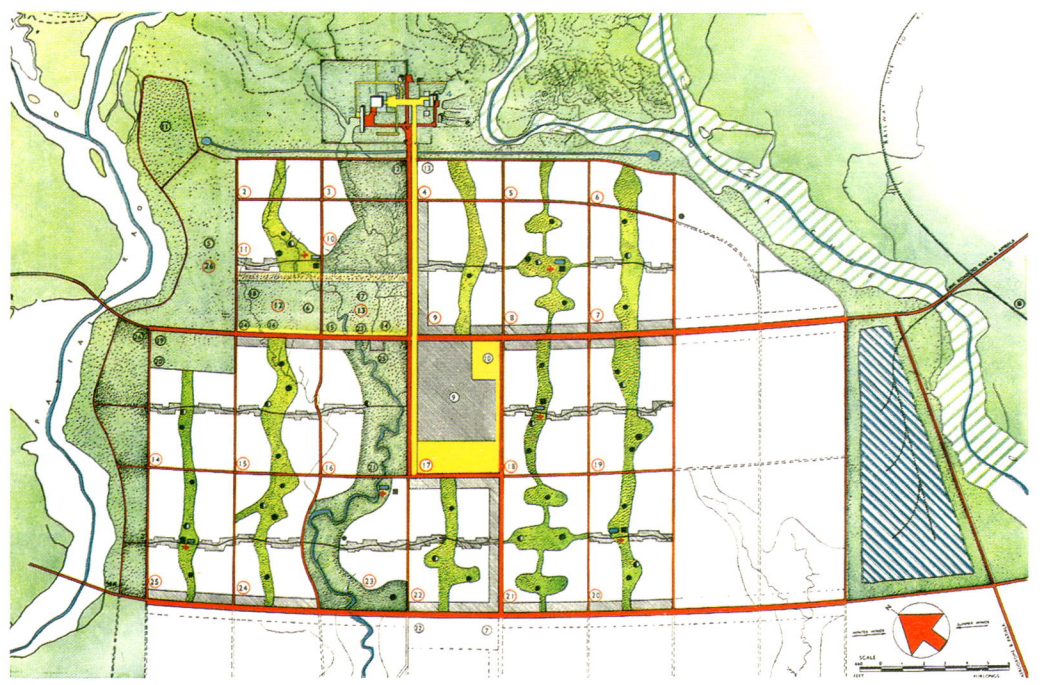

シャンディガール[04]／Le Corbusier／1956年／インド（©FLC／ADAGP, Paris & SPDA, Tokyo, 2005）　縮尺1：70000

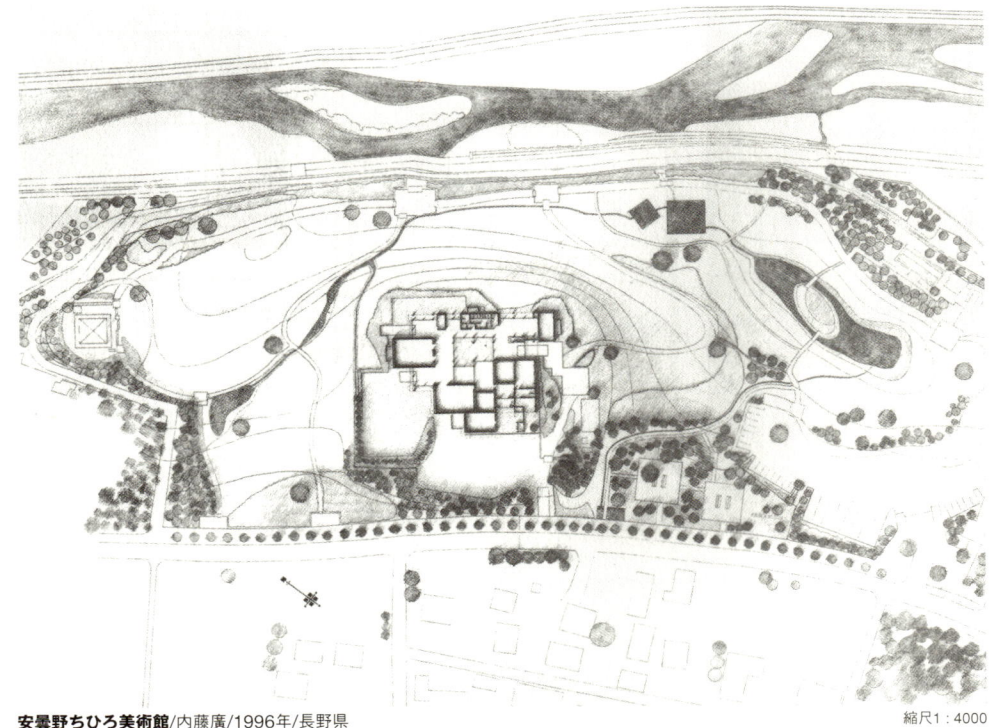

安曇野ちひろ美術館／内藤廣／1996年／長野県　縮尺1：4000

方位				外構				樹木			
				砂利	芝	石張り	フローリング乱尺張り				
車両				竹	敷石	砂利敷き	モザイクタイル張り				
スケールバー				草	池	角タイル張り	縁甲板張り				
				砂	小石	Pタイル、アスファルトタイル敷き	モルタル塗り				

014　建築の表現：平面図　Architectural Expression: Plan

section1 建築の表現

住吉の長屋 ⇨022, 122
コンクリート打ち放しでできた2階建て住居の1階平面図．躯体の断面形状を太い線，それ以外の見えがかり部分（建具，家具，階段踏面など）を細い線で描いている．屋外階段の裏側は居間の収納になっているのがわかる．

中野本町の家 ⇨121
彩色された実施設計図面の上に，中庭を囲むひとつながりの屋内スペースの部分のみをエアブラシで白塗りしたもの．外部から室内に射し込む様々な光の様子を，カラーグラデーションによって繊細に表している．

正面のない家-H ⇨121
約300m^{2}の敷地の境界線上にコンクリート塀を回し，その中に複数の中庭（コート）を設けた平屋の住宅．図面上の破線のラインは，軒先面，パーゴラ，天井トップライトなど，屋根のアウトラインや天井部の屈曲ラインなどを示している．

ロンシャンの礼拝堂
外壁の形状と内部床面の様子を精密に描いた図．この分厚いコンクリートの壁は，U字状の弧を描くことで所々に小さな礼拝コーナーをつくり，さらに壁そのものの内部にも小さな空間（ニッチ）をつくっている．

コロセウム
各フロアの平面図を一つの平面図内にコンパクトに表した図の例．この楕円形の建物のプランは，長軸および短軸に対してそれぞれ対称形であるので，4層分の平面図を1/4ずつ繋げて表記している．

フランス国会図書館（コンペ案）
高さ約100mの巨大なキューブ状の建物を，地下4階から地上20階まで，フロアごとに水平に切った図を並べたもの．ソリッドな空間としての書庫エリア（ベタ塗り部分）と，それ以外のヴォイドなエリアとの対比によって全体の空間構成を明確に表現している．

01：吉阪隆正訳：ル・コルビュジェ全作品集 第6巻．p.21．A.D.A. Edita Tokyo（1977）
02：佐野敬彦・林寛治訳：図説 都市の世界史1．p.164．相模書房（1983）

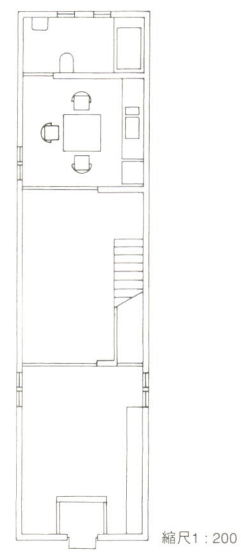

住吉の長屋／安藤忠雄／1976年／大阪　　縮尺1：200

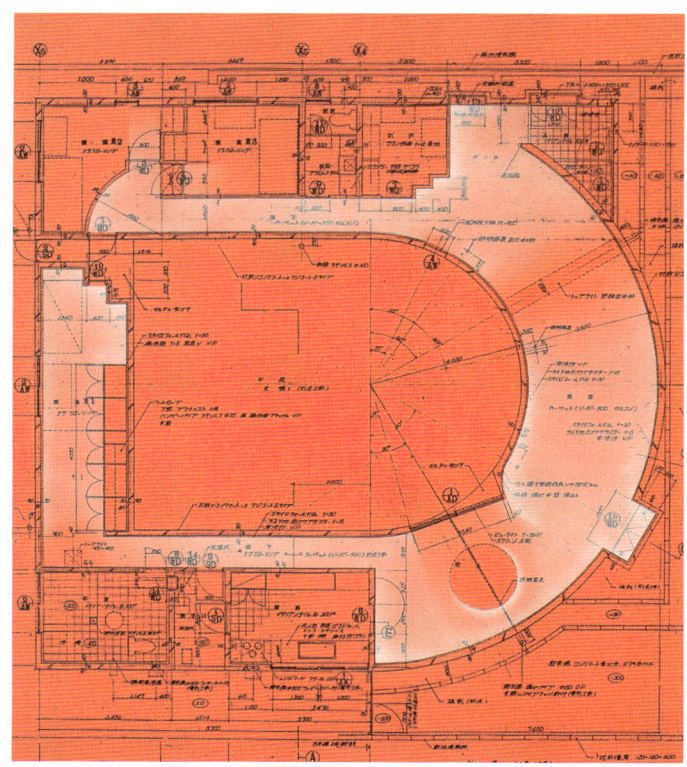

中野本町の家／伊東豊雄／1976年／東京　　縮尺1：200

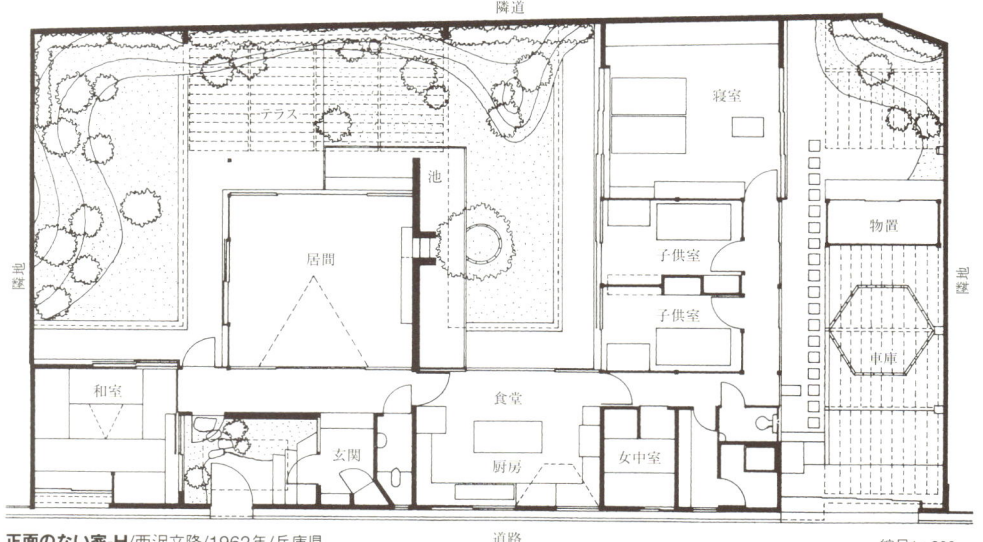

正面のない家-H／西沢文隆／1962年／兵庫県　　縮尺1：200

平面図

平面図（＝プラン）とは，建物を水平に切断した場合の真上から見える様子を示す図である．一般に太さの異なる2種類の線すなわち切断された部分の外形線（＝断面線）と，その向こう側（下方）に見えてくるものの姿形（＝見えがかり線）によって表す場合が多い．加えて，切断面の手前側（上方）の様子を破線によって表すこともある．水平に切断する面の位置（高さ）は，各階の床面から1～1.5mの場合が一般的で，それにより建物の外壁や開口部といった内外の仕切られ方の様子や，主に建物内部における部屋の配置や物の配置，またそれらによる人間の水平方向の動きの様子などが，建物全体にわたって表現される．右図は，主に住宅のインテリアに見られる様々な家具や備品を同尺度で示したものである．

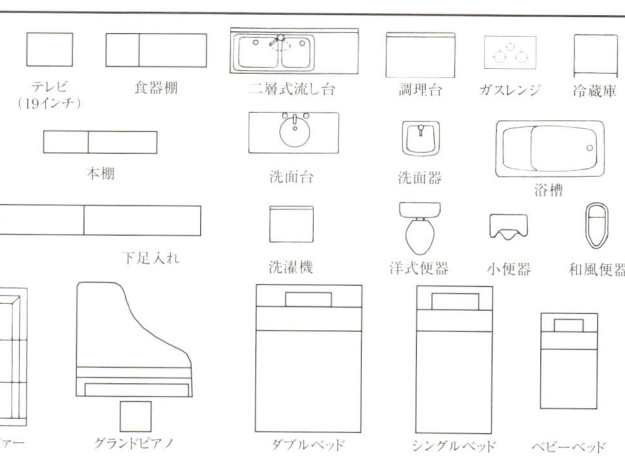
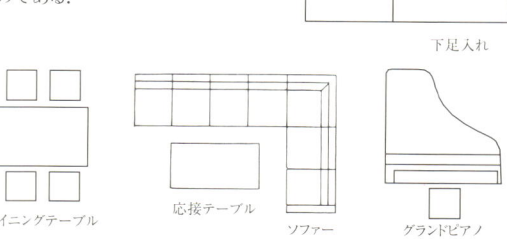

Architectural Expression: Plan **建築の表現：平面図** 015

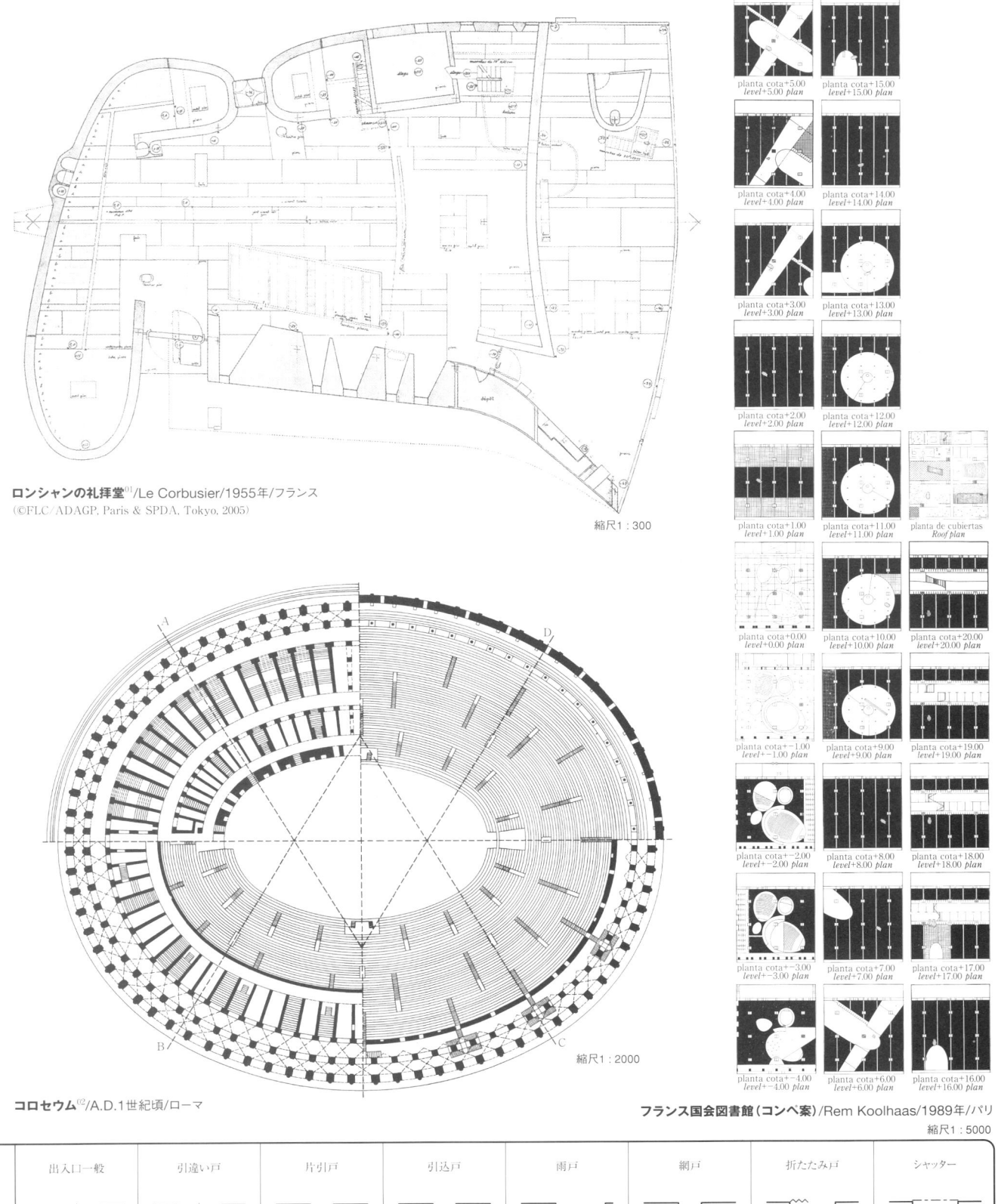

ロンシャンの礼拝堂⁽¹⁾/Le Corbusier/1955年/フランス
(©FLC/ADAGP, Paris & SPDA, Tokyo, 2005)
縮尺1：300

コロセウム⁽²⁾/A.D.1世紀頃/ローマ
縮尺1：2000

フランス国会図書館（コンペ案）/Rem Koolhaas/1989年/パリ
縮尺1：5000

016 建築の表現：断面図 Architectural Expression: Section

塔の家→101, 118
6坪の敷地の中に建坪3.6坪で建つ都市住宅．切断面（躯体部）を黒く塗りつぶすことで，鉄筋コンクリートの一体化した架構であることや，仕上げ材が無いこと（コンクリート打ち放し）など，この建物の特徴が示されている．

今宿の家
線の数が少なく抽象的であるが，そのことがかえって伝達すべき情報を明確化する．すなわち地面，床，階段，壁，屋根のアウトラインが一筆書きのように連続することで，レヴェルの異なる場の連続性が表現されている．

軽井沢の別荘→128
切断面の中身，すなわち建物を構成する部位の材料の違いや，部位相互の組み合いかた（ディテール）などを，寸法も含めて表現した断面図．様々な素材による身体的なスケールのスペースが各所に展開している．

六甲の集合住宅Ⅱ→027, 156
傾斜地に建つ集合住宅の断面図．地質応力を検討するために地盤の切断面を10mグリッドに分割して表記し，その上部に斜行エレベータや共用階段などが描かれ，建築と土木の絡み合う様子が表現されている．

東京都新庁舎（コンペ案）
市民に開放された巨大な吹抜けのギャラリーをもつ，新しい庁舎のあり方を提案した図面．宙に浮いた球体やピラミッドなどによる光と影のドラマチックなシークエンスを，鮮やかな色彩によって描いている．

横浜港国際客船ターミナル
床面が3次元的にうねりながら全長400mに及び展開するリニアな建物を，15m間隔で垂直に輪切りにして並べた図．動画のコマフィルムのような表現を通して，架構と空間のシームレスな変化を描いている．

関西新国際空港（コンペ案）
水平に広がる建物の内外にわたって多くの人々の様子が描かれている．図面内に人物を記入することで，建物のスケールをイメージしやすくするとともに，空港における一連の行動（到着，チェックイン，待合い，搭乗など）が，施設内でスムーズに展開するよう計画されていることがわかる．

01：Peter Buchanan：Renzo Piano Building Workshop-Complete works Vol.3, pp.146-147, PHAIDON（1997）

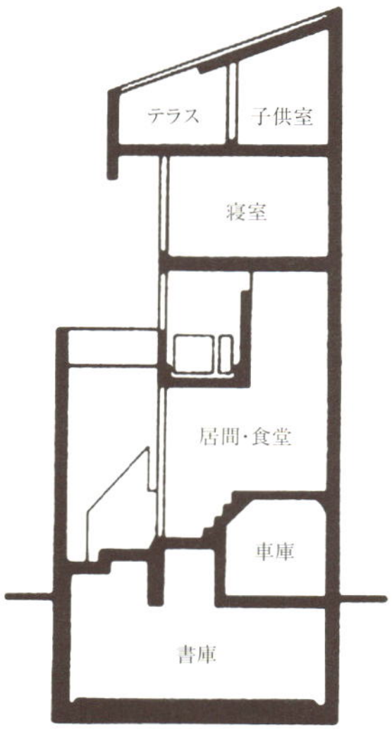

軽井沢の別荘／吉村順三／1962年／長野県　1：100

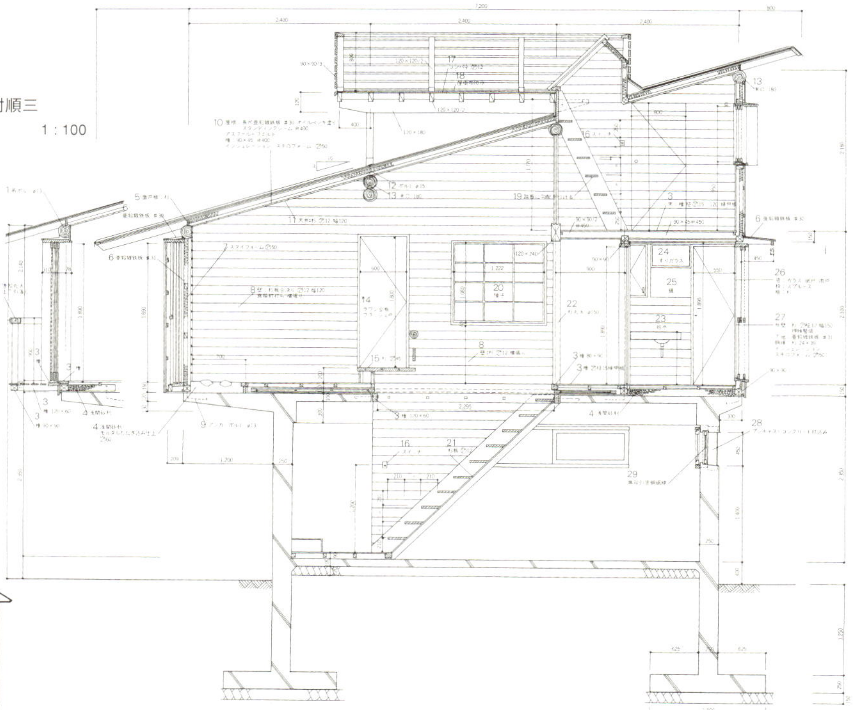

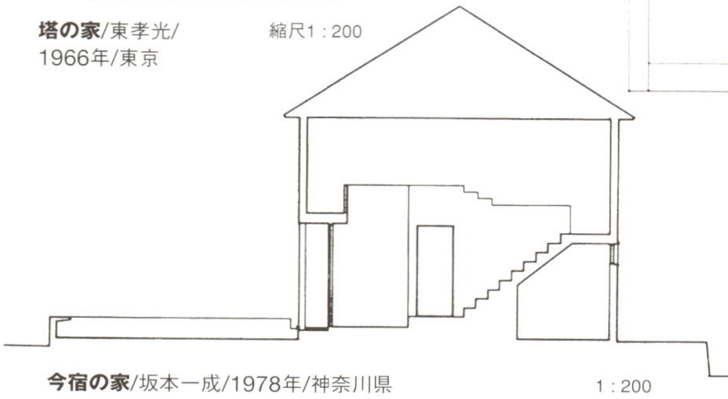

塔の家／東孝光／1966年／東京　縮尺1：200

今宿の家／坂本一成／1978年／神奈川県　1：200

断面図

断面図（＝セクション）とは，建物を垂直に切断した場合の真横から見える様子を示す図である．平面図と同様に，一般に太さの異なる2種類の線，すなわち切断された部分の外形線（＝断面線）と，その向こう側に見えてくるものの姿形（＝見えがかり線）によって表す場合が多い．ここでいう断面線とは，単に建物の内部と外部を仕切るラインではなく，建物の躯体部分（ソリッド）とそれ以外の空間領域（ヴォイド）との境界線を指す．しかし実際には壁や天井といった躯体の内側にも空間が存在するので，意匠図における断面線をより正確に定義づけるとすれば，人間の手の届かない（あるいは通常は目に見えない）範囲と，そうでない部分との境界線であるといえよう．

また建物の断面形状は，立面図などと異なり，実際の建物の内外からはその様子を直接把握することができない．右図は，主に外壁と屋根の接合部分に対する一般的な断面形状のパターンを示したものであるが，こうした視覚的に見えにくい部分は特に留意して描く必要がある．

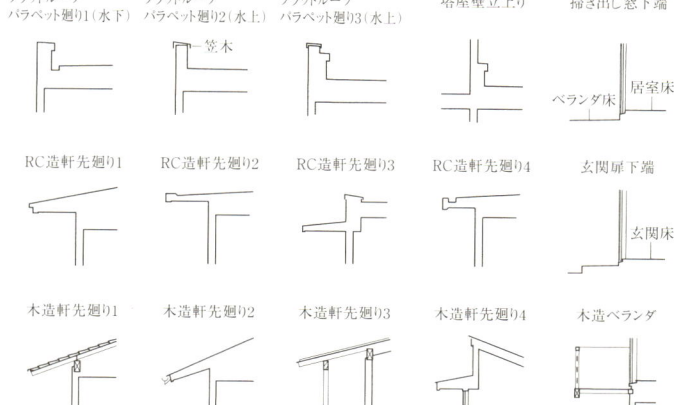

Architectural Expression: Section　建築の表現：断面図　017

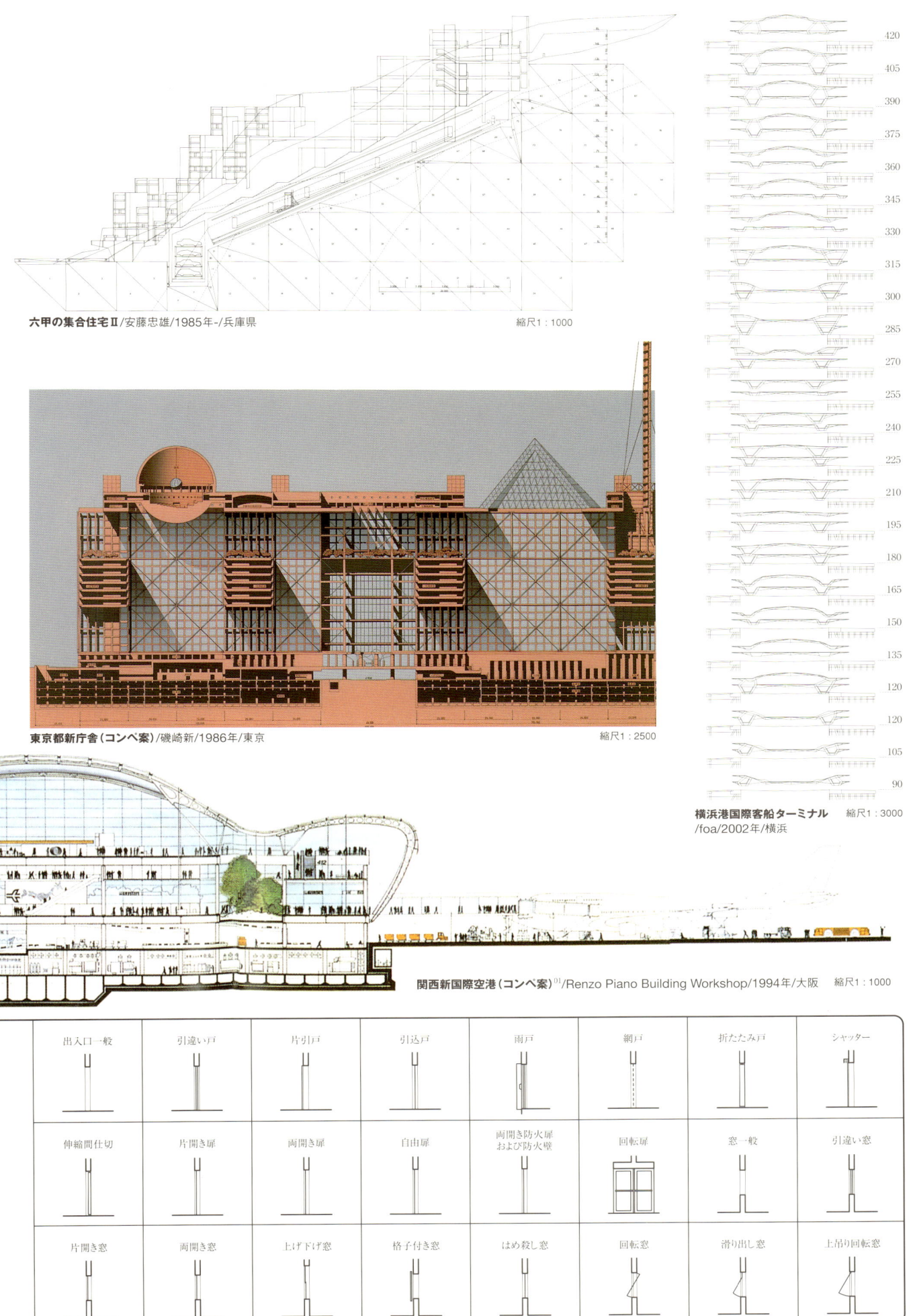

六甲の集合住宅Ⅱ/安藤忠雄/1985年-/兵庫県　　縮尺1：1000

東京都新庁舎（コンペ案）/磯崎新/1986年/東京　　縮尺1：2500

横浜港国際客船ターミナル　縮尺1：3000
/foa/2002年/横浜

関西新国際空港（コンペ案）[01]/Renzo Piano Building Workshop/1994年/大阪　　縮尺1：1000

018 建築の表現：立面図 Architectural Expression: Elevation

母の家 ⇒147

住宅の正面と背面を描いた図．建物の輪郭がシンメトリーである一方、立面を構成するエレメント（開口部や煙突など）は非対称ながらバランスよく配されている．寸法線、ディテール番号などが表記され、さらに外壁のすぐ裏側の状態を破線で描いている．

スパイラル

目抜き通りに面した商業ビルのファサード．内部に展開する螺旋状の空間をなぞるように各要素が配されているとともに、上部に向かうに従って要素の大きさをアップさせることで、建物全体のプロポーションの調節を行っている．

プラダ・ブティック青山 ⇒010

五角形の平面形状をした建物の5つの外壁面および屋根面を1枚の平面に展開して描いた図．同形多種（色分けによる）の菱型ガラスユニットにより、すべての面が連続的に覆い尽くされている様子が一目でわかる．

ポンピドーセンター ⇒255, 257

コンペ当初に提出された広場側のファサードの立面図．ガラス張りの外壁面が、都市に対していかに多様で新鮮な表情を生むかをグラフィカルに表現している．広場の地下が駐車場になっているため、その部分のみ断面図の表現となっている．

新国立劇場（コンペ案）

繊細なタッチによって建物全体のテクスチャーを表現した図．この巨大なモノリス（量塊）の中には、大小3つの劇場が立体的に積み重なっており、両袖舞台やフライタワーの影響でわずかな膨らみが生じている．

シグナルボックス

直方体のビルの全周にわたって、帯状の銅板を巻き付けた格好の建物の立面．均質的な面の中央にみられる色彩の微妙な濃淡は、帯状の銅板面が次第に角度をもって水平ルーバーのような形で開放されている部分を示している．

01：フレデリック・シュワルツ編著：母の家，p.189, 鹿島出版会（1994）
02：EL CROQUIS 109·110, p.297（2002）
03：ARCHITECTURAL Monographs-Richard Rogers+Architects, p.91（1985）
04：作成：Vincent Lafont
05：HERZOG & DE MEURON 1989-1991 The Complete Works Vol.2, p.30,（1996）

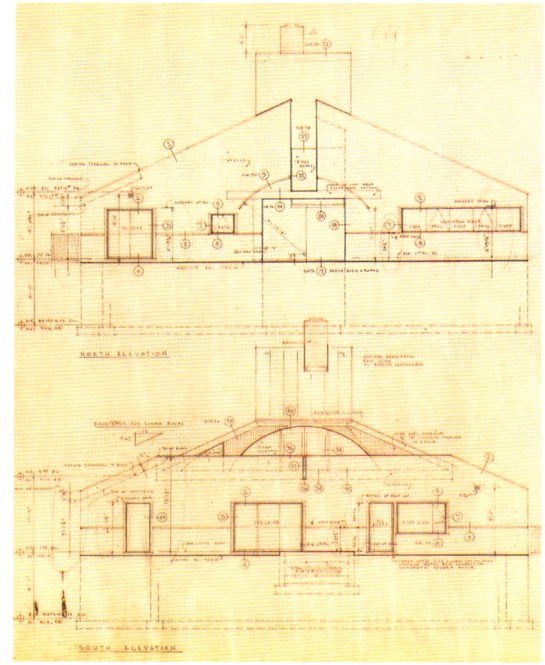

母の家[01]/Robert Venturi/1964年/フィラデルフィア郊外　縮尺1：300

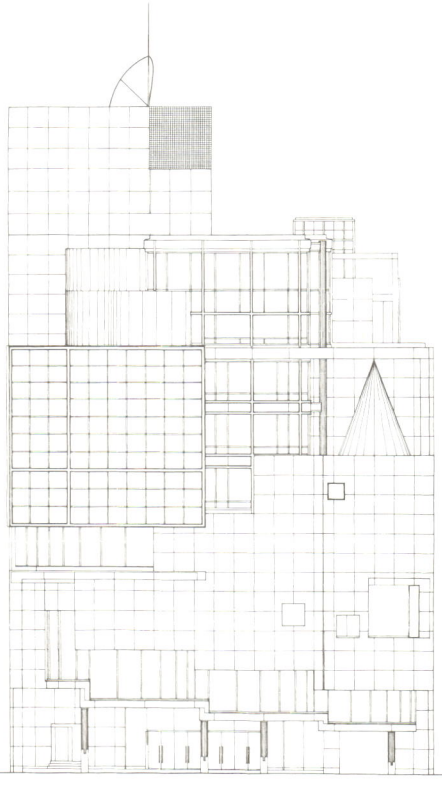

スパイラル/槇文彦/1986年/東京　縮尺1：500

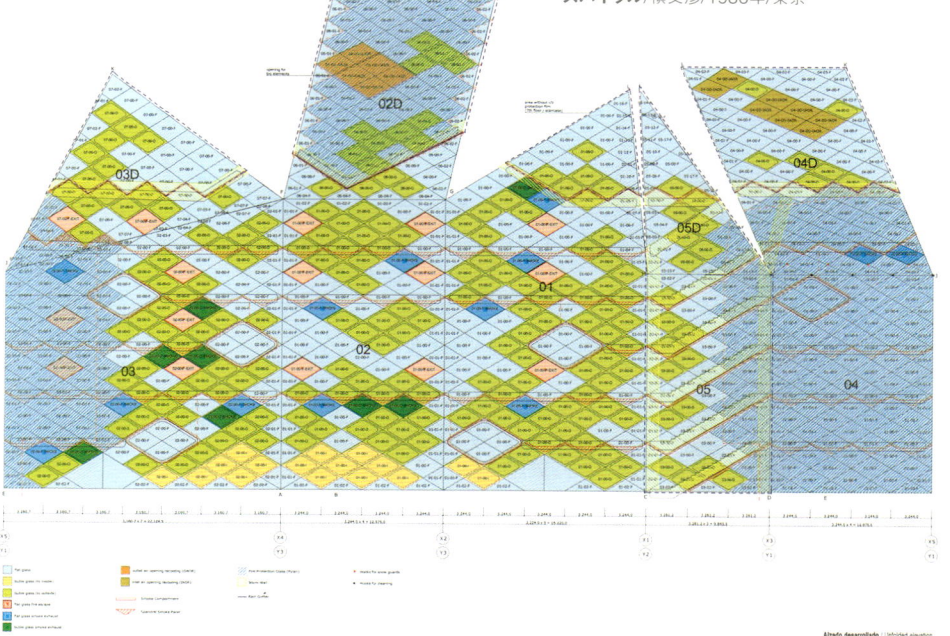

プラダ・ブティック青山[02]/Herzog & de Meuron/2003年/東京　縮尺1：600

立面図

立面図（＝エレベーション）とは、建物の外観を正投象図法によって真横から示した図である．立面図には、建物全体のアウトライン（外形線）のほかに、外観の仕上材や開口部、タイルやパネルの割付け、バルコニーの手すり、笠木、屋根葺き材などが描き込まれる．また外観の凹凸を見せるために陰影をつけたり、周囲の樹木や背景などを加える場合もある．立面図の中でもとりわけ正面（＝ファサード）の形状は、建物全体を最も象徴的に表すものであるといえる．右図は、コルビュジエ設計のガルシュの家（1928）の正面と背面の立面図である．建物全体および開口部の形状のアウトラインが描かれているのみであるが、それぞれの形やその配置関係の中にみられる寸法比（＝プロポーション）に厳格な規則性を読み取ることができる．

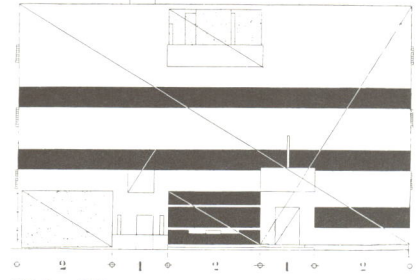 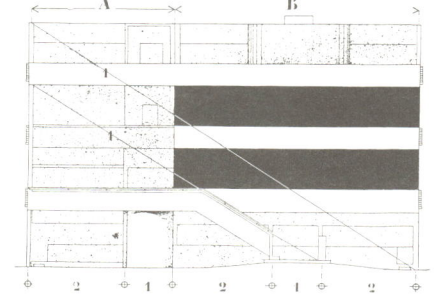

ガルシュの家　Le Corbusier 1928/パリ郊外 ⇒132　（©FLC·ADAGP, Paris & SPDA, Tokyo, 2005）　縮尺1：400

Architectural Expression: Elevation　建築の表現：立面図　019

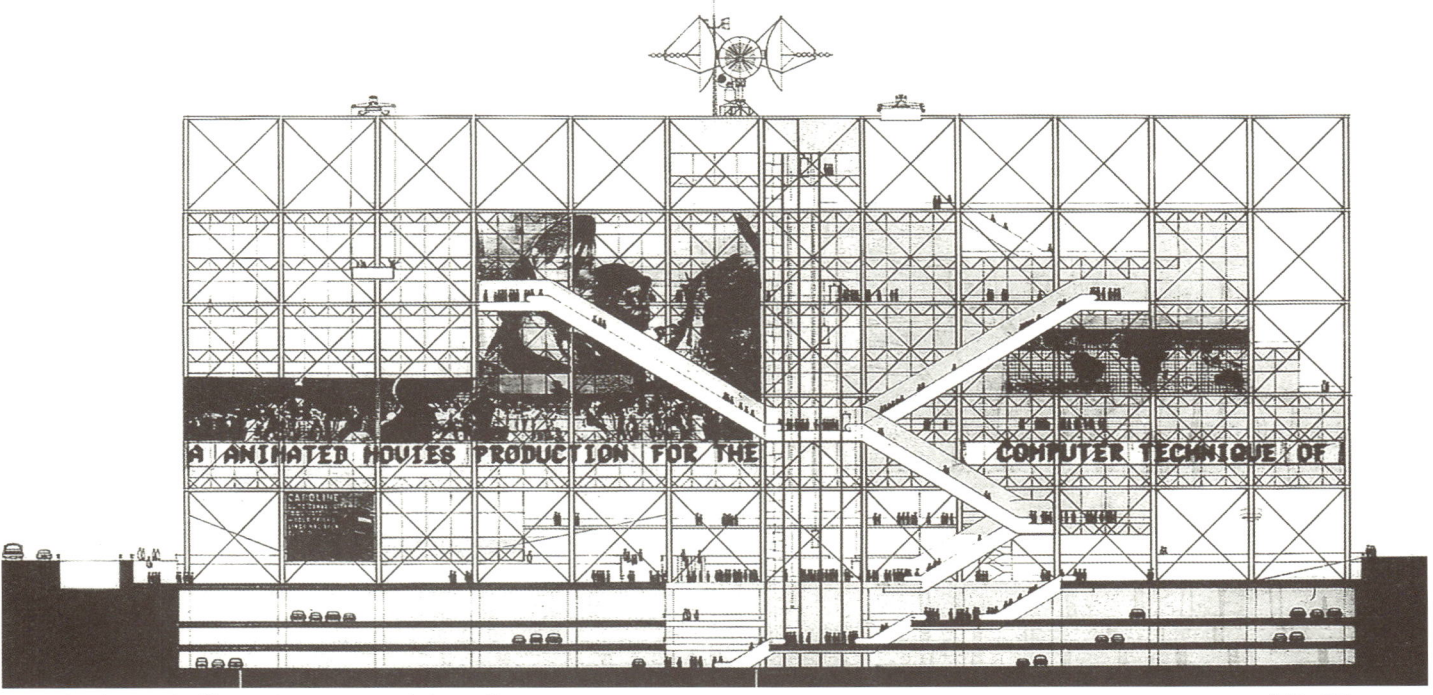

ポンピドーセンター[03]/Piano＋Rodgers/1970年（コンペ時）/パリ　　　縮尺1：1000

新国立劇場（コンペ案）[04]/Jean Nouvel/1986年/東京　　縮尺1：1300

シグナルボックス[05]/Herzog & de Meuron/1988年/バーゼル　　縮尺1：400

出入口一般	引違い戸	片引戸	引込戸	雨戸	網戸	折たたみ戸	シャッター
伸縮間仕切	片開き扉	両開き扉	自由扉	両開き防火扉および防火壁	回転扉	窓一般	引違い窓
片開き窓	両開き窓	上げ下げ窓	格子付き窓	はめ殺し窓	回転窓	滑り出し窓	上吊り回転窓

020　建築の表現：アクソメ・アイソメ　Architectural Expression: Axonometric/Isometric

ペサックの集合住宅
ミリタリ40°（$\mu=1.0$）による住宅団地のアクソメ図．コルビュジエの描いたアクソメのほとんどは，建物を鳥瞰的に見下ろしたもの（ミリタリ画法）であるが，そこに都市計画と建築デザインを連続的に捉える視点が浮かび上がる．

南湖の家
カバリエ90°（$\mu=1.0$）によるアクソメ図．この画法では，側面方向から見える立面図や室内展開図，さらに奥行方向の水平距離などが，正確なプロポーションのもとに描かれるので，より一般図に近い立体図であるといえる．

幻庵
ミリタリ60°（$\mu=1.0$）によるアクソメ図．建物全体を構成部材にまず分解し，それらをきれいに並べて描くことで，この小さな茶室が様々な工業製作部品のアセンブル（集合体）によってできていることを明快に伝えている．

スズキハウス
カバリエ30°（$\mu=0.5$）によるアクソメ図．カバリエ画法では，立面（ファサード）形状が歪みなく保存されるため，平面図が保存されるミリタリに比べて，建物の視覚的な現れ方を表現するのに適しているといえる．

ネクサスワールド香椎
カバリエ$-$30°（$\mu=1.0$）による集合住宅のアクソメ図．建物全体および各住戸ユニットのヴォリュームを斜め下方から見上げるような形で描くことで，室内の天井面の様子や，住戸内のスキップフロアの様子などが表現されている．

ラ・ヴィレット公園（コンペ案）
カバリエ90°（$\mu=$約0.5）によるアクソメ図．地球上に存在する様々な風景の断片を帯状にして重ね合わせることで，メタ・ランドスケープとしての都市公園の姿を寓話的に表現している．

01：吉阪隆正編著：ル・コルビュジェ全作品集第1巻，p.70，A.D.A. Edita Tokyo（1979）
02：EL CROQUIS 67，p.94（1994）
03：INTERTWINING，p.22，Princeton Architectural Press（1996）
04：a+u 2000年5月臨時増刊号 レム・コールハース，p.247

ペサックの集合住宅[01]/Le Corbusier/1925年/ボルドー
（©FLC／ADAGP, Paris & SPDA, Tokyo, 2005）

南湖の家/坂本一成/1978年/神奈川県

幻庵/石山修武/1975年/愛知県

アイソメ，アクソメ

図学における単面投影とは，1枚の図により立体空間を描く画法であり，その1つに，対象物に備わる直交3軸を目安にして立体を再現する画法がある．これを平行投影と呼び，それには大きく直交3軸を互いに等角度・等尺度で設定する画法（＝アイソメトリック，略してアイソメ）と，直交3軸の2軸を直交・等尺度で置き，もう1軸を斜めに縮めて設定する画法（＝アクソノメトリック，略してアクソメ）がある．両者の画法は，縦横高さの3軸が互いに直交し比較的安定している建築物に対しては，作図のしやすさ，および立体全体の形状の把握のしやすさから，建物の図面表現において頻繁に用いられる．右図は3種類の著名な家具作品をアイソメおよびアクソメ（ミリタリおよびカバリエ）によって描いたものである．

アイソメトリック	アクソメトリック		
ミリタリ45° $\mu=1.0$	カバリエ90° $\mu=1.0$ / ミリタリ0° $\mu=1.0$	カバリエ45° $\mu=1.0$	カバリエ45° $\mu=0.5$

Architectural Expression: Axonometric/Isometric **建築の表現：アクソメ・アイソメ** 021

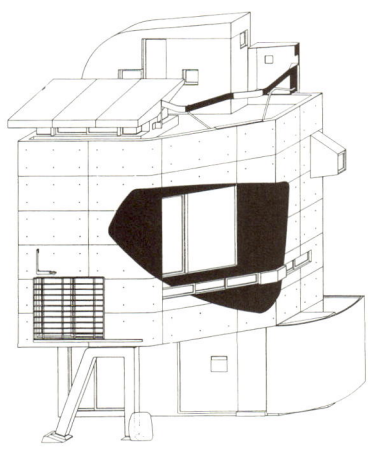
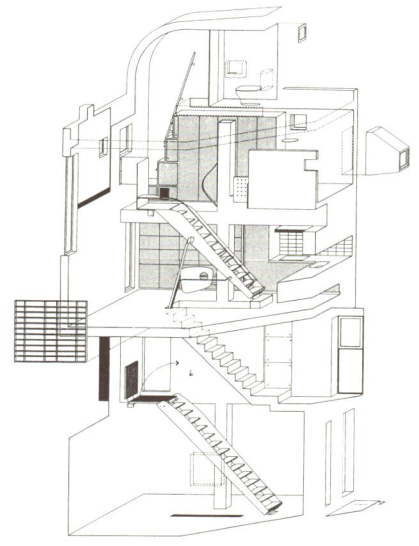
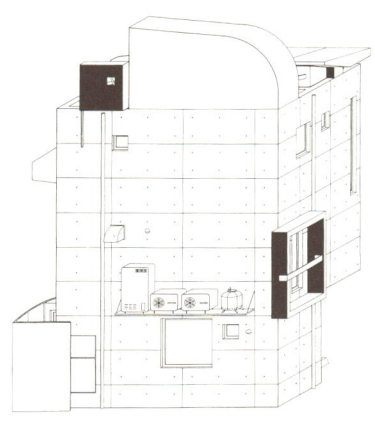

スズキハウス02/Peter L. Wilson/1995年/東京

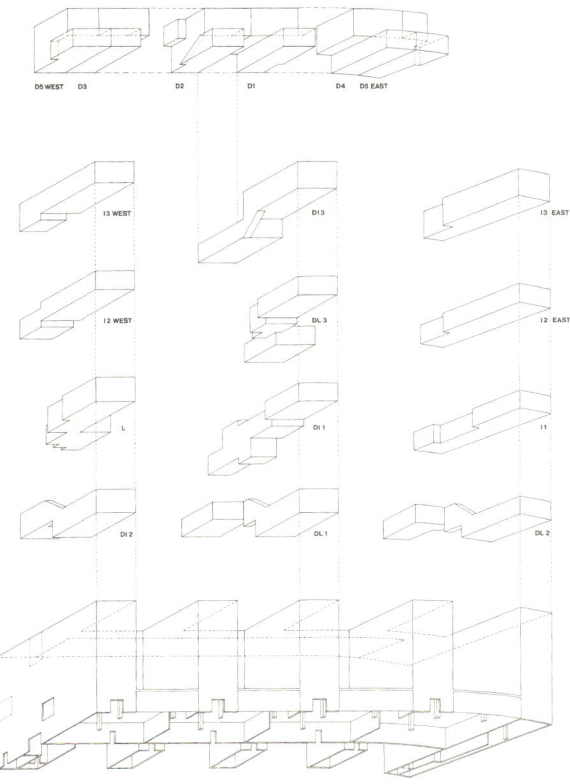

ネクサスワールド香椎03/Steven Holl/1991年/福岡

ラ・ヴィレット公園（コンペ案）04/Rem Koolhaas/1982年/パリ

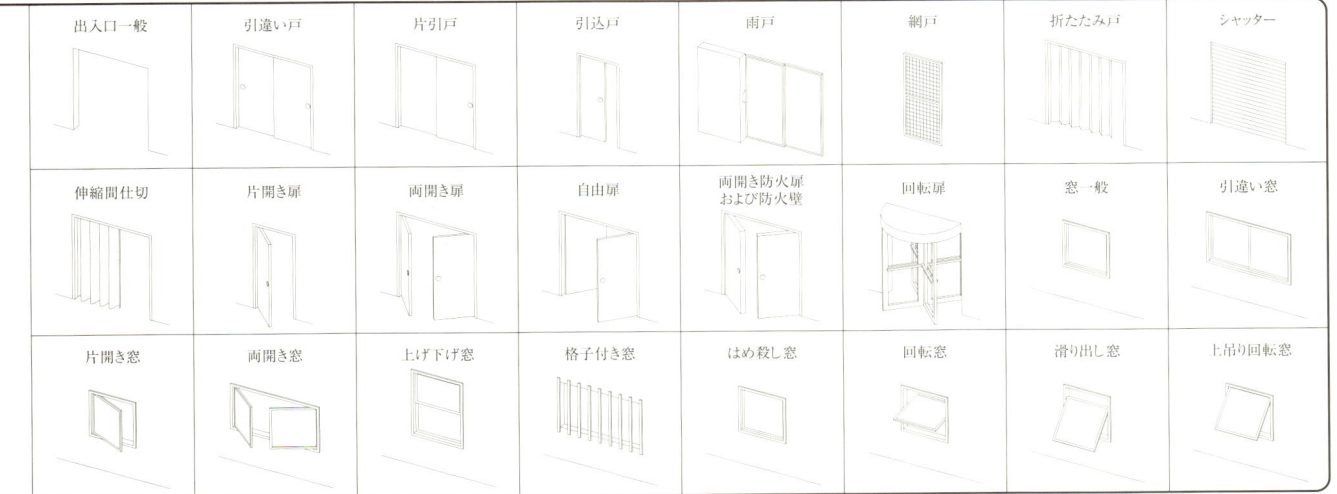

022 建築の表現：透視図 Architectural Expression: Perspective Drawing

落水荘[01]/Frank Lloyd Wright/1936年/ピッツバーグ郊外

現代都市（計画案）[02]/Le Corbusier/1922年 （©FLC/ADAGP, Paris & SPDA, Tokyo, 2005）

小さな都市のための美術館（計画案）[03]/Mies van der Rohe/1942年

ヴィトラ・ファイヤー・ステーション/Zaha Hadid/1991年/ドイツ

落水荘 ⇨053
2消点法による住宅のパース．視点の高さを滝の上端の位置にほぼ合わせることで，画面の上半分に建物の見上げの姿を，画面の下半分に自然の景観をダイナミックに描いている．

現代都市（計画案）
1消点法による都市景観のパース．カフェテラス，樹木，道路，広場，超高層ビル群，空といったエレメントを，舞台の書割風に手前から奥に順番に並べることで，開放的な現代都市の景観を再現している．

小さな都市のための美術館（計画案）
パース的手法を用いないパース，すなわち横長の窓枠で切り取られた2つの自然景観と，その手前に置かれた2つの彫刻と1枚の絵画，それらの組合せのみで描かれたモンタージュパースである．極端に単純化されつつも，そこに存在するであろう空間の豊かさが再現されている．

ヴィトラ・ファイヤー・ステーション
建物の通路部分を通過する際の一場面（シークエンス）を描いたダイナミックなパース．空間全体に動きや方向性を与えるために，断片化したエレメントを意図的に歪んだ透視画法を用いて描いている．

ブラント・ジョンソン・ハウス
2消点法による林の中のスキーロッジのパース．建物の外観，樹木，人物などが，同一のラインでかつ切り絵のように一体化して描かれており，建物と自然とを連続させたいという設計者の意図が表現されている．

インスタント・シティ
人とモノと映像が集積・錯綜する夜の街の風景．原色が施された不思議なオブジェや，様々なファッションを纏う人々の写真などが，微妙な遠近法のもとにコラージュされ，広場の賑わいを見せている．

ラ・ヴィレット公園
2消点法による公園の鳥瞰パース．公園を貫く遊歩道，公園内を曲線状に展開する植栽帯，グリッド上にばらまかれた真っ赤なフォリー（小建築）などが，既存の建物や運河を含む同一敷地内にスーパーインポーズ（重ね合わせ）されている．

ヘルシンキ現代美術館（キアズマ）
設計者自身による一連の内観スケッチパースの一つ．水墨画のような独特のタッチによって，柔らかい光が注がれ緩やかに湾曲する室内風景の様子が描かれている．

コングレスポ
吹抜けのレストランと，その窓ガラス越しに見える風景を，フリーハンドのタッチで描いたイラストパース．画法の精度を意図的に下げることで，その場の情景のダイナミズム（躍動感）が直に伝わってくる．

ダブルハウス ⇨137
立体的に相互にかみ合わされた2連住戸の断面パース．奥行の浅い建物なので，この図法によって内部空間全体の構成が明確に把握できる．住戸の境界を白/黒（内壁面）で表現している．

01：GA 2（フランク・ロイド・ライト），pp.42-43（1970）
02：Le Corbusier Architect of the Century, pp.224-225（1987）
03：Werner Blaser：Mies van der Rohe-The Art of Structure, pp.218-219（1993）
04：ARCHITECTURAL Monographs-Venturi and Rauch, p.95（1978）
05：ARCHIGRAM：monographie collection, p.142（1994）
06：a+u8809, pp.64-65
07：GA Document EXTRA06-STEVEN HOLL, p.105（1996）
08：EL CROQUIS 53, p.168-170（1992）
09：EL CROQUIS 86+111, p.138（2003）

透視図
透視図（パース，パースペクティブ）とは，視点を設定しそれを起点として立体の姿を仮想画面上に転写するものである．近い部分をより大きく，遠い部分をより小さく描くことで，立体または空間の奥行感を2次元平面として表すものであり，また人間の視線の高さから見える建物の内外の様子を再現することができる．一般に透視図には空間上の平行線が収束する消点（＝ヴァニッシングポイント）の数によって3種類の技法がある．1点透視は，ある方向へと向かう空間の奥行感や吹抜け感などを表すのに有効で，2点透視は空間の水平方向の広がりや建物の立体感などを表すのに適している．コンピュータによる描画によって汎用されるようになった3点（あるいはそれ以上の）透視は，建物形態の躍動感や空間の臨場感などを強調するのに有効であろう．

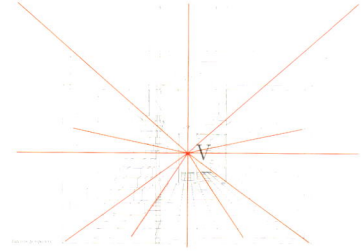
住吉の長屋/安藤忠雄

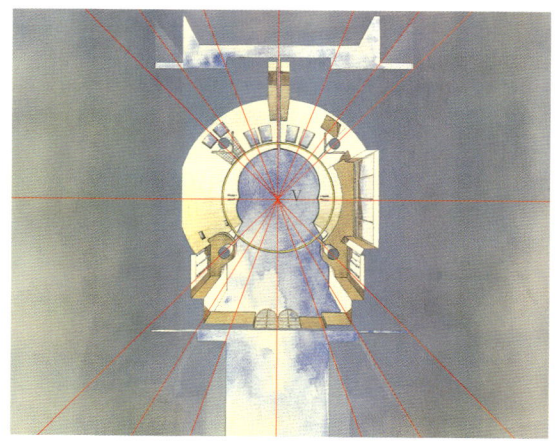
新小岩の家/六角鬼丈

Architectural Expression: Perspective Drawing　建築の表現：透視図　023

ブラント・ジョンソン・ハウス[01]/Robert Venturi/1976年/アメリカ

インスタント・シティ[05]/Archigram/1968年

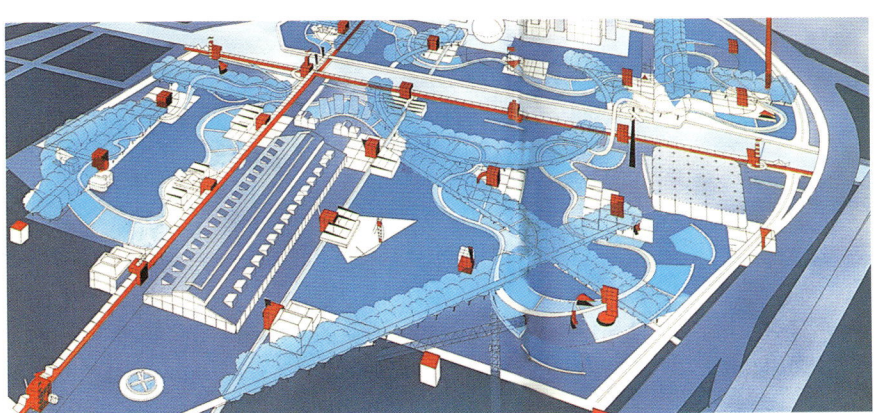
ラ・ヴィレット公園[06]/Bernard Tschumi/1983年/パリ

ヘルシンキ現代美術館[07]/Steven Holl/1998年/ヘルシンキ

コングレスポ[08]/Rem Koolhaas/1991年/リール

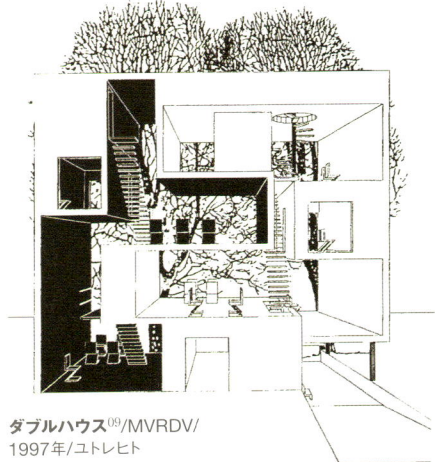
ダブルハウス[09]/MVRDV/1997年/ユトレヒト

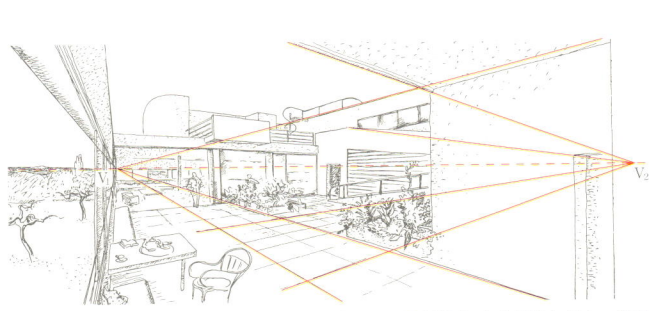
〈サヴォワ邸/Le Corbusier〉⇒120　　©FLC/ADAGP, Paris & SPDA, Tokyo, 2005
二点透視法

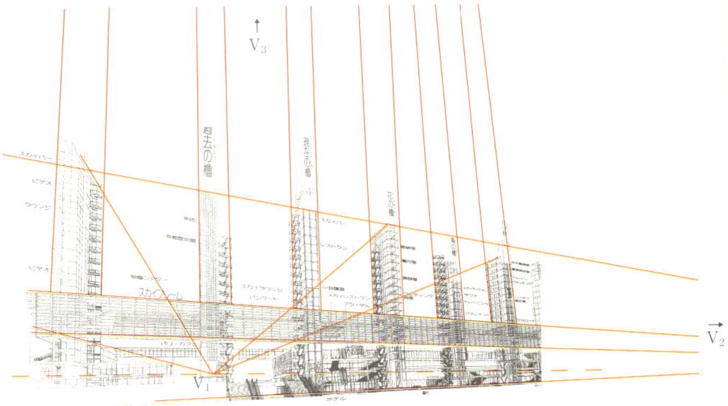

〈京都駅ビルコンペ案/Bernard Tschumi〉
三点透視法

024 建築の表現：矩計図・展開図・詳細図等
Architectural Expression: Detail Drawing/Interior Elevation/etc

増沢自邸 ⇒004, 005, 133
2階建て木造住宅の矩計図．建物を構成する部材の材質と断面寸法，および部材相互の間隔や垂直方向の距離などが（尺寸単位で）示されている．こうした図では部材の組まれ方の順序を重ねて理解する必要がある．

私の家 ⇒053
一つの住宅の平面詳細をデフォルメ（部分的に拡大または縮小）しつつ全体にわたって描いた図．壁面の仕上げの厚さや，外壁と建具との取り合いなどの部分は正確なプロポーションで描き，部材そのものの長さや距離などは縮小または省略して描いている．

ファンズワース邸 ⇒124
住宅の設備図の一種．1階の床面内に配管された暖房用パイプコイルのパターンを示したもので，すべてのパイプは中央の機械室に集結し，またガラス面の外壁沿いではより高密に配されていることなどがわかる．

妙喜庵茶室待庵・起こし絵
起こし絵とは，主に室内意匠を描いた図面を厚紙などで裏打ちして切り抜き，立てて組み合わせるようにした図で，いわば図面と模型の両方を併せ持つものである．茶室の設計などに利用され，玩具としても使われる．

パリ大学図書館（コンペ案）
展開図の特殊な例．一見すると斜面に建つ平屋の断面図のようにみえるが，実はすべてのフロアが緩やかなスロープによってスパイラル状に連続する多層建築であるため，こうした途切れのない展開図が出現する．

モデナ墓地設計競技
陰影のついた全体配置図の上に建物平面図や立面図などがオーバーレイされることで，1枚の用紙の中に複数の図面，すなわち配置図，平面図，断面図，立面図，アクソメなどが厳格にレイアウトされている．

01：S.D.S. 編集委員会編：S.D.S. 1 住宅，p.142，新日本法規出版 (1994)
02：堀口捨巳：茶室おこし絵図集第五集，墨水書房 (1964) より作成
03：S. M. L. XL. p.1313, 1318-1319, The Monacelli Press, Inc. (1994)
04：a+u 7605, pp.92-93

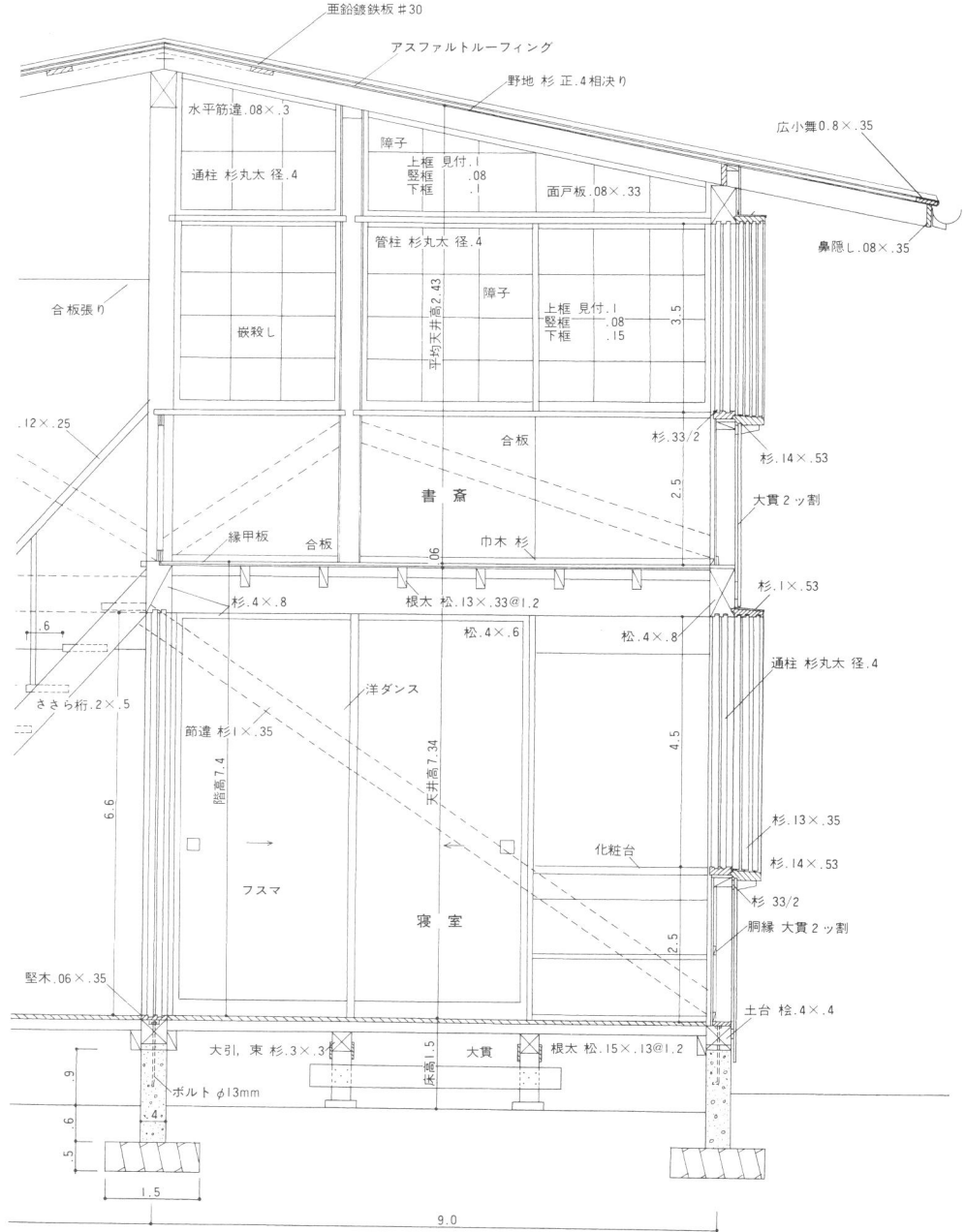

増沢自邸／増沢洵／1952年／東京都渋谷区　　縮尺1：35

その他の図

矩計図（かなばかり）：建物の基準となる垂直方向の寸法および標準的な納まりを示す図
詳細図：平・立・断面図などの一般図に対して，細部の組み立てや納まりを指示した図．アクソメなどで表す場合もある
展開図：建物内の各室を内側からみた立面図
伏図：建物の水平面（床面，天井面，屋根面など）の様子を指示した図
軸組図：各通り芯に沿って描かれた構造部材の形状を示す断面図
その他の図として，構造図，設備図，また表として表すものに仕上げ表，建具表，工程表などがある．

記号	材料名
A	アルミニウム
G	ガラス
P	プラスチック
S	鋼
Ss	ステンレス鋼
W	木材

記号	構成種類別建具の名称
E	縁甲板戸
F	フラッシュ戸
G	ガラス戸
L	よろい戸（がらり戸，ルーバー）
N	網戸
P	パネル戸（から戸）
Pr	プレス戸
S	シャッター
イ	和式道具	板戸類
シ		紙張り障子類
フ		ふすま類

建築の表現：矩計図・展開図・詳細図等
Architectural Expression: Detail Drawing/Interior Elevation/etc   025

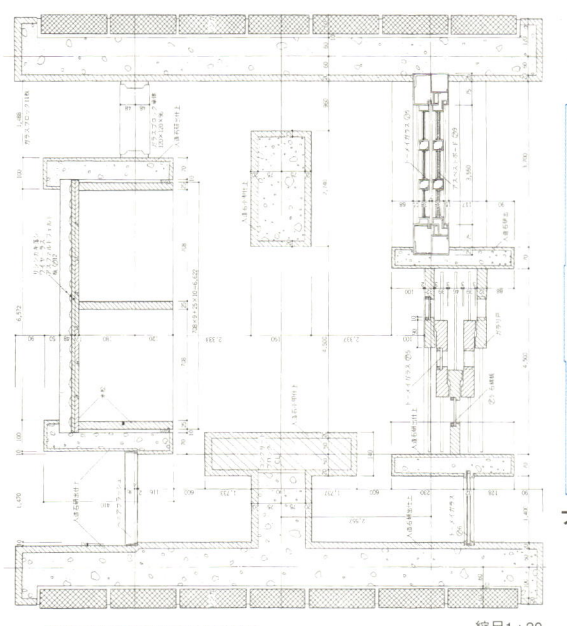

私の家/清家清/1954年/東京　　縮尺1:20

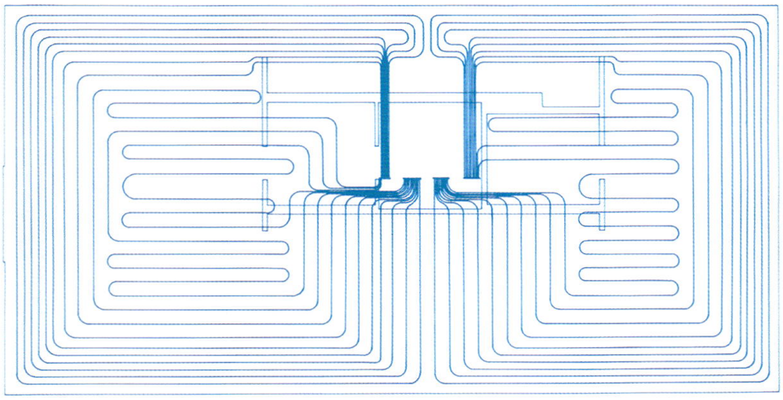

ファンズワース邸[1]/Mies van der Rohe/1950年/アメリカ　　縮尺1:150

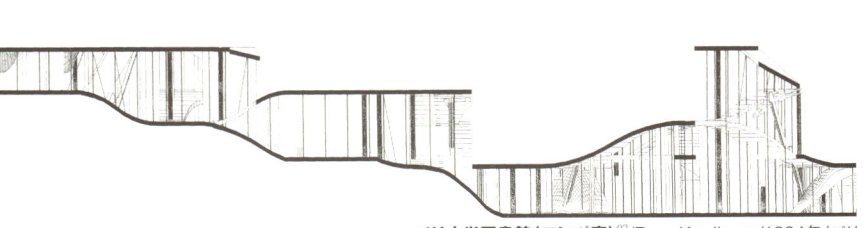

パリ大学図書館（コンペ案）[3]/Rem Koolhaas/1994年/パリ

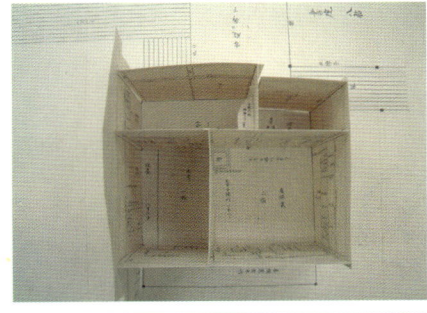

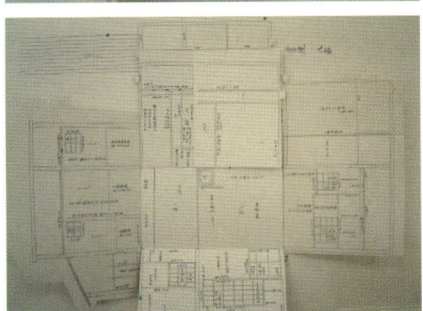

妙喜庵茶室待庵・起こし絵[2]/堀口捨巳（作図）

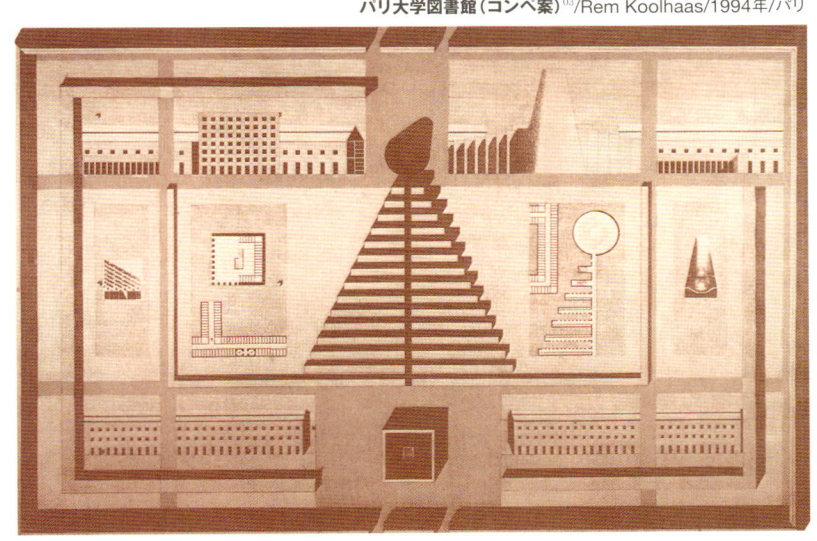

モデナ墓地設計競技[4]/Aldo Rossi/1971年/イタリア

アルミサッシ・一般引き違い窓上枠の納まり

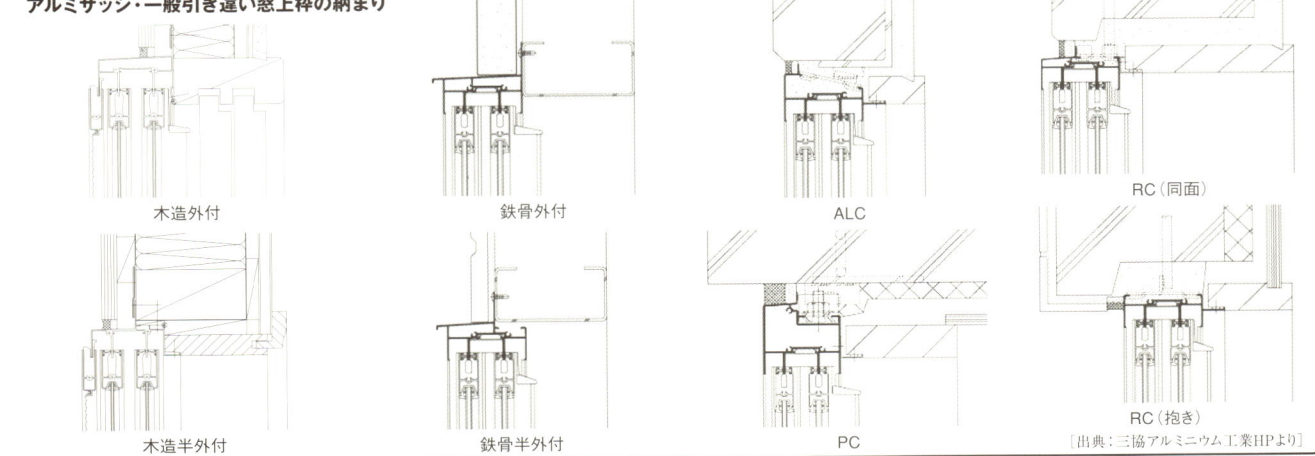

木造外付　　鉄骨外付　　ALC　　RC（同面）

木造半外付　　鉄骨半外付　　PC　　RC（抱き）

[出典：三協アルミニウム工業HPより]

026　建築の表現：模型　Architectural Expression: Model

アーバン・スケープ・ファーニチャー（計画案）
二重のスケールをもつ模型．すなわちこのモデルは，約100m²の居住空間の内観模型であると同時に，約6000m²の居住街区に展開する都市模型でもある．家具，建築，都市の間のアナロジーを幻想的に視覚化している．

せんだいメディアテーク（コンペ案）
初期のエスキス（⇒011）のイメージに則って的確に製作されたモデル．透明かつ有機的な構造体，ファサードのスクリーン，並木や人物など，すべての要素が同一色でオーバーレイすることで，詩的効果が存分に表現されている．

六甲の集合住宅Ⅲ ⇒156
地形の等高線（コンター）に倣ってコルクシートを積み重ねることで斜面を表現した模型．斜面に半分埋め込まれる形で建てられる建物群は，左手の2つの建物群（Ⅰ期，Ⅱ期）と軸線をずらしてセットされている．

N-house（計画案）
コンター模型がそのまま建物の内部に展開したような空間モデル．35cm間隔で連続的に積層する床面は，そこを体験しそれを使用する人間に対して，様々なアクティビティや機能を誘発させる．

マルケス・デ・リスカルのホテル
設計者のエスキスを立体的に立ち上げた模型．断片化した3次元曲面を立体的に集積させることで，一見すると奇抜であるが，人間を包み込むような豊かなスペースがつくられている．

東村立新富弘美術館
大きさの異なる円の集積によってできた美術館の模型．フラットな平屋であるので，屋根スラブをはずすと，すべての部屋の異なり具合と，部屋どうしの動線関係などが一目瞭然となる．（実際には迷路のように経験されるであろう）

青森県立美術館
新しい美術館の内部を提案する断面模型．トレンチと呼ばれるタタキの凹空間（茶色）の上部に，キャンティレバー状の凸ヴォリューム（白色）が覆い被されることで，その隙間に斬新な展示スペースが展開している．

トレド美術館ガラスセンター
内外の壁面が透明な曲面ガラスによって複層的に構成される建物の内観模型．エッジのない柔らかなイメージの背後に，ガラスという素材の空間に及ぼす作用を徹底して追及しようとする設計者の思想が伺える．

01：GA DOCUMENT 68 Frank O. Gehry 13 Projects after Bilbao, p.43

アーバン・スケープ・ファーニチャー（計画案）／原広司／1993年

せんだいメディアテーク（コンペ案）／伊東豊雄／1995年／仙台

模型

建築模型は，実際に建つであろう建物の形態や空間，あるいは性能などを予測・検証するために，実物を縮小してつくられた立体モデルである．視点が固定された2次元図面とは異なり，見る側のポジションが多様に設定できるので，実際の建物を斜めから見たり見上げたりすることや，建物の中を歩き回った時のシークエンスなどを擬似的に経験することができる．

一方，建物の性能や工法，すなわち技術的なシミュレーションのために模型を使用する場合もある．たとえば，建物の架構システムが工法的あるいは力学的に問題なく成立するか否か，内部空間の空気の流れが空調システムとして適切かどうか，あるいは内部の空間形状や仕上げ材料による音響的効果はどうかなど，建物のテクノロジカルな側面を検討するためのモデルとしても使用される．

このように建築模型は，その（模型としての）用途に合わせて，様々な大きさ，縮尺，素材，抽象度（省略やデフォルメ）などによって製作・表現される．ある意味で図面以上に設計の意図を正確に伝えることが可能なメディアであるといえる．

右図は模型製作に使用される一般的な工具類である．

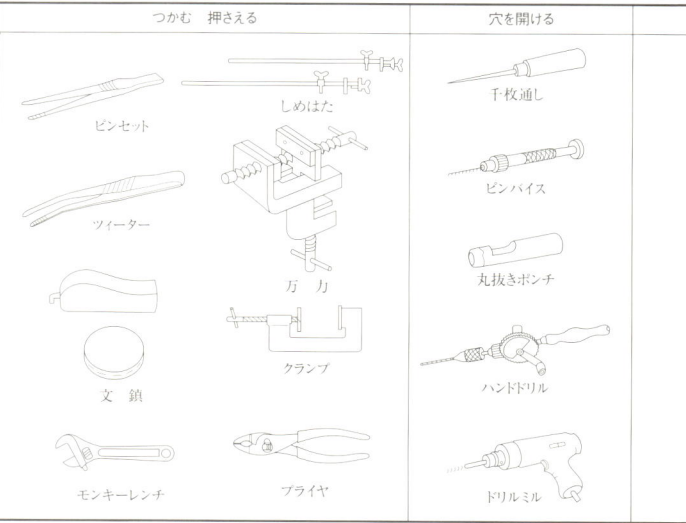

Architectural Expression: Model 建築の表現：模型　　027

N-house(計画案)/藤本壮介＋a.s.o.f./2001年/大分県　　（撮影：新建築写真部）

六甲の集合住宅III/安藤忠雄/兵庫県

マルケス・デ・リスカルのホテル[01]/Frank O. Gehry/2003年–/スペイン

東村立新富弘美術館/ヨコミゾマコト＋aat/群馬県

青森県立美術館/青木淳/1999年（コンペ時）/青森市

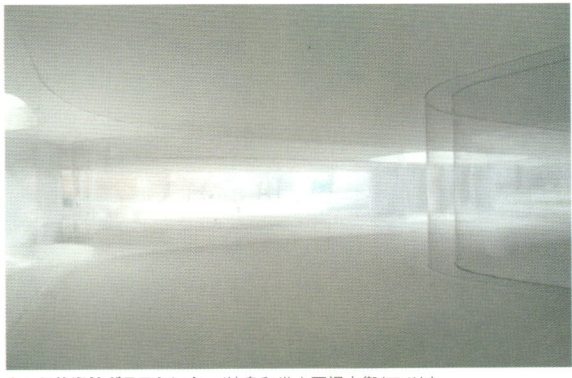

トレド美術館ガラスセンター/妹島和世＋西沢立衛/アメリカ

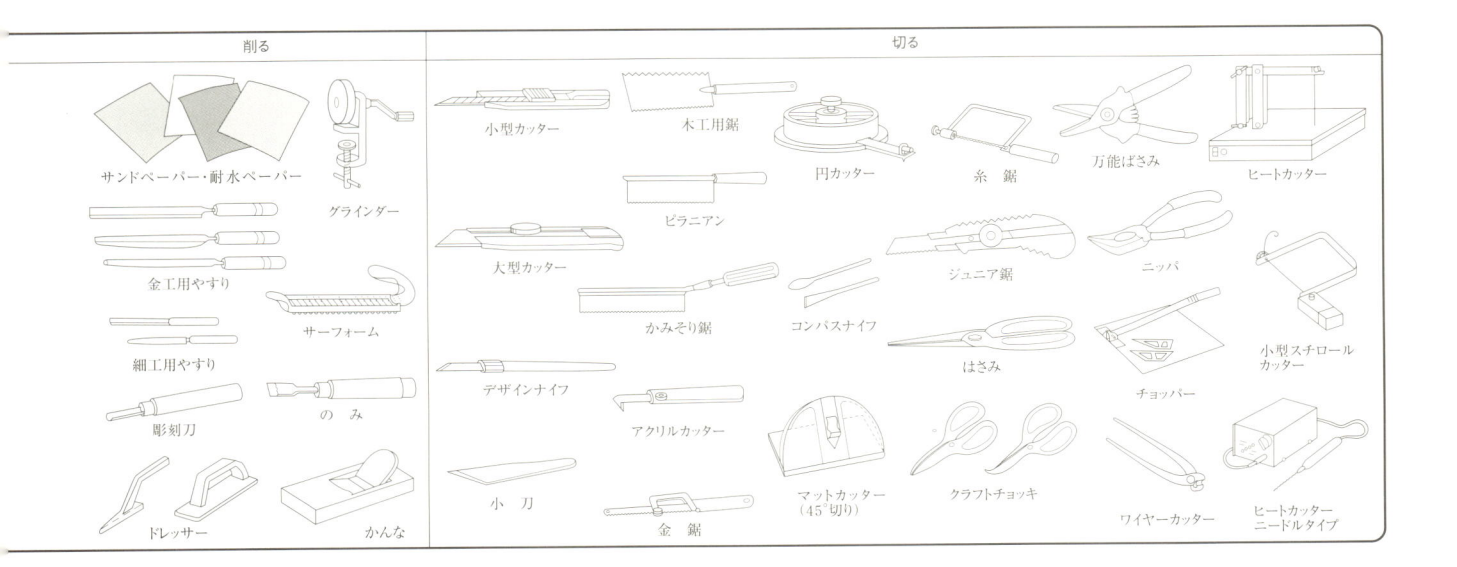

削る	切る
サンドペーパー・耐水ペーパー	小型カッター　木工用鋸
グラインダー	円カッター　糸鋸　万能ばさみ　ヒートカッター
金工用やすり	ピラニアン
サーフォーム	大型カッター　ジュニア鋸　ニッパ
細工用やすり	かみそり鋸　コンパスナイフ
彫刻刀　のみ	デザインナイフ　はさみ　小型スチロールカッター
	アクリルカッター　チョッパー
ドレッサー　かんな	小刀　マットカッター（45°切り）　クラフトチョッキ　ワイヤーカッター　ヒートカッターニードルタイプ
	金鋸

環境：建築環境システム Environment: Architecture and Environment Systems

建築を媒介に外部環境（都市・地域・地球等）と内部環境（人体等）との間を物質とエネルギーが出入りする系を建築環境システムと呼ぶ．建築環境システムは，出入りする物質とエネルギーによる環境物理要素（光・熱・空気・水・音）の振舞いがヒトを快適かつ健康的に働かせるよう計画・設計しなくてはならない．建築環境システムと内外のシステムは互いに入れ子になっており，各々の規模でエクセルギーを消費し，エントロピーを廃棄している．

※基準年：CO_2, CH_4, N_2Oは1990年度
オゾン層を破壊しないフロン類（HFCs, PFCs, SF_6）は1995年度

京都議定書における日本の温室効果ガス排出量
削減目標⇒2008〜2012年に基準年より6%削減
日本の温室効果ガス排出量推移
［全国地球温暖化防止活動推進センター資料］

都市化は雨水の不浸透域を増大させ，その結果，降雨に対する応答が早まり，ピーク流量が大幅に増大する．
都市化によるハイドログラフの変化

過去百年間の気温上昇

10km以上は地下鉄や路面電車の方が車より速い
4500m以下は自転車の方が車より速い
450m以下は徒歩の方が車より速い
200m以下は徒歩が最も速い
交通手段による所要時間の違い

宇宙 ← エントロピー ／ エクセルギー → 地球 ⋯ 地域/国家 ⋯ 都市/集落 ⋯ 建築

降雨量や流出量等，目に見える水資源だけではなく，各種生産に使われた水資源を，その製品の消費者が間接的に消費したとみなす仮想水の概念が注目されている．
日本の総仮想水輸入フロー（億m^3/年）

（通風）⇒035
（換気）⇒034
（日射遮蔽）⇒033
（昼光利用）⇒032
（色彩と視覚）⇒031
（閉鎖）⇒030　失いたくないモノの保護／害を及ぼすモノの拒絶／残したくないモノの排出／欲しいモノの取り込み
（開放）⇒030

2003年に南極域上空のオゾンホール（上図の灰色部分）は過去最大級に発展した．地球環境問題は，身近に見えない所で深刻な事態をもたらしていることが特徴の一つである．
南半球におけるオゾン全量の分布図
［気象庁報道発表資料：南極のオゾンホールに関する速報2003-2］

エベレストには特に60〜70年代にかけ，登山者により多くのゴミが捨てられた．現在，有志による清掃登山が繰り返し行われている．
エベレスト（チョモランマ）に捨てられたゴミ
［環境会議2000・11号，p.87，宣伝会議］

日中には東京23区の北側で高温域が形成されるが，東京湾の近傍や多摩川沿いでは海風や河川の冷却作用により気温上昇が緩和されている．夜間には都心を中心とした高温域が形成され，西方は低温になっている．
夏季の東京における気温分布
［日本建築学会編：都市環境のクリマアトラス，p.46，ぎょうせい（2000）］

建築環境システムと他システムとの入れ子構造[1]

水素経済社会と建築

燃料電池は水素を燃料電池スタックの燃料極に，空気中の酸素をスタックの空気極に供給することで，それぞれの極で電気化学反応が起こり，電子を外部に取り出すことで電気を発生させる装置である[1]．水素は，バイオガス（生ゴミ）中のメタンや風力・太陽光発電等の余剰電力から得られる．家庭内の需要を超える分は水素として貯蔵するか，外部に電力を供給する．燃料電池自動車は，有害排気ガスを出さないことや，未使用時に分散型電源の一つに加われることから，化石燃料自動車より，住宅との間の距離が近くなると考えられる[2]．既に各国で水素経済社会への移行実験が始まっており，今後建築設計のあり方にも大きく影響するだろう．

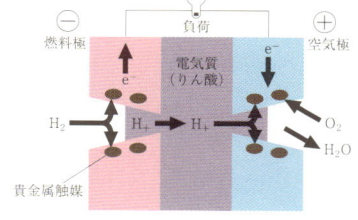

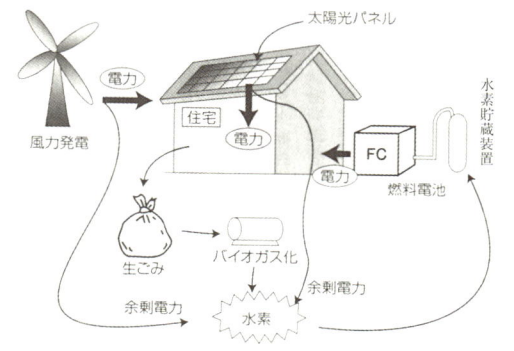

燃料電池の概念図[1]

自然エネルギーを利用した住宅の概念図[2]

01: 富士電機株式会社資料より
02: 生熊均編著：燃料電池ビジネスの本命"住宅市場"を狙え!, p.151, 日刊工業新聞社（2003）

環境：建築環境システム

Environment: Architecture and Environment Systems　029

建築環境システムは、他システムとの境界を設け、好ましいモノは取り入れ、望まないモノは遮蔽、または排除することにより、内部環境を調整する。

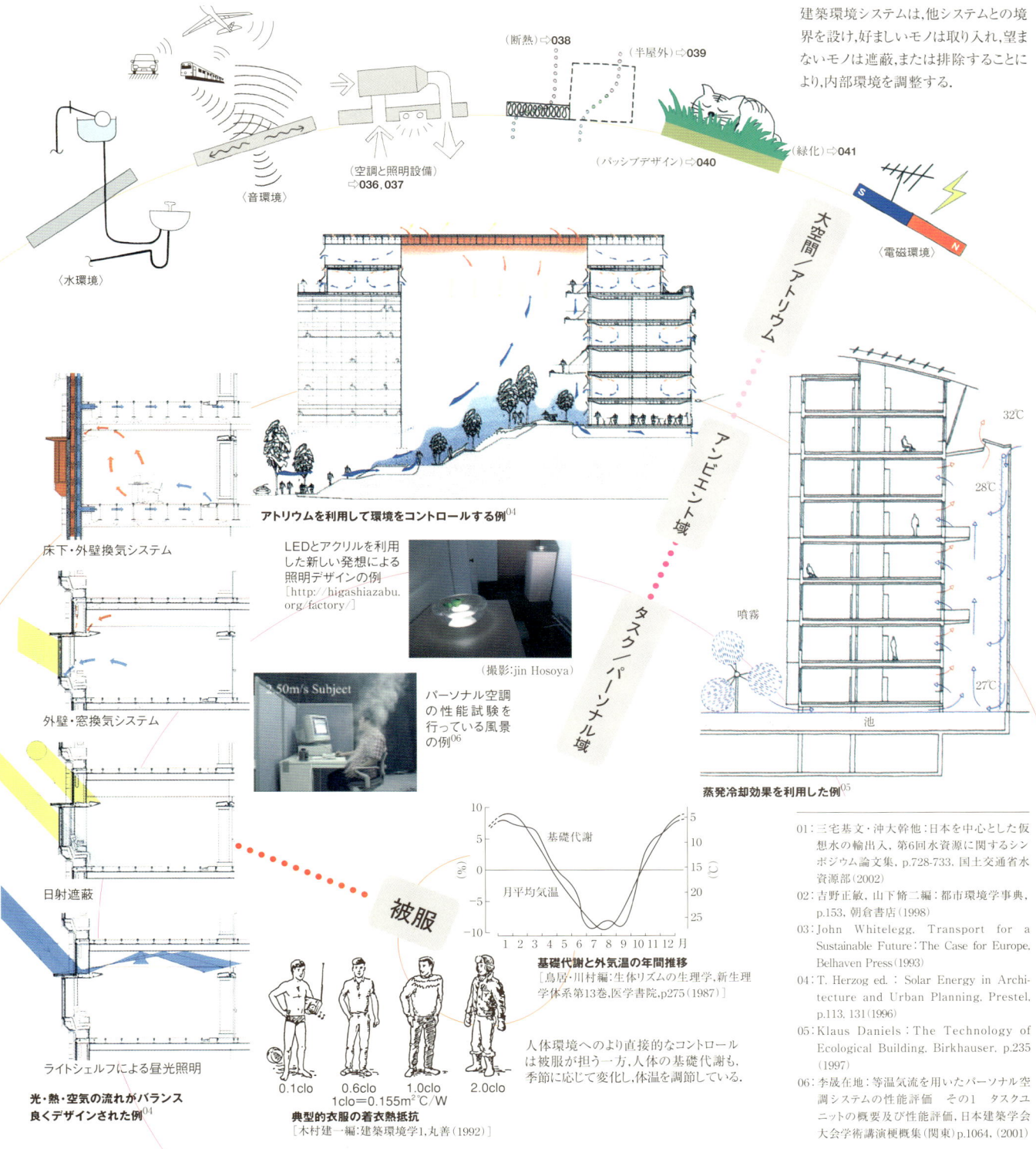

〈水環境〉
〈音環境〉
〈空調と照明設備〉⇨036, 037
〈断熱〉⇨038
〈半屋外〉⇨039
〈パッシブデザイン〉⇨040
〈緑化〉⇨041
〈電磁環境〉

大空間／アトリウム
アンビエント域
タスク／パーソナル域

床下・外壁換気システム

アトリウムを利用して環境をコントロールする例[04]

LEDとアクリルを利用した新しい発想による照明デザインの例
[http://higashiazabu.org/factory/]
（撮影：jin Hosoya）

外壁・窓換気システム

パーソナル空調の性能試験を行っている風景の例[06]

日射遮蔽

蒸発冷却効果を利用した例[05]

ライトシェルフによる昼光照明

光・熱・空気の流れがバランス良くデザインされた例[04]

被服

基礎代謝
月平均気温

基礎代謝と外気温の年間推移
[鳥居・川村編：生体リズムの生理学,新生理学体系第13巻,医学書院,p275(1987)]

0.1clo　0.6clo　1.0clo　2.0clo
1clo＝0.155m^2・℃/W
典型的衣服の着衣熱抵抗
[木村建一編：建築環境学1,丸善(1992)]

人体環境へのより直接的なコントロールは被服が担う一方、人体の基礎代謝も、季節に応じて変化し、体温を調節している。

01：三宅基文・沖大幹他：日本を中心とした仮想水の輸出入,第6回水資源に関するシンポジウム論文集,p.728-733,国土交通省水資源局（2002）
02：吉野正敏,山下脩二編：都市環境学事典,p.153,朝倉書店（1998）
03：John Whitelegg, Transport for a Sustainable Future: The Case for Europe, Belhaven Press（1993）
04：T. Herzog ed.；Solar Energy in Architecture and Urban Planning, Prestel, p.113, 131（1996）
05：Klaus Daniels：The Technology of Ecological Building, Birkhauser, p.235（1997）
06：李晟在他：等温気流を用いたパーソナル空調システムの性能評価　その1　タスクユニットの概要及び性能評価,日本建築学会大会学術講演梗概集（関東）p.1064,（2001）

ライフサイクルアセスメント（LCA）

LCAは製品の原料採取から製造・使用・処分に至る生涯[1]を通しての環境への影響・潜在的影響を調査するための技法であり、製品やサービスに関する環境マネジメントを支援することができる。1997年6月にISO14040（環境マネジメント－ライフサイクルアセスメント－原則及び枠組み）が国際規格となり、和訳されて同年11月に日本工業規格JIS Q 14040となった。建築実務に適用するには、建築のストック型複合製品としての特性を反映させる必要がある。

建築物のLCA手法は、日本建築学会、空気調和・衛生工学会、独立行政法人建築研究所等で取り組まれている。日本建築学会のLCA評価ツールは、設計者が代替案を検討するための簡易LCAツールであり、基本設計最終段階時点の限られた情報から、化石エネルギー消費量、CO_2・SOx・NOx排出量を算出し、地球温暖化・オゾン層破壊等、環境影響項目ごとの軽減効果が表示できるようになっている。

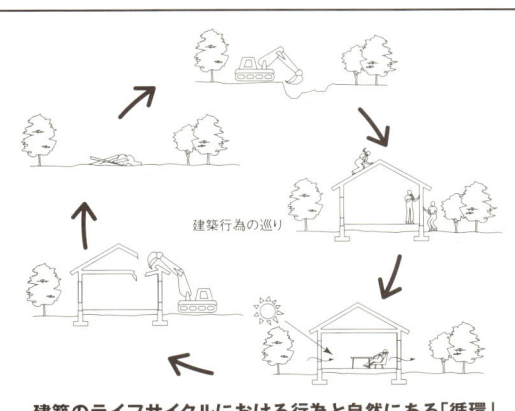

建築のライフサイクルにおける行為と自然にある「循環」との整合[1]

030 環境：環境への開放と閉鎖 Environment: Open/Close

伝統建築の環境への開き方による表情の違い 01〜05

上は，民家の形態を決める要因である「気候」の世界分類を表した民家気候図である．
①サーミ(ラップ人)の芝土で作った小屋，②ベルゲンの木造家屋，③アルベロベッロの石積みドーム屋根の民家，④イラクの通風塔(バドギール)，⑤プライバシーを保ちながら光や風を通すスクリーン(マシュラビヤ)，⑥白川郷の合掌造り，⑦景福宮の慶会楼，⑧メンカボン・ウォーター村の水上住居，⑨サダン・トラジャ族の鞍型屋根の家

凡例：年間蒸暑地域／年間乾暑地域／年間寒冷地域／季間蒸暑地域／季間乾暑地域／季間寒冷地域

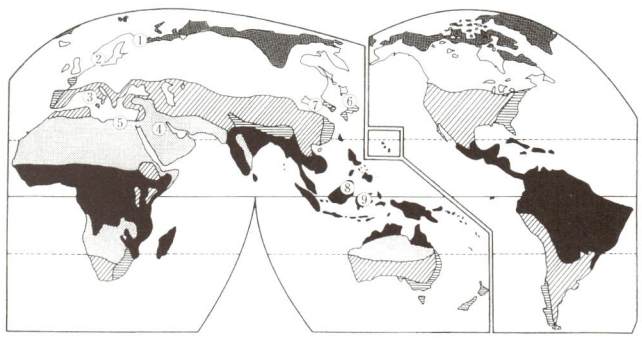

伝統的建築の環境への対応

気温の日較差が小さい分，夏季は蒸暑となる地域では，伝統的に建物を外に開いて室内気候を調整する手法が発達した．木や草のような熱容量の小さい材料を使用し，架構式軽構造であることが特徴である．外界気象条件が厳しい寒冷地域や乾暑地域では，伝統的に建物の内外を遮断する手法が発達した．石や煉瓦の組積式重構造の場合が多いが架構式もある．

現代建築の環境への対応

現代建築では，断熱・防湿性に優れた材料と気密性に富んだ構法を採用し，内外を断熱気密壁で区画する．ただし，必ずしも外と内を完全に遮断・閉鎖することを意味しない．設計者により，各環境物理要素に対して開放と閉鎖の両機能を併せ持った，季節や居住条件に対し適切な組合せが可能な建築となる．

大空間建築の環境への開き方による表情の違い

ハノーバー万博シンボル屋根（設計：Thomas Herzog）（出典：THOMAS HERZOG ARCHITECTURE TECHNOROGY）
エデンプロジェクト®（設計：Nicolas Grimshaw）（撮影：Leistner, Dieter）

01：木村建一編：民家の自然エネルギー技術，p.13，彰国社（1999）
02：ポール・オリバー：世界の住文化図鑑，p.27, 92, 132, 138, 140, 200（2004）
03：ユネスコ世界遺産，No.52, p.12（2001）
04：ユネスコ世界遺産，No.86, p.33（2002）
05：撮影 尹聖皓
06：http://www.apexnewspix.com/

環境への開放と閉鎖の機能を併せ持ち，季節や居住条件による切替を可能とした現代住宅の例

①沖縄・翁長の家（設計：福島駿介＋東浜設計事務所）
②高知・本山町の家（設計：小玉祐一郎）
③東京・箱の家48（設計：難波和彦）

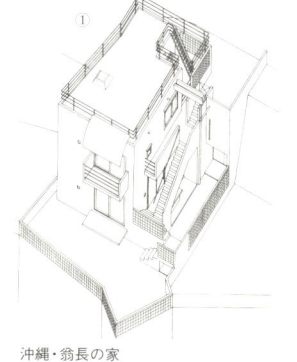

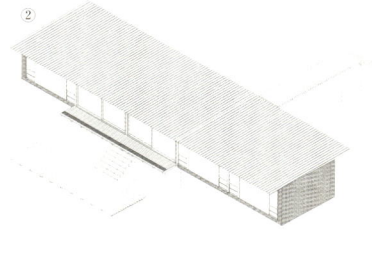

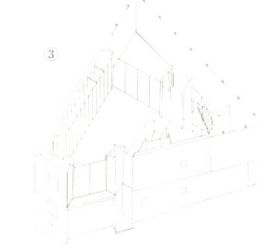

①台風対策にRC造を採用する一方，中庭・吹抜けを設けて採光と通風を確保し，開放的な住まいを実現している．②夏は前面開口部を開放して林からの冷たい風を取り込み，冬は日射を室内奥まで取り込む．熱容量の大きい床に，冬の日中は日射熱を蓄え，夏の夜間は冷気を蓄えて利用できる．③外断熱で基礎を含む建物全体を包み，冷暖房負荷を下げ室内の間仕切りを不要にすることで，開放時にはテラスからの採光や通風が全体に行き渡るようになっている．

温熱環境要素

人間の温熱快適性に影響を及ぼす環境側の要因は，気温・湿度・風速・放射である．この四要素で快適範囲を示した図の一つが，オルゲーの生気候図（概念図）[1]である．主に温湿度の影響を受ける場合は中央付近が快適範囲となる．一方，熱放射の影響も受ける場合は冬季の快適範囲が広がり，気流・冷放射・蒸発の影響がある場合は夏季の快適範囲が広がることが，図から視覚的に読み取れる．温熱快適性に対する人間側の条件としては，代謝量と着衣量とがある．

ある作業時の代謝量を評価するには，着席安静時の代謝量に対する比を用いる．これをエネルギー代謝率（Met）と呼ぶ．平均的に事務作業1.2Met，軽作業2.0Met程度と言われている．着衣量の基準は，着衣熱抵抗として，$0.155 m^2℃/W$を1cloとしている．男子の背広服姿が1.0clo，上半身を半袖シャツ姿にすれば0.6cloとなる．これら6要素の組合わせにより，予想平均申告（PMV）や標準新有効温度（SET*）が求められる．

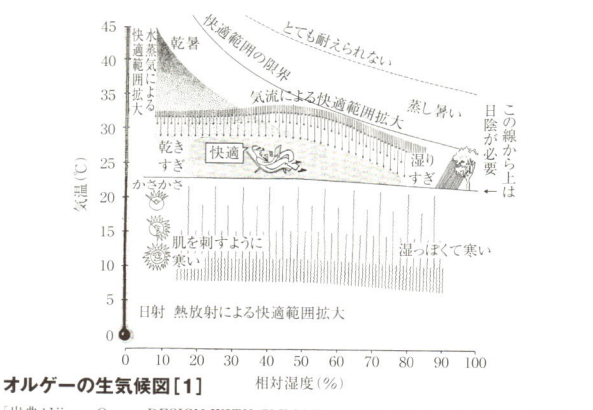

オルゲーの生気候図 [1]
[出典：Victor Orgay, DESIGN WITH CLIMATE, Prinston University Press, 1963]

Environment: Color and Eyesight **環境：色彩と視覚**

現地で産出される黄土を壁面に使用している．
内子町（四国）

窯業で排出されるコールタールを腐敗防止に木壁面に塗っていた．この黒色が今も残り特色となっている．
常滑（愛知県）

現地で産出される赤土を壁面に用いている．
出石町（兵庫県）

基壇部に現地産の石材を使い，壁面にも同様の色の調の紫を使って街並みの色を統一している．
美瑛町（北海道）

地域の基調色を町並みの景観に活かした例01 [1]

色彩調和の形式Ⅰ─対照色相の調和02
朱色と緑青の対照色相配色は青丹よしと歌われた奈良以来の伝統的な配色．対照色相配色は，明瞭性の原理に基づく色彩調和の基本形式の一つで，実際の色よりさえて見え，互いの色を引き立て合う効果がある．

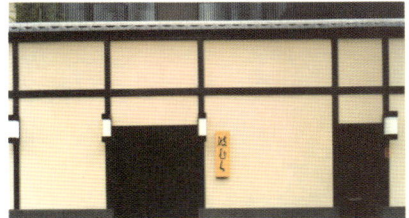

色彩調和の形式Ⅱ─対照トーンの調和03
明暗の差を明快につけた対照トーン配色．明瞭性原理の基本形式の一つ．明暗の差によるコントラストは，引き締まった緊張感のある美しさを表現する．瓦，土壁，柱・梁の木部は自然系素材のもつ色相の共通性が感じられ，明暗の変化が一層効果を発揮する．

色彩調和の形式Ⅲ─類似色相の調和04
ともに地場産業であった煉瓦を利用していることから，時代を超えて素材色による色相の類似性の原理が働き，調和の形式が成立している．歴史的建造物の移築に併せて新築された公民館も同様の素材色が基調であるため，歴史の連続性と視覚的なまとまりのある景観を形成している．

色彩調和の形式Ⅳ─類似トーンの調和05
壁，柱梁，畳，障子をすべて自然素材色で構成．色相Y〜YR系（アースカラー）の色相範囲で，中間色調同士の類似トーンの配色である．落ち着いた，穏やかな雰囲気が醸し出される．直交するシャープな面の構成を柔らかく見せている．

配色と色彩調和 [2]

"安全色彩"の積極的活用による空間演出06
未来型オフィスビル地下の設備室および設備・機械類を動物園，動物達にたとえ，大胆に明るく楽しく描画し，彩色を施している．配管識別の安全色彩使用通則を原則としながら，設備室全体の雰囲気を開放的で愛着のあるものにしている．

視覚情報のプライオリティを考慮07
色彩の役割の一つ"視覚伝達"を効果的に用いた例．視覚情報の正確さ，確実さが要求される空港・駅などでは視覚伝達効果を高めるため，サイン周辺には視覚的ノイズとなる色彩は排除する．ダークグレイの地に白抜きの文字は，色覚障害の有無に拘らず視認性，可読性が高い．

歴史や地域の特性を考慮した色彩設計 [1]

色彩設計には様々なコンセプトがあり得るが，歴史や地域の色との関係は最も重要な視点の一つである．しかし一言に地域の色といっても，自然の色は季節や気候によって変化するし，歴史のある色は時を経ることによって変化した結果の色である．計画した色も時間とともに変化することは避けられず，そのような変化は使用した素材によって大きく異なる．また，地域によっては，地域の景観を保全するために選択できる色が制限されている場合もある．

配色と色彩調和 [2]

配色は無限に近い組合せが可能であるが，調和感を生じる色の組合せは限られており，その組合せを見つける様々な方法が提案されている．色彩調和論に基づく色彩設計は感覚的なものに合理的な裏づけを与える点で有効である．

色の機能 [3]

鮮やかな色は注意を引くし，用途や空間ごとに色を塗り分ければ使用者の理解を促すこともできる．しかし，安全を確保するために色による識別性を利用している場合もあり，環境の色がそれらの効果を損う危険性もある．色の情報伝達機能を利用した色彩計画は魅力的ではあるが，色覚には個人差があることから色のみに頼りすぎることは避ける．

01：東京商工会議所編：カラーコーディネーター検定試験1級テキスト 環境色彩，pp.22〜24，中央経済社（1998）
02：穴八幡宮随神門，設計：清水建設 一級建築士事務所
03：料亭波むら，設計：清水建設一級建築士事務所
04：深谷市大寄公民館，設計：吉岡亮介・吉岡設計事務所
05：こうしょう庵，設計：清水建設一級建築士事務所
06：新梅田シティMACHINE ZOO，設計：稲峰富枝，森喜久雄
07：ユナイテッド航空ターミナルビル，設計：ヘルムート・ヤーン

色の機能 [3]

視覚の順応

人間の知覚できる波長帯は概ね3.8μm〜7.8μmである．この波長帯の光を可視光線と呼ぶ．可視光線の波長帯においても，人間が感じる明るさは波長により異なり，その相対値を比視感度と言う．比視感度は，網膜にある錘状体と杆状体の2種類の視細胞で異なる．錘状体は明所視の時に働き，一方，杆状体は暗所視の時に働く．ただし杆状体は色を感じることができない．明所視と暗所視の間である薄明視の時は，錘状体・杆状体ともに働く．

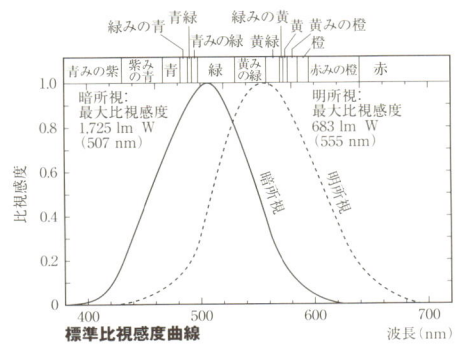

暗所視：最大比視感度 1,725 lm/W（507 nm）
明所視：最大比視感度 683 lm/W（555 nm）

標準比視感度曲線

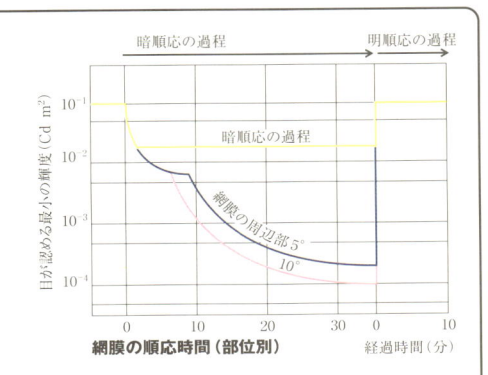

明順応は1分程度だが，暗順応は30分程度を必要とする．明順応から薄明視になると，赤色が暗く見え，青色が鮮やかに見えるようになる（プルキンエ現象）．

網膜の順応時間（部位別）

環境：昼光利用 Environment: Daylighting

昼光利用の基本手法[1]

照明自身や照明の発熱を処理する空調のための電力が建築物の消費エネルギーの多くの部分を占めることは良く知られている．

上手に昼光利用をすれば，省エネルギーはもちろん，人工光に比べ波長分布バランスが良い昼光が，時刻や季節による緩やかな変動を建物内にもたらし，自然な光環境を創出することが可能となる．

昼光利用を行う際に注意が必要な事項として，「照度の変動」「直射光のまぶしさ」「熱負荷の侵入」がある．計画においては対象空間に求められる光環境や温熱環境をよく理解し，建築的工夫（庇，ライトシェルフ，ルーバー等⇒104）や設備的工夫（照明制御設備，自動ブラインド等）を取り入れていく必要がある．

昼光利用の基本手法[1]
① 頂光　② 頂側光　③ 側光　④ 底光
関西国際空港（1994年，Renzo Piano Building Workshop，日建設計）

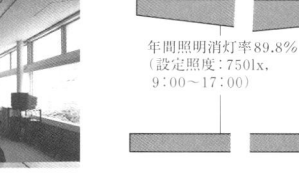

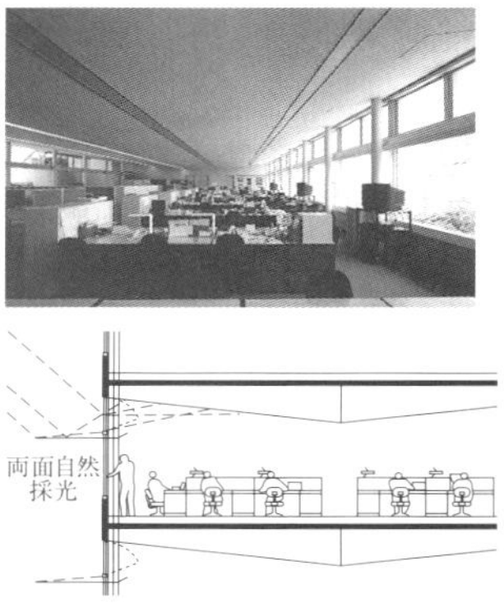

ライトシェルフとアトリウムの活用によるアンビエント域の昼光利用を促進した事例

東京ガスアースポート[2]

オフィス照明ではタスク＆アンビエント概念を取り入れ，昼光を部屋の明るさ感を得るアンビエント光として利用するための様々な工夫がされている．具体的には傾斜天井・ライトシェルフ・ライトシェルフ上部の腐食ガラスにより直射日光を抑制しながら，反射拡散光を部屋奥天井部分にまで導くよう計画されている．また，それらの工夫による効果を確認するため，模型やシミュレーションによる検証を繰り返し行っている．

自然光のアンビエント光利用 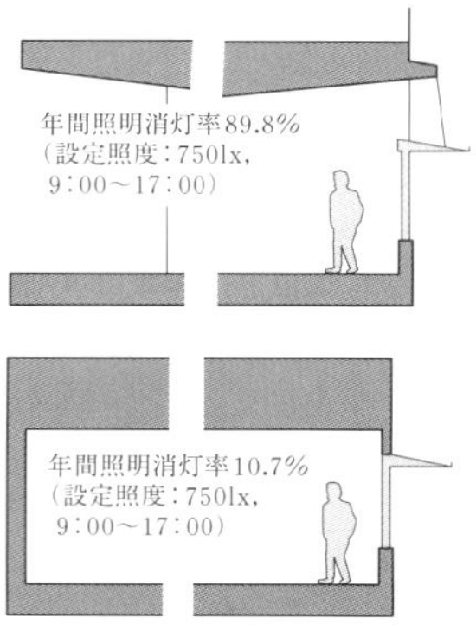
年間照明消灯率89.8%（設定照度：750lx，9:00～17:00）
年間照明消灯率10.7%（設定照度：750lx，9:00～17:00）
年間照明消灯率シミュレーション（両面採光，斜め天井） 
模型による室内輝度分布実測（屋外水平面照度45,000lx時）

東京ガス"アースポート"（1996年，日建設計，NTTファシリティーズ）[2]

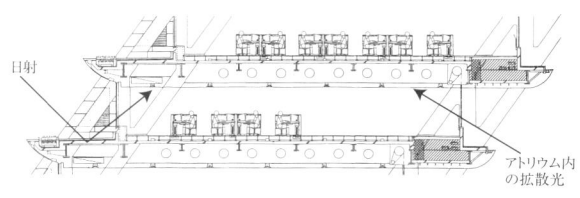

パナソニック・マルチメディアセンター[3]

各フロアをセットバックさせる断面構成により，バルコニーに反射した柔らかな自然採光を天井に導くと同時に，アトリウム内の拡散光を導入している．

アトリウム部分は廊下に設置したスポットライトを天井面に投影する間接照明方式とし，また，反射ミラーを併用することで，床面の必要箇所の照度を確保することも可能としている．これにより，少ない照明器具で空間全体の明るさを維持し，機能上必要な照度を確保している．

パナソニック・マルチメディアセンター（1992年，日建設計）[3]（撮影：畑亮夫）

地球環境戦略研究機関（IGES）[4]

オフィスは大きくとった窓面・ライトシェルフ・斜め天井・両面採光による昼光利用を行う計画としている．ライトシェルフは西日を防ぎながら眺望を確保する機能を兼ねている．

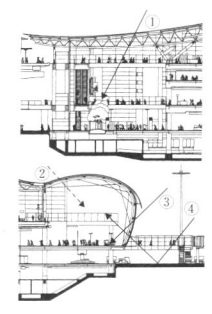

（撮影：三輪晃久写真研究所）（撮影：畑亮夫）
地球環境戦略研究所（IGES）（2002年，日建設計）[4] 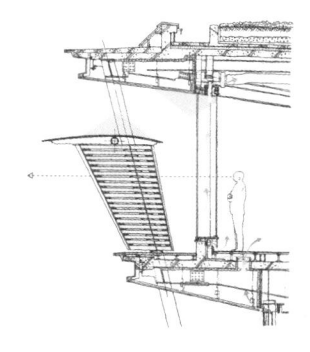
アトリウムとアンビエント域への昼光利用の例

昼光率の定義と基準

昼光利用の計画をする場合，採光量・変動量を把握し，室の用途種別に適合した照明環境を提供できるよう建築形態・材料・設備を検討する必要がある．昼光率は採光量を示す重要な指標であり，室の形体から計算により求める[1]．昼光率が分かれば屋外の水平面照度[2]から室内での照度を把握することが可能となる．[3]に室用途・種別による基準昼光率を示す．

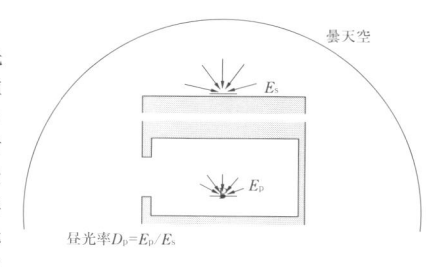

昼光率 $D_\mathrm{p} = E_\mathrm{p}/E_\mathrm{s}$

昼光率 D_p は室内の昼光照度 E_p と同時刻での屋外の全天空による水平面照度 E_s との比 $E_\mathrm{p}/E_\mathrm{s}$ と定義される．

昼光率の定義[1]

条件	天空率照度[lx]
特に明るい日（薄曇，雲の多い晴天）	50,000
明るい日	30,000
普通の日	25,000
暗い日	5,000
非常に暗い日（曇天・降雪中）	2,000
快晴のあおぞら	10,000

天空照度による水平面照度[2]

段階	作業または室の種別例	基準昼光率(%)
1	特に精密な手作業	10
2	長時間の精密な手作業	5
3	短時間の精密な手作業，長時間の読書	3
4	読書，事務，一般作業	2
5	会議室，講堂，病室	1.5
6	短時間の読書，美術展示	1
7	ホテルロビー，住宅の居間・食堂	0.7
8	廊下，階段	0.5
9	倉庫	0.2

室用途種別による基準昼光率[3]

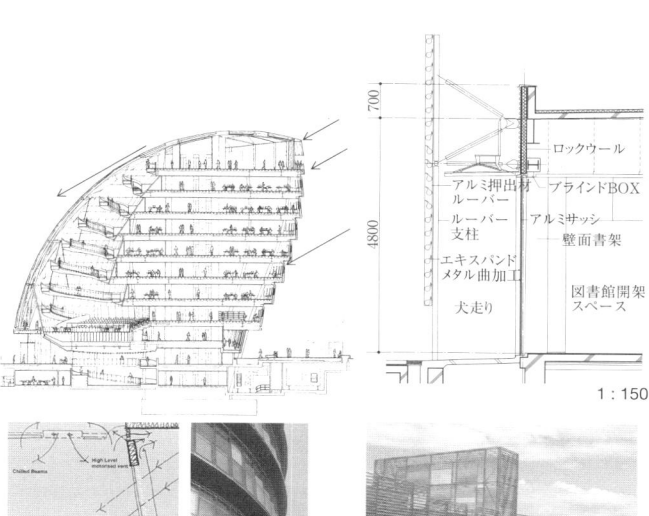

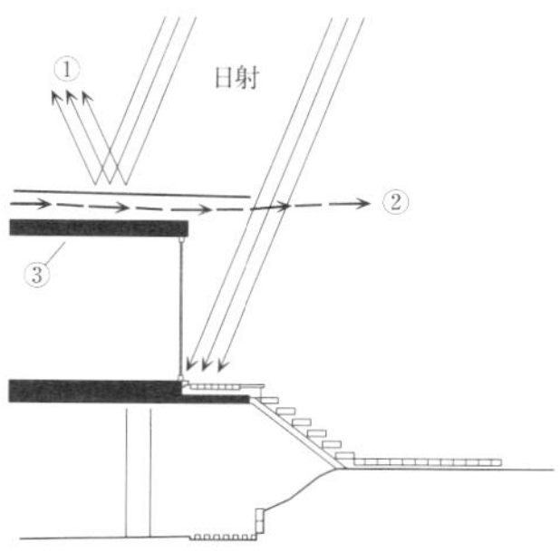

Environment: Sun Control **環境：日射遮蔽**

日射のコントロール

私達は，熱エネルギーとしての日射と，昼光照明の光源としての日照という2つの面で，太陽から大きな恩恵を受けている．両者の適切なコントロールは，パッシブデザインを考える上でも非常に重要である．

夏季には，日射を遮蔽して，冷房負荷を軽減したい．一方冬季には，日射を取り入れて暖房負荷を軽減したい．正反対の要求に，バランス良く応える必要がある．また，1日のうちで大きく変化する状況にも応じた問題解決方法を考える必要がある．

建物全体に対する遮蔽[1]

建物自体の形状を工夫することで，採光を確保しつつ，日射を効果的に遮蔽することができる．

屋根や庇，軒による遮蔽[2]

日本では，太陽高度の高い夏季には，屋根面が，垂直面に比べて多くの日射を受けることになるため，屋根面での日射遮蔽は重要である．

また，庇や軒を張り出すことにより，太陽高度の高い夏季には日射を遮蔽できる．逆に，太陽高度の低い冬季には，室内まで日射を導くことができる．

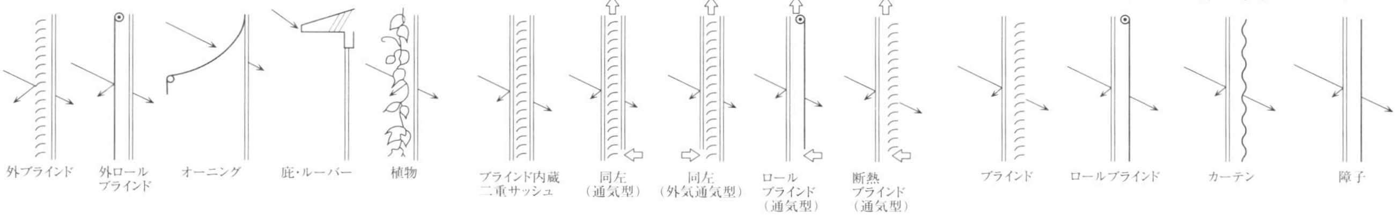

①日射の遮断・反射／屋根材の亜鉛鋼板により日射を反射する
②屋根裏廃熱置／屋根裏面の通気層から熱を排出
③断熱／天井面200mmの断熱層

本山町の家（高知県長岡郡本山町）03

GLAビルディング（London, イギリス）01

不知火美術館・図書館（熊本県宇城市）02

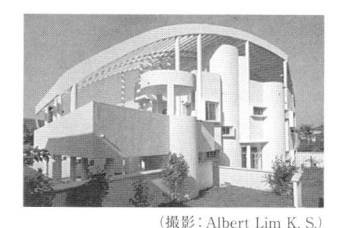

（撮影：Albert Lim K. S.）
Roof-Roof House（マレーシア）04

GLAビルは建物の形そのものを変えた例，不知火文化プラザ（美術館・図書館）は日射遮蔽装置自体で建物を覆った例と言えよう．このような解決法も考えられる．

建物全体に対する遮蔽[1]

屋根や庇，軒による遮蔽[2]

外ブラインド　外ロールブラインド　オーニング　庇・ルーバー　植物　ブラインド内蔵二重サッシ　同左（通気型）　同左（外気通気型）　ロールブラインド（通気型）　断熱ブラインド（通気型）　ブラインド　ロールブラインド　カーテン　障子

草千里公衆トイレ（熊本県阿蘇市）　**テレビ朝日**（東京都港区）　**電通本社ビル**（東京都港区）　**アラブ世界研究所**（フランス）　**八代広域行政事務組合消防本部**（熊本県八代市） 　**海彩館**（熊本県牛深市）

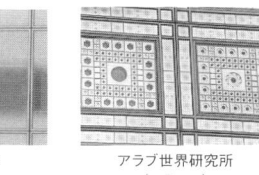

外部でのコントロール　　**窓システムによるコントロール**　　**内部でのコントロール**

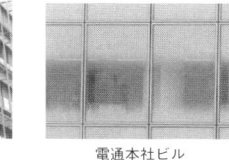

開口部での日射コントロールの様々な工夫と具体例05 **[3]**

01：設計：Foster & Associates，アラップ，2002年
02：設計：北川原温建築都市研究所＋伊藤建築事務所，1999年
03：設計：エステック計画研究所，2002年
04：設計：Ken Yeang，1983-1984年
05：環境工学教科書研究会編：環境工学教科書 第2版，pp.92-93，彰国社（2000）

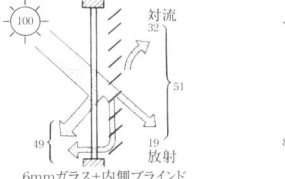

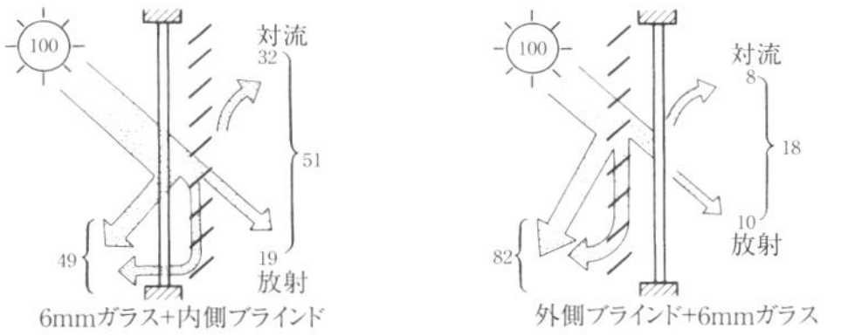

開口部の工夫[3][4]

日射を遮蔽しながら，採光を確保するためには，開口部の工夫が必要である．いずれの方法も一長一短であり，1日，または1年を通して，完全に日射をコントロールすることはなかなか難しい．なお，熱環境の観点からは，室内側よりも室外側で遮蔽した方が有利である．

6mmガラス＋内側ブラインド　　**外側ブラインド＋6mmガラス**

外側ブラインドの日射遮蔽効果[4]

年間の太陽位置図

太陽位置図は，天球上の太陽の軌跡を平面上に射影して描いた図である．緯度が異なれば，同じ日時でも太陽の位置は変わるため，異なった図を用いる必要がある．射影の方法にはいくつかあるが，左の図で用いられた方法では，太陽高度が低い場合でも，図が大きく見やすくなっている．この太陽位置図を用いれば，任意の日時の太陽高度と太陽方位角を容易に求めることができる．また，太陽位置図を用いて，日照の様子や庇の効果などを検討することもできる．最も太陽高度の低い冬至の日照を検討するために，数種の緯度に対して，それぞれの冬至の太陽軌道のみを，一つにまとめた図もある．

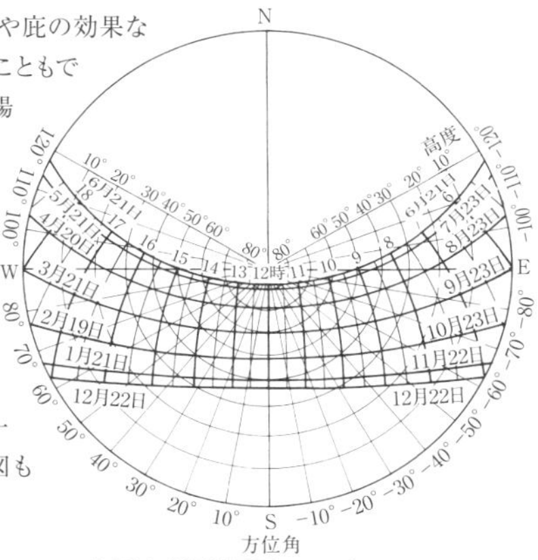

年間の太陽位置図（北緯30°・極射影） 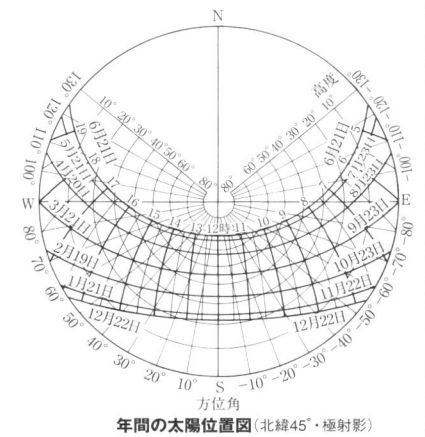　　**年間の太陽位置図**（北緯45°・極射影）

034 環境：換気 Environment: Ventilation

機械換気方式[1]
機械換気には，送風機と換気口の配置による違いがあり，室の用途に応じて使い分ける．

自然換気の利用[2]
■建物内外の温度差による換気
給排気口高さの差が大きくなるような建築的配慮，内外に一定の温度差が確保できる立地条件が必要である．

■外部風圧力による換気
主にセンターボイド型高層建築等に適用されており，外壁側に吸気口，ボイド部分に排気口を設ける例が多い．必要に応じて機械力を併用できる配慮が必要である．

ナイトパージ[3]
夜間換気により，屋内の空気を新鮮に保つとともに，屋内に用意した熱容量の大きい部材に蓄冷させることで，日中の冷房負荷を下げることができる．

置換換気システム
■置換換気システム[4]
室温より低温に空調された新鮮空気を居住域に直接導入し，天井付近で排気させる．温度成層により居住域のみ換気効率を高めることが可能である．

■局所換気システム
汚染物質発生地点が特定されている場合に適している．フード形状によって排気捕集率は大きく異なる．同時給排気システムとすることにより，室内温熱環境の悪化を防ぐことが可能である．

室内空気汚染[5]
建築内部では居住者の活動に伴い様々な汚染物質が発生している．最近では建築材料等から発生する化学物質がシックハウス症候群の原因として大きな社会問題となっている．常に室内汚染物質が許容濃度を下回るような換気計画が必要である．

01：Ingeborg Flagge, et al.：THOMAS HERZOG ARCHITECTURE＋TECHNOLOGY, PRESTEL, p.110-113 (2002)
02：新日本建築家協会：生き続ける建築のデザイン―サステイナブルデザイン・ガイド, p.47 (1995)
03：Tanabe, et al.：Roomvent'98, Vol.2, p.181-182 (1998)
04：空気調和・衛生工学会：換気規格 HASS102-1997

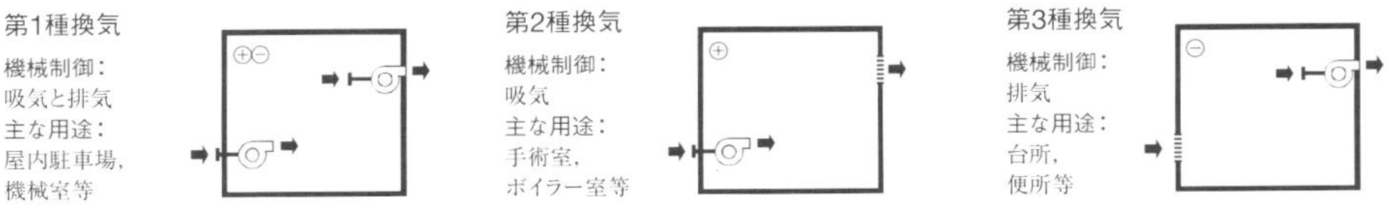

換気方式の分類[1]

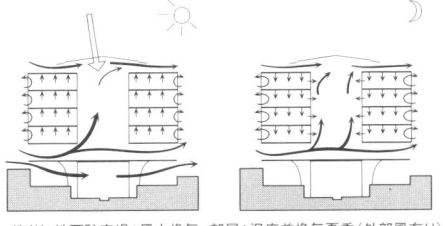

季節に応じて自然換気を活用する例[01][2]

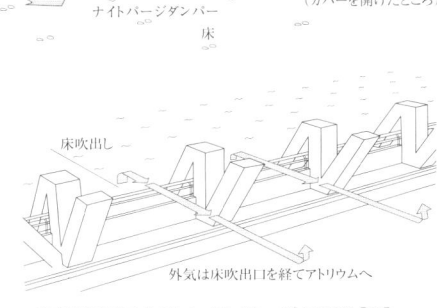

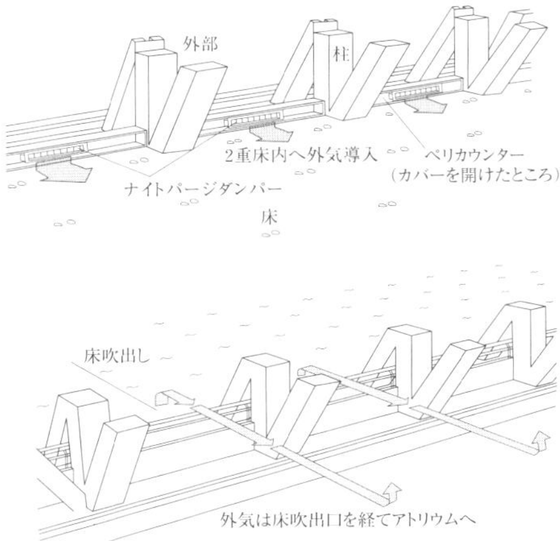

- ボイド・地下駐車場：風力換気，部屋：温度差換気夏季（外部風有り）
- ボイド・地下駐車場・部屋：温度差換気夏季（外部風無し） 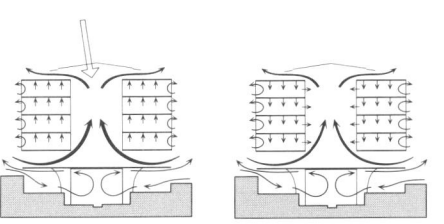
- ボイド：対流のみ，地下駐車場・部屋：温度差換気冬季（日中のみ） 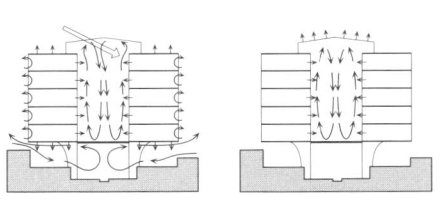

自然換気によるナイトパージの例[02][3]

HASS102における設計基準濃度[04][5]

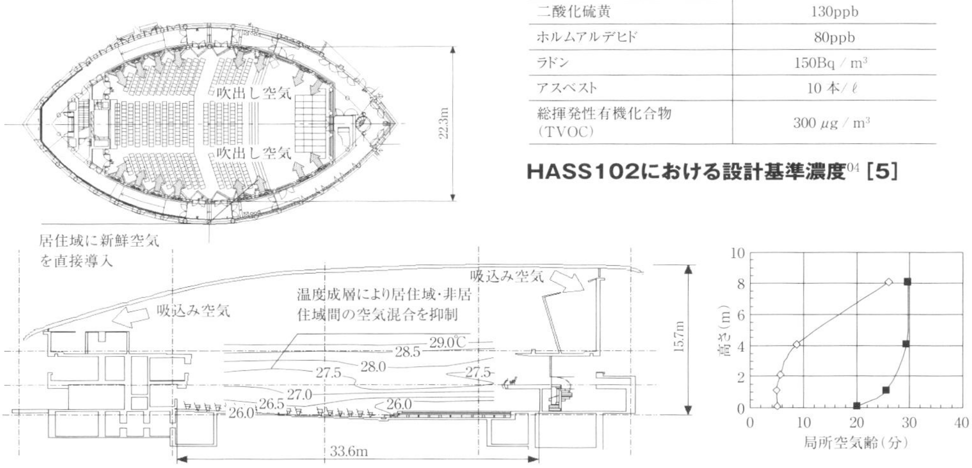

(a) 総合的指標としての汚染質と設計基準濃度

汚染質	設計基準濃度
二酸化炭素	1000ppm

(b) 単独指標としての汚染質と設計基準濃度

汚染質	設計基準濃度
二酸化炭素	3500ppm
一酸化炭素	10ppm
浮遊粉塵	0.15mg/m³
二酸化窒素	210ppb
二酸化硫黄	130ppb
ホルムアルデヒド	80ppb
ラドン	150Bq/m³
アスベスト	10本/ℓ
総揮発性有機化合物（TVOC）	300μg/m³

置換換気システムのホールへの適用例[03][4]

音楽ホールに置換換気システムを設備し，夏季の温度分布と空気齢を測定した例．温度成層が形成され居住域部分の温度が低く冷房効率が高い．また，高さ1.8m以下の居住域での空気齢（記号◇）が混合換気を想定して室内空気を攪拌した場合（記号■）よりも著しく短く，換気効率の高いことが分かる．

外部風／温度差による圧力

建物に風が当たると，風上側では圧力が高くなる．一方，屋根や風下面では気流が剥離し圧力が低下する[1]．正の風圧力を受ける面に開口があると気流の流入口となり，負の風圧力を受ける面だと流出口となる．

周囲が静穏で内外に温度差による空気密度差がある場合，小さい開口を一つ設けると内外の圧力は同一となる．よって相対的に開口上部では正圧，下部では負圧となる（[2](a)）．上部にも開口を設けると，2つの開口の間に内外圧力差が0の中性帯ができ，中性帯より下部の開口が負圧，上部の開口が正圧となり，室内気流の駆動力となる（[2](b)）．

[出典：環境工学教科書 第二版 彰国社, 2000]

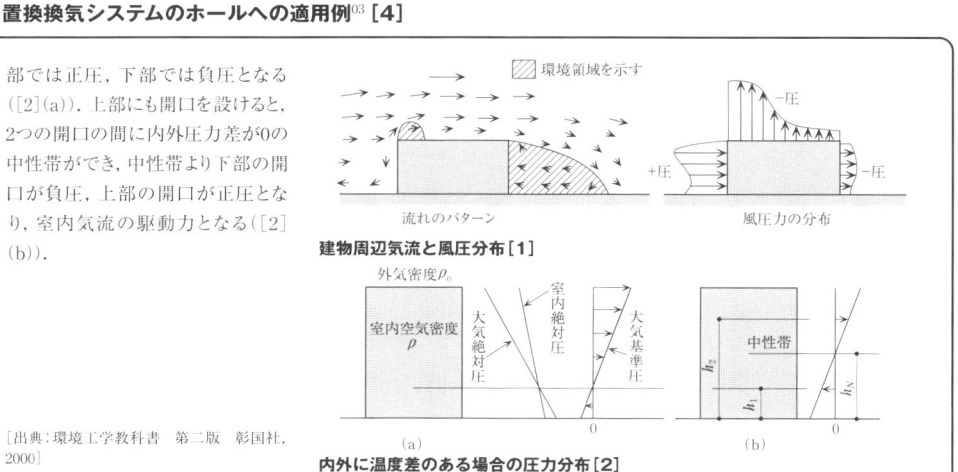

建物周辺気流と風圧分布[1]

内外に温度差がある場合の圧力分布[2]

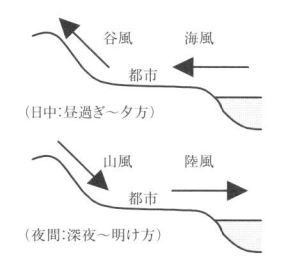

Environment: Cross-Ventilation 環境：通風

局地気流の例[1]

(日中：昼過ぎ〜夕方) 谷風 海風 都市
(夜間：深夜〜明け方) 山風 陸風 都市

日中は高温化した地表/都市域からの上昇気流が谷風・海風をもたらす。夜間は逆に下降気流が発生する事で、山風・陸風になる。

土地の風の吹き方 (東京)01, 02 [2]

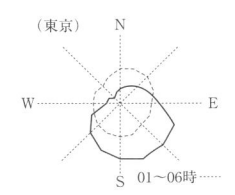

時間帯別風配　静穏=5.99(%)　静穏=0.84(%)
全日の風配　静穏=3.04(%)
時間帯別風速頻度分布　平均風速 3.84(m/s)、2.63(m/s)

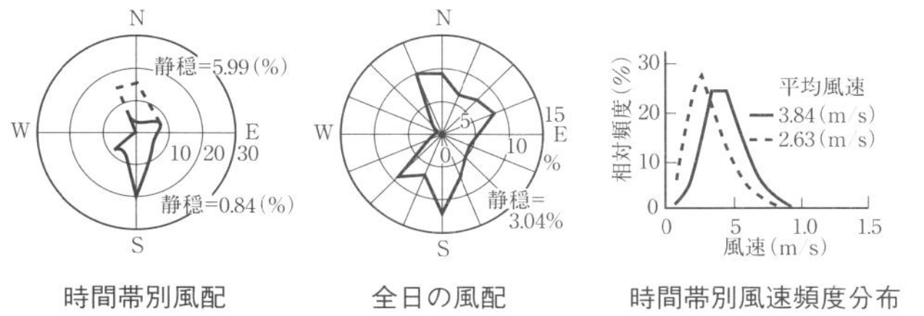

東京における蒸暑季(日平均気温≧20℃、5月下旬〜10月初旬)は、太洋から大陸に吹き込む季節風と海陸風がよく発達する。風向を時間帯で分類すると、卓越風向がより明瞭になる。季節風と海風の風向が一致する時間帯の風速は、陸寄りの風が吹く時間帯に比較して1.5倍程度大きい。

通風用風配図03 [3]

(東京) 01〜06時

風配図を、各方角を向いた窓に当たる風の強さ(垂直な方向の風速成分)の分布として書き直した図である。この図から通風用開口部の最適方位を得ることができる。

外の風を取り込む工夫[4]

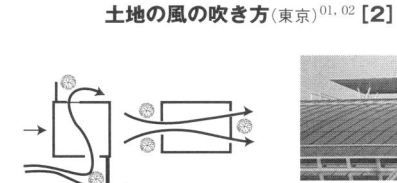

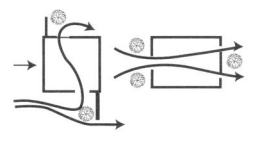

風向が、開口のある壁面と平行な場合、植栽や付設物により風の流れを調整する。植栽は縮流効果を期待することもできる。ベンチューリ効果を応用すれば流入口の位置に対する自由度はより高まる。

(撮影：Herzog-Loibl, Verena) (撮影：Archiv Thomas Herzog)

ベンチューリ効果を利用した大空間の換気・通風例04
デザインセンター　設計：Thomas Herzog (1993)

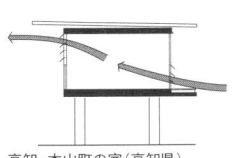

高知・本山町の家(高知県)
設計：エステック計画研究所(2002)
室内外の温度差を利用する

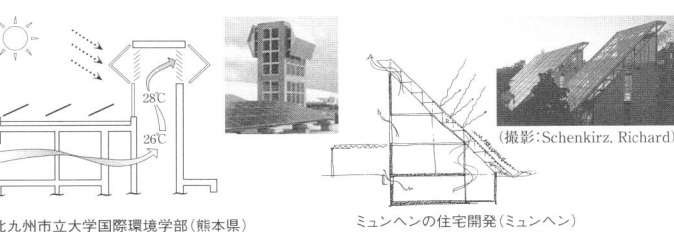

北九州市立大学国際環境学部(熊本県)
設計：日本設計(2000)
ソーラーチムニー

(撮影：Schenkirz, Richard)
ミュンヘンの住宅開発(ミュンヘン)
設計：Thomas Herzog (1982)

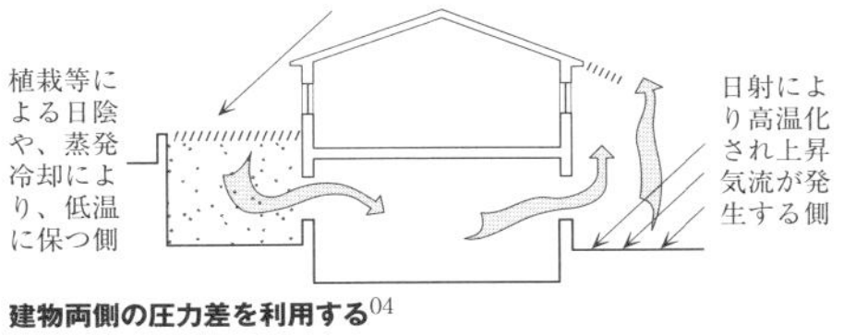

建物両側の圧力差を利用する04

風を発生させる工夫[5]

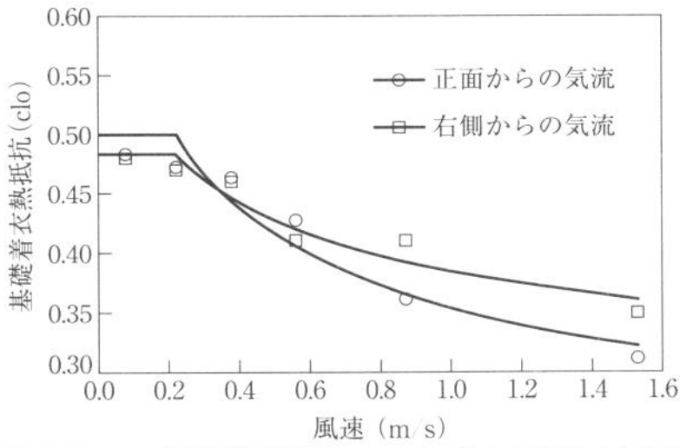

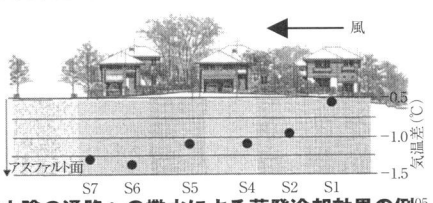

アスファルト面　S7 S6 S5 S4 S3 S2 S1
木陰の通路への撒水による蒸発冷却効果の例05

正面からの気流／右側からの気流
縦軸：着衣着熱抵抗(clo)　横軸：風速(m/s)

通常、着衣熱抵抗は定数と仮定して利用される場合が多いが、実際は通風条件によって変動する。上の図はベトナムの民族衣装であるアオザイの熱抵抗(皮膚表面から着衣外表面まで)が風速により変化する様子の実験例である。
伝統的衣服に対する気流の効果06

通風とは、外に面する風上と風下の開口を通して外の風を取り込み、室内の間仕切りや家具等の配置を工夫して必要な空間に風を通すことである。換気に比べて室内に取り込む空気量がはるかに多いため、以下の効果を得ることができる。

- 屋内にこもった熱・湿気・汚染等を速やかに取り除く。
- 身体からの対流と蒸発による放熱を促進して体感温度を下げる。
- 乱れが大きく不規則に変動する可変気流によって持続的に涼感が得られる。

土地の風の吹き方を知る[1]〜[3]

風は局地性が強く、時間的変動も激しいので、敷地の主風向や風速を次の条件から確認しておく。

- 季節ごとの気圧配置
- 立地/地形による海陸/山谷風
- 都市化の程度による鉛直分布
- 周辺建物の建蔽率や高さ

室内に風を導く工夫

■外の風を取り込む[4]

- 風の入口と出口を考える。
- 風下開口を風上と同等又は大きくする。
- 主風向と振れを把握する。
- 植栽配置や袖壁などを設けて取り込む。

■風を発生させる[5]

十分な日射遮蔽を行った上で、室内外の温度差等を利用して気流を起こし、その空気のゆらぎにより涼感を得る。

- 建物上下にある開口や吹抜けの煙突効果を利用する。
- 水分の蒸発に基づく局所的な冷却により生じる対流を利用する。
- 建物両側の空間の冷却力、日射遮蔽の相違等による温度差で生じる弱い圧力差を利用する。

01：浦野良美：住宅のパッシブクーリング, p.30, 森北出版(1991)
02：堤純一郎他：夏季の海陸風を対象とする気象データの統計解析, 日本建築学会計画系論文報告集, No.389, p.28(1988)
03：文献01：p.34
04：Narenda K. Bansal, et al. : PSSIVE BUILDING DESIGN, ELSEVIER, p.153 (1994)
05：山村真司他：熱環境に配慮した建築外部空間の実現化を目的とした設計支援手法その2, 日本建築学会学術講演梗概集, p.1133-1134(2000)
06：木村建一編：民家の自然エネルギー技術, p.141, 彰国社(1999)

適風環境

通風を考える場合、風が強すぎても弱すぎても不快であるため、適度な風速が望まれる。適度な風速で通風が得られる環境を適風環境と呼ぶ。適風域は気温に深く関連している。住民への意識調査結果を基に、日平均気温と日平均風速から適風域を示したのが[1]である。

01：日本建築学会：都市の風環境評価と計画, 丸善(1993)
02：片山忠久：戸建て住宅の通風計画 空気調和・衛生工学 第54巻 第11号 (1980)

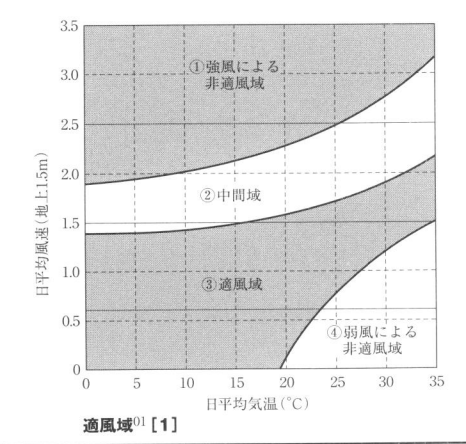

①強風による非適風域
②中間域
③適風域
④弱風による非適風域

適風域01 [1]
縦軸：日平均風速(地上1.5m)　横軸：日平均気温(℃)

屋内では適切な開口や間仕切により、外部風速に比べ一定の割合(通風率)の通風が得られる[2]。高温多湿時に快適さをもたらす可感気流の下限は0.5m/sと言われている。

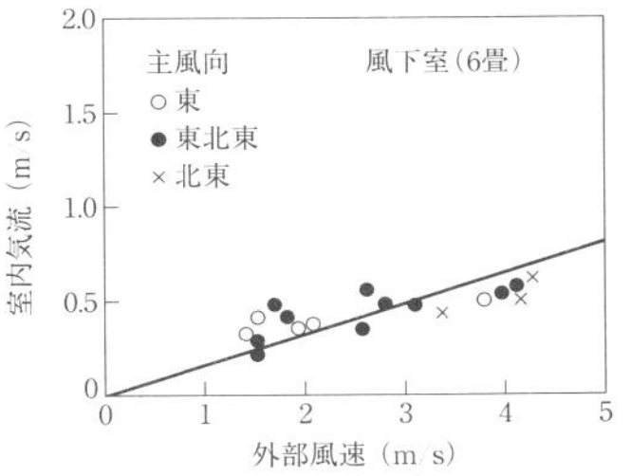

主風向　風下室(6畳)
○東　●東北東　×北東

外部風速と室内気流02 [2]
縦軸：室内気流(m/s)　横軸：外部風速(m/s)

環境：空調・照明設備（大空間） Environment: Air Conditioning/Lighting

関西国際空港

■大空間空調
ターミナルビル4階国際線出発ロビーは，マクロ＋ミクロの複合空調システムである．マクロ空調はマクロジェットノズルから吹き出した空調空気をオープンエアダクトに沿って到達距離を伸ばすことで，空間全体に循環させ屋根面からの熱処理と外気供給を行っている．ミクロ空調はチェックインカウンター上部等の露出ダクトノズルから吹き出し，人の滞留域への局所空調を行っている．またキャニオン部は，給気ツリー・ポストを立て，床面近傍から吹き出し，天井側でリターンをとるディスプレイスメント空調を行っている．

■大空間照明
4階出発ロビーは，投光器にてオープンエアダクトに照射した反射光で約200lxの間接照明を行っている．その他は，照明器具を取り付けたポール（テクニカルツリー）を約600箇所館内に配置している．

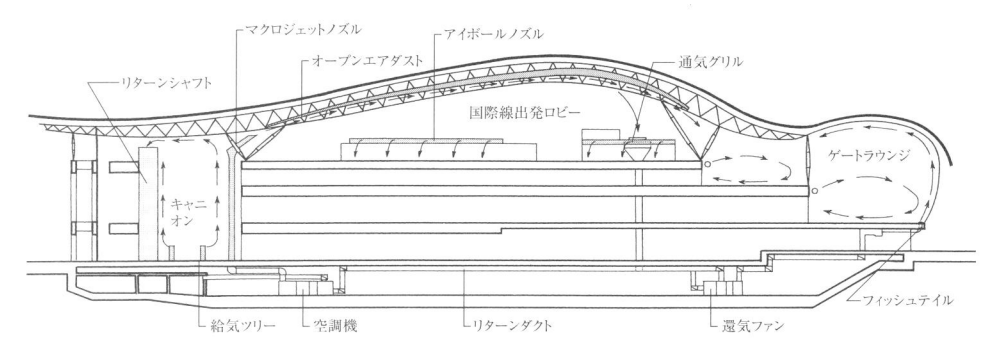

大空間空調システム

①マクロジェット　③ミクロ空調用ダクト　⑤テクニカルツリー
②オープンエアダクト　④間接照明アッパーライト　⑥チェックインカウンター

関西国際空港（レンゾ・ピアノ・ビルディング・ワークショップ・ジャパン 日建設計 1994年）

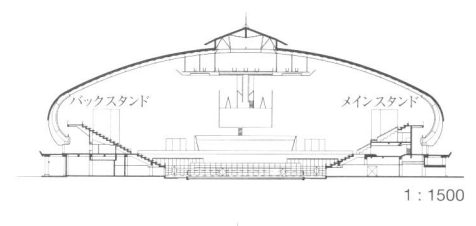

長野市真島総合スポーツアリーナ ホワイトリング

■空調計画
アリーナ空間は，天井内を空調空気の排気経路とすることで，天井の断熱性を高め，客席の快適性向上を図っている．さらに，下降流が生じにくくなることで，冬季にアイスリンク近傍で空調空気が結露して発生する霧を抑制する効果も期待できる．一方，自然換気時には，アリーナ空間内と共に天井内を換気経路とすることで自然換気効果を最大限利用可能である．

■照明計画
本施設は，フィギュアスケート等の競技会場として使用される計画としている．照明器具はリンク中央天井部に分散設置されたリング状照明とリンクサイドに取り付けられたサイドライトで構成されている．水平面照度は，リング状照明とサイドライト双方で補い，鉛直面照度は，リング中央部分はサイドライト，リンク端部はリング状照明が主体となり鉛直面照度1000lxを確保している．

1:1500

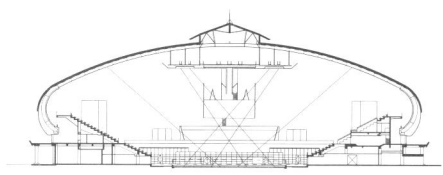

観客，演技者及びTV撮影を考慮して，水平，垂直面照度のバランスを確保するために照明器具に適切な投光角度を与えている．

垂直面照度分布を確保する

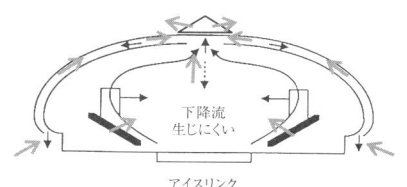

アイスリンクの空調・自然換気イメージ
→：空調時の風の流れ
⇒：自然換気時の風の流れ

天井排気による断熱効果と下降流軽減効果の概念

長野市真島総合スポーツアリーナ　ホワイトリング（日建設計, 1996年）

空調の快適範囲

オフィスを想定した場合のASHRAE55-92[*1]による快適温度範囲を示す[1]．ここでは，通常のオフィス事務作業量（代謝量），夏・冬の事務作業に適した服装（着衣量），静穏気流が仮定されており，この場合のASHRAEによる快適温度範囲は，快適性指標PMV[*2]が±0.5の範囲とほぼ一致している[2]．

夏と冬の快適温度範囲が異なるのは，着衣量が異なることによる．夏は着衣量が少ないため冬に比べて快適温度範囲が若干狭い傾向にある．

----
*1：米国暖冷房空気調和技術者協会（American Society of Heating, Refrigerating and Air-Conditioning Engineers）
*2：予想平均申告（Predicted Mean Vote）

[出典：空気調和・衛生工学会編：空気調和衛生工学便覧I基礎編（2003）]

ASHRAE55-92による快適温度範囲[1]

PMVのスケール（ASHRAE温冷感申告と同様）[2]
+3　暑い　（hot）
+2　暖かい　（warm）
+1　やや暖かい　（slightly warm）
0　どちらでもない　（neutral）
-1　やや涼しい　（slightly cool）
-2　涼しい　（cool）
-3　寒い　（cold）

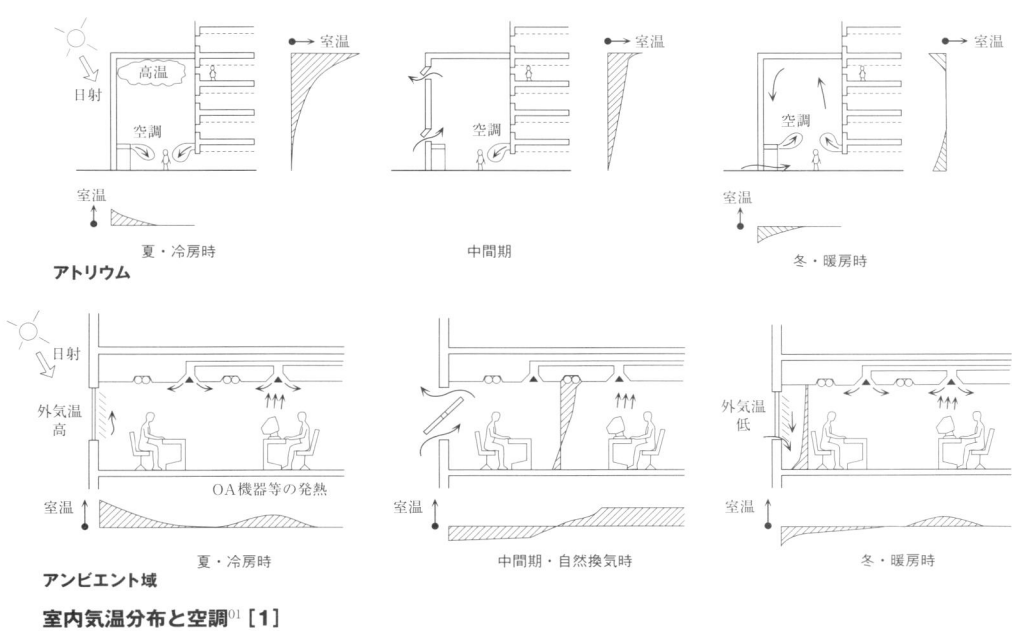

Environment: Air Conditioning/Lighting 環境：空調・照明設備（アトリウム・アンビエント域・タスク域）

アトリウムとアンビエント域の室温分布と空調[1]

■外界の条件

窓面からの日射透過がある場合，外気温が高い（低い）場合，あるいは冬季に隙間風が侵入した場合などでは，窓際から空間内に水平方向の温度差が生じる．

■室内発熱

照明発熱は主として天井面に，また人体やコンピューターからの発熱は居住域に存在し，その近傍の空気温度は高くなる．またこれら高温空気による上昇気流が発生する場合がある．

■空調と換気

空調・換気設備は，居住域を良好な温度・空気環境に保つために設けるが，一方では室内に温度分布を生じさせる原因ともなる．空調吹出し口の近傍では吹出し空気と室内空気との間で温度分布が生じる．また，暖房時に天井近傍からの吹出し気流が居住域に十分に到達しないために空間の上下で温度差が生じる．一方，大空間など天井の高い空間で居住域のみを空調した場合，特に冷房時に大きな上下温度分布が生じる．

パナソニックマルチメディアセンター

■空調計画[2]

オープンアトリウムに繋がる各階事務所ゾーンでは，床吹出しユニットを人口密度や家具レイアウトに応じて配置し，タスク＋アンビエント空調を行っている．これにより，機器排熱の上昇気流を拡散させない負荷処理を行い，同時に高い個別制御性の確保を実現している．

■アトリウムの照明[3][4][5]

自然光と人工光の混成によって，開放的でアメニティ豊かな空間とするために，各階照明ボックスに蛍光灯アッパーライトを用意し，また，スポットライトとミラーを組み合わせた反射・間接方式を採用して，あたかもアトリウム全体を照明器具のようにしつらえながら時間や状況に応じた適切な機能確保や演出が可能な計画とした．

室内気温分布と空調 01 [1]

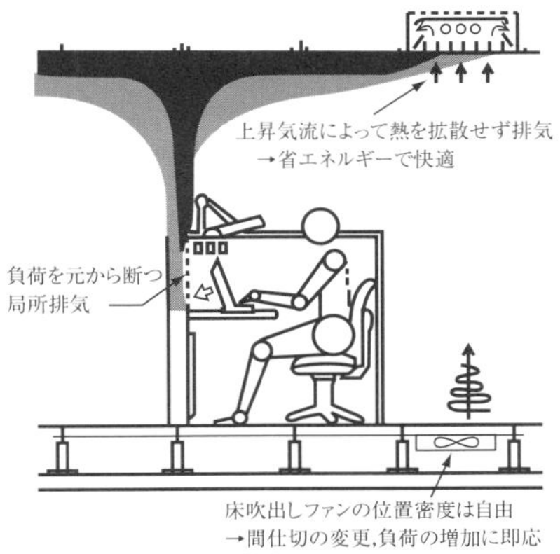

アトリウム / アンビエント域

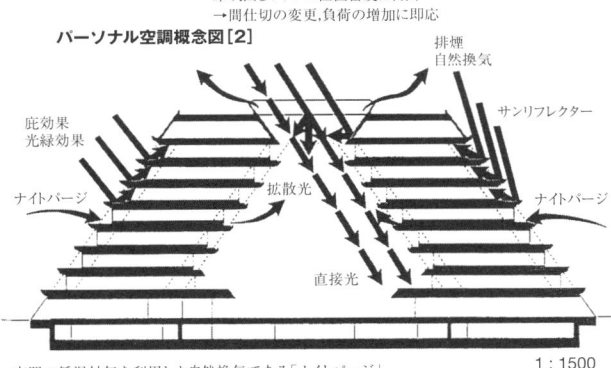

パーソナル空調概念図[2]

自然換気（ナイトパージ）と昼光導入のイメージ[4]

パナソニック・マルチメディアセンター（1992年，日建設計）

アトリウム夜景[3]

アトリウム照明器具[5]

01：環境工学教科書研究会編：環境工学教科書（第2版），p.148, 彰国社（2000）

照明の快適範囲

照明計画において，照度と光色は空間の雰囲気を決定する重要な要素である．光色を示す代表的な指標が色温度（K）であり，色温度が低いほど光色は赤く，高いほど青に近くなる．一般に低照度時の高い色温度は「陰気な雰囲気」，高照度時の低い色温度は「暑苦しい雰囲気」となる．また，同じ色温度であっても演色性（Ra値）の違いにより，物体の見え方（発色）が違ってくるので光源の選択時には注意が必要である．

照度	主要な室
1500	設計室／製図室
1250	―
1000	―
750	一般事務室・会議室／監視室
500	守衛室・応接室・受付・食堂・化粧室／リフレッシュルーム
250	機械室／喫茶・休憩コーナー・倉庫／車寄せ・非常階段／便所

オフィス照明基準（抜粋）[1]
[出典：照明学会：オフィス照明設計技術指針（2002年）]

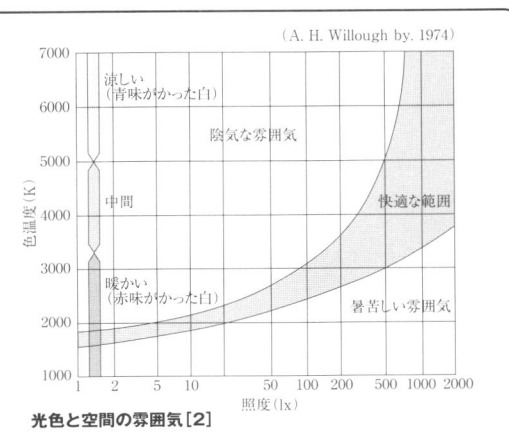

光色と空間の雰囲気[2]
(A. H. Willough by. 1974)

038 環境：断熱・気密・防湿　Environment: Thermal Insulation/Air Tightness/Moisture Prevention

断熱・気密・防湿の意義
室内環境の質の向上，建物の省エネルギー化や長寿命化を図る上で，エンベロープで熱・空気・湿気の内と外を明確にする必要がある．

断熱構法の違い
建物構造により断熱方法は異なる．断熱・気密・防湿の基本的な考えとして，平・断面上での断熱・防湿の連続性を確保すること，極端な温度むらとなる箇所をつくらないことが挙げられる

鉄筋コンクリート造外断熱[1]
コンクリート打設時の型枠に発泡系断熱材を使用し，基礎を含めた外断熱である．屋根も外側から断熱し，小屋裏の緩衝空間を確保している．

鉄骨造外張り断熱[2]
鉄骨の外側から発泡系断熱材を張り，通気層を確保している．熱橋対策として天井の凹凸部分も断熱材を施す．小屋裏通気層は緩衝空間として夏季の遮熱を意図している．

在来木造充填断熱[3]
断熱材室内側に防湿シート，断熱材外側に透湿防水シート，外装材に杉板を用い通気を確保している．基礎断熱により床下空間を室内とし，積極的な利用が可能な緩衝空間となる．

気候区分とエンベロープ
南北に長い国土を有する日本は100にも及ぶ気候ゾーンを持つ．よって，各地域の気候特性に合わせた断熱・気密・防湿計画が必要である．

防露性能の確保[4][5]
壁体内部結露には冬型と夏型があり[4]，断熱材の劣化，構造材の腐朽や内装材の劣化・汚損などに繋がる．そのため，湿気の侵入を防ぐ防湿・気密，壁体内部の乾燥促進のための通気措置，構造躯体の乾燥が重要である[5]．

01：箱の家39（東京都杉並区）2000年，設計：難波和彦＋界工作舎
02：箱の家64，2003年，設計：難波和彦＋界工作舎
03：芝置屋根のアトリエ（秋田県能代市）1993年，設計：西方設計
04：財団法人　建築環境・省エネルギー機構編：住宅の省エネルギー基準の解説，p.12, 23, 50, 161 (2002)
05：日本建築学会編：シリーズ地球環境建築 入門編　地球環境建築のすすめ，p.93 (2002)

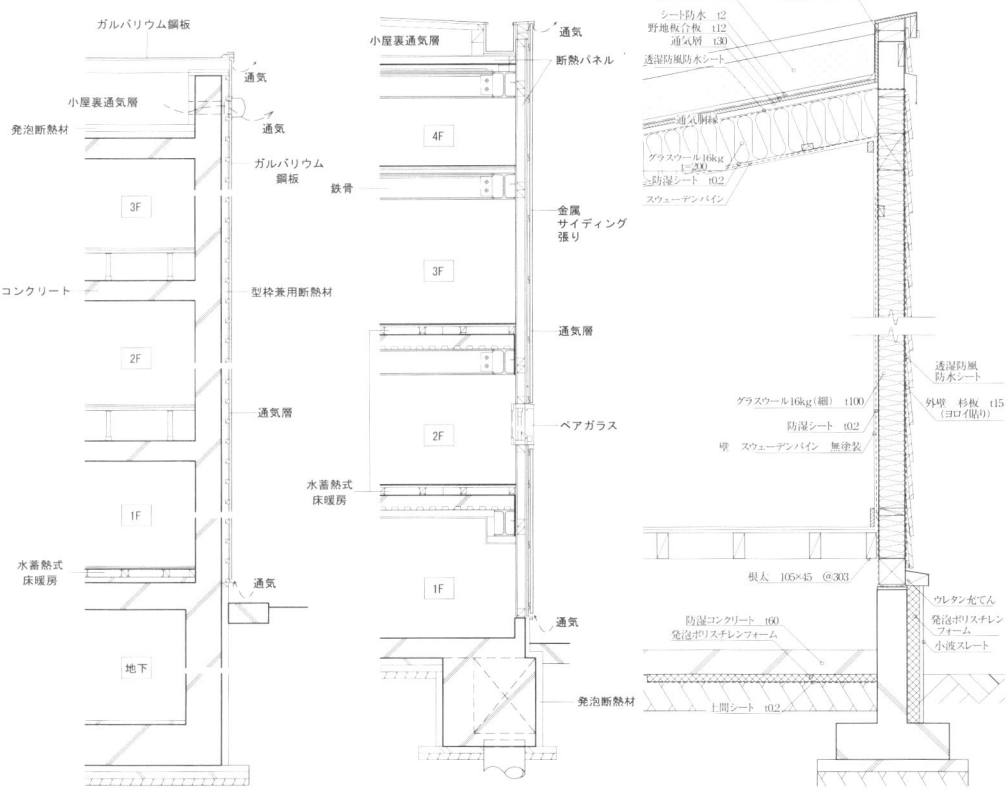

鉄筋コンクリート造外断熱[01][1]　**鉄骨造外張り断熱**[02][2]　**在来木造充填断熱**[03][3]

熱損失係数の概念と定義[04]

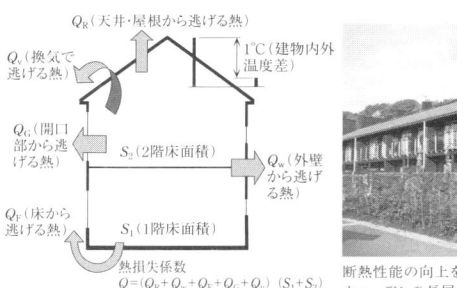

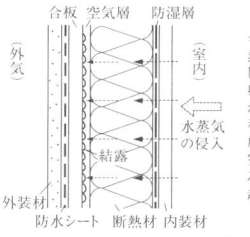

$$Q = (Q_R + Q_W + Q_F + Q_V) / (S_1 + S_2)$$

建物での熱の流出入は各部位で生じる．住宅の断熱性能は熱損失係数として定量化される．

高断熱化と省エネルギー
断熱性能の向上を高め，暖房設備をなくしたスウェーデンの長屋住宅．日射熱と室内発熱のみを暖房熱源とする．壁・屋根の断熱材は50cm近く施されている．

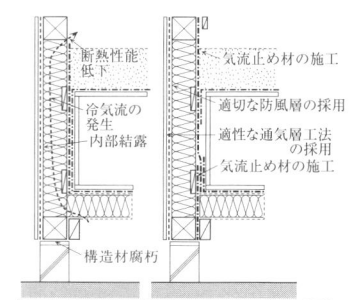

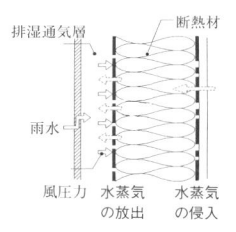

壁内通気の防止[04]
気流止めは断熱性能の低下を防ぐ．

壁内結露発生のメカニズム（左：冬型結露，右：夏型結露）[4]
冬型は冬に断熱材外側で生じる．夏型は，日射で蒸し返された水蒸気が移動し，過冷房時に断熱材室内側で生じる．西側壁体で起こりやすい．

断熱の内側・外側強化手法[04][5]
壁体内部への湿気の侵入以上に，放湿が容易な構法を工夫し，円滑な排湿が可能な通気層を採用して内部結露の実害を最小限に留めることができる．

住宅の省エネルギー基準

日本の省エネルギー基準は1979年以降，二度の改訂（1992年，1999年）を経て段階的に強化された．1999年の基準を「次世代基準」と呼び，日本政府による地球温暖化対策の一環として策定された経緯がある．断熱性能は熱損失係数として定量化され，寒さの度合いに応じて達成すべき性能が規定されている．各国の基準と比較すれば，日本の基準がようやく先進諸国のレベルに追いついたことがわかる．

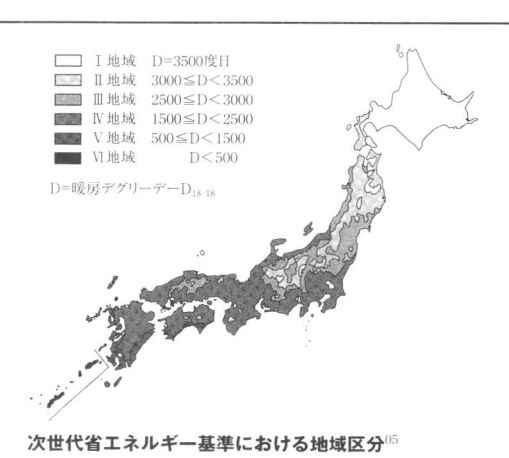

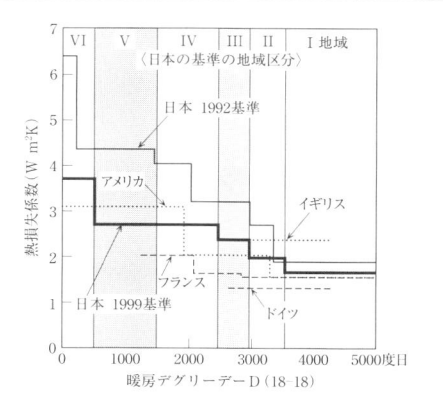

区分	D (度日)
I 地域	D=3500度日
II 地域	3000≦D<3500
III 地域	2500≦D<3000
IV 地域	1500≦D<2500
V 地域	500≦D<1500
VI 地域	D<500

D=暖房デグリーデーD_{18-18}

次世代省エネルギー基準における地域区分[05]

省エネルギー基準の国別比較[04]

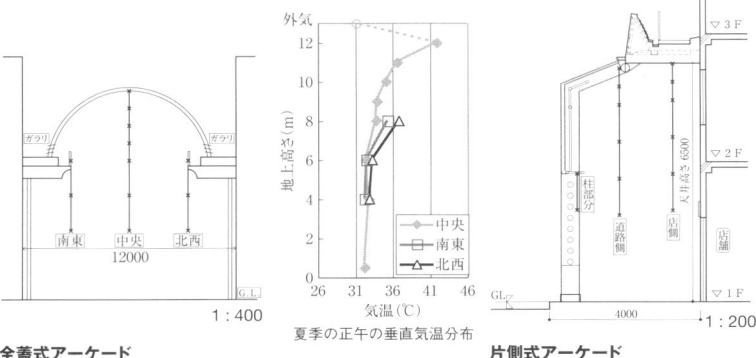

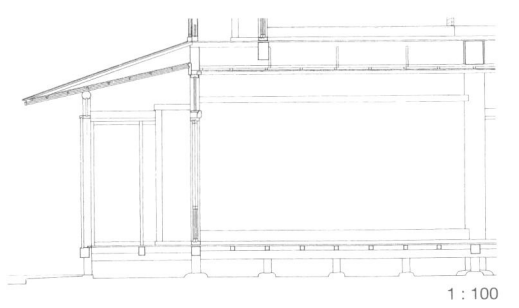

Environment: Climate control by the semi-outdoors　環境：半屋外による気候緩和

半屋外の活用

半屋外は、室内でも屋外でもなく、独自の位置付けが必要である。人々が様々な空間を移動する際に、急激な環境の変化を和らげるための、緩衝空間とも捉えられる。より室内に近い環境からより屋外に近い環境まで違いが大きい。都市的なスケールから、縁側などのように建築の一部を構成するスケールまで幅が広い。

半屋外の環境を調整する方法は、機械的な手法を用いるか否かで大きく2つに分けることができる。

都市のアーケード内部の温熱環境[1]

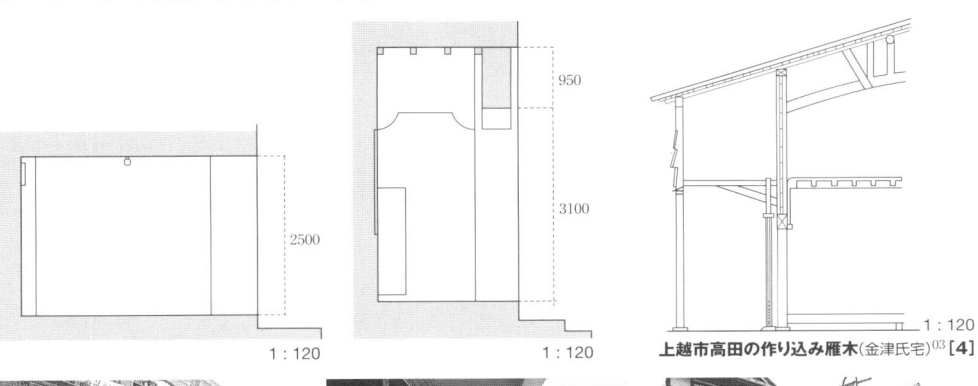

都市で見られるアーケードは、アトリウムとは異なり、数百mの延長を持つが、高さは10〜15m程度であり、人々が利用する空間の割合が大きい。

機械的な環境調整手法を使わずに、なおかつ広い範囲で、比較的快適な環境を提供できる可能性を持つ手法の一つであると考えられる。

建築に付随する覆付の通路[2]〜[5]

主として新潟でみられる「雁木」[4]や青森でみられる「こみせ」[5]は、冬季の積雪対策が主である。一方、東南アジアや台湾では、同じような形態をした通路が日射遮蔽やスコール対策などに用いられている[2][3]。

半屋外の利用の際には、周囲の気候条件を把握し、各地の気候に応じて適切に計画することが必要である。

縁側もしくは縁[6]

最も身近な半屋外としては、縁側もしくは縁がある。昔から「夏を旨とすべし」としてきた日本の住宅ではよく見られる。雨の降り込みや夏季の直射日光が室内に入るのを防ぐという機能面だけでなく、内でも外でもない、曖昧な空間を創り出すことで、より豊かな空間を演出する効果も併せ持つ。

全蓋式アーケード
アーケードの屋根は透明性の高い合成樹脂板で葺くことが多く、内部に射し込む日射が温熱環境に大きな影響を与える点で、アトリウムと似ている。道路の全面を覆う全蓋式アーケード内部では、夏季には上方ほど急な温度勾配が見られる。特に、アーケード入口近くのゲートのある付近では、空気の動きが少なく、かなりの高温になることもある。また、天井が張り出していると、その下にも暖かい空気が滞留しやすい。一方、歩道上のみを覆う片側式アーケード内部では、夏季でも温度勾配は緩く、屋外の環境により近くなっているといえる。

都市のアーケード内部の温熱環境[1]

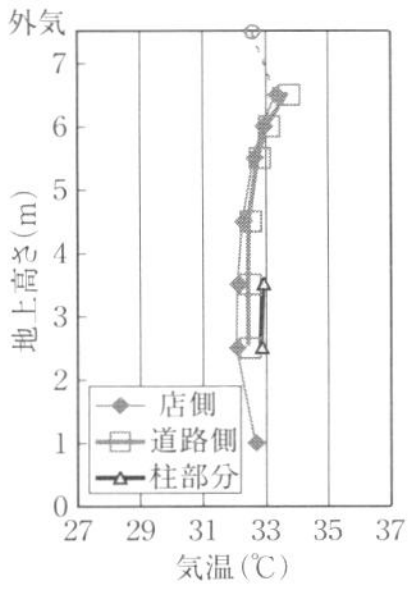

夏季の正午の垂直気温分布

片側式アーケード

上越市高田の作り込み雁木（金津氏宅）[4]

台北の亭仔脚[2]　シンガポールのfive foot way[3]　黒石のこみせ[5]

台北の亭仔脚[2]とシンガポールのfive foot way[3]では断面の縦横比が異なり、街路の延伸方向の方角も異なる。そのため、前者では夏季の日中には日射が入り込んでこないのに対し、後者では日射が差し込むことが多い。熱環境の観点からは、前者は通路を通行する人々を主な対象として、後者は通行人よりむしろ背後の住居の住民を主な対象として、日射を遮蔽していると考えられる[4]。

建築に付随する覆付の通路

縁側（京都・島原・角屋の縁側）[5][6]

01：辻原、中村、田中、大塚：日本建築学会計画系論文集，No.508, pp.43-50(1998.6)
02：辻原、平川、田中：日本建築学会技術報告集，No.14, pp.193-198(2001.12)
03：東京大学工学部建築史研究室編：越後高田の雁木，新潟県上越市教育委員会，p.8.(1982.3)
04：辻原、中村、田中：日本建築学会計画系論文集，No.515, pp.105-112(1999.1)
05：京都教育委員会：重要文化財角屋修理工事報告書(1971)

半屋外を対象とした気候緩和率

半屋外の熱環境を評価するための一般的な指標は今のところ確立されていないが、半屋外を対象とした「気候緩和率」が提案されている。半屋外の気候が、室内と屋外の気候の間のどの位置にあるかを把握し、屋外の気候に比べてどの程度緩和されているのかを表す指標である。室内のSET*（標準新有効温度）は、例えば中立・快適域の25℃とすればよい。気候緩和率が1の時には半屋外と屋外の気候は同じ、1より小さい時には屋外の気候より緩和されていることを示す。逆に、1より大きい時には屋外より厳しい気候であることを示す。また、気候緩和率を用いれば、半屋外を「加熱緩和型」と「冷却緩和型」に分けることもできる。前者は主に夏季に加熱・高温化を、後者は主に冬季に冷却・低温化を抑制する機能をもつ。それぞれ暑熱もしくは寒冷地方に対応する。

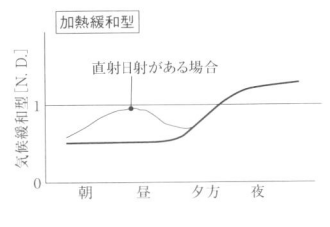

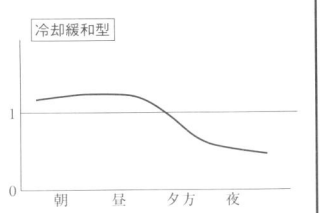

加熱緩和型　　冷却緩和型
直射日射がある場合

$$[気候緩和率] = \frac{[半戸外空間内部のSET^*] - [室内のSET^*]}{[屋外空間のSET^*] - [室内のSET^*]}$$

注）SET*を用いることができない場合は、気温でもほぼ同様に考えることができる。ただし、放射の影響が大きい場合には注意を要する。

[出典：辻原，中村，田中：日本建築学会計画系論文集，No.519, pp.101-108(1999.5)]

環境：パッシブデザイン
Environment: Passive Heating and Cooling

パッシブデザインのプロセス
パッシブデザインでは，快適な建築空間を創造するために，対象地域の自然エネルギーを最大限に活用する．このため，地域の気候特性[1][2]を理解することが重要である．コントロールすべき気候要素が明確になれば，取り入れ可能な手法[3]が定まる．

自然エネルギー利用の原則
対象とする自然エネルギーは決して大きくはなく，常に変動するため，以下の原則に留意する．

冬の原則：①充分な断熱．②日射熱や内部発熱の効果的な取得．③取得熱の有効利用のための蓄熱．④建物内温度平均化のための熱輸送．

夏の原則：①日射の遮蔽．②適切な通風．③蒸発冷却や大気放射冷却，夜間の外気温，地中冷熱の利用．

なお，我が国には四季があるため，単一の手法のみでなく，複数の手法の統合化が不可欠である．

01：日本建築学会編：拡張アメダス気象データ，丸善(2000)
02：小玉祐一郎他：パッシブ設計手法事典，彰国社，p.30, 37, 38, 58, 89(1983)
03：野沢正光編著：環境と共生する建築，建築資料研究社，p.40(1993)
04：浦野良美編著：住宅のパッシブクーリング，森北出版，p.130(1992)
05：大前芳蔵，近藤純一：IBEC, No.118, Vol.21-1, p.26(2000)

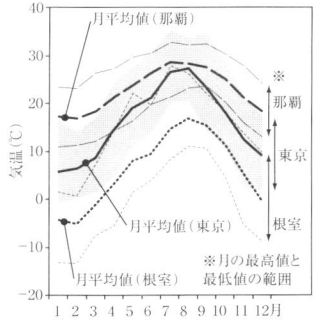

各都市の月ごとの気温[01][1]

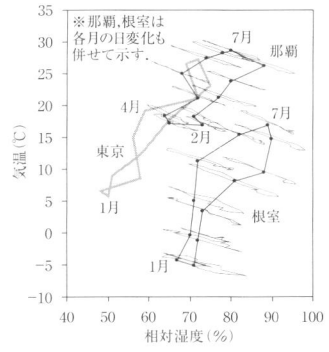

各都市のクリモグラフ[01][2]

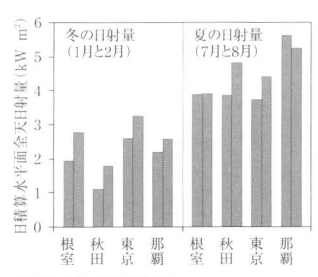

各都市の冬・夏の日射量

[1][2]：日変動を考慮すれば，気温と湿度の変動範囲はかなり広がる．
[2]：冬の日射量は，秋田は極端に少なく，根室は那覇と同程度である．

ヒーティング
太陽熱の利用：日射熱を室内に取り込み，暖房に利用する．

ダイレクトゲイン
窓から入射する日射熱を熱容量の大きな床や壁などの蓄熱体に蓄熱させ，日射が少ない時間帯に放熱させ暖房効果を得る方式． 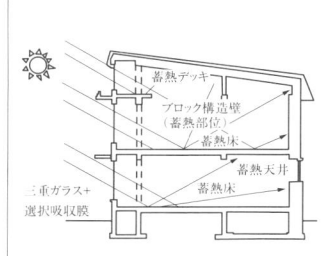
荒谷邸（荒谷登）[02]

グリーンハウス（付設温室）
居室の南側に温室を設け，ここで集めた熱を居室に循環させる方式． 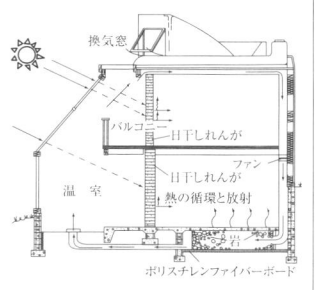
バルコム邸（S.ニコラス）[02]

温風蓄熱式床暖房
屋根を集熱装置とし，軒先から取り入れた外気を床下へ送る．蓄熱体を暖めた後，室内に放出する方式． 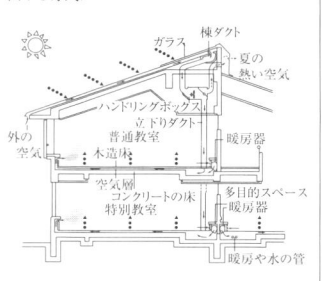
金山中学校（木曾三岳奥村設計所＋東京芸術大学益子研究室）[03]

ヒーティング／クーリング

地中温度の利用：地下10m以下の地中温度は，その地域の年平均気温にほぼ等しいことを利用．

夜間換気の利用：日中に高温になる外気でも，夜間には低下する．この夜間外気を室内に導入する．

クーリング

蒸発冷却の利用：日本各地の平均で160W/m²，晴天日では550W/m²を超える水分蒸発による冷却能力を利用．

放射冷却の利用：日本各地の夏の平均で50〜70W/m²の放射冷却能力を夜間に利用して，蓄冷を図る．

アースチューブ
地中埋設した管内に空気を送り，夏に冷熱源，冬は温熱源として利用する方式． 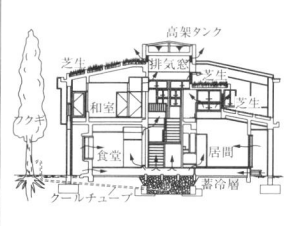
比嘉邸（原昭夫＋山川建築設計事務所）[04]

ナイトパージ
夜間に自然通風を図り，涼感を得ると共に，蓄熱体の温度を下げ，翌日の室温上昇を抑える方式． 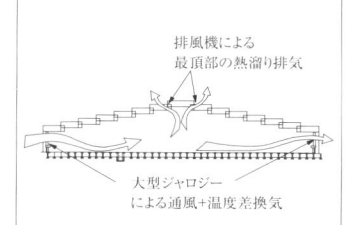
長野オリンピック記念アリーナ（久米設計＋鹿島建設）[05]

屋根流水
夜間に断熱された屋根面に水を流し冷却し，その水を室内の放射パネルに循環させて，冷気を得る方式． 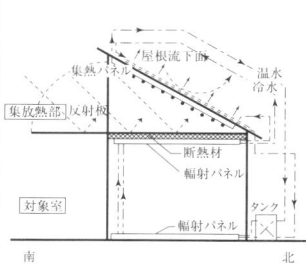
屋根流水放射冷房システム[06]

放射冷却屋根
緩傾斜で面積の広い屋根の下に空気層を確保し，夜間に外気を通して放射冷却により冷却する方式． 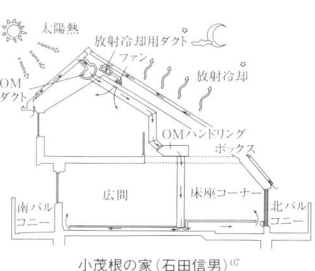
小茂根の家（石田信男）[07]

自然エネルギー利用手法の例[3]

06：西沢広紀，須永修通，伊藤直明：太陽／風力公演論文集，p.237(1994)
07：石田信男：新建築住宅特集，6月号，新建築社，p.91(1994)

パッシブデザインの考え方と手順

パッシブデザインとは，建築自体のデザインにより建物内外に生じる熱や空気や光などの流れを制御し，暖房効果，冷房効果，照明効果などを積極的に得ることを意図した設計手法である．すなわち，外部条件の変動に対して「建築的手法」を適切に組み合わせることによりシェルターとしての性能を高め，室内気候を快適範囲へできるだけ近づける．この場合，「機械的手法」は不足分のみに用いるものと考えるべきである[1]．

パッシブデザインの手順[2]は，まず，対象地域の気候や風土を十分に把握した上で，防御すべき要素と利用可能な自然エネルギー源を抽出する．次に，自然エネルギー利用の原則に従い，冬と夏の手法を，互いの調和を図りながら計画する．さらに，意図した性能が発揮されるかを設計段階でチェックし，最後に，住まい方マニュアル等により建物の使われ方を示す．

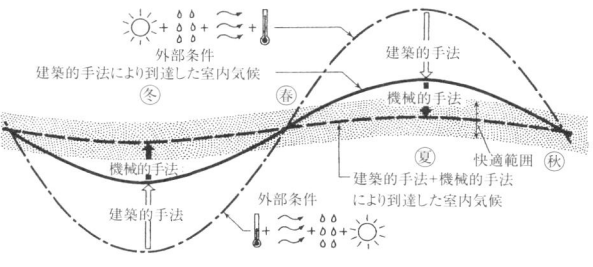

室内気候調整における建築的手法と機械的手法[01][1]

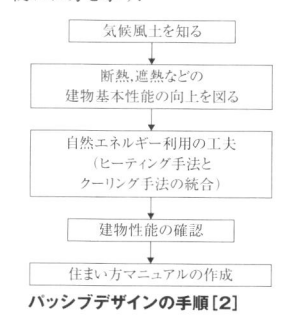

パッシブデザインの手順[2]

気候風土を知る
↓
断熱，遮熱などの建物基本性能の向上を図る
↓
自然エネルギー利用の工夫（ヒーティング手法とクーリング手法の統合）
↓
建物性能の確認
↓
住まい方マニュアルの作成

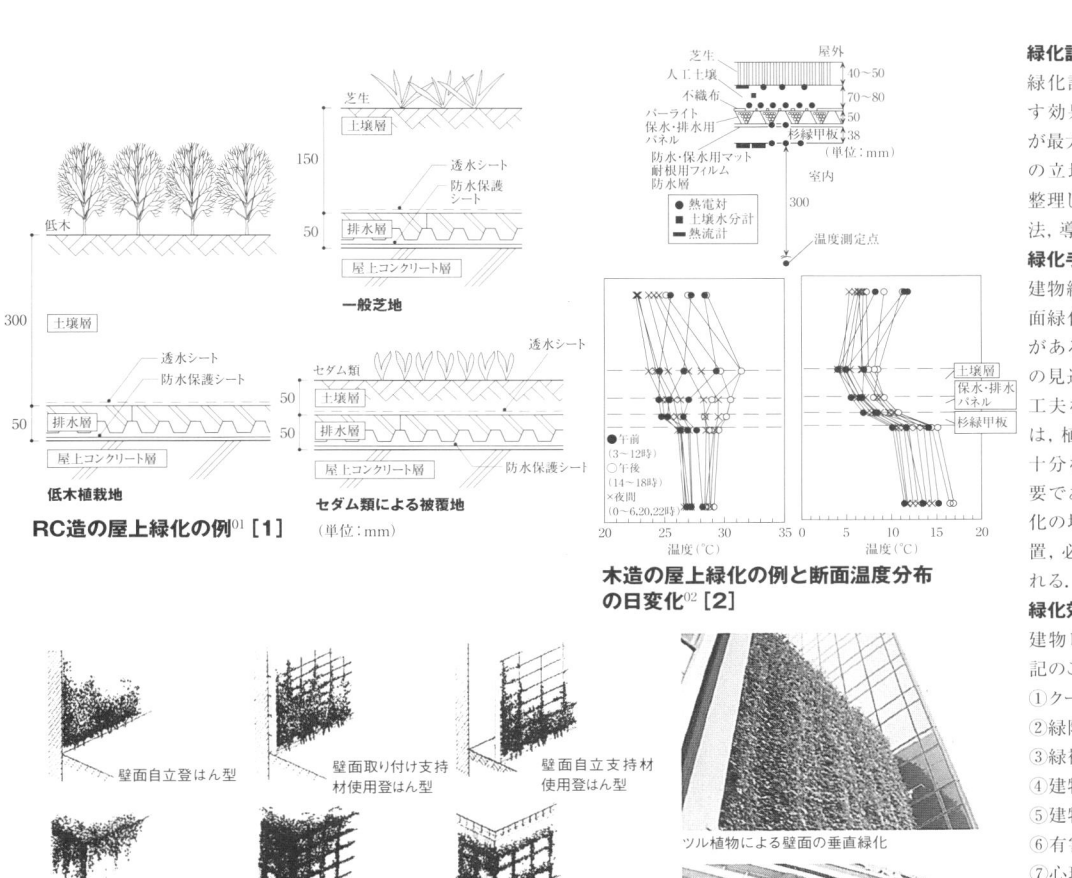

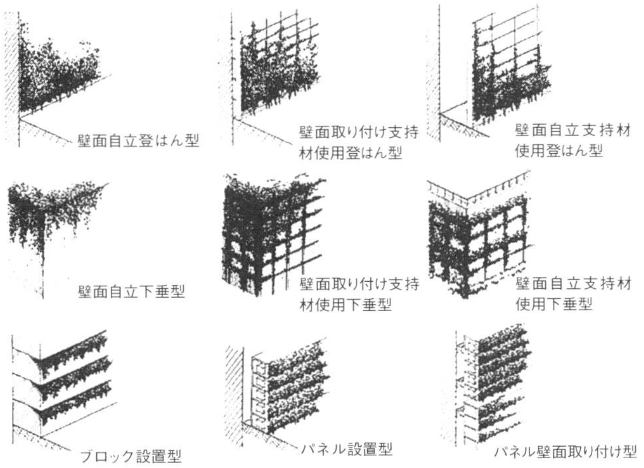

Environment: Greening 環境：緑化

緑化計画
緑化計画の際には，緑化目的や目指す効果などを明らかにし，緑化効果が最大限に発揮できるように対象空間の立地，周辺環境，管理条件などを整理した上，緑化位置・内容，緑化手法，導入技術などを計画する．

緑化手法[1][2][3]
建物緑化手法としては，屋上緑化，壁面緑化，ベランダ緑化，室内植栽などがある．屋上緑化の際には，荷重増の見込み，排水・防水計画，風対策の工夫などが必要となる．壁面緑化では，植物の生育を支持する工作物や十分な土壌基盤を確保することが重要である．一方，建物以外の敷地緑化の場合，植物が育つための植栽位置，必要な土厚などの検討が求められる．

緑化効果[4]
建物レベルの環境改善効果として下記のことが期待できる．
① クールスポットの形成
② 緑陰による日照日射の調節
③ 緑被による焼き込みの緩和
④ 建物への風の流れの調節
⑤ 建物保水性の向上
⑥ 有害な環境要素の影響緩和
⑦ 心理的・生理的効果

建築レベルの点的な緑化が都市全体で面として繋がることで，下記のような都市レベルのマクロな環境改善効果も期待できる．
① ヒートアイランド現象の緩和
② 雨水の流出抑制
③ 大気汚染の緩和
④ 生き物の生息環境の向上
⑤ 都市景観の向上

RC造の屋上緑化の例[01][1]

木造の屋上緑化の例と断面温度分布の日変化[02][2]

壁面緑化の例[03][3]

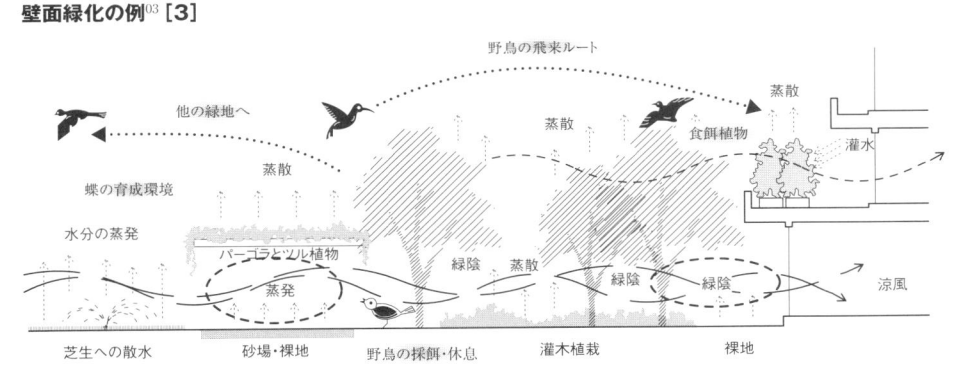

緑化によるクールスポットの形成と生き物の生息環境の向上[4]

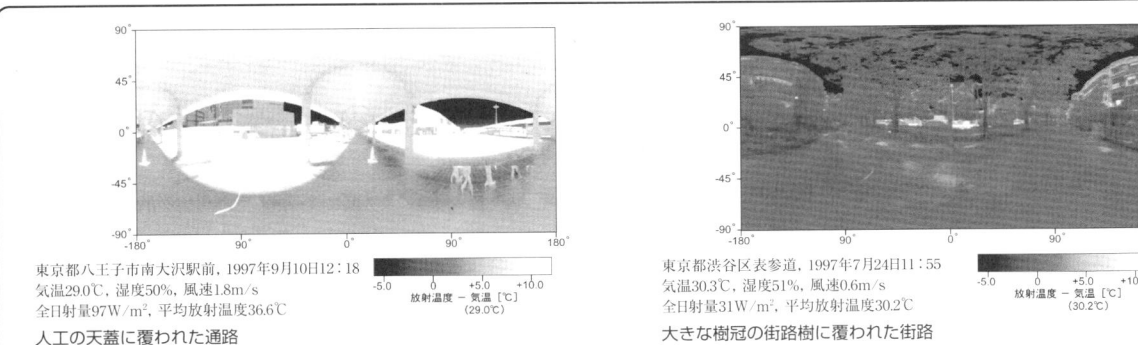

01：野島義照：知っておきたい屋上緑化Q&A，p.21，鹿島出版会（2003.12）
02：梅干野晁，白井у義，大塚修弘，岩村和夫：日本建築学会計画系論文集，No.527，p.15（2000.1）
03：新田伸三：植栽の理論と技術，鹿島出版会（1975）

人工の天蓋に覆われた通路
東京都八王子市南大沢駅前，1997年9月10日12：18
気温29.0℃，湿度50％，風速1.8m/s
全日射量97W/m²，平均放射温度36.6℃

大きな樹冠の街路樹に覆われた街路
東京都渋谷区表参道，1997年7月24日11：55
気温30.3℃，湿度51％，風速0.6m/s
全日射量31W/m²，平均放射温度30.2℃

天空を人工天蓋で覆った場合と樹冠で覆った場合の熱放射環境の比較
[出典：梅干野晁，浅野耕一：日本赤外線学会誌9, No.2, p.40（1999）]

左の全球熱画像は，歩行者を雨や日射から保護するため，人工天蓋が設けられた例である．この場合，直達日射は遮蔽されるが，天蓋の周辺の地表面からの照り返しが無視できない．天蓋の天井面が40℃前後まで焼き込み，その下での平均放射温度が37℃にもなっている．これに対し，右の全球熱画像に見られる，樹冠の大きな街路樹は，直達日射を遮蔽する上，人工天蓋のような焼き込みもない．周囲の放射温度が，全体的に気温相当に抑えられており，風が少しあれば暑くない空間となっている．

042 室と場面＝人体・場面・室　Room & Behavior Settings—Human Scale/Behavior Settings/Room

ここでは「室」と「場面」を扱う．

「室」とは，空間内に床・壁・天井などの境界によって区画された3次元の領域である．室における物的環境の属性は，形状，テクスチュア，境界面と領域内の媒質（空気，光，粒子…）などである．

「場面」とは，室内部に自然にあるいは意図的に発生する人間と環境との関係によって形成される時間的・空間的境界をもった行動の様態である．場面は，人間，行為（用，目的），動作，物品（しつらい），光音熱，知覚，作法などを構成要素とし，文化的・社会的背景によって規定される．場面の主体は人間である．人体は固有の大きさとプロポーションをもち，日常生活は姿勢と動作の繰り返しからなり，ある場面にはその姿勢，動作を可能とする寸法・位置・形状が必要となる．人体寸法には個人差があるが，身体部位の寸法はおおよそ身長に比例している[1]．

空間寸法は物理的な人体の大きさや動作だけでなく知覚に関わるものがある．対人知覚（嗅・触・視・聴など）は相手との距離によって変わる[2]．人間を中心とする空間は視野・視角等の知覚特性によって3次元的に意味づけられる[3]．

室の大きさ（広さ，容積）や形態はどのような場面が成立しうるかの条件となる[4]．そもそもある場面が成立するために室の形状やその他の条件が厳密に決定されるものもあれば，条件がゆるやかで柔軟に対応するものもある．実際に同じ室でも様々な場面に対応できる[5]．また室には個人や集団など様々な人々が居合わせることが多く，一つの室に多くの場面が同時に進行していることもある[6]．

デザイナーには多様な場面に関する知識を持ち，それを深めていくことが求められている[7]．

01: 千葉大学室内計画研究室資料より作成．
02: 鈴木成文，守屋秀夫，太田利彦，ほか著：建築計画．実教出版，p.318（1975）．（高橋鷹志による）
03: H. Dreyfuss: The Measure of Man, Human Factors Desing, Whitney Library of Design (1959)／編集委員会編：人間―環境系 下巻，人間と技術社，Maertensより作成．
04: 孤風院（熊本県阿蘇郡）1976年，設計：木島安史

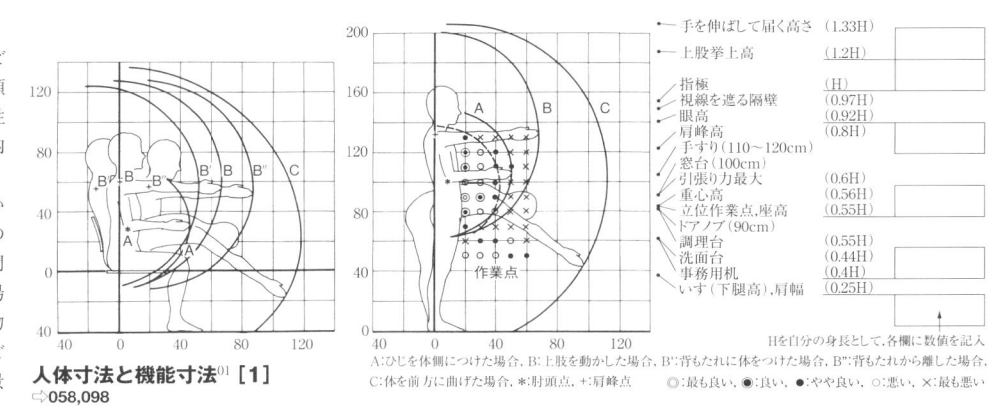

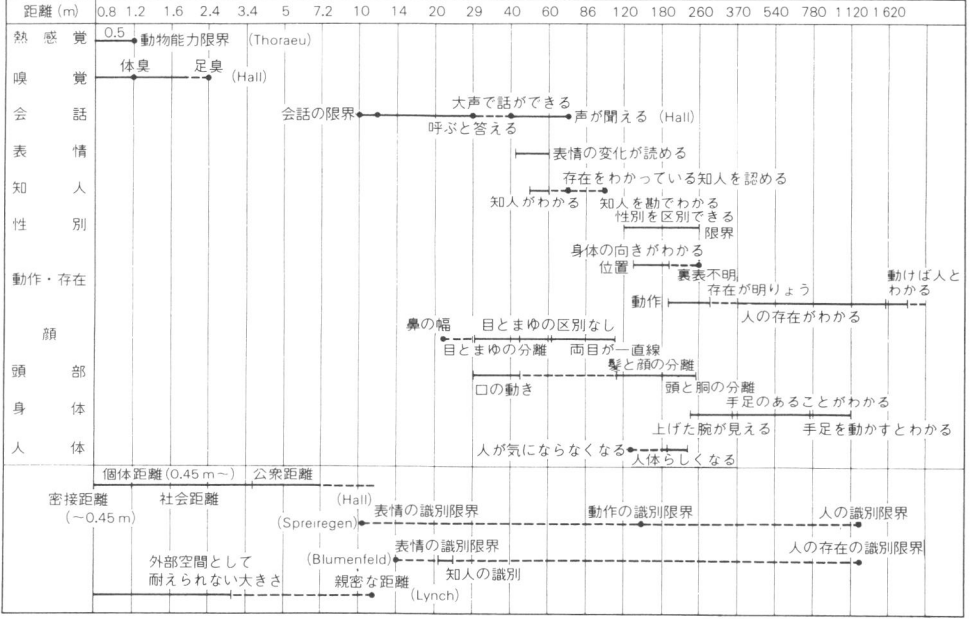

人体寸法と機能寸法[01] [1] ⇒058,098

Hを自分の身長として，各欄に数値を記入
A：ひじを体側につけた場合，B：上股を動かした場合，B'：背もたれに体をつけた場合，B"：背もたれから離した場合，C：体を前方に曲げた場合，*：肘頭点，+：肩峰点
◎：最も良い，●：良い，●：やや良い，○：悪い，×：最も悪い

- 手を伸ばして届く高さ (1.33H)
- 上股挙上高 (1.2H)
- 指極 (H)
- 視線を遮る隔壁 (0.97H)
- 眼高 (0.92H)
- 肩峰高 (0.8H)
- 手すり (110〜120cm)
- 窓台 (100cm)
- 引張り力最大 (0.6H)
- 重心高 (0.56H)
- 立位作業点，座点 (0.55H)
- 調理台 (0.55H)
- 洗面台 (0.44H)
- 事務用机 (0.4H)
- ドアノブ (90cm)
- いす（下腿高），肩幅 (0.25H)

ひとの知覚と距離[02] [2] ⇒052,060,081

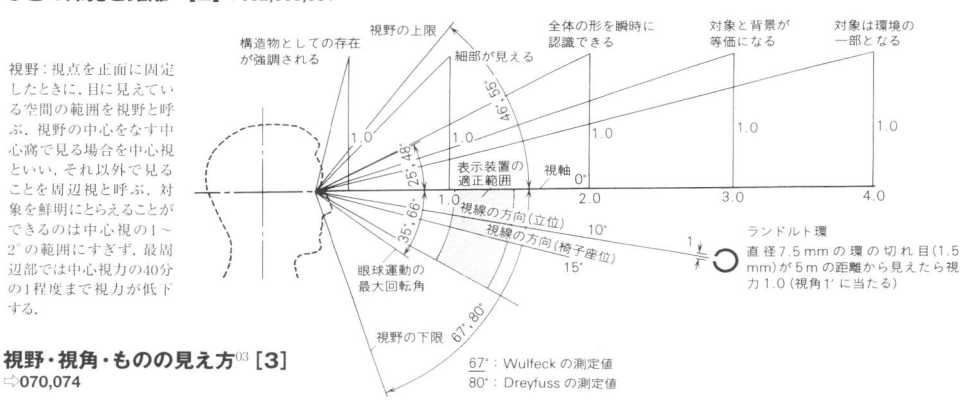

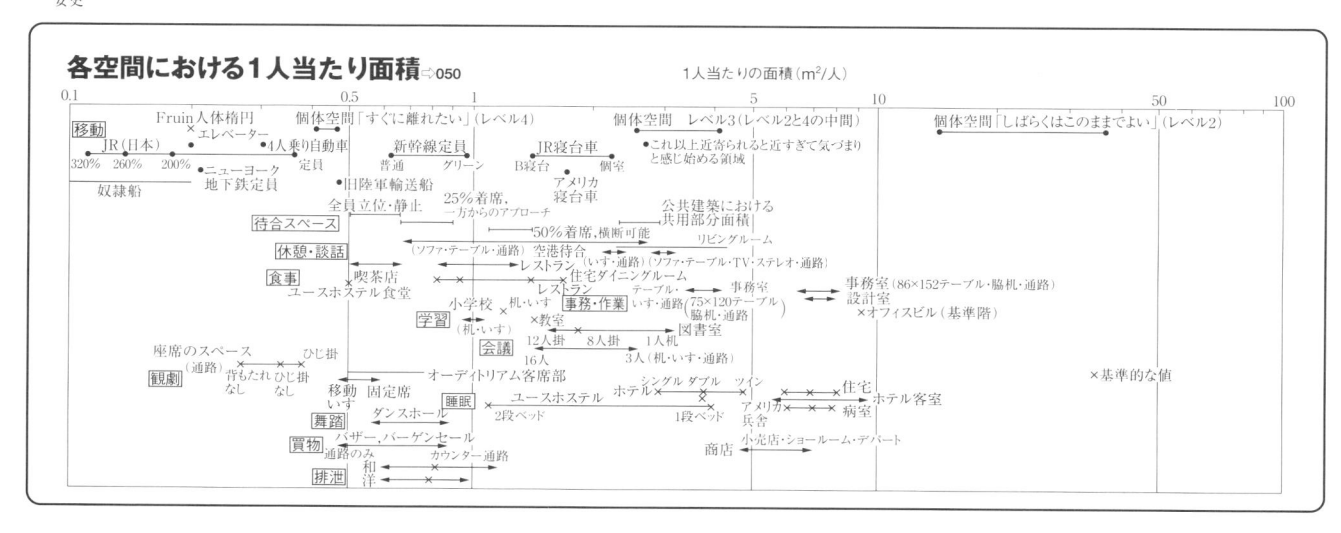

視野・視角・ものの見え方[03] [3] ⇒070,074

- 視野の上限
- 構造物としての存在が強調される
- 細部が見える
- 全体の形を瞬時に認識できる
- 対象と背景が等価になる
- 対象は環境の一部となる
- 表示装置の適正範囲
- 視軸
- 視線の方向（立位）10°
- 視線の方向（椅子座位）15°
- 眼球運動の最大回転角
- 視野の下限
- 67°：Wulfeck の測定値
- 80°：Dreyfuss の測定値
- ランドルト環　直径7.5mmの環の切れ目（1.5mm）が5mの距離から見えたら視力1.0（視角1′に当たる）

視野：視点を正面に固定したときに，目に見えている空間の範囲を視野と呼ぶ．視野の中心をなす中心窩で見る場合を中心視といい，それ以外で見ることを周辺視と呼ぶ．対象を鮮明にとらえることができるのは中心視の1〜2°の範囲にすぎず，最周辺部では中心視力の40分の1程度まで視力が低下する．

各空間における1人当たり面積 ⇒050

1人当たりの面積（m²／人）

- 移動：Fruin人体楕円，エレベーター，JR（日本），4人乗り自動車，新幹線定員，JR寝台車
- 個体空間「すぐに離れたい」（レベル4）
- 個体空間 レベル3（レベル2と4の中間）
- 個体空間「しばらくはこのままでよい」（レベル2）
- 320%, 260%, 200% 奴隷船，ニューヨーク地下鉄定員，旧陸軍輸送船
- 普通，グリーン，B寝台，個室，アメリカ寝台車
- これ以上近寄られると近すぎて気づまりと感じ始める領域
- 待合スペース：全員立位・静止，25%着席・一方からのアプローチ，50%着席・横断可能
- 公共建築における共用部分面積
- 休憩・談話：（ソファ・テーブル・通路），空港待合，（ソファ・テーブル・TV・ステレオ・通路），リビングルーム
- 食事：喫茶室，ユースホステル食堂，住宅ダイニングルーム，レストラン（いす・通路），テーブル
- 事務・作業：事務室，設計室（86×152テーブル・脇机・通路），オフィスビル（基準階）
- 学習：小学校（机・いす），教室，（75×120テーブル・脇机・通路）
- 会議：12人掛，8人掛，1人机，16人（机・いす・通路）
- 観劇：座席のスペース（通路），ひじ掛，背もたれひじ掛なし なし，移動いす，固定いす，オーディトリアム客席部
- 睡眠：ダンスホール，ユースホステル2段ベッド，ホテル1段ベッド，シングル，ダブル，ツイン，住宅，アメリカ兵舎，ホテル客室，病院
- 舞踊
- 買物：バザー・バーゲンセール，通路のみ，カウンター・通路，小売店・ショールーム・デパート，商店
- 排泄：和，洋
- ×基準的な値

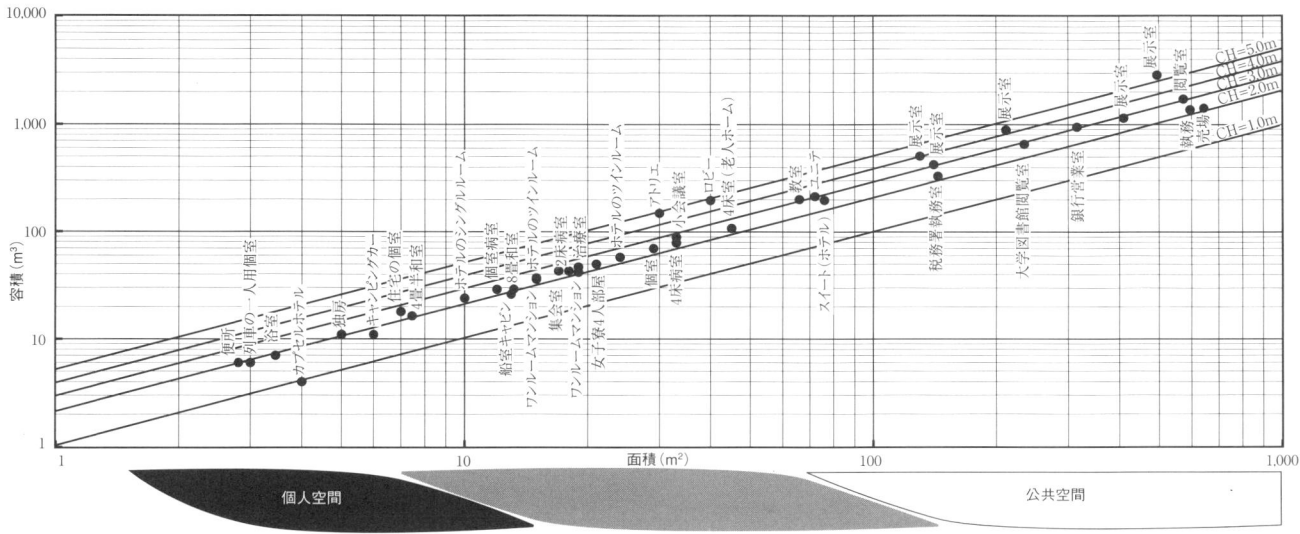

Room & Behavior Settings—Human Scale/Behavior Settings/Room 室と場面＝人体・場面・室 043

室の形状と容積[4]

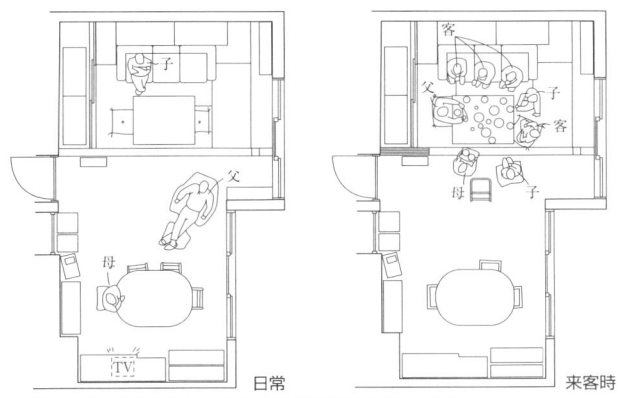

場面の様態[5]

同じ室で展開される異なった場面．室と場面との対応が緩やかな例 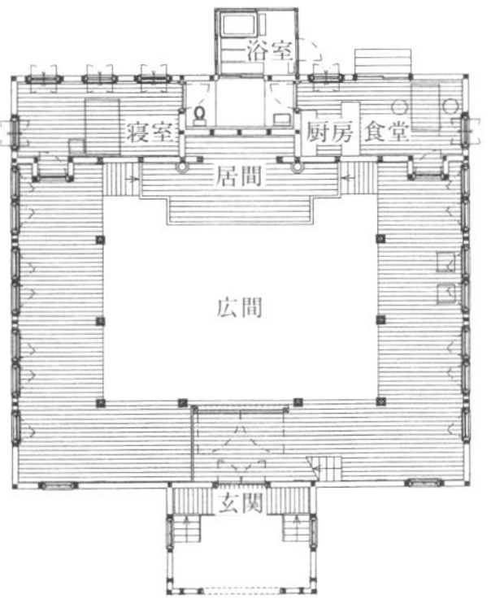 / 住居に転用された学校の講堂．室における場面成立の条件が緩やかで，場面が交換された例[01] / 動作や使用途に基づき，厳密に寸法・配置が決定された室．室と場面が厳密に対応している例

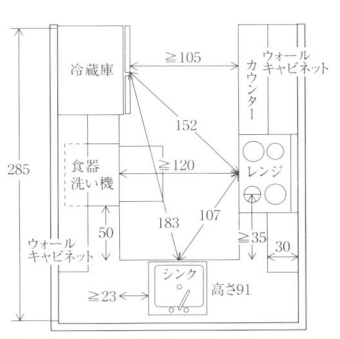

集合の種類と型[6] ⇒060, 064

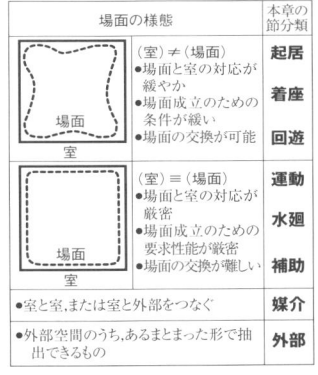

場面の様態による室の分類[7]

場面の様態		本章の節分類
(室)≠(場面)・場面と室の対応が緩やか・場面成立のための条件が緩い・場面の交換が可能		起居
		着座
		回遊
(室)≡(場面)・場面と室の対応が厳密・場面成立のための要求性能が厳密・場面の交換が難しい		運動
		水廻
		補助
●室と室，または室と外部をつなぐ		媒介
●外部空間のうち，あるまとまった形で抽出できるもの		外部

人間の集合と座の配置

人間の集まりの形態は人数・姿勢・目的などによって変化するため座の配置もそれらに合わせて考える必要がある．例えば二人の人間の位置関係は次の三つに分類される．会話などのコミュニケーションをとる場合はソシオペタル（対面型）の位置関係であり，逆に相手を拒否する場合はソシオフーガル（離反型）の位置関係，さらにその中間がソシオヘロタル（側背面型）である．住宅の居間などは対話や視線の交錯が生まれやすいソシオペタルな座の配置が，駅や公共空間の待ち合わせ場所などには無関係で居られるソシオフーガルな座の配置が求められる．研究成果によれば3m程度の距離を上限として室内の日常会話が成立している．アメリカで出版される「Time Saver Standards」でも直径3mの円を会話環と呼んでいる．この数値は立位・いす座位の場合であり床座位では距離は75％程度に縮小する．

⇒048, 060

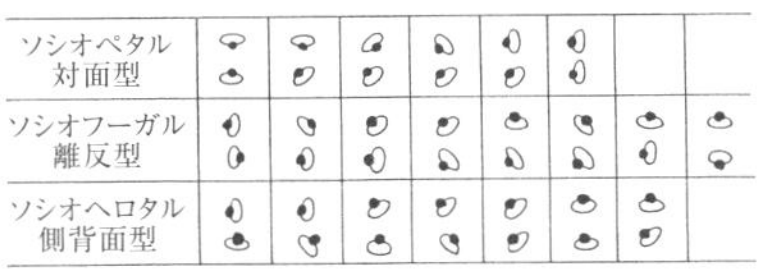

二人の位置関係の三つの型

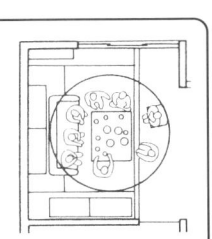

ソシオペタルな座席配置  / ソシオフーガルな座席配置

住宅で多人数団らんに見る3mの会話環

【参考文献】
岡田光正，高橋鷹志：『新建築学大系13建築規模論』，彰国社，1988．
高橋鷹志，長澤泰，西出和彦編：『シリーズ＜人間と建築＞環境と空間』，朝倉書店，1997．

室と場面：人体・場面・室　Room & Behavior Settings—Human Scale/Behavior Settings/Room

人体を基準とした伝統的尺度

ものの長さ, 広さ, 嵩などをはかる古くからの単位は人体各部の寸法が基となっている. そして細かい違いはあるもののほぼ同じ部位単位に基づく単位がある. [1][2]

加齢による身体能力の変化

身体機能の低下について20歳と60歳で比較したのが[3]である. 高齢化する事で, 1/2～1/3間で身体能力が低下することが分かる. [4]は階段の昇降の困難度を示したものである. 高齢者の移動困難者は60歳代では1割程度, 70歳が2割弱, 75歳が3割, 80歳代では3割～7割の出現率である. 加齢により空間との適応の幅が徐々に減少する.

人体を規範とした比例理論

人体は美しさや完全なものの規範ともされ, 人体各部のあてはめによる根拠付けが行われた. ダ・ヴィンチの手を広げた人体の円と正方形へのあてはめやノイフェルトのへその位置と黄金分割との結びつけなどである. コルビュジエが「人体の寸法と数学の結合から生まれたものを測る道具」と呼ぶモデュロールは, 手を挙げた人体を包絡する2倍正方形, 人体各部の黄金比, 身長1829mm等を基準として, フィボナッチ数列から導かれた二つの尺度の体系である. [5]

01：戸沼幸市：人間尺度論, 彰国社(1978)
02：高橋研究室編：かたちのデータファイル, 彰国社(1983)
03：秋山哲夫・清水浩志郎：高齢者の社会参加とまちづくり, p.22
04：石橋富次：交通行動に関連して高齢者の生活と心身能力, 国際交通安全学会, Vol.19, No.5(1978)
05：工業技術院：日本の体格調査報告書(1984)／小原二郎他：人体を測る, 日本出版サービス(1986)より作成
06：小原二郎：室内計画, コロナ社(1981)
07：文部省：学校保健統計調査より作成

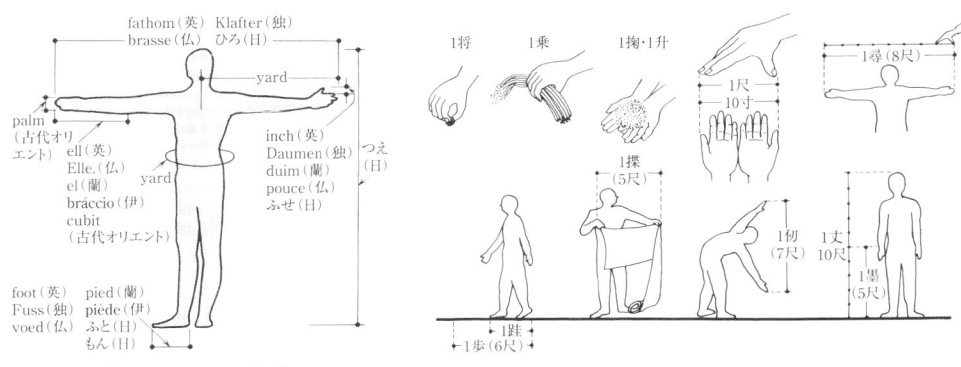

人体に基づく尺度の呼称[01] [1]

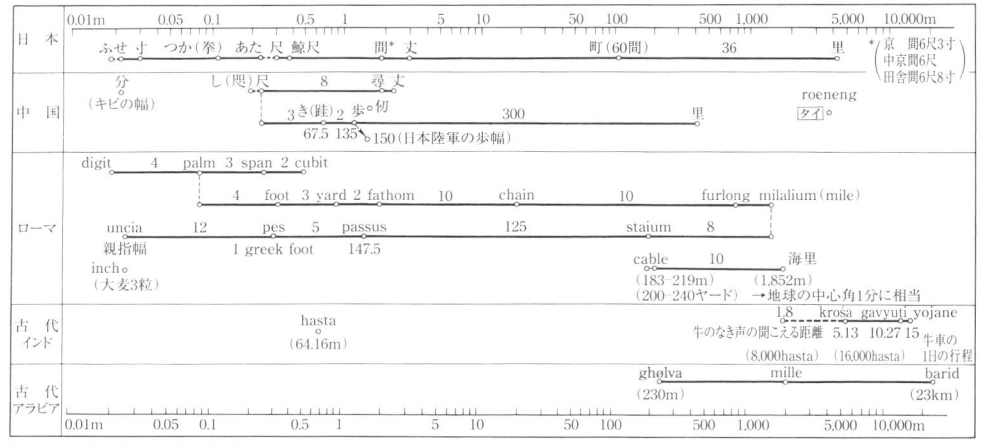

各地域の伝統的尺度[02] [2]

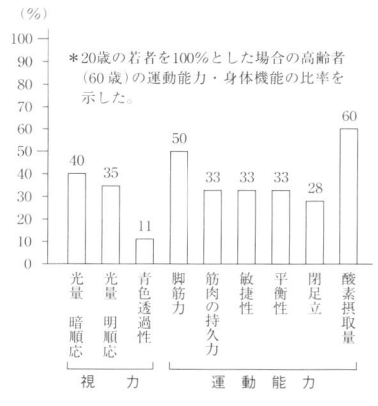

高齢者の運動能力[03, 04] [3]

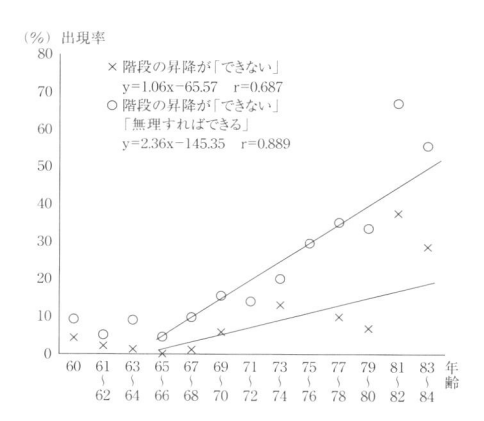

高齢者の階段昇降困難度 [4]

年齢と体形変化

人体のプロポーションは, 生後に概ね4頭身であったものが, 成長とともに体幹部と上下肢が伸びて成人では7～7.5頭身に体形が変化する.

その後, 高齢になるに従い, 脊椎の湾曲や短縮が起こり身長は漸次低くなる.

立位時の重心の高さは, 幼児期で身長の約56%と臍よりも上の位置にあるが, 成人になると身長の約54～53%となり臍より数cm下の位置になる.

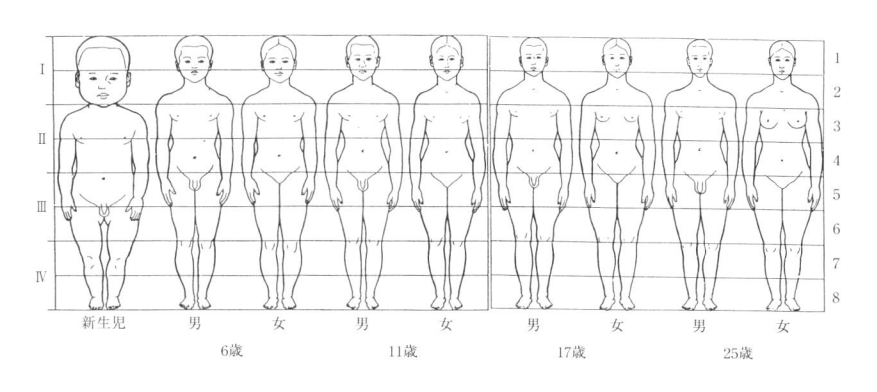

[出典：間壁治子：被服のための人間因子, p.171, 日本出版サービス(1991)より作成]

室と場面＝人体・場面・室

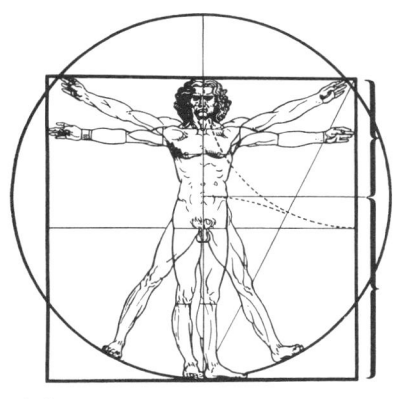

ダ・ヴィンチ
比例理論[5]

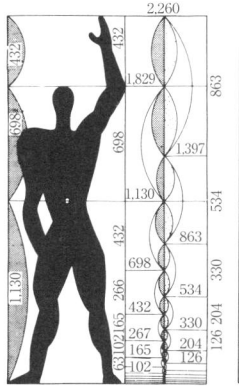

ノイフェルト

コルビュジエ

人体計測値[6]

[6]の17歳以下の身長，座高と成人・高齢者の計測姿勢は異なる．前者は，筋緊張の「気をつけ」の姿勢であるのに対して，後者はJIS「人間工学—人体寸法測定」によるもので，筋緊張のない自然立位による．したがって，17歳以下の身長に対して，成人・高齢者の計測値は小さい．成人の場合，「気をつけ」の姿勢に比べて自然立位の身長は20～30mm低くなる．また，高齢者の多くは，上体が円背になることにより，成人に比べて50～100mm低くなるので注意が必要である．

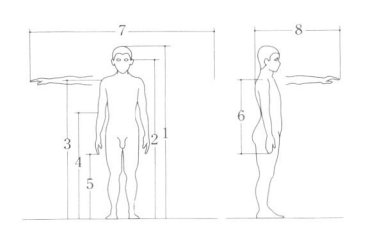

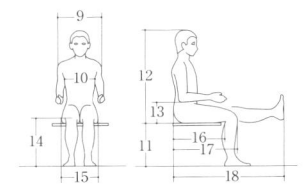

人体各部寸法の略算係数[6]

	年齢		5歳	6	7	8	9	10	11	12	13	14	15	16	17	成人	60歳～
1. 身長(mm)	男		1,107	1,167	1,225	1,281	1,336	1,391	1,453	1,529	1,600	1,655	1,686	1,701	1,708	1,714	1,589
		σ	47.1	49.6	51.4	54.5	57.4	61.3	71.4	80.6	76.9	64.9	58.9	57.9	58.3	62.6	42.0
	女		1,099	1,158	1,217	1,275	1,335	1,403	1,471	1,521	1,551	1,568	1,573	1,577	1,581	1,591	1,468
		σ	46.9	48.7	51.3	55.7	61.7	67.9	66.7	59.3	54.0	53.0	52.2	52.3	52.5	53.0	53.6
2. 眼高	男		0.90	0.91	0.91	0.91	0.92	0.92	0.92	0.93	0.93	0.95	0.93	0.93	0.93	0.93	0.92
	女		0.91	0.91	0.91	0.91	0.92	0.92	0.92	0.93	0.93	0.93	0.93	0.93	0.93	0.93	0.92
3. 肩峰高	男		0.78	0.78	0.79	0.79	0.79	0.8	0.8	0.8	0.8	0.81	0.81	0.81	0.81	0.81	0.81
	女		0.75	0.78	0.79	0.79	0.8	0.8	0.8	0.8	0.81	0.81	0.81	0.81	0.81	0.81	0.81
4. 肘頭高	男		0.6	0.6	0.6	0.6	0.6	0.6	0.6	0.6	0.6	0.6	0.6	0.6	0.6	0.6	0.6
	女		0.6	0.6	0.6	0.6	0.6	0.6	0.6	0.6	0.6	0.6	0.6	0.6	0.6	0.6	0.6
5. 指先端高	男		0.37	0.37	0.37	0.37	0.37	0.37	0.37	0.37	0.37	0.37	0.37	0.37	0.37	0.37	0.37
	女		0.37	0.37	0.37	0.37	0.37	0.37	0.37	0.37	0.37	0.37	0.37	0.37	0.37	0.37	0.37
6. 上肢長	男		0.43	0.43	0.43	0.43	0.43	0.43	0.43	0.43	0.43	0.43	0.43	0.43	0.43	0.43	0.43
	女		0.43	0.43	0.43	0.43	0.43	0.43	0.43	0.43	0.43	0.43	0.43	0.43	0.43	0.43	0.43
7. 指極	男		0.97	0.97	0.97	0.98	0.98	0.98	0.99	0.99	0.99	1.0	1.0	1.0	1.0	1.0	0.97
	女		0.97	0.97	0.97	0.98	0.98	0.98	0.99	0.99	0.99	1.0	1.0	1.0	1.0	1.0	0.97
8. 前方腕長	男		0.48	0.48	0.48	0.48	0.48	0.48	0.48	0.48	0.48	0.48	0.48	0.48	0.48	0.48	0.5
	女		0.48	0.48	0.48	0.48	0.48	0.48	0.48	0.48	0.48	0.48	0.48	0.48	0.48	0.48	0.5
9. 肩幅	男		0.24	0.24	0.24	0.24	0.24	0.24	0.24	0.24	0.25	0.25	0.25	0.25	0.25	0.25	0.26
	女		0.24	0.24	0.24	0.24	0.24	0.24	0.24	0.24	0.24	0.24	0.24	0.24	0.24	0.24	0.26
10. 胸幅	男		0.16	0.16	0.16	0.16	0.16	0.16	0.16	0.16	0.16	0.16	0.16	0.16	0.16	0.16	0.16
	女		0.16	0.16	0.16	0.16	0.16	0.16	0.16	0.16	0.16	0.16	0.16	0.16	0.16	0.16	0.16
11. 下腿高	男		0.25	0.25	0.25	0.25	0.25	0.45	0.25	0.25	0.25	0.25	0.25	0.25	0.25	0.25	0.24
	女		0.25	0.25	0.25	0.25	0.25	0.25	0.25	0.25	0.25	0.25	0.25	0.25	0.25	0.25	0.25
12. 座高	男		0.56	0.56	0.55	0.55	0.55	0.54	0.54	0.54	0.53	0.53	0.53	0.53	0.53	0.54	0.54
	女		0.56	0.56	0.55	0.55	0.54	0.54	0.54	0.54	0.54	0.54	0.54	0.54	0.55	0.54	0.54
13. 座面肘頭距離	男		0.15	0.15	0.15	0.15	0.15	0.15	0.15	0.15	0.15	0.15	0.15	0.15	0.15	0.15	0.14
	女		0.15	0.15	0.15	0.15	0.15	0.15	0.15	0.15	0.15	0.15	0.15	0.15	0.15	0.15	0.14
14. 座位膝蓋骨上縁高	男		0.29	0.29	0.29	0.29	0.29	0.29	0.29	0.29	0.29	0.29	0.29	0.29	0.29	0.29	0.3
	女		0.29	0.29	0.29	0.29	0.29	0.29	0.29	0.29	0.29	0.29	0.29	0.29	0.29	0.29	0.3
15. 座位殿幅	男		0.18	0.19	0.19	0.19	0.19	0.19	0.19	0.19	0.19	0.19	0.19	0.19	0.19	0.19	0.23
	女		0.19	0.19	0.19	0.19	0.2	0.2	0.2	0.2	0.21	0.21	0.21	0.21	0.21	0.21	0.23
16. 座位殿膝窩間距離	男		0.27	0.27	0.27	0.27	0.27	0.27	0.27	0.27	0.27	0.27	0.27	0.27	0.27	0.27	0.28
	女		0.27	0.27	0.27	0.27	0.27	0.27	0.27	0.27	0.27	0.27	0.27	0.27	0.27	0.27	0.28
17. 座位殿膝蓋骨前縁距離	男		0.32	0.32	0.32	0.33	0.33	0.33	0.34	0.34	0.34	0.34	0.34	0.34	0.34	0.34	0.35
	女		0.32	0.32	0.32	0.33	0.33	0.33	0.34	0.34	0.34	0.34	0.34	0.34	0.34	0.34	0.35
18. 座位下肢長	男		0.55	0.55	0.55	0.56	0.56	0.56	0.56	0.56	0.56	0.56	0.56	0.56	0.56	0.56	0.56
	女		0.55	0.55	0.55	0.56	0.56	0.56	0.56	0.56	0.56	0.56	0.56	0.56	0.56	0.56	0.56

[出典：千葉工業大学上野研究室資料より作成] （身長×係数）

座位寸法の国際比較

日本人の座高は，欧米人に比べてほぼ同じかやや高めであるが，下腿高（座面高）は，数cm低くなる傾向がみられる．輸入家具や衣服などの製品寸法の内外差に留意したい．

01：若井，ほか：英国における人体寸法の考え方と日本人との比較，日本建築学会大会講演梗概集，p.512(1986)
02：Alvin R. Tilley, Henry Dreyfuss Associates：The Measure of Man and Woman, Revirsed Edition, p.26, John Wiley & Sons, Inc(2002)より作成

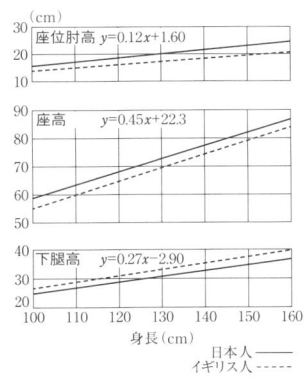

座位肘高 $y=0.12x+1.60$
座高 $y=0.45x+22.3$
下腿高 $y=0.27x-2.90$

日本人とイギリス人の体位比較[01]
日本人 ——
イギリス人 - - -

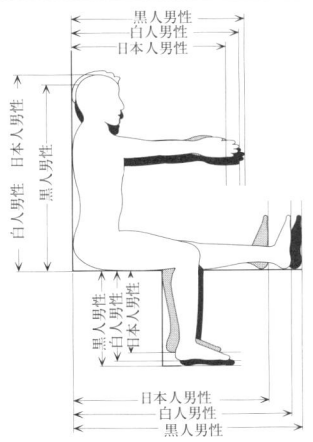

アメリカ系白人から見た体位比較[02]

座位・下肢長
白人の平均値に対して
黒人 +3.8cm　日本人 −9.1cm

座位・上肢長
白人の平均値に対して
黒人 +1.5cm　日本人 −5.1cm

座高（一般的な座席）
白人の平均値に対して
黒人 −3.8cm　日本人 ほぼ同じ

座面高（平均男性）
白人の44.4cmに対して
黒人 45.7cm　日本人 40cm

室と場面=起居：行為と場面
Room & Behavior Settings—Mode of Daily Living: Behavior & Settings

様々な場面に対応した行為に伴う動作および家具の基本的な寸法を示す．

[1]足下にはつま先が入るけ込みが必要である．体の前面がテーブルに接するようにする．

[2]カウンターに座る場合は膝の入るスペースをとり，足掛けを設ける．

[3]いすを引く場合のあきと，給仕などの後方にあきを考慮する．

[4]車いすのアームレストがテーブルの下に入り，フットレストの邪魔になるものがないよう考慮する．後方には，車いすを引く余裕をとる．

[5]床座の場合はいすがない分後方のあきは少なくてよい．

[6]手足を伸ばしたり，寝返りを打つなどの動作範囲を考慮する．

[7]カウンター内部の作業スペースの最小奥行は70cmである．

[8]テーブルといすの間の寸法は，足を伸ばすか否かで寸法が異なる．

[9]和式の場合の1人分の座の幅は約70cmと洋式の場合とほぼ同じである．

[10]洋室にベッドをおく場合は，ベッドメーキングなどの準備行為や収納・更衣・整容・病気などの際の動作領域を考慮する必要がある．

[11]複数でこたつを囲む場合，距離は接近しているが，上半身は自由な姿勢がとれるため，団らん以外にもそれぞれ個別の行為を行いやすい場となる．

[12][13][14]いすやソファーに座る場合，足を動かす動作範囲，両脇や後方を通過するためのサービス・アクセス用のあきを見込む必要がある．

[15]ここに示す必要スペースの他に，調理室や台所への動線やリビングとのつながりなどを考慮する必要がある．

[16][17]書斎コーナーがある洋室の例．

[19][20][21]8畳間を家具と座の配置により多様に設える例．

[22][23]和室の食事は座卓または膳と座ぶとんで行われる．1人の座卓幅は最小60cmで，これ以下になるとひじやひざが隣の人に触れる．

[24]日常の会話が成立するのは3m程度の距離である．[25]多人数が使用する食堂のテーブル配置は給仕のサービス動線と利用者の食卓への動線の処理が重要である．

[1]～[25]数値提供：上野義雪

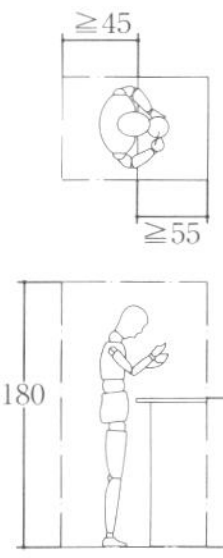

食事をする（立位）[1] 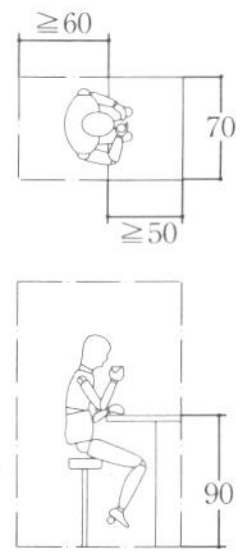 ／ 食事をする（カウンター）[2] 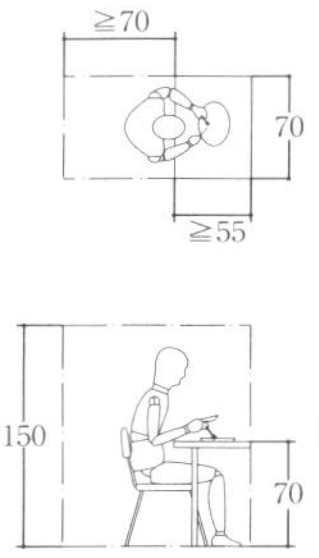 ／ 食事をする（テーブル）[3] 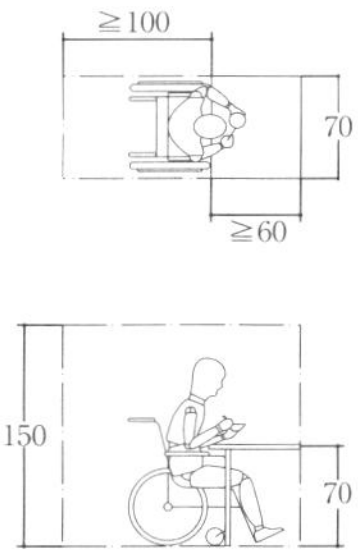 ／ 食事をする（車いす）[4] 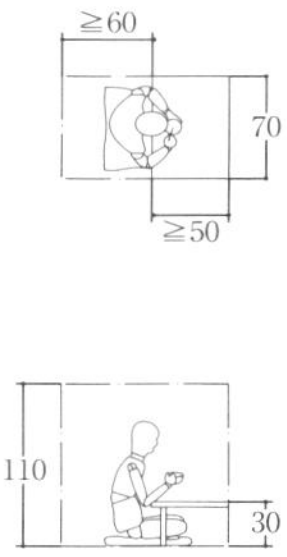 ／ 食事をする（床座）[5] 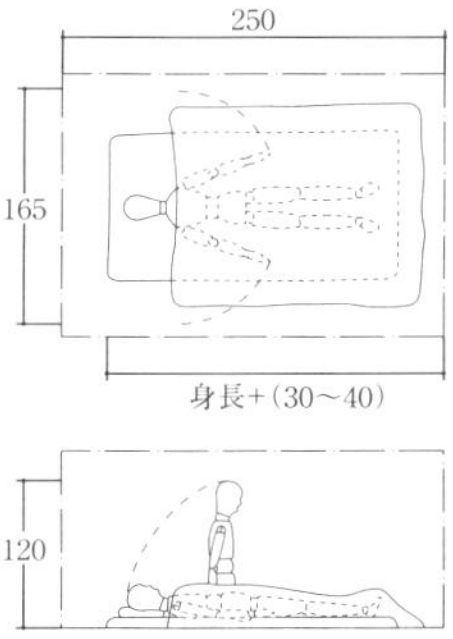 ／ 寝る（ふとん）[6]

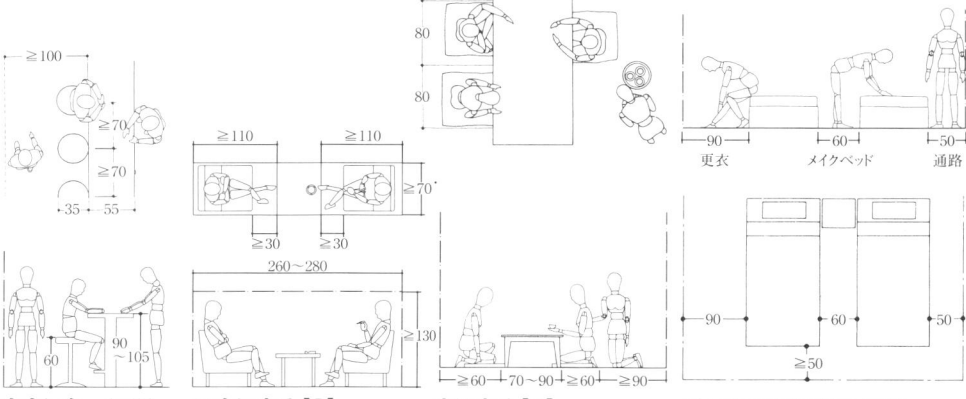

カウンター（腰掛）[7] ／ いすに座る[8] ／ 床に座る[9] ／ ベッドまわりのあき[10]

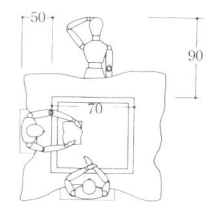

こたつ（自由な姿勢）[11] 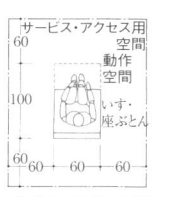 ／ いす座と動作空間（1人）[12] 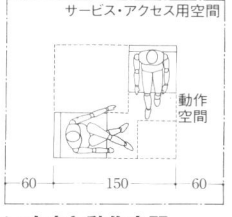 ／ いす座と動作空間（2人，L字型）[13] 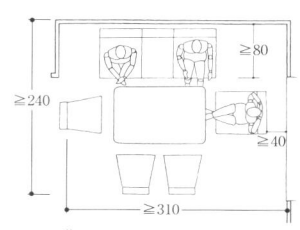 ／ テーブルと座の配置（方形テーブルの場合）[14]

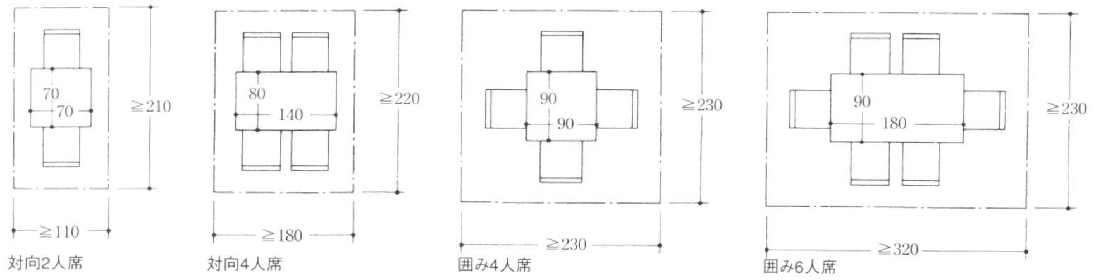

テーブルの席数と必要スペース[15]
対向2人席 ／ 対向4人席 ／ 囲み4人席 ／ 囲み6人席

日本人の坐法

一見，いす座の生活様式が一般化したかのようにみえる今日の日本においても，正坐やあぐらなどの床座姿勢は今なお存続している．このうち，正坐は日本古来の坐法のように考えられるが，その起源はさほど古くない．医学者の入澤達吉は，大正8年に「日本人の坐り方に就いて」と題する講演のなかで，正坐の風習は，江戸時代の初期においては一般にはまだ浸透しておらず，元禄・享保の頃に都会から田舎に徐々に波及していったのではないかと考察している．また，入澤は日本人の坐法を，3種類の跪坐（1～3）と，8種類の坐法類型（4～11）に分類している．

坐法は，空間のセッティングのほか，衣服，他者との関係，教育によっても異なり，また変化する．すわっている姿勢のことを「居住まい」というが，今日，居住まいを正すための規範が失われつつある．

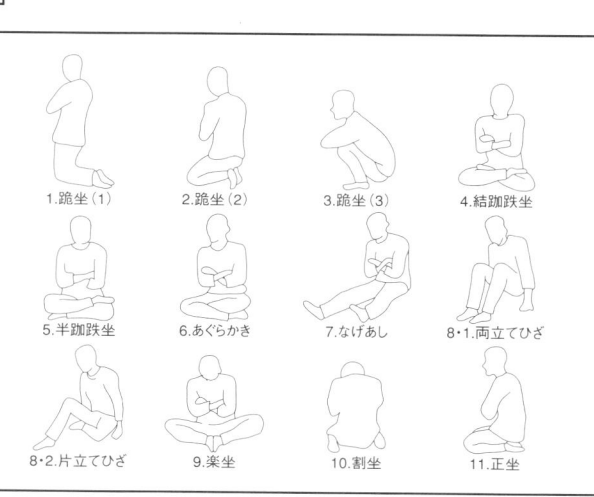

1.跪坐(1) ／ 2.跪坐(2) ／ 3.跪坐(3) ／ 4.結跏趺坐 ／ 5.半跏趺坐 ／ 6.あぐらかき ／ 7.なげあし ／ 8-1.両立てひざ ／ 8-2.片立てひざ ／ 9.楽坐 ／ 10.割坐 ／ 11.正坐

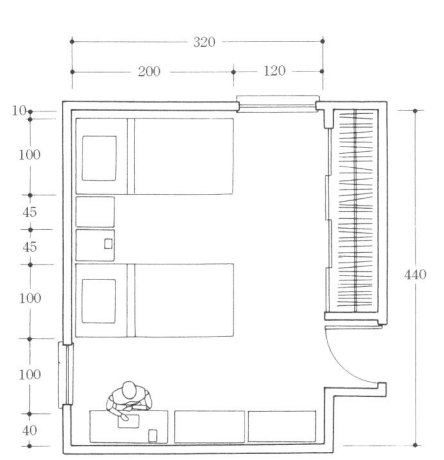

1:100

室と場面＝起居：行為と場面　047
Room & Behavior Settings—Mode of Daily Living: Behavior & Settings

書斎付洋室(2人用) [16]

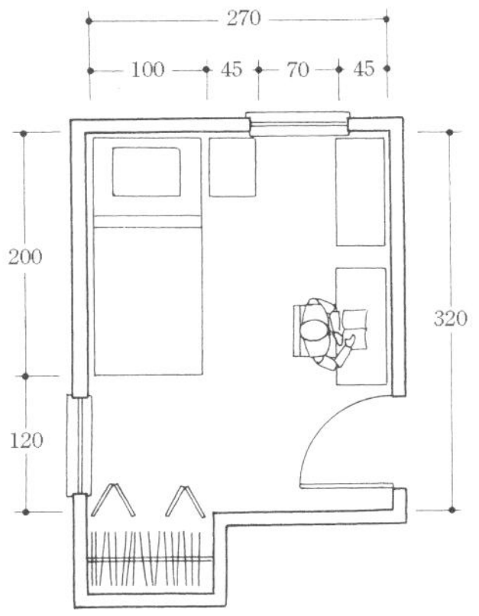

書斎付洋室(1人用) [17]

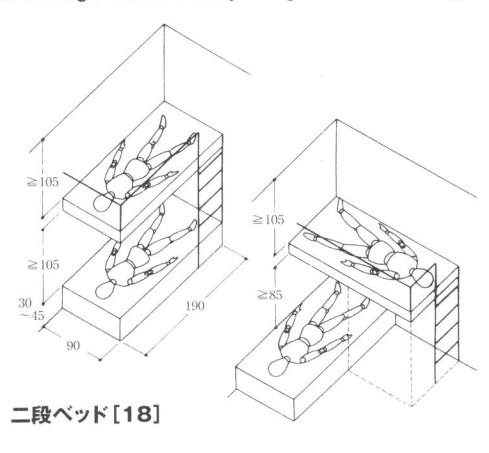

二段ベッド [18]

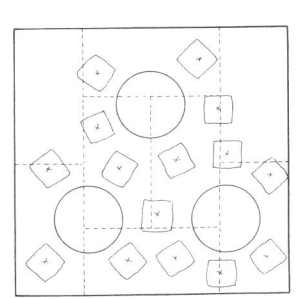

8畳間と座の配置（円形テーブル）[19]

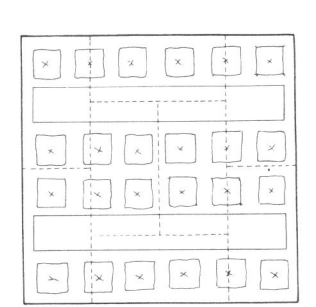

8畳間と座の配置（方形テーブル）[20]

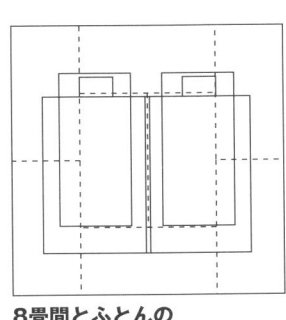

8畳間とふとんの関係 [21]

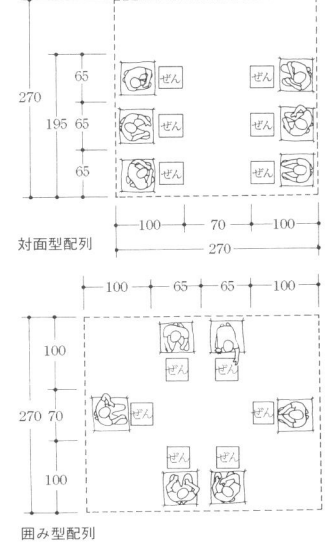

対面型配列

囲み型配列

ぜんの配列形式 [23]

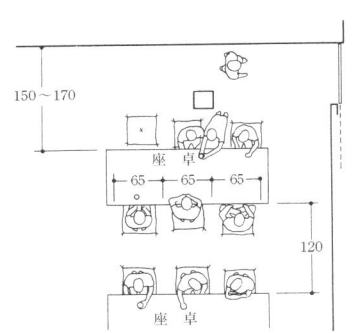

座卓周辺の寸法 [22]

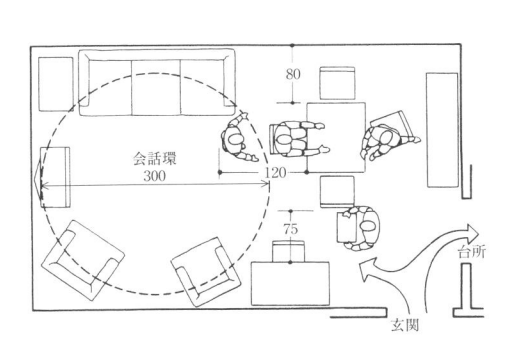

食事・団らんの複合場面 [24]

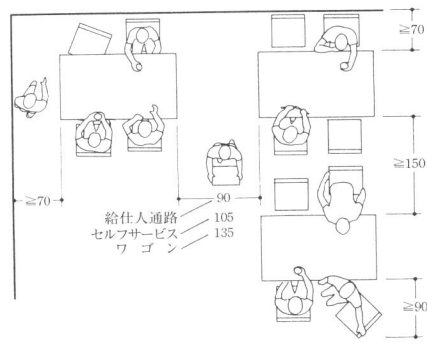

食堂のテーブル周辺の寸法 [25]

いす

いすは，作業用，休息用に大別され，求められる作業性や休息性の程度によって，体を支持する面の形状が異なる．休息性が高まるにつれ座面および背もたれは後傾する

いすについては原則として最大外形寸法・座高・ひじ掛けの高さを示している．ここでの座高は一般に製品寸法として表示されている座の前縁部中央の高さで，人間工学あるいはJISの基準としての座高（座位基準点の高さ）とは異なる．
ST：スタッキング可能
F：折り畳み可能
DJ：日本の市場向けに寸法を直している．

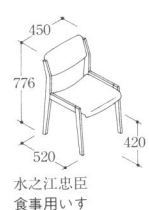

水之江忠臣 食事用いす

カウンター用　カウンター用いすの高さは定寸法がないのが一般的

剣持デザイン研究所

寝いす

Charles Eames（アメリカ）

ソファー（三人掛）

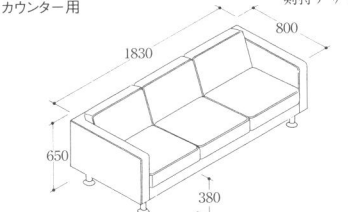

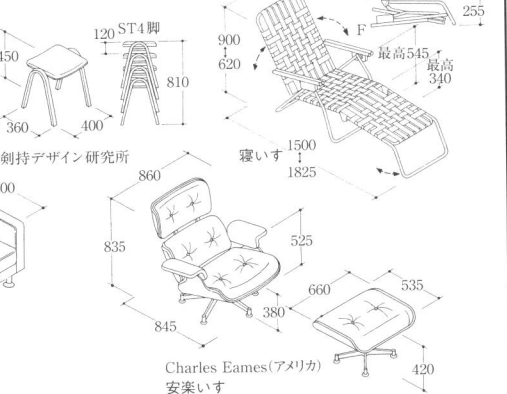

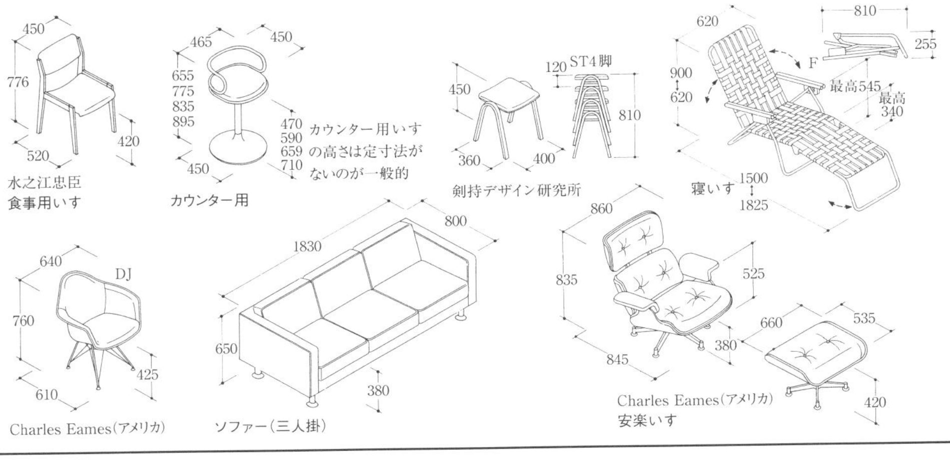

Charles Eames（アメリカ）安楽いす

048 室と場面＝起居：場面の採集
Room & Behavior Settings—Mode of Daily Living: Mode of Daily Living in Case Studies

1:200

使われ方調査は場面の採集でもある．ここでは様々な調査において採集された場面を紹介する．[1]～[4]はこういったものの先行例で，単に住宅や建築の研究にとどまらず，その時代の場面の記録という意味でも貴重である．

[5]～[9]は，起居様式の実態を調査したものである．現代の日本では，食事や団らん等の場面においてはイス坐とユカ坐の混在した折衷的な起居様式が中心であることがわかる．

[10]～[13]のような仮設住居を調べたものや，[14][15]のように現代の特徴的な空間やライフスタイルを調べたもの，[16][17]のような住宅の自由度や可変性に着目した調査，[18][19]などの居室の断面形状に注目した調査例もある．また，場面の採集は住宅に限らず他の施設の研究でも見られる．

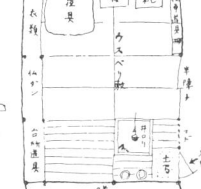

01：下刈人夫小屋　今和次郎：住居論，ドメス出版
02：新家庭の品物調査　今和次郎：考現学，ドメス出版
03：同潤会代官山アパート　西山夘三：住み方の記，筑摩書房
04：日本住宅公団標準設計54-4N-2DK　鈴木成文：建築計画学6 集合住宅 住戸，丸善
05：住居の公的空間における人の居方　場所・行動研究会：住居における行動場面に関する研究，住宅建築研究財団年報No.18
06：村山家住宅　沢田知子：未発表，1986年，新潟
07：米国戸建て住宅のリビングルーム　沢田知子：イス坐・ユカ坐，住まいの図書館出版局
08：聴竹居（第3回）藤井厚二：日本の住宅，岩波書店
09：宮城県営広瀬住宅　本間博文，志田正男：集合住宅の平面型の評価に関する研究，住宅建築研究所報No.14

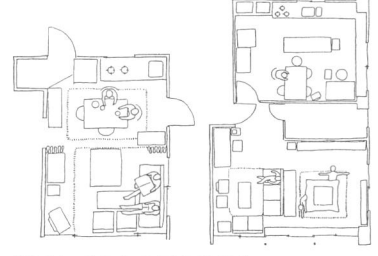

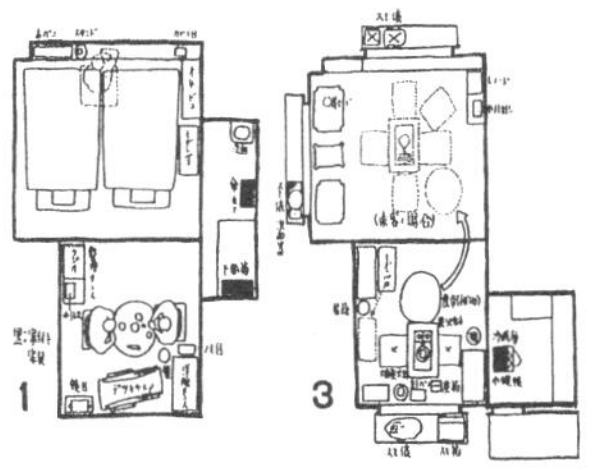

西山夘三は，戦前，代官山アパートに住み，そこでの自らの生活の様子を日記に詳細に記述した．これは後年になって「住み方の記」としてまとめられた．西山は1942年に庶民住宅の調査に基づき，食寝分離論を発表した．戦後，吉武泰水，鈴木成文らに影響を与え，公営住宅の51C型標準設計（⇒149）に反映された．これがダイニングキッチンの原型とされる．

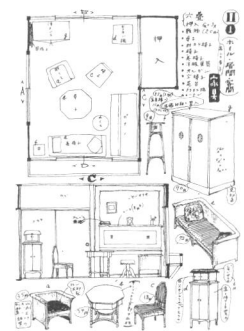

民家調査(山人足の仮小屋)01 [1]

新家庭の品物調査02 [2]
今和次郎は，農山村民家を訪ね，住居内の様子を生活の道具などとともに詳細に調べた．また，考現学（モデルノロジィ）という手法で，同時代の普通の人々の生活を調べた．住居に関し，特に家具などの物品を詳細に調査して，その状況を明らかにし社会的意味を探ろうとした．

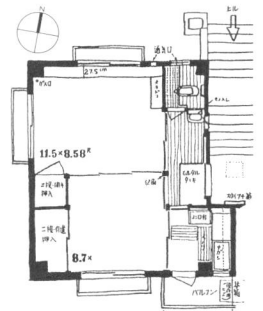

同潤会代官山アパートの住み方の記03 [3]

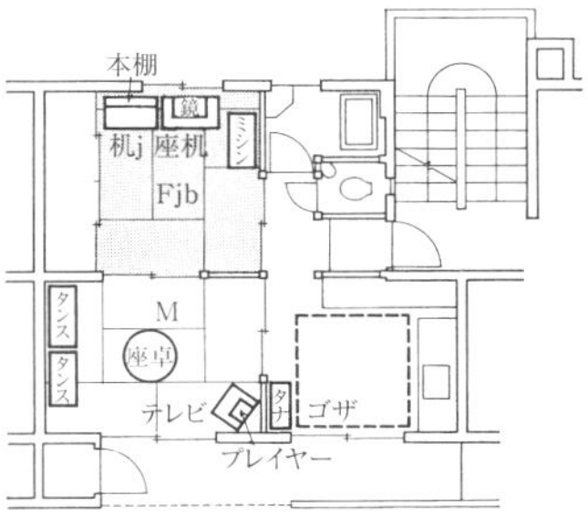

標準設計2DKの住まい方04 [4]

住居内での人の居方05 [5]
図の左と右は住宅のLDKにおける団らんの様子を調べたもの．ユカ坐とイス坐が混在する．会話の距離は[7]の欧米の事例に比べて狭いことがわかる．

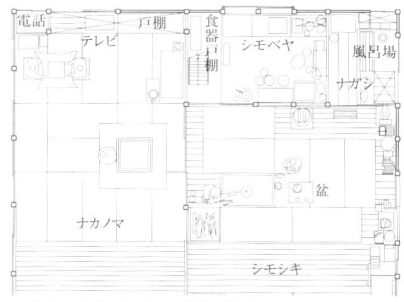

山村民家の住まい方06 [6]

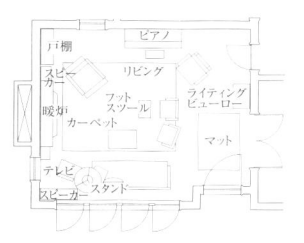

アメリカの住宅のリビングルーム07 [7]
約3mの会話環の上にソファ等がのっている．

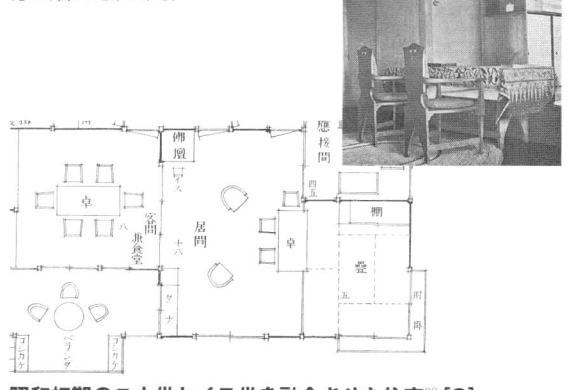

昭和初期のユカ坐とイス坐を融合させた住宅08 [8]

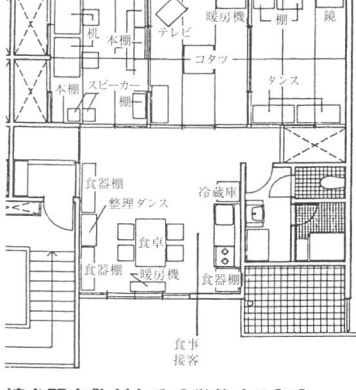

続き間座敷がある公営住宅09 [9]

[5]のように現代日本の住宅内の起居様式を調べると，置かれている家具は欧米のリビングルーム[7]と一見似ているが，セッティングや行動は異なり，ユカ坐とイス坐が混在している事例が多い．こういった和洋折衷の様式は，[8]の昭和初期の藤井厚二の提案にも見られる．一方，現代でも[6]の事例のようにユカ坐の生活は見られ，[9]のような和風の空間を見直した住居の提案もある．

座の配置

ある環境の中でとられる「座」（＝居場所）は，時に規範に左右され，役や地位に応じた様式に倣う．住まいでの日常生活の中にも規範として，ある伝統的な作法や，時にはある家族の中でのみ通用する緩やかな決まり事があり，それらが家族の「座」を決めることもある．

家族は「社会」であり，互いの関係性を調整するために様々なやりくりが意識，無意識のうちになされている．住まいを計画する場合，「どこに，どんな風に誰が「座」をとれるか」を考えることは居住環境の質を高める上で重要なことといえる．

また，「座」は，そこですることや，そこで関わる「ひと」や「もの」を含めた「場」として捉えることで，ある人の生活の一端を記述する手がかりともなる重要な視点である．⇒047, 060

家族内ルールと「座」（学生アンケートの例）
家族だけでのくつろぎの一時に存在する座の秩序
A：父　我が家では寝ころんで過ごすことが休養である．だから狭い場所でも重なるようになれる．（テレビをみる）しかしねるにも優先順位があって，父→母→姉→私，の順となっている．だから私がねころべるのは誰かいないときのみである．
B：母
C：姉
D：私

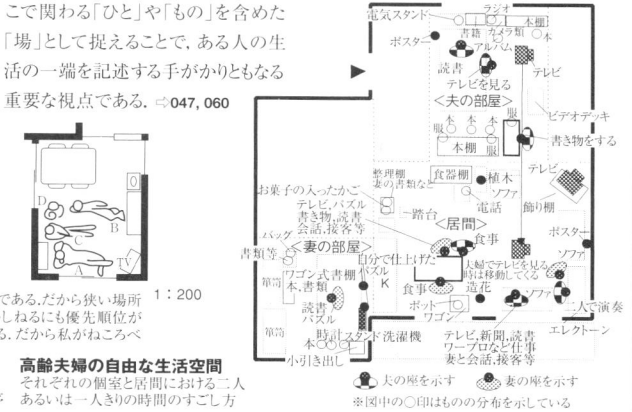

高齢夫婦の自由な生活空間
それぞれの個室と居間における二人あるいは一人きりの時の過ごし方

※図中の○印はものの分布を示している

室と場面＝起居：場面の採集
Room & Behavior Settings—Mode of Daily Living: Mode of Daily Living in Case Studies

1:200

簡易宿泊所（どや） 大阪市（1969年）[10]

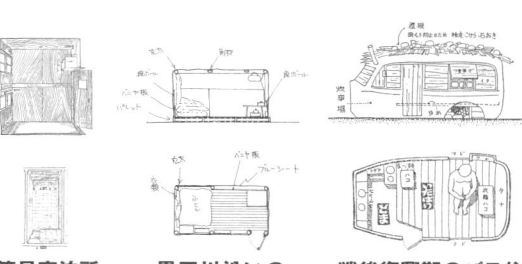

墨田川沿いの仮小屋[11]

戦後復興期のバス住宅 岐阜市営（1949年）[12]

阪神淡路大震災後の仮設住宅[13]

[10]〜[13]にはミニマルな仮設居住の調査事例を集めた．空間の大きさは様々だが，機能等を限定して最小限の居場所を確保している事例として興味深い．

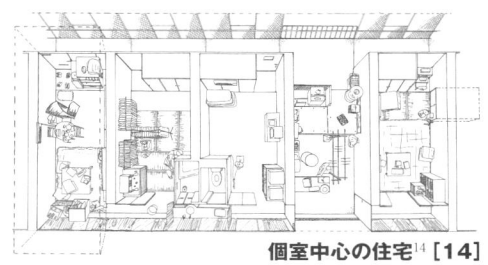

個室中心の住宅[14]

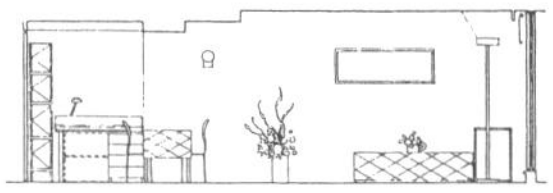

[14][15]は現代的な空間やライフスタイルの調査事例である．[14]は社会と家族と個人との関係の変化を間取りに反映させた，個室が直接外につながる住居を調べたもの，[15]はDINKS（共働きで子供のいない夫婦）世帯の住む住宅で一室での居住となっている．

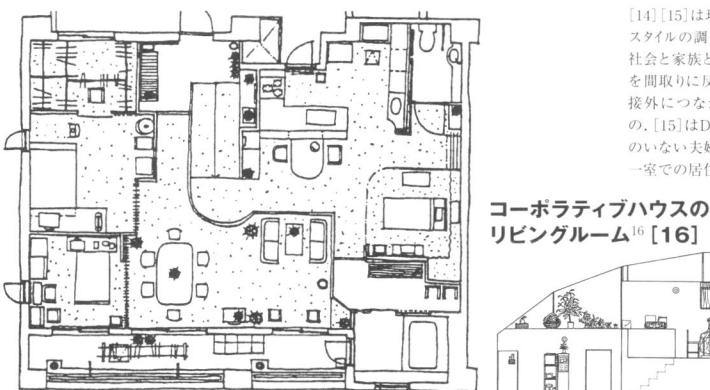

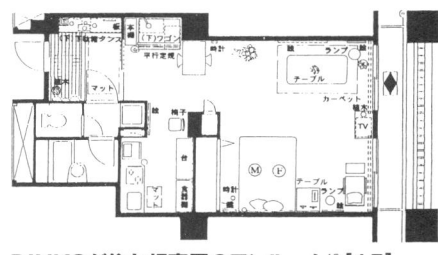

DINKSが住む超高層のワンルーム[15]

コーポラティブハウスのリビングルーム[16]

[16][17]は集合住宅の住戸の設計の自由度や可変性を確保する試みの調査事例である．可変性や自由度には，自ずと限りがあるが，そのなかで住み手の個性を尊重した計画が可能である．

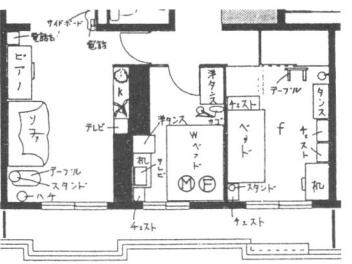

順応型住宅における家具配置[17]
黒い部分は間仕切りを兼ねた家具

吹抜けのある住宅[18]

[18][19]は，住宅の内部を立体的に考え，天井の高い空間を確保した事例である．

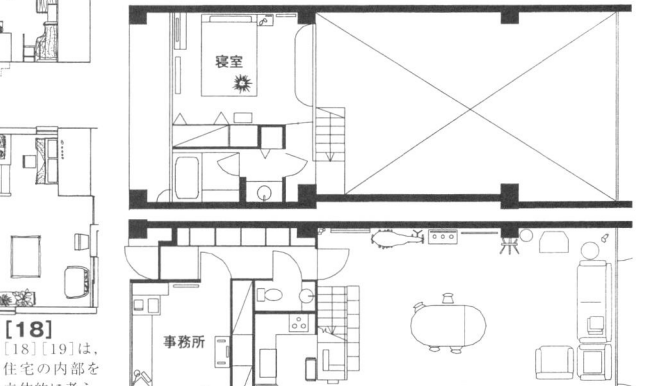

吹抜けのある集合住宅[19]

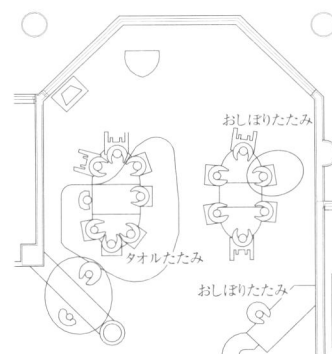

特別養護老人ホームのリビングルーム[20]

[20]は特別養護老人ホームの調査事例．住宅の場面に近くなるように計画されている．[21]の混雑した電車の場面は，日常の場面としては例外的な高密度である．またコラムに示した小学校のオープンスペースや図書館では多くの人々が共存していることを反映して，同一の空間に異なる場面が作られる．

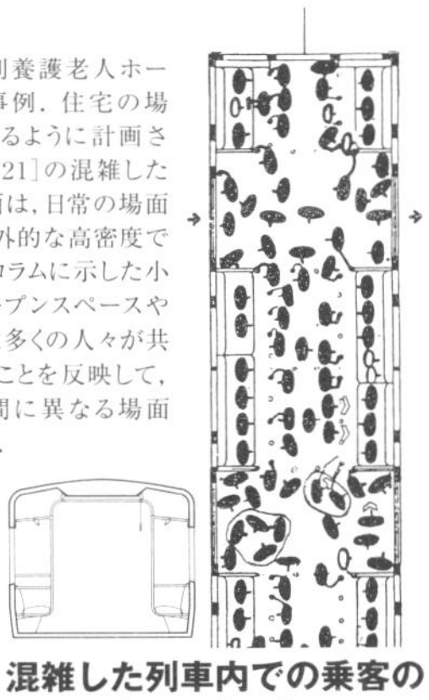

混雑した列車内での乗客の位置と向き[21]

10：釜ヶ崎・福寿園　西山夘三：日本の住まい 3, 勁草書房
11：高橋康浩：路上生活者の住環境に関する研究，東京理科大学卒業論文
12：西山夘三：日本の住まい1, 勁草書房
13：三浦研：自然災害に起因した環境移行に関する研究，京都大学学位論文
14：岐阜県営北方団地妹島棟　村尾充宏・小園涼子：公営住宅における住空間構成と住様式の関係〜ハイタウン北方・妹島棟と高橋棟，東京理科大学平成11年度卒業論文
15：大川端リバーシティ21　小柳津醇一，他：都心型超高層住宅居住実態調査報告書，住宅・都市整備公団
16：メソッドつくば　西畠直臣：スケルトン・インフィル方式における住環境形成に関する研究，東京大学卒業論文
17：初見学他：可変型集合住宅の居住履歴に関する調査報告書，住宅・都市整備公団
18：コモンシティ星田A2　石井京子他：住宅の立体的空間構成に関する研究，日本建築学会大会学術講演梗概集
19：CUBE　市川夏子他：単身居住者の住生活から見た都市居住の一様相，日本建築学会大会学術講演梗概集
20：松見苑　竹宮健司他：個室型特別養護老人ホームにおける入居者の生活実態と交流に関する研究(1)〜(3)，日本建築学会大会学術講演梗概集, 1999
21：高橋鷹志，他：旅客車サービス設備近代化の研究報告書(5), (社)日本鉄道車輛工業会

小学校・図書館での場面

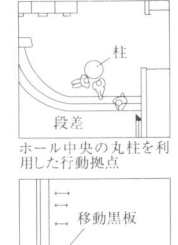

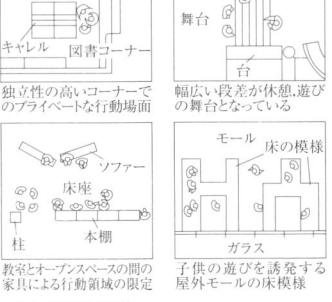

小学校に見られるユニークな行動場面[*1]

- ホール中央の丸柱を利用した行動拠点
- 独立性の高いコーナーでのプライベートな行動場面
- 幅広い段差が休息，遊びの舞台となっている
- 教室隅のコミュニケーション場面
- 教室とオープンスペースの間の家具による行動領域の限定
- 子供の遊びを誘発する屋外モールの床模様

図書館の児童部門における行動の観察[*2]

*1：さまざまな調査校にみるユニークな行動場面／柳澤要：小学校における児童と物理的環境相互の関連に関する考察，日本建築学会計画系論文報告集，第435号
*2：つくば市立中央図書館　李廷美：公共図書館の児童部門における館内行為と空間構成に関する研究，筑波大学修士論文

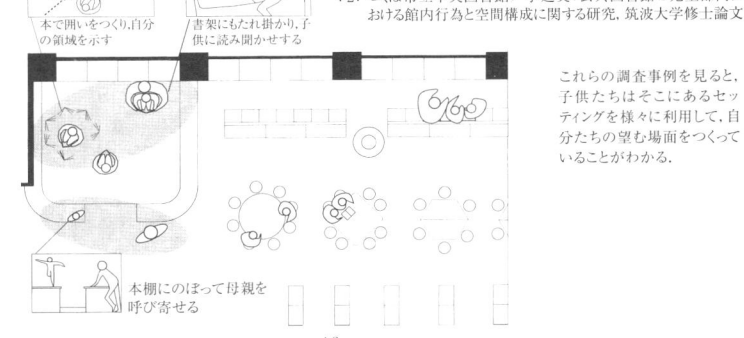

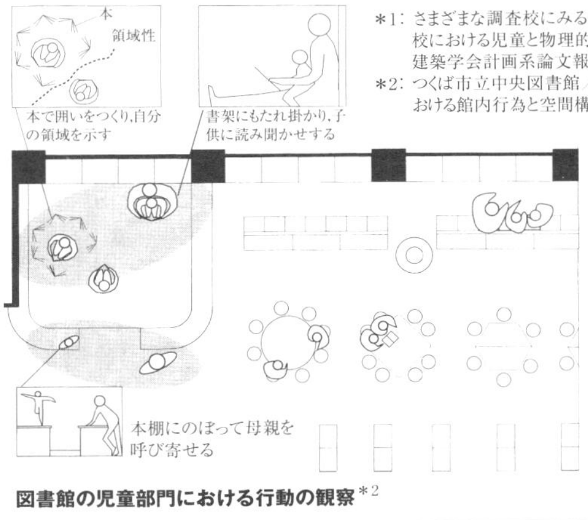

これらの調査事例を見ると，子供たちはそこにあるセッティングを様々に利用して，自分たちの望む場面をつくっていることがわかる．

050　室と場面＝起居：個の場面
Room & Behavior Settings—Mode of Daily Living: Personal Setting

1:200

ここでは，一人または二人のためのプライベートな場面と，空間的な制限から極小空間にまとめられた場面を集めた．

[1]〜[6]はごく小規模の個室空間で，動作空間が許す最小限の空間である．

[7]〜[15]，[19]には一人のための長期滞在の空間を集めた．上のものに比べると空間に余裕があるが，一人の利用を前提とし，個人のプライバシーの確保を主目的とした空間である．

[16]〜[18]，[20]〜[22]は，乗り物の内部の場面で，複数の人が利用することを前提にしているが，空間的な制約によって動作空間の許すぎりぎりの空間となっている例である．

[23]〜[27]は，二人の専用を前提とした事例である．プライベートな場面が想定されている．

01：トレックライズ1／1998年，アライテント
02：カトリック五井教会（千葉県市原市）1984年，設計：長島孝一＋AUR建築・都市・コンサルタント
03：レストカプセル横型／1993年，オリバー
04：笠原小学校（埼玉県南埼玉郡宮代町）1982年，設計：象設計集団⇒217
05：寝台車あけぼのの一人用個室／1990年，設計：JR東日本
06：新幹線200系（山形新幹線）1990年，設計：JR東日本
07：日建設計大崎寮（東京都品川区）1992年，設計：日建設計
08：YKK黒部寮（富山県黒部市）1998年，設計：Herman Hertzberger⇒160
09：リブレハウス（東京都武蔵野市）1986年，設計：小畑広永，他
10：丹沢の家（神奈川県清川村）1997年，設計：増田実建築研究所
11：大阪ガスNEXT21自立家族の家（大阪市）1995年，設計：シーラカンス⇒149，161
12：ホテルイースト21東京（東京都江東区）1993年，設計：鹿島建設⇒281
13：昭和大学病院中央棟（東京都品川区）1999年，設計：ARCOM＋日本設計
14：おらはうす宇奈月（富山県宇奈月町）1994年，設計：外山義，公共施設研究所⇒175
15：聖路加国際病院（東京都中央区）1992年，設計：日建設計⇒190

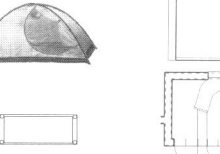

テント（一人用）01 [1] 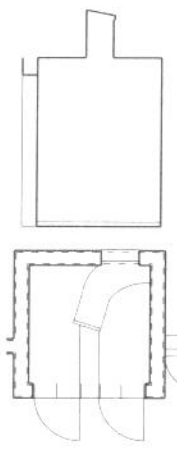
キリスト教会の告解室02 [2] 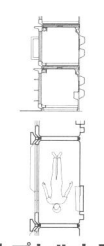
カプセルホテルのユニット03 [3]
児童のためのアルコーブ04 [4]（撮影：新建築写真部）
寝台車の個室（一人用）05 [5] 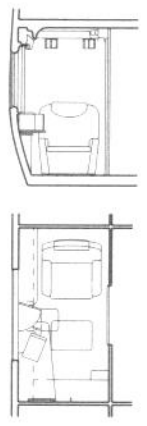
列車の個室（一人用）06 [6]

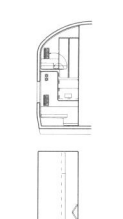

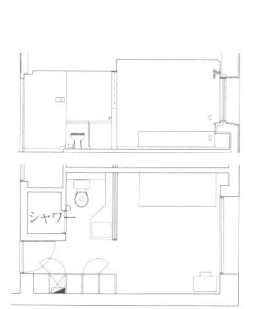

洗面・トイレが一体化した独身寮の個室07 [7] 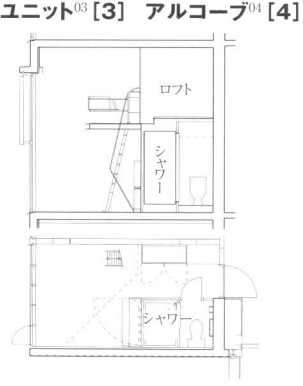
ロフトのある独身寮の個室08 [8] 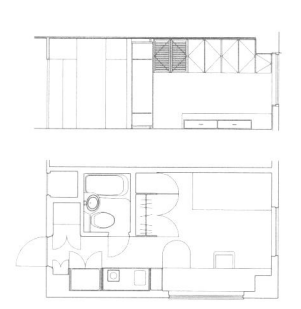
ワンルームマンション住戸09 [9]

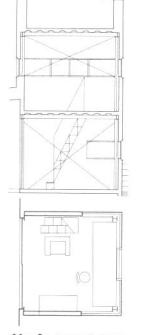

住宅の2層の個室10 [10] 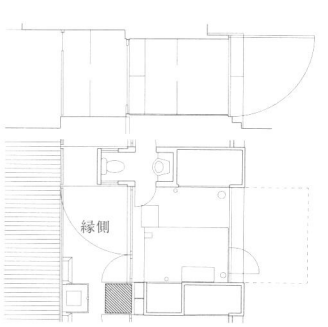
戸外に直接出られる住宅の個室11 [11] 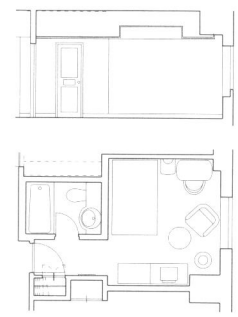
ホテルの標準的なシングルルーム12 [12]

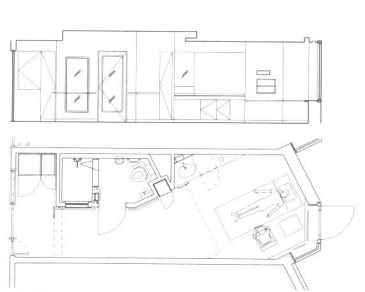

病院の個室13 [13]
特別養護老人ホームの個室14 [14] 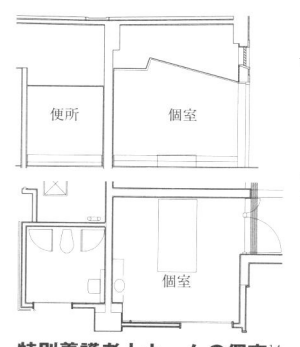
病院のLDR15 [15] 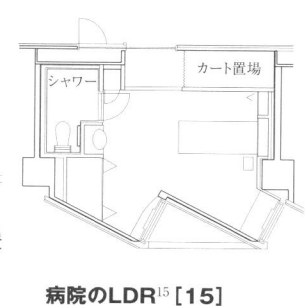
LDR（Labor陣痛，Delivery分娩，Recovery回復）のすべての過程を一室で行う．

密度と空間

通勤ラッシュ時の列車内は，多くの人が経験したことのある高密な場面であろう．乗車率200%の状態で5.7人/m²程度の密度である．他にも，エレベーター内部，映画館，野球場などがある．こういった短期間に経験する高密な状況は，密度が高いほど人に与える生理的・心理的影響が大きく，心拍数が上がったり，作業効率も落ちるなどの影響が見られるという*1．一方，一般の住宅の居室などの密度は，これよりもずっと低密で，0.2人/m²程度を下回ることが多い．

長期間にわたり耐えられる密度の限界については，単に面積ではなく，1人当たりの空間の容量により決まるとの研究もある．それによると2日間では1人当たり1.4m³，1〜2ヶ月では7m³，数ヶ月では17m³程度必要であるという*2．

このように長期間の高密な状況はマイナスの影響を人に与えるとされる．特に，高密居住が成長期の子供に与える影響として「学習された無力感」という心理的状況が知られている．⇒043

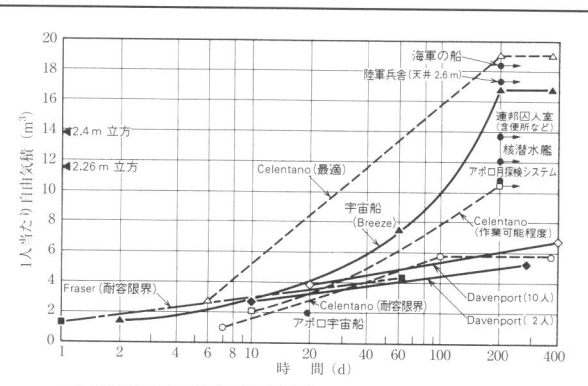

長期作業に対する作業空間容量*2
*1 白井薫：車内混雑度から見た電車通勤の疲労，1971年
*2 人間・環境系，1973年

室と場面＝起居：個の場面
Room & Behavior Settings—Mode of Daily Living: Personal Setting

051

1:200

列車の4人掛ボックス席[16]

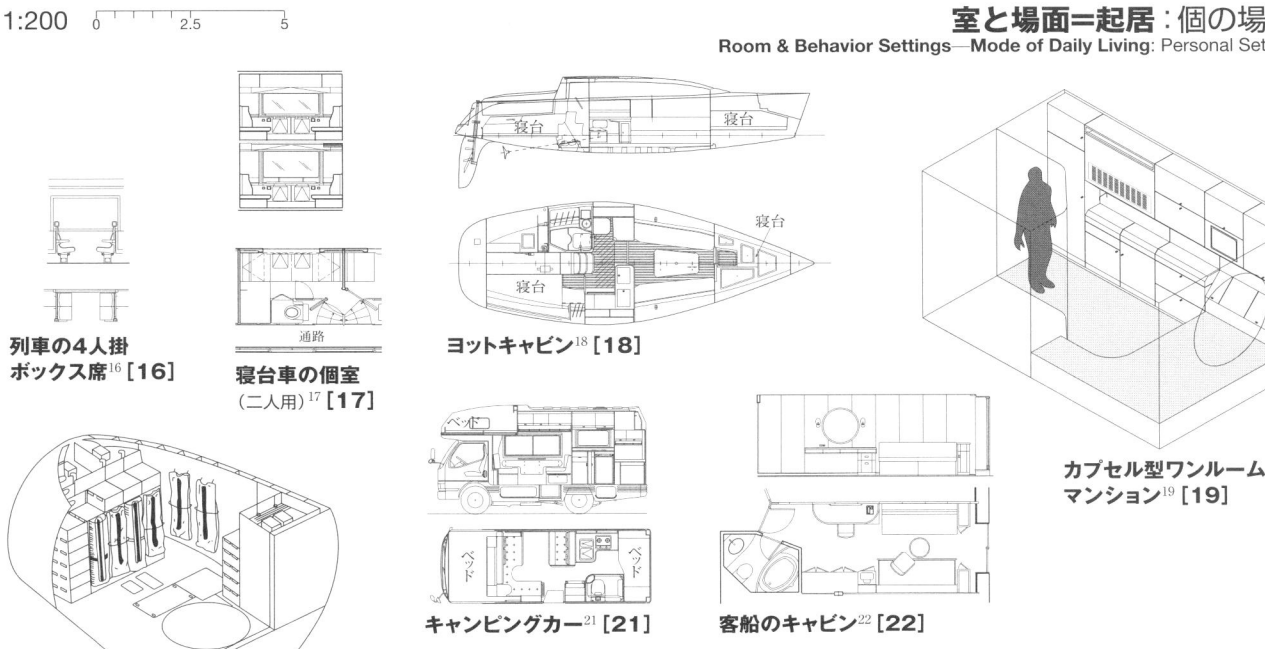

寝台車の個室（二人用）[17]

ヨットキャビン[18]

カプセル型ワンルームマンション[19]

宇宙船内部[20]

キャンピングカー[21]

客船のキャビン[22]

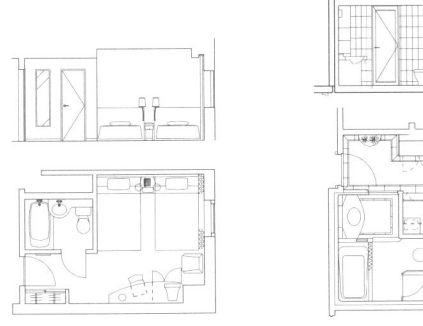

ホテルのツインルーム[23]

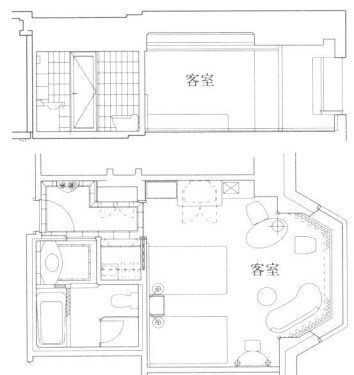

ホテルのツインルーム[24]

（提供：日建設計）

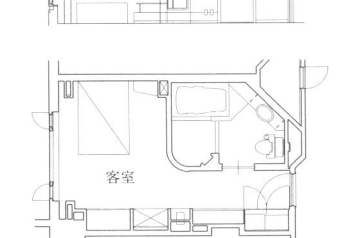

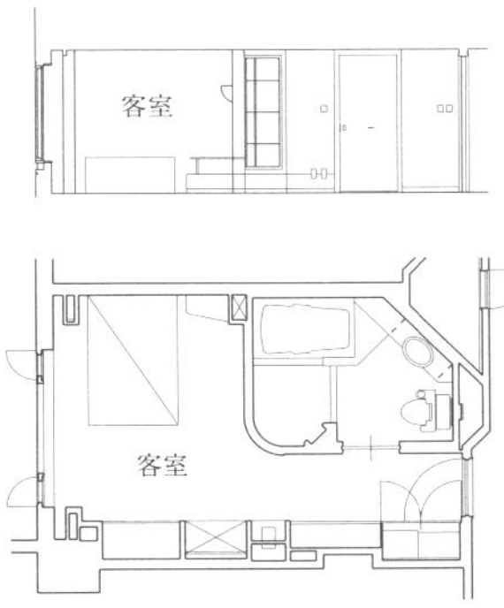

ホテルのダブルルーム[25]

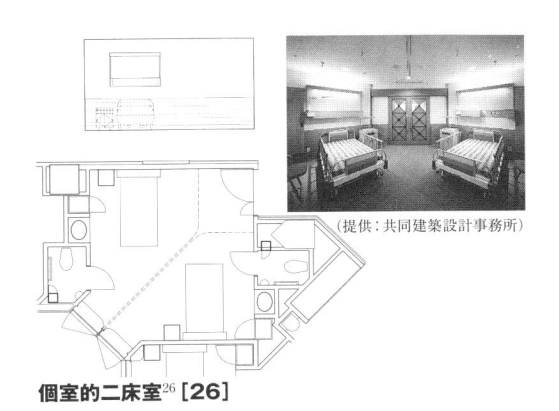

（提供：共同建築設計事務所）

個室的二床室[26]

（撮影：須田眞史）

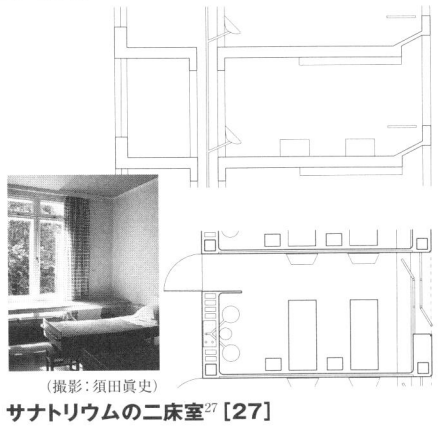

サナトリウムの二床室[27]

16：普通車4人掛け席（総武・横須賀線）1994年, 設計：JR東日本
17：寝台特急カシオペアツイン（東北本線）1999年, 設計：JR東日本
18：31フィート級クルーザー, 設計：ヤマハ発動機
19：中銀カプセルタワービル（東京都中央区）1972年, 設計：黒川紀章⇒**164**
20：スペースシャトル, 設計：NASA
21：ベガ, 1999年, 設計：増田紘宇一
22：飛鳥デラックスルーム, 1990年, 設計：日本郵船
23：青森ワシントンホテル（青森市）1995年, 設計：日建設計
24：ホテルニューオータニ幕張（千葉市）1993年, 設計：日建設計⇒**280**
25：グランドハイアット福岡（福岡市）1996年, 設計：清水建設
26：稲城市立病院（東京都稲城市）1998年, 設計：共同建築設計事務所
27：パイミオのサナトリウム（フィンランド）1933年, 設計：Alvar Aalto⇒**192**

臥位での空間知覚

寝た姿勢（臥位）で空間を体験する場合, 空間を定点で観察しなければならないこと, 頭の運動の自由度が低いこと, 視線の向きが天井方向に向いていること, などが他の姿勢とは異なる特徴である. そのために, 臥位での室空間の知覚には独自の特性があり, 特に天井の影響を強く受けることが考えられる. ここでは, 天井高の影響について, 天井高が異なる二つの実験室の天井高・容積を, 臥位で比較することで検証した実験結果を紹介する.

被験者は天井高が異なる二つの空間（空間A・B）を臥位・立位の姿勢で観察した後, 空間Aの天井高・容積をそれぞれ100とした場合の空間Bの天井高・容積を数値で回答する.

その結果, 天井高の高い空間へ移ると, 天井高は実際よりさらに高く感じられること, 容積は実際よりもさらに大きく感じられること, などがわかった. この傾向は, 立位の場合にもみられたが, 臥位で空間を観察した方が二つの空間の天井高, 容積の違いを正確に比較できる傾向がみられた.

また, 他の実験結果から, 臥位では視線が足方向の壁と天井の境界付近に集中することや臥位で天井高を把握するためには, 床面にある程度以上の広さが必要なことなどがわかっている.

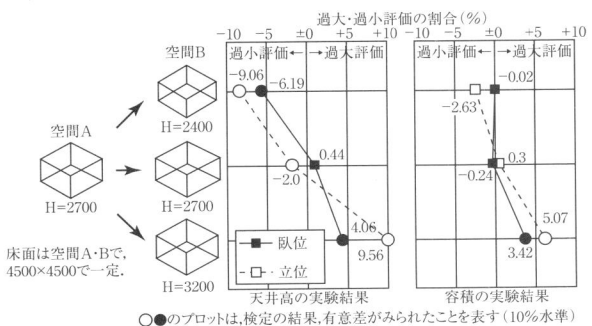

床面は空間A・Bで, 4500×4500で一定.

天井高が異なる二つの空間の天井高・容積を比較した実験結果（臥位と立位の比較）

○●のプロットは, 検定の結果, 有意差がみられたことを表す（10%水準）

052 室と場面＝起居：住まいの中の場面
Room & Behavior Settings—Mode of Daily Living: Settings in a House

1:200

ここで紹介する事例は，住まいの中で人が滞在する場としてのしつらえが，設計者自身の手でデザインされた事例を中心とし，空間内部の表現はできる限り実際に即した状態で示した．

[1]家具を含めて機能的にデザインされた小さな休暇小屋．正方形の部屋は一辺が3.66m（約8畳）．[2]1辺2.4mをモジュールとしたベーシック・スペースブロックを用いて設計された．[3]35m^{2}のワンルーム住宅．可動収納家具で食べる領域と寝る領域に分離できる．[4]造付け家具により狭い空間で充分な収納と台所・食事室・寝室部分の分離を試みた例．[5]小規模ワンルームタイプの都市型集合住宅．[6]合理性を追求して住居の究極の単位を求めて作られた実験住宅．[7]土間は食堂として，畳の間は居間として使用される．三角形の屋根の形状は天井にも表れ，内部空間にリズムを作り出す．[8]玄関を入るとすぐにつながるリビングは，共用通路側のライトコートに向かって開かれる．[9]レベルの異なる大きな空間と小さな空間が階段のあるスリット状の空間を介して3次元的に有機的な相互関係を形成している狭小敷地の小住宅．[10]広いワンルーム形式の住宅は最小限の壁によって食堂・居間，寝室，仕事の領域に仕切られる．[11]夫婦の週末住宅．暖炉を中心としてしつらえられた居間は間仕切りが無く，家具や空間のしつらえによって緩やかに分節される．

01：カップ・マルタンの休暇小屋(Cap Martin, フランス)1956年，設計：Le Corbusier
02：スペースブロック上新庄(大阪市)1998年，設計：小嶋一浩 C+A
03：SQUARES上高田の集合住宅(東京都中野区)1995年，設計：谷内田章夫
04：リトルロックヴィレッジ(東京都江戸川区)1994年，設計：黒沢隆研究室
05：HOUSE-MH(東京都中野区)1997年，設計：鈴木孝紀・HAL
06：立体最小限住居(東京都新宿区)1950年，設計：東京大学・池辺陽研究室⇒133
07：那須野邸(神奈川県海老名市)1984年，設計：吉柳満アトリエ
08：ライトコートK(東京都葛飾区)1995年，設計：I.K.A.総合デザイン研究所
09：大きな空間と小さな空間(横浜市)1998年，設計：増田実
10：私の家(東京都大田区)1954年，設計：清家清
11：落水荘(Pennsylvania，アメリカ)1936年，設計：Flank Lloyd Wright

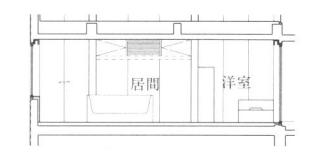

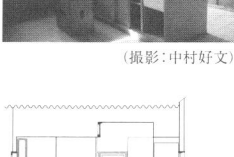

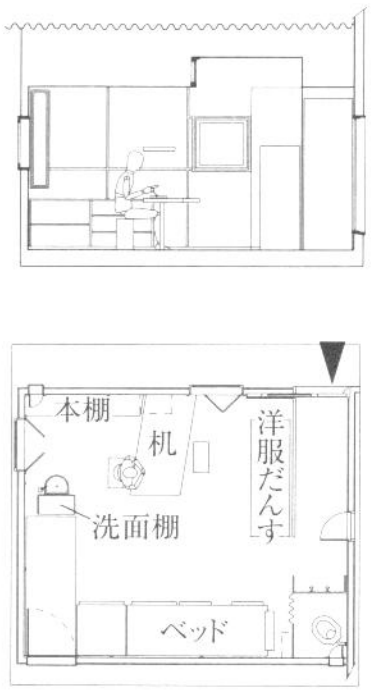

小規模の休暇小屋01 [1]
1人用メゾネット02 [2] 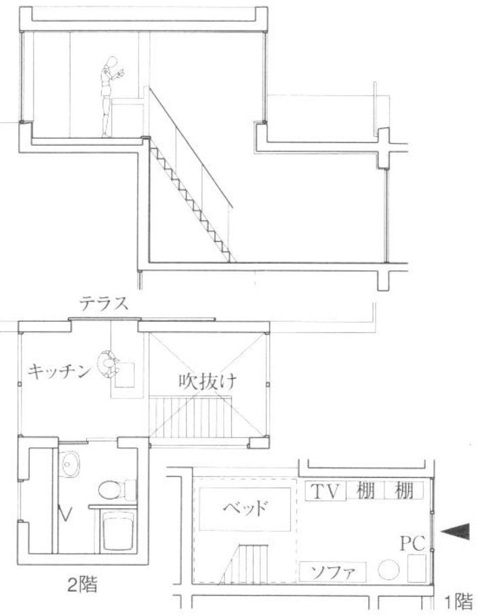
移動家具で仕切られたワンルーム03 [3] 
家具付ワンルーム住宅04 [4]
ベランダがあるワンルーム住宅05 [5]
立体的な最小限住宅06 [6]

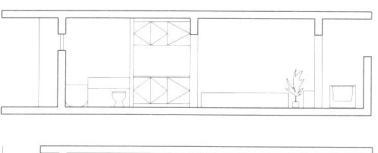

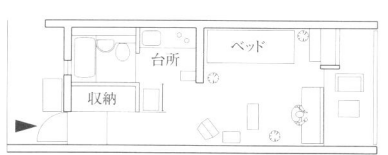

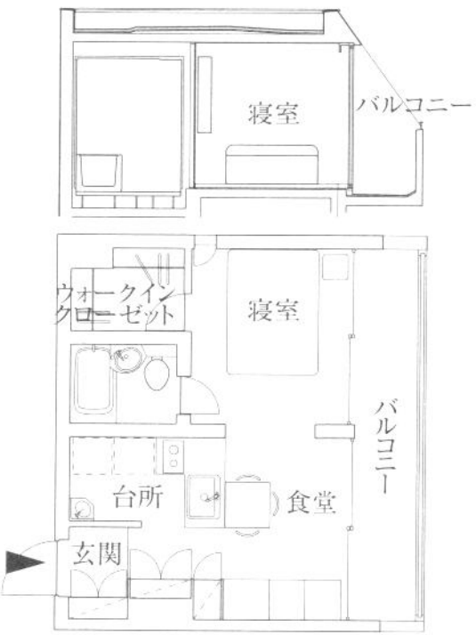

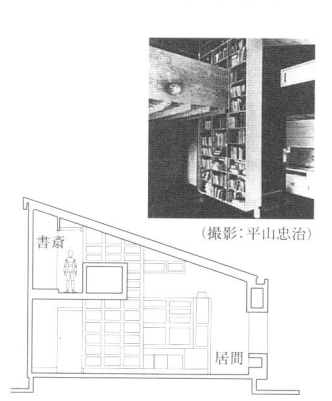

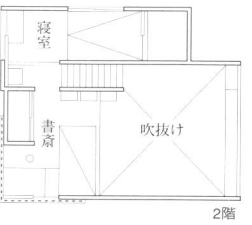

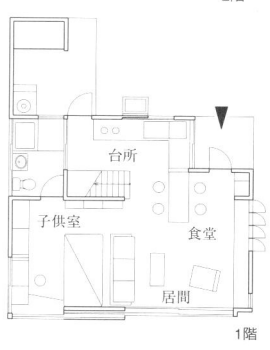

「コレ・ソレ・アレ」領域

同じ室内に複数の人間が居合わせる場合，ある一定の距離以上互いに近づかない現象が見られる．このような他人の侵入を拒む領域は個体空間(personal space)と呼ばれるが，この領域の概念に近いものとして指示代名詞「コレ・ソレ・アレ」によって区別される領域のうちのコレ領域を挙げることができる．実験によって明らかにされたコレ領域の3次元的な形状は右図の通りであり，人体を包み込むような卵形をしている．コレ領域の平面的な大きさはちょうど4畳半の和室空間に隣接する程度であり，床面上での面積は約3.3m^2(1坪)，高さは約2.4m，容積は10m^{3}である．こうした目に見えない心理的な領域の大きさも，個室の最小規模や空間をデザインする上での立体的な単位のひとつであると考えられる．
⇒042, 081

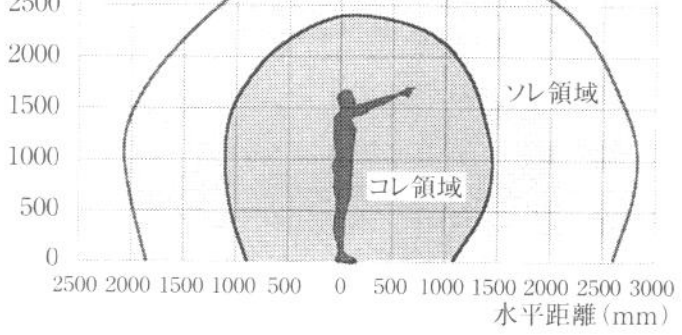

指示代名詞「コレ・ソレ・アレ」の前後方向の大きさ
コレ領域と和室(4.5畳)の大きさの比較 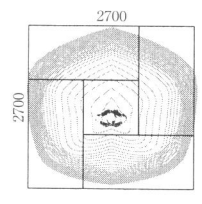
コレ領域の3次元的形状

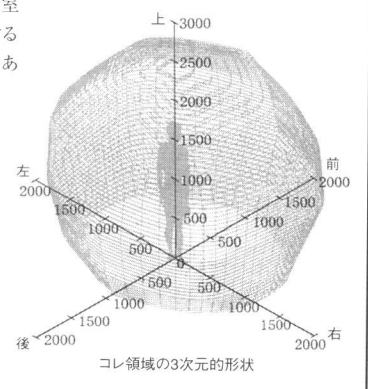

室と場面＝起居：住まいの中の場面
Room & Behavior Settings—Mode of Daily Living: Settings in a House

1:200

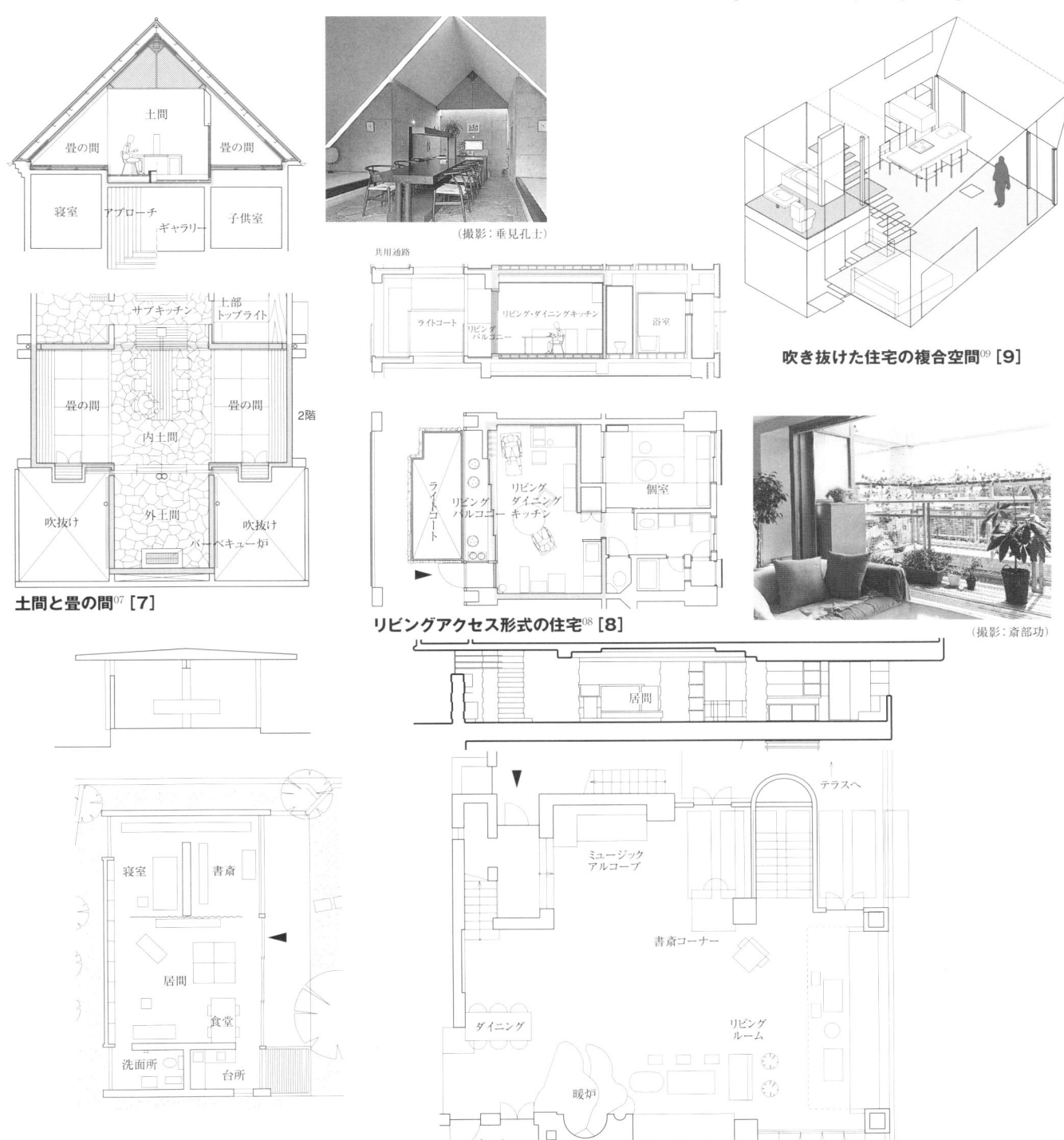

土間と畳の間[7]

リビングアクセス形式の住宅[8]

吹き抜けた住宅の複合空間[9]

最小の家具で仕切られたワンルーム形式の住宅[10]

暖炉を中心としたリビングとダイニング・書斎コーナー[11]

パーソナルスペースと起居様式

パーソナルスペース，すなわち人の身体を囲んでいる目に見えない境界をもった領域(Sommer)の概念は，室空間における滞在の場面や家具の設えを考える際に重要である．被験者二人を様々な位置関係に配置して，質問：(相手にして)「評価1)このままでよい，評価2)しばらくはこのままでよい，評価3)すぐに離れたい」のいずれかを尋ねた結果が右図である．ここから，自分のまわりの空間やpersonal spaceの認知の様子が読みとれる．また，この結果は姿勢によっても異なり，立位やいす座位に比べて平座位の場合は距離が小さくなる．すなわち平座位の場合は近くに他人が居てもあまり気にならない(personal spaceが小さい)という結果である．また，平座位で「評価2)しばらくはこのままでよい」を満足させる和室の平面は，ほぼ四畳半に相当する．

⇒042, 055, 059, 081

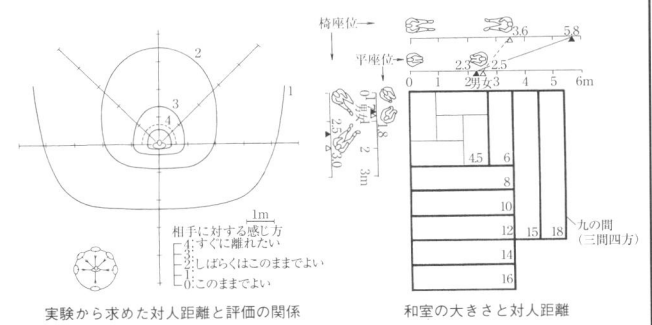

実験から求めた対人距離と評価の関係

和室の大きさと対人距離

【参考文献】
高橋鷹志, 長澤泰, 西出和彦編：シリーズ＜人間と建築＞環境と空間, 朝倉書店, 1997.
岡田光正, 高橋鷹志ほか：新建築学大系13建築規模論(空間規模第3章集まりと空間), 彰国社, 1988.

054 室と場面＝起居：複数の人がいる場面
Room & Behavior Settings—Mode of Daily Living: Settings with Plural People

1:200

1つの空間に複数の人がいる場面を集めた．1つの空間の中で個人やグループがそれぞれの場面を展開する場合には，それぞれの干渉を防ぐ空間の仕切りやしつらえは必要になってくるが，そこでの滞在が，就寝などを伴う長期間のものであるほど，それはそれぞれのプライバシーを保つように作られる．一方，ワークスペースや待合室，飲食のための空間など，不特定多数が利用し，公共性が高く，滞在時間が比較的短期間の空間は，プライバシーの単位で明確に区切られることはない．こうした空間では，それぞれの個人やグループが，お互いの存在を何となく意識する社会的相互作用を保ちながら，かつそれぞれの場面が展開できるようなセッティングが求められる．

01：松原アパートメント（東京都世田谷区）1998年，設計：高市都市・建築・デザイン＋佐藤工業建築設計本部
02：沖縄国際ユースホステル（那覇市），設計：粟国文雄建築工房
03：再春館製薬女子寮（熊本市）1991年，設計：妹島和世⇒154
04：清遊の家（東京都葛飾区）1999年，設計：象設計集団
05：西神戸医療センター（神戸市）⇒190
06：不知火病院 ストレスケアセンター（福岡県大牟田市）1989年，設計：長谷川逸子・建築計画工房⇒192
07：パークハイアット東京（東京都新宿区）1994年，設計：丹下健三・都市・建築設計研究所
08：おらはうす宇奈月（富山県宇奈月町）1994年，設計：外山義＋公共施設研究所⇒175
09：高エネルギー加速器研究機構研究棟（茨城県つくば市）2000年，設計：上野・藤井建築研究所
10：Mポート（熊本市）1992年，設計：もやい住宅設計者集団（延藤安弘，来夢建築設計事務所）⇒157
11：ホテルイルパラッツォ・エルドラド（福岡市），設計：Aldo Rossi
12：ゲル（中華人民共和国・内蒙古自治区），採集：乾尚彦⇒143
13：カシオペア食堂車
14：のと鉄道恋路駅（石川県内浦町）1996年，設計：平口泰夫建築研究室
15：ホテル日航福岡（福岡市），設計：KAJIMA DESIGN
16：打瀬小学校（千葉市美浜区）1996年，設計：シーラカンス

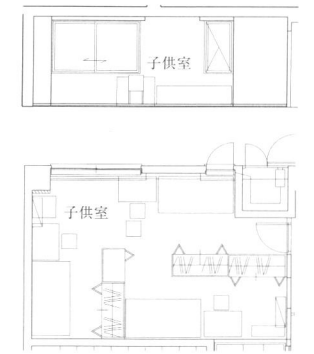

3人共有の子供部屋01

ユースホステルの6人部屋02
日本ユースホステル協会の規程では一人当たりの寝室の容積は8m³以上と決められている．

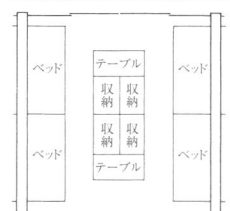

女子寮の4人部屋03

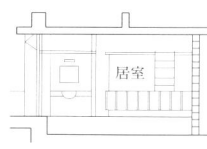

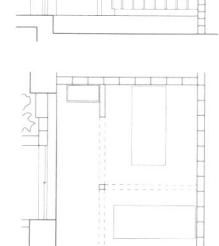

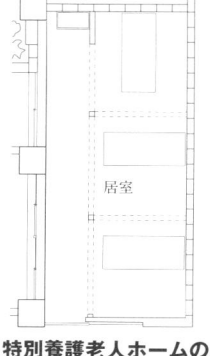

特別養護老人ホームの3床室04

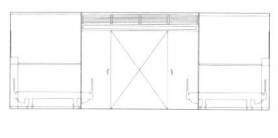

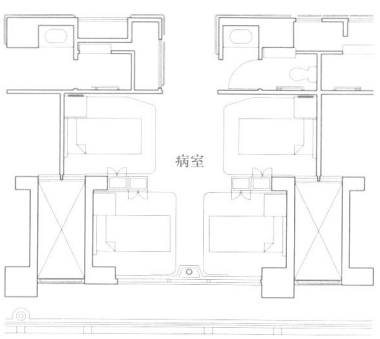

病院の個室的多床室05

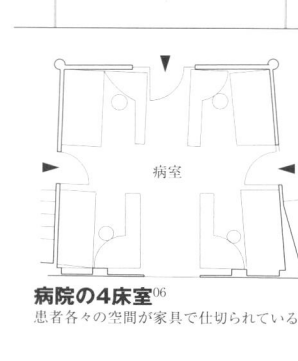

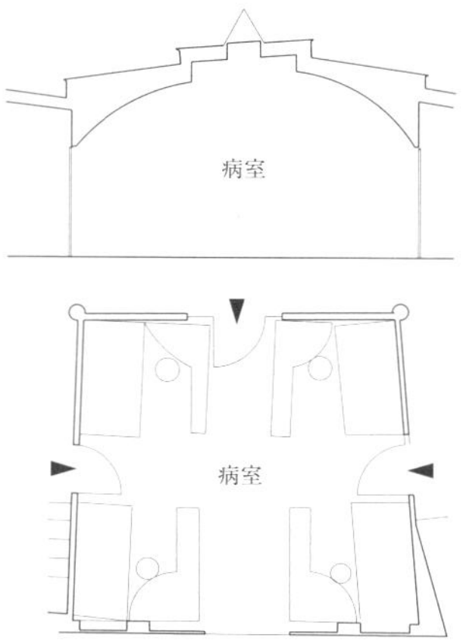

病院の4床室06
患者各々の空間が家具で仕切られている

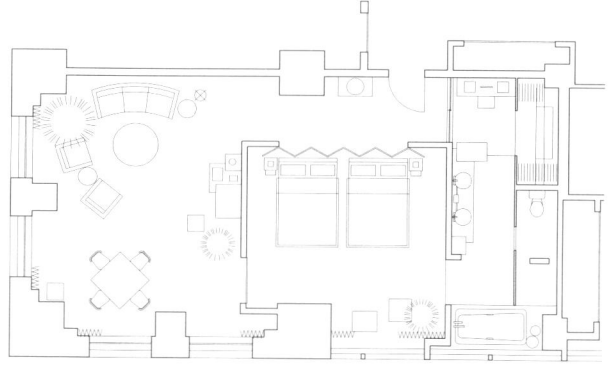

ホテルのスイートルーム07

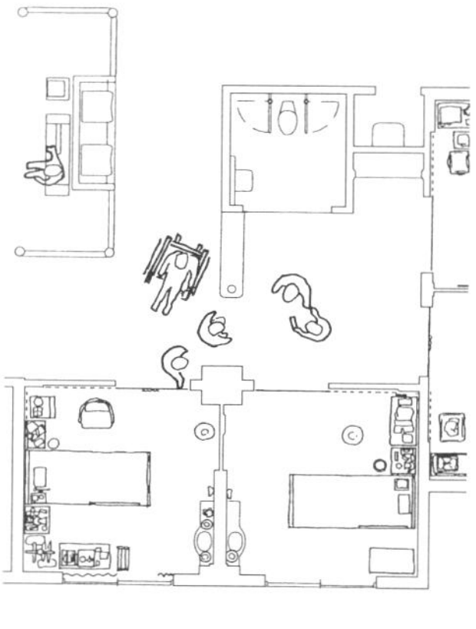

特別養護老人ホームの談話コーナー08

プライバシー

プライバシーは，状況により様々に変わる概念である．住宅を例にすると，個人のプライバシーも家族のプライバシーもある．ゆえに，ただ個室を用意するのではプライバシーを確保できるとはいえない．また公園にぽつんと佇むのもプライベートな状況で，空間的な囲みを必ずしも必要としない．アルトマン*1によると，プライバシーは「個人やグループへのアクセスの選択的なコントロールである」という．つまり，情報や社会的な関係のやりくりを意味する．

ウェスティン*2は，このプライバシーのあり方を「孤独」「親密」「匿名」「留保」の4つに分けて説明した．「孤独」は一般に考えるようなプライバシーで，例えば個室に一人でいることで，他から見られないような状況．「親密」はグループのプライバシーを意味し，恋人たちが他人に邪魔されずに二人でいるような状況．「匿名」は雑踏の中に一人でいて，他の人からじろじろと見られたりせず，交渉がない状況．「留保」は他人に秘密を知られないように，コミュニケーションを制限している状況．

プライバシーは場面に依存するもので，住宅などでは場所が移るにつれて，公的な性格から私的な性格へとプライバシーが段階的に変化する場合がある．これをプライバシーの勾配という．図はアレグザンダーによる集合住宅の計画案であるが，異なる性格の空間を公から私へと順に並べている．

*1 Altman,I.：'The environment and social behavior',1975より
*2 Westin,A.F.：'Privacy and freedom',1967より
*3 Alexander,C：'House generated by patterns',1969より

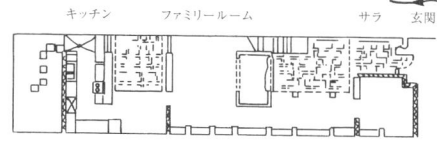

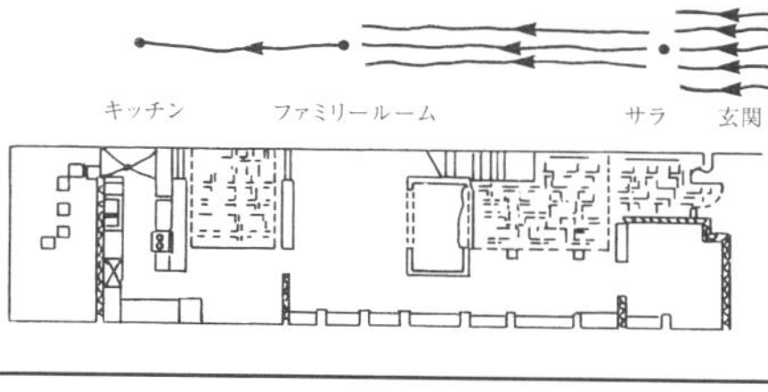

アレグザンダーによるペルーの低所得者向け集合住宅の住戸計画案*3

1:200

室と場面＝起居：複数の人がいる場面　055
Room & Behavior Settings—Mode of Daily Living: Settings with Plural People

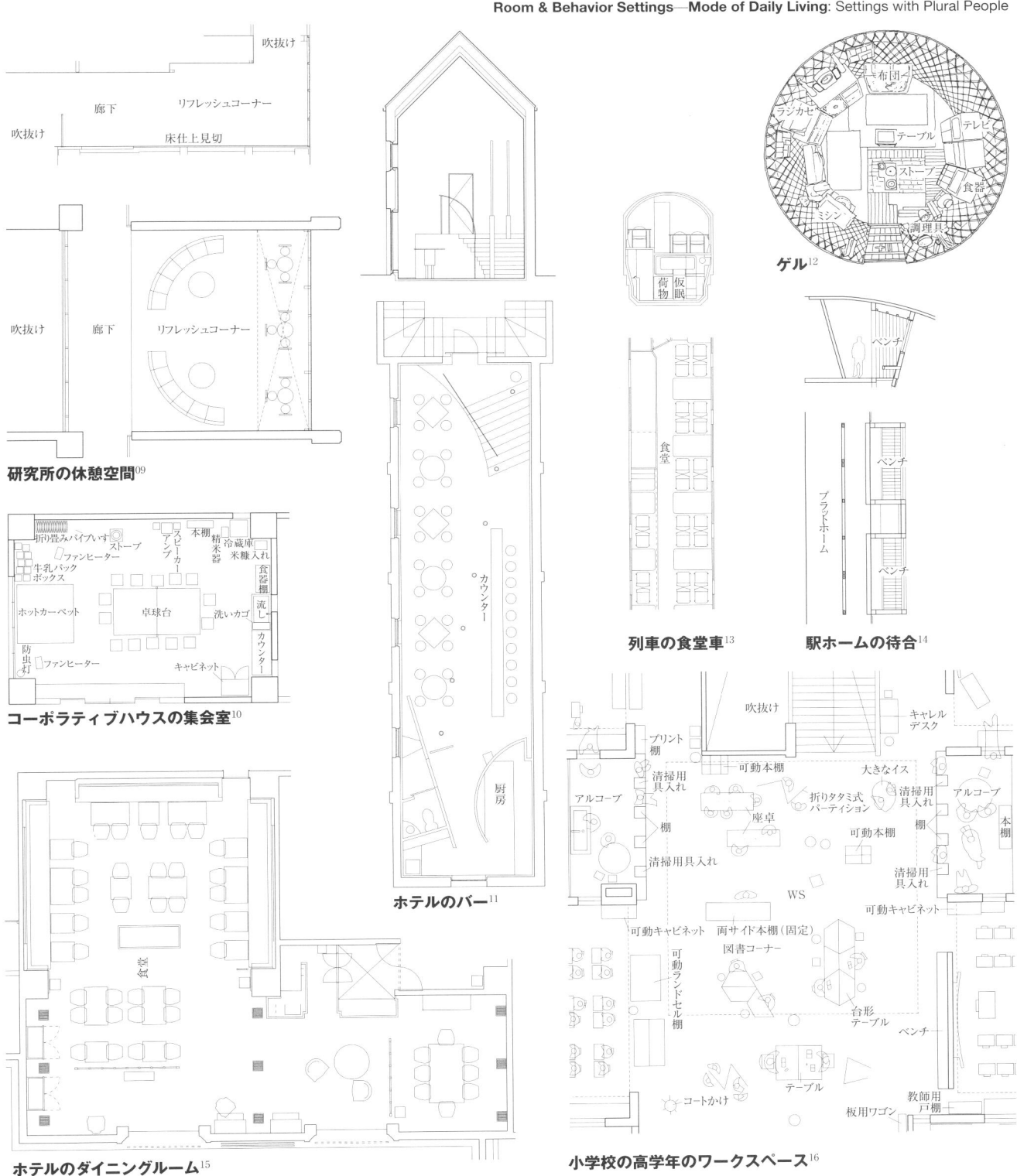

研究所の休憩空間[09]

コーポラティブハウスの集会室[10]

ホテルのバー[11]

ゲル[12]

列車の食堂車[13]

駅ホームの待合[14]

ホテルのダイニングルーム[15]

小学校の高学年のワークスペース[16]

食事テーブルのセッティング

テーブル上のセッティングスペースは食事の種類によって異なる．最小の例で幅29cm・奥行22cm（給食のランチ皿），最大の例で幅120cm・奥行70cm（日本の本ぜん料理）などがみられるが，一般的には幅50cm〜60cm・奥行30cm〜40cm程度である[1]．そのため，テーブル上の配ぜんスペースは幅60cm以上・奥行40cm以上の確保が望ましい[2]．

テーブルのタイプと座席の配置は，座位・食事の種類・マナーなどと関連しているが，さらに給仕（セルフサービス含む）と動線を考慮した配置が必要である[3]．⇨053, 059

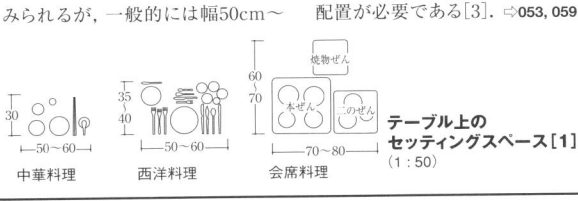

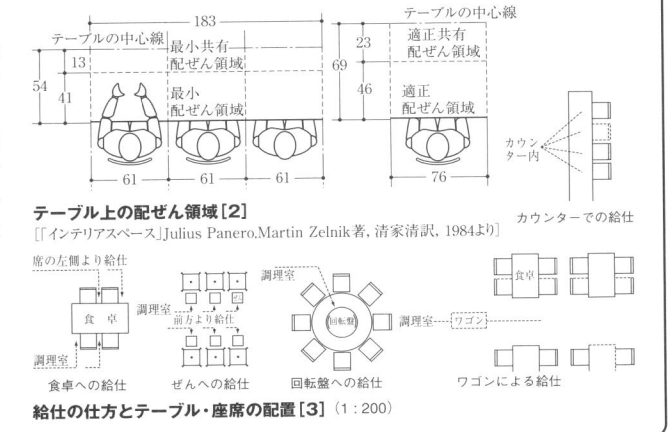

テーブル上のセッティングスペース[1]（1:50）
中華料理／西洋料理／会席料理

テーブル上の配ぜん領域[2]
［『インテリアスペース』Julius Panero, Martin Zelnik著，清家清訳，1984年より］

給仕の仕方とテーブル・座席の配置[3]（1:200）
席の左側より給仕／ぜんへの給仕／前方より給仕／回転盤への給仕／カウンターでの給仕／ワゴンによる給仕

056 室と場面＝起居：茶室・和室
Room & Behavior Settings—Mode of Daily Living: Tea-ceremony House/Japanese Style Room

1:100

茶室

茶室は、「亭主」が「客」に茶をもてなす部屋であり、もてなしの作法「茶事」に則った一連の場面展開を可能にする空間としつらいの形式が組み込まれている．

茶室の規模は、「四畳半」を基本とし、これ以下を「小間」、これ以上を「広間」と呼ぶ．「小間」では、「亭主」と「客」の座の距離は極めて近づいており、客もごく少数に限られる．天井の低さは坐った姿勢を誘導し、膝行・膝退の動作しか許されない．「小間」は茶のもてなしを通じてごく親密な人間関係をつくりだす空間である．一方、「広間」では、空間の規模の拡大に伴い亭主と客の座の距離も遠くなる．天井高も相応して高く、客は立って茶や道具の受け渡しをする動作が許される．空間の規模は、立ち居振る舞いの相違に通じている．

和室

和室の空間の特徴は、隣接する居室や屋外空間と極めて開放的に連続する点と、生活場面が固定されず、様々なしつらいを導入することで多様な場面が可能となる点である．

近年は、和室と洋室が隣接する設計や、洋室に畳面が組み込まれる設計が多くみられるが、こうした事例では、ユカ坐とイス坐の座姿勢の高低差や、立ち居振る舞いの関係をどう処理するのかなど、和室における起居を成り立たせる基本として重要なポイントといえよう．

01：木原邸（吹田市）、設計：木原千利
02：妙喜庵待庵（京都府大山崎）、利休作と伝えられる
03：トタンの茶室芭々庵（名古屋市）、設計：出江寛
04：茶室潤居（東京都港区）1965年、設計：堀口捨己
05：大徳寺孤蓬庵忘筌（京都市）、設計：小堀遠州
06：旅館俵屋（京都市）1965年、設計：吉村順三 ⇒286
07：中庭を楽しむ家（静岡県焼津市）1993年、YUI設計工房 金原富士雄
08：牛久保の家（横浜市）1996年、設計：室伏次郎＋宮晶子
09：御陵の家II（京都市）1988年、設計：吉村篤一
10：浄福寺通りの家（京都市）1994年、設計：三宅賢治
11：北向きの家、設計：林雅子
12：広井邸、設計：畠山博茂

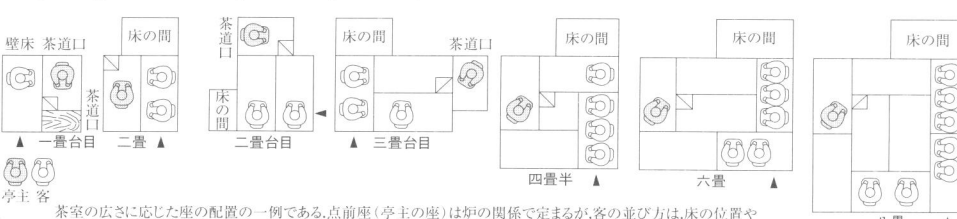

茶室の形式と座の関係

茶室の広さに応じた座の配置の一例である．点前座（亭主の座）は炉の関係で定まるが、客の並び方は、床の位置や人数によって異なる．畳一帖には3人まで並ぶことができ、正客は床に一番近い座とするのが通例である．

一畳台目中板の茶室01

二畳の茶室と一畳の次の間をもつ茶室02

三畳の茶室03

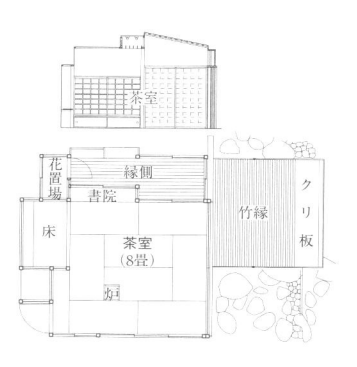

八畳の茶室04

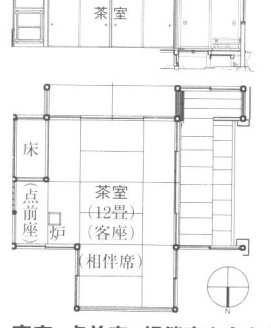

客座・点前座・相伴席からなる十二畳の茶室05

茶室の平面構成

茶室の平面構成の基本は、畳の敷き方であり、茶室の主要要素には以下がある．

　客畳：客が坐るところ
　点前畳：主人が点前をするところ　道具を並べるところでもある
　床の間：掛物や花を飾るところ
　躙口：客の出入口
　茶道口：主人の出入口

畳の大きさには右図の3種がある．
茶室の畳は、「京間」を基本とする．点前座に置いて使う茶道具は、京間を基準として造られているためである．

台目畳の寸法は、1帖の畳から台子の寸法1.42尺（430mm）を引いたサイズとする説と、1帖の畳の4分の3のサイズとする説がある．

茶の湯を沸かす方法には季節によって2種がある．5月から10月までの夏の点前では「風炉」を据えて用い、冬の点前では「炉」を開いて用いる．「炉」の寸法は、囲炉裏から採って、1尺4寸（424mm角）と定められている．

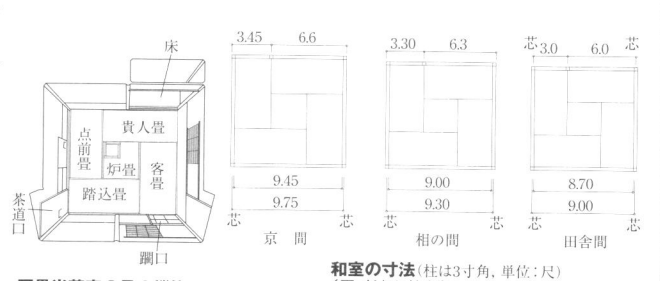

四畳半茶室の畳の機能

和室の寸法（柱は3寸角、単位：尺）（畳寸法と柱割）

京間は6.3尺×3.15尺（1910×955mm）、柱の内法で1間＝6.3尺（1910mm）にとる
田舎間は5.8尺×2.9尺（1760×880mm）、柱の芯で1間＝6尺（1820mm）にとる
相の間は、6.0尺×3.0尺（1820×910mm）、柱の内法で1間＝6尺（1820mm）にとる

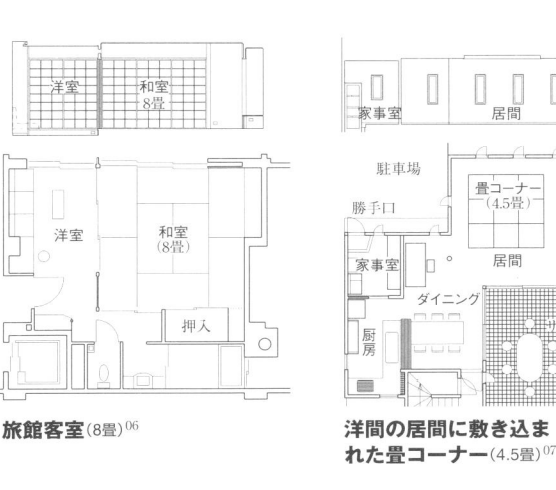

室と場面=起居：茶室・和室

Room & Behavior Settings—Mode of Daily Living: Tea—ceremony House/Japanese Style Room

1:200

旅館客室(8畳)06

洋間の居間に敷き込まれた畳コーナー(4.5畳)07

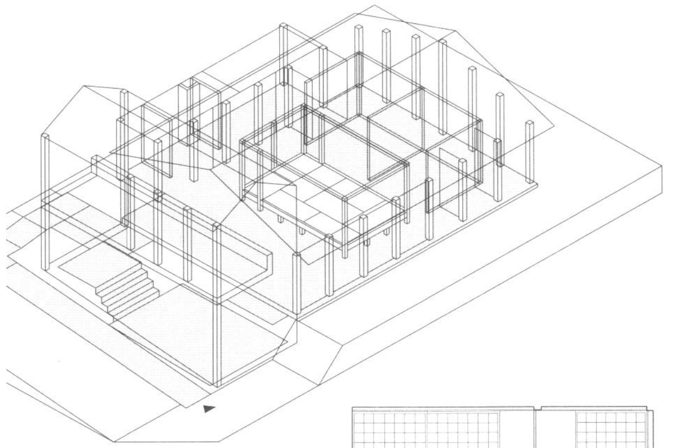

大屋根の中央に配した「畳間」(6畳)08

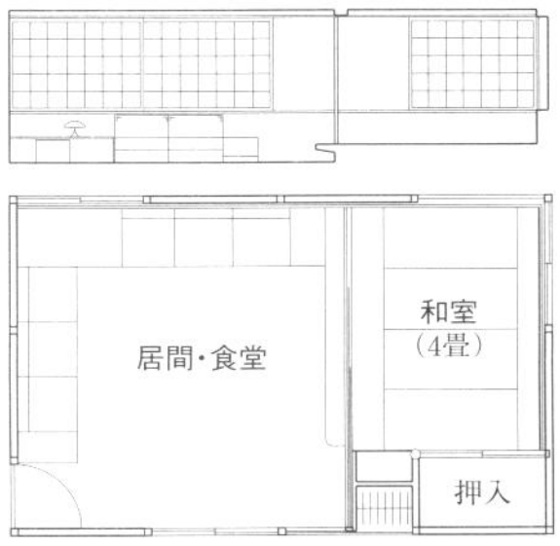

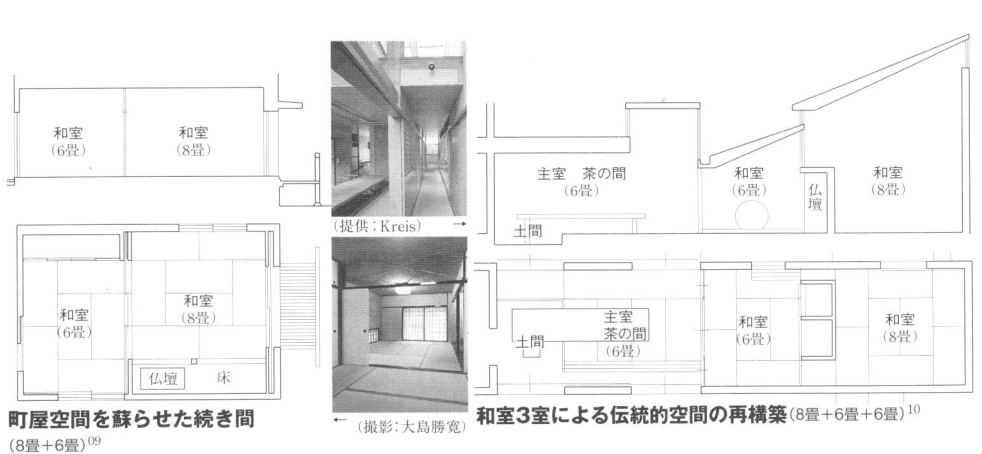

町屋空間を蘇らせた続き間(8畳＋6畳)09
(提供：Kreis)
(撮影：大島勝寛)

和室3室による伝統的空間の再構築(8畳＋6畳＋6畳)10

リビングにつながる和室(4畳)11
(撮影：村井修)

納戸と広縁が隣接した寝室(6畳)12
(撮影：新建築写真部)

和室をしつらえる物品

座ぶとん（めいせん判 560、530／八端判 600、680／部屋座ぶとん 560、635）

家具調こたつ（正方形／長方形）

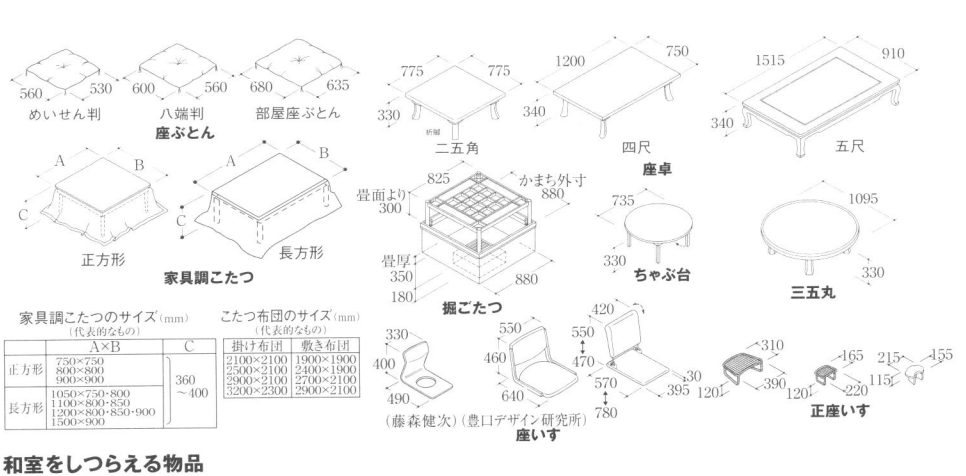

家具調こたつのサイズ(mm)
	A×B	C
正方形	750×750 / 800×800 / 900×900	360～400
長方形	1050×800×800 / 1100×800×850 / 1200×800×850×900 / 1500×900	

こたつ布団のサイズ(mm)
掛け布団	敷き布団
2100×2100	1900×1900
2550×2100	2400×1900
2900×2100	2700×2100
3200×2300	2900×2100

二五角 775×775、330
四尺 1200、340
座卓 750
五尺 1515、340、910

掘ごたつ（畳面より 300、825、畳厚 180、880、かまち外寸 880）
(藤森健次)（豊口デザイン研究所）

ちゃぶ台 735、330
三五丸 1095、330
座いす
正座いす

「茶事」の場面展開

「茶事」とは、茶室を用いて行われるもてなしの作法である。その内容は、第1に「炭点前」、第2に「懐石(食事)」、第3に「濃茶」、第4に「薄茶」を行うものであり、「露地」と「本席(茶室)」とを交互に利用するかたちで進行する。

なお、懐石の時と濃茶の時で、正客の坐る位置を替えるものもあり、「居かわりの席」という。

利休聚楽屋敷にあった色付九間書院を写したと伝えられる

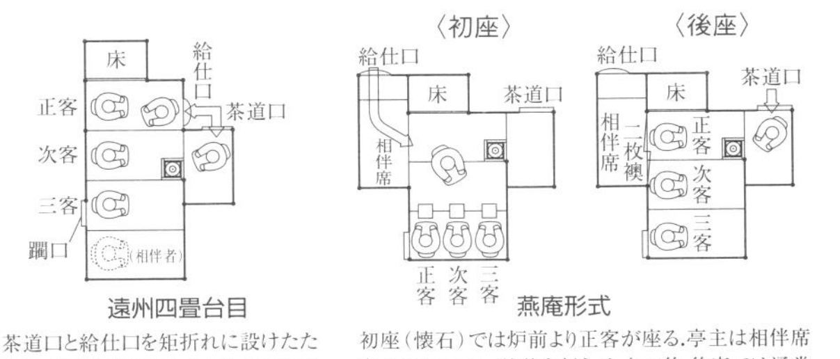

「茶事」の構成（正午の茶事(炉)の場合）

場面展開	初座（陰）	後座（陽）
場所	寄付／露地／茶室	
床飾り	掛軸 床改め 花	
作法	待合／腰掛／席入／初炭／懐石／中立／席入／濃茶／後炭／薄茶／退出	

「茶室」における座のかたち　[中村昌生「図説 茶室の歴史」による]

遠州四畳台目
茶道口と給仕口を矩折れに設けたために、客は居替ることなく給仕を受けられる。躙口を図のように開けているため、躙口右側を相伴席として見立てることを可能にした。

燕庵形式
初座(懐石)では炉前より正客が坐る。亭主は相伴席奥の給仕口から給仕を行う。中立の後、後座では通常通り、床前に正客以下が順に坐る。

058 室と場面＝着座：執務・会議・学習—個中心の場面
Room & Behavior Settings—Sitting: Working/Meeting/Learning—Personal Mode of Sitting Settings

1:100

人間が活動する空間寸法は，主として人体（動作）寸法とパーソナルスペースによる．着座における人間活動の場面を単位とすれば，単位場面はまず，個人の着座の状態とその集合の仕方によって決まる．

着座場面の寸法
机上面の平面寸法は，作業内容やモノの配置，着座時の姿勢とその手の届く範囲に関係する．また，いすと机の立面寸法は，下腿高から座面の高さ，またそこから机上面までの差尺を加えた机の高さが基本になる．立位作業などを組み合わせて考える場合，椅座位と立位の目の高さに配慮して，間仕切りパネルや収納家具の高さを目的に応じて調整する[1][2]．

執務の単位場面 ⇒291
オフィスの単位場面をスペーススタンダードと称し，役職や業務内容に応じた面積および家具量・配置の標準を示す方法[4]と，逆に建築的な空間の大きさを先に定め，その空間に様々な使われ方を想定する方法とがある[5]．

学習の単位場面 ⇒235
1999年の改訂では，机面の寸法を広げ，多種類から選択を可能にした．高さにおいても国際規格との整合化がはかられ，12種類から6種類となった[3]．

多様な学習シーンへの対応
学校用家具に求められるのは，多様な学習シーンの創出を可能にすることである．個・グループ・集団等学習単位の大小や，調べ学習・話し合い・発表等の目的に合わせてセッティングできるよう，テーブル・収納・パーティション類を組み合わせて展開することが望まれる．テーブル類は多目的に使用でき，情報化に対応できること，収納・パーティション類は，何をどのように収納・展示するかに配慮し工夫する[6]．

01：イトーキオフィスプラン推進部編：Manual of Office Planning（1974）
02：図版制作・コクヨ
03：オフィス環境プランニング総覧，p.498

机上の広さ[1]（そでなし机／片そで机／両そで机）

高さ(cm)	視覚
110	座ったままで見通しがきく．
120	座ったときの視点とほぼ等しく，立てば見通しがよい．
150	立ったときの視点とほぼ等しく，まわりが見通せるので圧迫感が少ない．
160	座位に適したディスプレイ面や収納棚がとれる．
180〜210	人の動きを視覚的に遮るとともに，ほかからの視線を意識する必要がなくプライバシーが高い．

仕切りの高さと視覚

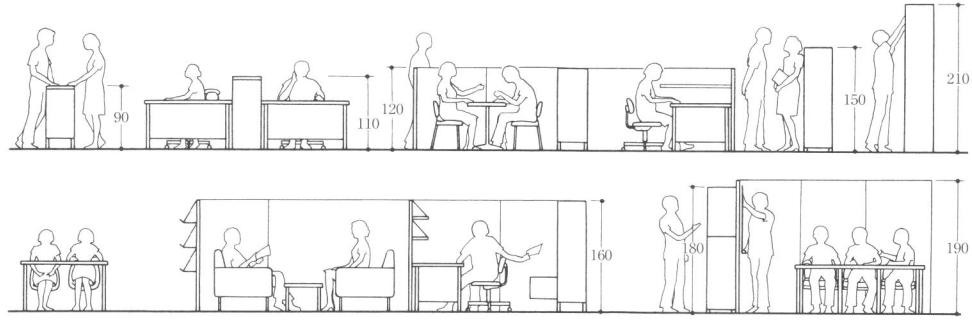

仕切りと視線の高さ[01][2]

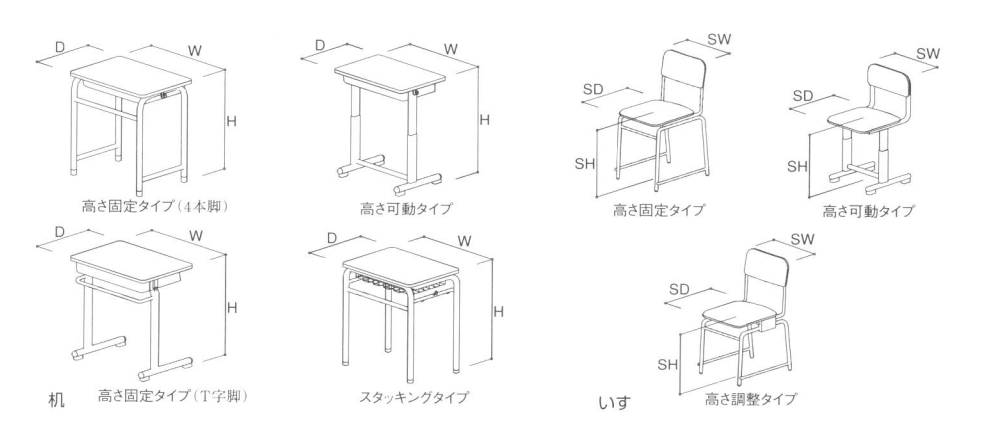

机 高さ固定タイプ（4本脚）／高さ可動タイプ／高さ固定タイプ（T字脚）／スタッキングタイプ
いす 高さ固定タイプ／高さ可動タイプ／高さ調整タイプ

年齢（歳）		号数	標準身長(mm)	机面の高さH(mm)	机面の奥行D(mm)	机面の幅W(mm)	座面の高さSH(mm)	座面の奥行SD(mm)	座面の幅SW(mm)
					机			いす	
17	高3	6号	1800	760	450・500	600・650・700・750	460	400	360
15-16	高1-2	5号	1650	700			420	380	340
13-14	中2-3	4号	1500	640			380	360	320
11-12	中1・小6	3号	1350	580			340	330	290
8-10	小3-5	2号	1200	520			300	290	270
6-7	小1-2	1号	1050	480			260	260	250
5	幼児								

身長分布と適合号数　平成11年学校保健調査より
※0号は机面の高さだけ規定されている．標準身長：900，机面の高さ：400

学校の机・いすの基本寸法と組合せ[02][3]

上肢の動作寸法

[1]は，いすに椅座位姿勢で腰掛けたときの上肢の動作寸法を示している．[2]は同じいすに座って，高さ70cmの机に向かったときの手の届く範囲を示している．ここで使用しているいすは，座面高40cm，背もたれの開角度100°で作業用のいすである．図は165cmの成人で示してある．図中の記号の意味は次の通り．

A：ひじを体側に付けて，ひじを中心にして前腕を動かしたときの軌跡．
B：ひじを伸ばして，肩を中心にして上肢を動かしたときの軌跡．
B'：背にもたれた場合のBの軌跡．
B''：上体を倒した場合のBの軌跡．
C：上体を動かしながら，腰を中心にして上肢を動かしたときの軌跡．なお，+は肩峰点を示している．

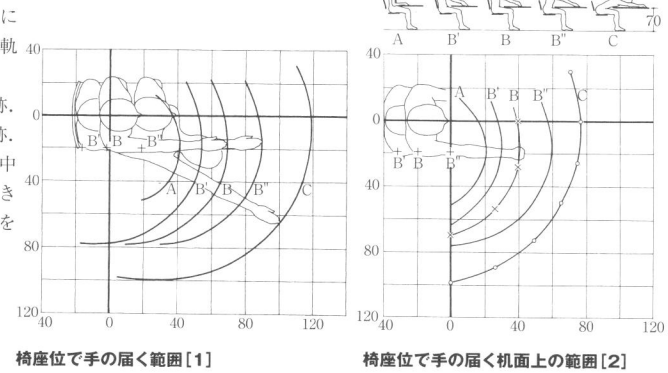

椅座位で手の届く範囲[1]　**椅座位で手の届く机面上の範囲[2]**

室と場面＝着座：執務・会議・学習—個中心の場面
Room & Behavior Settings—Sitting: Working/Meeting/Learning—Personal Mode of Sitting Settings

360モデュール・オフィスユニット[5]　1:300

スペーススタンダードの例[03][4]

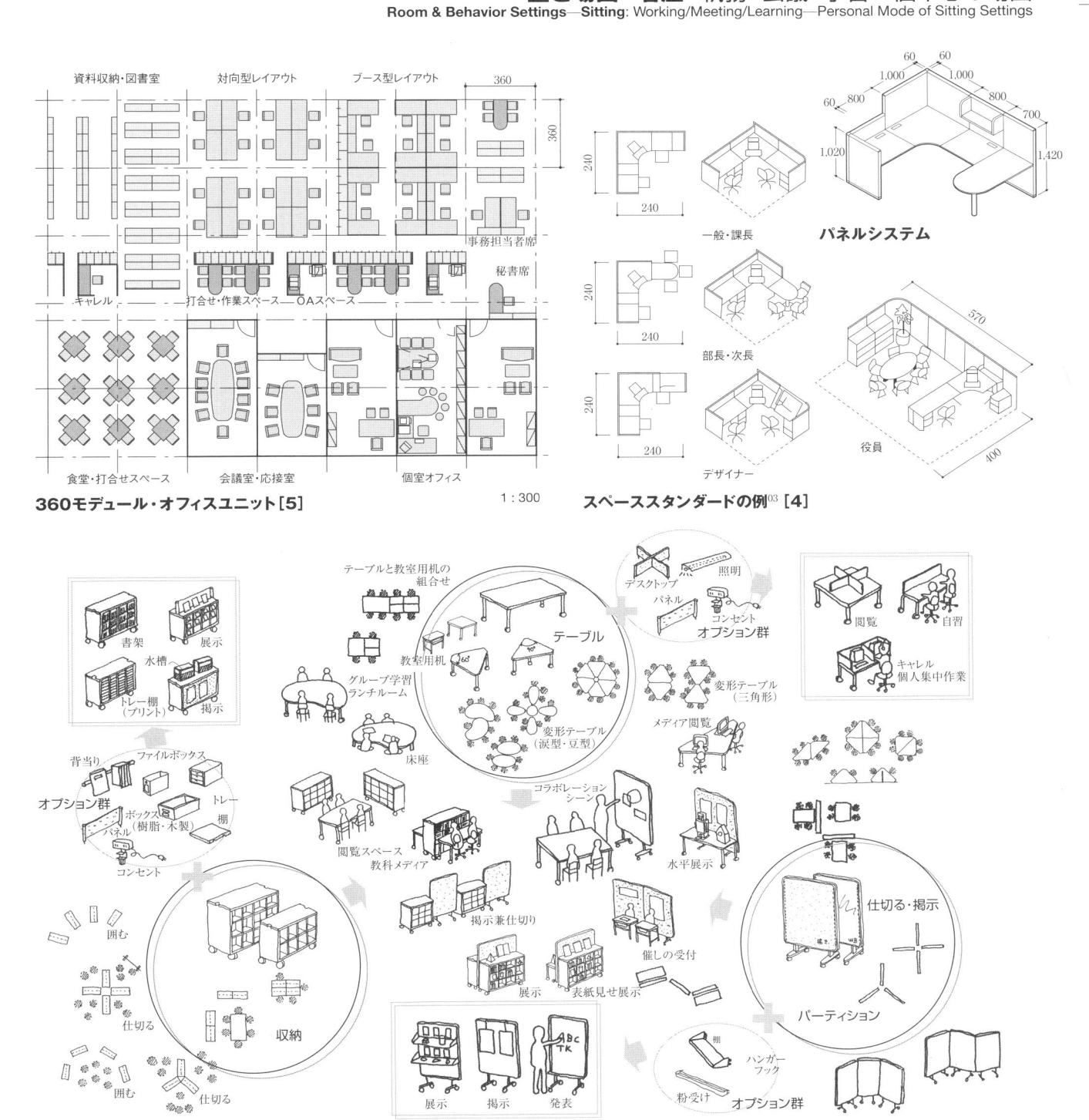

パネルシステム
一般・課長
部長・次長
デザイナー
役員

テーブル・収納・パーティション類の組合せ・展開例[02][6]

机・テーブルの甲板寸法

[1]は，JIS S1010による事務用机の甲板モデュール呼び寸法である．一般的には，奥行は700mm，間口はファイル引出しが片側に付く片そで机で1,200mm，両側に付く両そで机で1,600mmの製品が多い．机の高さは，670mmと700mmの2種類がJISで規定されている．[2]は，食事場面での円形テーブルの席数の関係を示している．⇒055

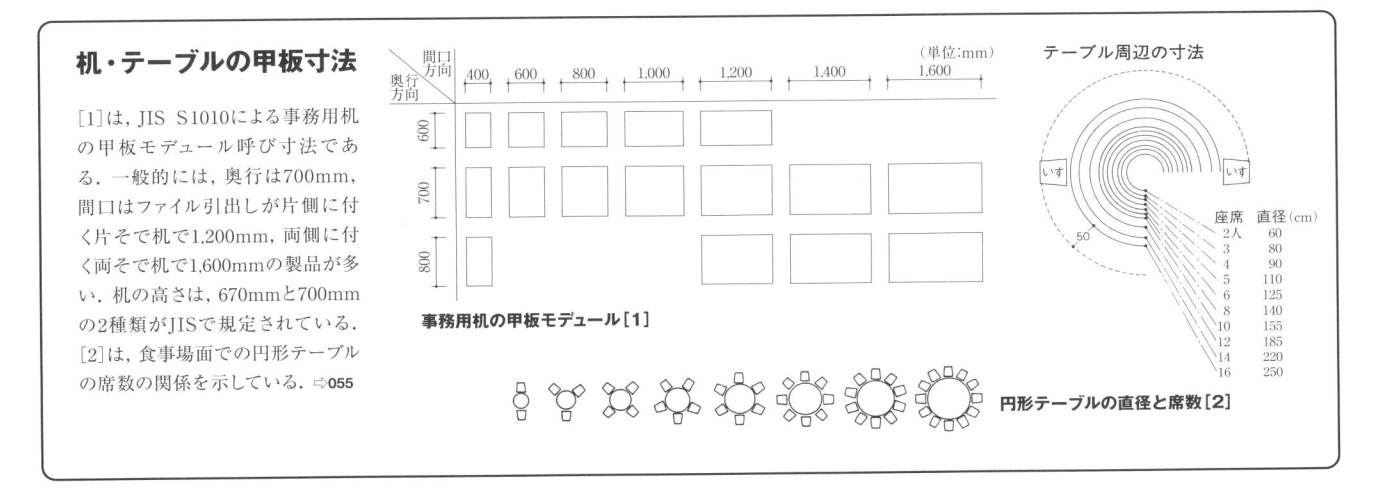

事務用机の甲板モデュール[1]（単位：mm）

奥行方向＼間口方向	400	600	800	1,000	1,200	1,400	1,600
600	□	□	□	□			
700		□	□	□	□	□	□
800				□	□		□

テーブル周辺の寸法

座席	直径(cm)
2人	60
3	80
4	90
5	110
6	125
8	140
10	155
12	185
14	220
16	250

円形テーブルの直径と席数[2]

060 室と場面＝着座：執務・会議・学習—集団の場面
Room & Behavior Settings—Sitting: Working/Meeting/Learning—Mode of Sitting of Gathering

ある目的・役割のために作業・行為を行う集団が，一つの空間でつくる場面である．会議や打合せ，講義・講演・学習，映画鑑賞等である．

会議場面のレイアウト
会議ではスクール（同向）型・コの字型・ロの字型での机配置が一般的である．人数が多く情報伝達が主目的の場合はスクール型，討議や討論ではロの字型が採用される．少人数でスクリーンがある場合にはコの字型となる[1]．

会議の規模とレイアウト
会議の面積規模はレイアウトに応じて，机の寸法，隣の席との間隔，通路寸法，スクリーンや演壇との関係等によって設定される[2]．

会議人数が多くなると必要な空間規模も大きくなる[3]．スクリーンを用いる場合は，視覚における最小分解角や視野によって平面だけでなく，天井も高くする必要がある．

普通教室の学習場面 ⇒235〜237
教室の面積規模は一斉学習を前提とし定員数分の机が配置できる大きさ，すなわち机寸法と通路間隔で設定される．しかし，机のJIS規格の改定により60×40cmより大きいサイズも利用される傾向にある．机を70×50cmとすると教室は約9m角となり，構造計画上の配慮も必要となる．また，学習の多様化に伴い，一斉授業だけでなく，様々な活動場面への対応が必要になることから，多様な机配置の可能性があることも留意して面積規模を設定することが望ましい[4]．

多目的な利用場面
一つの空間を，什器レイアウトを変化させたり，段差を利用したりすることによって，多様な活動場面に利用することも可能である[5]〜[7]．

01：オフィス環境プランニング総覧，p.302
02：編集委員会編：S.D.S.2学校，p.25，新日本法規
03：横商エンジニアリング（東京都品川区）1997年，設計：プラス
04：アポロスクール（Amsterdam，オランダ）1983年，設計：Herman Hertzberger ⇒228
05：日本城郭センター　姫路市立城内図書館（兵庫県姫路市）1990年，設計：久米設計

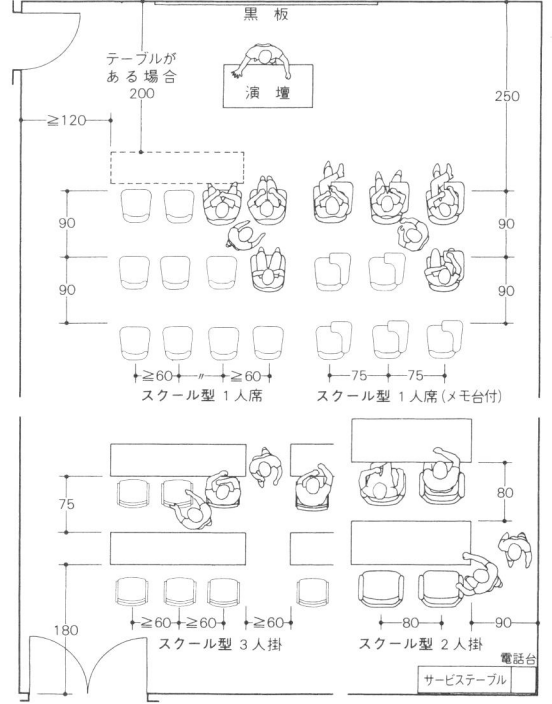

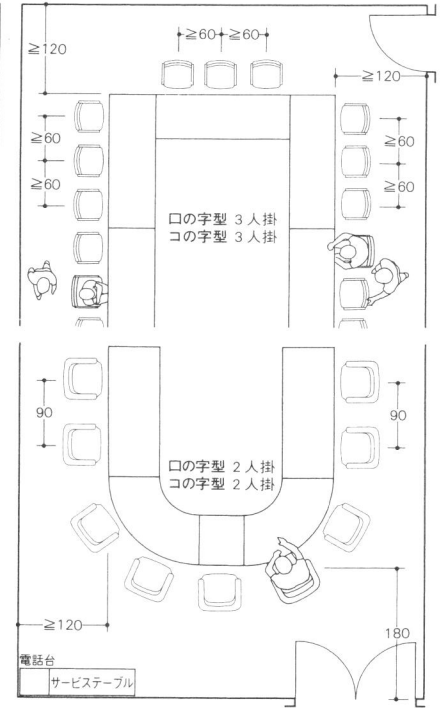

会議場面のレイアウト[1]

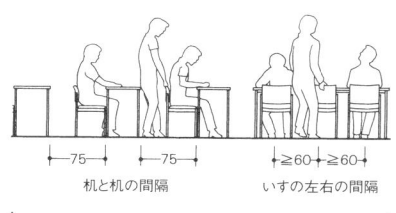

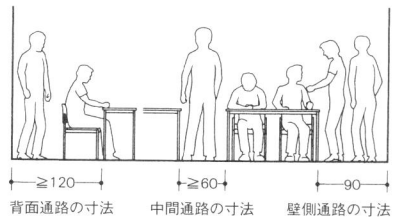

通路および離着席の必要寸法[2]

会議の規模とレイアウト[01][3]

（単位：mm）

座席配置と対人距離

人間同士の距離・位置関係によって，会話などのコミュニケーションが可能となったりならなかったりする．また他人同士ならば相手と近すぎたり真向かいになると気になることがある．約1.5mや3mの距離はそのような相手との関係の変わる節目である．オフィスなどでデスクに座り個々の仕事をする場合，デスクの大きさや配置によって向かい合う人，隣り合う人との間の距離が近すぎになることがある．また，ある範囲の中にいれば着席のままコミュニケーションが可能となる．

一つのテーブルを囲む場合は，そこでの人間関係によって，向かい合うか，隣り合うか，角を挟むか，斜めの位置をとるか，ふさわしいものがある．⇒043，048，053，063

対人距離（建築計画教科書，彰国社（1989）より作成）

行為別の着席位置の比率（%）（R.Sommer著，穐山貞（登訳：人間の空間，鹿島出版会，p.105（1972））

1:200　0　2.5　5　　　　　　　　　　　　**室と場面＝着座**：執務・会議・学習─集団の場面　　061
Room & Behavior Settings—Sitting: Working/Meeting/Learning—Mode of Sitting of Gathering

1:400

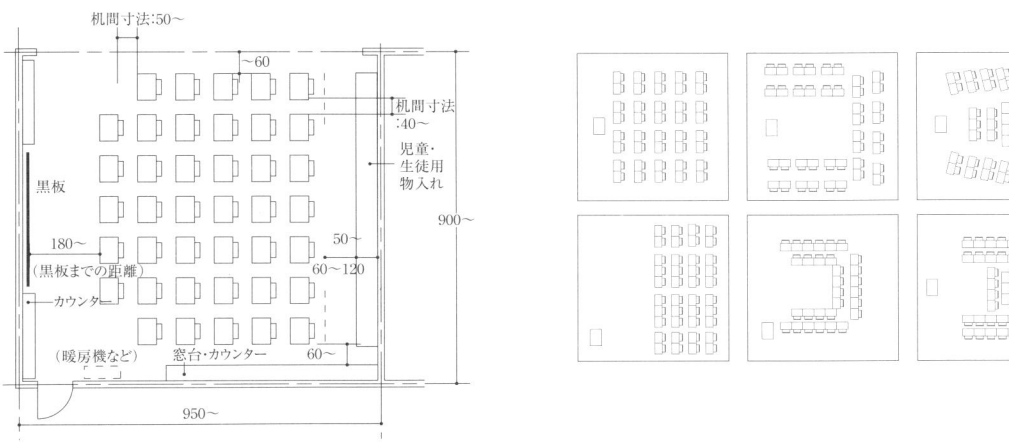

普通教室の学習場面（新JIS規格　机：70×50の場合）02 [4]

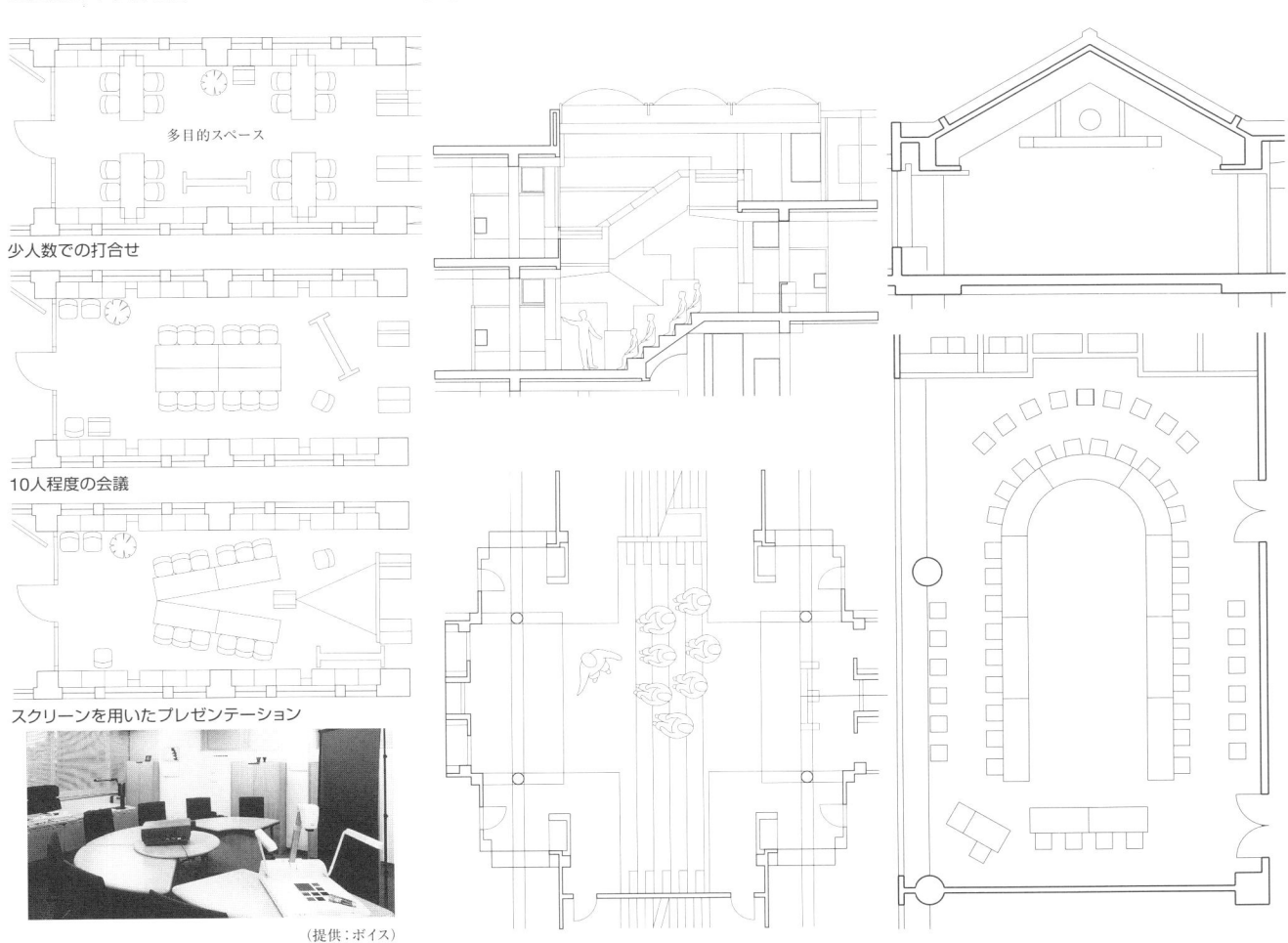

多目的スペース

少人数での打合せ

10人程度の会議

スクリーンを用いたプレゼンテーション

（提供：ボイス）

多目的スペースの会議・打合せ場面03 [5]　　**段差を利用した学習場面**04 [6]　　**コの字型の会議場面**05 [7]

対象の大きさと識別距離

文字，画像，表情などの見やすさにおいて，対象物を見張る角度は最も重要な条件であり，対象の大きさに対応して最適あるいは限界の視距離が決まる．

スライド等の見やすさの条件には，画面の大きさ，明るさ，色，画面の周囲条件，周囲光，画像の設定位置と視距離，画面内容とその数などが指摘されている．

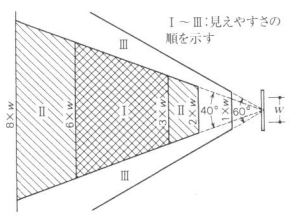

Ⅰ～Ⅲ：見えやすさの順を示す

スライドと観客席
（高橋鷹志ほか：識別尺度に関する研究2，日本建築学会論文報告集号外，p.501（1966.10））

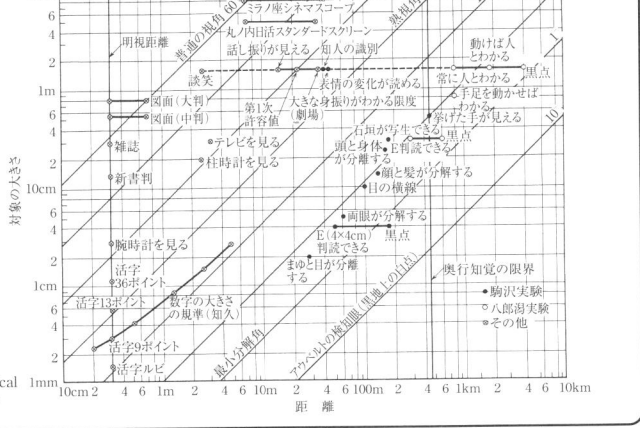

対象の大きさと識別距離 ⇒ 081
（R.M.Woelfe : A Guide for Better Technical Presentations, p.111（1975）．IEEE Press）

062 室と場面＝着座：執務・会議・学習─個中心の場面とその組合せ
Room & Behavior Settings—Sitting: Working/Meeting/Learning—Personal Mode of Sitting and its Combination

1:200

個人を中心とした行為場面が1つの空間の中で組み合わされている事例を扱う．

執務空間 ⇒291

それぞれの行為は一連の目的の中で，遂行されており，組織体制や業務の流れに応じて，個人執務と打ち合わせ等の集団作業のスペースを組み合わせる．それぞれは収納家具や書棚などで文節されるほか，ローパーティションを用いることで，立位での見渡しを確保し，プライバシとコミュニケーションの両立を図るなどの試みがされている．また効率的に空間を利用するため，フリーアドレス（個人席の共用）[1]やホテリング（予約制による個室利用）といった工夫もある．

学習スペース・メディアセンター
⇒235～240

機器・家具配置を変化させ，図書，AV機器，コンピューター等を利用した個人学習から共同学習に対応した場を設ける．さらにそれらの分散配置や多目的スペース等の設置により，多様な学習活動を可能にしている．[2][3]

01：Hummer Winblad Venture（San Francisco，アメリカ）1997年，設計：Holey Associate
02：松原邸（静岡県裾野市）1995年，設計：伊佐ホームズ
03：高エネルギー加速器研究機構・研究棟（茨城県つくば市）2000年，設計：高エネルギー加速器研究機構施設部
04：芦原太郎建築事務所，リノベーション（SD2000.12月号より作成）
05：沢石中学校・校務センター（福島県田村郡三春町）1992年，設計：清水公夫研究所，長澤悟
06：中部電力電力技術研究所本館（名古屋市緑区）1995年，設計：中部電力，清水建設，くろがね工作所
07：ポルシェ・ジャパン本社（東京都目黒区）1997年，設計：イトーキ
08：三井物産ビル（東京都千代田区）1976年，設計：日建設計
09：Rバス関東（東京都渋谷区）1997年，設計：システム・オー・デザイン・アソシエイツ
10：Edding AG（Ahrensburg，ドイツ）1990年，設計：Hans Struhk & Partner
11：スウェーデン郵便貯金局本庁舎（Stockholm スウェーデン）1972年，設計：AGL建築設計事務所
12：千葉工業大学津田沼校舎・7号館自学自習室（千葉県習志野市）1998年，設計：岡設計・鰺村研究室
13：慶応義塾大学・メディアセンター（神奈川県藤沢市）1990年，設計：槇総合計画事務所
14：加藤学園初等学校・学習センター（静岡県沼津市）1972年，設計：槇総合計画事務所
⇒222

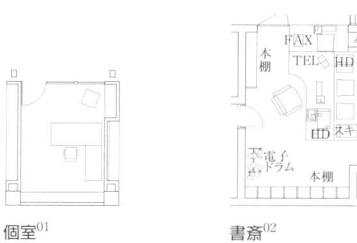

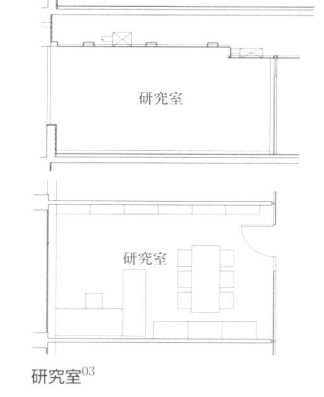

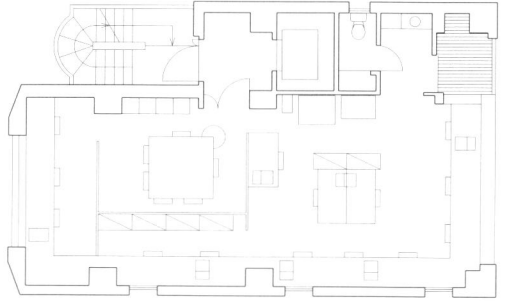

個室01　書斎02　研究室
個室オフィス

研究室03

SOHO（スモールオフィス）04

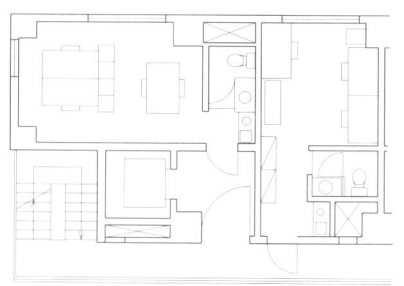

マンション2戸を利用したオフィス

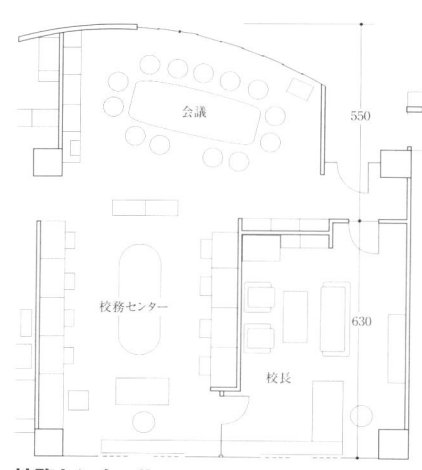

校務センター05

自席を確保したフリーアドレスオフィス06 [1]
個人用のデスクを折りたたんでワゴンのように移動できるようにしたフリーアドレス・オフィス．自机を確保しつつ大きな空間を利用でき，執務場所も自由に選択できる．

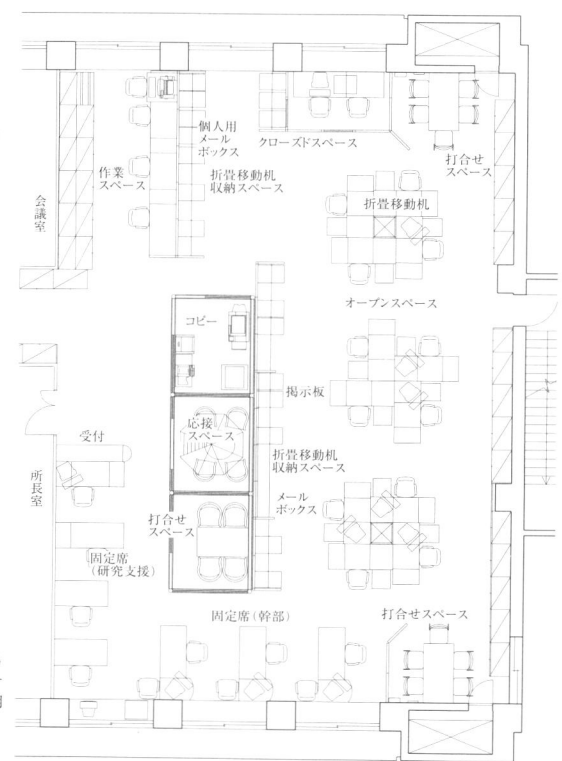

作業と照度

様々な作業にはその作業に必要とされる視機能のレベルがあり，それが確保されているかどうかを判断するもっとも分かりやすい指標が作業面の照度である．表よりわかるように，行われる視作業の内容によって必要とされる照度は異なり，細かい視機能が必要になればなるほど，高い照度が必要となる．

コンピューターなどを使った作業では，VDT（Visual Display Terminal）画面上の文字や絵が視作業の対象となるため，画面上の照度が高すぎると逆に視対象が見えにくくなる．VDT作業では，画面上の照度（多くの場合は鉛直面の照度）が100～500lxの範囲であることが望ましい．

視野内に極端に明るい領域があると，不快なグレア（まぶしさ）を感じ，快適に作業ができない．このような不快グレアの程度は，輝度（対象から目に達する光の量）によって左右されるため，照度では判断できない．

照明器具から受けるグレアの程度はグレア分類Gによって知ることができ，室の用途に応じた適切なグレア分類の照明器具を設置すれば，グレアを回避することができる．

VDT作業の場合には，さらに照明器具が画面に映り込まないかどうかを検討しなければならない．照明器具が画面に映り込む程度はグレア分類Vによって知ることができる．
⇒072, 092

作業面推奨照度(lx)	照度範囲(lx)	作業または行動の例
200	150～300	粗な視作業，継続的に作業する部屋（最低）
300	200～500	やや粗な視作業
500	300～750	普通の視作業
750	500～1,000	やや精密な視作業
1,000	750～1,500	精密な視作業
1,500	1,000～2,000	非常に精密な視作業
2,000	1,500～3,000	超精密な視作業

作業面の推奨照度と作業内容との関係
（照明学会・技術規定「屋内照明基準」（1999年）より抜粋）

1:500　　　室と場面＝着座：執務・会議・学習―個中心の場面とその組合せ　　063
Room & Behavior Settings—Sitting: Working/Meeting/Learning—Personal Mode of Sitting and its Combination

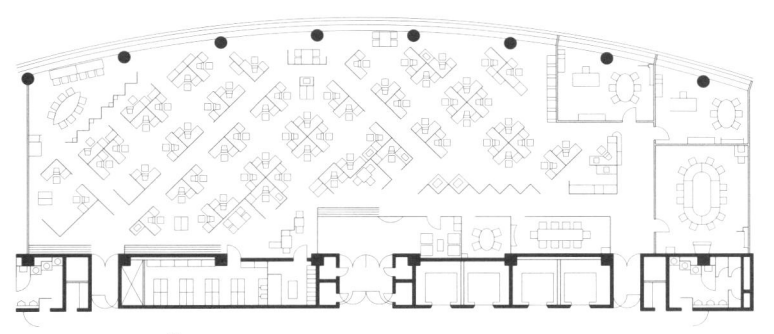

自動車販売会社本社[07]

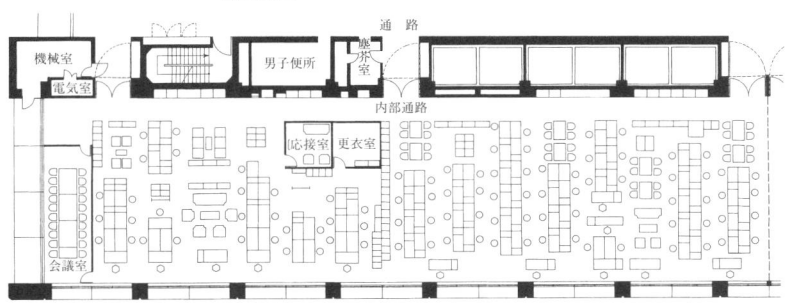

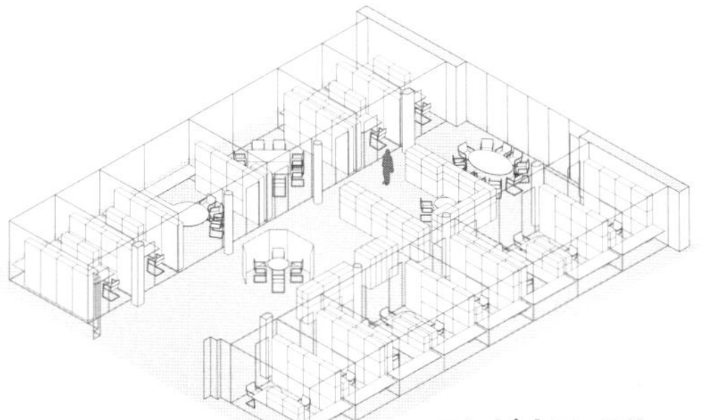

コンビオフィス[10]
ガラス間仕切による個室が共用ワークスペースを囲む．プライバシーを保ちつつコミュニケーションにも配慮している．

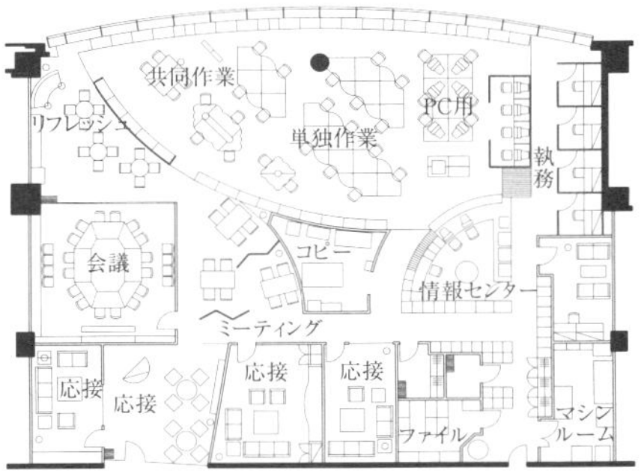

商社ビル[08]　　　　　　　　　　　　　　　　　　バス会社[09]
オープンオフィス

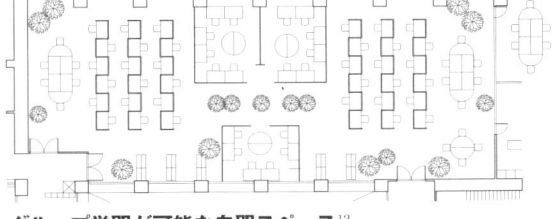

グループ学習が可能な自習スペース[12]

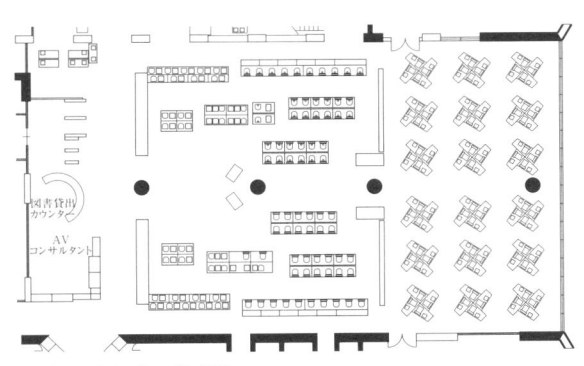

学習センター[14][3]

オフィス・ランドスケープ[11]　　メディアセンター[13][2]

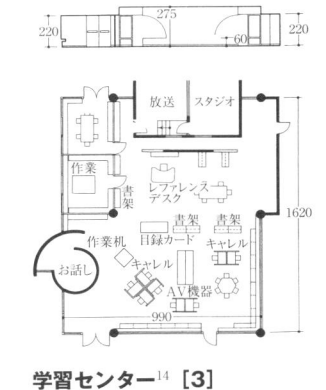

フリーアドレスオフィス

フリーアドレスオフィスとは，ふつうは個人専用の座席（机・いす）を在籍者で共有し効率的に利用する使い方のオフィスである．

座席を共有する試みは1970年代に米国で個室の間仕切りを取り払いコミュニケーションを活性化させる実験が行われノンテリトリアルオフィスと呼ばれた．1987年に日本でフリーアドレスオフィスが実現され，以降様々な場所で実施されている．

日本での背景には欧米との面積格差がある．当時日本のオフィスは幅1m程度の机の対向島型配置が一般的で，個室やブース型が主流の欧米とは大きな差があった．そのため，不在者の机を在席者が活用することで利用面積を拡大することが目的であった．その後，作業行為に適した家具・什器をそれぞれ設置する，コミュニケーションと面積削減を狙ってテーブルのような机にする，空間を有効利用しつつ個人机を確保する移動折畳式机を用いる方式，また欧米では従来の個室を共用化し予約方式で利用するホテリング方式等が出現している．

フリーアドレスの実現には，在席率50〜60％以下であることや在籍者の理解と意識の高さが，また，席の共用・移動を実現する工夫が必要とされる．

フリーアドレスオフィス

三種の神器：ワゴン，パソコン，コードレス電話

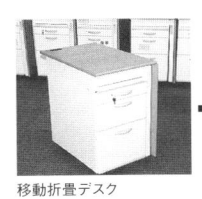

移動折畳デスク

064 室と場面＝着座：執務・会議・学習──緩やかに分節された学習場面
Room & Behavior Settings—Sitting: Working/Meeting/Learning—Moderately Grouped Classroom Settings

学校の学習空間である「教室」は，明治以来伝統的に4間×5間の矩形の空間に数十人の児童・生徒が並んで一つの方向を目指す「教える場」としてつくられてきた．しかし，オープンスペースの普及に伴いこの学習空間は，一斉授業だけでなく，様々な場面を内包する．分節された一続きの空間として構成されるようになった．

コーナーによる学習場面の設定
⇒236

学校における学習空間の中には，家具などによるセッティング，しつらえ，児童・生徒のアクティビティーなどにより，いくつかの異なる機能の「コーナー」や「場」を見ることができる[1]．こうしたコーナーや場の発生を想定し，それらを自在に組み合わせ，そこで起こるであろう児童・生徒のアクティビティーを設計することで，様々な形態の学習空間構成が可能となる．

オープンスクールの学習場面
⇒222,236

学習空間では，学級集団で行う一斉的な学習活動だけでなく，大小様々な集団の編成によって多様な活動場面が展開される[2]．こうした場面の多様性は活動の内容や学習方法によるものであるが，同時にそれらの場面展開を可能とする空間の構成，セッティングが重要となっている．特に小学校の計画においては，教科の枠，学級・学年の枠をこえた，より弾力的な学習活動に対応できる総合的な学習・作業スペースが期待される．

01：日本建築学会計画系論文集，2000年5月号，p.113
02：フェニタ高等学校（Washington，アメリカ）1971年，設計：Kirk Wallance Mckinley & Associates
03：打瀬小学校（千葉県千葉市）1995年，設計：シーラカンス
04：ヴァレイクロッシング・コミュニティースクール（Minnesota，アメリカ）1996年，設計：ATS&R
05：育英学院サレジオ小・中学校（東京都小平市）1993年，設計：藤木隆男建築研究所
⇒236
06：つくば市立東小学校（茨城県つくば市）1995年，設計：現代計画研究所
07：宮前小学校（東京都目黒区）1985年，設計：アルコム

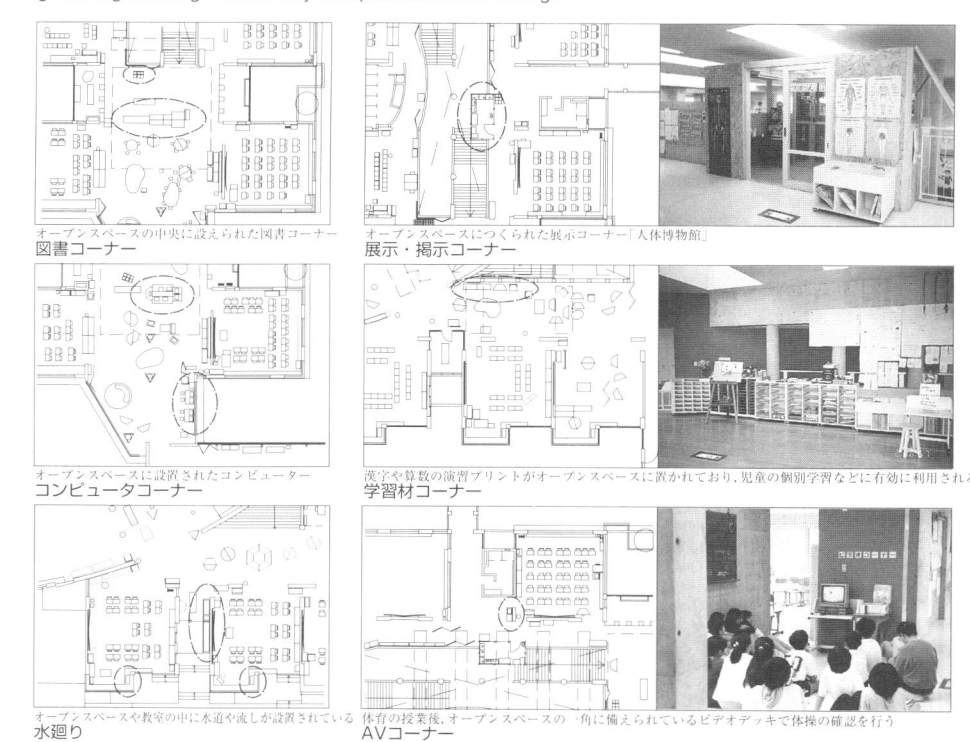

図書コーナー — オープンスペースの中央に設けられた図書コーナー
展示・掲示コーナー — オープンスペースにつくられた展示コーナー「人体博物館」
コンピュータコーナー — オープンスペースに設置されたコンピューター
学習材コーナー — 漢字や算数の演習プリントがオープンスペースに置かれており，児童の個別学習などに有効に利用される
水廻り — オープンスペースや教室の中に水道や流しが設置されている
AVコーナー — 体育の授業後，オープンスペースの一角に備えられているビデオデッキで体操の確認を行う

学習コーナーによる学習場面の設定[01][1]

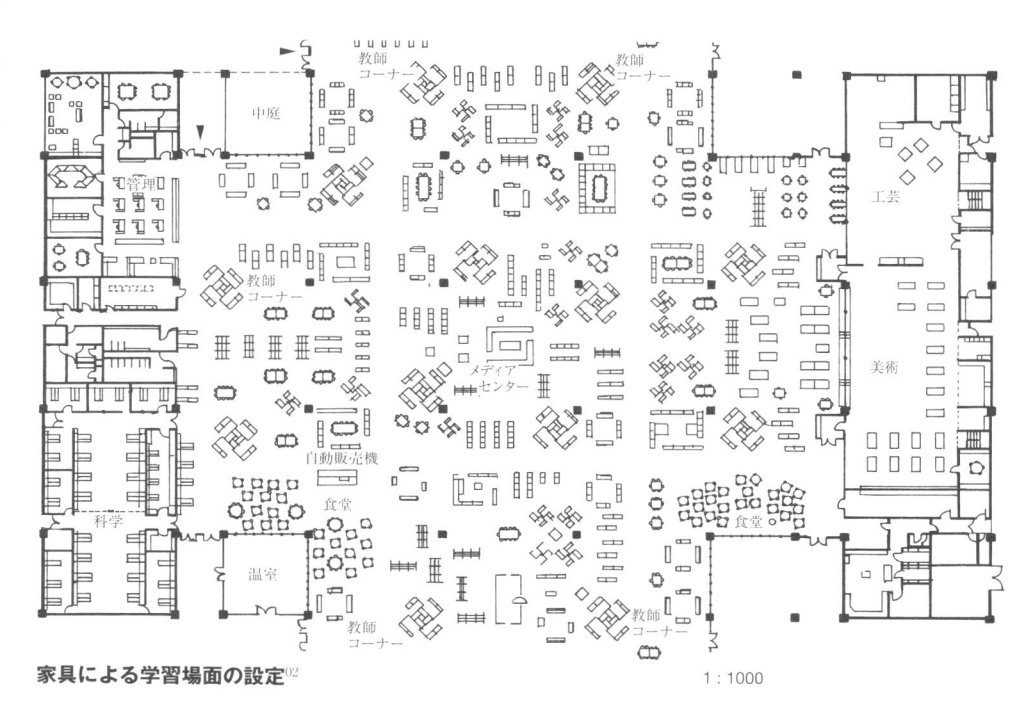

家具による学習場面の設定[02]　　1：1000

学校の集団編成と場面

小学校においては，学習の多様化，教育の個別化・個性化と相まって，学習活動における集団編成も多様な展開を見せるようになってきた．従来，学級集団で完結しがちだった学習活動の中でも，学年や異学年合同での大規模集団を母集団として，習熟度別，作業進度別，テーマ別，学習方法別など様々な分け方で多様な規模のグループが，活動内容に応じて適宜編成されている．

⇒043

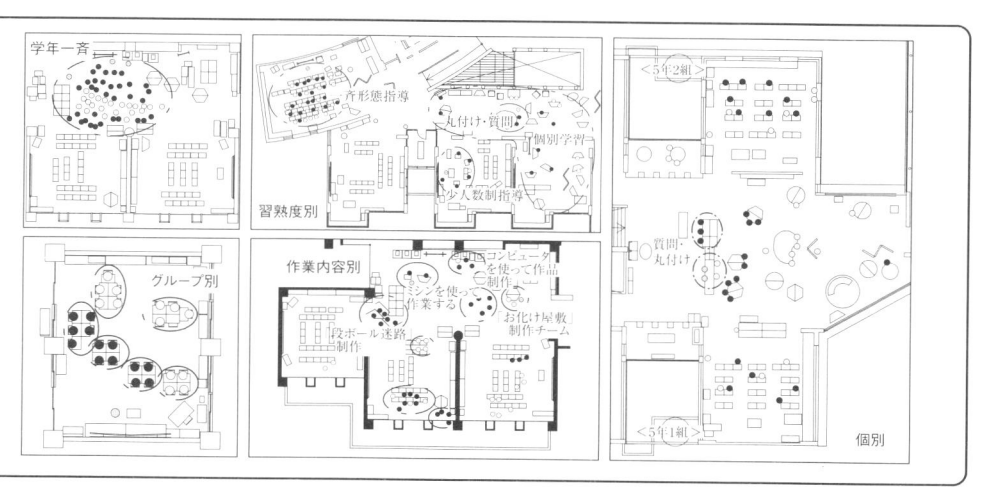

学年一斉／斉形態指導／丸付け・質問／＜5年2組＞／習熟度別／少人数制指導／個別学習／グループ別／作業内容別／コンピュータを使って作品制作／段ボール迷路制作／お花や教制作チーム／質問・丸付け／＜5年1組＞／個別

1:500 0 5 10

室と場面＝着座：執務・会議・学習—緩やかに分節された学習場面
Room & Behavior Settings—Sitting: Working/Meeting/Learning—Moderately Grouped Classroom Settings

065

学年社会科見学の計画見学コース別に分かれて打合せ
チームティーチングにおける学習集団の展開例[03]

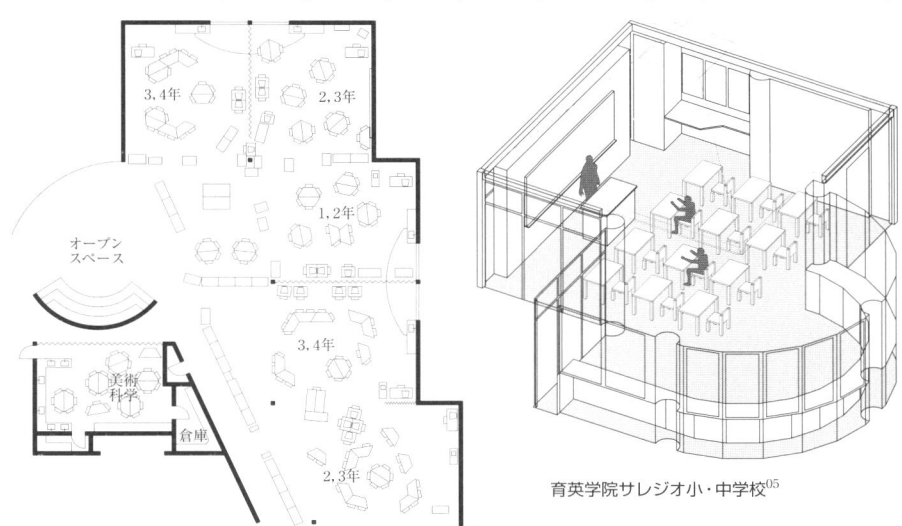

ヴァレイクロッシング・コミュニティースクール[04]

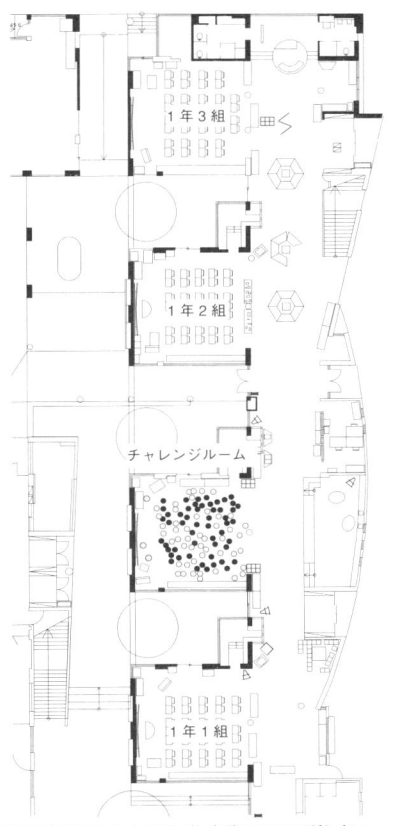

育英学院サレジオ小・中学校[05]

3クラス合同モルモットの飼い方・名前についての話し合い
学年一斉の集合場面[03]

オープンスクールの学習場面[2]

つくば市立東小学校[06]

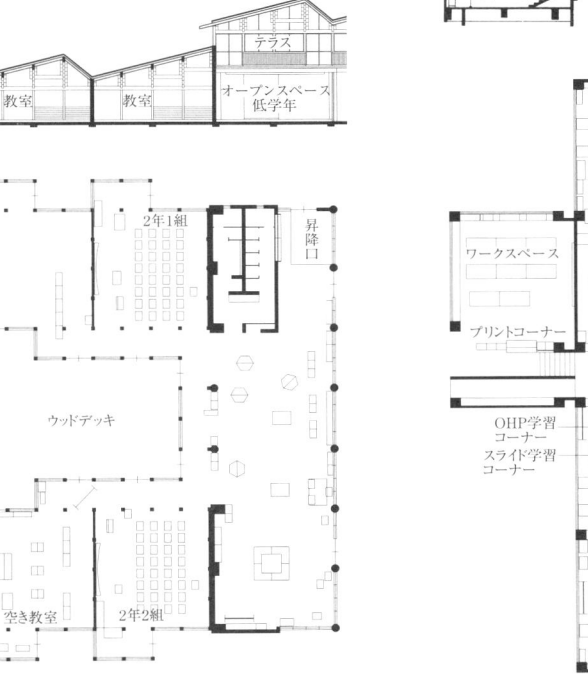

宮前小学校[07]

学校での行動場面

子供にとって学校は1日の大半を過ごす場所であり，授業時の学習だけでなく，友達と語らったり，遊んだり，1人で読書をしたり，また食事をしたりといった生活の場所でもある．

学校では図にあげたように，家具，もしくは柱や壁や段差といった物理的要素をユニークに利用した多様な行動場面が様々に見出される．

しかし，その中にはがらんとしたオープンスペースや，子供のスケールと合わない巨大な吹抜け空間など，行動のよりどころがなく，豊かな行動場面が形成されないような学校も多い．学校を単なる教育の場と捉えるのではなく，広く生活の場と捉え，子供の視点に立った豊かな生活空間をつくっていくことが求められている．⇒055

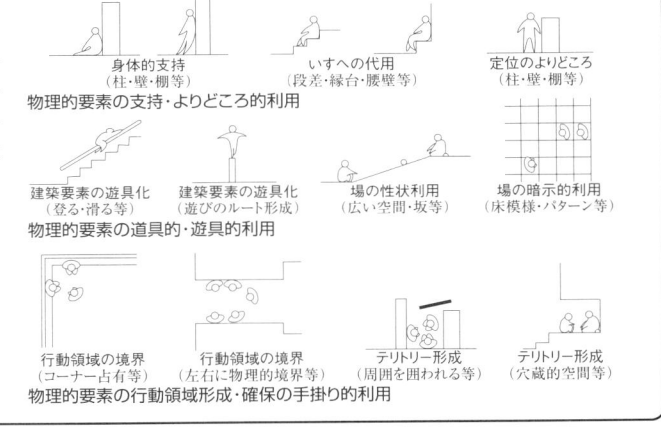

身体的支持（柱・壁・棚等） ／ いすへの代用（段差・縁台・腰壁等） ／ 定位のよりどころ（柱・壁・棚等）
物理的要素の支持・よりどころ的利用

建築要素の遊具化（登る・滑る等） ／ 建築要素の遊具化（遊びのルート形成） ／ 場の性状利用（広い空間・坂等） ／ 場の暗示的利用（床模様・パターン等）
物理的要素の道具的・遊具的利用

行動領域の境界（コーナー占有等） ／ 行動領域の境界（左右に物理的境界等） ／ テリトリー形成（周囲を囲われる等） ／ テリトリー形成（穴蔵的空間等）
物理的要素の行動領域形成・確保の手掛り的利用

066　室と場面＝着座：鑑賞──コンサート・劇
Room & Behavior Settings──Sitting: Enjoying──Concert/Theatrical Performance

1:500

劇場の客席と舞台⇒269

舞台と客席の関係は客席が舞台を取り囲むアリーナ形式と，客席と舞台が額縁状のプロセニアムウォールを挟んで対面するプロセニアム形式に大別される．

舞台との対向性の重視は見えやすい席を多くする一方で，臨場感やハレの場のイメージを乏しくする．舞台が見やすい観客席は設計の基本であるが，演者と観客の一体感や観客同士の親密感といった雰囲気の醸成も求められる．

コンサートホールの空間形式

コンサートホールの形式は，演奏者と対向する平土間席と4周側壁のバルコニー席を持つシューボックス型と，客席が演奏者を取り囲むアリーナ型に大別される．シューボックス型は音響面では安定しているが，演奏者が見えにくい席や演奏者から離れた席が生じやすく，一体感や親密感が生まれやすいアリーナ型が20世紀後半の多くのホールで採用されている．座席の配列はアリーナ型・シューボックス型を問わず，直線に並べたもの，ブロックや通路を挟んで角度を変えたもの，舞台を中心に弧を描くように配置されたものなど様々な座席の配列がある．

01：八雲村しいの実シアター（島根県八束郡八束村）1994年，設計：峯建築設計事務所
02：世田谷パブリックシアター「シアタートラム」（東京都世田谷区）1997年，設計：アトリエR，客席数：217～248
03：水戸芸術館「ACM劇場」（水戸市）1990年，設計：磯崎新アトリエ，客席数：636
04：ビッグハート出雲（島根県出雲市）1999年，設計：小嶋一浩＋小泉雅生／C＋A，客席数：341～441⇒271
05：つくばカピオ（茨城県つくば市）1996年，設計：谷口建築設計研究所，客席数：384
06：八ヶ岳高原音楽堂（長野県南佐久郡）1988年，設計：吉村順三設計事務所，客席数：250
07：旭区民文化センター「サンハート音楽ホール」（横浜市）1990年，設計：東急設計コンサルタント，客席数：103
08：水戸芸術館「コンサートホールATM」（水戸市）1990年，設計：磯崎新アトリエ，客席数：680
09：グローサー・ムジークフェラインスザール（Wien，オーストリア）1869年，設計：Theophil Ritter von Hansen，客席数：1680
10：朝日新聞東京本社新館「浜離宮朝日ホール」（東京都中央区）1992年，設計：竹中工務店，客席数：552
11：ノイエス・ゲヴァントハウス（Leipzig，ドイツ）1981年，設計：ルドルフ・シュコダ，客席数：1900

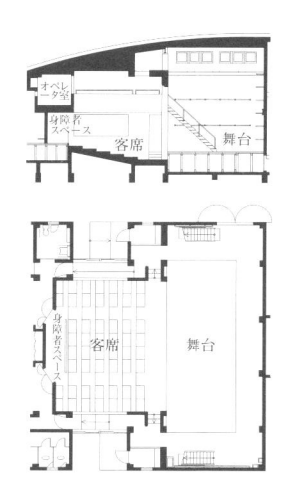

平土間

スラストステージ

ロールパックスタンドと組立式による移動客席．3尺×6尺の東立床による舞台（含む親子迫り）により，様々な客席と舞台の形式をつくり出せる．

小さな舞台と客席[01]

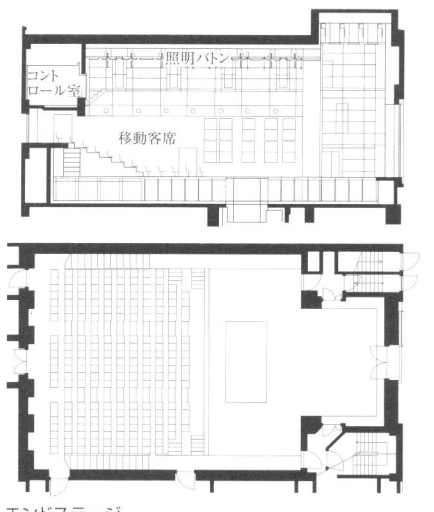

様々に変化するワンスロープの舞台と客席[02]

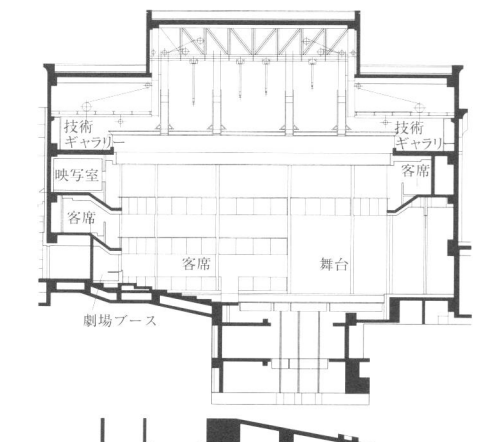

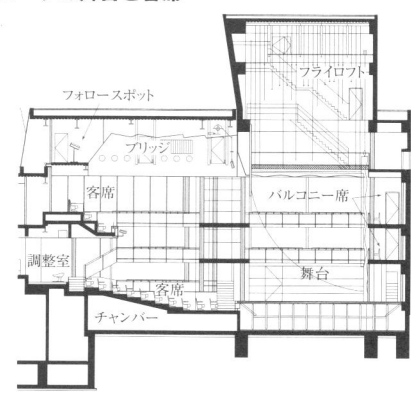

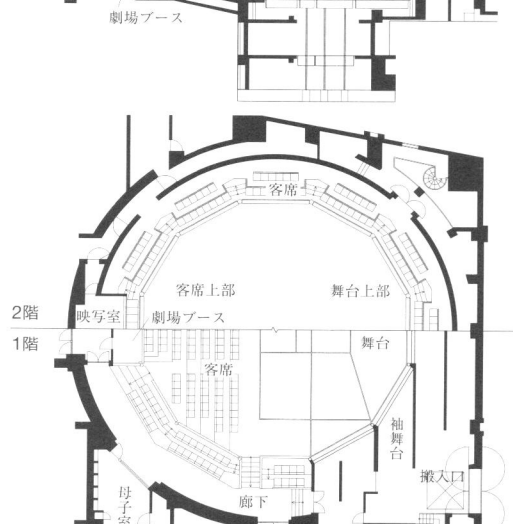

エンドステージ

舞台を取り囲む円形の客席[03]

舞台上にある可動客席[04]

通路寸法といす

座席の列間隔は，避難時を想定した前後いす席間の通路有効寸法が基準となる．火災予防条例準則では，8席を最少間隔（35cm）とし，1席増すごとに列間隔を35cmから1cm増さなければならず，それを基準連結数とする．東京都では，都火災予防条例と照らし合わせると，20席まで横連結が可能となる．また，前後のいす背の間隔は80cm以上，座席幅は40cm（東京都は43cm）以上必要である．その他，主な法規制を右図に示す．また縦通路は，連結座席の両側に設ける必要があるが，基準連結数の1/2の場合は片側のみの通路でよい．

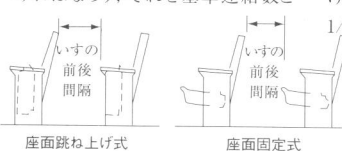

座面跳ね上げ式　座面固定式
前後いす間で連結数が決まるので，多く連結したい場合には，座面跳ね上げ式のいすが有利である．

新国立劇場・中劇場では，旧建築基準法第38条の特例を得て，横通路のレベル差が3mを越えている客席空間を実現し，客席から舞台への良好な視線を得ている．

縦通路：勾配10分の1以下，段＝蹴上げ8cm以上18cm以下，踏み面26cm以上
縦通路幅：算定幅員≧0.6cm×避難時の通過人数が最大の地点の通過人数．ただし，80cm未満は不可．
横通路：縦20列以内，かつ高低差3m以内ごとに設ける 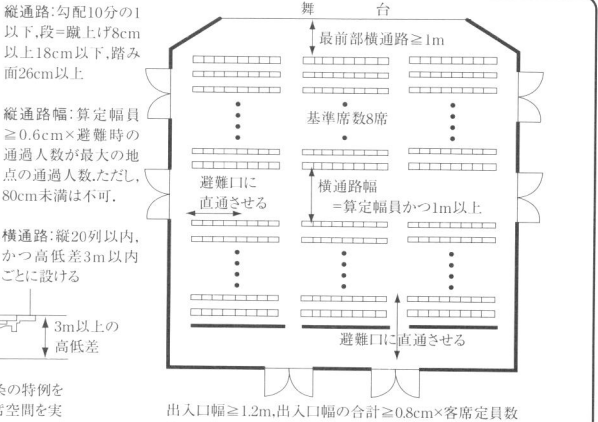
出入口幅≧1.2m，出入口幅の合計≧0.8cm×客席定員数
主な法規制（東京都建築安全条例，火災予防条例）

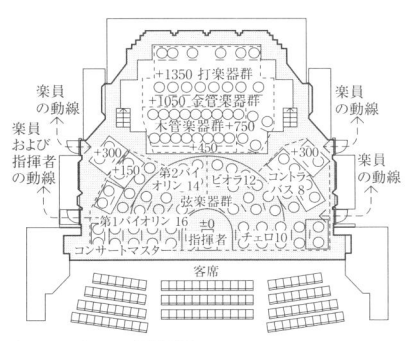

室と場面=着座：鑑賞──コンサート・劇

Room & Behavior Settings──Sitting: Enjoying──Concert/Theatrical Performance

067

1:500

オーチャードホール舞台平面
16型4管編成　楽員数97名，1名当たり平均床面積2.3m²，組立て式雛壇
[建築資料研究所編：建築設計資料48コンサートホールより作成]

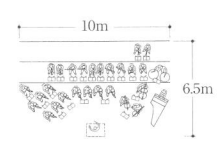

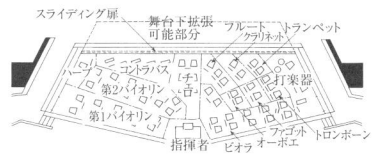

東京文化会館オーケストラピット
モーツァルトの「ルチア」（主催：二期会，1977年）の配置 指揮者を含めて64人の2管編成．舞台下拡張可能部分を使用すると90人程度の大編成も収納できる．

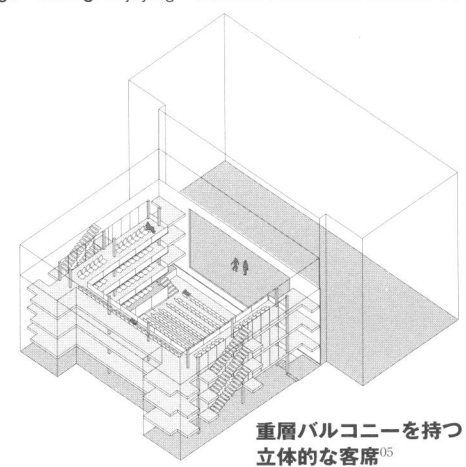

バロック・古典派の作品を中心とする小編成オーケストラ寸法　室内楽ホールは，この規模のオーケストラが配置できる舞台が多い．

重層バルコニーを持つ立体的な客席05

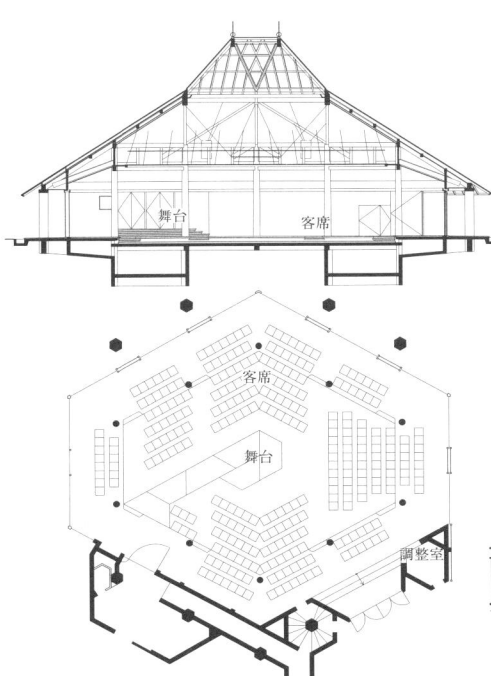

様々に変化する角度を活かした舞台と客席06

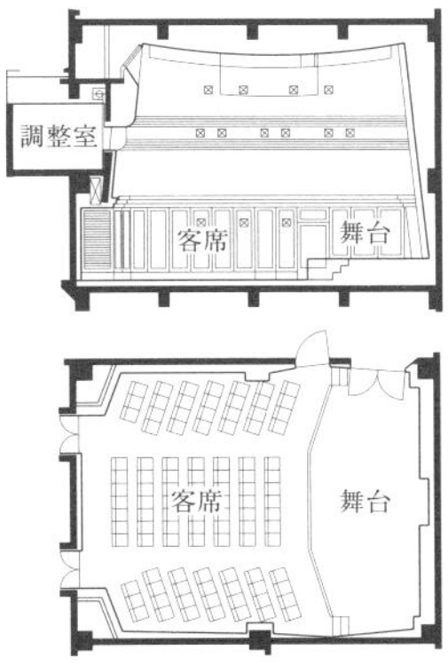

小さな舞台と客席07

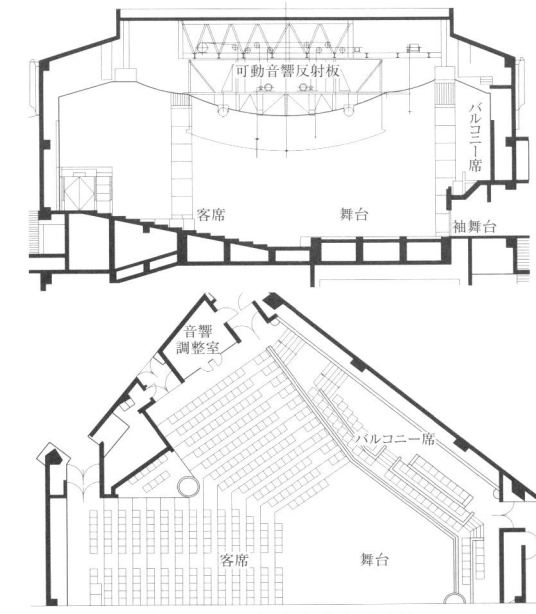

分割されたブロックから舞台を臨む客席08

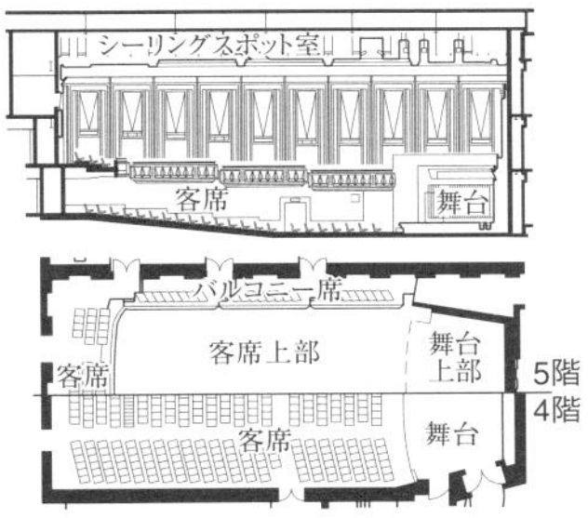

段差のあるバルコニーを持つ客席10

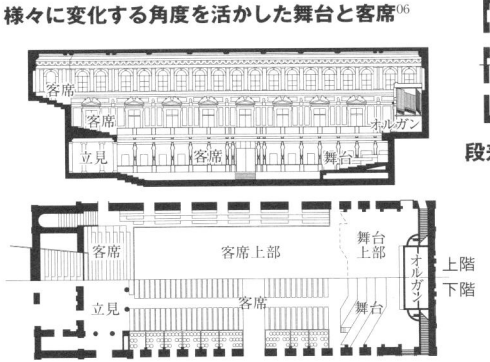

典型的なシューボックス型客席09　1:1000

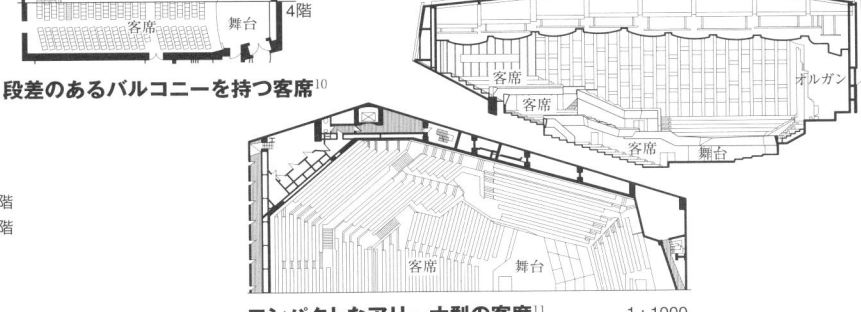

コンパクトなアリーナ型の客席11　1:1000

音と視覚

コンサートホールでも，舞台から座席までの距離が遠すぎると，聴衆にとっては演奏者との一体感に欠け，演奏者も自分が発する音が十分に伝わらない不安感があるとされる．また，オーケストラ全体を見渡せることが快適に音楽を楽しむことに関係していることから，舞台・オーケストラをある程度見下ろせる角度（俯角：5°～15°程度）の客席が好ましいとされる．従来のシューボックス型ホールは，1階客席が比較的緩い構成となるために，視覚的に不利な条件を生みやすい．そこで舞台やオーケストラ雛壇をかなり高くすることでこれを解決している．法規との兼ね合いもあるが，十分な直達音を得るためにも，可視曲線やコンピュータシミュレーションでの十分な視線のチェックが重要となる．

舞台からほぼ等距離の座席における3次元視空間を，コンピュータグラフィックスによって表現したもの．左がオーチャードホール，右が札幌コンサートホールKitaraであるが，右は舞台面がかなり見渡せ，特に雛壇を高くしなくても舞台上に平面的に拡がったオーケストラ全体を見渡せる．

ノイエス・ゲヴァントハウス
札幌コンサートホールKitara
Bunkamuraオーチャードホール
グローサー・ムジークフェラインスザール
コンセルトヘボウ

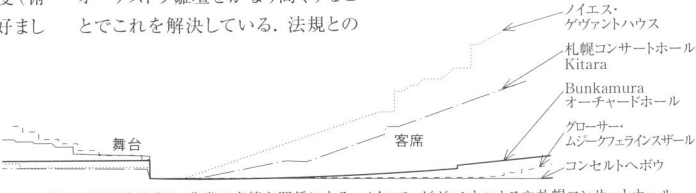

ステージ高と客席断面形は，非常に密接な関係にある．ノイエス・ゲヴァントハウスや札幌コンサートホールKitaraは，舞台の高さを低く抑え客席勾配を急にすることで，より多くの席からオーケストラを見渡せる適度な俯角を与えている．また，1階床に勾配のないグローサー・ムジークフェラインスザールやコンセルトヘボウなどでは，高い舞台や雛壇を設けている．
コンサートホール断面形比較図

068　室と場面＝着座：鑑賞──伝統芸能・映画・スポーツ
Room & Behavior Settings—Sitting: Enjoying—Traditional Entertainment/Viewing

1:500

伝統芸能の舞台と客席 →277

能舞台は本舞台・後座・後謡座・橋掛りの四つから成り立つ舞台を3方向から眺める客席を屋内空間に収めて能楽堂を構成する場合が多い．また，見切りや多目的利用のため，本舞台の見付柱を取外し式とする能舞台もある．

歌舞伎は花道や正方形に区切られた平場，左右の桟敷席など独特の舞台と客席の関係を持つものであったが，明治以降はプロセニアム（舞台と客席を分かつ額縁上の開口）が導入されるなど正面性を重視した客席構成が現れた．しかし現代では，再び本来的な歌舞伎の空間性が問われている．

様々な鑑賞

映画はスクリーン上に映し出される映像に歪みを生じず，また見やすさに対する考慮から対向性を重視した客席配列となる．プラネタリウムでは映像機を中心にした同心円状か，映像を中心した円弧状の客席配列となり，いすには十分なリクライニング性が必要である．

一方，球技や陸上競技の観客席は，フィールド面全体を見ることができるように，急な客席勾配やバルコニー席を持つ構成となる．また相撲や柔道，その他の武道場では，競技エリアが小さく競技者の動き・判定がより微妙になることから，上述のスポーツ観戦場より小さな空間となる．

01：西本願寺「北能舞台」（京都市）1582年
02：横浜能楽堂（横浜市）1996年，設計：大江宏建築事務所，客席数：486
03：本牧亭（東京都台東区）1971年，設計：後藤久
04：末広亭（東京都新宿区）1955年，設計：北村銀太郎，客席数：150＋座敷
05：南座（京都市）1991年，設計：杉山隆建築設計事務所＋大林組，客席数：1090
06：多摩六都科学館「学習投影室」（東京都田無市）1993年，設計：仙田満＋環境デザイン研究所
07：河口湖ステラシアター（山梨県南都留郡）1995年，設計：アトリエR，客席数：3051
08：渋東シネタワー（東京都渋谷区）1991年，設計：竹中工務店，客席数：シネタワー4＝252，シネタワー1＝610
09：両国国技館（東京都墨田区）1984年，設計：鹿島建設＋杉山隆建築設計事務所，客席数：11000
10：聖ニコラス・フットボール競技場（Bali，イタリア）1990年，設計：Renzo Piano Building Workshop

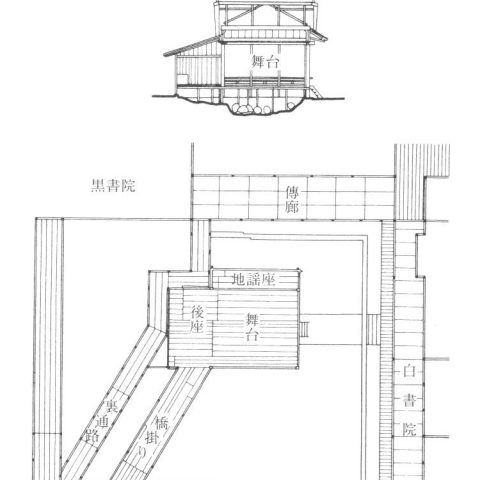

舞台との距離を保った見所[01]

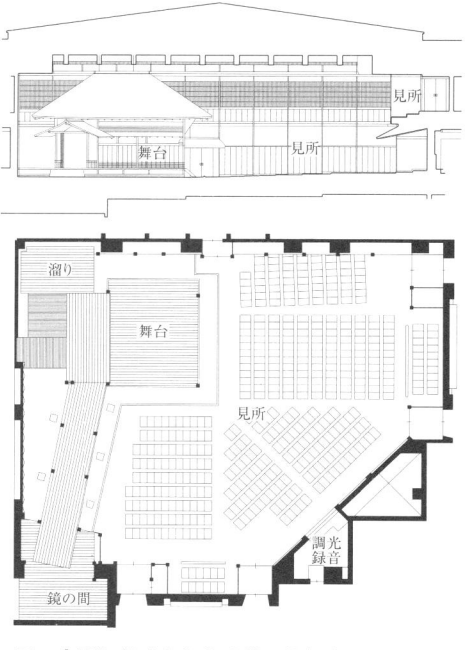

同一空間に収められた現代の能舞台と見所[02]

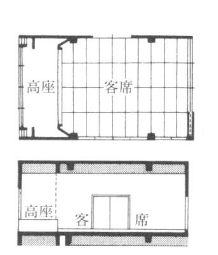

座敷の客室から高座を臨む[03]

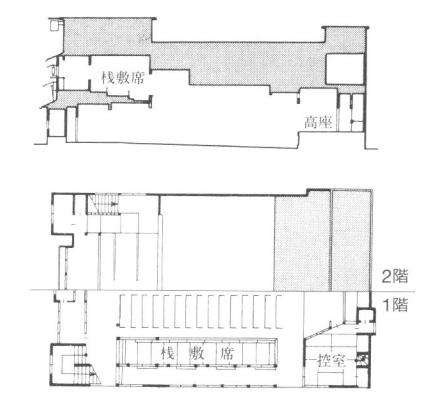

いす席と桟敷席をもつ寄席客席[04]

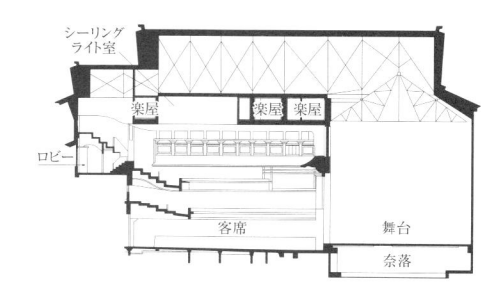

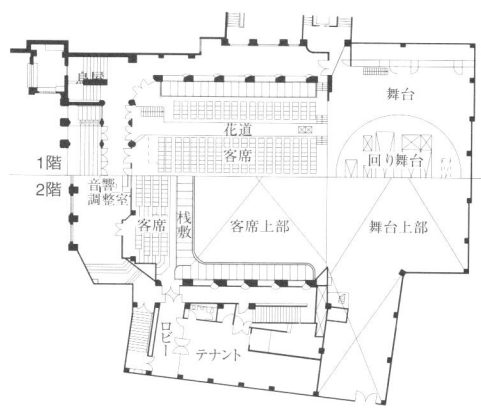

現代的な舞台と客席の形式の導入[05]　1:800

劇場の搬入口

搬入口はプラットフォームを用いた形態が一般的である．高さは搬入車両の荷台高さと同じレベルであることが望ましいが，車両の荷台高さは積載重量や方式により異なることから1m程度を目安とする．搬入車両台数はオペラが最も多く数台〜10台程度，ポピュラー音楽系コンサートでも3台程度の大型車両が使われる．天候に左右されず搬入作業を安全に行うためには，大型トラックがそのまま入りシャッターを閉めることができる面積が必要で，一定規模以上の舞台の場合，11トン車両2台が一度に搬入できるスペースを計画する．また，ウィング（荷台長手方向に天蓋部が開閉する）方式の車両が登場したため最低でも5mの有効天井高さが求められる．搬入口・舞台間の開口部を含めて舞台に至る経路には段差を設けないことが理想的であるがシアターコクーンに見られるように，搬入口と舞台レベルに違いがあっても段差を解消する昇降プラットフォームを用いることでスムーズな搬出入を実現している例も見られる．

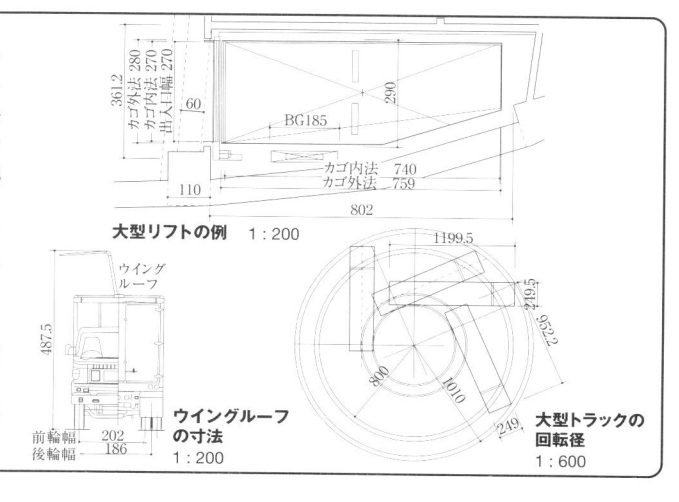

大型リフトの例　1:200

ウイングルーフの寸法　1:200

大型トラックの回転径　1:600

1:500　0　5　10　　　　　　　　　　　　　　室と場面＝着座：鑑賞──伝統芸能・映画・スポーツ　　　069
　　　　　　　　　　　　　　　　　　　　　　Room & Behavior Settings—Sitting: Enjoying—Traditional Entertainment/Viewing

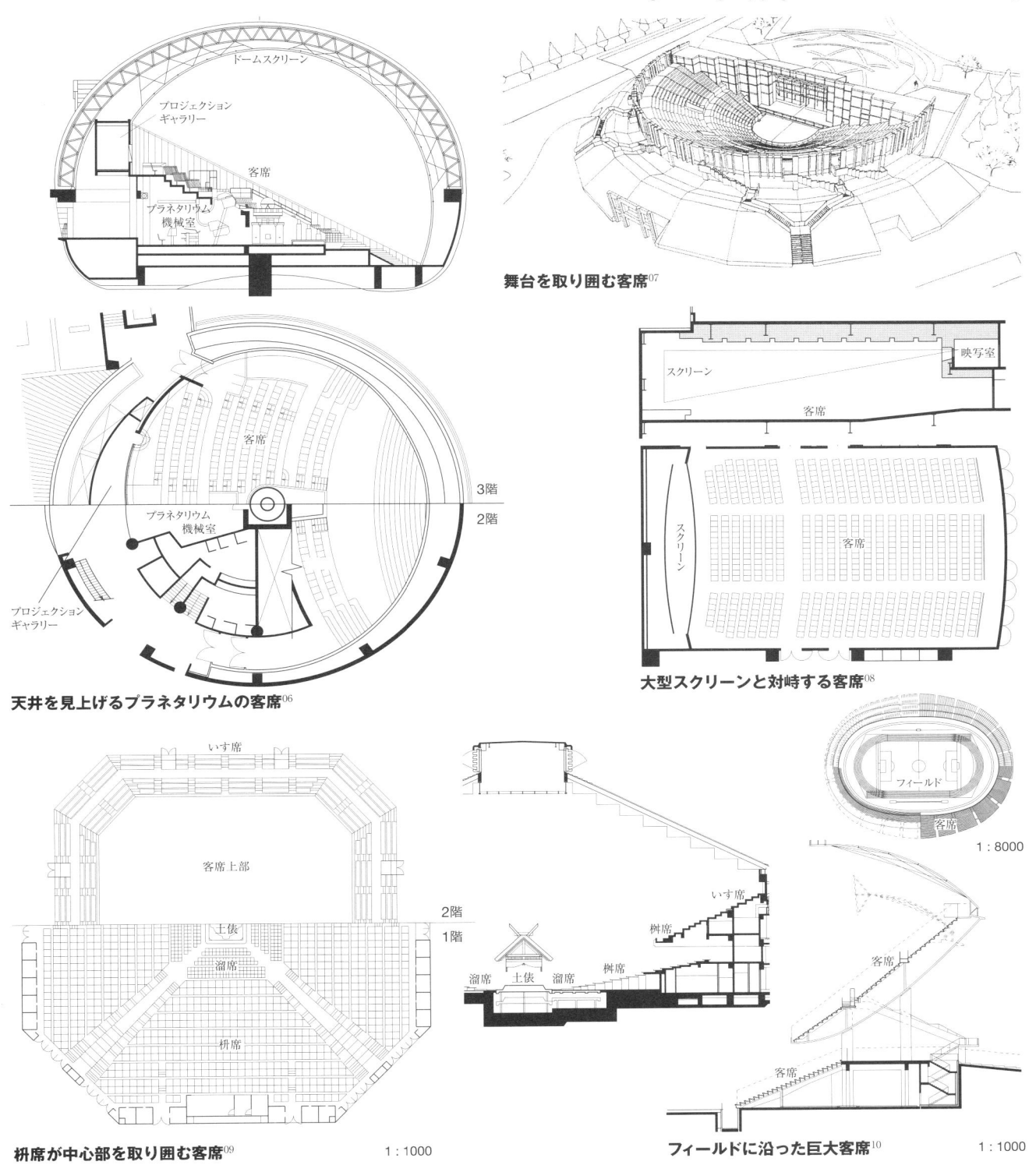

舞台を取り囲む客席[07]

天井を見上げるプラネタリウムの客席[06]

大型スクリーンと対峙する客席[08]

枡席が中心部を取り囲む客席[09]　　1:1000

フィールドに沿った巨大客席[10]　　1:1000

劇場の備品と収納

客席数1500席程度の多目的ホールにおいて舞台備品が占める面積の合計は200m²前後であり，このうち100m²前後は舞台近傍に収納することが望まれる．また舞台上で頻繁に使われる照明機器およびアクセサリー類，平台・開き足等常時出し入れする舞台備品は舞台に接して30～40m²の空間を確保する．

場所をとらない照明器具の収納方法としては，バトンに吊り込んで収納する方式が挙げられる．この場合公演時任意の場所で利用された照明器具を終演後に指定された元通りの位置に吊り込むという手間が義務づけられる．ピアノや楽器等は常時一定環境を保てる独自に空調管理可能な室に保管するが，移動のしやすさを考慮して舞台レベルに設けることが望ましい．

ホール名	ピアノ庫面積(m²)	台数
パルテノン多摩大ホール	22.5	2
パルテノン多摩小ホール	7.8	1
練馬文化センター大ホール	43.5	4
ティアラこうとう大ホール	21.3	2
彩の国さいたま芸術劇場小ホール	7.0	1

ピアノ庫・楽器庫（いずれもグランドピアノの収納台数）

所在	舞台備品名	占有面積(m²)	占有体積(m³)
主舞台近傍倉庫	照明器具類	22.8	14.1
	音響器具類	23.5	28.7
	屏風・松羽目・所作台	16.8	26.6
	幕・敷物類	7.8	7.6
	譜面台等演奏者用備品	10.9	2.5
	スタッキングチェアー	5.7	5.8
	講演会用テーブル等	3.9	4.3
	大太鼓等楽器類	7.0	7.4
側舞台	開き足	9.1	18.0
	オーケストラ用雛壇	6.0	18.3
舞台奥	平台	20.9	3.4
	開き足	0.5	0.5
	箱馬	0.5	0.8

主舞台周辺の備品収納例（練馬文化センター大ホール）

070 室と場面＝回遊：展示─平面・立体
Room & Behavior Settings—Excursion: Exhibition—Two and Three Dimensional

1:500

平面物の展示 ⇒257

絵画や写真など平面作品は，基本的には立位で歩きながらあるいは立ち止まって，垂直に壁面を眺める観覧方法をとる．壁面の構成，空間的な連続性や変化，部屋の容積，外部との関係などで鑑賞空間の印象は変化し，展示作品の内容に応じた計画が求められる．

例えば，現代美術に近い作品を展示する場合は，おおむね広い空間との一体感をもったダイナミックな空間構成が適当であり，また古典から近代の絵画などを落ち着いて眺めるためには，やや閉鎖的な空間も必要となる場合もあり，小品を展示するには，住居空間程度の広さや内装が有効となる場合もある．

立体物の展示 ⇒257

3次元の資料を展示するにあたっては，壁面と視線との垂直の関係だけではなく，その資料を様々な方向から観ることができるような配慮が求められる．

このためには，視線の自然な動きに対応した展示場所の設定がまず必要となる．高いところから見下ろしたり，下からのぞき上げたり，多様な視点を許す空間が必要となる．

また，資料とそれを取り巻く空間との規模の対比も資料の理解を深める重要な点である．広すぎる空間に小さな資料や作品を置くと萎縮して見えるし，逆に空間が狭いと，本来の作品の良さを損なうこともある．効果的な空間の配置が必要である．

彫刻などを展示するには，その常設場所として，対応した最適な空間を作り上げることも可能である．⇒261

01：岡山県立美術館（岡山市）1987年，設計：岡田新一設計事務所
02：信州高遠美術館（長野県上伊那郡高遠町）1992年，設計：宮本忠長建築設計事務所
03：東京都庭園美術館（東京都港区）1983年，設計：久米設計
04：直島現代美術館（香川県香川郡直島町）1992年，設計：安藤忠雄建築研究所
05：コンチキ号博物館（Oslo，ノルウェー）1957年，設計：F.S.プラトー
06：星野遺跡地層たんけん館（栃木市）2000年，設計：建築研究所アーキヴィジョン
07：橋の博物館（岡山県倉敷市）1987年，設計：上田篤アトリエ＋東畑建築事務所
08：横浜こども科学館（横浜市磯子区）1984年，設計：環境デザイン研究所

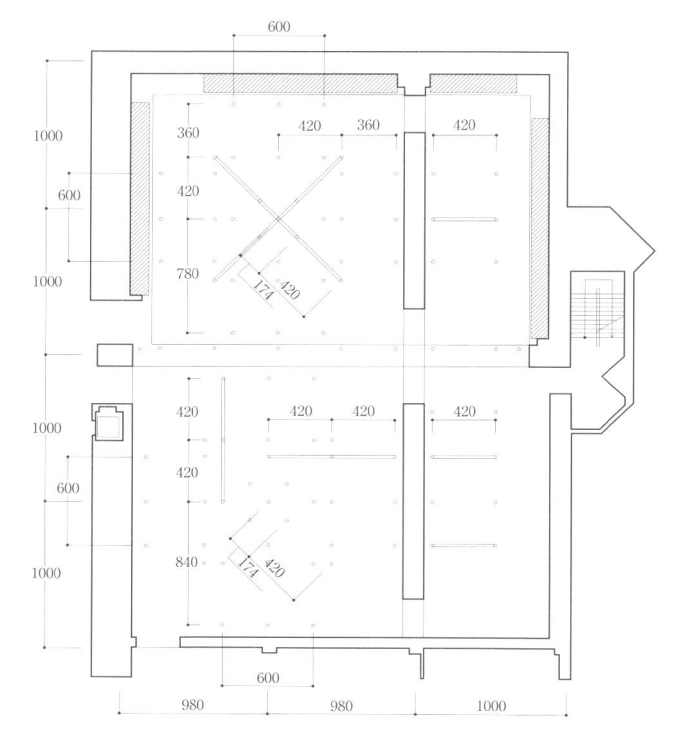

高さの異なる3種類の床自立式のパネル（1.74m，3.6m，4.2m）により，いろいろな展示パターンに対応することができる．

様々なレイアウトが可能な展示室 01

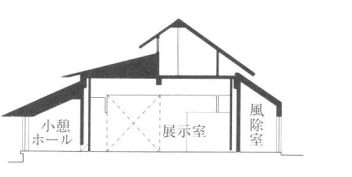

（撮影：新建築写真部）

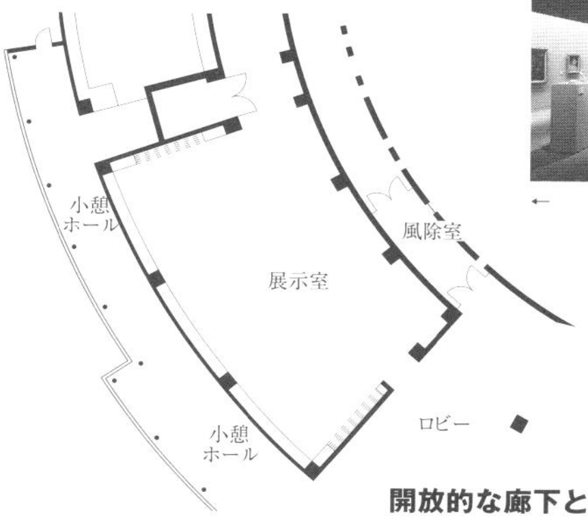

開放的な廊下と対比的に湾曲壁面をもつ閉鎖的な展示室 02

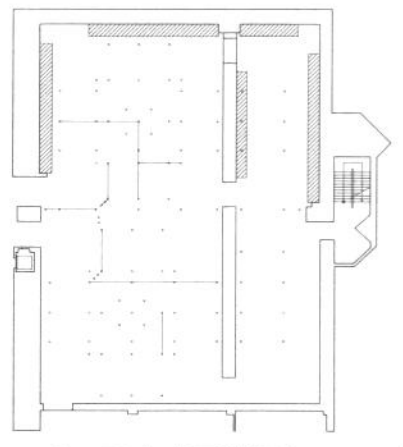

パリの日本人画家展（1994.09）
日本伝統工芸展（1994.11） 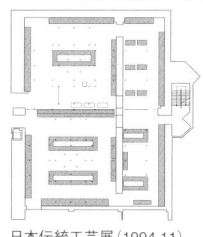
水墨画の至宝展（1995.01） 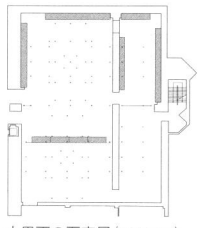
大アンデス文明展（1995.01） 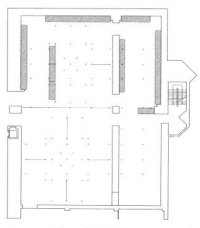
アートラビリンス（1995.02） 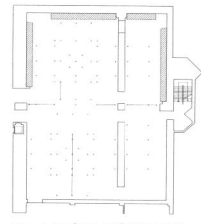
いわさきちひろ展（1995.03） 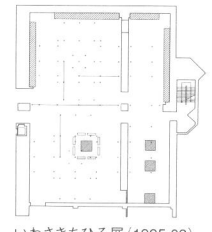

展示レイアウト例 01

見やすい展示の範囲

人間の可能な視野は広いが，そのうち，無理なく目がいく範囲はそれほど幅がない．図にあるように，細かい解説等や資料の特徴などを注視するには，目の高さに対して水平よりも少し下がり気味の視線となる．また，疲労した時には，自然と視線はより下向きになる．展示物との距離に関しては，概ね展示物の大きさ（対角線の長さ）の1.5倍離れた場所から眺めることができるように配慮すると見やすい．⇒074，075

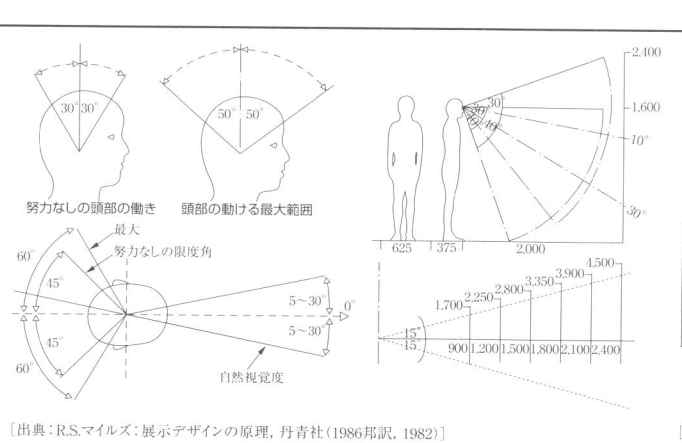

努力なしの頭部の働き　頭部の動ける最大範囲

最大　努力なしの限度角　自然視覚度

［出典：R.S.マイルズ：展示デザインの原理，丹青社（1986邦訳，1982）］

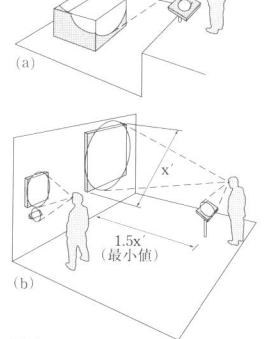

1.5x（最小値）

［出典：G.Matthews：Museums and Art Galleries, Butterworth Architecture（1991）］

室と場面＝回遊：展示―平面・立体
Room & Behavior Settings—Excursion: Exhibition—Two and Three Dimensional

1:500

旧邸宅の空間を転用した展示室03
- 第4展示室（喫煙室）
- 第1展示室（大広間）
- 第3展示場（大食堂）
- 第2展示場（大客室）
- 次室

現代作家の自由な創作物を展示する空間04

実物大の船の室内展示05
- 人類学参考資料展示
- Kon-Tiki号
- 売店
- 切符売場
- イースター島の映像

地下の地層そのものを展示物とした実物展示06
- 展示室
- トレンチ
- 倉庫

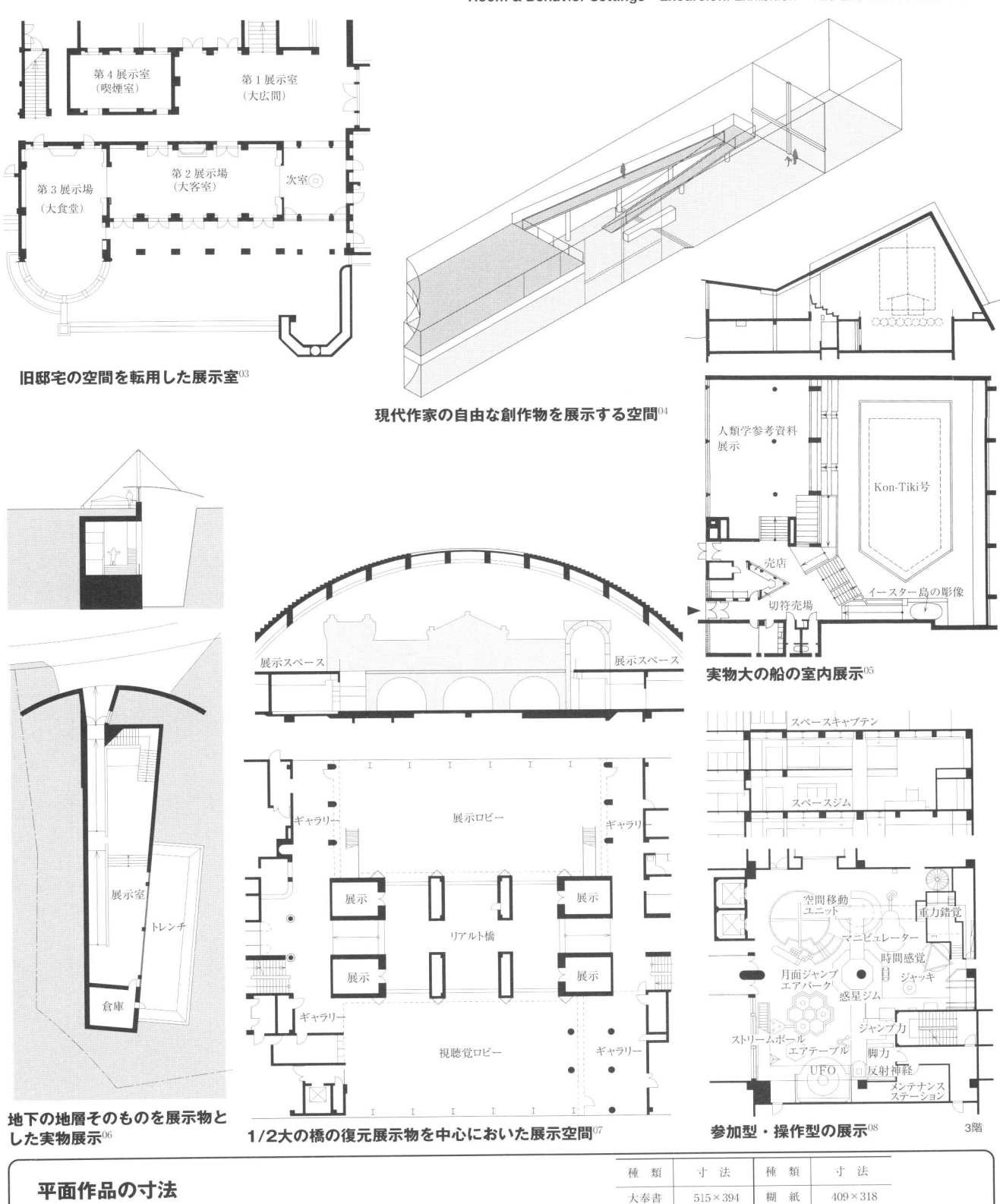

1/2大の橋の復元展示物を中心においた展示空間07
- 展示スペース
- ギャラリー
- 展示ロビー
- 展示
- リアルト橋
- 視聴覚ロビー

参加型・操作型の展示08
- スペースキャプテン
- スペースジム
- 空間移動ユニット
- 重力錯覚
- マニピュレーター
- 時間感覚
- 月面ジャンプエアパーク
- 惑星ジム
- ジャッキ
- ストリームボール
- エアテーブル
- 脚力
- UFO
- 反射神経
- ジャンプ力
- メンテナンスステーション

3階

平面作品の寸法

キャンバスの標準的な大きさとしては、図のように縦横比の異なる3種類の系列がある．

和紙の種類と寸法

種類	寸法	種類	寸法
大奉書	515×394	糊紙	409×318
中奉書	493×363	大画仙	1818×970
小奉書	470×333	中画仙	1515×818
美濃紙	394×272	小画仙	1393×697
半紙	333×242	伯紙	1121×636
柾紙	530×394	唐紙	1242×636
紅唐紙	1164×570		

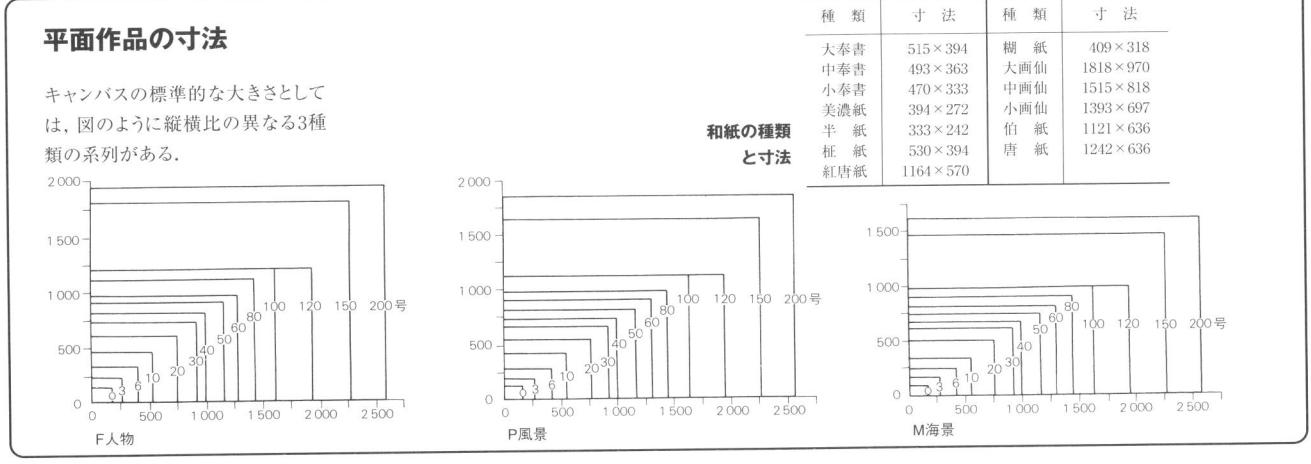

F人物　P風景　M海景

072　室と場面=回遊：観覧—生態・ストーリー
Room & Behavior Settings—Excursion: Exhibition—Ecosystem/Sequential

1:500

生態の展示

生物の生態を展示することは、その生息環境を再現し、展示することにもなる。動物園・水族館・植物園などは展示だけでなく、動植物の保護や繁殖にも寄与する役割が重要視されており、生態系の維持が可能な環境を、人工的に再現することが求められている。

計画に当たっては、生息環境の充実は当然として、動植物の展示のための生息域と観覧者のスペースとの接点や共存が重要な視点となる。できるだけ自然な状態を観覧者が介入することなく、より多角的に観察する方法が求められている。

ストーリーの展示 ⇒256

展示は単体を個別に陳列するだけでなく、ある意図を持って並べることにより資料に価値や意味を持たせることが出来る。観覧者は、流れとして展示を観ていくのであり、その順序と並べ方、また歩いて移動することによって空間の変化を感じ取りながら展示を理解することとなる。効果的に資料の関係性や流れを伝えるためには、観覧動線に沿ったシーケンスの計画が必要となる。

01：板橋区立熱帯環境植物館（東京都板橋区）1994年、設計：日本造園学会＋瀧光夫
02：東京都多摩動物公園コアラ館（東京都多摩市）、設計：日本設計
03：東京都葛西臨海水族園（東京都江戸川区）1989年、設計：谷口建築設計研究所
04：サッポロビール開拓使麦酒記念館（札幌市東区）1986年、設計：大成建設
05：長崎原爆資料館（長崎市）1996年、設計：久米設計
06：相模原市立博物館（神奈川県相模原市）、設計：アーキヴィジョン（展示図：相模原市立博物館研究報告、第5集、1996、p.25より作成）
07：地球市民かながわプラザ（横浜市）1997年、設計：松本陽一設計事務所、内装設計：乃村工藝社
08：東京都夢の島熱帯植物館（東京都江東区）1988年、設計：大宇根・江平建築事務所

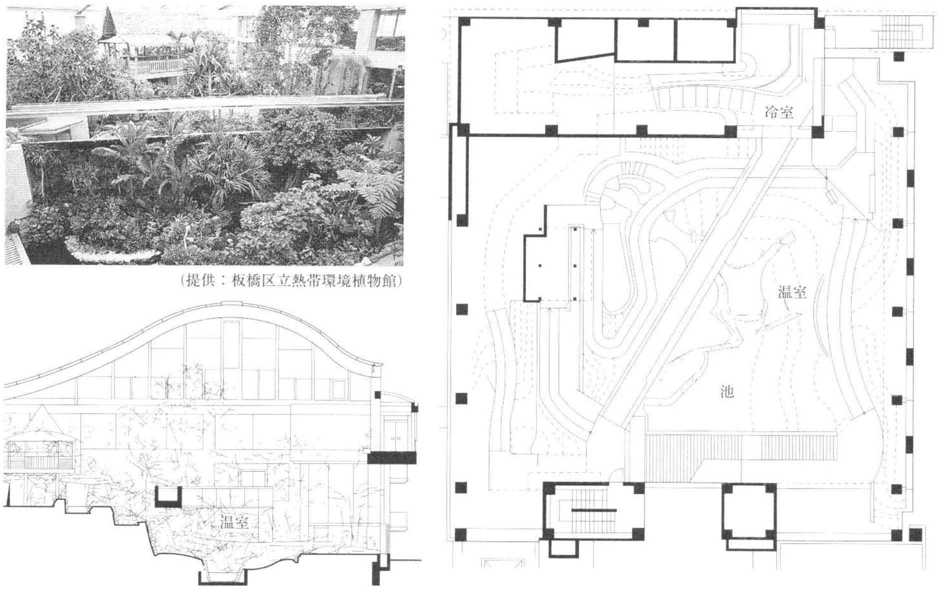

多様な植物の生育・展示[01]

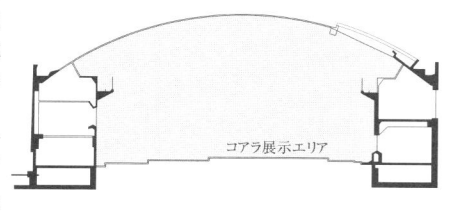

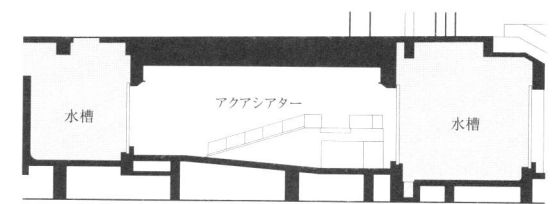

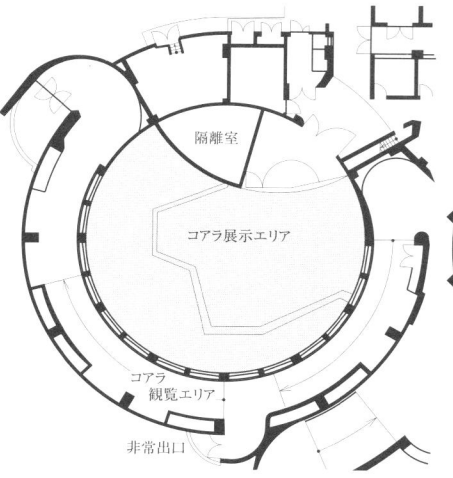

動物にストレスを与えない観察動線[02] 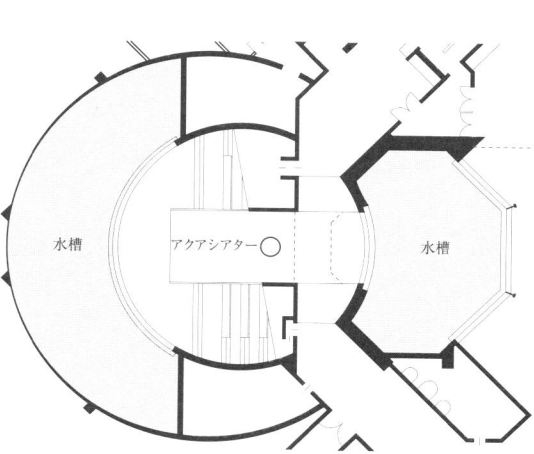
部分は展示物の生息する空間

魚類の回遊を様々な角度から観察可能な空間[03]
部分は展示物の生息する空間

雰囲気と光の工夫

展示物に適した光は、展示空間と一体の雰囲気づくりに貢献する。展示室の雰囲気には光色が影響しており、対象に応じた光色の設定が必要となる。一般には、照度レベルが低い場合（約500lx以下）には色温度の低い暖かい光色が好まれる。光色に加えて効果的に展示物を表現するために、光のあて方の角度も考慮が必要な点となる。立体の展示においては、立体感を効果的に表すために陰影をつける光の角度が重要となる。彫刻等は戸外の自然昼光下が最適照明条件といわれている。
⇒062

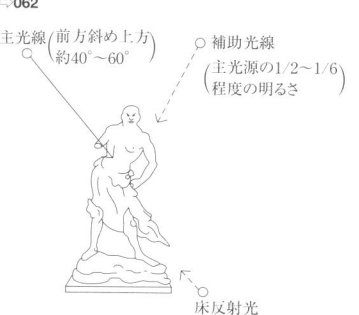

主光線（前方斜め上方　約40〜60°）
補助光線（主光源の1/2〜1/6程度の明るさ）
床反射光

局部照明による立体感のつくり方の例

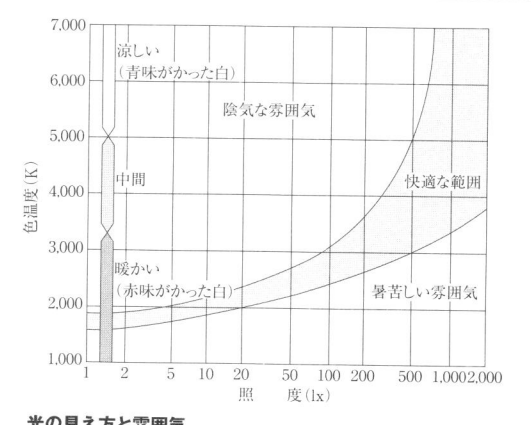

光の見え方と雰囲気
（色温度(K) vs 照度(lx)：涼しい（青味がかった白）／中間／暖かい（赤味がかった白）／陰気な雰囲気／快適な範囲／暑苦しい雰囲気）

室と場面＝回遊：観覧―生態・ストーリー
Room & Behavior Settings—Excursion: Exhibition—Ecosystem/Sequential

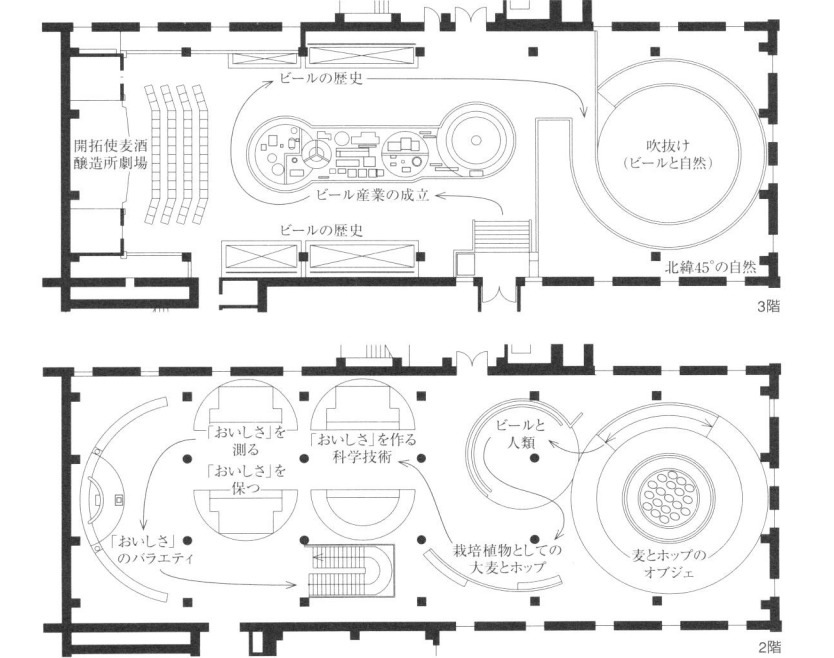

1:500

一連の工程や歴史を連続させて見せる展示空間 04

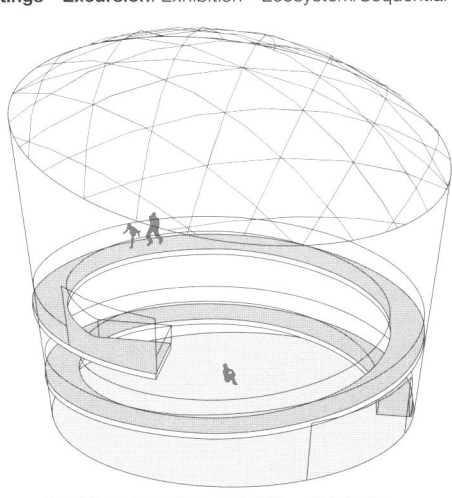

大空間の中でスロープに沿った展示 05

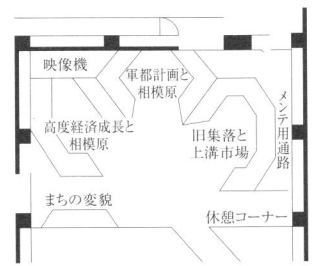

「地域の変貌」をテーマにした展示 06

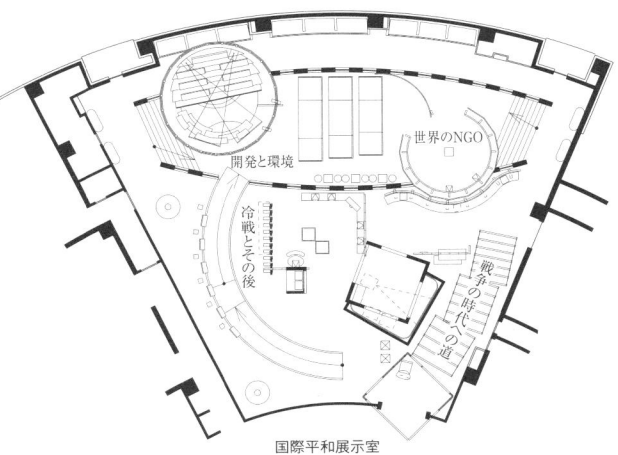

歴史・テーマの流れをスロープ動線に沿って展示したもの 07

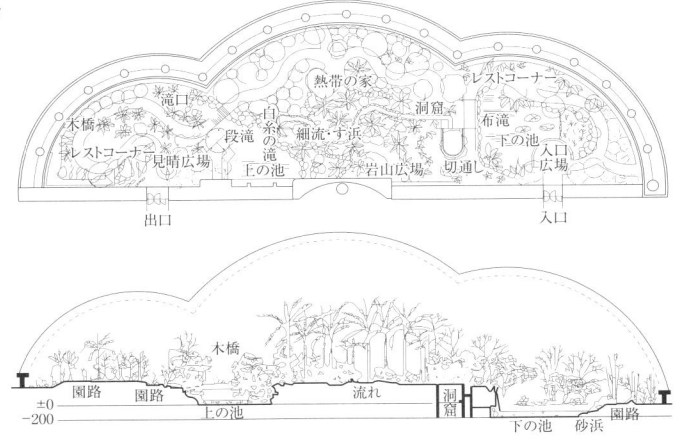

多様な植物の生態を配した室内大空間 08

1:1000

シークエンシャルな展示のモデル ⇒257

観覧経路を歩きながら，次に見るべき展示物が垣間見えることで，次々と表れる展示の予告が視覚的になされる配慮をすると，展示の流れを理解しやすい．図のように，次の部屋やコーナーの主要な展示物を見通せることのできる開口部を設けておくことで，連続的な展示のストーリー性を保つことができる．

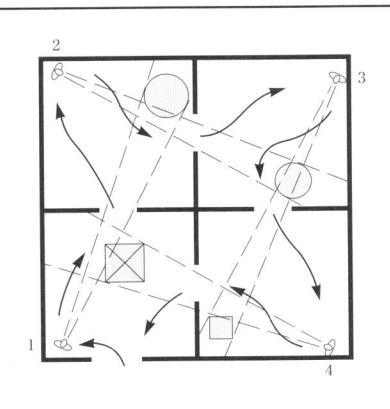

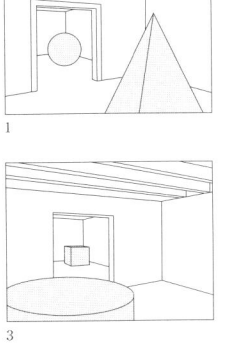

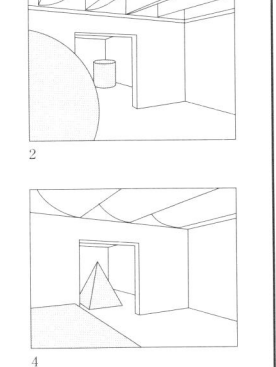

［出典　G.Matthews：Museums and Art Gallaries, Butterworth Architecture（1991）］

074　室と場面＝回遊：購買1　Room & Behavior Settings—Excursion: Shopping　1:400

動線に沿った商品展開重視
スーパーマーケット[1]やコンビニエンスストア[2]では，買物動線に沿った商品の展開がなされ，隣合わせるべき商品の組合せも店舗ごとに独自の工夫をしている．

商品の探しやすさ重視
ホームセンター[3]，書店[4]やCD・レコード売場，文具売場等は目的性の強い購買が中心となるため，速やかに目的の商品に到達できる工夫（番地を付ける，ゾーニング等）がなされる．開架式図書館の書架の並べ方，表示法に類似している．

商品の発するイメージ重視
洋品店[5]，化粧品売場[6]は，商品の醸し出すイメージを重視し，ディスプレイには細心の注意が払われ，売場の壁面全体や売場全域で統一的なイメージを持たせる場合が多い．

外部への商品の訴求
自動車販売店舗[7]，ガーデニング店[8]は道路等外部に商品を張り出させ訴求効果を狙う例が多い．商品の性格から太陽光下の見え方にも配慮している．

売場フロアの大型化
大型店の場合，駅前立地，中心市街地立地から郊外型立地に比重が移ってきており，1フロアの規模が極めて大きな店舗が増加している．郊外型立地の場合，購買行動も従来の"主婦の買物"から，車による来店を前提とした家族総出の行楽的要素，多種大量購入の要素が強まっている．ここではショッピングカートの利用が前提となり店内主通路の幅等に影響している．

01：アピタ亀田店（新潟県中蒲原郡亀田町）2000年，設計：KAJIMADESIGN
02：ハローグリーン・エブリー島崎店（熊本市）1999年，設計：ガウディ，田上建築士事務所
03：フラッグス（東京都新宿区）1998年，設計：横河建築設計事務所
04：グランベリーモール REI 東京フラッグシップストア（東京都町田市）2000年，設計：ミスーンパートナーズ，椎名政夫設計事務所
05：三越本店
06：広島サティ（広島市）1997年，設計：KAJIMADESIGN

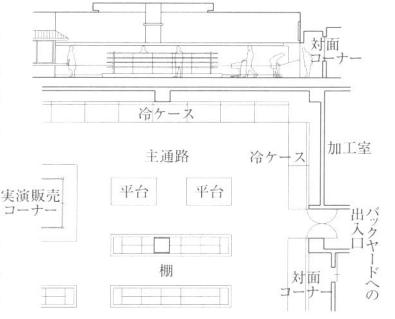

スーパーマーケット（食品売場）[1]
天井は通常3.5m〜4mと高め．主通路は3m程度と広くとり壁面に沿って客を周回させる．売場内の什器は目線より高くして量，種類を訴求する場合と，低くして見通しを良くする場合とに分化してきている．

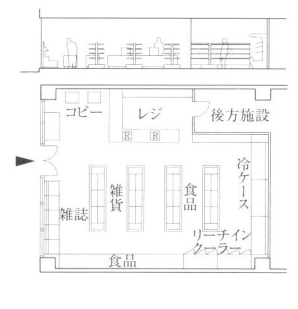

コンビニエンスストア[2]
100m²程度のものが多い．見通しと回遊性が重視され，什器などが工夫されている．

ホームセンター[3]
天井は比較的高く4mを超えることも多い．什器も2m程度と高くなり店内の見通しが悪くなるため，案内サイン等に工夫が必要．

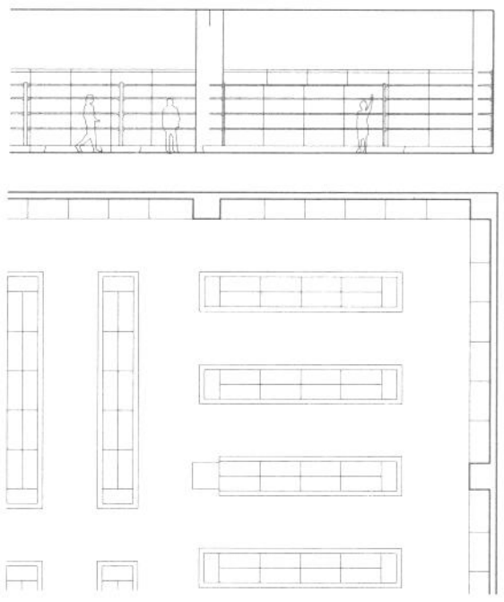

書店[4]
入口から奥に行くに従って，平積み，表紙陳列，背表紙陳列となっていくのが普通．雑誌や書籍の分野，判型によって什器の種類も細かく設定されている．

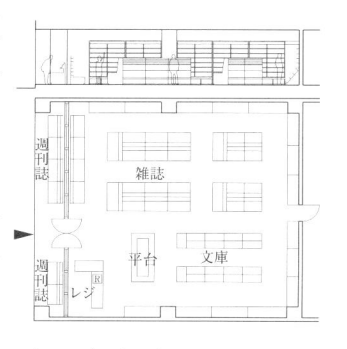

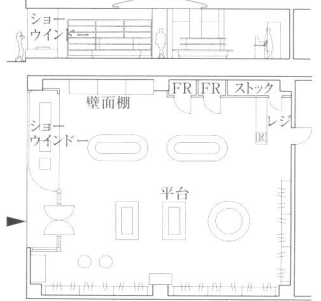

洋品店[5]
売場中央には平台や低いショーケースなど，壁面に沿って棚やハンガーなどを置いて店内の見通しを良くする場合が多い．また客を誘引するためレジを奥に配し，入口近辺にショーウインドーを設けたりする．

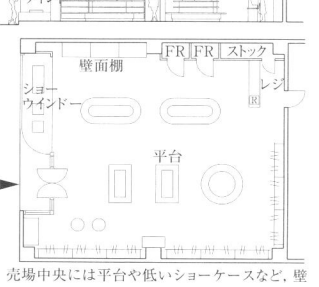

対面形式の化粧品売場[6]
百貨店の1階などは化粧品売場で占められていることが多い．口紅，ファウンデーション等の多様な色彩，微妙なニュアンスを効果的に表現するため照明の当て方や，売場や什器の垂直面のディスプレイには特に注意を払っている．

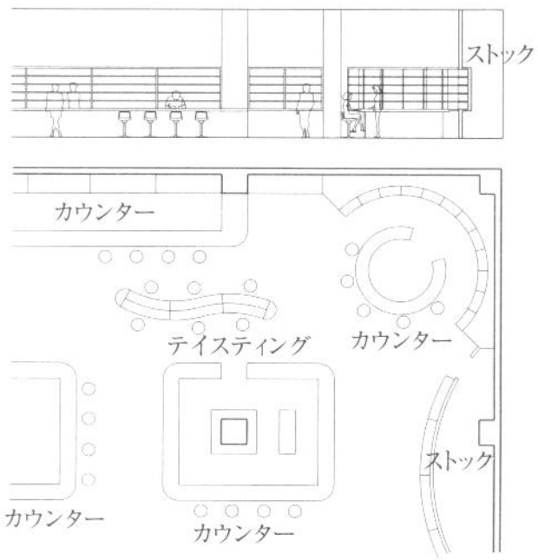

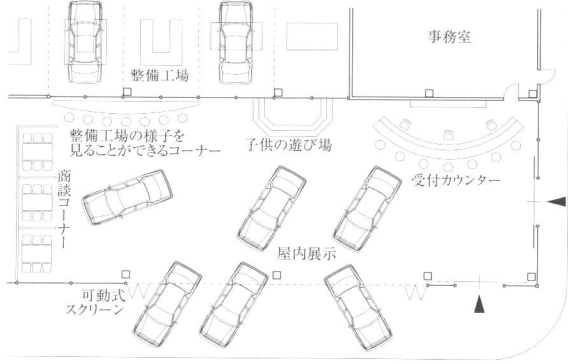

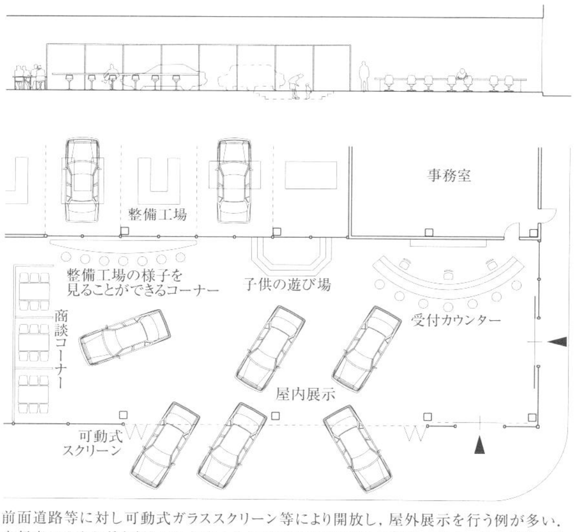

自動車販売店舗[7]
前面道路等に対し可動式ガラススクリーン等により開放し，屋外展示を行う例が多い．歩行客のみならず走行している車からの視認性にも配慮した結果である．また整備工場等サービス部門をガラス越しに店内から眺められるように工夫している例が増えている．

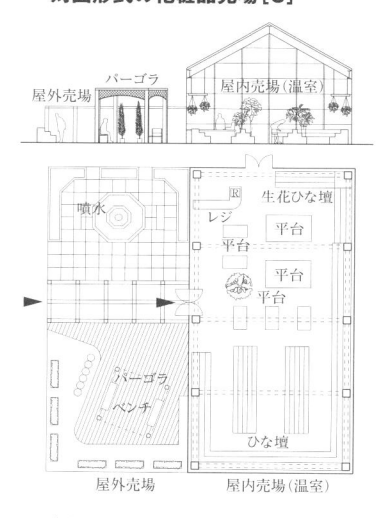

ガーデニング店[8]
商品の性格上，パーゴラ，噴水，ベンチ等を配しながら屋外展示をするケースが多い．また屋内も温室等にして自然光を取り入れる工夫を行っている．

注視野・陳列棚の動作域

売場における見る行為
美術館などにおける見る行為は，注視を前提として，展示物との距離や見あげる角度などある程度"正しい見方"を要求される．
一方，売場における行為（美術館等と比べてあまり制限されない）は，注視だけでなく，目にとめる，見回す，さらには商品を手にとって見るなど幅広い．⇒042, 070, 095

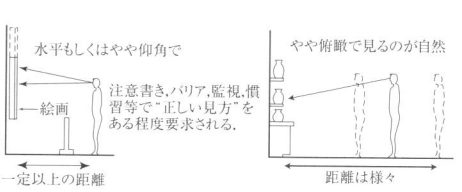

絵画などを見る行為
水平もしくはやや仰角で
注意書き，バリア，監視，慣習等で"正しい見方"をある程度要求される．
一定以上の距離

売場での見る行為
やや俯瞰で見るのが自然
距離は様々

商品への働きかけがある

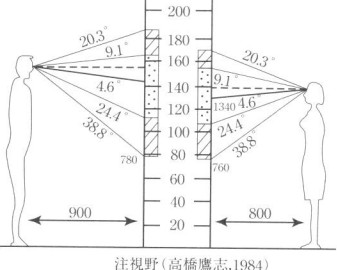

注視野（高橋鷹志，1984）
眼球のみ自由
頭部・眼球自由

視覚の下方優位
立位の自然な状態では，視線は水平方向より下方に偏る．商品はこの傾向に配慮してディスプレイされる．

商品の手に取りやすさ
最も手に取りやすい高さ
手に取れる高さ
手に取りにくい高さ

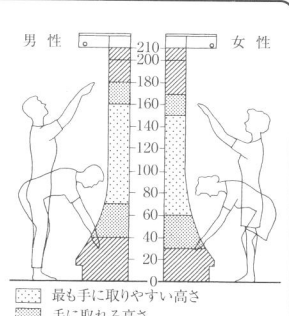

販売上重視している商品については手に取りやすい高さに陳列し，手に取りにくい高さの範囲は通常ストックなどに使用される．

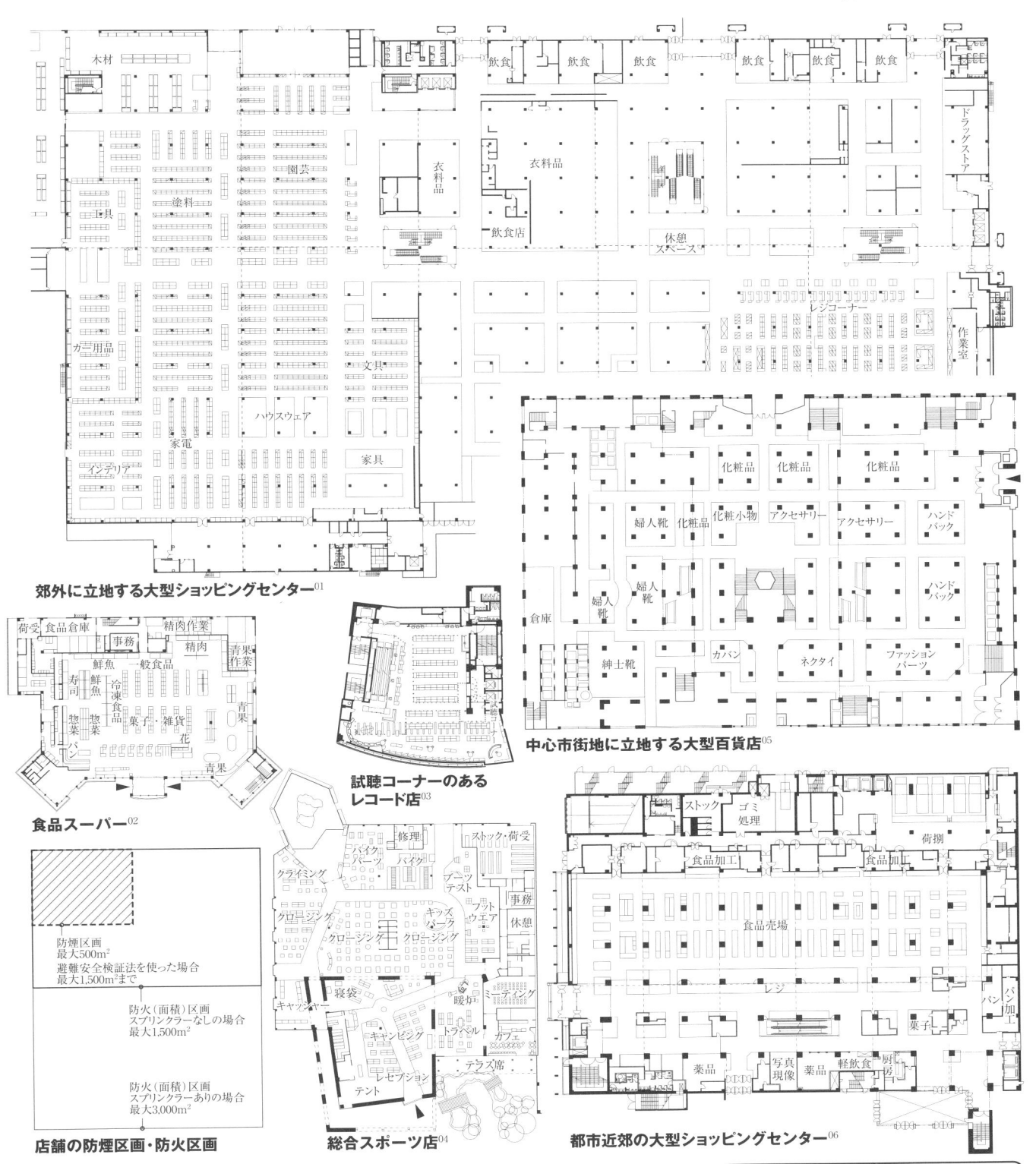

1:1200　　　Room & Behavior Settings—Excursion: Shopping　室と場面＝回遊：購買1　075

郊外に立地する大型ショッピングセンター[01]

食品スーパー[02]

試聴コーナーのあるレコード店[03]

店舗の防煙区画・防火区画

防煙区画
最大500m²
避難安全検証法を使った場合
最大1,500m²まで

防火（面積）区画
スプリンクラーなしの場合
最大1,500m²

防火（面積）区画
スプリンクラーありの場合
最大3,000m²

総合スポーツ店[04]

中心市街地に立地する大型百貨店[05]

都市近郊の大型ショッピングセンター[06]

ディスプレイにおける垂直方向の区分

〈見る行為〉と〈手に取る行為〉の特色を踏まえ，垂直方向に層別されたディスプレイがなされる．想定される客の性別，年代によってディスプレイの高さは異なる．百貨店やGMSなど広範囲な客層を対象とした店では通常，成年女性が買いやすい環境としている．

Ⅱゾーンの中央付近，床面より概ね70〜140cmの範囲はゴールデンスペースとも呼ばれ，ディスプレイで最も重視される部分である．

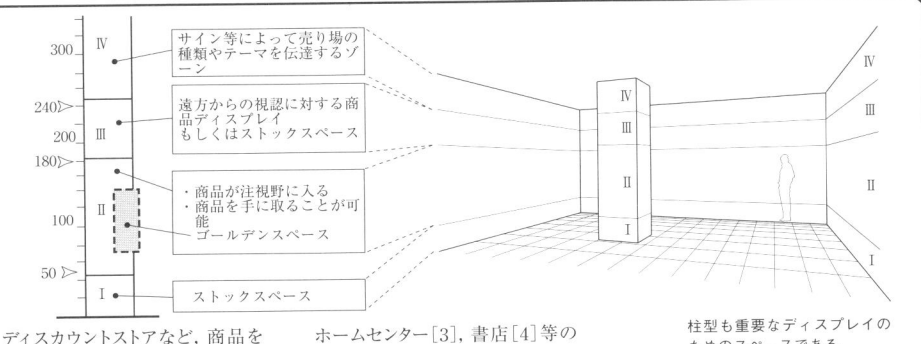

ディスカウントストアなど，商品を高く積み上げ踏台などを使ってアプローチする例もある．これはⅡの領域が拡大した例である．

ホームセンター[3]，書店[4]等の売場ではⅣのゾーンに商品分類の明示や適切なサインを配して商品の探しやすさに配慮している．⇒070

Ⅳ：サイン等によって売り場の種類やテーマを伝達するゾーン
Ⅲ：遠方からの視認に対する商品ディスプレイもしくはストックスペース
Ⅱ：・商品が注視野に入る ・商品を手に取ることが可能 ゴールデンスペース
Ⅰ：ストックスペース

柱型も重要なディスプレイのためのスペースである．

室と場面＝回遊：購買2
Room & Behavior Settings—Excursion: Shopping

回遊性と見渡し
売場を回遊性と見渡しに着目して整理したものが［1］である.

回遊性については売場の形状による場合が多い. 大型の売場では主通路とサブ通路の配置に留意し, 客を万遍なく歩かせ, 死角を作らないように工夫する. 見渡しを良くするか否かは, 多くの商品を一度に目に触れさせるか, 売場内の小世界のイメージを重視するかの戦略による. 専門店がテナントとして入居する場合, 多くは領域・リースラインを明確にするために閉じた（結果的に見渡しの悪い）配置となりやすい.

売場内動線の例
［2］は既存店に増築する形で売場を広げた例である. 構造的に必要な壁を店内に残しながら主通路を巧みに連続させて, 一体感のある〈大空間回遊タイプ〉を実現している.

［3］は〈回遊型専門店街タイプ〉の典型的な例である（11階建の専門店ビルの1, 4, 7階の売場を示した）. 各フロアの商品テーマに沿って主通路や店舗の区画に様々なデザインを与えている.

［4］,［5］など細長い形状の場合, 動線的に回遊が難しいため, 店舗内装の工夫等により客を長時間留まらせる工夫をしている.

内装と什器配置による動線の決定
売場内動線は店舗内装や什器の配置により決定されることが多い. 大規模な模様替え（リニューアル, 新装オープン等）で回遊性や店内見通しが鮮やかに変わってしまうことが多いのはそのためであり, 日常我々がしばしば目撃していることである.

01：中三弘前店（青森県弘前市）1995年, 設計：毛綱毅曠
02：Dr. Kids Town in Sapporo（札幌市）1993年, 設計：植田邦彦＋ツムラ・ピクセス・インターナショナル
03：カインズホーム軽井沢店（長野県北佐久郡）1995年, 設計：ケンス, 町田一級建築士事務所
04：天王寺ターミナルビルMIO（大阪市）1995年, 設計：JR西日本, 安井建築設計事務所
05：エムラ山口支店（山口市）1995年, 設計：根本恵司設計事務所
06：新宿マイシティ（東京都新宿区）1994年, 設計：ビジュアルジャパン, HTI SDI NEW YORK 社, アールビー都市建築設計
07：ナイキタウン（Portland, オレゴン州, アメリカ）1990年

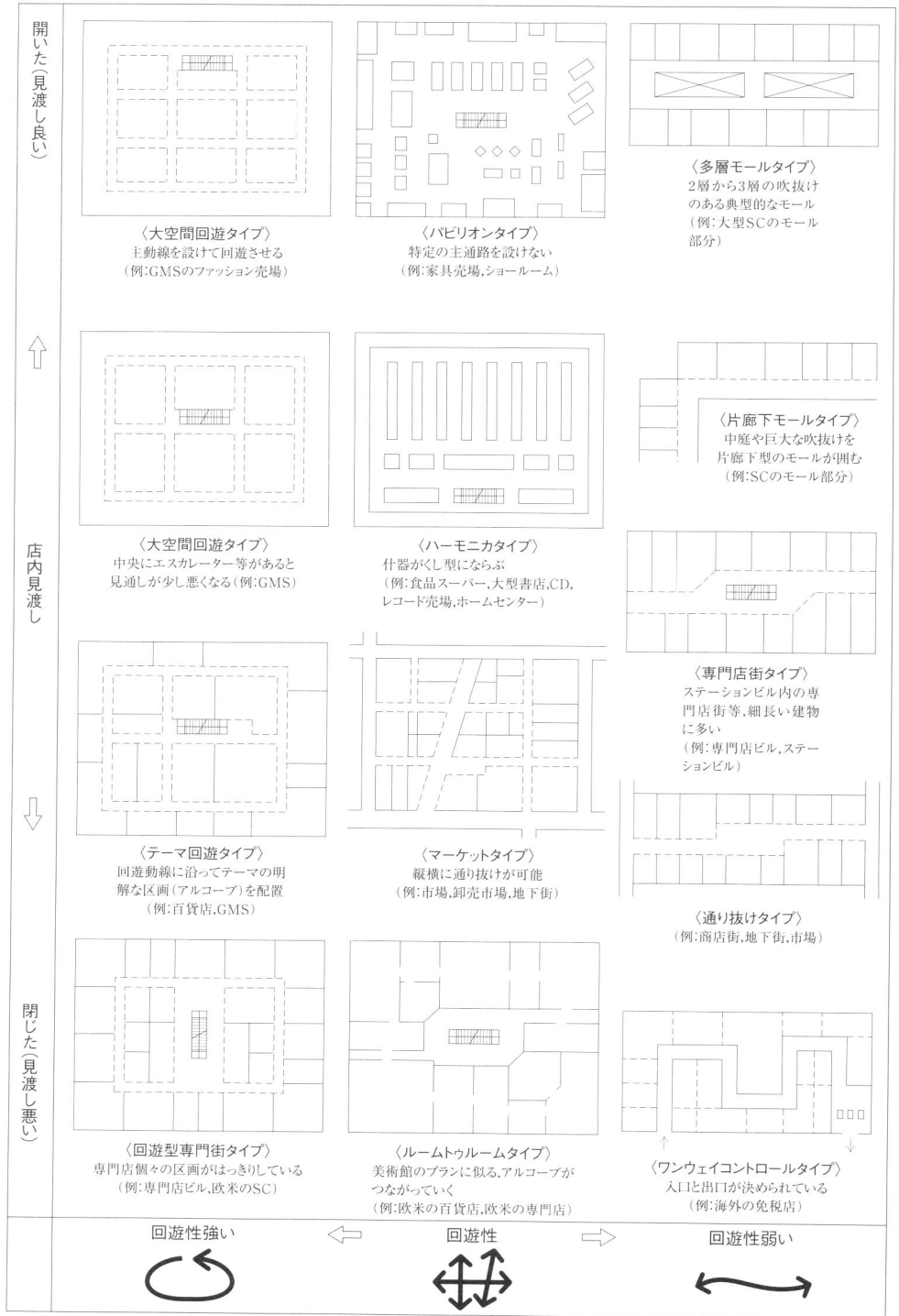

売場の回遊性と見渡しによる分類［1］

各タイプ：
- 〈大空間回遊タイプ〉主動線を設けて回遊させる（例：GMSのファッション売場）
- 〈パビリオンタイプ〉特定の主通路を設けない（例：家具売場, ショールーム）
- 〈多層モールタイプ〉2層から3層の吹抜けのある典型的なモール部分（例：大型SCのモール部分）
- 〈大空間回遊タイプ〉中央にエスカレーター等があると見通しが少し悪くなる（例：GMS）
- 〈ハーモニカタイプ〉什器がくし型にならぶ（例：食品スーパー, 大型書店, CD, レコード売場, ホームセンター）
- 〈片廊下モールタイプ〉中庭や巨大な吹抜けを片廊下型のモールが囲む（例：SCのモール部分）
- 〈テーマ回遊タイプ〉回遊動線に沿ってテーマの明解な区画（アルコーブ）を配置（例：百貨店, GMS）
- 〈マーケットタイプ〉縦横に通り抜けが可能（例：市場, 卸売市場, 地下街）
- 〈専門店街タイプ〉ステーションビル内の専門店街等, 細長い建物に多い（例：専門店ビル, ステーションビル）
- 〈回遊型専門店街タイプ〉専門店個々の区画がはっきりしている（例：専門店ビル, 欧米のSC）
- 〈ルームトゥルームタイプ〉美術館のプランに似る. アルコーブがつながっていく（例：欧米の百貨店, 欧米の専門店）
- 〈通り抜けタイプ〉（例：商店街, 地下街, 市場）
- 〈ワンウェイコントロールタイプ〉入口と出口が決められている（例：海外の免税店）

縦軸：開いた（見渡し良い）↑ 店内見渡し ↓ 閉じた（見渡し悪い）
横軸：回遊性強い ← 回遊性 → 回遊性弱い

売場の天井高さ

売場面積との関連：什器, 柱型, 商品, 間仕切壁, エスカレーターなどによって目視できる空間の広がりは制限されるため, 売場面積が大きくなっても天井高さにはあまり影響しない.

階との関連：1階やペデストリアンデッキに接続する階では, 店構えや客の誘導効果を狙い, 他の階より0.5〜1m程度高くする場合が多い.

コストとの関連：店舗の建設費は低く抑えられる場合が多く, 空調・照明負荷の軽減から天井や階高も必要以上に大きくはしない.

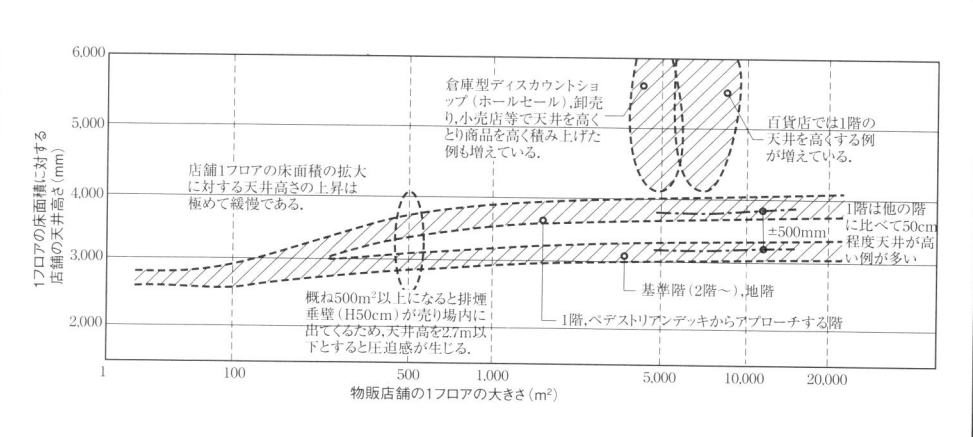

グラフ（縦軸：1フロアの床面積に対する店舗の天井高さ(mm), 横軸：物販店舗の1フロアの大きさ(m²)）：
- 倉庫型ディスカウントショップ（ホールセール）, 卸売り, 小売店等で天井を高くとり商品を高く積み上げた例も増えている.
- 店舗1フロアの床面積の拡大に対する天井高さの上昇は極めて緩慢である.
- 百貨店では1階の天井を高くする例が増えている.
- 1階は他の階に比べて50cm程度天井が高い例が多い ±500mm
- おおむね500m²以上になると排煙垂壁（H50cm）が売り場に出てくるため, 天井高を2.7m以下とすると圧迫感が生じる.
- 基準階（2階〜）, 地階
- 1階, ペデストリアンデッキからアプローチする階

1:1000

Room & Behavior Settings—Excursion: Shopping　室と場面＝回遊：購買2　077

大空間回遊タイプ 01 [2]

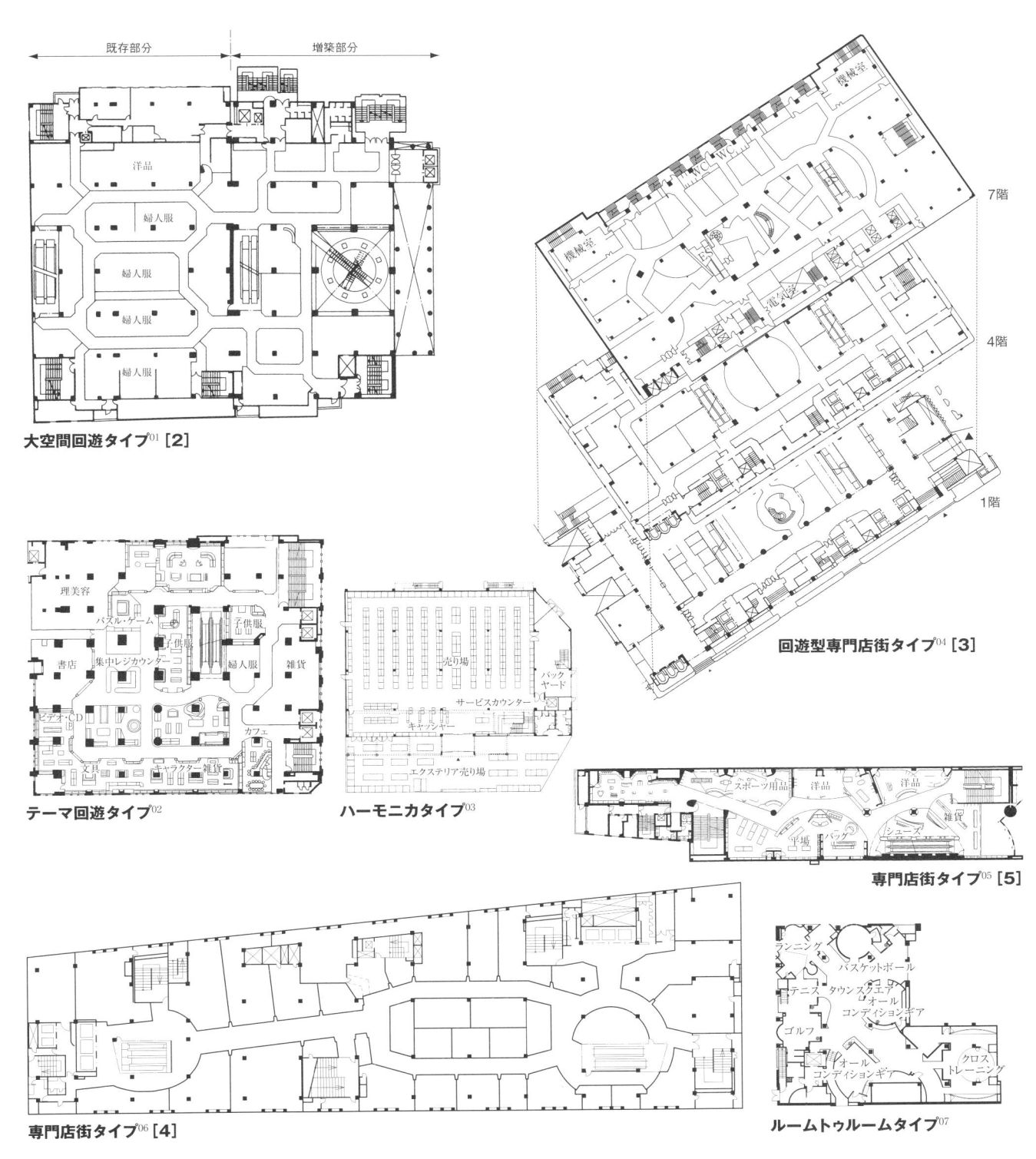

回遊型専門店街タイプ 04 [3]

テーマ回遊タイプ 02

ハーモニカタイプ 03

専門店街タイプ 05 [5]

専門店街タイプ 06 [4]

ルームトゥルームタイプ 07

大規模店舗の柱スパン

大規模店舗の柱スパンは，以下の要因で決定されることが多い．

構造の経済性：かつては7〜8mスパンが経済的とされていたが，構工法の発達により現在は8〜11mが経済的である．

什器配列：GMSでは，食品売場の売上に占める割合が大きく，食品用什器のモジュールが大きく影響する．ショッピングカートの利用を重視した場合，カート同士のすれ違いを考慮し，什器の間隔は大きくなり，柱スパンも大きくなる傾向がある．

駐車場：店舗の上階もしくは下階に駐車場がある場合，スパン決定の重要な要因となる．柱間に3台置く場合は8〜8.5mとすることが多い．

店内の見渡し・回遊：店舗の1フロアが大きくなると，見通しや回遊性に配慮した結果，柱スパンが大きくなる傾向にある．

まとめると，駐車場を考慮した場合は8〜8.5mスパン，考慮しなくて済む場合は8〜9mスパンで，かつX，Y方向を同スパンにすることが多い．

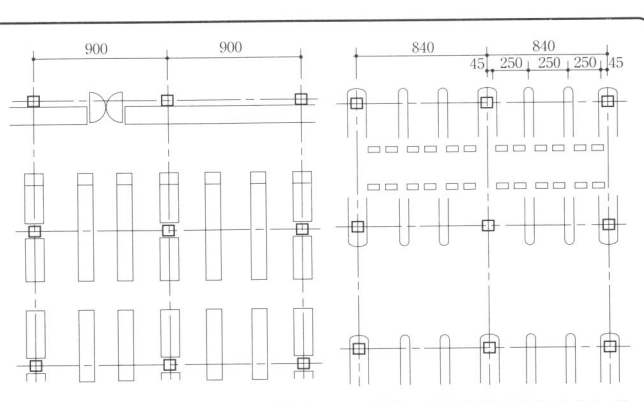

1.食品売場の什器レイアウトとカートの利用を重視したスパン割の例．駐車場対応を考えた場合やや非効率になる．

2.上階または下階に駐車場がある場合，駐車場の面積当たりの台数効率と駐車しやすさを考慮した計画の例．

078 室と場面＝運動：屋内競技・専用設備のいる競技
Room & Behavior Settings—Athletics: Indoor Athletics/Athletics with Special Equipment

1:500

格闘競技
競技フィールドの周囲には安全帯として，規則に基づく余地をとる．さらにその周囲には，審判，観客席などのスペースも必要である．審判員や観客の見やすさ，および床面保護のため，競技面を床面よりも高くする場合もある．相撲では屋根についても規定があり，土俵上部に4色の水引幕を張った屋根を吊るすほか土俵屋形を使用することも認められている．

屋内球技
屋内球技は，通常，体育館のような同一の大空間で行われ，コートラインを変えることで対応している．競技可能種目は平面の大きさと天井高で決まり，競技によってはネットポストの取付け用金具類を床を予め設置しておく必要がある．コートラインの幅，色は各競技規則によって定められており，例えばバスケットボールの場合，幅が5cm，色は白（公式ゲーム），バドミントンの場合，幅が4cm，色は白または黄と定められている．各コートの周囲には，競技ごとに定められた安全帯をとる．競技によっては，床仕上げ，照度，気温，湿度といった詳細な条件について規則が定められている．例えば，バドミントンの場合，競技中は風を遮断し，コートの真上は発光体がないように遮光する必要がある．

弓道
近的（射距離28m）と遠的（射距離60m）がある．一般に弓道場とは近的競技場をさし，多くの遠的競技は屋外の仮設的施設で行われる．各弓道競技規則により詳細が定められている．

飛込プール
飛込プールでは，設置する飛込台に対応したプールの深さ，天井の高さを確保する必要がある．

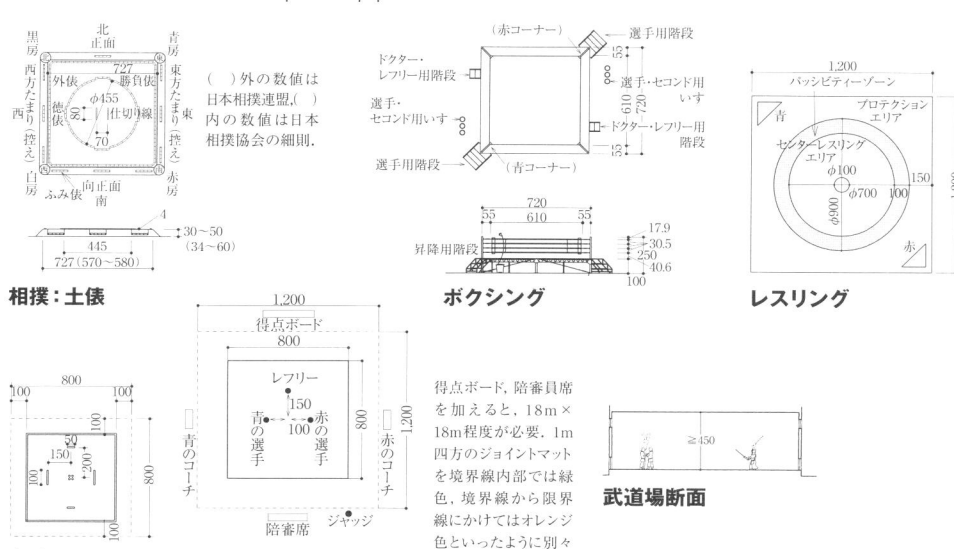

相撲：土俵

ボクシング

レスリング

空手

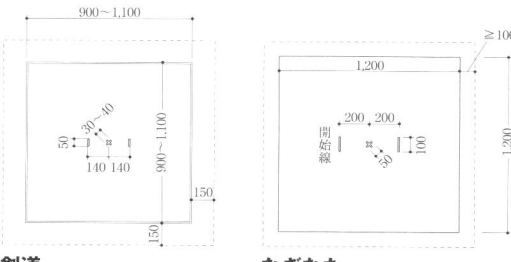

テコンドー

武道場断面

剣道

なぎなた

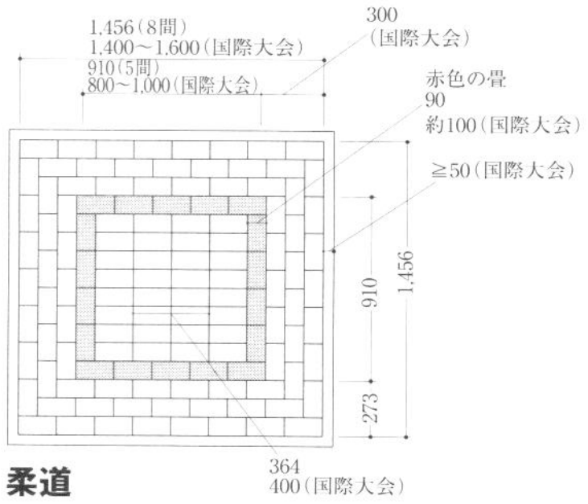

柔道

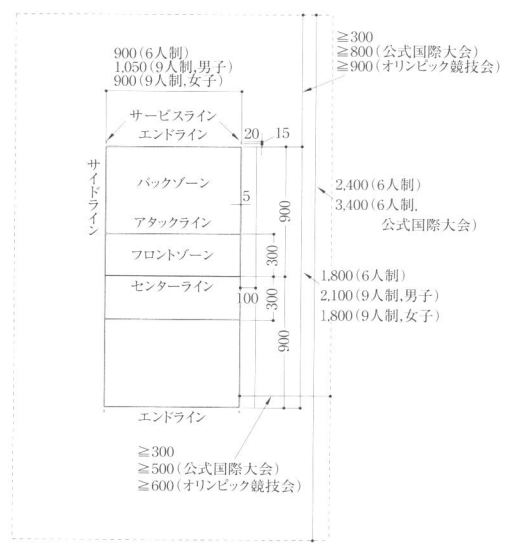

バレーボール(6人制)

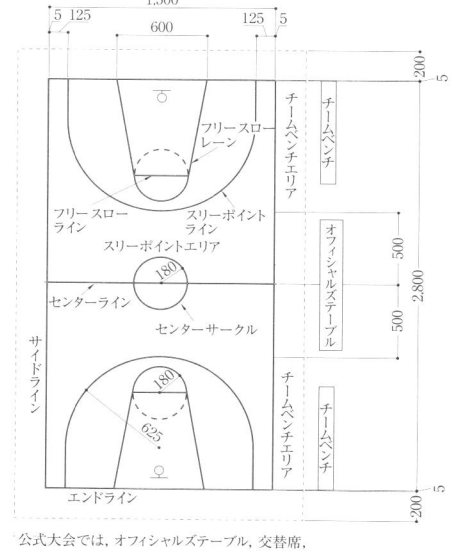

バスケットボール

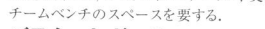

運動の基本動作1

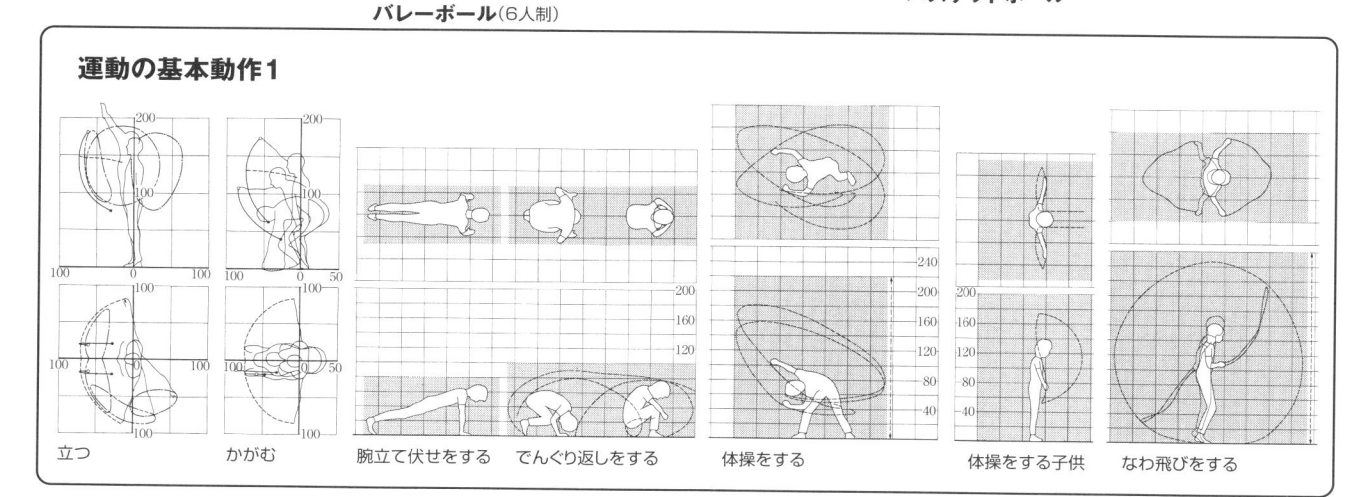

立つ　かがむ　腕立て伏せをする　でんぐり返しをする　体操をする　体操をする子供　なわ飛びをする

室と場面＝運動：屋内競技・専用設備のいる競技

Room & Behavior Settings—Athletics: Indoor Athletics/Athletics with Special Equipment

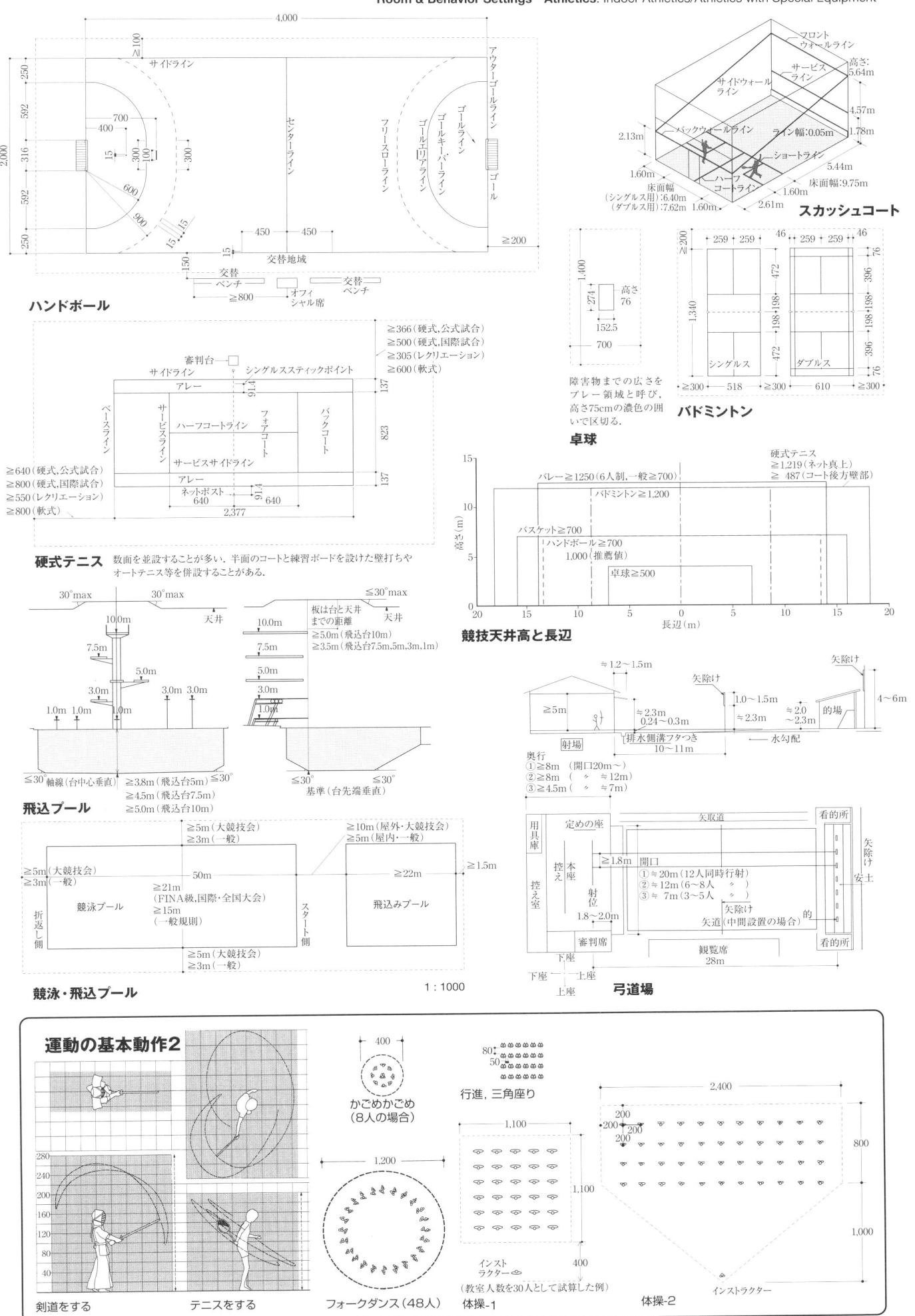

1:500

ハンドボール

硬式テニス 数面を並設することが多い．半面のコートと練習ボードを設けた壁打ちやオートテニス等を併設することがある．

卓球

スカッシュコート

バドミントン

競技天井高と長辺
- バレー ≧1250（6人制, 一般≧700）
- 硬式テニス ≧1,219（ネット真上） ≧487（コート後方壁部）
- バドミントン ≧1,200
- バスケット ≧700
- ハンドボール ≧700 / 1,000（推薦値）
- 卓球 ≧500

飛込プール

競泳・飛込プール 1:1000

弓道場

運動の基本動作2

- 剣道をする
- テニスをする
- フォークダンス（48人）
- かごめかごめ（8人の場合）
- 行進, 三角座り
- 体操-1（教室人数を30人として試算した例）
- 体操-2

080 室と場面＝運動：屋外競技
Room & Behavior Settings—Athletics: Outdoor Athletics and Ball Games

1:1200

屋外球技
各競技場には，ライン付近での急停止や転倒時の安全確保のための周辺の余地が必要である．方位については，ホッケー，ラクロス，フットボール場等のグラウンドでは，太陽によるまぶしさを避けるために長軸方向を南北にとることが推奨されている．また，グラウンドの表面は芝張りを原則とするが，メンテナンス面よりクレイ，人工芝，全天候舗装材なども扱われている．一般にコートは水平が望ましいが，表面排水のために各規則範囲内の勾配をとる．コートのライン，ゴールの色については，一般にコート面と比較して見やすい色とする．

野球場
方位は太陽光線の直射の影響を最小限とするため，本塁から投手板を経て2塁に向かう線を東北東に設定するのが理想である．野球場の大きさは，中学生以上は一般と同じ規格で行われるが，小学生を対象とする場合は別途規格が定められている．ソフトボール場は運動広場や野球場が用いられることが多い．競技者の性別や小中学生の場合により規定が異なる．

陸上競技場
陸上競技以外にサッカーなどの球技はじめ各種の催しにも利用されるため規模や水準の設定は多種多様である．日本陸上競技連盟では公認規定により公認競技場を第1種から第5種までの5つに分類している．陸上競技は，1)トラック競技，2)跳躍競技，3)投てき競技に大別される．トラック走路に埋設する礎石，中心石，角石は，トラック1周長の測定基準となるので，正確に設置しなければならない．

注）1yd=91.44cm，1ft=30.48cm
1in=2.54cm，1yd=3ft=36in

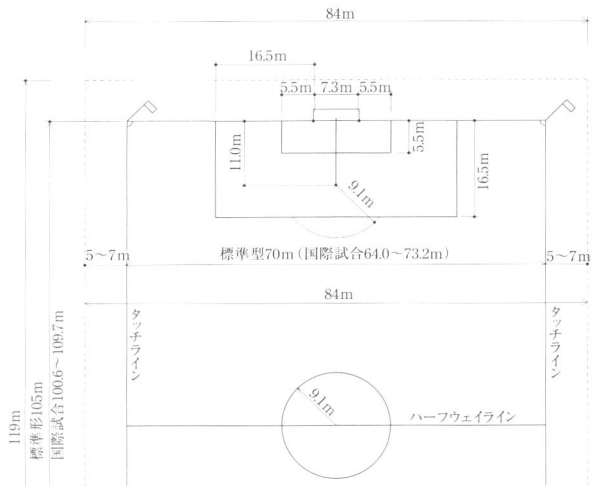

サッカー

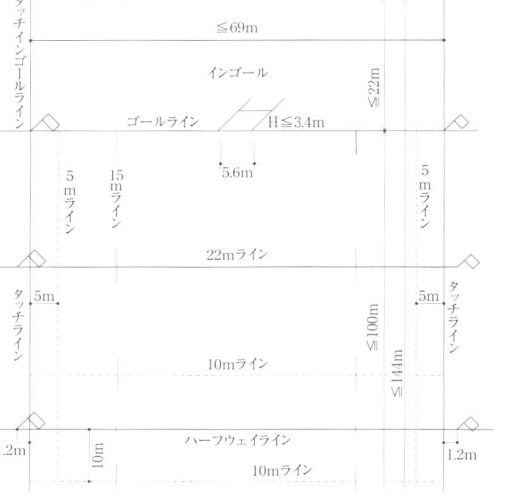

ラグビー

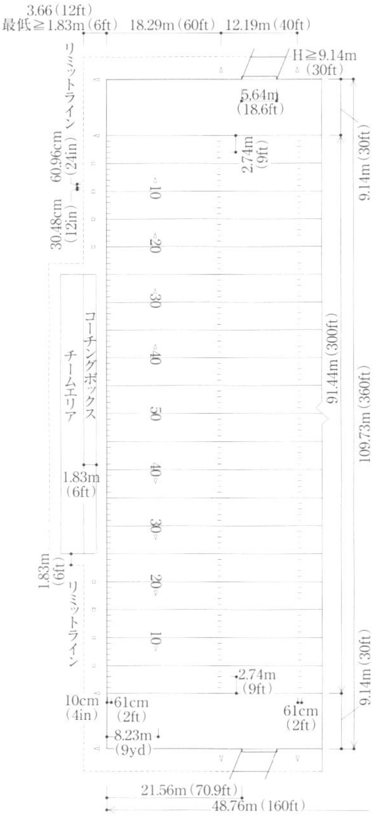

ホッケー

ゲートボール

アメリカンフットボール

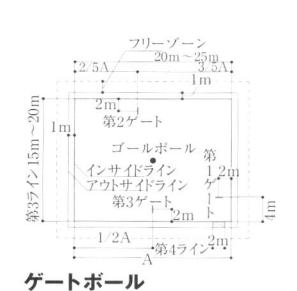

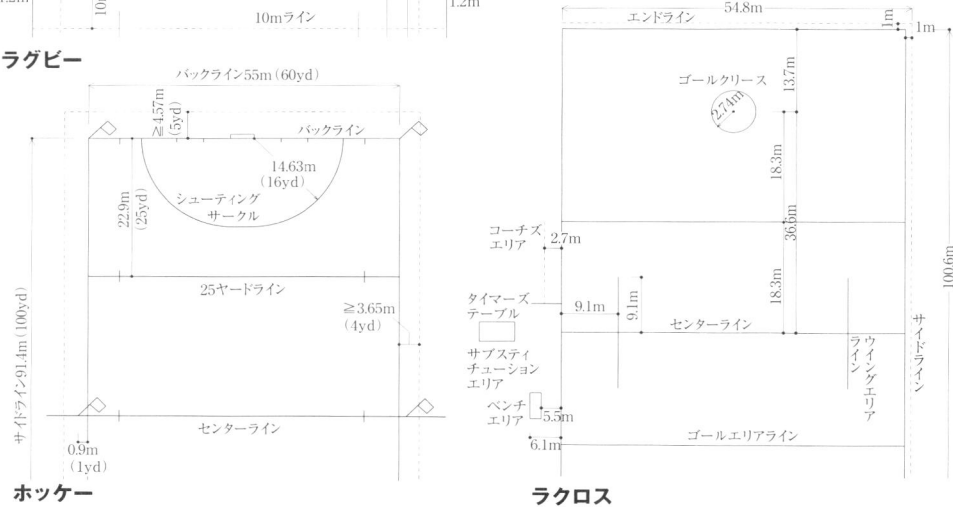

ラクロス

各競技のゴール，ネット
各競技のゴール，ネットは，詳細がそれぞれのルールブックに規定されている．ネットの長さ，高さの他，網目の大きさ，色，さらにプレイヤーに対する安全対策についても細かく定められている．とくに色については，背景からはっきり目立つような色が各競技において決められている．

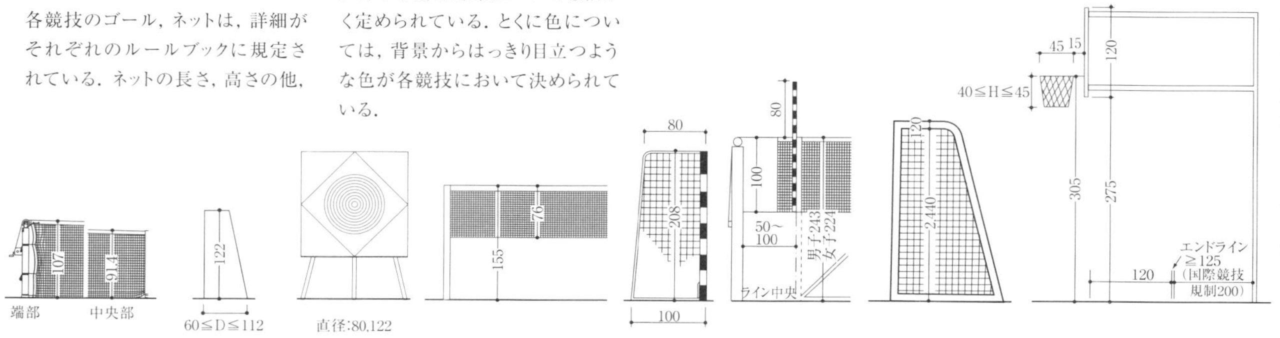

テニス　アイスホッケー　アーチェリー　バドミントン　ハンドボール　バレー　サッカー　バスケット

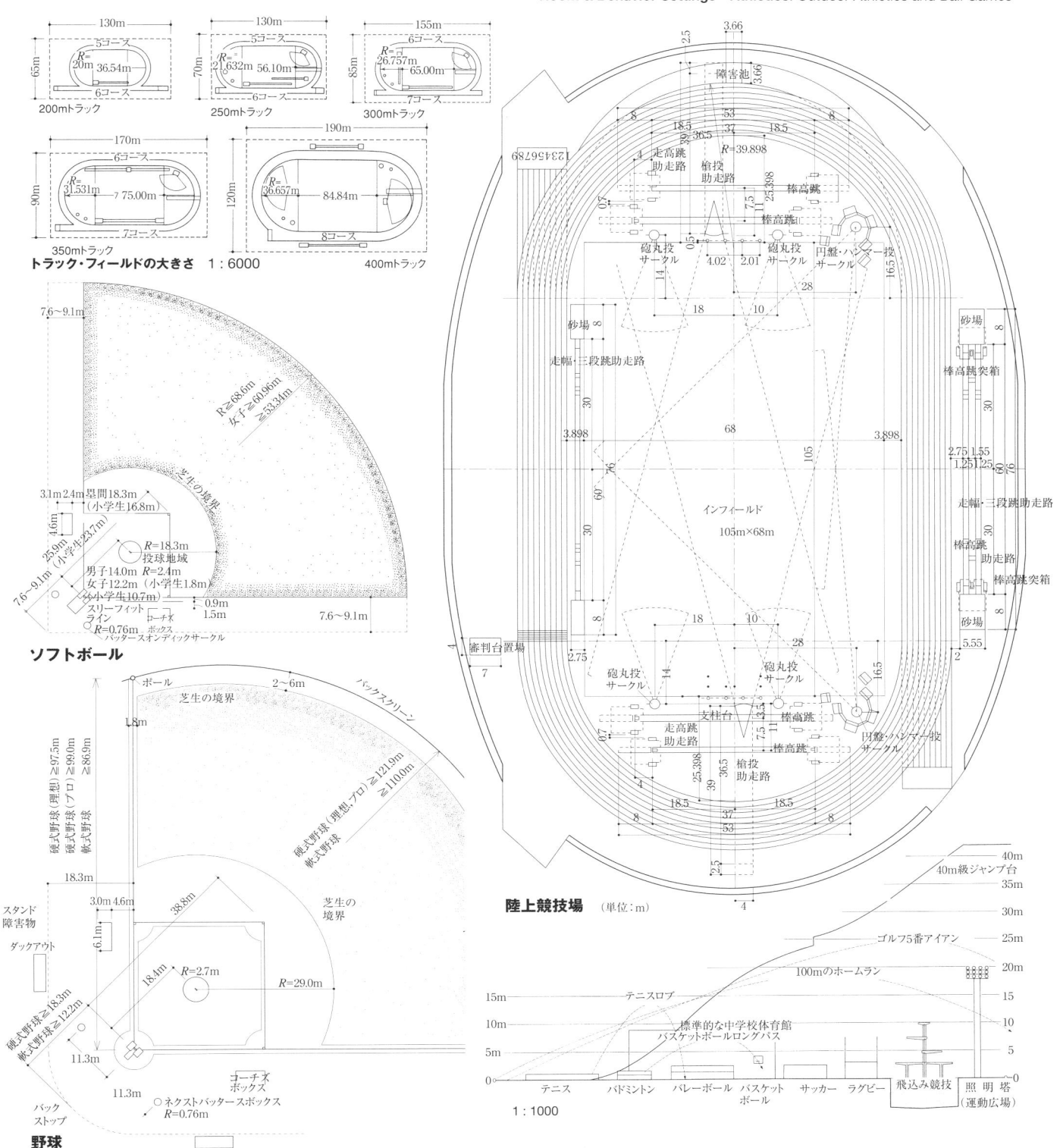

室と場面＝運動：屋外競技
Room & Behavior Settings—Athletics: Outdoor Athletics and Ball Games

1:1200

トラック・フィールドの大きさ 1:6000
- 200mトラック
- 250mトラック
- 300mトラック
- 350mトラック
- 400mトラック

ソフトボール

野球

陸上競技場 （単位：m）

1:1000
テニス／バドミントン／バレーボール／バスケットボール／サッカー／ラグビー／飛込み競技／照明塔（運動広場）

- 40m級ジャンプ台
- ゴルフ5番アイアン
- 100mのホームラン
- テニスロブ
- 標準的な中学校体育館
- バスケットボールロングパス

識別距離と競技場の大きさ

シオレック（Ciolek,T.M.,1982）は、公共の場面で相手から発せられた感覚情報より、五つの距離帯をもつ「キノコ型モデル」の仮説を提示し、各距離の意味を1）人体の見えの角度、2）運動競技（団体）場の大きさとの対応から考察している．

視野や視界の研究では、60°が「全体を視る」、12°が「熟視する」、1°が「詳細を視る」とされている．例えば、着衣の成人男子の正面像の大きさ180cm、幅60cm、顔・頭の高さ24cmと仮定すると、身長、身体幅、頭長の視覚が100ヤード、33ヤード、10ヤードの距離でほぼ1°、10ヤード、3ヤード、1ヤードで12°となり、人体の見え方の変化とキノコ型モデルの各分節点とが対応する．つまり、身長：身体幅：頭長が、ほぼ1/3の長さの比例をもつことから、モデルの3倍系列の数値は視角に意味づけられることになる．

一方、ハンドボール、サッカー、ラグビーといった6人以上の団体競技、主に球を中心に展開するスポーツの競技場の大きさを100×60（ヤード）とみなし、キノコ型モデルを当てはめてみると、ゴールキーパーの聴覚および視覚の届く範囲と競技場の縦横寸法とが適合している．
⇒052, 061

キノコ型モデルによる五つの感覚帯
- 1ヤード：触れる空間
- 3ヤード：道具で触れる空間
- 10ヤード：嗅覚の届く空間
- 33ヤード：聴覚の届く空間
- 100ヤード：視覚の届く空間

競技場の大きさと視聴覚の領域
視覚の届く空間／聴覚の届く空間

室と場面＝水廻：調理1 Room & Behavior Settings—Water Section: Cooking

調理の基本寸法
調理は家事作業の中で最も時間を要する行為であり，作業負荷を軽減するために調理台高さに配慮する．JIS規格では，身長により80と85cmが定められているが，力のいる作業ではより低い方がよく，調理内容や器具によってはコンロの高さも調理台より低い方が使いやすい．また使用頻度の高い調理器具は手の届く範囲に配置できるよう収納を十分に確保する必要がある．

高齢者や身体障害者の台所
高齢者や身体障害者の台所では，腰掛けたままの作業や，車いすへの対応を考慮して計画する．作業台は，作業面の下部にスペースをとることが望ましい．また，作業面高さを調節できる調理台を設置した事例もある．

住宅の台所
住宅における台所の位置は，家事労働の効率化の点から，食事の場と近接するだけでなく，他の家事更衣室との関係も重要である．戸建住宅では台所から家事室や勝手口に連続する事例が多く見られるが，小規模な住宅や集合住宅では，洗濯コーナーや家事コーナーを併設する事例も多く見られる．

ダイニングキッチン
ダイニングキッチンは，調理中に家族との交流が可能であり，高齢者や身体障害者の作業空間もとりやすい．形式はI型・L型が一般的であったが，近年は調理台やレンジを食卓に組み込んだアイランド型や，食卓と対面させるカウンター型が多い．後者の場合は，換気計画に十分な配慮が必要である．

01：愛田荘(兵庫県宝塚市)1995年，設計：宮本佳明/アトリエ第5建築界
02：鎌倉の住宅(神奈川県鎌倉市)1995年，設計：山本理顕設計工場
03：石田邸(埼玉県狭山市)1993年，設計：独楽蔵
04：室内，1995.4より作成
05：赤松公園の住まい(東京都世田谷区)1996年，設計：平倉直子
06：高萩邸，設計：ピトリ・ピコリ
07：秋山邸(神奈川県逗子市)1990年，設計：篠原宏幸建築設計研究所
08：阿佐ヶ谷の家(東京都杉並区)1986年，設計：高木敦子設計室
09：上馬の家(東京都世田谷区)1996年，設計：猪野建築設計
10：高井戸の家(東京都杉並区)，設計：内藤恒方＋ALP設計室

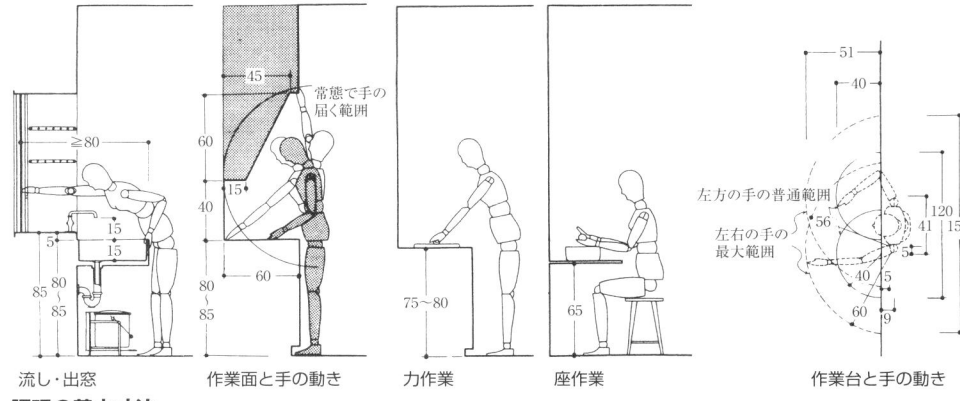

調理の基本寸法

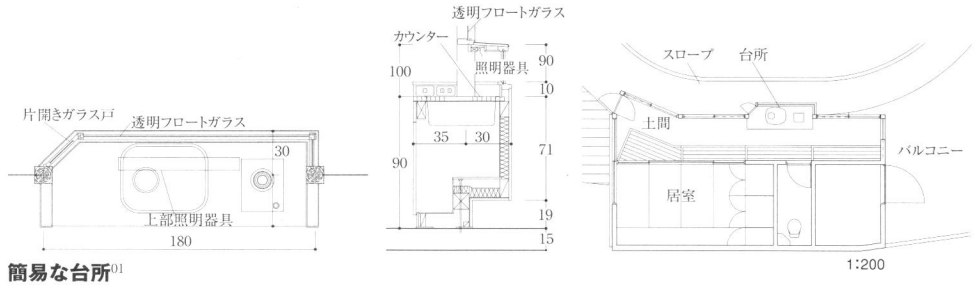

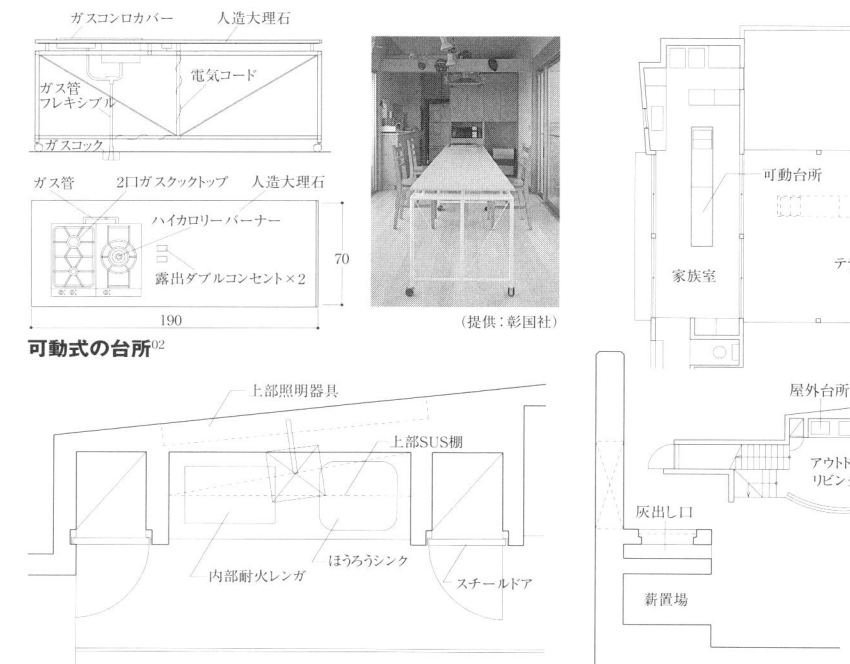

簡易な台所[01]

可動式の台所[02]

屋外の台所[03]

調理室の換気・排気

換気は，燃焼空気供給・酸欠防止・室内発生熱の除去，防臭・防湿および食品品質保持にとって不可欠である．煙・油脂などが多く発生するところにはフードを設け，塵埃・油脂分の除去にグリースフィルターなどを用いる．フードの周囲は油挨がたまらないように直立板で囲う．

湯沸し器・コンロ類はガスが多いが，安全性を求める場合は電気器具を使用する．この場合は，燃焼供給・排気の必要はなくなるが，室内での発生熱を除去するための換気は必要である．

室の規模	換気回数(回/h)
小	50～60
中	40～50
大	30～40

室容積による換気回数

要求排気量＝$A \times K \times Q$ (m³/h)
A：係数(フードのある場合20，ない場合40)
K：燃料単位燃焼量当りの理論廃ガス量 (m³/m³)または(m³/kg)
Q：単位時間当りの燃料消費量 (m³/h)または(kg/h)

法規による要求排気量

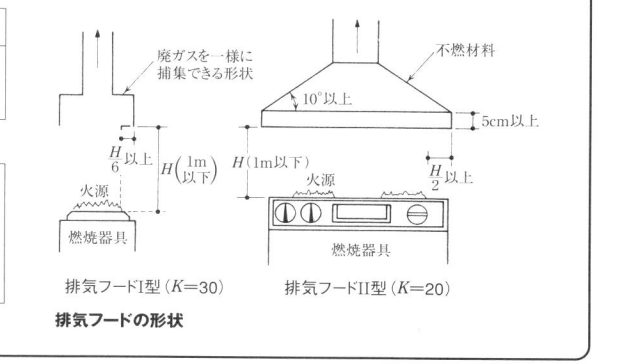

排気フードの形状
排気フードI型($K=30$)　排気フードII型($K=20$)

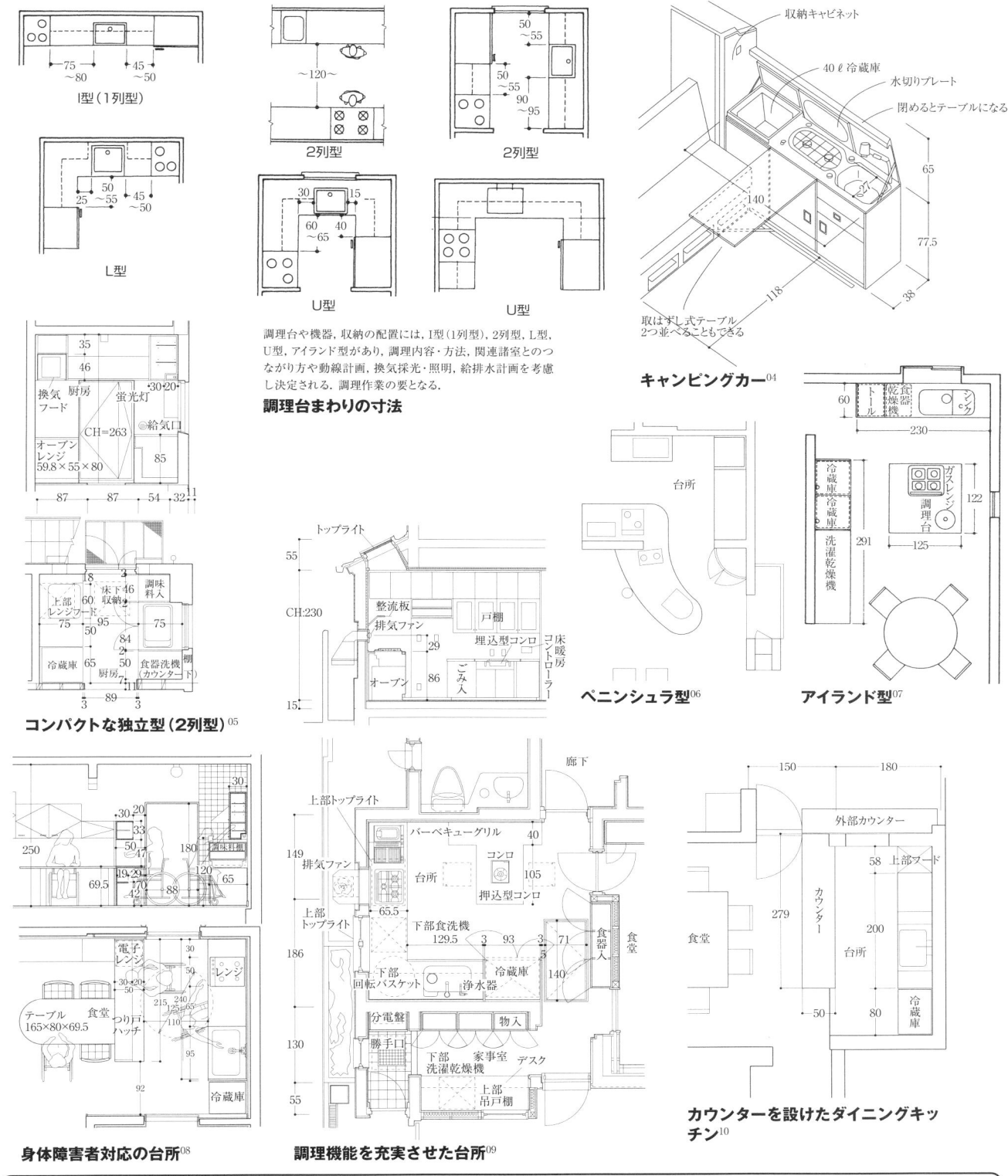

Room & Behavior Settings—Water Section: Cooking 室と場面＝水廻：調理1

1:100

I型（1列型）
L型

2列型
2列型
U型
U型

調理台や機器，収納の配置には，I型（1列型），2列型，L型，U型，アイランド型があり，調理内容・方法，関連諸室とのつながり方や動線計画，換気採光・照明，給排水計画を考慮し決定される．調理作業の要となる．

調理台まわりの寸法

キャンピングカー[04]

コンパクトな独立型（2列型）[05]

ペニンシュラ型[06]

アイランド型[07]

身体障害者対応の台所[08]

調理機能を充実させた台所[09]

カウンターを設けたダイニングキッチン[10]

車いすと調理スペース

障害の種類・程度により，作業台や収納の高さは異なる．車いすが十分に台へ接近できるよう台下を55〜60cmあける．フットレストが入るようにするには，床上25〜30cm，奥行20cmの蹴込みを設けるなどの配慮が必要である．また，作業の種類に応じて高さが調節できる作業台，車いすが台下に入れるようキャスター付の収納台を設けるなど，吊り戸棚，作業台，下部収納部の間を横割りにすることが望ましい．

L型の調理空間は，軸回転が容易にできる車いすの特性を十分生かせる．一方，所要面積が少ないI型の場合は，車いすをいったん後方に移動し方向転換をする必要がある．しかし，I型も調理台の下部を空ければ，斜めに移動でき，方向転換が容易になる．

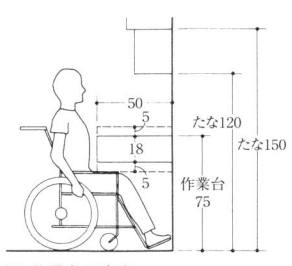

棚・作業台の高さ
フットレストが入る空き 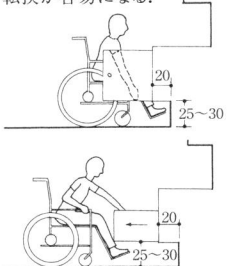
車いすの動作と回転スペース　数字は車いすの動作順序を示す．

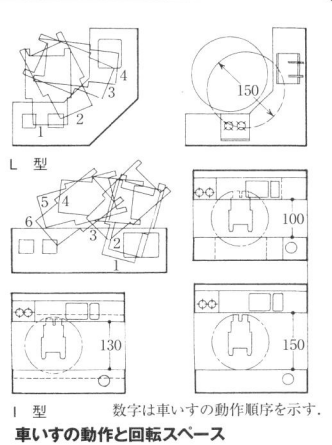

084　室と場面＝水廻：調理2　Room & Behavior Settings—Water Section: Cooking　1:200

業務用の厨房では，調理のプロセスと作業工程をふまえ，作業効率を重視した計画となる．多人数で作業する調理室では，作業工程に沿った作業空間や機器配置のゾーニングが必要となる．

ゾーニングには，伝統的な縦型とプレパレーションシステムとよばれる横型がある．縦型は長手方向に向かって食材の搬入から盛りつけに至る調理の最終工程まで後戻りしない縦動線を主流とした計画，横型は下調理，主調理などの作業コーナーがサービス側に向かって横方向に仕切られている計画である．縦型は和・洋の調理に対応し，小規模な調理室にも適用できる．横型は大規模な調理室や長手方向がサービス側に接している場合に効果的なレイアウトである．オープンキッチンを導入する飲食店では，主調理の工程を客席に面して設ける事例もみられる．

一定の時間帯に大量の食事を提供し飲食者が特定されるときには，各セクションを独立させ効率化を図ることが多い．カフェテリア方式は，この細分化の手法を多く取り入れた例であり，多くはセルフサービス形式がとられ，盛り付け，配膳，下げ膳の位置と飲食者の動線が計画上の重要な点である．レーンの形式は飲食者数と料理品目，サービス形式によって決定される．

01：厨房設備設計事例集より作成．
02：銀座二期(東京都中央区)1999年，設計：スーパーポテト
03：商店建築(2000.6)より作成．
04：キッチンスタジアム茶屋町(大阪市)1999年，設計：ボーイ・カンパニー
05：魚菜すしダイニング(三重県松阪市)1999年，設計：創楽舎
06：シーキューブ芦屋店(兵庫県芦屋市)1996年，設計：エディフィスアソシエイツ
07：大志満(東京都豊島区)1992年，設計：魁総合設計事務所
08：青龍門'天'(東京都新宿区)1996年，設計：乃村工藝社
09：ロイズレストラン広尾(東京都渋谷区)1997年，設計：ファイブ・ワン
10：大隈ガーデンハウス(東京都新宿区)1990年，設計：早稲田大学総合企画部
11：セラン(東京都港区)1997年，設計：ワクト
12：「厨房設備設計事例集」(関東厨房機器協同組合)より作成
13：鴻巣市立中学校給食センター(埼玉県鴻巣市)1990年，設計：矢下建築設計事務所

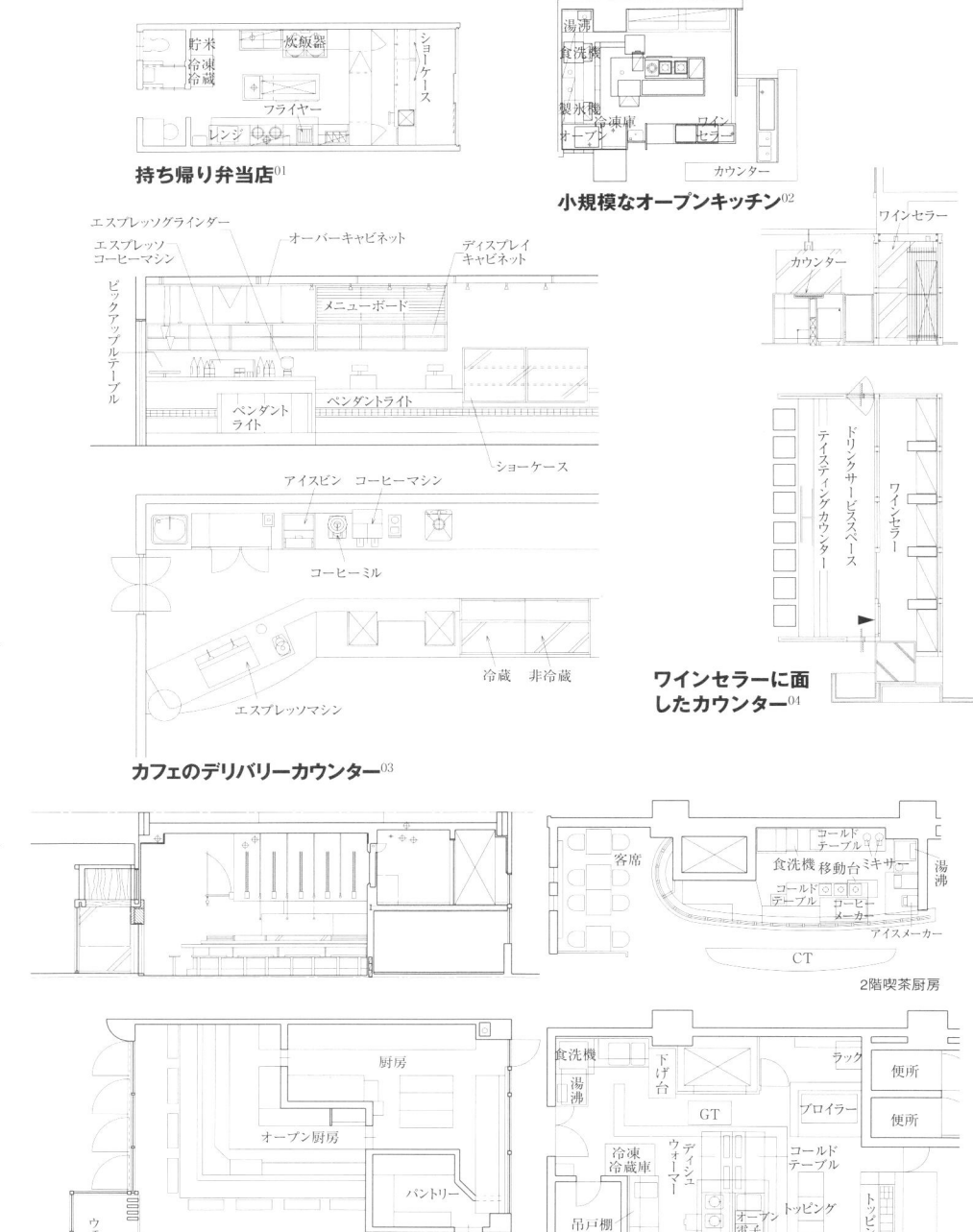

持ち帰り弁当店01
小規模なオープンキッチン02
カフェのデリバリーカウンター03
ワインセラーに面したカウンター04
すし店05
洋食レストラン06

調理室の面積

調理室の面積は食堂面積や座数，調理内容，従業員数により決定される．また，建物種別や建物延面積など種々の要因も配慮する必要がある．

右図はこれらの要因と調理室面積の相関関係を建物種別に示したものである．

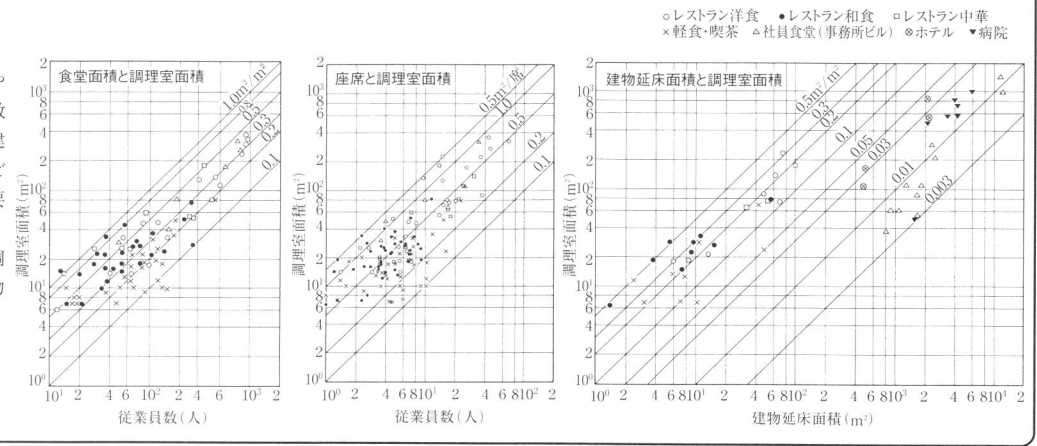

凡例：○レストラン洋食　●レストラン和食　□レストラン中華　×軽食・喫茶　△社員食堂(事務所ビル)　⊗ホテル　▼病院

グラフ：食堂面積と調理室面積／座席と調理室面積／建物延床面積と調理室面積

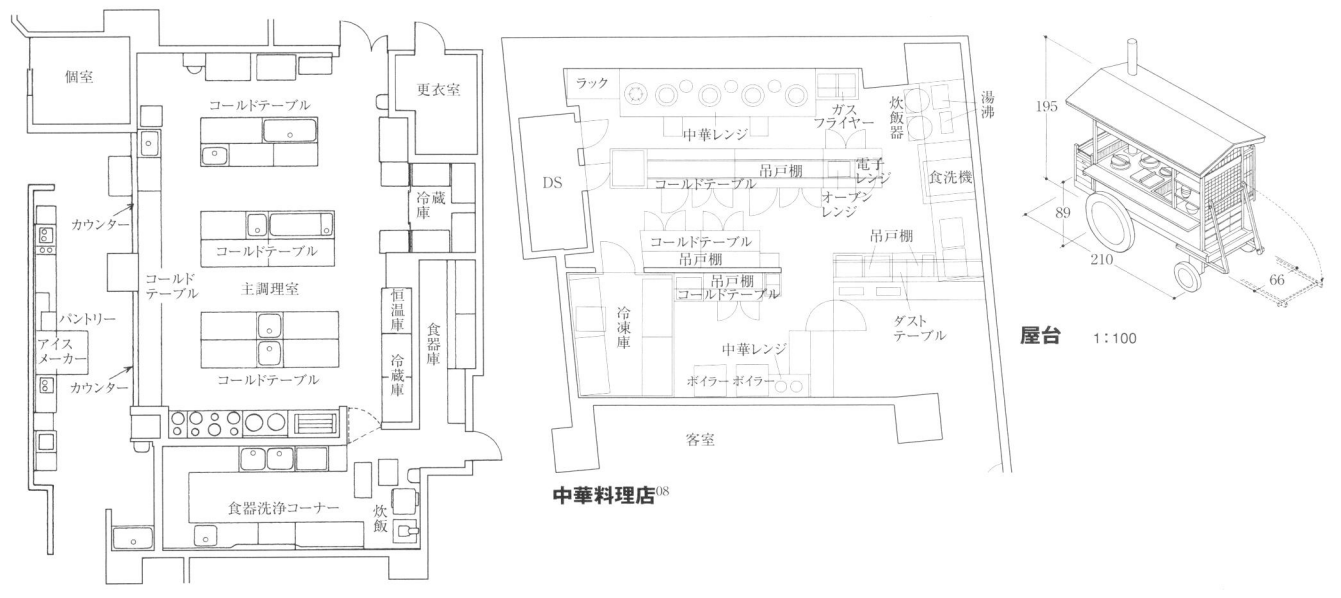

1:200

Room & Behavior Settings—Water Section: Cooking 室と場面＝水廻：調理2　　085

和食レストラン07

中華料理店08

屋台 1:100

ステージ化したオープンキッチン09

大学食堂10

カジュアルレストランのオープンキッチン11

料理学校の教室12

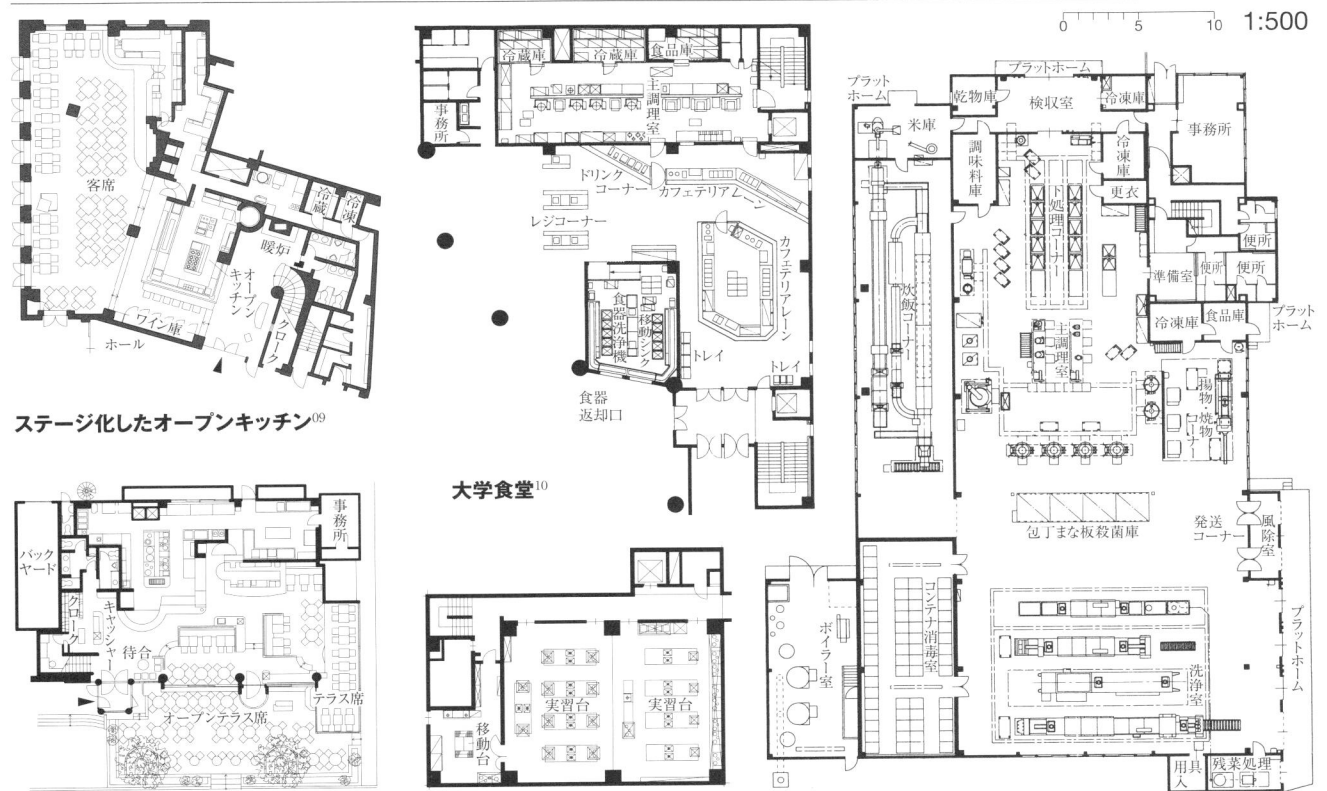

給食センター13

1:500

調理室面積の算定

右表は各建物種別に設けられる調理室の面積算定のための目安を示したものである．下ごしらえの比重が高い料理が中心の場合やオープンキッチン形式の場合は，調理室面積の比率は高くなる．

施設名	調理用面積	条　件
学校給食	$0.1m^2$/児童1人	児童数700〜1000人
同上センター	同上	児童数1000人以上
病　院	$0.8〜1.0m^2$/ベッド	
寮	$0.3m^2$/寮生1人	
産業食堂	食堂面積×1/3〜1/4	回転率1回
旅　館	$0.3〜0.6m^2$/定員1人	定員100〜200名
一般飲食店	食堂面積×1/3	
喫茶店	食堂面積×1/5〜1/10	純喫茶
ホテル	（ベッド数＋宴会席数）×1.6	室数100以上
	（ベッド数＋宴会席数）×1.2	室数300〜400
	（ベッド数＋宴会席数）×0.8	室数400〜500
	（ベッド数＋宴会席数）×0.7	室数500以上

施設別調理室面積の概算値

食　数	1日の最大食数の1食当り調理場面積(m^2)	1日延総食数の1食当り倉庫面積(m^2)
100食まで	0.4	0.05
500食まで	0.2	0.03
1000食まで	0.15	0.03
3000食まで	0.09	0.02
5000食まで	0.07	0.02
10000食まで	0.06	0.018

食数と調理面積の関係

086 室と場面＝水廻：用便1　Room & Behavior Settings—Water Section: Toilet　1:50

個人用の衛生機器標準取付け寸法

[1]～[3]に住宅やホテルの客室などの個人で使用する便所における各衛生機器の標準取付け寸法を示す．ここでは主に便器に対して正面に扉を設けた例を示したが，扉の取付けは，扉の開閉勝手，動作スペース，アプローチのしやすさを考慮し，正面または側面に設置される．[1]の寸法Aは，便器の種類によって異なる．

車いす用ブースの最小寸法

[4]は軽度障害者が対象となる前方アプローチの場合の最小寸法，[5]は手洗い器（埋込み型）を取り付け，車いすが方向転換できる最小寸法，[6]は前方，斜め前方，斜め後方からのアプローチおよび介添え者を考慮した場合の最小寸法を示している．

多人数用の衛生機器標準取付け寸法

[7]～[9]に事務所や公共施設など多人数で使用する便所における各衛生器具の標準取付け寸法を示す．

最小限の便所

[10]は飛行機の便所で，限られた空間を有効に生かした必要最小限の空間になっている．また，振動や揺れに対する安全対策として，滑りにくい床材を使用して，適切な位置に握り棒が取り付けられている．狭くて密閉した環境のため，機械による十分な換気が必要である．

[11]は病室内に設けられた便所の例．汚物処理の省力化を配慮し，手洗い器のほかに雑用流しをブース内に設けている．また消臭を目的に蓄尿ユニットが設備されている．

[12]では便所と洗面を一つの室空間にまとめることで，車いすでの利用を可能にするスペースを生み出している．

01：TOTO資料より作成
02：ボーイング727，設計：日本航空
03：沼津市立病院（静岡県沼津市）1988年，設計：佐藤総合計画
04：井の頭の住宅（東京都三鷹市）1993年，設計：中村好文・佐藤重徳

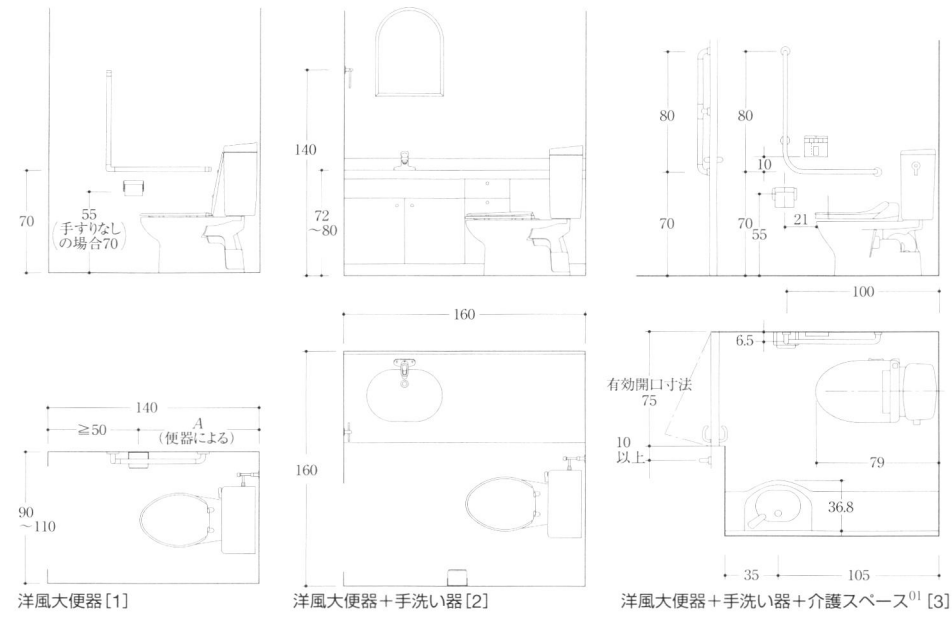

洋風大便器[1]　　洋風大便器＋手洗い器[2]　　洋風大便器＋手洗い器＋介護スペース[01][3]

個人用の衛生機器標準取付け寸法

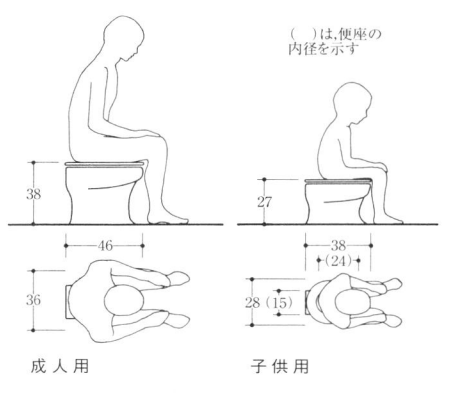

成人用　　子供用

腰掛便器の寸法

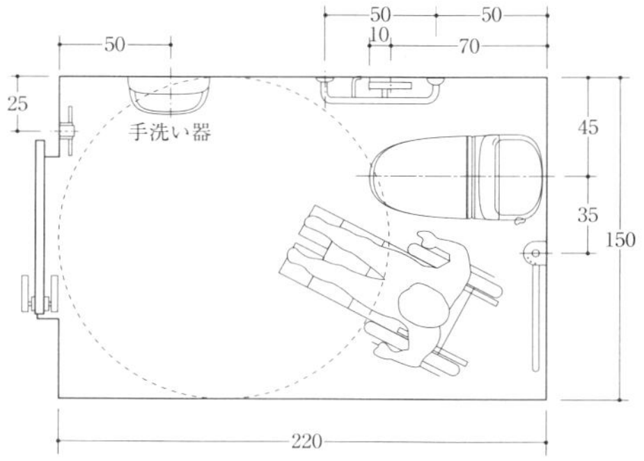

車いす方向転換可能＋手洗い器[5]

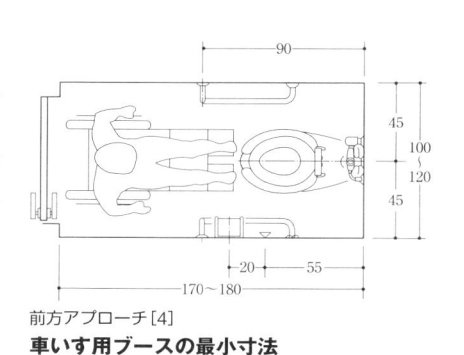

前方アプローチ[4]

車いす用ブースの最小寸法

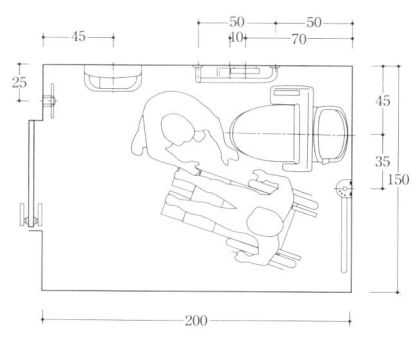

介添え者を考慮[6]

便所の換気・通風・除臭

水洗・非水洗を問わず，臭気を他室に侵入させないように換気することが必要である．自然換気と強制換気があり，いずれの場合も換気口と排気口はショートサーキットしない位置を選ぶ．

効果的な除臭方法としては，換気用の排気口を臭気発生の床面近くに設置し，人ににおいを感じさせないようにすることである．また，換気用の給気口をドアがらりやアンダーカットせずに，天井から給気で切ればさらに効果的である．図に床面近くからの換気方法について整理したものを示す．

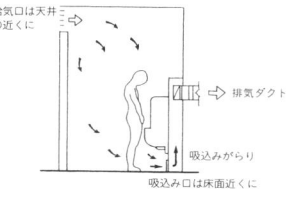

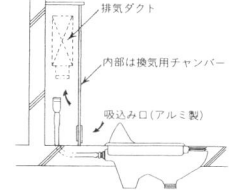

通気管は，水封式トラップの封水切れ防止，排水管内気圧を常に外気圧と近い状態にし排水の流れを円滑にする，排水管内に外気を送り管内の換気と清潔さを保つことを目的に設置され，頂部は大気中に開放される．

換気方式の考え方

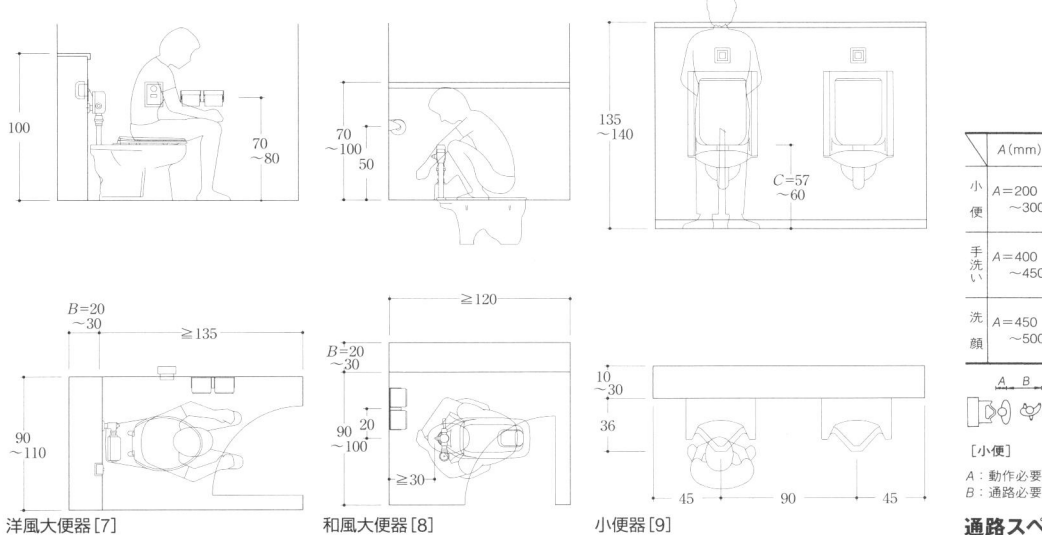

室と場面＝水廻：用便1

Room & Behavior Settings—Water Section: Toilet

多人数用の衛生機器標準取付け寸法

洋風大便器[7]　和風大便器[8]　小便器[9]

通路スペース

	A (mm)	B (mm)	$L = A + B$ (mm)
小便	200〜300	①一人歩行の場合 $B = 600 〜 900$ 人が歩行するための最低寸法 600〜700 少し余裕のある寸法 900 ②二人相対歩行 $C ≧ 1400 〜 1500$	$L = 800 〜 1200$ (②の場合 1600〜1800)
手洗い	400〜450		$L = 1000 〜 1350$ (②の場合 1800〜1950)
洗顔	450〜500		$L = 1050 〜 1400$ (②の場合 1850〜2000)

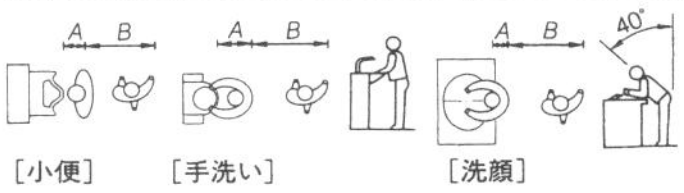

［小便］［手洗い］［洗顔］

A：動作必要寸法（リップまたはリム先端より臀部）
B：通路必要寸法

最小限の便所

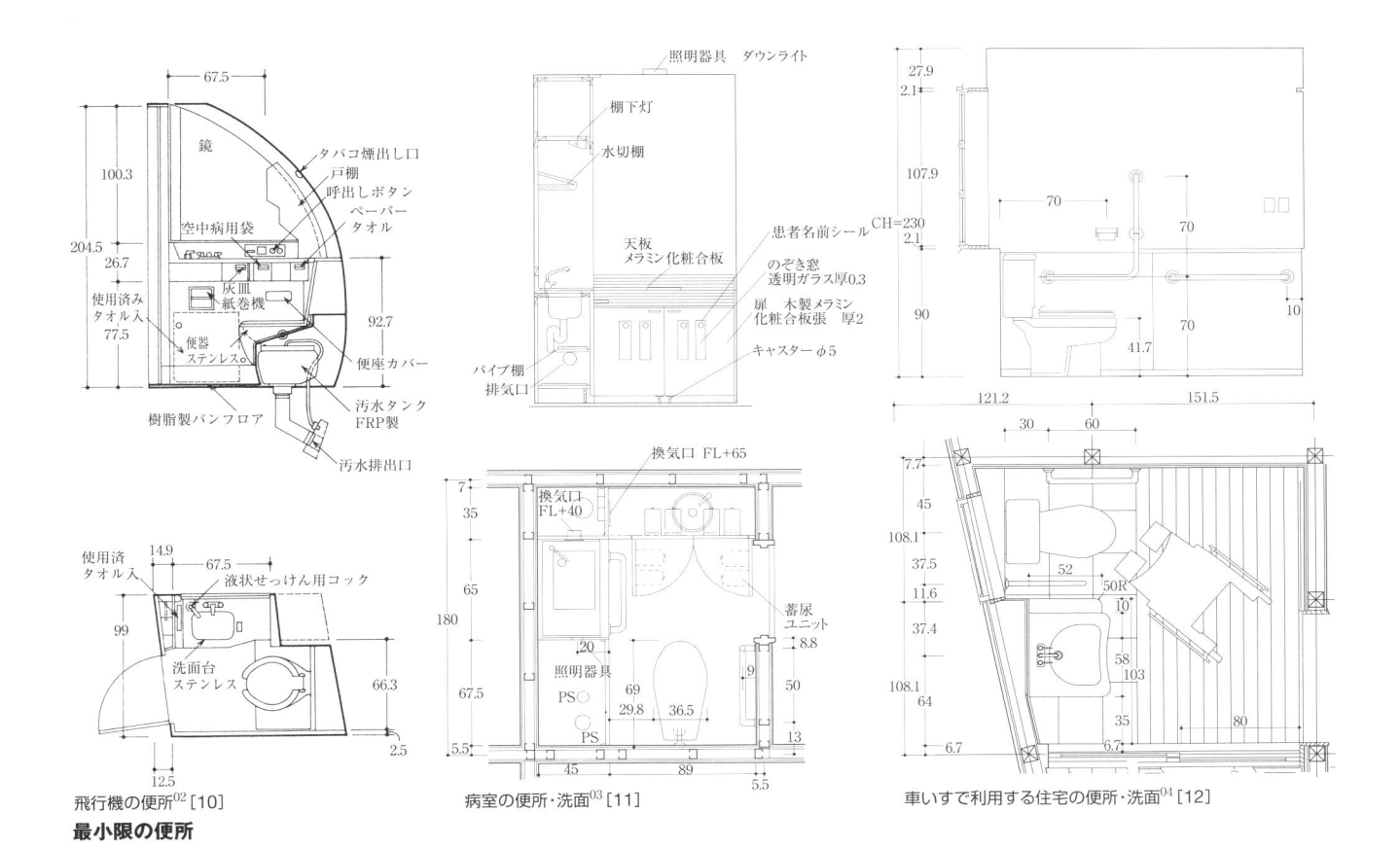

飛行機の便所[02][10]　病室の便所・洗面[03][11]　車いすで利用する住宅の便所・洗面[04][12]

便所の仕上げと保守点検

清掃方式に対応した床仕上の考え方，便器に物を詰めることへの対策について表に示す．なお，床排水用の「わんトラップ」の蒸発による破封や「わん」が取り外された無封状態は，排水管内の悪臭の室内侵入をまねく．「わん」は必ず装着し，2週間に1回程度，水を流すかトラップに補水する．

項　目		注　意　事　項
清掃方式と床仕上	水洗い式清掃	○床防水を施す（防水立上り30cm以上）． ○水洗いに耐える材料を選ぶ（タイル・石など）．腰壁も同等の性能をもつ材料とする． ○床排水口を設けるが，排水口のトラップの封水は蒸発により破れやすく，臭気を発生するので，特別な理由のあるとき以外は水洗い式を避ける．
	ふきとり式清掃	○床防水は必ずしも必要としない． ○耐水・耐久性のある材料を選ぶ（タイル・石・板石張り・プラスチックタイル・長尺シート・塗床・ゴム系材料・FRP成型板ほか）． ○床排水口の代りに，排水管掃除口を設け，万一水があふれた場合はこれを開ける．掃除口は，常時足で踏まれる位置を避ける．
衛生器具まわり	物を詰めることへの対策	○衛生器具の近くに，汚物入や灰皿・くずかごを用意する． ○物を詰められる可能性の高い便所（公衆用・精薄児用・精神病院・刑務所，その他）では，掃除口を排水直管ごとに設けるか，掃除口付き便器を用いる．
	その他	○各種配管のバルブ部分には必ず点検口を設ける．

088　室と場面＝水廻：用便2　Room & Behavior Settings—Water Section: Toilet　1:100

様々な規模や使用者が想定されるトイレを集めた．

［1］はブース上下に隙間がない個室型の例．性別に関係なく利用でき，省スペースにもつながる．

［2］はより多様な障害や利用者属性に対応出来るように，同じフロアーの多目的トイレが異なったしつらえになっている．

［3］商業施設の多様な利用者を考慮して，子どもから高齢者，また障害をもった人にも対応できるトイレ．付き添いが異性であることを配慮し，子供用トイレは両性が利用できる入り口付近に配置されている．なお，身障者用便所を男女別に設ける場合も，出入のしやすさと介護者が異性である場合を考慮し，入口付近に設けることが望ましい．

［4］は保育園のトイレで，年齢差，身長差を考慮して，タイプの異なる大便器，小便器が開放的なスペースの中に設けられている．おもらしに対処するためのシャワースペースや汚物流しが設置されている．

01：中目黒の家（東京都目黒区）1990年，設計：保坂陽一郎建築研究所
02：碉居（東京都港区）1966年，設計：堀口捨己
03：センチュリータワー基準階（東京都文京区）1991年，設計：Foster Associates＋大林組 ⇨293
04：東京都庁第1庁舎（3階）（東京都新宿区）1990年，設計：丹下健三・都市・建築設計研究所
05：メイフラワーゴルフクラブ　クラブハウス＆イン（栃木県矢板市）1991年，設計：坂倉建築研究所
06：佐久間公園（東京都千代田区）1991年，設計：都市計画研究所＋モデュール
07：長岡赤十字病院（2階外来）（新潟県長岡市）1997年，山下設計
08：清遊の家（2階集中型トイレ）（東京都葛飾区）1998年，設計：象設計集団
09：アミュプラザ長崎（長崎市）2000年，設計：設計事務所ゴンドラ
10：うらら保育園（東京都葛飾区）1998年，設計：象設計集団
11：世田谷区立山崎小学校（改修）（東京都世田谷区）1999年，設計：設計事務所ゴンドラ
12：寒霞渓山頂便所（香川県小豆郡），設計：基匠社建築研究所四国事務所
13：横浜国際競技場（1階）（横浜市）1997年，設計：MHS松田平田・東畑建築設計事務所共同企業体
14：JR東京駅（丸の内南口チップ制便所）東京都千代田区）1996年，設計：東日本旅客鉄道
15：チャームステーション（香川県綾香郡）1998年，設計：一樹設計企画

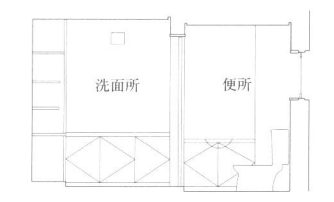

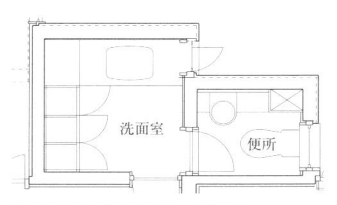

住宅における便所と洗面[01]

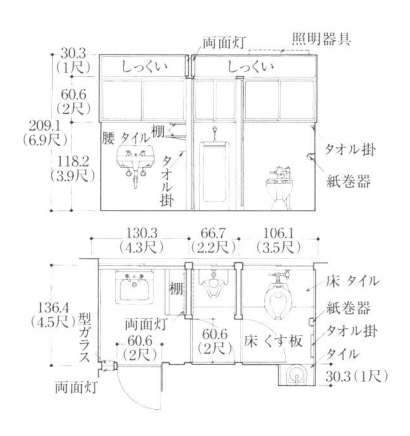

住宅における便所と洗面[02]（小便器を独立させた便所）

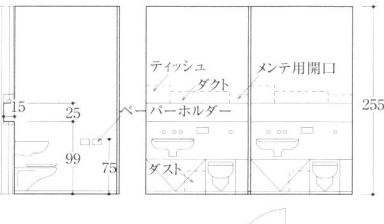

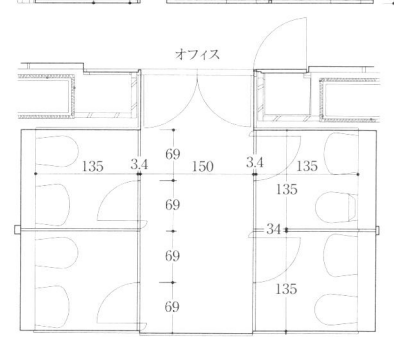

オフィスの個室型ブースの便所[03]　［1］

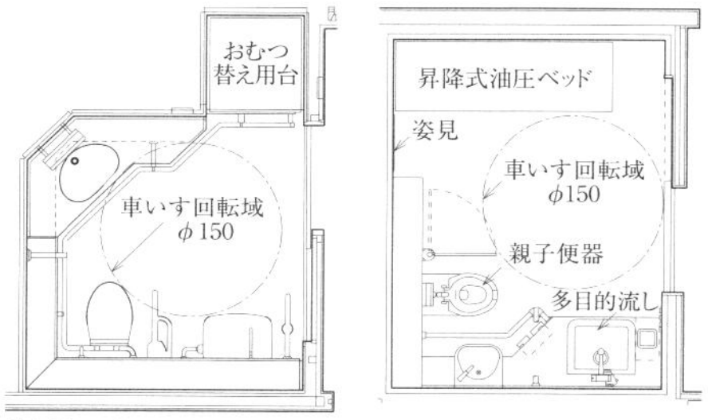

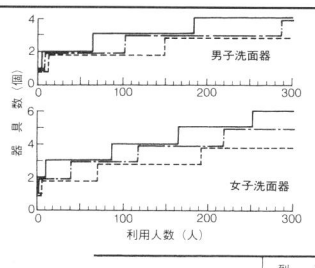

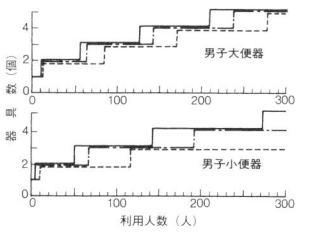

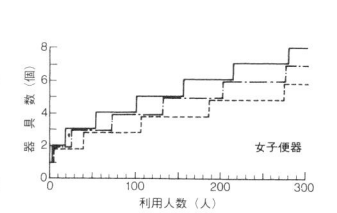

庁舎の多目的便所[04]　［2］
北側多目的便所　　南側多目的便所

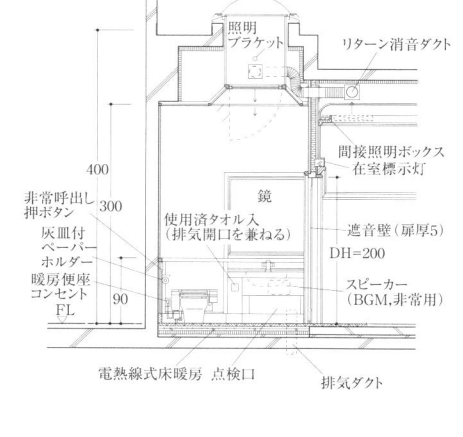

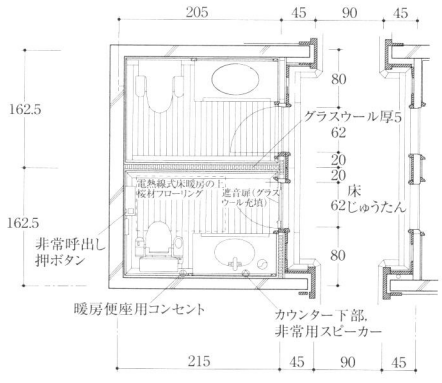

クラブハウスの個室型ブースの便所[05]

衛生器具の所要数算定（事務所）

衛生器具の所要個数は，便所の占有時間や待ち時間などの調査データをもとに，サービスレベル別に算定される．サービスレベルとは，待ち時間に対する利用者の評価で，図では3段階に分けている．また到着率とは，器具や設備への単位時間当たりの到着人数，または単位時間中の使用頻度を示す．図は事務所の場合を示したものである．

（グラフ：男子洗面器／男子大便器／男子小便器／女子洗面器／女子便器）

器具種別		到着率(人/min・100人)	占有時間(s)	待ち時間の評価尺度P		
				レベル1	レベル2	レベル3
男子	大便器	0.130	300	P(>0)<0.05	P(>60)<0.05	P(>120)<0.05
	小便器	0.600	30	P(>0)<0.01	P(>10)<0.01	P(>20)<0.01
	洗面器	0.700	20	P(>0)<0.01	P(>10)<0.01	P(>20)<0.01
女子	便器	0.600	90	P(>10)<0.01	P(>40)<0.01	P(>90)<0.01
	洗面器	1.000	30	P(>10)<0.01	P(>10)<0.01	P(>30)<0.01

レベル1：待つことがほとんどない（ゆとり）　レベル2：レベル1と3の中間（標準）　レベル3：1人分の占有時間だけ待つことがある（最低限）

評価尺度P：例えば男子大便器のレベル1 P(>10)<0.05は，利用者が10秒以上待つ確率が5%以下になるよう器具個数を設定することを意味している．

Room & Behavior Settings—Water Section: Toilet　**室と場面＝水廻：用便2**

1:200

病院の外来便所⁰⁷

ユニット化された公衆便所

地区公園内の公衆便所⁰⁶

特別養護老人ホームの便所⁰⁸

大型駅ビルの便所⁰⁹ [3]

保育園の開放的な便所¹⁰ [4]

小学校の便所¹¹

1:500

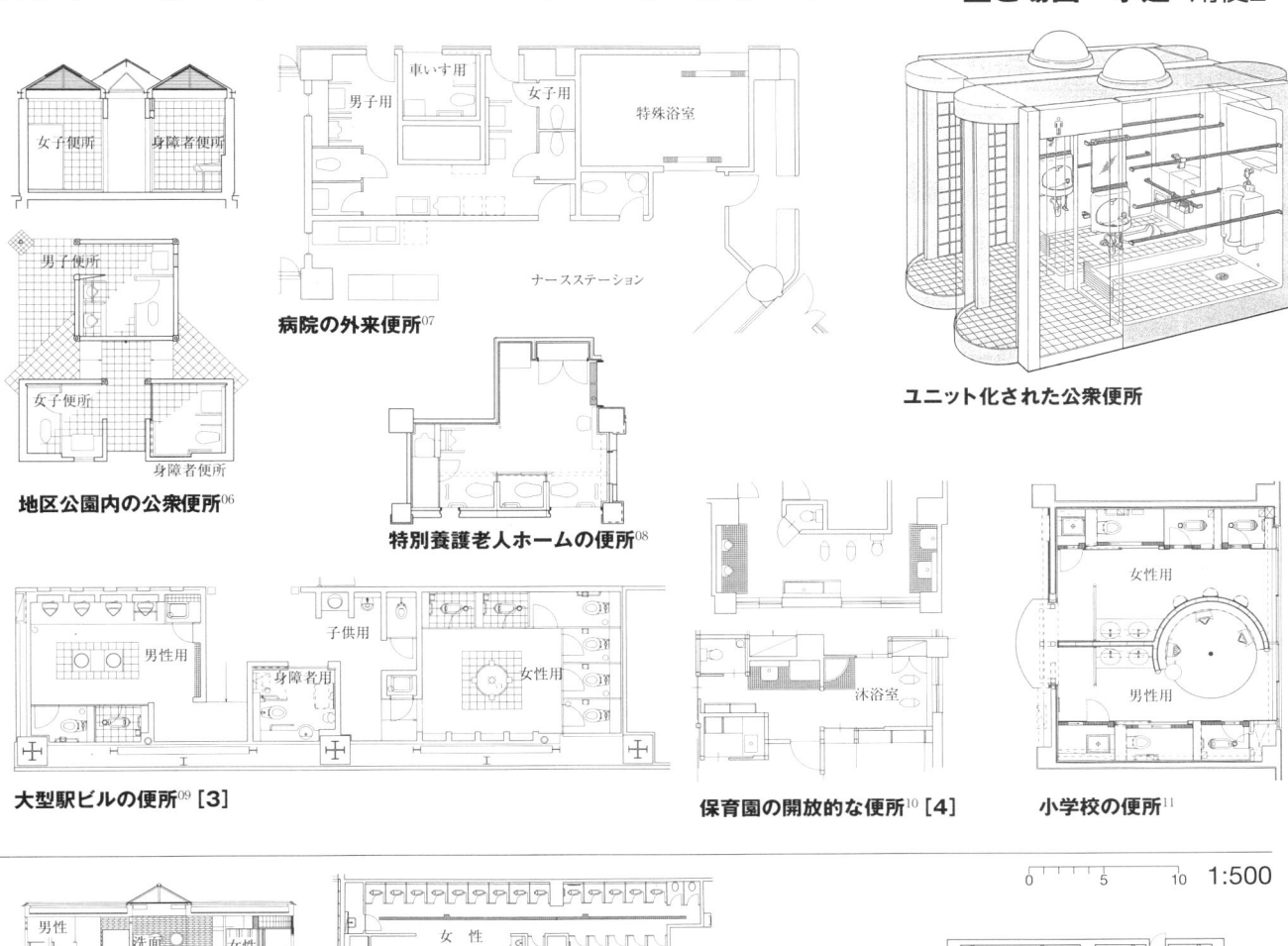

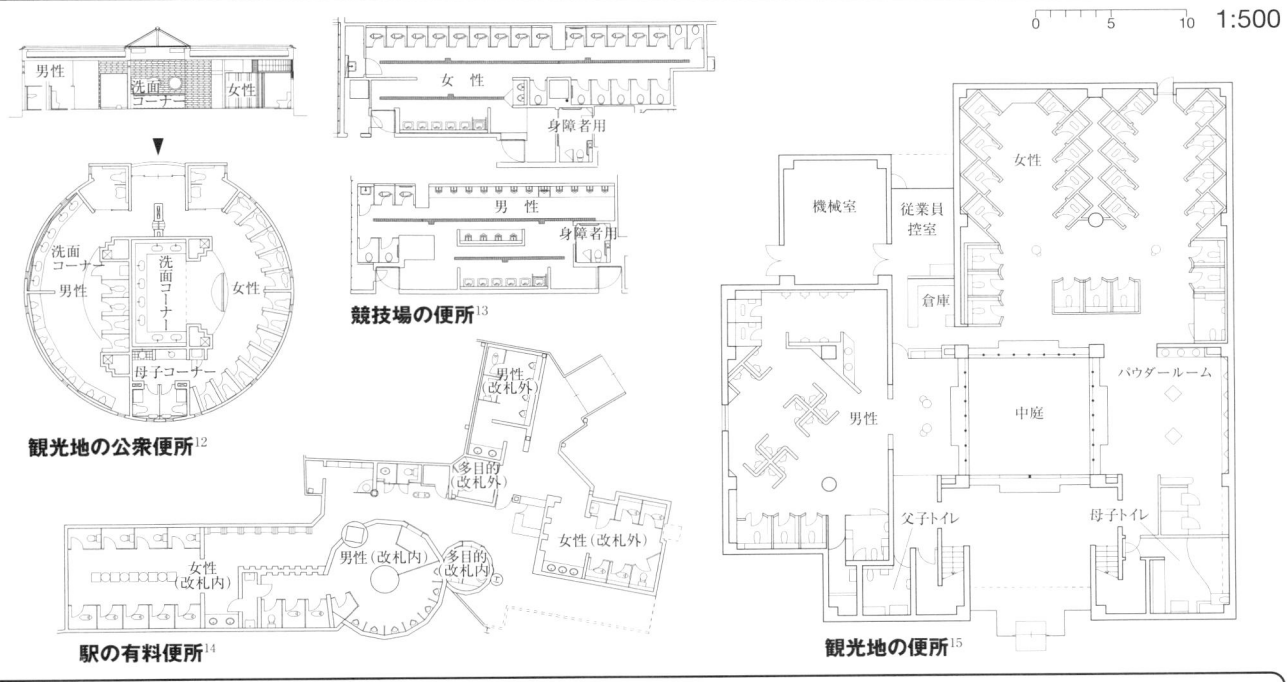

観光地の公衆便所¹²

競技場の便所¹³

駅の有料便所¹⁴

観光地の便所¹⁵

便所設計の基本作法

出入口はドアが必要であるが，視線制御のトラップを設ける場合にはドアレスも可能である．なお防犯・音漏れの面からも扉の要否は十分な検討が必要である．進行方向からみて男性用を手前，女性用を奥に配置する．SK（sink；掃除用流し）はトイレゾーンから独立させ，①男女それぞれに，②ニュートラルゾーンに，③男性用の順で設けることが望ましい．

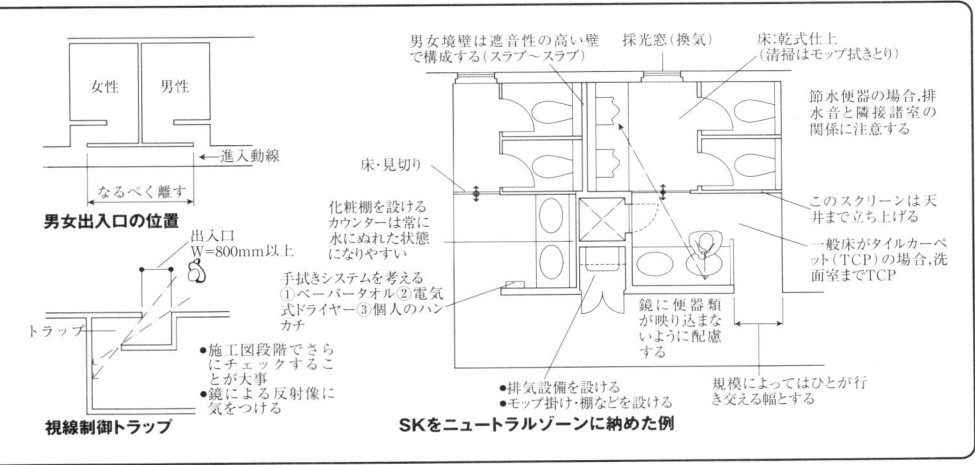

男女出入口の位置

視線制御トラップ

出入口 W＝800mm以上

- 施工図段階でさらにチェックすることが大事
- 鏡による反射像に気をつける

SKをニュートラルゾーンに納めた例

- 男女境界壁は遮音性の高い壁で構成する（スラブ〜スラブ）
- 採光窓（換気）
- 床：乾式仕上（清掃はモップ拭きとり）
- 節水便器の場合，排水音と隣接諸室の関係に注意する
- 床・見切り
- 化粧棚を設けるカウンターは常に水にぬれた状態になりやすい
- 手拭きシステムを考える ①ペーパータオル ②電気式ドライヤー ③個人のハンカチ
- 鏡に便器類が映り込まないように配慮する
- このスクリーンは天井まで立ち上げる
- 一般床がタイルカーペット（TCP）の場合，洗面室までTCP
- 排気設備を設ける
- モップ掛け・棚などを設ける
- 規模によってはひとが行き交える幅とする

室と場面＝水廻：入浴　Room & Behavior Settings—Water Section: Bath　1:50

浴槽の寸法
内のり幅は，個人用で60cm以上，多人数の場合は45〜60cm/人である．背もたれの角度は洋風浴槽で30〜35°，和洋折衷型では10〜16°で，それ以上だと足が浮きやすい．また，浴槽の長さが110〜115cm以上であると，対向壁に足を伸ばして踏ん張れない[1]．

浴槽の踏段寸法
浴槽への出入りは，縁高さが30〜40cmが望ましく，それ以上は縁の内外に踏段が欲しい．洗い場との差が20cm以下は，かがんで湯をくみにくい．埋込み型で深い浴槽は，幼児の転落を考慮して必ず踏段を内側に設ける[2]．

洗い場の寸法
洗い場の寸法は1人当たり100cm²が必要．身体ふきも直径100cmのスペースが必要である[3]．カランの間隔は，湯水をくむだけでは70cm以上で，その前に腰を下ろして洗う場合は90cm以上必要である．多人数用での洗い場の通路は，湯に入る前の準備動作を考えて80cm以上が望ましい[4]．ハンドシャワーの取付け位置は，シャワーヘッドから40〜50cm離れて立つことを考えて寸法を決める．脱衣や洗面のスペースを併設する場合はカーテンなどで区切る[5]．[6][7][8]は，車いすで自立入浴が可能な場合，車いすで自立入浴が可能，かつ立ち上がりも可能な場合，車いすで介助入浴が必要な場合の各寸法をである．

[9]は老人保健施設の浴室．左右別の障害に対応できる木製の個人浴槽のほか，自力歩行できる人のための歩行浴槽が設けられている．

[10]は1929年に足立区千住元町に建てられた東京型銭湯の例．浴槽は3層に分かれており，一番小さい浴槽は薬湯として使われていた．浴室の天井中央部には高窓が設けられ，自然採光・換気がなされている．

01：TOTO資料より作成
02：INAX資料より作成
03：老人保健施設ひまわり（愛知県碧南市）設計：公共施設研究所
04：ホテルモントレ札幌（札幌市），設計：KAJIMA DESIGN⇒280
05：子宝湯（東京都小金井市江戸東京たてもの園）1993年移築

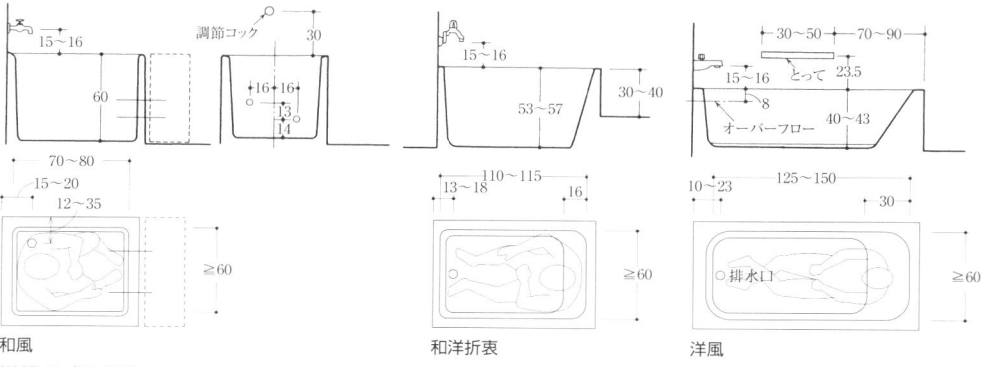

浴槽の寸法[1] — 和風／和洋折衷／洋風

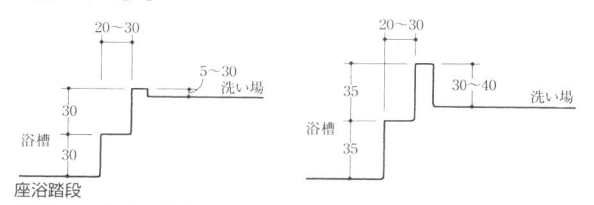

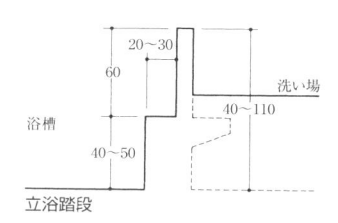

浴槽の踏段寸法[2] — 座浴踏段／立浴踏段

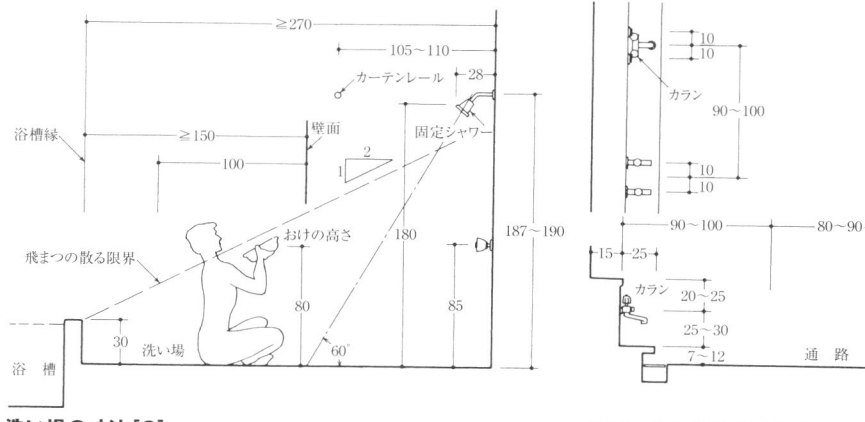

洗い場の寸法[3]

カランの取付け位置[4]

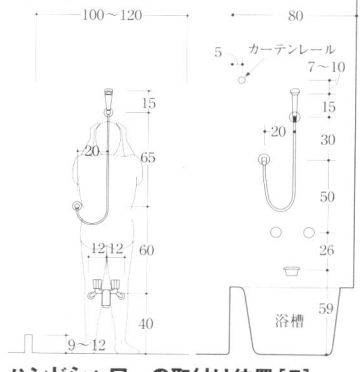

ハンドシャワーの取付け位置[5]

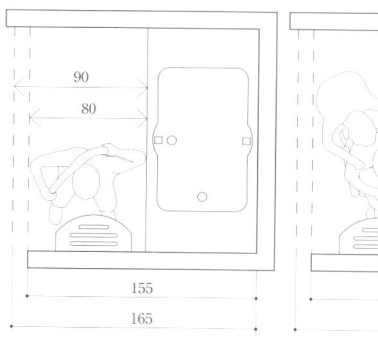

身体を洗う動作寸法01

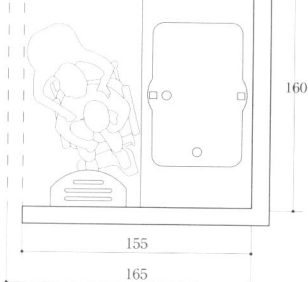

介護を受ける動作寸法01

入浴の分類および浴槽寸法と貯湯量

入浴はその目的によって分類される．浴槽の外形寸法および貯湯量は，利用人数のほか，和風・和洋折衷・洋風によって異なる．また，一人当たりの所要寸法と貯湯量は，座式と立式で異なる．洋風では仰向けで足腰を伸ばす横臥位姿勢，和風では浴槽の底に座る座位姿勢，和洋折衷ではひざを伸ばした座位姿勢，公衆浴場ではかがんだり立位姿勢がとられる．

用途	目的	建物の種別
生活用	身体を温める．身体を清潔にする．休息する．疲労を回復する．	住宅・ホテル・公衆浴場
治療用	身体をいやす．マッサージをする．運動をする．薬液に浸る．	病院施設・リハビリテーション施設
作業用	身体を清潔にする．特殊な汚れを落とす．	工場・作業場
儀礼用	宗教的儀式に用いる．	宗教建築
娯楽用	くつろぐ．気分を転換する．他人と話す．運動をする．	レジャー施設・スポーツ施設

入浴の目的による分類

	1人用 洋風	1人用 和風	1.5人用 和洋折衷	1.5人用 和風	2〜3人用 和風
長さ(cm)	154〜169	65〜93	104〜121	102〜104	114
幅(cm)	73〜80	70〜71	68.5〜72	74〜75	75〜104
高さ(cm)	46〜52	64〜65	55〜61.5	64〜68.5	69
貯湯量(L)	205〜230	220〜265	240〜250	270〜300	290〜500

浴槽の外形寸法と貯湯量

	座式	立式
幅(cm/人)	45〜60	45〜60
奥行(cm/列)	80〜90	45〜55
面積(m²)	0.4〜0.5	0.2〜0.3
深さ(cm)	65〜70	100〜110
貯湯量(L/人)	260〜330	200〜280

浴槽内での個人所要寸法と貯湯量

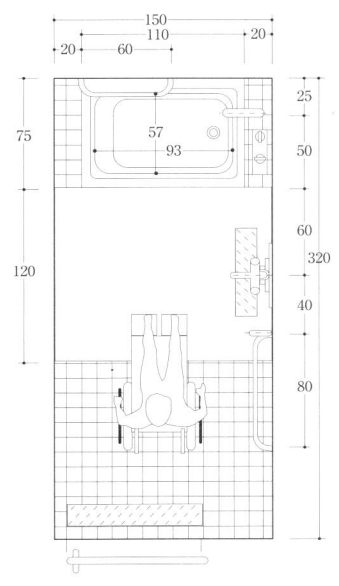

Room & Behavior Settings—Water Section: Bath 室と場面＝水廻：入浴

車いす＋立ち上がり不可 [6]

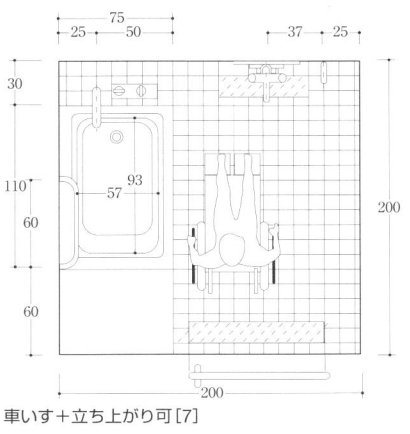

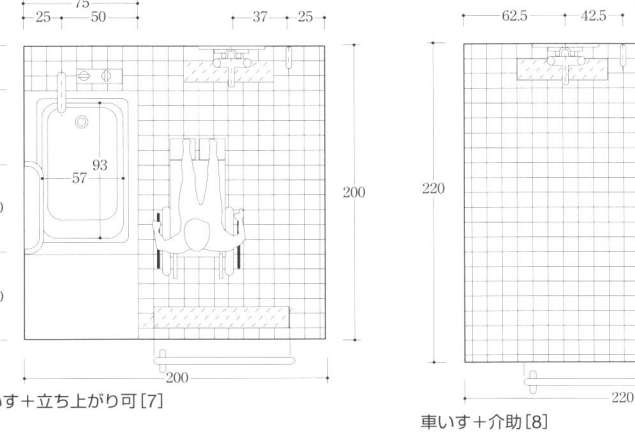

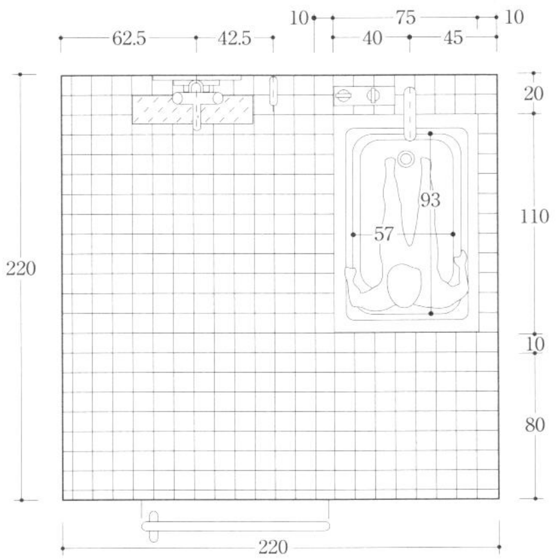

車いすで利用する場合の衛生機器標準取付け寸法[02]

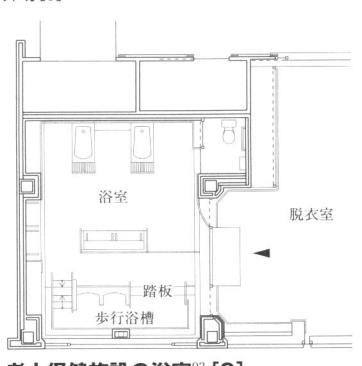

車いす＋立ち上がり可 [7]

車いす＋介助 [8]

老人保健施設の浴室[03] [9]

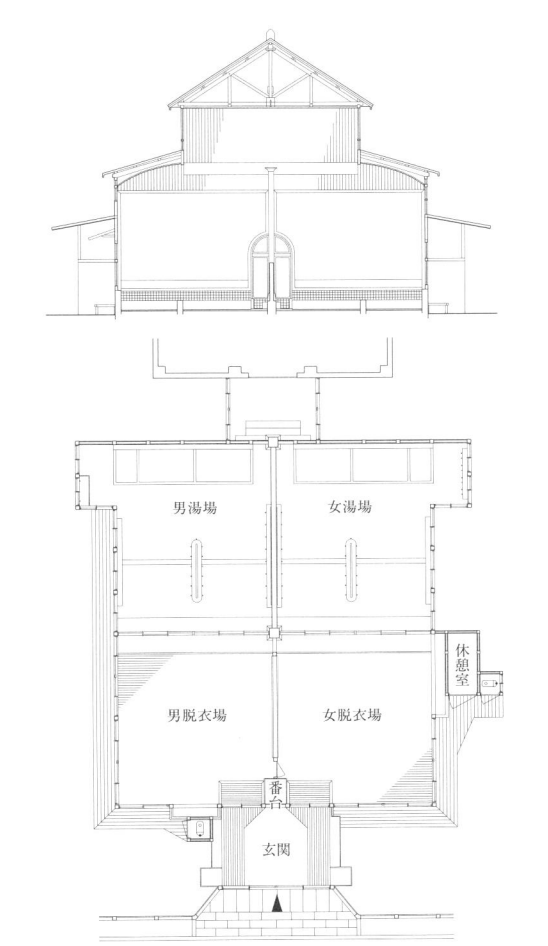

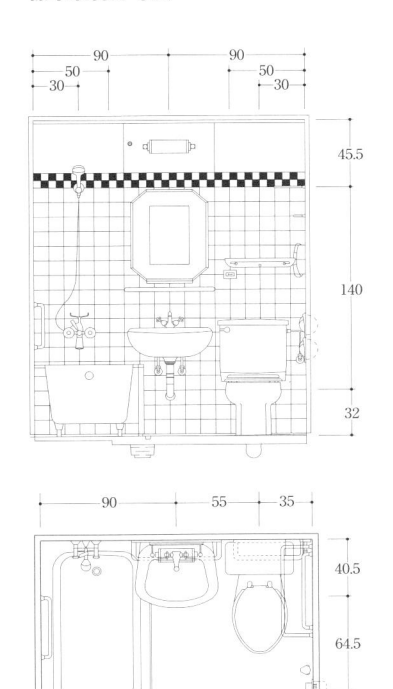

ホテル客室の浴室[04]

銭湯（復元）[05] [10]

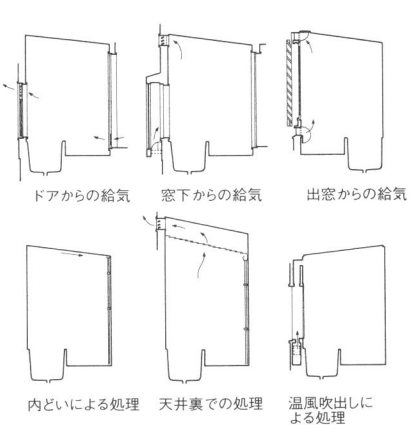

ドアからの給気　　窓下からの給気　　出窓からの給気

内どいによる処理　　天井裏での処理　　温風吹出しによる処理

自然換気では，水蒸気の発生源である浴槽上部の上昇気流を利用して，下方からの給気，上方での排気が主体となる．強制換気では，流入速度が大となるので，入浴者に不快を感じさせる位置での吸気は避ける．浴室の上部は結露しやすいことから，勾配天井にして結露水が壁際に落ちるように計画して，上部で換気をし，下部に水切りを付ける．

内壁・天井の結露防止

浴室の規模と使用人数

中規模から大規模の浴室は同時に入浴する人数を基準にしてその面積を決める．図は公共浴場や寄宿舎の各部面積算出表である．利用率は，公衆浴場では2日に1度（1/2）とすることが多い．

同時入浴人員に対しての浴室面積は，浴槽の位置洗い場の形と必要なカラン数によって幅があり，建物の種類によっても異なる．

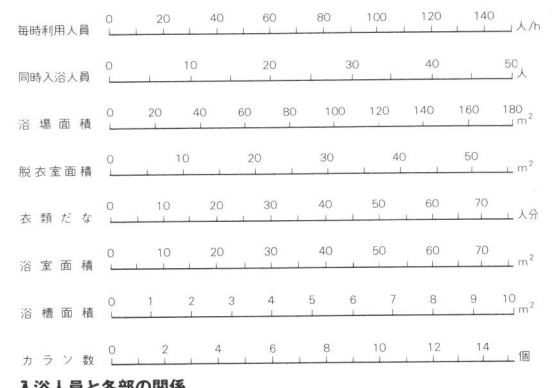

毎時利用人員	全利用人員×利用率（1日に何度利用するか）÷利用時間（h）
同時入浴人員	毎時利用人員×〔各人入浴時間（約20 min）÷60 min〕
浴場面積	玄関入口＋脱衣室＋浴室＋ボイラー室＋便所＋その他（ただし，玄関入口やボイラーの形式により異なる）
脱衣室面積	浴室面積×3/4（習慣上必要以上に広くなっている）
衣類だな	毎時入浴人員×（入浴時間＋脱着衣時間）÷60　人分のたなが少なくとも必要で，脱着衣にはそれぞれ5 min以上かかる
浴室面積	浴槽を含む洗い場．入浴者1人に対して1.2～2.4 m²
浴槽面積	同時入浴人員×1/2×0.4 m²以上とし，形を考慮する
カラン数	同時入浴人員×1/2×（1/2～2/3）

入浴人員と各部の関係

室と場面＝水廻：洗面

Room & Behavior Settings—Water Section: Lavatory

洗面・手洗い

車いす使用者用は，鏡の角度をやや下向きにし，低い視点から使いやすいようにする．また，ペーパータオルやハンドドライヤーの設置位置・高さにも配慮を要する[1]．

子供用の足洗い場は，床に5%程度の勾配をつけ，低い方から入って高いところにある水場に進むようにする．手洗い場を併設する場合は，足洗い場に隣接して設けるとよい[2]．

更衣・洗濯

[4]などの多人数で使用する更衣室では，出入口からの視線に配慮するほか，着付け人数を考慮し，ブースの広さを十分に確保する．また，スポーツ施設[3]，入浴施設[5]では，更衣用の空間を十分に確保するとともに施設規模に応じて，パウダールームやレストコーナーを設けるとよい．

洗濯室は，洗濯作業の効率的に行うことが出来る配置とする．医療福祉施設では，洗濯室に汚物処理室が併設される場合もある[6]．

01：上尾市立上平公園クラブハウス（埼玉県上尾市）1996年，上尾市公園建設事務所，PAX建築計画事務所
02：ティップネス赤坂（東京都港区）1987年，設計：安井建築設計事務所
03：Nさんのいえ（東京都練馬区）1999年，設計：花設計工房
04：ウェディングパーク平安閣（名古屋市）1973年，設計：山崎泰孝環境計画研究所，SYSTEM・H
05：松坂屋銀座店（東京都中央区）1990年改修，設計：竹中工務店
06：クアハウスのざわ（長野県野沢温泉村）1984年，設計：西尾建築事務所
07：川崎医科大学学生寄宿舎（岡山県倉敷市）1970年，設計：梓設計
08：ケアセンター成瀬（東京都町田市）1996年，設計：イヅミ建築設計事務所
09：第一回読売住宅コンクール第一席，1978年，設計：林健司，林文和

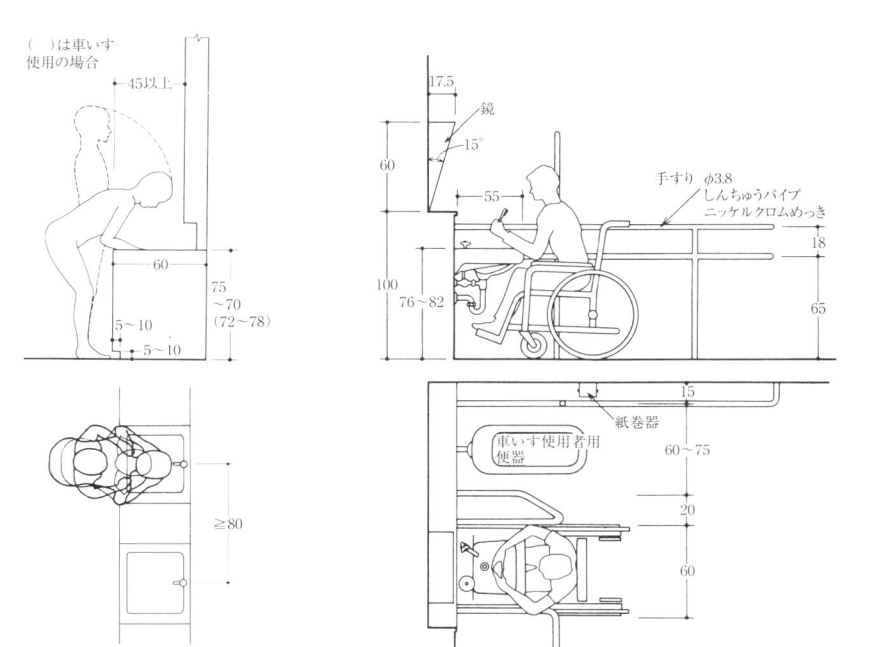

洗面化粧台の機能寸法 （単位：cm）

車いす使用者用洗面・化粧[1]

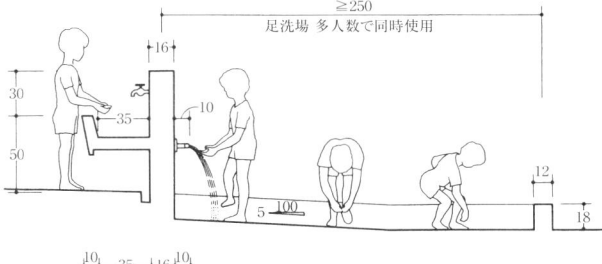

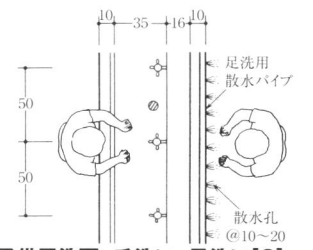

子供用洗面・手洗い・足洗い[2] （単位：cm）

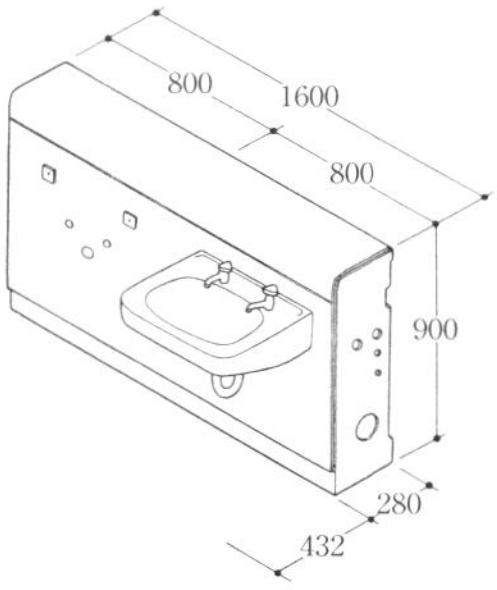

洗面化粧台の寸法（JIS A 4401）

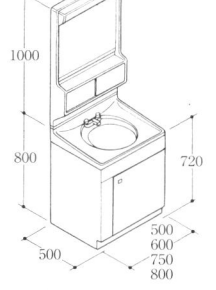

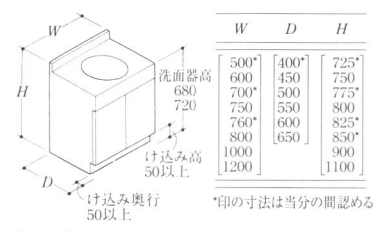

W	D	H
500*	400*	725*
600	450	750
700	500	775
750	550	800
760	600	825
800	650	850
		900
1000		1100
1200		

洗面器高 680, 720
け込み高 50以上
け込み奥行 50以上
*印の寸法は当分の間認める

洗面化粧台の寸法例

化粧キャビネット組合せ

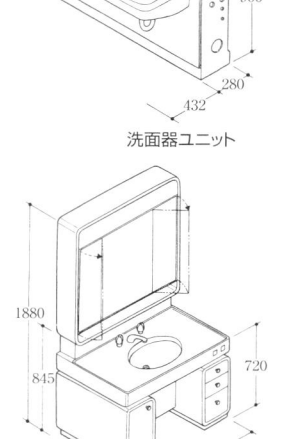

洗面・更衣室の採光・照明

洗面所などの水を使う空間には，採光・換気のために開口部を設けることが望ましい．脱衣室を兼ねる場合，プライバシーを確保するために，高窓，突き出し窓などの工夫をする．

また，人工照明・自然採光とも，鏡と立像の位置関係を考慮して，像が明るくなるように鏡の両側や上部から採光・照明して人体の全面が明るくなるようにする．自然採光と人工照明を併用する場合は，自然採光を人体の背面からとると，人工照明より強いために逆光となって像が見えにくくなる場合があるので，採光の方向や開口面積に十分配慮する．人工照明を主とする場合は，蛍光灯と白熱灯を併用するとよい．

	採光・照明計画	一般的注意事項
洗面化粧	・洗面室の照明は100lx以上とし，前面からの採光・照明がよい．ひげそり・化粧などには300lx以上が望ましい．	・住宅の場合，給湯器や乾燥機を併設することがあるので給排気する． ・公共の場では，窓または入口を犯罪が発生しにくいように設ける． ・ドライヤー・ひげそりなどのコンセントを設ける． ・公共の場合，排水管がつまりやすいのでトラップを設け点検しやすくしておく．
更衣	・80～150lx程度とし，鏡がある場合は，鏡上部または側面より照明． ・採光窓はプライバシーを確保する	・プライバシーを確保し保安をよくする． ・水に濡れても転倒しないような床材料を選ぶ． ・着替えなどを入れるロッカーを設ける．
整髪美容	・整髪・美容には，300lx以上が望ましい．	・毛髪は掃除しにくいので床材には静電気の起きない磁気タイルなどを使用し，排水路にはヘアトラップを設ける． ・美容・理容の客室は，空気1ℓ中の二酸化炭素を5cm³以下に保つように排気する．

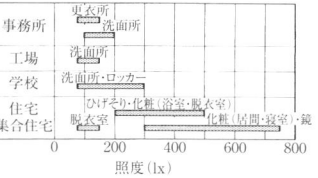

洗面・化粧室の照明基準

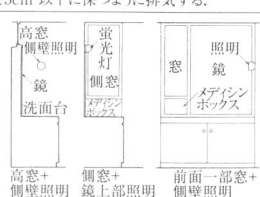

採光と照明

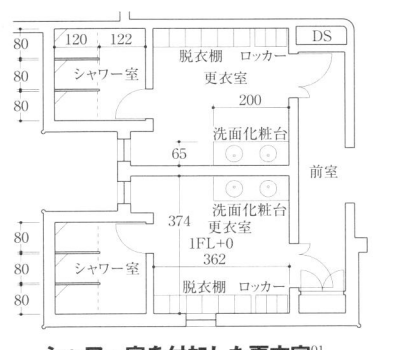

Room & Behavior Settings—Water Section: Dressing Room/Laundry　室と場面＝水廻：更衣・洗濯

シャワー室を付加した更衣室[01]

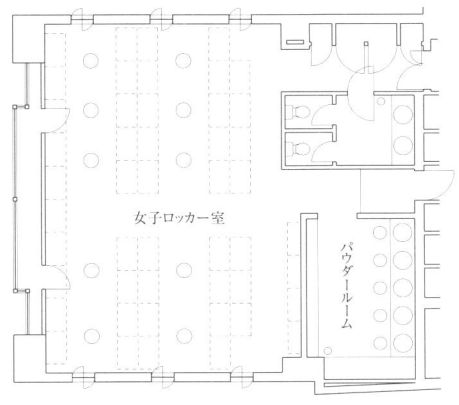

スポーツクラブの更衣室[02] [3]

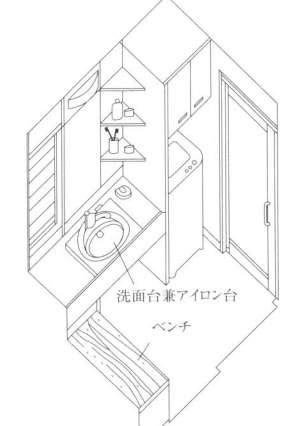

家事コーナーを兼ねた洗面室[03]

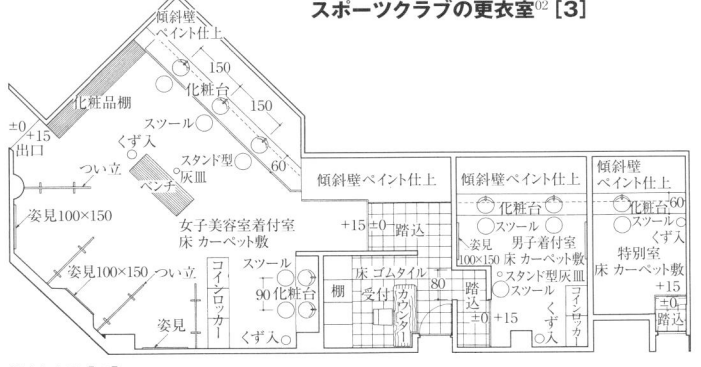

着付室[04] [4]

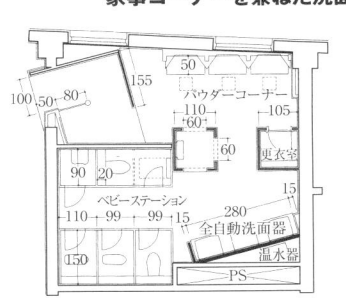

百貨店の女性化粧室[05]

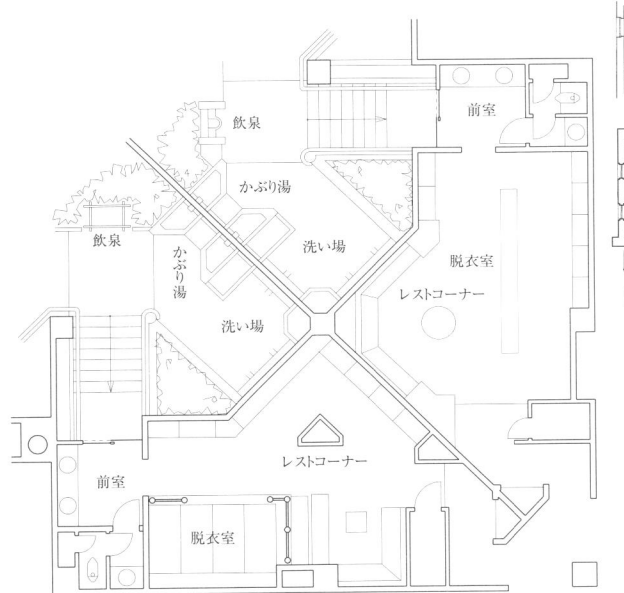

クアハウスの更衣室[06] [5]

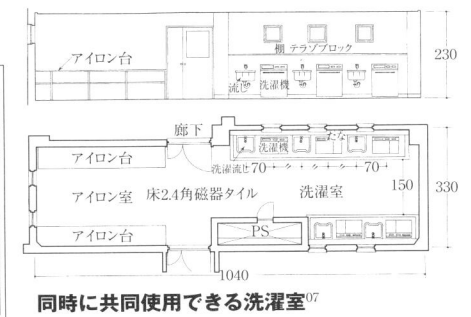

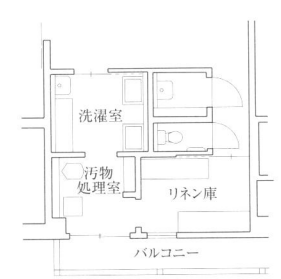

同時に共同使用できる洗濯室[07]

ケアセンターの洗濯室[08] [6]

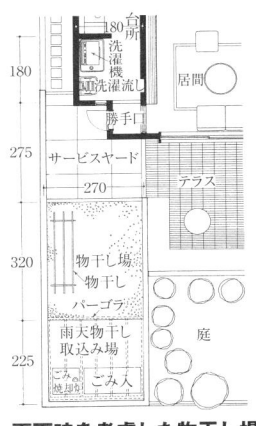

雨天時を考慮した物干し場[09]

楽屋の配置と規模計画

楽屋は舞台との位置関係が最も重要であり、「距離が近いこと」、「同一階にあること」が基本となる．また、頻繁な出入り、かさばる衣裳をつけた移動などのため、階段を介しての連絡は極力避ける．

右図は、施設管理者に対する調査に基づく楽屋規模の推奨値を示したものである．楽屋の規模はホール規模や専用か多目的かにより異なり、特に歌舞伎などの古典芸能専用ホールは広くなる．⇒269

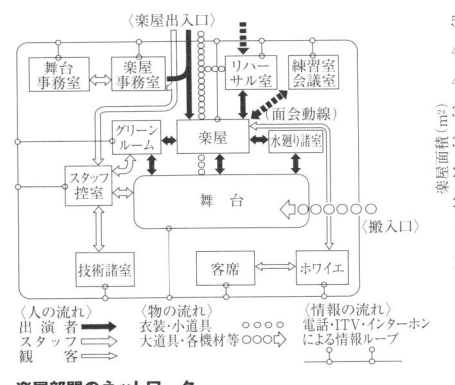

楽屋部門のネットワーク

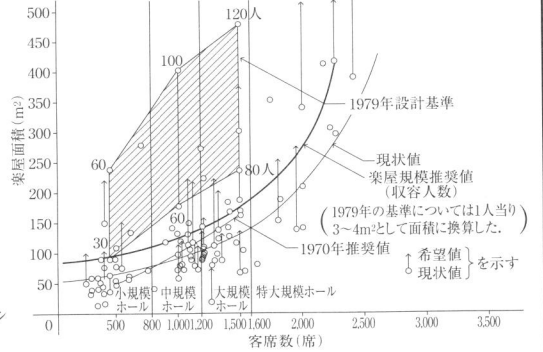

楽屋規模の推奨値

[出典　日本建築学会編：多目的ホールの設計資料集，彰国社．]

094 室と場面＝補助：収納—収納棚　Room & Behavior Settings—Attached Space: Storage—Storage Shelf　1:50

収納棚の収納例

収納スペースの間口・奥行・高さの各寸法は，収納する物品の大きさと形状によって決められる．中でも奥行寸法が重要となる．

書庫 ⇒243

書架スペースは利用者の接架の有無により開架室と閉架書庫に大別される．

開架室の書架部分は利用者が資料を検索し動きまわる動的な場であり，静的な閲覧席部分との混在を避ける．また，接架している人と着席している人の動きが干渉しないように，書架と閲覧机の妻側を対面させることも配置の基本となる[1]．書架配置を単純化し資料所在をわかりやすくすることも重要である．

閉架書庫には固定棚・移動棚を使用するものがある．[2]より大きな容量が必要になるまで移動棚の本数を間引いて固定的に使っているものである．資料をコンテナに収め，そのコンテナをコンピューター制御で自動的に出納する自動出納書庫[3]は，出納の省力化だけでなく，庫内は無人のため炭酸ガス消火設備の導入が可能になるなどの利点もある．

01：東京家政学院大学図書館貴重書庫（東京都町田市），1987年，設計：三井建設設計部
02：塙町立図書館（福島県白川郡塙町），1991年，設計：伊藤邦明
03：関西学院大学図書館1階開架閲覧室（兵庫県西宮市），1997年，設計：日本設計⇒252
04：町田市立中央図書館閉架書庫（東京都町田市），1990年，設計：アール・アイ・エー
05：国際基督教大学図書館新館閉架書庫（東京都三鷹市），2000年，設計：レイモンド設計事務所

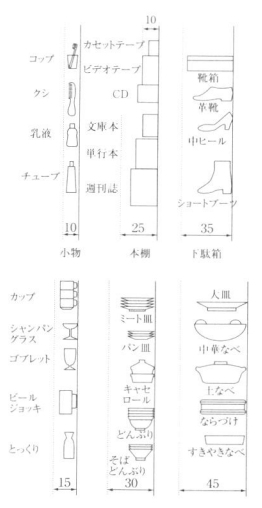

収納スペースの奥行

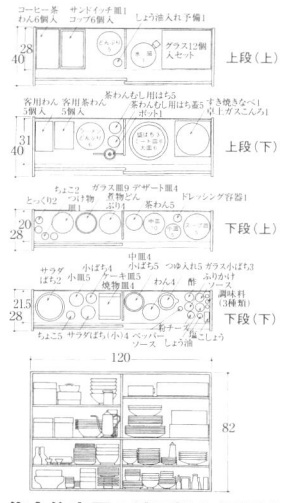

集合住宅用つり戸棚の収納例

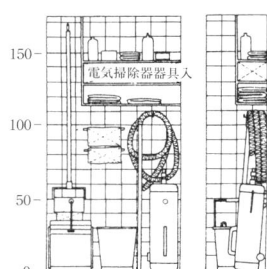

げた箱の収納例（4人家族用）

掃除用具の収納例

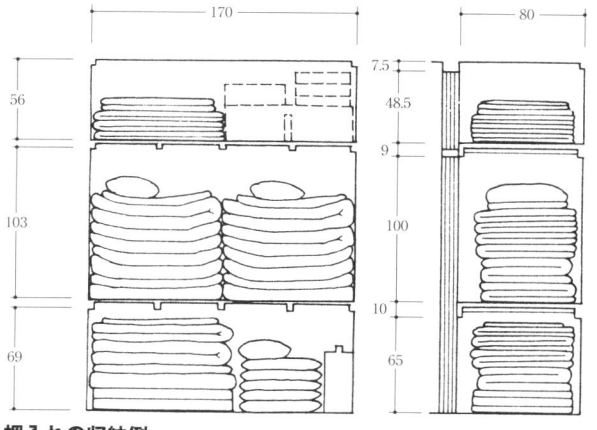

押入れの収納例

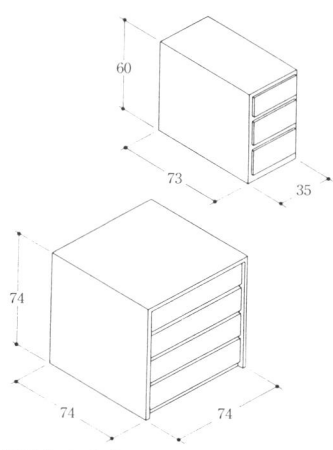

押入れたんす

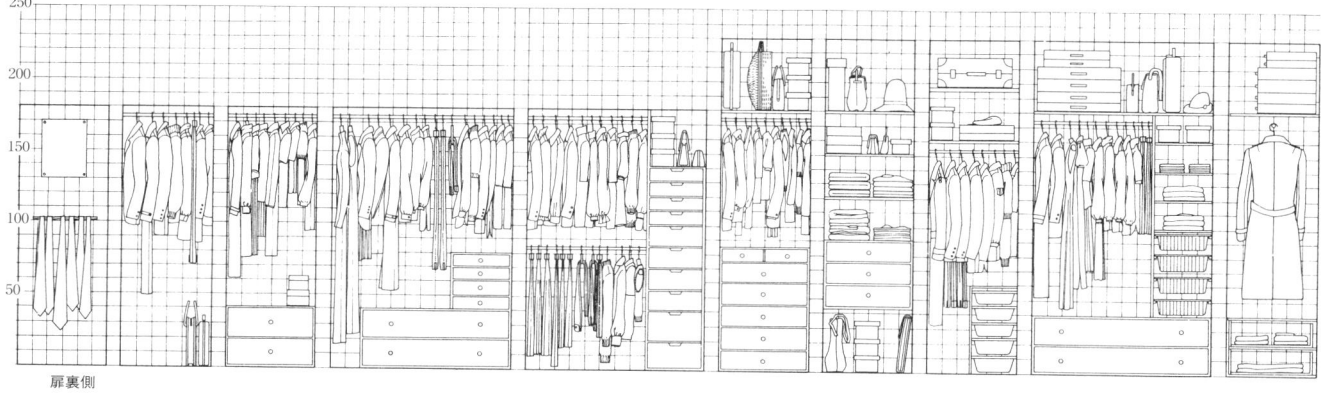

衣装戸棚の収納例

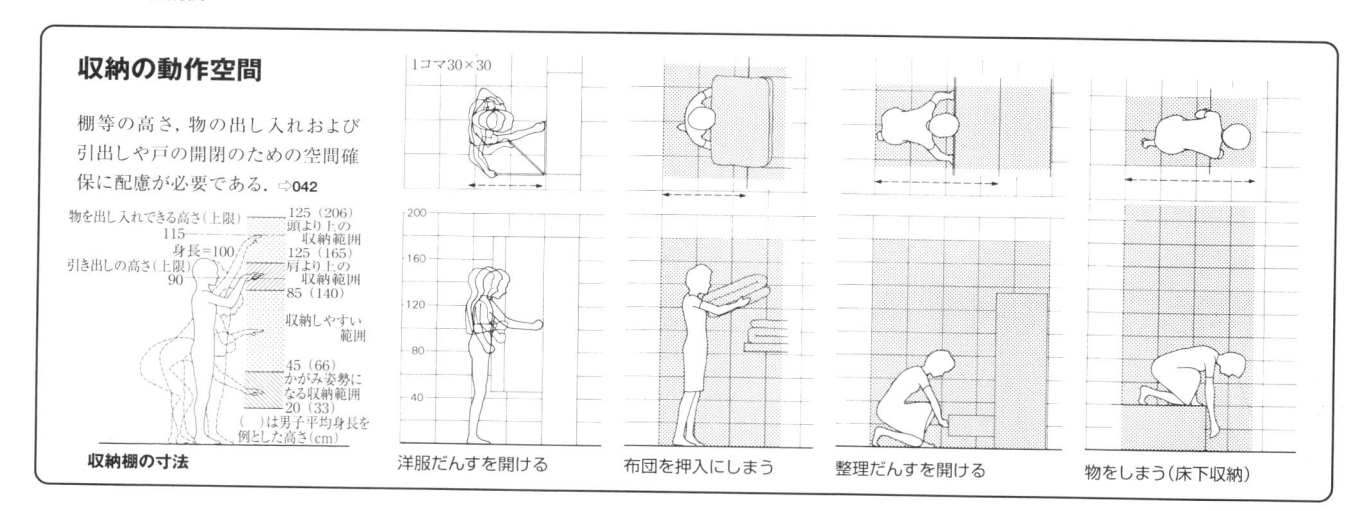

収納の動作空間

棚等の高さ，物の出し入れおよび引出しや戸の開閉のための空間確保に配慮が必要である．⇒042

収納棚の寸法

物を出し入れできる高さ（上限） 125（206）
115　頭より上の収納範囲
身長＝100
引き出しの高さ（上限） 125（165）
90　肩より上の収納範囲
85（140）
収納しやすい範囲
45（66）
かがみ姿勢になる収納範囲
20（33）
（　）は男子平均身長を例とした高さ（cm）

洋服だんすを開ける　布団を押入にしまう　整理だんすを開ける　物をしまう（床下収納）

1:500

室と場面＝補助：収納—書架・書庫　095
Room & Behavior Settings—Attached Space: Storage—Bookstack and Stack Room

貴重書庫[01]

閲覧室

児童開架室[02]
エントランスホール
お話コーナー
AVコーナー

大学図書館の開架閲覧室[03]（書架部分 160冊/m²）**[1]**

参考図書
CD-ROM マイクロリーダー
端末座席
吹抜け
参考図書
カレント雑誌
レファレンスカウンター
新聞コーナー
貸出・返却カウンター
研究個室

移動棚による閉架書庫[04] **[2]**
（移動棚部分 900冊/m²，固定棚部分 330冊/m³）

自動出納書庫[05] **[3]**（書庫全体 650冊/m²，110冊/m³）

書庫形状と収納効率

書架ピッチと収納力

棚 1連90cm²には分類別配架に必要な空きを見込んで30冊程度の図書を収納できる．図の収容力は車いすから手の届く5段の書架により算定されている書架周辺のネットの数値であるが，書庫全体としては平面形状その他の要因により低下し，その70%程度である．

なお，背表紙の見やすい下段の広がった書架は車いすでの接架が難しく注意を要する．逆に，車いすの通れない狭いピッチの場合の下段を広げるという提案もある．

注）単位面積当り収容冊数の算定は以下の式による．

$$\text{収納冊数} = \frac{\text{書架段数} \times \text{1段当たり収容冊数} \times 2（複式）}{\text{書架ピッチ} \times \text{書架1連長さ}}$$

書庫の平面形状と収納力

正方形に近い平面型の書庫は長方形のものより収納効率がよい．図書の配架のわかりやすさという点では，書架配置が単純になる長方形のものの方が優れている．出納時の歩行動線を短くするためには，書架を書庫短辺に平行に並べるとよい．図の○は書庫の入口もしくは縦動線の位置である．

⇒074, 244

120　390冊/m²（7段）
150　220冊/m²
180　185冊/m²
210　160冊/m²
240　140冊/m²

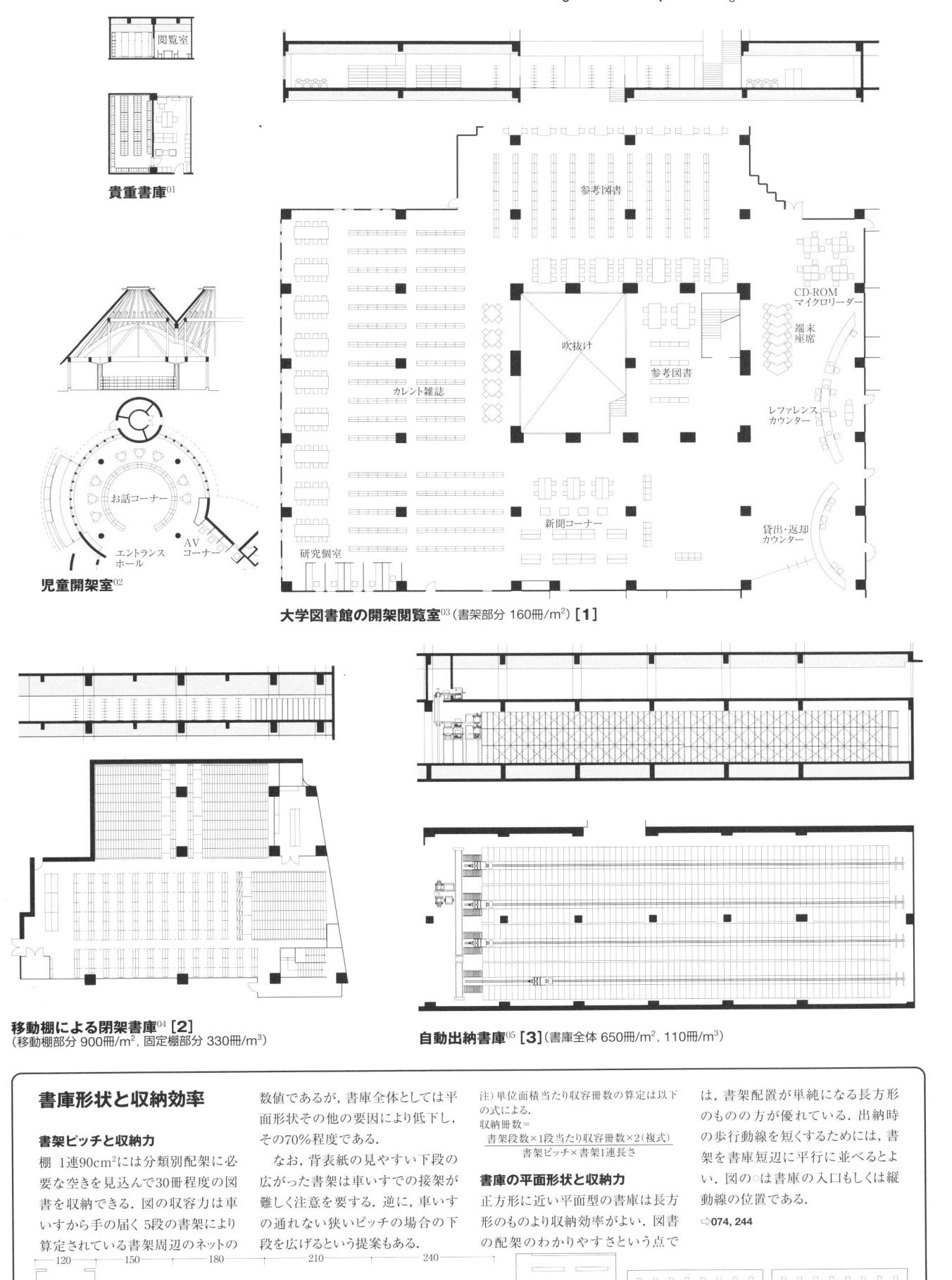

間口が広い場合の配列　奥行が大きい場合の配列　多層の場合の配列

室と場面＝補助：駐車　Room & Behavior Settings—Attached Space: Parking

駐車時の車体間隔[1]は，運転技術の差や身体障害の度合いに応じて異なった間隔が必要となる．一般的には車体間隔50cm程度でドアの開閉には支障がないが，未熟者を考慮した場合は90cm以上の間隔を取ることが望ましい．身体障害者については歩行する方法（松葉づえ，車いす等）に応じて車体間隔を決めるべきであるが，最低140cm程度の間隔を確保したい．

駐車に必要な高さ[2]は車の車高にもよるが，一般的には210cm以上とする．RV車両にルーフアクセサリー等を装着する場合はさらに余裕を見込む必要がある．

車両の点検作業に必要な寸法としては，点検作業の種類にもよるが最低でも車体の周囲に90cm程度のスペースが必要である．高さは車体の下部を点検することも考慮し，作業者が立って作業できる空間が必要である．

柱の位置，断面寸法や形状により駐車柱間寸法[3]には若干の差異が生じる．車路側の柱は車路から引っ込んでいる方が駐車しやすい．角柱の場合は緩衝材が必要となる場合があるのでその厚みも考慮する必要がある．事務所ビルの地下に駐車場を計画する場合，事務室フロアのモジュールとの整合も考慮する必要がある．

勾配・斜路・スロープ

平坦部と斜路との連結の際，運転者に注意を促すとともに車両下の損傷をふせぐため緩和勾配を設ける．緩和勾配は車種により必要な勾配，長さは変わるが一般的には本勾配の1/2の勾配で長さ4m程度とする[4]．

斜路の最低基準勾配は17%であるが，不慣れな運転者に恐怖感を与える場合が多く，一般的には12.5%以下の勾配とすることが望ましい[5]．

立体駐車設備の寸法

[6]は，エレベーター方式の各部寸法例．ほとんどの国産車両（全長530cm，全幅190cm，全高155cm）が収納できる．ハイルーフ車には収納棚の間隔を広げて対応できる．車両出入口扉横には避難用の出口が必要となる．

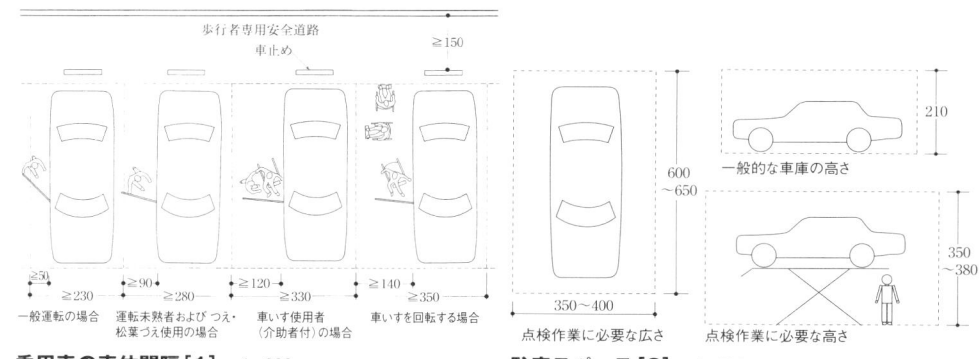

乗用車の車体間隔[1] 1:200

駐車スペース[2] 1:200

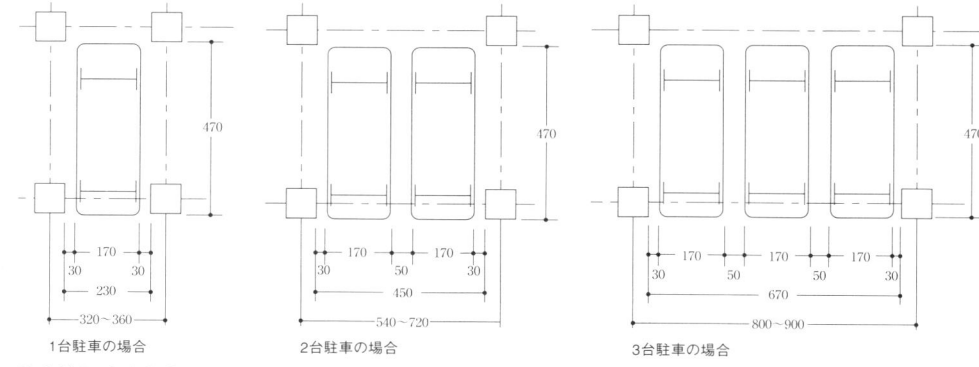

駐車柱間寸法[3] 1:200

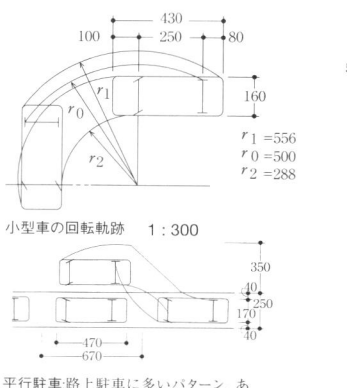

$r_1 = 556$
$r_0 = 500$
$r_2 = 288$

小型車の回転軌跡　1:300

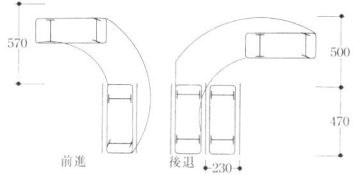

平行駐車：路上駐車に多いパターン．ある程度の運転技術を必要とする．

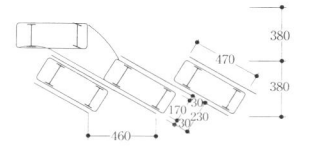

30°駐車：前進駐車に用いられることが多い．車路幅は狭くすむ．

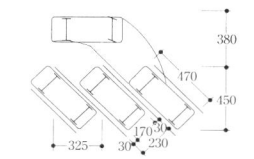

45°駐車：前進駐車の方が駐車しやすい．車路幅は狭くすむ．

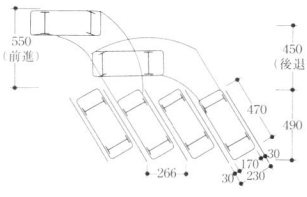

直角駐車：前進と後退の場合で必要寸法が異なるので注意が必要．一般的には後退駐車が多く用いられる．1台当たりの所要面積は最も少ない．

60°駐車：車路幅は広く取る必要があるが，1台当たりの所要面積は比較的少なくすむ．

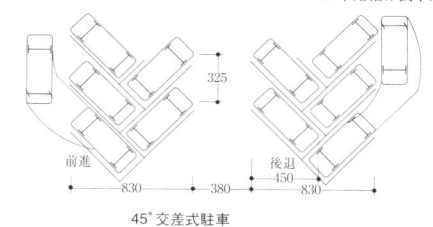

45°交差式駐車

駐車パターンと標準寸法　1:500

回転軌跡の算出方法

自動車の回転半径は，車体長さ，車幅，軸距，最小回転半径などによって決まり，その軌跡は，これらのデータが与えられれば，右式より算出できる．内側については，内限界半径，外側は外限界半径によって回転に必要なスペースが求められる．なお〔〕内の数値は普通乗用車（車長470cm，車幅170cm，最小回転半径550cm）の場合の計算例である．

最小回転半径（軸距 l と前車輪最大切れ角 φ により決定される）：$\overline{OP'} = R_o = l/\sin\varphi + d/\sin\varphi$

$\overline{OO'} = r_1 = \sqrt{(r+d)^2 + l^2} + l^2/\sin\varphi$

$\overline{OP} = r_f = \sqrt{(r+t+t')^2 + l^2}$

$\overline{OO} = r = \sqrt{(R_o-d)^2 - l^2} \approx (t-d) + \sqrt{R_o^2 - l^2} - t$

外限界半径（前）：$\overline{OB} = R_f = \sqrt{(r+t+t')^2 + (l+O_f)^2}$

外限界半径（後）：$\overline{OC} = R_r = \sqrt{(r+t+t')^2 + O_r^2}$

内限界半径：$\overline{OA} = r_i = r - O_i$

90°基本型

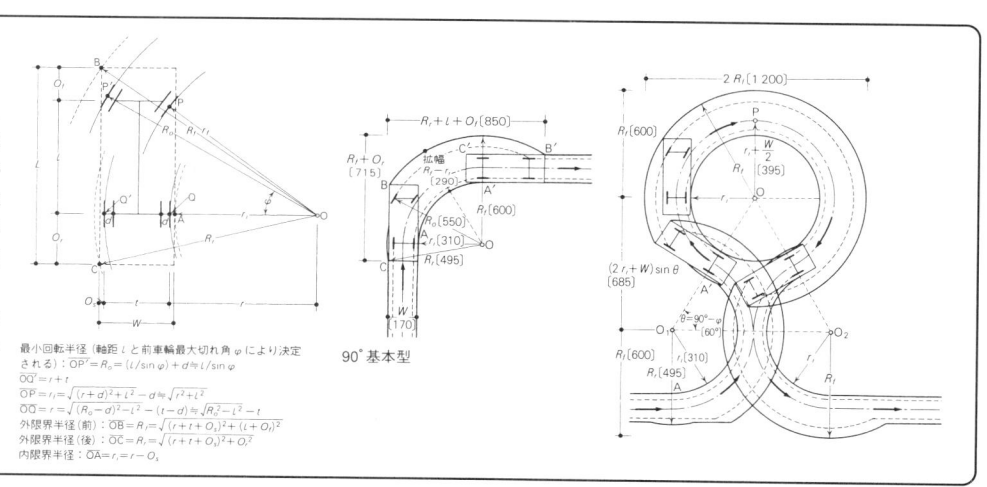

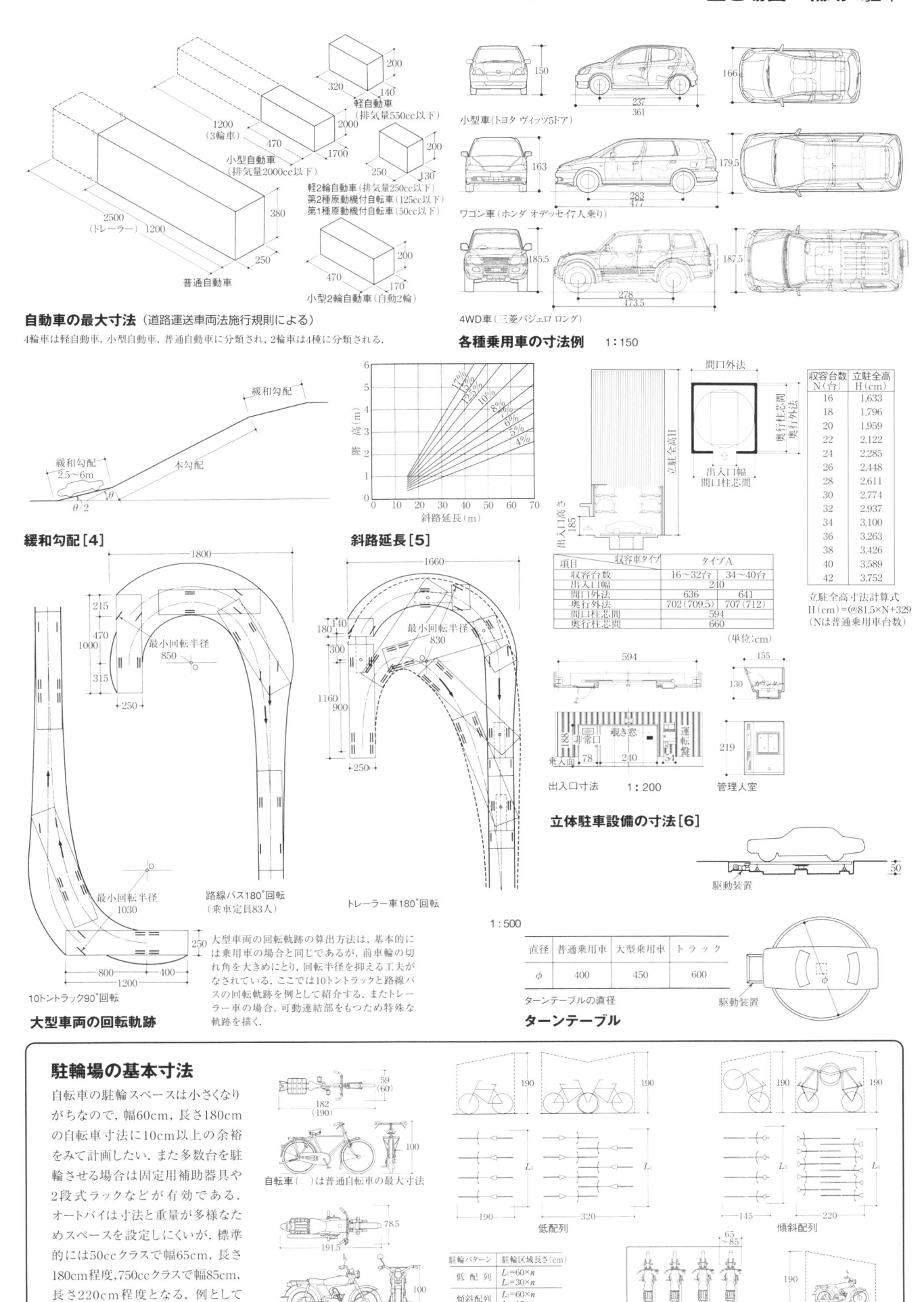

Room & Behavior Settings—Attached Space: Parking 室と場面＝補助：駐車

自動車の最大寸法（道路運送車両法施行規則による）
4輪車は軽自動車，小型自動車，普通自動車に分類され，2輪車は4種に分類される．

- 軽自動車（排気量550cc以下）
- 小型自動車（排気量2000cc以下）
- 軽2輪自動車（排気量250cc以下）
- 第2種原動機付自転車（125cc以下）
- 第1種原動機付自転車（50cc以下）
- 普通自動車
- 小型2輪自動車（自動2輪）

各種乗用車の寸法例　1:150
- 小型車（トヨタ ヴィッツ5ドア）
- ワゴン車（ホンダ オデッセイ7人乗り）
- 4WD車（三菱パジェロ ロング）

緩和勾配［4］

斜路延長［5］

大型車両の回転軌跡
- 路線バス180°回転（乗車定員83人）
- トレーラー車180°回転
- 10トントラック90°回転

大型車両の回転軌跡の算出方法は，基本的には乗用車の場合と同じであるが，前車輪の切れ角を大きめにとり，回転半径を抑える工夫がなされている．ここでは10トントラックと路線バスの回転軌跡を例として紹介する．またトレーラー車の場合，可動連結部をもつため特殊な軌跡を描く．

立体駐車設備の寸法［6］

収容台数 N(台)	立駐全高 H(cm)
16	1,633
18	1,796
20	1,959
22	2,122
24	2,285
26	2,448
28	2,611
30	2,774
32	2,937
34	3,100
36	3,263
38	3,426
40	3,589
42	3,752

立駐全高寸法計算式
$H(cm) = @81.5 \times N + 329$
（Nは普通乗用車台数）

項目 ＼ 収容車タイプ	タイプA	
収容台数	16〜32台	34〜40台
出入口幅	240	
間口外法	636	641
奥行外法	702 (709.5)	707 (712)
間口柱芯間	594	
奥行柱芯間	660	

(単位:cm)

出入口寸法　1:200
管理人室

ターンテーブル

直径	普通乗用車	大型乗用車	トラック
φ	400	450	600

ターンテーブルの直径

駐輪場の基本寸法

自転車の駐輪スペースは小さくなりがちなので，幅60cm，長さ180cmの自転車寸法に10cm以上の余裕をみて計画したい．また多数台を駐輪させる場合は固定用補助器具や2段式ラックなどが有効である．オートバイは寸法と重量が多様なためスペースを設定しにくいが，標準的には50ccクラスで幅65cm，長さ180cm程度，750ccクラスで幅85cm，長さ220cm程度となる．例として50cc〜250ccクラスのオートバイの平行駐車パターンを示す．

- 自転車（　）は普通自転車の最大寸法
- 原付第2種（90cc）　1:100

駐輪パターン	駐輪区域長さ(cm)
低配列	$L_1 = 60 \times n$ ／ $L_2 = 30 \times n$
傾斜配列	$L_1 = 60 \times n$ ／ $L_2 = 15 \times n$

n:自転車台数

駐輪パターンと駐輪区域長さ

オートバイの平行駐車寸法　1:150

低配列　傾斜配列

098 室と場面＝媒介：動線─通路・スロープ
Room & Behavior Settings—Connecting: Circulation—Passage/Slope

動線

通路は一般的には部屋と部屋をつなぐ移動の空間であるが，必ずしも従属的なものとは言えない．移動に伴うシーン展開を設計のテーマとすることもあるし，移動以外の用途に使えるよう工夫して，多用途の通路とすることもある．

シーンの展開を重視した例は，ランドスケープと一体に構想された美術館に見られる．[5]は，入り江や湖に面した木立の中に，増築を重ねて配置された展示室群を，現代美術を見ながら巡るものである．

[3]は奥行きの薄い細長敷地に建つ住宅である．道側を閉じ地階を主要居室とし，池に面した開口やトップライトから光をとり入れている．長い距離を生かしたシーン展開が印象的である．

スロープ

スロープは垂直移動をする時に，健常者も身障者も共に使える点で効果的である．また，十分な長さを必要とし斜めの形状となるため，空間の印象を決定づける．移動に伴いシーンが連続的に変化する点も特徴である．[1]のアトリエは，緩やかに湾曲した壁に沿うかなり急なスロープがデザインの中心である．

回遊性のある動線系では，スロープが重要な要素となることがある．[4]は，円形アトリウムの壁に沿うスロープが，内部を巡る回遊性を象徴している．[6]では，緩やかな階段状に配されたフロアを階段とスロープがつないでいる．

一般に，傾いた床面は移動以外に用いることは難しいが，[2]では螺旋のスロープが展示空間となっている．

01：ラロッシュ・ジャンヌレ邸（Paris，フランス）1923年，設計：Le Corbusier
02：潟博物館（新潟県豊栄市）1993年，設計：青木淳⇒261
03：目神山の家8（兵庫県西宮市）1983年，設計：石井修
04：スパイラル（東京都港区）1985年，設計：槇総合計画事務所
05：ルイジアナ美術館（Humlebaek，デンマーク）1958-94年，設計：Jørgen Bo, Vilhelm Wohler
06：大島町絵本館（富山県射水郡）1994年，設計：長谷川逸子
07：東京国際フォーラム（東京都千代田区）1996年，設計：Rafael Viñoly⇒276

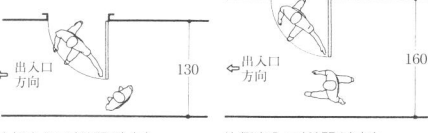

廊下幅・廊下形状

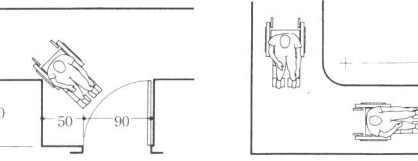

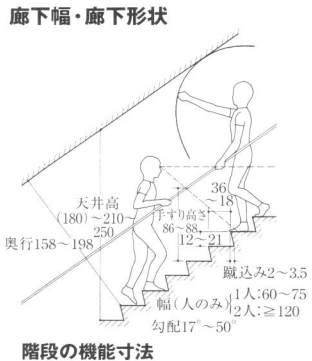

片側出入口（外開き）(1)
片側出入口（外開き）(2)
大型物の運搬-通路と出入口
大型物の運搬-90°回転通行
車いす-出入口まわり（外開き）
車いす-90°回転通行
車いす-健常者同行
車いす-すれ違い

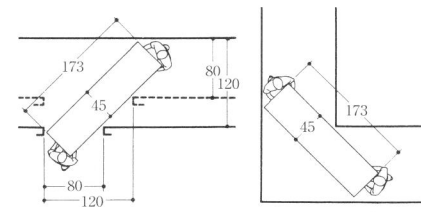

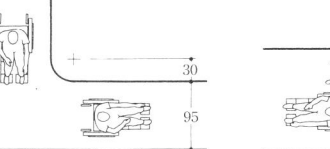

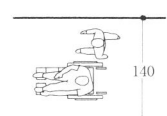

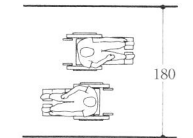

階段の機能寸法 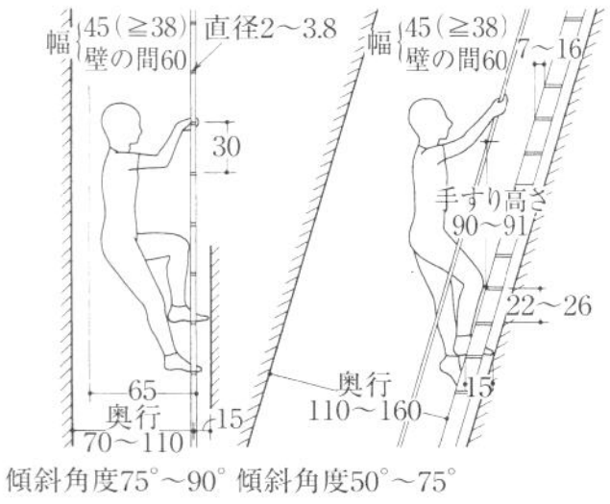
はしごの機能寸法 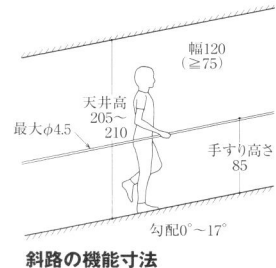
斜路の機能寸法 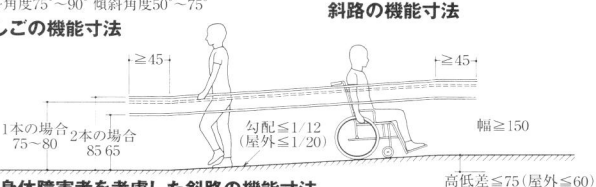
身体障害者を考慮した斜路の機能寸法

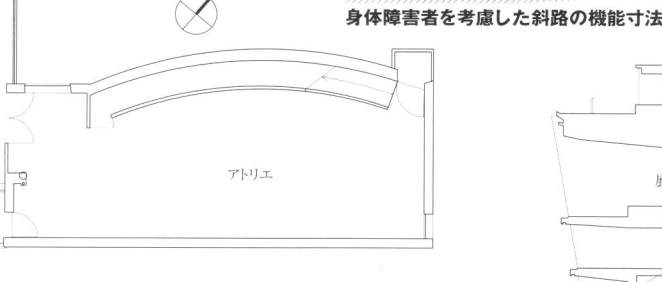

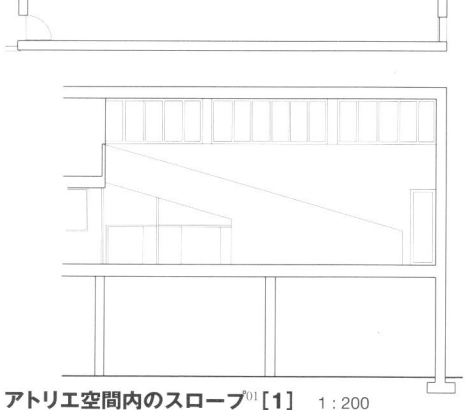

アトリエ空間内のスロープ[01][1]　1:200
螺旋状の展示空間[02][2]　1:500 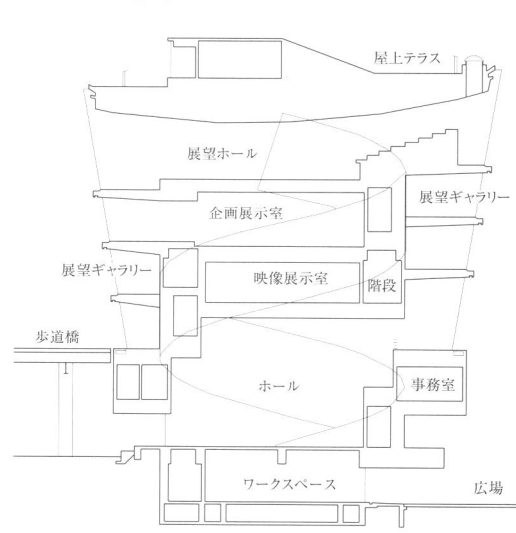

移動・通過の寸法

[1]は松葉杖，[2]は杖使用者の動作寸法を示している．[3]の車いすの回転直径1.5mの円は平面計画の基本モジュールとなる．[4]は出入口の寸法の目安である．引戸が戸を引き込む余裕があればよいのに対し，開き戸には戸の周囲に開閉のための広さを必要とする．トイレのドアは，中で人が倒れた場合に救助できるよう，引戸か外開きの戸とすることが一般的であるが，戸の開き勝手は慎重に決定する必要がある．[5]は車いす使用者の通行を考えた扉の基本事項を示している．

松葉杖使用者の動作寸法[1]
杖使用者の動作寸法[2]
車いすの回転寸法[3]
扉開閉に伴う標準的寸法[4]
身体障害者用扉まわりの寸法[5]

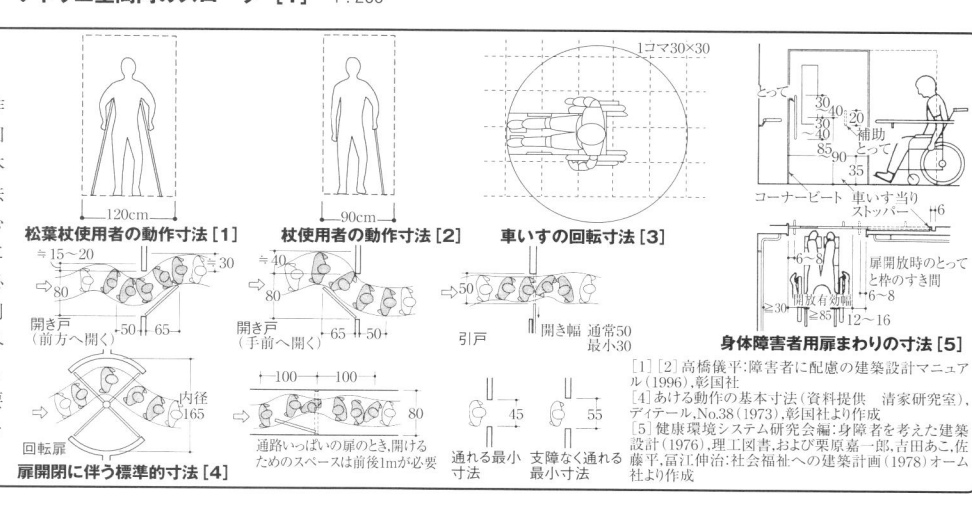

[1][2]高橋儀平：障害者に配慮した建築設計マニュアル（1996），彰国社
[4]あける動作の基本寸法（資料提供　清家研究室），ディテール，No.38（1973），彰国社より作成
[5]健康環境システム研究会編：身障者を考えた建築設計（1976），理工図書，および栗原嘉一郎，吉田あこ，佐藤平，冨江伸治：社会福祉への建築計画（1978）オーム社より作成

室と場面＝媒介：動線──通路・スロープ

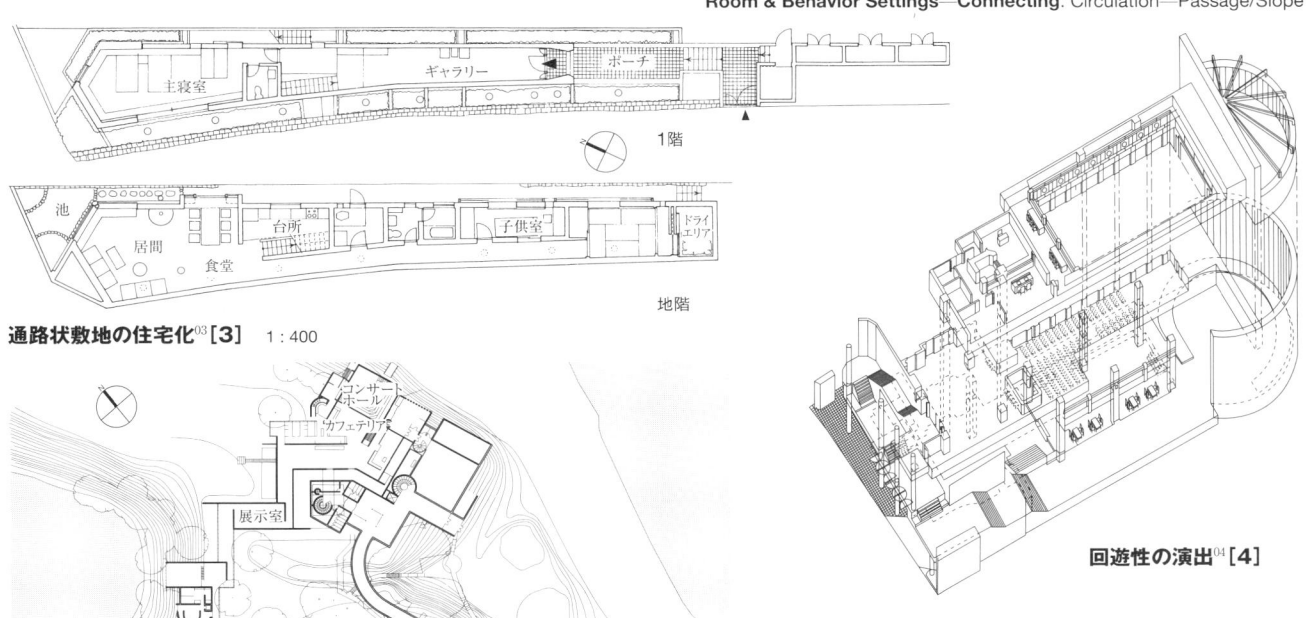

Room & Behavior Settings—Connecting: Circulation—Passage/Slope

099

通路状敷地の住宅化[3]　1:400

回遊性の演出[4]

自然の中の現代アートを演出する回廊[5]　1:2500

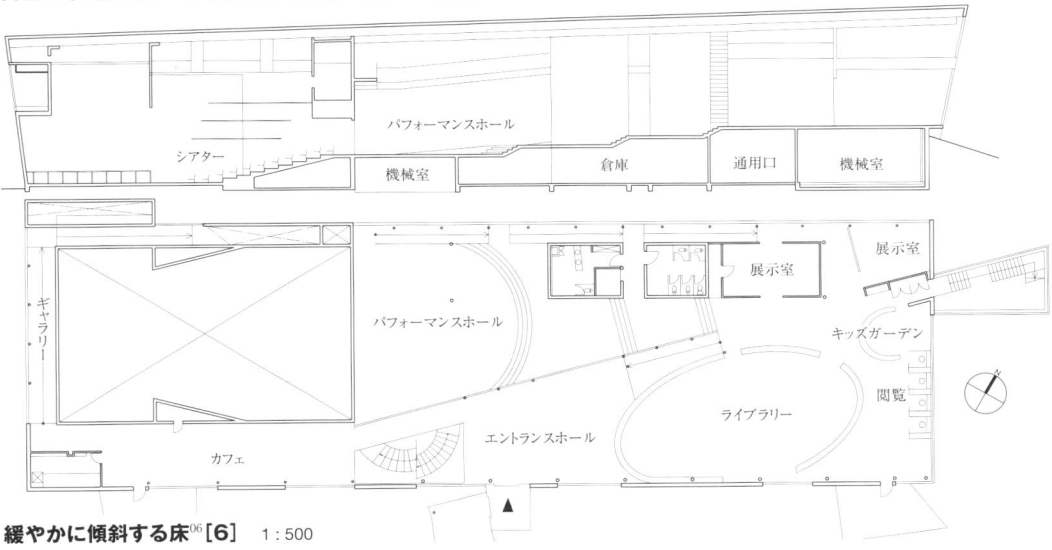

緩やかに傾斜する床[6]　1:500

アトリウムの壁に沿うスロープ[7]

スロープ・階段の勾配

スロープや階段の勾配は安全性や快適性に関わる[1]．踏面，蹴上げ，階段幅，踊り場などの最低基準の寸法は法規で決められている．昇降しやすい階段の踏面（T）と蹴上げ（R）には各種の関係式が提案されており，$T+2R=$約63cmもその一つである．踏込みがあると上がりやすいとされるが，つまずかないために2cm以下が推奨されている[4]．

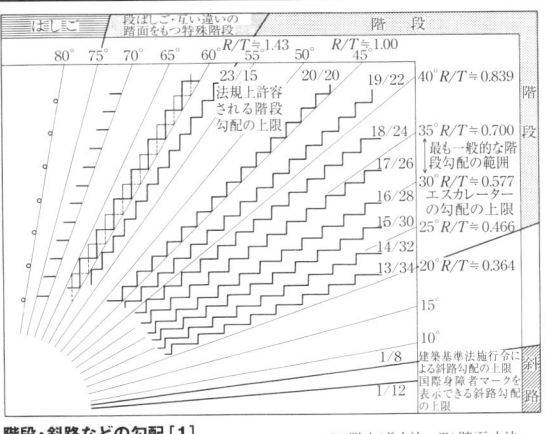

踏込み≒$R/10$　**踏込み**[4]

階段・斜路などの勾配[1]　　R：蹴上げ寸法，T：踏面寸法

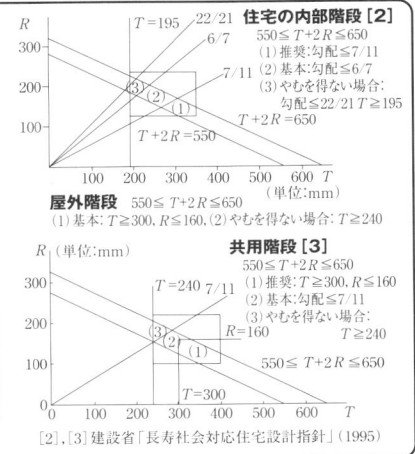

住宅の内部階段[2]
$T=195$　22/21
$550 \leq T+2R \leq 650$
(1) 推奨：勾配≤7/11
(2) 基本：勾配≤6/7
(3) やむを得ない場合：勾配≤22/21 $T \geq 195$
$T+2R=550$
$T+2R=650$

屋外階段　$550 \leq T+2R \leq 650$
(1) 基本：$T \geq 300$，$R \leq 160$，(2) やむを得ない場合：$T \geq 240$

共用階段[3]
R（単位：mm）
$T=240$　7/11
$550 \leq T+2R \leq 650$
(1) 推奨：$T \geq 300$，$R \leq 160$
(2) 基本：勾配≤7/11
(3) やむを得ない場合：
$R \leq 160$
$T \geq 240$
$550 \leq T+2R \leq 650$
$T=300$

[2]，[3]：建設省「長寿社会対応住宅設計指針」(1995)

室と場面＝媒介：動線—階段 Room & Behavior Settings—Connecting: Circulation—Stairs

階段は垂直移動のために設けられ，様々なタイプがある．

[1]は公共的場所に使われた鉄骨の折返し階段である．段板はグレーチングで蹴込み板のない透し階段である．[2]は木の段板をスチールのブラケットで支えた鉄骨階段である．[3]は正方形平面に収まる，鉄骨の中あき階段である．踏面のプレートにノンスリップの穴開け加工が施されている．

昇降しやすくはないが平面的にコンパクトに収めることができるのは螺旋階段で，[4]は住宅での使用例である．[5]はエントランスホールにオブジェのようにある中あき螺旋階段であり，天井から吊り，壁に振れ止めをつけている．

階段のある空間がその建築を特徴づけることがある．[8]は斜面立地を活かし，玄関から下りる階段を中心に空間を編成している．[9]は三角形の狭小敷地に建つ都心住居で，いわば階段自体が居住空間である．

[7]の集合住宅は，通り抜けできる共用部分から各住戸へ至る階段群が迷路のような様相を呈する．

[6]は3層分の吹抜けに，シアター上部の大階段と3階と4階の展示室をつなぐ階段とがあり，空間を印象づけている．大階段は客席のように使うこともできる．

[10]は美術館の半屋外的空間にある階段で，1階から4階の屋上広場まで至る．

01：山口大学医学部創立50周年記念会館（山口県宇部市）1997年，設計：岸和郎
02：上総の家（千葉県長生郡）1992年，設計：中村好文
03：比治山本町のアトリエ（広島市）1998年，設計：村上徹
04：T2 Bldg.（東京都板橋区）1997年，設計：石田敏明
05：実践女子短期大学本館（東京都日野市）1985年，設計：高橋靗一
06：アンパンマンミュージアム（高知県香北町）1996年，設計：古谷誠章，八木佐千子
07：ラビリンス（東京都杉並区）1989年，設計：早川邦彦
08：原邸（神奈川県町田市）1974年，設計：原広司 ⇒121
09：塔の家（東京都渋谷区）1966年，設計：東孝光 ⇒118
10：猪熊弦一郎現代美術館・丸亀市立図書館（香川県丸亀市）1991年，設計：谷口吉生 ⇒259

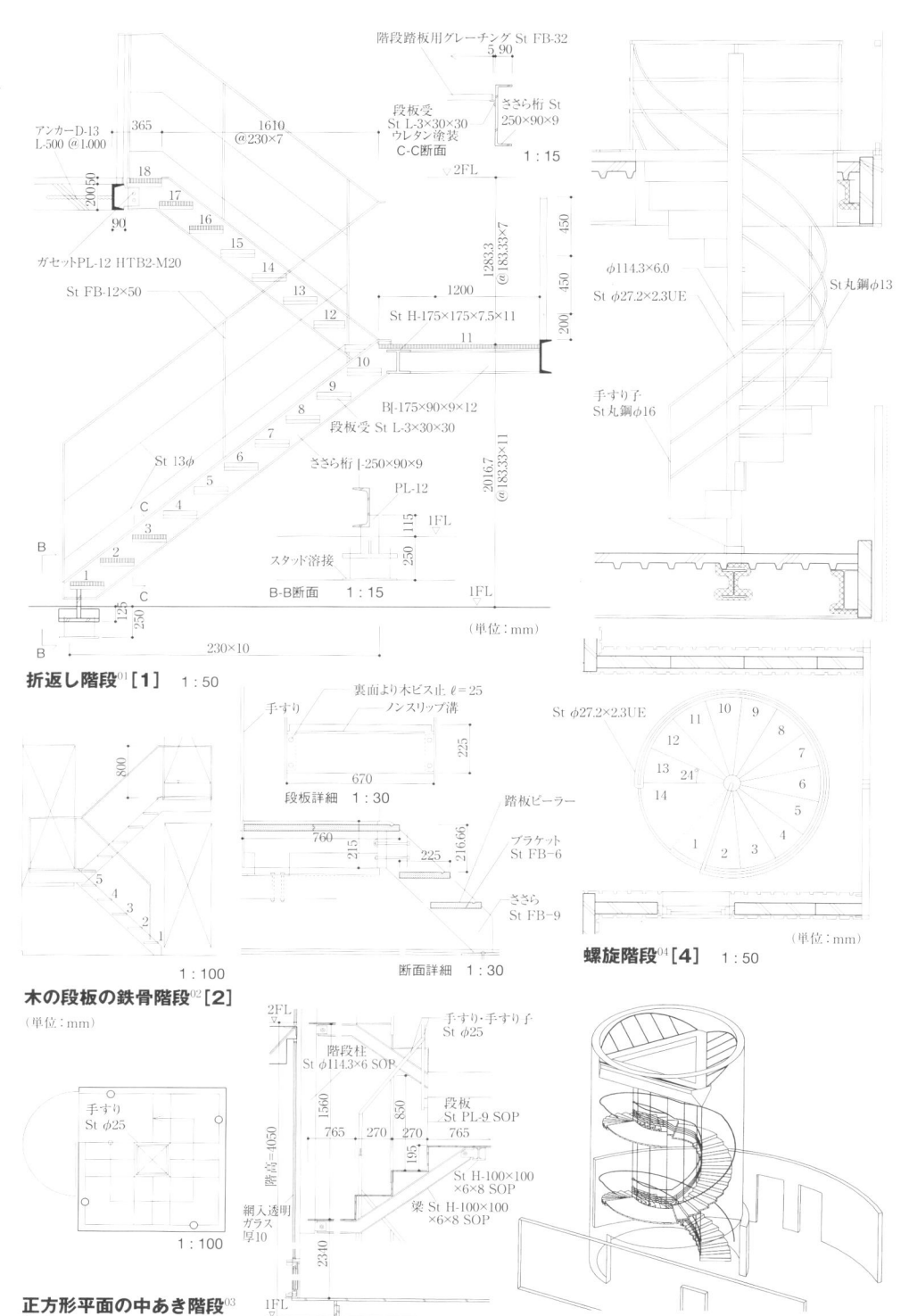

折返し階段[1] 1:50

木の段板の鉄骨階段[2] 1:100

正方形平面の中あき階段[3] 1:50

螺旋階段[4] 1:50

エントランスホールの緩やかな螺旋階段[5]

階段の種類，踊り場の寸法

階段は平面形状により，所要面積が変わる[1]．回転部分にも段を設けた回り階段は面積が小さくなるが，安全面で問題がある．

踊り場は，安全性を確保するために効果的である．その長さ(L)は法規により最小寸法が決まるが，目安として次のような式がある．

$L = $ 踏面 $+ 600 \sim 650\,\text{mm} \times $ 歩数

屈折階段の場合，大きな家具の搬出入を考慮して踊り場の寸法を決める必要がある[2]．

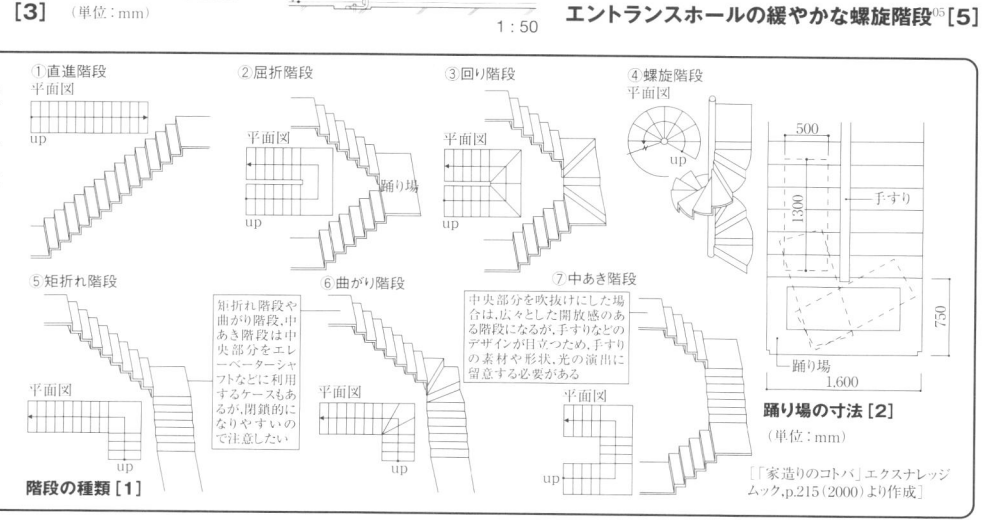

①直進階段　②屈折階段　③回り階段　④螺旋階段
⑤矩折れ階段　⑥曲がり階段　⑦中あき階段

階段の種類[1]

踊り場の寸法[2]

「家造りのコトバ」エクスナレッジムック，p.215（2000）より作成

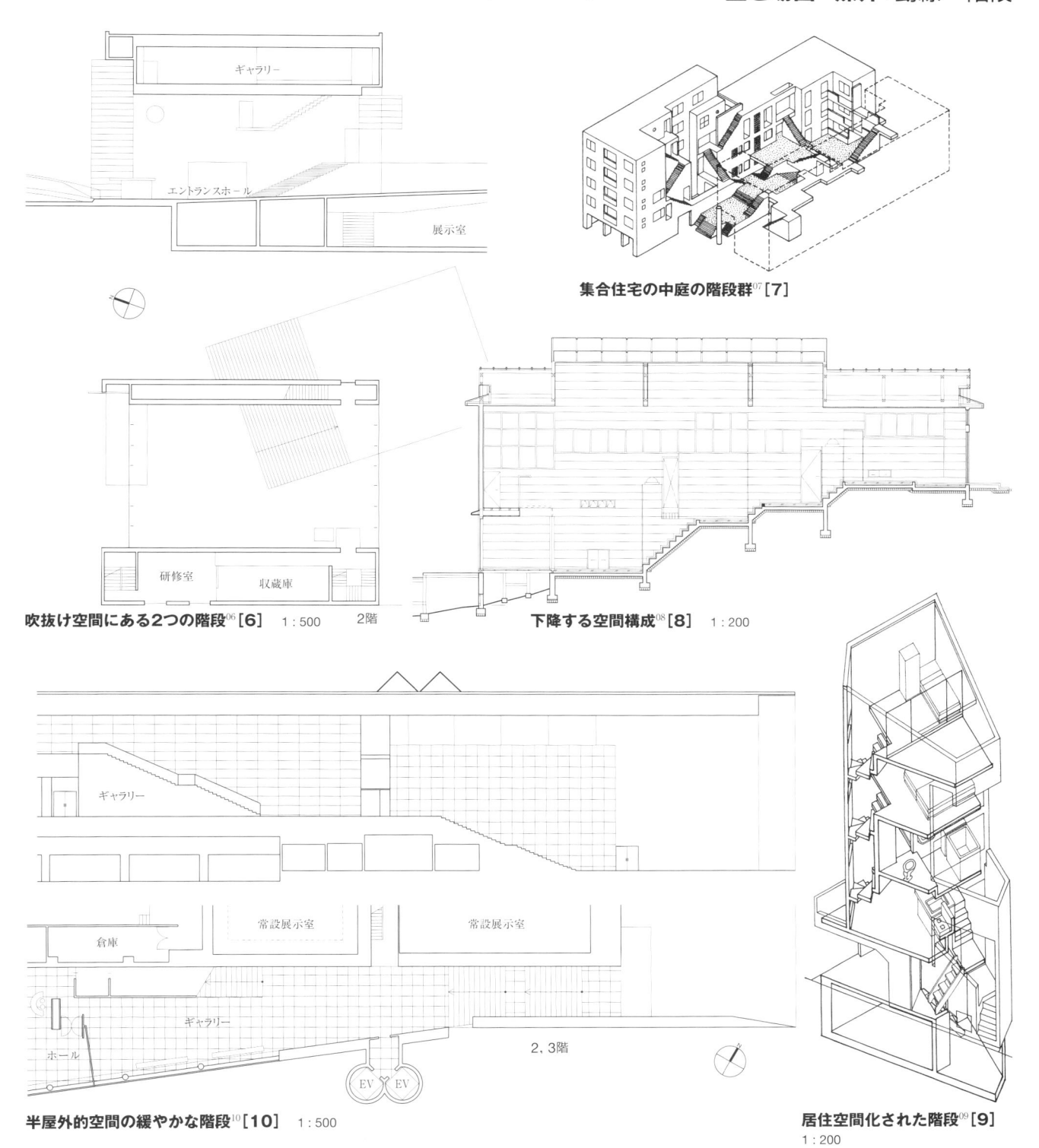

吹抜け空間にある2つの階段[6]　1:500

集合住宅の中庭の階段群[7]

下降する空間構成[8]　1:200

半屋外的空間の緩やかな階段[10]　1:500

居住空間化された階段[9]　1:200

階段の手すり

階段の手すりは，昇降補助や転落防止の役目をもっている．75〜85cmの高さに設け，幼児や児童が利用する場合は，高さ75〜85cmと60〜65cm程度の2段とする．端部は階段起終点から水平に延長し，壁側に曲げ込むか下向きに曲げることが薦められている．

手すりは階段の両側に連続して設けるのが望ましい．広幅員の階段では中央部にも設ける．公共的施設では視覚障害者の利用を考慮して，手すり起終点に階数，方向などを点字で標示する．

2段手すり

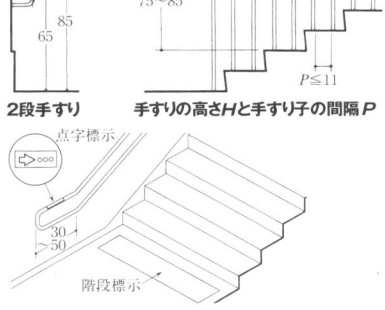

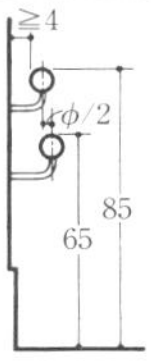

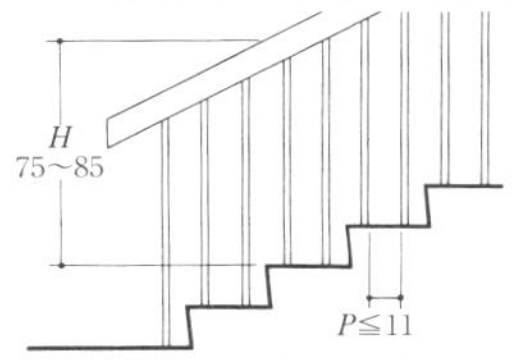

手すりの高さHと手すり子の間隔P

視覚障害者のための階段標示の例
[健康環境システム研究会編：身障者を考えた建築のディテール（1978），理工学図書より作成]

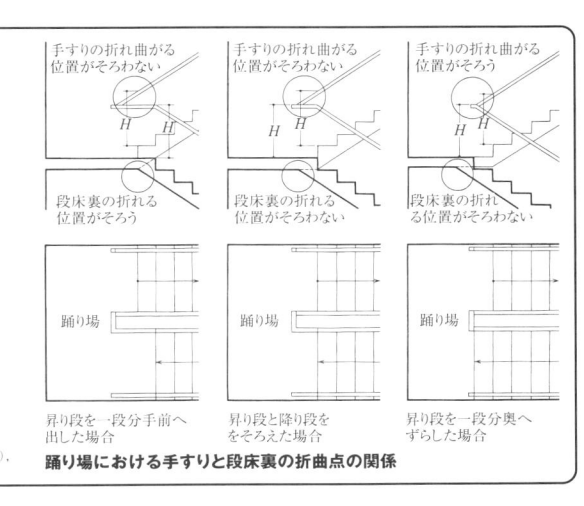

踊り場における手すりと段床裏の折曲点の関係

室と場面＝媒介：動線——エレベーター・エスカレーター・吹抜け
Room & Behavior Settings—Connecting: Circulation—Elevator/Escalator/Open Ceiling

エレベーター
エレベーターの方式には，ロープ式と油圧式がある．ロープ式はシャフトの直上に機械室がくる場合が多いが，機械室を必要としないタイプもある．油圧式はロープ式に比べ機械室の配置に自由度があるが，小行程・低速度のものに限られる．

[1]は四つのバンクで構成されたコンベンショナルゾーニング方式のエレベーターホールの典型的な例である．

オープンタイプ[2]など，シャフトの区画が成立していないエレベーターは特別な認定等の手続が必要となる．[3]は古い建物の外部に独立したガラス張りのエレベーターシャフトを取り付けたものであり，古い建物を損なうことなく新たな機能を追加している．

エスカレーター
一度に上げられる高さには制限があるが，輸送力はエレベーターの約10倍にもなるため，利用者数の多い商業施設等で多く用いられる[4]．

[5]の空中エスカレーターは40mの空間を抜けて上がるダイナミックさとともに，建物の外観にも重要な役割をはたしている．

吹抜け
吹抜けは上下階を視覚的につなぐ以外に，様々な意味合いを持っている．

[6]は巨大ショッピングセンター内のランドマークの一つとして楕円錐状の形態が特徴的である．

吹抜けにはエスカレーター，エレベーター等が設置され上下階への動きを誘発していることが多い[7]．

01：新宿アイランドタワー（東京都新宿区）1995年，設計：日本設計
02：富山市庁舎（富山市）1992年，設計：日本設計
03：ソフィア王妃芸術センター（Madrid，スペイン）1990年，設計：Vazques & Iniguez + Ian Richie
04：品川インターシティ（東京都港区）1998年，設計：日本設計
05：梅田スカイビル（大阪市）1993年，設計：原広司
06：マイカル小樽2番街（北海道小樽市）1999年，設計：the Jerde Partnership, KAJIMA DESIGN，大成建設
07：JR京都駅伊勢丹（京都市）1997年，設計：原広司＋アトリエ・ファイ建築研究所

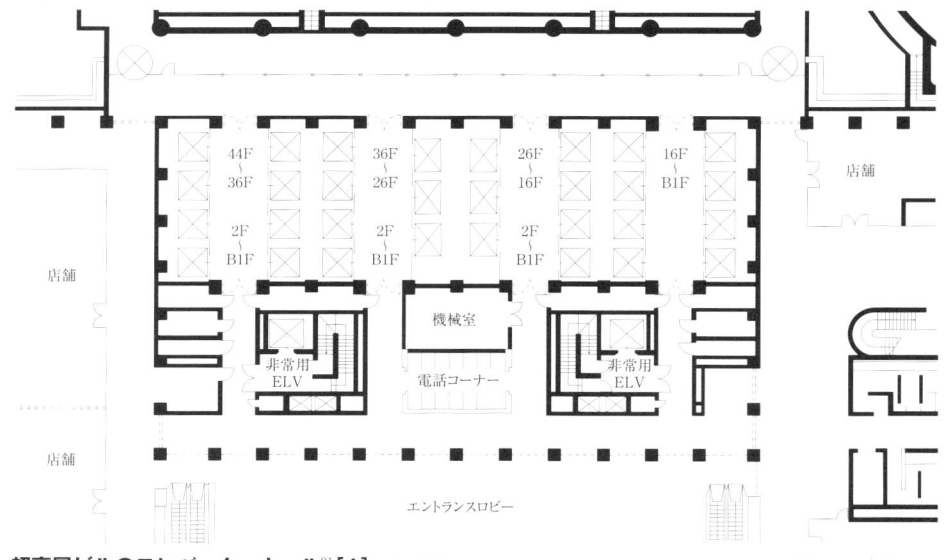

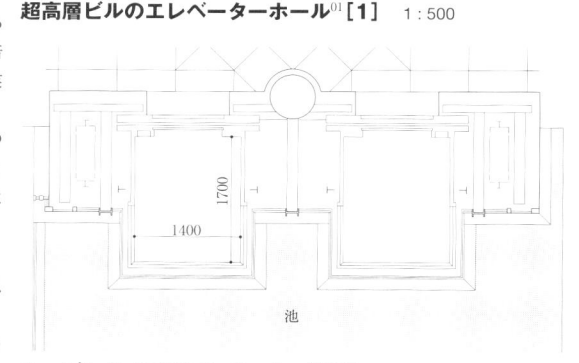

超高層ビルのエレベーターホール[1] 1:500

オープンタイプのエレベーター[2] 1:100　1階平面図　1:100　（単位：mm）

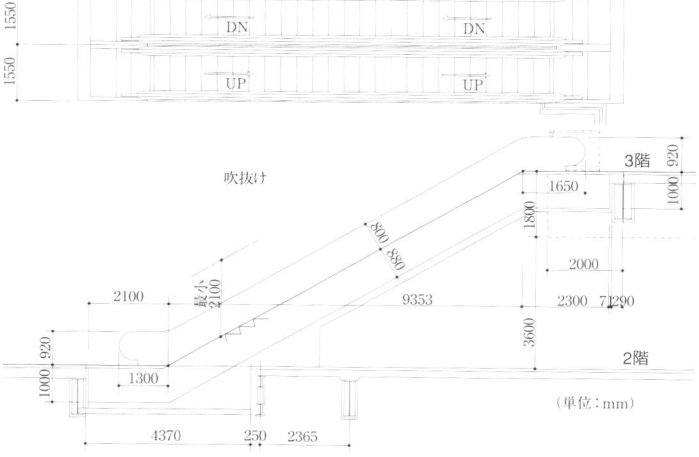

付加機能としてのエレベーター[3]

吹抜けを上るエスカレーター[4] 1:200　（単位：mm）

高層ビルのエレベーター計画

高層ビルにおいて，エレベーターの定員，台数，着床フロアおよびスピードの計画は，ビルのサービスのグレードを決める重要な要素であるとともに，コア計画（⇒288）や有効率にも関わる要素であり，計画当初から十分に検討を行う必要がある．エレベーターの平面配置も使い勝手に大きく影響するため注意が必要である．

一般にはピーク時の値ということで出勤時の交通量をもとにシミュレーションを行い検討を行う．5分間集中率を，貸ビルでは在籍人数の10～15%，自社ビルでは20～25%として交通計算を行い，平均出発間隔が30秒以下になるのが望ましいといわれている．平常時のサービス状態も計画指標として用いられることがある．

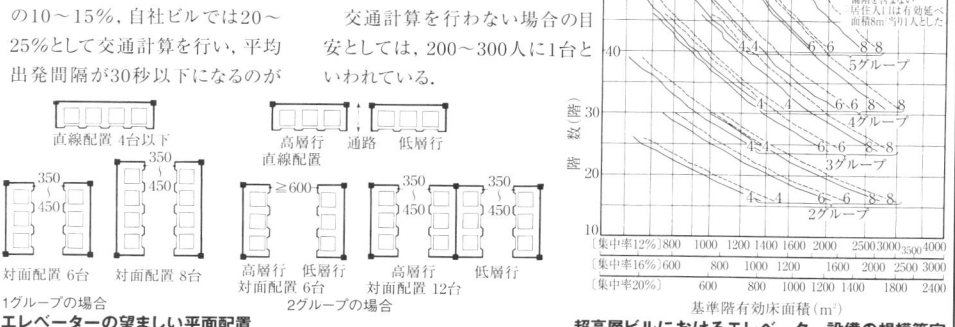

交通計算を行わない場合の目安としては，200～300人に1台といわれている．

エレベーターの望ましい平面配置

超高層ビルにおけるエレベーター設備の規模算定

室と場面＝媒介：動線——エレベーター・エスカレーター・吹抜け
Room & Behavior Settings—Connecting: Circulation—Elevator/Escalator/Open Ceiling

	意味付け		必要な仕様、装置
ランドマーク	・店舗内で居場所を知る手掛りとなる ・待ち合わせ場所として ・施設のシンボルとして		・からくり時計 ・噴水 ・鐘など音の出る仕掛け
動きを誘発	・上下階への移動を誘発させる ・水平移動を誘発させる ・人が移動している様を見せる		・エスカレーター ・シースルーエレベーター ・階段 ・吹抜け等に面した通路
多機能の演出	・上下階を含め、"見る-見られる"の関係を利用し施設を構成する様々な機能や空間を表出させる		・吹抜けに面したサイン ・インフォメーションカウンター ・案内板
都市のアナロジー	・吹抜け・アトリウムの持つエンターテイメント性によって、大通り、広場等の都市的イメージを醸し出す		・街路風のサイン ・ショーウインドー ・カフェ ・屋外空間の仕上げ
多目的スペース	・高さのある空間を利用した多彩なイベントを可能にする ・店舗等では歳末時など集客の多い時期は、一時的に催事場になる		・イベント広場 ・ステージおよび演出装置 ・クリスマスツリーなど季節の演出 ・ベンチ
外部からの誘引効果	・施設のエントランス部分を吹抜けとすることで、外部からの導入をスムーズにする ・外部に対してもシンボルとなる		・吹抜け状の風除室 ・インフォメーションカウンター ・外部に面したガラスカーテンウォール

吹抜け・アトリウムの意味

建築要素となっている エスカレーター[5]
（提供：アトリエ・ファイ建築研究所）

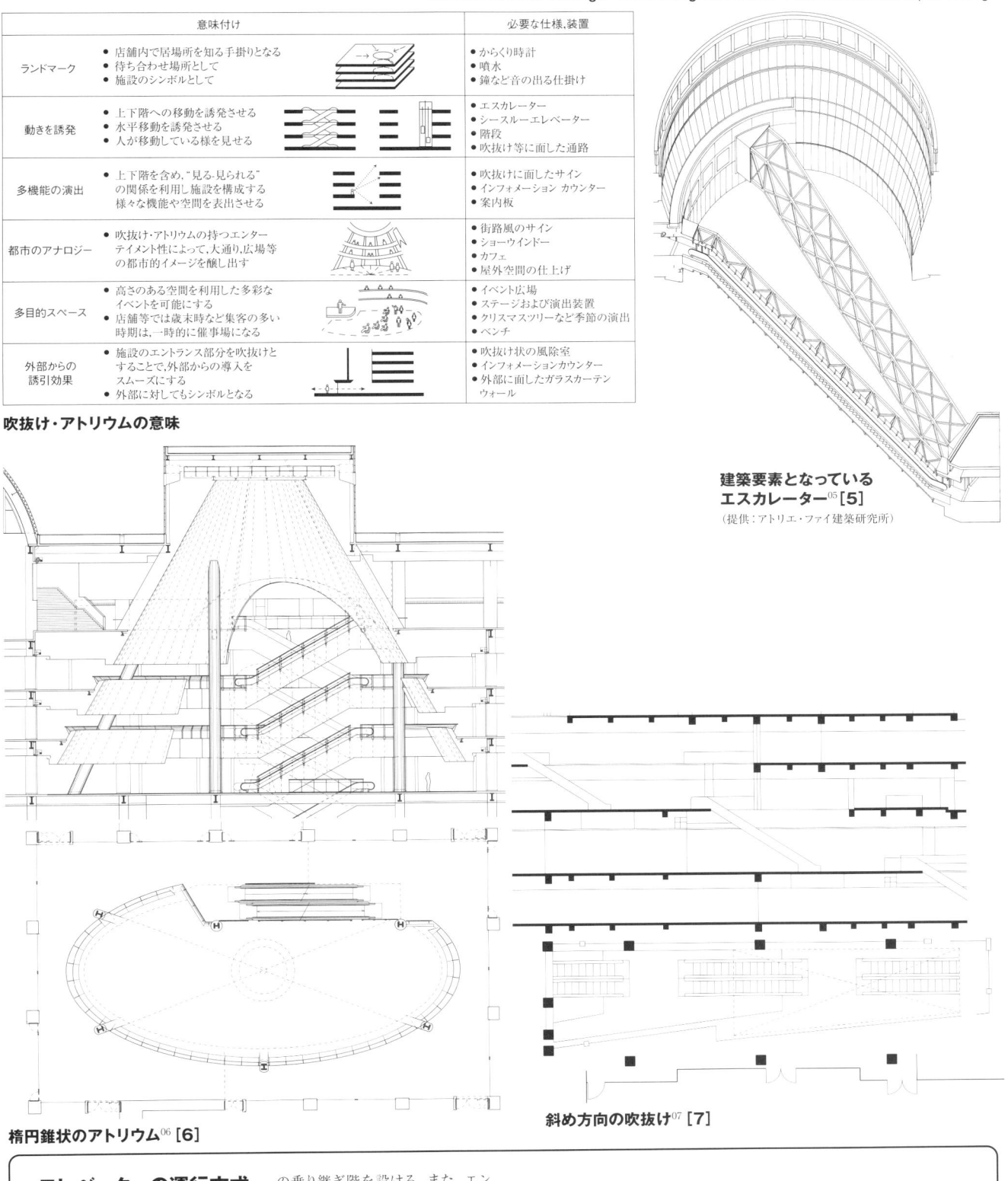

楕円錐状のアトリウム[6]

斜め方向の吹抜け[7]

エレベーターの運行方式

20階を超える建物では、輸送時間の短縮、有効率の向上などの理由から特別な運行方式が用いられる。

コンベンショナルゾーニング方式は、建物を何層かごとにいくつかのゾーンに分割し、それぞれのゾーンごとに違うエレベーター群を割り当てる方法である。各ゾーンのフロア数は、10階前後、最大15フロア以下とし、縦の動線が分断されるのを防ぐため異なるゾーンの乗り継ぎ階を設ける。また、エントランス階で、ゾーンの違いが分かりやすいような平面計画、サイン計画を行う必要がある。この方式では、シャフトの面積の割合が、低層階ほど大きくなるため、60階程度が限度となる。

それ以上の階数の建物にふさわしい運行方式がスカイロビー方式である。これはゾーニング方式を重ねたものであり、各ローカルゾーンのスカイロビー階まで、高速・大容量のシャトルエレベーターで直通サービスを行う方式である。

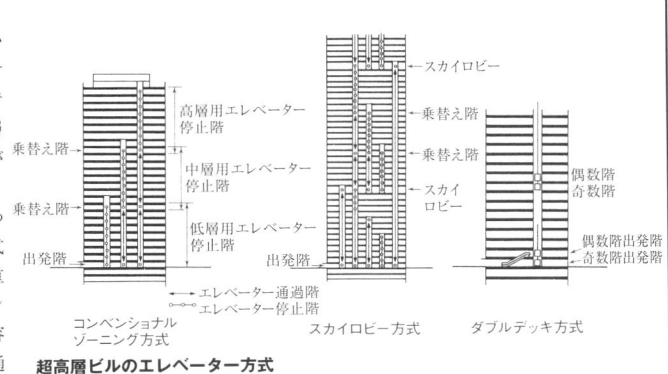

超高層ビルのエレベーター方式

室と場面=媒介：境界—開口部・スクリーン・ルーバー
Room & Behavior Settings—Connecting: Boundary—Openings/Screen/Louver

開口部

壁や屋根に設ける開口部には、光や風を取り入れる、外あるいは中を見る、時には出入りするなどの、建築内外を結びつける機能が複合している。特に光の取り入れ方は、空間の質を大きく左右するものとして様々な工夫がされてきた。中でも、静謐さや荘厳さを求められる施設では肝要である。

スクリーン

建物内外の境界面を、ガラス等の薄い素材を使いスクリーン状の壁面にすることがある。日射を制御しながら室内に取り入れるため、その境界面には様々な仕掛けがなされる。伝統的な障子もその一つであり、各種ガラス、金属、木などの素材を加工し組み合わせたものもある。断熱・気密・遮音等の性能を持たせるため、二重にガラス等のスクリーンを設置することもある（ダブルスキン）。⇨290

ルーバー

建築の外表面に設けるルーバーは、目隠し、防護、日射の制御といった機能を持つ。採光・通風が可能な半透過性の面を形成して、立面を特徴づけ、内部空間に光と影を与える。伝統的な木製格子のほか、金属、コンクリート、ガラス、石など材質は様々である。部材の材質・寸法形状・配列の仕方により、その表情や特性が変わる。可動式のルーバーもある。

01：キンベル美術館（Fortworth、アメリカ）1972年、設計：Louis Kahn⇨263
02：詩とメルヘン絵本館（高知県香北町）1998年、設計：古谷誠章、八木佐千子
03：君津市保健福祉センターふれあい館（千葉県君津市）1999年、設計：坂倉建築研究所
04：豊田市美術館（愛知県豊田市）1995年、設計：谷口吉生⇨255
05：ヒルサイドウエスト（東京都渋谷区）1998年、設計：槇総合計画事務所
06：大阪市水上消防署（大阪市）1998年、設計：シーラカンスK&H
07：シアトル大学チャペル（Seattle、アメリカ）1997年、設計：Steven Holl
08：新潟市民芸術文化会館（新潟市）1998年、設計：長谷川逸子⇨273
09：ユニテ・ダビタシオン（Marseille、フランス）1952年、設計：Le Corbusier⇨162
10：アラブ世界研究所（Paris、フランス）1987年、設計：Jean Nouvel
11：風の丘葬斎場（大分県中津市）1997年、設計：槇総合計画事務所⇨203

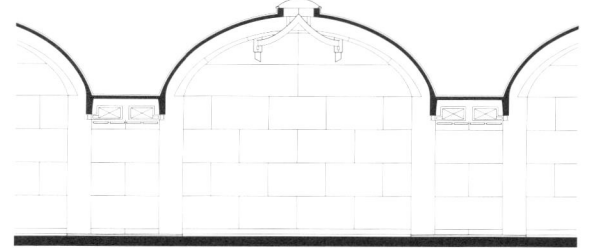

トップライトの仕掛けによる明るいヴォールト 01　1:200

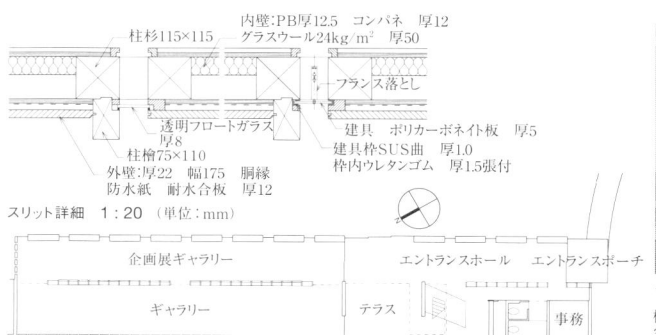

トップライトからの光を天井面に沿って取り込むことで明るいヴォールトとなっている。

（撮影：新建築写真部）

架構と一体化したスリット 02　1:500

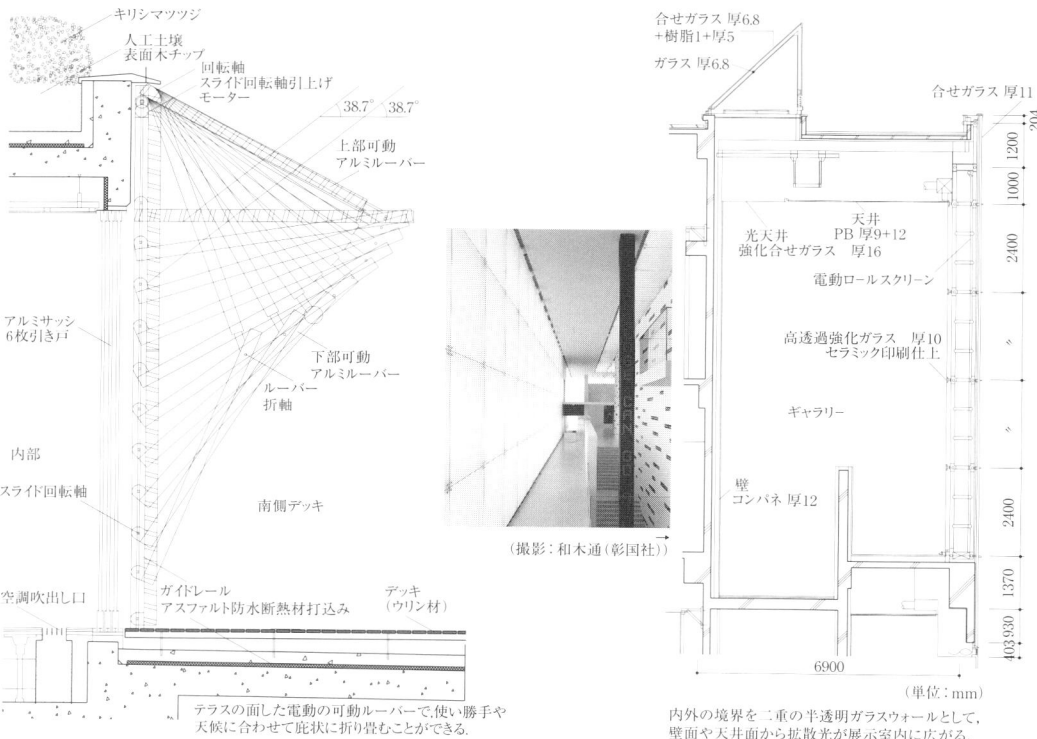

構法と一体に考案されたスリットの繰り返しが空間にリズムを与えている。

折りたたみルーバー 03　1:50

テラスの面した電動の可動ルーバーで、使い勝手や天候に合わせて庇状に折り畳むことができる。

（撮影：和木通（彰国社））

半透明ガラスのダブルスキン 04　1:200

内外の境界を二重の半透明ガラスウォールとして、壁面や天井面から拡散光が展示室内に広がる。

開口部の開閉形式

開口部に取り付ける建具の開閉形式は引戸と開き戸に大別される。その他に折戸、上げ下げ窓、シャッターなどの開閉形式がある。引戸は日本建築で多用されてきたが、大きな開口がとりやすく開閉スペースが不要なことが特徴である。開き戸は水密・気密・遮音性をとりやすく、防犯面でも引戸より有利であるが、開閉スペースが必要となる。網戸の取付け方法（例えば回転窓には付けづらい）、清掃方法も検討が必要である。

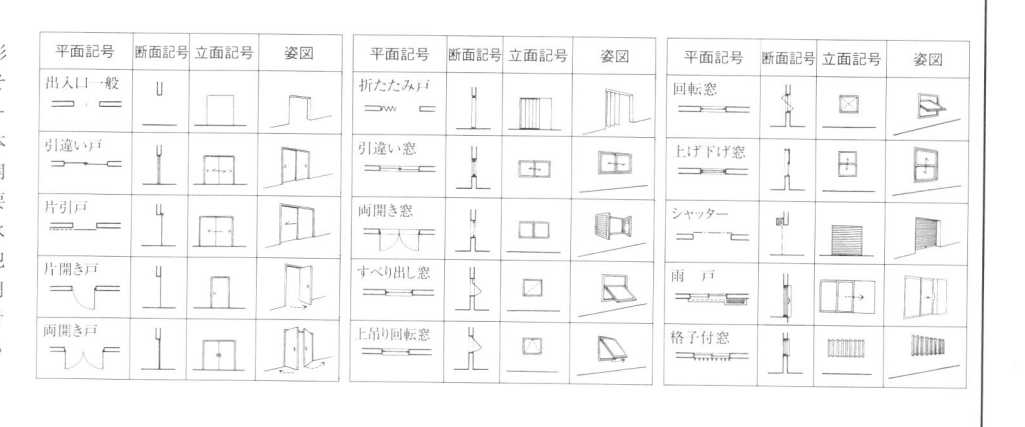

平面記号	断面記号	立面記号	姿図	平面記号	断面記号	立面記号	姿図	平面記号	断面記号	立面記号	姿図
出入口一般				折たたみ戸				回転窓			
引違い戸				引違い窓				上げ下げ窓			
片引戸				両開き窓				シャッター			
片開き戸				すべり出し窓				雨戸			
両開き戸				上吊り回転窓				格子付窓			

室と場面＝媒介：境界──開口部・スクリーン・ルーバー
Room & Behavior Settings—Connecting: Boundary—Openings/Screen/Louver

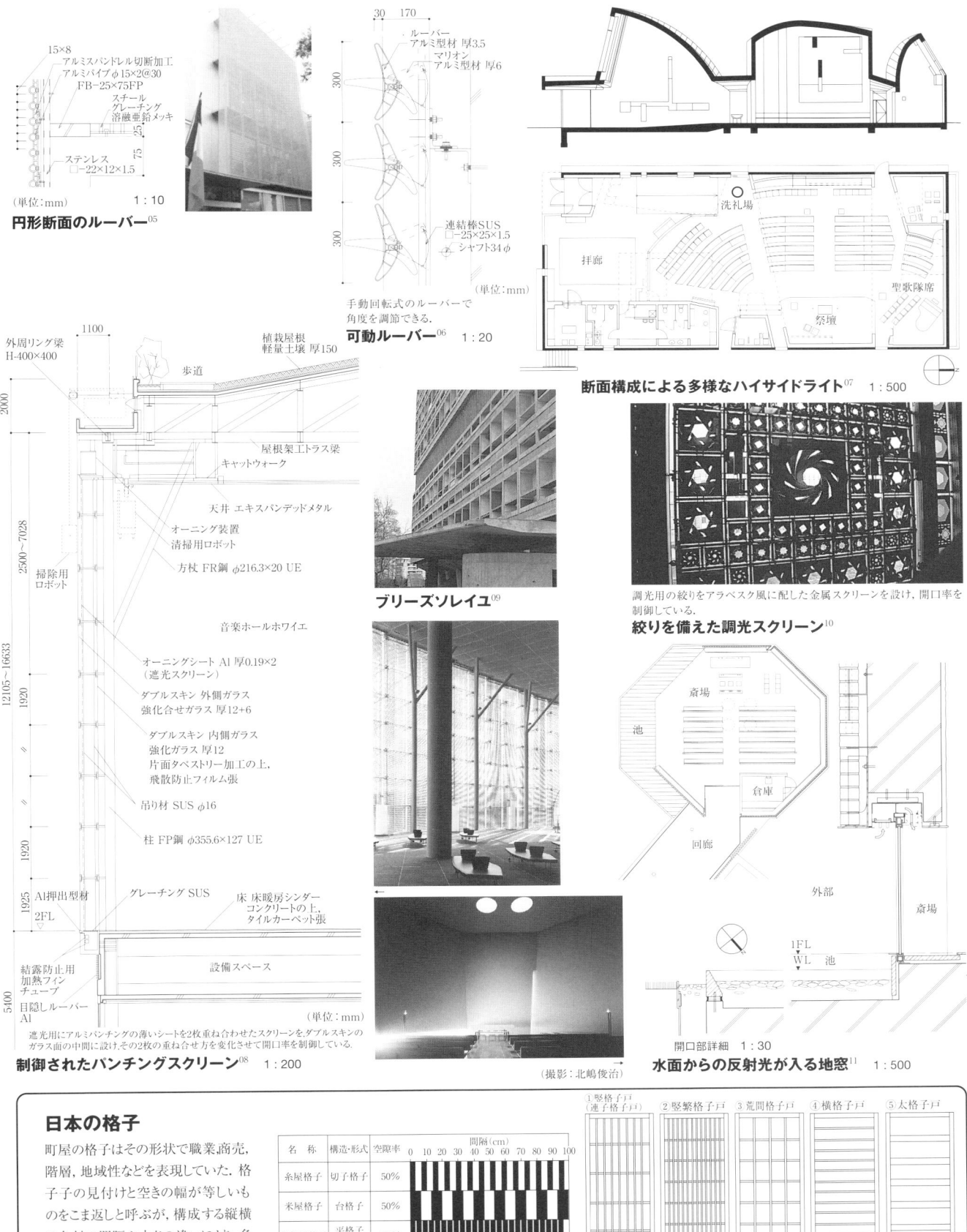

円形断面のルーバー 05　1:10

手動回転式のルーバーで角度を調節できる．
可動ルーバー 06　1:20

断面構成による多様なハイサイドライト 07　1:500

制御されたパンチングスクリーン 08　1:200
遮光用にアルミパンチングの薄いシートを2枚重ね合わせたスクリーンを，ダブルスキンのガラス面の中間に設け，その2枚の重ね合せ方を変化させて開口率を制御している．

ブリーズソレイユ 09

調光用の絞りをアラベスク風に配した金属スクリーンを設け，開口率を制御している．
絞りを備えた調光スクリーン 10

水面からの反射光が入る地窓 11　1:500
開口部詳細　1:30

（撮影：北嶋俊治）

日本の格子

町屋の格子はその形状で職業，商売，階層，地域性などを表現していた．格子の見付けと空きの幅が等しいものをこま返しと呼ぶが，構成する縦横の角材の間隔や太さの違いにより，多様な形状の格子がある．格子の空き，見付，見込み，部材の形状によって開口率，透け方，見え方は様々になる．日中は外からは内部の様子は見えにくく，内部からは格子を透かして外の様子が見えるといった視覚的効果が得られる．格子に面をとって，採光率を高めるといった工夫も見られる．

名称	構造・形式	空隙率
糸屋格子	切子格子	50%
米屋格子	台格子	50%
仕舞屋格子	平格子／出格子	23%
麩屋格子	出格子	46%
炭屋格子	板子格子	15%

町家格子の空隙率

[野生司義光，山本圭介，北嶋夫，古賀大：「現代の格子」，ディテール，No.135 p.32]
[『和風デザイン図鑑』建築知識スーパームック，p.340（1998）]

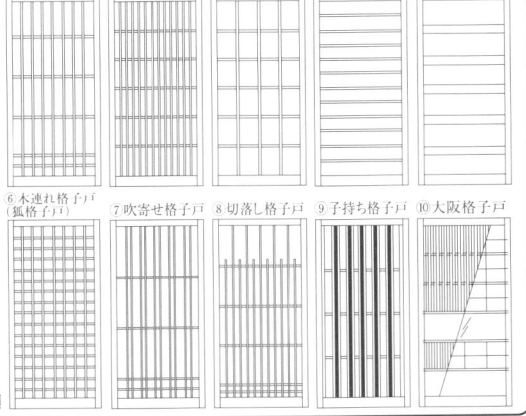

格子戸の主な種類
①堅格子戸（連子格子）　②堅繁格子戸　③荒間格子　④横格子戸　⑤太格子戸
⑥木連れ格子（弧連子）　⑦吹寄せ格子戸　⑧切落し格子　⑨子持ち格子　⑩大阪格子

室と場面＝媒介：境界—出入口・縁側・カウンター
Room & Behavior Settings—Connecting: Boundary—Entrance/Engawa/Counter

出入口・風除室
出入口の設計にあたっては，防犯や防風，雨仕舞，身障者を含む利用者の安全および避難計画に十分配慮する．

自動扉は風除室に用いられることが多いが，間隔が狭すぎると，機能を果たさないので注意が必要である．回転扉は単位時間当たりの通行量は制限されるが，風が抜けないため単体で風除室の機能を持ち，強風の場合でも支障なく使える利点がある．車いすも通れる大型のものや，扉を折りたたむと車いすや搬入車等が通れるものもある．非常時の避難口として使うには，特殊な機能が必要である[1][2][3]．

門
アプローチに門扉を設けることが多い．[4]では門にキャノピーを設け，建物の顔として印象づけている．

昇降口
上下足の履き替え場所の検討とともに，児童・生徒の体格を考慮し，高さなどの各部寸法を決定する[7]．

搬入口
[8]はトラックの前後でシャッターを閉められる広い荷卸室があり，その脇に前室を持つ保管庫が配置されている．

縁側・バルコニー
縁側やバルコニーは内外の中間的領域で，屋根や庇がかかると半屋外空間となる[5][6]．

カウンター
そこで行われる行為の種類と，来訪者，応対者のとる姿勢により場合分けができる．少しの高さの違いが大きく使い勝手に影響する．車いすでの利用にも配慮する[9]．

01：横浜ランドマークタワー(横浜市)1993年，設計：三菱地所
02：ソニービル(東京都中央区)1966年(改築1992年)，設計：芦原義信建築設計研究所
03：コンコルディア神戸(神戸市)1999年，設計：大林組
04：酒田市美術館(配置⇨255)(山形県酒田市)1997年，設計：池原義郎・建築設計事務所
05：千ヶ滝の山荘(長野県軽井沢町)1983年，設計：香山壽夫
06：秋谷の家(神奈川県)1997年，設計：堀部安嗣
07：目黒区立緑が丘小学校(東京都目黒区)1997年，設計：船越徹＋ARCOM
08：世田谷美術館(東京都世田谷区)1985年，設計：内井昭蔵
09：東京弁護士会・東京第二弁護士会合同図書館(東京都)図書館計画：丸善(協力)木野修造

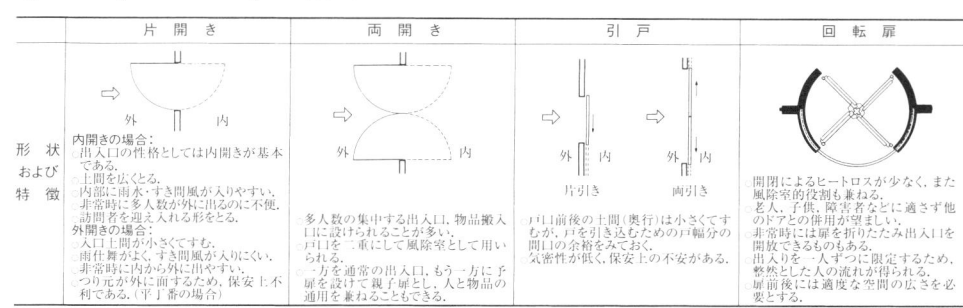

主な扉開閉方式[1]

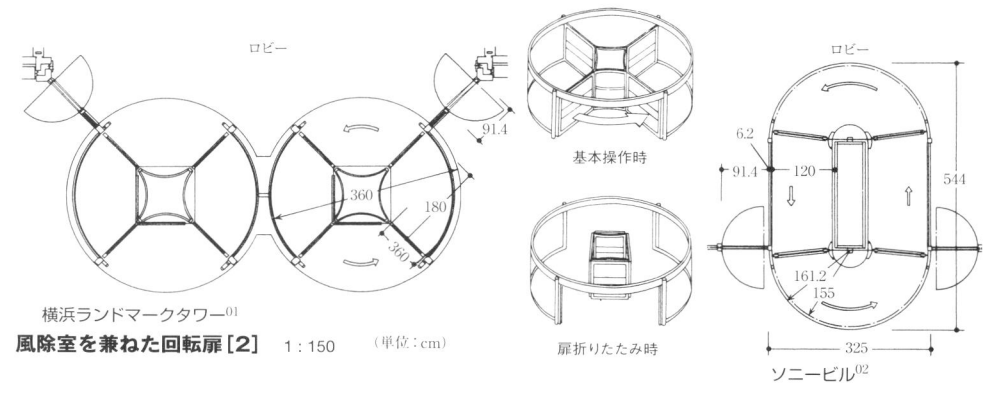

風除室を兼ねた回転扉[2] 1：150 （単位：cm）
横浜ランドマークタワー[01] / ソニービル[02]

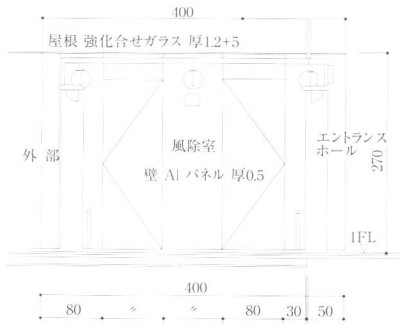

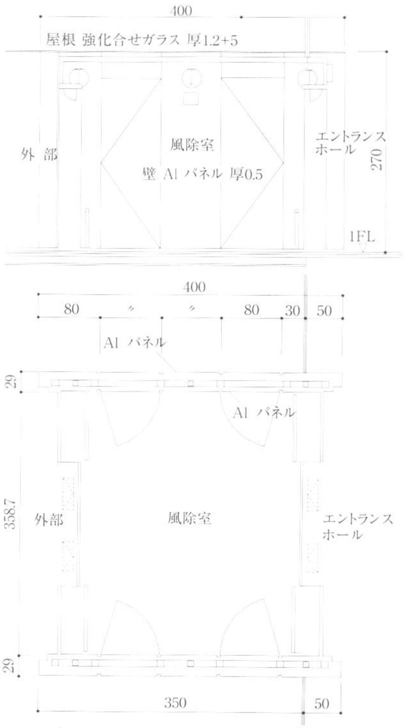

シンプルなデザインの風除室[03][3] 1：100

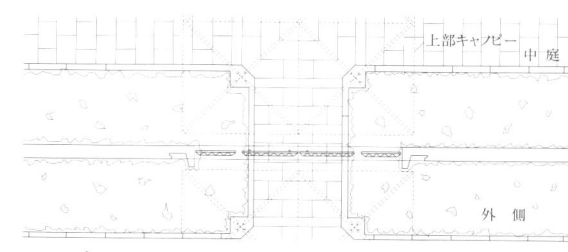

アプローチゲートのキャノピー[04][4] 立面図 1：200 / 平面図 1：200
（撮影：和木通(彰国社)）／（撮影：高瀬良夫(GA photographers)）

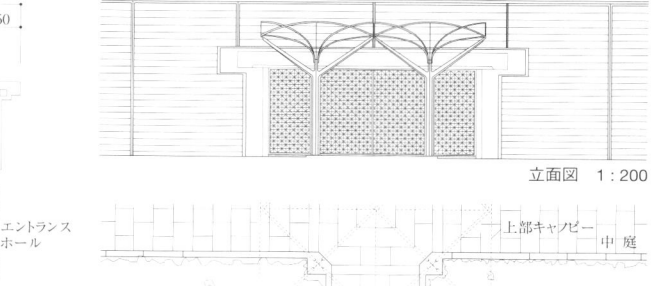

カウンターの平面
カウンターには色々な種類があるが，[1]は平面的な形式と使用目的により分類したものである．来訪者と応対者のとる姿勢や動作により平面・断面寸法を決める．カウンターまわりには来訪者・応対者の活動，機器類の占有スペースが必要である．特にラッシュが生じる場合や，来訪者の携帯品が多い場合は十分に検討する．来訪者が窓口に並ぶ場合，列の長さは通常約0.5m／人で，携行品が多い場合は適宜割り増す．列ごとに来訪者のすれ違いが起こるので，窓口間隔も考慮する．

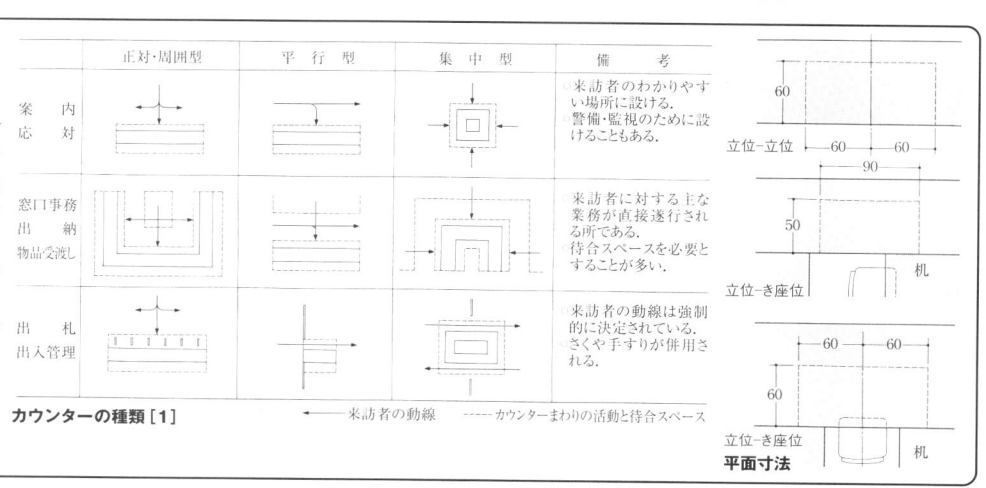

カウンターの種類[1] ←来訪者の動線 -----カウンターまわりの活動と待合スペース

平面寸法
立位-立位／立位-き座位／立位-き座位

室と場面＝媒介：境界──出入口・縁側・カウンター
Room & Behavior Settings—Connecting: Boundary—Entrance/Engawa/Counter

斜面上に張り出したテラス05 [5]　1:200

エントランスを兼ねた広いデッキ06 [6]　1:200

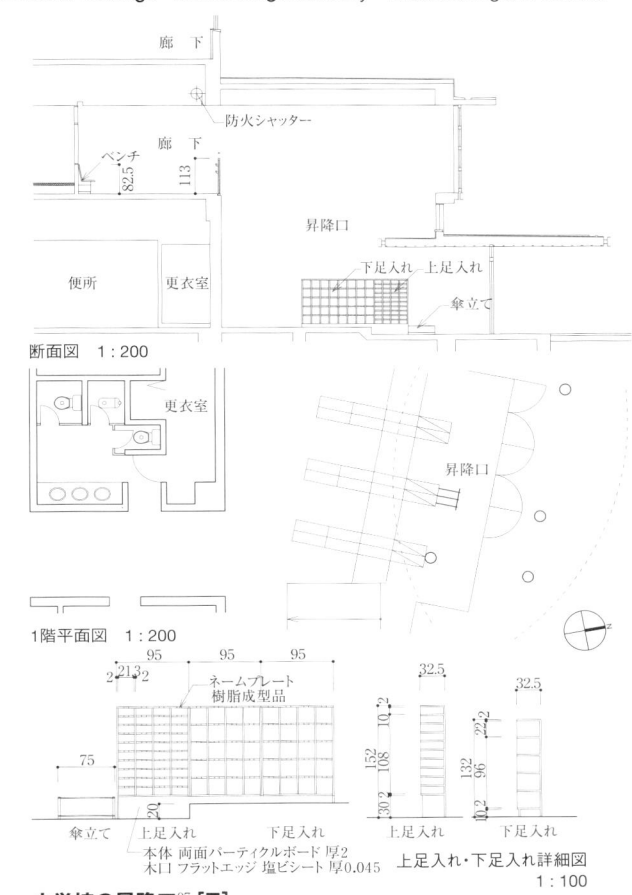

深い軒のかかった木デッキがエントランスを兼ね、建具を引き込めば室内外が一体化する．

小学校の昇降口07 [7]

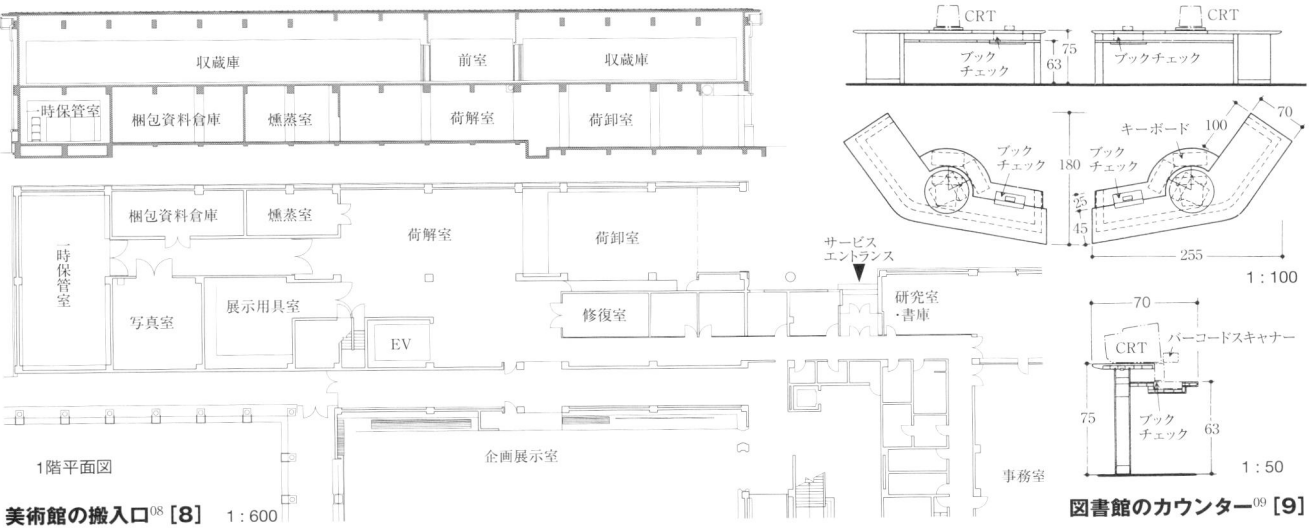

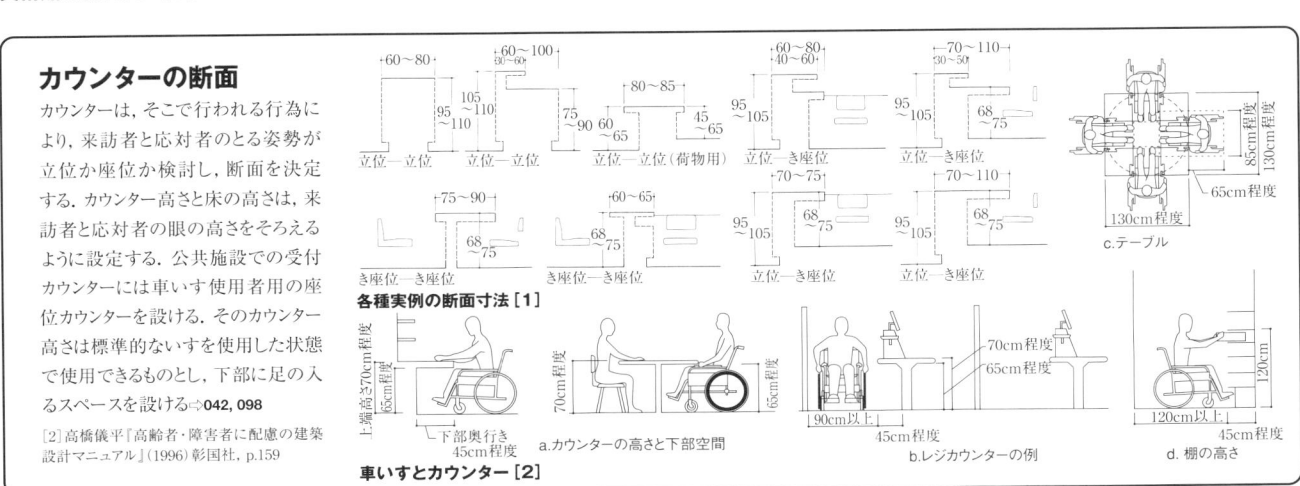

美術館の搬入口08 [8]　1:600

図書館のカウンター09 [9]

カウンターの断面

カウンターは，そこで行われる行為により，来訪者と応対者のとる姿勢が立位か座位か検討し，断面を決定する．カウンター高さと床の高さは，来訪者と応対者の眼の高さをそろえるように設定する．公共施設での受付カウンターには車いす使用者用の座位カウンターを設ける．そのカウンター高さは標準的ないすを使用した状態で使用できるものとし，下部に足の入るスペースを設ける⇨042, 098

[2]高橋儀平『高齢者・障害者に配慮の建築設計マニュアル』(1996) 彰国社, p.159

各種実例の断面寸法 [1]

車いすとカウンター [2]

a.カウンターの高さと下部空間
b.レジカウンターの例
c.テーブル
d.棚の高さ

室と場面＝媒介：境界—玄関・エントランスホール
Room & Behavior Settings—Connecting: Boundary—Entrance/Entrance Hall

1:200

玄関
玄関は住宅の内と外との境界である．家族の出入り，客の迎えや送り，靴脱ぎ，防犯，バリアフリー等々，考慮することが多い．住宅の顔としての表現も必要になる．

[1]は，玄関ホールに床の段差をつけながらベンチやクロークを設け，室内に緩やかに連続していく．[2]は玄関を入ると，接客スペースとしてのフォーマルリビングがある．[3]はアプローチを長く取って，回り込むように玄関に至る．[4]は中庭を介して出入りする．屋内から中庭まで床仕上げが統一され行き来できる．[5]はガラスの引戸で囲まれた土間を玄関とし，居間とフラットにつないだ車いす対応の開放的なつくりとしている．[6]は路地に面する通り庭的な土間を玄関としている．格子の門扉を引けば，路地に開放される．[7]はマンションの集合玄関ホールの例である．集合郵便受など，共用部のつくり方を検討する．

エントランスホール
公共的施設のエントランスホールは，多様な利用への配慮が必要になる．[10]では，エントランスロビーを通り抜けできる屋内通路としている．インフォメーションカウンターやポスター掲示板を設け，情報提供の工夫がされている．[8]はコミュニティ施設の広いエントランスロビーである．家具によっていろいろなコーナーを設け，開放的なつくりとしている．

[9]はホテルのエントランスロビーの例である．フロントカウンター，電話コーナー，売店などがロビーの中に収まり，多様な機能をもつ．荷物室などのサービス動線を人の動線と分けて計画している．

01：マイレア邸（Noormarkku，フィンランド）1939年，設計：Alvar Aalto
02：材木座の家（神奈川県鎌倉市）1979年，設計：山田昭・山田初江
03：鴻ノ巣の住宅（和歌山県白浜町）1994年，設計：竹原義二
04：シルバーハット（東京都中野区）1984年，設計：伊東豊雄⇒122
05：吉井の家（群馬県吉井町）1995年，設計：丸谷博男
06：野田の家（大阪市）1996年，設計：吉井歳晴
07：ネクサスワールド香椎・スティーブン・ホール棟（福岡市）1991年，設計：Steven Holl
08：太田市総合ふれあいセンター（群馬県太田市）1998年，設計：今村雅樹
09：ホテルインターコンチネンタル東京ベイ（東京都港区）1995年，設計：日本設計
10：新潟市民芸術文化会館（新潟市）1998年，設計：長谷川逸子⇒273

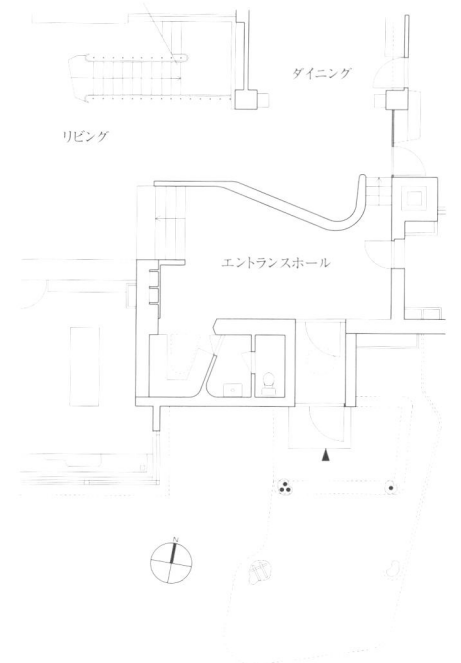

玄関ホール[01] [1]

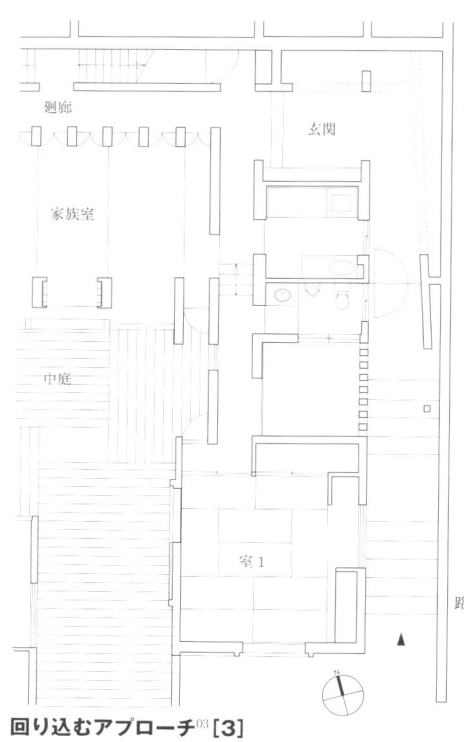

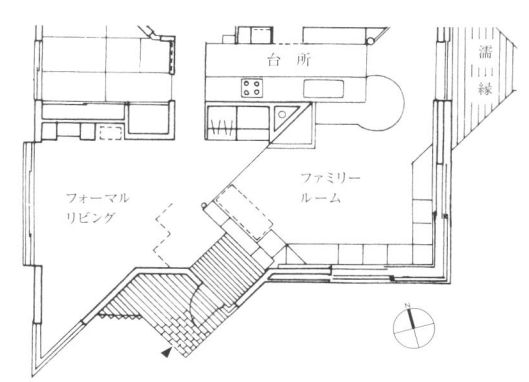

フォーマルリビングのある玄関[02] [2]

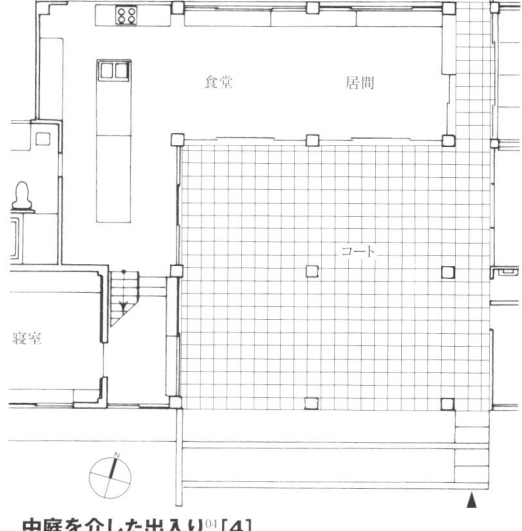

中庭を介した出入り[04] [4]

車いす対応の玄関土間[05] [5]

回り込むアプローチ[03] [3]

通り庭的な土間[06] [6]

玄関まわりの動作寸法

玄関は主たる出入口であり，接客の場ともなる．靴の脱ぎ履き，靴，傘などの収納，クロークなどを考慮して計画される．日本では玄関で靴を脱ぎ履きすることが一般的であるが，高齢者や車いす使用者の出入りも考慮して，上がり框の段差は安全上支障のない高さとし，式台・ベンチ・手すりの設置などを検討する．玄関扉の有効開口幅は十分に取る．玄関ポーチには降雨時に配慮し庇を十分に設け，車いすが回転できる1,500mm角程度のスペースを確保する．

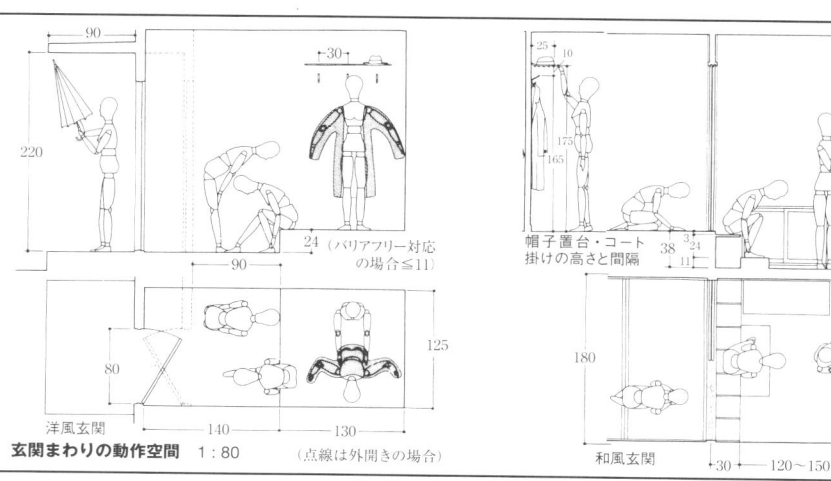

玄関まわりの動作空間　1:80　（点線は外開きの場合）

帽子置台・コート掛けの高さと間隔

洋風玄関 / 和風玄関

1:500 0 5 10

室と場面＝媒介：境界—玄関・エントランスホール
Room & Behavior Settings—Connecting: Boundary—Entrance/Entrance Hall

109

マンションの集合玄関ホール[07][7]

開放的なエントランスロビー[08][8]

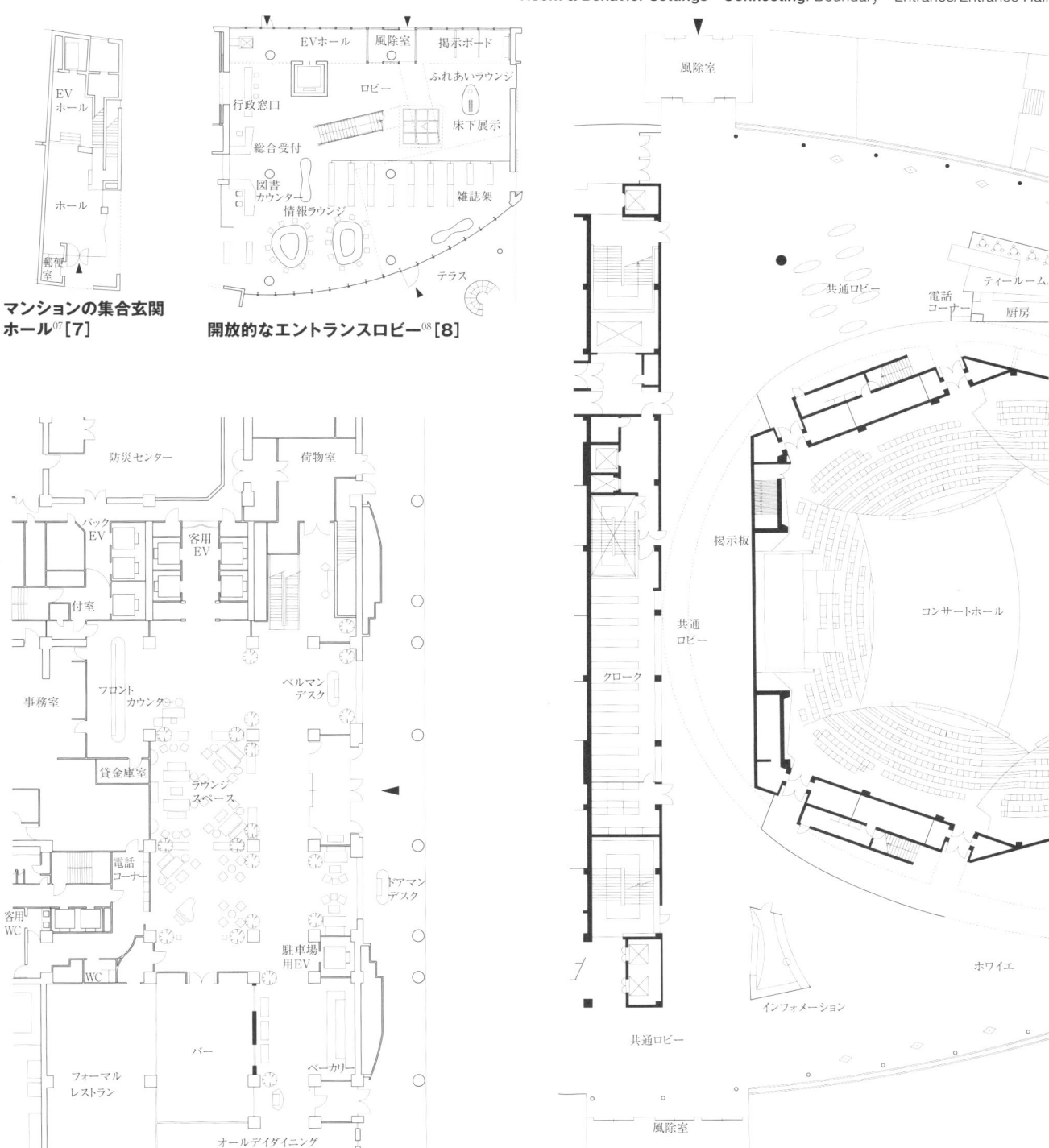

ホテルのエントランスロビー[09][9]

通り抜けできる共通ロビー[10][10]

身体障害者配慮の出入口

公共施設では車いす使用者等の利用を考え，主要出入口付近にはなるべく段を設けないようにする．段を設ける場合にも安全に配慮したスロープや昇降機などを併設する．

1以上の出入口については，幅員を十分にとり，自動引戸とすることが望ましい．安定した開閉が可能なよう，戸の前後に十分な水平面を設ける．降雨時に考慮して庇をつける．また，視覚障害者に配慮して音声案内や誘導用床材を敷設する．関連する法規を参照して検討する必要がある．

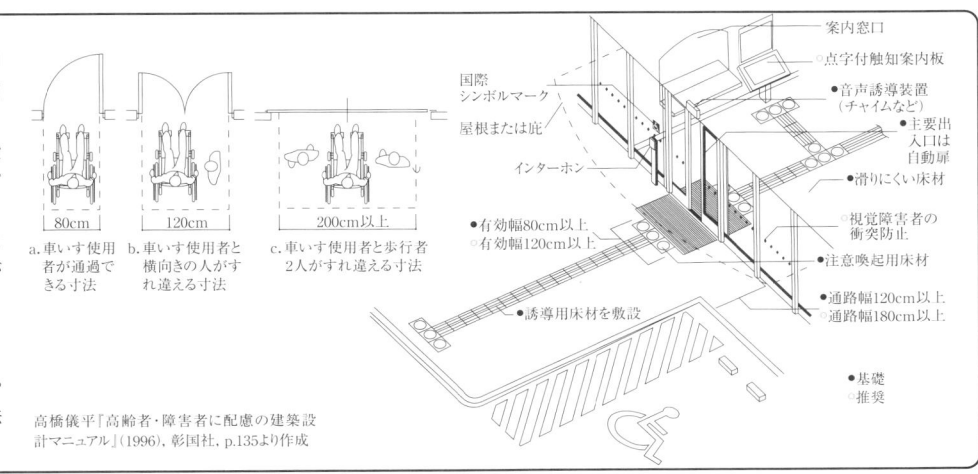

a. 車いす使用者が通過できる寸法 80cm
b. 車いす使用者と横向きの人がすれ違える寸法 120cm
c. 車いす使用者と歩行者2人がすれ違える寸法 200cm以上

高橋儀平『高齢者・障害者に配慮の建築設計マニュアル』(1996)，彰国社，p.135より作成

- 案内窓口
- 点字付触知案内板
- 音声誘導装置（チャイムなど）
- 国際シンボルマーク
- 屋根または庇
- インターホン
- 主要出入口は自動扉
- 有効幅80cm以上
- 有効幅120cm以上
- 滑りにくい床材
- 視覚障害者の衝突防止
- 注意喚起用床材
- 誘導用床材を敷設
- 通路幅120cm以上
- 通路幅180cm以上
- 基礎
- 推奨

110 室と場面＝外部：建築と一体化した外部空間
Room & Behavior Settings—Exterior: Exterior Space Attached to a Building

[1]は数寄屋に付属した坪庭．[2]は，枯山水の禅の庭である．

[3]はホールとオフィスの複合建築である．ボリューム構成は，公園に面してひな壇状になっており，屋上が緑化され開放されることで，公園と連続した緑地空間が形成されている．

[4]の園庭は，幼稚園児の遊戯用の空間である．楕円形の園庭を抱き込むように建物を配置することで，各室と園庭に視覚的つながりを与え，中心的な空間としている．その結果，園庭に保育士の目が届きやすく，安心して園児を遊ばせることが出来る空間となっている．

[5]のオフィスの光庭は，積層化・広面積化した建築に採光や通風など，室内部へ外部環境を導入する役割を果たしている．

[6]の外部空間は，教室に囲われるようにして建物に組み込まれており，建築を多孔質化することで採光性・通風性を良好にしているほか，向かい合った教室間の活動を視覚的に緩やかにつなげる緩衝帯としての役割を担っている．また，屋外授業用の空間などが配され，教育活動を補完する役割も持つ．

[7]は街区型集合住宅の中庭部分である．中央に配された機械式駐車場で分割された四つの空間は，エントランスコート，コミュニティコートなど異なる性格の空間にデザインされている．また，機械式駐車場の屋上は緑化され，居住者専用の散策路となっている．

01：旧園邸（松向庵）坪庭（石川県金沢市）1919年，吉倉惣左（造園）植宗
02：龍安寺方丈庭園（京都市右京区）室町末期，不詳
03：アクロス福岡（福岡県福岡市）1995年，設計：日本設計，竹中工務店
04：ひかり保育園（秋田県本荘市）1983年，設計：アトリエ・モビル
05：はせがわビル（横浜市）1982年，設計：久米設計
06：吉備高原小学校（岡山県御津郡加茂川町）1998年，設計：シーラカンス（小泉雅生，小嶋一浩）⇒223
07：幕張ベイタウンパティオス4番街（千葉市）1995年，設計：藤本昌也，近代建築研究所，坂本一成 ⇒160

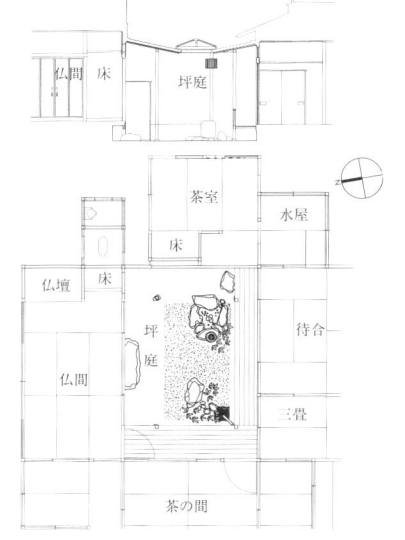

旧園邸坪庭[01] [1]

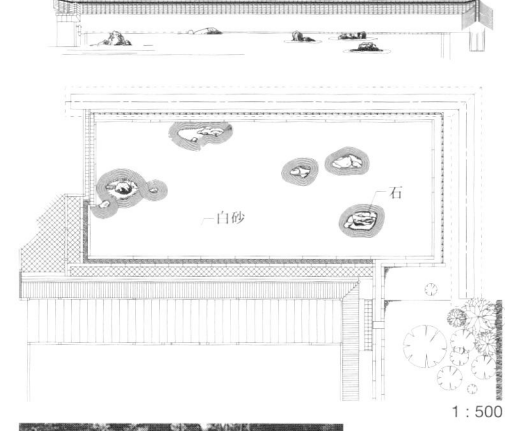

龍安寺方丈庭園[02] [2]
枯山水の禅の庭．白砂は海を表し，石は島を表している．右手の土塀は地形に沿って手前が低く，奥へ行くに従って高くなり，意図的に奥行を強調している．
（撮影：新建築写真部）

浅根性樹木：ヒノキ，キンモクセイ，サザンカ，モッコク，アキニレ，エゴノキ，ケヤキ，ナツツバキ，ハンノキ，ハナミズキ，ヤマモミジ，ソテツ，ユーカリ
深根性樹木：アカマツ，カヤ，クロテツ，スダジイ，マテバシイ，イチョウ，カツラ，コナラ，トチノキ，ユリノキ

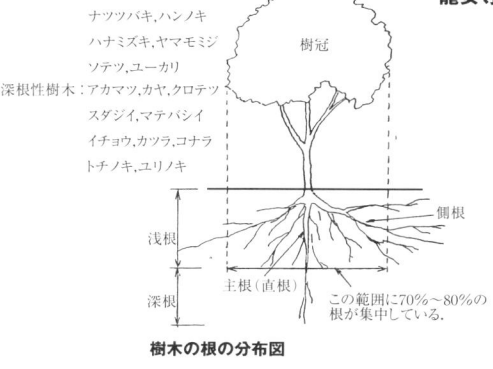

樹木の根の分布図

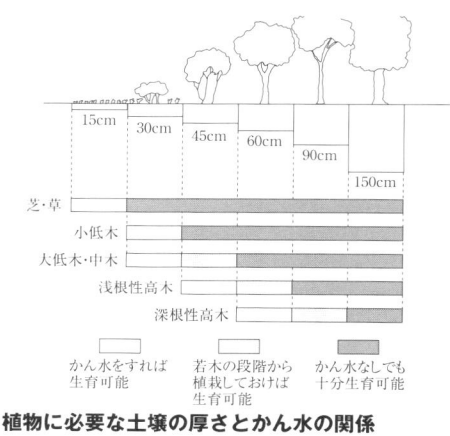

植物に必要な土壌の厚さとかん水の関係

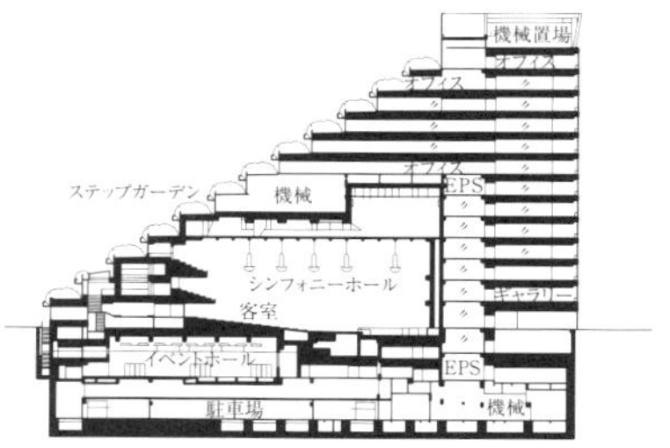

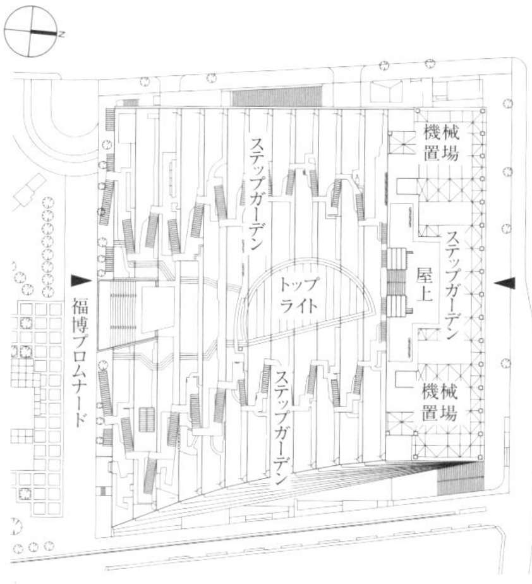

緑化されたひな壇状の屋根[03] [3] 1:2500

外部空間の物品（庭）

はち（鉢）の号数は昔からの尺・寸がそのまま受け継がれており，3号ばちは3寸ばち，10号ばちは10寸（1尺）で尺ばちといわれている．

呼称	φ	H	h
2.5号	78	68	18
3号	95	78	23
3.5号	108	85	25
4号	128	103	28
4.5号	142	115	35
5号	158	125	—
6号	190	150	40
7号	220	175	42
8号	240	190	45
9号	275	217	52
10号	300	250	65

素焼深ばち

	A	B	H
	320	130	100
	480	200	140
	630	220	170
	650	220	190
	〃	230	170
	700	300	250

樹脂製プランター

立ち燈ろう／生込み燈ろう／置燈ろう／雪見燈ろう

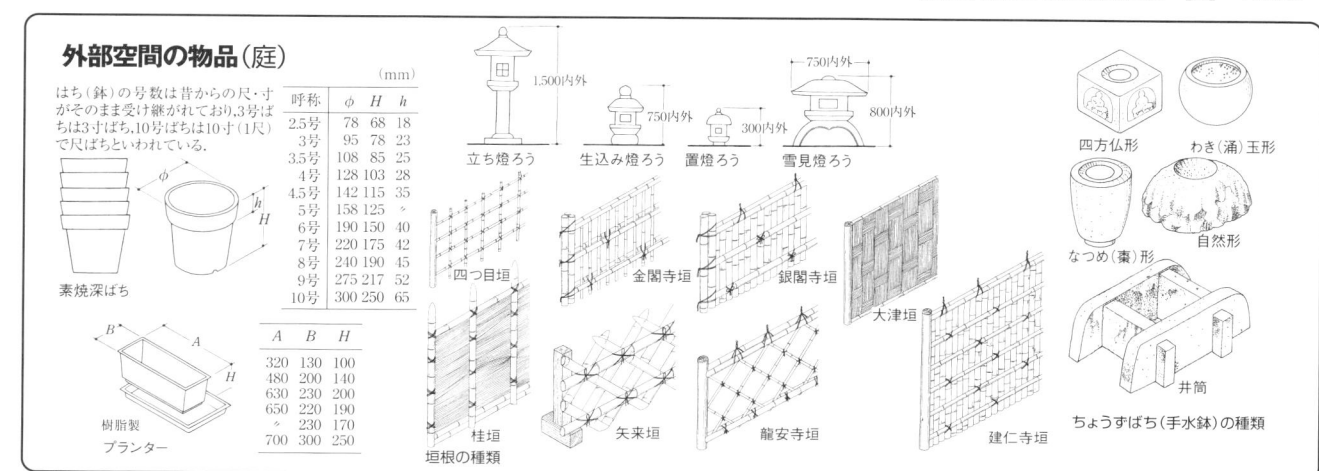

垣根の種類：四つ目垣／金閣寺垣／銀閣寺垣／大津垣／桂垣／矢来垣／龍安寺垣／建仁寺垣

ちょうずばち（手水鉢）の種類：四方仏形／わき（涌）玉形／なつめ（棗）形／自然形／井筒

1:500　0　5　10

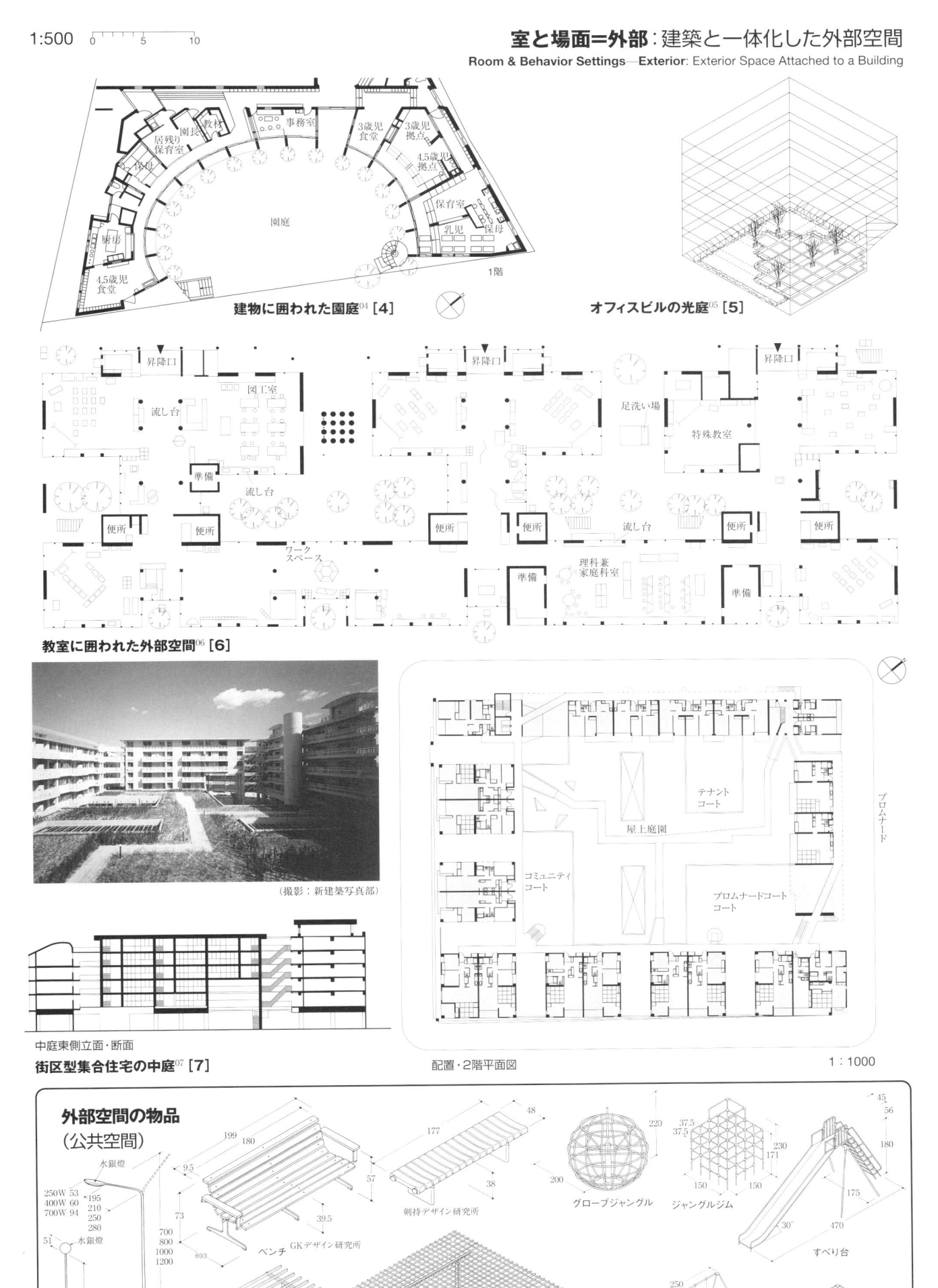

室と場面＝外部：建築と一体化した外部空間
Room & Behavior Settings—Exterior: Exterior Space Attached to a Building

111

建物に囲われた園庭04 [4]　1階

園長／教材／事務室／3歳児食堂／3歳児拠点／4,5歳児拠点／居残り保育室／保育室／乳児／保母／厨房／4,5歳児食堂／園庭

オフィスビルの光庭05 [5]

教室に囲われた外部空間06 [6]

昇降口／図工室／流し台／準備／便所／ワークスペース／理科兼家庭科室／足洗い場／特殊教室

街区型集合住宅の中庭07 [7]

中庭東側立面・断面
（撮影：新建築写真部）

配置・2階平面図　1：1000

テナントコート／屋上庭園／コミュニティコート／プロムナードコート／プロムナード

外部空間の物品
（公共空間）

水銀燈／250W 53／400W 60／700W 94／屋外燈／ハイウェイ燈／ベンチ GKデザイン研究所／剣持デザイン研究所／パーゴラ／藤だな／グローブジャングル／ジャングルジム／すべり台／ブランコ／二人乗りブランコ

112　室と場面＝外部：オープンスペース・街路
Room & Behavior Settings—Exterior: Open Space/Street

1:500

［1］はショッピングストアの公開空地を子供のためのポケットパークとして開放したものである．巨大な遊具を配し，子供の遊びを誘発するとともに，植栽で囲むことにより，遊び場としての安全性を確保している．

［2］は12m×30mの大きさに御影小舗石のフロアと，サイカチの木を格子状に配列した都市におけるポケットパークの原型である．ポケットパークの奥には滝が配置され，落水音は周辺の音を打ち消すホワイトノイズとなっている．

［3］のポケットパークは緑の多い，都市の喧噪から人々を囲い込むような広場を形成している．空間は段差によって三つに分節され，樹木，トレリス，落水がそれぞれの場の主役となっている．

［4］はドゥオモ広場とスカラ座広場というミラノの二つの中心を結ぶ大ガレリアである．8角形の交差部には，鉄と透明ガラスでできた大ドームが軽やかに乗る．大スケールで都市に開かれた街路は街の象徴的な顔を形成している．

オープンスペース・街路⇒300〜317

01：西友川中島店（長野市），遊具設計：仙田満
02：ペイリーパーク（Paley Park, New York, アメリカ）1967年，設計：Zion & Breen Associates
03：グリーンエイカーパーク（Greenacre Park, New York, アメリカ）1971年，設計：Sasaki Associates
04：設計：Giuseppe Mengoni

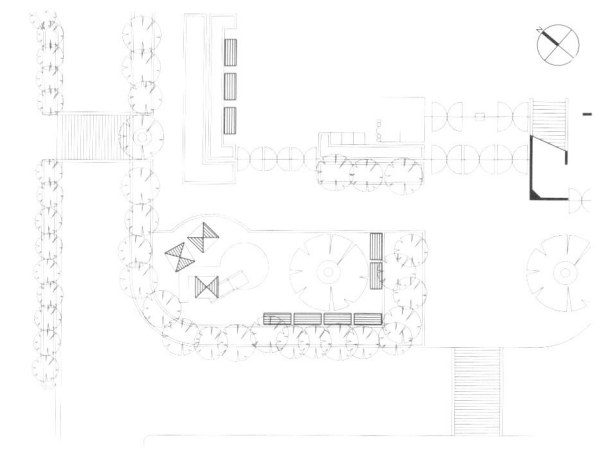

ポケットパークを活用した公園[01]　［1］（撮影：藤塚光政）

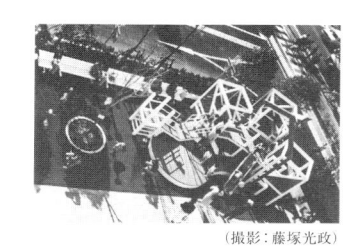

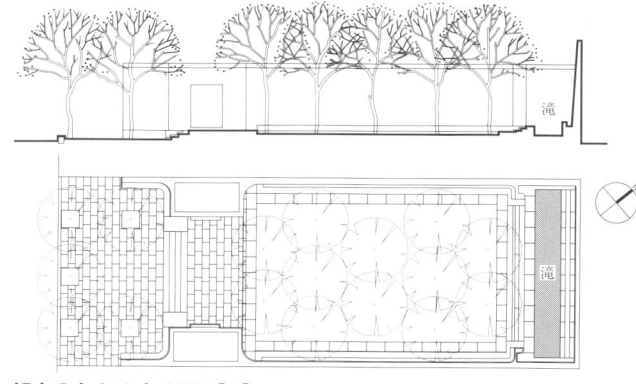

都市のなかの小公園[02]　［2］（撮影：宮城俊作）

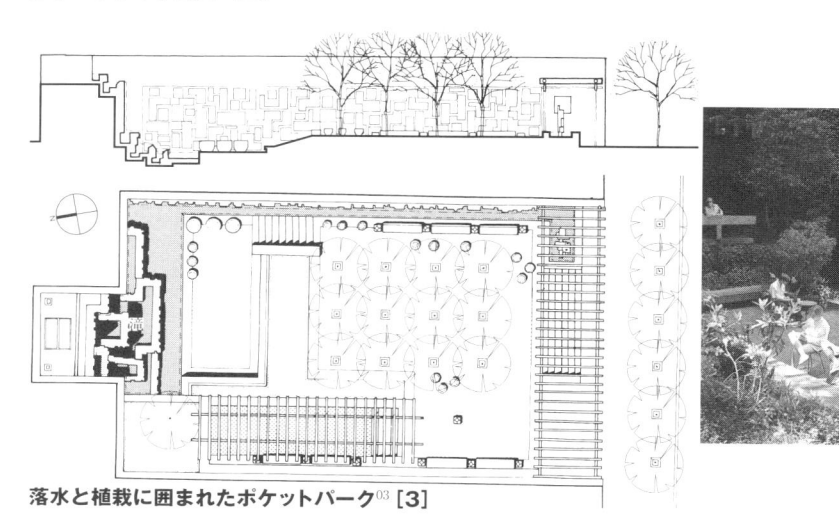

落水と植栽に囲まれたポケットパーク[03]　［3］（撮影：越山芳行）

外部空間の物品（街路空間）

コンクリート平板／境界ブロック／地先境界ブロック／車道境界ブロック／L型／街きょ（渠）U型／V型／ガードパイプ／ガードレール

（単位：mm）

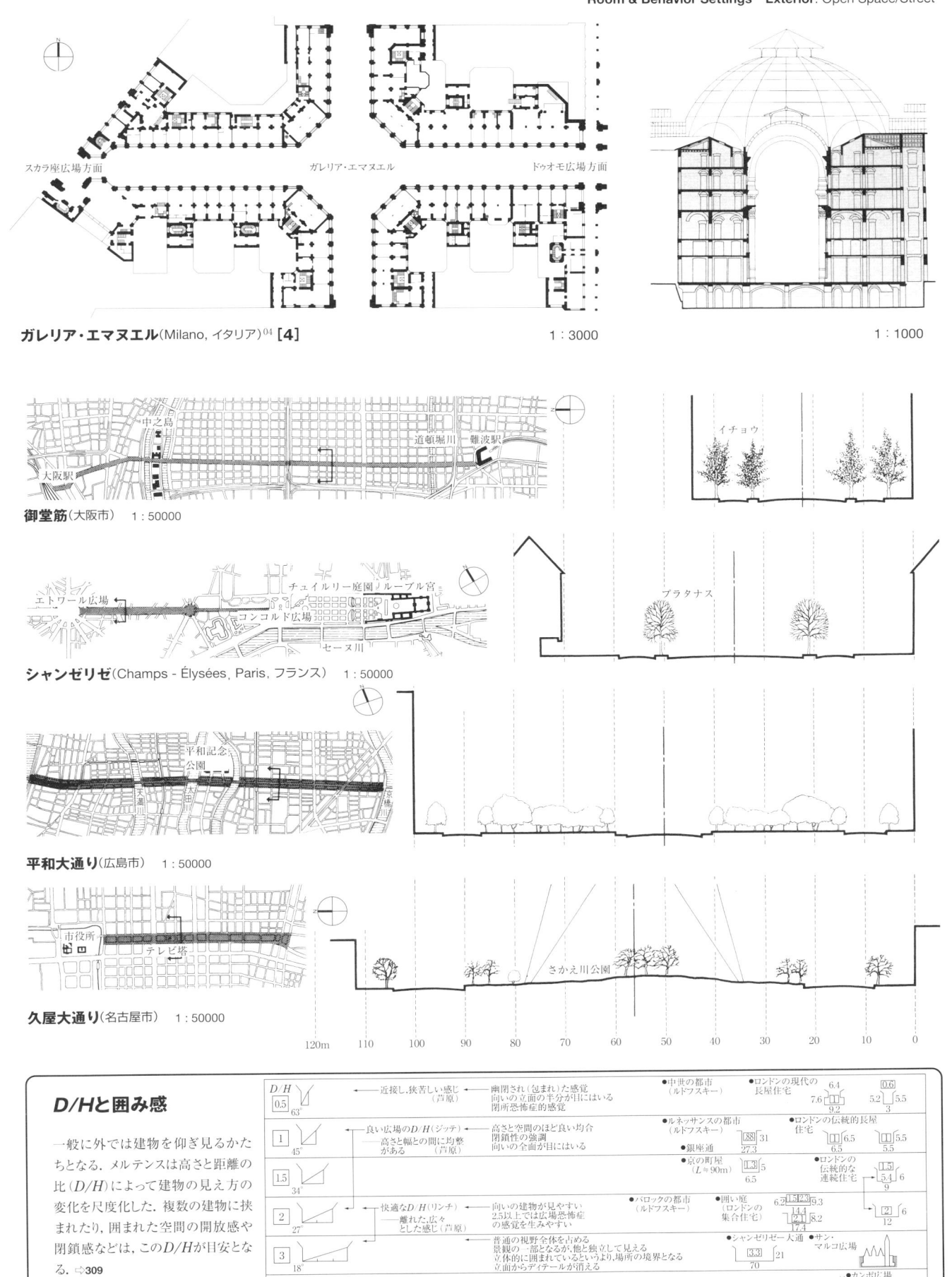

室と場面＝外部：オープンスペース・街路
Room & Behavior Settings—Exterior: Open Space/Street

ガレリア・エマヌエル(Milano, イタリア)04 [4]　　1:3000　　1:1000

御堂筋(大阪市)　1:50000

シャンゼリゼ(Champs - Élysées, Paris, フランス)　1:50000

平和大通り(広島市)　1:50000

久屋大通り(名古屋市)　1:50000

D/Hと囲み感

一般に外では建物を仰ぎ見るかたちとなる．メルテンスは高さと距離の比（D/H）によって建物の見え方の変化を尺度化した．複数の建物に挟まれたり，囲まれた空間の開放感や閉鎖感などは，このD/Hが目安となる．⇒309

[出典：形のデータファイル, p.51, 彰国社より作成]

D/H			
0.5　63°	近接し，狭苦しい感じ	幽閉され（包まれ）た感覚（芦原） 閉所恐怖症的な感覚	●中世の都市（ルドフスキー）　●ロンドンの現代の長屋住宅
1　45°	良い広場のD/H（ジッテ） 高さと幅との間に均整がある（芦原）	高さと空間のほど良い均合 閉鎖性に囲まれている 向いの全面が目にはいる	●ルネッサンスの都市（ルドフスキー）　●ロンドンの伝統的長屋住宅　●銀座通
1.5　34°			●京の町屋（L≈90m）　●ロンドンの伝統的な連続住宅
2　27°	快適なD/H（リンチ） 離れた，広々とした感じ（芦原）	向いの建物が見やすい 2.5以上では広場恐怖症の感覚を生みやすい	●バロックの都市（ルドフスキー）　●囲い庭（ロンドンの集合住宅）
3　18°		普通の視野全体を占める 景観の一部となるが，他と独立して見える 立体的に囲まれている，場所の境界となる 立面からディテールが消える	●シャンゼリゼー大通　●サン・マルコ広場　●カンポ広場
4　14°	閉鎖性の減少（リンチ）	周辺景観と一体となる 囲い庭・広場のD/Hの上限	
6　9°		閉鎖性の下限（スプライレゲン）	
8　8°		閉鎖性の消失（スプライレゲン）	●ボージュ広場　●バンドーム広場

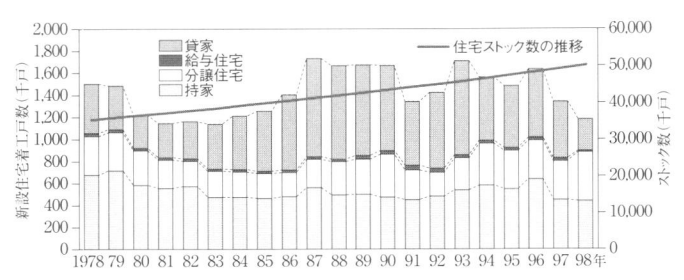

居住―独立住宅：概要 Dwelling—Detached House: Abstract

新設住宅着工戸数およびストック数の推移[01] [1]

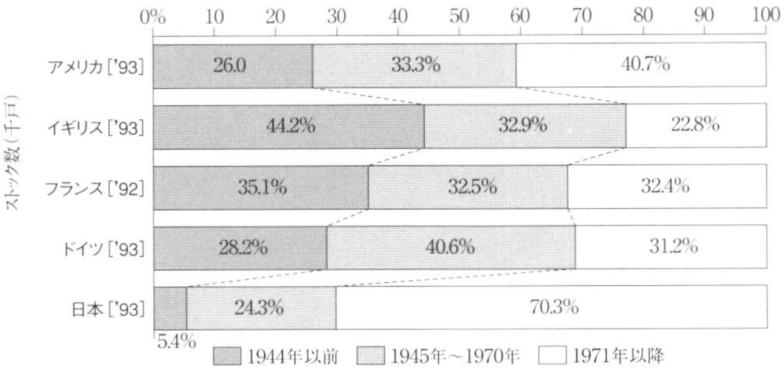

建築時期別住宅数の割合（国際比較）[02] [2]

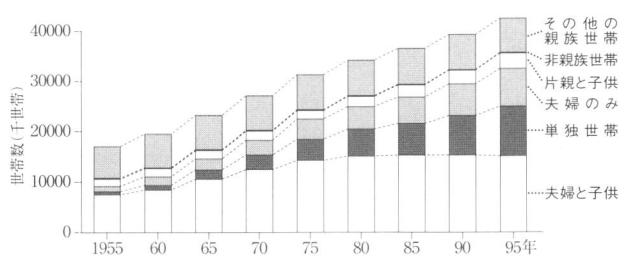

	1944年以前	1945年～1970年	1971年以降
アメリカ ['93]	26.0	33.3%	40.7%
イギリス ['93]	44.2%	32.9%	22.8%
フランス ['92]	35.1%	32.5%	32.4%
ドイツ ['93]	28.2%	40.6%	31.2%
日本 ['93]	5.4% / 24.3%		70.3%

家族類型別世帯数[03] [3]

住生活の構成要素―生活行為・モノ・居室の関係[04]

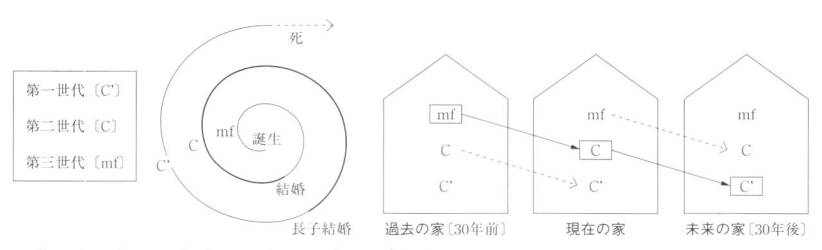

空間	生活行為	主な家具・器具・設備	目的・機能	居室の種類	室の配置
家族生活	もてなす	テーブル，ソファ，座卓	接客	応接間・座敷	玄関に近い
	くつろぐ，寝そべる，TVを見る，新聞を読む，音楽を聴く	テーブル，ソファ，いす，TV，AV，新聞，パソコン	家族の団らん	居間	日当りや眺望が良好，庭に出やすい，家族が集まりやすい
	たべる，準備・後片づけ	食卓，いす，食器棚，カウンター，オープンキッチン	食事	食堂	眺望がよい，LやKとの繋がり
家事	調理（洗う・切る・煮る）準備・後片づけ	流し台，調理台，ガス台，冷蔵庫，食器棚	作業能率	台所	西日を避ける，LやDとの繋がり，勝手口
	裁縫，アイロンかけ，家庭事務，洗濯，乾燥，掃除	ミシン，家人机，いす，洗濯機，乾燥機，掃除機	家庭管理	家事室，ユーティリティ	各室との連絡がとりやすい
個人生活	寝る，読書，仕事，更衣，収納	ベッド，ふとん，ソファ，机，いす，書棚，押入	睡眠，個人性，対話	夫婦寝室，書斎	部屋の独立性が保てる位置
	勉強する，遊び，趣味，学習，更衣，収納	テーブル，机，いす，書棚，ベッド，ステレオ，パソコン	自主性，管理	子供室	落ちついて勉強できる，プライバシーが保てる
	1日の大半を過ごす，睡眠，接客	ふとん，ベッド，タンス，クローゼット	静ひつ性，快適性	老人室	日当りや風通しがよい，眺めがよい
生理衛生	排泄	和式便器，洋式便器	人間の基本的生理機能	便所	室の中を通路にしない，給排水設備をなるべく1ヶ所にまとめる
	入浴，くつろぐ	浴槽，シャワー		浴室	
	脱衣，着衣，洗面，化粧	洗面，化粧台，鏡		洗面・脱衣室	
通路移動	履き物の脱ぎ替え，客応対	下駄箱，クローク，傘立	出入口	玄関	道路や敷地との関連
	上る，下る	照明，スイッチ位置，コンセント	上下階連結	階段・斜路	ドアの位置，開閉方向
	移動する，出入り		平面移動	ホール・廊下	
収納	収納，整理する	ロッカー，戸棚，タンス，引出し，押入	収納，整理，整頓	クローゼット，食品庫，納戸	各室にバランスよく配置，屋外にも必要

今日の住宅に共通する3つの型[05]

都市LDK型住宅
- 廊下によって他室を通らずに各室に達することができる．
- 洋室の居間（L）と食堂（D）がある．
- 玄関から近い位置に床の間つきの和室がある．
- 2階はドアで閉じられる個室群で，1階のLDK部分と明確に分離される．
- プランの画一化とは対照的に，外観には他の住宅との差別化が図られ，様々な仕様がみられる．

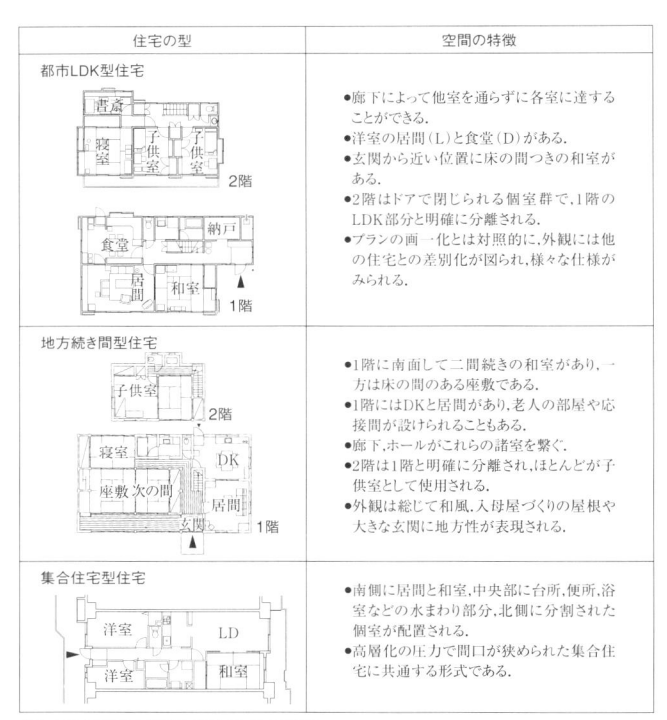

地方続き間型住宅
- 1階に南面して二間続きの和室があり，一方は床の間のある座敷である．
- 1階にはDKと居間があり，老人の部屋や応接間が設けられることもある．
- 廊下，ホールがこれらの諸室を繋ぐ．
- 2階は1階と明確に分離され，ほとんどが子供室として使用される．
- 外観は総じて和風，入母屋づくりの屋根や大きな玄関に地方性が表現される．

集合住宅型住宅
- 南側に居間と和室，中央部に台所，便所，浴室などの水まわり部分，北側に分離された個室が配置される．
- 高層化の圧力で間口が狭められた集合住宅に共通する形式である．

居住過程における世代と家空間のギャップ [4]

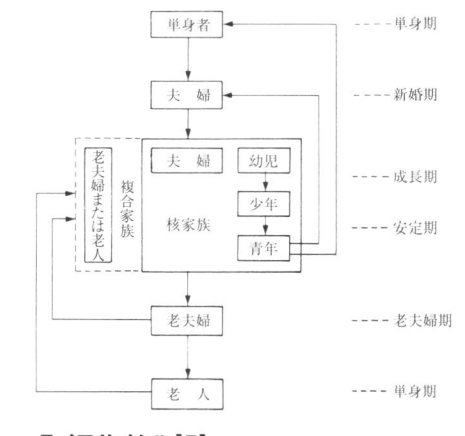

ライフサイクル [5]

日本の住宅と世帯の状況

日本の新設住宅着工戸数は1978年度以降，景気に左右されながら，110～170万戸で推移（1998年度で118万戸）し，1998年度はストック数で5千万戸を越えた[1]．新設住宅の着工戸数は，人口比でみると欧米をはるかにしのぐ．これを建設時期別にみると，日本では1971年以降に建った住宅が全体の70%を占めており，耐用年数の低さをうかがわせる[2]．

一方，1980年代以降の世帯数の推移を家族類型別にみると，夫婦と子供の世帯数は変わらないが，単独世帯や夫婦のみ世帯が増え，1980年から15年の間に，総数で837万戸余の増加をみている．急増した夫婦のみ世帯の多くは持家に居住する[3]．

近代家族と住宅

戦後，日本の家族は変化し，概して家を意識して大きく多様であった構成から夫婦を中心とするシンプルな核家族へと変化してきた（⇒048, 049）．またその過程で，家族をつくり出す男女の意志が様々な形の家族を生み出してきた．それは共同性が重視される社会から個人が重視される社会へと変わってきたことに呼応する．

今日の近代家族は一組の男女の合意に基づき，夫婦愛，家族愛を拠り所にした安らぎの場として成立する．しかしグローバルに見ると，家族の形は多様であり，一括りに定義することはできない．いずれも豊かな文化を背景に必然性をもって成立している．住宅は家族を受け入れる器であり，計画に際しては多様な家族のあり方を視野に入れ，居住過程を想定してみる必要がある[4][5]．

01：住宅着工統計・住宅統計調査
02：住宅金融公庫：海外住宅DETA-NOW
03：国立社会保証・人口問題研究所：人口統計資料集，1997
04：図解住居学2「すまいの空間構成」，彰国社，2000
05：鈴木成文：住まいを読む―現代日本住居論，建築資料研究社，1999

Dwelling—Detached House: Abstract **居住—独立住宅：概要** 115

分類	一般的特徴
都市住宅	○土地に対し密度高く建設される． ○用途・立地・経営・居住者階層などに応じ形態は多様． ○社会状勢・都市状況により変化が激しい．
農山村住宅	○土地に対する密度は低い． ○独立の敷地を有し，多くは付属舎を伴う． ○農業生産機能を併せもつ． ○伝統性・慣習性が根強い．
漁村住宅	○狭い土地に密度高く建設される． ○漁業労働の共同性を反映する場合がある．
その他	（別荘・炭鉱住宅・鉄道官舎など）

住居の分類（立地別）[1]

分類		例	
専用住宅	世帯用住宅	独立個人住宅 建売分譲住宅 木造零細アパート 民間分譲集合住宅 公共賃貸集合住宅	⇒118～147 ⇒148～167
	単身者用住宅	寄宿舎 単身者用アパート	
併用住宅	店舗併用住宅 作業場併用住宅 倉庫併用住宅 診療所併用住宅	小売商店など 自動車修理屋など 材木屋など 医院	

都市住居の分類（用途別）[2]

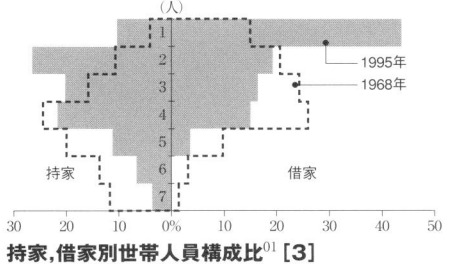

持家，借家別世帯人員構成比[01][3]

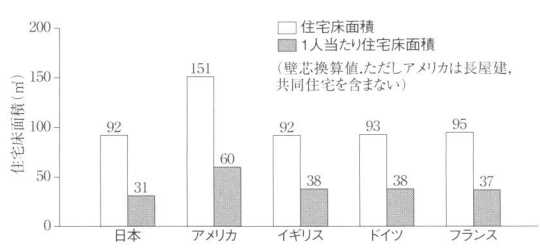

住宅床面積の国際比較[02]
(日本92/31, アメリカ151/60, イギリス92/38, ドイツ93/38, フランス95/37)

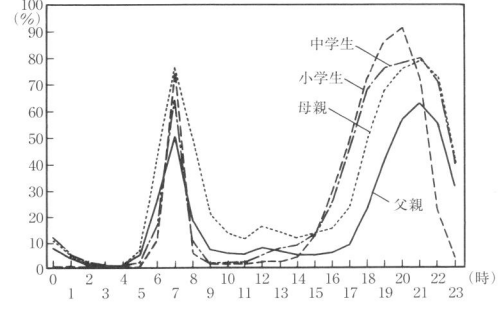

家族が一緒に過ごす時間[03][4]

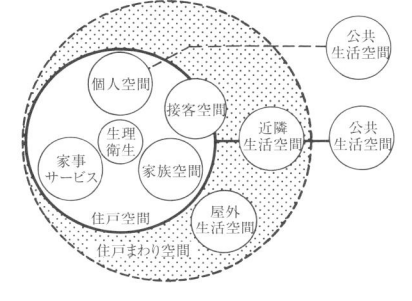

生活空間の構成モデル[5]

住戸空間						住戸まわり空間		公共生活空間
生理衛生	家事サービス	個人空間	家族空間	接客空間	通路空間	屋外生活空間	近隣生活空間	
便所 浴室 洗面所 脱衣室 化粧室	台所 洗濯室 ユーティリティ 家事室 物置	寝室・私室 勉強室 書斎 趣味室 納戸・押入 機械室	食事室 ダイニングキッチン 居間 娯楽室	応接室 客間	玄関 ホール 廊下 階段 勝手口	テラス 庭 バルコニー サービスヤード 物干場	前庭 門口 カーポート 路地 小広場 プレイロット	道路 公園 各種施設

生活空間の構成[6]

現代住宅建築のテーマ	概説
都心居住 ⇒118	都心部の狭小で高密度に建て込んだ敷地でいかに居住環境を獲得するか，また周囲を含む敷地に対して住宅をどのように配置し，計画するか．周辺環境に対する注意深い洞察をもとにデザインを行うことは，現代住宅を取り巻く条件を描き出すことでもある．
敷地への応答 ⇒119	
ヴォイドのある住まい ⇒120～123	限られた住宅の内部で，いかに豊かな居住空間を出現させることが出来るか，あるいはまた住宅を開放することで豊かな外部空間を居住空間に引き入れることが出来るか．これらは住宅のみにとどまらない建築デザインの主要な課題である．
空間を開く ⇒124～127	
多様化する住まい手 ⇒128, 129	住宅をハードウエアとしてではなくソフトウエアとして捉えると，静的な住宅の形態よりも，空間の知覚や体験，住まい方といったダイナミックな要素が課題となる．
流動的空間 ⇒130, 131	
構成形式の表現 ⇒132～137	近代以降，社会の目まぐるしい変化に伴い人々の生活様式も変化を続けている．個別の住まい手の要件を満たすだけでなく，新しい住まい方に対するモデルを提案することも住宅のデザインの責務といえる．
ランドスケープ ⇒138, 139	建築の隣接領域でもあるランドスケープデザインの視点からみると，現代住宅デザインの諸問題は新たな新鮮さを持って表れてくる．
構造・構法 ⇒140～143	高度情報化の現代にあって，その成果が住宅において最も顕在化したのは，構造や構法における柔軟なレスポンシビリティと環境条件に対する建物性能の観点であると言えるだろう．
環境性能 ⇒144, 145	
記憶・象徴としての家 ⇒146, 147	社会的環境の中での住宅建築の存在は，常に合理的な作用を招くとは限らない．また新築ばかりが住宅デザインの領域ではなく，デザイン行為そのものに性能が求められるようになった．

現代住宅建築の課題[7]

日本の住居の分類[1][2][3]

住居は極めて多様で，正確な分類は困難であるが，ここには日本の現状の概念を示す．

都市と農山漁村とは，住居の性格が著しく異なる[1]．以前は農業人口が大半を占め農村住宅が主体であったが，高度成長期以来，都市に人口が集中し，その住居も多様化した[2]．

生活空間と時間[4]

都市部に限らず都市型の生活様式が普及してきている．核家族，働く場所と住む場所の分離，社会活動（サークル，学習，奉仕）への参加，女性の就労などが特徴である．

また，これらの結果として，住居で過ごす時間も少なくなり，住宅に対する考え方も多様化している．

生活空間の構成[5][6]

近代化型住居では空間の機能分化が進み，さらに各空間の特異化が進んでいる．個人空間の充実化，家族空間や接客空間の拡大，家事サービス空間の高品質化などである．家族の活動範囲の拡大に伴い近隣生活空間や公共空間も住居，特に各個人空間との関係が密接になる傾向にある．

現代住宅建築の課題[7]

住宅デザインの第一条件は住まい手の居住環境を快適に確保することである．しかしこの「快適」という条件は価値の多様化が進む現代において，また日々変化していく住まい手の意識において，ひとつの方法論に収斂させることは困難であることは言うまでもない．しかしなお，近代建築以降の住宅建築の試みの中から，現代の居住条件に関連が深いと思われる観点を挙げ，現代における住宅デザインの課題群とした．大別すると

1. 住居を取り巻く諸条件
2. 居住空間の構築
3. 住居に対する知覚や意識
4. 現代建築のデザイン領域
5. 社会の高度情報化に伴う住宅性能の変化
6. 都市における住宅建築の位置付け

という6つの観点なり，これらに関わる13の課題群を挙げている．

これらの中には近代建築以降受け継がれてきた課題もあれば，近年になって大きな問題として浮上してきたものもある．情報化と環境という新しい概念のふるいにかけられて残ったものが受け継がれていると言えるかもしれない．いずれにせよこの課題群から見えてくるものは，住宅は単なるハードウエアでもなければ，ただのソフトウエアでもなく，その双方に関連する課題を同時に考えていかねばならないということである．

01：伊豆宏：すまいろん「超長期住宅需要の展望」56号，住宅総合研究所刊団，2000
02：住宅金融公庫：海外住宅DETA-NOW
03：NHK国民生活時間調査（1990）．

居住──独立住宅：伝統農家 Dwelling──Detached House: Traditional Farmhouse

伝統的住宅の三様式
日本の伝統住宅は農家・町屋・武士住宅の三様式に大別される。これらの様式は明治以後に建築された住居にも広範に用いられ、また現在建設されている各種の住居の間取りや室内意匠などにも大きな影響を与えている。

農家の特色
農家は一般に広い敷地のなかに建ち、隣家からの制約を受けることが少なく、大多数が平屋建てである。屋根は草葺きが一番多いが、板葺き、瓦葺きなども用いられている。敷地内には、母屋のほかに、作業小屋・倉庫・ふろ場・便所などを別棟で建てている。

母屋の間取りは、農作業や炊事に用いる広い土間や、牛馬を飼育するための馬屋を室内に設けており、床上部分には、いろりのある居間・客間・寝間を合計3ないし5室程度配置している。また部屋相互の連絡に廊下を用いずに、部屋が相互に接続する配置になっている。屋根裏の空間は居住用に使われることはまれで、収穫物の収納や養蚕に使われる。

農家の間取り類型
日本の農家の間取りには、地域や時代によって種々の類型がみられるが、そのなかでもっとも広く用いられたのは、三つ間取り広間型と四つ間型（四つ間取りともいう）である。

旧伊藤家住宅（重要文化財）
• 建設：17世紀末期

元は川崎市金程あった農家で、典型的な三つ間取り広間型の間取りをもつ。広い居間の中央から少し後ろ寄りにいろりがあり、その近くにたなと流しが設けられており、炊事や食事がいろりの周辺で行われたことがわかる。居間の表側が格子窓になっているのは古い形式である。土間への主な出入り口は屋根の平（ひら）の側にある平入り形式である。

坪川家住宅（重要文化財）
• 建設：17世紀後期

屋根の妻側に主な出入り口がある妻入り形式の農家。客間が2室に増え、側方に馬屋が突き出した形で設けられている。しかし部屋の構成や配置は、旧伊藤家住宅とよく似ており、三つ間取り広間型の拡大したものとみなされる。

石田家住宅（重要文化財）
• 建設：1650年

四つ間型の農家の最も古い例の一つ。表側の居間は日常の客の応対に用いられ、また客間の次の間の役目も兼ねている。後方の居間では、炊事や食事が行われた。

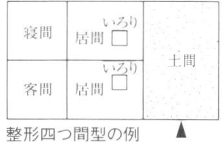

01：川崎市教育委員会編集発行：重要文化財伊藤家住宅移築修理工事報告書(1966)；神奈川県建築士会編集発行：神奈川県建築士図説(1962)
02：重要文化財坪川家住宅修理委員会：重要文化財坪川家住宅修理工事報告書(1969)
03：京都府教育庁指導部文化財保護課：重要文化財石田家住宅修理工事報告書(1975)

農家の間取り類型
- 三つ間取り広間型の例
- 整形四つ間型の例
- くい違い四つ間型の例

旧伊藤家住宅[01]（神奈川県川崎市日本民家園）

坪川家住宅[02]（福井県武生市丸岡町）

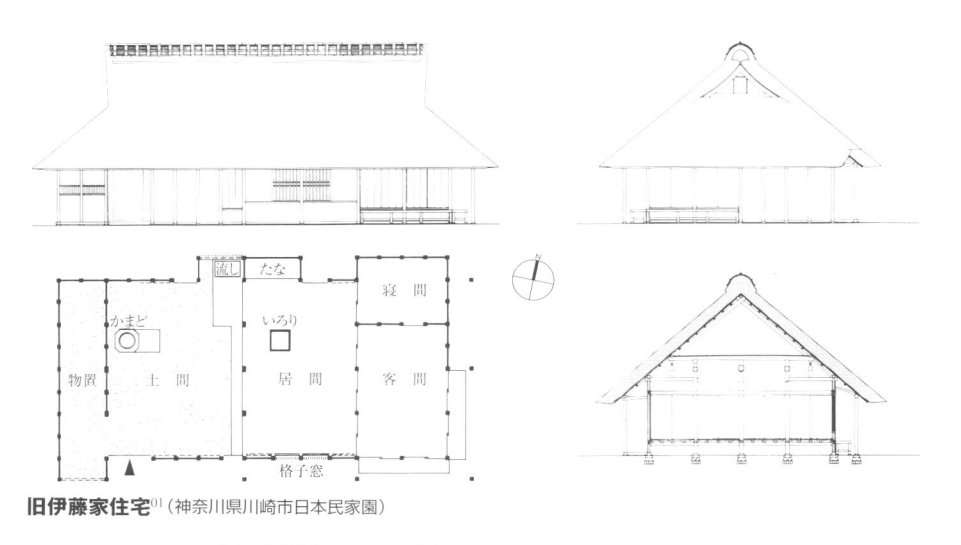

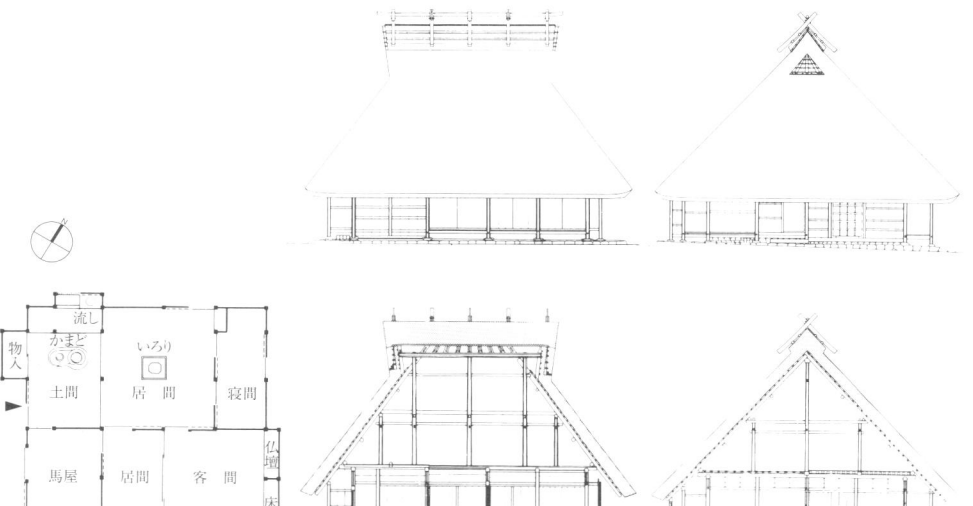

石田家住宅[03]（京都府北桑郡美山町）

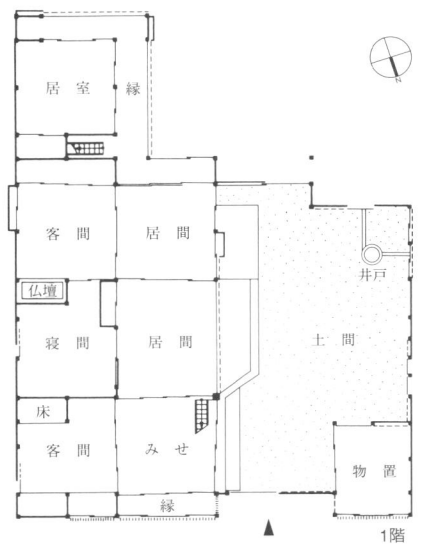

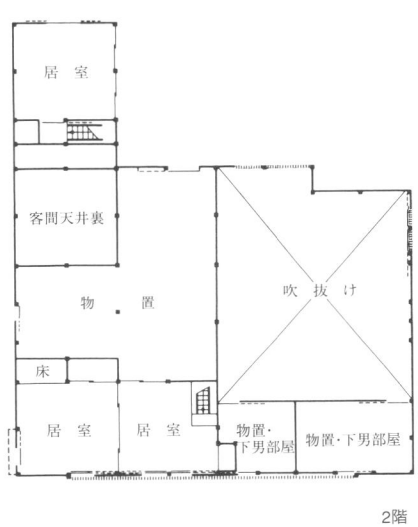

Dwelling—Detached House: Machiya **居住—独立住宅：町屋**

今西家住宅⁰¹（奈良県橿原市）

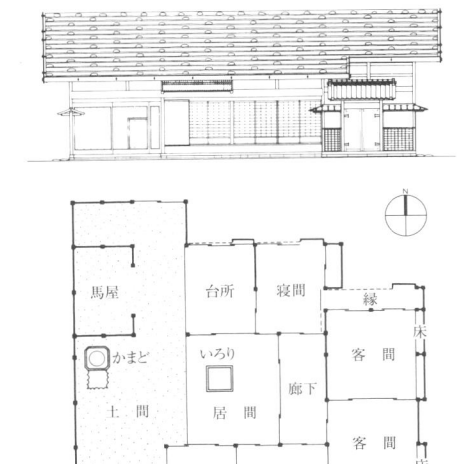

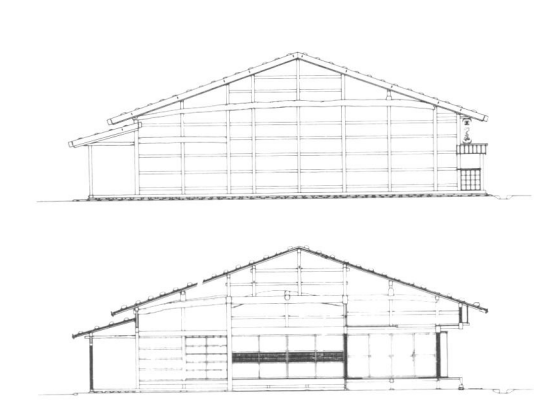

旧三沢家住宅⁰²（神奈川県川崎市日本民家図）

町屋の特色
町屋は道路に接した間口の狭い短冊形の敷地に建てられるものが多く、そのために間取りは一般に奥行方向に長くなる傾向をもつ。また、左右の側壁に出入口や窓を設けることが少ない。

そのほか火災の延焼を防ぐために、外壁を土蔵造りにしたり、軒下や屋根面に防火用の壁を突き出すなどの工夫が試みられている。道路に面した部分には、商業用の店舗や手作業用の作業場が設けられ、これを普通"みせ"とよぶ。

町屋の間取り類型
町屋では、屋内の主要通路として、道路から裏庭まで達する細長い土間を設ける間取りが多く、通り庭形式とよばれる。この間取りでは、一般に道路に近い方から、みせ・居間・客間の順に配置される。台所や便所・浴室は通り庭に沿って裏口に近い箇所に設けられる。

部屋の数や配置は間口の大きさによって異なるが、普通は通り庭に沿って2列に部屋を並べ、小規模な間口の家では1列になる。通り庭形式の間取りは関西地方をはじめ全国の都市でみられるが、関東地方の都市では表口部分にのみ土間をもつ間取りも多い。

町屋には平屋建てのものもあるが、狭い敷地を有効に利用するために、部屋裏の空間を利用した中2階の部屋のある間取りや、2階建が発達している。

今西家住宅（重要文化財）
• 建設：1650年

関西地方の古い町屋の代表的な例で、防火のために外壁を土蔵造り、屋根を本瓦葺きにしている。間取りは通り庭に沿って部屋を2列に並べた形式で、2階は道路側にのみ部屋を設け、その他の大部分は物置や吹抜けにしている。町屋では、みせの表側の道路に面する部分の間仕切形式が大変重要である。今西家は小売業を営まないので、厳重に格子を組んだ形式になっている。

旧三沢家住宅（神奈川県重要文化財）
• 建設：1840年ごろ

長野県伊市の伊那街道の宿駅にあった宿屋で、商業も営んだ。間取りは町屋の間取りを基本にしているが、向かって右側の門を入った奥に宿泊客のための客間が2室設けられている。道路に面した部分にみせが2室あり、その上の屋根裏に小部屋がある。屋根は板葺きで、重しとして丸石が載せてある。外壁は真壁であるが、両側面の壁には戸口や窓が全くなく、町屋の間取りの特色をよく表している。

01：奈良県重要文化財保存事務所：重要文化財今西家住宅修理工事報告書(1962)
02：川崎市編集発行：旧三沢家住宅移築工事報告書(1963)

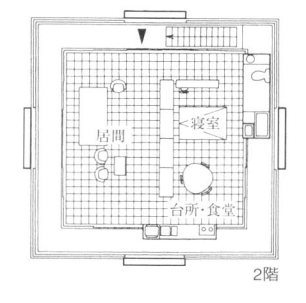

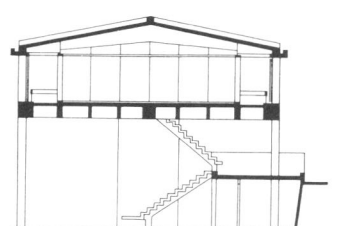

居住―独立住宅：都心居住 Dwelling―Detached House: Urban Dwelling

(撮影：川澄建築写真事務所)

スカイハウス(自邸)（東京都文京区）

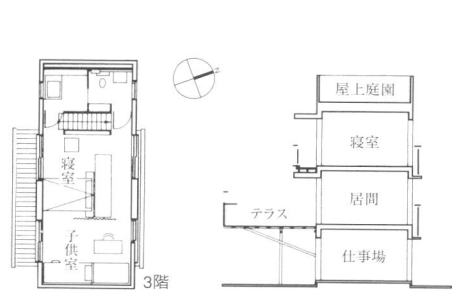

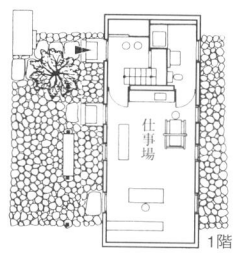

すまい(自邸)（東京都新宿区）

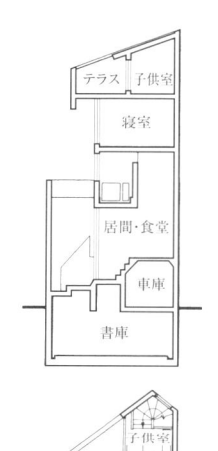

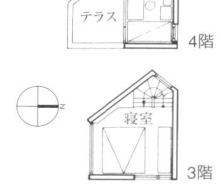

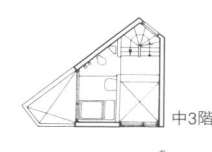

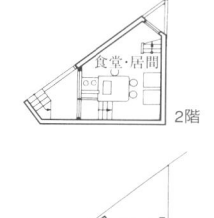

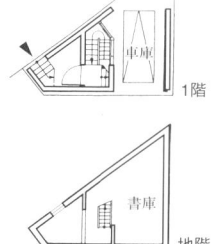

塔の家（東京都渋谷区）

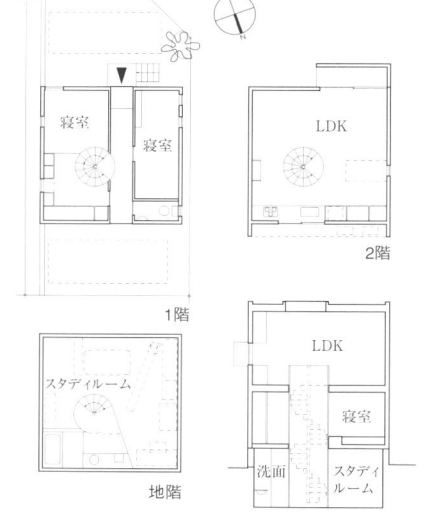

梅ヶ丘の住宅（東京都世田谷区）

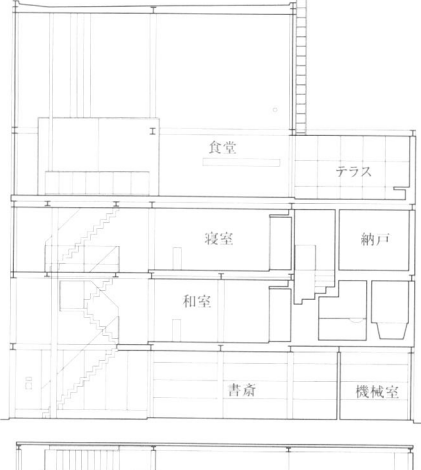

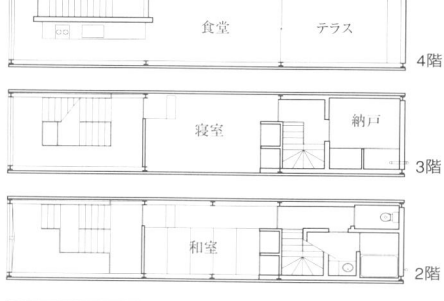

日本橋の家（大阪市）

〈都心居住〉
ライフスタイルの多様化に伴い，都心部の狭小な敷地を有効活用した独立住宅の事例が増加している．地階の利用やフロアの積層による面積の確保，吹抜けや開口部の工夫によるプライバシーの保護と十分な採光・通風の確保の両立など，小さな空間で快適に住むための解決策が重層的に練られている必要がある．

***

スカイハウス(自邸) ⇔008, 009
- 設計：菊竹清訓
- 建設：1958年
- 構造：RC造2階建
- 敷地面積：247m² ●延床面積：98m²

居住部分は4枚の壁柱によって空中へ持ち上げられており，台所，浴室，収納などの設備は，取換えや位置の変更が可能な「ムーブネット」として主空間に取り付けられている．後年になって，本体に吊り下げられるかたちで子供室などが増築された．

すまい(自邸)
- 設計：藤木忠善
- 建設：1963年
- 構造：RC造3階建
- 敷地面積：88m² ●延床面積：102m²

都心の狭小な敷地でありながら，前庭，その上に張り出したテラス，屋上庭園と3種類の豊かな外部空間を生み出すことで，一家族にとっての豊かな生活を保証している事例．サービスゾーンの集約，居住スペースの適度なフレキシビリティが図られている．

塔の家 ⇔006, 101
- 設計：東孝光
- 建設：1966年
- 構造：RC造5階地下1階
- 敷地面積：21m² ●延床面積：65m²

わずか6坪強の変形敷地を逆手にとり計画された都心住居．狭さと縦動線確保の難しさが当時の新しい都心居住のスタイルを提示することになる．

日本橋の家
- 設計：岸和郎
- 建設：1992年
- 構造：S造4階建
- 敷地面積：43m² ●延床面積：113m²

間口2.5m，奥行13mという細長く狭小な敷地に建てられた住居．最上階のみ階高を高く取り，吹抜けと屋上庭園をつくることで開放性を感じさせる造りとなっている．

梅ヶ丘の住宅
- 設計：佐藤光彦
- 建設：1998年
- 構造：RC＋S造地下1階地上2階建
- 敷地面積：78m² ●延床面積：89m²

水平力を全面的に負担させた鋼管による階段コアが特徴的．一見単純な造りだが，1階の床レベルをずらしたり，各階の天井高を変えるなどの細かい操作が行われている．

Dwelling—Detached House: Site Specific **居住─独立住宅：敷地への応答** 119

立川のハウス（東京都立川市）

ミニ・ハウス（東京都練馬区）

T平面の家（群馬県榛東市）

小さな家（東京都渋谷区）

c（東京都東久留米市）

〈敷地への応答〉
住宅に限らず建物は敷地の中に建てられるものである．しかし現実には敷地の内部だけでなく，敷地を取り巻く都市や自然の条件も居住環境と緊密な影響関係を結んでいる．建物を配置するということは単に建築の接地する部分を定義することではなく，その場所を取り巻く様々な条件や文脈の流れの中に建物を挿入する行為である．
＊＊＊

立川のハウス
・設計：西沢大良建築設計事務所
・建設：1996年
・構造：木造2階建
・敷地面積：121m² ・延床面積：96m²
三叉路に面する扇形の敷地に建つ住宅である．街路側に沿って細長い2階建てのヴォリュームが配置されることで，南東側にまとまった外部空間がとられている．街路側には極端に開口部の少ない屈曲した黒色の壁面が，外部空間側には間口全面に開口部がとられることで，敷地外と外部空間は遮断，外部空間と内部空間は連続といった視覚的な関係が成立している．

ミニ・ハウス
・設計：塚本由晴・貝島桃代
・建設：1998年 ・構造：RC造＋S造
・敷地面積：77m² ・延床面積：90m²
半地下階を含む3層のメインヴォリュームに，それぞれ玄関，台所，浴室といった機能をもつ4つの小さなヴォリュームが取り付けられている．これらは，既存の樹木をさけて設計され，車庫の屋根としても機能するなど，既存敷地と建物の間に複数の新しい関係をつくり出している．

T平面の家
・設計：岩岡竜夫 ・建設：1999年
・構造：木造平屋建
・敷地面積：1,305m²
・延床面積：123m²
敷地の内外にわたって散在する環境的なエレメント（隣家，墓地，防風林，土蔵など）が，建物ヴォリュームの配列によってつくられる外部空間と組み合わされることで秩序づけられ，再構成されている．つまりこの住宅における外部空間は，建物ヴォリュームといずれかのエレメントに囲まれた場所であり，エントランスの位置によってアプローチに供される緩衝型のものと，建物内部とのみ動線的に接続された延長型のものの双方が形成されている．

小さな家
・設計：妹島和世 ・建設：2000年
・構造：S造4階建 ・敷地面積：60m²
・延床面積：77m²
都心に建つ小さな住宅．異なる大きさの諸室を，1部屋ずつ上に重ねるというルールを守ることで，外形は複雑な形態となっている．その結果，各階の壁面の傾きもそれぞれ異なったものとなり，室内と外部との関わりが緩やかに規定されている．

c
・設計：青木淳建築計画事務所
・建設：2000年 ・構造：木造2階建
・敷地面積：110m² ・延床面積：73m²
都心部の旗竿状の不整形な土地の中に，四角い大きな庭を切り取るような形で建物の形状が決定されている．クローゼットや階段室を通り抜けの部屋とすることで，狭小な平面に奥行きによる広さの効果を与えている．

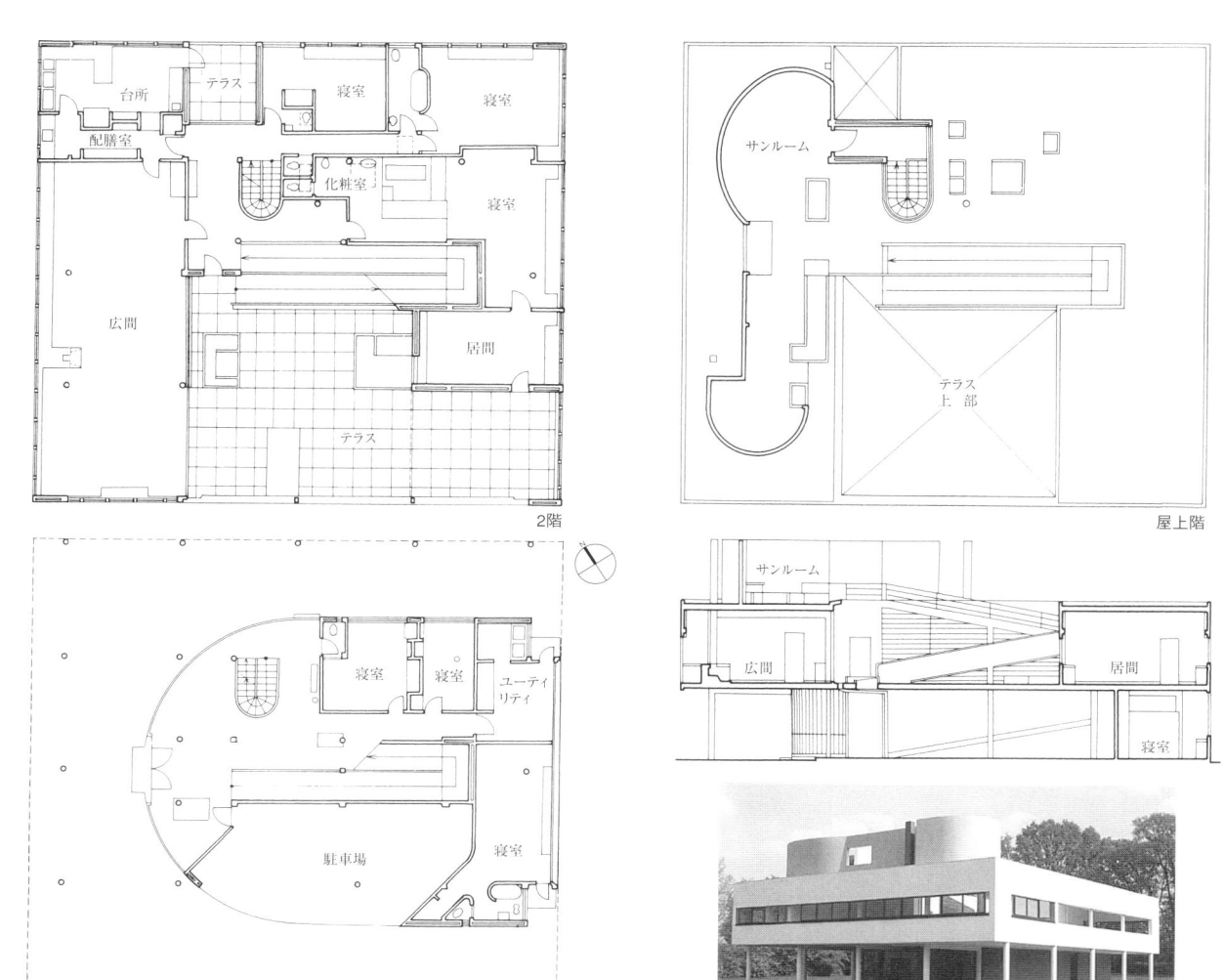

120 居住―独立住宅：ヴォイドのある住まい　Dwelling―Detached House: Void　1:300

サヴォア邸（Villa Savoye, Poissy, フランス）

（撮影：Richard Weston）

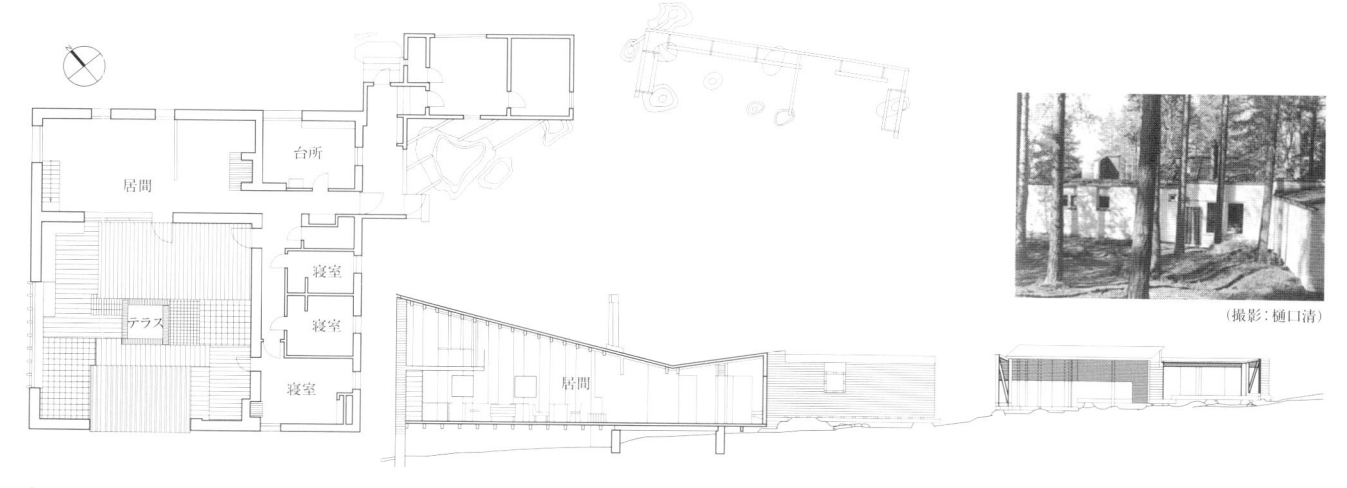

ムーラッツァロの実験住宅（Experimental House, Muuratsalo, フィンランド）

（撮影：樋口清）

〈ヴォイドのある住まい〉

平面図において用途や床が示されない空白＝ヴォイドは、決して残余の空間なのではなく、住宅に決定的な質感を与えたり、住宅内の様々な場所を統合する重要な役割を果たすことがある。また中庭もそれを取り囲む建物との接続の仕方によって様々な居住空間を生み出すことができる。

* * *

サヴォア邸　023

- 設計：Le Corbusier
- 建設：1929年
- 構造：RC造地下1階地上2階建

パリ郊外の小高い丘に建つ週末住宅。生活の場はピロティによって2階に持ち上げられており、2階に設けられた連窓の開口部によって周囲の森を遠景として眺めながら開放的な生活が営めるようになっている。

ピロティで持ち上げられた2階に1階から上がると、北側に眺望の開けた広間につながり、またそこから矩形の輪郭を残した外部空間に出ると、スロープを伝って3階のサンルームへと半外部空間を彷徨うように進むことができる。

ムーラッツァロの実験住宅

- 設計：Alvar Aalto
- 建設：1952〜1954年

湖に突き出た岩盤ののり面に建つサマーハウス。母屋のヴォリュームは湖に向かってせり上がる片流れの方形平面だが、白く塗られた外壁から一歩中に入ると一転して煉瓦で覆われた正方形のオープンテラスを囲むL字型に諸室が配されている。テラスは四周を煉瓦の自立壁で覆われており、内側に向かって多種多様な煉瓦積みのスタディが装飾となっている。夏の涼しい気候の中で屋根のないメインルームとして機能した。

Dwelling—Detached House: Void 居住—独立住宅：ヴォイドのある住まい

1:300

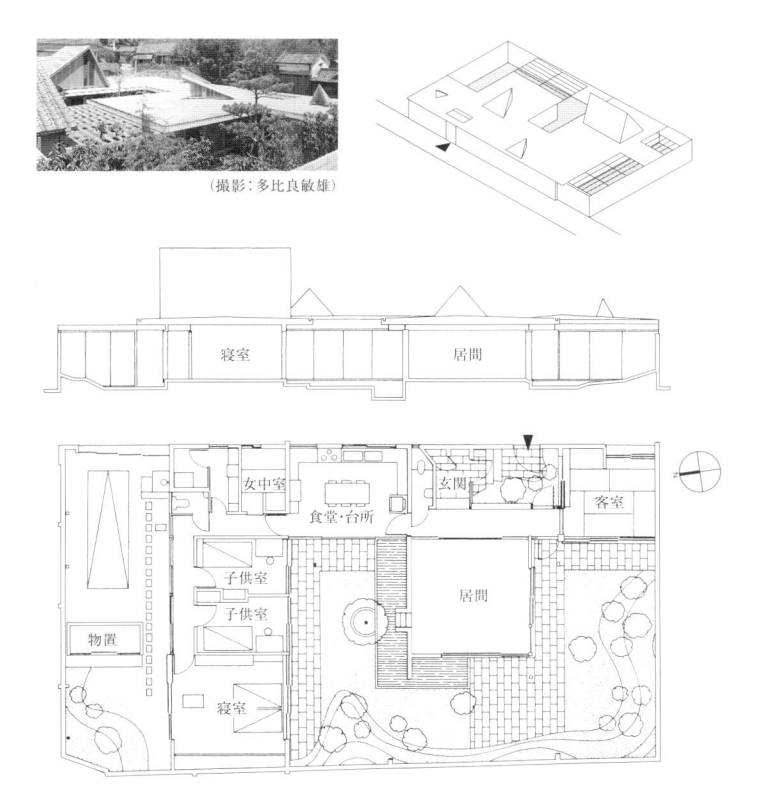

正面のない家-H（兵庫県西宮市）

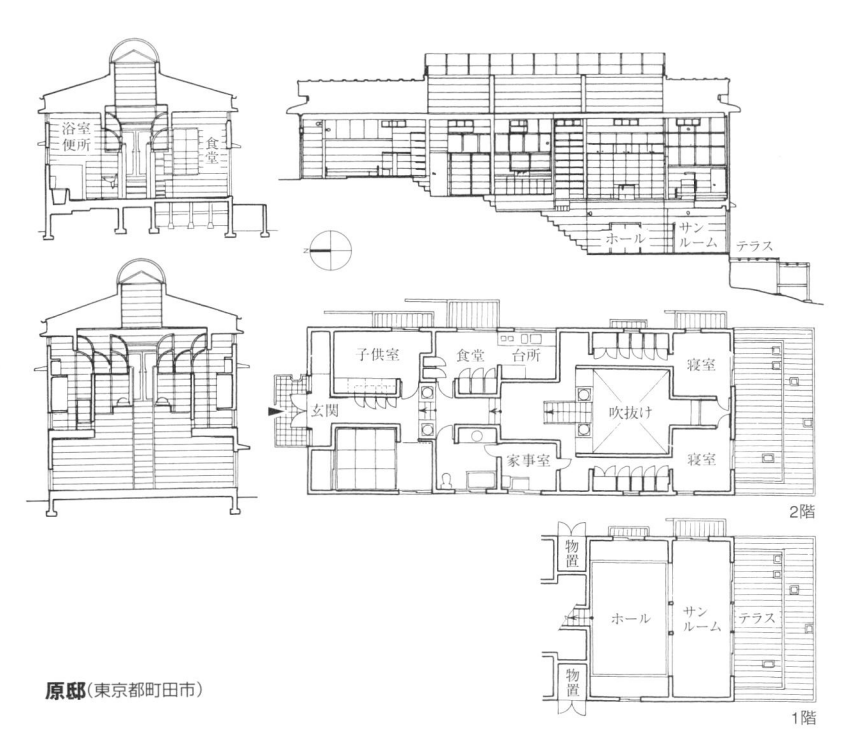

原邸（東京都町田市）

まつかわぼっくす（東京都新宿区）

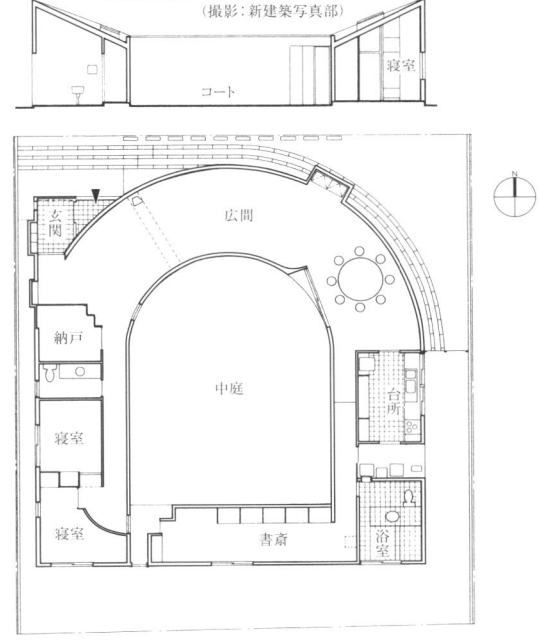

中野本町の家（東京都中野区）

正面のない家-H ⇒014
- 設計：坂倉準三建築研究所
- 建設：1962年
- 構造：RC造＋木造平屋建
- 敷地面積：303m²
- 延床面積：110m²

塀によって外部空間を囲い込み半内部化し通風や開放性を保つだけでなく，突出した居間によって連続した中庭を公私，2つの領域に緩やかに分節している．各室からの視線がなるべく交わらないような部屋配置がなされている．

まつかわぼっくす
- 設計：宮脇檀
- 建設：1971年
- 構造：RC造＋木造平屋建
- 敷地面積：358m²・延床面積：107m²

三方を建物で囲い，一方は壁で塞いだ準コートハウス形式の住宅．2階からの視線をあえて遮ることにより，中庭の求心性を高めている．RCの内側に木構造を収めた形式は，その構造的な対比によって混構造住宅の典型となっている．のちに南東側に建物が増築され，コートハウス形式の住宅となった．

原邸 ⇒101
- 設計：原広司＋アトリエ・ファイ
- 建設：1974年
- 構造：木造2階建
- 敷地面積：640m²
- 延床面積：138m²

天窓が連結する吹抜けを疑似外部空間と見なし，各々の構成要素が内向きに配置されている．強い閉鎖性は建物全体で一つの世界を築き上げており，海外の集落事例に関心を寄せた設計者ならではの発想である．

中野本町の家 ⇒014
- 設計：伊東豊雄
- 建設：1976年
- 構造：RC造平屋
- 敷地面積：368m²
- 延床面積：148m²

コートハウスにも見えるが，実際は外部ばかりでなく中庭に対してもほぼ閉じられた室内空間となっている．室内を想定しにくい外観，チューブ状の室内，中庭といった3段階の閉鎖性によって，強い別世界志向がうかがえる．

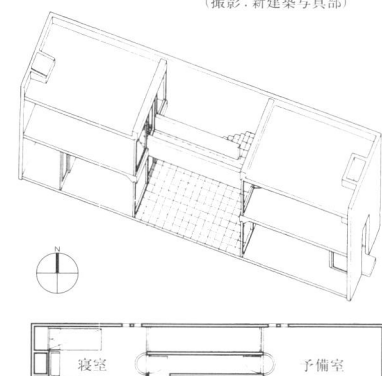

122 居住―独立住宅：ヴォイドのある住まい　Dwelling—Detached House: Void　1:300

住吉の長屋(大阪市)

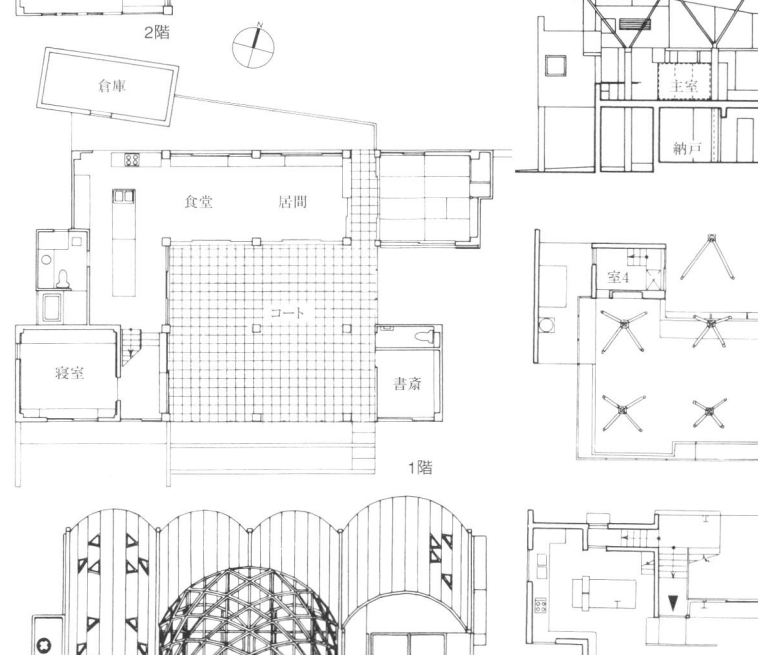

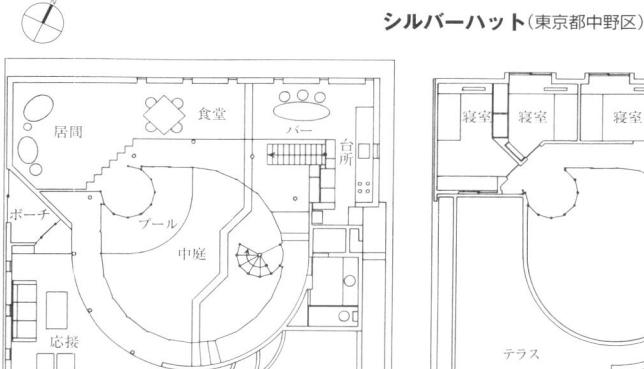

シルバーハット(東京都中野区)

東玉川の住宅(東京都世田谷区)

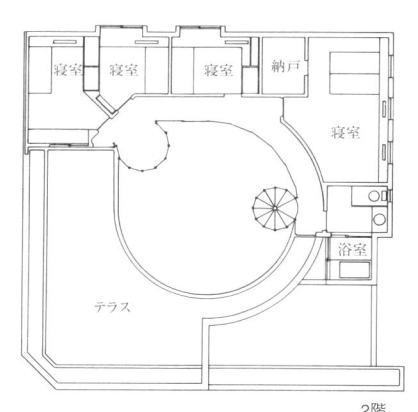

HOUSE F 1988(東京都品川区)

住吉の長屋 ⇒ 014, 022
- 設計：安藤忠雄
- 建設：1976年
- 構造：RC造2階建
- 敷地面積：57m²
- 延床面積：65m²

長屋が連なる一角に，コンクリート打放しの箱を入れ込んだ住宅．細長敷地では中央に光庭を取ることが多いが，ここでは光庭全体を外部化することで自然に対峙した明るい環境を提供している．部屋間の移動は外気に触れることで，そのつど空間意識が改まる構成であるともいえる．

シルバーハット
- 設計：伊東豊雄
- 建設：1984年
- 構造：RC造＋S造2階建
- 敷地面積：403m²
- 延床面積：138m²

キャンティレバーのコンクリート柱に鉄骨スペースフレームのヴォールトをのせ，室内上部はアルミ，中庭はテントで住居全体を皮膜した空間としてデザインしている．また家としての記号や象徴を排除することによって，仮設的な特徴を得ており，伊東の言う「ノマディズム」を表現したものとなっている．

東玉川の住宅
- 設計：長谷川逸子・建築計画工房
- 建設：1987年
- 構造：RC造一部木造地下1階地上2階
- 延床面積：238m²

敷地外周をコンクリートの壁で囲い，その上にパンチングメタルの天蓋を巡らせている．外部の騒音や視線を意識から遠いものとしながら，都市の中にいることの情報までは失わせていない．しかも自らメッセージを意識的に発することはないが，シンボリックに情報皮膜をまとっている．

House F 1988
- 設計：坂本一成研究室
- 建設：1988年
- 敷地面積：179m²
- 延床面積：172m²
- 構造：WRC造＋S造

閑静な住宅地の一角に建つ住宅である．エントランス主室を含む中央の大ヴォリュームに，キッチンや寝室からなる二つの小ヴォリュームが付加した全体構成となっている．これらのヴォリュームが半外部空間を囲むように配列され，全体として中庭型の構成が成立している．内部空間へのアプローチは，道路に面した駐車スペースであるピロティを抜け，中庭の外部階段を通って2階の主室へと至る．また内部では，様々なレベルをもつ床が階段などにより滑らかに接続されることで，全体として強い視線的・動線的な連続性をもつ空間が成立している．

Dwelling—Detached House: Void **居住—独立住宅：ヴォイドのある住まい**

TATA（静岡県裾野市）

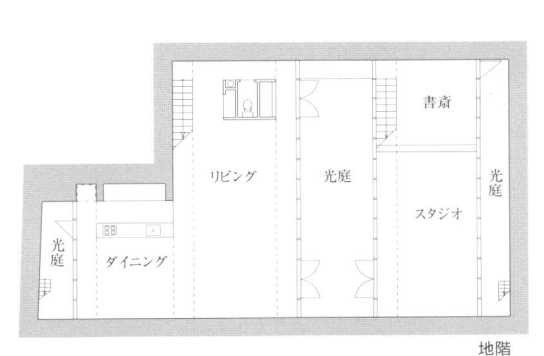

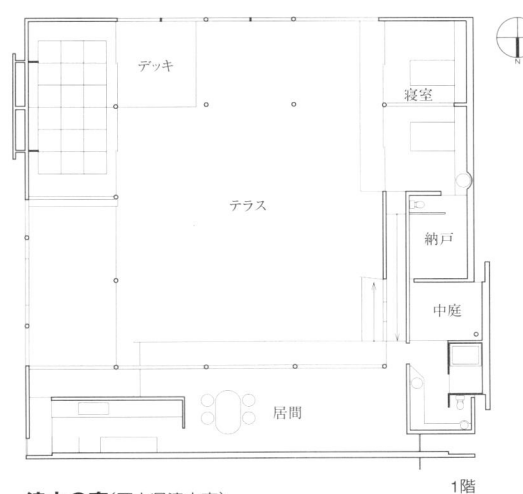

津山の家（岡山県津山市）

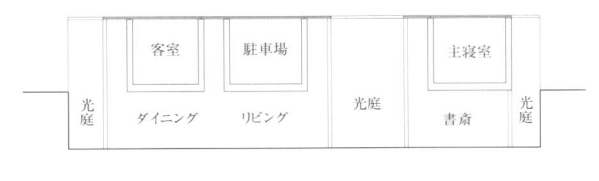

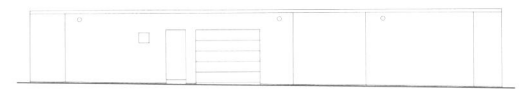

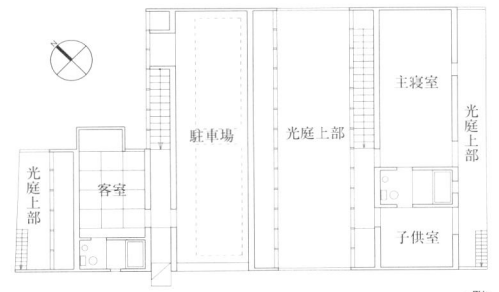

M-HOUSE（東京都渋谷区）

TATA
- 設計：象設計集団
- 建設：1991年
- 構造：木造在来＋RC造地下1階地上2階建
- 敷地面積：639m²
- 建築面積：149m² ・延床面積：235m²

事実上ワンルームと呼べるひとつながりの空間であり，床のレベル差と，光の井戸と名付けられた小さなコートヤードの配置によって有機的な空間をつくり出している．既存樹木を避けるようにえぐり取られた部分は，内部を分節する役割を果たしている．

津山の家
- 設計：村上徹
- 建設：1994年
- 構造：RC造＋S造2階建
- 敷地面積：942m²
- 建築面積：230m²
- 延床面積：266m²

L型の広い敷地の端部に住宅を配置し，南に拡がる敷地内の林を見せるようにして計画した中庭中心の住宅．平面は閉じておらずL型に構成されているが，中庭であることを強調するために対角方向に離れとしての和室を設け，同じ高さの屋根でつないでいる．

M-HOUSE
- 設計：妹島和世・西沢立衛
- 建設：1997年
- 構造：RC造＋S造
- 敷地面積：207m²
- 建築面積：112m²
- 延床面積：122m²

敷地に対して建物の引きを取り難い環境の中で，外部空間を取り込みつつプライバシーを確保するために地下に光庭を設ける計画がなされている．敷地全体を掘り込み，諸室を浮かせるように配置することで，地下でありながらも開放的な空間を獲得している．

124 居住—独立住宅：空間を開く　Dwelling—Detached House: Opening of Space

1:300

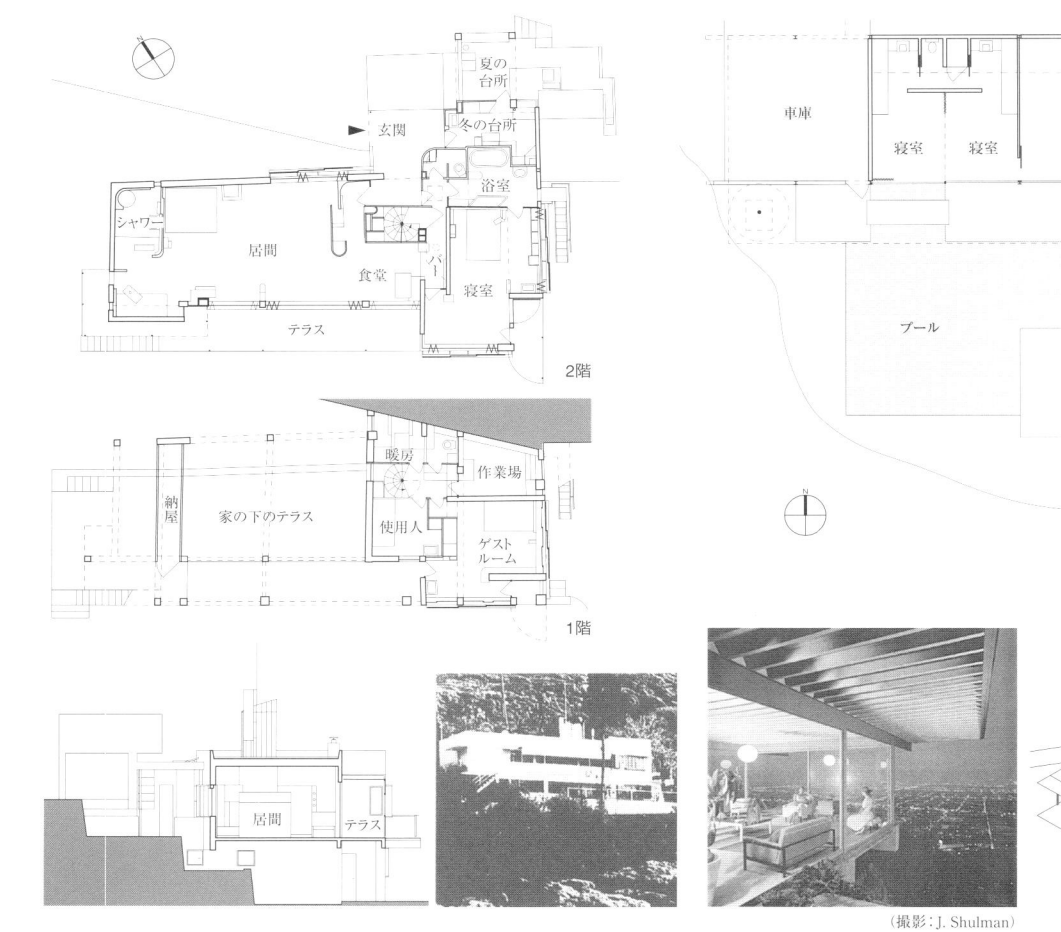

section4
居住

E-1027（海辺の家）(Seaside Villa, Roquebrune, フランス)

（撮影：J. Shulman）
ケース・スタディ・ハウス #22(Los Angeles, California, アメリカ)

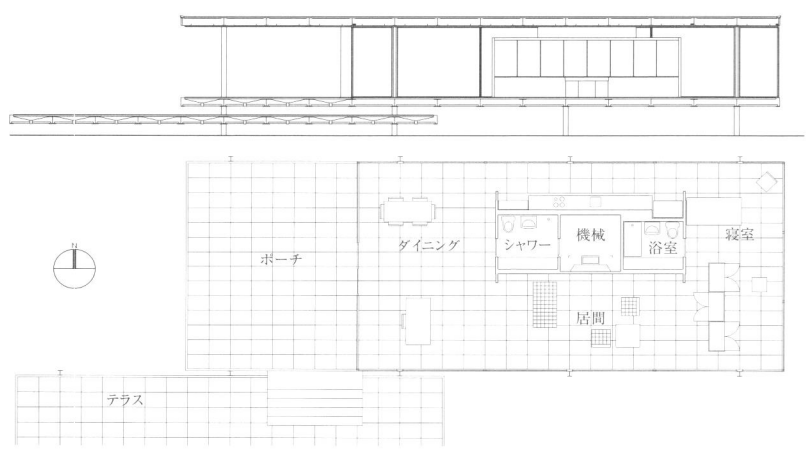

ファンズワース邸(Farnsworth House, Illinois, アメリカ)

栗の木のある家(東京都小金井市)

〈空間を開く〉
住宅を内部空間だけに止めず，周囲の屋外環境と連続的に取り扱い，土地全体を構築的に統合するためには，開口部や住宅の境界面においていかに開く／閉じるかが重要なポイントとなる（⇨030）。単に住み手の機能的要件や内部空間の居住性だけでなく，周辺環境への洞察や内外の移動体験に対する設計者の意図が求められる。

＊＊＊

E-1027（海辺の家）
●設計：Eileen Gray
●建設：1929年　●構造：RC造2階建
南フランスの岬に建つこの住宅は，1階は来客と使用人の空間を除いてすべてピロティとして持ち上げられ，主な機能はほぼ一室空間となっている2階に集められている。ここでは眺望を確保するために，南側の壁が海に向かってのガラス扉となっており，扉を開けることでテラスと一体化が可能になっている。

ファンズワース邸 ⇨025
●設計：Mies van der Rohe
●建設：1950年
●構造：S造平屋建
木立に囲まれ南側をフォックスリバーが流れている平坦な敷地に建つこの週末住宅は，スラブとH鋼の柱が白く塗られ，それ以外の外壁にあたる部分はすべてガラスで仕切られている。内部は4枚の木製の壁によって水廻りコアが確認され，それによって空間が分節されている。フレキシブルな空間を極限まで追求した作品である。

栗の木のある家
●設計：生田勉
●建設：1956年　●構造：木造平屋建
●敷地面積：462m²　●延床面積：79m²
住宅を活動的な場として位置づけ，台所を居間・食堂に対して開いた事例。生活動線の合理化が図られる一方で，限られた面積を豊かに使おうという意図が見える。

ケース・スタディ・ハウス#22（シュタール邸）
●設計：Pierre Koenig
●建設：1960年
●構造：S造
ロサンゼルス郊外の崖地に突き出すように建つ住宅である。1945年から1966年にかけてアーツ＆アーキテクチャー誌に掲載されたケース・スタディ・ハウスのひとつであり，設計者の代表作として知られる。L字型の建物ヴォリュームは，取り付き道路側を壁面とし外部空間側を全面開口とすることで，斜面に向かう空間の方向性が明確に表われている。取り付き道路より建物の1辺を越え，さらに建物ヴォリュームに囲まれた外部空間を通り，エントランスに至るといった，緩衝型の動線がとられている。

Dwelling—Detached House: Opening of Space 居住—独立住宅：空間を開く

2家族の家（House for two families, Island of Spetses, ギリシャ）

富士裾野の山荘（静岡県裾野市）

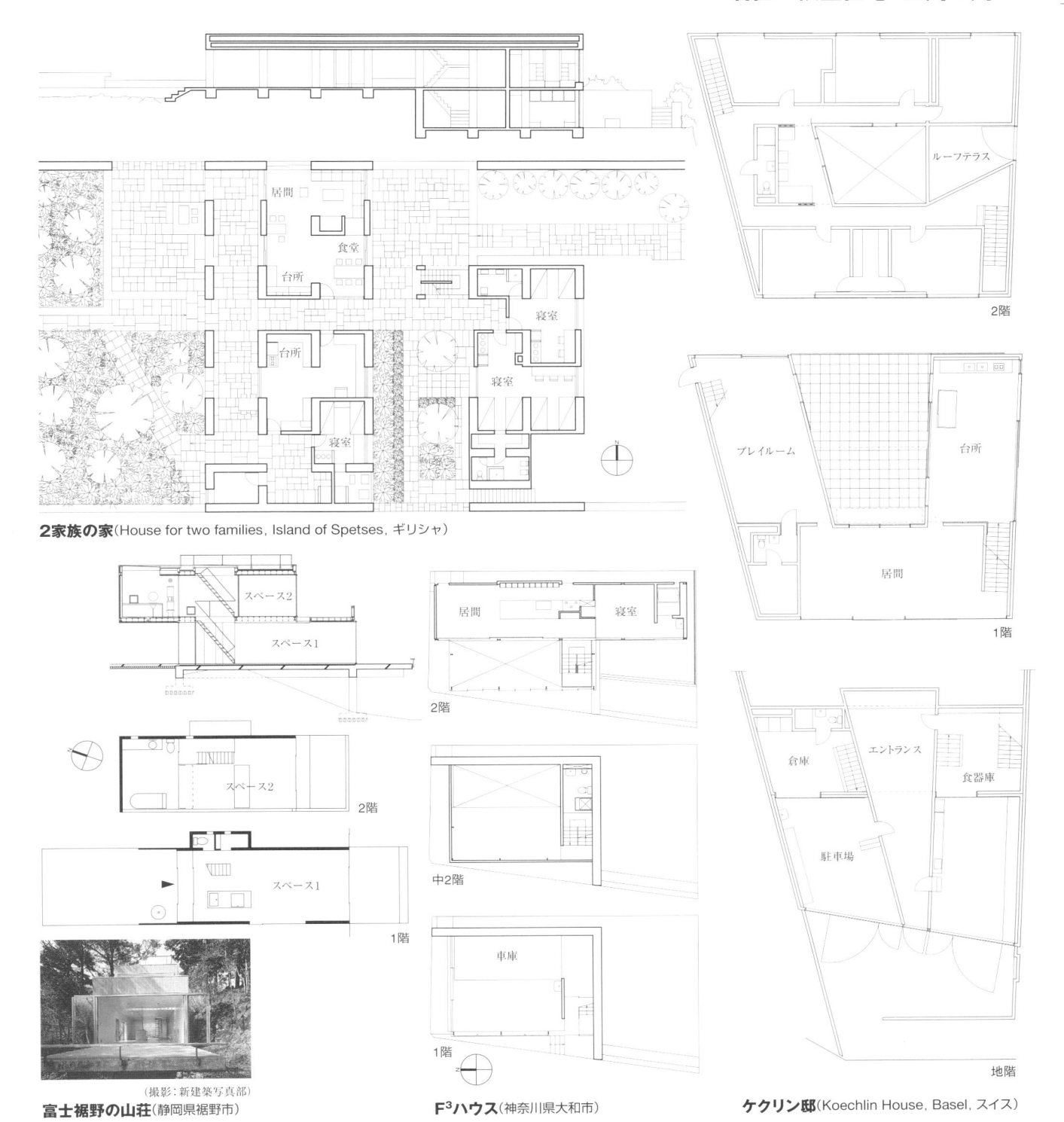

F³ハウス（神奈川県大和市）

ケクリン邸（Koechlin House, Basel, スイス）

2家族の家
- 設計：Aris Konstantinidis
- 建設：1967年

ギリシャの乾燥した風土で培われた伝統技術，生活スタイルを踏襲してスペッツェ島に建設された2世帯住宅である．

空間はパブリックスペースを含めて3ブロックに分かれているが，それらを大きなフラット屋根でつなぎ，庇下を雨に濡れることなしに部屋間，世帯間を行き来できるようになっている．

富士裾野の山荘
- 設計：石田敏明建築設計事務所
- 建設：1991年
- 構造：S造＋木造2階建
- 敷地面積：554m²
- 延床面積：75m²

富士山の原生林の趣を残す南下がりの崖地に立地する山荘である．細長いトンネル状の二つの室が，ややずれつつ積層する明快な全体構成となっている．道路から連続した間口4m，奥行き18mのコンクリートの人工地盤により，1階の床面が形成されている．また，1階平面の短手一杯を大開口とすることで，快適な居住空間が実現している．

ケクリン邸
- 設計：Herzog and de Meuron
- 建設：1994年

各階で異なる方向に開いた中庭をもつ住宅．中庭の屋根と壁は可動式になっており，それらを開放することで中庭は内部空間としても外部空間としても成立する．また，通常の意味での外部／内部という考え方を反転させようというねらいから，窓を外部でスライドさせている．地階部分のエントランスには逆遠近法が持ち込まれ，それによって住宅の内部に向かって広がりが与えられている．

F³ハウス
- 設計：北山恒
- 建設：1995年
- 構造：S造一部RC造3階建
- 敷地面積：100m²
- 建築面積：60m²
- 延床面積：122m²

コンピュータエンジニアである単身男性のための住宅．ガラスケースの内部に収められた白い箱という入れ子状の構成をとっており，プライベートな住居部分はすべてこのワンルームの箱の中に収まっている．ガラスケースの内側は延床面積に含まれるが，実際には外部として機能している．

126 居住―独立住宅：空間を開く Dwelling―Detached House: Opening of Space

1:300 1:2000

Y-House（千葉県東金市）

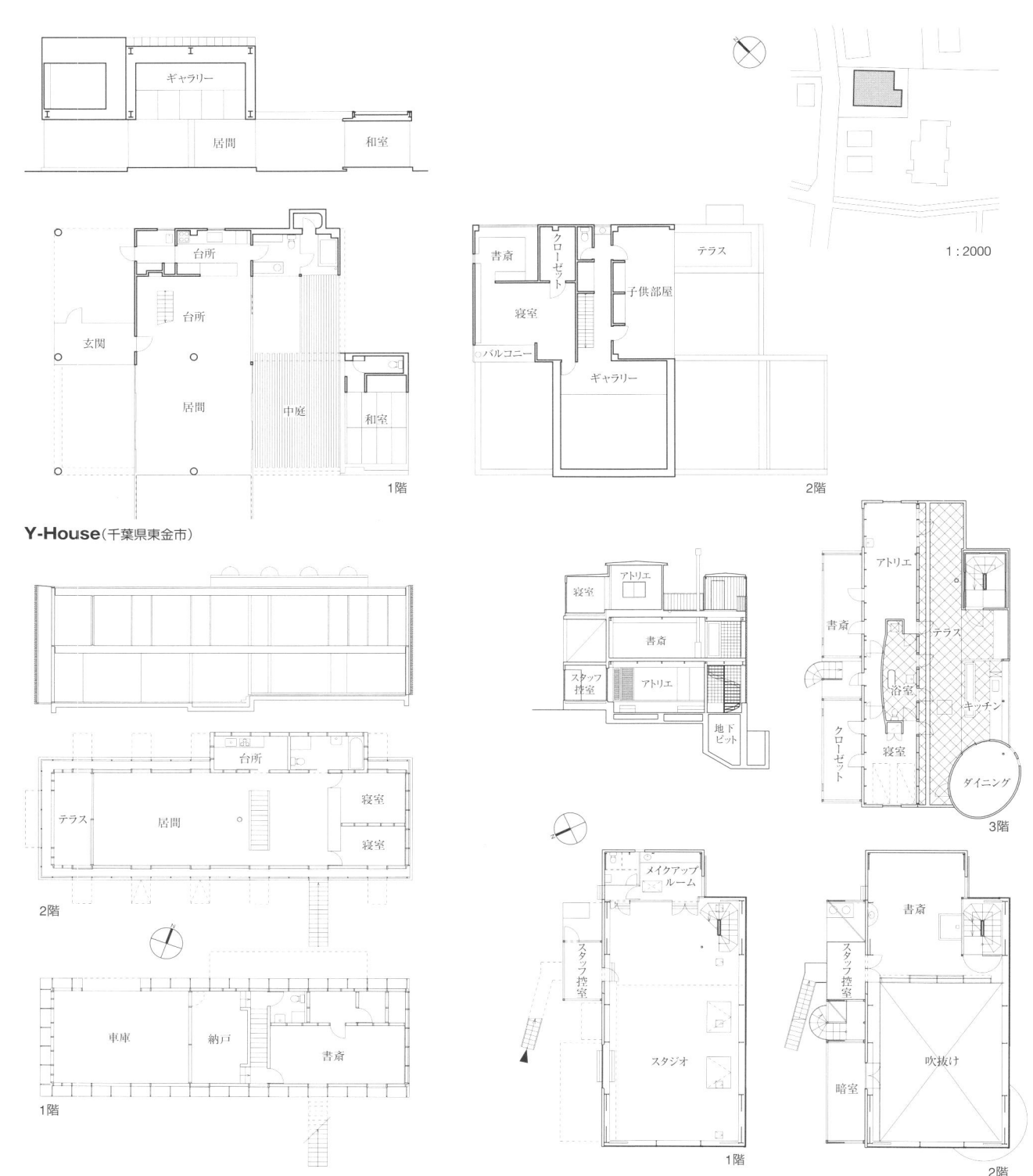

ロッハウの住宅（House in Lochau, Lochau, オーストリア）

小暮邸（スタジオK）（東京都目黒区）

Y-House
- 設計：篠原聡子
- 建設：1996年　●構造：S造2階建
- 敷地面積：474m²
- 延床面積：224m²

農家の敷地の一部に離れとして建てられた住宅．12.5m×14.5mを基本単位とした2スパンのスチールフレームの間に壁面を挿入することで，内部と外部の関係をずらしながらつくり出そうとしている．また，居間，中庭，和室を分節するガラス製の建具をすべて開け放つことで，1階部分に広々と連続した空間が出現する．

ロッハウの住宅
- 設計：Carlo Baumschlager and Dietmar Eberle
- 建設：1996年
- 構造：木造2階建＋S造
- 敷地面積：706m²
- 延床面積：138m²

木製のルーバーとガラスの二重皮膜に覆われた住宅．ルーバーを最下部においては垂直に立ち上げ，次第に角度をつけてグラデーションさせ，最上部においては水平とすることで，1階部分を周囲に対して閉じ，2階部分からは湖への眺望を確保している．

小暮邸（スタジオK）
- 設計：室伏次郎，スタジオアルテック
- 建設：1998年
- 構造：鉄骨造一部RC造3階建
- 延床面積：412m²

大部分が写真スタジオであり，住宅は最上部の3階に設けている．食堂以外の空間は路地風につくられたテラスに向かって大きく開く．夫婦のみの生活ということもあって，台所や浴室といった水まわり空間が戸外のテラスと一体に計画されている．プライバシーを確保しやすい屋上部の条件が，外を内に取り込む構成を可能にしている．

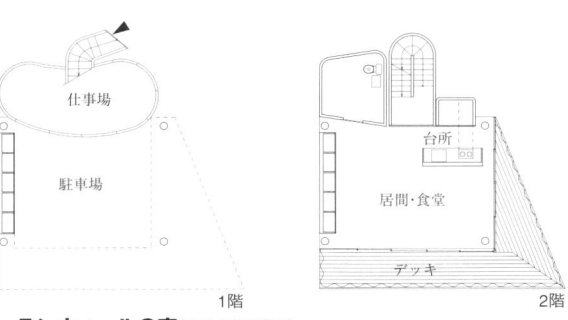

1:300   0   5   10   Dwelling—Detached House: Opening of Space **居住―独立住宅：空間を開く**   127

カーテンウォールの家（東京都板橋区）

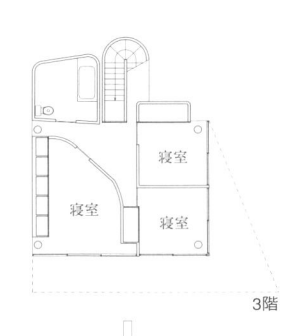

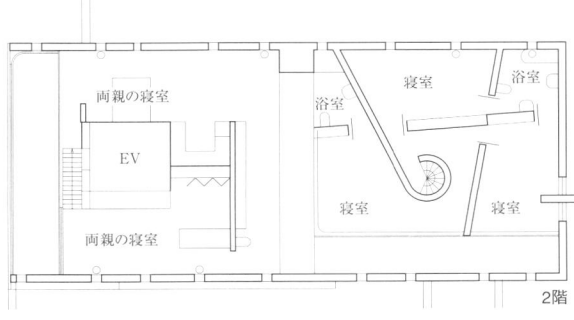

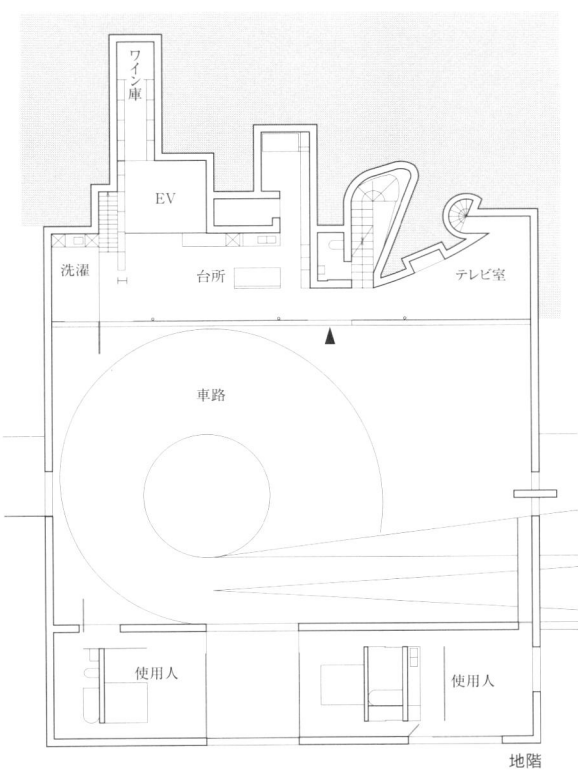

ボルドーの住宅（Maison à Bordeaux, Bordeaux, フランス）

カーテンウォールの家
- 設計：坂茂
- 建設：2000年
- 構造：S造3階建
- 建築面積：76m²
- 延床面積：180m²

柱で持ち上げられた2階より上のレベルを、題名通り開閉できるカーテンのファサードで覆った住宅．カーテンを開けることにより2階レベルに開放的なデッキとデッキに向けて開放された居室群が出現する．室内での生活内容と外の人通りを意識せざるを得ない住まい方になっている．

ボルドーの住宅
- 設計：Rem Koolhaas
- 建設：1998年
- 構造：RC＋S造地下1階地上2階建
- 延床面積：500m²

この住宅は中世都市ボルドーに住んでいた施主が交通事故に遭い，車椅子の生活を余儀なくされた後に計画された．車椅子の生活にとって，旧居やその環境は牢獄的なものと映る．新しい家はそのような環境から開放され，住み手の世界を体現するものでありたいという要求に応じたものである．

住居は地下を含む3層，3つの部分からつくられており，上階の一方は息子夫妻の家として独立している．最大の特徴は3m×3.5mの床板がエレベーターとして計画され，上下3層の床に連続するようにつくられている点である．エレベーターの一面は3層分の連続した棚に接しており，エレベーターを自由に止めて，棚に納められている生活に必要なモノを完璧に使いこなせるようになっている．重厚な2階のヴォリュームを持ち上げている1階部分はガラスの壁面となっており，周囲に広がる丘陵地のランドスケープを遮らない工夫がなされている．

（撮影：Hans Weslemann）

128 居住―独立住宅：多様化する住まい手
Dwelling—Detached House: Diversification of Dwellers

0　　5　　10　　1:300

軽井沢の山荘（長野県北佐久郡）

夫婦屋根の家（神奈川県川崎市）

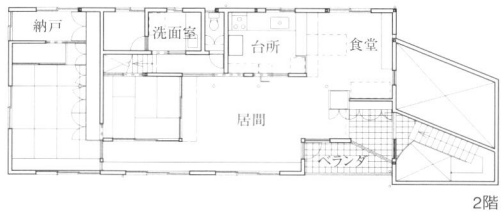

松庵の住宅1989（東京都杉並区）

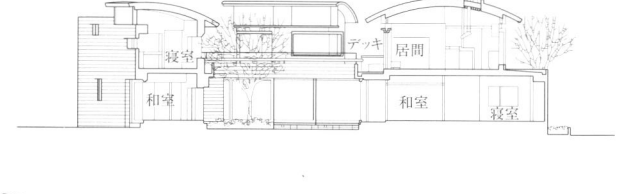

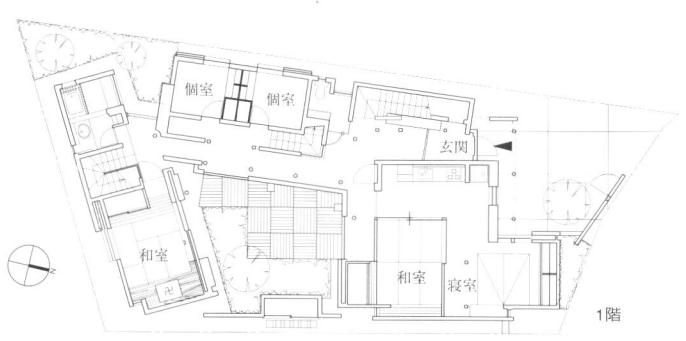

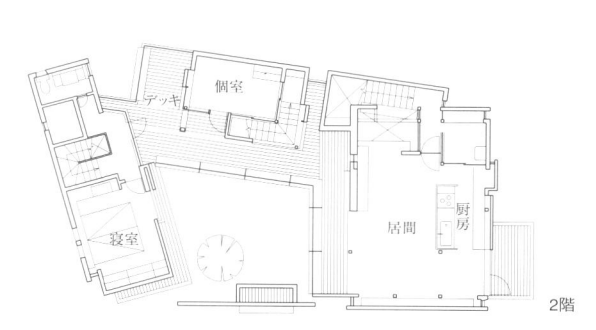

大泉学園の家（東京都練馬区）

〈多様化する住まい手〉
家族の形態が多様化するのに伴って，住宅に対する居住者の条件や形態も多様化が進んでいる．単身居住，複数世帯，SOHO，別荘，週末住宅など，住まい手のライフスタイルや規模・価値観の移り変わりに，住まいの計画はより緻密で繊細な対応が求められるようになってきている．

＊＊＊

軽井沢の山荘○016
- 設計：吉村順三　● 建設：1963年
- 構造：1階RC造2階木造
- 敷地面積：323m² ●延床面積：80m²

RCのコアの上に載った片流れの木造部分に，端正なプロポーションと，最小限にして必要な要素が丁寧に収められている．吹抜けをつくり立体的に住みこなす考え方は「最小限住宅」や「小住宅」の流れの完成形と捉えることもできる．すべての建具を引込み可能にするディテールは開口部の存在を際立たせている．

夫婦屋根の家
- 設計：山下和正　● 建設：1968年
- 構造：コンクリートブロック造2階建
- 延床面積：130m²

コンクリートブロック造という壁の拘束性の高い構法と，画家とピアニストという芸術家夫婦の互いに自立性の高い生活が，無理なく融合して夫婦と名付けられた屋根の相呼応する形態を生み出しているが，1階のサーキュレーションなど，ひとつの住まいとしてのまとまりも心地良い．

松庵の住宅1989
- 設計：富永譲　● 建設：1990年
- 構造：木造2階建
- 敷地面積：249m² ●延床面積：220m²

閑静な住宅地に建つ2世帯住宅である．内部動線は単純だが，体験するものの豊かさはそこに潜んでいるというのが設計者の考え方である．東側4m道路に向かって寄棟の屋根が延長され，玄関と駐車場，親子世代共用の応接間がつくられている．

大泉学園の家
- 設計：小野正弘，小野建築・環境計画事務所
- 建設：1994年　● 構造：木造2階建
- 延床面積：182m²

3世代が補完しあう新しい関係を求めて計画された住宅．世代ごとの棟はそれぞれに設けた階段によって強調される．一方，それらを分離しながら1階をアルコーブ豊かな廊下，2階を開放的なルーフデッキでつなぐことで，変化への柔軟性を確保するとともに，世代間の繋がりの場に限りない可能性を与えている．

Dwelling—Detached House: **居住─独立住宅**：多様化する住まい手
Diversification of Dwellers

アライグマ・ギンとの家(東京都)

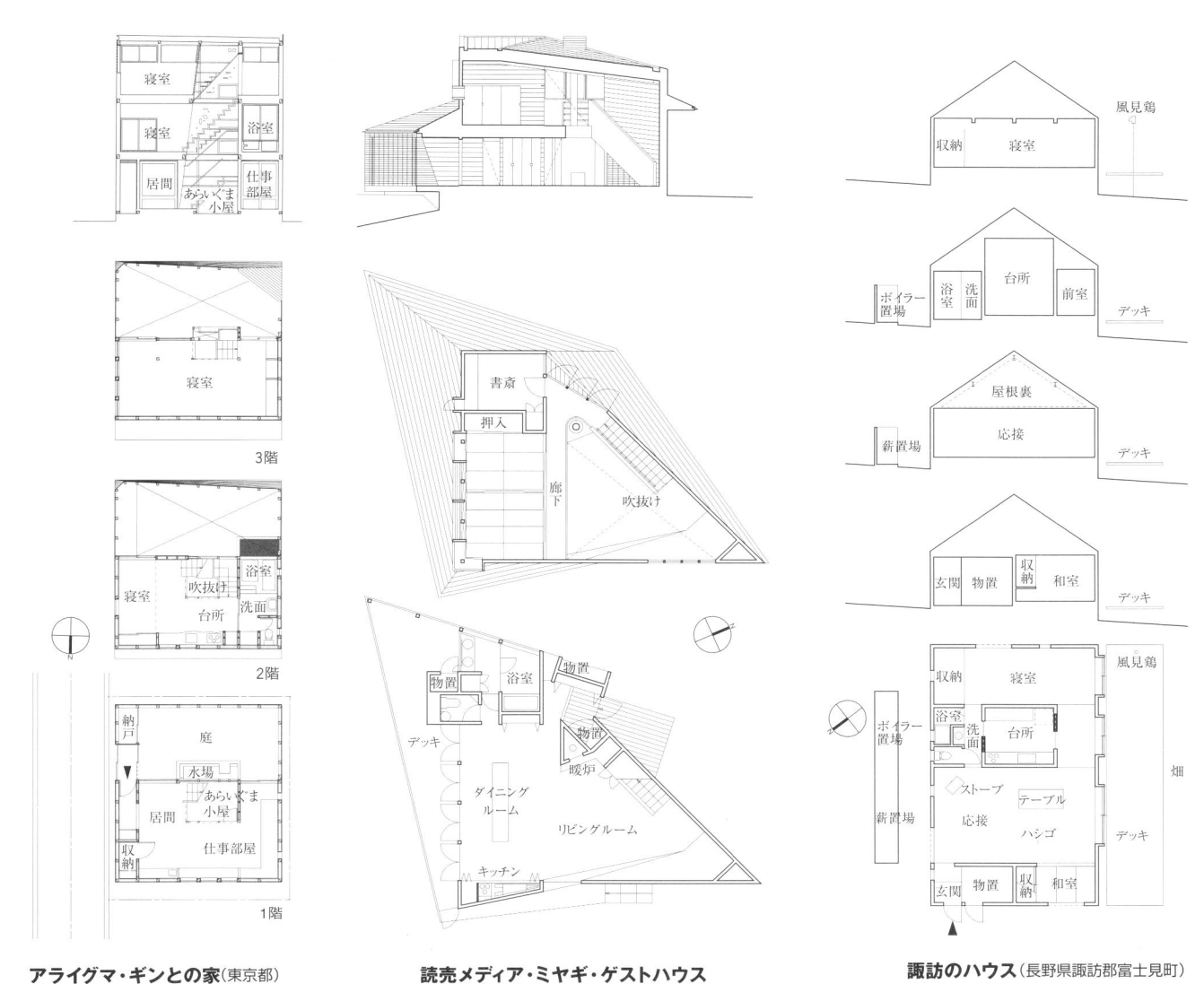

読売メディア・ミヤギ・ゲストハウス(宮城県蔵王町)

諏訪のハウス(長野県諏訪郡富士見町)

アライグマ・ギンとの家
- 設計：石山修武
- 建設：1996年
- 構造：木造在来構法
- 敷地面積：99m²
- 延床面積：77m²

仕切壁を隔てて内部が人間とアライグマのためのスペースに分割された住宅．互いの領域が随所で接し合う計画となっている．ライフスタイルの多様化を反映した住宅の例．

読売メディア・ミヤギ・ゲストハウス
- 設計：阿部仁史アトリエ
- 建設：1997年
- 構造：在来木造一部S造2階建
- 敷地面積：1,392m²
- 延床面積：170m²

蔵王山麓の南斜面に計画された週末住居．プライベートな別荘であると同時に，社員の研修など公的な使用にも対応できるよう，大きな吹抜けの広間を囲む壁面に沿ってキッチンや暖炉などの諸設備が配されている．全長が90mに及ぶ壁面は折れ曲がりながら内部空間と屋外のテラス空間を2重に囲み，壁づたいにすべての空間が連続的に体験されるようになっている．

諏訪のハウス
- 設計：西沢大良建築設計事務所
- 建設：1999年
- 構造：在来木造平屋建
- 敷地面積：1,009m²
- 延床面積：119m²

八ヶ岳南麓の緩斜面に建つ住宅．外形は遠方から視認しやすい三角屋根の家型で外部は人工スレートに覆われている．内部は家具や部屋の利用形態に合わせて色調や採光条件などが異なる3つの領域に分けられ，住宅内の様々な物品が各領域でコーディネイトされ，小屋裏を通して差し込むFRP製のトップライトおよび雨戸からの自然採光のみで昼間の居住性を確保している．

バリアフリーの今後

住宅を生涯の資産目標とする時代は変わりつつある．これからの住宅は安全・快適はもちろん，クリエイティブで楽しく暮らす生活要素に加え，どのような社会的貢献が可能かを考えるべきであろう．住まいはより良い街や都市，そして豊かな社会づくりのための基本単位としてとらえるべきである．高齢期に身体機能などが低下しても住み続けられるような設計上の配慮を行うことによって，来るべき超高齢社会を乗り切る基盤とすることができる．しかし，バリアフリーに自明の答えや正解があるかのようにとらえていたり，それさえ守れば高齢者・障害者のための良い住まいができるとは必ずしも言い難い．住まいにおけるバリアフリーの目的は，それぞれの家族の成長・変化に対応して，行動範囲に自由度や可能性を残しておくことでもある．バリアフリーに対する行き過ぎた投資や計画は，一方では無駄な予算や魅力的空間設計の可能性を阻害することにもなり得る．

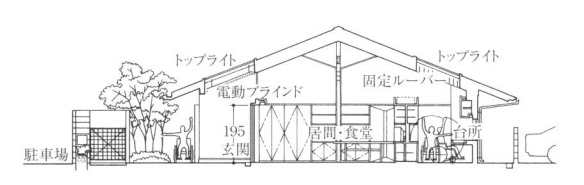

東川口の住宅(埼玉県川口市，設計：谷口宗彦・田中栄作，1990年)
車椅子の施主のために完全にフラットな床面とすることを発想の前提とし，専用玄関の概念をなくし，その機能を大きな下屋空間でまかなっている．これにより近隣の人々や障害者仲間が自由に出入りでき，街路や地域社会の交流に貢献している．

130　居住──独立住宅：流動的空間　Dwelling—Detached House: Transition　　1:300

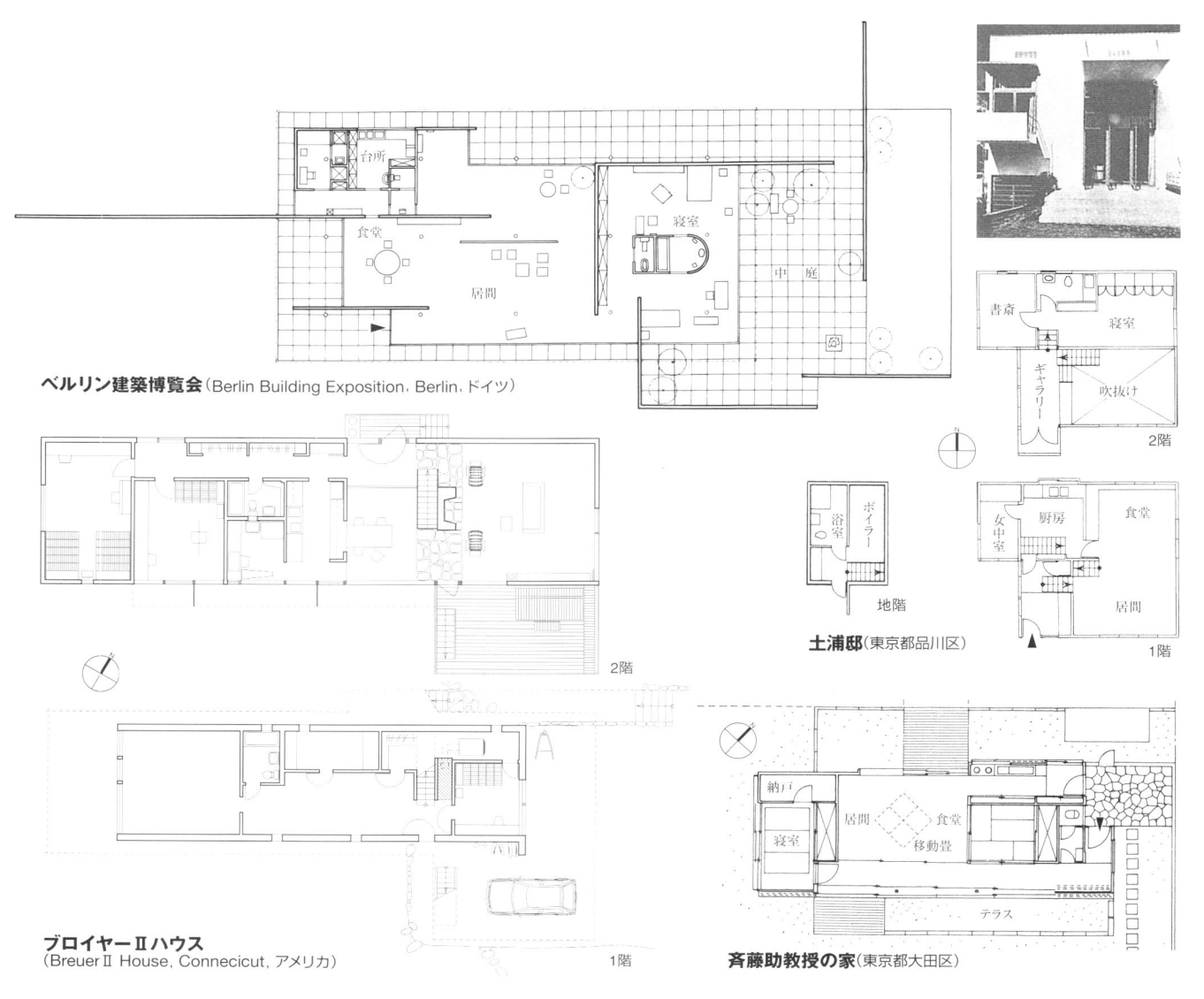

ベルリン建築博覧会（Berlin Building Exposition, Berlin, ドイツ）

ブロイヤーⅡハウス（BreuerⅡ House, Connecicut, アメリカ）

土浦邸（東京都品川区）

斉藤助教授の家（東京都大田区）

〈流動的空間〉

壁によって仕切り部屋を確保するのではなく，空間全体を連続的な場としてとらえることで，住まい手が各々の居場所を見つけていくような空間の作り方は，近代以降の住宅に水平性というモチーフを生み出した．居住空間を部屋の集まりではなく場所の集まりとすることで，空間のプロポーションだけでなく，移動に伴って認知されるシークエンスも重要なデザイン対象となった．

＊＊＊

ベルリン建築博覧会
- 設計：Mies van der Rohe
- 建設：1931年
- 構造：S造平屋建

ベルリン建築博覧会の展示作品であるこの建築は，ユニバーサルスペースの理念を最大限に現実化している．構造を支持する均等な柱配置の中で，仕切壁内部から外部へと突出し，居間，食堂は三方をガラスで覆われ，浴室と台所のみがブロックとして囲まれている．また，食堂に面したガラス壁は電動で床下に収納可能である．

土浦邸
- 設計：土浦亀城
- 建設：1935年
- 構造：木造地下1階地上2階建
- 延床面積：116m²

4つのレベルと地下室からなる室内はほぼワンルームのスタジオハウス式の構成で，淡いグレーの壁を基調に黒と朱のアクセントが効いた明るい構成．吹抜けになった居間を中心とするモダンな構成は，現在も輝きを失っていない．

ブロイヤーⅡハウス
- 設計：Marcel Breuer
- 建設：1948年
- 構造：1階ブロック造，2階木造

1946年にブロイヤーが活動の拠点をニューヨークに移すのに伴って建設された第二の自邸である．ヨーロッパで花開いたモダニズムを携えたブロイヤーがアメリカに移り住みその風土の中で発見した明るく大らかなスタイルで，戦後のアメリカモダニズム住宅の好例といえる．

斉藤助教授の家
- 設計：清家清
- 建設：1952年
- 構造：木造平屋建
- 敷地面積：795m²
- 延床面積：63m²

自らが提案した「舗設」の概念を具現化した事例．これはテラス，廊下，居間を連続する開放的な平面に動く家具を配置するという考え方である．

ロビー邸

F.L.ライトの前期の住宅様式は，プレーリー（草原）住宅と呼ばれる．煙突や2階部分の塔屋と鋭い対比をなすように，低いテラスや外部に大きく張り出した低い勾配屋根，外まで延長された壁などによって，草原のような水平な広がりが強調される様式であった．代表作であるロビー邸では大きな庇が四方に延びることで内外の空間に連続性が生み出されている．

（撮影：Richard Weston）

- 設計：Frank Lloyd Wright
- 建設：1906年

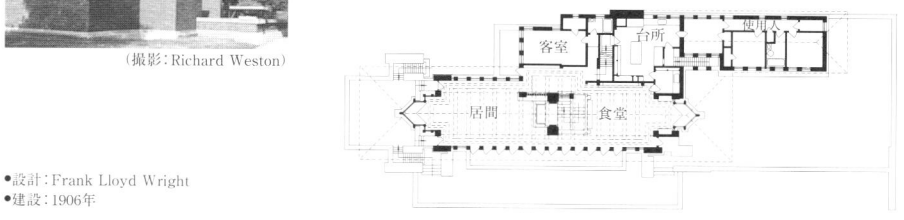

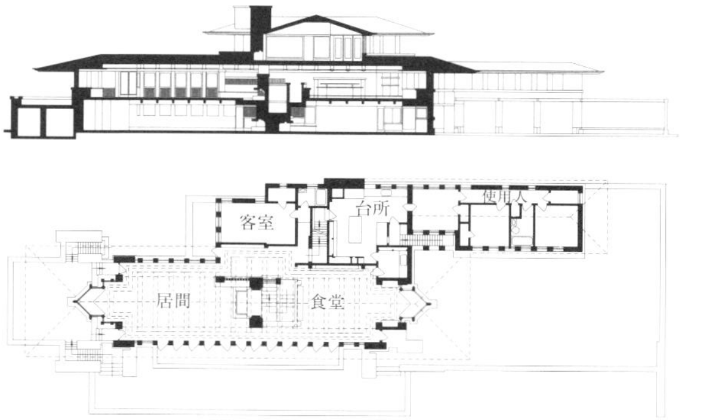

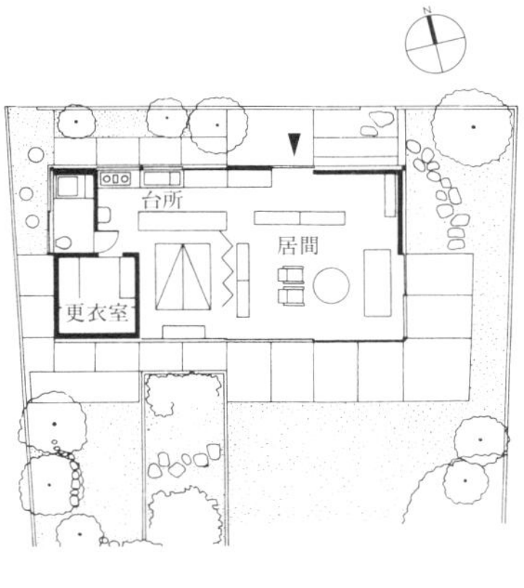

Dwelling—Detached House: Transition 居住―独立住宅：流動的空間

SH-1（神奈川県鎌倉市）

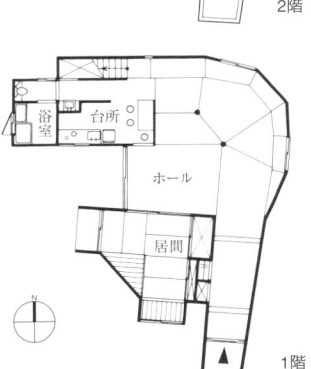

数学者の家

（撮影：平山忠治）

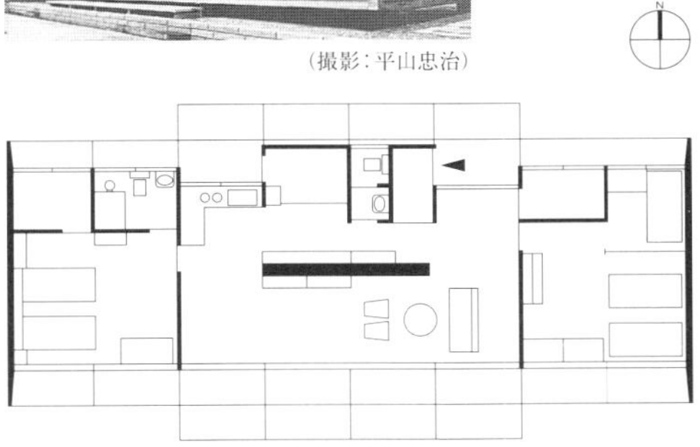

西立面 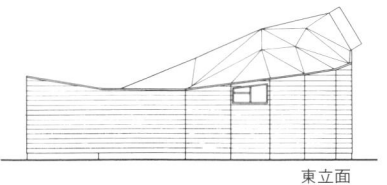　　　東立面

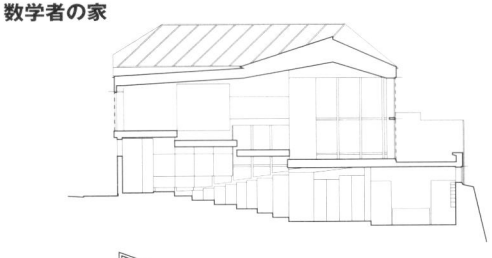

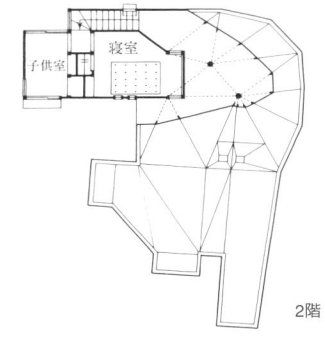

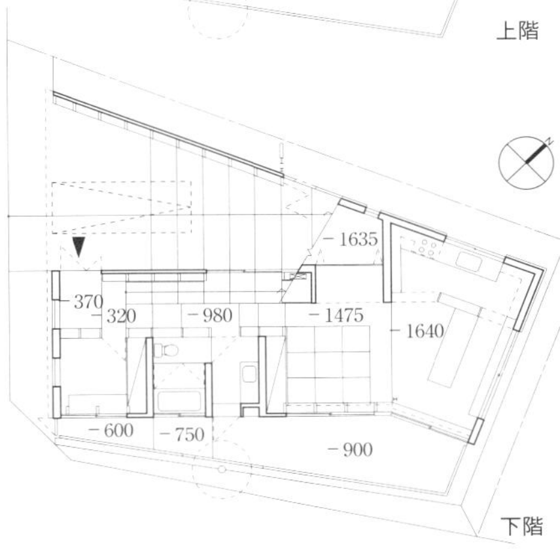

伊藤邸（東京都三鷹市）　ウィークエンドハウス（群馬県碓氷郡）　HOUSE SA 1999（神奈川県川崎市）

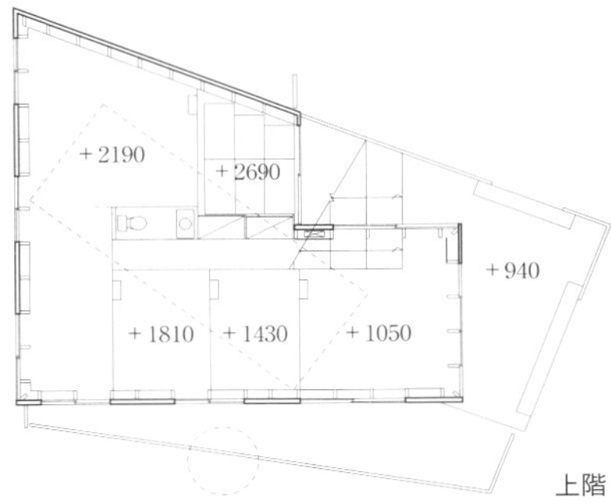

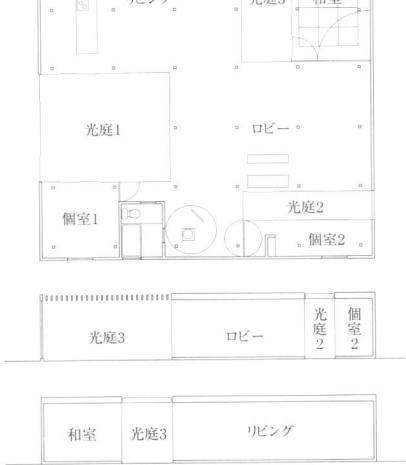

SH-1
- 設計：広瀬鎌二
- 建設：1953年
- 構造：S造平屋建
- 敷地面積：190m²
- 延床面積：47m²

軽量鉄骨の細柱，鉄筋のブレース，大きなガラス，煉瓦，コンクリートといった近代工業製品を巧みに組み合わせた住宅．明るく軽快な空間をつくり出すことによりワンルームによるモダンな生活を提案している．

数学者の家
- 設計：清家清
- 建設：1954年
- 構造：RC造
- 敷地面積：297m²
- 延床面積：107m²

単層のヴォリュームの内部に，エントランスをもつ主室を挟んで，両親と子供の室が配列された明快な構成となっている．鉄筋コンクリート壁構造の箱が木軸壁で分割されることで，内部空間が成立している．

伊藤邸
- 設計：原広司，富田玲子
- 建設：1967年
- 延床面積：90m²
- 構造：木造地上2階建

吸口のような入口から居間への空間の展開，そこを通り抜けて階段をのぼると2階から見返しの視覚としてホールをのぞく．リバースプラントでも名づけたい動的体験を感じさせるプランニング手法である．

ウィークエンドハウス
- 設計：西沢立衛
- 建設：1998年
- 構造：木パネル構造平屋建
- 建築面積：130m²
- 延床面積：130m²

外側に対しては閉じているが，ガラスと天井のプラスチックシートの反射によって室内には十分な自然光が取り込まれている．

2.4m四方の架構ユニットの中で和室と個室のみが光庭を介して独立性が付与されている．

HOUSE SA 1999
- 設計：坂本一成
- 建設：1999年
- 構造：木造+RC造地下1階地上2階建
- 敷地面積：179m²
- 建築面積：82m²
- 延床面積：186m²

大空間をもつ住宅ほど，その生活機能をどのように配するかが重要となる．室内には水廻り部分を除いて間仕切りを持っていないが，階段状に連続するレベル差を取り入れることによって空間にメリハリをつけている．またその大きな空間の環境をコントロールするためにOMソーラーシステムを導入している．

132 居住—独立住宅：構成形式の表現　Dwelling—Detached House: Space Composition　1:300

〈構成形式の表現〉

近代社会が個々人の多様な価値を認めるようになったことで，住居のあり方についても絶対的な規範や秩序は成立しなくなった．いくつもの部材を組み合わせ，空間をアレンジすることで場所に空間的秩序をつくる建築のデザインは，現代に至るまで様々な構成形式を明示的に表すことにより，新しい居住空間のあり方を提示する試みを続けている．

***

銀座の小住宅
- 設計：堀口捨己　●建設：1936年
- 構造：木造2階建
- 延床面積：120m^2

1960年代になって盛んにつくられるようになった都市住宅の原型ともいえる住宅である．階段を二つ設けることにより，使いにくく細長い敷地を逆手にとっている．生活の中心となる広間の床はガラスブロックとなっており，屋上のトップライトから採り入れられた光は1階の居間兼寝室まで達する．

山口邸（自邸）
- 設計：山口文象　●建設：1940年
- 構造：木造2階建　●延床面積：190m^2

山口の自邸は各空間単位のユニット化という彼の手法を具現化したもの．庭に向けて開かれた主屋と，一部屋ごとに渡り廊下でつながれた構成は，少しずつ建増しを行うことによって現在のかたちとなった．

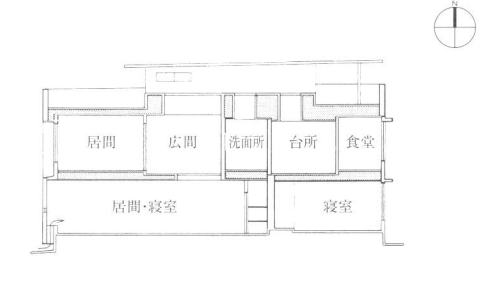

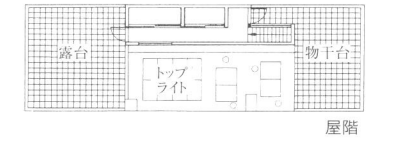

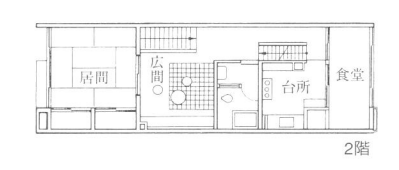

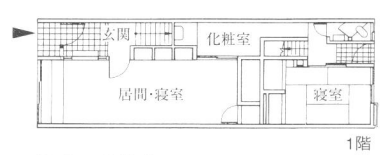

銀座の小住宅（東京都中央区）

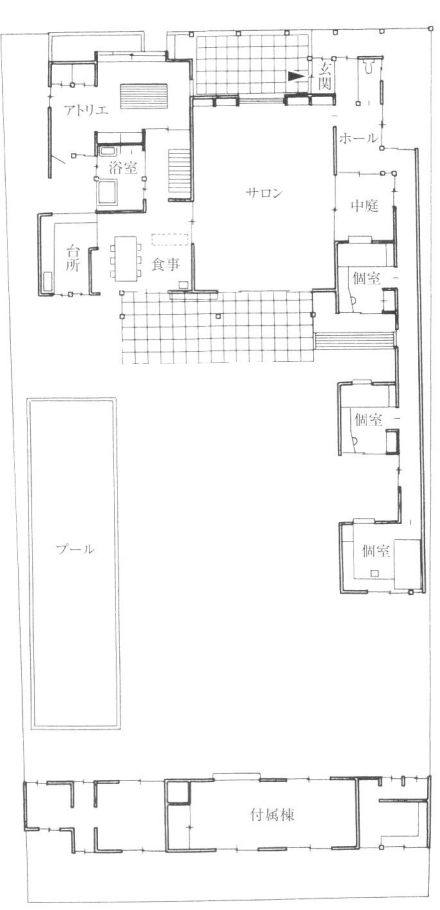

山口邸（自邸）（東京都大田区）

構成と形式

「構成」という概念は，複数の要素を一つのまとまりとして集め，配置し，組み合わせることであり，近代の芸術運動においてもロシア構成主義やデ・スティルなど，抽象芸術の発生とともに主題化されるようになった．特に工業生産品を組み合わせ，かつマスメディアを通じて新たな生活像を描き出す気運が高まった1920年代，居住空間の構成そのものを「形式(FORM)」として明示的に表現する動きが活発になった．

デ・スティル派の代表的作品であるシュレーダー邸は住宅地の中に立つ小住宅であるが，建具やバルコニー，家具に至るまで全ての部材が絵画的表現要素として並列に扱われた作品である．部材構成だけでなく平面計画においても1階が諸室に分節され，2階が可動間仕切りで空間を自由に連結できるというように，平面構成の形式を対比的に明示している．

ル・コルビュジエのスタイン・ド・モンジー邸（ガルシュの家⇨018）はパリ近郊に建つ邸宅で，南北に奥行きの深い敷地を建物が北の前庭と南の後庭に2等分している．アプローチでもあるフォーマルな前庭に対しては，水平連窓で幾何学的に構成されたファサードが立ち上がり，プライベートな後庭に対しては段丘状のテラス空間が庭へと連続し，両面において対比的な構成を強調する平面となっている．

近代建築が確立されたこの時代は，独立住宅自体がはじめて建築デザインの対象となり得た時代でもあり，構成形式の明示的な表現は，時に居住という本来の目的にもまして，新しい生活様式のモデル（ひな形）としての住宅であることが意図されていた．

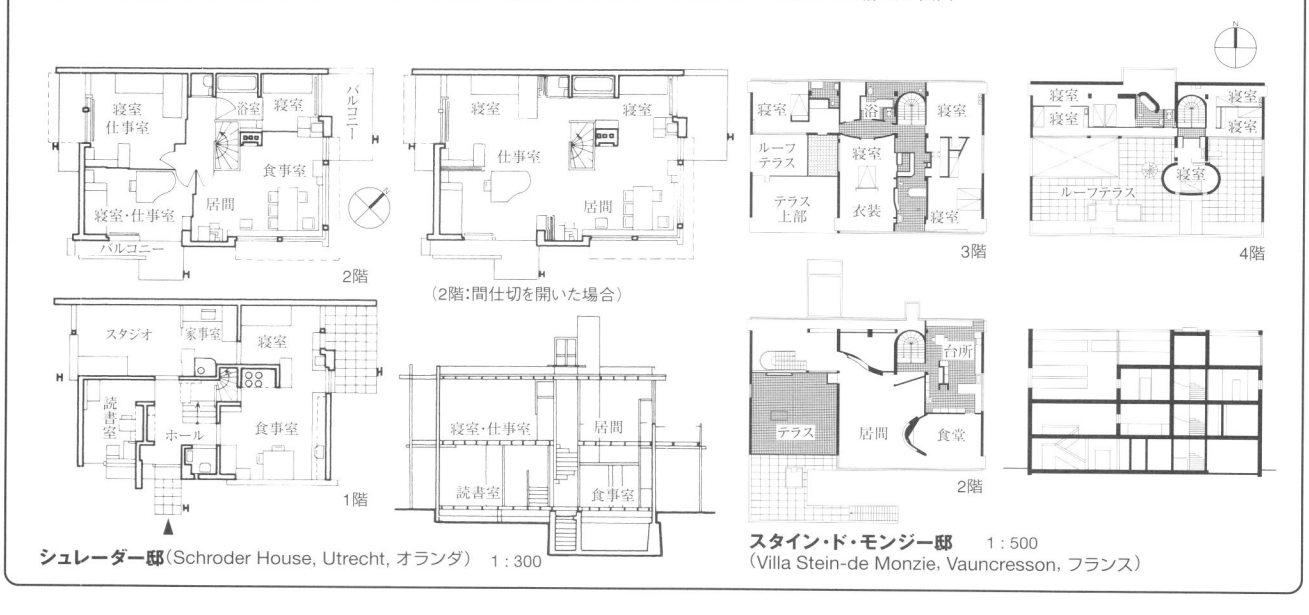

シュレーダー邸（Schroder House, Utrecht, オランダ）　1:300

スタイン・ド・モンジー邸　1:500
（Villa Stein-de Monzie, Vaucresson, フランス）

Dwelling—Detached House: Space Composition 居住―独立住宅：構成形式の表現

バラガン自邸（Barragán House, Tacubaya, メキシコ）

立体最小限住居（東京都新宿区）

増沢邸（自邸）（東京都渋谷区）

ヴィッラ・クゥクゥ（東京都渋谷区）

バラガン自邸
- 設計：Luis Barragán
- 建設：1947年

それぞれ性格の異なる3つの庭を持つ住宅．2つの庭は地上レベルにあり，それぞれ開放的なものと閉鎖的なものという役割が与えられている．3つ目の庭は屋上庭園であり，高い壁により囲まれることで地上と切り離された場所であることが強調されている．

立体最小限住居 ⇒052
- 設計：池辺陽
- 建設：1950年
- 構造：木造2階建
- 延床面積：47m²

戦後の建設資材が不足する中で，玄関の省略，通路と居室の融合など，一つの原型を示した．特に吹抜けの空間容量によって狭さを補おうとする立体的発想は，多くの小住宅の先駆ともなった．

増沢邸（自邸）⇒004, 005, 024
- 設計：増沢洵
- 建設：1952年
- 構造：木造2階建
- 敷地面積：660m²
- 建築面積：30m²
- 延床面積：50m²

前掲の「立体最小限住居」とともに戦後の極限的小住宅の先駆となった歴史的事例．吹抜けを全面開口として，南側の全面から障子を透して柔らかな光を室内に落とし込む．1.5×1間を構成の単位としたことも斬新である．

ヴィッラ・クゥクゥ
- 設計：吉阪隆正
- 建設：1957年
- 構造：RC造2階建
- 敷地面積：188m²
- 延床面積：83m²

コンクリートの可塑性を表現してつくり出したマッシブな住宅．閉じることによって空間をつくり出す「閉鎖性」の先駆ともなった．可塑的な形態や彫りの深い開口は，近代建築から失われた土臭さを感じさせる．

134 居住―独立住宅：構成形式の表現　Dwelling—Detached House: Space Composition　1:300

から傘の家（東京都目黒区）

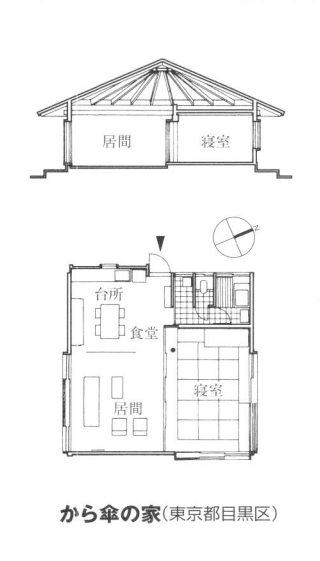

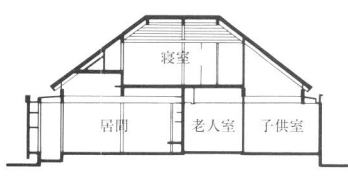

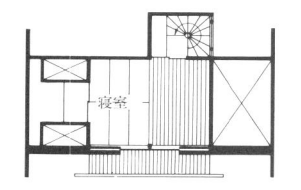

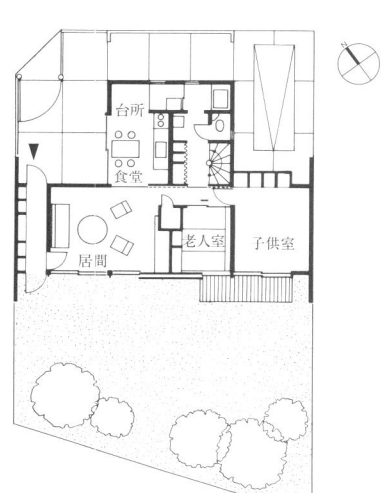

相模原の家（神奈川県相模原市）

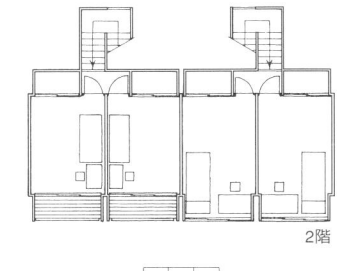

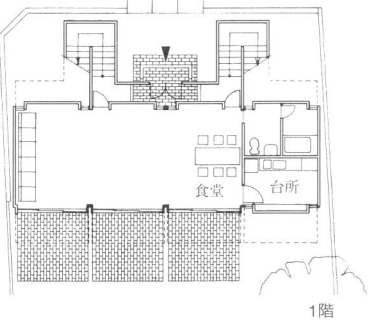

山崎邸（東京都国立市）

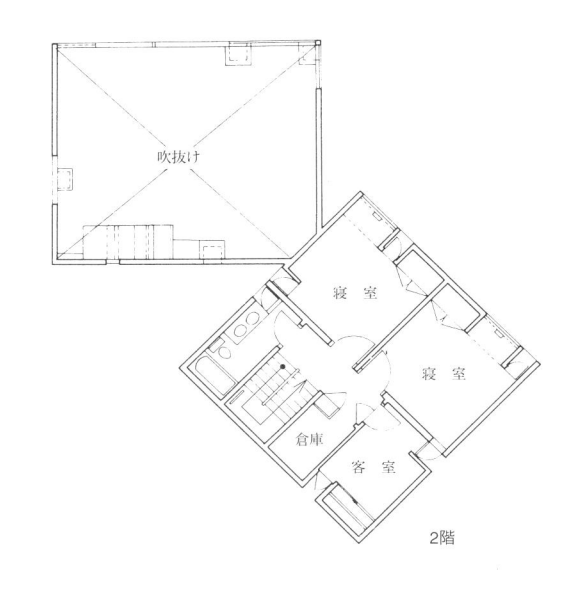

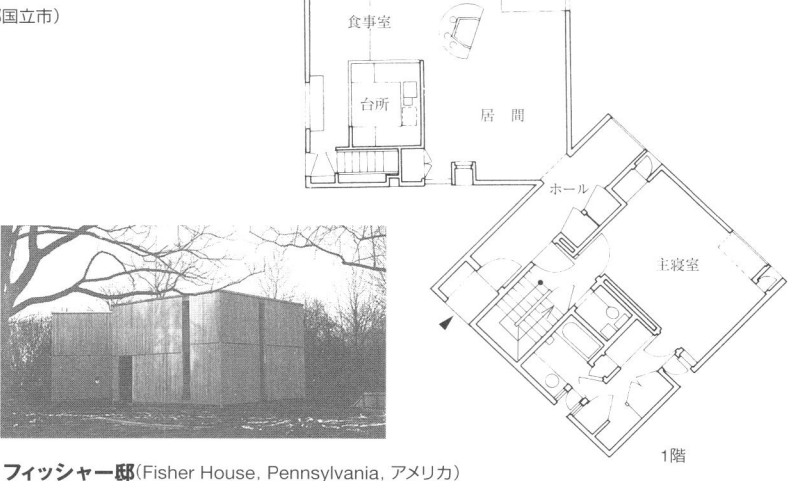

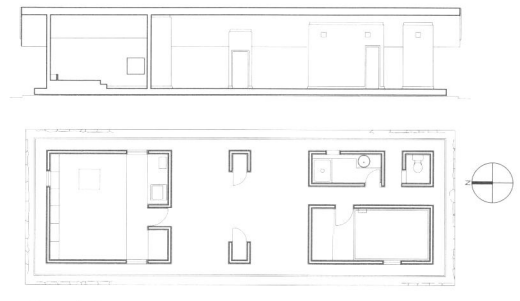

フィッシャー邸（Fisher House, Pennsylvania, アメリカ）

山川山荘（長野県八ヶ岳山麓）

（撮影：新建築写真部）

から傘の家
- 設計：篠原一男
- 建設：1961年
- 構造：木造平屋建
- 敷地面積：187m²　・延床面積：55m²

7.2m四方の正方形平面を持つ極度に単純化された構成の住宅である．襖を開ければワンルームとなる簡素な構成は，伝統的な家屋にも通じる力強さを感じさせる．から傘の骨状の方形屋根が名称の由来である．

相模原の家
- 設計：山田初江
- 建設：1965年
- 敷地面積：210m²
- 延床面積：86m²

敷地を有効に使ったT型平面と，それを覆った大屋根が豊かな住空間をつくっている．

山崎邸
- 設計：黒沢隆
- 建設：1966年
- 構造：木造2階建
- 延床面積：107m²

家族のメンバーがそれぞれ個室を持つ「個室群住居」の計画案．

個室は玄関と直接つながることで個人の独立性を高め，その一方で共有スペースとしての居間が大きく確保されている．

フィッシャー邸
- 設計：Louis I. Kahn
- 建設：1969年
- 構造：木造2階建

2つの矩形のヴォリュームが45度の角度を持って接合され，一方に2層分の高さを持った居間があり，もう一方には2層の個室群が配置されている．明快な幾何学的構成の中で各室に固有の性格を与えるために開口部が巧みに計画されており，2つのヴォリュームの接合部の微妙な操作とともにこの建築を特徴づけている．

山川山荘
- 設計：山本理顕設計工場
- 建設：1977年
- 構造：木造平屋建
- 敷地面積：1,050m²
- 延床面積：68m²

居間，寝室，風呂，便所，収納の用途をもつ室が離散的に配置され，屋根と床にサンドイッチされた全体構成をもつ．これらの室以外の床の部分は全て外部であり，回遊性の高い動線空間となっている．山荘という来訪者の殆どない建物であることから，居住者にとって室は用途上同質なはずであるという設計者の認識が，全ての動線を外部で処理するという特殊な空間配列を成立させている．

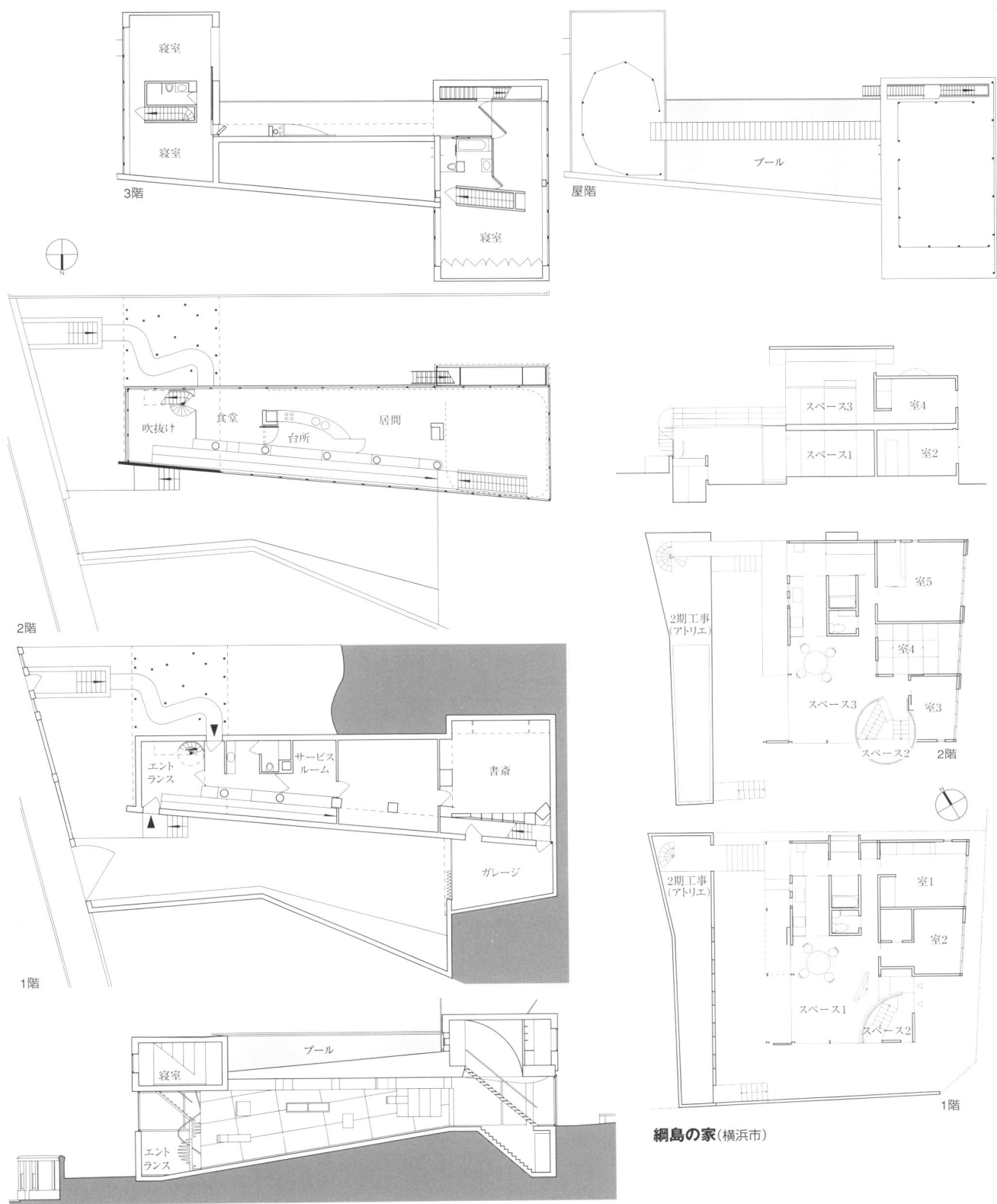

1:300　Dwelling—Detached House: Space Composition　居住─独立住宅：構成形式の表現　135

ダラヴァ邸
- 設計：Rem Koolhaas
- 建設：1991年
- 構造：鉄骨造3階建

自然に囲まれた敷地を傾斜した庭，主屋，道路に接するガレージと入口の3つに分割する構成である．ガラスで囲まれた細長い主屋の端部に直交する2つのヴォリュームが吊るされ，それぞれ両親と娘のための2つの寝室になっている．屋上に設けられたテラスとプールが両親と娘をつなぐ重要な要素となっている．

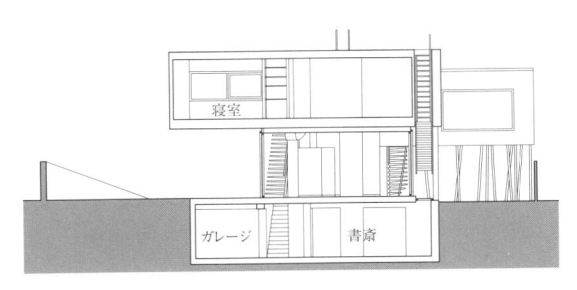

ダラヴァ邸(Villa Dalláva, Saint-Cloud, フランス)

綱島の家
- 設計：石田敏明　●建設：1991年
- 構造：木造＋S造2階建
- 敷地面積：242m²　●延床面積：191m²

トイレ・浴室を収めたコアと階段室を，それぞれ直方体と逆円錐の幾何形態におさめ，それらを行き止まりをつくらず回遊できるようにした動線計画によって，空間の方向性や人々の動きを発生させようと試みている．また，2階の壁とヴォリュームから切り離されたヴォールトの屋根が，多様な要素を統一しつつ全体を軽快に見せている．

綱島の家(横浜市)

136 居住―独立住宅：構成形式の表現 Dwelling—Detached House: Space Composition　1:300

岡山の住宅（岡山市）

ガラウ・アグスティ邸（Casa Garau-Agusti, Barcelona, スペイン）

世界最小の村（滋賀県甲賀郡）

箱の家―I（東京都杉並区）

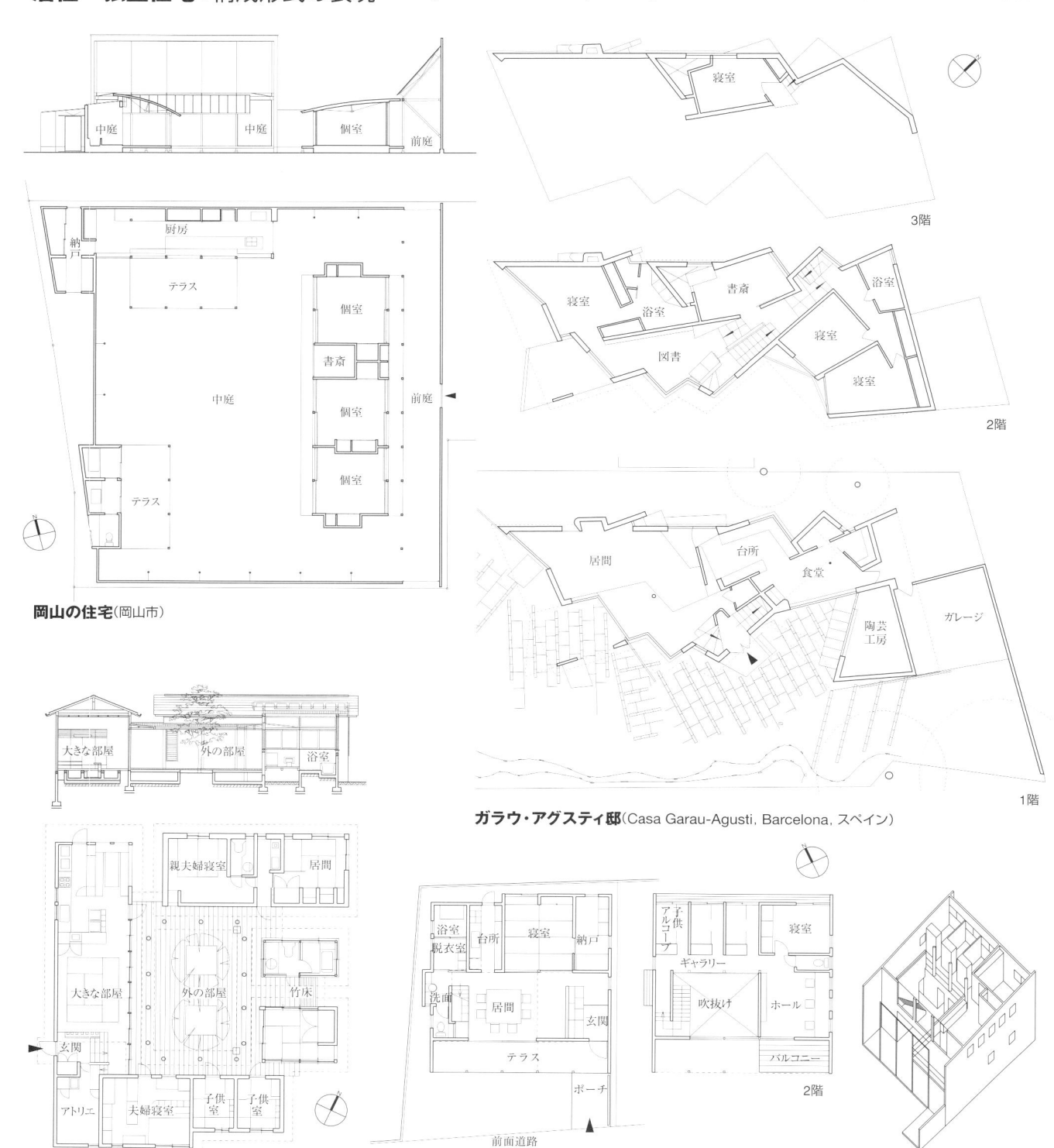

岡山の住宅
- 設計：山本理顕
- 建設：1992年
- 構造：木造一部S造平屋建
- 敷地面積：507m²
- 延床面積：166m²

壁で囲われた中庭のなかに，個室と厨房と浴室がそれぞれ別棟で配置されている．

居住者は前庭と呼ばれる中間領域を通過してからそれぞれの個室に入り，その後，共有領域である中庭を利用する形式となっている．

ガラウ・アグスティ邸
- 設計：Enric Miralles
- 建設：1993年
- 構造：RC造3階建

ファサードのジグザグの壁面が目を引くが，各室には家具を据え付ける広い壁面が残されている．

居間を上から見下ろす吹抜けや，子供の気配を常に感じさせる子供室の配置など，家族の居場所が感じられるように配慮された住宅である．

世界最小の村
- 設計：椎名英三
- 建設：1994年
- 構造：木造平屋一部2階建
- 延床面積：143m²

木の簀の子が敷きつめられた中庭を介して3世代が集まる住まい．夫婦と子供の標準的な2世代と親世代の領域を棟で分けながら，私室は個々に中庭と繋がっている．各室はプラスチックの透明波板の下に簀の子をはめた縁側庇を介して結ばれている．中庭は閉じてはおらず，棟の隙間から外が伺える構成である．

箱の家―I
- 設計：難波和彦
- 建設：1995年
- 構造：木造2階建
- 延床面積：119m²

最小限のコストと最小限の空間による現代版最小限住宅の試み．室内をフレキシブルな構成にして一体化を目指すとともに，都市に開いて光と風を取り込む工夫がなされている．

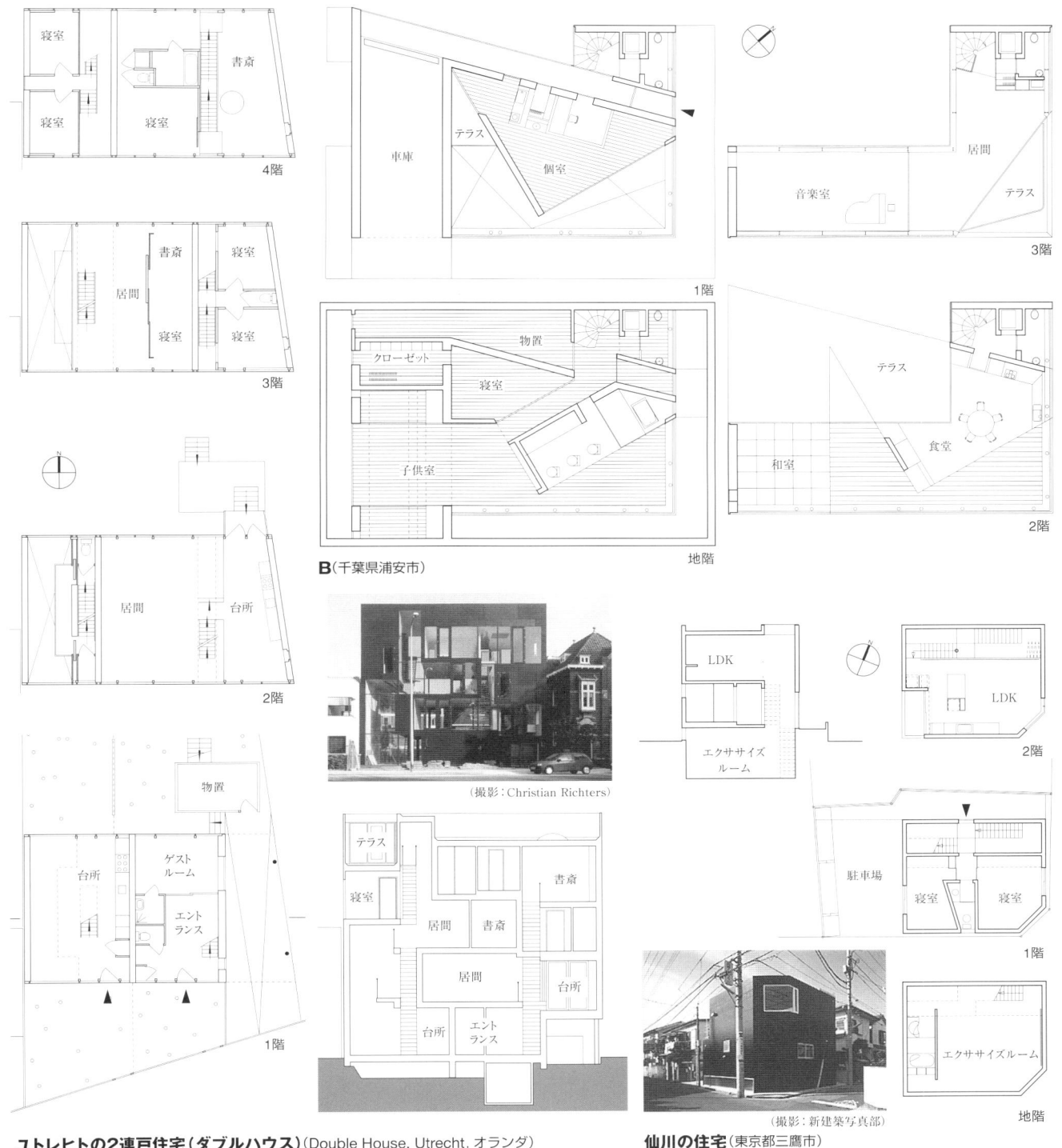

1:300   Dwelling—Detached House: Space Composition **居住—独立住宅：構成形式の表現**   137

B（千葉県浦安市）

ユトレヒトの2連戸住宅（ダブルハウス）（Double House, Utrecht, オランダ）

仙川の住宅（東京都三鷹市）

ユトレヒトの2連戸住宅

（ダブルハウス⇒023）
- 設計：MVRDV
- 建設：1997年　●総戸数：2戸
- 構造・階数：RC造5階建
- 延床面積：300m²

公園に隣接した街路に面して建つ二世帯住宅．2つの住戸が櫛状に組み合わされ，頂部に寝室を組み込んでいる．どちらの住戸も公園に対しての眺望と庭へのアクセスを実現している．住戸はともに居間を公園側面に広く取り，良好な住環境と景観を確保している．外観はさながら1軒の住宅のように見える．

B
- 設計：青木淳
- 建設：1999年
- 構造：RC造＋S造地下1階地上3階建
- 敷地面積：365m²
- 延床面積：516m²

2世帯住宅であるが，内部空間はヴォリュームが複雑に貫入し合い，形態を自律的なものとして把握することが困難になっている．また，グレーチングや半透明素材を効果的に用いることで二世帯の領域を意識させるようになっている．

仙川の住宅
- 設計：佐藤光彦建築設計事務所
- 建設：1999年
- 構造：RC造＋木造地下1階地上2階
- 敷地面積：85m²　●延床面積：97m²

狭隘な都心部の角地に建ち，四周は地下を含め3層分のコンクリート壁が立ち上がり，内部には1階部分に木製家具のごとく二つの寝室と便所が収められたヴォリュームが渡される．玄関側に設けられた大きな吹抜けを介して住居全体がひと続きの空間となるように，階段にメッシュを使用し，大きなトップライトによって住居内の採光を得ている．

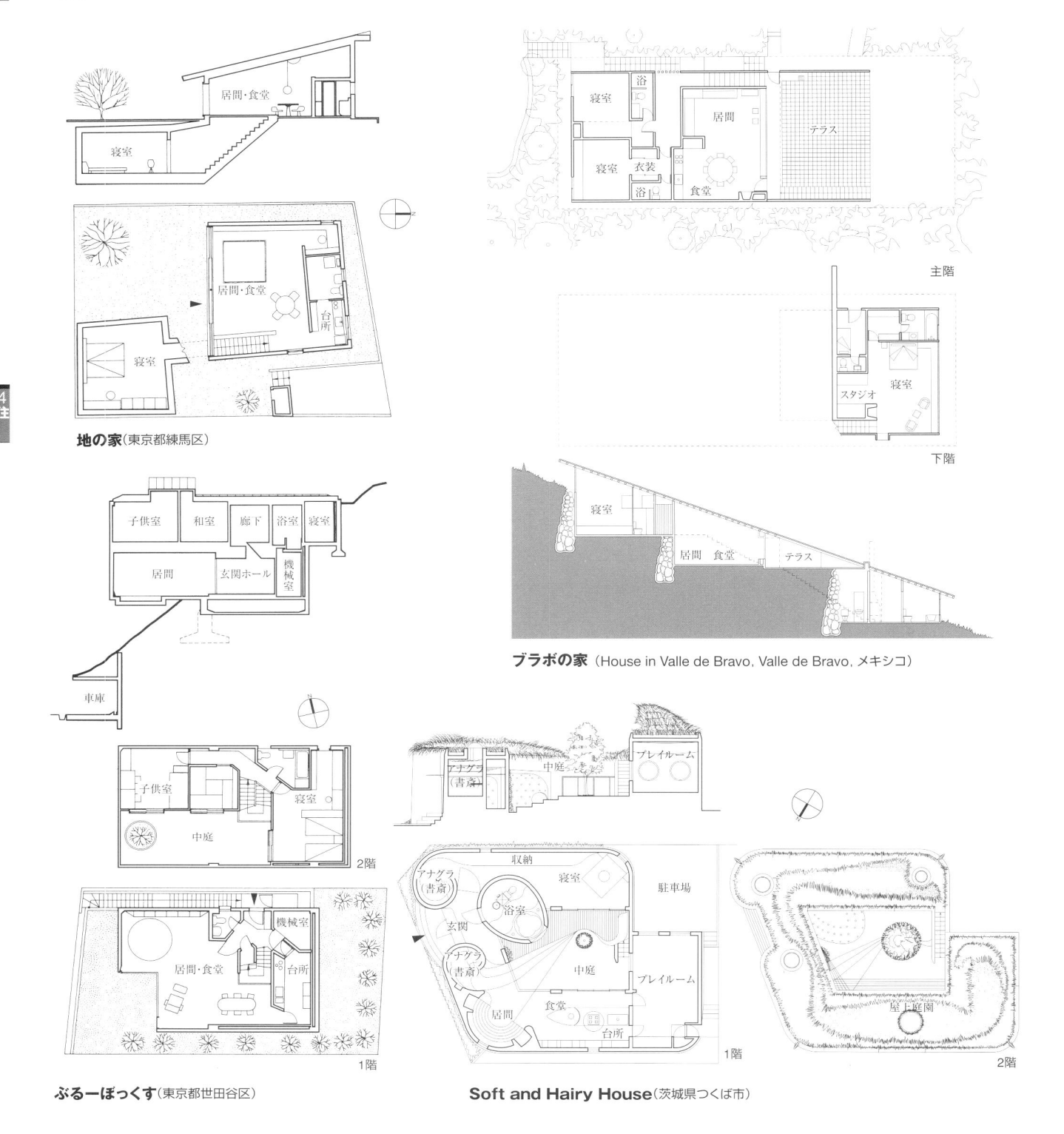

138 居住─独立住宅：ランドスケープ　Dwelling—Detached House: Landscape　1:300

地の家（東京都練馬区）

ブラボの家（House in Valle de Bravo, Valle de Bravo, メキシコ）

ぶるーぼっくす（東京都世田谷区）

Soft and Hairy House（茨城県つくば市）

〈ランドスケープ〉
建物が建つ以前から土地にはその土地が経てきた歴史や文脈がある．地形や気候の条件の厳しい土地においては特にそれらが際立って作用し，住宅をつくる行為自体がこうした条件に応答したものとなる．建築的手法のみならず，ランドスケープ・デザインの手法によって住宅を考案する事例も近年増加している．

＊＊＊

地の家
- 設計：篠原一男
- 建設：1966年
- 構造：RC造＋木造地下1階平屋建
- 延床面積：77m²

実験的要素を強く持つ地下居住の実例．地下利用の要因は住環境悪化の対応というよりむしろ住まいの象徴的な表現からである．住居はパブリックなゾーンとプライベートなゾーンに分かれ，夜間に使用する寝室は安全で安定した地下に埋め込まれている．

ぶるーぼっくす
- 設計：宮脇檀
- 建設：1971年
- 構造：RC造＋木造
- 敷地面積：158m²　延床面積：150m²

急な斜面に突き刺すようにはめ込まれた住宅．斜面下方に広がる住宅をのぞき込まないように配慮した計画である．特に上部の個室群からは床下に空いた穴を介して近景を眺められるようになっている．

ブラボの家
- 設計：Ricardo Legorreta
- 建設：1973年

傾斜した敷地を利用し，躯体の半分を地中に埋めた住宅．屋根は，地上1.5mほどのレベルを敷地斜面に沿う形で延び，建物とランドスケープを一体のものとして見せる役割を担っている．平面計画は，断面のレベル差に合わせる形で明快に分節されている．

Soft and Hairy House
- 設計：牛田英作・Kathryn Findlay
- 建設：1993年
- 構造：RC造平屋建
- 敷地面積：198m²
- 建築面積：114m²
- 延床面積：114m²

この住宅は中庭から屋上に至る螺旋状の空間構成をとっており，子供室を除いて住居空間は中庭に対して開くとともに，外部に対して極めて閉鎖的な中庭型住居の構えをしている．

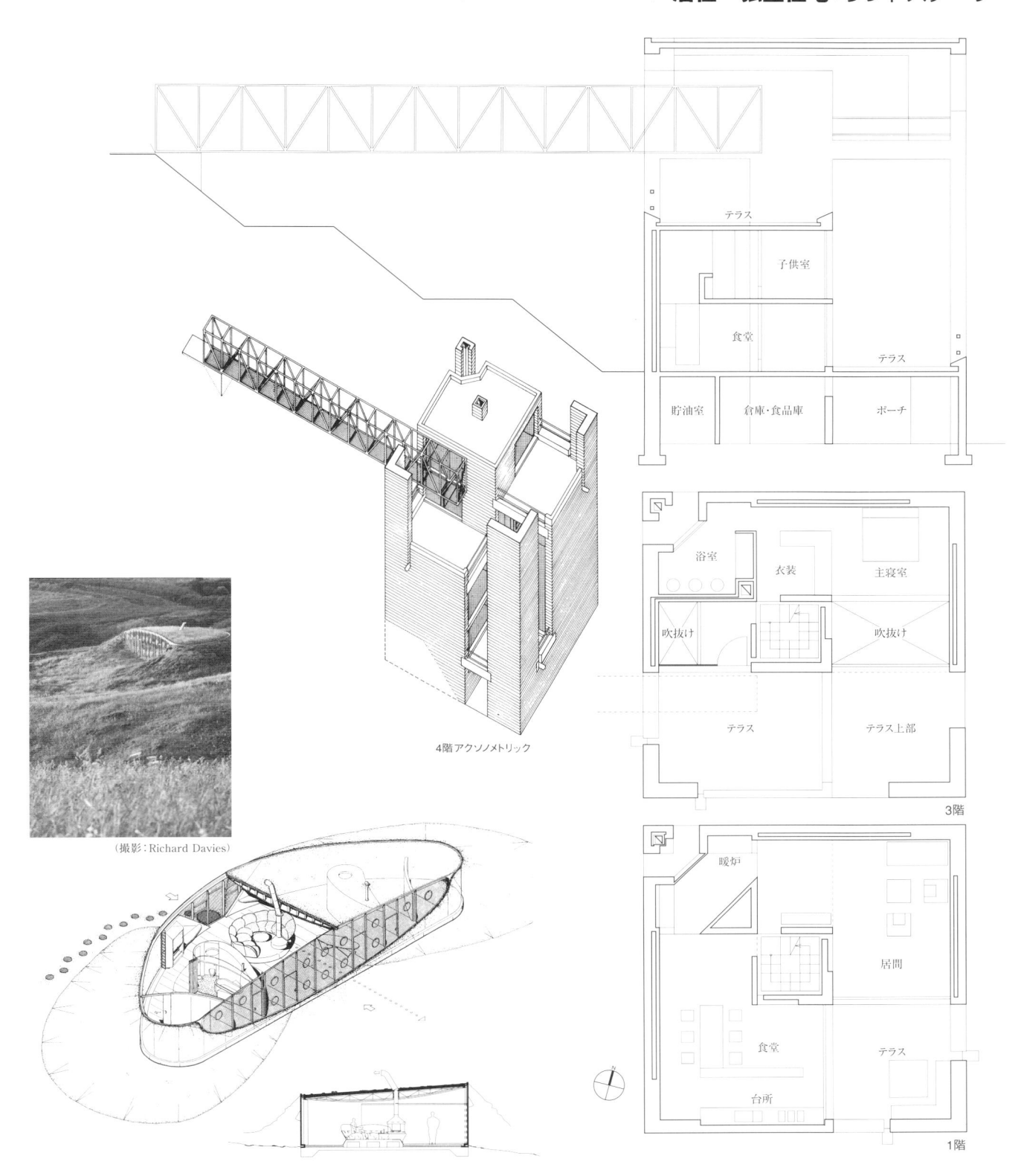

1:300　Dwelling—Detached House: Landscape　居住—独立住宅：ランドスケープ　139

4階アクソノメトリック

3階

1階

プロジェクト222 (Project222, Pembrokeshier, Wales, イギリス)

（撮影：Richard Davies）

リバ・サン・ビターレの家
(House in Riva San Vitale, Ticino, スイス)

（撮影：L. Bianda / A. Botta）

プロジェクト222
- 設計：Future Systems
- 建設：1998年

緩い傾斜面に埋め込まれたワンルームの居住空間である．有機的な形態は軽量鉄骨トラスによる一体構造の屋根によって覆われている．斜面上方からアクセスし，風景のよい海側へと視線計画を施すことで，空間の明快な性格付けを行っている．2つある勾玉型の空間は水廻りのコアである．

リバ・サン・ビターレの家
- 設計：Mario Botta
- 建設：1973年
- 構造：RCブロック造

ルガーノ湖の岸辺の斜面に位置するセカンドハウスである．正方形の箱の中心に入れ子状に階段室を配置し，外周壁と階段室の壁との間に床を自在に設けながら箱の中に縦につながる大きな吹抜けを外部空間として取り込んでいる．平面は5層になっているが，アプローチは斜面から最上階に架けられた立体トラスの中を通過するようになっている．家族の生活の場は居住階最下部の2階レベルに設けられ，中間階はプライベートゾーンである．各室が自然景観と直接向き合うのではなく，箱の中にいながらシェルターとしての箱の全体を把握し，そのすき間から風景を眺める構成である．

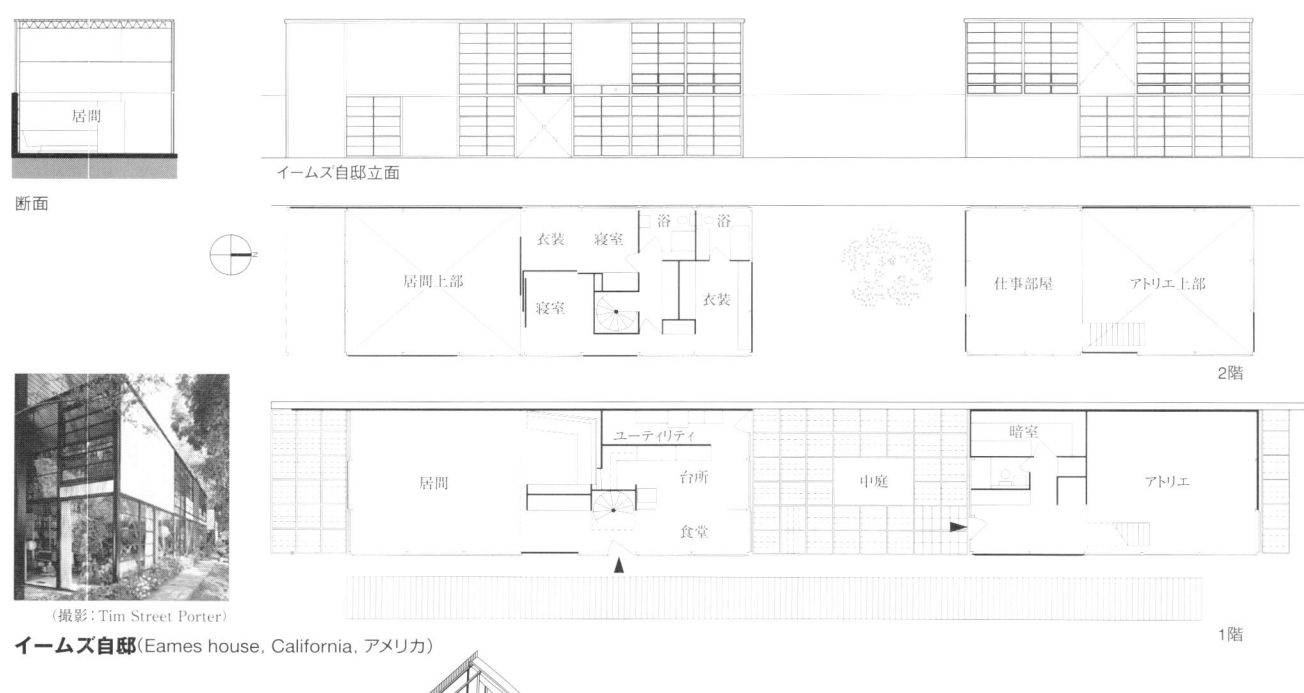

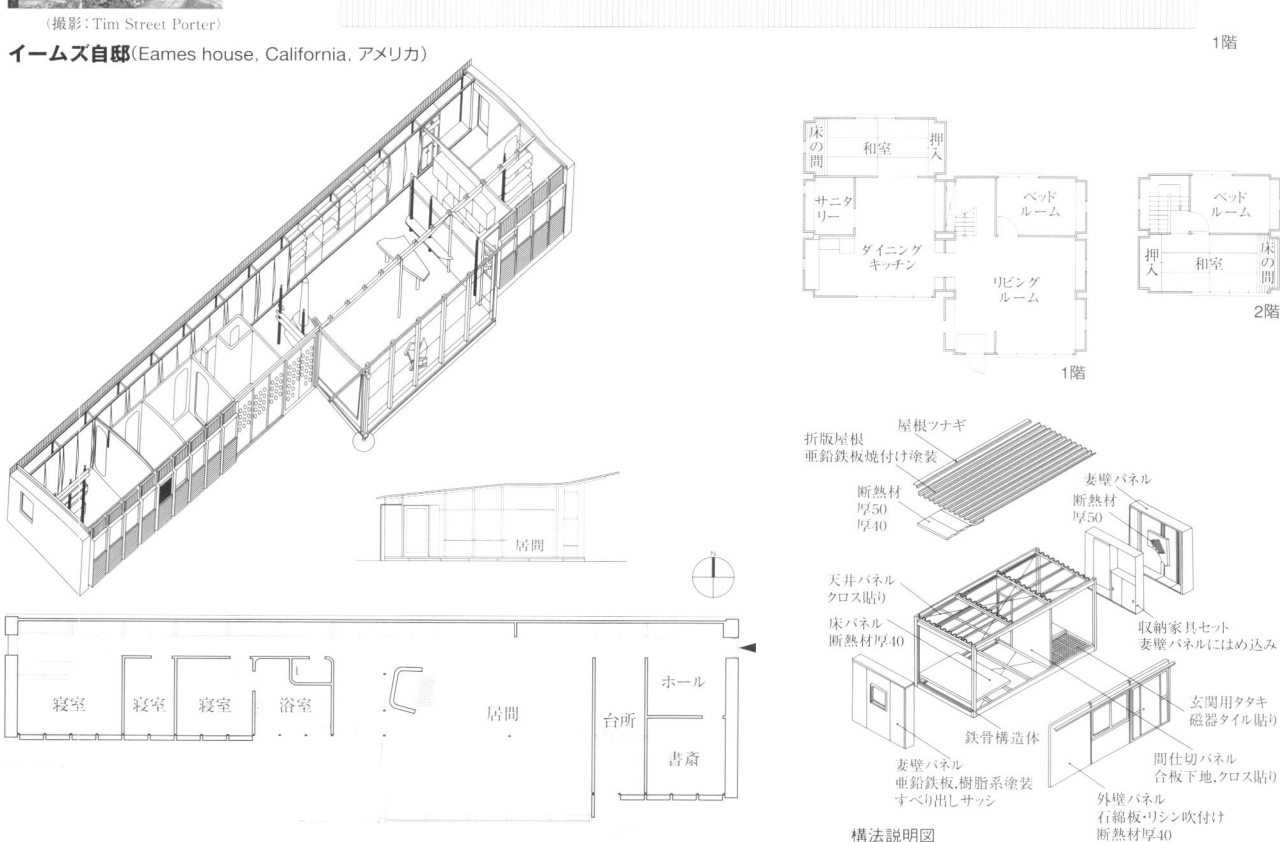

140　居住—独立住宅：構造・構法　Dwelling—Detached House: Structure & Construction　1:300

イームズ自邸（Eames house, California, アメリカ）
（撮影：Tim Street Porter）

ナンシーの家（プルーヴェ邸）（House in Nancy, Nancy, フランス）

セキスイハイムM-1

〈構造・構法〉
施工技術や構造解析の処理容量・精度は情報技術とともに飛躍的に進歩を続けている．従来は最も簡易な構築物であった住宅も，より高い性能を求めて新しい構造や構法に対する関心が高まり，複雑かつ合理的な方法が住宅単位で開発されている．ここでは住宅の形式や形態だけではなく，広義の性能が重視される．
　　　　　　＊＊＊
イームズ自邸
・設計：Chales & Ray Eames
・建設：1949年
・構造：S造

『アートアンドアーキテクチュア』誌の企画による実験住宅，ケーススタディハウスの8軒目として建てられた住宅．キット化された限られたパーツでできており，再組立が可能であるという，イームズ夫妻の理念を具現化した住宅であり，実際にH型鋼やスチールサッシといった工業製品はすべて製鉄所のカタログから選定され，それらをボルトで締めてゆくことで建設された．外壁には，赤や青のパネル，ガラスやスタッコボードなどが平面構成のようにはめ込まれ，単に工業化製品を用いてつくられた住宅のイメージにとどまらないファサードをつくっている．

ナンシーの家（プルーヴェ邸）
・設計：Jean Prouvé
・建設：1954年
・構造：S造平屋建

この住宅は，かつて設計者自身が経営していた工場の余り材であるアルミパネルや鉄骨といった工業製品を用いて，設計者とその家族の手によりセルフビルドされた．基本的に設計図がかかれることはなく，作業はすべて現場での判断によって行われている．もともと仮設的性格の強い住宅であったが，1984年にナンシー市によって買い取られ歴史的建造物に指定されている．

セキスイハイムM-1
・設計：大野勝彦
・建設：1971年
・構造：Sユニット構造2階建

鉄骨系ユニット構法による工業化住宅．内外装，設備，屋根工事など全行程の90％が工場で施工される．その後の時代の流れの中で淘汰されていったが，形態をただの箱に還元し，その組合せによってのみ多様なプランを達成しようという姿勢は，通俗的な住宅のイメージに依拠したいわゆるプレハブ住宅とは一線を画したものであったといってよい．

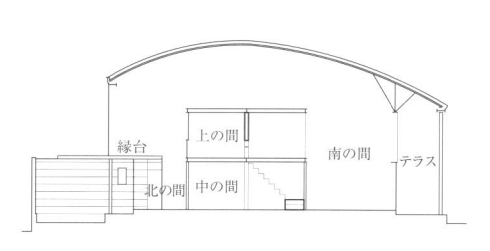

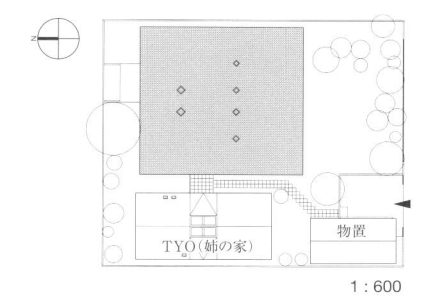

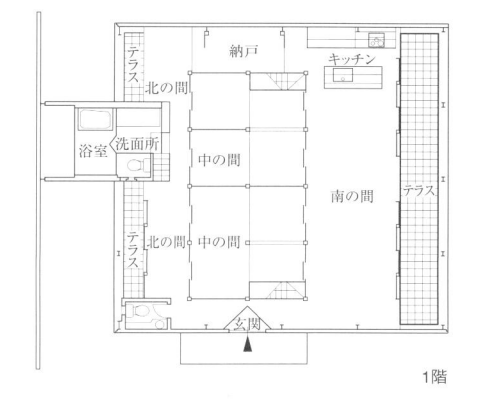

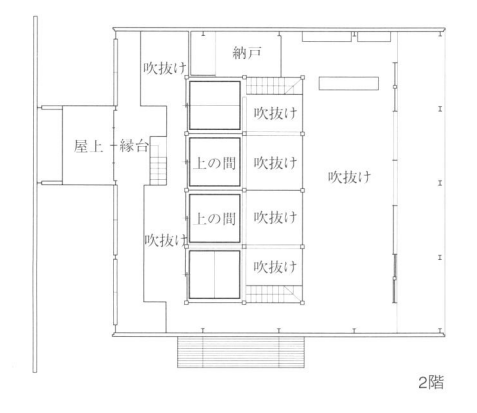

Dwelling—Detached House: Structure & Construction 居住─独立住宅：構造・構法

SY HOUSE（神奈川県平塚市）

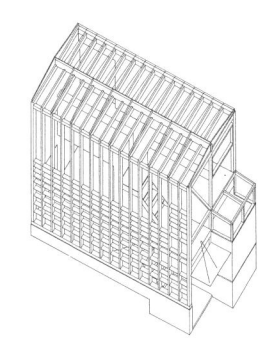

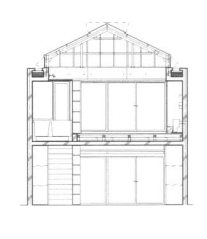

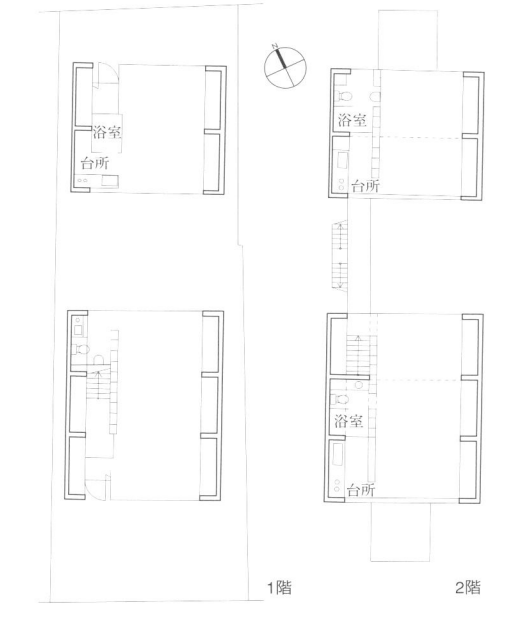

ひばりが丘の家（東京都西東京市）

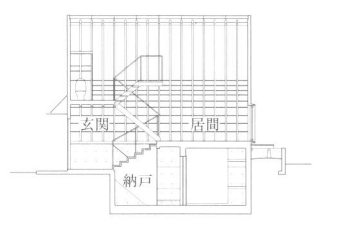

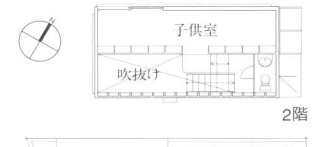

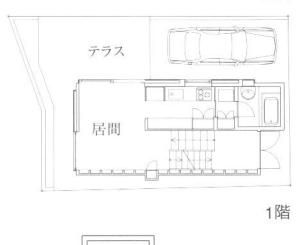

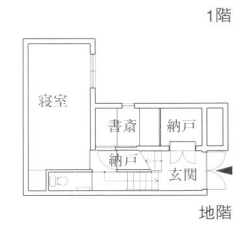

書架の家（東京都調布市）

SY HOUSE
- 設計：吉野眞二建築研究所
- 建設：1991年
- 構造：鉄骨造＋木格子シェル
- 延床面積：171m²

木格子シェルの実用展開をめざして実験的に試みられた家である．大胆な構造が室内と庭とをダイレクトにつないでいるが，大架構の内側にさらに個のスペースとしての立体格子を入れ子状に納めることで，庭との間に大きな中間領域を生み出している．その明快な構成は個と家族と近隣との関係を明示してもいる．

南の間はこの家の公室であるが，入れ子として納められた立体格子のなかからみると，内と外との中間領域として感じることのできる空間である．

入れ子の構成が上の間から中の間，南の間，そしてテラス，専用庭へと連なる中間領域の段階構成を生み出し，生活に社会的な秩序さえも与えるものとなっている．

ひばりが丘の家
- 設計：谷内田章夫
- 建設：1993年
- 構造：RC＋S造2階建
- 敷地面積：181m²
- 建築面積：79m²
- 延床面積：144m²

母屋と賃貸用の離れの二棟からなる住宅であるが，それらをブリッジでつなぐことによって多様な使い方が想定されている．それぞれの建物の上には，既製品の農業用の温室が載せられ，太陽エネルギーの利用や自動換気システムなどが取り入れられている．

書架の家
- 設計：前田光一，包建築設計工房
- 建設：1994年
- 構造：地下RC造＋木造2階建
- 延床面積：73m²

屋根の半分をガラスで覆い，上から射し込む光によって書架を兼ねた木架構を力強く表現している．一方，書斎や寝室は地下に設けられており，暗く静かで木造部分とは対比的な構成をとっている．

RCと木造を併用することで，周辺の影響を受けやすい都心の狭い敷地を巧みに生かした家である．

142 居住―独立住宅：構造・構法 Dwelling―Detached House: Structure & Construction　1:300

紙のログハウス（神戸市）

木箱210（東京都練馬区）

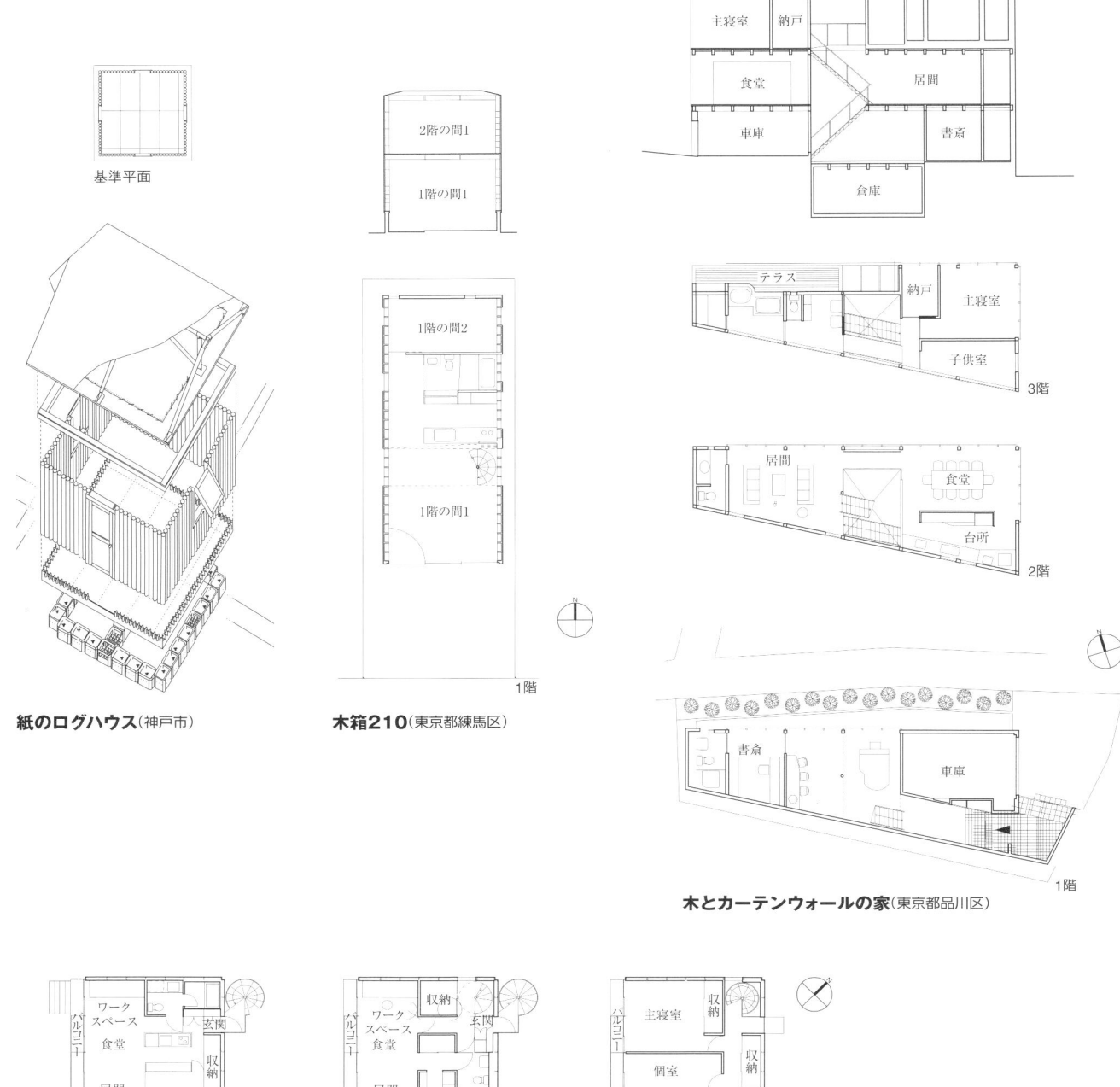

木とカーテンウォールの家（東京都品川区）

辻堂の家（神奈川県藤沢市）

紙のログハウス
- 設計：坂茂
- 建設：1995年　●建築面積：16m²
- 延床面積：16m²（4m×4m国連難民用ユニット基準）

国連難民用住宅の発展形として開発された仮設住宅．基礎には砂袋を入れた40個ほどのビールケースを使用し，壁と屋根フレームには直径110mm，長さ2mの紙管が約200本用いられている．屋根はキャンバス地を二重に貼り，空気層をつくって断熱効果を高めている．阪神大震災における被災者用の仮設住居として20軒以上が建設された．

木箱210
- 設計：葛西潔
- 建設：1996年
- 構造：木造（2×10枠組壁構法）2階建
- 敷地面積：144m²
- 建築面積：69m²
- 延床面積：139m²

2×10材を用いた枠組壁構法の躯体中に，レベル差を持った4つの床がつくられている．南北方向には簡単な間仕切りを除いて壁をつくらず，全体は中心にある吹抜けを介したほぼ一室の空間となっている．鉄骨造の螺旋階段やスロープといった要素が空間の可変性を引き立てている．

木とカーテンウォールの家
- 設計：押野見邦英・仙波武士
- 建設：1996年
- 構造：RC造＋軸組壁式構造地下1階地上3階建
- 敷地面積：116m²
- 建築面積：70m²
- 延床面積：208m²

プレカット集成材を金物とドリフトピンにより剛接合で組み立てた住宅．柱，梁は室内に露出され，外装はガラスのカーテンウォールで覆われている．家具や照明器具，浴室なども部品化への対応を視野に入れることで新たなシステムの提案を行っている．

辻堂の家
- 設計：手塚貴晴・手塚由比
- 建設：1999年
- 構造：S造（LGS構造）3階建
- 敷地面積：113m²
- 建築面積：46m²
- 延床面積：139m²

コンクリート土台の上にLGS構造の箱を載せるという考え方である．そのまま外壁の下地となる軽量な材料を構造体に用いることによって，工期が大幅に短縮されている．内壁は構造に組み込まれていないため自由にプランニング可能であり，2世帯が階によって住み分ける計画となっている．

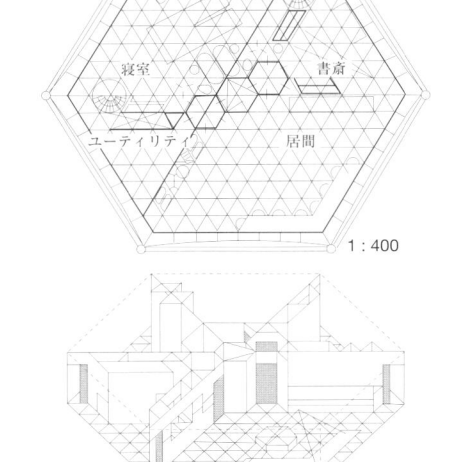

1:300　Dwelling—Detached House: Structure & Construction　居住―独立住宅：構造・構法　143

ダイマキシオン・ハウス（Dymaxion House）

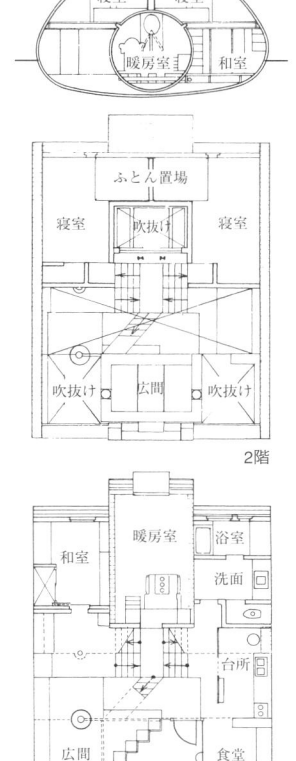

開拓者の家（長野県小県郡）

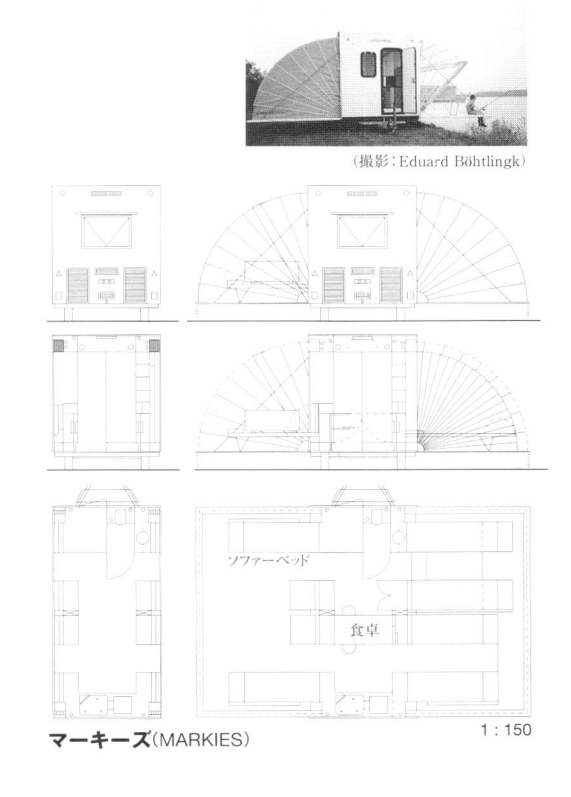

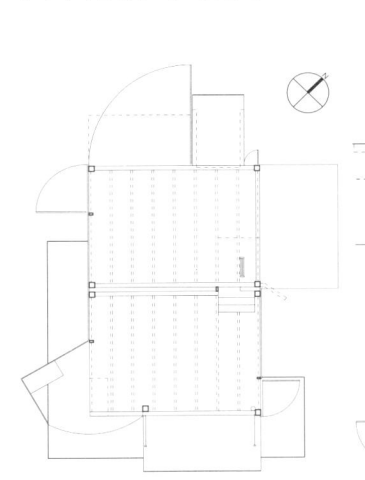

マーキーズ（MARKIES）
（撮影：Eduard Böhtlingk）
1：150

モンゴルのゲル[01,02]

01：乾尚彦：モンゴル・ゲル，住宅特集（1990.4）
02：佐藤浩司編：住まいをつむぐ，学芸出版社（1998）

グックルフプフ
（GucklHupf, Mondsee, オーストリア）

ダイマキシオン・ハウス
- 設計：Richard Buckminster Fuller
- 設計：1927年（プロジェクト）
- 構造：S造

1920年代に構想された工業化住宅のプロジェクト案．飛行船の技術を住宅へと応用した「4-D」ハウスをプロトタイプとして改良されたものであり，ダイマキシオンとは「ダイナミック」「マキシマム」「…イオン」という言葉からなる造語である．住宅は，構造をジュラルミン柱の圧縮部と合金鋼ケーブルの引張り部に明快に分離することで，総重量が3トンに抑えられており，設備計画においてはユニットバスの使用や水の循環再利用などが検討されるなど，様々な技術のプラットフォームとしても構想されていた．この住宅は建設されることはなかったが，フラーによる量産住宅はこれとは別の形で1945年に「ウィチタ」ハウスというプレハブ住宅として実用化されている．

開拓者の家
- 設計：石山修武　● 建設：1986年
- 構造：コルゲートパイプ造2階建
- 敷地面積：2万坪　●延床面積：143m²

川合健二の「ドラム缶住居」のアイデアを応用した，セルフビルドのローコスト住居．工業用のコルゲートパイプを地面の上に転がすように置き，その内部を住居としている．ほぼすべて居住者自身の手によって施工された．今日の住宅産業システムに対する問いかけを行った作品でもある．

マーキーズ
- 設計：Eduard Böhtlingk
- 建設：1986年

「仮設住宅コンペティション」で提案された移動可能なトレーラー式の週末住居である．コンテナ型の空間は可倒式の壁が拡張部分の床になり，蛇腹式の天蓋が同時に展開する．極小空間ではあるが3つにゾーニングされ，中心部が水廻りになり，両翼がそれぞれリビングと寝室である．天蓋は半透明と不透明の2種類が用意されており，開き方を天候や使い方によって調整でき，半分だけ開いたテラス空間といった使い方も可能である．

グックルフプフ
- 設計：Hans Peter Wörndl
- 建設：1993年

主な用途を風呂小屋として設計された仮設建築物．名称はGucken（見る行動）とHupfen（飛び跳ねたりして移動すること）という言葉からつくられた造語であり，その名の通り自在に可動，開閉することで周辺環境と様々な関係を結んでゆく．現在は解体保管されている．

モンゴルのゲル
図の組立住居はモンゴルからトルコにかけ草原に広く分布する．モンゴルではこれをゲルと呼ぶ．

ゲルの中央にはストーブ（炉）が置かれ，真上の天窓を抜けて排気される．入口を入って右が台所，正面が上座で，賓客を招く場合は主人がこの座を譲る．

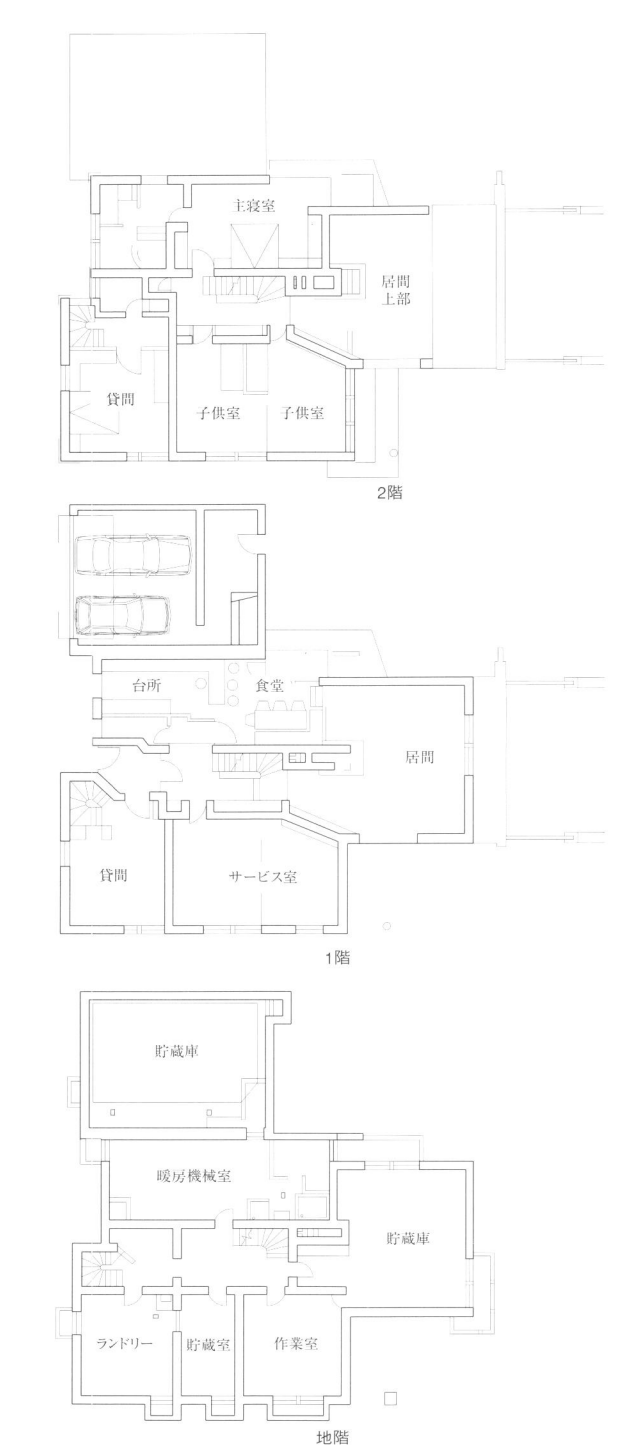

144　居住──独立住宅：環境性能　Dwelling—Detached House: Environmental Function　1:300

ソーラーハウス・アイヘナウ（München, ドイツ）

つくばの家（茨城県つくば市）

Hofhaus（Köln, ドイツ）　1:2000

〈環境性能〉
土地の気候条件や内部の温熱環境などを建物自体のつくりによってパッシブにコントロールすることは現代建築すべてに課せられた課題である．住宅においても断面設計において熱的性能をデザインすることで生活にかかるランニングコストを低減し，快適な居住環境をつくり出すことが望まれる．

＊＊＊

ソーラーハウス・アイヘナウ
- 建設：1980年

省エネルギー化の可能性を追求し，ソーラーシステムの装置を加えた実験住宅である．自然におけるエネルギー系をとらえ，室内気候における人間のあり方を探り，気温調整における建築物理学的な側面を重視し，そして省エネルギー化を実現しようと試みたものである．

それは暖房に対する考え方を改め，住まい方を変えることを前提条件にして，そこに新技術を投入しようというものである．

つくばの家
- 設計：小玉祐一郎　● 建設：1983年
- 構造：RC造2階建
- 延床面積：207m²

ダイレクトゲイン方式のパッシブソーラーハウスである．日射熱を吸収する蓄熱部位の面積をできるだけ広く，また有効にとるために，南面をガラス面で仕上げ，吹抜けを設けて，日射が室内深くに差し込むように工夫している．夏は庇とトレリスに絡むノウゼンカズラが強い日射を遮るとともに，オーニング窓によって通風を確保している．冬は暖房の7割を太陽熱から得ることを目指し，夏には冷房を一切使用しない環境共生住宅である．

Hofhaus──ケルンの庶民住宅
- 設計：Bau Coop Köln, Wolfgang Felder
- 建設：1993年
- 構造：補強ブロック造
- 延床面積：140m²

断熱性能の高い厚い壁で包まれた2つの生活ゾーンを全面ガラスの吹抜けホールがつなぎ，子供室と客室，主寝室を巧みに分けてプライバシーを確保している．

食堂を兼ねたガラスの開放的な空間は春から秋にかけての生活の拠点となる．夏の居間と冬の居間を使い分ける北欧からロシアにかけて分布する民家を想わせる．

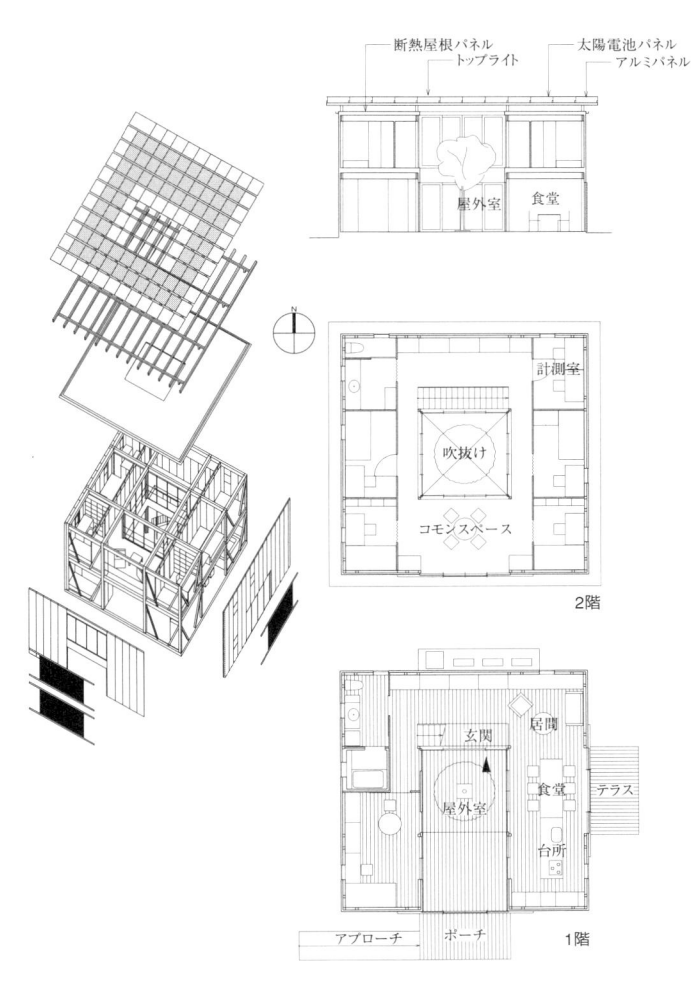

Dwelling—Detached House: Environmental Function 居住—独立住宅：環境性能

アルミエコハウス（茨城県つくば市）

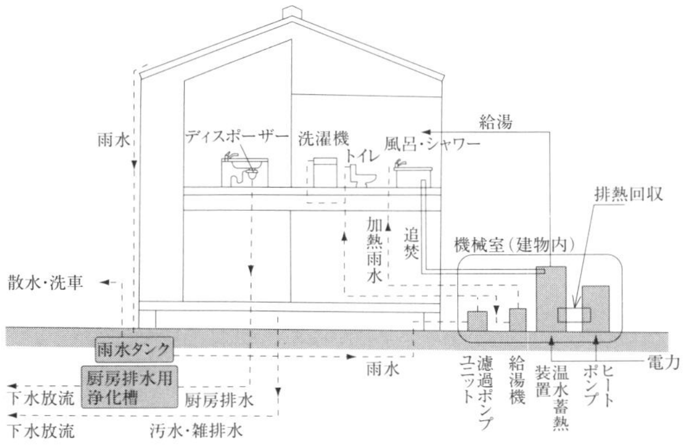

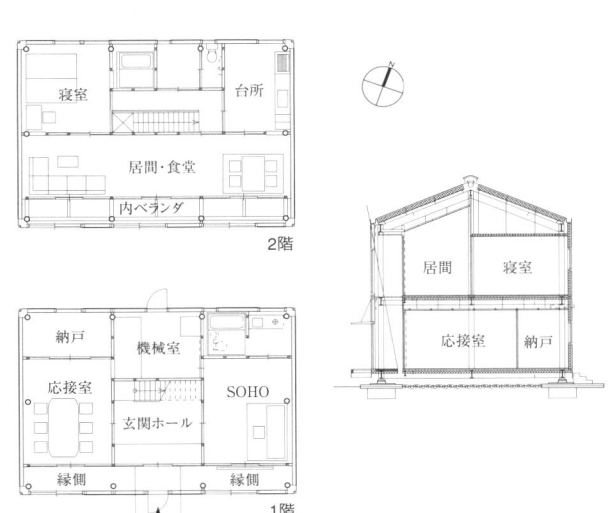

S-PRH（福岡県北九州市）

水・物質系システム，高度雨水利用システム，生ゴミ処理システム，深夜電力蓄熱給湯システムなど

アルミエコハウス
- 設計：難波和彦
- 建設：1999年
- 構造：アルミ軸組構造2階建
- 建築面積：92m²
- 延床面積：148m²

総アルミでつくられた実験住宅．構成要素は可能な限り工場生産，部品化され，現場における組立作業の最小限化とともに工期の短縮が図られている．

プランはアルミの材料特性から合理的に導き出された4m×4mという寸法を基本としたモジュールに従っている．ゲストハウス的に利用する形での居住実験が行われている．

S-PRH
- 設計：早稲田大学尾島研究室
- 建設：2000年
- 構造：S造2階建
- 敷地面積：952m²
- 建築面積：89m²
- 延床面積：178m²

構法，環境計画から解体計画に至るまで「リサイクル」することを徹底して意識し，80％以上の資源循環を達成した鉄骨造の住宅．竣工後に解体，さらに再築をし，そこで生活実験を行うことまでを含めたプロジェクトである．

建築材料として再生ペット繊維ボード，完全リサイクルコンクリートなどが使用され，ファサードは解体時における素材の分別回収がしやすいようにパネル化されるなど，建材メーカーの協力を得た材料開発も含めて設計が行われた．深夜電力蓄熱給湯，高度雨水利用，生ゴミ処理といったシステムも導入されている．

ともすれば設備面に偏りがちな環境への配慮が多角的になされることによって効果を高めている．また，同様の実験住宅で木構造の事例が富山県で試行されている．

エコロジーと住宅設計

適切なエネルギーの供給と物質循環は，安定的な生態系（エコシステム）を維持するための条件であるが，過剰なエネルギー消費と物質循環の不釣合いが今日の地球環境問題の基本的な原因である．

炭酸ガスを指標とした住宅のライフサイクル分析によれば，第1に，暖冷房や給湯・照明などの建物の使用に伴うエネルギー消費を減らし，ついで建物の物理的・社会的耐用年数を伸ばし，さらに建設に際して環境負荷の小さい材料を選択し，かつ再利用，再生使用することが，環境負荷削減の原則とされる．

環境負荷低減の一方では，建設に伴う自然地形や水系・生態系の改変を抑制するとともに，保全された自然環境を生活空間の一部として享受するための屋外環境のデザインと，それを維持するための社会的システムの構築も不可欠である．

エコロジーに配慮したデザインでは，環境負荷低減の個別要素技術の集成にとどまらず，ホリステックなアプローチが重要である．

造成	[環境アセスメント，景観の保全] 地形の保存，生態系の保全，緑の保全，水系の保全，ビオトープ計画
建設	[建設エネルギーの削減] エネルギー原単位の小さい材料の選択，リユース/リサイクル材料の使用，リユース/リサイクルを促進する構法・施工法の開発，長寿命の建築
居住	[生活関連の省エネルギー] 高効率設備システムの導入 地域環境ポテンシャルの発見とパッシブデザイン 自然親和型ライフスタイルの提案（緑化，水，ごみ処理ほか）
改修	[改修の容易な構法・施工法] 機能更新が容易な設計居住者参加/セルフメンテナンス技術の導入
廃棄	[廃棄量の削減] リユース/リサイクルが容易な構法 廃棄物処理の容易な解体工法

建築のライフサイクルとエコロジー配慮設計

居住―独立住宅：記憶・象徴としての住居
Dwelling—Detached House: "House" as a Symbol and Memory

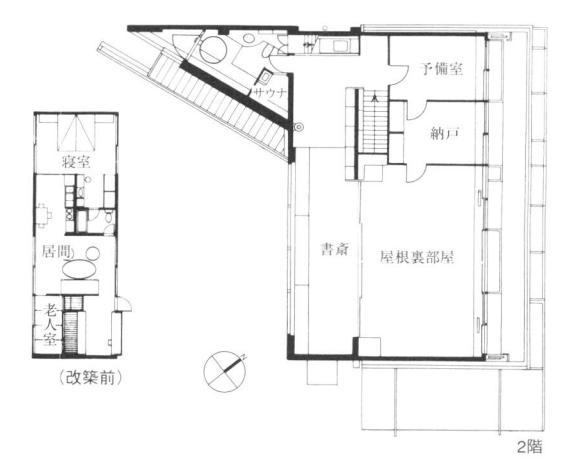

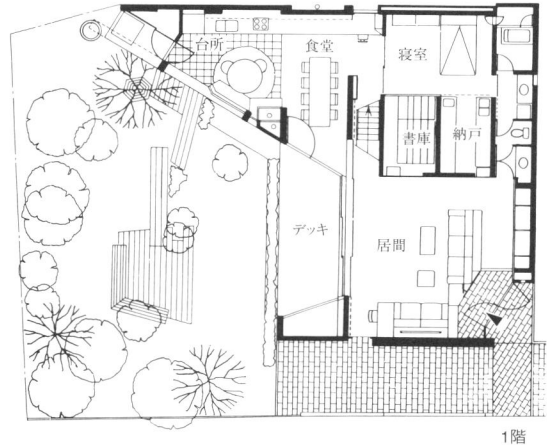

私たちの家（東京都文京区）

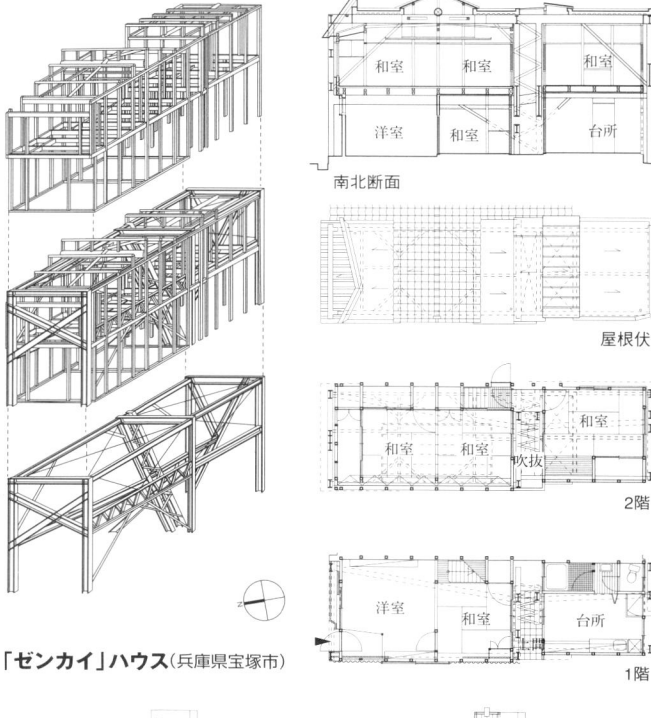

「ゼンカイ」ハウス（兵庫県宝塚市）

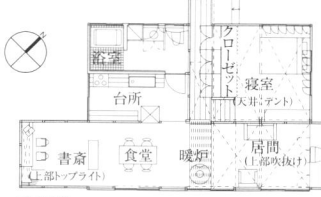

s-tube（神奈川県茅ヶ崎市）

〈記憶・象徴としての住居〉

設計者や住まい手の意図に関わらず、住宅建築は周辺環境の中で象徴性・記号性を帯びる．また増改築においては新築以上に建物の歴史や文脈を踏まえた洞察が求められる．こうした条件に対して意識的に関わるためには、建築を単体・集合の双方から捉え、またその土地や建築自体の歴史・文脈に配慮する必要がある．

＊＊＊

私たちの家
- 設計：林昌二・林雅子　●建設：1978年
- 構造：RC造2階建　●延床面積：238m²

旧邸は、老人室と主寝室との間に厨房や浴室など設備系の空間と居間とをはさんで、プライバシーの確保と、将来への対応を読み込んでいた．改築後は、ふたりの住まいとしては大きなボリュームであるが、2階に週末住居としての意味をもたせたこと、そして何より大きいことで旧邸と対照的である空間ののびやかさが追求されている．

「ゼンカイ」ハウス
- 設計：宮本佳明　●建設：1997年
- 構造：鉄骨による木造の補強、2階建
- 敷地面積：56m²
- 建築面積：45m²　●延床面積：89m²

阪神淡路大地震による被災で「全壊」の判定を受けたにもかかわらず、鉄骨のフレームで全体を支えることによって再生させた長屋である．連続した長屋住宅であった隣家が取り壊されたため、1階中央部にある吹抜けの土間に基盤を沈め、水平力の大部分を負担させるために完全に自立した巨大な組柱を置いた．新規フレームは既存の木造軀体の隙間を縫うように設置されるため、室内を斜めに飛び交っている．これにより、フレームに緊結された木造軸組は造作として生き続けることになった．

s-tube
- 設計：納谷新・納谷学　●建設：1999年
- 構造：既存部分軽量S造、増築部分木造平屋建
- 敷地面積：540m²
- 建築面積：71m²　●延床面積：71m²

設計者の自邸でもあるプレハブ住宅（ナショナル住宅産業RN）の増改築．軽量鉄骨造の既存構造軀体の中に、木造軸組の「チューブ」と呼ばれる箱を貫入させることで新しいイメージの住宅再生を行うことに成功している．内部は天井が取り払われ、再塗装された小屋裏がむき出しになっている．

民家再生

伝統的な民家は減少の一途を辿っているが、その一方で民家を修復し再利用する動きに社会の注目が集まっている．日本の大型民家は材料に良質の木材が使われていることや、木構造が仕口で構成されていることから、軀体の再利用は古くから行われてきた．今日行われる民家の再利用は大別して2種類ある．財産として受け継がれてきた民家を現代のライフスタイルに適応させて継承する例と、民家の持つノスタルジーの要素をデザインとして新たに取り入れる例である．前者では事例でも取り上げた「今村家改修」「土佐山田の家」に見られるように、既存の軀体に荷重を負担させない別のフレームを挿入することによって、DKや水廻りを導入する手法が見られる．後者では歴史が刻まれた大黒柱や丸木梁などを残すため、「黒谷の家」に見られるようなフレームを残した大規模な改造がなされる例などがある．また地域性よりもデザインとしての民家が重要視されるため、移築という手段もしばしば用いられる．この場合は、継承される財産としての民家ではなくライフスタイルのバリエーションとして民家が選択されているといってよい．「西洋風」「和風」といったカテゴリーと同列に民家が据えられている点に着目したい．すでに民家は一部の施主や建築家からは相対化された対象としてしか存在していないのである．意外性や希少性といった視点で民家を見ることは、短期的な判断で民家の価値を評価することになり、今後議論されるべきであろう．なお、全国規模で民家再生のネットワークづくりを行っているNPO団体として、日本民家再生リサイクル協会（NPO）がある．

再生工事の現場風景（民家再生工房）

黒谷の家、南側外観　（撮影：大野繁）

1:300　0　5　10

居住―独立住宅：記憶・象徴としての住居
Dwelling—Detached House: "House" as a Symbol and Memory

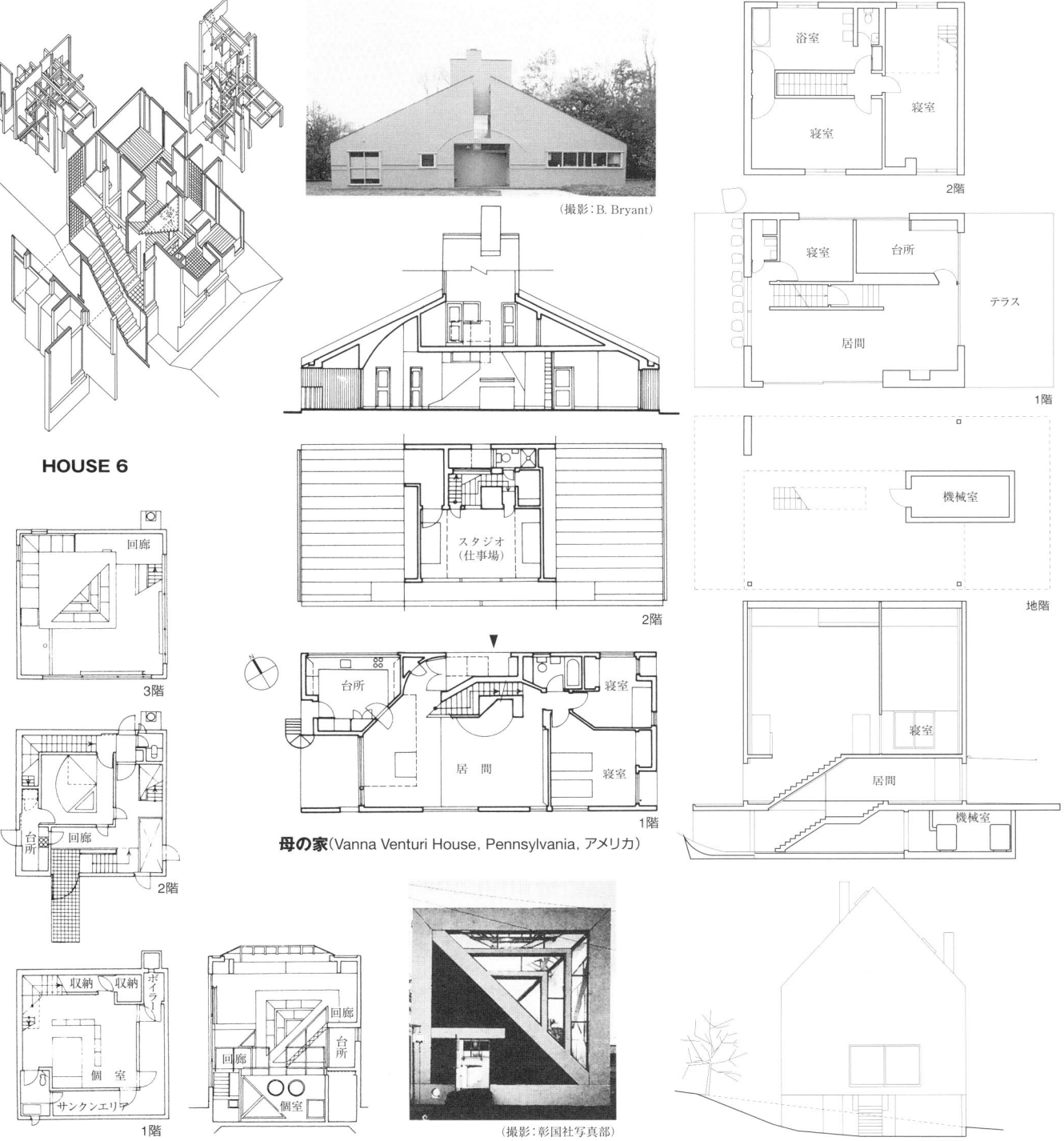

147

HOUSE 6

3階

2階

1階

反住器（北海道釧路市）

（撮影：B. Bryant）

2階

1階

母の家（Vanna Venturi House, Pennsylvania, アメリカ）

（撮影：彰国社写真部）

2階

1階

地階

ルーディン邸（Rudin House, Leyman, フランス）

HOUSE 6
- 設計：Peter Eisenman

柱，梁，壁といった建築要素とそれらで構成される外観のデザインを幾何形態にまで抽象化し，形態操作の可能性を追求した作品．板状の面とスリット状の空隙が，内部空間を複雑に分節している．

階段や流し台といった装置も意識的に扱われることで空間の抽象性を高めている．

母の家 ◯018
- 設計：Venturi and Rauch
- 建設：1961年
- 構造：木造2階建

夫に先立たれた設計者の母のために計画した住宅である．左右対称を基本とした平面と立面，大きな切妻型の屋根をファサードによってさらに強調し，中央に煙突を残したデザインである．そのノスタルジックな形態は，この建物が単純素朴な住宅でしかないことを強調している．

しかし一方で，比例や比率に基づいた複雑な形態操作を行うことで，対称性は注意深くずらされるとともに，様々な読解を誘発する仕掛けが随所につくられている．近代的な形態言語を用いながら，その枠にとらわれない建築の創出が試みられていると言ってよい．

また，この住宅は作者が同時期に上梓した理論書『建築における多様性と対立性』における理論を実践した建築物であり，以降の建築界に影響を与えている．

反住器
- 設計：毛綱モン太
- 建設：1972年
- 構造：RCブロック造＋S造＋木造3階建
- 敷地面積：96m²
- 延床面積：105m²

3つの立方体を中心をずらして重ねることにより空間が構成されるが，それがファサードにも表現されている．このような操作で生じた無機能な空間は，室内でも感じられるように工夫されている．これに対して，生活の場は下階に沈み込むようにつくられている．

ルーディン邸
- 設計：Herzog and de Meuron
- 建設：1997年
- 構造：RC造＋S造
- 建築面積：160m²
- 延床面積：260m²

勾配屋根，大きな煙突などは，イメージの中の住宅をそのまま具現化したような印象を受ける．内部は階段室を中心に置いて，シンメトリーのシンプルな構成の中に各室を機能的に配置している．外部テラスは農園に囲まれた周囲の景観に同化することにも一役買っている．

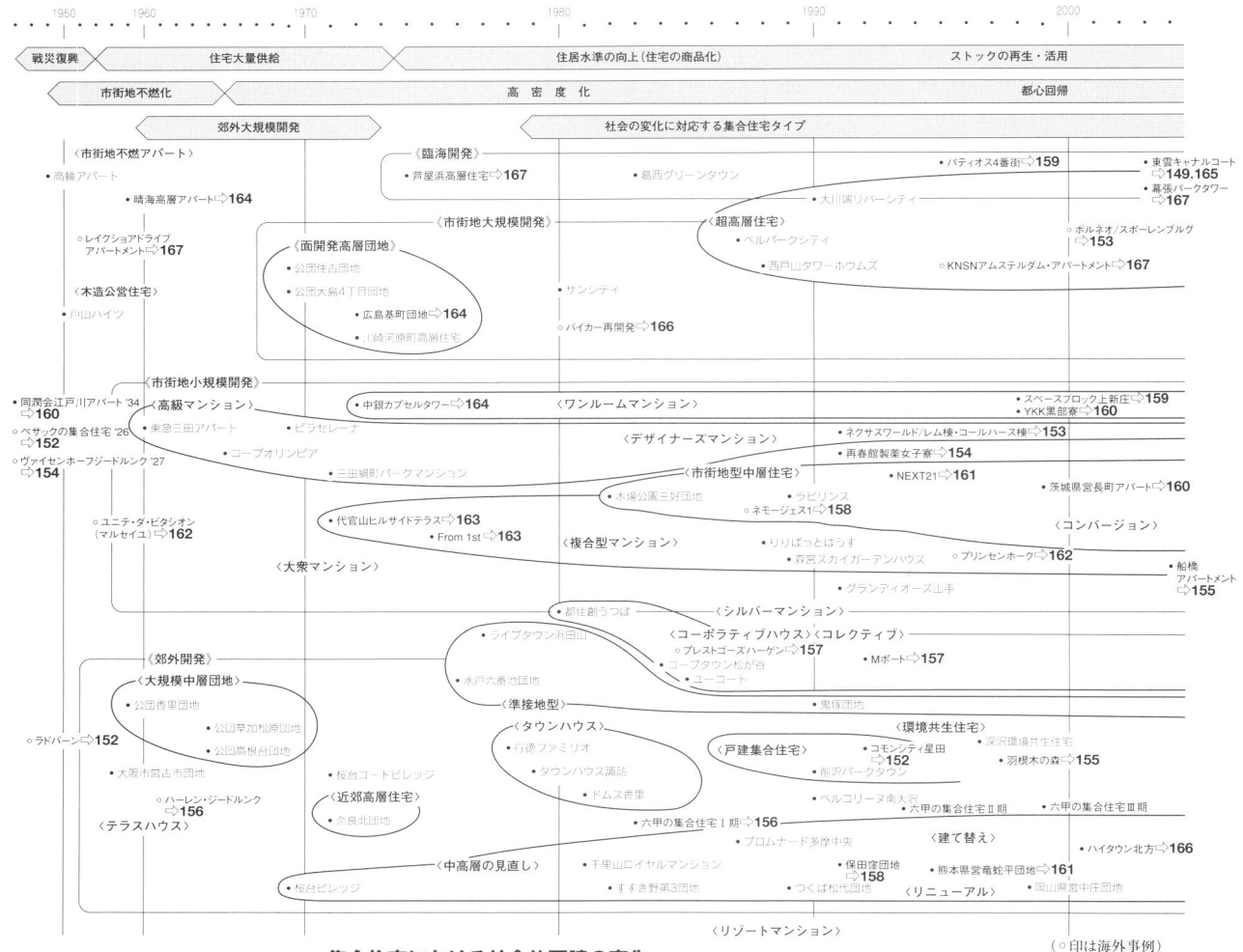

148　居住―集合住宅：日本の集合住宅の変遷　Dwelling—Multiple Dwelling: Abstract

集合住宅における社会的要請の変化

郊外大規模団地[1]（草加松原団地）

市街地面開発高層団地[2]（提供：大高建築設計事務所）（広島基町団地⇒164）

市街地複合型マンション[3]（撮影：彰国社写真部）（代官山ヒルサイドテラス⇒163）

準接地型住宅[4]（撮影：和木通（彰国社））（水戸六番池団地）

戸建集合住宅[5]（撮影：新建築写真部）（コモンシティ星田⇒152）

超高層住宅[6]（提供：都市再生機構）（大川端リバーシティ21）

SI住宅[7]（NEXT21⇒161）（撮影：奥水進）

中庭型集合住宅[8]（撮影：新建築写真部）（パティオス4番街⇒159）

高層高密度開発[9]（撮影：初見学）（東雲キャナルコート⇒165）

日本の集合住宅の変遷

日本で近代的な集合住宅が建設されるようになったのは20世紀になってからである．第二次大戦前にも関東大震災復興のために各地に建てられた同潤会アパート（⇒160）などの先駆的事例がみられるが，これが一般化するようになったのは戦災復興とその後の高度成長期であった．

1951年に公営住宅法が施行され，1955年に日本住宅公団が設立された後は，高度経済成長と人口の都市集中の波に乗って大量の集合住宅が供給された．1960年代を中心とする郊外型大規模住宅団地はその所産である[1]．これらは中層住宅を中心とするもので，当初は比較的低密度で計画された．しかし，1960年代後半からは高密度化の要請が高まり，市街地の工場跡地などには高密度の高層住宅も出現するようになった[2]．

1970年代になると，住戸個数の充足にともなって住居水準の向上が求められ，集合住宅の質に大きな変化がみられるようになる．全般に住戸規模が大きくなり，従来の中高層の見直しをふまえた新しい集合住宅タイプが現れる[3]～[5]．立地などの計画条件の違いに応じた様々な工夫の展開もみられ，多様化，個別性への対応が大きな潮流になる[7][8]．また，高密度化への要請も依然として強く，そのなかでいかに良好な住環境をつくるかということも一つの課題になっている．[6][9]

1:300　Dwelling—Multiple Dwelling: Abstract 居住—集合住宅：住戸平面の変遷　149

都営高輪アパート, 44m²[1]
(設計：東京都, 1947年)

51C型公共住宅, 40m²[2]
(設計：東京大学吉武研究室, 1951年)

63-3・4・5N-2DK, 46m²[3]
(設計：日本住宅公団, 1963年)

住宅公団標準設計, 67m²[4]
(設計：日本住宅公団)

群馬県営下細井団地, 61m²[5]
(設計：市浦都市開発建築コンサルタンツ, 1977年)

住宅公団標準設計, 77m²[6]
(設計：日本住宅公団)

コンパスシリーズ, 62m²[7]
(設計：長谷工コーポレーション, 1975年)

すすき野第3団地, 100m²[8]
(設計：日本住宅公団, 1982年)

ベリコリーヌ南大沢5-22住宅, 102m²[9]
(設計：住宅・都市整備公団, 1990年)

高の原駅前住宅, 105m²[10]
(設計：住宅・都市整備公団, 1986年)

つくば・さくら団地 (設計：住宅・都市整備公団, 1985年)[11]

アバンドーネ原5番街, 80m²[13]
(設計：住宅・都市整備公団＋ディーワーク, 1996年)

実験集合住宅NEXT21[12] ⇒161
(設計：大阪ガスNEXT21建設委員会, 1993年)

岐阜県営住宅ハイタウン北方[14] ⇒166
(設計：高橋晶子＋高橋寛／ワークステーション, 2000年)

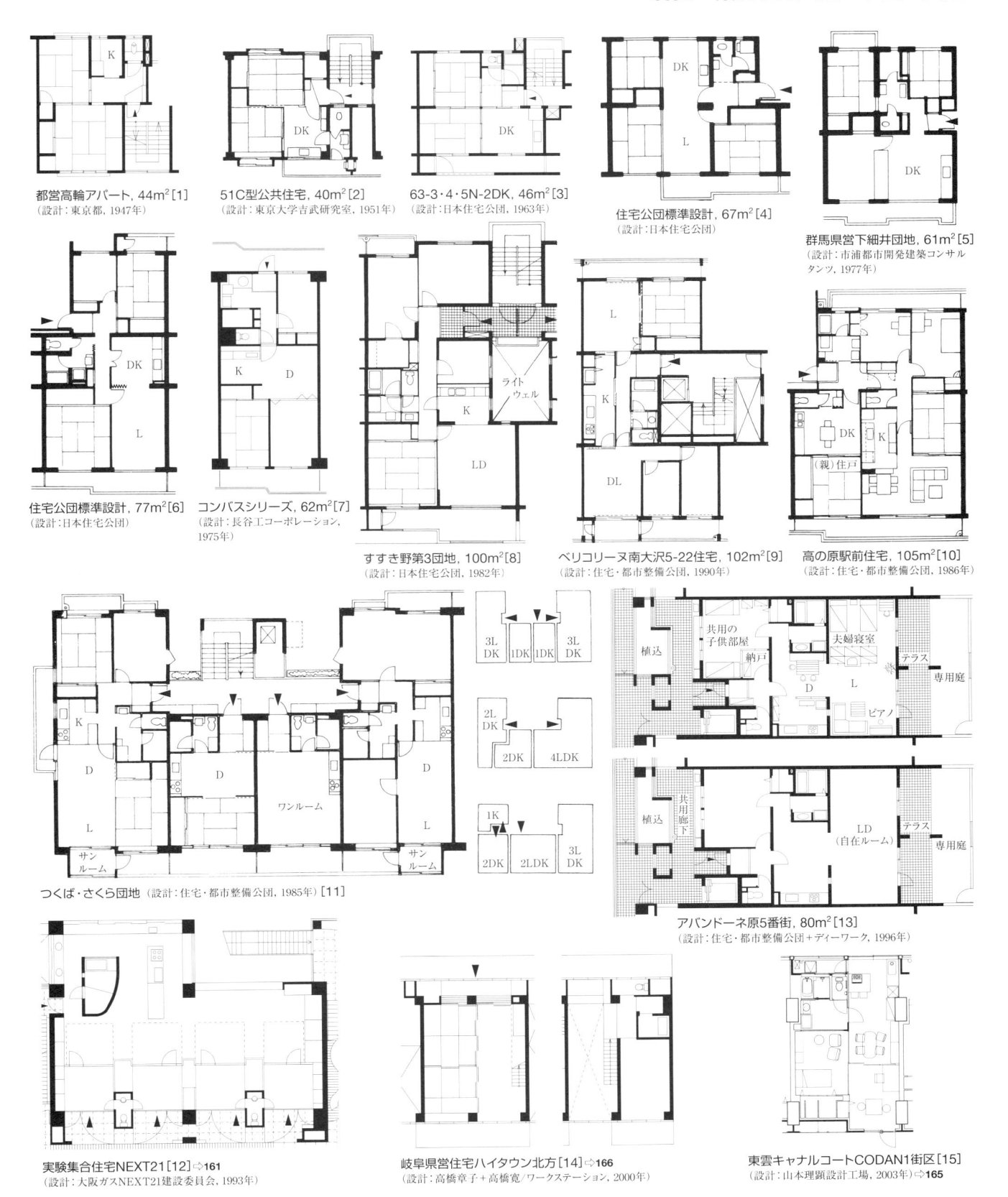

東雲キャナルコートCODAN1街区[15]
(設計：山本理顕設計工場, 2003年) ⇒165

[1]戦後初の都営アパート．小規模住戸であるが南8畳が多様な住み方を許容した．戸境壁を非耐震壁とし将来の2戸1化に備えていた．[2]公団DK型住戸の原型．「食事のできる台所」「家事空間の南面性」「主寝室の独立性」「水を流せる床」が提案された．[3]日本住宅公団が大量に建設した標準設計．DKに繋がる南8畳を居間とする住み方も多く，居間を確保した平面へと発展．[4]居間を確保した公私室型平面の初期の例．これよりLDK型が発展．[5]住生活の変化や多様化に対応した初期の例．DKと洋間を可動収納ユニットで間仕切り，この移動によって生活の経年変化に対応．[6]70～80年代に最も多く供給された3LDKの典型．[7]住戸密度を高めるため高層片廊下型住棟で住戸間口を狭めて水周りを中央に収め，外気に面して3～4居室を配した集合住宅の典型平面．[8]典型的な4LDK平面．ライトウエルにより3面採光を可能にしている．[9]こども室側に食事室を兼ねるファミリールーム，主寝室である和室に連続してフォーマルリビングを配し，生活ゾーンの区分を図った例．[10]玄関を共有しながら各々の世帯のDKと寝室を分離した分居型の例．[11]構法システムの工夫によって戸境を変更できる．より大きな生活の変化に対応できる．[12]入居者の家族構成，生活スタイル等の対応するため，すべて異なる住戸を用意した実験住宅．インフィル（内部）は戸境壁・水回りの位置を含め自由に変更可能．[13]供給側は間仕切りを省いた状態で供給し，居住者の希望に応じて間仕切壁や家具を設置する．北側居室は2室に分割可能なように2つの扉が設けられている．[14]可動収納家具と襖で自由に間仕切りが可能な，開放的なメゾネット型住戸．[15]仕事場（SOHO）や育児・趣味の場として使える「fルーム」を中廊下側に開放的に連続させている．

居住──集合住宅：密度と集合形式　Dwelling—Multiple Dwelling: Abstract

多様なライフスタイルと新たな集住様式への対応[1]

家族・世帯・就業構造そして生活意識の変化は，従来の類型的なnLDK型住宅ではない住宅の要求を生み出している．

とくに高齢者向け・加齢対応の住宅，単身あるいは夫婦のみ世帯など小世帯向け住宅，家族以外との共住意識の萌芽，単なる寝室よりも私室としての要求の重視，家事空間の利便性の向上やホームオフィスの導入など，様々な住要求の変化が著しい．

加えてそれらの住居の集合の仕方として，共用室の充実を通じた各住戸の住宅機能の再編成や，コレクティブハウス（食堂・厨房・趣味室・サロン等の面積を各戸から供出しあい，相互扶助生活を意図した協同居住型集合住宅）の模索，近隣・隣居ネットワーク居住の構築など新たな集住様式の模索が進行しており，想定した家族像・生活像に対応した計画と多様な住戸集合計画が求められている．

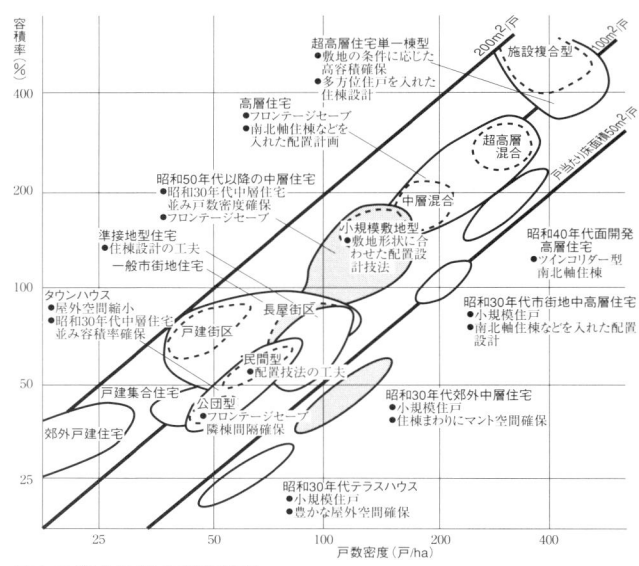

日本の集合住宅の密度特性

	家族像・生活像の変化	住宅に対するニーズの変化		家族像・生活像の変化	住宅に対するニーズの変化
人口世帯の動向	・（夫婦＋子供）世帯の減少 ・共働き世帯の増加 ・小世帯化による世帯数の増加 ・高齢人口の増加/年少人口の減少 ・非婚化・晩婚化・離婚率の増加 ・出生率の低下 ・単身世帯・夫婦のみ世帯の増加 ・高齢者世帯の増加	・類型的なnLDK型住宅からの脱皮 ・一般家族向け需要の減少 ・小世帯向け住宅 ・高齢者向け・加齢対応住宅 ・三世帯同居型住宅 ・ライフサイクルへの変化に対応	就業形態	・女性の社会進出，就業率の上昇 ・終身雇用，年功序列制の変容 ・仕事中心，会社中心主義の変容 ・就業形態の変化 　フレックスタイム制 　ホームオフィスと在宅勤務	・家事空間の利便性向上 ・台所空間の生活空間化 ・ホームオフィスの導入 ・高度情報化，マルチメディア対応の設備導入
家族	・相互依存型から相互自立型へ 　＝家族関係の個人化，自立化 ・子供中心から大人の生活重視へ ・家族の情緒的結合意識の向上 ・子育て・介護時の家族の連携 ・子育て・介護等の住宅外部化 ・家族以外との共住意識の芽生え	・個室の重視,寝室から私室へ ・多用室,目的室の導入 ・茶の間・ファミリールーム志向 ・隣居・近居のネットワーク居住志向 ・共用室,生活利便施設の充実 ・生活支援サービスへのニーズ ・コレクティブハウス志向	生活意識	・仕事より家庭生活,個人生活の重視 ・余暇,余裕への志向 ・健康,自然,環境,快適,安全性志向 ・変化,改革より安心・安定志向	・高品位,ゆとりの空間指向 ・部屋数主義からの脱皮 ・高階高空間,健康住宅 ・環境共生住宅 ・プラン,デザインの個性化 ・マルチハビテーション指向 ・都市居住への回帰指向

生活像の変化と住宅に対するニーズの変化[01] [1]

項目	住戸	住戸の集合	住戸外専用空間	住戸まわりの共用空間	住戸への住棟内アクセス	住棟内共用空間	住棟へのアプローチ	住棟の集合
主要な計画要素	面積（専用面積）/平面形状と間口・奥行/断面形状と階高/住棟内の位置特性/開口面/室数と構成/方位/住戸内からの眺め/住戸の外との関係	住戸群の集合規模（戸数・高さ）/住戸群の分節/平面的，断面的な積層の仕方/住棟の戸数/住棟の高さ/住棟の長さ/住棟の厚さ	専用庭・テラス・バルコニーの面積と形状/玄関前ポーチ/手摺・垣根等の形状/物干しの位置/物置/設備機器外置場/住戸内との関係/相隣間の視線交流とプライバシー保護	生活の集合を感じさせる通路空間の雰囲気/住戸の内と外の視覚的な関係/近隣交流の場/共用庭の面積と形状/幼児遊園の計画	アクセスの方法（直接,階段,廊下,ホール,エレベーター）/アクセス経路とアクセス共用戸数/アクセス路の方位/アクセス路と住戸内空間との視覚的関係/避難経路/非常用進入口/非常用エレベーター	面積（共用面積）/住棟入口部（入口ホール,集合郵便受）/アクセス空間の面積と雰囲気/自転車置場,駐車場,ゴミ置場の規模と位置/屋上利用の可否と防犯性/共用物置の設置/集会室,生活支援施設の設置/共用設備の確保	歩道と車道の関係/駐車方式/歩行者専用路の系統/アプローチ路からの住棟景観/アプローチ路と自住戸との視覚的関係/アプローチ経路の選択性	敷地周辺環境との調和（都市景観,沿道景観）/住棟周辺部の居住性（日照・日影,圧迫感,通風・風圧）/住棟の分節/住棟の連続の方法/隣棟間隔

住居集合の主要な計画要素

		大スケール（1:10000程度）	中スケール（1:2000〜1:1000程度）	小スケール（1:500〜1:200程度）
土地利用・密度		密度設定 建築可能範囲の把握 開発手法の検討	住棟形式・階数,住戸間口 敷地内のゾーン別密度構成	住戸ユニットの面積・形式 住戸の規模と形式,混合の比率
インフラ		周辺よりの引込み,共同溝の設置方針 供給処理施設の現況把握と設置方針	住宅地内の設備系統・区分方針 配管敷の位置,共同溝の位置 供給処理施設の規模・位置	住棟内設備施設の規模 供給処理施設棟の平面計画
動線・アクセス		交通経路把握,発生交通量予測 道路設置方針,スーパーブロック方式	敷地内道路の設置方針,歩車道融合・分離方針 道路・住棟・駐車場の関係,駐車場の位置と規模	施設群のサービスヤードと車道の関係 動線・道路部分からの眺望 住棟・車道・歩道の断面構成
住棟・住戸		住棟・住戸の配置方針	敷地形状と住棟の基本構成 日照条件,住棟間距離	住棟内アクセス路と住戸の関係 住棟の構造計画と耐震壁の位置 ファサード,スカイラインの基本デザイン
複合施設		周辺地域の諸施設整備状況把握 商業,行政・福祉・教育・管理施設等の設置方針	商業,行政・福祉・教育・管理施設等の規模と配置	商業の業種・規模・配置 諸施設の規模・配置・平面構成 住居部分の動線との関係整理
戸外・環境		地域特性の把握（地域の骨格,立地評価） オープンスペースの利用方針 環境共生の可能性	オープンスペースの利用区分と面積比率 植栽ゾーンの設置 遊び場の位置・規模・種類	住棟地全体の景観 住棟とオープンスペースの関係 遊び場の基本設計

集合住宅計画のスケール別検討事項[02]

01：彰国社編：建築計画チェックリスト「集合住宅」，1997，彰国社，p.59の表1，表2より作成．
02：彰国社編：建築計画チェックリスト「新改訂・集合住宅」彰国社，1997，p.64，表1より作成．

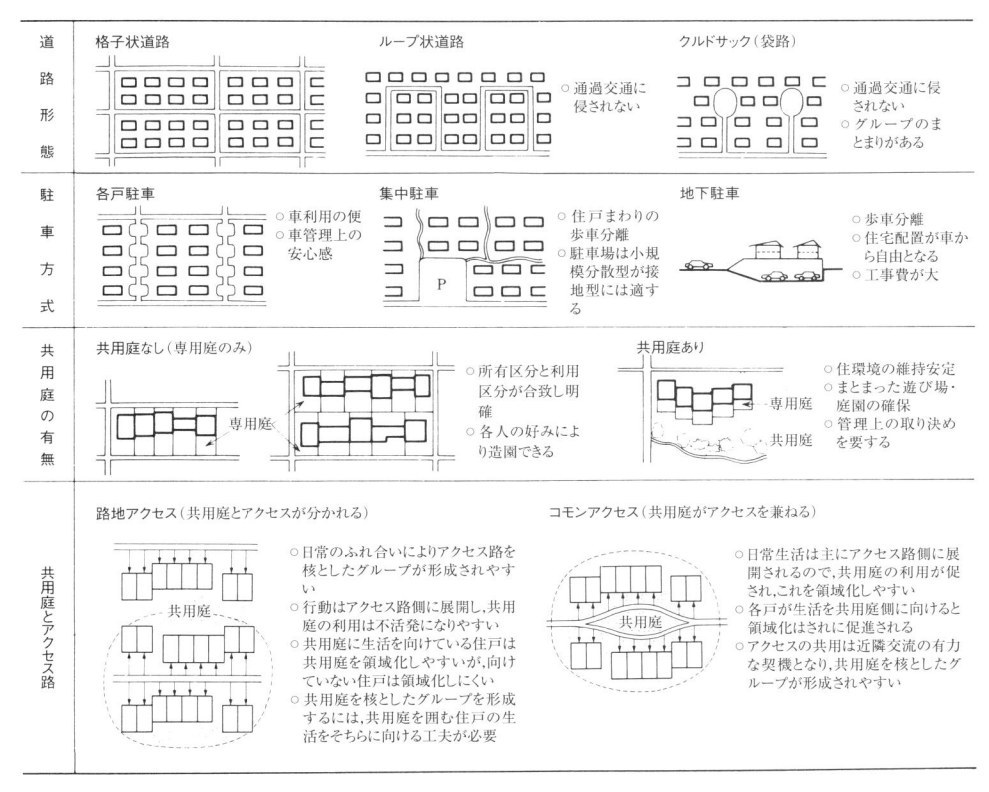

Dwelling—Multiple Dwelling: Abstract 居住—集合住宅：アクセス方式

接地型住宅の住戸群の構成 [1]

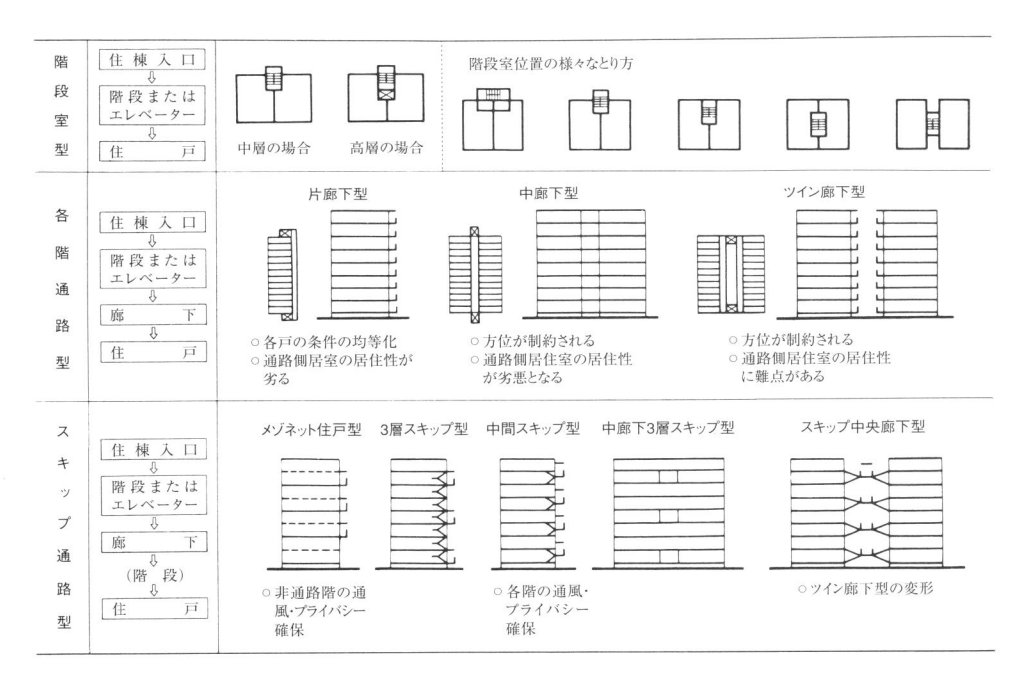

非接地型（中・高層）のアクセス方式 [2]

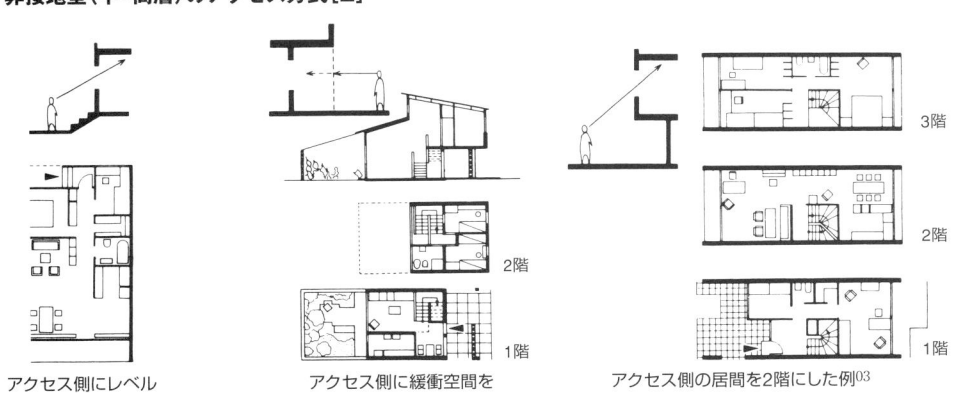

アクセス側にレベル差を設けた例 01　　アクセス側に緩衝空間を設けた例 02　　アクセス側の居間を2階にした例 03

住戸の内と外の関係に特徴のある住戸 [3]

接地型住宅の計画手法 [1]
接地型住宅の住戸群を構成するうえでは，道路形態，駐車方式，共用庭とアクセス路の構成などに様々な手法がある．これらの手法によって構成される住戸群の規模は数戸から十数戸とされることが多い．

準接地型住宅の計画手法
各戸が土地から離れて積層する共同住宅のなかで，設置型に近い居住性をつくり出すために屋上テラスを設けたり，地上から気やすく到達できるアクセス方式を工夫する手法が用いられる．このような手法を用いた準接地型は3〜5階程度の中層住宅に多い．

非接地型住宅の計画手法 [2]
中高層住宅では階段やエレベーターによるアクセスが不可欠である．アクセス方式は住戸の型，開口面，方位などと密接に対応し，住戸の質を左右する．また非接地型では，住棟内の通路空間に住戸まわりの生活空間としての配慮が求められる．さらに，大規模な住棟になると，グルーピングを考慮したアクセス方式と通路空間の設計がより重要になる．災害時の避難への配慮も欠かせない．

住戸の内と外の関係に特徴のある住戸 [3]
住戸の主な開口の向きとアクセスの向きの関係は，住戸と集合の計画のうえで一つのポイントになる．

住戸の開口をアクセス側に向けて開放的にすると，プライバシーや防犯の問題を生じやすい．一方，アクセス側に背を向けて閉鎖的にした場合は，生活の戸外への展開が阻害され，円滑な近隣関係の形成がされにくくなる．この矛盾する関係を調整するためには，住戸ユニットと集合方式をからめた設計の工夫が求められる．

[3]に示した例は，アクセス側に対する住戸の開放性と閉鎖性に関して典型的なものと，これを調整するうえで特徴的な手法を用いたものである．

01：カーレラのテラスハウス（フィンランド），設計：Kaija Heikki Siren　1960年
02：バケタ島の住宅地（ブラジル），設計：Francisco Bolonha　1954年
03：Marienlundの集合住宅（デンマーク），設計：Friis, Nielsen

居住―集合住宅：独立建，2戸建 Dwelling—Multiple Dwelling: Detached/Semi-detached House

ペサックの集合住宅

- 設計：Le Corbusier
- 建設：1926年
- 構造・階数：RC造3階建
- 住戸規模：115m²

ル・コルビュジエがシトロアン型住宅の考えを初めて大規模に実現した住宅地。量産化による安価で機能的な住宅の提供を目指した。ここに掲げたのはグラッドシェル型と呼ばれ，背中合わせに2戸1にした住棟。階ごとの明確な機能分化や屋上テラスが特徴である。後年，テラスへの増築などが行われたが，1980年に1棟が文化財指定され，オリジナルに近い状態に復元されている。他に2種類の2階建住棟が建設されている．

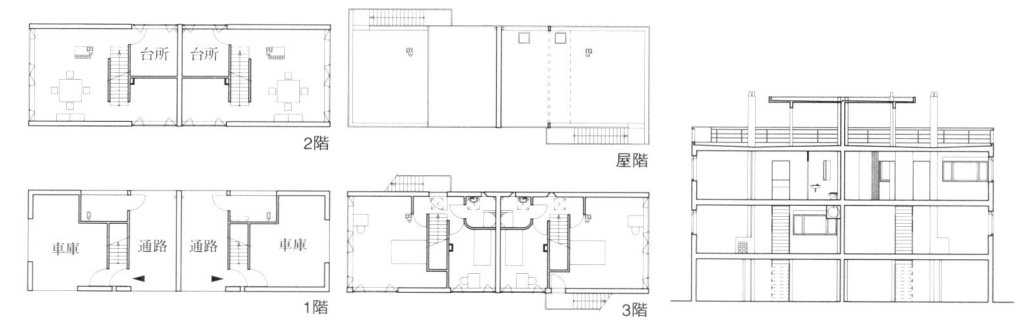

ペサックの集合住宅（Cité Frugés, Pessac, Bordeaux, フランス）

コモンシティ星田A2

- 設計：坂本一成研究室＋加藤建築設計事務所
- 建設：1992年
- 総戸数：112戸
- 構造・階数：RC造＋S造2階建
- 敷地面積：約26,369m²（建蔽率 31%）
- 延床面積：112,116m²（容積率 46%）

敷地は約10分の1勾配の北斜面で，集会所，中央広場を中心に中央緑道が敷地を対角線状に貫いている．

全体計画は，この中央緑道から複数の緑道が等高線に沿って枝別れしている。これに対し，外周の区画道路からは何本かの敷地内道路が引き込まれ，この双方から各住戸にアクセスする．

戸建住宅の集合であるが，従来の雛壇型の開発とは異なる．各住戸の敷地境界は塀や門が極力取り払われ，ベンチや植栽などがその役割を果たし，専用庭は緑道などのパブリックな外部に開放された設計となっている．

コモンシティ星田A2（大阪府交野市）

ラドバーン方式

ニューヨーク市の北西約25km，ニュージャージー州ラドバーンの農村地域において1928年に建設が開始された住宅地は，クラレンス・A.ペリーによって提案されて間もない近隣住区理論が住宅地計画に適用された最初の例である。1929年の大恐慌により完成したのはごく一部だが，住区内の街路網は，道路面積が大幅に縮小され，歩行者と自動車が徹底的に分離された良質な環境となっている。この点で，自動車時代の住宅地設計手法，いわゆる「ラドバーン方式」として以降の住宅地計画に影響を与えた．

行き止まりである自動車用の袋路（クルドサック）に面する約20戸の戸建・二戸建住宅がクラスターを成し，それぞれが交流を促す半私的空間を持ち，通過交通を区域内部に通さない平面的な歩車分離となる。そしてクラスターがいくつか集まって大街区（スーパーブロック）となる。また，クルドサックと並行した歩行者専用のフットパスは体系化され，中央の公園につながる．

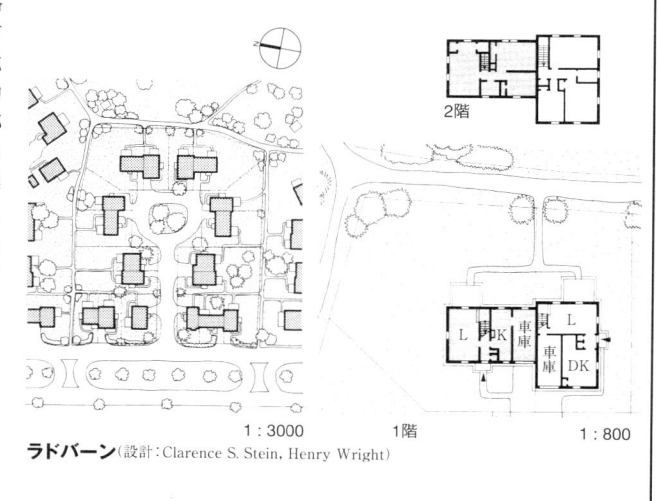

ラドバーン（設計：Clarence S. Stein, Henry Wright）

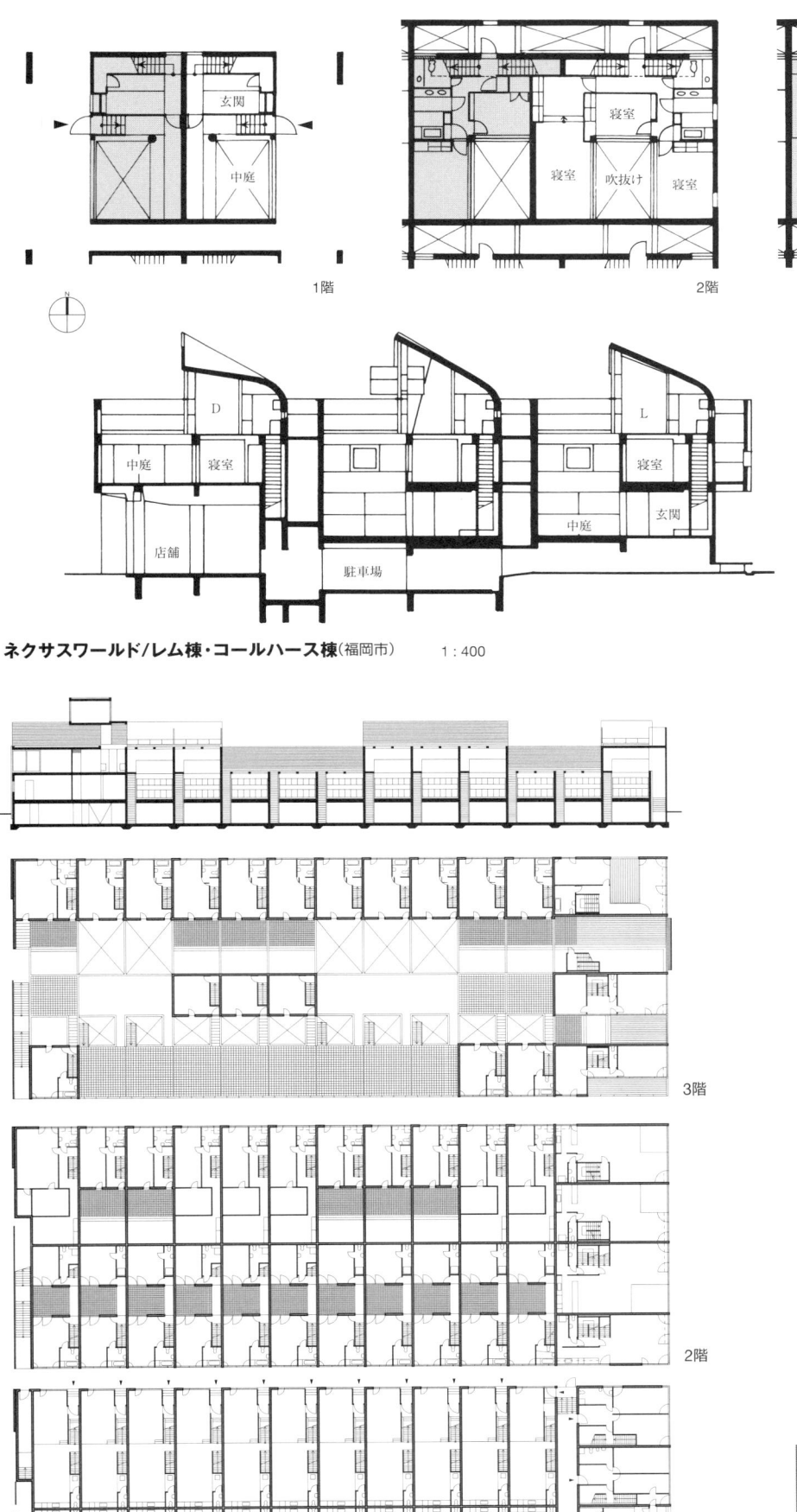

Dwelling—Multiple Dwelling: Row House　居住—集合住宅：連続住宅　153

1階　　2階　　3階

ネクサスワールド/レム棟・コールハース棟(福岡市)　1:400

J.L. マテオ棟　1:800
ボルネオ/スポーレンブルグ(Borneo/Sporenburg, Amsterdam, オランダ)

ネクサスワールド/レム棟・コールハース棟
- 設計：Rem Koolhaas/OMA
- 建設：1991年
- 総戸数：24戸(1棟12戸)
- 構造・階数：RC造地下1階地上3階建
- 敷地面積：1,681m²(建蔽率59%)
- 延床面積：2,798m²(容積率144%)
- 住戸規模：102～223m²

磯崎新がプロデュースしたネクサスワールド内に立地する接地型の集合住宅で，道路を挟んだ2棟各12戸で構成されている．地下に駐車場，1階の前面道路沿いに店舗が配置されている．住戸はメゾネットとトリプレックスの2種類があり，採光と通風を確保するためのプライベートなライトウェル(中庭)が各戸に設けられている．

ボルネオ/スポーレンブルグ
- 設計：Jose Luis Mateo, de architectengroep, 他
- 建設：2000年
- 戸数：2500戸
- 構造・階数：RC+レンガ+鉄骨造3～11階建
- 敷地面積：25ha

Jose Luis Mateo棟はボルネオの突端に建ち，計26戸が入っている．ローハウスを背中合わせに配置したような形式で，階段を壁面に寄せることで奥行き方向への室の長さを確保している．1階に居間，食事室を置き，寝室は庭，吹抜け，テラスといったヴォイドスペースと組み合わせて2階または3階に配置している．南面する住戸には中庭を設け，奥側の室に採光を取るようにしているほか，屋上テラスを持っている．北面する住戸は大きめの後庭を南側に設け各寝室への採光を確保している．階数の違う住戸を混在させることで建物のスカイラインに変化を付けると共に，ヴォイドスペースが立体的に連続していく工夫をしている．

J.L. マテオ棟　(撮影：Gervander Vlugt)

154　居住―集合住宅：低層　Dwelling—Multiple Dwelling: Low Rise Apartment

ヴァイセンホーフジードルンク
- 設計：Mies van der Rohe他
- 建設：1927年
- 戸数：63戸

「居住」をテーマとしたドイツ工作連盟の第2回展覧会場としてミースのプロデュースのもと，17名の建築家の設計による住棟が建設された展覧会終了後分譲されている．当初は低中所得者向けの新たな住宅を提案する計画であったが，実際に建設されたものは規模の大きな住戸がほとんどであった．いずれの住棟も陸屋根と白い壁というモダニズム建築の特徴を共通して持ち，多様な形態ながらも統一性のある外観を呈している．各住棟は線状の平行配置を原則としながらも敷地の傾斜にあわせてわずかに弧を描きながら配置されている．

J.J.P.アウト棟は，設計者がオランダで実践してきた2階建てローハウスのバリエーションを提案している．専用庭をアプローチ側にもってきているのが特徴である．ル・コルビュジエ棟は彼の近代建築5原則を実現した住棟．寝室と居間の間に間仕切りのないオープンなプランが特徴である．ミース棟は敷地の背骨にあたる部分の最も大きな住棟であり，間仕切りと構造体を分離することで多様な間取りの住戸を準備している．最上階には洗濯室とテラスがある．

再春館製薬女子寮
- 設計：妹島和世建築設計事務所
- 建設：1991年
- 階数：2階建
- 敷地面積：1,224m²（建蔽率70%）
- 延床面積：1,255m²（容積率103%）

敷地は約25m×50mの角地で，長手方向の両辺に80人分の寝室（4人1室）を2つに分けて配置し，その寝室群に挟まれたゾーンを，2層吹抜けの共用のリビングスペースに，外部の両サイドを屋外テラスにあてている．寝室群は，リビングスペースと屋外テラスの両方向に開くことが意図された．また，中央の大空間には，エントランス（下足室），ホール，ラウンジ，浴室，洗面，トイレ，テラス，ゲストルーム，管理人室などの共用部分がある．この建物は，研修を兼ねながら利用されるため，個室の充実よりもむしろ80人が集まって生活することに重きがおかれ，全員で使うリビングスペースや大きな浴室などを重視した設計になっている．

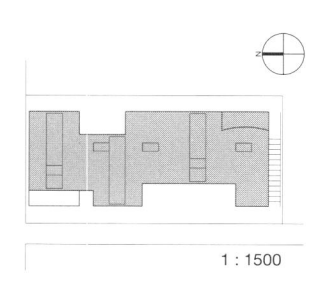

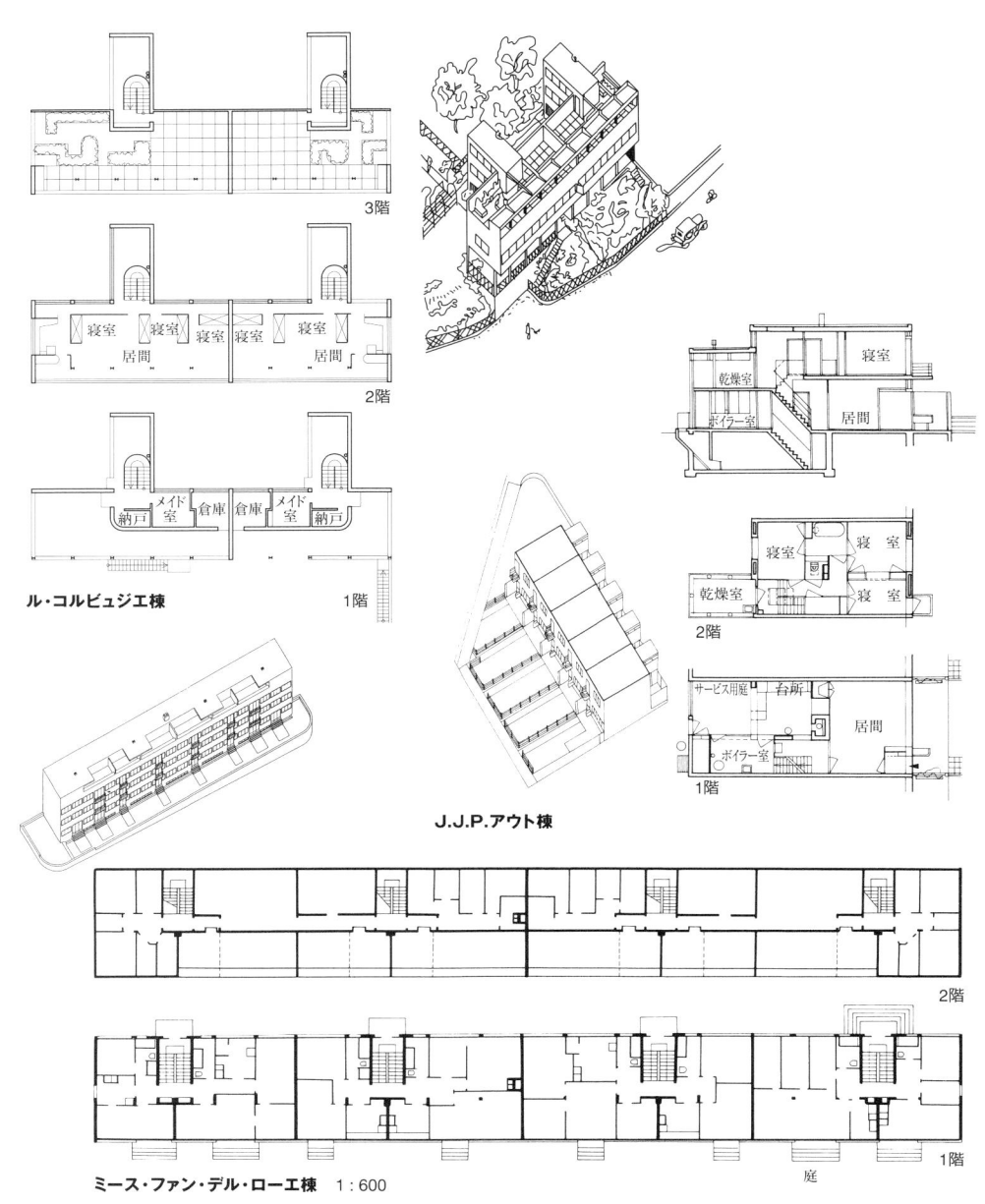

ル・コルビュジエ棟

J.J.P.アウト棟

ミース・ファン・デル・ローエ棟　1:600

ヴァイセンホーフ・ジードルンク（Weissenhofsiedlung, Stuttgart, ドイツ）

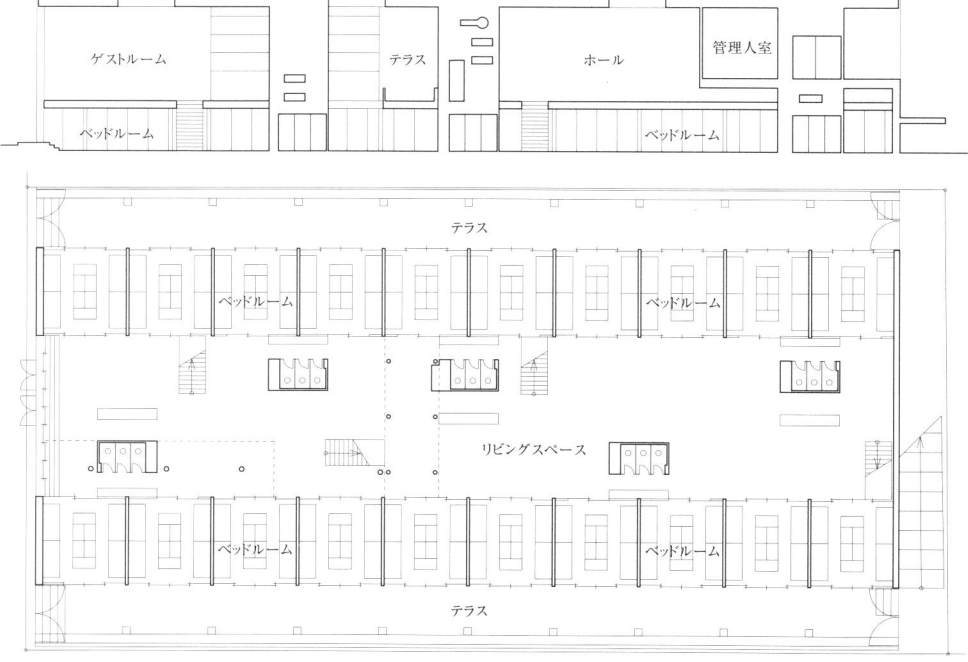

再春館製薬女子寮（熊本市）

Dwelling—Multiple Dwelling: Low Rise Apartment 居住―集合住宅:低層

3階

2階

1階

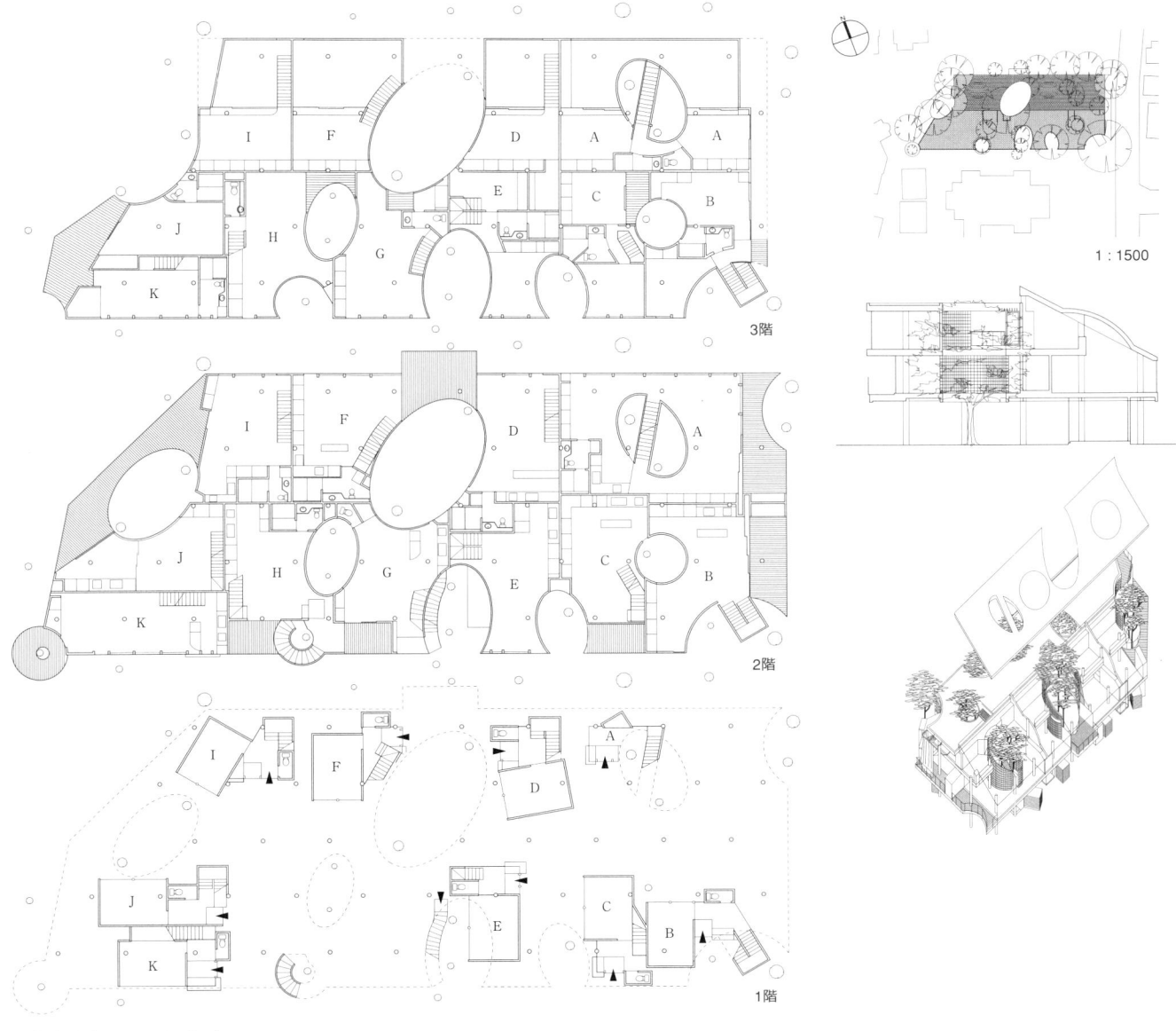

羽根木の森(東京都世田谷区)

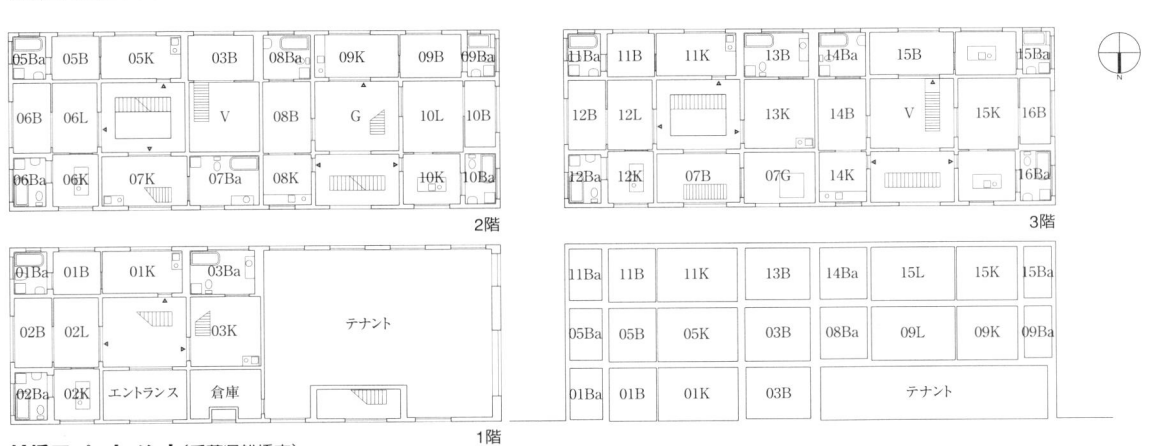

2階

3階

1階

船橋アパートメント(千葉県船橋市)

羽根木の森
- 設計:坂茂建築設計
- 建設:1997年
- 総戸数:11戸
- 構造・階数:S造3階建
- 敷地面積:1,035m²(建蔽率54%)
- 延床面積:985m²(容積率95%)

27本の既存の樹木を保存するため,その部分の空間を抜き取って建設した低層集合住宅.一辺4mの三角形グリッドによる梁を用いることで,大小様々な円形や楕円形の空間を,樹木の数やボリュームにあわせて抜き取ることが可能となった.抜かれた空間はガラスブロックで囲まれ,隣接する住戸からの視線を遮りながら,採光を確保している.

船橋アパートメント
- 設計:西沢立衛建築設計事務所
- 建設:2004年
- 総戸数:15戸
- 構造・階数:RC造3階建
- 敷地面積:340m²
- 延床面積:649m²

従来の集合住宅がスパン内を各機能室に分節していくのに対して,比較的細かく配された構造壁グリッドに対し,1スパン1室とし,各室を連結していくことで伸びやかで多様な住戸空間をつくり出している.ライフスタイルの多様化に伴って,諸室に割り振られた機能と起居様式の関係が流動的になったことに連動して,設備室(浴室・キッチン)と居室(寝室・リビング)を明確に差別化しないことで住戸に大らかな質感を与えている.

居住—集合住宅：傾斜地 Dwelling—Multiple Dwelling: Slope

1:6000

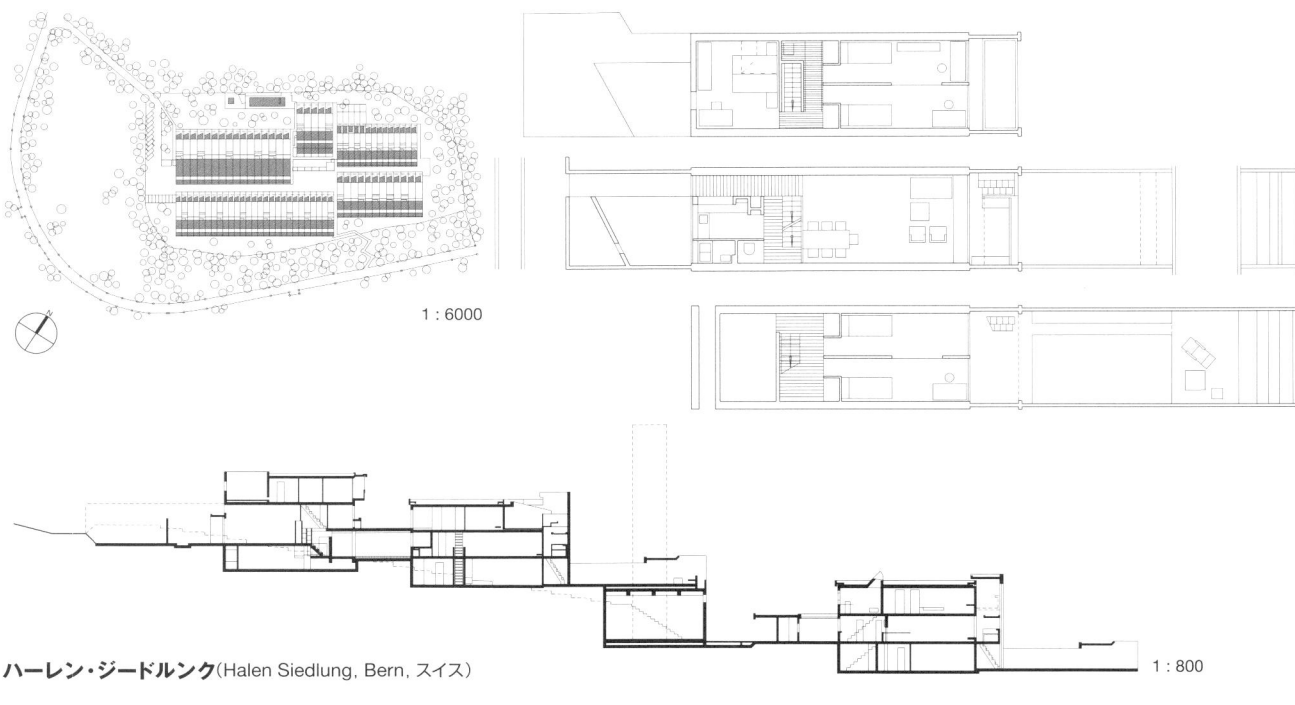

1:800

ハーレン・ジードルンク（Halen Siedlung, Bern, スイス）

ハーレン・ジードルンク
- 設計：Atelier 5
- 建設：1961年
- 総戸数：81戸
- 構造・階数：RC造1〜3階建
- 敷地面積：24,400m²
- 住戸規模：120〜170m²

市街から4.5kmに位置する郊外住宅．ボーレン湖に面する南斜面の敷地に，屋上庭園を持った低層の連続住宅を階段状に計画している．住戸群をコンパクトに集約することにより，周辺の豊かな樹木を残している．

水泳プール，運動場，遊び場，中央暖房施設，温水供給施設，洗濯室，ガソリンスタンド，管理事務所などの共用施設を持ち，住戸群の中央にある広場に面して，商店，レストランなどが設けられている．

住戸は北側と南側に庭を持った4〜6室の住戸が基本で，それにサンルーム，アトリエなどがついたタイプがある．巧みな断面構成により，プライバシーと眺望を確保している．

六甲の集合住宅
- 設計：安藤忠雄建築研究所
- 建設：I期1983年，II期1993年，III期1999年

住宅街の背後にある急斜面に建設された集合住宅．敷地の持つ自然や眺望を生かした住戸が計画された．3つのブロックはいずれも事業主は異なるが，一体のものとして構想されている．斜面に沿ってセットバックしたI期およびII期では均等なグリッドによる平面構成を地形になじませるように配置し，急斜面の地形により生じるズレによって，住戸タイプは多様なものとなっている．また，小広場や路地的な通路・階段が住宅の接点として計画されている．III期は板状住棟で，フィットネスセンターが設けられるなど共用部の充実が図られている．

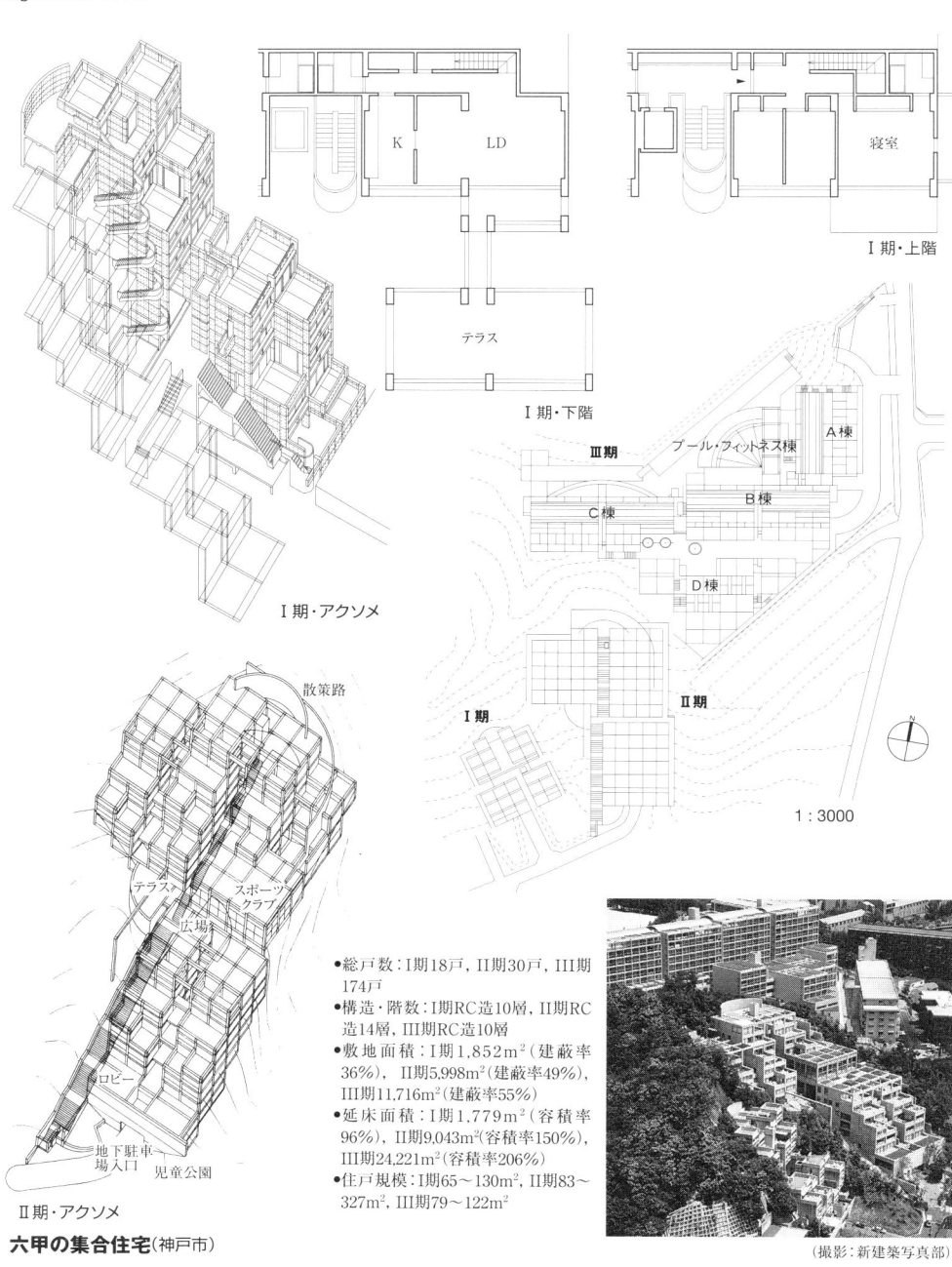

I期・上階

I期・下階

I期・アクソメ

II期・アクソメ

六甲の集合住宅（神戸市）

- 総戸数：I期18戸，II期30戸，III期174戸
- 構造・階数：I期RC造10層，II期RC造14層，III期RC造10層
- 敷地面積：I期1,852m²（建蔽率36%），II期5,998m²（建蔽率49%），III期11,716m²（建蔽率55%）
- 延床面積：I期1,779m²（容積率96%），II期9,043m²（容積率150%），III期24,221m²（容積率206%）
- 住戸規模：I期65〜130m²，II期83〜327m²，III期79〜122m²

1:3000

（撮影：新建築写真部）

居住—集合住宅：コレクティブ，コーポラティブ
Dwelling—Multiple Dwelling: Collective/Corporative

プレストゴーズハーゲン
- 設計：ストックホルム市住宅会社（コーディネータ：Gunhild Skoog & Anders Thiberg）
- 建設：1984年
- 戸数：31戸
- 構造・階数：RC造5階建
- 住戸規模：39〜79m²

住宅団地内の公共賃貸コレクティブハウジングで，高齢者用サービスハウスと隣接している．また保育園も併設されている．月曜から金曜までの食事の準備，後かたづけを協働で行っており，各階に4週間に1度担当がまわってくるシステムになっている．テーマごとのワーキンググループが設けられ，居住者自身により日常的な運営が行われている．入居前1年間にわたって，共用部分設計への居住者参加，協働調理の研修など共同生活の立ち上げにあたっての準備活動が行われた．

1階には様々な共用室が設けられ，食堂と洗濯室，子供用プレイルームを近接させ，各階エレベーター脇に共用のサロンを設けるなど自然なコミュニケーションを促進するように計画されている．これら共用部分は各住戸への割当面積から一定割合で供出して作られている．

Mポート
- 設計：もやい住宅設計集団
- 建設：1992年
- 戸数：16戸
- 構造・階数：RC造5階建
- 敷地面積：954m²（建蔽率54%）
- 延床面積：1,655m²（容積率174%）
- 住戸規模：56〜117m²

「もやい」をキーワードとし，広めの階段室，連続バルコニー，ピロティ，屋上広場，集会場など共用空間を豊かに配置することで，通風・採光の確保，居住者の住みこなしと交流の促進，住戸間に適度な距離感を作ることを意図している．各住戸は居住者参加による設計を行っている．

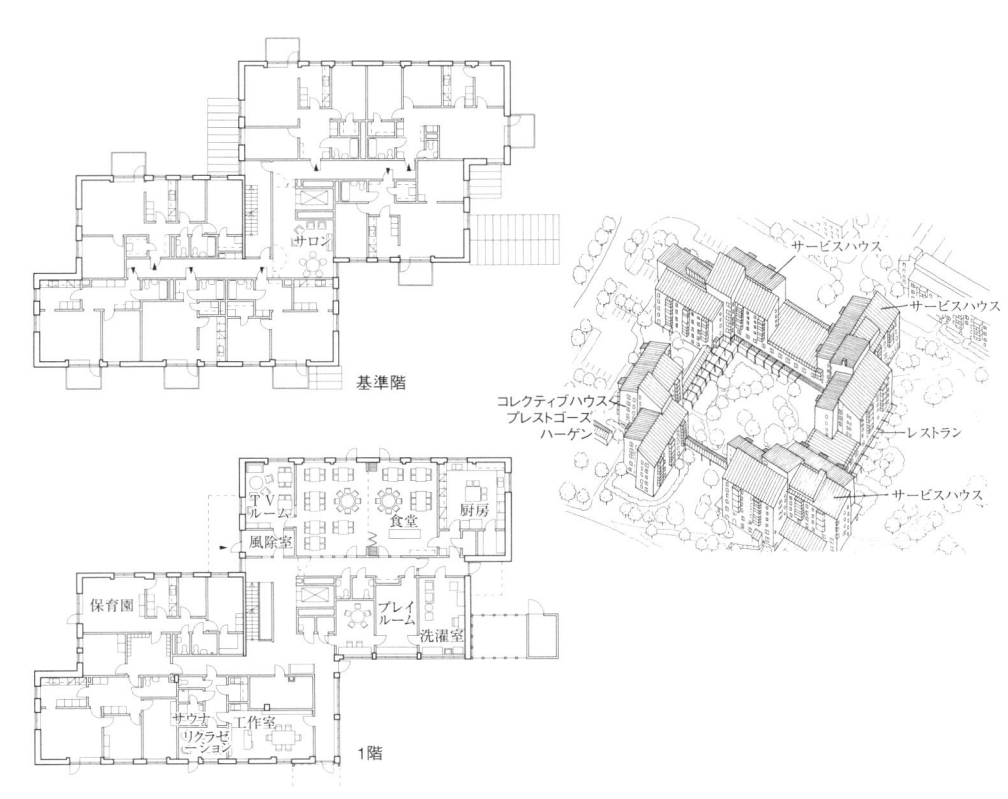

プレストゴーズハーゲン（Prästgårdshagen, Stockholm, スウェーデン）

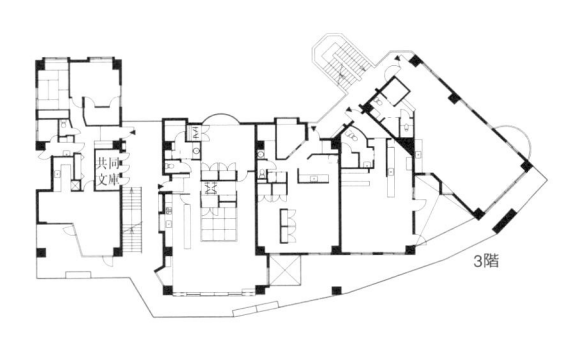

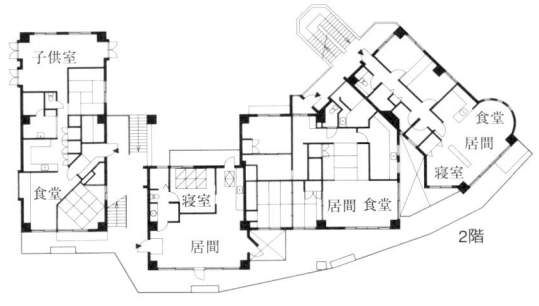

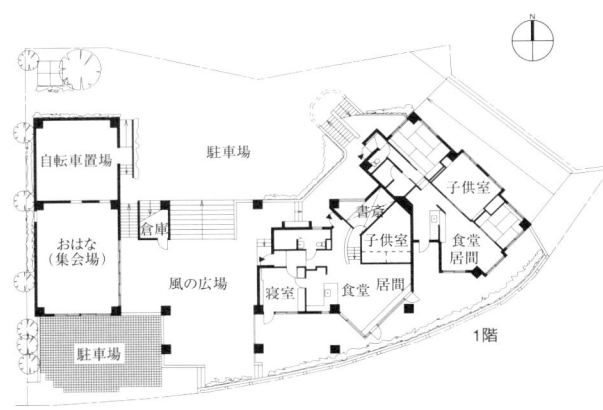

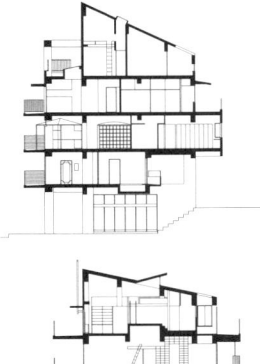

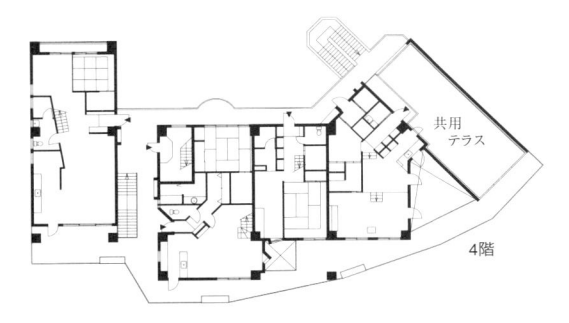

Mポート（熊本市）

158　居住—集合住宅：中層 Dwelling—Multiple Dwelling: Medial Rise Apartment

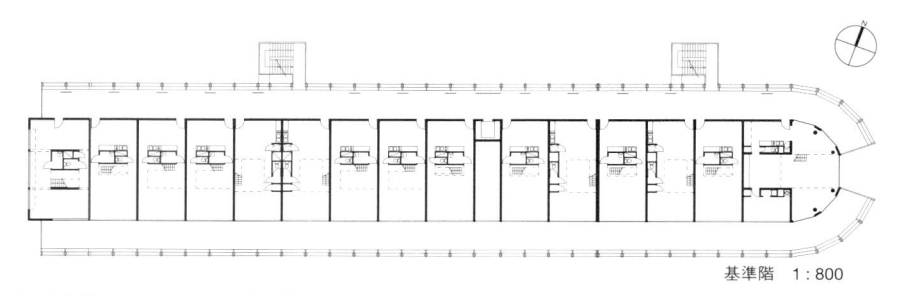

基準階　1:800

フラットタイプ1

フラットタイプ2

フラットタイプ3

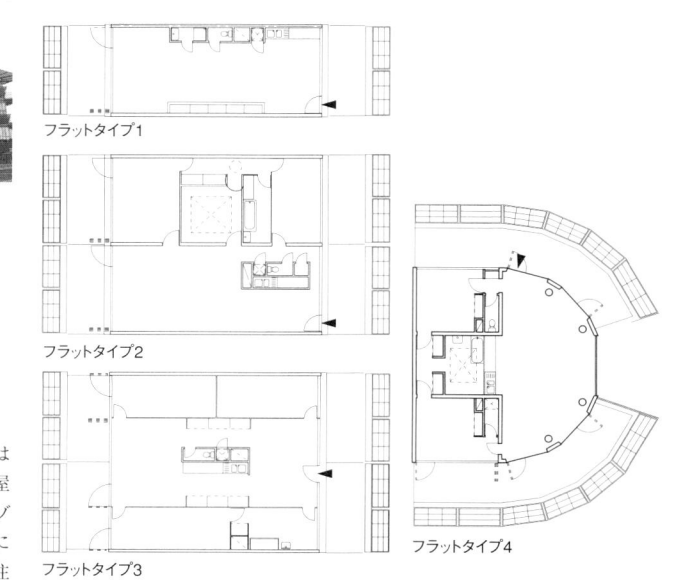

フラットタイプ4

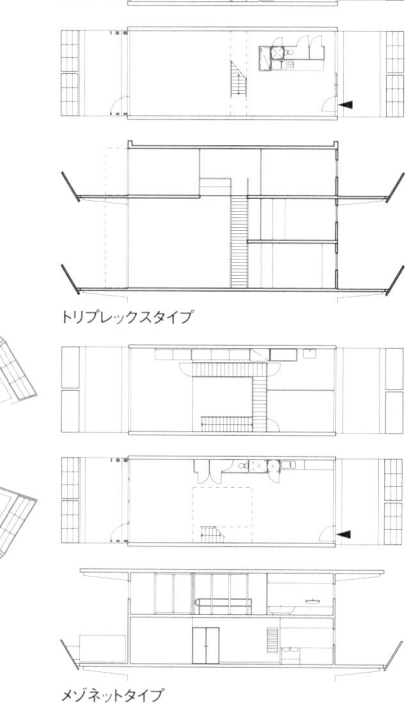

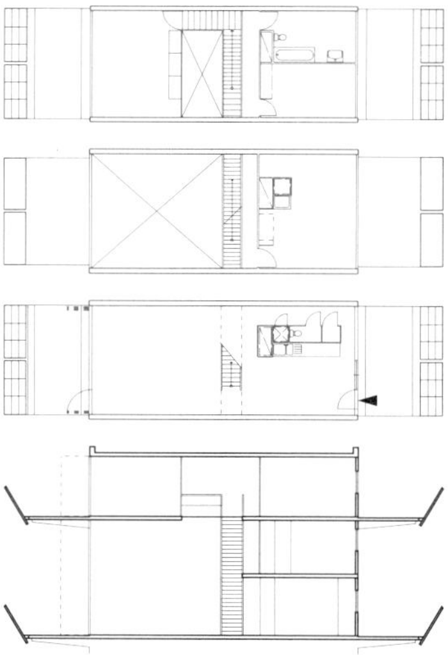

トリプレックスタイプ

メゾネットタイプ

ネモージュス1(Nemausus1, Nimes, フランス)

ネモージュス1
- 設計：Jean Nouvel
- 建設：1987年
- 総戸数：114戸
- 階数：6階建
- 延床面積：10,300m²
- 住戸規模：52〜170m²

公共集合住宅．各住戸は南側には3m幅のテラス，北側には同じ幅の屋外通路がある．住戸はフラット，メゾネット，トリプレックスの組合せによって17タイプが用意されている．住戸内はリビング，ダイニング，キッチンの仕切りはなく開放的な空間を作っている．有孔アルミニウム製の階段やキャットウォーク，また南側壁面に連続するガレージ用扉がファサードを特徴づけている．住戸プランの単純化や工業製品の使用により，ローコストが実現されている．

熊本県営保田窪第一団地
- 設計：山本理顕設計工場
- 建設：1991年　•総戸数：110戸
- 構造・階数：RC造5階建
- 敷地面積：11,184m²（建蔽率32%）
- 延床面積：8,753m²（容積率78%）
- 住戸規模：51〜67m²

「熊本アートポリス」構想の一環として計画された県営住宅の建替え団地．3住棟と集会室で中庭を囲み，中庭へは住戸を経由してアクセスする．中庭を基本的には居住者の専用空間と位置づけている点に特徴がある．

上層住戸は光庭を挟んで，中庭を向く家族室とアクセス通路側の寝室群とに分けられ，両者は半屋外のブリッジでつながれている．外気に接する面を多く確保した住戸計画で，最上階住戸の中庭側の広いテラスは将来の増築スペースともなる．

Bタイプ　2階
Aタイプ　1階
Dタイプ
Cタイプ　3階
5階

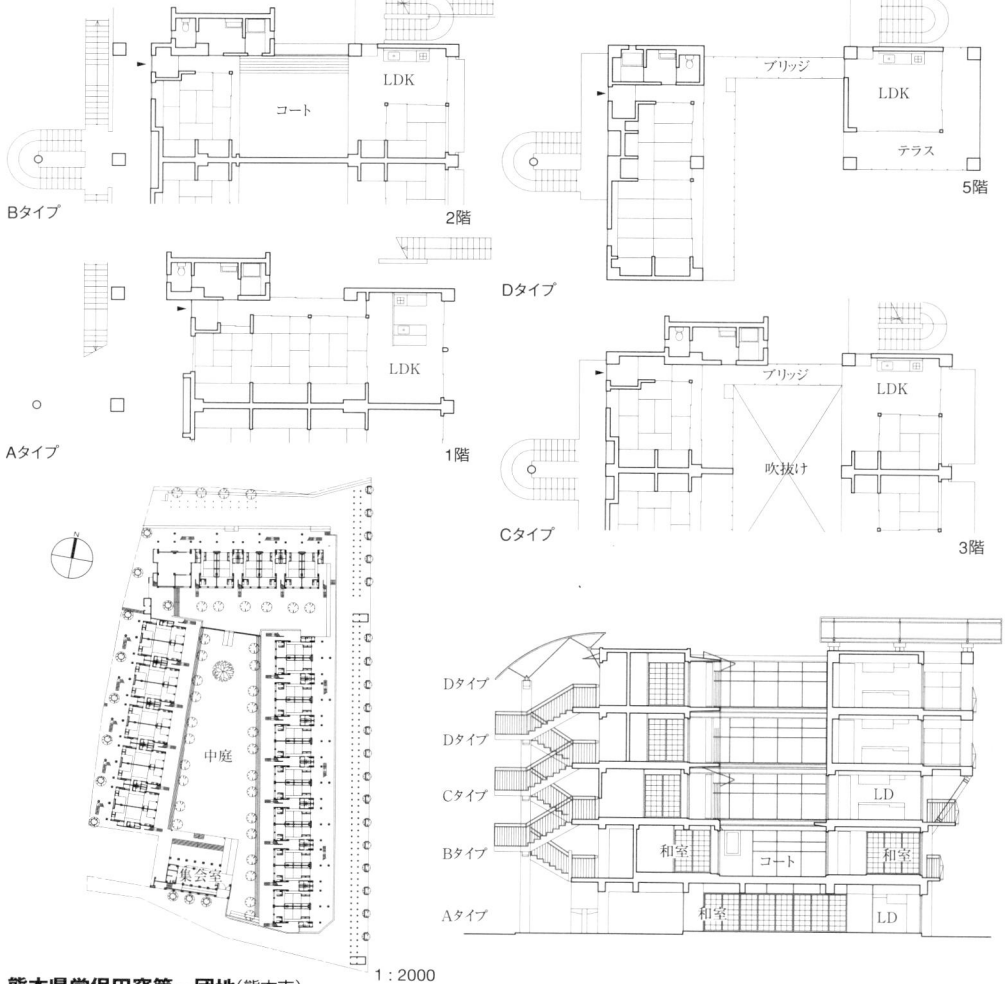

熊本県営保田窪第一団地(熊本市)　1:2000

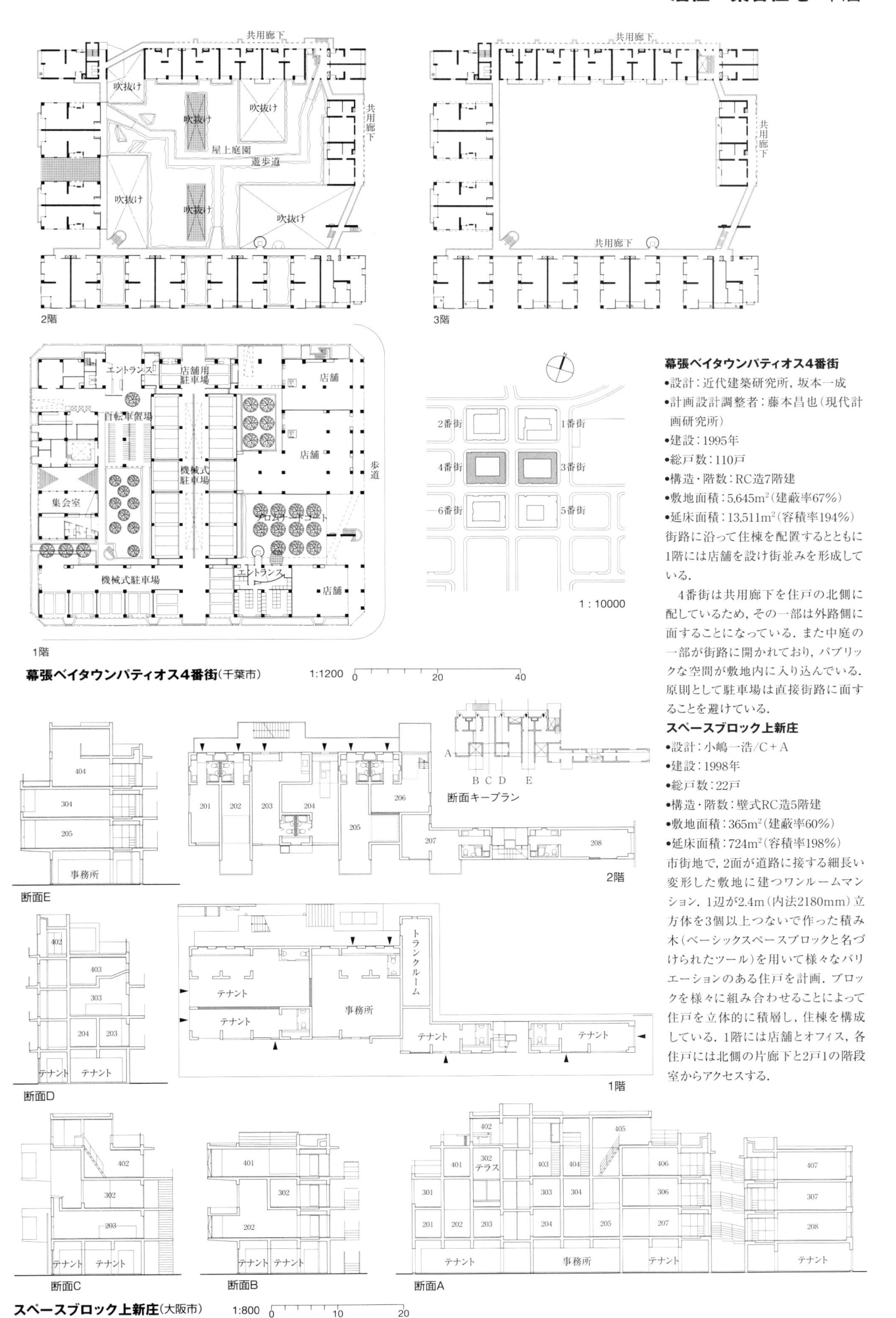

幕張ベイタウンパティオス4番街

- 設計：近代建築研究所、坂本一成
- 計画設計調整者：藤本昌也（現代計画研究所）
- 建設：1995年
- 総戸数：110戸
- 構造・階数：RC造7階建
- 敷地面積：5,645m² (建蔽率67%)
- 延床面積：13,511m² (容積率194%)

街路に沿って住棟を配置するとともに1階には店舗を設け街並みを形成している．

4番街は共用廊下を住戸の北側に配しているため，その一部は外路側に面することになっている．また中庭の一部が街路に開かれており，パブリックな空間が敷地内に入り込んでいる．原則として駐車場は直接街路に面することを避けている．

スペースブロック上新庄

- 設計：小嶋一浩/C+A
- 建設：1998年
- 総戸数：22戸
- 構造・階数：壁式RC造5階建
- 敷地面積：365m² (建蔽率60%)
- 延床面積：724m² (容積率198%)

市街地で，2面が道路に接する細長い変形した敷地に建つワンルームマンション．1辺が2.4m (内法2180mm)立方体を3個以上つないで作った積み木（ベーシックスペースブロックと名づけられたツール）を用いて様々なバリエーションのある住戸を計画．ブロックを様々に組み合わせることによって住戸を立体的に積層し，住棟を構成している．1階には店舗とオフィス，各住戸には北側の片廊下と2戸1の階段室からアクセスする．

160 居住—集合住宅：中層 Dwelling—Multiple Dwelling: Medial Rise Apartment　1:1000

茨城県営長町アパート
- 設計：富永譲＋フォルムシステム設計研究所
- 建設：1999年　●総戸数：48戸
- 構造・階数：RC造4階建
- 敷地面積：3,498m²(建蔽率41%)
- 延床面積：4,773m²(容積率136%)
- 住戸規模：65〜75m²

地方都市の高密度な市街地に建つ公営住宅の建替え団地．
　一方向壁，一方向ラーメンおよびボイドスラブの構造システムを採用することによって，住戸の平面的な可変性を確保している．また外壁は自動車の車体と同じ焼付鋼板のサッシ一体型のパネルを使用し，耐久性のあるストックの形成を目指している．
　階段を共有する住戸群ごとに光庭が設けられており，各住戸の中央部に十分な採光・通風が確保されている．各々の光庭には異なった植栽等が施されており，住戸群ごとの特徴づけがなされている．この光庭に連続する団地中央の中庭は通り抜けが可能な公園的な存在となっている．駐車場は，各住戸につき一台を確保し，光庭の外側に分離させて配置している．

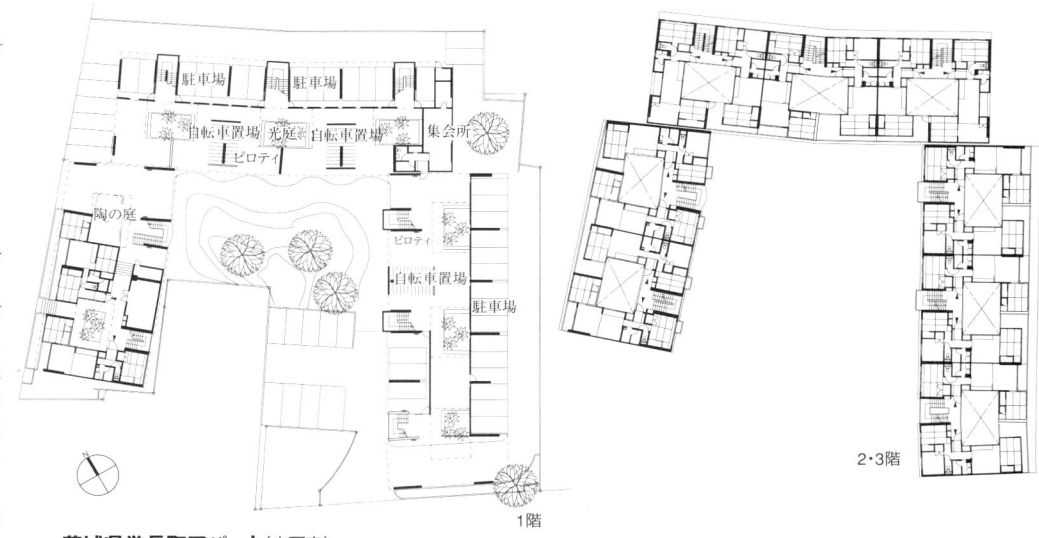

茨城県営長町アパート(水戸市)

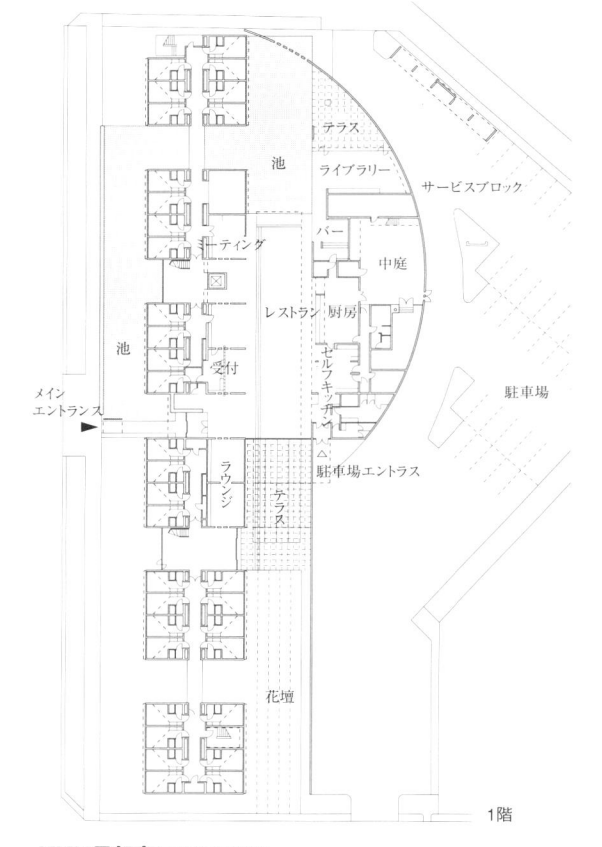

YKK黒部寮
- 設計：アルシテクトゥールステュディオ・ヘルマン・ヘルツベルハー＋小澤丈夫＋鴻池組一級建築士事務所
- 建設：1998年　●総戸数：100室
- 構造・階数：RC造3階建
- 敷地面積：6,011m²(建蔽率30%)
- 延床面積：4,282m²(容積率71%)

富山県の地方都市に計画された社員寮．建物はワンルームのアパートメントとしてすべての設備を備えた100室の住居ユニットから成り立っている．住居部分は6つのブロックに分節されブリッジによって結ばれている．寮室は8室を基本の単位として計画され，その単位の適所に共同浴場，洗濯室，ルーフテラスが設けられている．すべての個室は就寝のためのロフトを持っているため個室の天井高は4.7mと高く，ワンルームでありながら2つの分離した生活の場を可能にしている．

YKK黒部寮(富山県黒部市)

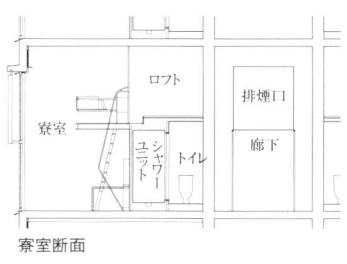

寮室断面
ロフトレベル 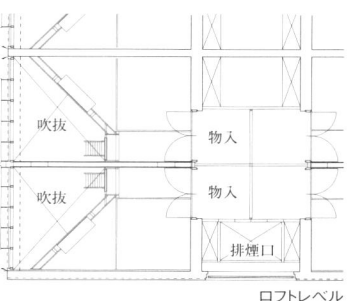
寮室平面　1:150　1階 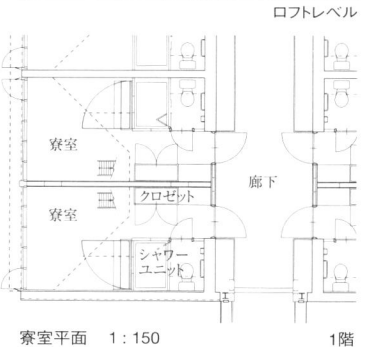

同潤会江戸川アパート

関東大震災後の住宅難に対処するために設立された同潤会が，RC造の本格的な都市型アパートを目指して建設した最後の事例．6階建のコの字型住棟と4階建の板状住棟で中庭を囲み，各住戸へは中庭から階段室を経てアクセスする．住戸は1〜4階までが一般世帯向け住戸で129戸，5・6階が単身者向け住戸となっており131戸が用意されている．
　付帯施設としては社交室，共同浴場，食堂，理髪店，屋上洗濯場，電話，ラジオ共聴設備，エレベーターなどが設けられている．

- 設計：同潤会
- 建設：1934年
- 総戸数：260戸
- 構造・階数：RC造地下1階地上6階建1棟，4階建1棟
- 敷地面積：6,802m²

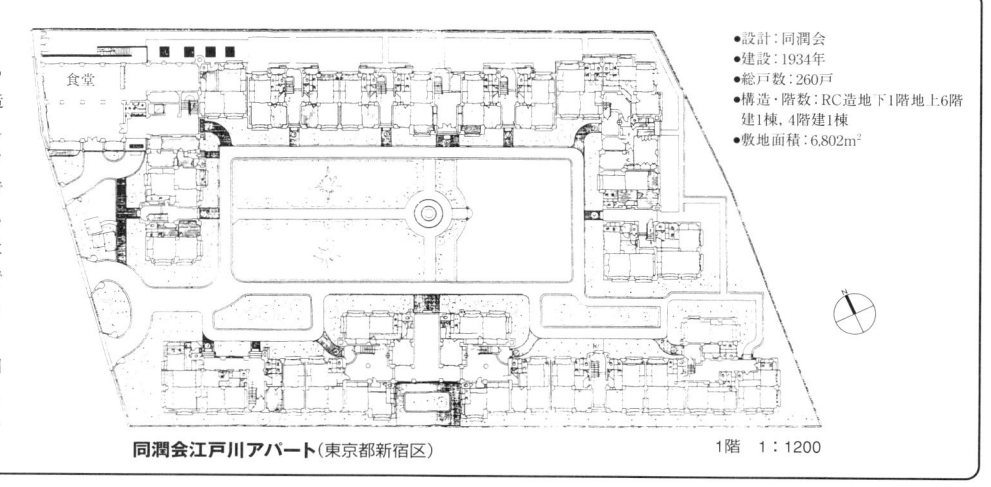

同潤会江戸川アパート(東京都新宿区)　1階　1:1200

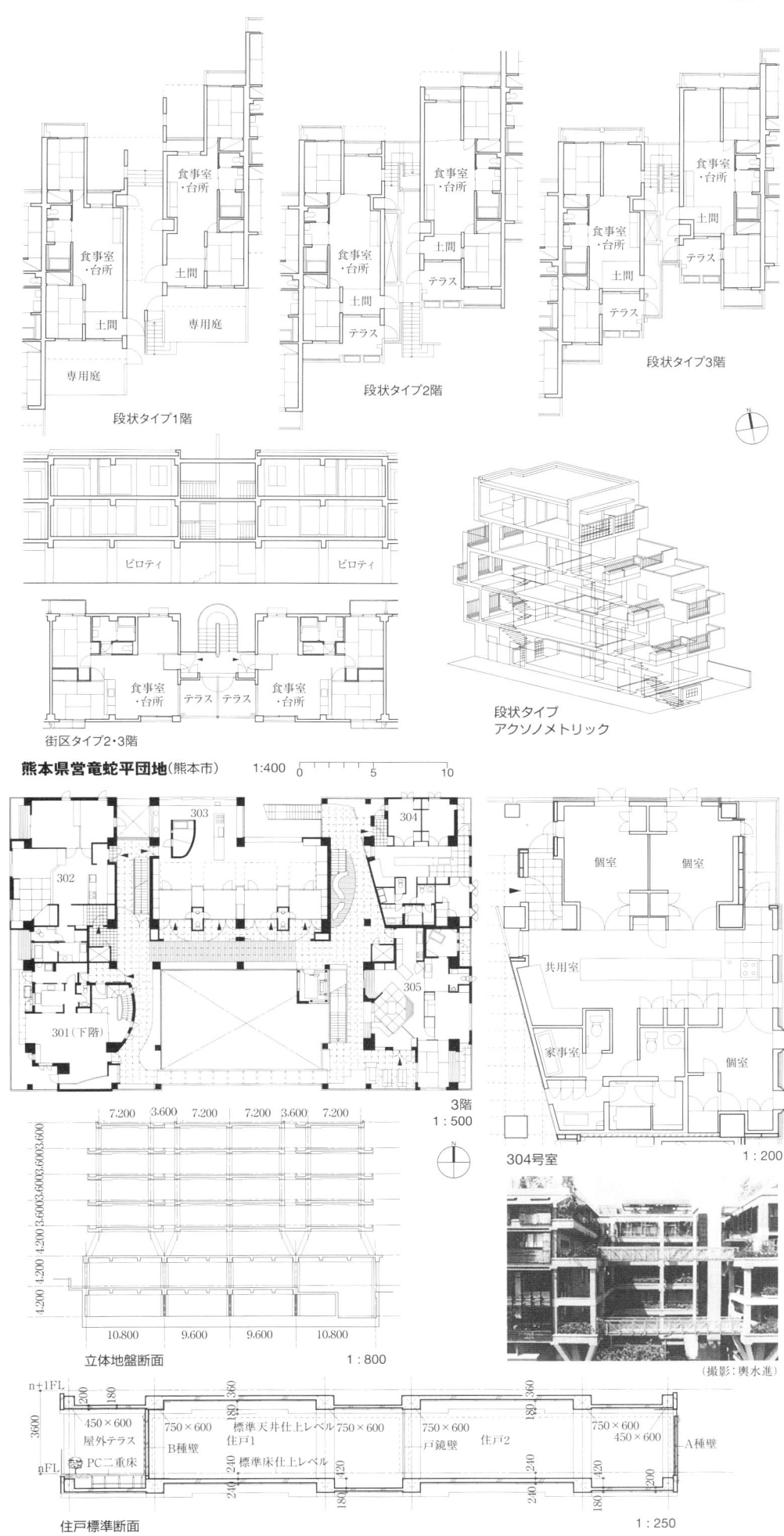

熊本県営竜蛇平団地

- 設計：スタジオ建築計画
- 建設：1994年
- 総戸数：88戸（段状タイプ62戸，街区タイプ26戸）
- 構造・階数：RC造5階建段状タイプ，RC造3階建（街区タイプ）
- 敷地面積：8,498m²（建蔽率29%）
- 延床面積：6,511m²（容積率77%）
- 住戸規模：54～71m²

市街地の周縁に位置する木造県営住宅の建替．幅員8mの南側道路に面する直線状の住棟（街区タイプ）と北側の敷地形状に沿うように雁行する住棟（段状タイプ）を，中庭を囲むように配置．すべての住戸は，中庭を介してアプローチし，その過程においては，明確なプライベート・スペースとパブリック・スペースの分離ではなく，一般の街における住宅・庭・道の連続する関係が意図された．具体的には住戸内部から中庭へいたる間の各要素（土間，庭（テラス），廊下・階段）が連続するような計画がされている．段状タイプの住棟の土間は住戸（DK）と庭（テラス）との間の縁側的空間として設けられ，テラスは生活空間として機能するよう十分な広さが取られている．廊下・階段は中庭から枝分かれした路地として位置付けられ，中庭との視覚的な連続性がある．

実験集合住宅NEXT21

- 設計：大阪ガスNEXT21建設委員会（総括：内田祥哉＋集工舎建築都市デザイン研究所）
- 建設：1993年
- 総戸数：18戸
- 階数：地下1階地上6階建
- 構造：SRC造（地下1階～地上2階）PC＋RC複合構法（3階～6階）
- 敷地面積：1,543m²（建蔽率58%）
- 延床面積：4,577m²（容積率269%）
- 住戸規模：32～190m²

2段階供給方式（スケルトン・インフィル分離方式）と環境共生をテーマに将来の都市居住の可能性を追求した実験集合住宅．スケルトンは間取りを制約する壁の無い堅牢な柱梁構造とし，プレキャストコンクリート技術を活用して長期耐用性の実現を図っている．また設備配管や植栽のためのスペースを確保するため一部に逆スラブ方式を採用している．

南面する中庭をコの字型に囲むように回遊性のある立体街路が計画されており，中庭と屋上はエコロジカルガーデンとして植栽等が施されている．

熊本県営竜蛇平団地（熊本市）

実験集合住宅NEXT21（大阪市）

162 居住―集合住宅：複合 Dwelling—Multiple Dwelling: Complex

ユニテ・ダ・ビタシオン（マルセイユ）
- 設計：Le Corbusier
- 建設：1952年
- 総戸数：337戸
- 階数：17階＋屋上庭園

3.5haの公園の中に建つピロティに差し上げられた巨大な彫刻のような集合住宅である．屋上庭園には体育館や児童のための庭や保育所などがあり，7・8階には店舗や郵便局・ホテルなど都市生活機能がこの集合住宅の中に組み込まれている．住棟は南北軸上に配置され，住戸単位の間口は3.66mで東西に開かれている．端部には南面する住戸もある．住戸の断面はL型の2層の住戸が噛み合って，3層ごとの長軸方向の屋内通路を挟んで向き合っている．居間は2層分4.80mの高さで，海と山へ向かって視界が開かれている．

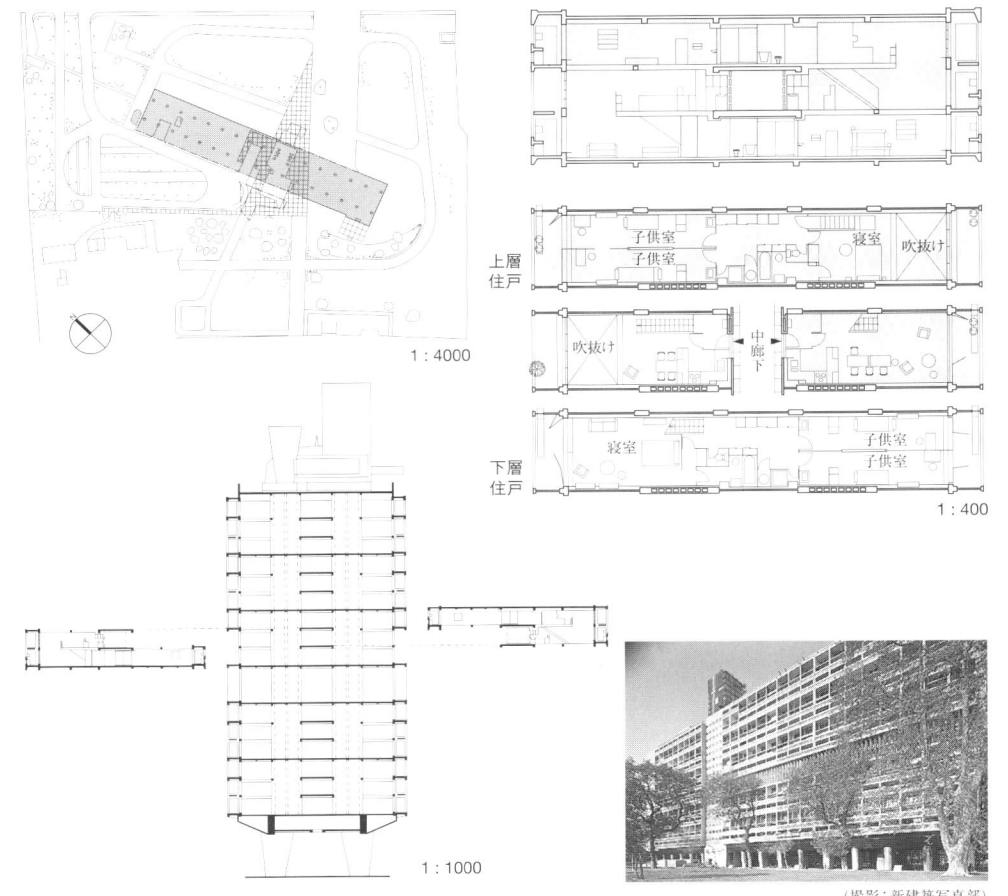

プリンセンホーク
- 設計：W. J. Neutelings
- 建設：1995年
- 構造・階数：RC造7階建
- 総戸数：32戸

敷地は市の中心部の交差点に接しL字型をしている．19世紀に建てられた邸宅をオフィスとして再生し，中庭を市街地の憩いの場として確保している．1,2階には店舗，診療所，倉庫，事務所が入り，3～5階には26戸の住宅が入っている．その上の6,7階にも6戸の住宅が載っており，この住戸は屋根の上に計画されたように見え，形態と素材の変化によって景観に変化を与えている．各住戸のアクセスは3～5階には2戸1エレベーターを利用し，6,7階には中央の2基が通じている．エレベーターは住宅専用であり，2階の事務所，店舗等は階段を利用する．

ユニテ・ダ・ビタシオン（マルセイユ）
（L'Unité d'Habitation á Marseille, Marseille, フランス）

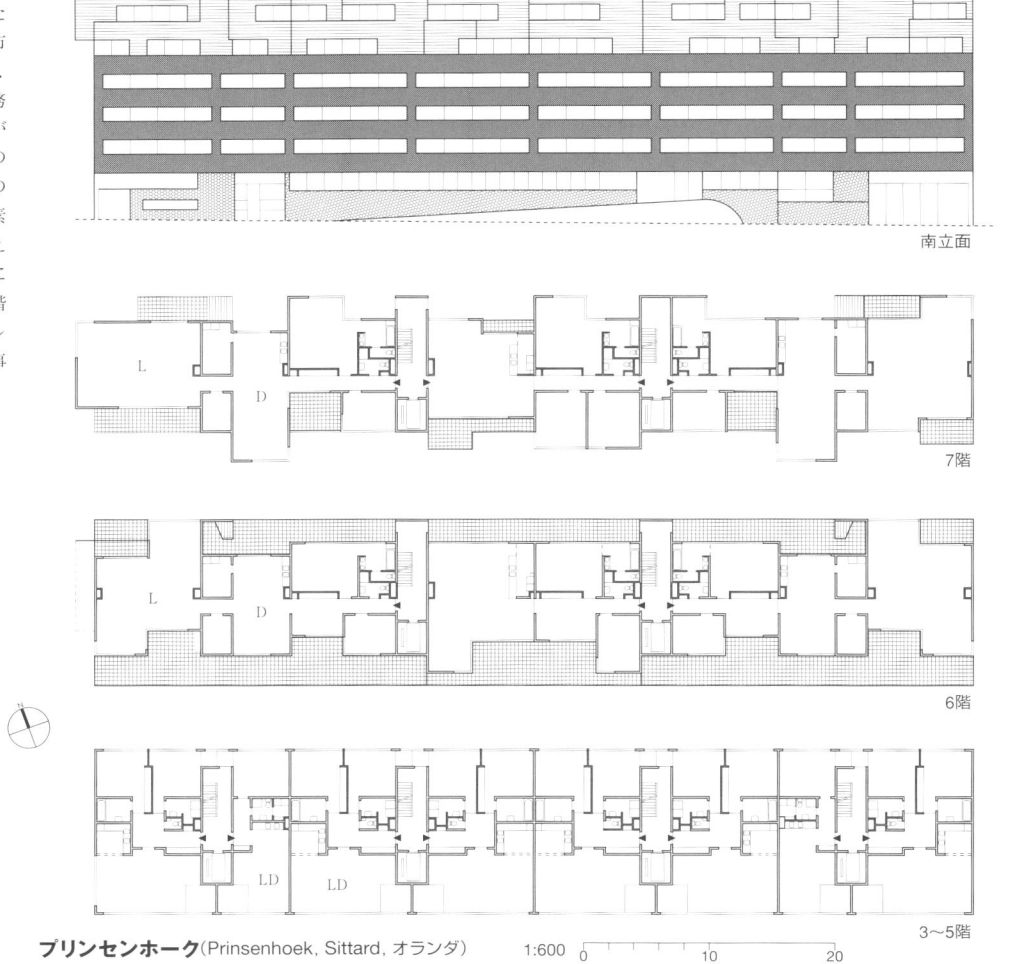

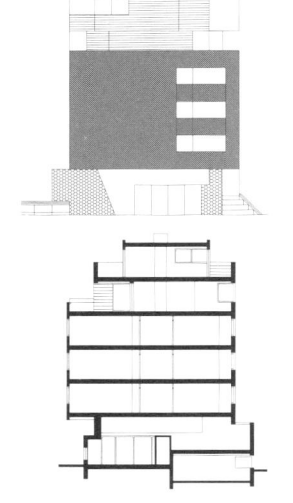

プリンセンホーク（Prinsenhoek, Sittard, オランダ）

1:600

Dwelling—Multiple Dwelling: Complex 居住―集合住宅：複合　163

第Ⅰ期(1969)	第Ⅲ期(1979)	第Ⅳ期(1985)	第Ⅵ期(1992)
1　A棟	4　D棟	8　ヒルサイドアネックスA棟	11　F棟
2　B棟	5　E棟	9　ヒルサイドアネックスB棟	12　G棟
第Ⅱ期(1973)	6　デンマーク大使館	第Ⅴ期(1987)	13　N邸
3　C棟	7　大使公邸	10　ヒルサイドプラザ	

1:4000

代官山ヒルサイドテラス(東京都渋谷区)

- 設計：槙総合計画事務所，スタジオ建築計画
- 建設：1968～1992年
- 構造・階数：RC造地下2階地上3～4階建
- 敷地面積：計7,320m²
- 延床面積：計20,685m²
- 住戸規模：103m²(A棟)

市街地内に建つ商業施設と融合した集合住宅で，新しい街並みを創り出している．

A棟の住戸はメゾネットタイプで，下階が居間・食堂など，上階が三つの個室と浴室などのプライベートスペースと明快な構成である．図は第1期のもので，計画は6期まで時代の流れを反映しながら展開している．

From 1st

- 設計：山下和正設計研究所
- 建設：1975年
- 総戸数：12戸
- 階数：地下2階地上5階建
- 敷地面積：1,497m²
- 延床面積：4,906m²(容積率320％)

敷地は都心の商業地域に位置し，地下と1階に店舗，2階に事務所，3・4・5階には事務所兼住戸が複合されている．

中央部には小プラザがあり，その上部は吹き抜け空間となっておりデッキで各店舗，事務所(兼住宅)にアクセスする．事務所兼住居部分は，建物の中でも上階にあり，メゾネットやルーフバルコニー，トップライトなどを利用し，住環境にも配慮した設計となっている．

また，この敷地は長く道路に面しており，複雑に入り組んだ内部空間の形態は，建物の外観に表れており，都市における歩行空間のスケールに対応している．

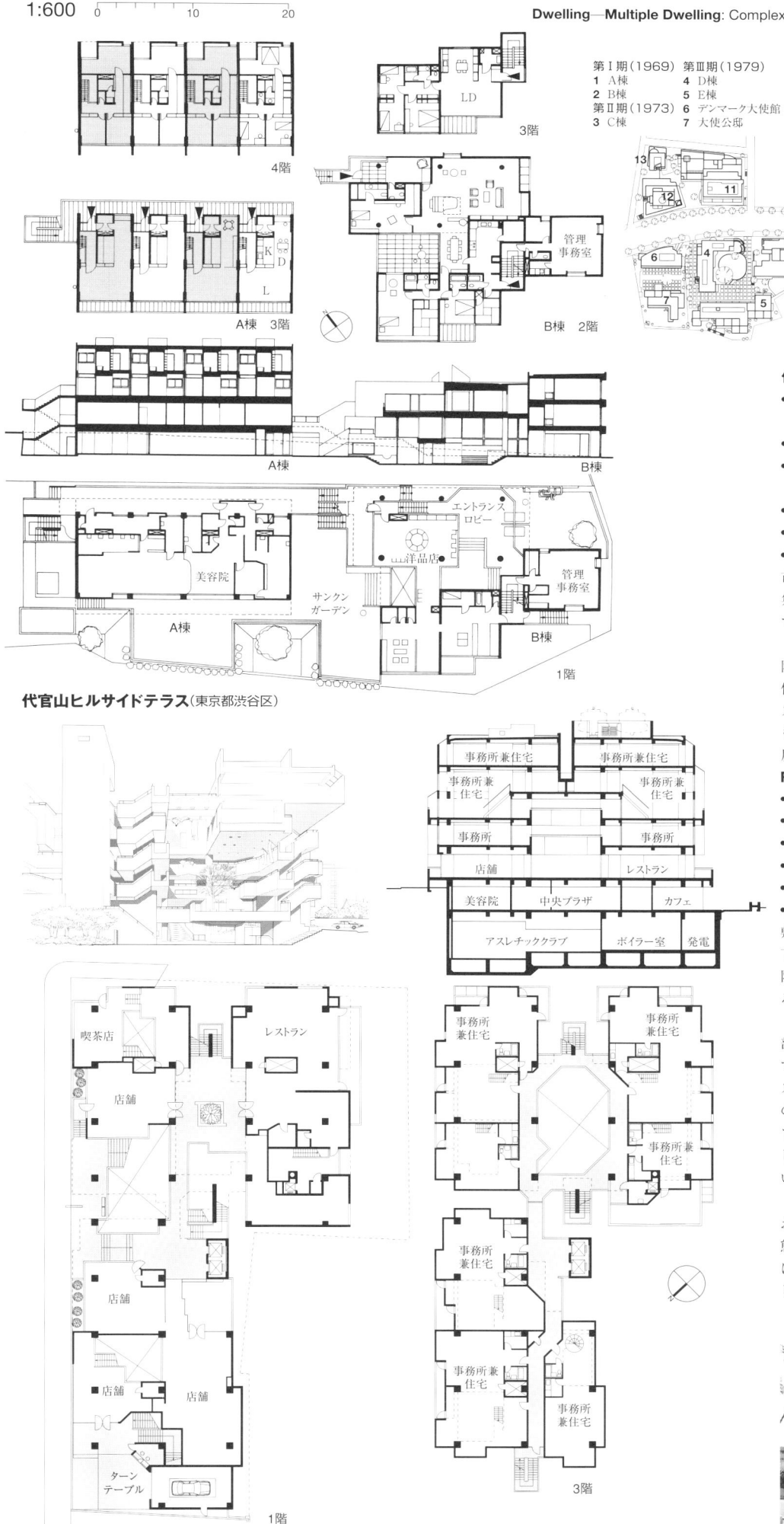

From 1st(東京都港区)

(撮影：和木　通〈彰国社〉)

164 居住—集合住宅：高層 Dwelling—Multiple Dwelling: High Rise Apartment   1:500

晴海高層アパート
- 設計：前川國男建築設計事務所
- 建設：1958年
- 総戸数：169戸
- 構造・階数：SRC造10階建塔屋1階
- 延床面積：9,356m²
- 住戸規模：36～45m²

高層住宅の骨格を都市の立体的インフラストラクチャーと捉え，日本住宅公団が初めて建設した都市型の高層賃貸集合住宅であるが，1997年に晴海地区一帯の再開発により取り壊された．

3層6住戸を単位とするメガストラクチャーの架構方式を用いることにより，高層化に伴う建設コストを抑え，また社会の変化に応じて住戸の規模や形態を変えることが可能な計画となっていた．3層ごとに共用廊下を設け，そこから上下階の住戸に階段でアクセスするスキップアクセス形式が採用されている．そのため非廊下階は，南北に開口を持ち，十分な通風・採光が得られている．

晴海高層アパート(東京都中央区)

基町団地（広島県営）
- 設計：大高建築設計事務所
- 建設：1972年
- 階数：地上8～20階建
- 住戸面積：40および60m²

市の中心地に近い立地の高層高密度公営住宅団地．偶数階に通路をもつ住棟をくの字に連結させて外部空間を囲んでいる．屋上には公共空地を設け，遊び場や各種の施設をもつ．

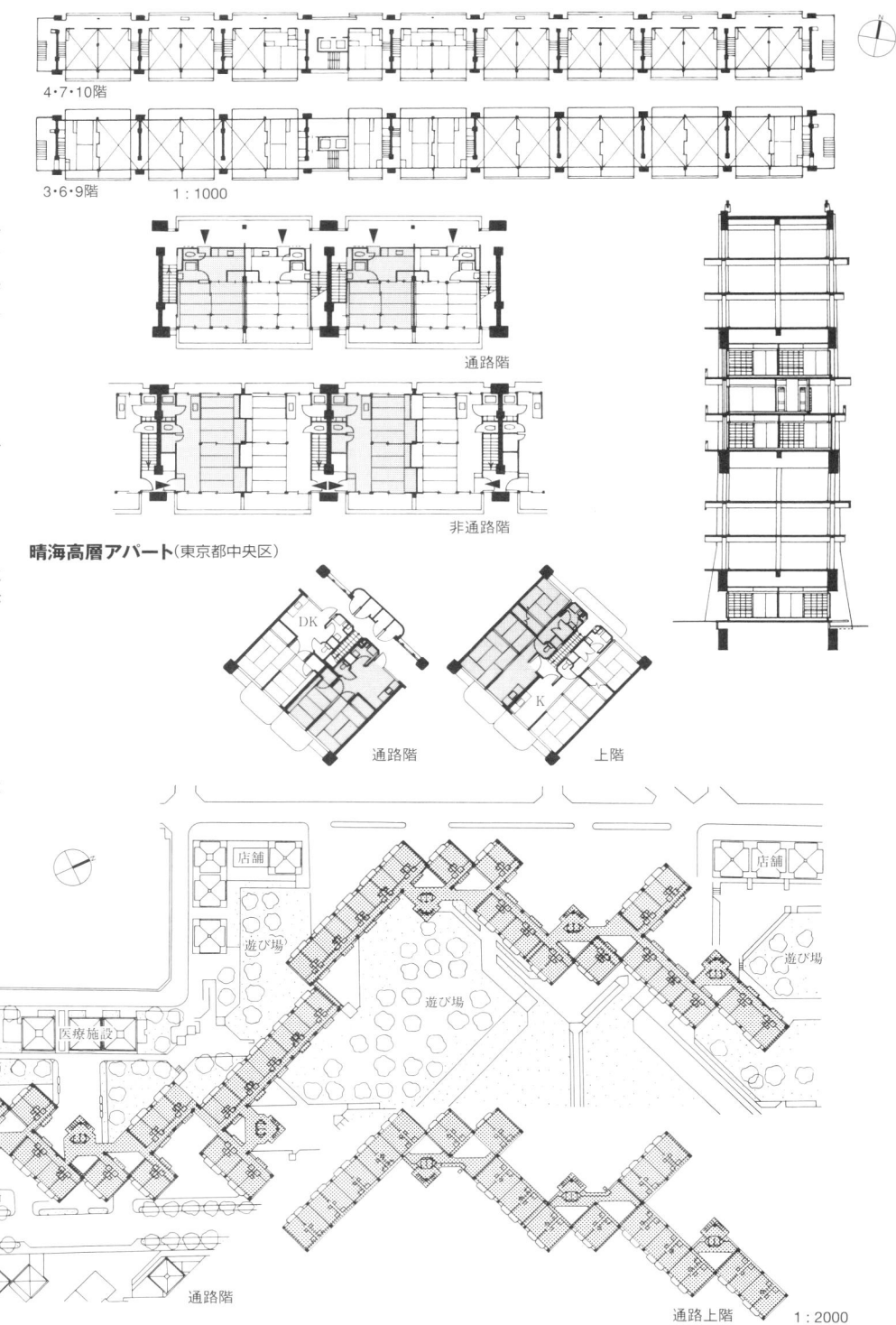

基町団地(広島市)   1:2000

中銀カプセルタワー

都心に建つセカンドハウスとホテルの機能を備えた都市型の集合住宅の先駆例．住戸はすべて工場生産された「カプセル」というユニットによって構成される．140個の2.5m× 2.5m×4.5mのカプセルが2本のエレベーターおよび階段のサービスシャフトに取り付いている．

- 設計：黒川紀章建築・都市設計事務所
- 建設：1972年

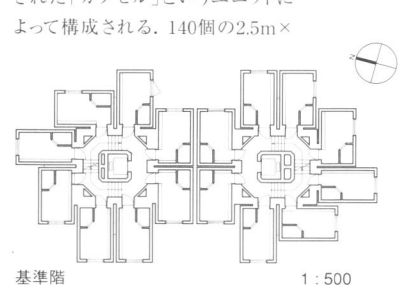

基準階   1:500
住戸ユニット 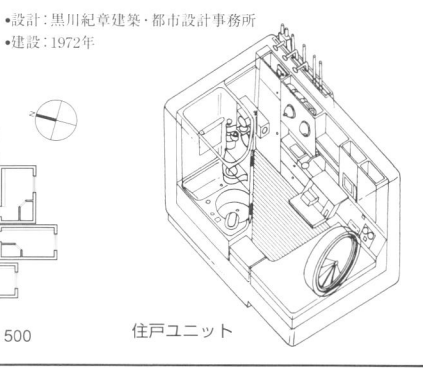
カプセル断面図・平面図   1:120

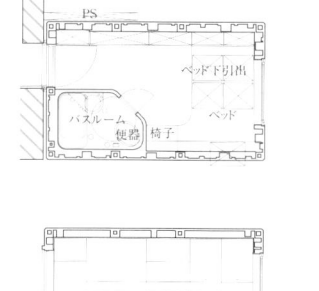

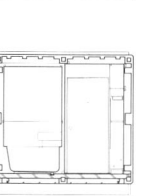

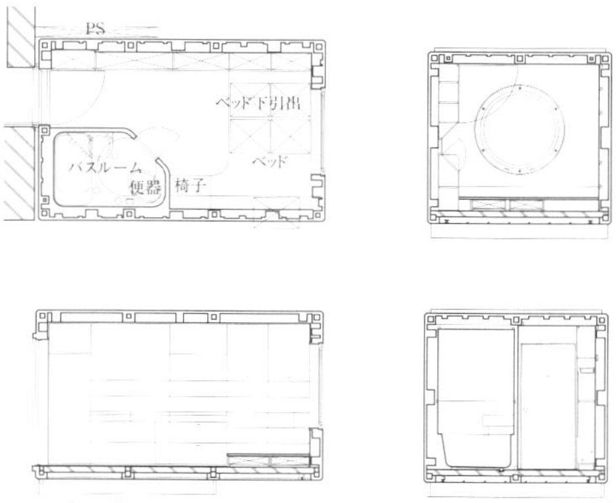

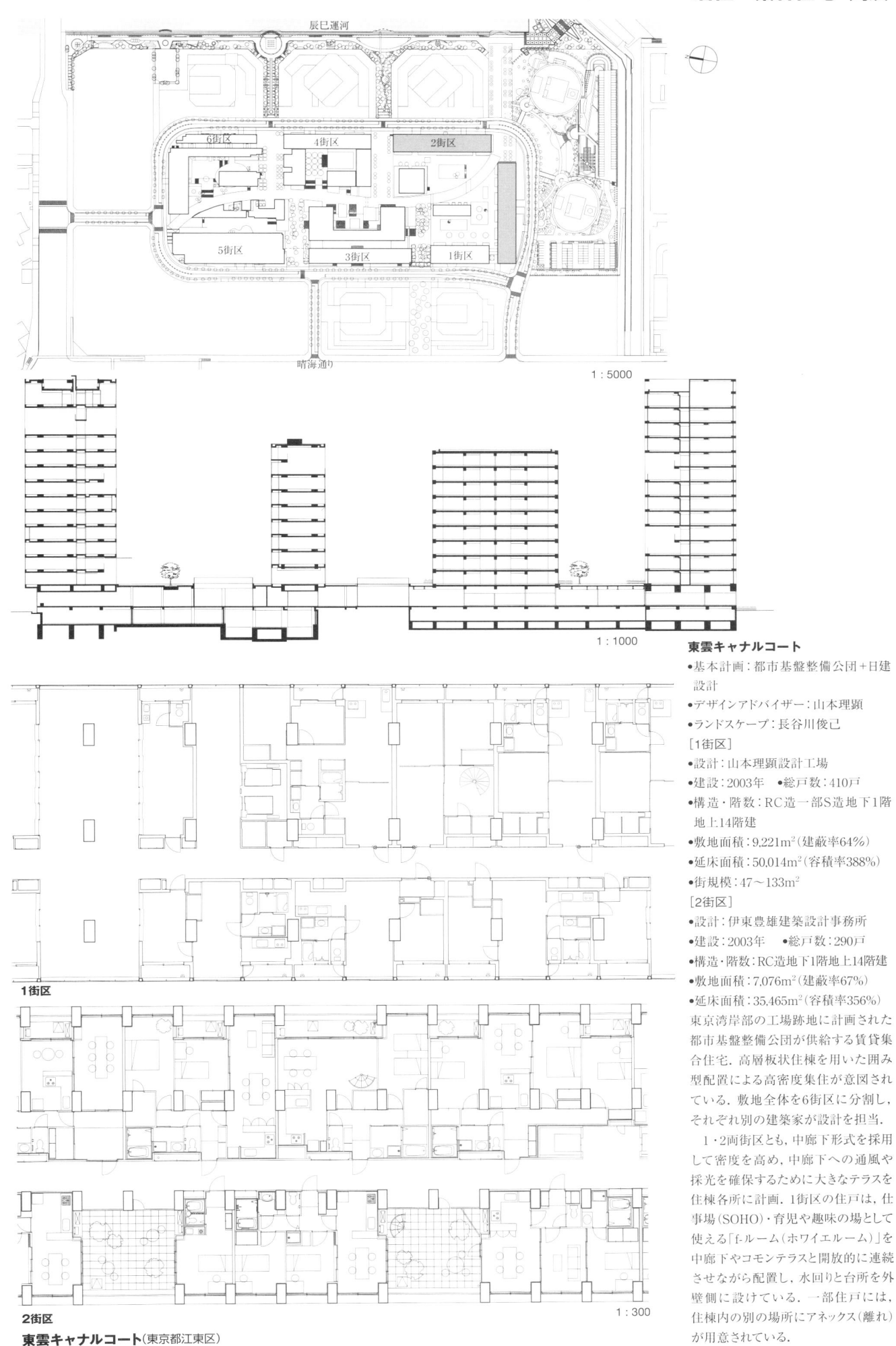

Dwelling—Multiple Dwelling: High Rise Apartment 居住—集合住宅：高層

東雲キャナルコート

- 基本計画：都市基盤整備公団＋日建設計
- デザインアドバイザー：山本理顕
- ランドスケープ：長谷川俊己

［1街区］
- 設計：山本理顕設計工場
- 建設：2003年 ●総戸数：410戸
- 構造・階数：RC造一部S造地下1階地上14階建
- 敷地面積：9,221m²（建蔽率64％）
- 延床面積：50,014m²（容積率388％）
- 街規模：47〜133m²

［2街区］
- 設計：伊東豊雄建築設計事務所
- 建設：2003年 ●総戸数：290戸
- 構造・階数：RC造地下1階地上14階建
- 敷地面積：7,076m²（建蔽率67％）
- 延床面積：35,465m²（容積率356％）

東京湾岸部の工場跡地に計画された都市基盤整備公団が供給する賃貸集合住宅．高層板状住棟を用いた囲み型配置による高密度集住が意図されている．敷地全体を6街区に分割し，それぞれ別の建築家が設計を担当．

1・2両街区とも，中廊下形式を採用して密度を高め，中廊下への通風や採光を確保するために大きなテラスを住棟各所に計画．1街区の住戸は，仕事場（SOHO）・育児や趣味の場として使える「f-ルーム（ホワイエルーム）」を中廊下やコモンテラスと開放的に連続させながら配置し，水回りと台所を外壁側に設けている．一部住戸には，住棟内の別の場所にアネックス（離れ）が用意されている．

東雲キャナルコート（東京都江東区）

166 居住―集合住宅：高層 Dwelling—Multiple Dwelling: High Rise Apartment

バイカー再開発

- 設計：Ralph Erskine
- 建設：1969～1980年
- 構造：RC造
- 総戸数：2,317戸

バイカー地区は産業革命時に建て込んだ街で造船所の職工の街として発達し，人口密度の高さがコミュニティの親密さを形成してきたが，1960年代に市当局によって再開発が進められ，北欧の建築家のアースキンを主導者として迎えた．アースキンは住民参加を呼び掛け，住んでいる人の意見を計画に反映させるためのパイロット・スキームを実行し，積極的に意見を取り入れていった．当初高速道路が建設される予定だったために地区の周囲にはペリメーターブロック（周囲棟）が防音壁として建設された．このバイカーウォールと呼ばれる周囲棟はル・コルビュジエのアルジェの計画を源泉としている．この緩やかな曲線を描く5～8層の住棟は，メゾネットを多く含み，アクセスデッキによって各住戸を繋げ，デッキに対して各住戸のダイニングが面しており，高層でありながら親密な共用部を生み出している．計画の7割を占める低層のテラスハウスは車の入ってこないヴィレッジをつくり，造園計画と共に多様な外部空間を持っている．住民参加によってバンダリズムの発生率は開発前より減り，住戸間の親密な通り形成や植樹などが住民達の地区に対する意識を表している．

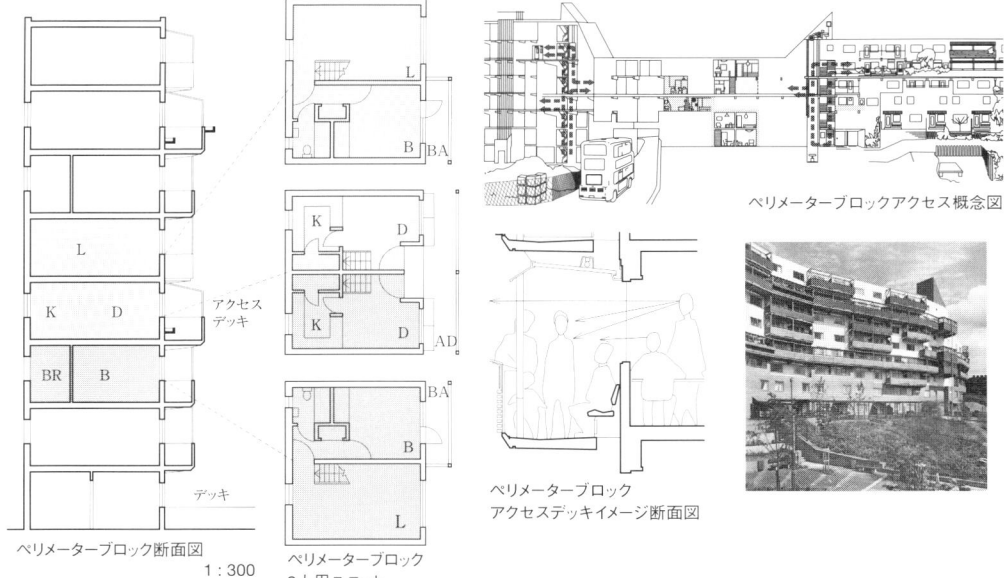

ペリメーターブロック断面図 1：300
ペリメーターブロック 2人用ユニット
ペリメーターブロックアクセス概念図
ペリメーターブロック アクセスデッキイメージ断面図

A：ダン・テラスハウジング
B：チートン・ストリートハウジング
C：ケンドール・ストリートハウジング
D：ペリメーターブロック第1期
E：グレース・ストリートフラッグ
F：グレース・ストリート（低層）
G：ゴードン・ロードハウジング
H：パイロットスキーム

1：8000

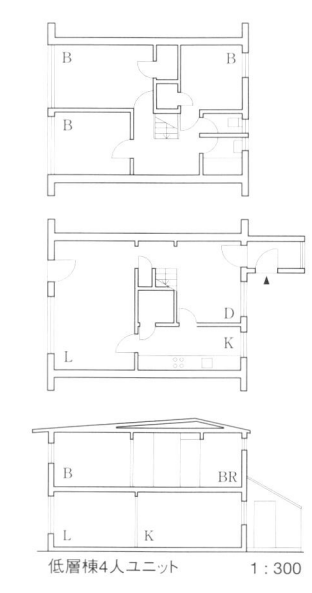

低層棟4人ユニット 1：300

バイカー再開発（Redevelopment of Byker, Newcastle, イギリス）

岐阜県営住宅ハイタウン北方

- 設計：妹島和世建築設計事務所，高橋章子＋高橋寛／ワークステーション，クック・アンド・ホーリィ・アーキテクツ，ディラー＋スコフィディオ
- 建設：1998年（1期），2000年（2期）
- 総戸数：430戸
- 構造・階数：RC造8～10階建
- 敷地面積：34,648m²（建蔽率17％）
- 延床面積：37,895m²（容積率109％）
- 住戸規模：33～88m²

昭和40年代に建設された県営住宅238戸の建替えで，総合コーディネーターの磯崎新が指名した4名の女性建築家が設計を担当．敷地外周に配置された高層板状住棟が中央の広場を囲む．

敷地南東部に建つ妹島棟は，片側通路形式の10階建て板状住棟で，奥行きが浅く，テラスが南北に貫通する．ボイドラーメン壁で区画された8畳弱の居室を，水平垂直方向に組み合わせて様々な住戸タイプをつくり出している．各居室は南側の廊下で連結され，各住戸は複数の出入口をもつ．

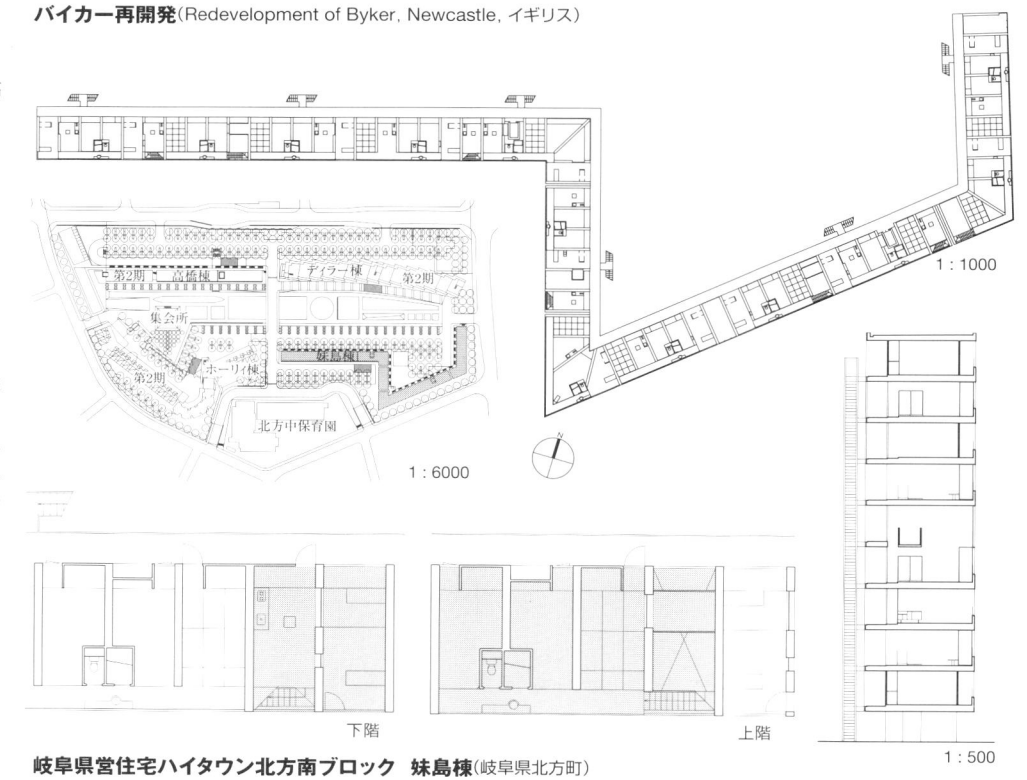

下階　上階 1：1000
1：6000
1：500

岐阜県営住宅ハイタウン北方南ブロック 妹島棟（岐阜県北方町）

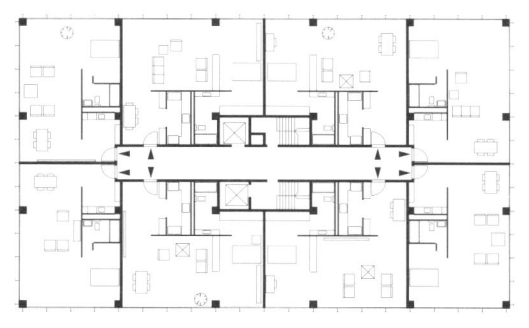

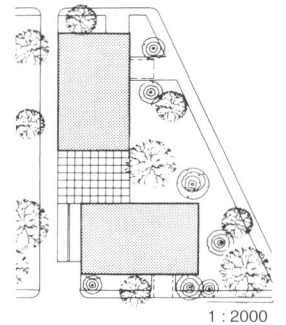

Dwelling—Multiple Dwelling: Skyscraper 居住—集合住宅：超高層

レイクショアドライブアパートメント(Lake Shore Drive Apertment, Chicago, アメリカ)

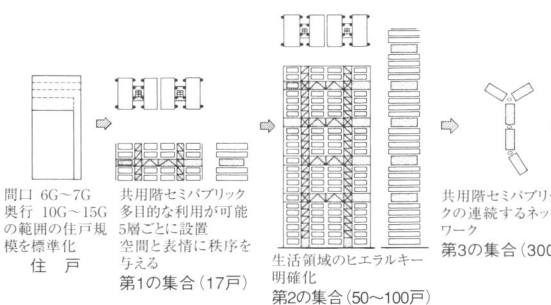

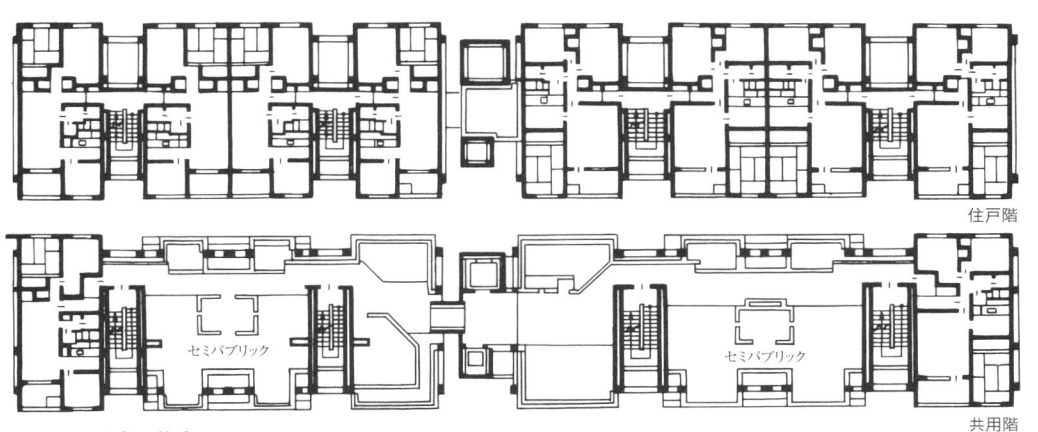

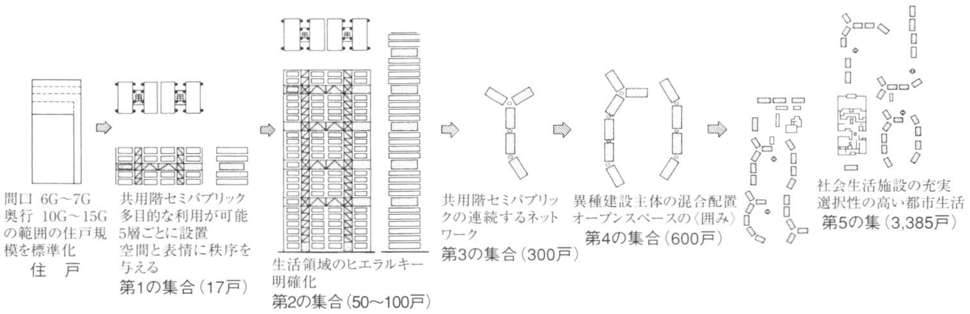

間口 6G～7G
奥行 10G～15G
の範囲の住戸規模を標準化
住戸

共用階セミパブリック
多目的な利用が可能
5層ごとに設置
空間と表情に秩序を与える
第1の集合(17戸)

共用階セミパブリックの連続するネットワーク
生活領域のヒエラルキー明確化
第2の集合(50～100戸)

異種建設主体の混合配置
オープンスペースの〈囲み〉
第3の集合(300戸)

選択性の高い都市生活
第4の集合(600戸)

社会生活施設の充実
第5の集(3,385戸)

芦屋浜高層住宅(兵庫県芦屋市)

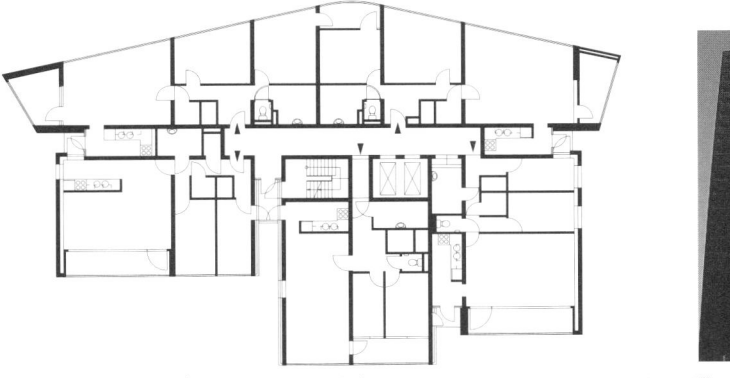

KNSNアムステルダム・アパートメントタワー(KNSN-land, Amsterdam, オランダ)

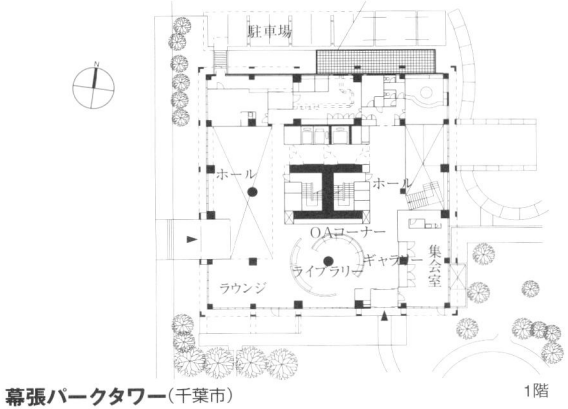

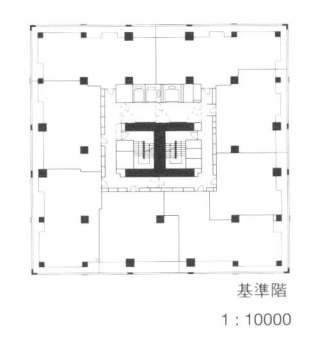

幕張パークタワー(千葉市)

レイクショアドライブ・アパートメント012
- 設計：Mies van der Rohe
- 建設：1951年
- 構造・階数：S造26階建

高速道路を挟んでミシガン湖に面する敷地に，2棟の同型の高層住棟が直交するように配置されている．基準階は柱間6.4mの正方形を5行3列に配した規則的な平面．均質な平面を分割し1層8戸の住宅が入る．各戸の外周部は床から天井までガラスであり，広々とした眺望を可能としている．

芦屋浜高層住宅
- 設計：ASTEM企業連合
- 建設：1979年
- 階数：14～29階
- 住宅規模：50～186m²

工業化工法による高層住宅団地の計画設計競技の当選案．

団地全体を住戸→住戸群→住棟→住棟群という一連の集合化のシステム（シリーズの計画）によって構築している．

防災拠点あるいは子どもの遊びや居住者共用の憩いの場として，5層ごとに空中庭園が設けられている．

KNSN アムステルダム・アパートメントタワー
- 設計：Wiel Arets
- 建設：1995年
- 構造・階数：RC造21階建
- 敷地面積：650m²
- 総戸数：100戸

敷地は人工島でアイセル湖に面している．各階には5戸の住戸が入っており，屋上には5戸のペントハウスを持つ．この計画は21階建てのタワーが隣接しているという考え方により，住棟のヴォリュームは分節され，見る場所によって変化のあるスカイラインを形成している．

幕張パークタワー
- 設計：鹿島建設
- 建設：2003年　戸数：226戸
- 構造・階数：RC造一部S造地下1階地上32階建
- 敷地面積：14,520m²
- 延床面積：31,672m²
- 住戸規模：平均99m²

ニュータウンに立地する超高層集合住宅．住棟平面はセンターコア型が採用されている．ゲストルーム，書院，キッズルームなどの共用部分が設けられているほか，他住棟と共用の施設として料理教室やアトリエとして使える集会棟が用意されている．最上階には2層吹抜けの眺望ラウンジを設けている．

福祉：概要　Welfare: Abstract

社会福祉サービスの概要[1]

対象者	対象者数(万人)	社会福祉施設の種類	施設数	定員(千人)	主な居住施設	主な利用施設	主な在宅サービス
児童	2,496	児童福祉施設*(うち保育所)	33198 (22327)	2024 (1915)	児童養護施設	保育所 児童館 児童遊園	
母子家庭	79 (万世帯)	母子福祉施設	93	−		母子福祉センター 母子休養ホーム	母子家庭等居宅介護等事業
身体障害者・児	318	身体障害者更正援護施設	1,577	50	身体障害者療護施設	身体障害者福祉センター 身体障害者通所援産施設	居宅介護等事業 デイサービス事業 短期入所事業
知的障害者・児	41	知的障害者援護施設	2,726	141	知的障害者更生援護施設(入所)	知的障害者援産施設	居宅介護等事業 短期入所事業 地域生活援助事業
精神障害者	217	精神障害者社会復帰施設	401	8	精神障害者援護寮	精神障害者通所援産施設	地域生活援助事業 社会適応訓練事業
高齢者	1,826	老人福祉施設	19,106	383	特別養護老人ホーム 養護老人ホーム 軽費老人ホーム	老人福祉センター 在宅介護支援センター 老人日帰り介護施設	居宅介護等事業 デイサービス事業 短期入所事業
生活に困窮するすべての国民	89	保護施設	336	22	救護施設	援産施設	
		その他	8,408	70	有料老人ホーム	老人憩の家	
		総数	65,845	2,698			

*障害児施設を含む

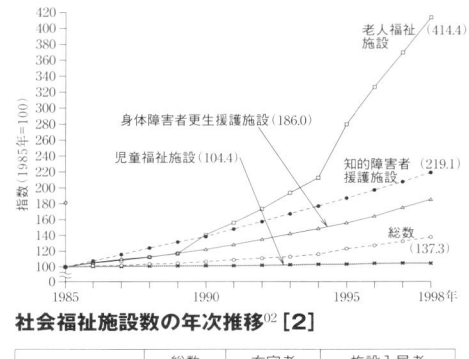

社会福祉施設数の年次推移[2]

在宅者と施設入居者 (単位:万人)

	総数	在宅者	施設入居者
身体障害者・児	317.7	301.5	16.2 (5.1%)
うち18歳未満	9.0	8.1	0.8 (8.9%)
知的障害者・児	41.3	29.7	11.6 (28.1%)
うち18歳未満	9.6	8.6	1.1 (11.5%)
精神障害者	約217	183	33.8 (15.6%)
高齢者	1826.1	1750.6	32.6 (1.9%) 42.9(病院入院者)

福祉施設の地域配置計画例[04] (100万都市X市における施設体系モデル)[3]

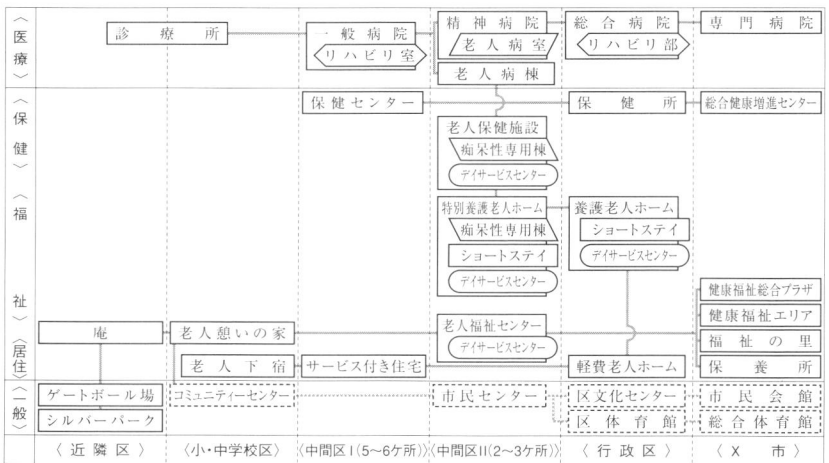

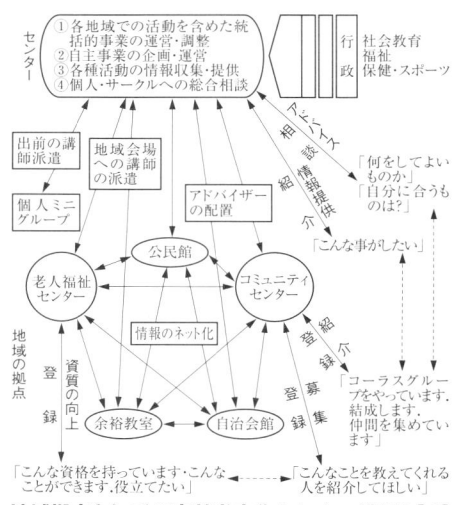

※ 各中間区は、それぞれの地域特性に応じて数中学校区からなる福祉施設配置の基本単位である.

地域拠点としての高齢者文化センター構想[05][4]

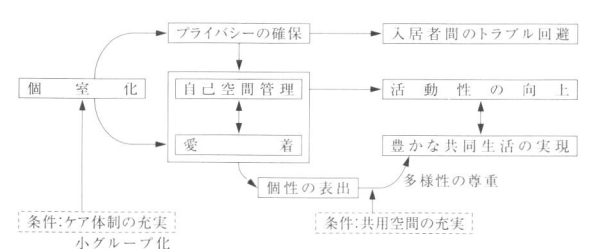

居住施設における個室の意味[06]

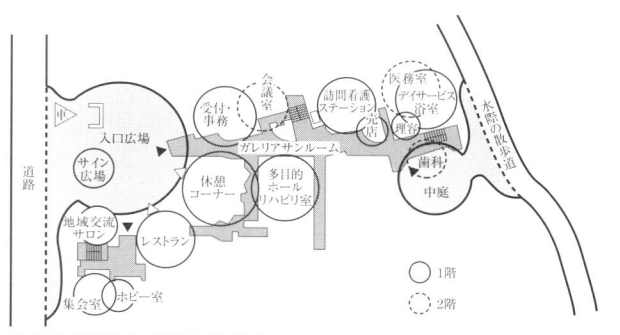

地域を施設に取り込む[07][5]

福祉とは

すべての人の福祉のための社会的施策である「社会福祉」とともに、施策や制度の枠を超えた福祉的活動の意義も高まっている. 社会福祉は憲法25条に国の責務とされ、法的には社会保障制度の中で「援護育成を要する者が自立してその能力を発揮できるよう、必要な生活指導、更生補導、その他の援護育成を行うこと」と定義される. 社会福祉施設は一生を通して自立を支える諸サービスの統合の場であり、拠点である.

社会的背景

社会福祉は家族機能を補完するものとして位置づけられてきた. 家族機能の縮小と福祉対象の個人化, さらに高齢人口の著しい増加により, 福祉需要は拡大している. 要援護高齢者が急増する一方, 少子化も進行し, 個人と家族を支える福祉が求められている.

福祉の動向

1960年代半ばまでに法の基本体系がつくられ, 70年代には施設福祉から在宅福祉へと展開を始めた日本の社会福祉も変革期を迎えている.

1982年の老人保健法および社会福祉・医療事業団法を加えた福祉8法の改正は、福祉と医療保健等関連施策の連携、地域に即した地域による福祉を目指す改革の端緒となった. 続く高齢者の福祉保健推進のためのゴールドプラン, 子育て支援のためのエンゼルプランと障害者プランによって政策目標が明確化された. 2000年の介護保険制度の導入は, 措置される福祉から, 自ら選び契約して利用する福祉へのサービス利用制度の転換と市町村の役割強化の第一歩となった.

施設の動向[1][2]

法的な施設体系は、対象者の年齢別、障害種類別となっている. 新たな施設種の設置が続く一方, 社会的役割を終えた施設も残存するため, 90種もの社会福祉施設が存在する. 高齢者向け施設の増加は今後も続くが, 社会福祉施設は, 住宅, 医療保健施設とのかかわりの中で, 福祉サービスのネットワークの拠点としての役割を強めている. 旧施設の再生も今後の課題である.

地域配置計画[3]～[5]

高齢者・障害者等の地域生活を支える意味では、施設福祉と在宅福祉は対立概念ではなく, 補完し合う関係にある. 施設別の配置計画ではなく総合的な地域計画として、細分化した福祉施設体系を統合し、医療施設や住宅, コミュニティ施設等との有機的な連携を図る.

01：厚生省「厚生白書」1999, その他より作成
02：厚生省「社会福祉施設等調査報告」1998
03：厚生省「厚生白書」2000, 総理府「国勢調査」1995より作成
04：建築思潮研究所編：建築設計資料57 地域福祉施設
05：石毛鍈子：老いて都市に暮らす, 1995
06：大原一興他：個室のある老人ホーム, 1995
07：AUR都市建設設計コンサルタンツ：芦花ホーム

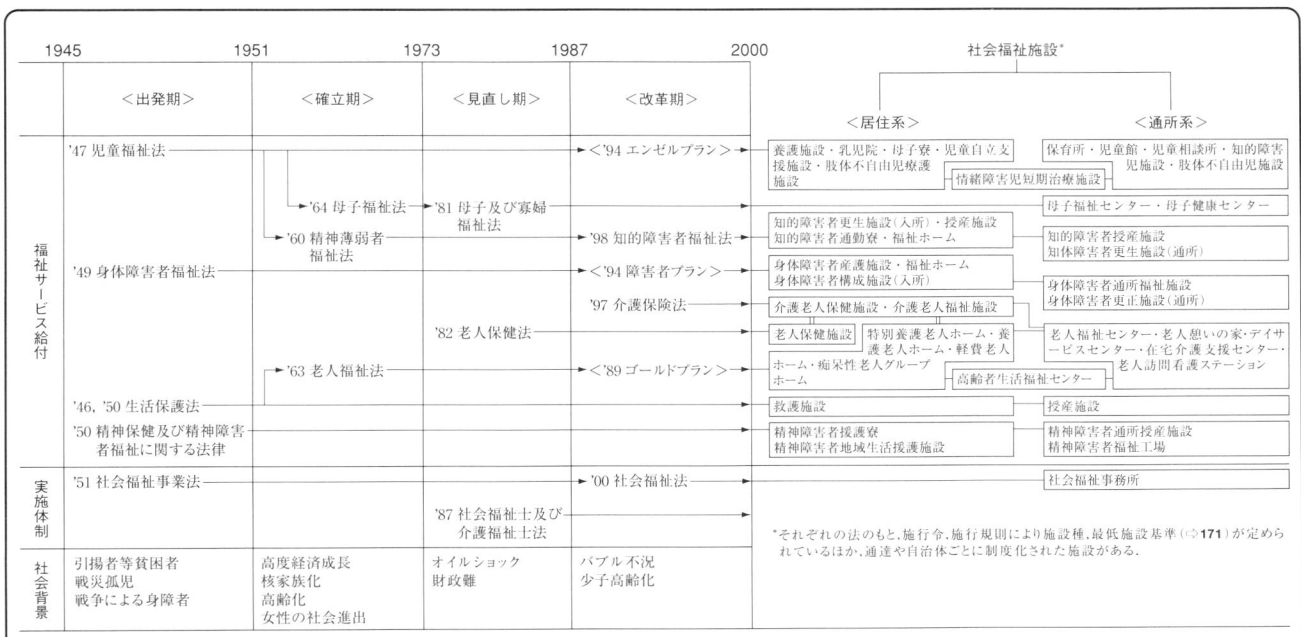

社会福祉の変遷と施設 [1]

1. 社会福祉の時代的変遷

社会的な制度としての社会福祉は、時代の要請に応じて役割を変えつつ、その理念を変化、発展させてきた。古代から続く慈善の営みが私的な行為であったのに対して、近代国家の成立を契機に公が「無告の窮民」の救済を義務とした。これを前史として、第2次大戦後に社会福祉は始まる。

戦災による生活困窮者、児童、身障者のために福祉3法が制定され、共通の実施体制を社会福祉事業法が規定した。その後の経済成長期の家族の変化や人口の高齢化を背景に生活保護法から老人福祉法が分化する等、福祉6法の成立によって社会福祉はすべての人の権利として位置づいた。

しかし、福祉需要の増大と経済停滞から見直しが本格化。社会福祉は介護保険の導入や社会福祉事業法の大幅改定と改称を終え、大きな変革の時代を迎えている。そこでは制度としての社会福祉を核として、住民による福祉的活動の意義や役割が高まっている。[1]

2. 新たな社会福祉の理念

社会福祉とは、個人の尊厳の保持を旨とし、人々の健やかな育成と自立生活を支援するサービスの総体である。一連の改革では、サービス提供者と利用者の対等な関係の確立、個人の多様な需要への地域での総合的な支援、幅広い需要に応える多様な主体の参加などが明記された。

措置され受ける福祉から、選択し契約する福祉へ、さらに地域住民がつくり出す福祉への発展が目指され、一方、福祉サービスの提供者は関連サービスとの有機的連携と総合的提供を、また国と公共団体は計画的実施が責務とされた。

3. 社会保障と社会福祉

現行の行政において、社会福祉は生涯にわたる社会保障制度の枠組みの一部に位置づけられている。社会福祉は特別な経済的給付も含むが、福祉サービスの保障に中心があることがわかる。福祉サービスは、保健・医療に加えて、日本では社会保障制度の周辺に位置づけられる教育、雇用、住宅サービスと関連が深い [2]。

4. 福祉サービスと施設の体系

施設の体系は法的には利用者別の福祉法に対応している。必要に応じた新たな施設種の設置が続く一方、社会的役割を終えた施設も存続しているため、現在、90種もの施設が存在する。

しかし、施設の機能や利用の仕方を捉えるには、福祉サービスの提供形態とサービス内容による体系化がふさわしい。福祉サービスの利用形態は、施設居住型と在宅型に分けられ、在宅型は通所施設利用型、在宅サービス型（訪問型と宅配型がある）に分類することができる。

24時間の生活を送る居住系施設は日常生活に必要なケアサービスの度合いによって類別され、通所系施設は利用者に応じた保健医療、教育、就業サービスの内容、あるいはそれらの組み合わせによって類別されている。現行法ごとにその主要なものを示した。[1]

居住系施設はより住まいに近づき、通所系施設も制度的な枠内にとどまらずに利用者や機能を拡大していく方向にある。

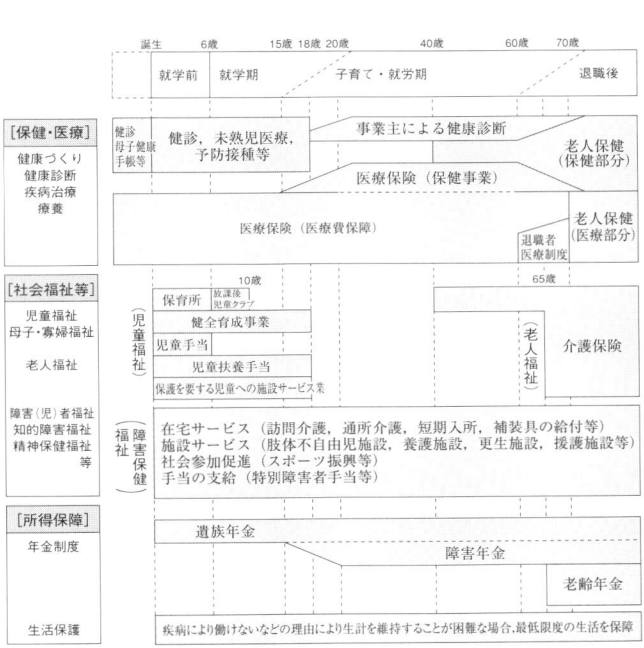

ライフステージと社会保障制度 [2]

5. 地域福祉と施設

居住系施設、通所系施設（在宅サービスの拠点施設を含む）が一体となって地域福祉を支える役割を担っている。

また、個人の自立や社会参加に対する多様な需要は、関連する領域の施策や施設にまで広がりを持つため、福祉の境界は曖昧になっている。施設の複合化や制度の枠を超えてつくられ始めた、利用者を限定しない小規模施設が期待されるところである。

地域ニーズの把握と地域ごとの積み重ねの上に、住民自らが地域ごとの体系をつくり上げていくことが期待される。施設計画はその実現を支える役割を担っている。

資料：厚生省社会・援護局監修『社会福祉基礎構造改革の実現に向けて』中央法規出版、1998年、厚生労働省『厚生労働白書』、2001年

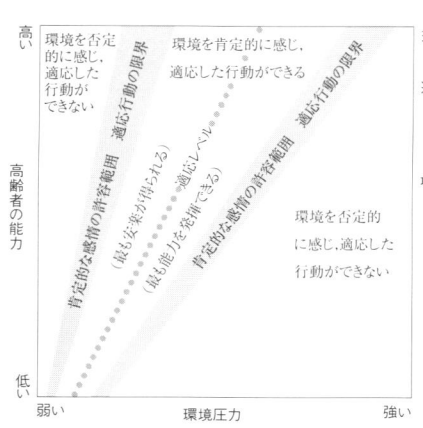

福祉：概要—高齢者福祉　Welfare: Abstract—Welfare for the Aged

高齢者の能力と環境圧力[01] [1]

環境圧力：人間の行動に対する環境の要求水準．
適応レベル：能力と環境圧力が均衡を保ち，環境が意識されることは少ない．
最も安楽が得られるゾーン：意欲の減少，軽い依存，受動的な楽しみがみられる．

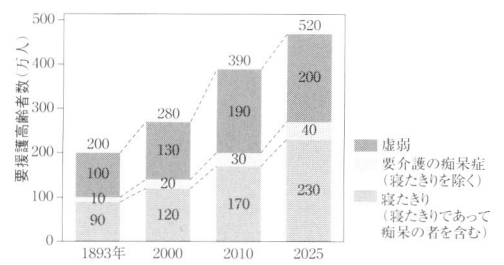

要援護高齢者数の増加[02] [3]

老人ホームの種類	平均年齢(歳)	性別		日常生活動作の要介助率(%)*				入所理由(%)
		男	女	歩行	食事	排泄	入浴	着替	
特別養護 '98	82.8	21.8	78.2	68.3	51.3	75.8	90.8	80.6	家庭事情66.4，身体障害62.7，精神障害29.5，住宅事情4.0，経済的事情2.5，その他3.0（2つまでの複数回答）
養護 '96	79.5	31.8	68.2	11.9	7.8	9.7	26.3	13.7	
ケアハウス '98	78.4	26.4	66.5						独居の不安・不便49.4，家族に負担をかけぬよう29.8，老後の設計26.8，費用面が適当14.8，住宅事情9.7，その他18.6
有料 '96	78.7	28.9	67.0	11.7	7.9	8.5	16.0	9.3	

老人ホーム入居者の属性[03] [4]

*特別養護老人ホームについては移乗を歩行に，排便を排便に，一般浴槽の出入りを入浴に，ズボンの着脱を着替に読みかえている．

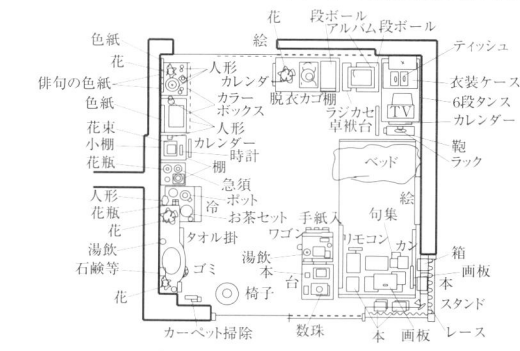

高齢者保健福祉サービスと施設の概要および目標値[02] [2]

	サービスおよび施設	事業概要	実績(1997年)	新ゴールドプラン目標値(1999年)
在宅サービス	訪問介護員（ホームヘルパー）	日常生活に支障のある高齢者がいる家庭を訪問して，介護・家事サービスを提供	136,661人	170,000人
	短期入所生活介護（ショートステイ）	寝たきり老人等の介護者に代わって，特別養護老人ホーム等で短期間，高齢者を預かる	43,566人分	60,000人分
	日帰り介護（デイサービス） 日帰りリハビリテーション（デイケア）	送迎用バス等で通所介護（デイサービス）センターに通う高齢者に，入浴，食事，健康審査，日常動作訓練等のサービスを提供 A型 重介護型（標準利用人員15人／1日） B型 標準型（同上） C型 軽介護型（同上） D型 小規模型（標準利用人員8人／1日） E型 痴呆性老人向け毎日通所型（同上）	9,616ヵ所	17,000ヵ所
	在宅介護支援センター	身近なところで専門家による介護の相談・指導が受けられ市町村の窓口に行かなくても必要なサービスが受けられるよう調整	4,155ヵ所	10,000ヵ所
	老人訪問看護事業所（老人訪問看護ステーション）	在宅の寝たきり老人等に対し，かかりつけの医師の指示に基づき，介護に重点を置いた看護サービスを提供	2,559ヵ所	5,000ヵ所
施設サービス	特別養護老人ホーム	常時介護が必要で，家庭での生活が困難な高齢者のための福祉施設	262,961人分	290,000人分
	老人保健施設	入院治療は必要ではないが，家庭に復帰するために機能訓練や看護・介護が必要な寝たきり老人等のための施設	180,855人分	280,000人分
	介護利用型軽費老人ホーム（ケアハウス）	車いすや訪問介護者（ホームヘルパー等）を活用し，自立した生活を維持できるよう工夫された新しい軽費老人ホーム	29,529人分	100,000人分
	高齢者生活福祉センター	過疎地等の高齢者向けに，介護支援，安心できる住まい，地域住民との交流の機能を総合的に備えた小規模の複合施設	227ヵ所	400ヵ所

居室のパーソナライゼーション[04] [5]

居住部分の空間配置パターン [6]

タイプ	モデル図	特徴
分離型	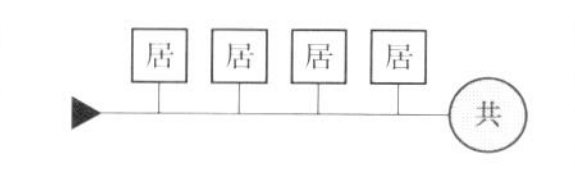	共用空間は，居室から独立して配置され，居室から廊下によってアクセスする．居室は片廊下・中廊下に沿って直線的に配置されることが多い．
段階構成型	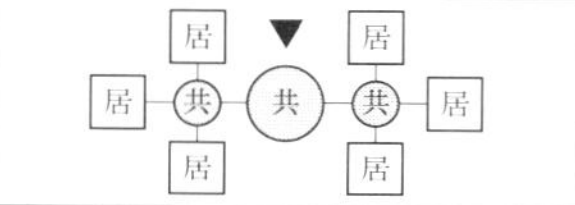	共用空間は分散され，少数の居室によって共用されるものから，全体で共用するものまで，段階的に配置されている．居室はグルーピングされ，共用空間との関係が高まる．
ユニット独立型	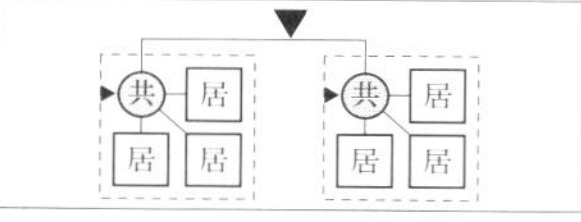	少数の居室と共用空間をまとめ，小規模ユニットとして独立性を高める．浴室なども配置してユニットの自立性を高めることもある．
街路型	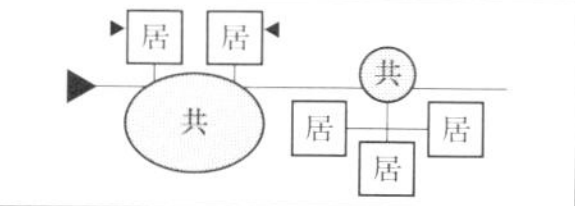	施設全体の段階的な領域性に配慮しつつも，居室－共用空間の関係を一元化せず，廊下を街路とみなし多様な配置を行う．入居者の行動圏を限定せず，居場所の選択性を高める．

建築環境とハンディキャップ [1]
法的には児童は18歳未満，高齢者は65歳以上の人をさすが，実際には人間は生命誕生の瞬間から加齢（aging）による変化をし続ける．成長期や衰退期にあったり，病気や障害を持つ場合，建築環境との相互作用によってハンディキャップ状況が生まれる．すなわち，同じ環境でも個人の能力によって適応状態は異なり，また，環境圧力の度合いによって，人は環境に対して能動的にも受動的にもなる．⇨044

サービスと施設 [2]
生活的，社会的なハンディキャップには多面的な対応を要する．障害は様々でも，共通に必要なのは日常のケアサービスであり，児童には教育，障害者にはリハビリテーションや就労，高齢者には保健医療等それぞれに必要なサービスが付加される．
サービスと居住の場がセットで提供される収容施設が社会福祉の始源だったが，ノーマライゼーションの実現に向けて，施設は地域に開かれたサービスの場へと変化している．

施設体系と入居者 [3][4]
高齢化によって各施設入居者の介護度も高まっている．加齢による障害は複合的で進行性をもつ．老化の進行によって移動を余儀なくされるのは，ケア段階別の施設体系の持つ避けがたい問題であり，移動できずに適切なケアの受けられない状況も生まれる．施設種の複合化はひとつの対応策だが，施設規模の増大に繋がる．制度の枠を超えて，対象者を限定しない小規模施設が期待されるところである．⇨177

施設と住まい [5]
施設入居理由は，現在も福祉施設が住宅政策を補完していることを示している．新ゴールドプランは今後の重点サービスと施設による地域福祉をめざしているが，住宅と在宅サービスのさらなる整備とともに，現実には生活の場となっている施設も病院も"住まい"にしていくことが求められている．

居住部分の空間配置パターン [6]
居室とデイルーム・食堂等の共用空間（⇨054）との関係は，入所者の生活圏の設定と深くかかわる．
従来の一括処遇の居住施設では，直線上の居室配置と集中型の共用空間が一般的であったが，共用空間を分散配置したり数個の居室とともにユニット化させるなど，介護単位を小規模化し，個別処遇を目指す空間構成が行われている．⇨177,179

01：P.Lawton : Ecology and the Aging Process, American Psychological Association, 1973
02：厚生省「厚生白書」1999
03：厚生省「社会福祉施設等調査報告」より作成
04：東京都老人総合研究所：小規模グループ複合型老人施設の建築空間条件および介護システムに関する調査報告, 1997

福祉：概要—施設基準

各種福祉施設の最低基準

最低基準 施行年月	施設名	目的・基本方針	最低基準の要件	職員構造の原則	設備構造の原則	施設規模	居室人員	一人当り居室面積（収納除く）	設備：居室(寝室)	食堂	浴室	調理室	会議室	遊戯室	学習室	製作・工作室	集会室	談話室	相談室・観察室	職員配置	処遇：生活指導等	入浴〈週〉	※補助基準面積(1人当たり)
救護施設……設備及び運営に関する最低基準 厚令 昭41.7	救護施設	○	○	○	○	50人以上	4人以上	3.3m²以上	○	○	○	○							○	生活指導員＋寮母＋看護婦 :5.4	生活の向上と更生の指導 機能の回復	2回以上	27.7m²
児童福祉施設最低基準 厚令 23.12	乳児院	○	○	○	○	10人以上(10人未満も可)		1.65m²以上	○		○	○		ほふく室 ○					○	看護婦:1.7	健全な発育 人格の形成 日常生活援助		17.4m²
	養護施設	○	○	○	○		15人以下	3.3m²以上	○	○	○	○							○	(児童指導員+保育士) 3歳以下 1:2 3歳以上幼児 1:4 少年 1:6	自主性の尊重 日常生活習慣の確立 人間性・社会性の養成		25.9m²
	保育所	○	○	○	○			保育室→○ 1.98m²		○		○		保育室又は○						乳児 3:1 3歳未満 1:6 3〜4歳未満 1:20 4歳以上 1:30	健康の観察 自由遊び 昼寝、服装	保育時間 8時間	(30人以下) 9.4m²
知的障害者援護施設の設備及び運営に関する基準* 厚令 平2.12	知的障害者更生施設	○	○	○	○	30人以上	4人を標準	3.3m²以上	○	○	○	○		○	○		○		○	看護婦＋生活指導員＋作業指導員 :4.3	日常生活習慣の確立 社会性・適応 教養、娯楽	2回以上	26.6m²
身体障害者更生施設等の設備及び運営について（統合）社更 60.1 (局長通知)	身体障害者更生施設	○	○	○	○	30人以上*	4人以下	3.3m²以上	○	○	○	○			○	○			○		教養、娯楽 リハビリテーション (医学，心理)		(重度) 32.1m²
	身体障害者療護施設	○	○	○	○	30人以上**	4人以下	6.6m²以上	○	○	○	○							○	生活指導員＋PT＋寮母＋看護婦 :2.2	機能の維持	2回以上	35.5m²
養護老人ホーム及び特別養護老人ホームの設備及び運営に関する基準 厚令 41.7	特別養護老人ホーム	○	○	○	○	20人以上***	4人以下	10.65m²以上	○	○	○	○							○	生活相談員:100 看護職員＋介護職員:3	介護 機能訓練 日常生活の世話	2回以上	34.1m²

（注）＊重度更生は50人以上　＊＊特養と合築の場合は10人以上　＊＊＊合築の場合は10人以上

各種福祉施設の最低基準[01]

施設	機能	対象者	開設者	定員	必要諸室	職員配置(入所者100人当たり)
特別養護老人ホーム〈介護老人福祉施設〉	介護機能	常時介護が必要で在宅生活が困難な要介護者	社会福祉法人，地方自治体	20人以上(1居室4人以下)	居室(10.65m²/人〜) 静養室，食堂，浴室(特別浴槽設置)，洗面所，便所，医務室，調理室，事務室，宿直室，介護職員室，看護職員室，機能回復訓練室，面接室，洗濯室，汚物処理室，介護材料室，霊安室等 廊下幅:片廊下1.8m〜 中廊下2.7m〜	医師 1人(非常勤可) 看護職員 3人 介護職員 31人 介護支援専門員 1人 生活相談員 機能回復訓練指導員等
老人保健施設〈介護老人保健施設〉	家庭復帰，療養機能	病状安定期にあり，入院治療をする必要はないが，リハビリ・看護・介護を必要とする要介護者	医療法人，社会福祉法人，地方自治体，その他厚生大臣が定める者	(1療養室4人以下)	療養室(8m²/人〜)，診察室 機能訓練室(1m²/人〜)，談話室(0.5m²/人〜)，食堂(2m²/人〜)，浴室(一般浴槽・特別浴槽)，レクリエーションルーム，洗面所，便所，サービスステーション，調理室，洗濯室，汚物処理室 廊下幅:片廊下1.8m〜 中廊下2.7m〜	医師 1人(常勤) 看護職員 9人 介護職員 25人 PTまたはOT 1人 介護支援専門員 1人 相談指導員等
療養型病床群〈介護療養型医療施設〉	治療機能，療養機能	病状が安定している長期入院患者であって，常時医学的管理が必要な要介護者	医療法人，国，地方自治体，社会福祉法人，公益法人，日本赤十字社，厚生連，社会保険関係団体，医師等	(4床以下)	病室(6.4m²/人〜) 機能訓練室(40m²〜)，食堂(1m²/人〜)，談話室，浴室 廊下幅:片廊下1.8m〜 中廊下2.7m〜	医師 3人 看護職員 17人 介護職員 17人 介護支援専門員 薬剤師，診療放射線技師等
特定施設入所者生活介護〈有料老人ホーム，ケアハウス〉	居住機能	自立，要支援要介護者	制限なし(ただし，有料老人ホームは医療法人は不可)	規定なし	居室，浴室，便所，食堂，機能訓練室	看護職員 3人 介護職員 31人 生活相談員 1人
痴呆性老人グループホーム	居住機能	中程度の痴呆の要介護者	制限なし	5人以上9人以下(個室)	居室(収納等を除き 7.43m²/人〜) 居間，食堂，台所，浴室等 職員室	日中利用者に対して3:1の割合で職員配置，夜間も常時1名以上配置，痴呆性老人の処遇に関し専門的知識を有し責任者となりうる者が1名以上勤務

高年齢者居住関連施設の施設基準[02]

施設基準

福祉施設の施設基準は，法令による設置基準が定められているほか，補助金・助成金に係わる施設基準がある．後者については社会情勢や行政の政策的な動向によって改定されており，その都度「告示」や「通知」という形で伝達される．福祉の分野では対象者・対象サービスごとに施設が細分化しており，とくに高齢者福祉の分野では高齢化対応による新しい施設体系が次々に制度化されつつある．施設ごとに異なった所管部局が運用にあたっているため，全体像の把握は難しい状況である．

福祉施設の最低基準

多くの福祉施設は，もともと措置制度によって福祉サービスを提供する施設として位置づけられており，その実現のため「最低基準」が法令によって策定されている．これらの最低基準の多くは戦後の困窮・混乱の時期に創設されたもので，当時の追求すべき水準を示したものであるが，その後長年固定化しているものも多い．現在の実態に必ずしも則していないが，現在でも施設設置認可の基準であり措置費算定の基準であり，さらに指導監査(監督)の基準としても位置づけられている．

高齢者居住関連施設の施設基準

高齢者の療養環境も含め，高齢者の居住関連施設は住宅分野から福祉・医療分野にまたがって広く供給されている．介護・看護の必要な高齢者の居住施設をみても，老人福祉法で定められた特別養護老人ホーム，老人保健法で定められた老人保健施設，医療法で定められた療養型病床群や老人病院など，一元化されない施設体系となっている．2000年の介護保険以降，これらは介護老人福祉施設・介護老人保健施設・介護療養型医療施設として位置づけられ，介護保険の対象施設として役割分担されるようになった．2000年度からは，小規模で家庭的な環境を目指す痴呆性老人グループホーム事業が行われ，注目を集めている．

01：小笠原祐次他：社会福祉施設，有斐閣
02：日本医療福祉建築協会：医療・高齢者施設の計画法規ハンドブック

福祉：保育所 Welfare: Welfare for Children

ファンタジアの家1・2
- 設計：八島正年＋高瀬夕子
- 建設：1995年（家1），1999年（家2）
- 敷地面積：660m² ・定員：20人
- 延床面積：9.9m²（家1），5.39m²（家2）
- 構造・階数：RC造・木造，地下1階（家1），木造，平屋建（家2）

晴れの日には外で，雨の日にはインディアン・テントで保育を行ってきた林の中の保育園である．テントの老朽化を契機にわずか3坪のファンタジアの家1，次いで子ども達の要望からファンタジアの家2を造ることになった．

ファンタジアの家1は，天井の高さや廊下の幅などを子どものスケールに合わせて小さく抑えている．床は掘り下げられ，地面近くに窓がある．4畳の畳をベンチが囲むだけの構造で，入口は裏側のトンネルのような通路に対して開けられ，内と外がやわらかくつなげられている．

ファンタジアの家2は，子ども達から要望のあった専用キッチン，トイレと園長が切望していた人形劇場をデッキでつないでつくられた．中心の木の床のオープンスペースは，子ども達の想像力によってその機能を変化させ，それに対応する領域や動線が生み出される．

白善会保育園るんびいに
- 施設種別：保育所
- 設計：小川信子＋小川建築工房
- 建設：1992年
- 敷地面積：3,119m²
- 延床面積：1,222m²
- 構造・階数：木造・枠組壁工法，地上2階建
- 設置・運営：社会福祉法人白善会

玄関近くにおかれた遊戯室・食事室などの共通スペースが年長児と年少児のゾーンをつないでいる．年少児の部屋は建具で仕切られるオープンプランで，スノコテラスと砂場で年長児から守られた庭があり，安全にゆったりと遊べる．年長児の各部屋は広縁によりつながり，図書室へと続く．広縁と保育室の間には建具はなく，また3・4歳児の部屋は一部屋としても使える．

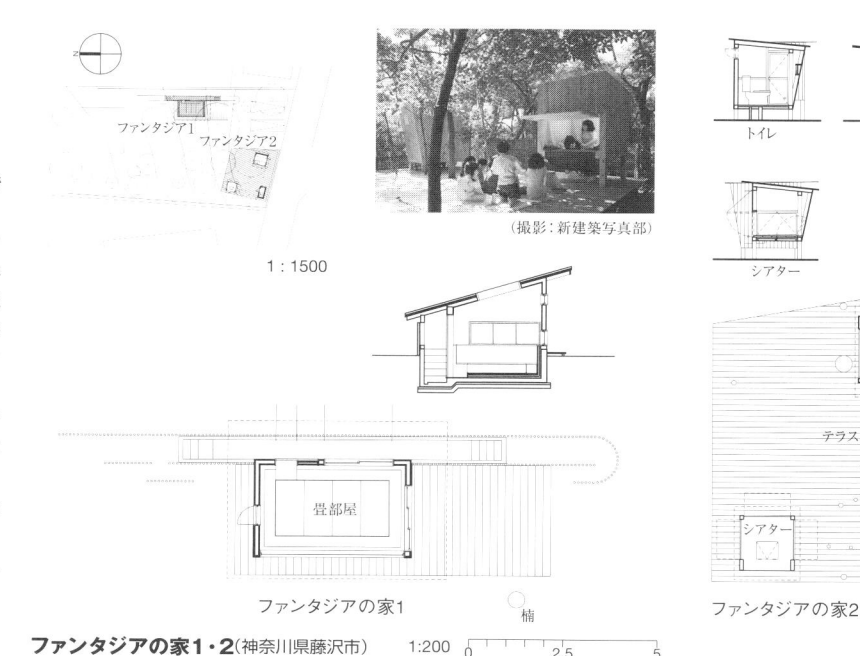

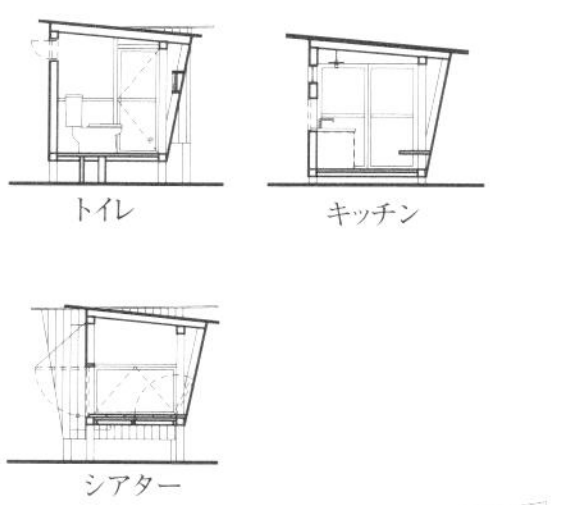

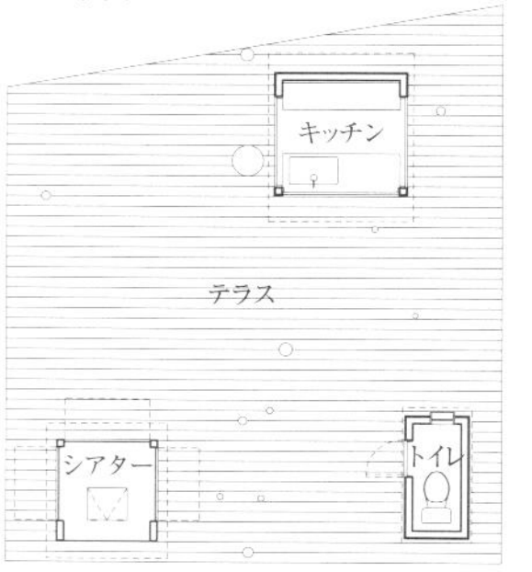

ファンタジアの家1・2（神奈川県藤沢市）

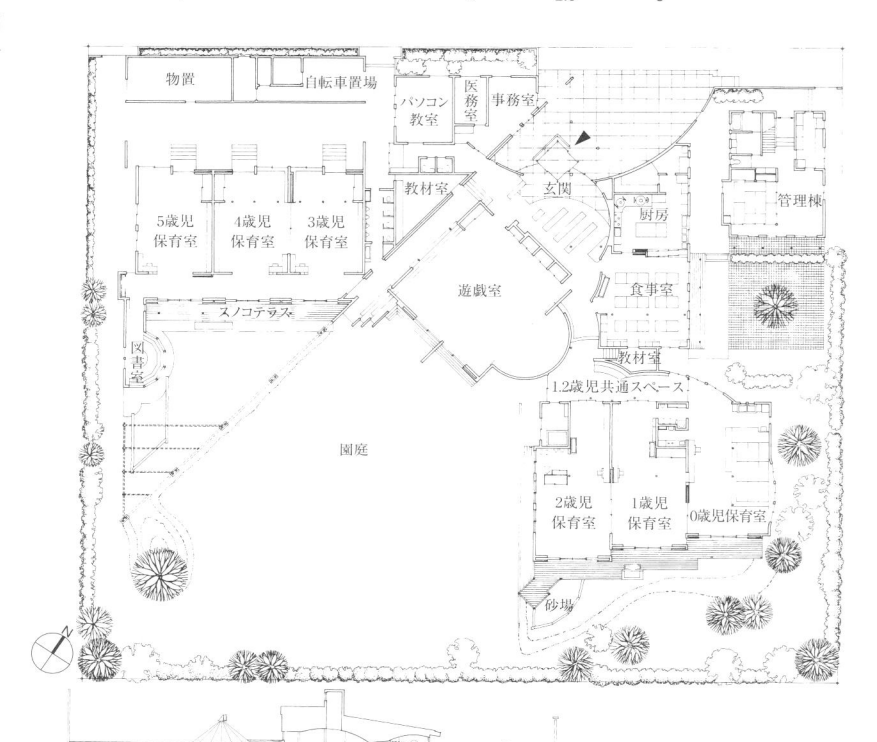

白善会保育園るんびいに（新潟市）

保育所の1日

保育所での生活は，年齢や保育所ごとに違いはあるが，だいたい表に示すような流れが多い．しかし，子ども達の興味の持続や変化は個別的でプログラムに乗りにくい．どのような保育にどう時間を使うかに各保育所の特徴が表れる．

朝・夕の延長保育は，登園・降園時間が園児によって違い，特に朝の最初と夕方の遅い時間は人数が少ない．そのために限られた保育士配置や子ども達の活動や心理面への影響も考えて，ホールかどこか1つの保育室に年齢・クラスを超えて集まるのが一般的といえる．

登園・降園時間の多様化はそのまま子ども達の生活リズムが多様化していることを表している．こうした傾向と，保育空間に食べるスペースと寝るスペースを分けて確保できる余裕が見られるようになってきたことで，個々の子どものペースに合わせて食事や午睡の時間に幅を持たせる保育所も増えてきている．

自由遊びは食事前後，午睡とおやつの間など，クラスの活動が次に移行する際に，ペースの早い子が遅い子を待っている時間帯にも見られる．時間的な個人差だけでなく，食事の量にも個人差を認め，子ども達自身に食べる量を決めさせることで自己管理と責任を教えている場合もある．

	0・1・2歳児	3・4・5歳児
特例保育（延長保育）	7:30～8:30	7:30～8:30
登園	↓	↓
自由遊び	8:00～9:30まで	8:00～9:30まで
お集まり	9:00～9:30から	9:00～9:30から
おやつ	9:30～10:30	
設定保育・自由保育	↓	↓
昼食	11:00～12:00	11:30～12:30
午睡・自由遊び	12:30～14:30	13:00～14:30
おやつ	15:00～15:30	15:00～15:30
お集まり	15:30～16:00	15:30～16:00
自由遊び・降園	↓	↓
特例保育（延長保育）	17:00～19:00	17:00～19:00

Welfare: Welfare for Children 福祉：保育所・学童保育・児童館

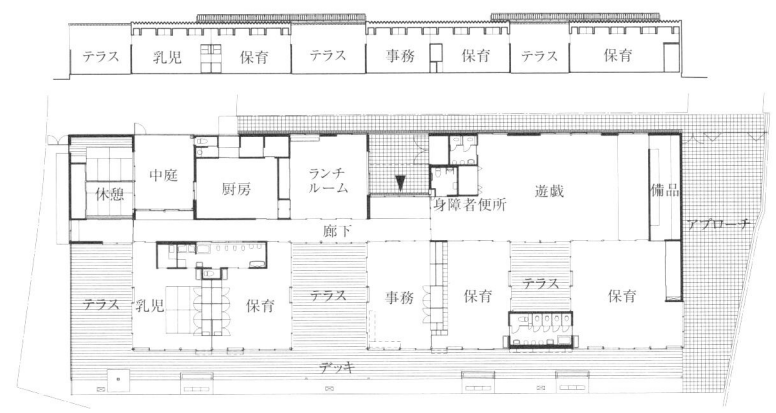

高田あけぼの保育園（八代の保育園）（熊本県八代市）

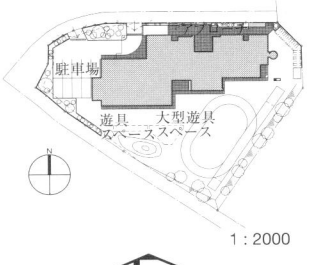

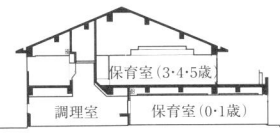

せいがの森保育園（東京都八王子市）

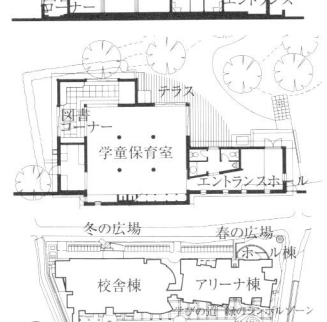

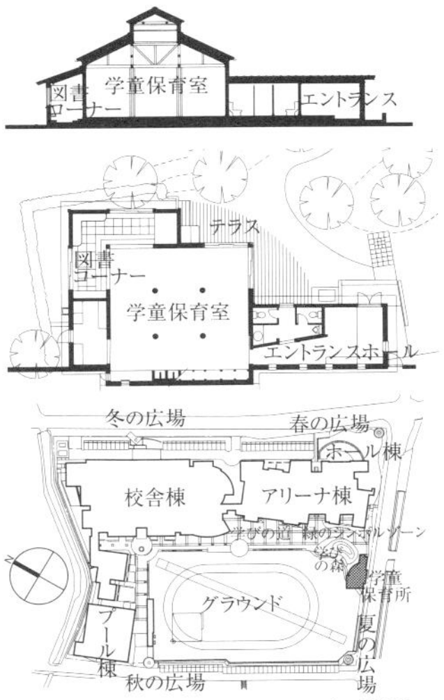

下山田学童保育所もりのいえ（福岡県山田市）

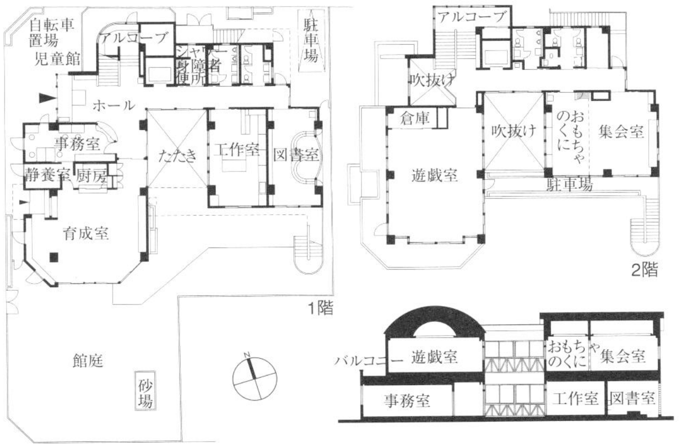

国分寺市立しんまち児童館（東京都国分寺市）

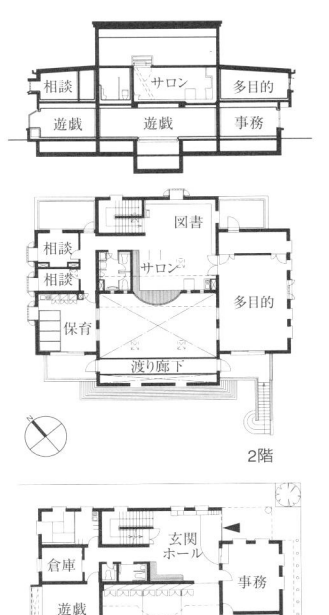

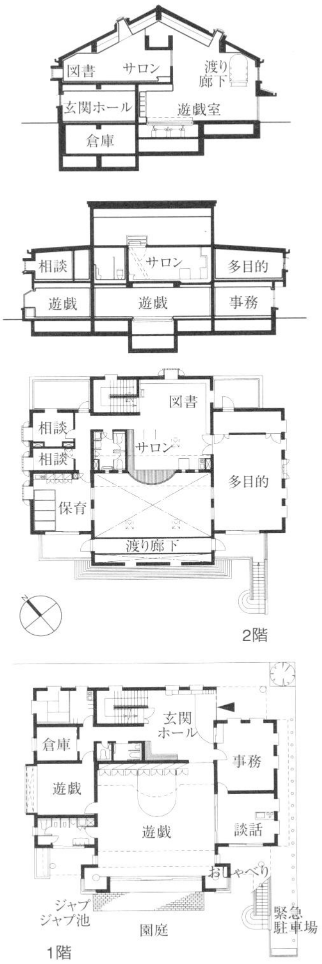

武蔵野市立0123吉祥寺（東京都武蔵野市）

高田あけぼの保育園（八代の保育園）
- 施設種別：保育所
- 設計：みかんぐみ
- 建設：2001年　•定員：60人
- 敷地面積：3,610m²
- 延床面積：663m²
- 構造・階数：木造軸組構法，平屋建

南側に保育室が並ぶ．園庭と保育室を結ぶデッキに深めに屋根がかかり，その下に靴脱ぎがある．北側の諸室にも充分な採光と通風が期待できる．

せいがの森保育園
- 施設種別：保育所
- 設計：学習研究社一級建築士事務所
- 建設：1997年　•定員：100人

下山田学童保育所もりのいえ ⇒226
- 施設種別：学童保育所
- 設計：環・設計工房
- 建設：1999年
- 敷地面積：22,779m²（小学校全体）
- 延床面積：1,006m²
- 構造・階数：RC造，地上2階建
- 設置・運営：社会福祉法人省我会

ニュータウンにあり，地域とのつながり・子育てコミュニティづくりを促す拠点として計画された．子育て支援室や園庭，親子が自由に使える絵本コーナーのほかに子育て世代に限らず利用できるコミュニティルームやギャラリーなどを設け，地域開放している．

- 延床面積：120m²
- 運営主体：山田市

小学校の門の位置に置かれ，RC造の校舎とは雰囲気を変えた木造の学童保育室を中心に一段下がりのカーペット敷きの図書コーナー，築庭・遊具ゾーン・テラスなどが付随する．

国分寺市立しんまち児童館
- 施設種別：小型児童館
- 設計：開発設計
- 建設：1995年
- 敷地面積：695m²
- 延床面積：474m²

「たたき」と呼ばれる半屋外空間により屋外と屋内，児童館と学童保育（育成室），動的な遊び空間（遊戯室）と静

的活動の空間を結びつけている．

武蔵野市立0123吉祥寺
- 施設種別：児童館
- 設計：平瀬計画設計研究所
- 建設：1992年
- 敷地面積：659m²
- 延床面積：523m²
- 構造・階数：RC造，地下1階地上2階建
- 利用者数：70組/日

日本で初めての0歳から3歳までの乳児専用の児童館．1階は，吹抜けの遊戯室を中心に，プレイルーム，ミニキッチンを備えた談話室と事務室，2階は静的な活動の空間を中心に，乳児と母親のための諸室がある．

福祉：高齢者福祉―居住系 Welfare: Welfare for the Aged—Dwelling

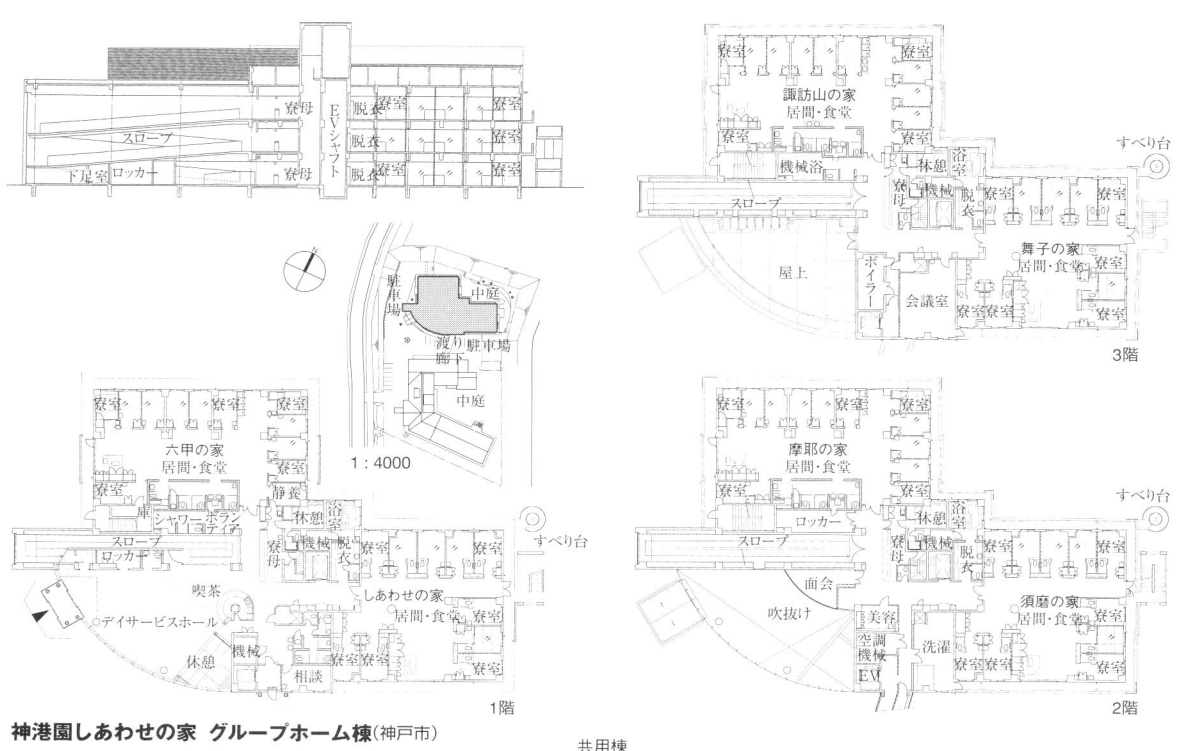

神港園しあわせの家　グループホーム棟（神戸市）

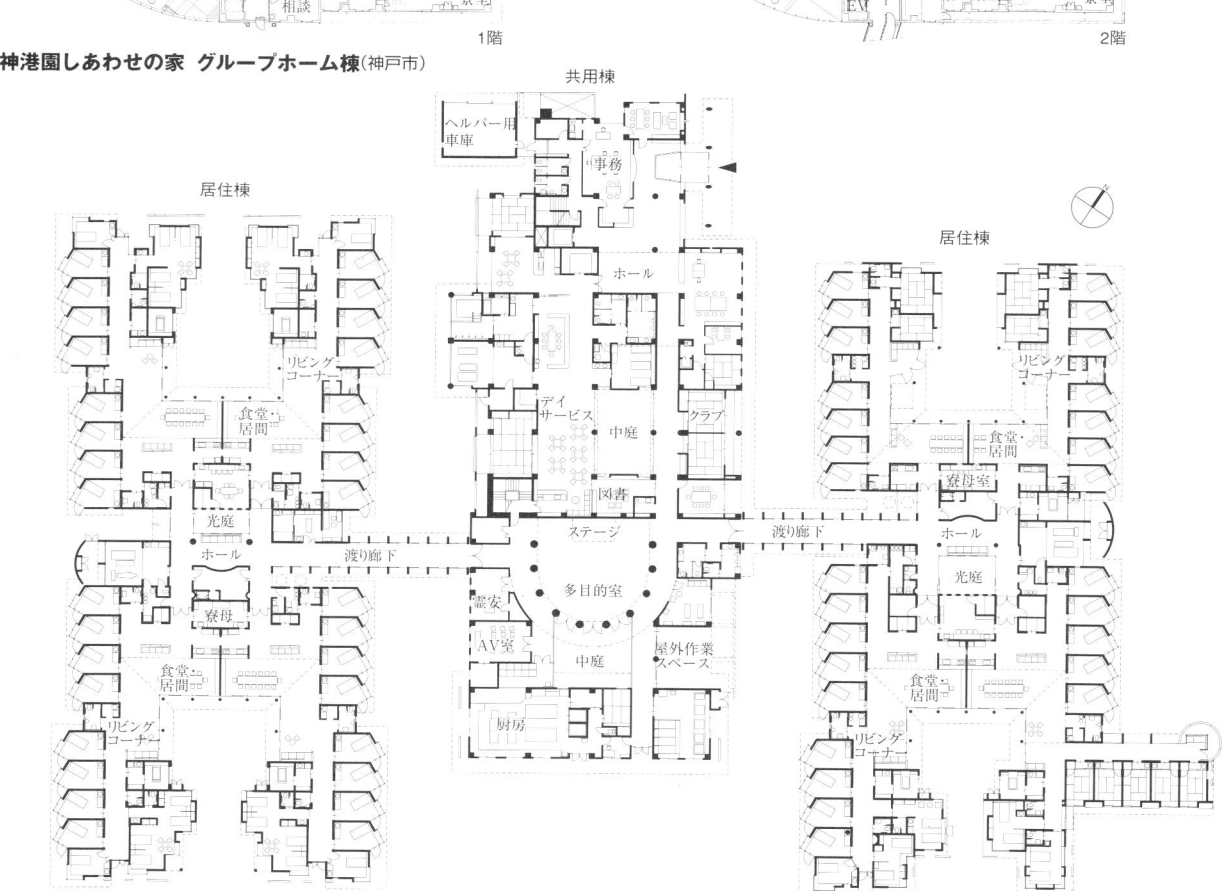

とかみ共生苑（山形市）

神港園しあわせの家　グループホーム棟
- 施設種別：特別養護老人ホーム
- 定員：特養50名＋ショートステイ
- 設計：NAK建築事務所
- 建設：1995年
- 敷地面積：7,163m²
- 延床面積：3,137m²
- 設置・運営：社会福祉法人神港園

豊かな自然に囲まれた総合福祉ゾーン「しあわせの村」に位置している．既存の痴呆性高齢者専用の特別養護老人ホームの隣に，施設型のグループホームを目指して増築された．10室ないし12室の個室が居間・食堂を取り囲む形態のグループホームが各階2ユニットずつ，合計6ユニットからなる．東側のユニットはトイレ付きの個室，西側のユニットはトイレなしの個室として，入居者の自立能力にあわせた対応を可能にしている．各ユニットの居間・食堂にはオープンなキッチンが設けられ，ここで入居者も手伝いながら食事の配膳などが行われる．縦動線として1〜3階を結ぶ直通のスロープが設置されて，入居者が自由に上下階を移動することで生活に広がりをもたらすような計画となっている．

とかみ共生苑
- 施設種別：特別養護老人ホーム
- 定員：80名＋ショートステイ20名
- 設計：羽田設計事務所
- 建設：1997年
- 敷地面積：15,045m²
- 延床面積：5,518m²
- 構造・階数：RC造一部S造木造，平屋建一部地下1階地上2階建
- 設置・運営：やまがた市民福祉会

特別養護老人ホーム全体の一定規模を確保しつつも，居室を個室化し，かつ小規模なグループ単位に分割し，それに従った運営体制を構築している．グループ単位に食堂，居間，浴室が配備され，クラスターの形態をとっているが，ひとつひとつのグループに自律した運営が可能なように空間を構成している．

Welfare: Welfare for the Aged—Dwelling　福祉：高齢者福祉―居住系

親の家（東京都武蔵野市）

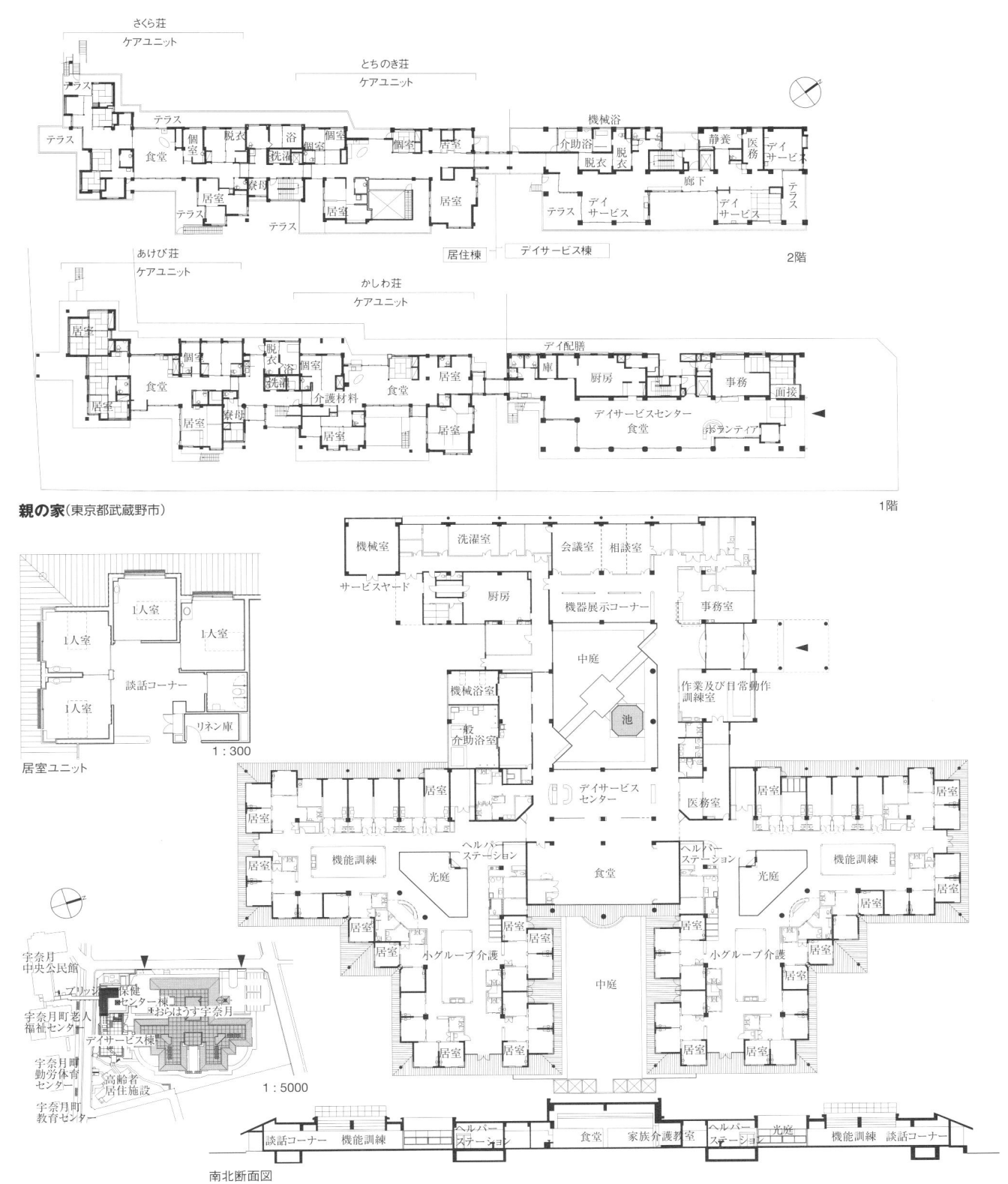

おらはうす宇奈月（富山県新川郡宇奈月町）

親の家
- 施設種別：特別養護老人ホーム
- 定員：特養40名＋ショートステイ8名＋デイサービス35名
- 設計：象設計集団
- 建設：2001年
- 敷地面積：3,341m²
- 延床面積：2,489m²
- 構造・階数：RC造、地下1階地上3階建
- 設置・運営：社会福祉法人　親の家

短冊状の細長い敷地を逆手にとり、敷地手前にデイサービス、奥側に居住部分を植栽やテラスなどを入れ込みながら配置し、幅が変化する廊下［みち］で雁行しながら緩やかに連続させている。外部空間に接するデイサービスや食堂、居室や外部から直接アクセスできる2階のテラスは多様な場を形成している。

12人のユニット4つからなり各人に窓と壁のコーナーを確保し、また各所に居場所となる家具やほどよいスケールの居間が用意されている。

おらはうす宇奈月
- 施設種別：特別養護老人ホーム、住宅介護支援センター、デイケアセンター
- 定員：特養50名＋ショートステイ10名
- 設計：外山義（指導）、公共施設研究所
- 建設：1994年
- 敷地面積：17,375 m²
- 延床面積：4,322m²
- 構造・階数：RC造、平屋建
- 設置・運営：社会福祉法人宇奈月福祉会

わが国で初めて全室の個室化（⇨050）を実現した特別養護老人ホームで、単に個室化しただけでなく、少人数のための談話コーナーや14〜15人程度の広間的空間、全員が集まれる食堂など段階的な空間を用意し、入居者のコミュニケーションを促そうとしているところが大きな特徴（⇨054）。

施設全体は左右対称となっており、左右一ヶ所ずつに寮母室が設けられ、25人ずつを看護単位としている。

176 福祉：高齢者福祉—居住系 Welfare: Welfare for the Aged—Dwelling

1:800

3階

2階

1階

愛知せんねん村
（愛知県西尾市）

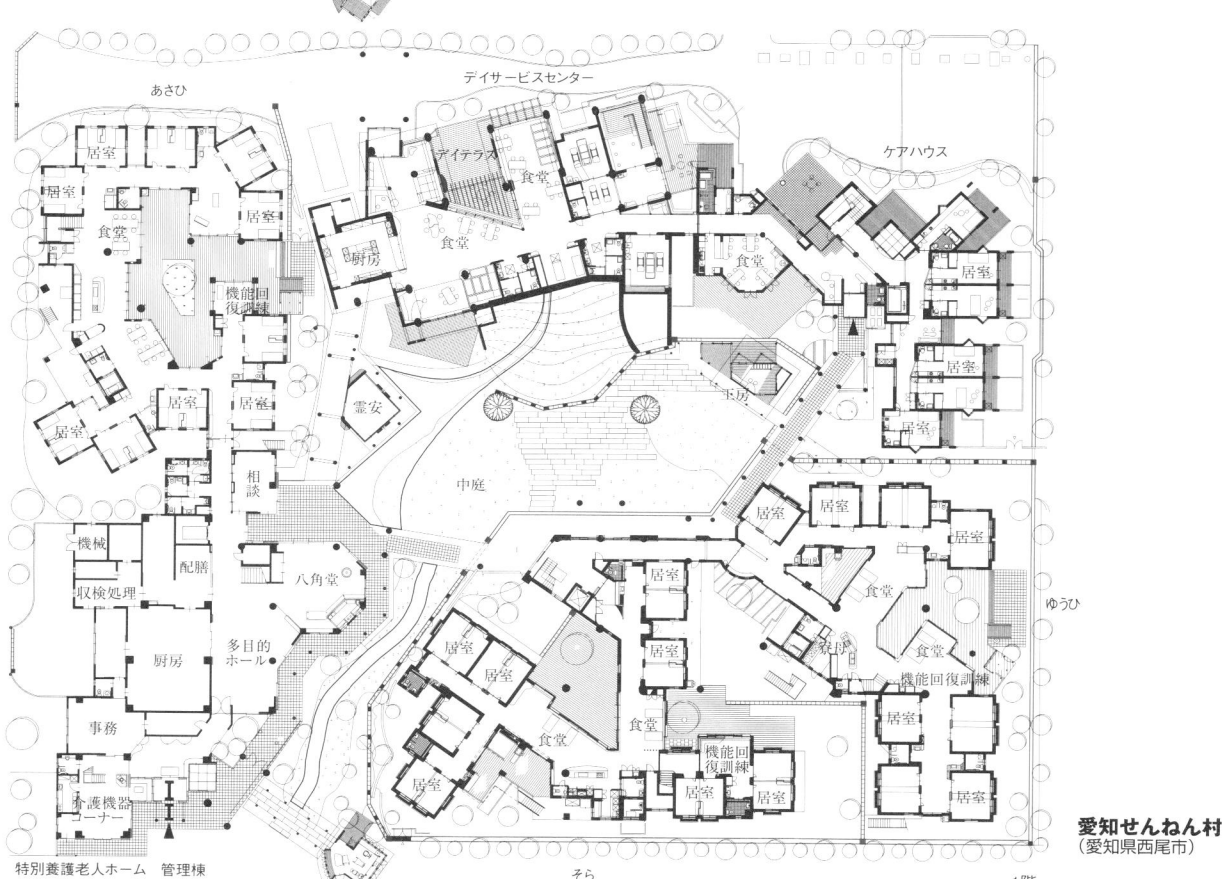

愛知せんねん村

- 施設種別：特別養護老人ホーム＋ケアハウス＋デイサービスセンター
- 定員：特養80名＋ショートステイ20名＋ケアハウス15名＋デイサービス30名
- 設計：キット・プランニング，大久手計画工房
- 建設：2000年　●延床面積：5,980m²
- 敷地面積：約10,341m²
- 構造・階数：RC造＋木造，平屋，2階建，3階建
- 設置・運営：社会福祉法人きらら会

事務・管理棟，デイサービス棟，ケアハウス棟，3棟の特別養護老人ホームの6棟に分かれており，それらが中央の中庭を取り囲む配置となっている．分散配置としたことで各建物は小規模に抑えられ，また各建物も居室2室ごとに分節化された不整形な形態となっているため，一つの大規模施設というよりも，住宅的なスケールの建物が密度高く集まった町のような外観を呈している．特別養護老人ホームは，各棟1フロア16名で生活ユニットを形成しており，各ユニットごとに家庭サイズのLDKや浴室，内玄関が設けられ，ユニットの独立性と入居者の帰属感が高められている．各棟にはそれぞれウッドデッキの中庭が独立して設けられ，入居者の居場所となるLDKや談話コーナーがこれらの小さな中庭に面している．各棟を結ぶ半屋外通路によって囲まれた施設全体の中庭には，緑の丘や子どもの遊び場が設けられ，近所の子どもが遊びに来たり，地域のイベントが行われるなど，地域に開かれた空間となっている．内装には地域の木材が利用され，壁も土壁仕上げにするなど，直接人の触れる部分には自然の材料が多用されている．

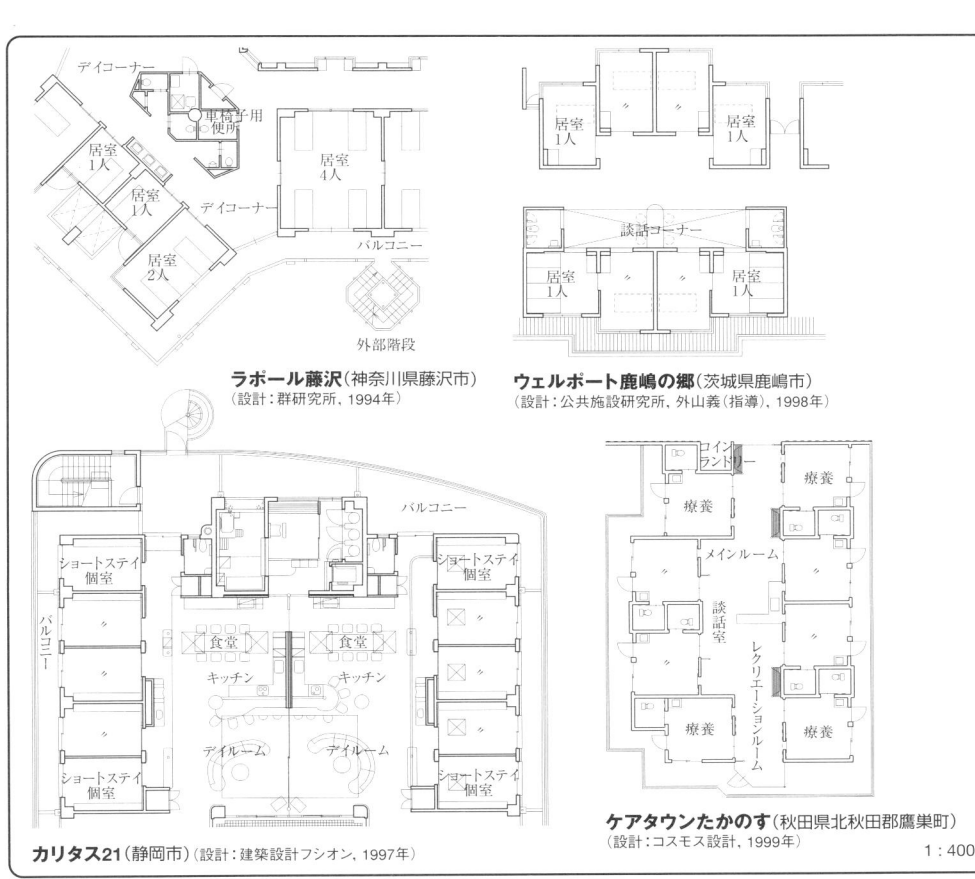

Welfare: Dividing into Small Units, Making One's Place **福祉**：施設の小規模ユニット化，個の空間づくり

施設の小規模ユニット化

従来の施設に対し，少人数グループに分けてケアする施設形態が取り入れられてきている．生活単位を小規模化し，家庭的なスケールの中で生活することにより，自立的な生活を送ることを目的としている．

またユニットごとに安定した職員配置を行うことで生活単位と介護単位を一致させ，入居者との関係を築くことや，決められたスケジュールに従うのではなく，入居者の個性や能力を見極めながら主体性を引き出すケア，いわゆる「ユニットケア」を適切に行うことが重要である．

ラポール藤沢は，各個室がデイコーナーを囲み7人単位を意図的につくっている．またウェルポート鹿嶋の郷では4～8室で談話コーナーを共有する形となっている．カリタス21やケアタウンたかのすでは，7～8人ごとの生活単位がはっきり区画され，共有空間に様々な居場所を用意している．

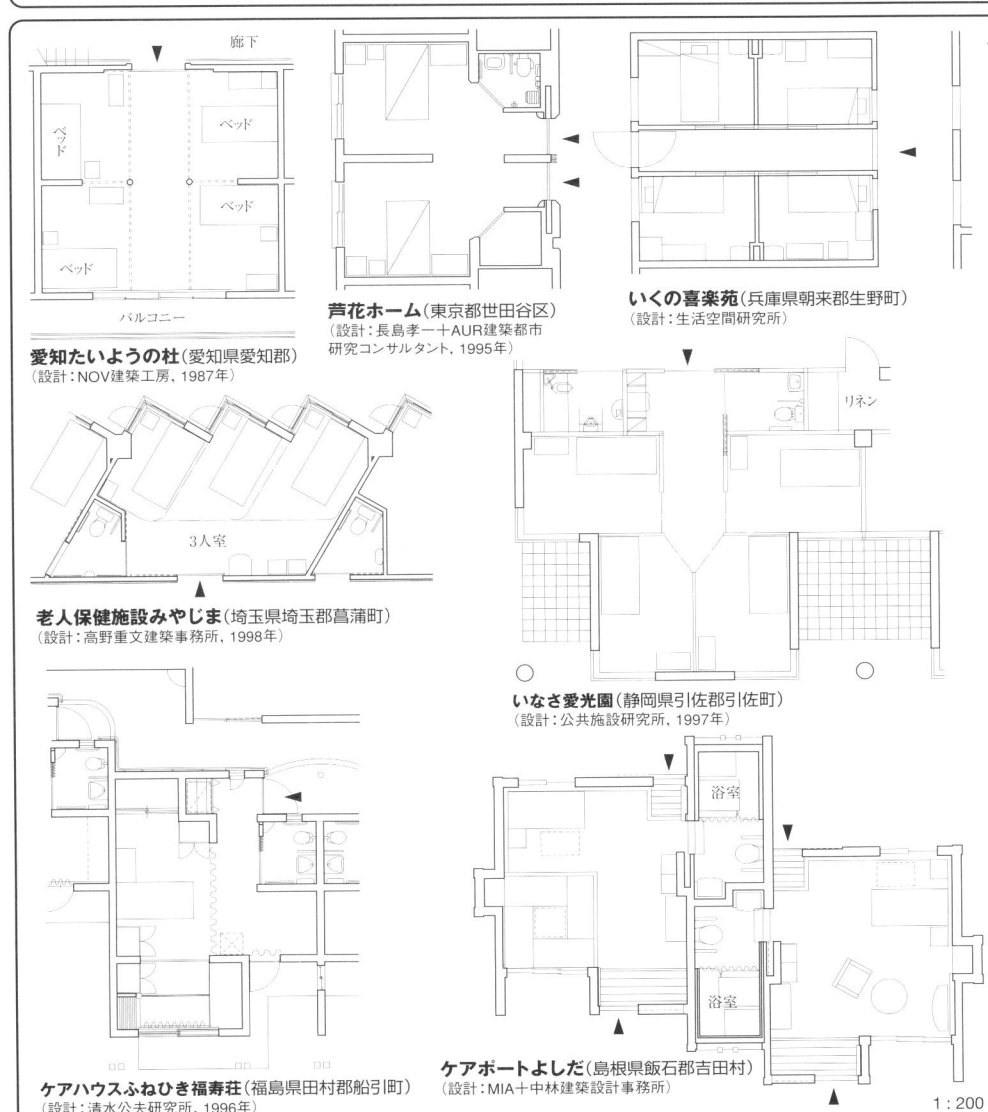

ラポール藤沢（神奈川県藤沢市）（設計：群研究所，1994年）
ウェルポート鹿嶋の郷（茨城県鹿嶋市）（設計：公共施設研究所，外山義（指導），1998年）
カリタス21（静岡市）（設計：建築設計フシオン，1997年）
ケアタウンたかのす（秋田県北秋田郡鷹巣町）（設計：コスモス設計，1999年）

1：400

個の空間づくり

4人部屋が当然と思われてきた特別養護老人ホームや老人保健施設などでも，入居者のプライバシーの尊重という面から個人の空間の確保が重要な課題となっている．

4人部屋であっても愛知たいようの杜のように2本の柱によって居室を4分割することで個人の空間を明確化し，入居者の家具の持ち込みや自由なしつらえを可能にしたり，老人保健施設みやじまでは雁行した窓が入居者それぞれにあり，カーテンを閉めることで個室に近い環境となるよう工夫している．

いくの喜楽苑は，4人部屋を改造し間仕切り壁を設け，狭いながらも個室を確保している．

また個室と多人数部屋の両立を目指した例として，芦花ホームのようにそれぞれに入口と窓があり個室として使える2部屋の界壁の一部に開口を空けた例や，いなさ愛光園のように各入居者が自分の空間を閉ざすことで個室になる例がある．

さらに自立性の高い入居者を対象としたものとして単に個室化するだけでなく，室内に居間・寝室・和室部分など分節化した居室計画を行っているケアハウスふねひき福寿荘や，各室が独立した玄関と勝手口を持つケアポートよしだの居住棟などがある．

愛知たいようの杜（愛知県愛知郡）（設計：NOV建築工房，1987年）
芦花ホーム（東京都世田谷区）（設計：長島孝一＋AUR建築都市研究コンサルタント，1995年）
いくの喜楽苑（兵庫県朝来郡生野町）（設計：生活空間研究所）
老人保健施設みやじま（埼玉県埼玉郡菖蒲町）（設計：高野重文建築事務所，1998年）
いなさ愛光園（静岡県引佐郡引佐町）（設計：公共施設研究所，1997年）
ケアハウスふねひき福寿荘（福島県田村郡船引町）（設計：清水公夫研究所，1996年）
ケアポートよしだ（島根県飯石郡吉田村）（設計：MIA＋中林建築設計事務所）

1：200

178 福祉：高齢者福祉—居住系　Welfare: Welfare for the Aged—Dwelling

グループハウス尼崎（兵庫県尼崎市）

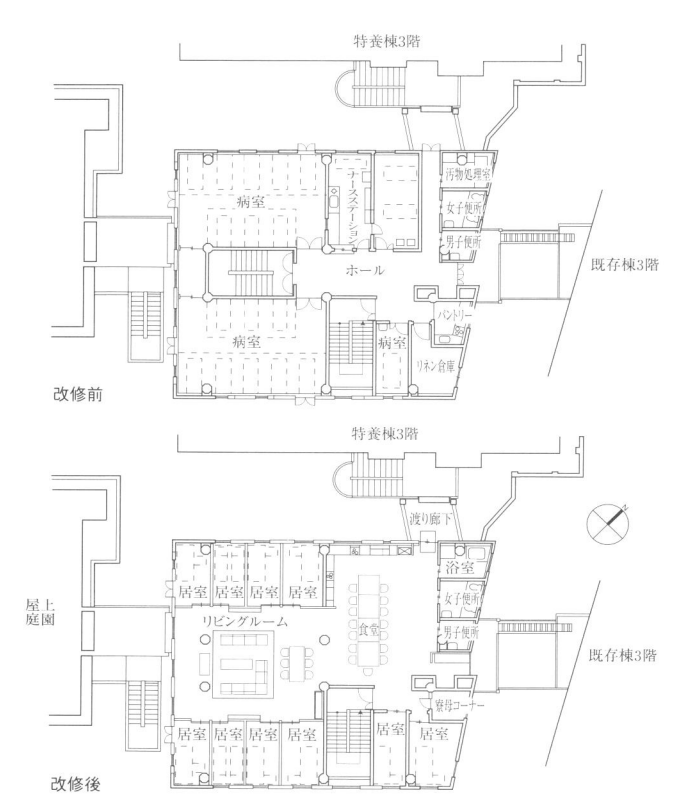

居室平面（19.25m²/戸）　1:200

しせいホーム（東京都立川市）

ボーゲン（Bågen, スウェーデン）

グループハウス尼崎
- 施設種別：震災復興グループハウス
- 定員：18名
- 設計：京都大学小林正美研究室＋兵庫県住宅供給公社，積水ハウス
- 建設：1998年
- 敷地面積：1,119m²
- 延床面積：625m²
- 構造・階数：軽量鉄骨造，平屋建
- 設置：兵庫県住宅供給公社
- 運営：園田苑

阪神・淡路大震災の復興事業として生まれた，高齢者が少人数で集まって生活する新しい居住形態の建物．痴呆性高齢者グループホームと同様の規模でケアスタッフも24時間常駐するが，被災高齢者を対象としており痴呆性高齢者以外も入居できる．施設として生活を一律に管理するのではなく，個人個人の主体的・自律的な生活を支援することを目指している．全18室を2ユニットに分けた左右対称の平面で，各ユニットそれぞれに玄関とゆったりした共用LDKがある．居室は収納スペース・トイレ・洗面台が設けられた個室とし，各居室からは直接外部へ出ることができる．ユニットに挟まれた中央部はウッドデッキとし，リビングの延長として用いられるほか，近所の店による移動販売なども行われ，地域からのアクセシビリティを高めている．

しせいホーム
- 施設種別：グループホーム
- 定員：10名
- 設計：矢向建築設計事務所
- 建設：1995年
- 延床面積：281m²
- 設置・運営：社会福祉法人至誠学舎立川

特別養護老人ホーム併設型の痴呆性高齢者グループホームで，診療所のあったスペースをグループホームに改築した．水回り部分を生かしながらも，階段を一つ撤去するなどの変更を行った結果，中央にリビングルームや食堂などの共用空間を広く設け，それを取り囲むように個室が配置された．3階は，隣接する棟の屋上を庭園化することで，入居者が日常的に屋外に出ることを可能にしている．

ボーゲン
- 施設種別：痴呆性高齢者グループリビング
- 定員：8名
- 設計：Gjert Björkmann, Owe Ålund
- 建設：1992年
- 延床面積：約500m²・居室面積：28m²
- 設置・運営：Klippan kommun

中央ホール型のグループリビングの典型平面で，中央の「広場」は天井を高くしハイサイドライトで採光をとっており，パーゴラをしつらえて広さ感を緩和している．

グループ居住

入所施設におけるグループ居住

入所型の社会福祉施設では，従来一定規模の入所者が集団で画一的に生活するものが多かった．しかし施設の中の社会集団が全員の大集団か個人かという二者択一的なあり方を見直し，小さなグループ規模で生活単位を構成することにより，生活の自律性を取り戻し，個性に対応しつつ良好な人間関係を形成する試みがなされている．知的障害者の入所施設における小舎制や高齢者施設で採用されるようになっているユニットケアの考え方がそれであり，施設空間に入所者生活の主体性を取り戻す，言い換えれば住居化のひとつの方法としてグループ居住が試みられている．

住宅におけるグループ居住：コ・ハウジング，グループハウジング，グループリビング

地域における居住を考える上でもグループ居住のあり方は様々な形態をとりつつも，有効であるとされている．

一般に住宅は各々独立した住戸が戸建てまたは集合して構成されるが，これに対し住生活の一部を共同化する住宅形式は，コ・ハウジングと総称でき，主要なものとして以下の3つのタイプが挙げられる．
① コーポラティブハウジング co-operative housing：わが国の場合[1]，複数の施主が計画段階から参加して，共同で集合住宅を建設・管理する形式に用いられる．
② コレクティブハウジング collective housing：共用部分に居住機能の一部を備えた集合住宅の形式[2]．
③ シェアードハウジング shared housing：ひとつの住戸を複数の入居者で分け合って居住する形式[3]．
このうち，少人数により生活が構成される住居はグループハウジング，その居住形態をグループリビングと呼称することとする．グループハウジングには，上記のうち，②コレクティブハウジングの一部と，③シェアードハウジングが該当するといえる．

グループホーム

障害者や高齢者が少人数で地域生活を行う福祉的な共同住宅で，専門のスタッフによる生活支援・介助・介護・看護などのケアを受けるものをさす．したがって，形態的にはグループハウジングのひとつである．施設福祉から地域福祉へ移行する上での有効な場として，今後ともますます増加する傾向にある．住宅形式と入居対象者別の観点から，以下に整理した．

〈住宅形式による分類〉
① 居室水準：わが国におけるグループホームの住宅形式の過半は，私室として寝室機能が中心の個室を持つが，食事・入浴やくつろぎの場であるリビングルームは共用スペースにのみの，すなわち「シェアードハウジング」タイプであり，さらには居室水準の低い下宿型[4]というレベルにとどまっている．洗面やトイレが各居室あるいは2〜3居室ごとに設けられ，さらに余裕スペースを設けて住居水準の向上を図る事例もみられ，これらは「シェアードハウジング」の改良型といえる．

一方，福祉先進国といわれる諸国でみられるのは，各居室にシャワーユニットや納戸はもちろん，キッチン・食事スペースやくつろぎの場が確保され，各居室は基本的な住戸の機能を備えている．共用部にはキッチン・食事スペース・リビング，ケアスタッフ用諸室が設置されている．これらは，類型化すれば「コレクティブハウジング」タイプと呼ぶことができる[5]．玄関が住戸別か共用かでも区分することができ，この間にはバリエーションが存在する．
② 公私空間の平面構成：また，各居室（私室系）と共用スペース（公室系）との位置関係からは，これらが分離している〈公私分離〉タイプと，公室を囲むように私室が配置される〈公私隣接〉タイプに大別してよいであろう．前者は，一般住宅にもあてはまるもので，一方後者は，グループリビングのイメージを実体化したものとして想起されやすく，グループホーム全般に求められる家庭的な居住空間の演出に効果的である．また，スタッフの目配りも容易で，不慮の事態への対応や手篤い介護が必要な入居者にも即応しやすく，動線も短縮化されるため床面積の効率性も高いなどのメリットが挙げられる．ただし，一定のケアが必要ではあるが，必ずしも模擬的家族生活，あるいはグループリビングを最優先には志向せず，プライバシーの確保や自立生活を優先する入居者などは，〈公私分離〉が求められる場合もある．さらに，グループホームでの地域生活を通して，ケアスタッフへの依存傾向が自立志向に転化することも指摘されており，平面構成がひとつの典型に収斂されることは避けねばならない．

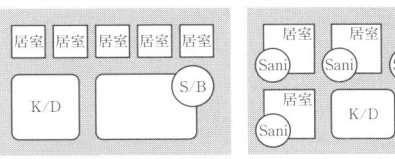

〈居室水準による住宅形式のタイプ〉

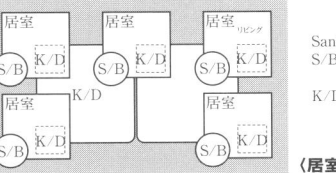

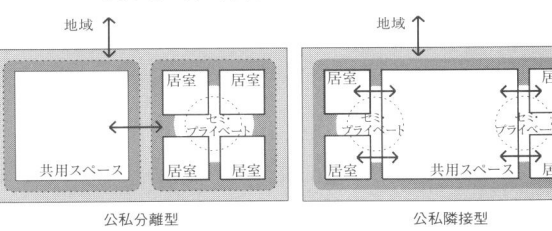

シェアードハウジングタイプ　シェアードハウジングタイプ

コレクティブハウジングタイプ

Sani：衛生設備（洗面・トイレなど）
S/B：洗面・トイレおよび浴室（シャワー）
K/D：キッチンおよび食事スペース

〈公私室空間の平面構成〉

公私分離型　公私隣接型

高齢者居住施設の一日

高齢者居住施設では，一般的に居住者の要介護度が高い施設ほど，施設側によってスケジュールが細かく管理される傾向がある．多くの特別養護老人ホームでは朝から，起床，朝食，体操，おやつ（水分補給），昼食，入浴，リハビリ，夕食，就寝などの時間が決められ，50人以上の入居者に対してこのスケジュールをこなすことに職員の労力の多くが割かれている．このような一斉処遇への反省から，より小規模なユニットケアやグループホームケアが注目されている．しかし規模だけでなく，ケアの方針が入居者の生活を大きく左右する．図は2ヶ所のグループホームの各入居者の居場所を一日の流れとして示したものである．上の例では，大規模施設と同様プログラムを中心に展開しており，その結果入居者の生活は画一的なものとなっている．一方下の例では，日中のプログラムを極力廃し，一人ひとりの生活パターンや性格を尊重したケアを行うことによって，入居者がそれぞれ異なるパターンで一日を過ごしている．

（図の横軸は時間を表す．折れ線は各入居者の生活行動を重ね合わせたもので，線の太さが人数を表している．また網掛け部分はプログラム時間，部分的な網掛けは選択プログラム時間を意味する．）

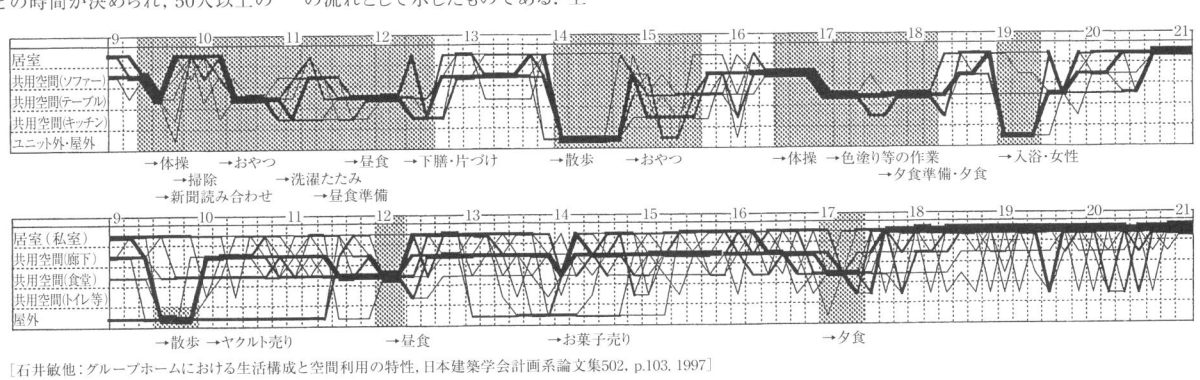

[石井敏他：グループホームにおける生活構成と空間利用の特性，日本建築学会計画系論文集502, p.103, 1997]

福祉：高齢者福祉—通所系　Welfare: Welfare for the Aged—Day Care

1:500

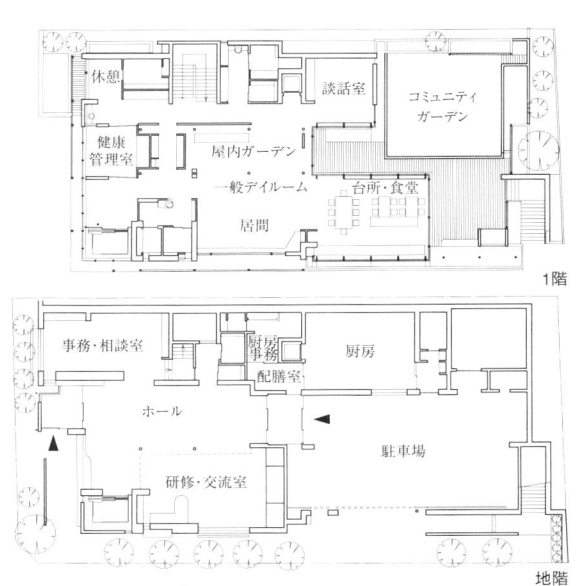

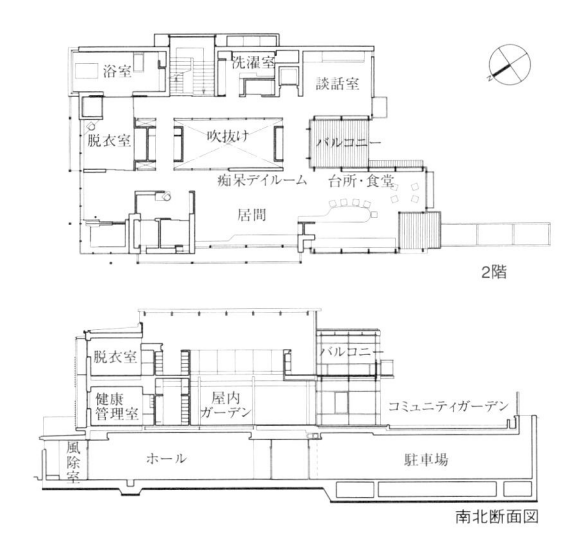

デイ・ホーム玉川田園調布（東京都世田谷区）

デイ・ホームセンター玉川田園調布
- 設置：東京都世田谷区
- 施設種別：デイサービスセンター
- 定員：痴呆デイ10名＋要介護デイ20名
- 設計：ヘルム
- 建設：2000年
- 敷地面積：666m²　延床面積：979m²
- 構造・階数：RC造一部S造，地下1階地上2階建

もともと住民活動の盛んな地域であり，施設のあり方から具体的な設計に至るまで，地域住民の積極的な参加と協働によって造り上げられた．完成後も住民のボランティア組織と関わりながら運営されている．「大きな家」というコンセプトをもとに，建物は一体感のある，地域に開かれた計画となっている．エントランスのある地階は2方向からのアクセスをとり，ボランティアの参加や研修を目的とした交流スペースが設けられている．高齢者のデイルームは1階が要介護デイ，2階が痴呆デイと分かれているが，吹抜けを介して連結されており，また窓を全面に大きくとることによって外部のテラスとも連続した明るい空間となっている．住宅的なスケールとするため太い柱や梁が露出することを避け，建物周囲に壁を配置し，床は梁のないスラブだけの構造（薄肉壁・床ラーメン）としている．

バリアフリーとユニバーサルデザイン

1．バリアフリーの発祥[1]

バリアフリーは，第二次世界大戦で傷害を負った軍人に対する米国の社会対策に始まり，1950年代以降，交通事故やポリオや薬害，環境汚染などによる障害者の増加に伴い全国民的な課題となる．米国は，障害者に対して社会福祉による保護ではなく，経済・社会活動に参加できる環境づくりを模索した．1961年世界で最初のバリアフリーデザイン基準（ANSI A117.1）が米国で制定された．この基準は，英国をはじめ世界のバリアフリー基準づくりに強い影響を与えた．スウェーデンでは1966年に建築法の改正が行われ，雇用環境のバリアフリー化が始まる．1974年国連障害者生活環境専門家会議報告によって「バリアフリーデザイン」が世界に向けて発信される．

日本では，1970年代初頭より車いす使用者自身による福祉のまちづくり運動をはじめ多様な取組みが始まる．国際アクセスシンボルマークの普及運動（仙台），建築物等の点検活動，車いすガイドブックづくり運動，町田市の福祉環境整備要綱など行政による福祉のまちづくりの推進運動である．

2．人権としてのバリアフリー法制

米国でもう一つ重要なバリアフリー化の動きは公民権法の流れとなる障害者差別禁止法の制定である．1970年代初期より障害者の自立生活運動（IL）が活発になり，1973年リハビリテーション法が改正（504条）され，連邦政府が関わる公共的サービスに関して障害者差別が禁止される．そして1990年，あらゆる障害者差別を禁止する「障害をもつアメリカ人法」（ADA）が成立する．ADAは1992年の大阪府福祉のまちづくり条例，1993年の障害者基本法，1994年のハートビル法，2000年の交通バリアフリー法の制定をはじめ，諸外国でも英国，オーストラリアなど50カ国以上の差別禁止法制定に影響を与えている．

3．ユニバーサルデザインの理念

バリアフリーの進展とともに米国では70年代後半からバリアフリーデザインが障害者に特化しているとの批判が起きた．例えば，賃貸共同住宅ではアクセシブルな住戸のデザインがあまりにも特別対応であったために，次の借り手がない，家族にも利用しにくいなどの声があがり，業者や建築主は市場性のないバリアフリー住宅をつくらない状況も生じた．このようなバリアフリーデザインの問題に取り組んだのがロン・メイス（Ronald L. Mace 1941-1998）たちであった．ユニバーサルデザインとは，障害のある人への特別なデザインではなく，「可能な限り市民の誰もが利用できるデザイン」である．ユーザー参加によって，どこまで利用可能かという限界に挑戦するデザインプロセスがユニバーサルデザインのポイントである．1995年ユニバーサルデザインの7原則[2]が公表された．日本では1990年代後半から，行政，企業，教育，地域における仕組みづくり，ものづくり，まちづくりに浸透し広範な展開が見られる．

	1950 年代末北欧でノーマライゼーション発祥
米国基準協会（ANSI）アクセシビリティ基準	1961 世界最初のアクセス基準
米国公民権法	1964 黒人差別撤廃（「障害」が含まれていない）
米国建築障壁法	1968 世界初の建築物バリアフリー法
仙台で福祉のまちづくり萌芽	1969 国際アクセスシンボルマーク制定
心身障害者対策基本法	1970 公共交通施設の整備努力へ
厚生省身障者モデル都市	1973 国におけるバリアフリー都市整備始まる
町田市福祉環境整備要綱	1974 地方公共団体初のバリアフリー整備要綱
国連障害者生活環境専門家会議	1974 バリアフリーデザイン登場
スウェーデン建築法改正42a	1975 車いす対応，3階以上にEV
米国リハビリテーション法504条施行	1977 連邦が関与するサービスの障害者差別禁止
国際障害者年	1981 この頃各国でバリアフリー関係法が成立
FHAA	1988 4戸以上の住宅供給で障害者差別禁止 この頃よりユニバーサルデザインの動き
米国ADA（障害をもつアメリカ人法）	1990 公共のサービス，雇用，通信
大阪府福祉のまちづくり条例制定	1992 ADAの影響を受けた福祉条例
障害者基本法	1993 公共施設の整備義務化
ハートビル法	1994 特定建築物の整備
米国CUDユニバーサルデザインの7原則	1995 ロン・メイスらが関わる
長寿社会対応住宅設計指針	1995 住宅整備の初のガイドライン
介護保険法	2000 住宅改修の制度化
交通バリアフリー法	2000 新規交通機関義務化，既存努力義務
高齢者居住安定確保法	2001 米国リハ508条施行
ハートビル法改正	2002 2000m²以上の特別特定建築物バリアフリー義務化．既存建築物の努力義務化

年表「バリアフリーデザインからユニバーサルデザインの沿革」[1]

①公平性：すべてのユーザーが等しく利用できること．利用者を区別したり，差別しないこと．
②柔軟性：個々人のニーズと能力に対応すること．使用方法が選択できること．例えば左利き，右利きの両方に対応できる．
③単純性と直感性：地域，学歴，慣習など，利用者の経験や知識，言語等に関わりなく分かりやすく利用しやすいこと．
④認知性：ピクト，言語，触知情報等によって情報（案内，方向など）を適切に伝達すること．視覚障害者や聴覚障害者など知覚に障害のある人にも技術や伝達手法を使い適合性を高めること．
⑤失敗への許容性：リスクを最小にすること．誤って使用した場合でも最小リスクで対応すること．可能な限りの安全性を追求すること．
⑥利用時の効率性：利用時における効率性．動作（ストローク）を繰り返さないで簡単に利用できること．
⑦アプローチの広さと利用しやすさのための寸法：立位でも座位でも（身長の高低に影響されない），さまざまな視点（目線）に対応できること．握りやすさを追求しグリップサイズが多様であること．介助機器やパーソナルアシスタントのために必要かつ十分なスペースがあること．

ユニバーサルデザインの7原則（1995）[2]

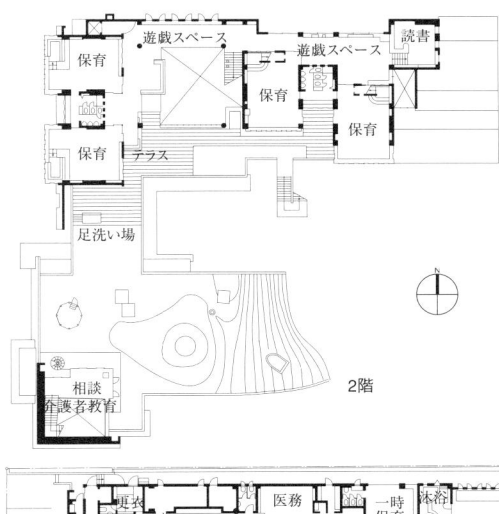

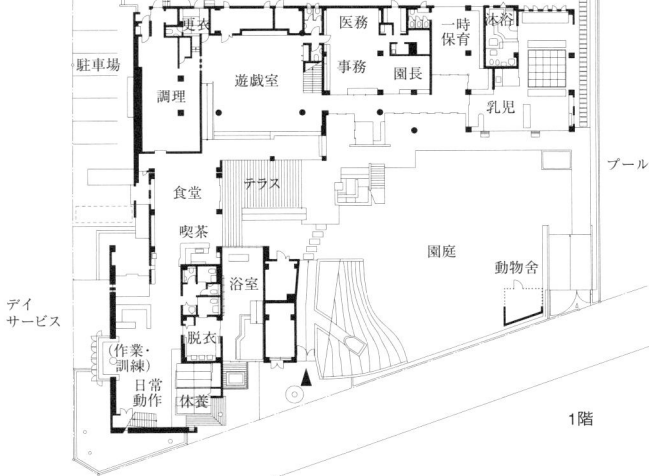

Welfare: Welfare for the Aged—Day Care　福祉：高齢者福祉—通所系

筑穂町高齢者生活福祉センター（福岡県嘉穂郡筑穂町）
（出典：SPACE MODULATOR 85）

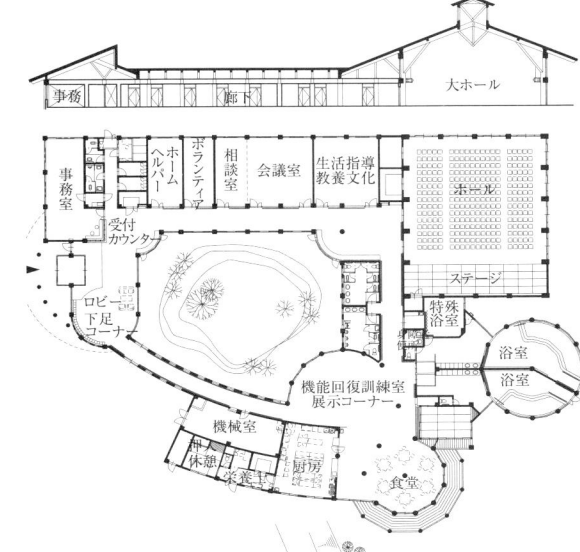

末広保育園＋デイサービスふくじゅ（愛知県一宮市）

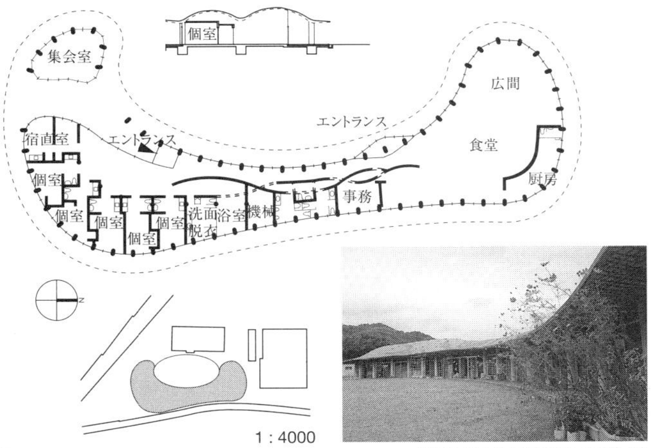

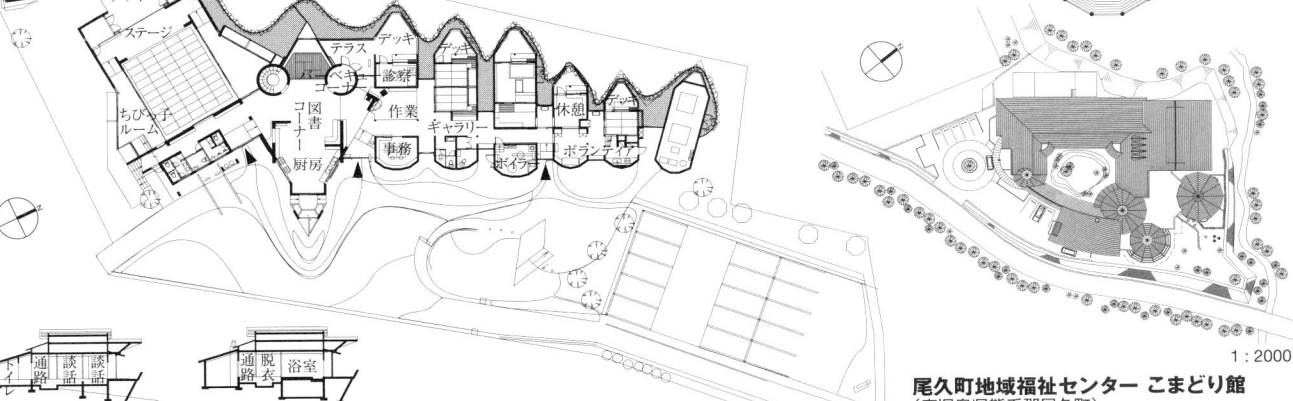

水俣市南部もやい直しセンター おれんじ館（熊本県水俣市）

屋久町地域福祉センター こまどり館（鹿児島県熊毛郡屋久町）

末広保育園＋デイサービスセンターふくじゅ
- 施設種別：デイサービスセンター＋保育園
- 設計：藤木隆男建築研究所
- 建設：1998年
- 敷地面積：2,461m²
- 延床面積：1,539m²
- 構造・階数：RC造，地上2階建
- 設置・運営：社会福祉法人ことぶき福祉会

北側を保育園，西側をデイサービスとしたL型構成．高低差のある園庭を配置することで保育室の接地性を確保している．デイサービスの食堂と保育園の遊戯室が両者をつないでいる．

筑穂町高齢者生活福祉センター
- 施設種別：高齢者生活福祉センター＋児童館
- 設計：葉デザイン事務所
- 建設：1996年　延床面積：588m²

高齢者の家と児童館を併設した町の総合福祉エリアの中心施設．内部の遊戯室・図書コーナーをもつ児童館部分と福祉センターの食堂部分は家具のみで仕切られ，間仕切や竹で編んだ有機的な形態の大屋根などにより空間的な一体感を作っている．

また天井の形状が特徴的で柱間の距離が大きければ高く，小さければ低くなっており，一定の割合で天井高が変化する．

水俣市南部もやい直しセンターおれんじ館
- 施設種別：福祉サービス＋集会
- 設計：高木富士川計画事務所
- 建設：1997年
- 敷地面積：2,975m²
- 延床面積：695m²
- 構造・階数：木造一部RC造，平屋造
- 運営：財団法人水俣市振興公社

水俣病に苦しんできた人びとのこころの融和「もやい直し」を目的に設置された．建物は不知火海を見下ろす丘の上に立地しており，船をイメージさせる複数の棟は集落のような外観を呈している．

屋久町地域福祉センターこまどり館
- 施設種別：福祉センター
- 設計：創建築計画研究所
- 建設：1996年
- 敷地面積：4,163m²
- 延床面積：1,574m²
- 構造・階数：RC造一部木造，平屋造
- 設置：鹿児島県
- 運営：屋久町社会福祉協議会

前面には海，背面に屋久島連峰という立地で，外観はその山々をモチーフとしている．また食堂からは海と山に囲まれた風景が一望できる．小屋組みや内装には木を使用し，温かみのある空間としている．

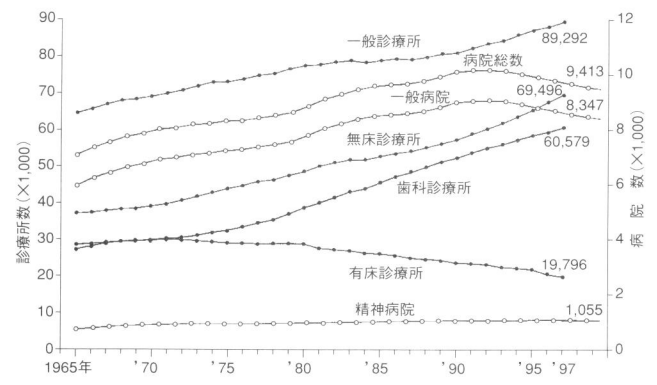

医療：現況と変遷，部門構成 Medical Facilities: Current Situation and Transition, Departmental Composition

診療所（有床・無床）数・病院数の年次推移[01] [1]

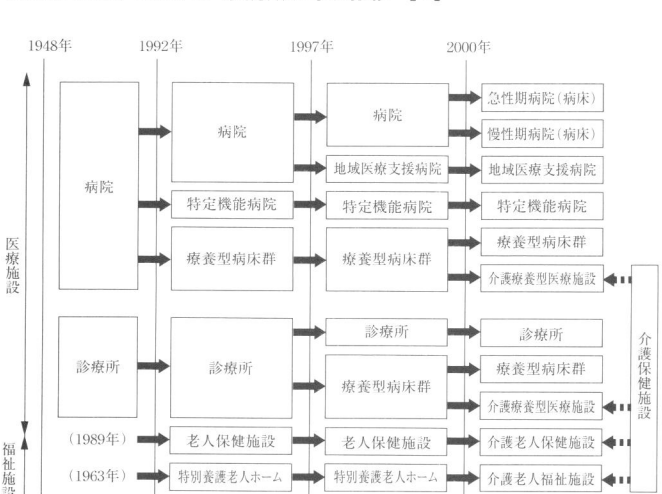

医療施設の機能分化の変遷 [2]

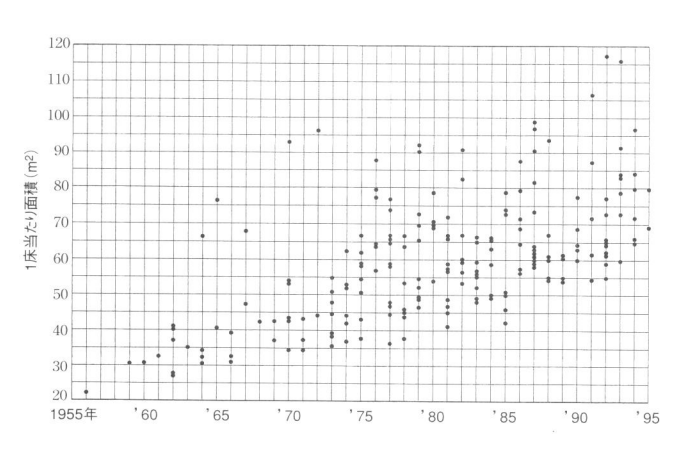

1床当たり病院の延床面積の年次推移[02] [3]

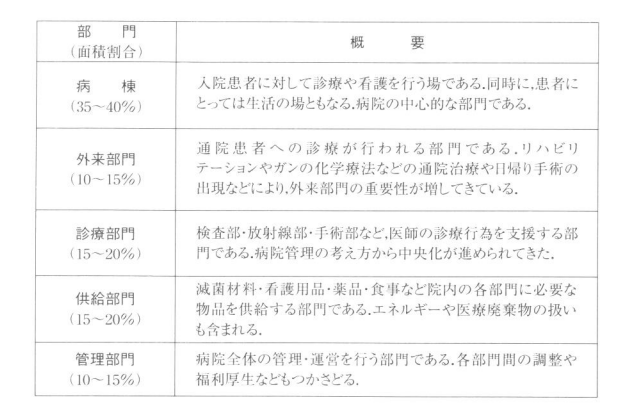

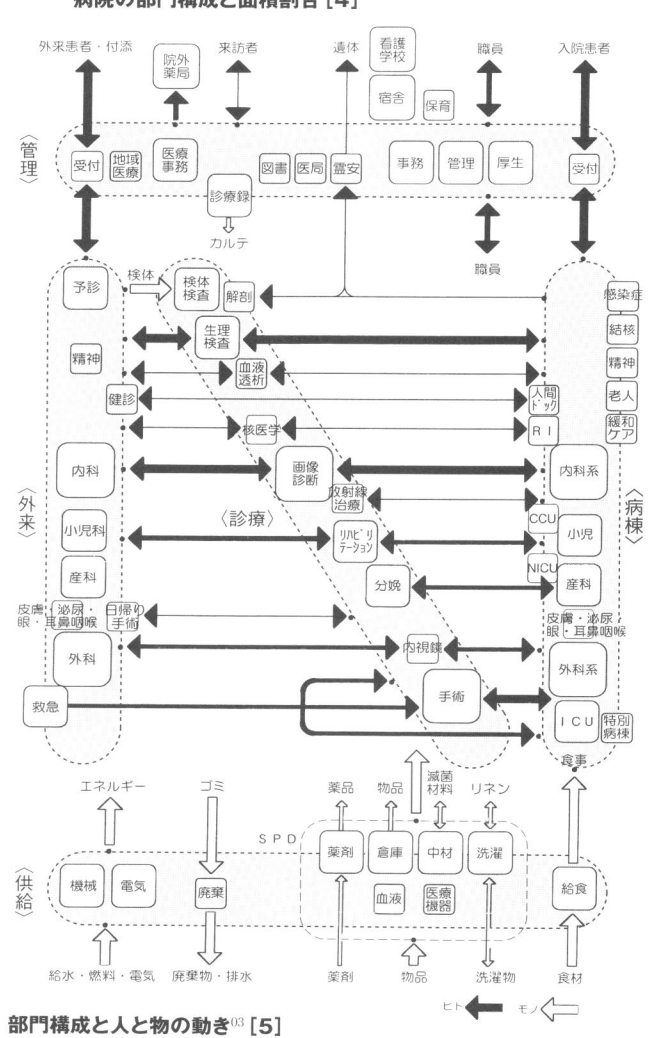

部門（面積割合）	概　要
病棟（35〜40％）	入院患者に対して診療や看護を行う場である．同時に，患者にとっては生活の場ともなる．病院の中心的な部門である．
外来部門（10〜15％）	通院患者への診療が行われる部門である．リハビリテーションやガンの化学療法などの通院治療や日帰り手術の出現などにより，外来部門の重要性が増してきている．
診療部門（15〜20％）	検査部・放射線部・手術部など，医師の診療行為を支援する部門である．病院管理の考え方から中央化が進められてきた．
供給部門（15〜20％）	滅菌材料・看護用品・薬品・食事など院内の各部門に必要な物品を供給する部門である．エネルギーや医療廃棄物の扱いも含まれる．
管理部門（10〜15％）	病院全体の管理・運営を行う部門である．各部門間の調整や福利厚生などもつかさどる．

病院の部門構成と面積割合 [4]

部門構成と人と物の動き[03] [5]

病院・診療所と地域保健医療計画

医療法では，病院とは，医師又は歯科医師が，公衆又は特定多数人のため医業又は歯科医業を行う場所であって，20人以上の患者を入院させるための施設を有するものをいう（19人以下のものは診療所）．医療施設数の変遷をみると，有床診療所は減少し無床診療所が増加，病院は数が減少する一方で大規模化が進んでいる[1]．病院・病床の単なる量的充足の時代は終わり，質的な充実の時代へと変容している．

医療施設の機能分化

医療資源・財源の効率的運用のため，医療施設の機能分化が段階的に図られてきた．高齢患者の増加もひとつの要因となって，病院として一括りにされていたものが，治療を主眼とする患者，療養を主眼とする患者のそれぞれに相応しい施設の整備を目標に体系化されてきた[2]．公的介護保険の導入により，医療と福祉の連携はますます重要になっている．さらに緩和ケアや在宅医療など生活の質を高める医療が求められている．

医療技術と療養環境

療養環境の質をみるひとつの指標として，施設の面積水準がある．1施設当たりの病床数の増加は，病棟だけでなく外来や診療など他部門の面積増を伴うため，1床当たりの病院の延床面積は増加する傾向がある[3]．

各部門の構成

病院の各部門は機能に従って病棟・外来・診療・供給・管理の5つに分類されることが多い[4]．各部門の関係を十分に検討することが病院の設計・計画の第一歩となる．

人の流れ

病院の利用者は患者（外来・入院），来訪者（家族・見舞い客），医療提供者（医療・看護・コメディカル），サービス（メンテナンス・委託業者など）に分類できる．各利用者にとって望ましい建築的条件は相反することが多く，各動線が無用に交錯しないよう計画する[5]．

物の流れ

病院内で流通する物品には，医療機器や薬品などの医療物品，リネンや看護用品などの看護物品などがある．これらを中央化して管理するSPD（Supply Proccessing Distribution）方式は，物品管理の徹底，搬送方法の体系化，院内動線の整理，使用部門の労力軽減などを目的としている．SPD部からの物流量は病棟へのものがその大半を占めるが，滅菌材料を要する手術部門への動線確保や外部からの搬入を配慮した計画が必要である[5]．

01：日本の患者と医療施設，(財)厚生統計協会，1999
02：伊藤誠，ほか：新建築学大系31，彰国社，2000
03：長澤泰作成，2001

Medical Facilities: Out Patient /Diagnosis/Therapeutic Department　**医療**：成長と変化，外来部門・診療部門計画

成長と変化に対応した配置と形態[01] **[1]**

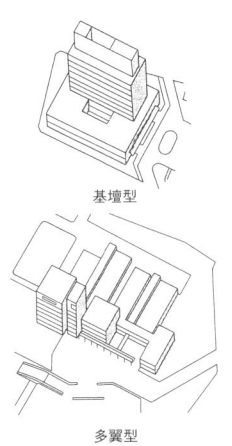

基壇型

多翼型
増改築が多い診療部門では，病棟など他部門から受ける制約が少ない計画が望まれる．多翼型は部門ごとに設計の自由度が高いが，十分な敷地面積の確保が前提条件となる．

多翼型平面の増築計画例（千葉県がんセンター）

丈の高いトラスを用いて柱間を長くし，また設備階の融通性・更新性を高めた例

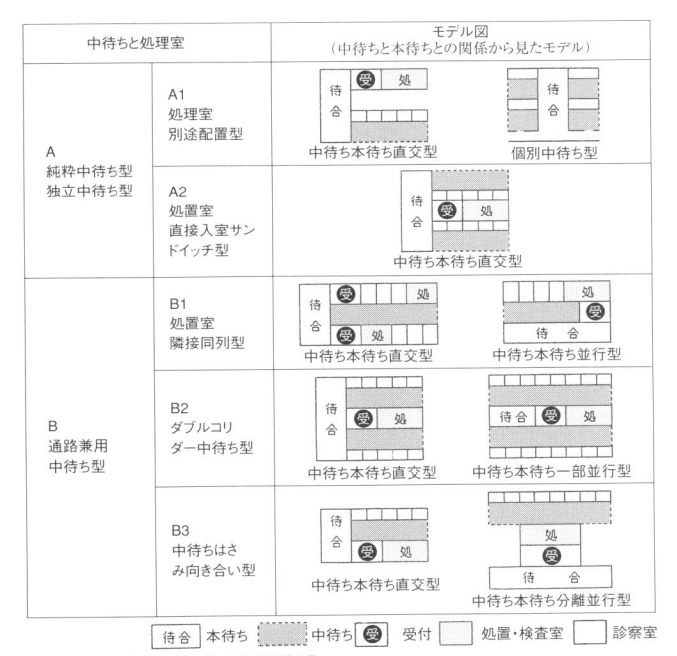

待合・診察室・処置室の関係 [2]　[出典　大原一興：病院建築No.90,1991]

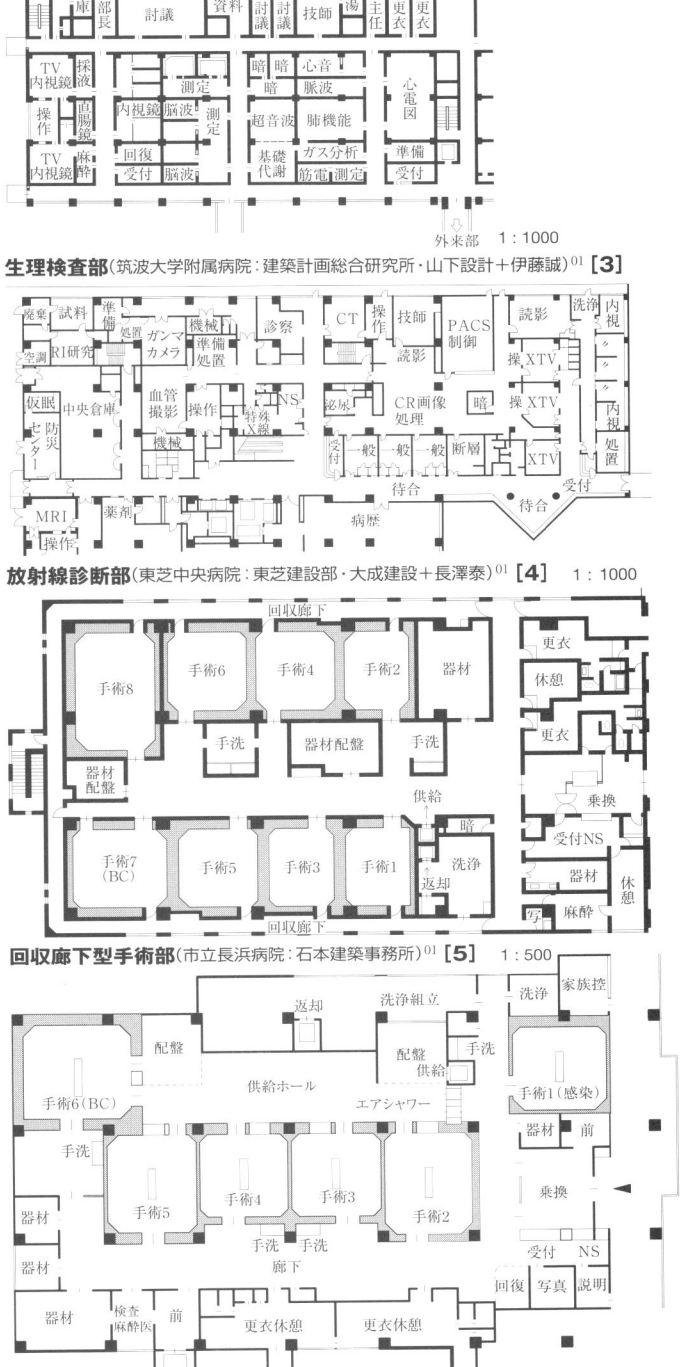

中待ちと処理室		モデル図（中待ちと本待ちとの関係から見たモデル）	
A 純粋中待ち型 独立中待ち型	A1 処理室別途配置型	中待ち本待ち直交型	個別中待ち型
	A2 処置室直接入室サンドイッチ型	中待ち本待ち直交型	
B 通路兼用中待ち型	B1 処置室隣接同列型	中待ち本待ち直交型	中待ち本待ち並行型
	B2 ダブルコリダー中待ち型	中待ち本待ち直交型	中待ち本待ち一部並行型
	B3 中待ちはさみ向かい合い型	中待ち本待ち直交型	中待ち本待ち分離並行型

凡例：待合　本待ち　中待ち　受付　処置・検査室　診察室

生理検査部（筑波大学附属病院：建築計画総合研究所・山下設計＋伊藤誠）[01] **[3]**　1:1000

放射線診断部（東芝中央病院：東芝建設部・大成建設＋長澤泰）[01] **[4]**　1:1000

回収廊下型手術部（市立長浜病院：石本建築事務所）[01] **[5]**　1:500

供給ホール型手術部（碧南市民病院：久米設計＋柳澤研究室）[01] **[6]**　1:500

成長と変化 [1]
24時間にわたる激しい使われ方による劣化，新しい診療機器の導入に伴う必要諸室の変化，設備系の劣化・故障などの理由により，病院建築の寿命は短い．このため診療活動に支障なく増改築工事を行うために，部門間の人・物・情報の複雑な流れとその変化に対応し得るマスタープランを当初から計画しておくことが重要である．とくに変化が激しい診療部門には設備階（インタースティシャルスペース）の採用など，設備・配管の更新やメンテナンスが容易に行える工夫が望まれる．

診察のための空間 [2]
診察室の配置は，患者数の多い内科，歩行困難な患者の多い整形外科など，診療科ごとの患者特性に配慮して計画する．とくに精神科・産科・泌尿器科などでは，プライバシーへの配慮が特に重要となる．効率的に診察を行うための中待ち型では，診察・処置の会話が他の患者に聞こえないように注意を要する．

待ちのための空間 [2]
外来部門では患者の動線が入院患者やスタッフの動線と無用に交錯することなく，プライバシーに配慮して快適に待つことができる空間が望まれる．外光や眺望を得るため中庭に面したり，空間を小割りにし落ちつきのある雰囲気の設計事例もある．

検査部の計画 [3]
検査には大きく分けて人を対象として心電図や脳波などの記録・測定を行う生理検査と，人体から採取した尿・便・血液などを対象とした検体検査とがある．患者の動線や検体の搬送方法・経路を考慮して，病棟・外来部門や手術室との関連により配置を決定する．

放射線部の計画 [4]
X線などを用いて診断・治療を行う放射線部の面積は増加の一途にあり，他部門からの独立性や将来の拡張性に考慮した計画が必要となる．放射線の防御や機器荷重に耐えるための床・壁などの建築的性能を考慮する．

手術部の計画 [5] [6]
手術室内部では人や器材の流れは術式により影響をうける．厳しい無菌環境が求められるため，他部門への通り抜け動線がない位置に設け，患者や器材の流れに対応させる平面構成が求められる．使用前の滅菌器材の清潔管理を重視した供給ホール型と使用後の材料の汚染管理を重視した回収廊下型が運営方式に応じて採用されることが多い．汚れにくく清掃がしやすい仕様と，高度な空調設備の計画が必要である．塵が発生する最大の原因は人間の動きであることから，人・物の動線計画と清潔・不潔のゾーニングが重要となる．

01：伊藤誠，ほか：新建築学大系31，彰国社，2000

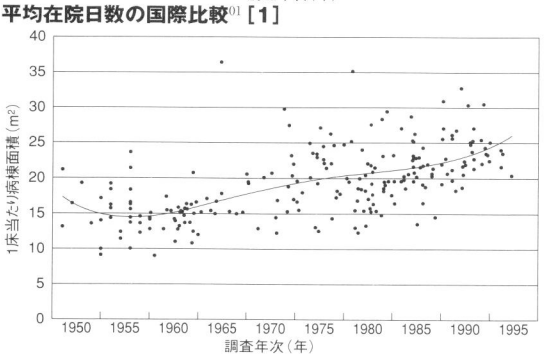

医療：病棟部門計画 Medical Facilities: Inpatient Department

平均在院日数の国際比較[01] [1]

1床当たり病棟面積の年次推移[02] [2]

ナースステーションの配置[03] [3]　■ ナースステーション　▧ 病室部分

病床群の中心に位置：鹿児島大学付属病院／倉敷中央病院／神戸市立中央市民病院

縦移動線に配置：東京医大八王子医療センター／都立広尾病院／南風病院／大阪府立成人病センター

分散配置：諏訪中央病院（95床/階）／碧南市民病院（86床/階）

病棟と看護単位

病院全体面積の約4割を占める病棟部門は，診療・看護のためだけでなく，特に在院日数の長い日本では患者にとっては生活行為空間でもある[1].

看護は入院患者を数十名ずつの集団に分け，それぞれ特定の看護チームが担当する方法が一般的であり，このまとまりを看護単位と呼ぶ．日本の一般的な看護単位の規模は45～60床であり，諸外国と比較して大きすぎることが指摘されている．病院面積は，医療機関における療養環境への配慮の意識が高まるとともに増加してきている[2].

ナースステーションの計画

病棟の平面構成は看護単位の規模や看護方式に影響され，看護動線の短縮と観察の容易さがその大きな決定要因となる[3]．病棟の要であるナースステーション（NS）の機能は，看護作業の準備・物品の管理・訪問者への応対・情報の記録と発信などであり，計画に際しては物品供給・情報記録の方式など運営方法とともに検討することが重要である．NSとは別にナースコーナー（NC）などを設けてそこをサブNSとし，看護の作業領域を病棟内で分散させる試みもみられる．

01：OECD Health Data, 1999
02：中山茂樹作成, 1998
03：栗原嘉一郎：病院建築 No.88, 1990

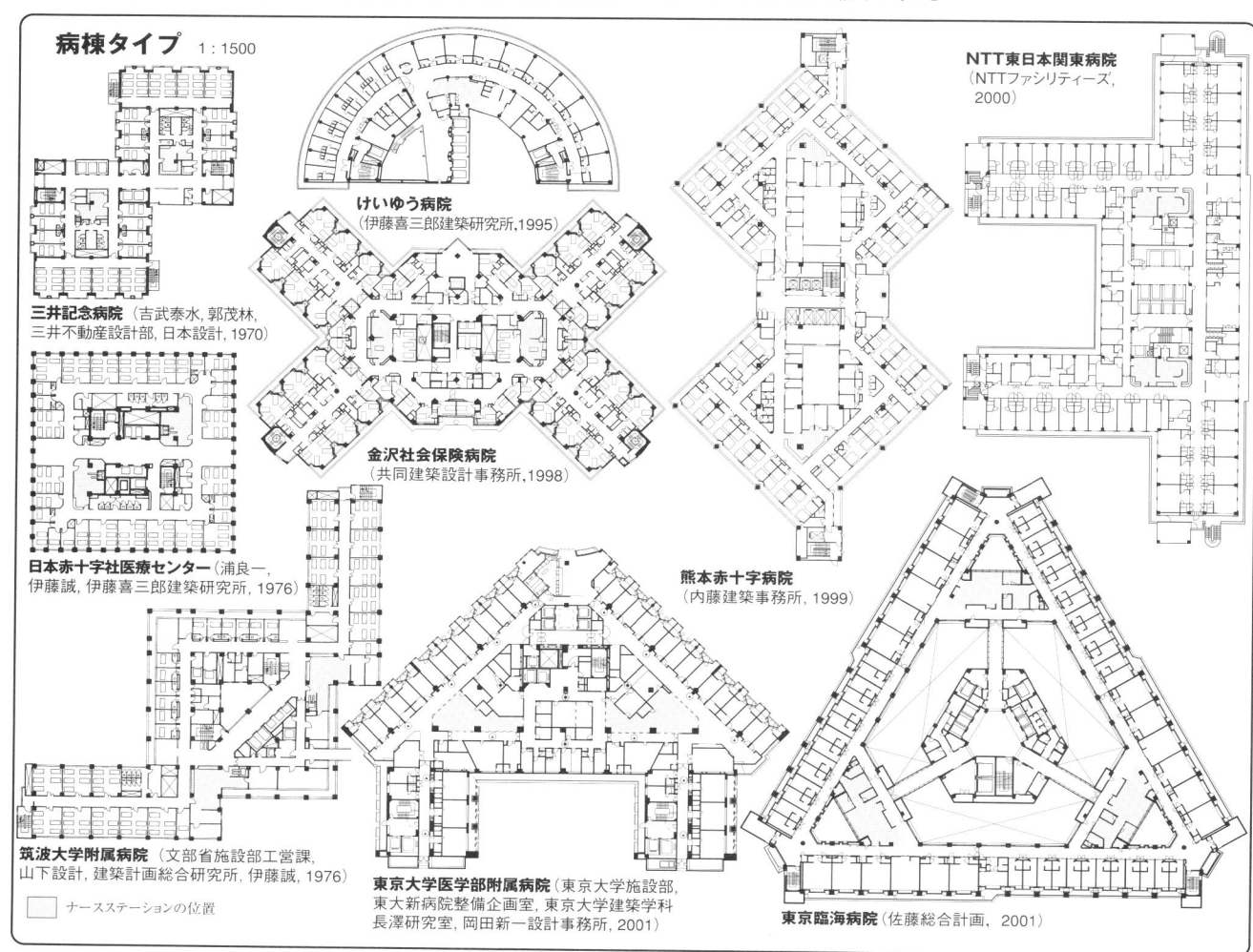

病棟タイプ　1：1500

三井記念病院（吉武泰水, 郭茂林, 三井不動産設計部, 日本設計, 1970）

けいゆう病院（伊藤喜三郎建築研究所, 1995）

金沢社会保険病院（共同建築設計事務所, 1998）

NTT東日本関東病院（NTTファシリティーズ, 2000）

日本赤十字社医療センター（浦良一, 伊藤誠, 伊藤喜三郎建築研究所, 1976）

筑波大学附属病院（文部省施設部工営課, 山下設計, 建築計画総合研究所, 伊藤誠, 1976）

東京大学医学部附属病院（東京大学施設部, 東大新病院整備企画室, 東京大学建築学科長澤研究室, 岡田新一設計事務所, 2001）

熊本赤十字病院（内藤建築事務所, 1999）

東京臨海病院（佐藤総合計画, 2001）

□ ナースステーションの位置

病室面積

2000年の第4次医療法改正で,多床室の病室最低面積基準が,それまでの1ベッド当たり4.3m²から6.4m²に引き上げられた.しかしながら,1ベッド当たり6.4m²の病室では,4床室の場合,隣のベッドとの間隔が60～75cm程度しかとれないため広い病室とはいえない.4床室の場合,ベッド間隔をおよそ1m以上確保できるようにするためには,1ベッド当たりの病室面積は8.0m²以上必要になる[1].なお,多床室内のベッド数は,以前は6床室やそれ以上のいわゆる大部屋が主体であったが,現在では4床室が主体となっている. ⇨050, 051, 054

01:筧淳夫:厚生白書(平成7年版) p.26より作成

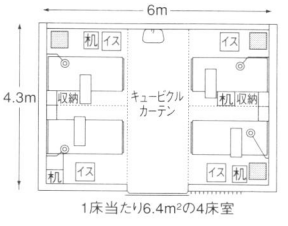

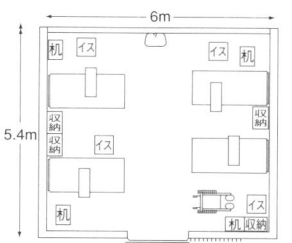

病室面積による環境の相違[01][1]

- 1床当たり6.4m²の4床室
- 1床当たり8.0m²の4床室

1:200

病室ベッド配置の変遷

病室の建築計画はフローレンス・ナイチンゲールの提唱に基づき19世紀後半に西欧で多数建築されたナイチンゲール病棟を出発点としている.

この典型例である聖トーマス病院南病棟は,病棟への入口は廊下から1箇所に限られ,大部屋に繋がる入口廊下の両側には婦長室・リネン庫・配膳室・手洗い器のついた個室などがあり,大部屋は縦長の窓を挟みながら片側に15床(ベッド間隔は芯々で約2.4m),計30床が壁に直角に置かれていた.医師・看護師と患者との接触を効率的かつ容易にするため,病室中央屋はデイスペース,病室中央付近はナースステーションとして用いられていた.(典型的ナイチンゲール病棟,聖トーマス病院南棟)

その後,ナイチンゲール病棟のベッド配置は,壁に並行に置かれ数ベッドずつ間仕切で仕切られるようになり(典型的ベイ型病棟・聖トーマス病院東棟),ベッド間の間仕切が壁となり部屋となった.これが現代の典型的な4床室である.近年,各病室の入口にトイレや洗面などの機能を分散配置する計画が増えており,病室は廊下からの距離が遠くなり,閉鎖的となっている(分散型WCの4床室).その後病室は,患者のプライバシー確保と看護(観察)のしやすさという相反する要素を模索しながら様々な試みが行われている.

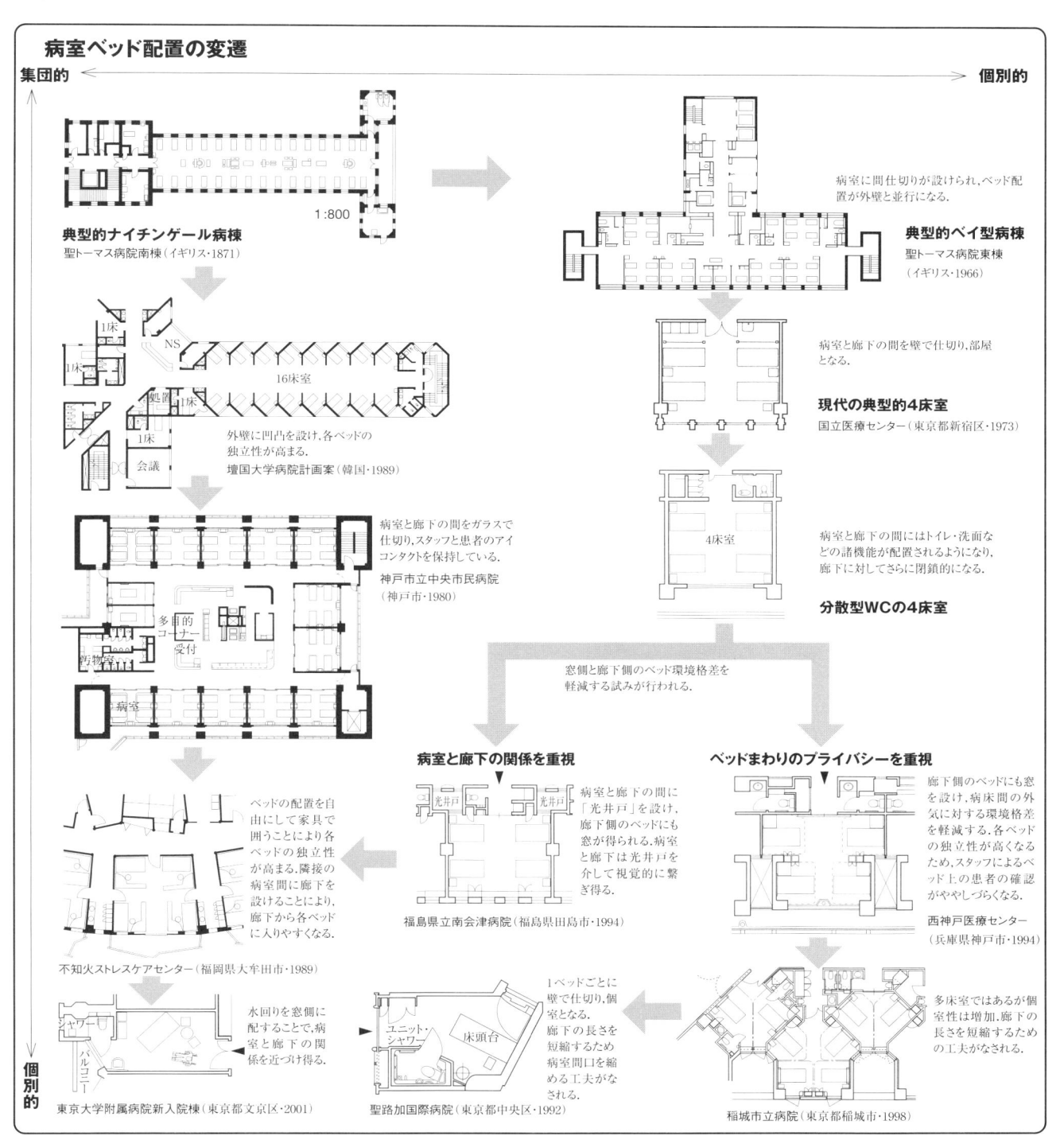

病室ベッド配置の変遷

集団的 ←――――――――――→ 個別的

典型的ナイチンゲール病棟
聖トーマス病院南棟(イギリス・1871) 1:800

外壁に凹凸を設け,各ベッドの独立性が高まる.
檀国大学病院計画案(韓国・1989)

病室と廊下の間をガラスで仕切り,スタッフと患者のアイコンタクトを保持している.
神戸市立中央市民病院(神戸市・1980)

ベッドの配置を自由にして家具で囲うことにより各ベッドの独立性が高まる.隣接の病室間に廊下を設けることにより,廊下から各ベッドに入りやすくなる.
不知火ストレスケアセンター(福岡県大牟田市・1989)

水回りを窓側に配することで,病室と廊下の関係を近づけ得る.
東京大学附属病院新入院棟(東京都文京区・2001)

典型的ベイ型病棟
聖トーマス病院東棟(イギリス・1966)
病室に間仕切りが設けられ,ベッド配置が外壁と並行になる.

現代の典型的4床室
国立医療センター(東京都新宿区・1973)
病室と廊下の間を壁で仕切り,部屋となる.

分散型WCの4床室
病室と廊下の間にはトイレ・洗面などの諸機能が配置されるようになり,廊下に対してさらに閉鎖的になる.

窓側と廊下側のベッド環境格差を軽減する試みが行われる.

病室と廊下の関係を重視
病室と廊下の間に「光井戸」を設け,廊下側のベッドにも窓が得られる.病室と廊下は光井戸を介して視覚的に繋ぎ得る.
福島県立南会津病院(福島県田島市・1994)

1ベッドごとに壁で仕切り,個室となる.廊下の長さを短縮するため病室間口を縮める工夫がなされる.
聖路加国際病院(東京都中央区・1992)

ベッドまわりのプライバシーを重視
廊下側のベッドにも窓を設け,病床間の外気に対する環境格差を軽減する.各ベッドの独立性が高くなるため,スタッフによるベッド上の患者の確認がややしづらくなる.
西神戸医療センター(兵庫県神戸市・1994)

多床室ではあるが個室性は増加.廊下の長さを短縮するための工夫がなされる.
稲城市立病院(東京都稲城市・1998)

個別的

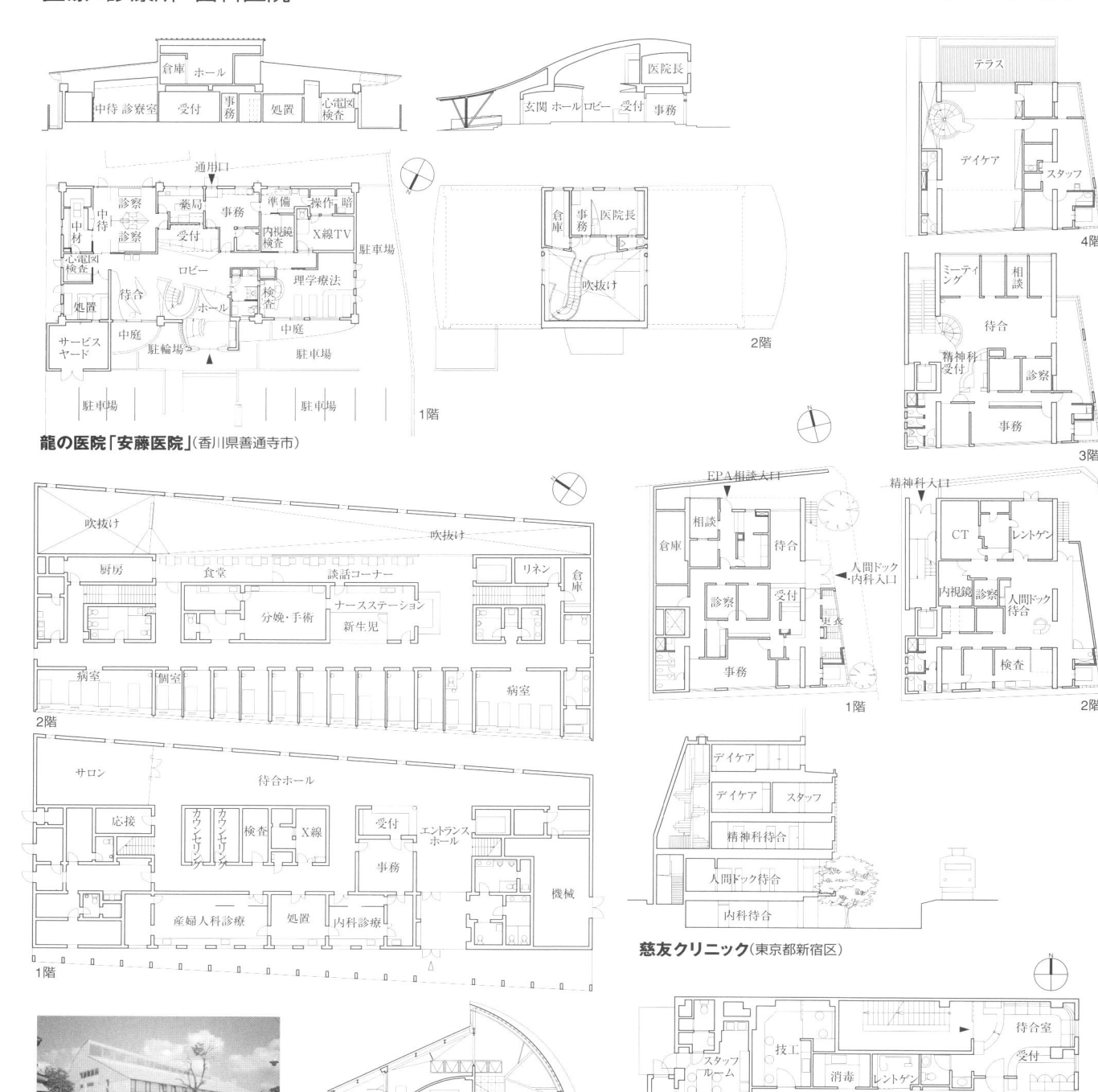

医療：診療所・歯科医院
Medical Facilities: Clinics and Dental Clinics

1:500

龍の医院「安藤医院」（香川県善通寺市）

慈友クリニック（東京都新宿区）

たかき医院（新潟県十日市町）

康生歯科病院（愛知県岡崎市） 1:300

龍の医院「安藤医院」
- 設計：多田善昭建築設計事務所
- 建設：1993年
- 階数・構造：地上2階，RC造 一部S造
- 敷地面積：528m²
- 延床面積：376m²
- 病床数：0床

周辺環境と街並みとの関わりを重視し，患者を優しく受け入れる形態が設計のコンセプトとなっている．一枚屋根は玄関先まで大きく張り出し，患者の溜まりとなる軒下をつくり出している．医師の方が移動して用いる2室の診察室は障子で仕切られており，廊下側の診察室にも光が射し込む．

慈友クリニック
- 設計：富永譲＋フォルムシステム設計研究所
- 建設：2000年
- 階数・構造：地上5階，RC造
- 敷地面積：321m²
- 延床面積：876m²
- 病床数：0床

山手線駅前に立地する身体と精神の総合医療・検診センター．1階が外来診療，2階が人間ドック，3階が精神科外来，4・5階が精神科デイケアとなっている．敷地の高低差を利用し，一般診療の出入口と精神科の出入口を分けて設けている．

たかき医院
- 設計：原広司＋アトリエ・ファイ建築研究所
- 建設：1999年
- 階数・構造：地上2階，RC造 一部S造
- 敷地面積：2,999m²
- 延床面積：1,473m²
- 病床数：19床

産婦人科専門の診療所．豪雪地帯のため，雪が自然落下するような切妻とヴォールトを張り合わせたような屋根形状となっている．屋根には南西向きにハイサイドライトが切られており，これらを通して吹抜けの待合空間に緩やかに自然光が注がれる．待合ホール奥のサロンでは週末コンサートや出産前の母親学級などが催されている．

康生歯科病院
- 設計：ツルヤ建築設計室
- 建設：1999年
- 延床面積：159m²
- 診療台：6台

テナントビル2階に入った歯科医院．ビル開業型としては大規模な部類に入る．デンタルユニットが置かれたそれぞれの歯科診療スペースは，患者のプライバシーを保護する視点から，壁で仕切られている．

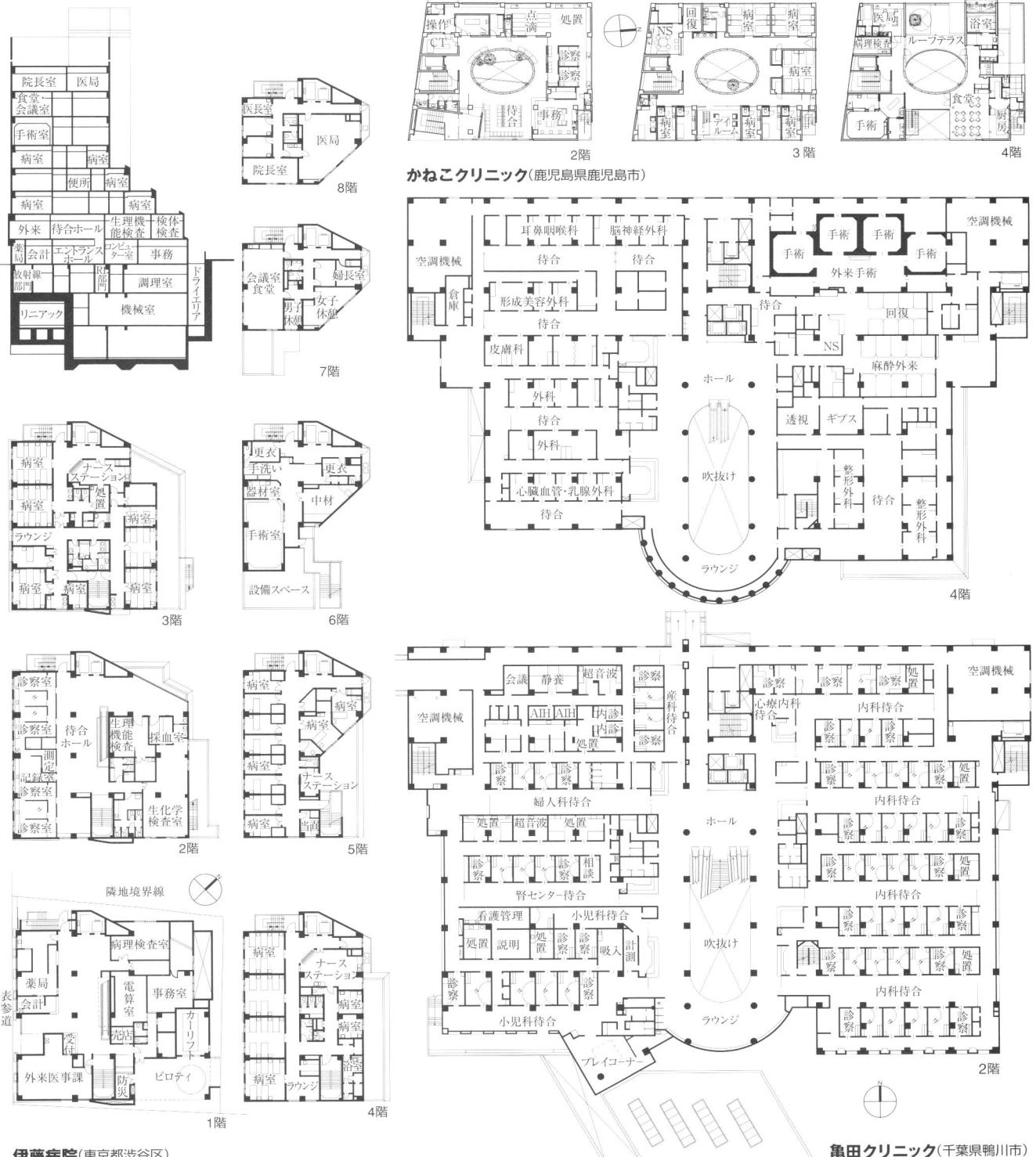

Medical Facilities: Clinics and Small Scale Hospitals　医療：診療所・小規模病院　187

かねこクリニック（鹿児島県鹿児島市）

伊藤病院（東京都渋谷区）

亀田クリニック（千葉県鴨川市）

伊藤病院
- 設計：KAJIMA DESIGN
- 建設：1997年
- 階数・構造：地下2階地上8階，SRC造＋RC造
- 敷地面積：794m²
- 延床面積：4,324m²
- 病床数：60床

甲状腺疾患の専門病院である．診療部門を拡大するため，現地建替えで新築された．病床数を84から60へ減少させ，外来部門と診療部門の整備を優先させた．地下2階にはリニアック治療室，地下1階には放射線部門，1階には受付・薬局，病理検査・事務，2階には外来診療・生理機能検査，3・4・5階には病棟，6階には手術部門が主に入っている．

周辺環境を考慮し，患者の多くが女性であるため，病院を意識させないファサードデザインとなっている．

かねこクリニック
- 設計：アトリエ環
- 建設：1999年
- 階数・構造：地上4階，RC造一部S造
- 敷地面積：511m²
- 延床面積：1,478m²
- 病床数：19床

乳腺・甲状腺専門の診療所．1階が駐車場，2階が事務・受付・待合と診断・治療，3階が病棟，4階が手術・検査・医局・食堂といった構成になっている．建て込んだ周辺環境条件のため，建物中央に楕円柱のヴォイドを設け，建物内部に光や風を取り込んでいる．このヴォイドを中心に各階とも諸室のレイアウトがなされている．

亀田クリニック
- 設計：アーキテクト・ハワイ・リミテッド，日本設計，一級建築士事務所モノリス，フジタ一級建築士事務所
- 建設：1995年
- 病床数：19床
- 延床面積：22,339mm²

亀田総合病院（784床），救命救急センター，看護専門学校などからなる亀田メディカルセンターにおいて，外来専用病院としての役割を担っている．総合病院で行っていた外来診療機能を入院施設から独立させることで，双方の機能の充実化を図り，外来患者への専門的な診療を提供している．31の診療科，約100室の診察室，日帰り手術部門，検査センター，外来専用リハビリなどを有し，いままでに入院を必要としていた医療を外来で行うことが可能となっている．外来患者数は1日1,800人余りにのぼる．1診察ブロックは，待合室を挟む12の診察室と，処置室，相談室で構成されている．

医療：小規模病院 Medical Facilities: Small Scale Hospitals

1:800

葉山ハートセンター
- 設計：SUM建築研究所
- 建設：2000年
- 敷地面積：4,045m²
- 延床面積：6,092m²
- 階数・構造：地下4階地上3階，RC造

これまで臓器移植しか方法がないとされていた重度の心臓障害を，外科手術によって治療する画期的な心臓最先端治療センターである．単に困難な病気を治療し生命を維持するだけでなく，豊かな人生を取り戻すための場として，清潔・安全であり，かつ美しいデザインといった質の高い療養環境の創出が意図されている．

建物の素材は，暖かい色合いのものが選択されている．基調色は明るい光の色とし，素材と照明を巧みに組み合わせることで，建物の内部に自然光が溢れているような印象を持たせるよう配慮されている．この建築の最大の魅力は，傾斜敷地を利用し，どの病室からも海が眺められる全体構成にある．ベッドに臥せていても見える海の景色が，患者の心身を癒し，生きようとする意欲を沸き立たせている．

1:2000

（撮影：三輪写真事務所）

葉山ハートセンター（神奈川県三浦郡葉山町）

1:1200　　　　　　Medical Facilities: General Hospitals　医療：一般病院

熊本赤十字病院(熊本市)

1階 ショッピングモール

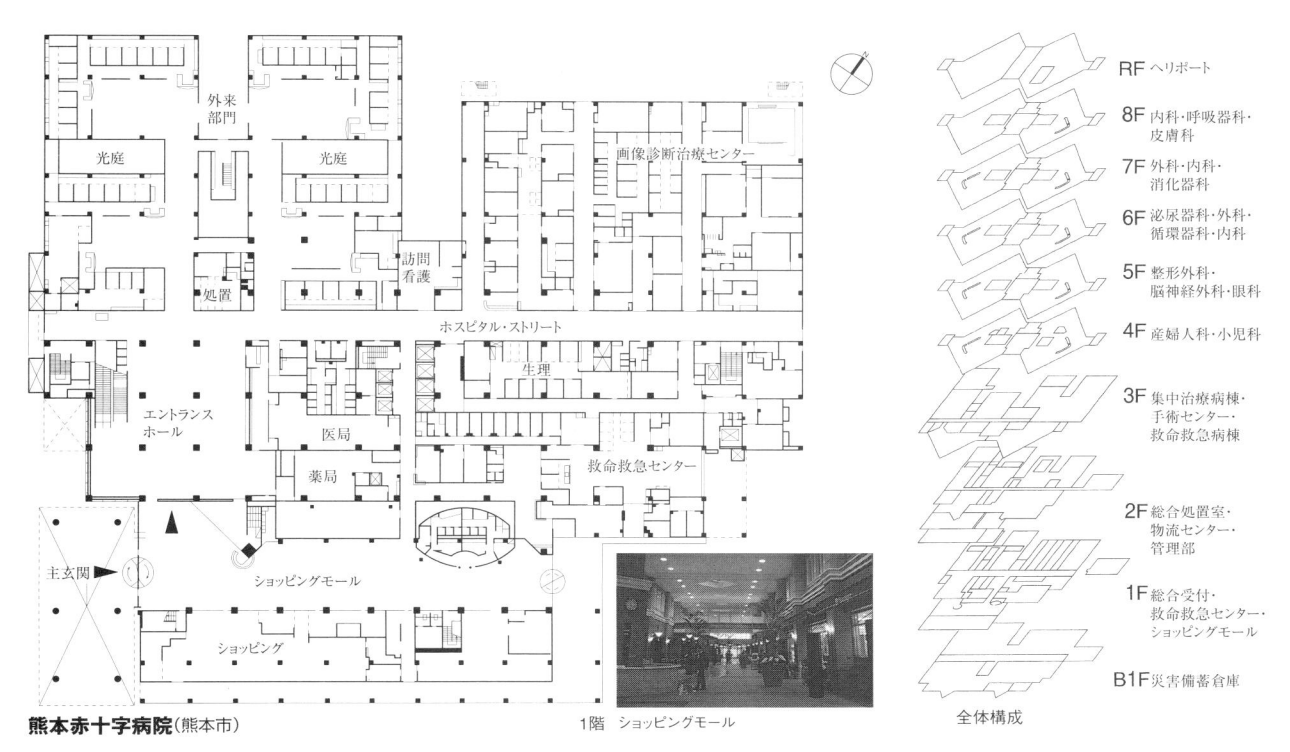

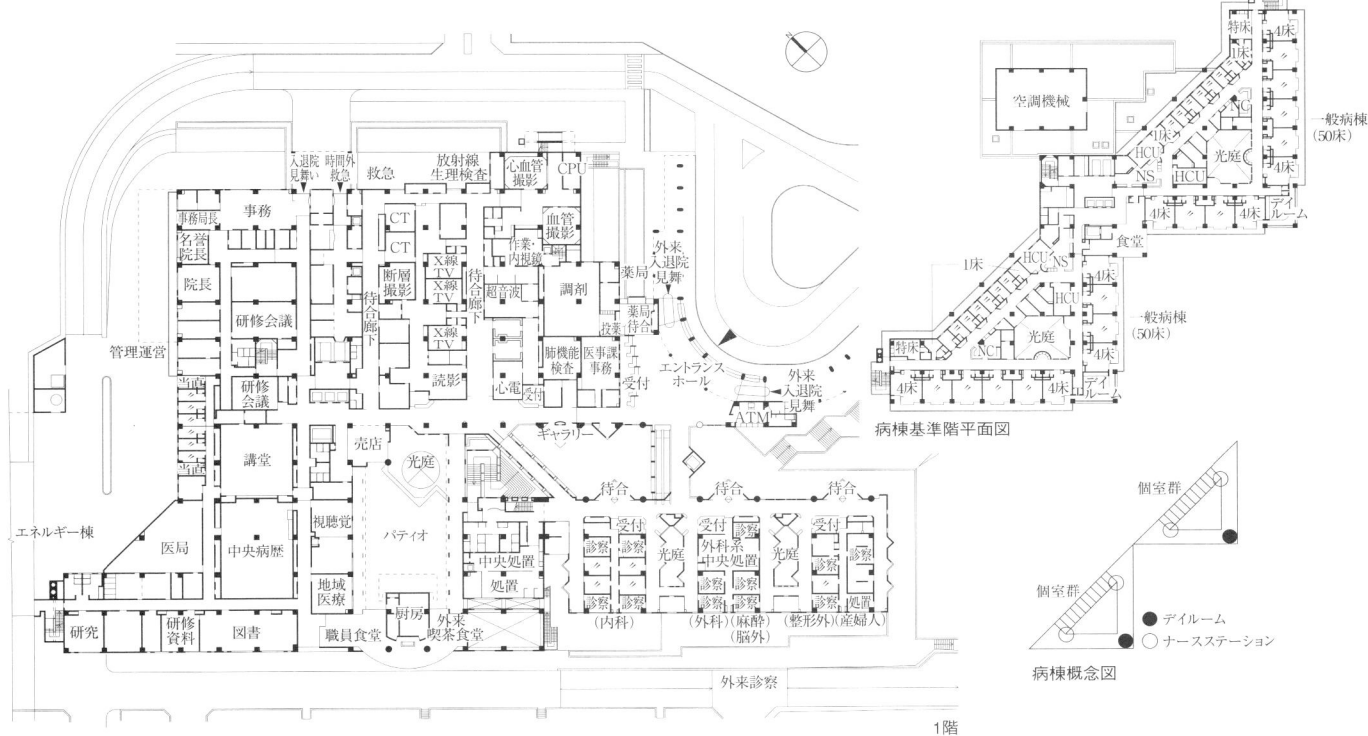

全体構成

- RF ヘリポート
- 8F 内科・呼吸器科・皮膚科
- 7F 外科・内科・消化器科
- 6F 泌尿器科・外科・循環器科・内科
- 5F 整形外科・脳神経外科・眼科
- 4F 産婦人科・小児科
- 3F 集中治療病棟・手術センター・救命救急病棟
- 2F 総合処置室・物流センター・管理部
- 1F 総合受付・救命救急センター・ショッピングモール
- B1F 災害備蓄倉庫

大牟田市立総合病院(福岡県大牟田市)

1階

病棟基準階平面図

病棟概念図
- 個室群
- デイルーム
- ナースステーション

熊本赤十字病院
- 設計：内藤建築事務所
- 建設：1999年
- 延床面積：44,870m²
- 病床数：480床

熊本市の地域医療の中核病院で，地階に災害備蓄倉庫，1，2階が診療部門，3階が手術部・救命救急病棟・集中治療病棟，4～8階が病棟で構成される．1，2階の診療部門は19診療科があり，ホスピタル・ストリートを軸として配置されている．ホスピタル・ストリートには各科の受付が面しているなど，迷いの少ない明瞭な構成となっている．また，1階には2層吹抜けの広いショッピングモールがある．ここでは地元の店舗が病院のフロアを賃貸して出店しており，病院らしさのない街的な雰囲気となっている．

大牟田市立総合病院
- 設計：共同建築設計事務所
- 建設：1995年
- 延床面積：24,249m²
- 病床数：400床

従来の待合空間の雑然とした雰囲気や長い待ち時間への反省から，この病院ではソフト面での改善で待ち時間を短縮するとともに，小規模な待合空間を分散配置させることで，外来患者の待ちのストレス軽減を図っている．各待合は小規模なため，職員の様子を伺うことができ，また診療ブロック間に光庭を配置して，待合に居ながら採光や点景を得ている．

病棟平面は三角形を採用し，看護動線の短縮と患者へのアクセス向上のため，看護拠点を分散化している．ナースステーション(NS)とナースコーナー(NC)を分け，さらには各4床室の入口には看護婦が記録やリネンの保管を病室単位で行えるようナーサーバを配置している．また，病棟デイルームのほかに廊下の光庭に面して小さな談話コーナーを設けて，入院患者の居場所を提供している．便所・洗面は各病室の入口に分散配置している．

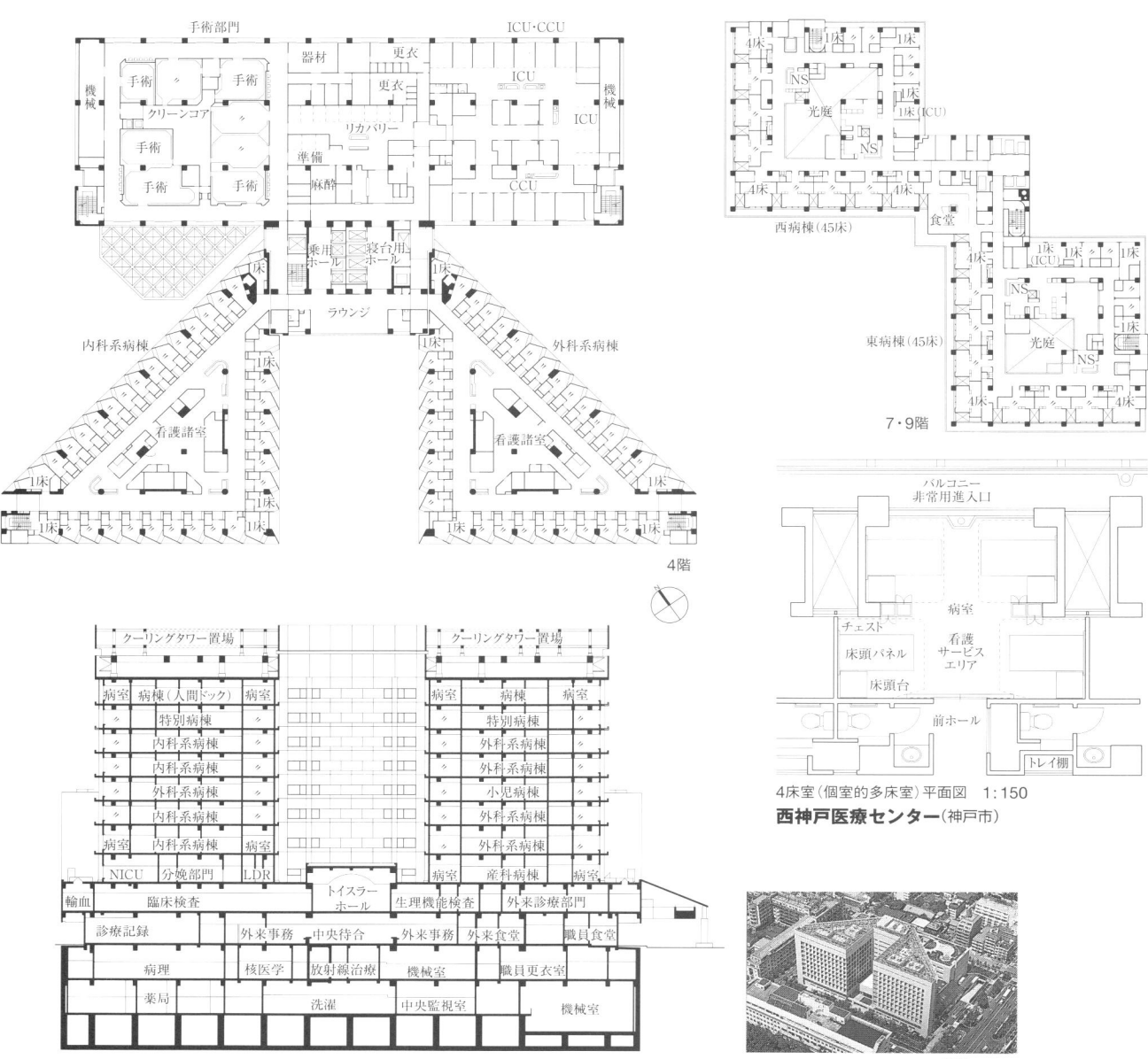

医療：一般病院 Medical Facilities: General Hospitals

1:1000

聖路加国際病院(東京都中央区)

4階

西神戸医療センター(神戸市)

7・9階

4床室(個室的多床室)平面図　1:150

聖路加国際病院
- 設計：メディカル・プランニング・アソシエイツ，日建設計
- 建設：1992年
- 延床面積：60,730m²
- 病床数：520床

三角形平面の11階建ての病棟2棟と外来・中央診療部門などを有する5階建ての診療棟からなる．三角形病棟は1日のうち一定時間，すべての病室に陽が射す配置としている．また，患者のプライバシーを重視するため，ほぼ全室がシングルケアユニットと呼ばれるトイレ・シャワー付きの個室で構成されている(⇒050)．病室窓は斜めに振られていて，患者はベッドに寝たまま眺望を確保することができるが，外部からの視線は遮ることができる．1看護単位は35床で構成され，質の高い看護を提供している．

西神戸医療センター
- 設計：共同建築設計事務所
- 建設：1994年
- 延床面積：42,671m²
- 病床数：500床

神戸市西区の中核的病院として，高度医療を行う急性期病院，2次救急の地域中核病院の役割を担う．この病院の最大の特徴は，個室的多床室と呼ばれる4床室にある(⇒054)．病室間の壁を雁行させることにより，廊下側のベッドサイドにも外気に面する窓を設け，どの病床の患者でも固有の眺望を得ることができ外気との関係をコントロールできる造りとなっている．

リハビリテーション部の計画

疾病との共存が一般的になる高齢社会においては，リハビリテーションの持つ役割は重要である．医学的リハビリテーションは退院後に専門病院で行うのでは遅く，原疾患の治療と同時に行うことがよい結果を生むといわれている．計画上は機能訓練のための広い空間，さまざまな作業療法や日常動作訓練(ADL)，そして言語療法のための個別空間，水治療のための特殊な機器の設置や仕上げが求められる．

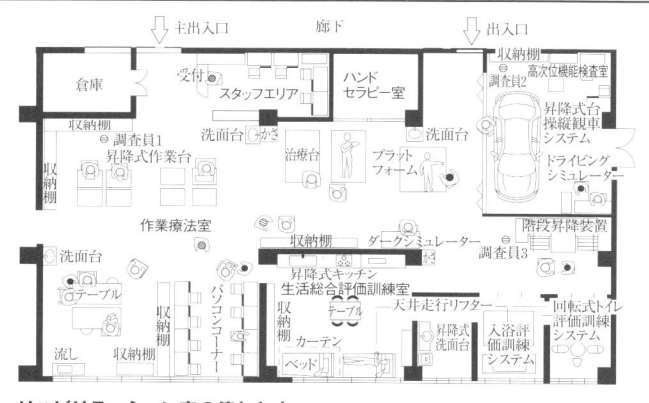

リハビリテーション室の使われ方

徳田良英他：作業療法室の訓練場所利用に関する実態調査，日本建築学会大会学術講演梗概集(中国)，p.11〜12，1999

Medical Facilities: Children's Hospitals 医療：こども病院

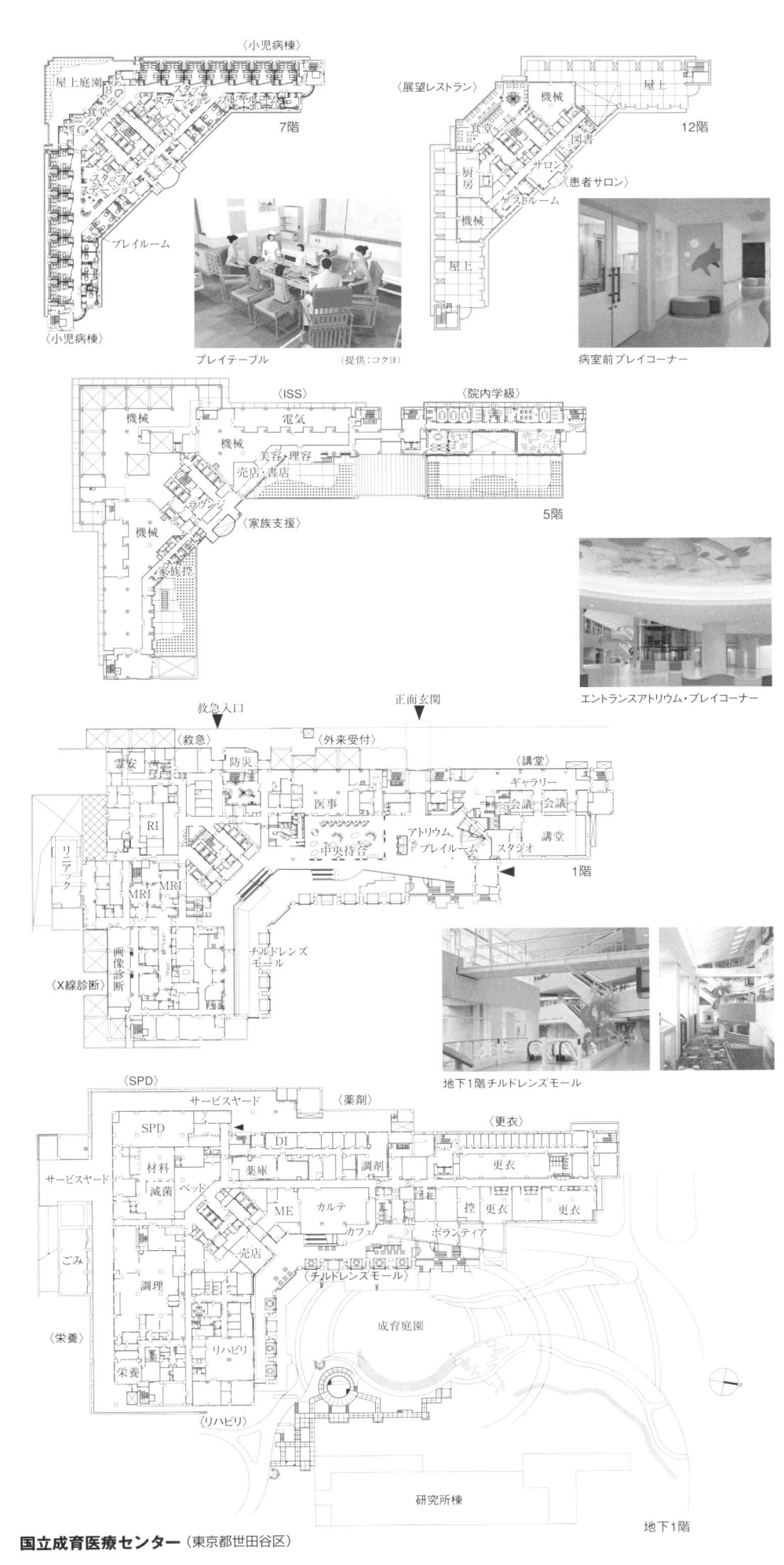

国立成育医療センター

- 設計：厚生労働省健康局国立病院部，日建設計，仙田満＋環境デザイン研究所
- 建設：2002年
- 延床面積：60,000m²
- 病床数：500床

〈遊び環境と家族支援空間〉
入院している子どもたちにとっても遊びは重要である．面談や遊びの場所はまとまった広い空間よりも，ベッドサイドや各々の場面に応じたコーナーが利用されている．このことから当病院ではプレイコーナーの分散化を図っている．

①チェアーベッドとプレイテーブル
家族用の「チェアーベッド」は日中はいすとして，仮眠時には2脚を組み合わせて簡易ベッドとして利用できる．また病床の間仕切カウンター端部の移動可能なテーブルを連結すると大きな「プレイテーブル」となる．これらのしつらいにより病室内でのプレイコーナーやベッドサイドスクールの場を容易に設けられる．

②病室前プレイコーナー
各病室の入口脇にベンチがしつらえてあり，子ども同士の遊びの場や家族との面談の場として利用できる．病室のプライベートな場所から食堂等のパブリックな場所に移行する中間のセミパブリックな場となる．

③プレイルーム
ナースステーションに面してプレイコーナーを設けている．入院児はスタッフに見守られながら，遊び過ごすことができる．

④家族控室
病棟設備階（5階）の一部に家族控室やコインランドリー，日用品売店，理美容を設け，入院者や家族が気軽に利用できる特別階としている．家族控室は6室あり，共用の食堂とシャワー室を備えている．

⑤チルドレンズモール
中庭に面したアトリウムにはワークショップやカフェテリア，ボランティアショップ，花屋，コンビニ等が並び，屋内にいながら街角の雰囲気を楽しむことができる．

⑥患者サロン
最上階には展望食堂と共に，患者サロンや患者図書室，家族用の瞑想室を設けている．

⑦ガーデンホスピタル
病棟と研究所建物で囲まれた中庭側には車やサービスの動線を設けないで，歩行者専用の療養空間（ガーデンホスピタル）としている．

⑧家族宿泊施設
病院敷地の角地には，遠方からの家族のための宿泊施設が企業のボランティア活動として設けられている．何組もの家族が廉価に常時利用することができ，患児が病棟を離れて家族と共に外泊できる．

国立成育医療センター（東京都世田谷区）

192 医療：精神病院・ホスピス・サナトリウム
Medical Facilities: Mental Hospitals, Hospice, Sanatorium

1:600

不知火病院ストレスケアセンター
- 設計：長谷川逸子・建築計画工房
- 建設：1989年　・病床数：36床
- 延床面積：1,508m²

病室そのものをストレスを癒す空間とするため、4床室の各ベッドを家具で仕切り、なおかつ1部屋に複数の出入口を設けるなど、病室内での個人空間と共有空間の調和を図っている(⇒056)。また、病室は日本家屋のイメージから天井高が高くとられている。建物全体は扇型をしており、求心性のある病棟構造となっており、その求心部にナースステーションが配置されている。

不知火病院ストレスケアセンター(福岡県大牟田市)

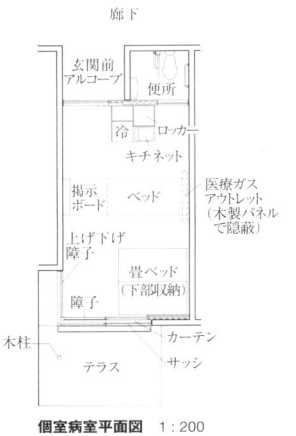

個室病室平面図 1:200

聖隷三方原病院ホスピス
- 設計指導：松本啓俊
- 設計：公共施設研究所
- 建設：1997年　・病床数：27床
- 延床面積：2,133m²

建物はナースステーションを中心とした4つのウイングで構成されている。各ウイングには看護動線の短縮のため、汚物処理室とリネン室が設けられている。家族との充実した触れ合いの時間を過ごせるよう病室はすべて個室で、独立住宅的雰囲気を持たすため雁行配置とし、各室の独立性を高めている。病室の外と中の連続的なつながりを持たせるため、各病室にテラスを設け、自由に外に出られるつくりとなっている。外には路地庭がつくられている。ホスピスを生活の場として住まい化することをデザインのポイントとしている。

聖隷三方原病院ホスピス(静岡県浜松市)

(撮影：Richard Weston)

病室平面 1:150

パイミオのサナトリウム
- 設計：Alvar Aalto
- 建設：1933年　・病床数：27床

各棟が機能的に分節され、日光、新鮮な空気というサナトリウムに求められている環境要素を充分に取り入れている。バルコニー棟にはベッドが並べられ、結核治療用の日光浴が行われていた。病室は2床室で、室内に日光が多く差し込むように窓際で上向きに折り曲げられたスラブ、ベッドに横になったままで外が見える下窓など患者の視点に立ったデザインである(⇒051)。暖房・換気システム、照明器具、色彩計画など斬新な技術的アイディアが盛り込まれている。

病棟　　バルコニー棟　1:600

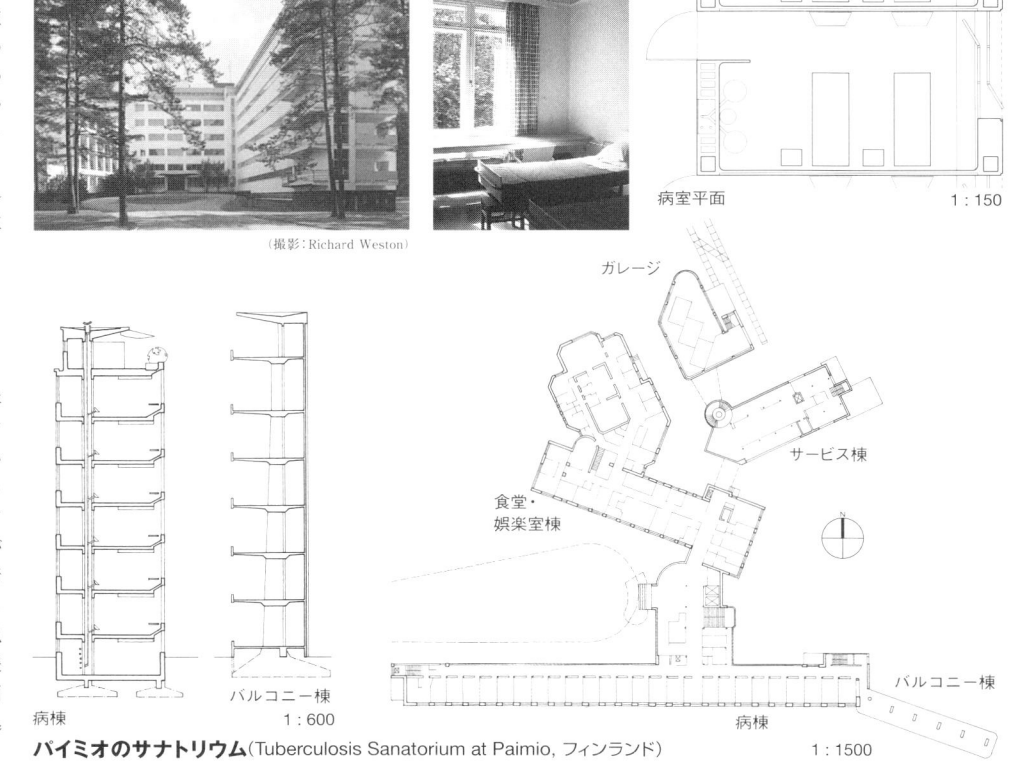

パイミオのサナトリウム(Tuberculosis Sanatorium at Paimio, フィンランド) 1:1500

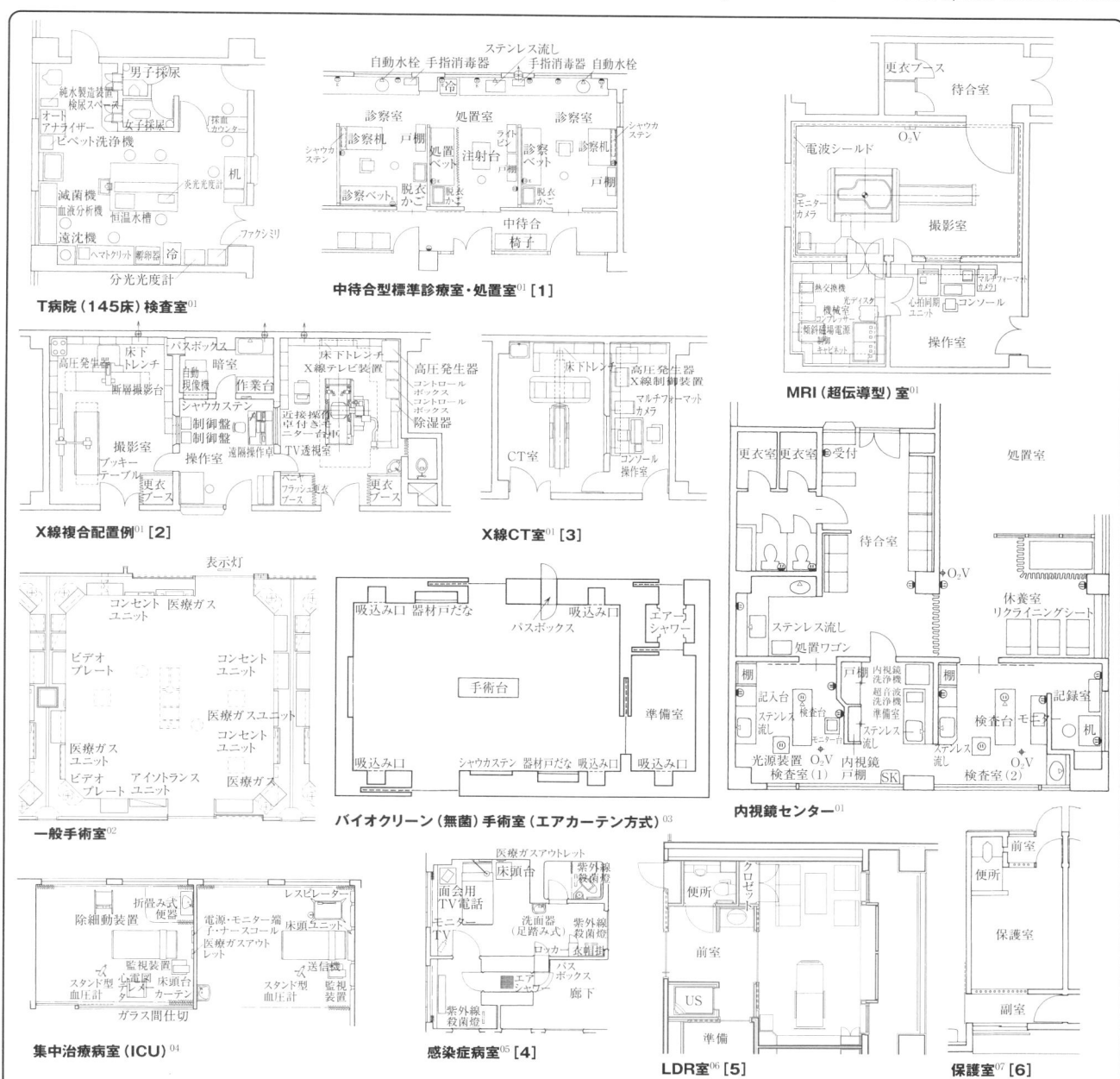

医療：診断・治療室，特殊病室
Medical Facilities: Diagnostic & Therapeutic Rooms, Special Treatment Rooms

中待合型標準診察室・処置室[1]

診察室と処置室の配列は、診察室の並びに処置室を設ける場合が多い．各診察室や処置室には待合い（あるいは中待ち）から患者が直接出入りできる扉を設ける．また各診察室と処置室は奥でつながった構造とし、医師や看護師等スタッフは、患者の動線と交わることなく各診察室や処置室間を行き来できるようにする必要がある．カルテや薬剤などの医療物品は、このスタッフ動線から各診察室や処置室に供給する．

X線複合配置例[2]

X線検査室は放射能防護のため、壁・天井・窓・出入口はX線透過防御を施す．RC造の場合、150mm程度の厚さのコンクリートで床・壁・天井をつくり、建具や枠まわりは1.5mm厚の鉛を張った素材で防御する．機器の大きさや性能によって一概には言えないが、機器の動作のため天井高は2,700mm以上は必要である．X線検査室には患者の様子を診ながら機器を操作するための操作室が付随する．操作室はX線検査室に隣接した配置とし、それぞれの部屋に廊下から直接入れるようにする．さらに、X線検査室と操作室間にも扉を設け、X線技師が2つの部屋を行き来できるつくりとする．操作室からの監視窓には鉛ガラスを使用する．X線検査室が複数ある場合は、その間に操作室を配置し、ひとつの操作室で複数のX線検査室を受け持つことができるようにするのが効率的である．

X線CT室[3]

X線室と同じく、放射能防護の構造が必要となる．CT室と操作室の位置関係はX線検査室と同様である．機器の操作はX線技師が行うためCT室はX線検査室の並びに配置する．

感染症病室[4]

感染性の強い疾患の患者を収容する病室をいう．感染症病室は個室を原則とし、便所・浴室と前室を設け、前室には手洗いとガウン掛けを置く．隔離観察が目的だけでなく、患者の行動を制限される場合に備え、患者にとっての生活空間としての配慮が必要で、ゆとりのある病室空間が望まれる．

LDR病室[5]

L=Labor（陣痛），D=Delivery（分娩），R=Recovery（回復）をひとつの部屋で連続的に行うことができる病室である．そのための設備とともに、家具や空間の仕上げに木を使用するなど、暖かい家庭的な雰囲気でアメニティに配慮した広い部屋となっている．出産時に使用する無影灯は、使用しないときは天井に格納し隠されている．⇨050

保護室[6]

不穏・興奮状態を呈し自傷他害の恐れがあるなど、激しい症状の精神疾患患者の精神状態を安定させることを目的とした隔離室である．部屋のつくりは興奮した患者が暴れて破壊しないように頑強である必要があり、また患者自身が怪我をしないよう床や壁には柔らかい材料を用いる．さらに自殺や自傷防止のため、トイレットペーパーホルダーを設置しない．トイレの水洗は保護室の外からスタッフが操作する．天井や壁や窓などに物が掛けられないようにするなどの配慮が必要である．

01：知久薫：小規模病院の設計，彰国社，1998より作成
02：NTT東日本病院（東京都品川区）2000年，設計：NTTファシリティーズ
03：富田林病院（大阪府富田林市）1977年，設計：日建設計
04：建築設計資料集成4（1980）より作成
05：東京都立駒込病院（東京都文京区）1974年，設計：日建設計
06：東京臨海病院（東京都江戸川区）2002年，設計：佐藤総合計画
07：千葉県精神科医療センター（千葉市）1984年，設計：相和技術研究所

交流：概要 Facilities for Intercommunication: Abstract

分類		施設名称
集会系	特定の年齢・性別に対応した施設	児童館,児童センター,婦人会館,女性センターなど
	全年齢・性別に対応した施設	地域集会所,公民館,隣保館,地区センター,ふれあいセンター,コミュニティセンター,林業センターなど
	その他	葬祭場など
文化系		児童科学館,生涯学習(推進)センター,文化センター,市民プラザなど
運動・健康系		競技場,体育館,武道館,屋内プール,健康・温泉施設など
自然系		少年自然の家,野外活動センター,ビジターセンター,レストハウスなど

交流施設の分類［1］

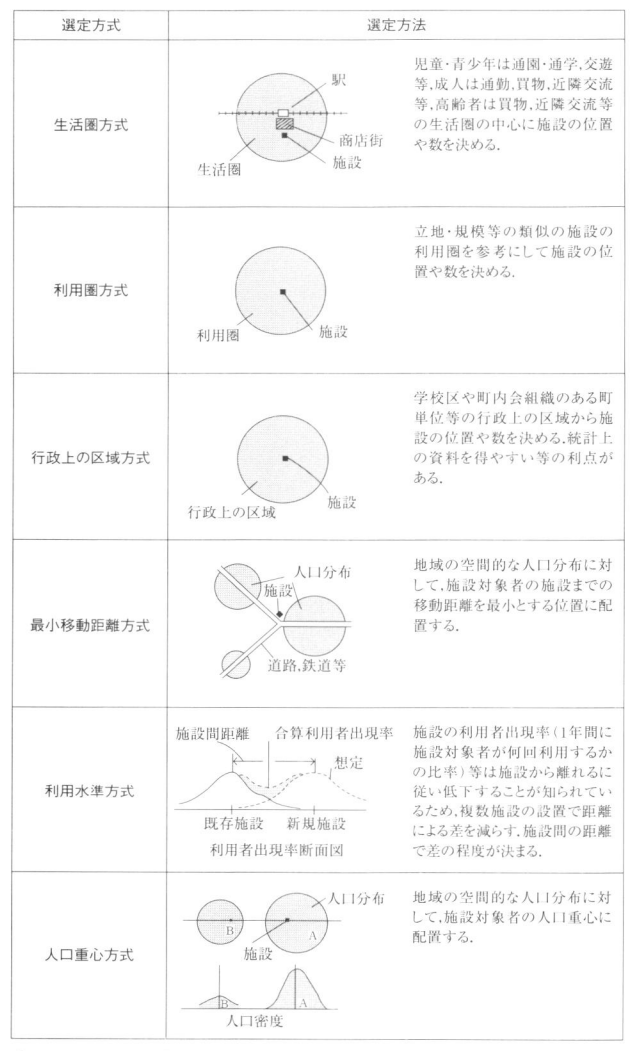

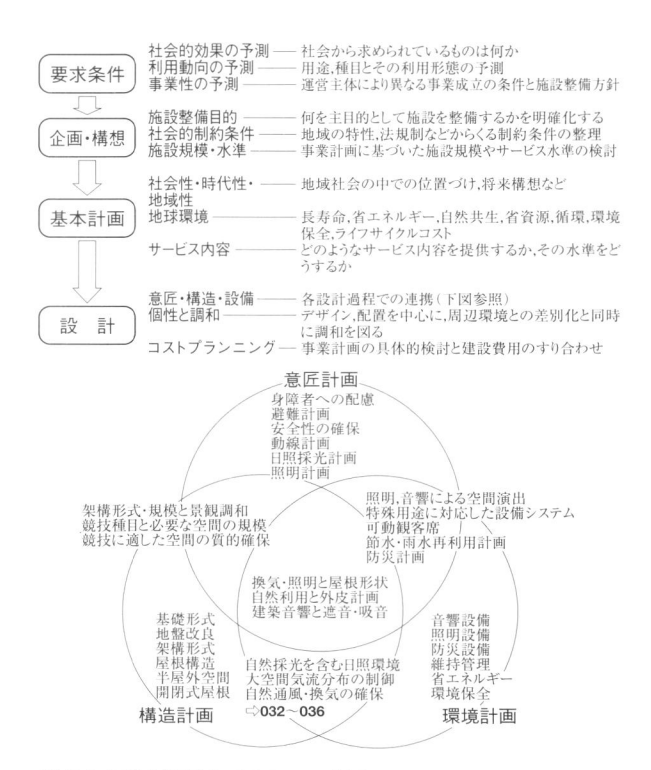

選定方式	選定方法
生活圏方式	児童・青少年は通園・通学,交遊等,成人は通勤,買物,近隣交流等,高齢者は買物,近隣交流等の生活圏の中心に施設の位置や数を決める.
利用圏方式	立地・規模等の類似の施設の利用圏を参考にして施設の位置や数を決める.
行政上の区域方式	学校区や町内会組織のある町単位等の行政上の区域から施設の位置や数を決める.統計上の資料を得やすい等の利点がある.
最小移動距離方式	地域の空間的な人口分布に対して,施設対象者の施設までの移動距離を最小とする位置に配置する.
利用水準方式	施設の利用者出現率(1年間に施設対象者が何回利用するかの比率)等は施設から離れるに従い低くなることが知られているため,複数施設の設置で距離による差を減らす.施設間の距離で差の程度が決まる.
人口重心方式	地域の空間的な人口分布に対して,施設対象者の人口重心に配置する.

立地の選定方法［4］

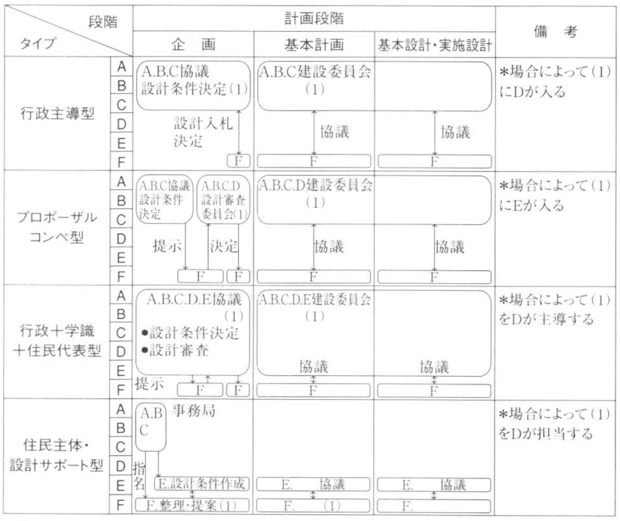

要求条件 → 社会的効果の予測 ── 社会から求められているものは何か
　　　　　　利用動向の予測 ── 用途,種別とその利用形態の予測
　　　　　　事業性の予測 ── 運営主体により異なる事業成立の条件と施設整備方針

企画・構想 → 施設整備目的 ── 何を主目的として施設を整備するかを明確化する
　　　　　　社会的制約条件 ── 地域の特性,法規制などからくる制約条件の整理
　　　　　　施設規模・水準 ── 事業計画に基づいた施設規模やサービス水準の検討

基本計画 → 社会性・時代性・地球環境 ── 地域社会の中での位置づけ,将来構想など
　　　　　　　　　　　　　　　　　── 長寿命,省エネルギー,自然共生,省資源,循環,環境保全,ライフサイクルコスト
　　　　　　サービス内容 ── どのようなサービス内容を提供するか,その水準をどうするか

設計 → 意匠・構造・設備 ── 各設計過程での連携(下図参照)
　　　　個性と調和 ── デザイン,配置を中心に,周辺環境との差別化と同時に調和を図る
　　　　コストプランニング ── 事業計画の具体的検討と建設費用のすり合わせ

意匠計画：身障者への配慮,避難計画,安全性の確保,動線計画,日照採光計画,照明計画
構造計画：基礎形式,地盤改良,架構形式,屋根構造,半屋外空間,開閉式屋根 ⇒032～036
環境計画：音響設備,照明設備,防災設備,維持管理,省エネルギー,環境保全

(中央重なり部)
照明,音響による空間演出／特殊用途に対応した設備システム／可動観客席／節水・雨水再利用計画／防災計画
架構形式と景観調和／競技種目と必要な空間の規模／競技に適した空間の質の確保
換気・照明と屋根形状／自然利用と外皮計画／建築音響と遮音・吸音
自然採光を含む日照環境／大空間気流分布の制御／自然通風・換気の確保

構想から基本設計までのフロー［2］

タイプ	段階	企画	基本計画	基本設計・実施設計	備考
行政主導型	A B C D E F	A.B.C協議 設計条件決定(1) 設計入札決定 F	A.B.C建設委員会(1) 協議	協議 F	*場合によって(1)にDが入る
プロポーザルコンペ型	A B C D E F	A.B.C協議 設計条件決定 A.B.C.D設計審査委員会 提示 決定	A.B.C.D建設委員会(1) 協議	協議 F	*場合によって(1)にEが入る
行政＋学識＋住民代表型	A B C D E F	A.B.C.D.E協議(1) ・設計条件決定 ・設計審査 提示	A.B.C.D.E建設委員会(1) 協議	協議 F	*場合によって(1)をDが主導する
住民主体・設計サポート型	A B C D E F	A.B 事務局 C 指名 E.設計条件作成 F.整理・提案(1)	E. 協議 F.	E. 協議 F.	*場合によって(1)をDが担当する

A.行政の担当(発注部門)　B.行政の運営・管理予定者　C.行政の建築担当　D.学識経験者またはコンサルタント　E.住民　F.設計者

計画への住民参加のタイプとプロセス［3］

交流施設の類型［1］
地域住民を中心とした集会,趣味,運動,レクリエーション,文化・社会・自然活動などの日常的なニーズに対応するために,広く「交流」という視点で捉えられる活動のための施設群が存在する.児童館,公民館,体育館といった従来より設置されてきた施設に加え,現代的な要請から設置されるようになった生涯学習センターや女性センターなどが出現した.これまで世代ごとに分離されていた施設を一体化して多世代の交流を目指すふれあいセンターといった新たな施設も生まれてきている.
社会的には,ライフスタイルの多様化を背景に,グループ中心の利用だけでなく,「いつでも・誰でも・何でも」活動できる場が求められていることや公共施設に地域性を尊重する流れがある.施設の目標像が多様化した中で,さまざまな名称のさまざまな施設が出現してきている.

構想から基本設計までのフロー［2］
他の公共施設の場合と大きく変わることはないが,地域社会のニーズを的確に把握する必要があると同時に,将来的な変化への見通しが欠かせない.「施設によるサービスの提供→住民による利用」という単純な図式だけでなく,運営に当たってNPOやボランティア団体との関係を構築するなど地域社会の中での位置付けを当初から計画に組み込んでおくべきである.ユニバーサルデザイン⇒180,ライフサイクルコスト⇒029,環境への配慮,地域性を生かしたデザイン⇒031など今日的な課題も忘れてはならない.

計画への住民参加［3］
近年,行政主導による施設づくりから住民参加・住民とのパートナーシップによる施設づくりへの転換が各地で見られる.まだ実施事例は多いとは言えないが,今後きめ細かい行政サービス,施策立案・実施の透明化が浸透するにつれて増加していくと考えられる.
設計コンペの審査員に住民のごく一部の代表が参加する形式のものから企画段階より行政・住民・設計者の3者が一体となりワークショップを繰り返して実施に至る形式まで様々なものがありうる.この3者の間を取り持つ職能としてコーディネーターが参加する場合も見られる.

立地の選定方法［4］
各種の選定方法が提案されているが,類似施設の配置状況,人口分布,利用できる統計資料の種類などによってどの方法を用いるかが決まってくる.また大都市,地方都市,農村部によって施設の配置や住民の生活圏が異なってくることが予想される.施設の想定利用者層も考慮しなければいけない.
例えば,「生活圏方式」には利用者の生活圏が明確な場合,「利用圏方式」は類似施設の利用圏についての資料がある場合,「利用水準方式」は類似施設の利用者出現率の資料が得られる場合に有効な方式であるが,それらの資料が手に入らない場合には逆に適用することができない方式であると言える.
また,他の公共施設との連携を考え,複数の施設が集中して地域社会の核を形成するように立地する場合もある.通常はさらに費用対効果なども考慮され,立地の選定が行われる.

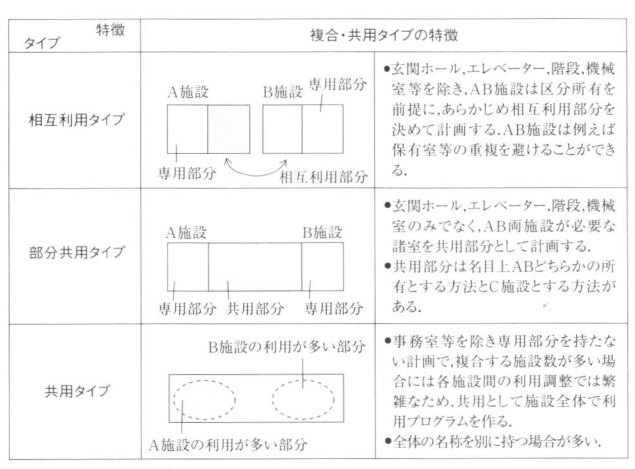

Facilities for Intercommunication: Abstract 交流：概要

タイプ	特徴	複合・共用タイプの特徴
相互利用タイプ	A施設　B施設　専用部分／専用部分　相互利用部分	・玄関ホール，エレベーター，階段，機械室等を除き，AB施設は区分所有を前提に，あらかじめ相互利用部分を決めて計画する．AB施設は例えば保育室等の重複を避けることができる．
部分共用タイプ	A施設　B施設／専用部分　共用部分　専用部分	・玄関ホール，エレベーター，階段，機械室のみでなく，AB両施設が必要な諸室を共用部分として計画する． ・共用部分は名目上ABどちらかの所有とする方法とC施設とする方法がある．
共用タイプ	B施設の利用が多い部分／A施設の利用が多い部分	・事務室等を除き専用部分を持たない計画で，複合する施設数が多い場合には各施設間の利用調整では繁雑なため，共用として施設全体で利用プログラムを作る． ・全体の名称を別に持つ場合が多い．

複合施設のタイプと特徴［5］

	留意事項
わかりやすく，使いやすい空間計画	・コミュニティ施設は不特定多数の利用者があり，わかりやすく，使いやすい空間計画として誰もが容易に目的の場所に到達・活動できる計画とする． ・施設内の各場所の活動が見えることもわかりやすさ・使いやすさにつながる．
フレキシビリティとオープン化	・利用者の多様な要求に応えるためには，使い方の変化に対応できる計画とする必要がある．この場合，具体的な複数の使い方を想定して計画する． ・住民の使い方が変化することや，より多様な使い方を可能とするため，防音等の特に配慮が必要な部分を除いてできるだけオープンに構成する．
各室相互の関連性の重視	・これまでのコミュニティ施設は，室単位の利用を中心に計画しており，いくつかの諸室を用いて催しを行う（例えば，講演に関連して展示を行う，情報エリアの情報を用いて発表を行う等）はあまり想定されていない．今後は各室相互の関連性も重視する必要がある．
運営・管理システムの計画への反映	・近年のコミュニティ施設の運営・管理は多様化・高度化に対応できる必要がある．例えば，ボランティアの運営・管理への参加で他室を改修してボランティア室を設けたり，一部を夜間開館するため夜間専用の出入口とカードキーの導入等がある．
利用者の立場に立った詳細な計画	・育児中の主婦が活動に参加するための託児室，講座等で製作中の作品置場，グループが活動に使う用具置場（ロッカーが用意されている場合もある）等，利用者の立場に立った十分な検討と計画への反映が必要である．

施設計画上の留意点［6］

部門	各部・各室の計画上の考慮点
ロビー部門	・最近の施設のロビーは，多機能型，映像型，図書情報型，多目的屋内広場型等多様である． ・映像型ロビーは，マルチビジョン等の大型映像システムを導入している（山形県生涯学習センター等）． ・図書情報型ロビーは，個人でも気軽に入れて，情報の充実によって多様な利用者の要求に応えることができる新しいタイプのロビーである（横浜市女性フォーラム，愛知県女性総合センター）． ・多目的屋内広場型は，予約をせずにある程度の活動をそこで行える（富山市富山市民プラザ）． 以上のように最近のロビーは，単なる玄関ロビーではなく多機能型が目立つ．
集会・研修部門	・集会室等の大きさと数は，利用グループ人数と同時利用グループ数等によって決まるが，防音等の性能の良い可動間仕切によって弾力的に対応する必要がある． ・集会室等の廊下側壁面は，活動が分かるようにガラス面とブラインド等を設ける．室によっては室としないオープンな集会エリアや随時use oneきるコーナーを設ける． ・集会室の設備は，OHPやスライド，テレビは標準的に使用でき，プロジェクターを使える部屋も用意する．カバン置場やコート掛け等も必要である．
実習部門	・各種実習室は，室単位で考えるのではなく，実習の内容（防音が必要等）によってエリア分けを考える．この場合，室単位で貸すのではなく，設備単位になるが，グループが同時利用しても問題となるケースは少ない． ・操作が危険等の安全上問題がある場合を除いて，壁のないオープンな実習室を設ける考え方もあり，例えば調理実習室をオープンに設ける（横浜市女性フォーラム）と予約されていない場合に，飲食をしながらの集会等で活発に利用される．
情報部門	・規模にもよるが，図書・視聴覚資料・パソコン情報が利用されるかは，設備や資料の充実と利用の手軽さ，管理の容易さが重要である． ・上記の理由から，情報関連の諸室を集中化または一室化して，すべての情報センター（メディアセンター）とし，入口または主動線の近くに配置する． ・センターには専任の職員の配置が必要だが，配置できない場合は事務室のカウンターで対応する必要がある．
管理部門	・最近の傾向として，コミュニティ施設はサービス施設であるとして，壁を設けないオープンカウンター形式の事務空間である． ・受付や庶務等の職員を除いて，積極的に利用者の中に出ることが必要で，机は必要ないとの意見もあり，その場合休憩ラウンジを用意し，共用の机や人数分のロッカー等を用意する． ・館長室も先頭に立って活動すべきとの視点から奥まった位置でなく，玄関に近い所でガラス張りとすべきとの意見もあり，その場合接客の関係から個室の応接室を用意する．

各部・各室の計画上の考慮点［7］

運営委員会と住民参加	・住民に開かれた施設運営を行うためには，運営委員会等を設け住民の意見を反映させる． ・公民館等の社会教育施設では，運営審議会等を置くことが法律（公民館は社会教育法）によって義務づけられている場合がある． ・運営委員会の役割は，館長の任命，運営方法・内容，各種事業の企画・実施等に対する指導・助言を行う．
運営・管理の直営と委託	・施設の運営・管理は自治体の直営とする場合と委託とする場合がある． ・直営は自治体の職員が直接運営・管理を行う．社会教育施設では教育という視点から直営が多く，委託は行う場合がある． ・委託は財団法人等に委託して運営・管理を行うもので，施設の開館時間（夜間も開館），専門職員の配置等の理由による．県が市等に委託，住民団体への委託の場合もある．
専門職員の配置	・質の高いサービスの提供や施設によっては専門的な技術を持つ職員（舞台操作や照明等）が必要な場合がある． ・社会教育施設では，法律において専門的な職員の配置を求めている場合がある．例えば，公民館は公民館主事（社会教育法）を置くことができるとしている． ・最近の傾向である施設へのパソコンの導入では，専門的知識を持つ職員の配置が求められる．
ボランティアの協力	・最近の施設では，計画時からボランティアの協力を想定してボランティア室等を設け，施設の運営に積極的に参加を促す事例が増加している． ・施設を住民の施設として運営していくためには，ボランティアという形での運営参加が重要であり，今後さらに増加することが考えられる． ・海外では，子育て後の再就職のための経歴として積極的に参加している例も多い．
土，日曜日利用と夜間利用への配慮	・住民へのアンケート調査で，施設を利用しない理由の上位に「開館時間に行けない」がある．夜間開館は，施設側には職員配置で難しい場合があり，住民側はぜひ夜間開館をという希望がある． ・最近の施設には，計画時から施設の一部を夜間開放することを前提に計画する場合が見られる．この場合夜間専用の出入口から専用のカードキー等で利用する．
運営・管理費用と利用料金	・公共施設の場合，予算と利用料金等の収入は直接連動していない．通常，利用料金等の収入は予算の1割程度が多い． ・施設の中には，運営・管理費用のうち，管理費用は自治体が負担して，運営費の内催し等の事業費用は住民側が負担する例もある． ・公共施設の中にも例外的に施設を独立採算としている場合がある．
複合施設の運営・管理	・複合施設を単なる集合化・立体化で終わらせないためには，施設相互の共用化・共同化がどこまで行えるかがポイントである． ・スペースの共用化・共同化とともに，運営・管理の共用化・共同化が重要で，このうち施設管理の共同化（複合施設の1施設が分担）は一般的によく行われるが，運営の共同化（催し等の事業）が行えるかがポイントである．

運営・管理の考慮点［8］

複合施設のタイプと特徴［5］

施設相互の相乗効果や運営費用の軽減を目指して複数の施設を複合化して建設する事例が非常に多くなった．これまでは建設費用の分担や管理の容易さから，重複する機能を整理して計画して，足りない機能は他の施設のものを相互に利用しあうという「相互利用方式」が主流であった．より複合化の進展したタイプとして，重複する機能を初めから共用部分として計画する「部分共用タイプ」，可能な限り共用として専用部分を絞った「共用タイプ」も現れてきている．

施設計画上の留意点［6］

不特定多数の利用者が想定され，利用目的もさまざまである場合が多く，これに応える空間構成としなくてはいけない．移り変わる利用者の要求に機敏に対応できるよう管理・運営者の創意を盛り込むことができるようになっていることが好ましい．

そのためには「分かりやすく・フレキシブルで・つながりのある・管理の容易で・きめ細かな」計画を行うことが必要となる．社会の変化に対応した施設であり続けるためには，すべてを事前に完全に決定するのではなく，将来の変化を予想しておくとともに，運営していく中で柔軟に変更に対応できる余地を残しておく計画を立てることが要求されている．

各部・各室の計画上の留意点［7］

「分かりやすさ」と「つながり」の筆頭としては各部門への見通しの効くロビー部門の空間構成とロビーにおける各種のメディアを活用した情報提供が挙げられる．

集会・研修部門と実習部門においては防音や換気を確保した上で可動間仕切によって利用人数と利用グループ数に対応した室の提供が求められる．また，プロジェクターをはじめとしたAV機器の設置も考慮しなければならない．室を単位とせず，個人や少人数での利用を前提としたコーナー単位でのサービスの提供も考えられる．

管理部門では事務室や受付は壁を設けずにオープンカウンター形式とし，利用者が気軽に立ち寄ることのできるようにする例が増えている．

管理・運営の留意点［8］

運営・管理においても住民参加が進んでおり，運営委員会の設置，ボランティアの積極的採用が行われている．ボランティア室を施設内に設けることも多く行われている．

土日利用，夜間開館も一般化しており，開館時間の違う部門のセキュリティや夜間の自主管理についても配慮が必要となっている．

複合施設では各施設間の調整により一層の有効利用を図りながら，共同での催し物開催など複合の利点をより活かす運営の工夫が求められる．

運営・管理の民間委託は単なる合理化の視点で行うとサービスの低下を招くこともあり，委託条件などの十分な検討が必要となる．

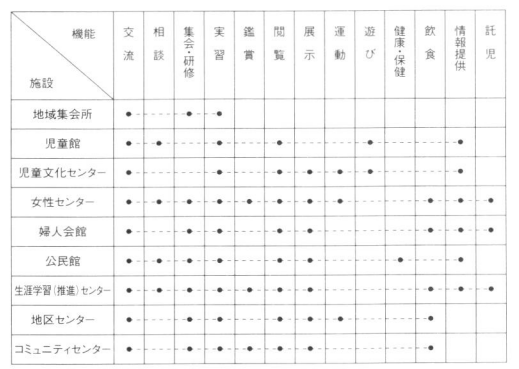

交流：概要 Facilities for Intercommunication: Abstract

集会系施設の機能構成[1]

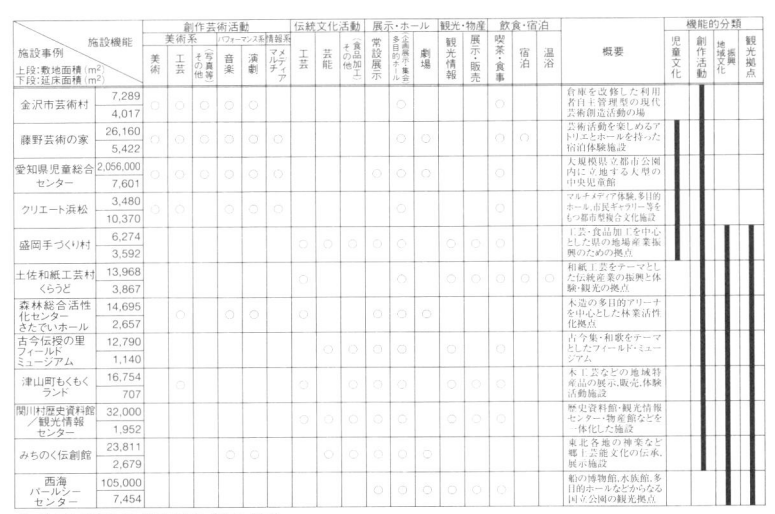

施設＼機能	交流	相談	集会・研修	実習	鑑賞	閲覧	展示	運動	遊び	健康・保健	飲食	情報提供	託児
地域集会所	●	●	●	●									
児童館	●	●	●	●				●	●				●
児童文化センター	●	●	●	●	●		●	●	●				●
女性センター	●	●	●	●		●						●	●
婦人会館	●	●	●	●									
公民館	●	●	●	●	●	●	●	●				●	
生涯学習（推進）センター	●	●	●	●	●	●	●					●	
地区センター	●	●	●	●	●	●	●	●	●	●	●	●	●
コミュニティセンター	●	●	●	●	●	●	●	●	●		●	●	●

文化系施設の機能構成例[3]

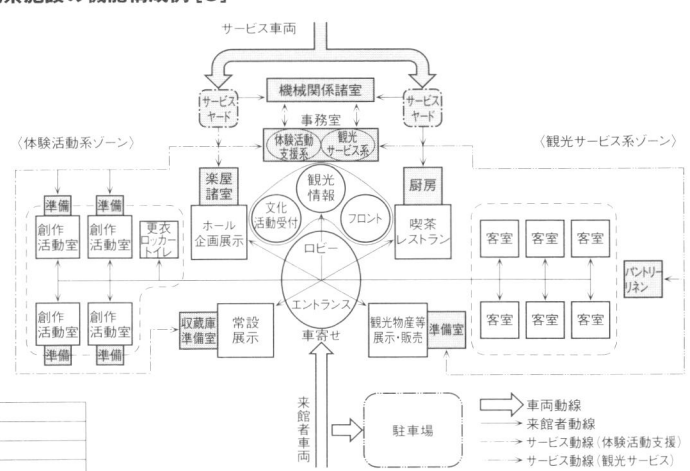

施設事例 上段：敷地面積(m²) 下段：延床面積(m²)	創作芸術活動（美術系／パフォーマンス系／情報系）								伝統文化活動			展示・ホール		観光・物販		飲食・宿泊			概要	機能的分類（児童文化／創作活動／伝統文化／観光拠点）
金沢市芸術村 7,289 / 4,017																			倉庫を改修した利用者自主管理型の現代芸術創造活動の場	
藤野芸術の家 26,160 / 5,422																			芸術活動を楽しめるアトリエとホールをもった宿泊体験施設	
愛知県児童総合センター 2,056,000 / 7,601																			大規模郊外都市公園内に立地する大型の中央児童館	
クリエート浜松 3,480 / 10,370																			マルチメディア体験、多目的ホール、市民ギャラリー等をもつ都市型複合文化施設	
盛岡手づくり村 6,274 / 3,592																			工芸・食品加工を中心とした場の地場産業を振興させる拠点	
土佐和紙工芸村くらうど 13,968 / 3,867																			和紙工芸をテーマとした伝統産業の振興と体験・観光の拠点	
森林総合活性化センターさたでいホール 14,695 / 2,657																			木造の多目的アリーナを中心とした林業活性化拠点	
古今伝授の里フィールドミュージアム 12,790 / 1,140																			古今集・和歌をテーマとしたフィールド・ミュージアム	
津山町もくもくランド 16,754 / 707																			木工芸などの地域特産品の展示・販売、体験活動施設	
関川村歴史資料館／観光情報センター 32,000 / —																			歴史資料館・観光情報センター・物産館などを一体化した施設	
みちのく伝創館 23,811 / 2,679																			東北各地の神楽など郷土芸能文化の伝承、展示施設	
西海パールシーセンター 105,000 / 7,454																			海の博物館、水族館、多目的ホールなどからなる国立公園の観光拠点	

集会系施設の機能ダイアグラム[2]

集会・研修部門：集会室・講義室／会議室・研修室／和室・茶室
ロビー部門：ロビー・ホール／情報コーナー（AV、パソコン）／図書コーナー／展示コーナー／談話コーナー／喫茶コーナー／販売コーナー
実習部門：美術室、工作室／音楽室、音楽練習室／調理実習室／家庭実習室／コンピューター室、スタジオ
情報部門：図書室（児童・成人）／書庫、郷土資料室／資料庫、視聴覚室／AVコーナー／パソコンコーナー
ホール部門：大・中・小ホール／講堂／多目的ホール（楽屋、映写室等）／放送室
展示部門：展示室、収蔵庫
その他：託児室／広場、庭園、遊び場／運動コーナー／駐車場
食堂部門：レストラン、喫茶室／調理室
管理部門：事務室、館長室／応接室／印刷室、放送室／ボランティア室、相談室／受付、倉庫、機械室
スポーツ、レクリエーション部門：体育室、トレーニング室／レクリエーション室／温水プール／プレイルーム、更衣室／シャワー室、器具庫
玄関・風除室

文化系施設の機能構成ダイアグラム[4]

〈体験活動系ゾーン〉：創作活動室、準備／楽屋諸室／体験活動支援／ホール、企画展示／収蔵庫、常設展示／更衣・ロッカー・トイレ
中央：文化活動受付／ロビー／エントランス／車寄せ／事務室／機械関係諸室／サービスヤード
〈観光サービス系ゾーン〉：観光情報／観光サービス系／フロント／喫茶レストラン／厨房／客室／パントリー・リネン／観光物産展示・販売、準備
来館者車両→駐車場
動線：車両動線／来館者動線／サービス動線（体験活動支援）／サービス動線（観光サービス）

運動系施設の部門・機能構成[5]

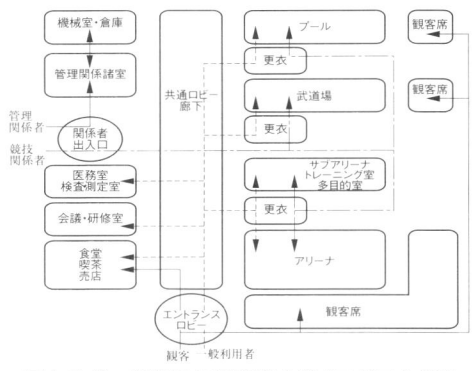

	室名	摘要
競技部門	体育室	アリーナ・サブアリーナ・武道場・トレーニング場・プールなど.
	ホール・ロビー	
	更衣室・審判用更衣室	公式試合の場合は、チームごとに更衣室が必要.
	シャワー室・浴室・洗面室	シャワー室は、プールでは衛生上の強制洗浄で必要.
	便所	競技用履物のままでの利用が多いので、床仕上げは清潔さが必要.
	検査・測定室・医務室	スポーツ医学上の測定を行う.医務室は観覧用を兼ねる場合が多い.
	指導員室・相談室	体育室の監視場を兼ねて設ける場合が多い.
	会議・研修室、図書・資料室	競技役員会・説明会・講習会などに利用される.
	召集室・待機室	ウォーミングアップとして利用される場合もある.
管理部門	事務室・応接室・会議室・館長室・貴賓室	事務室からは人の出入りのほか、体育室・器具室・更衣室などの監視も必要.
	宿直室	夜間警備仮眠所を兼ねる例が多い.
	記録室・放送室	体育室が直接見える場所に設ける.
	報道関係室	競技規模によって内容の充実さが異なる.
	維持関係室	アイススケート・プールなどは特殊設備が必要.氷上整備車置場を設ける. 施設維持作業者の控室も必要.
観覧部門	入場券販売所・案内所	
	ホール・出入口	休憩時の利用、退場時に適度なたまりをつくり安全性を確保.
	食堂・喫茶・売店	専用食堂は採算性が悪いので、施設利用者以外も利用できる平面とする.
	一般席・記者席・貴賓席	よく見えること、退場時の安全性に留意する.
	放送席・テレビ放送室	専用ブースを設ける.テレビ中継専用にケーブル配線口を設置.
	監視席	警備上の室で、大規模観覧席をもつ場合に必要.
	調光・音響調整室	舞台を持つ場合には必要.
	便所	個数については収容人員により算定される.

屋内スポーツ施設の機能構成ダイアグラム[6]

管理関係：機械室・倉庫／管理関係諸室／関係者出入口
競技関係：共通ロビー・廊下／医務室・検査測定室／会議・研修室／食堂・喫茶・売店／エントランスロビー
競技諸室：プール／更衣／武道場／更衣／サブアリーナ・トレーニング室・多目的室／更衣／アリーナ／観客席

集会系施設の機能構成[1][2]

基本となる部門は集会・研修＋実習＋情報提供＋管理の諸部門であり、利用者のニーズによって他の部門を付け加えていくことになる.

ロビー部門が施設の核となり、上述の各部門をとりまとめる. 各部門を明確にゾーニングし、隔離するよりも各部門の活動を相互に見せ、施設全体の活動が容易に分かるようにするとともに、利用者へ他部門の利用に興味を持たせる空間構成が主流となっている. ロビー部門では施設全体の魅力を利用者に訴えるため、情報コーナーやAV機器を設ける等多機能化が進んでいる.

集会・研修部門、実習部門においては閉じた室としないで、セミオープンな場を設ける事例が多い. 室とする場合でもガラス壁にするなどして内部の活動をうかがえるようにする事例が多い.

情報提供部門は関連の機能を集中させて情報センターとして再構成するとともに、オープンな空間の中に置く事例が見られる. 管理部門にもエントランスにも共に近い位置が望ましい.

文化系施設の機能構成[3][4]

日常的に近隣で利用される施設と非日常的に広域で利用される施設があるが、後者の事例が多い. 自家用車やバスでの来訪に備え、駐車場の確保や車で立ち寄りやすいエントランス周りとする.

必要となる部門は施設の性格により多岐にわたるが、ロビー部門＋情報提供部門＋体験活動部門＋展示部門が主要な部門となる. 集会系施設と同様に、施設全体の活動が把握しやすいロビー部門と他部門との空間的関係が重要である.

音楽、演劇、講演など防音性、遮光性が要求される室は同時に大空間が必要となるために配置に注意する.

滞在時間が長くなる場合が多いため、飲食・休憩機能も欠かせない. 宿泊機能が要求される時には他の活動に邪魔されない環境を用意する.

運動系施設の機能構成[5][6]

日常的に気軽にスポーツを楽しみ、健康を維持する生涯スポーツに対応した施設に対するニーズが高まっている.

体育館では通常、バスケットボールコートの広さ（⇒078）とバレーボールコートの必要高さ（⇒079）からアリーナの容積が決まるが、大空間を必要とするので敷地周辺への影響や景観面での配慮が欠かせない. 大人数の利用が見込まれる場合は交通計画も忘れてはならない. 器具倉庫はアリーナ面積の15％程度を準備しておく.

自然採光・通風を効率的に行えるよう建物配置、開口位置を決めるが、卓球など風に敏感な競技もあるので空調設備も含め配慮が必要となる.

競技会時には競技者から観客の動線を分離して観客席に導く. 観客席は2階に設けられる場合が多いが、競技者との一体感を持たせるために1階に設ける場合もある.

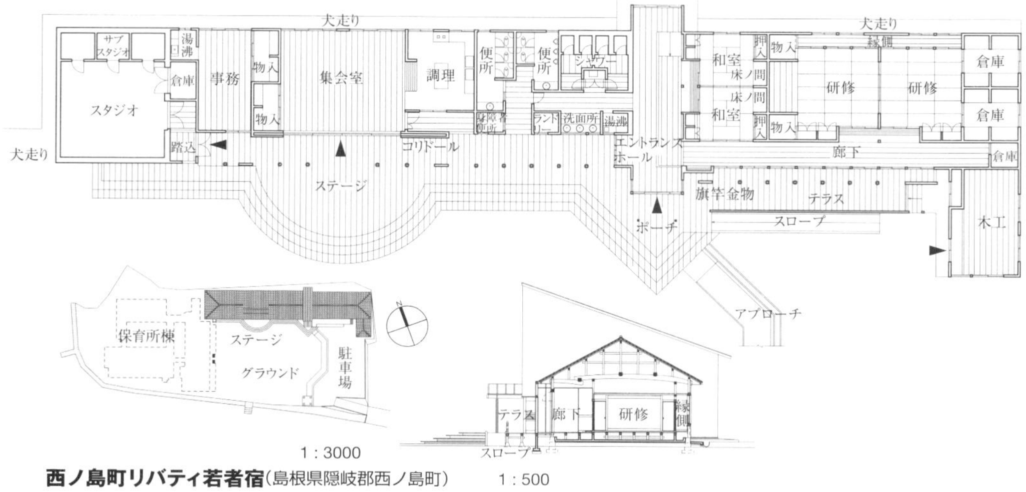

Facilities for Intercommunication: Assembly 交流：集会

西ノ島町リバティ若者宿(島根県隠岐郡西ノ島町)

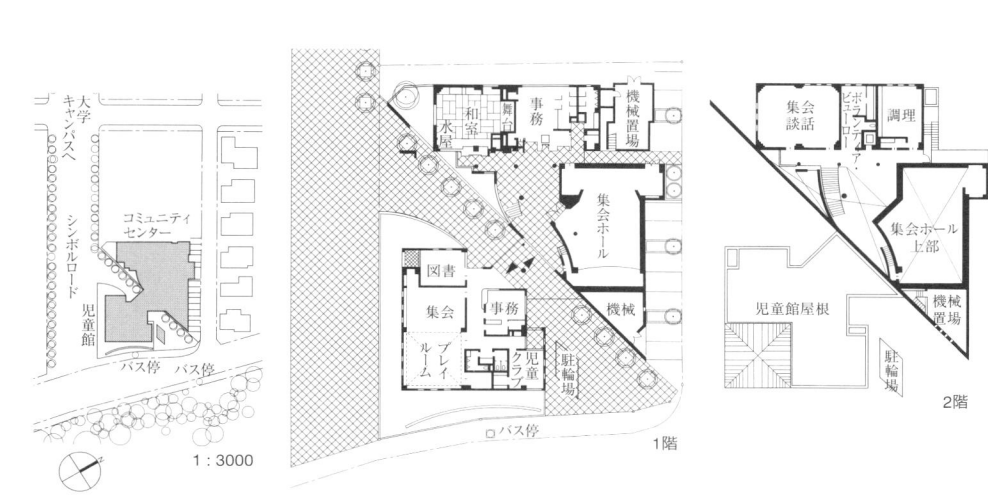

所沢市中富南コミュニティセンター・ひかり児童館(埼玉県所沢市)

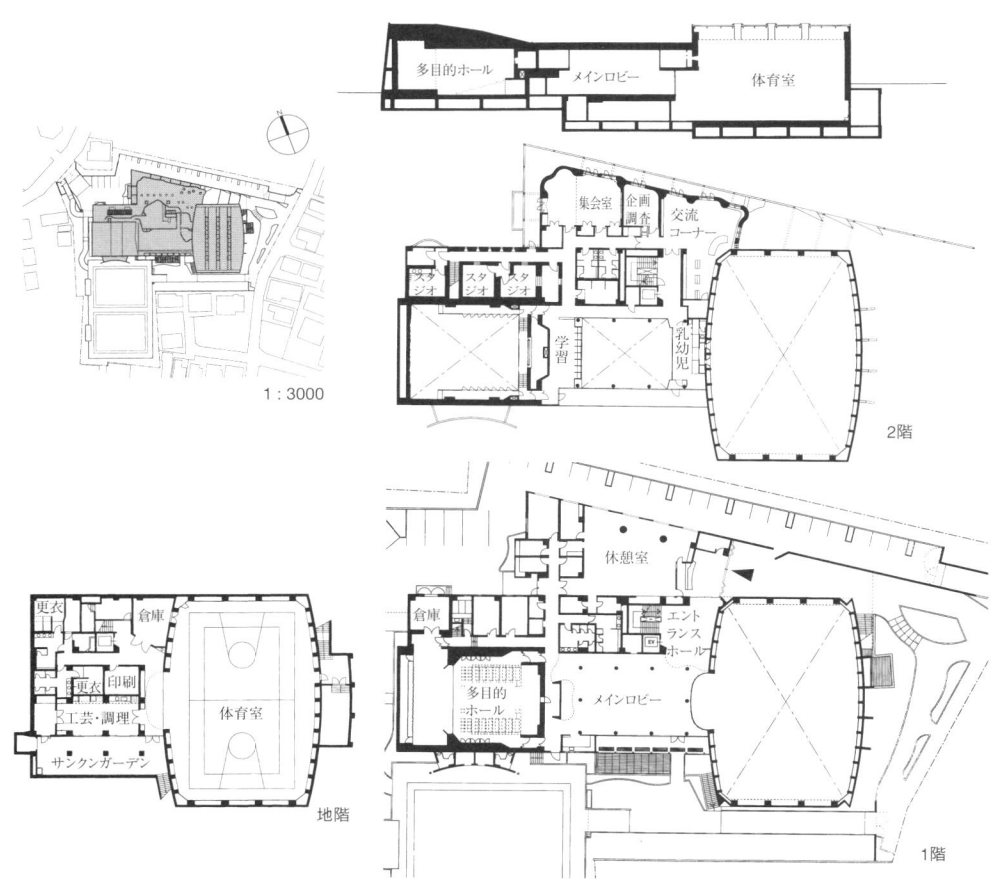

ゆう杉並(杉並区立児童青少年センター・杉並区立男女平等推進センター)(東京都杉並区)

西ノ島町リバティ若者宿
- 設計：峯建築設計事務所
- 建設：1993年
- 構造：木造
- 階数：地上1階
- 敷地面積：2,098m²
- 延床面積：617m²

築70年の小学校校舎を改築・転用した若者の定住促進を見込んだ集会施設．24時間自由に利用でき，青年団事務室に加え調理室，シャワー室を備え，宿泊が可能である．縁側のようなコリドールにより各室へ気軽にアクセスでき，木工室は手仕事を伝える中で高齢者と子どもの交流の場となるなど，青年団だけでない多世代の利用と交流が行われる．屋外ステージは前面を開放した集会室と一体の運用が可能なほか，隣接する保育所の遊び場としても利用される．高さ11mのエントランスホールはこの施設のシンボルである．

所沢市中富南コミュニティセンター・ひかり児童館
- 設計：武澤秀一／用美強・建築都市設計
- 建設：1996年
- 構造：RC造
- 階数：児童館1階，コミュニティセンター2階
- 敷地面積：2,000m²
- 延床面積：児童館311m²，コミュニティセンター1,253m²

歩行者道路であるシンボルロードから新興住宅地のバス停へ向けて通り抜けできる路地を設け，この路地をはさんでコミュニティセンターと児童館の入口が向かい合う．路地には屋根が架かり，子どもの遊び場ともなる．プレイルームの屋根は特徴的なコンクリートシェルであり，交差点のランドマークとなっている．

ゆう杉並(杉並区立児童青少年センター・杉並区立男女平等推進センター)
- 設計：六角鬼丈計画工房
- 建設：1997年
- 構造：RC造一部S造
- 階数：地下1階地上2階塔屋1階
- 延床面積：2,896m²

自由に使えるテーブルが置かれた吹抜けのメインロビーを中央に配置し，複合施設の諸機能をつなぐ空間としている．音楽練習スタジオ，サロンとしての交流コーナー，セミオープンな学習室，ガラス張りの乳幼児室など多世代のための多様な空間を適切なゾーニングを行いながら，周囲の住宅街から突出しないボリュームに収めている．利用者の企画・運営への参加も行われている．

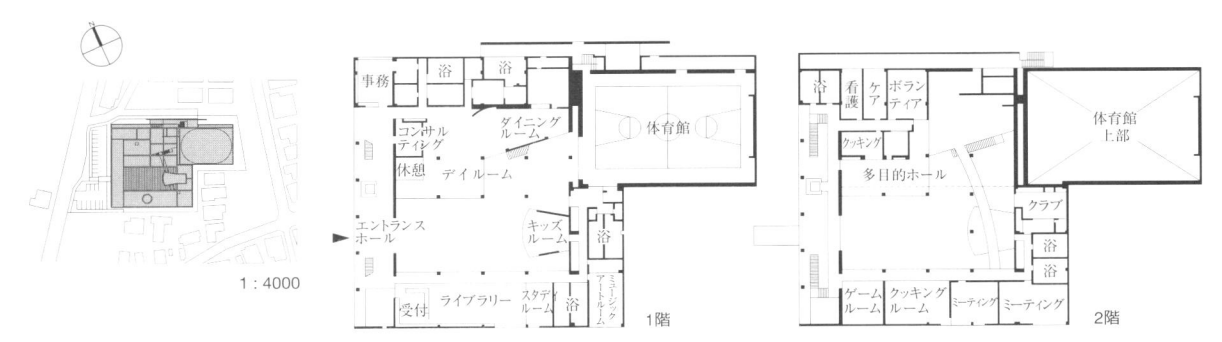

198 交流：集会 Facilities for Intercommunication: Assembly

1:1200

横浜市下和泉地区センター・地域ケアプラザ（横浜市）

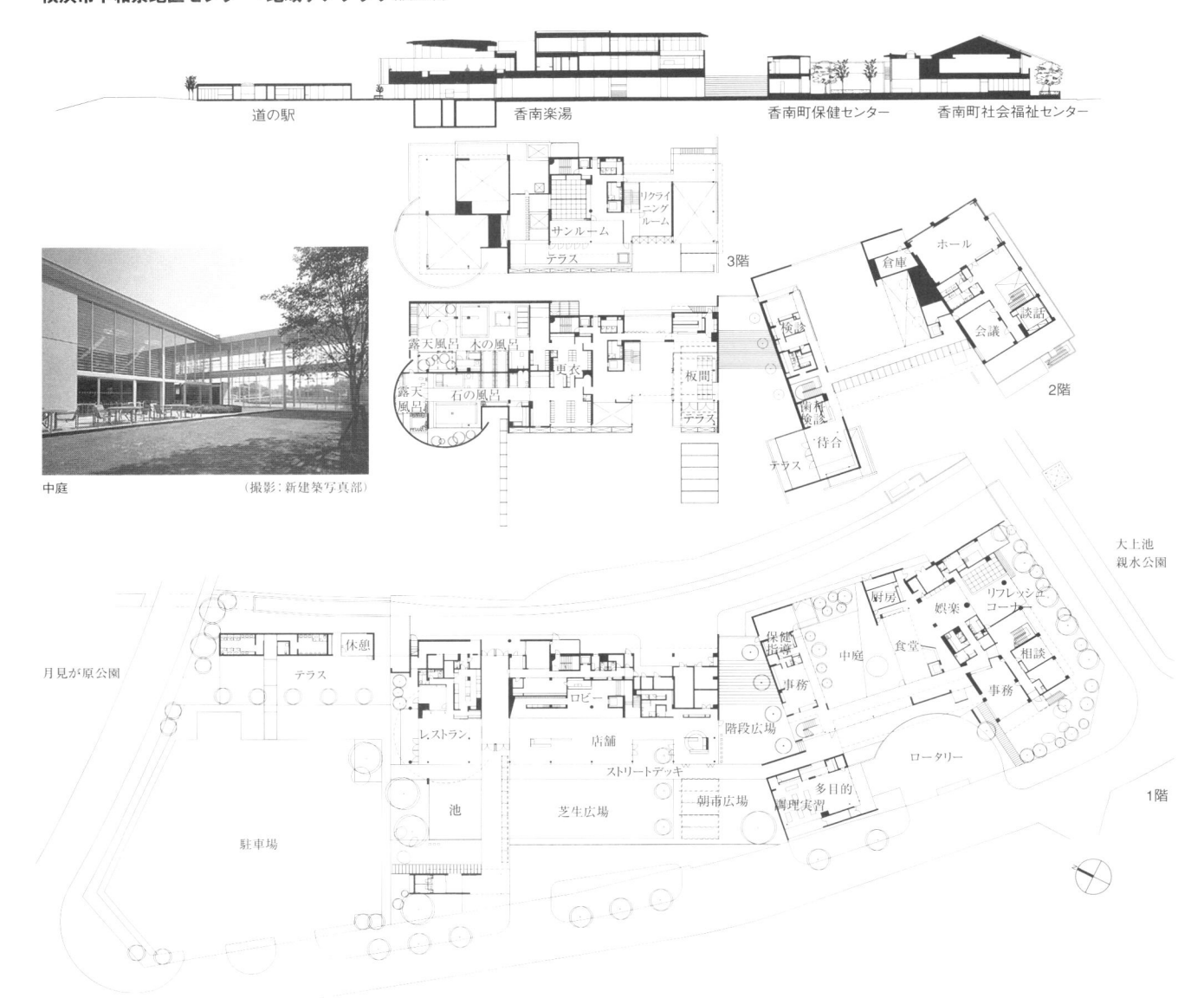

中庭　　（撮影：新建築写真部）

道の駅「香南楽湯」・香南町保健センター・社会福祉センター（香川県香川郡香南町）

横浜市下和泉地区センター・地域ケアプラザ

- 設計：山本理顕設計工場
- 建設：1996年
- 構造：RC造
- 階数：地下1階地上2階
- 敷地面積：3,888m²
- 延床面積：3,107m²

地区センターとデイサービスセンターなどを受け持つ保健・福祉施設との複合施設である．

吹抜けのエントランスホールを共有することで施設としての一体感を出し，エントランスホール東側の大壁面に奥へ抜ける開口を設けることで外部からでも内部での活動をうかがうことができるようになっている．

中庭により地区センターと地域ケアプラザを適度に分離しながら，ガラス面を多く取り，両施設の間で視線が行き交うよう試みている．中庭上部はほとんどルーバーで覆われ，内部空間的な雰囲気である．中庭に突き出した幼児用プレイルーム（キッズルーム）がアクセントとなっている．

建物全体の高さを抑えるために機械室等は地下に置かれている．

道の駅「香南楽湯」・香南町保健センター・社会福祉センター

- 設計：宮崎浩／プランツアソシエイツ
- 建設：2002年
- 構造：S造＋RC造一部SRC造
- 階数：地下1階地上3階
- 敷地面積：7,267m²
- 延床面積：4,977m²（全体）

温泉施設をもった道の駅と町の保健施設，福祉施設との複合施設であり，多世代の利用が可能なホールや多目的室を備えている．

メインアクセスとなる北側県道沿いに道の駅を配し，ストリートデッキと名付けられた通路に沿って各施設にアプローチする．機能ごとに分けられた各棟はストリートデッキを意識してできるだけ開放的にされ，半屋外空間が多く配されるなど内外の空間が連続するように設計されている．ストリートデッキは施設内だけでなく，この施設を南北に挟む2つの公園を結ぶ役割も持っている．

各棟の間の外部空間もそれぞれに特徴づけられ，外部空間と建物のリズムによる町並みの創出を図っている．

Facilities for Intercommunication: Assembly 交流：集会

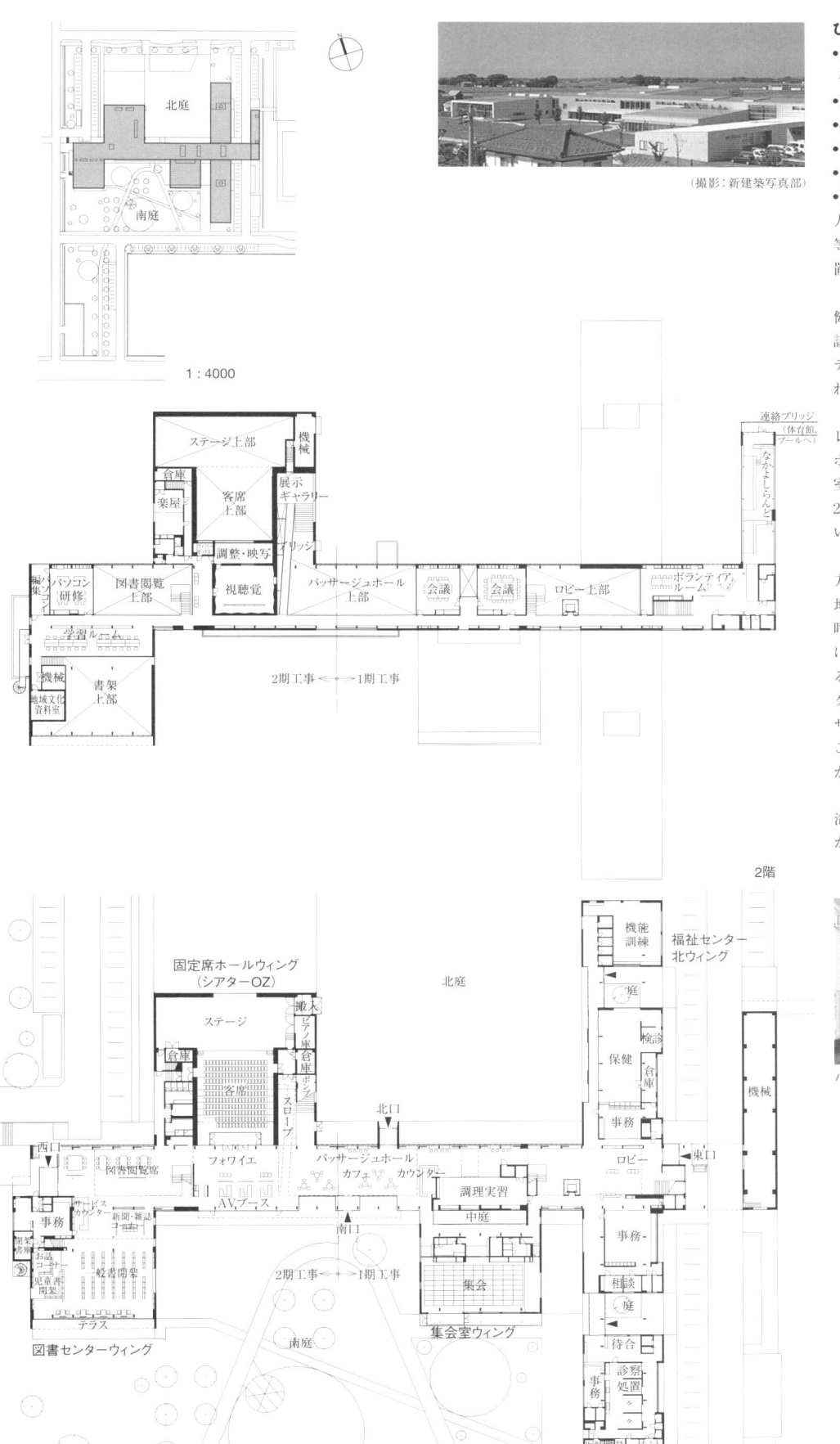

ひらたタウンセンター

- 設計：富永讓＋フォルムシステム設計研究所
- 建設：2000年（1期），2002年（2期）
- 構造：S造一部RC造
- 階数：地下1階地上2階
- 敷地面積：19,445m²
- 延床面積：5,090m²

人口約7,200人の町において，町役場等の既存の公共施設群を結ぶ要の位置に建つ複合型の集会施設である．

機能としては，東側1期工事部分が健康福祉センターであり，集会室，会議室，診療所，機能訓練室，ボランティアルーム，プレイルーム等が配置されている．

西側2期工事部分はコミュニティカレッジとされ，図書センター，固定席ホール（212席＋車いす2席），視聴覚室，ギャラリー等を設けている．1期と2期の接続部にはカフェが設けられている．

伸びやかに配置された建物には四方からのアクセスが可能であるが，敷地の幅目一杯にパッサージュホールと呼ばれる各機能を媒介する空間を設けたことが計画上の最大の特徴である．機能ごとに割り振られた各ウイングが見通しのよい2層吹抜けのパッサージュホールに部分的に貫入することで水平的にも垂直的にも各機能が緩やかに結びついている．

また，周囲の田園風景や遠景の鳥海山を切り取って見せる大小の開口が多く設けられている．

パッサージュホール （撮影：新建築写真部）

ひらたタウンセンター（山形県飽海郡平田町）

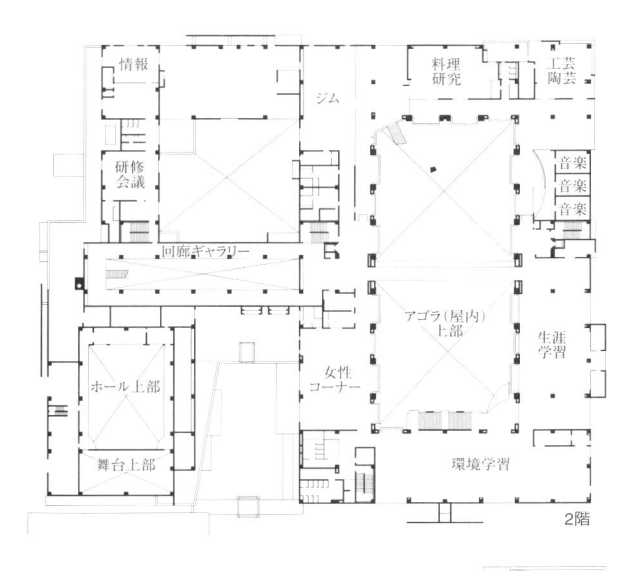

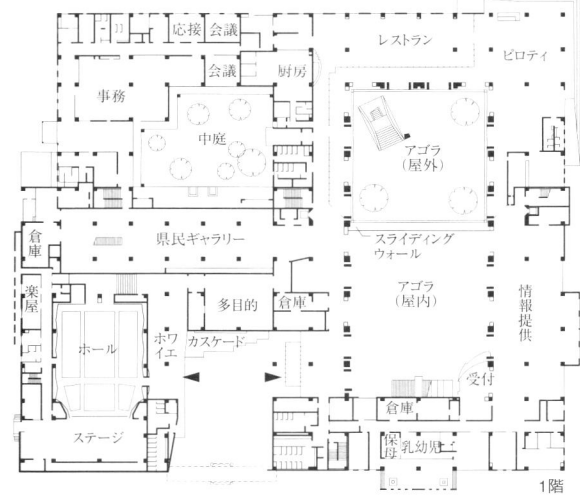

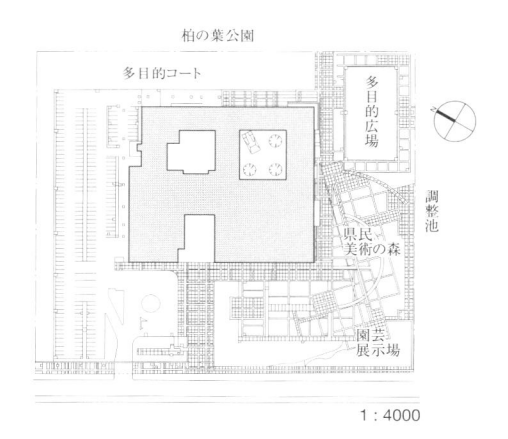

200　交流：集会　Facilities for Intercommunication: Assembly　1:1500

さわやかちば県民プラザ (千葉県柏市)

さわやかちば県民プラザ
- 設計：岡設計
- 建設：1996年
- 構造：SRC造・RC造・S造
- 階数：地下1階地上4階塔屋1階
- 敷地面積：36,499m²
- 延床面積：17,521m²
- 文化ホール客席数：473席
- 宿泊室数：26室(72名)
- 図書コーナー蔵書数：20,000冊
- 駐車台数：182台

敷地は緑豊かな「柏の葉公園」の一角にあり、生涯学習推進センター、女性センター、芸術文化センターの複合施設で、環境学習も行う。2階の生涯学習、環境学習と女性の3つのコーナー以外は共用で、運営・管理も1ヶ所の事務室で行う積極的な共有型施設である。運営は生涯学習と芸術文化センターを運営する県組織と女性センターの財団女性協会、環境学習の環境財団が行っている。

田の字型に近い平面構成を持つ4階建ての建物内には、エントランスの広場、中庭、屋外のアゴラ、トップライトを持つ3層吹抜けの屋内のアゴラが効果的に配置されている。屋外と屋内のアゴラの間に電動スライディングウォールがあり、一体的な活用ができる。

1階にはホール(473席)、県民ギャラリー、中庭に面した管理諸室と屋外アゴラ近くのレストラン、マルチビジョンと電光掲示板で館内の案内情報を流す屋内アゴラ、これに面しパソコンやビデオブースがある情報コーナー、プレイルームと南面テラスを持つ託児室などがあり、2階には屋内アゴラを取り囲んで生涯学習に関連する書籍を揃えた生涯学習コーナー、女性に関する書籍を揃えビデオの貸出しやミーティングスペースを提供する女性コーナー、環境の書籍や学習キット、映像シアターを備えた環境学習コーナーがあり、屋外アゴラの周囲に料理、工芸、音楽などのスタジオ、フィットネスジム(定員30名)がある。3階は屋内アゴラの周囲に手芸、パソコン、絵画、語学、マルチメディアなどの各種自習室、屋外アゴラの周囲に大小の研修室、4階には宿泊室(26室、定員72名)がある。

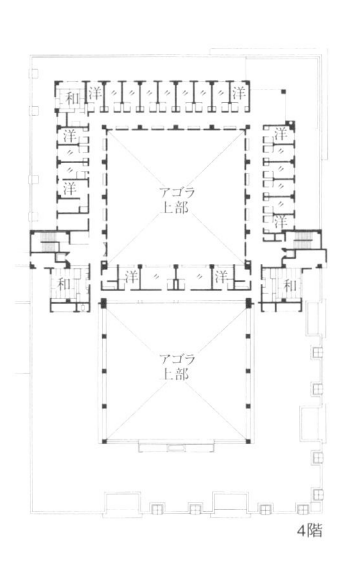

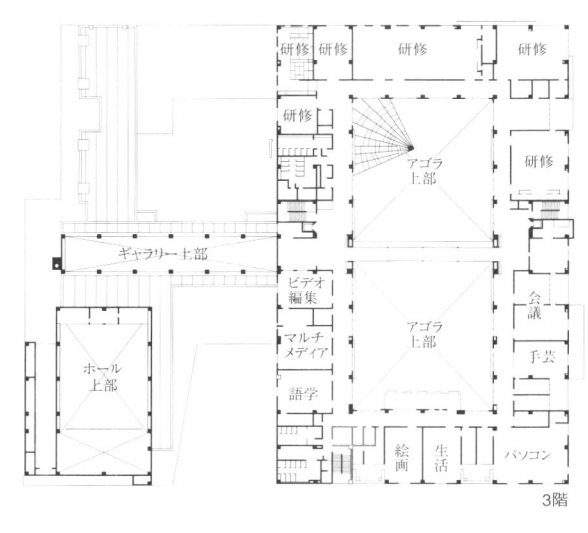

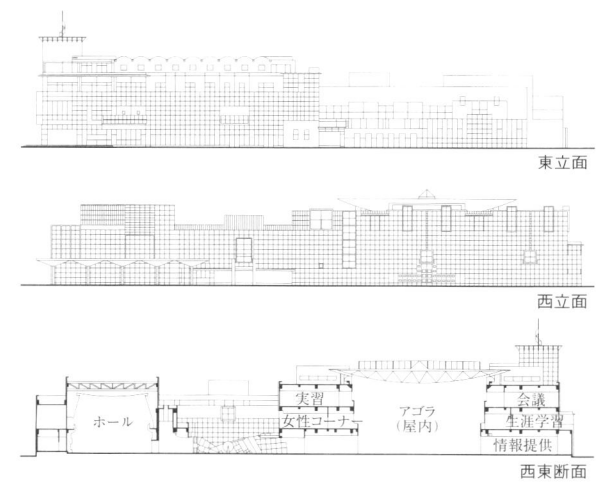

1:1200　0　20　40　　　　　　　　　　　　　　　　　　　　　　　　Facilities for Intercommunication: Culture　交流：文化　　201

地階

1階

西立面図　1：2000

1：2000

3階

2階

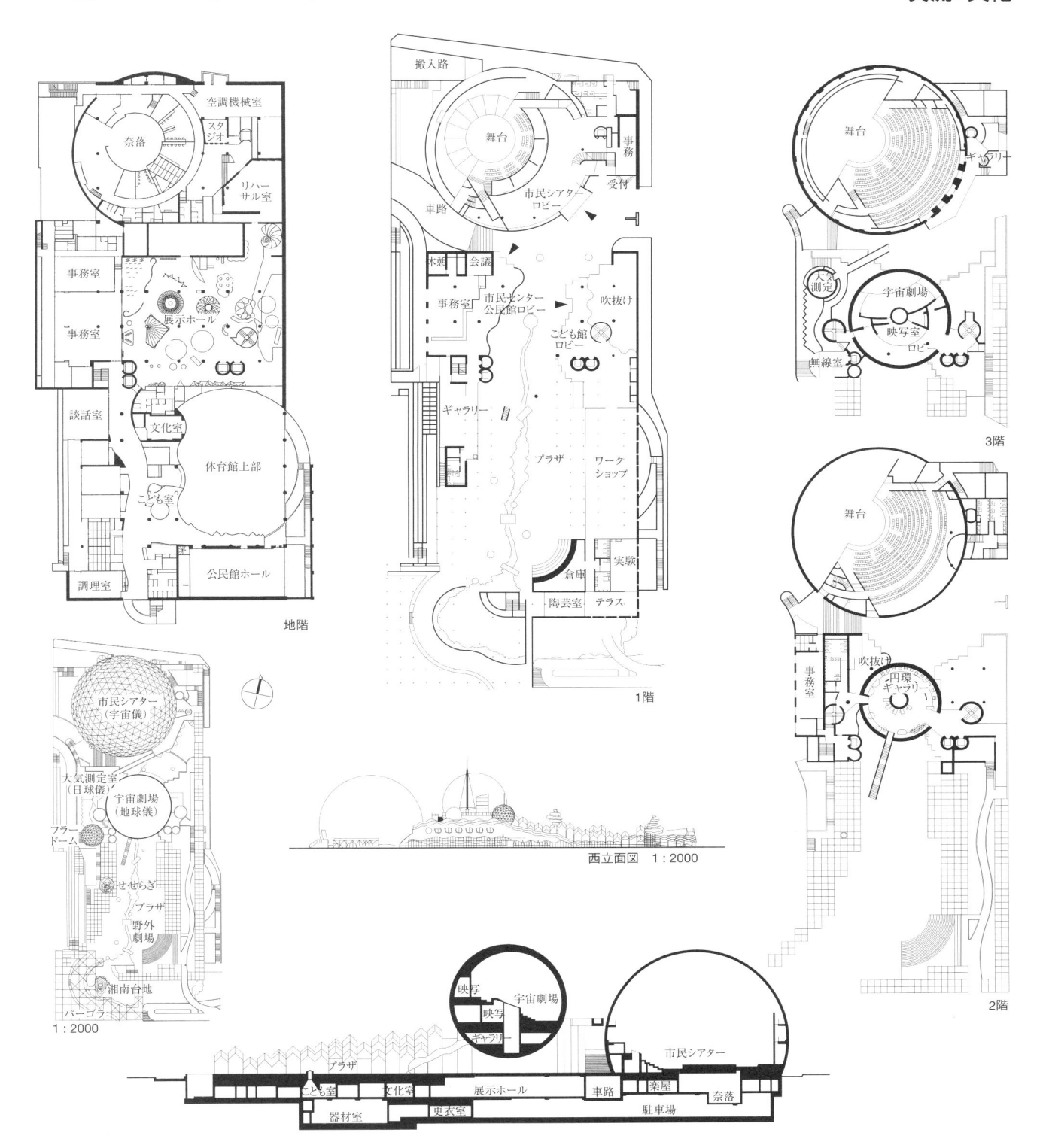

藤沢市湘南台文化センター（神奈川県藤沢市）

藤沢市湘南台文化センター
- 設計：長谷川逸子・建築計画工房
- 建設：1期/1989年（こども館・市民センター・公民館），2期/1990年（市民シアター）
- 構造・階数：RC造，一部SRC造，S造・地下2階，地上4階
- 延床面積：14,426m²

首都圏のスプロール化によって都市化の進む近郊都市に建設された市民文化施設で，市民センター，公民館，こども館そして市民シアターなど多様な機能を盛り込んだ複合施設である．

計画案はプロポーザルコンペで選ばれた．あまり広くない敷地に，大きな延床面積が要求されたプログラムに対して，設計者は，全体ボリュームの約7割を地下に埋設し，地上部を様々なシンボルをちりばめた広場として市民に開放した．

宇宙儀（シアター），地球儀（プラネタリウム），日球儀（大気観測室），フラードーム（無線室）の四つの球がシンボリックに配置され，たくさんの小屋根が森のように林立し，パンチングメタルの日除け棚やステンドグラスをちりばめたパーゴラが連なる．広場には水が流れ，池に注ぐ．屋上は植栽され，散策路が巡る．設計者は「第二の自然としての建築」がコンセプトであると説明している．

1階レベルは，建物を市民センター，こども館，市民シアターの三つに分割し，敷地の3方向に通り抜けができるプラザを創り出している．

市民センター・公民館は1階に窓口機能を持つ事務室とギャラリー，地階に公民館機能を配置している．地下2階には体育館を設けている．

こども館は，1階に陶芸などの創作活動や実験のためのワークショップ，地階に展示ホールと事務室，空中に浮かんだ球状の空間の中に，2階はギャラリー，3〜4階はプラネタリウムなどを上映する円形の宇宙劇場が納められている．

市民シアターも球形の空間に納められ，1階がロビーと舞台，1〜3階が客席，地階が楽屋である．

駐車場は，地下2階である．

敷地面積7,670m²に対し，200%近い容積率の施設を，地下に埋めることによって，第二の自然を市民に提供するという大胆な計画は，プロポーザルコンペ方式による成果といえよう．

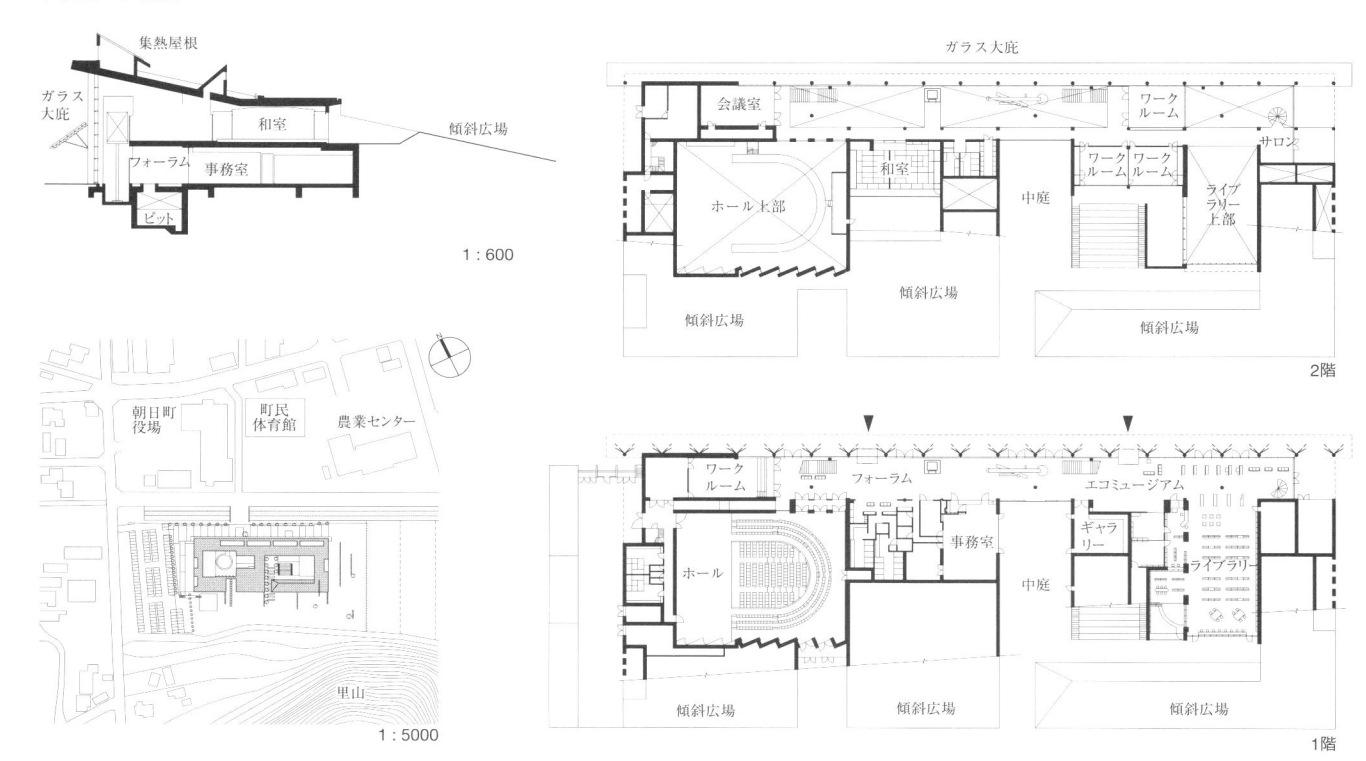

交流：文化 Facilities for Intercommunication: Culture

朝日町エコミュージアムコアセンター 創遊館（山形県西村山郡朝日町）

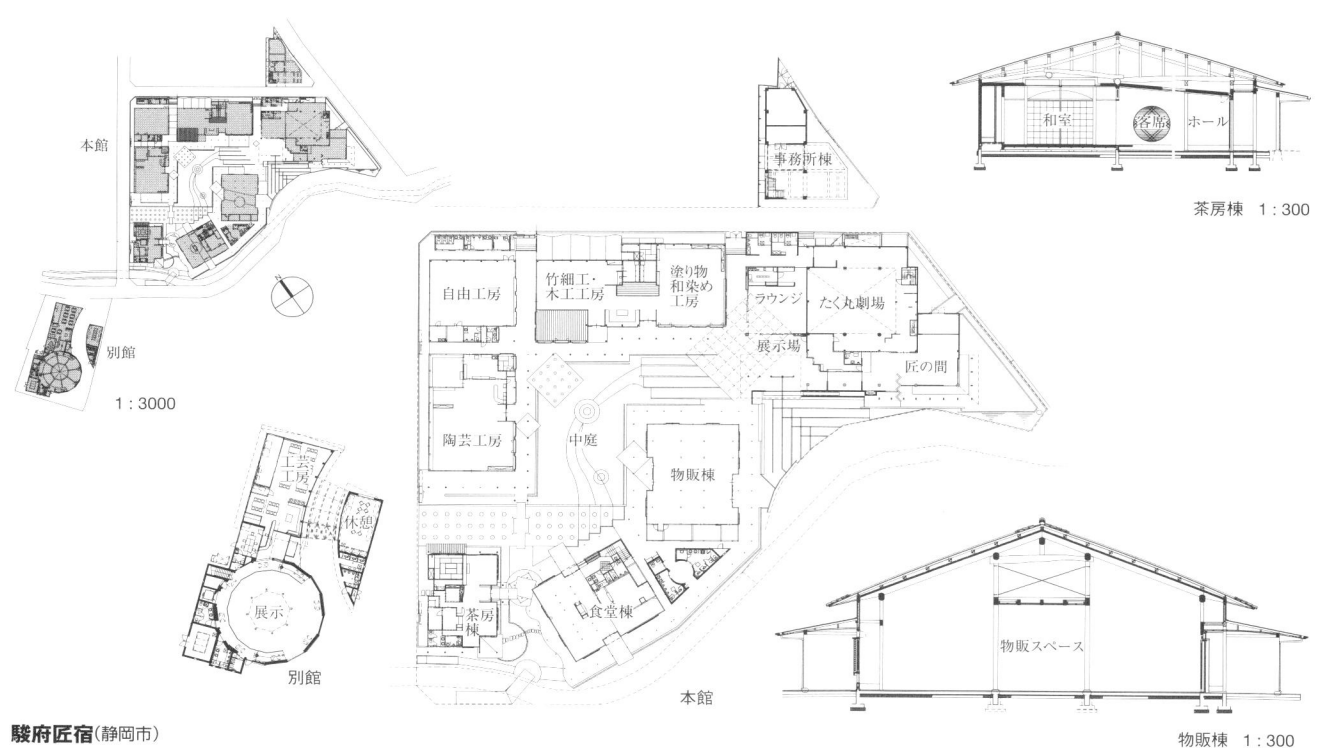

駿府匠宿（静岡市）

朝日町エコミュージアムコアセンター 創遊館

- 設計：スタジオ建築計画
- 建設：2000年
- 構造・階数：RC造，一部S造・地上2階
- 延床面積：3,727m²

山形県の人口1万人ほどの朝日町につくられた生涯学習施設である．

敷地の北には道路をはさんで町役場，体育館そして農業センターが隣接しており，町の中核に位置している．南側には里山がある．

北側には，雁木の役割をするガラスの大庇をつけ，フォーラムと呼ぶ「都市の縁側」のような細長い空間を「街」に向かって設けている．フォーラムは西側のホール（364席）と東側の図書館をつないで，ホワイエ・インフォメーション・ブラウジング・展示など様々な活動が混じり合う空間としている．南側は原っぱのような斜面の丘・傾斜広場で，里山に相対している．

駿府匠宿

- 設計：高木滋生建築設計事務所
- 建設：1999年（本館），2000年（別館）
- 構造・階数：S造，一部RC造（展示棟），木質2方ラーメン構造（工房棟），木造（食堂・物販），RC造（事務所）・地上2階
- 延床面積：3,607m²

静岡市の丸子地区は古くから東海道鞠子宿として栄えたところで，情緒ある街並みが残り，訪れる人も多い．この施設は，地場産業である伝統工芸の振興と伝承と観光拠点づくりの両方の機能を担う施設である．

歴史的な街並みに溶け込むことを意図して，建物は数奇屋風建築で分棟とし，地元の木材を使用し，大工・左官・建具・竹細工・家具など名工たちの匠技を集積している．

中庭には，地域特有の山の緑，竹，水，花を配し，和風の良質な空間を構築している．

陶芸・竹細工・木工・塗りなどの体験工房を中心として，展示・歴史体験劇場，レストラン，地場産品の物販の四つの機能があり，八つの棟が中庭を巡る回廊で連続している．

1:1200　0　20　40　　　　　　　　　　　　　　　　　　　　　　　Facilities for Intercommunication: Culture　**交流：文化**　203

金沢市民芸術村（金沢市）

風の丘葬斎場（大分県中津市）

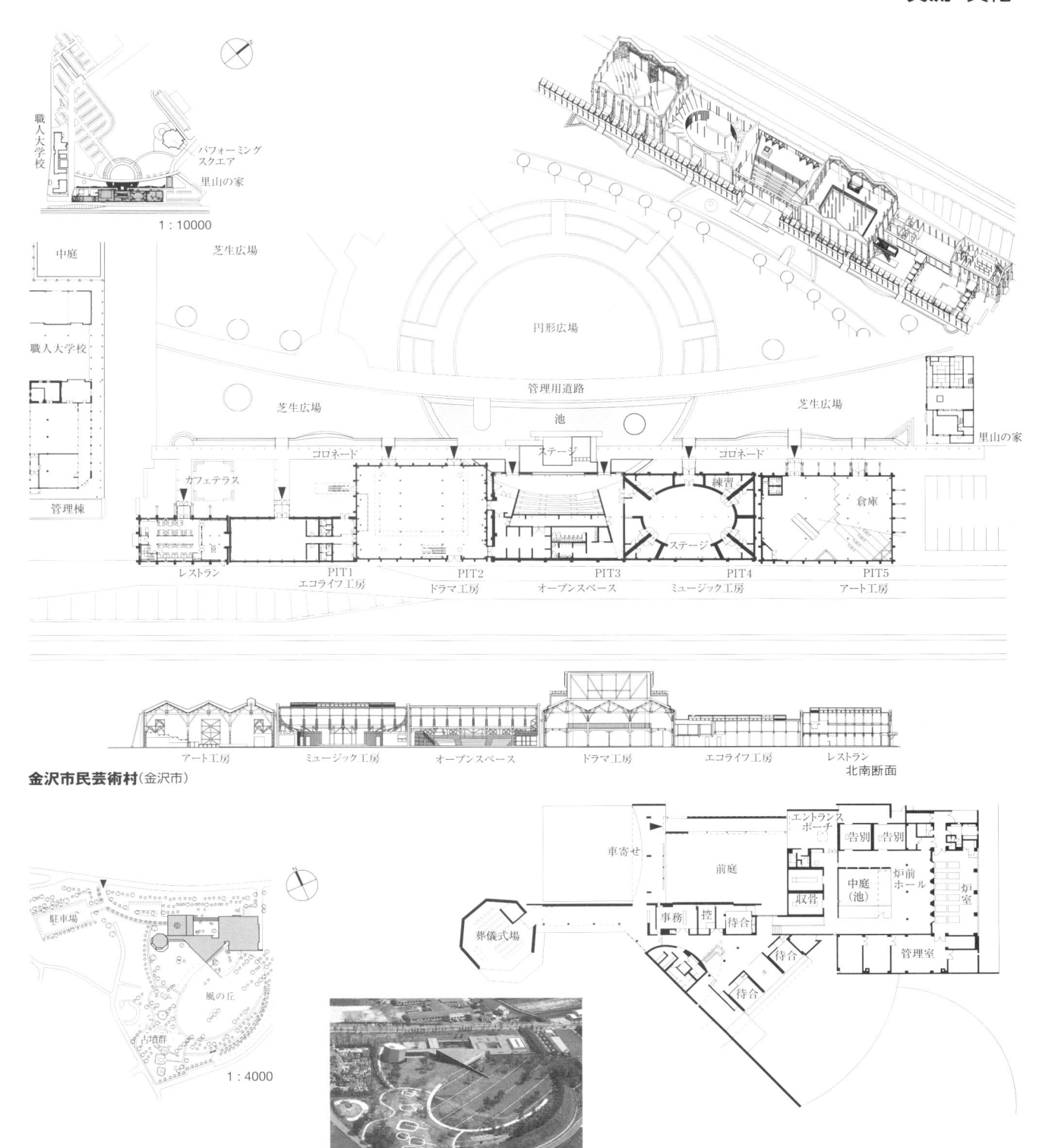

（撮影：新建築写真部）

金沢市民芸術村
- 設計：水野一郎＋金沢計画研究所
- 建設：1996年
- 構造：木造＋レンガ造・RC造＋構造補強
- 階数：地上2階一部平屋
- 敷地面積：97,289m²
- 延床面積：4,017m²
- 客席数：約300席（1階は可動）
- 駐車台数：450台

紡績工場の倉庫を保存改修し，一般市民の芸術活動と交流の場としている．内部の木構造は再生され，外壁をレンガ調に統一し，コロネードが各棟をつなぐアプローチとなっている．ドラマ工房には2階桟敷席を設け，天井高を高くするなど6棟の元倉庫はそれぞれに明確な用途と内部空間を与えられている．また，敷地北端には古民家を移築している．

中央の屋内オープンスペースは休憩や待ち合わせの場としても利用されるが，階段状の客席が設けられ，イベント時には池に浮かぶステージと一体として利用される．

運営は民間から選ばれたプロデューサーを中心に利用者の自主管理方式が採られている．

風の丘葬斎場
- 設計：槇総合計画事務所
- 建設：1997年
- 延床面積：2,260m²
- 火葬炉数：5基（増設予定1基）

古墳や既存の墓地に接する敷地に建つ．外観は葬儀，待合，火葬それぞれに異なる形態と素材により建物全体が分節され，さらにすり鉢状の「風の丘」によって建物のボリュームは一部地下に埋まりこみ，建築とランドスケープが一体化した姿を見せている．

内部空間は全体的にやや照度を落とし，窓外に見える外部空間や注意深く設けられた開口から入る光と対照的である．前庭に沿う細長い渡り廊下からエントランスポーチ，告別，炉前へと続く一連の空間は徐々に明るさを減じながら，慎重にコントロールされた開口によりそれぞれ異なる自然光の状態を与えられ，次の空間へと誘われてゆくよう演出されている．炉前ホールへと至ると中庭の水盤に反射した光が室内へと入り込み，中庭により切り取られた空が望める．打ち放しコンクリートに囲われた中庭に対し，前庭や待合から見える「風の丘」は緑に覆われた空間となりコントラストを見せている．

204　交流：運動　Facilities for Intercommunication: Athletic　1:1500

所沢市民体育館（埼玉県所沢市）

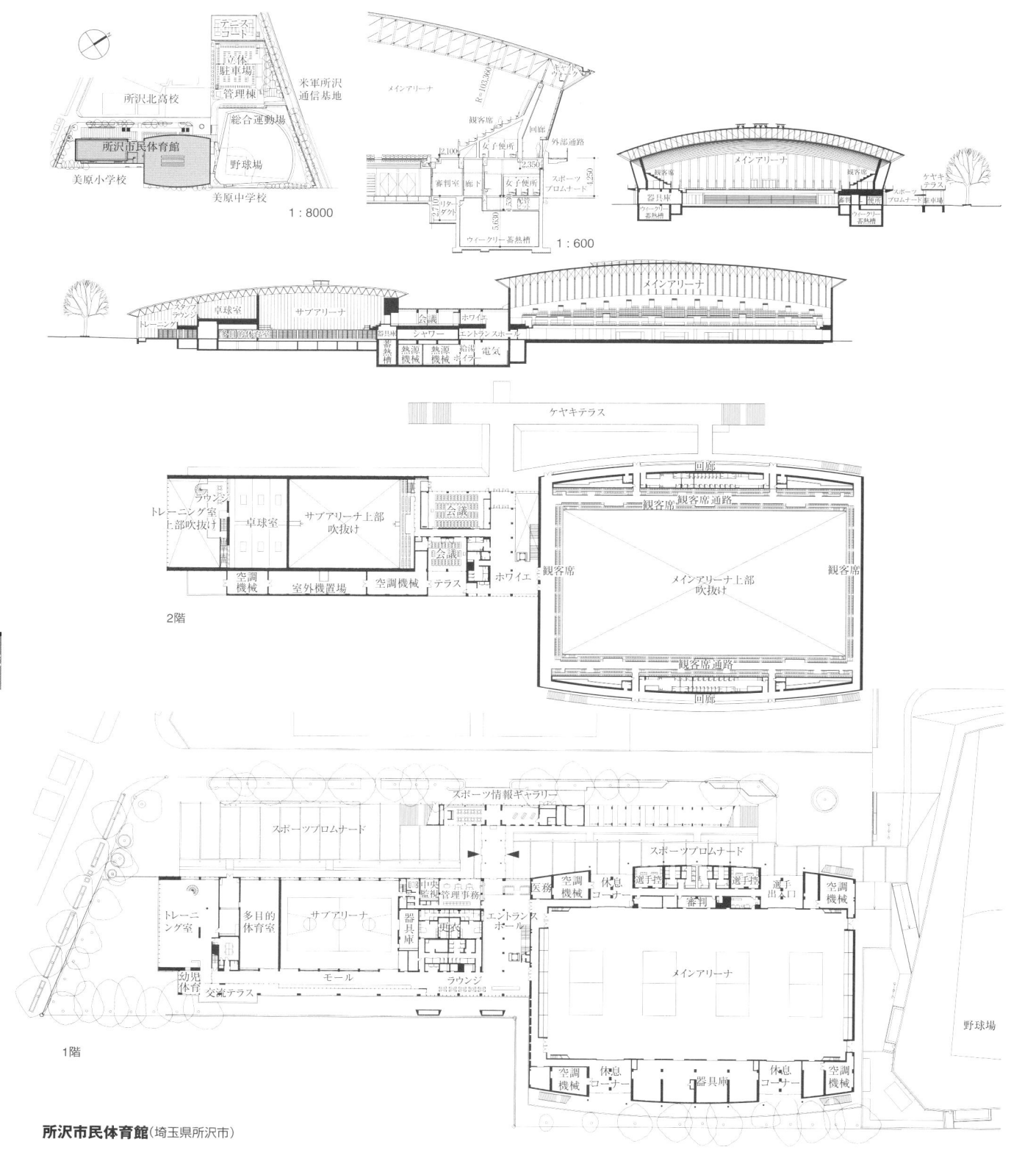

所沢市民体育館

- 設計：坂倉建築研究所
- 建設：2004年
- 構造：RC造一部木造、S造
- 階数：地下1階地上3階
- 敷地面積：44,457m²
- 延床面積：14,692m²

人口33万人を超える市の中央体育館。敷地形状から2つのアリーナを東西に配置し、中央に入口を設けている。両アリーナの前面にスポーツプロムナードと名付けたアプローチを設け、西にある最寄り駅からのアプローチを想定すると同時に東側の駐車場、総合運動場との連絡をも兼ねている。ボリュームの小さいサブアリーナを西側に配置し、隣接する住宅地へ配慮している。

メインアリーナは国際大会にも対応できる規模であり、大会時には選手は1階から、観客は2階ケヤキテラスからと動線を分離している。日常的な利用の中心となる生涯スポーツのための諸室も備えており、モールをはじめ休憩空間も充実している。

アーチ状の屋根は木材とスチールロッドによるトラスで構成されている。

兵庫県立但馬ドーム

- 設計：仙田満＋環境デザイン研究所・大建設計共同企業体
- 建設：1998年
- 延床面積：21,812m²

関西地方の避暑地として有名な兵庫県但馬地方に建ち、この地域のスポーツレクリエーション拠点として構想された。レストランなどを含み案内情報機能を持つセンター棟とドーム本体であるドーム棟は、それらをつなぐブリッジによって連結されている。

なるべく自然に近い状態でスポーツが楽しめるよう、ドームのグラウンドは土であり、その土を活性化するために、地上部から頂部60mまでドームの約1/4は開放可能な開閉式ドームになっている。

外観は、南側が白いテフロン膜の開閉式ドームになっているのに対し、北側は、金属材による山形屋根になっており大きく表情を変えている。

内外にスポーツをテーマにした展示や遊具を配し、敷地全体としてスポーツミュージアムの形成をめざしている。

1:2000

Facilities for Intercommunication: Athletic 交流：運動

1:10000

2階

1階

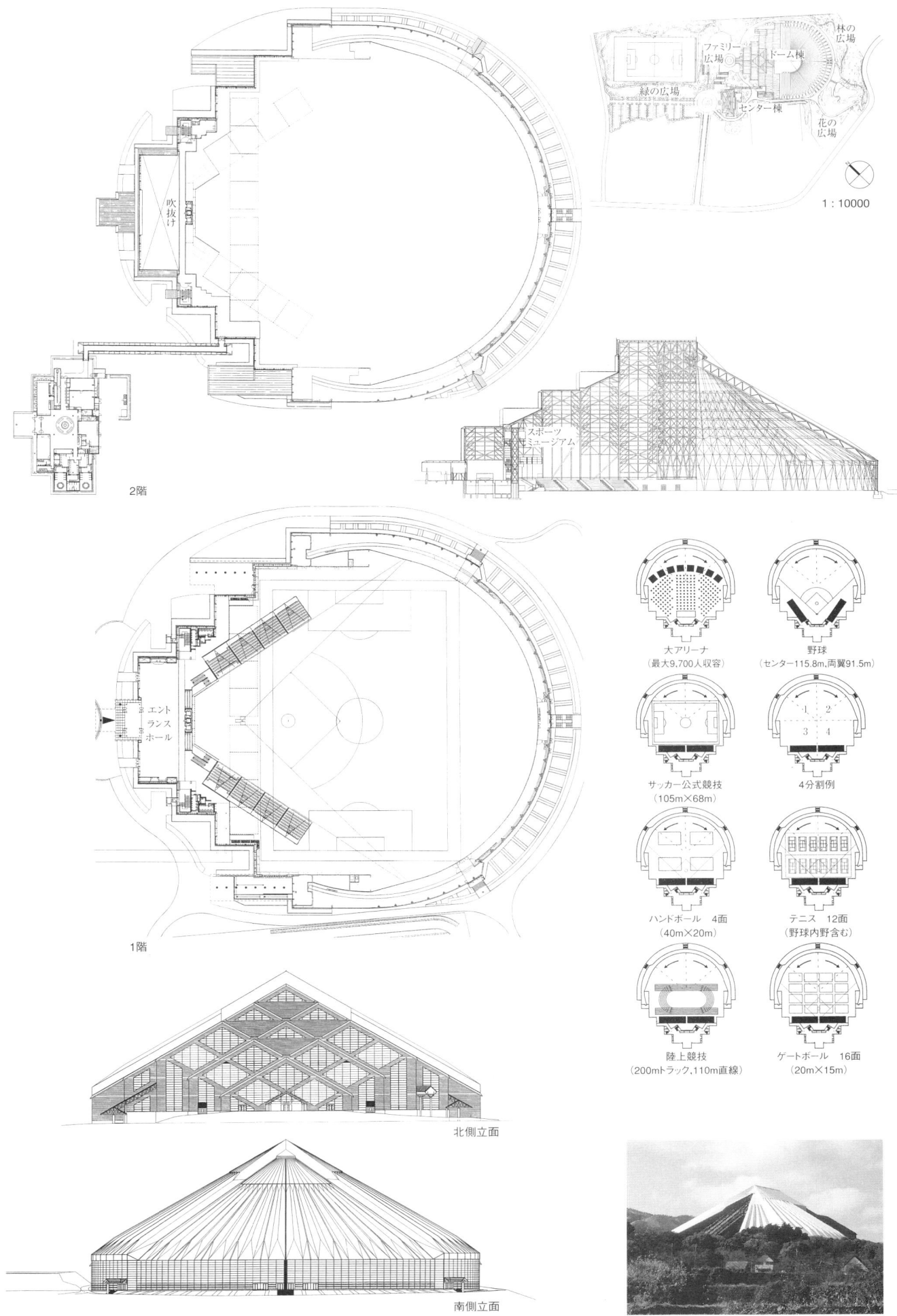

北側立面

南側立面

兵庫県立但馬ドーム（兵庫県城崎郡日高町）

大アリーナ
（最大9,700人収容）

野球
（センター115.8m、両翼91.5m）

サッカー公式競技
（105m×68m）

4分割例

ハンドボール　4面
（40m×20m）

テニス　12面
（野球内野含む）

陸上競技
（200mトラック、110m直線）

ゲートボール　16面
（20m×15m）

（撮影：藤塚光政）

公共サービス：概要 Civic Service: Abstract

分類		施設名称
行政	単体庁舎	市町村庁舎、都道府県庁舎、省庁舎、支所、出張所
	複合庁舎	地区センター、総合庁舎、合同庁舎、大使館
	特定サービス	郵便局、営林署、法務局、運転免許試験場、自動車検査登録事務所
議会		議事堂
司法・矯正		裁判所、刑務所、少年刑務所、拘置所、少年院
出入境		税関、入国管理局
防災・保安		消防署、防災センター、警察署、交番（派出所・駐在所）
保健		保健センター
環境保全		ゴミ処理場、焼却場、中間処理施設、リサイクルセンター

公共サービス施設の分類[1]

大項目	中項目		小項目
環境配慮に関する性能	1. 社会性	1-1 地域性	歴史・文化・風土の尊重/地域の活性化
		1-2 景観	景観の形成/周囲との調和
	2. 環境保全	2-1 環境負荷低減	長寿命化/建設・運用に伴う廃棄物の適正処理/エコマテリアルの使用/運用時の省エネルギー・省資源
		2-2 周辺環境保全	地域生態系の保全/日影/電波障害の低減
建築全体に関する性能	3. 安全性	3-1 防災	耐震/火災時の構造安全性や耐火性/出火防止・避難安全性等の防火性/河川氾濫等時の耐浸水性/強風・積雪対策/落雷時の安全性
		3-2 機能維持	災害時・事故時の機能維持
		3-3 防犯	人身の安全確保/盗難・破壊防止/情報漏えい・改ざんの防止
	4. 機能性	4-1 利便性	利用者の容易な移動/機器・可動の操作性
		4-2 バリアフリー	高齢者・障害者・幼児・妊婦などの利用
		4-3 室内環境	音（遮音・残響等）/光（照度・輝度等）/温熱（温度・湿度・風速等）/空気（清浄度等）/給排水/室内空間の心理的快適性
		4-4 情報化	機器の設置環境（電源容量・配線スペース等）/事故・故障時の信頼性/増設・変更に対する対応
	5. 経済性	5-1 耐用性	構造体・非構造部材・建築設備等の耐久性/使用形態の変更に対する柔軟性
		5-2 保全	点検・保守の容易さ/機器・材料の更新の容易さ

注1）官公庁施設の基本的性能項目は複雑で多岐にわたり、相互に関連しているものがあるが、ここで示す性能項目は特に関連性の顕著なものを大項目、中項目、小項目に整理してまとめたものである。
注2）経済性に関してライフサイクルコスト(◯029)という考え方があるが、ライフサイクルコストは特に多くの性能項目に関連しているため、独立した性能項目として扱わず、各性能項目の水準の設定や水準を満足する具体的工法等の選定の際の判断要素として用いる。

官公庁施設の基本的性能項目[01][2]

防災拠点施設と防災レベル[02][3]

市民に開かれた庁舎とするための配慮事項 (22)	●休日開放を行う(9) ●展望室の開放(7) ●ホール等の設置(5) ●コンサート等の開催(4) ●会議室等の開放(3)	●オープンカウンターとする(3) ●議会の放映(2) ●その他(5)
パブリックスペースで重視した事項 (34)	●広がりのある空間の確保(13) 吹抜け空間(うち7件) 眺望の確保(うち2件) ●展示コーナー等の設置(9) ●バリアフリーの徹底(5)	●テレビモニターの設置(5) ●ローカウンターとする(3) ●分煙を徹底する(3) ●芸術文化作品の設置(3) ●その他(6)
地域文化への配慮事項 (24)	●イベント、展示スペース等の確保(13) ●地場産業活性のための木材の使用(5) ●展示会等の開催(4)	●周辺建物や環境と呼応する建物とする(5) ●地域文化の作品等を建物に取り込む(1) ●その他(1)
環境への配慮事項 (31)	●雨水、地下水等の利用(11) ●緑を利用(5) ●深夜電力の利用(4) ●ISO14000の取得(5) ●太陽光発電を行う(3)	●自然光や通風の利用(3) ●氷蓄熱方式の採用(3) ●禁煙の実施(3) ●その他(15)

自治体の地方行政に対する志向性[03][4] （ ）内は該当件数を示し、重複回答も含む。

人口当たりの規模[03][5]　**在庁職員当たりの規模[03][6]**

公共サービス施設の役割[1]〜[4]

国や自治体により、居住者が快適かつ安全で利便性の高い生活をおくることができるよう多くの公共サービスが提供されている。行政・議会を担当する庁舎・議事堂、地域住民に密着したサービスを行うための支所・出張所などの出先機関がある。消防署、警察署などの防災・保安施設、保健所、裁判所といった専門的な役割に特化した施設も公共サービスに欠かせない施設である。ゴミ処理場、リサイクルセンターもローエミッション社会において、日常生活に密着しながら重要な役割を果たすことを求められている。

いずれの施設もきめ細かく質の高いサービスを提供しながら、地域社会に開かれ親しまれる施設としての配慮や地域社会の核となる公共空間を提供する役目を担っている。同時に来訪者の安全や内部資料の保全のためにはセキュリティを確保しなければならない。

一般的な官公庁施設では通常のオフィスビルに要求される性能に加え、災害時においては防災拠点として活動を維持していなくてはならない。そのために免震装置などの耐震性能、自家発電装置、食料・飲料水、医薬品の備蓄なども期待される。

施設規模[5][6]

施設規模の決定方法は類似施設の比較・検討により求める場合と面積算定基準より積み上げて計算する場合がある。面積算定基準には新営一般庁舎面積算定基準（国土交通省）と地方債査定基準（総務省）がある。前者は国の一般庁舎の面積基準であるが地方自治体の庁舎においてもよく用いられる。執務面積のみについて見れば、一般事務職員1人当たり4m²が見込まれている。後者は庁舎建設のための地方債起債のための算定基準であるが、実際に建設される面積よりかなり小さく算定される傾向がある。

実際の事例における本庁舎面積は、人口100人当たりで見ると、市・区部においては10〜20m²であり、町・村部では20m²以上である。職員1人当たりで見ると、市・区部では20〜60m²、町・村部では20〜80m²となっている。

機能構成と面積構成[7][8][9]

庁舎には行政執務を担当する部分と議会を担当する部分に大きく二分される。利用者動線を明確に分けるために、市民が通常利用するメインエントランスと職員・サービスのエントランス、議会エントランスを別個に設ける必要がある。

床面積のうちもっとも多くを占めるのは市民が接する窓口事務と行政の執務を担当する一般事務であり、両者で全体の1/5から1/4を占めている。

行政部門にある窓口は来庁者の70〜80%が利用すると言われ、メインのエントランスホールに接した分かりやすい場所にあることが望ましい。事務種別ごとに個別の窓口を設置するのが一般的であったが、近年では総合窓口形式を採る庁舎が増えた。簡易な証明証については証明証発行機による交付に切り変えている自治体も見られる。

窓口部門とそれに隣接するホールは公共空間として設定される場合が一般的となっている。来庁者をスムーズに誘導し、必要な業務を遂行する

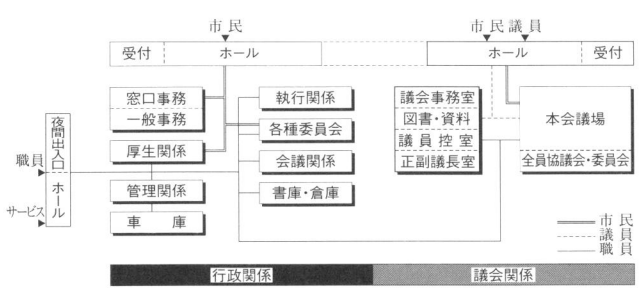

Civic Service: Abstract 公共サービス：概要

機能構成 [7]

駐車台数[03] [9]

	屋内駐車場(台)	来客用	屋外駐車場(台)	来客用	駐輪場(m²)
県(4)	947	485	384	0	466
市・区(21)	119	65	204	126	277
町・村(30)	21	3	128	62	37

1. ( )内数字はサンプル数を示し，各数値は1庁舎当たりの平均値を示す．
2. 屋内，屋外，各駐車台数には来客用台数を含む．

面積構成[03] [8]

凡例：1)窓口事務 2)一般事務 3)委員会 4)執行部 5)会議室 6)議会関係 7)厚生関係 8)管理関係 9)書籍・書庫 10)集会部門 11)その他

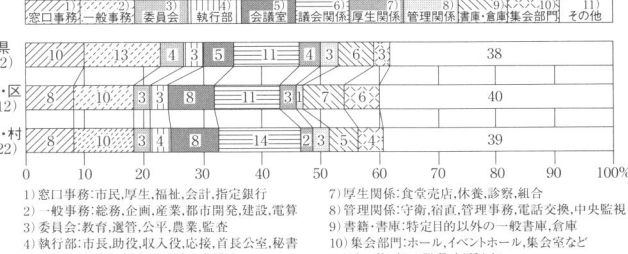

1) 窓口事務：市民，厚生，福祉，会計，指定銀行
2) 一般事務：総務，企画，産業，都市開発，建設，電算
3) 委員会：教育，選管，公平，農業，監査
4) 執行部：市長，助役，収入役，応接，首長公室，秘書
5) 会議室：特定部署専用以外の会議室
6) 議会関係：議場，委員会，正副議長控，応接，図書
7) 厚生関係：食堂売店，休養，診療，組合
8) 管理関係：守衛，宿直，管理事務，電話交換，中央監視
9) 書籍・書庫：特定目的以外の一般書庫，倉庫
10) 集会部門：ホール，イベントホール，集会室など
11) その他：廊下，階段，便所等

注1. ( )内はサンプル数を示す．
2. 他施設と複合している庁舎は，庁舎の用途に供する部分と庁舎の利用する共用部分をその対象とした．
3. 10)集会部門に関しては，それをもたない庁舎も多く，0%～30%の範囲内でのばらつきがある．

議場の人口別席数 [12]

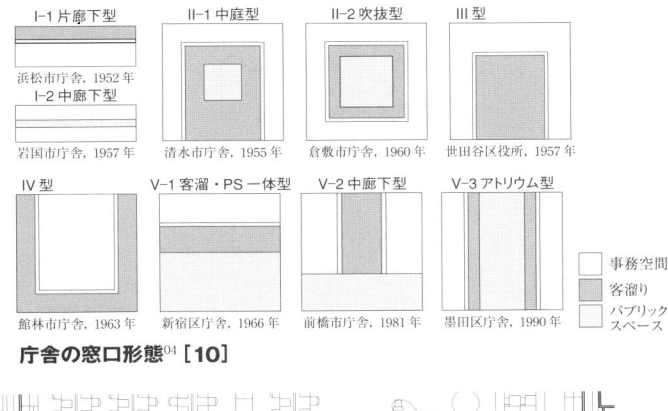

	市町村規模(人口)	議員定数	理事者概数	傍聴者席概数	記者席概数
町村	2千未満	12	10～15	15～30	5
	2千～5千未満	14	10～15	15～30	5
	5千～1万未満	18	15～18	20～40	5～10
	1万～2万未満	22	15～22	30～50	5～10
	2万以上	26	20～25	30～70	5～10
市	5万未満	26	20～25	30～70	5～10
	5万～10万未満	30	20～26	40～80	5～10
	10万～20万未満	34	20～28	50～100	5～20
	20万～30万未満	38	25～35	50～100	10～20
	30万～50万未満	46	25～38	60～120	10～20
	50万～90万未満	56	30～40	60～150	10～20

・議員定数は，地方自治法第91条（平成15.1.1改正）による．
・人口90万以上の市の議員定数は，人口150万を超える数が40万を増すごとに8人を56人に加えた数（その数が96人を超える場合には96人）．

庁舎の窓口形態[04] [10]

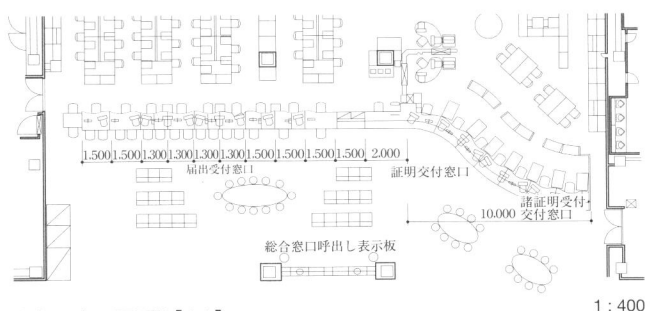

I-1 片廊下型 — 浜松市庁舎, 1952年
I-2 中廊下型 — 岩国市庁舎, 1957年
II-1 中庭型 — 清水市庁舎, 1955年
II-2 吹抜型 — 倉敷市庁舎, 1960年
III型 — 世田谷区役所, 1957年
IV型 — 館林市庁舎, 1963年
V-1 客溜・PS一体型 — 新宿区庁舎, 1966年
V-2 中廊下型 — 前橋市庁舎, 1981年
V-3 アトリウム型 — 墨田区庁舎, 1990年

凡例：事務空間／客溜り／パブリックスペース

庁舎の窓口平面[05] [11]

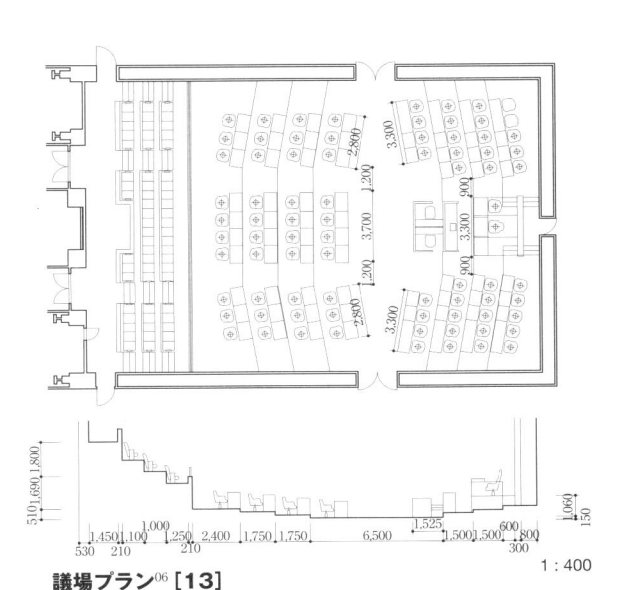

1:400

議場プラン[06] [13]

1:400

窓口 [10][11]

窓口業務には住民票，戸籍，税務，福祉などがある．以前は担当の課ごとに受付窓口が分かれて並んでいたが，情報システムの導入により1ヶ所で多くの業務に対応できる「ワンストップ窓口」あるいは「総合窓口」と呼ばれる形式に変わりつつある．

事務手続きの内容としては届出の受付・受理と証明証の受付・発行に大別される．窓口部門は主にこれら事務手続きを行うカウンターと手続きの処理を待つ客溜りで構成されるが，カウンターは受付窓口と交付窓口に分かれるのが一般的である．届出の受理には書類のチェックや相談などある程度の時間がかかることが想定されるためローカウンターとし，利用者は座席に座り職員と対面して手続きを行う．一方，証明証の発行は短時間で済む場合が多いので，立ったまま手続きを行う2段型カウンターが採用されることが多い．(⇨106, 107)．カウンターには呼び出し番号や待ち人数を表示する掲示板を併設し，利用者が自分の手続き順が分かる配慮も必要である．

議場 [12][13]

地方自治法により人口によって議員数が定められているので議場の規模はほぼ決まってくる．行政部門とは別組織であることと大空間が要求される場合が多いため，配置としては庁舎の最上階に設置される場合と関連部署とともに別棟として設置される場合がある．シンボリックな形態が付与される場合も少なくない．

議場に必要な要素として，議長席，副議長席，理事者席，講演台，速記者席，議員席，記者席，傍聴者席がある．座席の配列は正副議長，理事と議員，傍聴者が相対して整然と並ぶ形式である．議長席前に講演台が置かれ，さらにその前に速記者席が準備される．基本的に机は並びを保つために床に固定されているが，近年ではシンポジウムやコンサートなどに議場を開放する機会も増えてきており，多目的な利用を想定した可変性のある議場も登場している．

01：公共建築, No.162(1999)
02：『神戸市公共建築復興基本計画』(1996.3.)を加筆・補正
03：日本建築学会の調査による(2000)
04：中村慎吾，今井正次，中井孝幸，日本建築学会大会学術講演梗概系(1994.09)
05：豊田市役所（愛知県豊田市）1999年，設計：梓設計
06：墨田区庁舎（東京都墨田区）1990年，設計：久米設計

（上部左段）だけでなく，ミニ・コンサートや展示，イベントなどを行い多様な市民サービスを行う「開かれた庁舎」を象徴する場所ともなり，面積も以前より広く取られるようになっている．高層化した庁舎には市民が日常的に足を運んでもらうことを期待して，最上階に展望室を設けることも多い．

駐車場も来庁者，職員，議会，公用車，サービスなど種別ごとに必要な台数を確保することとするが，人口や公共交通の整備状況の違いにより事例ごとの台数のばらつきが大きい．大規模庁舎においては，地下に駐車場を設け地上部分を広場や庭園として整備する傾向がある．

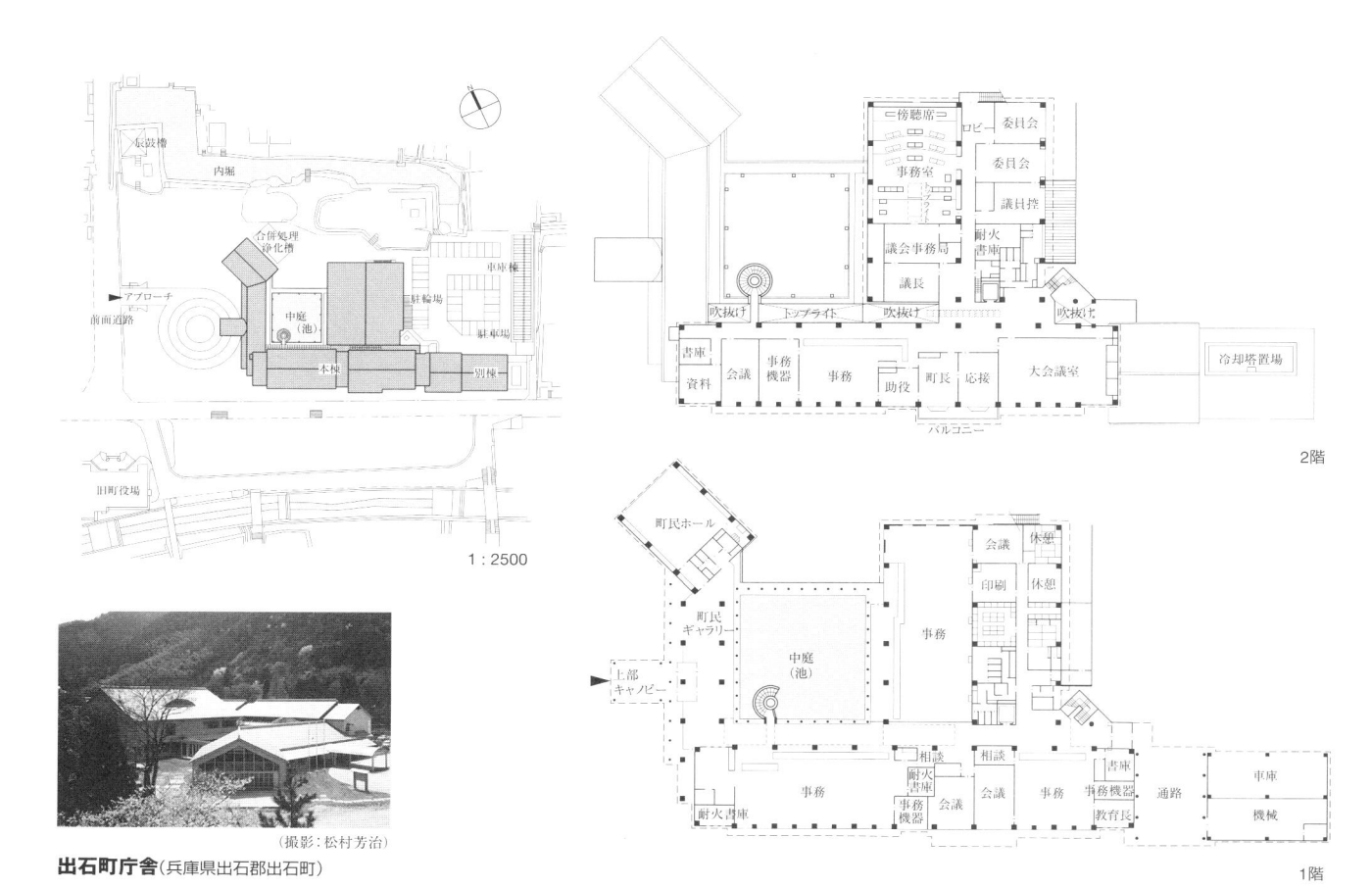

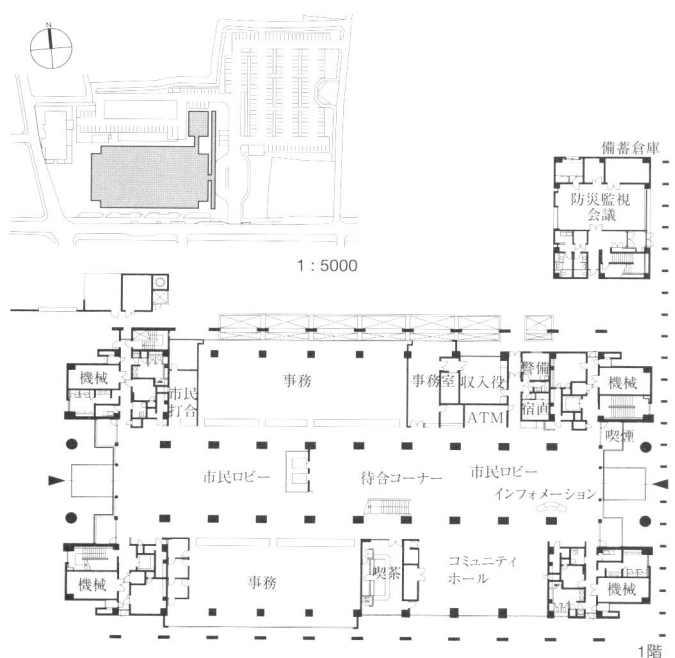

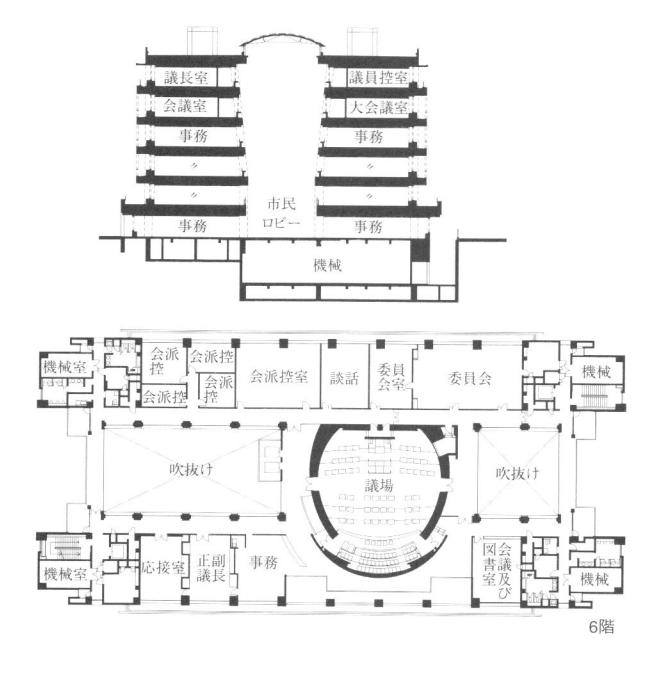

公共サービス：庁舎 Civic Service: Town Hall/ Prefectural Office

出石町庁舎（兵庫県出石郡出石町）
（撮影：松村芳治）

あきる野市庁舎（東京都あきる野市）

出石町庁舎
- 設計：宮脇檀建築研究室
- 建設：1993年
- 構造：RC造一部S造
- 階数：地上2階
- 延床面積：3,814m²
- 人口：11,327人（1999年）

町の文化や伝統と呼応することが強く意識された外観計画となっており、この施設を町の文化的財産や観光資源として捉えようとしている。屋根は切妻の瓦屋根であり、壁の色はかつて町中の壁が赤色で塗られていたことから赤土色となっている。さらに中庭の池は、かつて出石町が水路で栄えた町であることに由来している。

ちなみに設計者は、出石町において、記念館、美術館、道路整備などの計画も手がけている。同一設計者の町に対する解釈や表現手法が、出石町のもつアイデンティティの一部になっているともいえる。

あきる野市庁舎
- 設計：佐藤総合計画
- 建設：2001年
- 構造：SRC造、RC造
- 階数：地下1階地上7階塔屋1階
- 延床面積：14,090m²
- 人口：79,618人（2002年7月）

建物にリニアに挿入された6層吹抜けのアトリウム空間（市民ロビー）⇒**103**が、フロアを二分している。

このアトリウムは、上方に向かって緩やかな傾斜をもって開き、光を導いている。また建物全体に「風の道」をつくり、中間期の自然通風を可能としている。夏季にはナイトパージ冷却、冬季にはアトリウム上部の暖気の再利用を行っている。

フロア構成は、1、2階が窓口部門、3〜5階が一般事務部門、6階が議会部門となっており、廊下やエレベーターなどの主動線をアトリウムに沿って設けることや、アトリウムと執務空間の間に仕切りを設けないことで、わかりやすく、視認性の高い建物を目指している。

1:1500　0　25　50　　　　Civic Service: Town hall/ Prefectural Office　**公共サービス：庁舎**　209

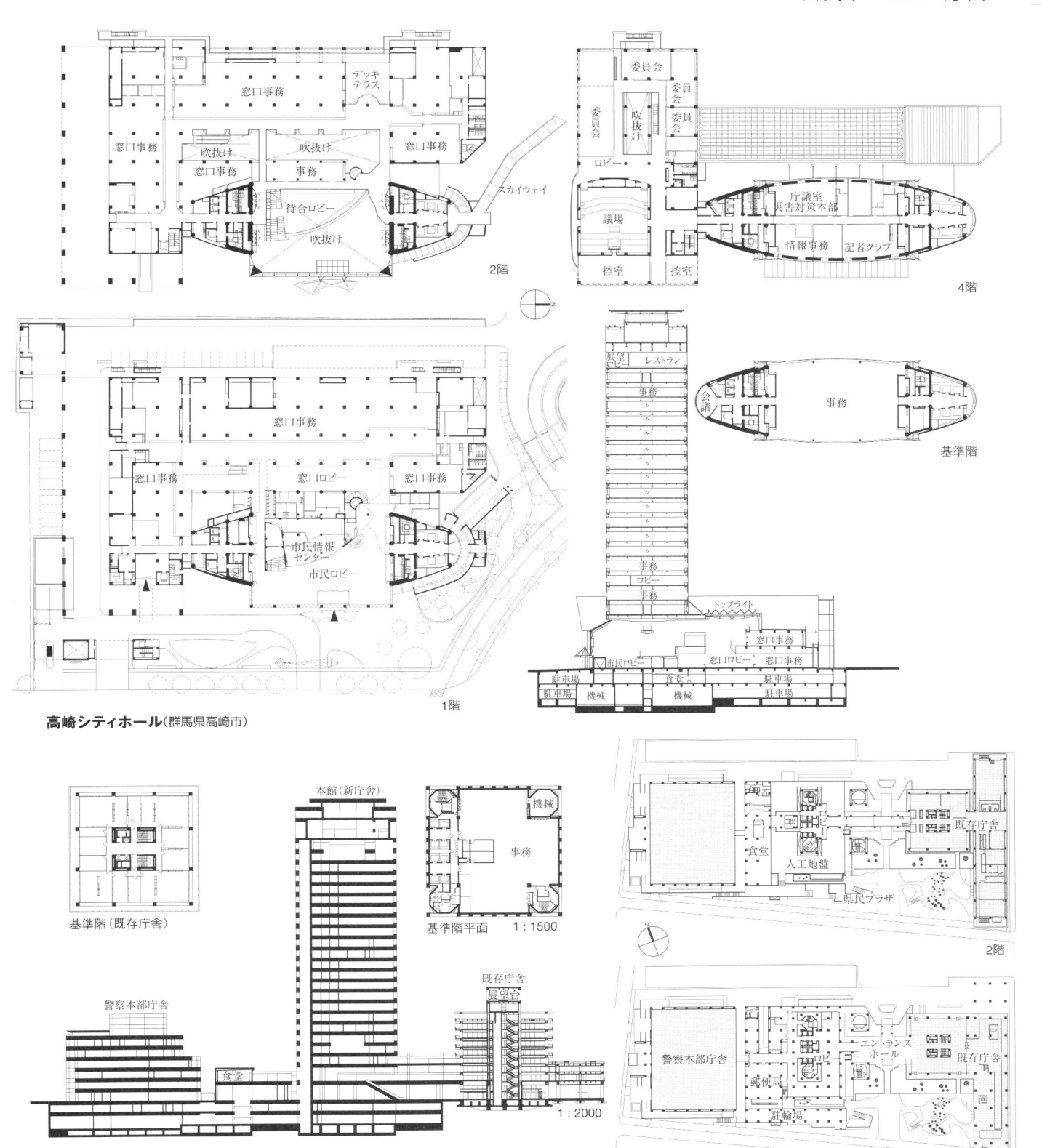

高崎シティホール（群馬県高崎市）

香川県庁舎（高松市）

高崎シティホール
- 設計：久米設計
- 建設：1998年
- 構造：S造，RC造，一部SRC造
- 階数：地下2階，地上21階，塔屋階，屋階
- 延床面積：63,121m²
- 人口：245,882人（2002年8月）

城趾内の公共施設が集中する地区に立地し，隣接するシティギャラリーとは中空の歩廊で連絡している．低層部にはメインエントランスであり，情報提供機能を持つ「市民ロビー」と事務手続きの受付となる「窓口ロビー」という2つのアトリウム空間が併置され，メガストラクチャーによる無柱の空間が実現している．高層棟の執務空間も無柱のフレキシブルな計画であり，冬季の「からっ風」を避けるため楕円形を採用している．側面4ヶ所のスリットは外気取入れ口であり，外観の特徴となっている．最上階は開放された展望ロビーとレストランである．

香川県庁舎
- 設計：丹下健三・都市・建築設計研究所
- 建設：2000年
- 構造：SRC造，S造
- 階数：地下2階地上22階塔屋4階
- 延床面積：42,464m²
- 人口：1,023,131人（2002年1月）

同一設計者による既存庁舎（1958年）と警察本部庁舎の並ぶブロック内に建つ高層庁舎．既存庁舎高層棟と新庁舎の軸線を揃えることで新旧庁舎の連続性を図るとともに，床タイルの目地割りを揃えるなどの配慮を見せている．

空間的にも，開放された旧庁舎1階ピロティがそのまま新庁舎エントランスにつながる計画となっている．構造の露出した彫りの深いファサードも既存庁舎を意識したものである．

新庁舎2階には新たに人工地盤を設け1，2階あわせて立体的な回遊性を持つ公共空間を創出しようとしている．

210 公共サービス：庁舎 Civic Service: Town hall/ Prefectural Office　　1:1000

世田谷区松沢出張所（東京都世田谷区）

浪合フォーラム（長野県下伊那郡浪合村）

世田谷区松沢出張所
- 設計：長島孝一＋AUR建築都市研究コンサルタント
- 建設：1992年
- 構造：RC造，一部S造
- 階数：地下1階地上4階
- 延床面積：1,711m²

区の出張所とまちかど図書館（蔵書1万冊），体育館，会議諸室，福祉ショップ（身体障害者が運営する喫茶店）が4層に渡って立体的に配されている．

商店街の一角に立地するため商店街の賑わいの連続性をつくることが考慮されており，商店街に面する1階への喫茶店の設置，商店街のファサードラインにあわせた格子状のパーゴラ等が設けられている．

広場に面した縦動線でつなぐことで，建物全体が有機的に結びつく「立体的広場」を構成しようとしている．とくに2階にある出張所までは，1/14勾配のスロープが取り付き，バリアフリーにも配慮した計画となっている．

浪合フォーラム
- 設計：中村勉総合計画事務所
- 建設：1997年
- 階数：地上2階
- 構造：RC造，一部木造
- 敷地面積：9,796m²
- 延床面積：3,983m²

中央の公民館「浪合コア」を中心に西側が役場，東側に健康福祉施設と診療所がある複合施設である．公民館は図書，工芸，情報実習，サークル活動，大会議，軽運動などで，健康福祉施設はヘルパーステーション，浴室，食堂からなる．全体は上記各施設がフォーラム広場を囲み，広場から直接各施設へ行けるようになっている．人口800人弱の村で文字通りのセンターとしての役割を担っている．

冬期の寒さに対処した上で開放的で親しみのもてる空間を目指し，内外の連続性を考慮しているほか，複合する施設間での室の相互利用が行われている．

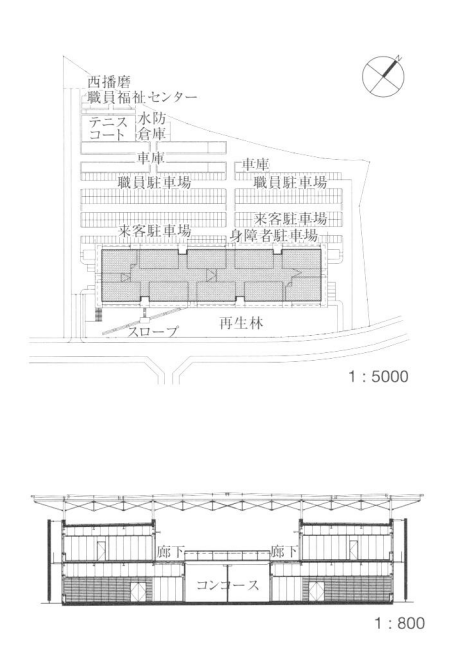

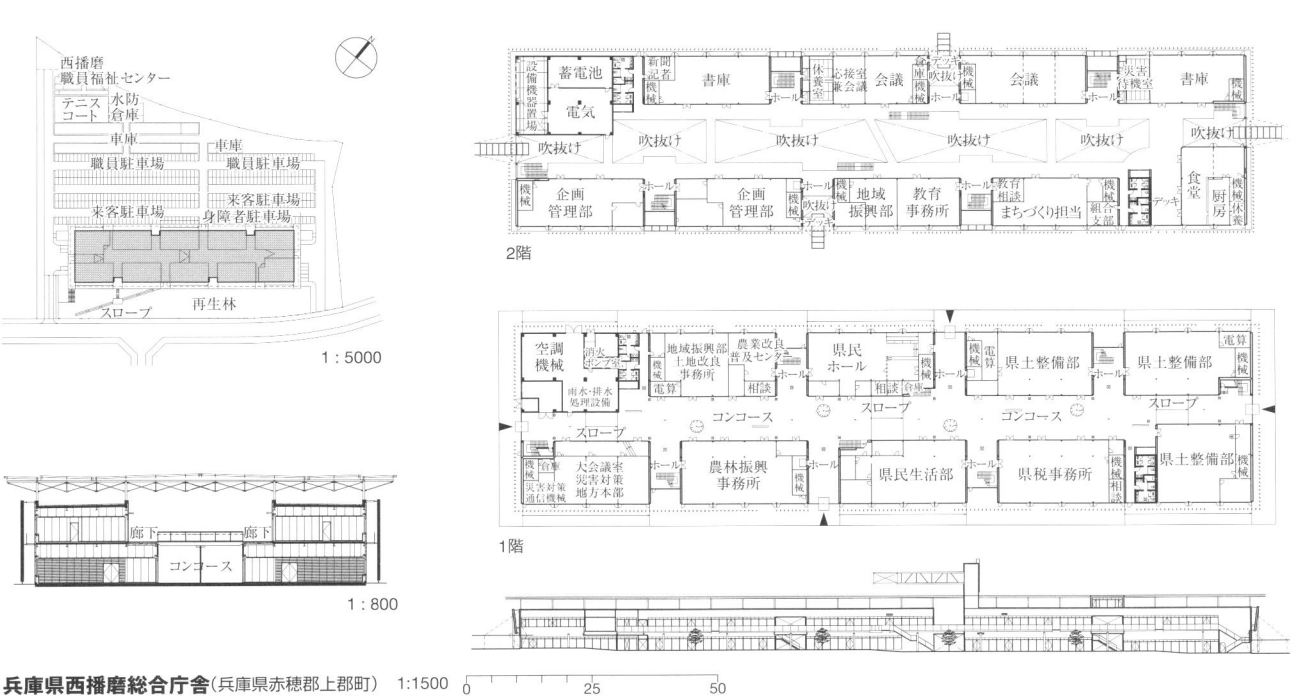

Civic Service: Town hall/ Prefectural Office　公共サービス：庁舎

兵庫県西播磨総合庁舎

- 設計：設計組織ADH＋法政大学渡辺研究室，兵庫県企業庁科学公園都市整備課
- 建設：2002年
- 構造：S造
- 階数：地上2階
- 敷地面積：28,781m²
- 延床面積：8,853m²

県内10地域に配置された県総合庁舎のうちの1つ．「時間とともに成長する森の中の都市」をうたう科学公園都市に立地する「グリーン庁舎」である．屋上一面に敷き詰められた太陽電池は理論的には庁舎の必要電力をすべてまかなうことができる．

幅の広いコンコースはトップライトからの自然採光が降り注ぎ，植栽，ストリートファニチャーが設置され街路的な雰囲気である．外壁ルーバーは地場の間伐材を使用し，屋内には木質系材料が多用されている．

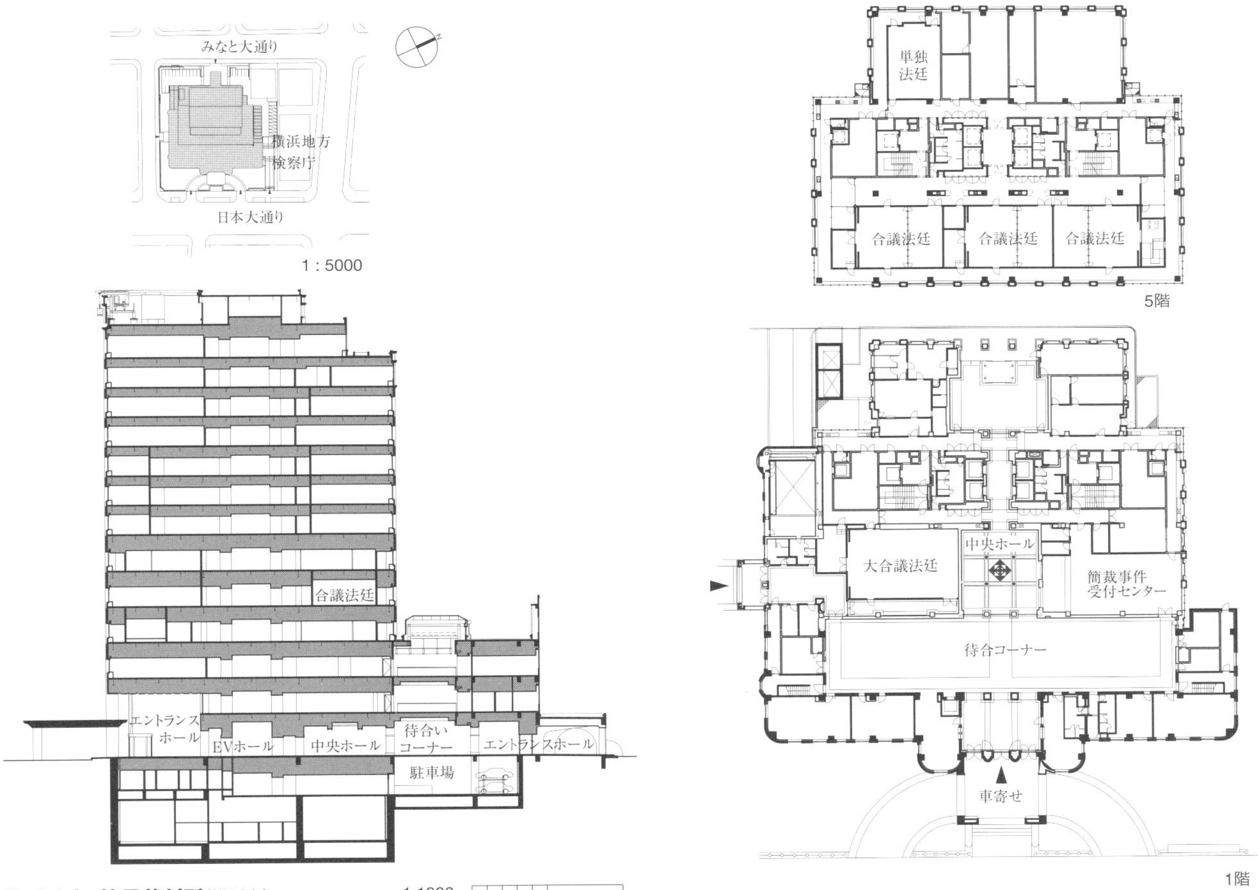

横浜地方・簡易裁判所

- 設計：国土交通省関東地方整備局
- 建設：2001年
- 構造：S造（低層部RC造）
- 階数：地下2階地上13階
- 延床面積：29,357m²

横浜の歴史的建造物として親しまれてきた地方裁判所旧庁舎を建て替えた地裁・簡裁の合同庁舎である．低層階は旧地裁庁舎の一部内外装を復元している．日本大通り側の玄関には旧庁舎のシンボルであったステンドグラスが移設されている．

待合いコーナーは4層吹抜けで自然光の入る明るい空間となっている．簡裁の受付センター入口はガラスドアにする，大合議法廷は車いす傍聴者に対応するなど「利用しやすく分かりやすい法廷」を目指している．ラウンドテーブル法廷，和解室，調停室など民事訴訟で利用の多い室を多く設けている．

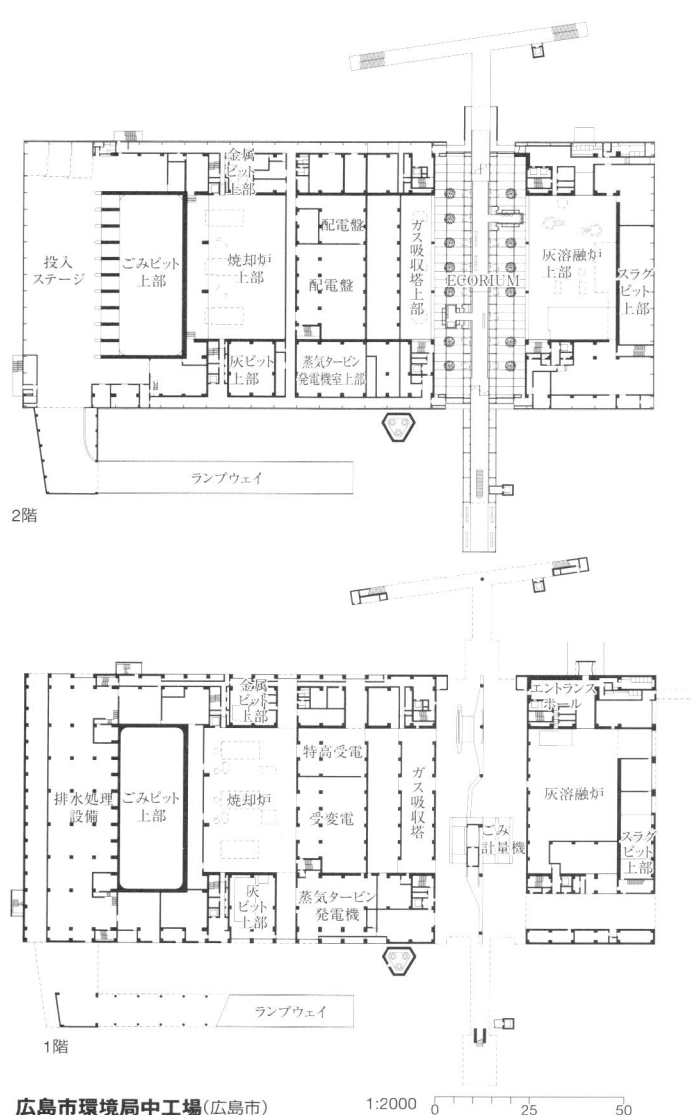

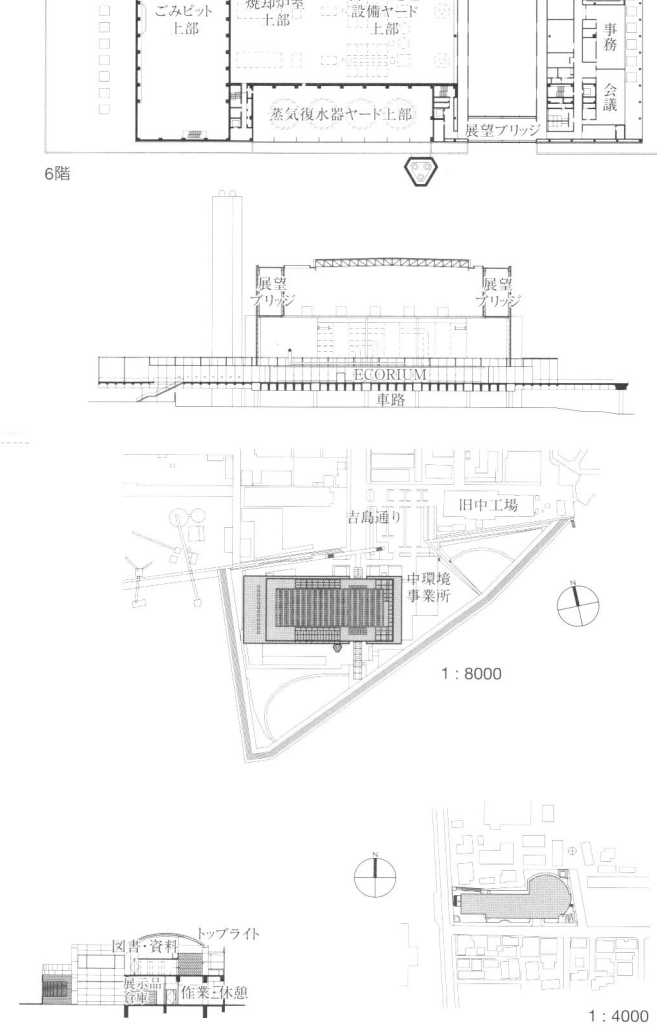

公共サービス：廃棄・リサイクル　Civic Service: Recycle

広島市環境局中工場（広島市）

広島市環境局中工場
- 設計：谷口建築設計研究所
- 建設：2004年
- 構造：S造，SRC造，RC造一部PC造（エコリアム）
- 階数：地下1階地上7階
- 敷地面積：50,245m²
- 延床面積：45,519m²

原爆ドーム，平和記念公園から伸びる都市軸（吉島通り）南端の埋立て地に建つ．都市軸の延長上にECORIUMと呼ばれるガラスの通路を工場内に挿入し，市民が巨大なゴミ処理機器を目にしながら環境問題について学習できるようになっている．同時に巨大な工場が海へのビスタを邪魔しない役割も果たしている．ECORIUMは焼却と灰溶融というゴミ処理場の2大機能がちょうど分割される位置にあり，内部機能と相反しないようになっている．

あえて工場としての外観を保持するようにデザインされているが，波形ステンレス板の外装や2段に切り分けられた外壁によりボリューム感を低減している．また，将来スポーツ施設としても転用できるようなスケールと柱配置になっている．

足立区リサイクルセンター・あだち再生館
- 設計：西野建築研究所
- 建設：1998年
- 構造：RC造，SRC造，S造
- 階数：地上2階
- 敷地面積：1,607m²
- 延床面積：1,453m²

区のリサイクル活動の拠点として情報の収集・学習・交流・研究のための施設である．

展示品コーナーでは回収した粗大ゴミから再使用可能な家具・家電を展示，無料配布している．2階では再生品のリフォーム，リサイクル教室やリサイクル品の販売が行われている．パーゴラの設けられた屋外展示スペースではフリーマーケット，生ゴミリサイクル教室などが開かれている．

建物自体では省エネルギー・省資源工法の採用，リサイクル素材の利用など環境への配慮をし，個別空調，雨水利用を取り入れている．また，周囲の密集住宅地に合わせたスケールの建物としている．

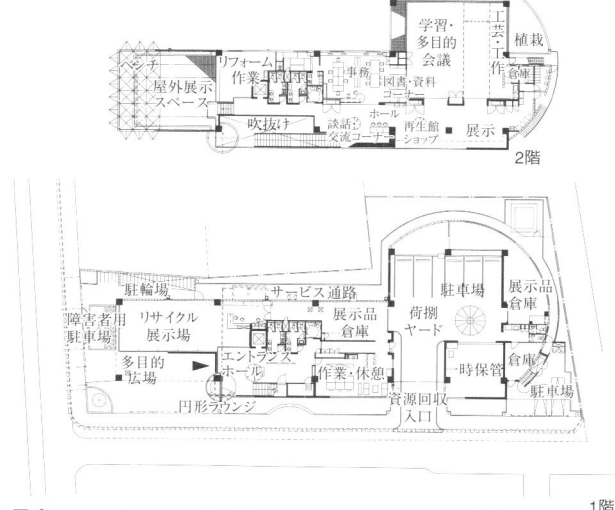

足立区リサイクルセンター・あだち再生館（東京都足立区）

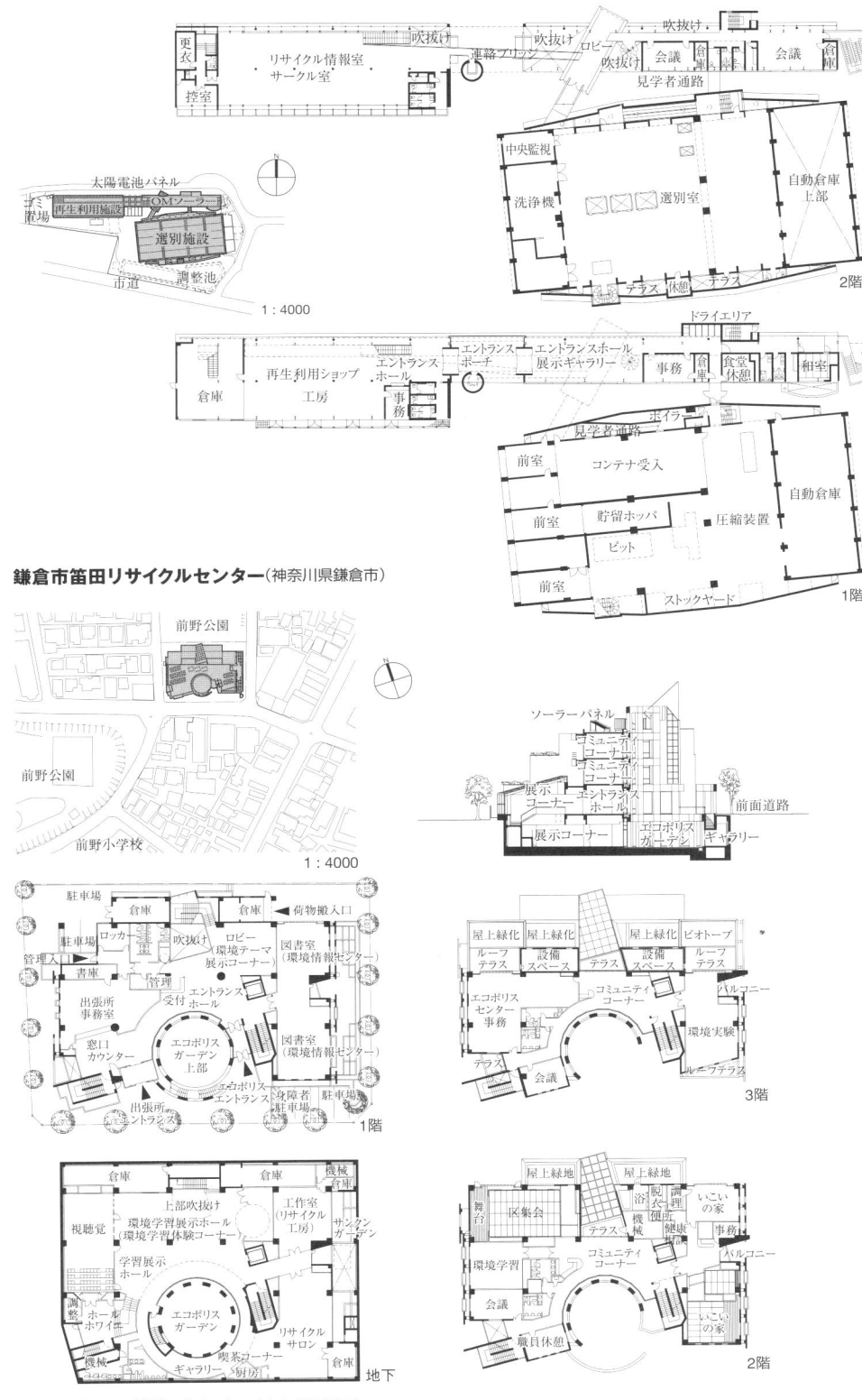

Civic Service: Recycle 公共サービス：廃棄・リサイクル

鎌倉市笛田リサイクルセンター

- 設計：八千代エンジニヤリング
- 建設：1997年
- 敷地面積：5,395㎡
- 延床面積：4,389㎡
- 構造：RC造, S造
- 階数：地下1階地上2階
- 処理能力：40t/日

神奈川県鎌倉市に建設されたリサイクルセンター．展示ギャラリーやリサイクル情報室からなる「再生利用棟」とリサイクル資源を市民から集め，回収業者に渡す中間処理機能を持つ「選別棟」で構成されている．

周辺住民に配慮した外観デザインや騒音，臭気に対しても徹底した対策を行い，啓蒙活動の拠点として地域活動型リサイクル施設としている．

また，屋上緑化や太陽電池等，環境施設に相応しい要素も取り入れている．

板橋区立エコポリスセンター

- 設計：久米設計，板橋区建築環境部
- 建設：1995年
- 構造：RC造
- 階数：地下2階地上3階
- 敷地面積：1,864㎡
- 延床面積：3,712㎡

「区の出張所」「高齢者いこいの家」との複合された環境学習センターである．環境学習室，環境情報の発信，新技術の体験が主要な機能となっている．エントランスやコミュニティコーナーを共用とすることで異なる世代・グループ間での交流が期待されている．

エコポリスガーデンやサンクンガーデンにより外気に接する面積を多くし，自然換気・採光を心がけるとともに東西の2重外壁や南面の円筒壁により日射の熱負荷を軽減している．トップライトからの北面間接光の採光も行っている．太陽電池，燃料電池，雨水利用，空調インバータ制御など多くの設備技術が用いられている．

住宅，幼稚園に取り囲まれた立地であるために，前面道路側のボリュームを2分する，段状にセットバックするといった配慮がされている．

リサイクル施設の計画

単純な省資源の観点だけでなく，ゴミの最終埋め立て処分場が危機的状況にあるなか，積極的な3R（Reduce, Reuse, Recycle）が必要とされており，中間処理施設に加えてリサイクル関連施設が各地で設置されている．

荷捌きスペースや一時ストックスペースが必ず必要となるが，自治体によって異なる収集形態に応じたものとする．受け入れはピットアンドクレーン方式やホッパ方式などがあるが，ビンなどケース収集されるものについては立体自動倉庫による受け入れも考えられる．搬送はコンベヤによる自動搬送となり，順次選別装置が設けられる．一般の換気に加え局所的に集塵設備を設けるが，手選別の行われる場所には局所空調を行う．

リサイクル施設はリサイクル処理作業のみを行うだけでなく，多くの場合は学習，体験，集会，展示，再生品販売などの機能が併設され，リサイクルセンターや環境センター的な施設となる．

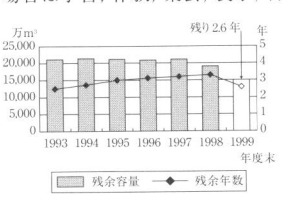

産業廃棄物の最終処分場の残余容量と残余年数（全国）

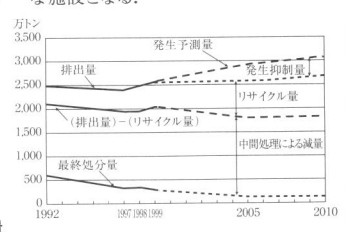

産業廃棄物の削減目標（東京都，2002年）

公共サービス：防災・保安　Civic Service: Safety and Disaster Control Facilities

1:1000

広島市西消防署（広島市）

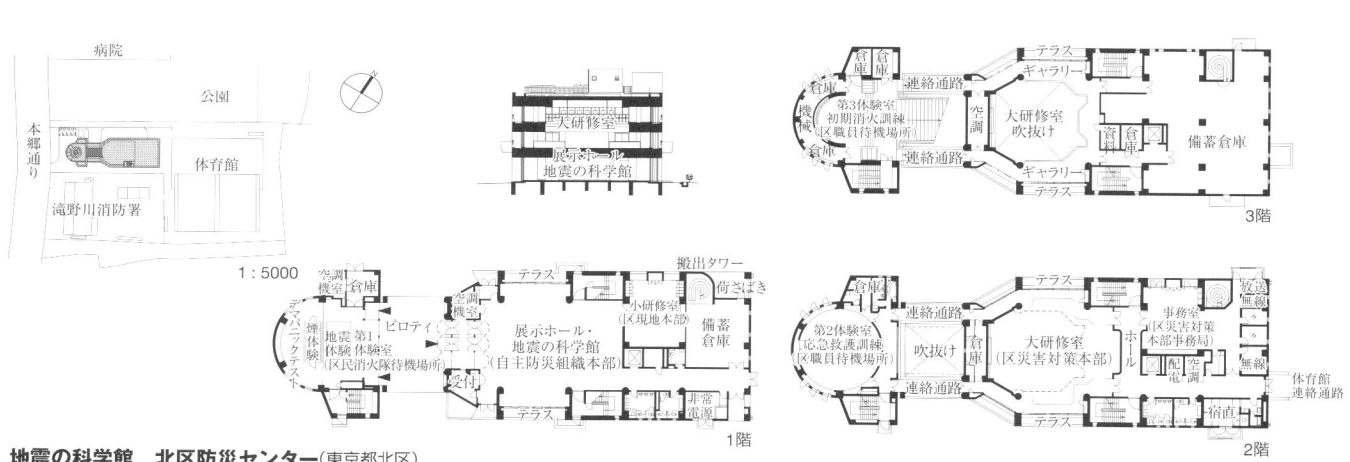

（撮影：新建築写真部）

地震の科学館　北区防災センター（東京都北区）

広島市西消防署
- 設計：山本理顕設計工場
- 建設：2000年
- 構造：S造一部SRC造
- 階数：地下1階地上8階塔屋4階
- 延床面積：6,245m²

平和記念公園へとつながる平和大通りに建ち，消防署，救急救命士養成学校，体育訓練場，消防音楽隊からなる．全面をガラスルーバーで覆い，雨と直射日光を防ぎながら内部の様々な活動が見通せるのが特徴である．内部は外気に開放された廊下，見学テラスなどが2割，吹抜けが2割など大きく外気に開放されている．

中央吹抜けを中心に各機能が配置され，訓練用ロープブリッジ，ランニングトラック，消防車両などが吹抜けを通して視覚的にも聴覚的にも認識できるようになっている．事務室にもガラスを多用し執務風景を見渡すことができる．4階の展示ロビー，展示テラスは開放されており自由な見学が可能である．書庫や給湯室などは防火区画され赤く塗られた箱状の空間に隔離されメインの空間から突き出して置かれている．

地震の科学館　北区防災センター
- 設計：防災都市計画研究所
- 建設：1984年
- 構造：SRC造
- 階数：地上3階塔屋1階
- 敷地面積：2,626m²
- 延床面積：2,791m²

平常時は防災展示施設であるが災害時には区の災害対策本部として機能する．広域避難場所である都市公園近くに位置し，消防署，体育館，総合病院に隣接してこれら諸施設を連携して運用する役目も担っている．

展示機能は1階に集約され，上階は研修，体験，備蓄物資に当てられている．消火訓練を行う必要から屋外となった第3体験室からは見学席と兼用される大階段が設けられ，本館屋上へと至ると防災用生け垣の展示を見ることもできる．

災害時の総合指揮機能，職員待機機能，自主防災活動本部機能など諸機能は階ごと棟ごとに明確に区分され，円滑な活動を実現するように準備されている．

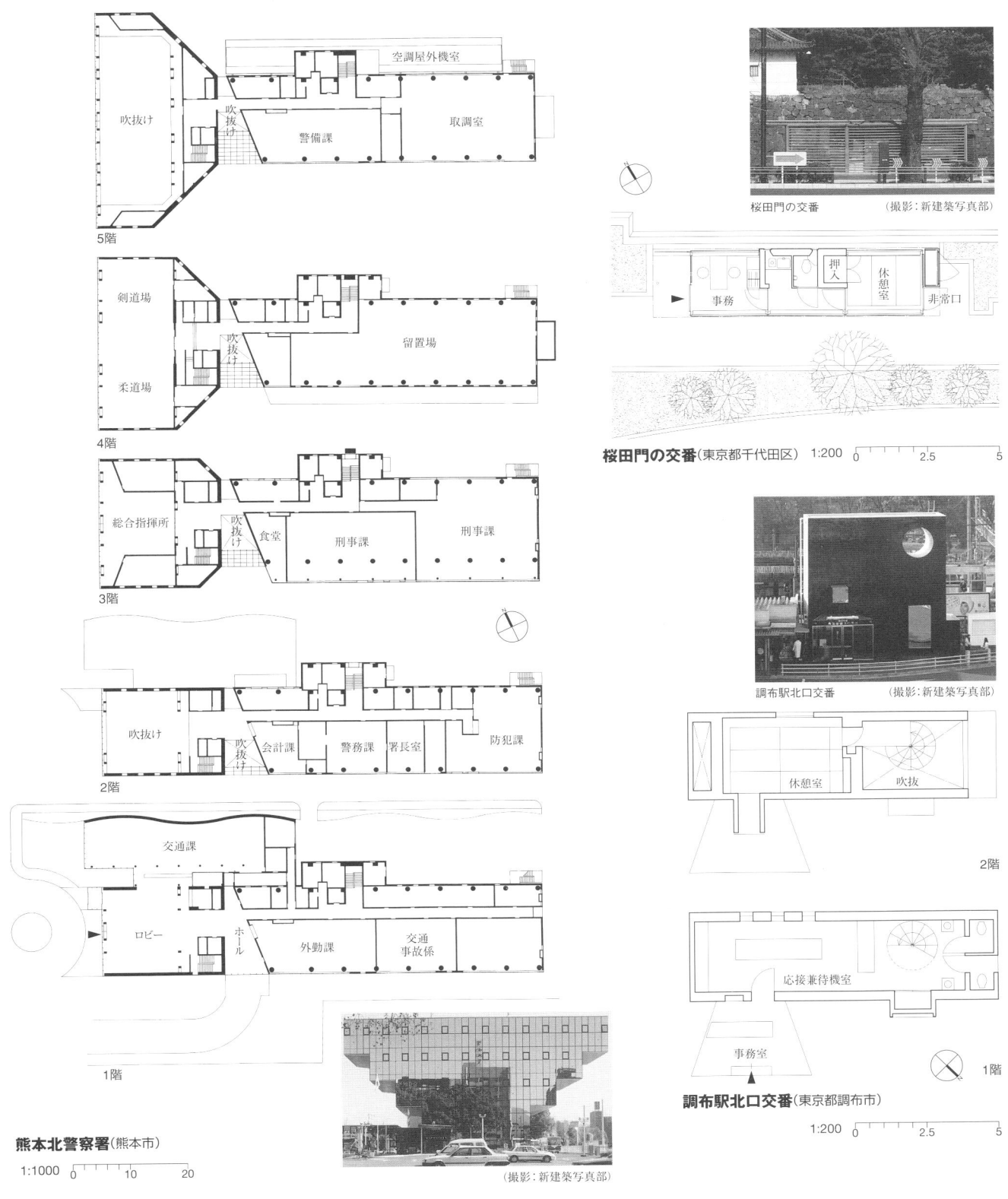

Civic Service: Safety and Disaster Control Facilities　公共サービス：防災・保安　215

熊本北警察署
- 設計：篠原一男＋太宏設計
- 建設：1990年
- 構造：S造，SRC造
- 階数：地下1階地上5階塔屋1階
- 延床面積：8,695m²

正面（西面）のオーバーハングするガラスカーテンウォールが建物の外観を特徴づけている．

西側のS造による市民に開かれたパブリック部門と，東側のSRC造による機密の求められる部門に分かれ，吹抜けによって結ばれている．

西側のガラスカーテンウォール部分には，1階に2層吹抜けのロビー，3階に総合指揮所，4〜5階に市民開放も行う柔剣道場が計画されている．1階には一般市民にも接する機会のある部署が配置され，特に交通課はオープンなカウンターをロビーに向けている．

なおこの建物は，熊本県による「くまもとアートポリス」事業の参加プロジェクトとして計画されたもので，最も初期に発注された．

桜田門の交番
- 設計：安田幸一/日建設計
- 建設：1993年
- 構造：S造，一部RC造
- 階数：地上1階
- 延床面積：19m²

皇居桜田門のたもとに立地し，歩道に張り出して建つ．間口を2.4mに抑えるとともに，桜田門に対して形態の主張を控えた透明な表皮をもつ単純な形態としている．内部空間はアルミパンチングの可動ルーバーによって覆われ，そのプライバシーのヒエラルキーに応じて開口率が変えられている．

調布駅北口交番
- 設計：妹島和世建築設計事務所
- 建設：1994年
- 構造：RC造
- 階数：地上2階
- 延床面積：57m²

濃いグレーの外壁と，建物上部に穿たれた円形の穴が，建物を特徴づけている．周囲と比較して小さいヴォリュームながらも，駅前のランドマークとしての機能を与えようとしている．

休憩室は円形の断面で応接兼待機室上の吹抜け内に浮かぶように取り付けられている．

教育：学校建築の歴史と課題　Education: History of School Architecture

学校建築計画　20の課題

1. 子どもを育てる場としての幼稚園
少子化や女性の社会進出等が進む中で，幼稚園には満3歳児保育，預かり保育，子育て支援等の多様なニーズに対応した地域の幼児教育センターとしての役割が求められている．睡眠，匍匐等を含め生活・成長の場としての計画的な配慮が求められる．

2. 学習形態に対応できる教室まわり
多様な学習メディアが授業の流れの中で随時利用できたり，弾力的な学習集団や多様な学習形態が随時展開可能な開かれた空間により教師の協力体制を進める等の本来の設置目的・趣旨が見失われている例も少なくない．家具や造作を含め，豊かな学習・生活の場としての計画・設計があらためて求められる．

3. 教室・特別教室の高機能化
クラスルームは，児童生徒の学校生活の拠点としての性格と，学習に誘いかけ，教師の工夫を生み出す高機能な教育空間としての両面から空間・設備・家具を見直すことが必要である．情報化対応も課題となる．特別教室は，教科の特色・雰囲気の感じられる空間づくりを図り，学校規模や総合的学習等に応じて，相互の有機的な配置構成を工夫する．

4. 中・高等学校における教科センター方式の検討
教科担当制を採る中・高等学校では，教科教室型運営方式をベースに教科ごとにまとまり（教科センター）を構成する計画が，能動的な学習態度を育て，総合学習等に対応する学習環境づくり等を目標として増えつつある．クラスの生活指導の場として，教科教室を各クラスにホームルームとして割り当て，それを教室を学年ごとに近接して配置する工夫や，クラスの生活拠点としてホームベースを設置する等が検討課題となる．

5. 高等学校における選択制への対応
生徒の個性・能力・進路等の多様化に対して，多様な選択制や時間割編成が用意された新しいタイプの高校の設置が進んでいる．大小の教室やゼミ室，自習室等の教室構成，選択によるクラスの解体に伴い，帰属場所であるクラスルームの意味が変質することに対して，生活拠点スペースの設置方法等に工夫が求められる．

6. 情報化への対応，情報技術の活用
コンピュータ，インターネットは学習活動の性格を変える力を持つ．校内LANをベースに各教室やオープンスペースにコンピュータを配置し，随時利用できるユビキタスな情報環境づくりが目標とされる．情報ネットワークの活用方法としては，情報系と制御系を統合するオープンネットワークの導入や，学校外施設や他の学校との交流等が課題となる．

7. 豊かな生活の場としての学校空間
不登校やいじめ等に対して，窮屈で選択性のない組織，空間のあり方を見直すことも必要とされる．心理的に落ち着ける場としてデン・アルコーブ・ロフト等の，物陰的な小空間を設置する例が幼稚園や小学校で増えている．トイレ・食事・更衣・水飲み・休憩等の生活行為を子どもの視点から捉え直し，空間を用意する．例えば，トイレは余裕のある空間，ドライ化，ドアレス化等により明るい環境づくりを進めたい．食事空間も食事の楽しみ方や交流ができる場として捉え，また発表の場等，多目的な利用を工夫する．

8. 木を生かした暖かい空間づくり
子どもが成長する場を覆う材料として木は優れた特質を持ち，柔らかさが気持ちをなごませる．構造を木造とする例も増えている．木を生かした子どものスケール感を持つ空間を実現し，地域活性化につなげる工夫も求められる．

9. 健康で快適な学校環境
揮発性化学物質によるシックハウス対策は学校において大きな問題となってきた．材料の選定，施工方法，家具等についての配慮や，十分な換気性能の確保等が必要となる．空調の導入については，環境適応能力を養う時期にある児童生徒には不適当という捉え方もあるが，耐えられないような環境に放置することはできない．通風と組み合わせた「涼房」や省エネルギー的配慮等をあわせ，地域性に応じて検討する．

10. 新しい学校形態に応じた計画
学校段階を連続的に一貫性を持たせ，発達段階に応じたゆとりのある学校生活を実現するという目標のもと，小中一貫，中高一貫等の学校形態が現れている．特に高校については生徒

戦後の学校建築の変遷

成蹊小学校[1]（東京都武蔵野市，吉武泰水，1952）
旧宮前小学校[3]（東京都目黒区，宮前小学校設計グループ，1955）
神山小学校[5]（愛媛県八幡浜市，松村正恒，1962）
西戸山小学校[2]（東京都新宿区，東京都建築局工事課，1950）1:2500
城南小学校[4]（青森県上北郡七戸町，東京大学吉武研究室，1965）
小文間小学校[6]（茨城県取手市，東京都立大学長倉研究室，1963）
青渓中学校[7]（兵庫県養父郡八鹿町，東京大学吉武研究室，1957）

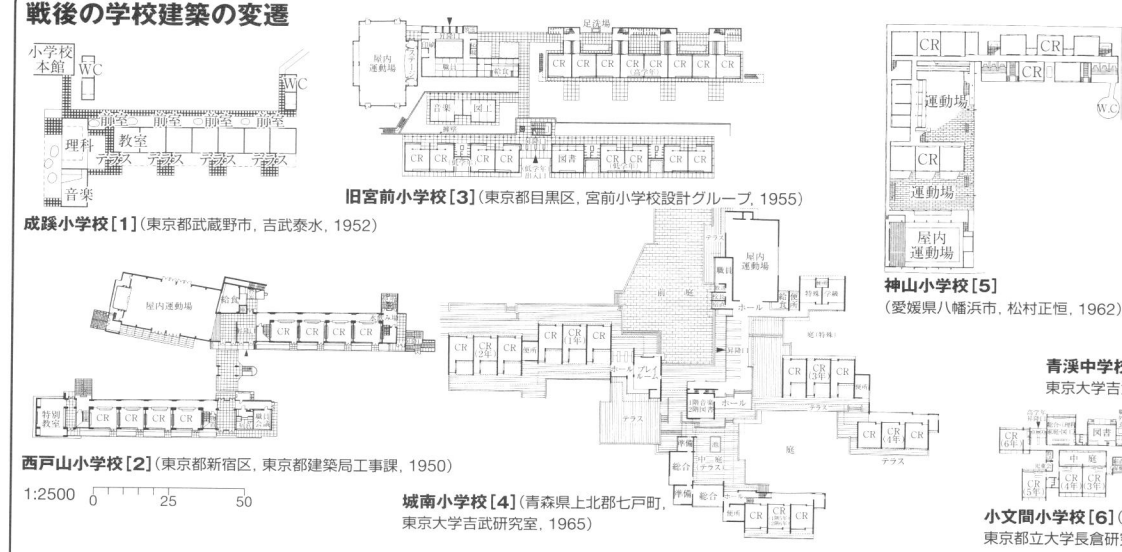

(1) 戦後復興期（1945年～1955年）
戦後の学校建築は，戦災復興，6・3制による新制中学校の施設確保からスタートした．そのための計画・建設技術が緊急の課題とされ，戦時の技術的空白，厳しい財政状況の下で規格や標準設計が求められた．木造校舎のJES（日本工業規格，1949）が制定され，不燃化を図るためRC造校舎の標準設計が文部省から日本建築学会に委嘱された（1949）．モデルスクールとして西戸山小学校[2]が建設され，以後，急速に大量の学校建設が進むとともに画一化も招いた．これは北側片廊下型の木造校舎の骨組をRCに置き換えたものであった．同時期に建築計画的な提案として，吉武泰水は成蹊中学校（1951）において教室内の生活行為をとらえ，壁面構成や開口等に子どもの人体寸法や心理を意識した「内側からの設計」を重視し，成蹊小学校[1]では8.1m角の正方形の教室に前室を付属して学習と生活の場を分ける計画を行っている．次いで軽量鉄骨造校舎のJIS規格の開発（1954）が同じく委嘱された．画一化を避けるため多様なプランタイプが生み出せるよう工夫され，イギリスの軽量鉄骨造による軽快な校舎を範として旧宮前小学校[3]がモデルスクールとして実現された．しかしRC造標準設計に取って代わることはなかった．これらの計画の考え方は，各地で開催された学校建築技術講習会（1954，59．その後1971，79）を通して広まった．
中学校では教室利用率を高められる教科教室型運営方式が注目され，当初は採用例も多く見られたが片廊下型教室配置の平面のままでは教育上のメリットが発揮されず姿を消していった．

(2) 高度経済成長期（1956～1972年）
1958年に公立学校施設建設に対する国の補助制度が整い，本格的整備の時代に入る．ベビーブームや都市化による人口集中，高校進学率の急上昇等に対して量的整備が求められる中，標準設計により大量の学校建設が進んだ．この時期は千里（1959）・高蔵寺（1965）・多摩（1967）・筑波（1967）等，大規模ニュータウンの開発が相次ぎ，人口予測，地域計画と連動して学校建設が進められた．画一的な姿を打ち破ろうとするプランタイプの試みも見られた．

1. 教室まわりの充実　前室を設け学習と生活の場を分けるとともに，廊下との間の光庭により両面採光と通風が確保された．北側片廊下の標準設計の基となる「学校建築図説明及設計大要」（1895）の根拠を問い直した点で意義がある．

2. 教室配置の3原則　同一学年同一条件，学年順序配置，1年の教室の優先を教室配置の3原則とし，高低分離により安定した生活の場をつくろうとした．

3. ユニットプラン　教室ユニットの構成を工夫した例として，クラスター型の城南小学校[4]，フィンガープランの札幌市立真駒内小学校（吉武研究室，1958），中庭を挟み込んで教室に独立性を持たせた神山小学校[5]や小文間小学校[6]等があげられる．中学校でも変形教室を円弧状に伸びやかに配置した白浜中学校[8]等がある．

4. 面積効率の追求　限られた面積の中で教室数を確保する工夫が行われた．階段アクセス，開放廊下のバッテリー型校舎は広く採用され，富山市立呉羽中学校（吉阪隆正，1960）のように3室をY字形に配置した例も生まれた．円形校舎や蜂の巣校舎も現れた．

数減少に対する再編の中で，新しい姿が構想されている．学校段階に応じた生活圏の設定，共通施設の充実，特色づくり等を工夫する．

11. 住民の学習拠点としての学校
学校は，立地，施設内容，利用されていない時間の多さを考えると，地域の生涯学習，コミュニティ活動，高齢者の生活支援や学童保育，地域の中での生徒の居場所等，その施設・空間に期待される役割は大きい．管理や安全確保を図った上で，多様な活用がしやすい施設配置，他の教育関連施設・コミュニティ施設・福祉施設・防災施設等との複合の可能性について検討する．

12. 学校周辺環境の向上
学校は立地，規模等の点で，地域の環境・景観に及ぼす力は大きい．町並みの中で配置やデザインを捉え，またオープンスペース・遊歩道・グリーンゾーン等として学校の空間を生かすことにより，地域の空間にゆとりや潤いを与える計画を行う．

13. 安全・安心な学校環境
学校での児童殺傷事件に対して，安全・安心の学校づくりは必須の課題となっている．求められるのは，それを地域との連携や豊かな環境づくりを損なわないように達成する工夫である．接近・進入のコントロール，自然に目が届く空間配置，明確な領域性の付与，侵入時の連絡・避難設備等が基本条件となる．地域性，防犯体制，学校に対する住民意識等をベースに，施設・設備，人，地域が連動した防犯計画を検討する．いじめや校内暴力等に対しても，早期に発見や阻止ができるよう，危険な死角をつくらない工夫が求められる．

14. 誰にも優しいバリアフリーな空間
教育のメインストリーミングの流れの中で，身体的障害を持つ児童生徒も通うことができ，また地域に開かれた学校として障害者や高齢者も受け入れられるバリアフリー環境を実現する．段差の解消やスロープ・エレベータの設置，多目的トイレの用意等が必要となる．

15. 地域に開かれた盲・聾・養護学校
盲・聾・養護学校は障害のある児童生徒だけの場としてではなく，誰もが等しく活躍し，豊かな生活を送れる地域づくりの拠点として情報発信や相談機能をもつ場として考える．

16. 地球環境に優しい学校づくり
断熱性能の向上・日照調整・効率的な設備計画等による省エネルギー化，パッシブ／アクティブな太陽熱利用，太陽光発電・風力発電等の自然エネルギーの利用，雨水利用，屋外スペースや屋上の緑化による温暖化防止対策等を総合的に図ることが求められる．またその効果が見えるようにすることや自然生態系を観察できるビオトープの設置等によって施設・環境自体を環境教育の教材として生かす工夫が求められる．

17. 新しい建設方式の導入
近年，立地を生かして高層化による土地の高度利用を図る例も見られる．また，民間資金を導入するPFIによる学校建設も始まっている．チャータースクールやNPOや株式会社による学校設置等も動きとして見られる．そこでの学校教育環境の確保，安全を含めた管理等の検討をベースに，効果的な計画を工夫する．

18. 長寿命な学校づくり
学校はそこで学び育った人々の共通体験の場であり，心理的なコミュニティの核となる．思い出をつなぎとめ，地球環境問題や厳しい財政条件等に対して，長寿命の学校づくりを進める必要がある．構造，設備，材料，機能それぞれの寿命に対応したシステムとして，メンテナンスのしやすい計画が必要とされる．

19. 既存施設のリニューアル
既存施設を有効利用する開発手法は今後最大の課題となる．一方，新耐震設計法以前の建築の多くは耐震診断に基づき構造補強が必要となる．単なる構造補強でなく，上で述べてきた計画課題を目標に据えたリニューアル計画が求められる．

20. 参加による学校づくり
大きな社会変化の中で学校を計画するに当たっては，地域の居住環境整備の課題を整理し，学校に期待される役割を明確にした上で，教育および学校の役割について哲学と理念を基にした計画が求められる．それには，住民・保護者・教職員・児童生徒の参加のプロセスが不可欠である．

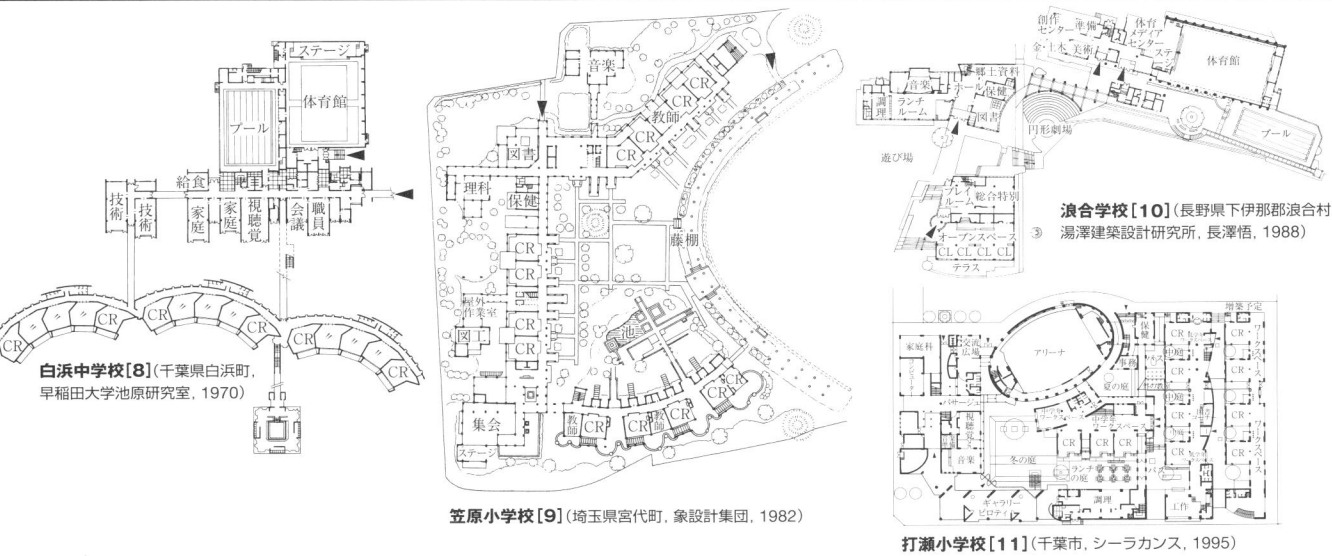

白浜中学校[8]（千葉県白浜町，早稲田大学池原研究室，1970）

笠原小学校[9]（埼玉県宮代町，象設計集団，1982）

浪合学校[10]（長野県下伊那郡浪合村，湯澤建築設計研究所，長澤悟，1988）

打瀬小学校[11]（千葉市，シーラカンス，1995）

中学校では教科教室型により青蹊中学校[7]，目黒区立第一中学校（内田祥哉他，1960）等が計画された．

この時期の学校計画の集大成として北条小学校があげられる．学年のまとまり，高低分離等の教室配置の原則を踏まえながら，教室とワークスペースが組み合わされ，吹抜けやレベル差を生かして豊かな空間が実現されており，次に続くオープン化による学校建築の変革を予感させるものであった．

(3) **安定成長期（1973～1985年）**
量的整備が一段落し，質に目を向ける余裕が生まれた．文部省では学校施設設計指針（1974）を策定し，補助事業の設計審査を廃止された（1975）．教育面でも一斉授業に対して，チームティーチング等，弾力的な教育方法に取り組む学校が現れた．アメリカのオープンスクールも参考にしながら，最初は建築が先行する形で変化が始まった．嚆矢となったのが加藤学園初等学校（1972）（⇨ **222**）である．美しい色彩やグラフィック等は学校空間の新しい可能性をも示した．オープンスペースの設け方により，多様な学校が実現されるようになり（⇨ **222**），一方，笠原小学校[9]のように教室を拡大する提案も現れた．

これと並行して工業化・システム化による建設方式の開発がRIEF（文教施設協会）を中心に進められ，GSKシステムに結実した（1976）．

この流れを受け止め，文部省では「学校の文化的環境づくり」の調査研究をまとめ（1982），学校建築の質的整備の時代への幕が開かれた．

(4) **バブル成長崩壊期（1986年～）**
1984年の多目的スペースに対する面積補助制度は，学校建築の変化を促した．翌年には木材利用推進のために補助制度が拡充され，RC造一辺倒から大きく舵が切られた．基本設計費に対する補助の開始も，関係者参加の計画プロセスを定着させ，建築家が学校の設計に関わり，特色ある学校建築を生み出す条件が整った．

文部省の「教育方法等の多様化に対応する学校施設のあり方」（1987）についての調査研究は，学校施設整備の課題を総合的にまとめ，ビジョンを示した．90年代に入り，高齢化・情報化に対応して生涯学習が課題とされる中，学校と地域の複合・連携が進められるようになった．後半に入ると，環境を考慮したエコスクール（1996），余裕教室の転用（1999），木の学校づくり等，幅広いテーマのもと，多様な学校建築が生み出されるようになった．その中で1991年に浪合学校[10]が新鮮な空間とソフト・ハード一体の計画により，続いて1997年に打瀬小学校[11]，2000年に三春町の一連の学校計画が日本建築学会賞を受賞している．

21世紀に入り，一層高機能で豊かな環境を備えた学校の実現が期待される．一方，2001年6月に大阪教育大学附属池田小学校で起きた児童殺傷事件は，学校の安全神話を覆し，またシックハウス問題や耐震性の確保等，安全・安心が大きな課題となっている．厳しい財政状況の中，既存施設の補強・改造・質的改善の方法が求められ，一方では統合や再編，小中一貫や中高一貫等，従来の枠組みを越えた施設整備が課題となっている．地域や学校ごとにあるべき姿を追求し，実現する努力が必要とされている．

［参考文献：学校建築計画事始め，文教施設 9～11号，文教施設協会］

教育：制度と動向
Education: Criteria of Facilities, Current Situation

区分	制度・関連事項	対象年齢および修業年限
幼稚園	①幼稚園は文部科学省,保育所は厚生労働省の管轄 ②延長保育や保育所との併設,幼保一元化,0歳児保育 ③子育て支援センターなど児童福祉施設との連携・複合 ④地域施設計画では保育所との関連に留意	3歳から小学校就学まで 1年・2年・3年保育の3種類
小学校	①単式学級・複式学級・複複式学級・単級学級 ②本校・分校・季節分校・小中併設校・小中一貫校 ③特殊学級(75条学級) 弱視・難聴・肢体不自由・精神薄弱・身体虚弱・その他心身に障害のある者で特殊学級が適当な者	6歳以上 6年間
中学校	同上 中高一貫校(併設型,連携型,中高一貫教育校)	3年間 中高一貫教育は6年間
高等学校	①全日制・定時制・通信制・単位制 ②普通科・専門学科(工業・商業・農業など)・総合学科 ③卒業後に進む専攻科・別科がある	全日制は3年間,定時制・通信制は3年間以上 専攻科・別科は高校卒業後1年以上
盲学校 聾学校 養護学校	①幼稚園・小学校・中学校・高等学校に準ずる教育を施す ②養護学校には,肢体不自由,精神薄弱,病弱がある ③心身の障害に基づく種々の困難を克服するための教育を施す ④小学部・中学部は義務教育 ⑤高等部の学科…盲学校:理療・保健理療・音楽・調律など,聾学校:農業・機械・窯業・デザイン・金属工業・家政・美容・クリーニング・歯科技工など	対象年齢には幅がある 幼稚部・小学部・中学部・高等部が設けられる
高等専門学校	①工業…機械・電気・建築・工業化学・土木・金属・電気通信の学科がある ②商船…航海・機関の学科がある ③その他の分野の学科・専攻科も設置できる	中学校卒業以上の者 工業は5年間 商船は5年6ヶ月
短期大学	①学科または専攻部門…文・語学・図書館・経済・商・理・工・農・水産・家政・教育・保健・社会福祉など ②通信教育部・夜間部がある ③専攻科・別科がある	2年間または3年間 専攻科・別科は短大卒業後1年間以上
大学	①学部の種類…文・法・経済・商・理・工・医・歯・農・教育・文理・外国語・人文・社会・薬・理工など ②通信教育部・夜間部(2部)がある ③附属学校・附属研究所・附属図書館・附属病院・教育研究施設	4年以上 医学・歯学は6年以上 専攻科・別科は大学卒業後1年以上
大学院	①博士課程・修士課程がある ②研究科は大学の学部の種類に準拠 ③独立大学院・独立研究科など,学部と無関係の組織のものもある	修士課程は2年間以上 博士課程は3年間以上 入学・年限は弾力化できる
大学校	職業訓練大学校・防衛大学校・防衛医科大学校・警察大学校・消防大学校・自治大学校・建設大学校・航空大学校・海上保安大学校・水産大学校・農業者大学校・気象大学校などがあり,関連省庁が所管する	個々に定めている
専修学校	①職業もしくは実際生活に必要な能力の育成,または教養の向上 ②高等課程(高等専修学校)・専門課程(専門学校)・一般課程 ③分野…工業・農業・医療・衛生・教育・社会福祉・商業実務・家政・文化・教養など	高等課程は中学校卒業程度以上,専門課程は高等学校卒業程度以上 1年間以上
各種学校	①上記の教育施設以外のもので学校教育に類する教育を行うもの ②分野は専修学校と同様	中学校卒業以上 年限なし
校外教育研修施設	①宿泊研修を中心とした教育施設で,企業研修施設も含む ②教育センター・少年自然の家・青年の家・セミナーハウスなどがある ③林間臨海施設など各種の団体や企業に所属する宿泊研修施設	

大学校は管轄省庁,専修学校や各種学校は都道府県が別に設置基準を定める場合がある.

学校種類別の制度と内容 [1]

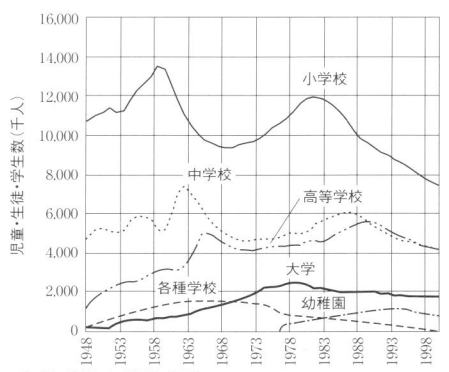

幼稚園
区分	園舎面積(m²)		運動場面積(m²)	
	1クラス	2クラス以上	2クラス以下	3クラス以上
面積	180	320+100×(クラス数-2)	330+30×(クラス数-1)	400+80×(クラス数-3)

小学校
区分	校舎面積(m²)			運動場面積(m²)		
	1人以上 40人以下	41人以上 480人以下	481人以上	1人以上 240人以下	241人以上 720人以下	721人以上
面積	500	500+5×(児童数-40)	2700+3×(児童数-480)	2400	2400+10×(児童数-240)	7200

中学校
区分	校舎面積(m²)			運動場面積(m²)		
	1人以上 40人以下	41人以上 480人以下	481人以上	1人以上 240人以下	241人以上 720人以下	721人以上
面積	600	600+6×(生徒数-40)	3240+4×(生徒数-480)	3600	3600+10×(生徒数-240)	8400

高等学校
学科	校地面積(m²/人)	運動場面積(m²/人)	校舎面積(m²/人)
普通科を置く高等学校	70	30 ただし全面積は15000m²を下らないこと	10
農業に関する学科を置く高等学校	110		20
水産に関する学科を置く高等学校	110		20
工業に関する学科を置く高等学校	110		20
商業に関する学科を置く高等学校	70		10
家庭に関する学科を置く高等学校	70		10

幼稚園,小中高等学校の設置基準 [5]

在学者数の推移 [2]

学級編成基準児童・生徒数 [3]

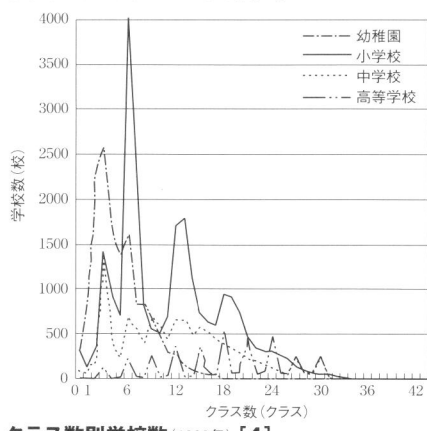

学校種別	区分		基準数
幼稚園			規定なし
小・中学校	単式学級		40
	複式学級	小学校 含む1年	8
		上記以外	16
	中学校		8
	障害児学級	学校内	8
		施設内	8
高等学校			40

クラス数別学校数(1999年)[4]

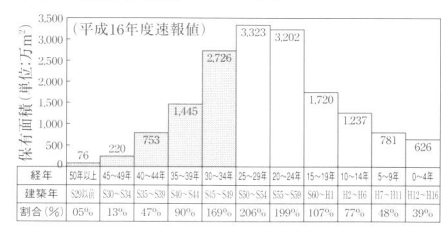

経過年数	平成6年度		平成16年度		面積割合
	保有面積①(万m²)	割合(%)	保有面積②(万m²)	割合(%)	(①/②)
30年以上	1,555	10.0	5,220	32.4	3.4倍
20〜29年	4,717	30.4	6,525	40.5	1.4倍
20年未満	9,262	59.6	4,364	27.1	0.5倍
合計	15,534	100.0	6,109	100.0	1.0倍

公立小・中学校の建設年度別保有面積 [6]

学校制度 [1]
戦後,教育の機会均等を目指して6・3・3・4制の単線型の学校教育制度が発足した.1962年に5年の一貫教育を行う高等専門学校,99年度からは中高一貫教育校が可能となった.

高等学校の進学率は50年の42.5%から97.5%に,また,大学・短期大学の進学率は55年の10.1%から45.3%に達している(03年).進学率の上昇に伴う生徒の多様化に対して,高等学校では88年に単位制高校,94年に総合学科が設置され,その他,総合選択制等,特色ある学校づくりが進められている.

また,家庭や社会の多様化に合わせて,単線型の学校教育制度から,複線化の動きがあり,現行制度と新たな特区制度を活用して,小中一貫校や中高一貫校,コミュニティスクールなど新しい取り組みが始まっている.

在学者数 [2]
小学校児童数は58年の1,349万人を最高に,81年の第2次ベビーブーム以降減少を続け,現在では720万人とピーク時の半数近くまで減少し,中学校においても同様である.高等学校は74年に進学率90%を越え中学校同様の推移となっている.幼稚園児数は176万人,盲・聾・養護学校に通う園児児童生徒は9.8万人,義務教育段階における特殊学級(75条学級)の児童生徒は9万人である(03年).

学校規模 [3][4]
1学級当たりの児童生徒数は国によって40人以下と定められている.年度によって学級数および1学級当たりの児童生徒数が変わる可能性があり,規模算定上留意する必要がある.近年は自治体によって独自の基準を設けている場合もある.

学校規模をみると,幼稚園は2〜6クラスまでの園が多い.小中学校は12〜18クラスが標準規模とされるが,小学校では学年1学級が圧倒的に多く,児童数は100人以下と500人前後が最も多い.中学校も単学級が最も多いが広く分布している.30クラス以上の学校は少子化と過大規模校の解消が進みほとんど姿を消した.

設置基準及び施設保有面積 [5][6]
幼小中高等学校を設置するために必要な最低基準として,設置基準に校舎および運動場の面積を定めている.公立学校は義務教育諸学校施設国庫負担法に必要面積が定められ,施設整備の上での指針の一つとなっている.児童生徒一人当たりの校舎保有面積は少子化の影響もあり,小学校で11.96m²,中学校で14.21m²である(03年).

しかし経年別の保有面積をみると,公立小中学校全体の16,109万m²のうち5,220万m²(32.4%)が建設後30年以上経過しており,築後30年平均で建替えられている現状から,今後の改築,耐震補強,改修は学校施設整備の大きな課題となる.

01: 学校基本調査報告書(文部科学省)
02: 公立学校施設実態調査(文部科学省)

Education: Education System **教育**：教育課程と教育システム

小学校の週間標準授業時間数 [1]

区分	学年	1年	2年	3年	4年	5年	6年
教科	国語	7	8	6	6	5	5
	社会	−	−	2	2	3	3
	算数	4	4	4	4	4	4
	理科	−	−	2	2	3	3
	生活	3	3	−	−	−	−
	音楽	2	2	2	2	1	1
	図工	2	2	2	2	1	1
	家庭	−	−	−	−	2	2
	体育	3	3	3	3	3	3
その他	道徳	1	1	1	1	1	1
	特別	1	1	1	1	1	1
	総合	−	−	3	3	3	3
週間授業時間数		23	24	26	27	27	27

中学校の週間標準授業時間数 [2]

区分	学年	1年	2年	3年
教科	国語	4	3	3
	社会	3	3	2
	数学	3	3	3
	理科	3	3	2
	音楽	1	1	1
	美術	1	1	1
	保体	3	3	3
	技家	2	2	1
	外語	3	3	3
その他	道徳	1	1	1
	特別	1	1	1
	総合	0〜1	1〜2	3〜5
	選択	2〜3	2〜3	2〜4
週間授業時間数		28	28	28

幼稚園教育要領の要約 [3]

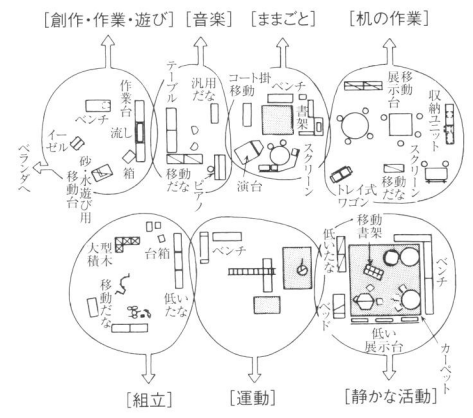

教育課程の編成	領域と年間行事によって構成されている．領域は内容が互いに融合しており，教科の明確な区分はない．
領域の種類	領域の内容
領域 健康	○明るく伸び伸びと行動し、充実感を味わう． ○自分の体を十分に動かし、進んで運動しようとする． ○健康、安全な生活に必要な習慣や態度を身に付ける．
人間関係	○幼稚園生活を楽しみ、自分の力で行動することの充実感を味わう． ○進んで身近な人とかかわり、愛情や信頼感をもつ． ○社会生活における望ましい習慣や態度を身に付ける．
環境	○身近な環境に親しみ、自然と触れ合う中で様々な事象に興味や感心をもつ． ○身近な環境に自分からかかわり、発見を楽しんだり、考えたり、それを生活に取り入れようとする． ○身近な事象を見たり、考えたり、扱ったりする中で、物の性質や数量、文字などに対する感覚を豊かにする．
言葉	○自分の気持ちを言葉で表現する楽しさを味わう． ○人の言葉や話などをよく聞き、自分の経験したことや考えたことを話し、伝え合う喜びを味わう． ○日常生活に必要な言葉がわかるようになるとともに、絵本や物語などに親しみ、先生や友だちと心を通わせる．
表現	○いろいろなものの美しさなどに対する豊かな感性をもつ． ○感じたことや考えたことを自分なりに表現して楽しむ． ○生活の中でイメージを豊かにし、様々な表現を楽しむ．
年間行事の内容	入園式、子どもの日、母の日、父の日、七夕、運動会、クリスマス会、ひな祭り、終業式などがある．

教育システム [4]

	固定的な教育システム		弾力的な教育システム	関連事項
集団	固定的なクラス集団	40人学級	大・中・小の学習集団	弾力的で多様な集団	チームティーチング 少人数学級
	均質な集団	暦年制	無学年制	多様な交流	ホームルーム／ホームベース ハウス制、縦割り集団
	一人の先生の担任	学級担任制 教科担任制	チームティーチング	複数の先生の担任	複数担任制
教育システム	知識を覚える	一斉授業	体験学習 総合学習	学び方を学ぶ	個性化学習 ポートフォリオ評価
	受身の授業	教師による教え込み	教師による学習支援	主体的学習	
	同一内容	教科書	多様な学習メディア	課題学習	パッケージ型ソフト プリント、VTR、CD、DVD インターネット、デジタル放送
		一定の講座	講座選択制	選択授業	CATV、遠隔授業 バーチャルスクール
	一斉進度	固定的な時間割	弾力的な時間構成	個別進度	モジュラー・スケジューリング ノー・チャイム、はずみ学習
	単一の教育メディア	黒板・チョーク	視聴覚機器 コンピューター	多様な学習メディア	教室のIT化、ビデオプロジェクター インタラクティブホワイトボード インターネット
教育環境	固定的な教室構成	"4間×5間"の教室	大・中・小の学習空間	多様な教室構成	多目的ホール、講堂 大教室、ゼミ室、小教室
	閉じた教室の集合	教室が学習の場	学校全体が学習の場	開かれた連続的な学習空間	オープンスペース ワークスペース⇒055 可動間仕切
	単調で無性格な教室	個人机・いすのみ	多様な家具・メディア	高機能で豊かな学習環境	学校のIT化 教科教室型 木質空間
地域	地域に閉じた学校	教師が教える学校	地域の人材の教育参加	地域に開かれた学校	遠隔授業、TV会議システム インターネット、ボランティア室 ゲストティーチャー
		学校のみが教育の場	地域全体が学習の場	地域と連携する学校	学校週五日制、複合・連携 奉仕活動、インターンシップ

コーナーの種類[01] [5]

[創作・作業・遊び] [音楽] [ままごと] [机の作業]
[組立] [運動] [静かな活動]

保育室まわりの空間と施設・設備 [6]

空間	主な内容	必要な施設・設備
学習・遊びスペース	一斉保育・グループ保育・自由遊び・食事・休憩	黒板・掲示板・展示台・自然観察台・各種コーナー・工作台・机・いす
携帯品整理コーナー	コート・帽子・個人用具の収納と出し入れ、更衣	クローク・戸だな・衣帽かけ、個人用具入れ
生活設備まわり	手伝い・うがい・水飲み	手洗器・水飲み器・流し・掃除用具入れ
教材コーナー	教材・教具の収納、作品保存	教材・教具・作品収納戸だな
教師・準備コーナー	教材整理・準備、教育事務	机・いす・戸だな
便所	用便・手洗い・掃除・身体清浄など	便器・手洗器・掃除用具入れ・流し・シャワー
昇降口	上下足履き替え・足洗い・雪はらい・乾燥	上下足箱・足洗場・かさ立
暖房器具まわり	暖房	暖房器具・煙突
保育室の屋外延長部分	上足のままでの遊び・飼育・自然観察	花壇・飼育場・砂場・水飲み場・流し・池・プール・テラス・落書き床

所要教室の算定方法 [7]

$$n = \sum \frac{A \times B \times C}{D \times E}$$

n	ある教科の特別教室および教科教室の必要数 ○家庭科における調理と被服、理科における物理と化学のように教科の内容や分野の別により、これ以上必要となる場合もある． ○端数は切り上げるか、複数教科で共用する多目的の教室を設けて対応する．
A	該当教科の学年別週当たり平均授業時数 ○学習内容、分野別に教室を分けた場合は個別に必要時数を求める． ○選択教科の授業時数を考慮する．
B	学年別クラス数 ○学級以外の弾力的な集団編成も考慮する．
C	充足率 ○Aのうち当該教室で行う授業時数／A ○教科教室制の場合は100%とする．
D	週当たり総授業時数 ○各教科の授業時数の合計
E	教室利用率の上限 ○ある教室の利用可能時数／D ○教科教室制の場合は80%程度とするのが一般的．

教育課程

教育内容、授業時数、各教科等の目標・内容等の基準は幼稚園教育要領および学校種別の学習指導要領に最低基準として定められている．自治体や学校はこれを踏まえそれぞれ特色ある教育課程を編成している．98年度改定では、週5日制実施の下、「ゆとり」の中で「特色ある教育」を展開し、「生きる力」を育むという方針が出された．

標準授業時数・標準単位数 [1][2]

小中学校の授業は必修9教科のほか、道徳、特別活動、選択教科、総合学習からなる．年間標準授業時数は、年間の授業期間を35週とし、1単位時間を小学校が45分、中学校が50分として定めている．高等学校は年間標準単位数が定められ、新設された情報を含め10教科59科目で構成される．

幼稚園教育要領 [3]

幼稚園の教育課程は、教科の区分けはなく、健康・人間関係・環境・言葉・表現の6領域と年間行事によって構成されている．

教育システムのオープン化 [4]

従来の学校は、生活集団や学級集団が固定され、画一化された一斉指導中心の教育システムを採ってきた．これに対して、内容が総合的、選択的となり、集団・時間・形態・場所等により柔軟に対応できるシステムへの変革が進められている．これにより、一人一人の興味、進度、発達度等の違いに対応し、自ら学ぶ力の育成や個性の伸長を図ることができる．

教育システムに対応する学校施設としては、チームティーチングや少人数学習など多様な学習集団の大きさに対応できる教室及びコーナー(⇒064)、教室同士の連携、多様な学習メディア・家具の配置、学校の情報化、図書室の再構築などが課題となる．また、学習の基盤となる生活の部分においても、児童生徒、教師、地域住民の居場所・居方についてその地域や学校にあった施設とすることが求められる．

保育室の計画 [5][6]

子どもは多様な遊びの中で様々な体験を通して心身ともに影響を受けて育つ．自発的・連続的に行われる活動の中で多種多様なコーナーを用意したい．コーナーの設置方法は、保育室の中に用意する考え方と、園全体で用意する考え方がある．

所要教室数の算定 [7]

特別教室及び教科教室の必要数は教育課程に定められる教科ごとの時数を計算し、時間割上それが実施できる数を最低必要な教室数とし、その教科を担当する教師数や同時に展開する授業数を考慮して算定する．また、普通教室は学年進行を考慮する．

01：A right to be children, RIBA, イギリスより作成．

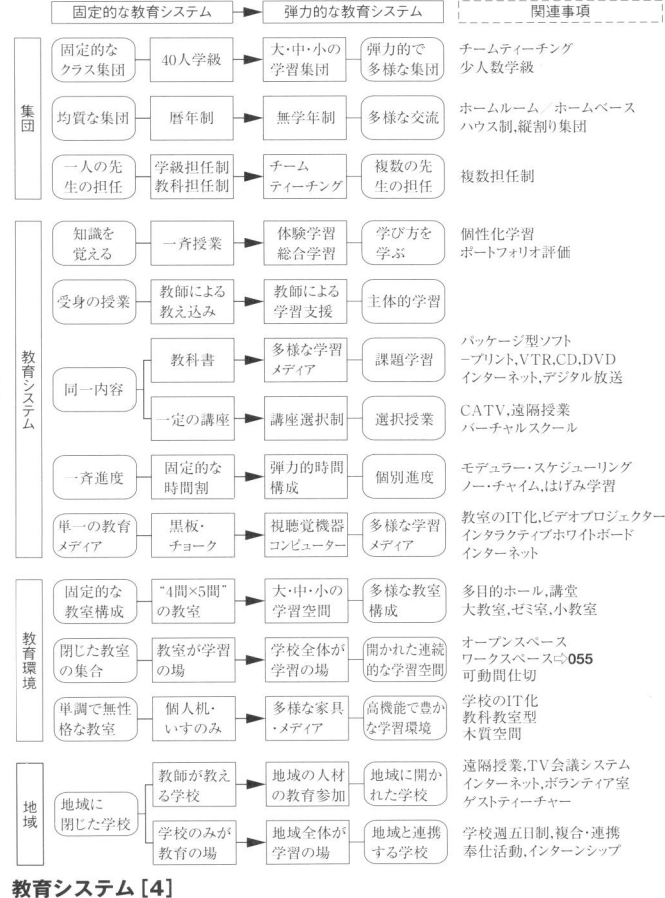

教育：計画の基準　Education: Planning Points, Management System

基本構想における留意点 [1]

項目	内容	留意事項
設置者	○国・都道府県・区市町村・私立・独立行政法人	整備方針，教育目標
学校制度	○学校種別，設置形態	単独，併置，小中一貫，中高一貫
学校の立地	○地域性，都心，計画住宅地 ○人口動態	都心，過疎，計画住宅地 計画クラス数，統合，余裕教室
気候条件	○寒冷，積雪，温暖，多雨，強風	建物の向き，屋根，構造，設備
学校の構成	○学科（普通，専門，総合），課程 ○男女比，障害者	高校で多様化している 特殊学級
学校の規模	○極小，小，標準，大，過大（20クラス超）	複式学級，室構成
教育・生活	○教育目標	運営方式，必要教室，スペース構成
通学方法	○徒歩，自転車，スクールバス	校門位置，駐車・駐輪場
給食方式	○給食センター・自校給食・弁当・食堂	搬入経路，配膳方式
地域利用	○学校開放，複合・連携 ○障害者	遊び場，体育，生涯学習，福祉 バリアフリー，ユニバーサルデザイン（⇒180）
敷地条件	○面積，形状，高低差，地盤，法的条件 ○既存環境，周辺環境	日影，道路斜線，レベル差の活用 自然，樹木，町並み・景観，眺望
建設条件	○新築，改築，増築，大規模改造 ○計画面積，予算，財源 ○工期，工法	計画施設，耐震補強 補助基準面積，補助基準単価 工事区画，安全，仮設計画

基本計画における留意点 [2]

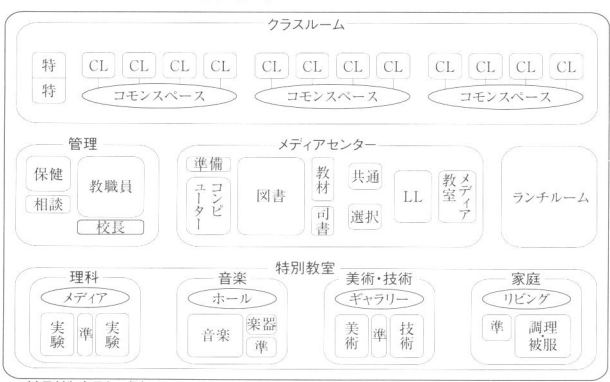

項目	内容	留意事項
配置	○屋外運動場や校舎敷地の配分 ○建築位置とボリュームの検討 ○屋外教育環境の確保	面積，トラック長，直走路，コートの種類と数，照明 動線，ゾーニング，階数，周辺との関係 前庭，中庭，緑化，遊び場，囲障
アプローチ	○校門，昇降口の位置の決定 ○通行動線とサービス動線	通学方向の分布，通学方法 全体の把握，安全，駐車場－生徒・教職員・地域利用
運動施設	○運動施設の種類・規模・設備	屋外運動場，屋内運動場，プール，武道場
学習空間	○運営方式の検討 ○教室の種類・数の算定，面積配分 ○学習空間の構成と配置 ○学習空間の高機能化・多機能化	教育方法，教室の充実，移動，活動範囲 普通教室・教科教室・特別教室・共通学習諸室 オープンスペースの位置付け，有機的教室配置 情報化，多様な学習メディアの配置
メディア	○学校図書館の拡充 ○メディアセンター ○学校全体の情報化 ○情報ネットワークの構築と運用方法	読書，学習，情報，自習，交流，寛ぎなどの機能 図書・コンピューター・視聴覚等の統合 コンピューター・各種メディアの分散配置 校内LAN，ネットワークの規模，学校間交流，地域施設とのネットワーク化
管理	○機能の整理とスペースの構成 ○分散型スペース ○情報化 ○保健，カウンセリング，相談	校長，事務，校務，会議，印刷，ラウンジ，休憩，更衣 教師コーナー，学年職員室，教科研究室，教材室 OA化，中央監視システム，情報伝達，放送 心の教室，適応学級，カウンセラーの居場所，気軽な相談
生活	○快適・健康な環境 ○履き替え方式と動線計画 ○帰属集団の編成方法と場所の対応 ○生活行為の場を豊かにする ○運動・遊び・交流・リラクゼーション	通風・採光・日照・換気，シックハウス対策，室内環境計画，バッシブ，設備 履物の数，上下足のゾーニング クラスルーム，ホームベース，ハウス，学年のまとまり，縦型の集団編成 食事，便所，手洗い，歯磨き，水のみ，更衣 テラス，中庭，屋上，ホール，ラウンジ，デン，アルコーブ
地域	○学校開放施設の想定 ○地域施設との複合・連携 ○管理方法 ○バリアフリー	屋外運動場・屋内運動場・特別教室室・クラブハウス 生涯学習，福祉・高齢者・保育，防災，ボランティア室 ゾーニング，管理体制，交流スペース スロープ，障害者対応トイレ，エレベーター，点字誘導，色彩計画
その他	○安全・安心 ○構造・構法の決定，仕上げ ○地球環境にやさしい学校づくり ○参加による計画プロセス	視認性・領域性の確保，侵入・接近の制御，防犯設備 RC造，木造，鉄骨造，混構造 省エネルギー，新エネルギー，ビオトープ，緑化，長寿命化 教職員，保護者，地域住民，児童生徒，行政，学識経験者

I. 特別教室型の例

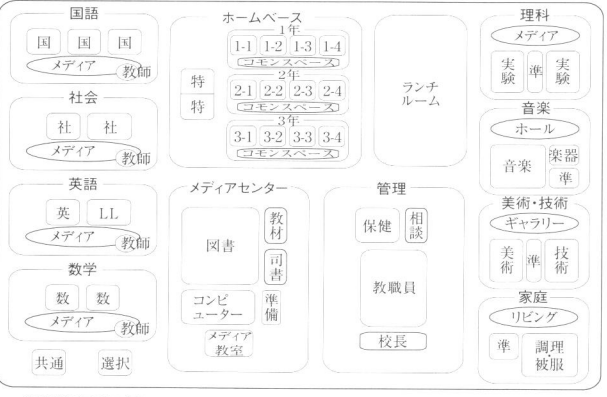

II. 教科教室型の例

運営方式による教室構成ダイアグラム (12＋2クラスの中学校の場合) [4]

学校の運営方式 [3]

方式	内容	計画上の留意点
総合教室方式 （A型）	クラスルームまたはクラスルームまわりで大部分の学習・生活を行う方式	○学校生活が安定し，児童の状態や学習内容に応じて弾力的な時間配分により活動を進行できる． ○クラスルームまわりの面積に余裕を持たせ，作業・図書のコーナーやロッカー・便所・流し等の生活施設を付属させる． ○小学校の低学年に適する．
特別教室方式 （U＋V型）	国語・社会・数学・英語等，普通教科や講義的な授業はクラスルーム・普通教室で行い，理科・図工・美術・家庭・技術・音楽等の実験・実習の授業は特別な設備・機器・什器等を備えた特別教室で行う方式	○クラス専用の教室が確保されており安心感がある． ○教科担任制の中学校・高校では，チームティーチングや主体的な学習のための多様な学習メディアの配置による教室内外の学習環境が整えにくい． ○特別教室が充足するほど全体の教室利用率が下がるので，特別教室を充実させるには不利． ○小学校高学年に適する．
教科教室型 （V型）	各教科が専用の教室を持ち，生徒が時間割に従って教室を移動して授業を受ける方式	○各教科の要求に応じた空間・設備・家具・メディアを備えた教室設計が可能．教科センター方式ともいう． ○教科ごとに必要教室とオープンスペースを組み合わせて配置する． ○ロッカースペースを設ける必要がある． ○中・高等学校に適する．
ホームルーム教室 確保型	教科教室をホームルーム教室となる教科教室を各クラスに割り当てる方式	○クラス数に相当する数だけホームルームを確保する． ○ホームルーム教室は学年のまとまりを持たせて配置することが望ましい．
ホームベース併設型	各クラスにホームルーム教室を割り当てるとともに，ホームベースを付属させる方式	○ホームベースはクラス専用の場となり，ロッカーや掲示板を用意する． ○ホームベースは全員同時に着席できる必要はない．
ホームベース独立型	クラスの生活拠点としてホームベースを設ける方式	○ホームベースにはクラス全員が席につける広さと，机・いすを用意する考え方もある．
系列教科教室型	複数の教科を関連付けて（人文・理数・芸術等）教科教室を配置する方式	○教室の利用率が高まる． ○教科独自の性格は弱まるが，教科の枠を越えた弾力的な学習展開に有効．
学年内教科教室型	国・社・数・英の教室を学年ごとのまとまりをつくって配置し，その中で教科教室型運営を行う方式	○移動が学年フロアで完結するので安定する． ○学年内クラス数が4クラス以上の場合有効．

計画上の留意点 [1] [2]

学校はそれぞれ異なる．学校種別・学校規模・学科・教育目標などの学校の骨格となる条件，立地条件・敷地の広さ・形状・気候・風土・地盤・計画面積などの建築条件，教育目標を実現するための学習方法・学習環境・生活環境・学校の歴史・伝統等の教育的要求を把握することが計画上大切である．

学校の設置形態も多様化が進み，一貫制，普通校と特殊教育学校の併設，生涯学習施設や福祉施設との複合化，学校開放や地域連携など，学校のみではなく，地域との関係性の中で学校の位置付けをとらえる必要がある．

施設計画を行う上で最も大切なことは教育目標や教育方法などを踏まえて目指す学校の姿，施設としての目標を定めることにある．また，目標は将来を見据えたものでなければならない．基礎的な事項として安全・安心・健康については最大限配慮されるべきであり，同時に環境負荷の低減等は他の施設同様に検討する．

学校の運営方式 [3] [4]

児童・生徒・教師が時間割に基づいて，教科・科目などに応じて教室，学習スペースを使い分けるシステムを運営方式という．教室などの学習スペース，児童・生徒の生活スペース，管理諸室などの配置関係はこの方式に大きく左右される．運営方式によって学習空間の充実度，居場所や移動等，児童・生徒の学校生活に違いがあるので，学校種別・規模・教育目標などに応じて適切な方式を選択する必要がある．

小学校では，低学年は総合教室型，高学年は特別教室型とすることが一般的である．この場合，低学年と高学年のクラスルームをそれぞれまとめ，特別教室は高学年に近く，図書室などの共通学習スペースは学校の中心に置く配置が典型的な形である．教科担任制をとる中・高等学校では，特別教室型が大勢を占めるが，近年教科教室型の有効性に注目が集まっている．特別教室型ではクラスルームと特別教室をそれぞれまとめ，この両者を結ぶ動線を主軸として計画されるのが一般的である．教科教室型の場合，各教室は等距離の関係であり，図書室やホームベースなどの生徒の生活スペースを中心に諸室配置を検討することとなる．多様な選択性を採用する高等学校においては，教育課程の特徴に応じて，1年生を特別教室型，2年生以上を教科教室型にする方法も考えられる．どの方式を採用する場合でも，児童・生徒の生活の拠点，心理的な拠点を学校内に確保し，その上で変化のある学校空間の設計が求められる．⇒061，064，065，235～241

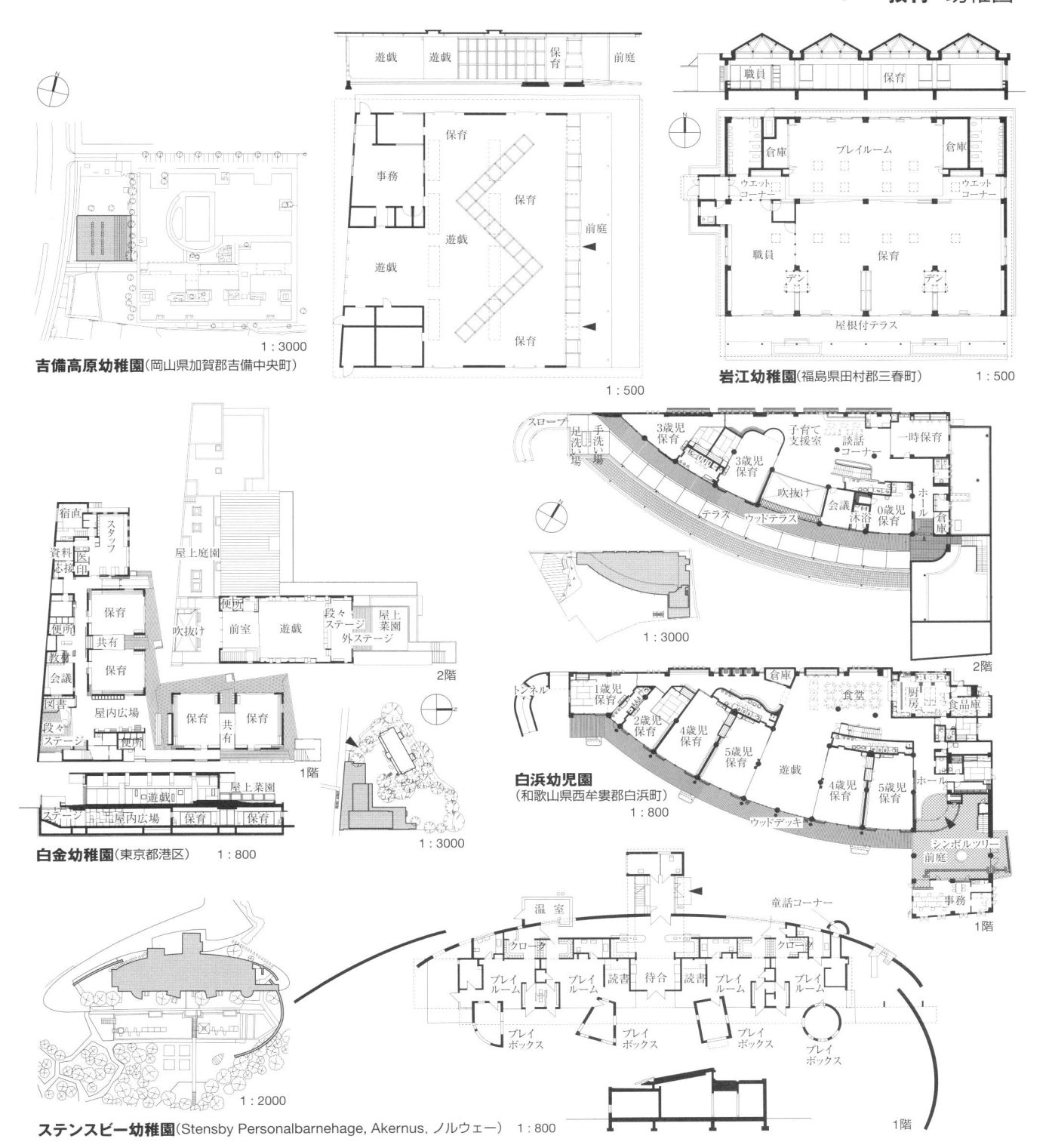

Education: Kindergarten　**教育：幼稚園**

吉備高原幼稚園（吉備中央町立）
- 設計：小泉雅生／C+A
- 建設：1999年　●計画クラス数：6
- 構造：木造　●階数：平屋
- 敷地面積：19,337m²（含小学校）
- 延床面積：477m²

保育空間は天井高4mの一体的な空間で、屋根を支えるそれ自体が遊具や隠れ家となる直線状とジグザグ形の2つの立体格子によって保育室と遊戯室に緩やかに仕切られている。

岩江幼稚園（三春町立）
- 設計：山下和正建築研究所
- 建設：1993年　●計画クラス数：3
- 構造：RC造（小屋組木造），平屋
- 敷地面積：2,775m²　●延床面積：443m²

保育室とプレイルームを一体化し、屋根のあるテラスと連続させて自由度の高い保育空間を実現．保育室には、もぐり込むデン、登れるロフト、棚を組み合わせた間仕切により3クラスのコーナーに分けられる．木造トラスが明るくリズム感のある空間をつくっている．

白金幼稚園（学校法人白金幼稚園）
- 設計：SUDA設計室　●建設：2000年
- 計画クラス数：新園舎4、既存改築2
- 構造：RC造+S造
- 階数：地下1階地上2階
- 敷地面積：2,743m²　●延床面積：798m²

保育室2室と保育室に挟まれた小室で1つの学年ユニットを構成している．保育室をL字型に配置し、結節点の屋内広場と緑豊かな園庭側の屋根付き木デッキテラスで多様な活動に応える計画としている．2階の遊戯室は屋上庭園と連続し開放感がある．

白浜幼児園（白浜町立）
- 設計：アーキ・クラフト1級建築士事務所（建築設計協同組合ジオットデザイン）
- 建設：2001年
- 計画クラス数：保育所7、幼稚園2
- 構造：RC造　●階数：地上2階
- 敷地面積：3,046m²　●延床面積：1,636m²

幼保一元化の流れを受け幼稚園と保育園を統合し、延長保育、子育て支援等、0歳児保育から町の就学前教育を一貫して行う場として計画された．曲線を使った平面形、木デッキ、木の内装、珪藻土吹き付け仕上げ等により優しい環境づくりを図った．道路に面して事務室を配置し安全確保と交流を実現している．

ステンスビー幼稚園
- 設計：Kristin Jarmund
- 建設：1993年　●階数：平屋一部2階
- 計画クラス数：4クラス、60人
- 構造：軽量ブロック造、木造小屋組
- 敷地面積：9,600m²　●延床面積：445m²

大きくカーブする壁に守られるように保育空間を確保．南の森に面して開放的な保育室は、活動エリア、静かなコーナー、プレイボックスからなり、トイレとロッカーが付属する．事務室はエントランス上部の2階にある．

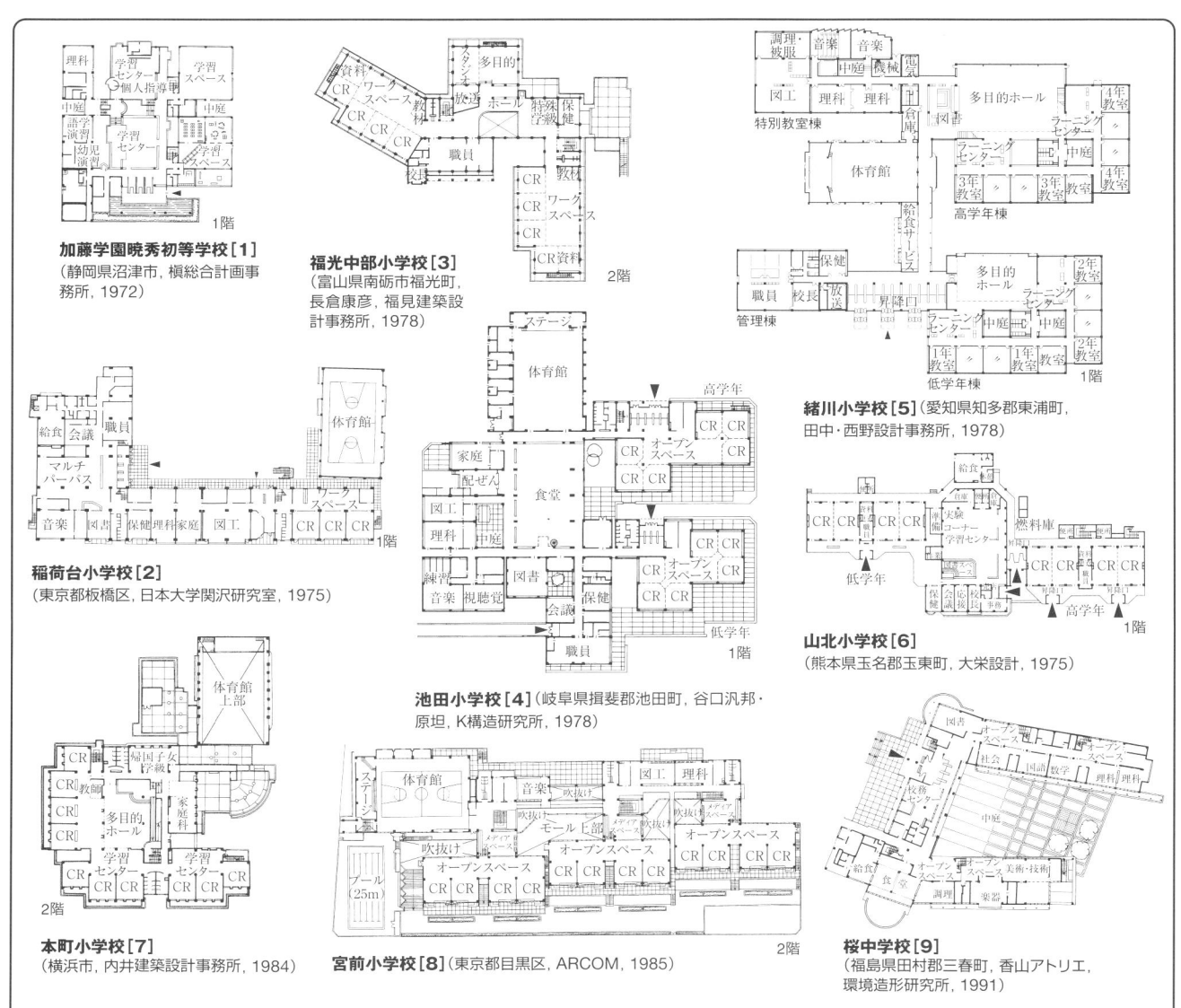

222　教育：オープンスペースの歴史　Education: Pioneer of Open Space School　1:2000

加藤学園暁秀初等学校 [1]（静岡県沼津市, 槇総合計画事務所, 1972）

福光中部小学校 [3]（富山県南砺市福光町, 長倉康彦, 福見建築設計事務所, 1978）

緒川小学校 [5]（愛知県知多郡東浦町, 田中・西野設計事務所, 1978）

稲荷台小学校 [2]（東京都板橋区, 日本大学関沢研究室, 1975）

池田小学校 [4]（岐阜県揖斐郡池田町, 谷口汎邦・原坦, K構造研究所, 1978）

山北小学校 [6]（熊本県玉名郡玉東町, 大栄設計, 1975）

本町小学校 [7]（横浜市, 内井建築設計事務所, 1984）

宮前小学校 [8]（東京都目黒区, ARCOM, 1985）

桜中学校 [9]（福島県田村郡三春町, 香山アトリエ, 環境造形研究所, 1991）

section9 教育

オープンスペース計画の流れ

イギリス・アメリカにおける学校建築のオープン化の流れを受けて設けられるようになったオープンスペースは、標準的な平面計画に変化をもたらした．教室と連動して有効性を発揮する点で、自ずから本来の設計行為を必要とすることもその理由と言える．また、根底に教育理念を持つことにより、学校そのものの変革を促す役割も果たした．

揺籃期（1970～1974年）

1972年、日本にオープンスクールをという明確な意図のもとに加藤学園初等学校[1]が誕生した．4間×5間の教室に代わり16m角の学習スペースが用意され、美しく広がりのある空間の中で多様な学習が展開される様子は、学校に革新的なイメージをもたらした．一方、オープン化の動きとは別に、館山市立北条小学校（1970, 岩田荘一・下山真司）では協力教授組織による教育的取り組みに対応してワークラウンジと呼ぶオープンスペースが設けられた．

試行期（1975年～1983年）

昭和50年代の約10年間、一般の学校がまだ一斉授業一辺倒の時期、補助制度もない中で、将来の変化を見据え、オープンスクールを目指す先導的な学校計画が行われた．

八王子市立小宮小学校（1974, 東京都立大学長倉研究室）、板橋区の稲荷台小学校[2]や金沢小学校（1975, 日本大学関澤研究室）等は、教室にオープンスペースを組み合わせて学年ユニットをつくり、間仕切を撤去すればオープン化できるように計画された．

ソフト・ハード両面で推進役を果たしたのが福光中部小学校[3]、池田小学校[4]、緒川小学校[5]の3校である．前二者は学年ユニット全体にわたって天井に2～4mグリッドでレールを設け、間仕切を自由に動かせるように計画された．緒川小学校は杉森格（田中・西野設計事務所）が設計した一連のオープンスペースを持つ学校の一つで、建築家による提案として特筆される．学年オープンスペースと多目的ホールという2段階構成を持ち、学校が個別化・個性化教育に取り組むきっかけを与えるとともに教育の発展を支え続けた．

地方の設計者による提案も見られ、オープンスペースを教室に取り込んだ例[6]や教室間に挟み込む例など、各地で様々なプランタイプが模索された．また一連の学校を、オープンスペースを設ける形で一貫して建設する沖縄県具志川市や静岡県島田市等のような例も現れた．

発展期（1984年～）

1984年に多目的スペースに対する国の補助制度が始まると、急速にオープンスペースの設置例が増加した．その前後には、新しい教育を目指した検討プロセスを経て、建築的にも優れた学校が多く実現され、学校変革をリードする役割を果たした．全校に一体感を持たせた本町小学校[7]、メディアスペースを組み合わせた宮前小学校[8]、平屋で小さなコーナーを付属した三春町立岩江小学校（長澤悟・山下和正建築研究所, 1985）等である．各学校ともオープンスペースに多様な家具が用意され、多様な学習環境が構成され、活用が進んだ．

[教科センター方式の中学校]

教科担任制の中学校については、桜中学校[9]をはじめとする三春町の4中学校が教科教室型運営方式を採用し、系列教科ごとに教室をまとめ、オープンスペースを教科のメディアセンターとして活用する教育的取り組みが評価された．これを教科センター方式と呼び、主体的な学習環境と多様な交流の場とする計画が各地に広がってきた（⇒230, 231）．

定着期－さらなる発展へ

オープンスペースを有する小中学校は約6,000校（20%弱）に達した．設置は当然と受け止められる一方、目指すものについての共通理解が不十分なまま定型的に建設され、活用が進まない例も見受けられる．チームティーチングによる多様な学習形態、身近な学習メディアの配置、主体的な学習を促す環境構成等の趣旨の徹底を図るとともに、教室とオープンスペースとの位置関係、教師・教材コーナー、流し、デン・アルコーブ・小室、テラス等の空間要素を組み合わせ方等、学校の規模や教育目標に応じた平面形等の工夫と計画プロセスが求められている．

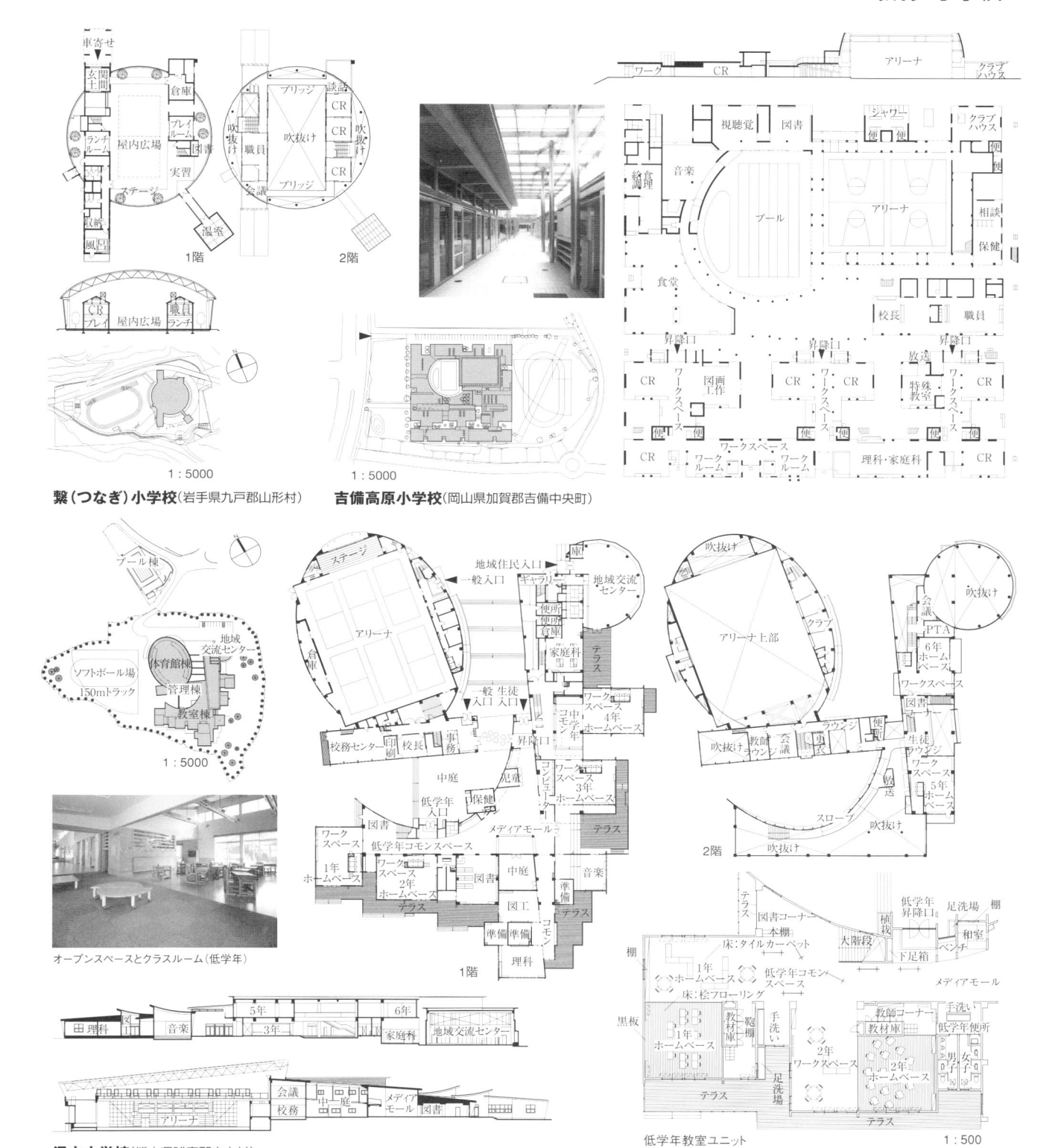

Education: Elementary School　教育：小学校1

繋（つなぎ）小学校（岩手県九戸郡山形村）

吉備高原小学校（岡山県加賀郡吉備中央町）

湯山小学校（熊本県球磨郡水上村）

オープンスペースとクラスルーム（低学年）

低学年教室ユニット

繋（つなぎ）小学校（山形村立）
- 設計：ゼロ建築都市研究所
- 建設：2001年　●計画クラス数：複式3
- 構造：木造一部RC造＋S造
- 階数：地上2階　●敷地面積：7,468m²
- 延床面積：1,253m²

南北方向に平行に並ぶ2棟の校舎をドーム屋根が覆っている。極小規模校と寒冷地を考慮し、建物の間を内部化して屋内運動場兼多目的スペースとすることにより、建物全体を一体化している。西棟は、1階に地域住民の利用する囲炉裏の間や風呂、ランチルームがあり、2階に職員室がある。東棟は、1階が特別教科の実習スペースとコンピューター・図書コーナー、プレイルームから成り、2階には教室が並ぶ。

吉備高原小学校（吉備中央町立）
- 設計：小嶋一浩＋小泉雅生／C+A
- 建設：1998年　●計画クラス数：6
- 構造：RC造＋木造＋S造
- 階数：平屋　●敷地面積：19,337m²
- 延床面積：4,584m²

平屋の建物が、一辺が約80m四方の平面に孔をあけたように配置されている。北側部分は地域開放ゾーンで、北西部にプールを取り囲むように一体化した食堂と特別教室群、北東部に屋内運動場があり、南側部分は教室ゾーンとなっている。北側と南側のゾーンを分けるように東西方向にメイン通路が貫いて、一端で管理部門と接している。内と外を仕切る建具を開放することで、屋内運動場とプール、中庭が一体となり、全体に視覚的な透過性を重視した空間である。

湯山小学校（水上村立）
- 設計：下瀬哲郎　●建設：1998年
- 計画クラス数：6
- 構造：木造＋RC造一部S造
- 階数：地上2階
- 敷地面積：18,720m²
- 延床面積：4,636m²

平坦地の少ない山間部での体育活動のために充実させた屋内運動場を中心に教室棟と管理棟がL字に配置され、端部に地域交流センターが複合している。各教室ユニットは、少ない児童数を考えて教室をホームベースと位置づけ、ワークスペースと連続させ、完結性を高めている。教室ユニットは、さらにコモンスペース、モールへと段階的に繋がり、低・中・高学年のまとまりと相互関係を考えた構成となっている。低・中学年間はメディアモール、中・高学年間は吹抜け、低・高学年間はスロープを通して連続している。

教育：小学校2 Education: Elementary School

1:1200

明安小学校（山形県最上郡金山町）

川尻小学校（広島県呉市）

明安小学校（金山町立）
- 設計：小澤明建築研究室
- 建設：2002年
- 計画クラス数：6
- 構造：RC造＋木造
- 敷地面積：20,613m²
- 延床面積：3,820m²（校舎2,235m²、屋内運動場1,585m²）

各学年20人以下の積雪の多い山間部の小規模校である。内装材及び梁上の架構として地場の「金山杉」を使い、1階はRC造とした混構造を採用している。中庭を中心としてエントランスギャラリー棟、教室棟、食堂棟が一続きの建物としてまとめられ、小さな街を形成している。中庭に面してワークスペースやメディアセンターが移動空間から一段下がった位置に視覚的連続性を持って配置され、高い天井とあわせて、視覚的連続性と空間の変化を生んでいる。

川尻小学校（呉市立）
- 設計：村上徹建築設計事務所
- 建設：2003年
- 計画クラス数：18
- 構造：RC造一部S造
- 階数：地上3階
- 敷地面積：13,426m²
- 延床面積：5,915m²

海に面すると共にすぐ北に山が迫る瀬戸内特有の地形にある。8.1m角の規則的なラーメン構造で、できるだけ耐力壁をつくらず、階段も鉄骨造として将来の増改築へ対応しやすい計画としている。教室は様々な方向を向き、学年によって風景が異なる。学年のまとまりを確保しつつ、共通学習スペース（⇒240）は各棟各階に分散し、学校全体を児童の居場所として捉えている。奥行4スパンとなる南棟はペントハウスのハイサイドライトと吹抜けを介して光を下層階に導くなど、自然採光と自然通風を積極的に導入する仕掛けを多く用いている。吹抜けに面したスロープや階段、既存体育館へ向かうデッキ、南棟屋上のランチテラスと屋上庭園など、内部・外部に変化のある移動・活動スペースを用意している。

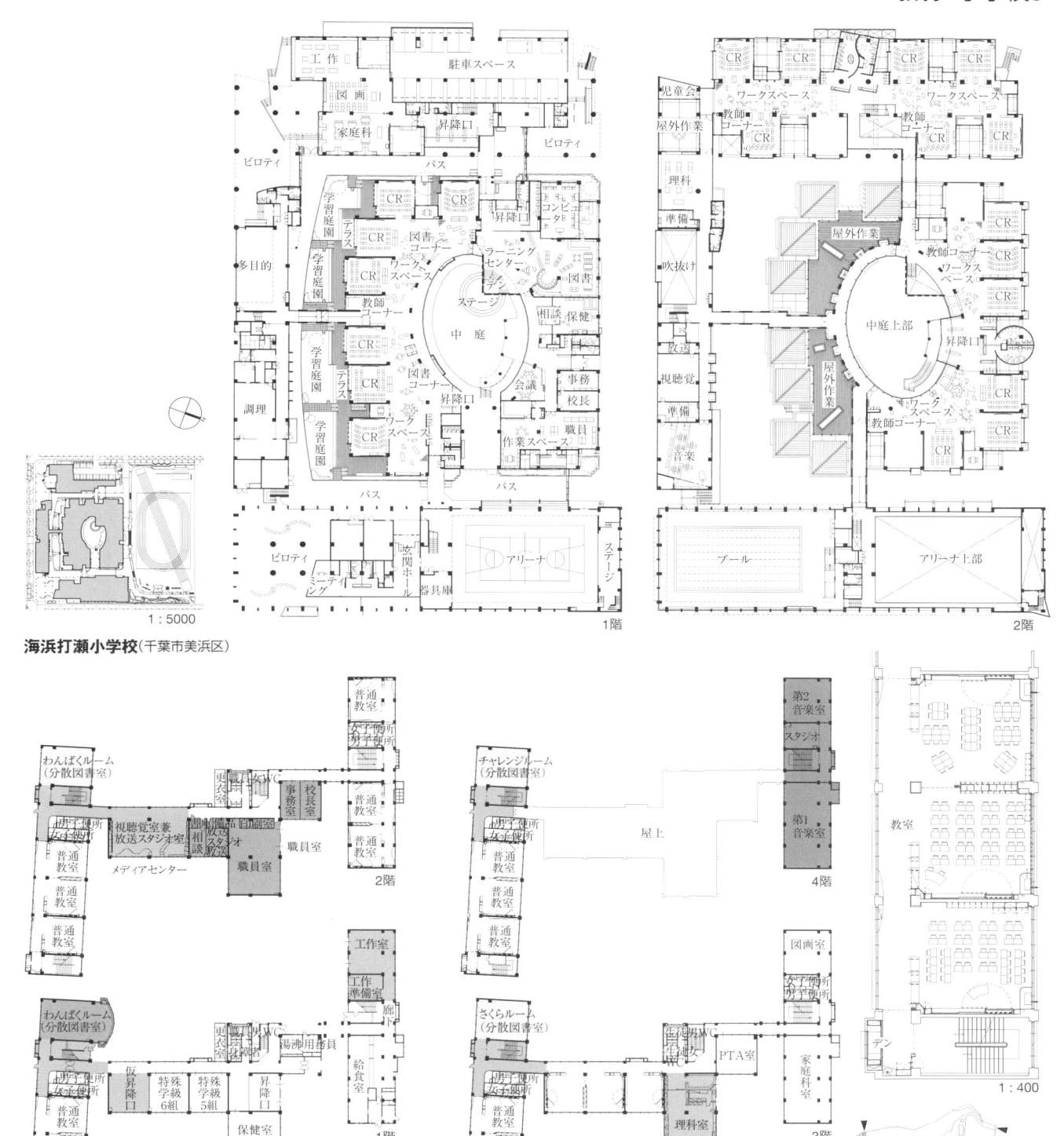

Education: Elementary School 教育：小学校3

海浜打瀬小学校（千葉市美浜区）

港北小学校（横浜市）

凡例
- 1999年度工事範囲
- 2000年度1期工事範囲
- 2000年度2期工事範囲
- 2001年度工事範囲
- 2002年度工事範囲

海浜打瀬小学校（千葉市立）
- 設計：桑田建築設計事務所
- 建設：2001年
- 計画クラス数：20＋4（将来予備）
- 構造：RC造一部S造
- 階数：地上2階
- 敷地面積：17,124m²
- 延床面積：8,989m²

ベイタウンの街区との整合性を考えた校舎配置である．中央には楕円形の中庭を囲むように低学年教室，中学年教室，管理部門からなる建物があり，この建物を高学年教室，特別教室，屋内運動場等の建物がコの字型に取巻く2重構造になっている．低・中学年では多目的スペースに沿って教室が並び，高学年では多目的スペースを挟んで互い違いに教室が並ぶ．

港北小学校（横浜市立）
- 設計：横浜市建築設計共同組合
- 計画指導：長澤悟，中村勉総合計画事務所
- 建設：2002年
- 計画クラス数：20
- 構造：RC造
- 階数：地上4階
- 敷地面積：17,000m²
- 延床面積：5,513m²

標準型校舎を，教育方法の改善を目標として4期にわたって全面改造した例．余裕教室を利用して教室位置を入れ換え，各学年のまとまりの確保，学校の中央部へのメディアセンターの配置，舞台付きホール・和室等，性格の異なる4つの図書室の分散設置，音楽・図工・理科教室の位置の変更と充実，職員室の開放等，室配置の最適化と機能・雰囲気の改善が図られた．

また，教室のオープン化，廊下・階段を利用したデン，掲示・展示コーナー，コート掛け，更衣室等の設置を木材の特徴を生かして行うことにより，学校全体が暖かみのある生活の場に一変した．

教育：小学校4―複合化　Education: Elementary School―Complex

アーパスとが（利賀村立）

- 設計：藤野雅統＋ファブリカ・アルティス
- 計画指導：長澤悟
- 建設：1998年
- 計画クラス数：小学校6、中学校3
- 構造：RC造一部SRC造、S造
- 階数：地上4階地下1階塔屋1階
- 敷地面積：25,000m²
- 延床面積：9,804m²

人口1000人程の山村に建設された1学年の児童・生徒数12名前後の小学校・中学校および中央公民館からなる複合教育施設である．オープンタイプの小学校と教科教室型の中学校は上のグラウンドレベルに面している．一方、体育館、150人収容のホール、図書室などの公民館施設は低いレベルに設けられている．中学校は人文科学ブロックと自然科学ブロックとラーニングリソースセンター（⇒240）を中心に構成され、小学校と中学校は特別教室、ランチルーム、体育館などを共用している．また、これらの施設の大半を覆うように長さ75mの大屋根が架けられ、様々な活動を集約したり、かつ4mを超える積雪下でも半戸外の活動が可能な空間を用意している．

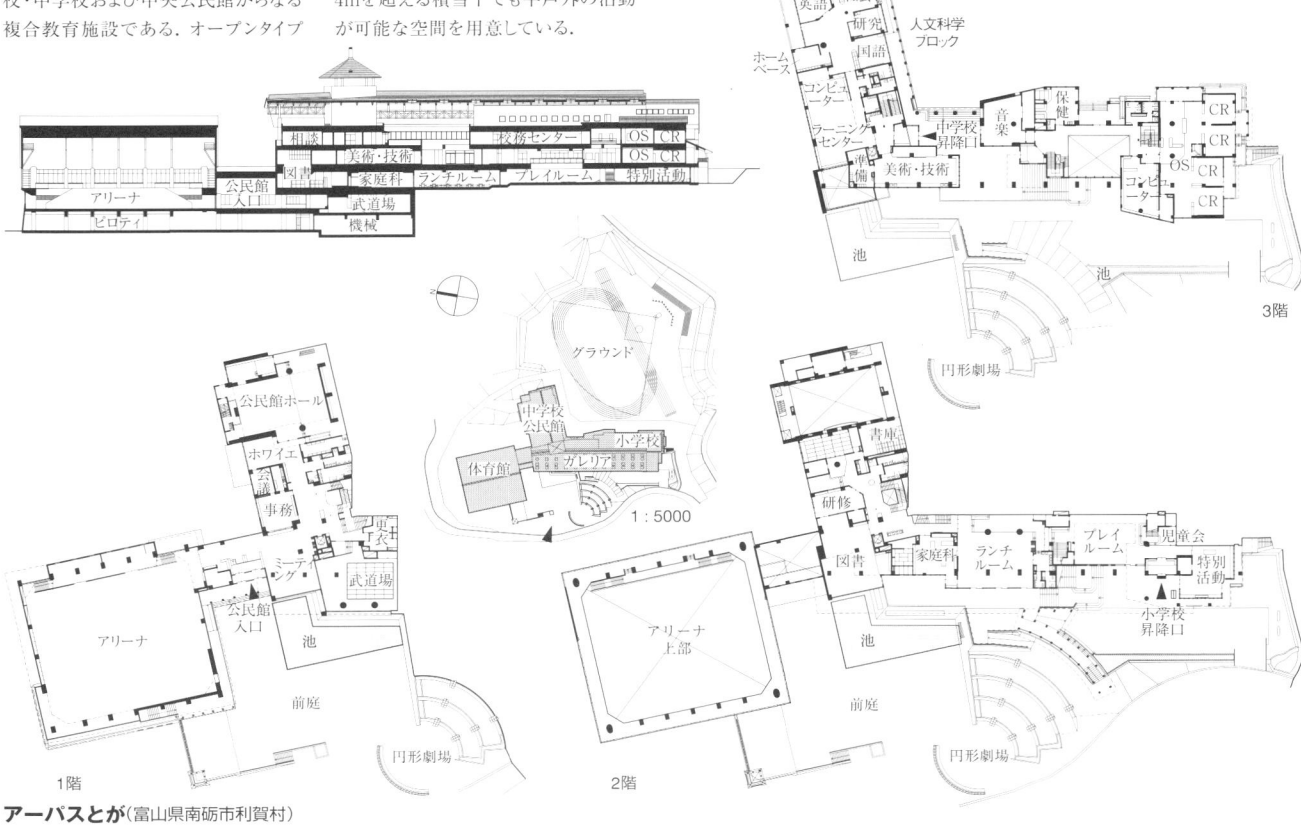

アーパスとが（富山県南砺市利賀村）

下山田小学校（山田市立）

- 設計：鮎川透＋環・設計工房
- 基本構想：長澤悟、教育環境研究所
- 建設：1999年
- 計画クラス数：6
- 構造：RC造
- 階数：平屋、一部2階
- 敷地面積：22,778m²
- 延床面積：6,275m²（校舎3,561m²）

まちづくりの一環として学校周辺の環境改善、学校施設の開放、地域施設の複合化が図られた．校地の周囲には歩道と一体化したプロムナード、各コーナーには春夏秋冬のポケットパークが配され、校地内の広場に連続する．

校舎はグラウンド側のクラスルーム（⇒236、238）と地域利用を想定したランチルーム・ホール・図書室、道路に面しての特別教室が3列に配され、地域に開放される．体育館、ホール、研修室は地域の生涯学習施設とされ、また校門に面した位置には学童保育室（⇒173）が設けられ、年齢を越えて住民に開かれた施設づくりがなされている．

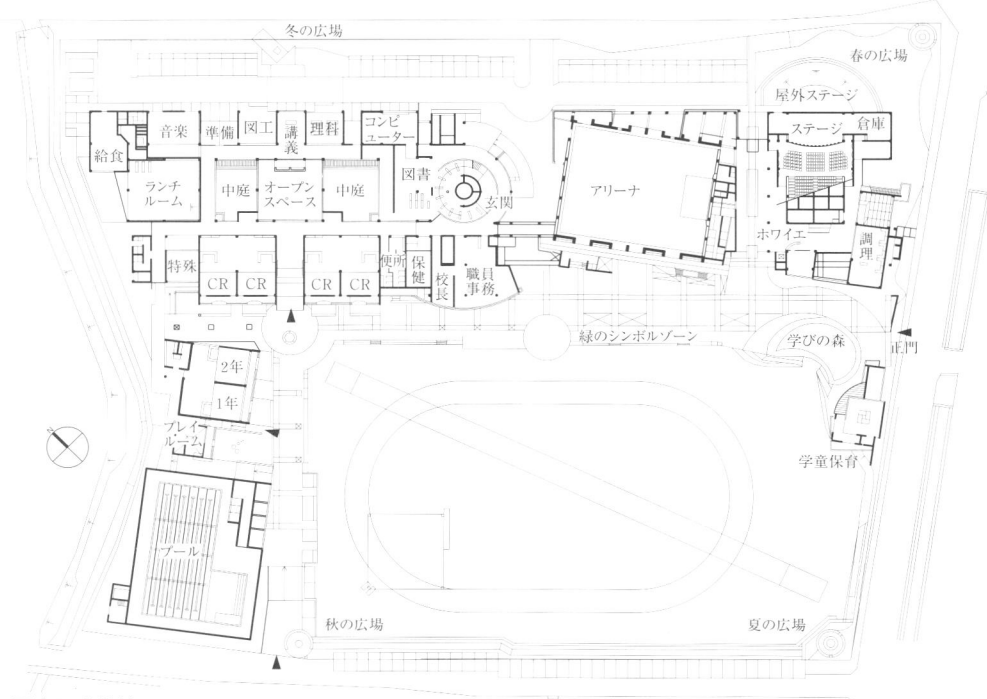

下山田小学校（福岡県山田市）

教育：小学校5—複合化　227

博多小学校＋奈良屋公民館（福岡市）

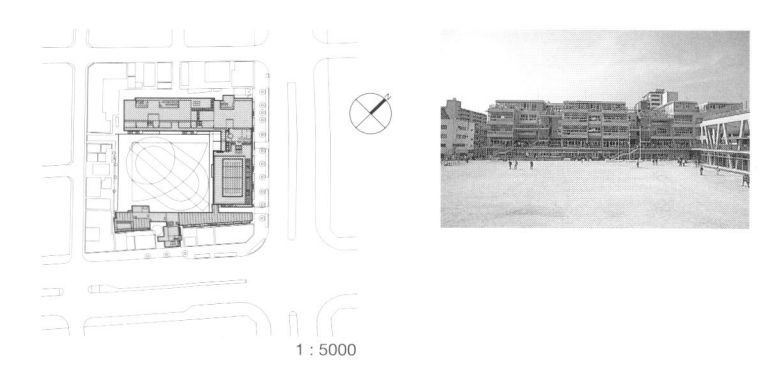

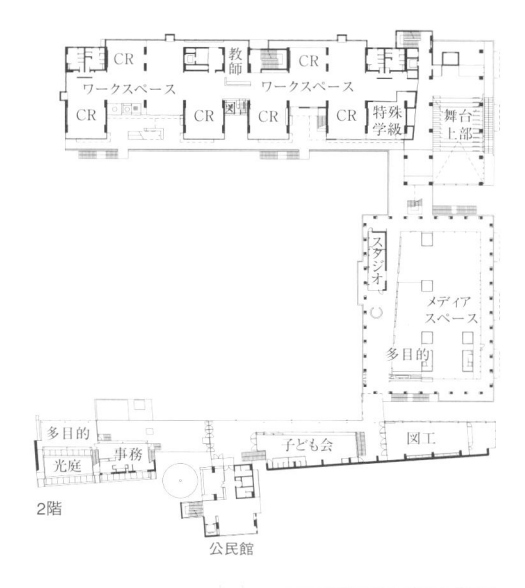

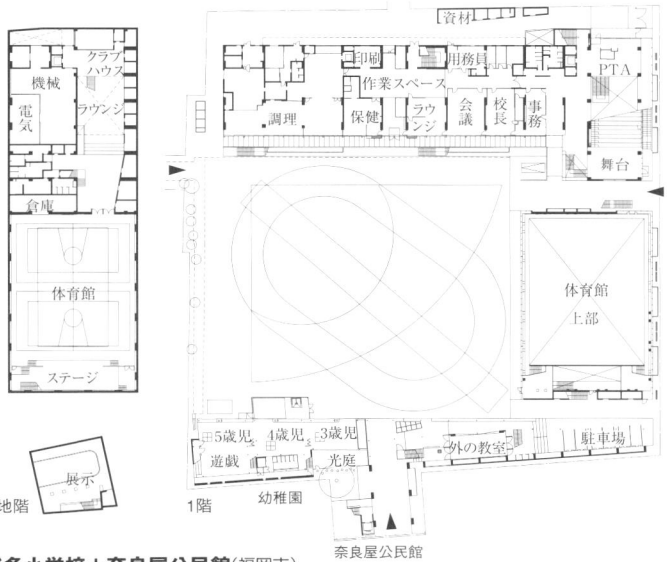

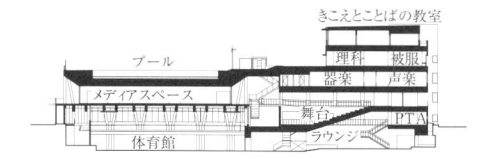

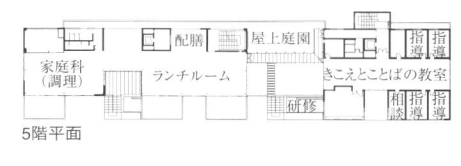

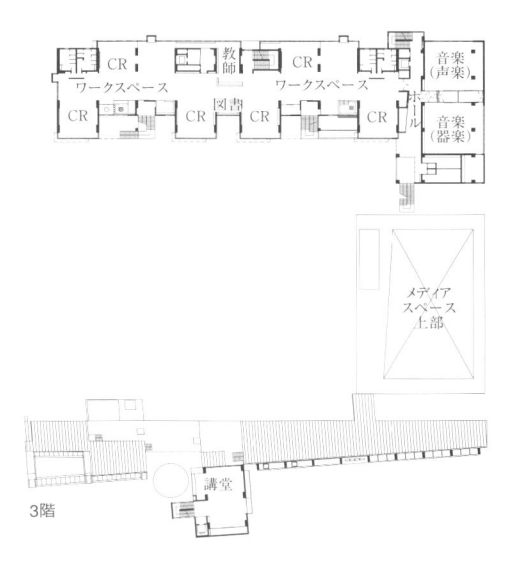

博多小学校＋奈良屋公民館（福岡市立）
- 設計：工藤和美・堀場弘／シーラカンスK&H
- 建設：2001年
- 計画クラス数：24+2
- 構造：RC造一部S造
- 階数：地下1階地上5階
- 敷地面積：8,096m²
- 延床面積：12,358m²（小学校：11,706m²，公民館：652m²）

市街地に位置する4小学校が統合された小学校．敷地は狭小であるが公民館・幼稚園を併設している．2階レベルに設けられた木製デッキの回廊は運動場を三方から囲み込んでおり，雨の日も濡れずに走り回れる．敷地の北東を走る大通りに面して半地下の体育館があり，通りから中の様子が見ることができる．

普通教室は2階から4階に2学年単位で配置され，各学年の昇降口は各階ごとに設けられている．各教室は教師コーナーを中心にワークスペースを挟むように千鳥状に配置されている（⇒236）．この配置により生じた空間にアルコーブ・図書コーナー・階段，便所などを組み込んでいる．特別教室群は大通りに面して置かれ，2階には特に大きく天井が高いメディアスペースがとられている．「表現の舞台」と呼ばれる階段状のホールが設けられており，地下には統合された学校の記念品が置かれたメモリアルホールがある．眺めのよい5階には家庭科室に連続したランチルームを設けている．

ワークスペースから普通教室を見る

228 教育：小学校6—海外　Education: Elementary School—Foreign Example

1:600

イブリンロウ小学校
- 設計：Department of Education & Science
- 建設：1965年
- 計画クラス数：8（無学年）
- 延床面積：1,407m²

その後の学校建築に大きな影響を与えたモデルスクールで，2～3学年のまとまりごとにさまざまな学習・生活のコーナー，アルコーブ，オープンスペース，屋外スペースなどがふんだんに設けられている．

イースト・ロチェスター小学校

初期のオープンスクールの典型的な例．学習空間はトイレ，管理部門を除くと一体の奥行きの深いオープンスペースである．中央部に広いリソースセンターを配置し，その周囲についたてや棚等によりクラスの領域を自由につくり出せるフレキシブルな計画となっている．

アポロスクール
- 設計：Herman Hertzberger
- 建設：1983年

MontessorischoolとWillemsparkschoolの2校が一対の建物として，L字形に配されている．2つの建物はほぼ対称形で，緑が多い住宅地の環境にあわせたスケールを持ち，教室まわりの小さなコーナー，コンクリートブロックと木の組合せ，明快な構造等により住宅的な雰囲気を感じさせる．中央の吹抜けホールの周囲にスプリットレベルで教室が配され，視覚的連続性と明るさが確保されている．また，中央部の階段に腰を下ろすことにより，ホール自体が大小のグループによる表現活動や発表の場となる（⇒061）．

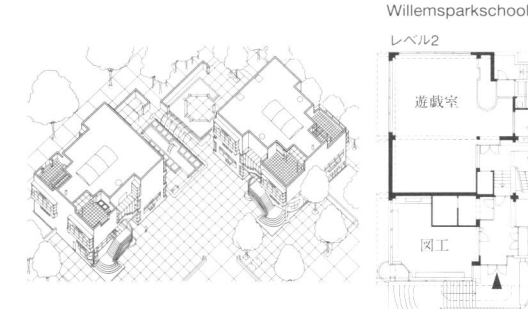

メツォーラ・ジュニアスクール
- 設計：Bitumi Manner
- 建設：1991年　　・計画クラス数：6
- 構造：木造　　・階数：平屋
- 延床面積：2,523m²

各学年1クラスの小規模校で，中庭を中心にそれを取り囲むように六角形の教室や音楽室，木工室，体育館（ホール兼用）などが配されている．また教室の間にはグループ指導用のワーキングルームが設置されている．廊下は中庭側にループを描くように設けられ，イレギュラーで所々に膨らみを持った形状をしており，学習用の机が造り付けで設置されていたり，図書コーナーになっていたりと，単なる通路ではなく子供達の学習・生活の居場所となっている．

イブリンロウ小学校
（Eveline Lowe Primary School, London, イギリス）

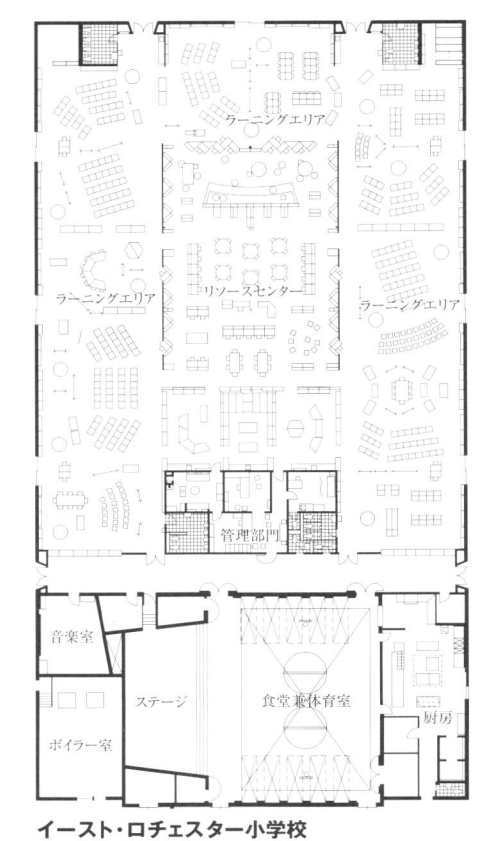

イースト・ロチェスター小学校

Willemsparkschool

Montessorischool

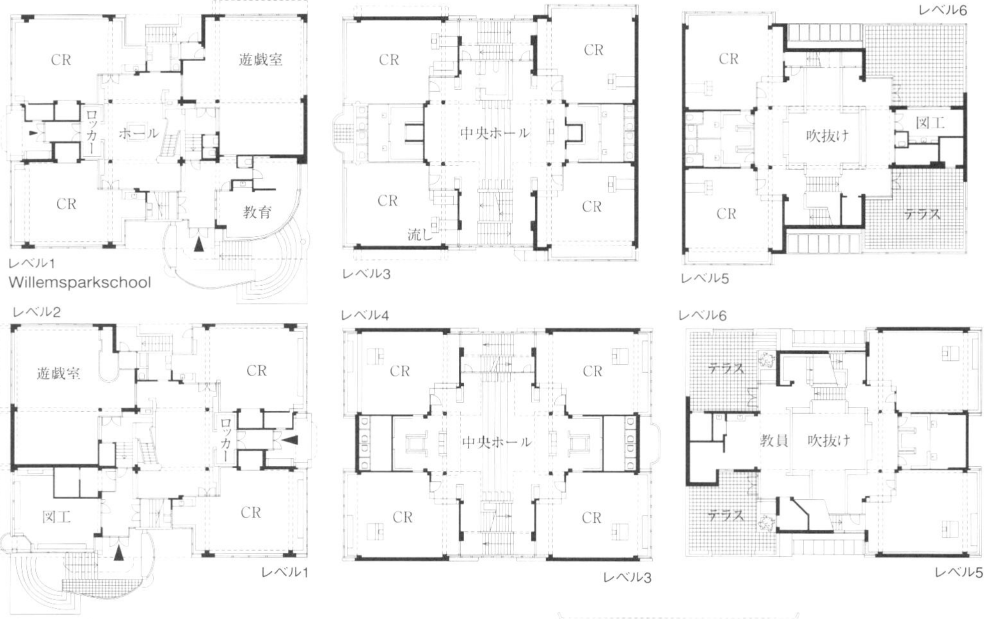

アポロスクール（Apollo School, Amsterdam, オランダ）

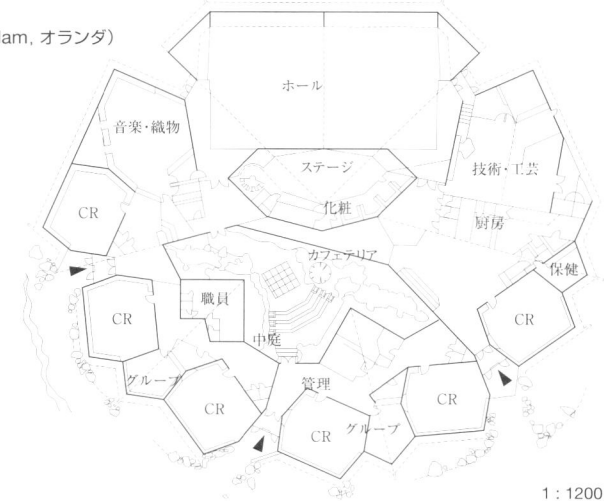

メツォーラ・ジュニアスクール
（Metsolan koulu, Helsinki, フィンランド）

1:1200

Education: Junior High School 教育：中学校1

出石中学校（出石町立）
- 設計：宮脇檀建築研究室
- 建設：1999年
- 計画クラス数：12＋特殊1
- 構造：RC造一部S造
- 階数：地上3階
- 敷地面積：33,500m²
- 延床面積：8,692m²（校舎棟：5,881m²，体育館棟：2,654m²）

コの字形校舎と体育館とで中庭を囲む配置である．クラスルームは学年のまとまりをもたせて各階に配置され，学年ごとにランチルームを設けているのが特色である．入口の吹抜けホールに面して中庭側に図書・コンピューター・LL教室，道路側に特別教室棟を配置し，その間に多目的ホールを設けている．屋根の連なりが地域のシンボルとなる景観をつくっている．

多治見中学校（多治見市立）
- 設計：象設計集団，アトリエ修羅
- 建設：2001年　●計画クラス数：17
- 構造：RC造一部S造
- 階数：地上4階
- 敷地面積：29,375m²
- 延床面積：10,304m²（既設1,475m²）

重層の柔剣道場・体育館を頭に教室棟が南北軸に中庭を挟んで2列に配置されている．中庭は木製デッキで，欅・植込み・雨水利用の池等が配され，開放廊下や屋上緑化スペース等とあわせ，自然環境と一体の学校生活の場がつくられている．クラスルームは多目的スペースやロッカースペースと組み合わされ教室まわりの空間の充実を図りながら，学年の生活圏を構成している（⇒237）．大規模改修された既存の特別教室棟・プールと教室棟との間に自由通路としてプロムナードが設定され，地域とのふれあいを生み出している．

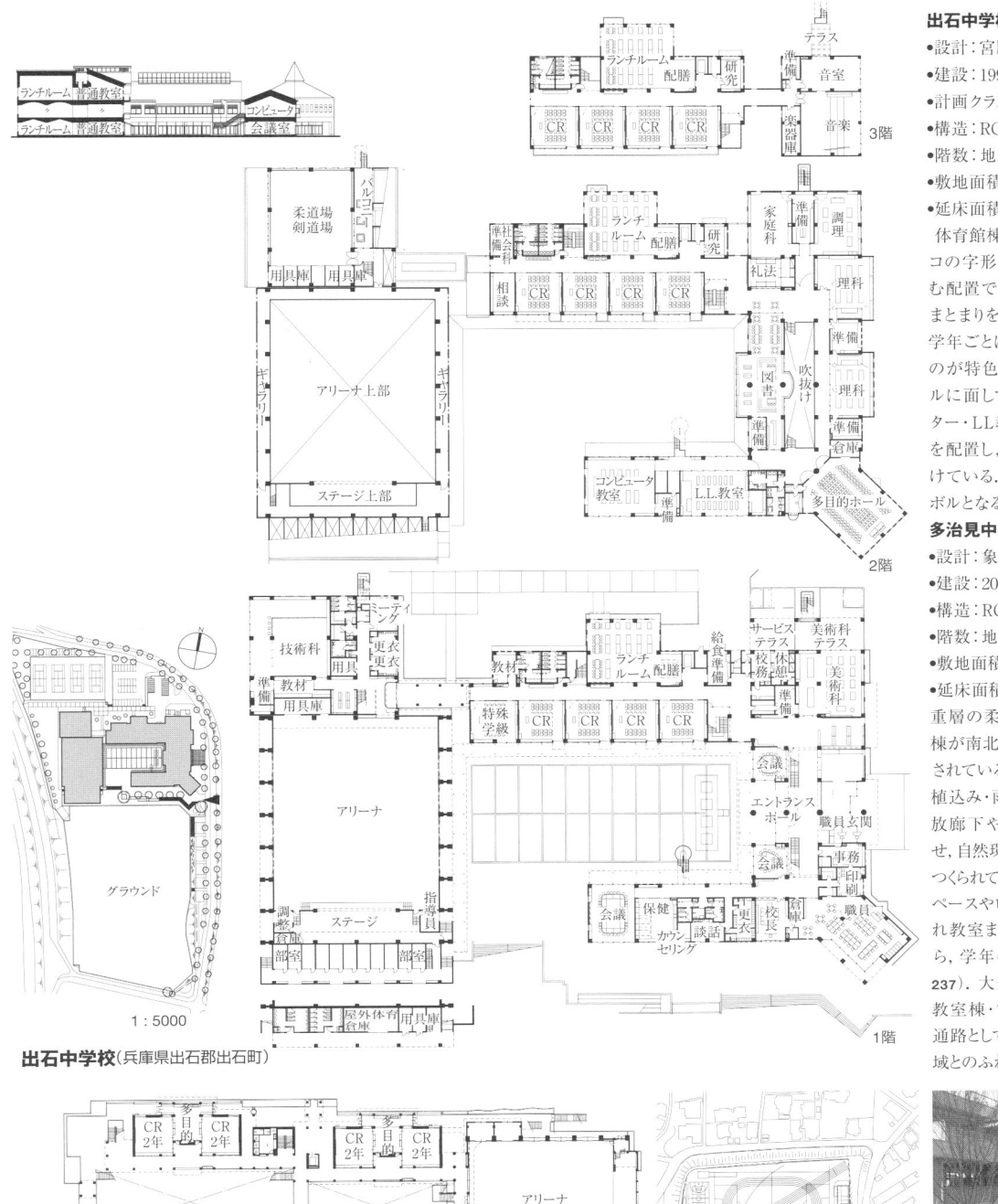

出石中学校（兵庫県出石郡出石町）

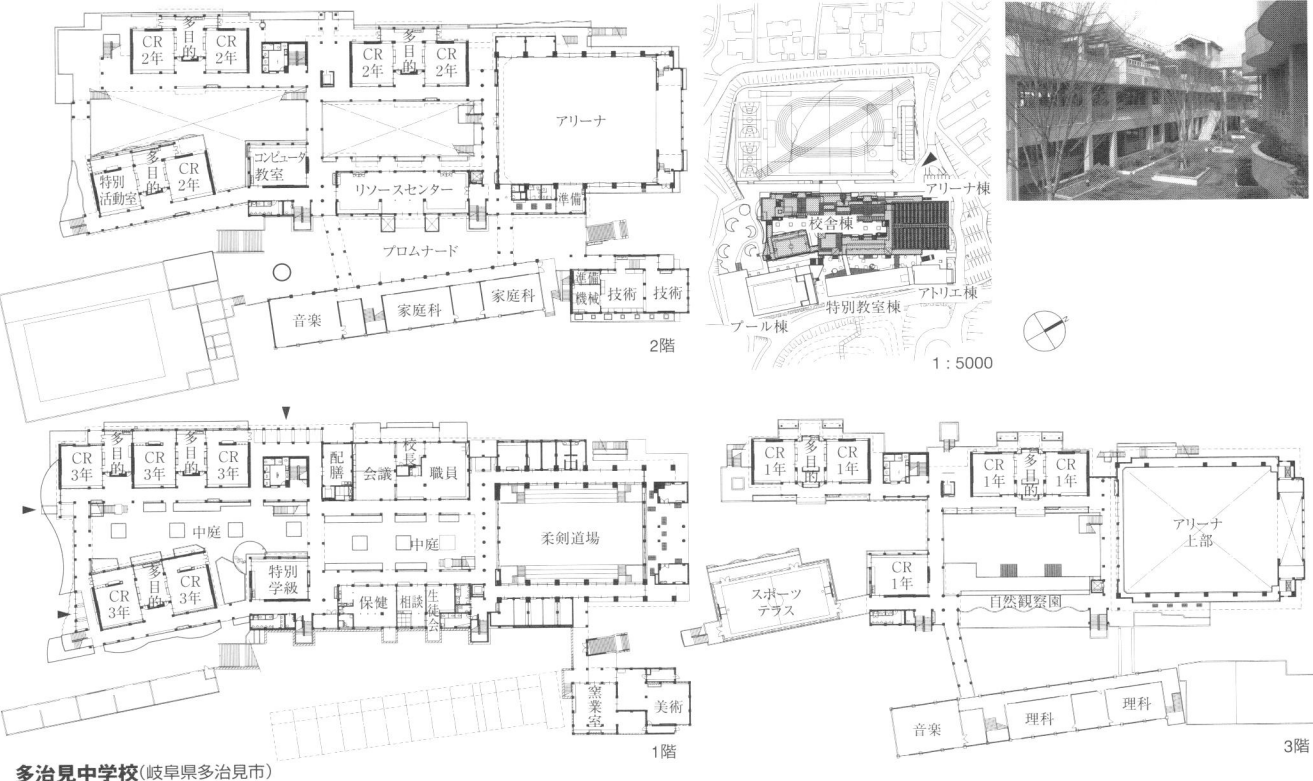

多治見中学校（岐阜県多治見市）

教育：中学校2　Education: Junior High School

1:1200

緒方中学校（緒方町立）
- 設計：重村力＋Team Zoo いるか設計集団
- 建設：2000年（校舎棟）
- 計画クラス数：6＋特殊学級1
- 構造：木造＋RC造
- 階数：地下1階地上4階
- 敷地面積：43,344m²
- 延床面積：7,049m²

町民運動公園に隣接する丘の上に地形を生かすようにセットバックした形で建つ．学年2クラスの教科教室型で，3つの教科エリア（語学・人文・自然科学）は，それぞれが学年ごとのエリアを構成できるように2教室以上の講義室を持つ．学校の講堂と町民ホールの機能を併せ持つ300席のホールを含め，ホワイエに隣接した町民サロンを中心に家庭・被服室や音楽室などで開放ゾーンを構成している．ピロティを挟んだ図書・コンピューター・ランチルームももう1つの開放ゾーンである．生徒の生活拠点は利用頻度の高い教室が配置された2～4階の中央となる3階にまとまって配置され，居場所となるホームベースと移動動線上に設けられたロッカーで構成される．

豊富中学校（豊富町立）
- 設計：ドーコン
- 建設：2003年
- 計画クラス数：6＋特殊学級1
- 階数：地上2階

学年2クラスの教科教室型の小規模校．外断熱を採用するため，コンパクトにまとめている．ホームベースは1か所に集中して配置し教室とは違った雰囲気をつくり，ホームベースの前はラウンジ的な空間としている．テストや特別活動を行うために必要な個人机が置かれた教室は6教室用意され，系列教科ごとにまとめているが，学年のまとまりは必ずしも考慮されていない．随所に吹抜けの空間が配置され，移動動線上もしくはそれに隣接して様々なメディアが顔を出すように図っている．

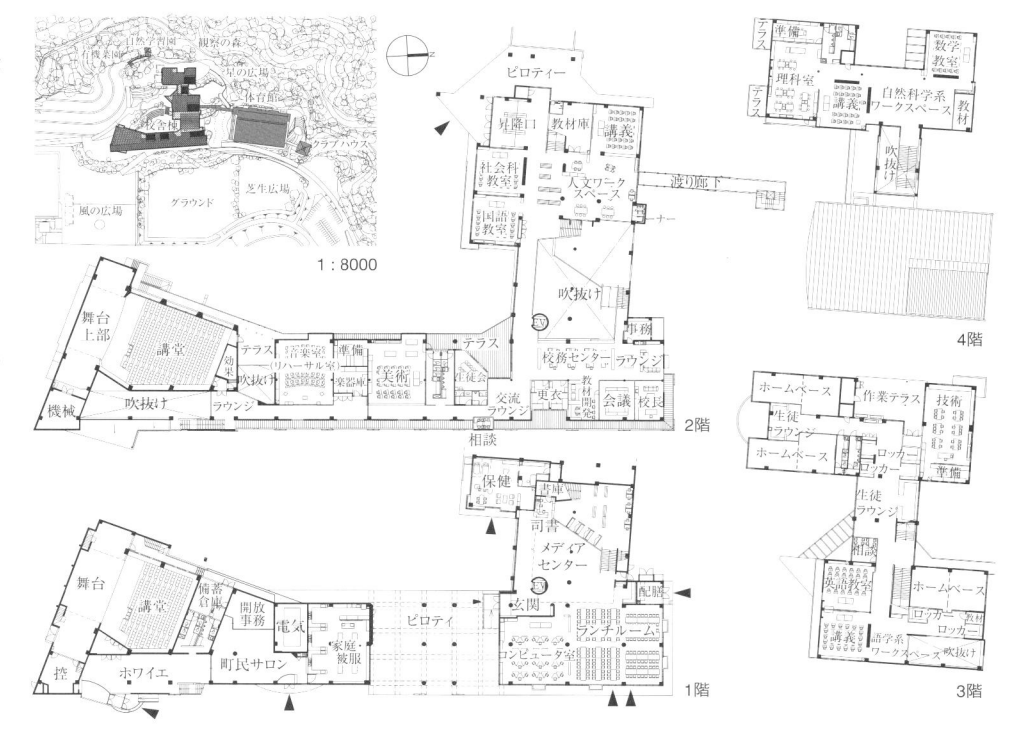

緒方中学校（大分県大野郡緒方町）

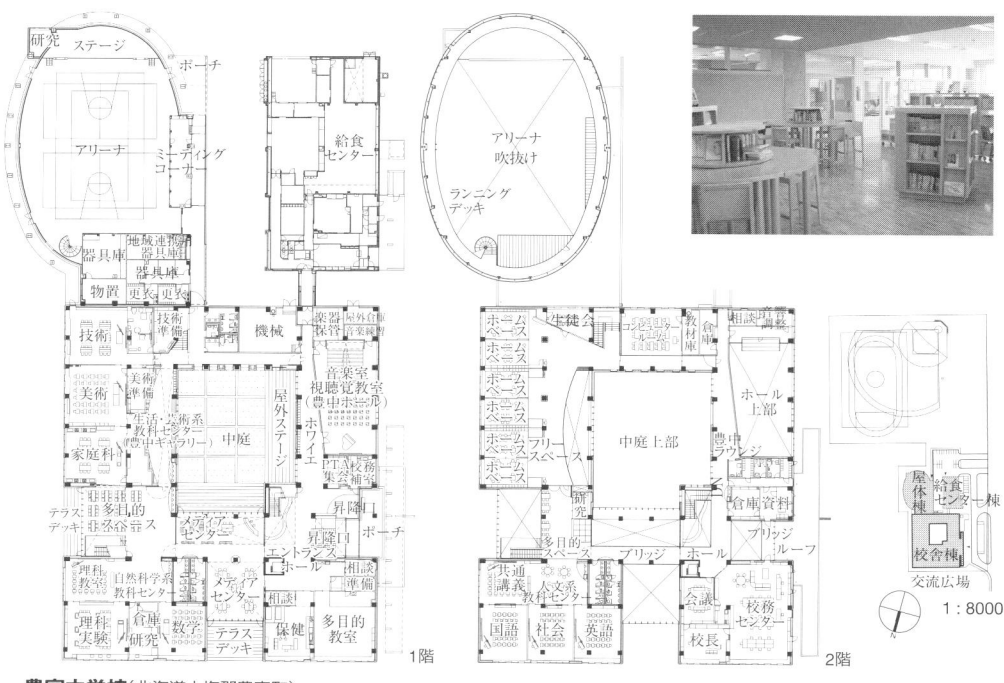

豊富中学校（北海道大塩郡豊富町）

エコスクール，学校ビオトープ

地球規模の環境問題の深刻化を受け，文部省（現文部科学省）でも環境を考慮した学校として，『エコスクール』の調査研究が1993年に始められた．この調査研究成果は，「環境を考慮した学校施設（エコスクール）の整備について」と題して取りまとめられ，1996年3月，全国の教育委員会に通知されている．

この中で，今後の学校施設は「環境を考慮して設計・建設され，環境を考慮して運営され，環境教育にも活かせるような学校施設」が望ましいとされている．その具体的な理念として，①地球，地域，児童・生徒にやさしく造る，②建物，資源，エネルギーを賢く・永く使う，③施設，原理，仕組みを学習に資する，の3つの点が挙げられている．

学校敷地の緑化，学校施設の壁面緑化や屋上の緑化，太陽光や太陽熱の利用，学校ビオトープの整備，雨水利用，ごみの分別とリサイクルなど，この『エコスクール』という概念にすべて含まれるものである．

また，学校敷地の地域環境への貢献として，『学校ビオトープ』整備を通じて，児童・生徒，学生が地域の自然を学び，ひいてはこれらを自分たちが守り育てることにつながることが期待されている．ビオトープとは，本来その地域に住むさまざまな野生の生き物がくらすことができる，比較的均質な一定の面積を有する空間と定義される．

一方，『学校ビオトープ』は，学校敷地内に設けられ，「児童・生徒ならびに学生の環境教育の教材として，学校敷地内に創出された地域の野生の生き物が自立，循環してくらすことのできる空間」とされる．地域のビオトープを参考にして，水辺を創出する事例が多く見られる．

南越谷小学校ビオトープ　　出町小学校ビオトープ

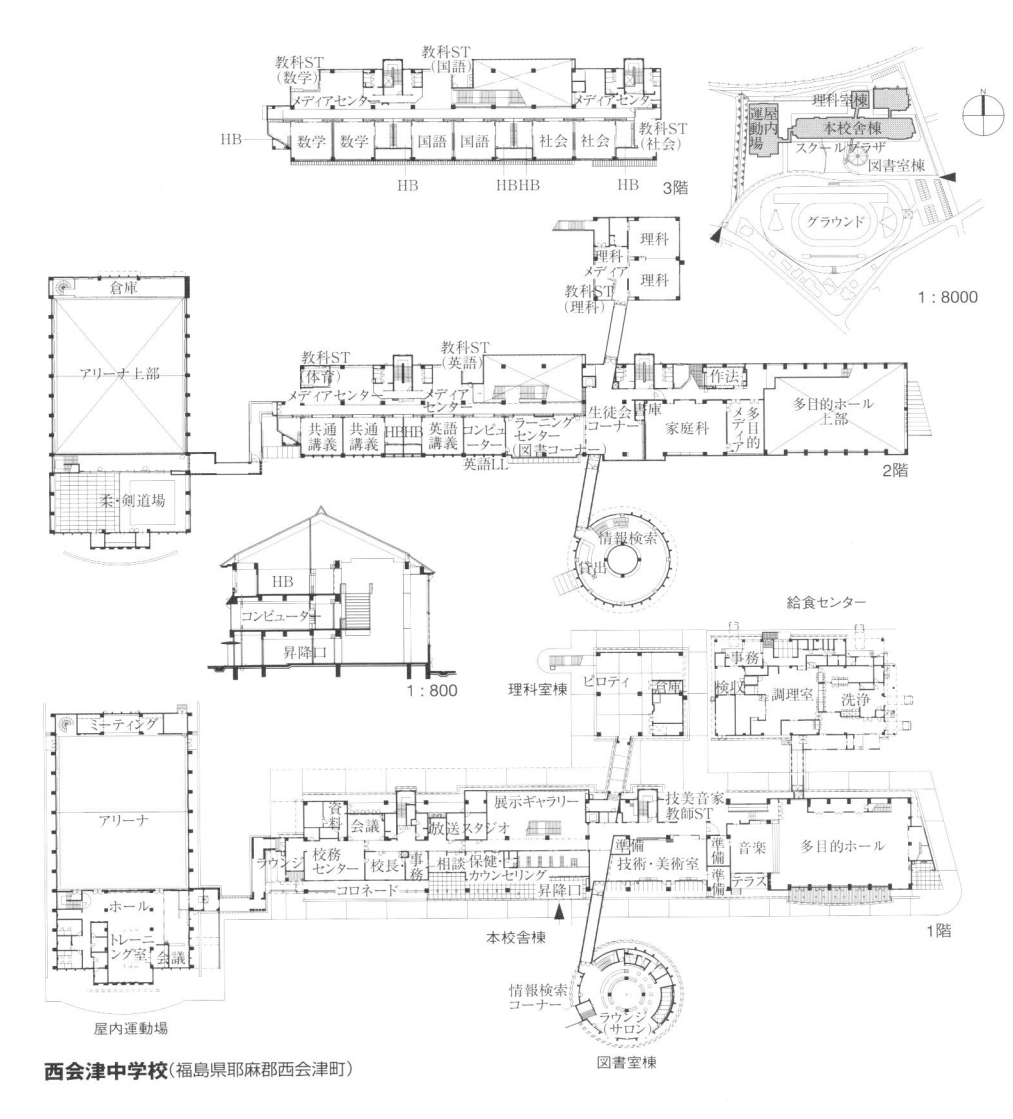

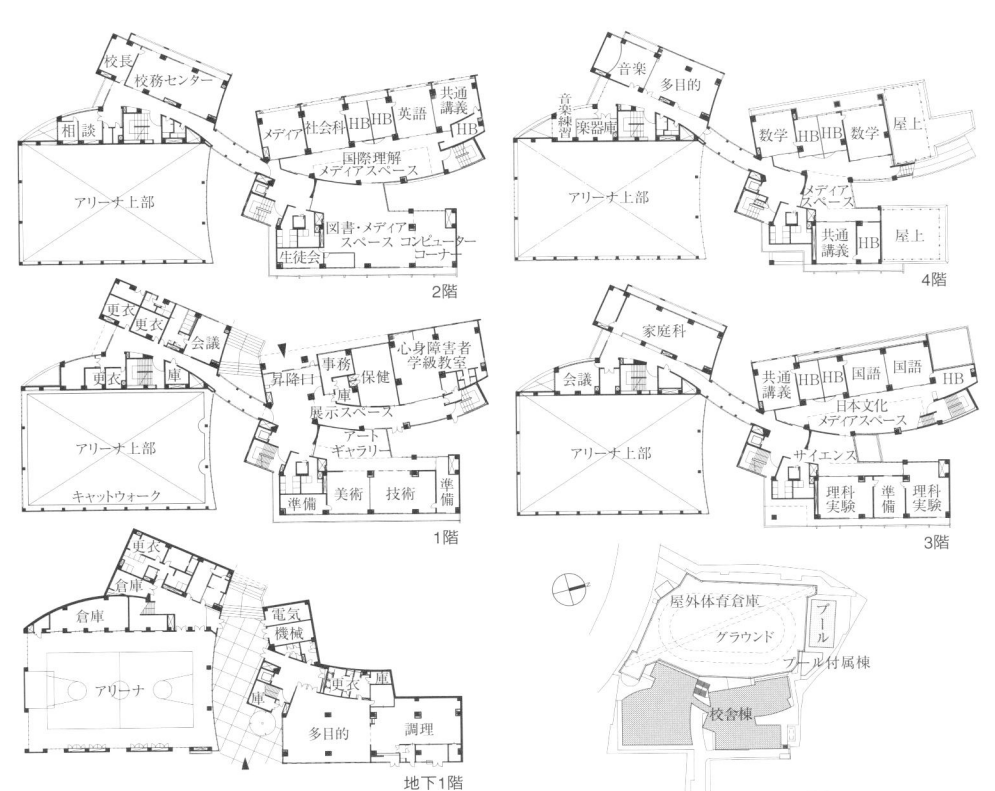

Education: Junior High School **教育：中学校3**

西会津中学校（西会津町立）
- 設計：清水公夫研究所
- 基本計画：日本大学長澤研究室
- 建設：2002年
- 計画クラス数：9
- 構造：RC造
- 階数：地上3階
- 敷地面積：60,468m²
- 延床面積：9,006m²

豪雪地のため，吹溜まりを避け屋根雪処理がしやすいように校舎は一文字形のシンプルな外形とする一方，3階吹抜けのギャラリーや木の内装等により変化と暖かみのある内部空間を用意している．町民図書館となる円形の図書館，ビオトープに面する理科室を南北に突き出し，その東側に特別教室やホールをまとめ地域開放ゾーンとしている．教科教室型の計画で，教科教室に隣接してホームベースを設けている．情報系，制御系，町のCATVを統合したネットワークを備えている．

六本木中学校（港区立）
- 設計：豊建築設計事務所
- 基本計画：長澤悟，中村勉総合計画事務所
- 建設：2000年
- 構造：RC造
- 階数：地下1階地上4階
- 敷地面積：11,390m²
- 延床面積：8,388m²

1階分の高低差のある敷地形状を利用し，体育館・管理・特別教室からなる棟と緩やかな曲線を持つ教科教室型棟の2つの棟を渡り廊下でつなぎ，移動の変化と発見を演出している．教科教室型の運営をより効果的にするために関連のある教科を隣接して配置するとともに，国際理解・日本文化・サイエンスメディアスペースやアートギャラリーを設け，生徒の自主的な個別学習・グループ学習に対応している．また，学級活動にはホームベースを隣接した教科教室が利用される．ホームベースには個人用ロッカーや掲示板・展示棚などが備えられている（→237）．

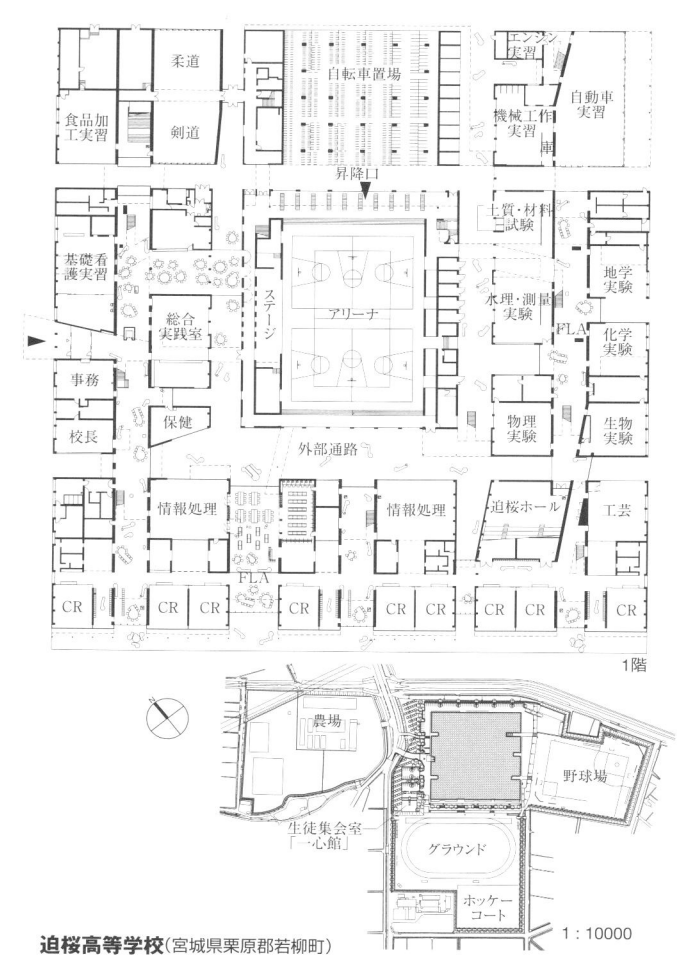

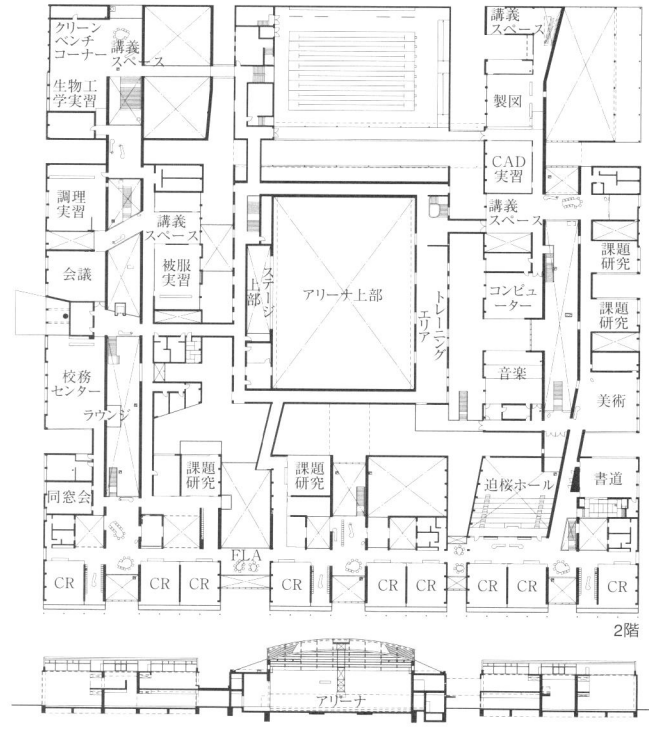

232　教育：高等学校1　Education: High School

1:1500

迫桜高等学校

- 設計：小嶋一浩＋三瓶満真／C＋A
- 建設：2002年　計画クラス数：18
- 構造：PC・RC造＋S造
- 階数：地上2階　敷地面積：56,300m²
- 延床面積：18,120m²

農業科高校と普通科高校を統合して新設した総合学科高校である．校舎は体育館を中心として，一辺120mのほぼ正方形の形で，2層でまとめられている．生徒たちの頻繁な教室移動と，多様な学習形態展開への対応として幅6.5mのフレキシブルラーニングエリア（FLA）と呼ぶ空間が連続的に配されている．

迫桜高等学校（宮城県栗原郡若柳町）　1:10000

チャータースクール

アメリカでは，人種や所得階層の住み分けによる教育条件の地域（学区）間格差，基礎学力低下による学力格差の拡大，そして薬物，暴力，ドロップアウトなどによる学校の荒廃と様々な問題を抱えている．これらの打開策としてマグネットスクール制度やバウチャー制度など様々な教育改革が行われたが，チャータースクール制度は，これら一連の教育改革の中で最も新しく斬新な公教育改革といえる．アメリカの3つの教育改革理念（①学校選択（公教育への市場原理の導入），②分権（意志決定の権利と責任を学校の現場に委譲する），③民営化／民間委託（行政サービスの質向上とコスト削減））の要素をすべて取り入れたところに特徴がある．この新しいタイプの公立学校は各州ごとに制定されたチャータースクール法に基づき設置が進められている．

チャーターとは学校設置ならびに運営に対する特別許可という意味で，チャータースクールとは厳密に言うならば教師や父母，地域団体や民間企業などがこの特別許可を受けて開設し，運営する公立学校を指す．それぞれのチャータースクールは，独自の背景，教育理念のもとに設立されており，生徒層や教育カリキュラム，学習に対するアプローチの仕方にも違いがあり，学校の空間自体も大きく違うため，同じ学校は1つとして存在しない．

同様な目的をもつ学校としてフリースクールも存在するが，これは公立ではなく，一方，チャータースクールは政府が教育内容などを審査する認可された公立学校であるという点で大きく異なる．

1991年にミネソタ州において全米で初めてチャータースクール法が制定され，翌92年に同州で最初のチャータースクールが設立されて以来，毎年加速度的な増加傾向にあり，2002年9月には約2700校に達している．

ミネソタ・ニューカントリースクール

- 開校：1994年
- 対象学年：中学1年〜高校3年
- 生徒数：115人　教員数：14人
- 1クラス構成人員：スタッフ1人，生徒17人
- 教室数：普通1，特別5
- 延床面積：1,408m²

最新テクノロジーを十分に活用した学校づくりを目指した教師2人の要望を地元教育委員会が承認し設立された．レストランを転用した校舎では生徒や地域住民に対しコンピューター教育が行われている．クラス区分はなく，授業は無学年の個人もしくは小規模なグループ単位で進められている．

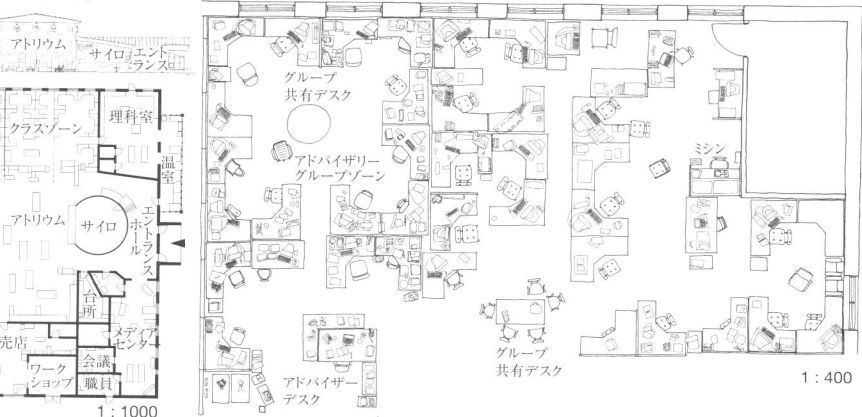

ミネソタ・ニューカントリースクール（Minnesota New Country School, Minnesota, アメリカ）　1:1000　1:400

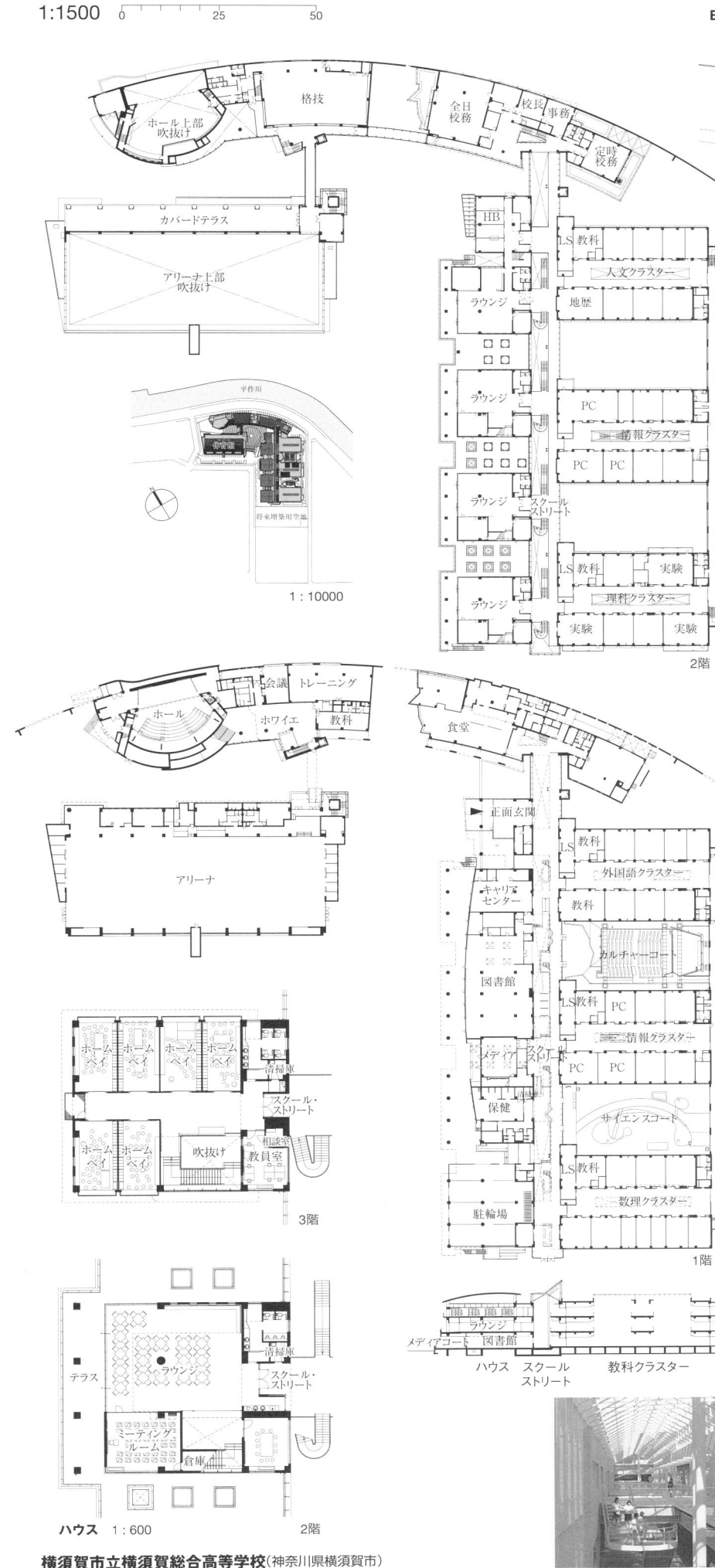

Education: High School **教育：高等学校2**

横須賀総合高等学校（横須賀市立）
- 設計：船越徹＋ARCOM
- 建設：1期2002年，2期2005年
- 計画クラス数：全日制24，定時制8
- 構造：RC造＋PC造一部S造
- 階数：地上3階塔屋1階
- 敷地面積：25,597m^2
- 延床面積：24,202m^2

普通科・商業科・工業科の市立3校を統合した総合高校．生活の中心となるハウスを「家」，学習の中心となる教科クラスターを「仕事場」としてとらえ，両者をスクール・ストリートと呼ぶ内部モールによってつなぎ，全体を小さな街として捉えた．

各教科クラスターは作品や教科掲示が置かれる吹抜けを囲み，教科教室・自習室・教科センターによって構成される．総合学科においては科目構成や受講生徒数の中・長期的な変更を許容する必要があり，間仕切システム，照明・空調システム，OAフロア等は用意に変更できるようにできる限りユニット化している．

ハウスは学年2クラス計6クラスの縦型の集団として形成され，2層の上層階にクラスの個室としてホームベイ，下層階にラウンジとハウス会室を持つ．

横須賀市立横須賀総合高等学校（神奈川県横須賀市）

234　教育：高等学校3——海外　Education: High School—Foreign Example　1:1500

ブラックホーク中学校

- 設計：Wold Architects and Engineers
- 建設：1994年
- 構造：RC造
- 階数：地上3階
- 延床面積：17,930m²

校舎は3階建で東側の教室棟，吹抜けを挟んだ西側の特別教室棟，南側の体育館・食堂棟から構成される．教室棟は学年ごとの教室が各フロアに配置され，さらにそれぞれハウスと呼ばれるユニットにまとめられている．ハウスは各フロアに3つあり，それぞれ実習用教室，オープン教室，また独立型教室などタイプの異なる6つの教室と会議室，コンピュータコーナーなどから構成されている．

バーンヒル・コミュニティ高等学校

- 設計：Terence O'Rourke plc
- 建設：1999年
- 計画クラス数：27
- 構造：RC造
- 階数：地上3階
- 延床面積：約14,000m²

ロンドン郊外にあるPFIの実践校である．校舎は民間の施設マネジメント会社が運営・管理しており，施設は朝8時から夕方6時の間優先的に利用する高等学校以外にもさまざまな団体に貸し出される．高等学校との契約期間は25年で管理会社からはマネージャーやITエンジニアなどの3名の常駐スタッフ以外にエンジニアや警備・清掃スタッフが派遣されている．

施設は12の科学実験室，6つの技術室，6つの美術室，2つのドラマスタジオ，3つの音楽室のほか，スポーツホールや屋外体育施設，図書室や食堂などが設けられている．すべての施設はバリアフリーに配慮され，ネットワークで結ばれている．教官と生徒はIDカードにより全施設にアクセスするシステムとなっている．学校は教科教室型で教科ごとに教室もまとめられているが，学年ごとに9つのテューターグループ（日本のホームルームにあたる）があり，24～26名の生徒が1つのグループに属している．施設をPFIで運営することで施設が常に良好な状態に保たれ，生徒のモラル向上という視点からも学校側の評価が高い．

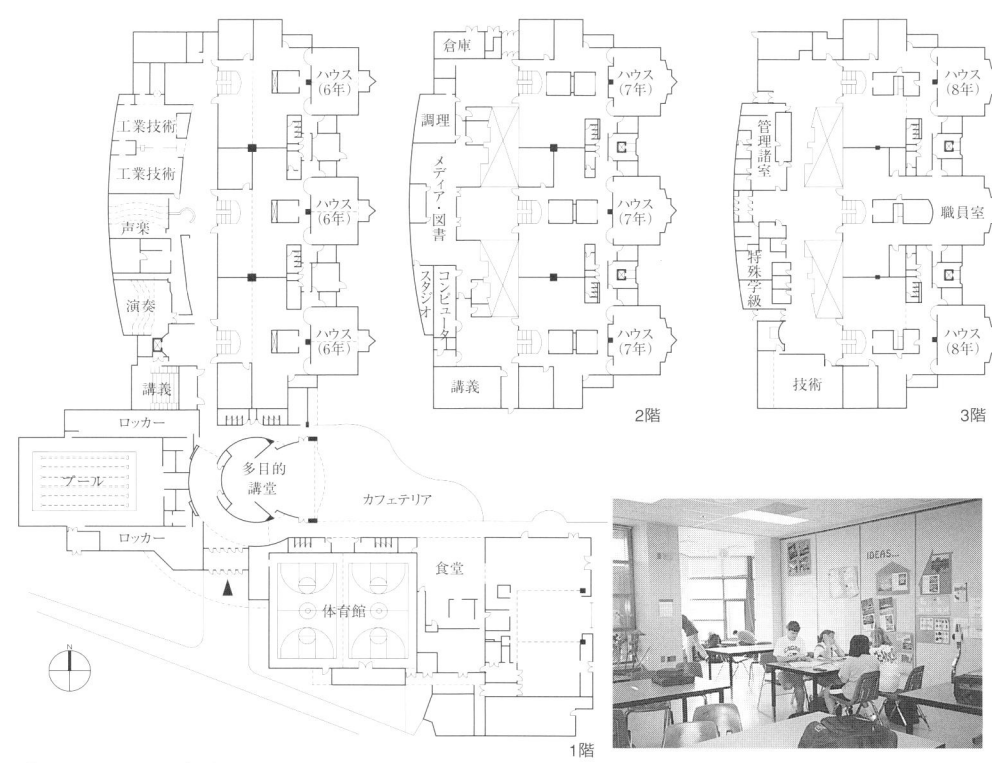

ブラックホーク中学校（Black Hawk Middle School, Eagan, Minnesota, アメリカ）

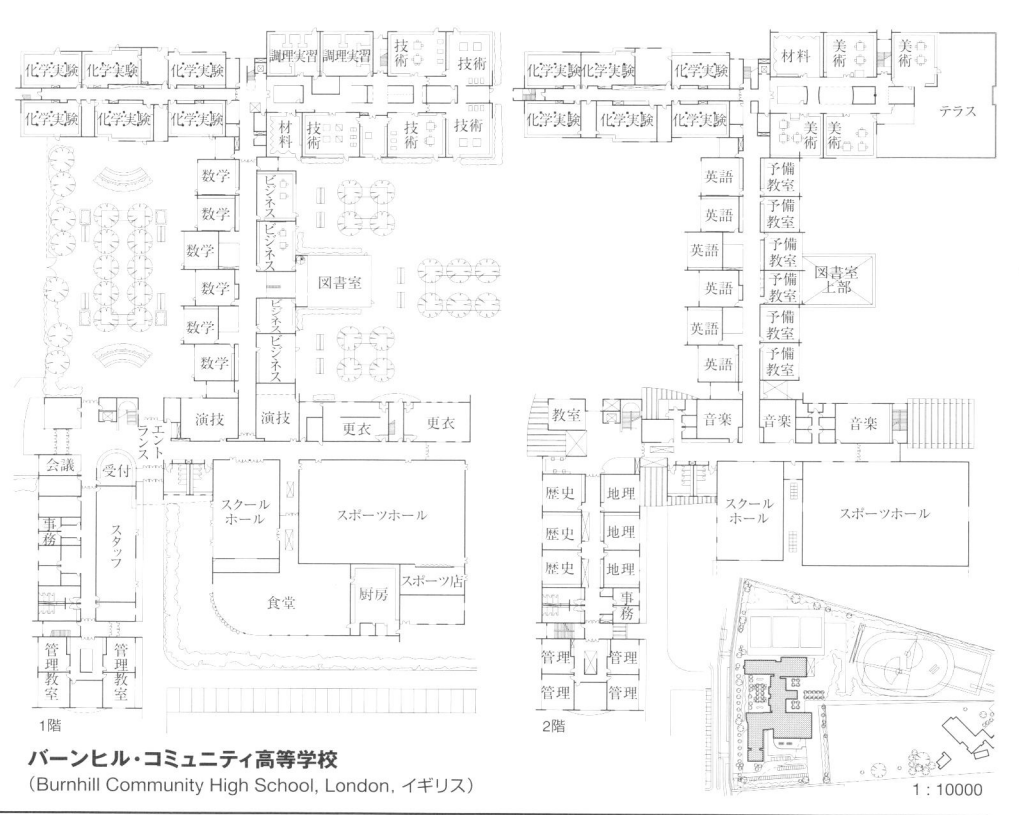

バーンヒル・コミュニティ高等学校（Burnhill Community High School, London, イギリス）　1:10000

PFI

PFI（Private Finance Initiative）とは，民間の資金，経営能力および技術的能力を活用することによって，効率的・効果的に公共施設等の社会資本を整備し，質の高い公共サービスを提供しようとする公共事業の手法を指す．PFIのメリットとしては，公共施設の建設・維持管理・運営を一体的に民間事業者に委託して，その施設の維持管理・運営によって民間事業者が収益を得ることで，国または地方公共団体から民間事業者への支出が部分的に相殺され，負担コストが低減できる点である．

公立学校施設整備へのPFI手法の導入については，厳しい財政状況の中，公共側の総費用負担の縮減，単年度での地方財政負担の大幅低減の可能性から，高い関心を寄せる地方公共団体も少なくない．一方，学校運営自体は収益を望める事業ではなく，児童・生徒に対する教育活動自体をSPC（特定目的会社）が受託して行うことは想定されない．そのため，SPCの経営努力による人件費合理化のメリットが十分に発揮できないことから，相当な工夫がなければVFM（Value for Money：PFIで事業実施することのコスト面およびソフト面に関するメリット）の創出に結び付きにくい．

体育館，運動場や図書館という市民にも開放しうる施設を持ち，かつ社会教育施設や福祉施設等，他の公共的施設との複合化も図れる場合は，PFI導入の可能性は高くなる．

現行の公立学校施設整備の中では国庫負担を求めるための留意点は次のとおりである．
(1) 事業費が建設費と維持管理・運営費に明確に分離されていること
(2) 建物が竣工した時点で，設置者に建物所有権が移転されること（BTO）
(3) 補助費の地方負担分を含め，国庫補助に係る事業費については，全額を採択年度に支出すること

Education: Classroom 教育：教室の計画　235

教室の種類[1]

[1]に学校における主な室空間を示す．準備室や関連ある屋外スペースなどは教室を構成する部分として教室に含めた．左欄は，教室が生活の拠点となるか，特定教科に限定された使われ方をするかという観点からの分類である．その組合せ方により運営方式が決定される．

教室設計の検討項目

1. 対象者の年齢・学年，同時に利用する人数，障害の程度
2. 利用時間の長さと利用時間帯
3. 食事・遊び・交流など生活機能の範囲と程度
4. 学習形態の種類（一斉・グループ・個人）と固定度
5. クラス担任制か教科担任制か
6. 教科・学習内容の限定される範囲
7. 実験・実習・実技に伴う装置・備品の内容と程度
8. コンピューターなどの情報機器の種類と程度
9. 机・黒板・棚などの備品・設備
10. 関連する教材・作品等の種類・量，その保管・収納方法
11. 学習の自由度確保のためのオープンスペースとの組合せ方

普通教室の寸法[2]

教室の面積規模は一斉学習を前提とし定員数分の机が配置できる大きさ，すなわち机寸法と通路間隔で設定される．しかし，机のJIS規格の改定により60×40cmより大きいサイズも利用される傾向にある．机を70×50cmとすると教室は約9m角となり，構造計画上の配慮も必要となる．また，学習の多様化に伴い，一斉授業だけでなく，様々な活動場面への対応が必要になることから，多様な机配置の可能性があることも留意して面積規模を設定することが望ましい．

クラスルーム・普通教室の計画[3]

クラスルームは児童・生徒が学校で最も長く過ごす生活・学習の心理的拠点であり，クラスのまとまりをつくる教育指導の基本空間となる．全員が机を前に座った状態を面積の基本とし，クラスの人数に応じて，一斉授業形態の机配置によって概略寸法を設定した上で，生活行為や授業・学習形態に応じて，ロッカー，流し，教材，教師，コンピューター等の各コーナーを組み合わせて面積・形状を決定する．また学年のまとまりやオープンスペースとの連続的な配置等によって多様な活動に対応できる計画が求められる．

01：編集委員会編：S.D.S.2学校, p25, 新日本法規

普通教室が果たしている機能・役割
- G：一般学習スペース　様々な学習活動の場．自由度，広がりが求められる
- H：ホームベース　クラスの学校生活の拠点，持物の収納，掲示，連絡　特別教室型のクラスルーム，教科教室型のホームベース
- W：水回りスペース——トイレ・手洗い・水呑み等　低学年のクラスルーム，特別学級等に付属
- P：作業活動スペース　流し，作業台，床仕上げを備えた作業活動の場
- T：教師スペース　小学校のクラスルーム，教科教室に確保される
- R：教材スペース　クラスや教科の教材を整理よく収納，保管する
- M：メディアスペース　図書・コンピューター・視聴覚機器・教材・作品等の場
- V：半屋外空間——ベランダ・テラス・バルコニー等　汚れや音を気にせずに活動，気分転換の場となる
- Q：クワイエットスペース——閉じたスペース　音から守られた場，やすらぎの場——デン・アルコーブ

これらの要素を有機的に組み合わせて教室まわりを計画する

教室の種類と概要[1]

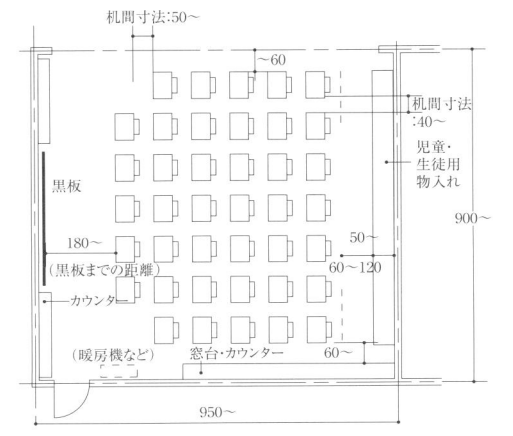

普通教室の寸法（新JIS規格　机：70×50の場合）01 [2]

教室まわりの機能構成要素[3]

凡例：◎ 設ける必要がある　○ 設けることが望ましい　△ 設置を検討する　無印：設ける必要はない

教育：教室・教室ユニット—小学校

Education: Classroom and Classroom Unit—Elementary School

1:300

教室ユニット

クラスルームとその周囲に用意された教師スペース・教材スペース・トイレや手洗い・デン等，教室まわりの機能構成要素を組み合せて教室ユニットを形成する．組み合せる教室単位ごとのまとまりを確保しながらその中での学習活動・生活行為のフレキシビリティを確保する．ユニットは学校全体で均質にする必要は無く，学年や発達段階によって重視する点を変えても良い．中・高等学校における教科教室型の場合においても同様である．

コーナーによる学習場面の設定[1]

教室ユニットの中には，児童・生徒・教師の活動によっていくつかの機能の異なる「コーナー」や「場」を見ることができる．このようなコーナーや場は，建物や教室の環境が教師や児童・生徒に働きかけて活動の中から発生していく．様々なコーナーや場づくりを可能にする環境が用意されていることで学習内容・学習方法・季節・気分等へ多様に対応することができる．(⇒064, 065)

育英学院サレジオ小学校

屋根付き半屋外のデッキに並ぶ独立した教室は，1クラス20名程度を想定し，一斉授業を行う個人机のある6m角スペースと作業や食事の場となる円弧状のコーナーで構成され，クラスのための家という趣である．

日本女子大学附属豊明小学校

緩やかな曲線を持つ平面形に配置された教室は，一斉授業に対応するスペースの外側にコーナーを持つ変形教室で，ロッカー・作業コーナー・テラスとなっている．

下山田小学校（山田市立）(⇒226)

2クラスルームと「じゆうスペース」と呼ばれるオープンスペースでユニットを構成．「オープンスペース」には教師コーナー，作業コーナー，展示コーナー，コンピュータコーナーが設けられ，クラスルームと一体化した利用が可能である．

社川小学校（棚倉町立）

低・中・高学年でまとめられ，それぞれクラスルーム・オープンスペース・教師ステーション・教材庫・デン・手洗いが用意されている．学年が変わるごとに組合せが変化し，生活に刺激を与えている．

博多小学校（福岡市立）(⇒227)

中央にワークスペースがあり，南北に互い違いに教室を配置し，2学年のまとまりをつくっている．各階の中央に教師ステーションを配置し，教室同士の間にアルコーブや昇降口，図書コーナーなどを配置している．

01：藤木隆男建築研究所，1993年
02：内井昭蔵建築設計事務所，1997年
03：鮎川透＋環・設計工房，1999年
04：近藤道男建築設計室，1998年
05：シーラカンスK&H，2001年

コーナー名		内容・目的	分類	
A	一般活動スペース	A1：C.S.の各自の席のように大半の学習・生活活動（ex：授業・作業・実習・給食）が営まれる場．各自の座席が決まっている A2：O.S.等にイス，テーブル，キャレル等が置かれる学年専有の一般活動スペース	学習環境構成要素	情報学習メディア
B	図書コーナー	学級図書・資料集・辞書・百科事典等の図書類が置かれているコーナー．従来，図書室に集積されていたような図書を学年空間などに分散配置する際にO.S.にコーナー的に設置されるもの		
C	AVコーナー	TV，VTR，OHP，スライド，ラジカセ等と行ったAV機器が設置のコーナー．従来，TVはC.S.の隅に置かれる事が多かったが，O.S.等の学年スペースにAV機器を設置し児童の個人学習等に自由に利用されるケースもある		
D	コンピュータコーナー	パソコンをテーブル，キャレル等に置き，児童に対してオープンな利用を可能にしたもの		
E	展示・掲示コーナー	E1：可動掲示板，壁面等に学習単元に関連したテーマ展示や掲示を行っているコーナー，理科や社会科に関する展示が行われている例が多く見られる E2：係，委員会，当番表の掲示やお知らせプリント，写真の展示，書道や図工の作品展示等をしてあるコーナー		
F	学習材コーナー	学習単元プリント，演習問題，ドリル，ワークブック，個別学習用ファイル等，児童の学習に利用される学習材料が置かれているコーナー		
G	教具コーナー	はさみ，カッター，セロテープ，カラーペン等の文房具を始め実習機材や備品を児童が自由に利用できるよう収納してあるコーナー．また，ボール等の遊具やオルガン，ハーモニカ等の楽器が置かれているコーナー		
H	教師コーナー	C.S.または学年スペースに設けられた教師専用の作業スペース．一般的にはC.S.の隅に事務机と1～2台の可動テーブルによりコーナーを構成してあることが多いが，学年スペース内に学年担任専用の執務スペースを構成しているケースも見られる		
I	生物コーナー	I1：理科等の観察授業に利用するために球根やメダカ等の学習単元・テーマに沿った生物を飼育しているコーナー I2：親集植物，モルモット，小鳥，昆虫等，児童や担任教師の希望で生き物が飼育されていたり，飾られているコーナー		生活環境構成要素 収納
J	水廻り	手洗い場，流し場，水道が設置されているコーナー		
K	持ち物収納コーナー	児童の持ち物（ランドセル，鞄，給食袋，道具類等）を収納するためのロッカースペース．可動式のロッカーと固定型のものとがあり，一般的にはC.S.やO.S.の隅，C.S.とO.S.との間仕切りとして置かれている		
L	掃除用具収納コーナー	ほうき，ちりとり，雑巾かけ，掃除用具等の掃除用具を収納してある場所		
M	ラウンジコーナー	ソファーや低テーブル，置き畳等でくつろいだ雰囲気の休憩コーナー．児童が寝転がったり少人数で相談したりする場所となるが現状ではこのようなコーナーが確保されている事例は非常に少ない		

注）C.S.：クラススペース（普通教室）　O.S.：オープンスペース　W.S.：ワークスペース

育英学院サレジオ小学校[01]（東京都小平市）

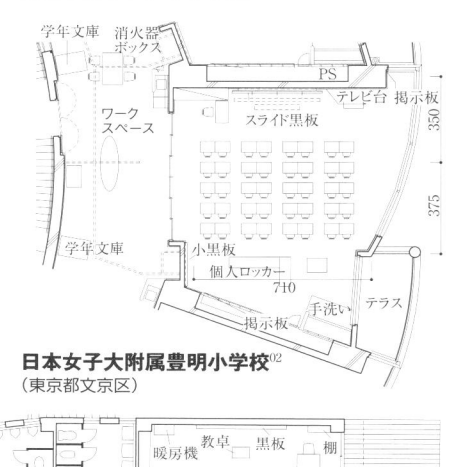

日本女子大附属豊明小学校[02]（東京都文京区）

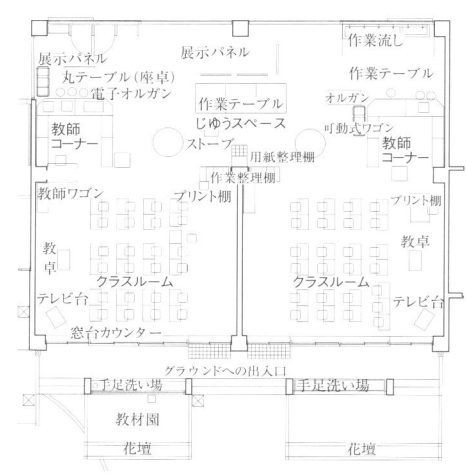

教室ユニットに形成されるコーナー[1]

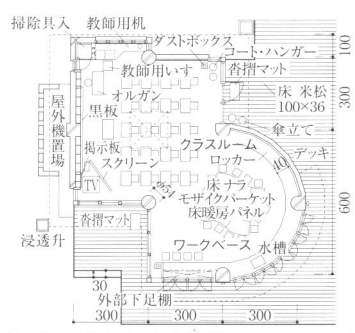

下山田小学校[03]（福岡県山田市）

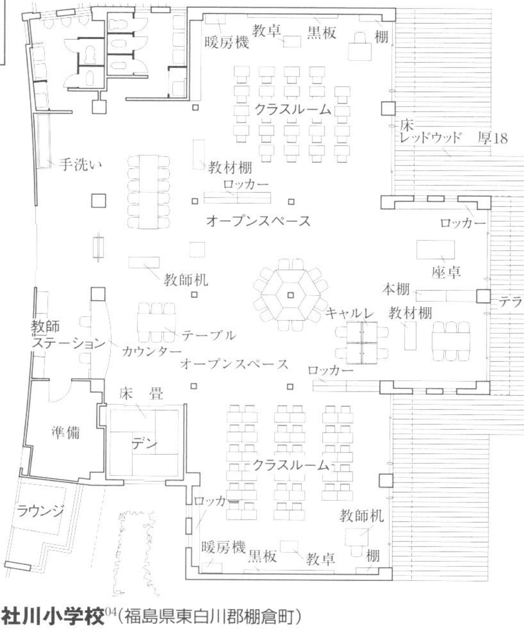

社川小学校[04]（福島県東白川郡棚倉町）

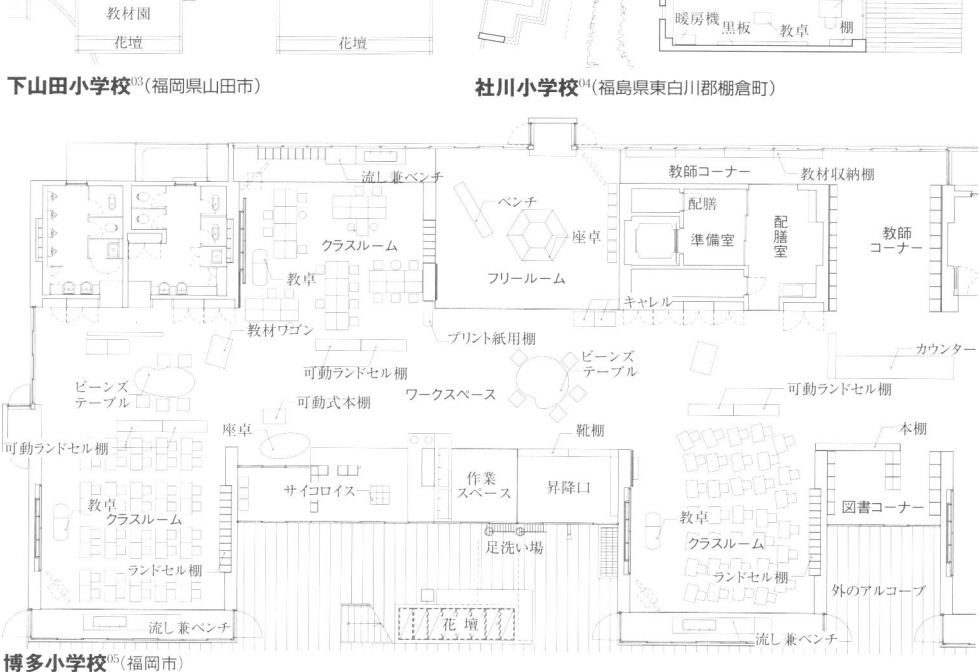

博多小学校[05]（福岡市）

section 9 教育

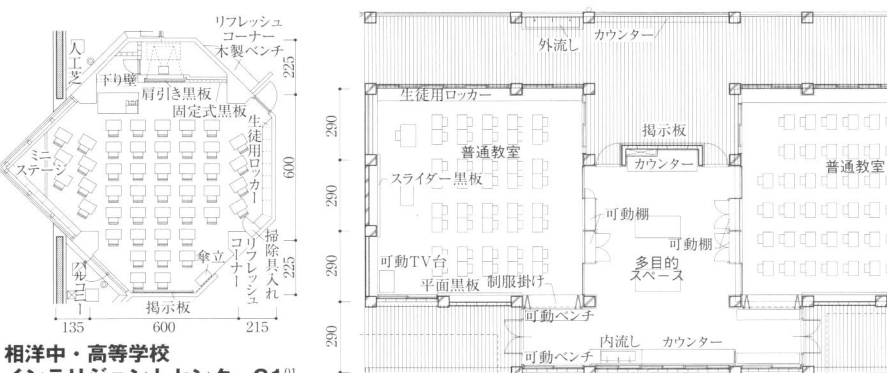

教育：教室・教室ユニット──中学校
Education: Classroom and Classroom Unit—Junior High School

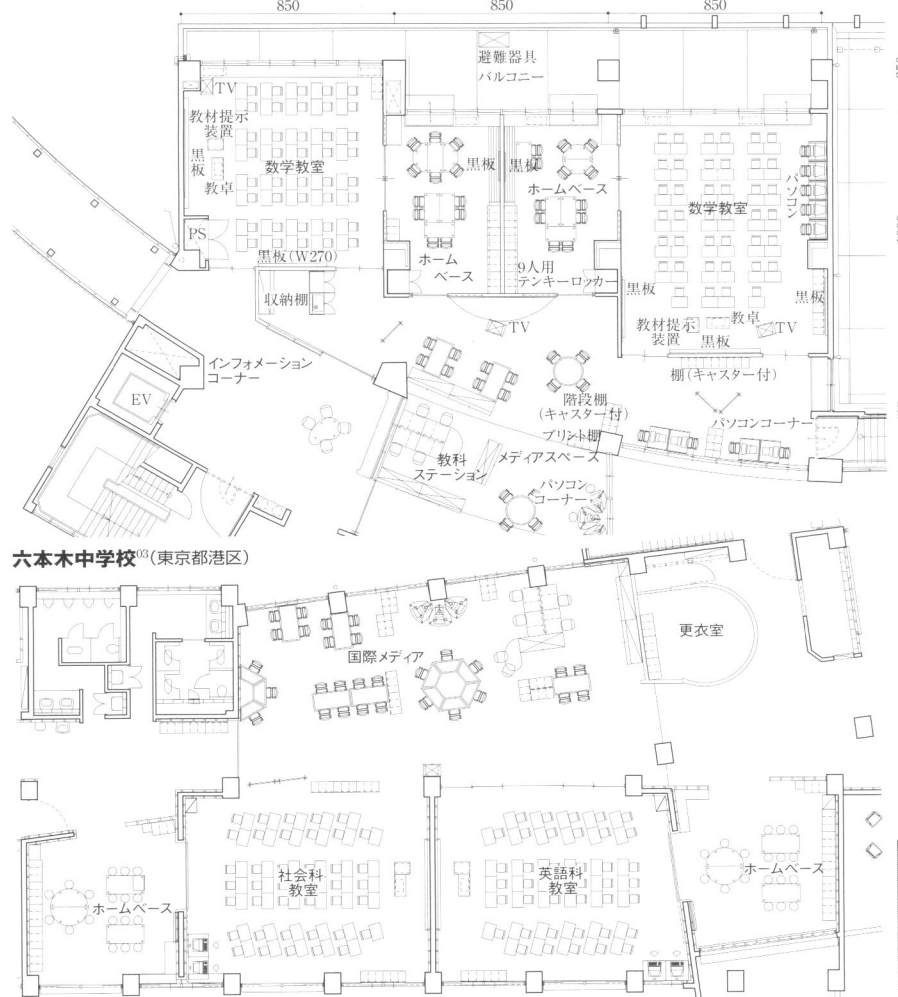

相洋中・高等学校インテリジェントセンター21（明徳学園）
黒板を引き分けると70インチのリア式スクリーンが現れ，各種メディアの映像が利用できる．

多治見中学校（多治見市立）（⇒229）
オープンスペースを挟む形で2教室が組み合わされ，その両側に半屋外のデッキが連続して，作業・交流・休憩の場となっている．オープンスペースには生徒ロッカー・教材棚・ベンチ・流し等が用意され，制服掛けのコーナーは男女別の更衣スペースともなる．

六本木中学校 数学フロア（港区立）（⇒231）
大・小2つの数学教室とそれに挟まれたホームベース，オープンスペースで構成されている．オープンスペースには掲示面やパソコン，教材やグループで使用する机などが置かれており，数学の雰囲気を作っている．授業が行われていないときは教室とホームベースを一体として自分のクラスルームとして使用される．

大洗町立南中学校 国際フロア
ホームルーム教室として割り当てられ，そのクラスのホームベースを隣接する社会科教室と英語教室，それらにオープンスペースが組み合わされ国際フロアとして構成されている．オープンスペースは世界地図や地球儀などの社会教材や英語の絵本などの英語教材が用意された国際理解メディアセンターとなっている．このフロアはまた1学年のまとまりにも対応している．ホームベースは教室とは異なる生活の場として，木の暖かみのある雰囲気をもつ．

01：横浜建築研究所，1998年
02：象設計集団，2001年
03：豊設計事務所，2000年
04：三上建築設計事務所，2000年

ホームベース
ホームベースは教科教室型運営方式の場合，クラスや生徒の生活拠点となるスペースである．教室移動の際に立ち寄りやすい位置に置く．一般にはクラス全員分のロッカーおよびいす・テーブル・ベンチなどが性格づけに応じて備えられる．ホームベースの設け方はホームルームや道徳等，教科以外の活動をどこで行うかによって大きく次の2つの方式が考えられる．
①教科教室をホームルーム教室として割り当てる方式
②ホームベースでホームルームを行う方式
①の場合は，学級活動や特別活動はホームルーム教室で行うため，ホームベースにクラス全員分の座席を確保する必要はなく，40人学級とすると30m²程度の広さに全員のロッカーと10〜20人程度が座れるいす・ベンチ・テーブル等を用意する．一方，②の方式では，クラス全員の座席を用意することになり，40〜50m²程度の広さが必要となる．

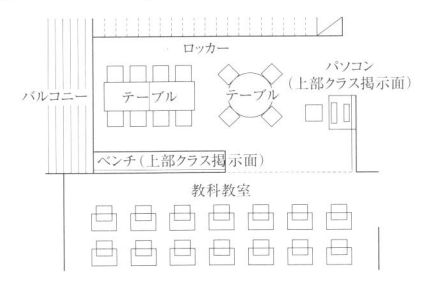

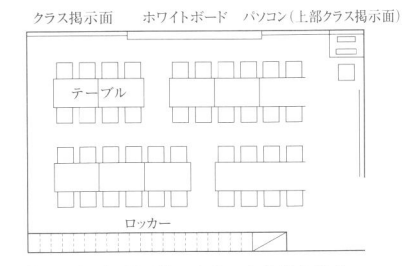

238 教育：特別教室1
Education: Classroom for Science, Art and Homemaking

1:300

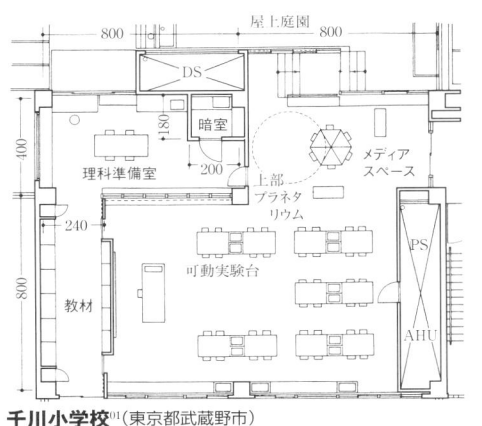

千川小学校[01]（東京都武蔵野市）

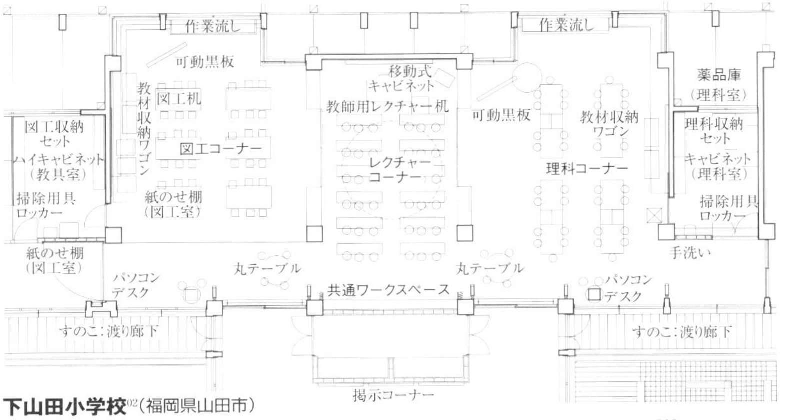

下山田小学校[02]（福岡県山田市）

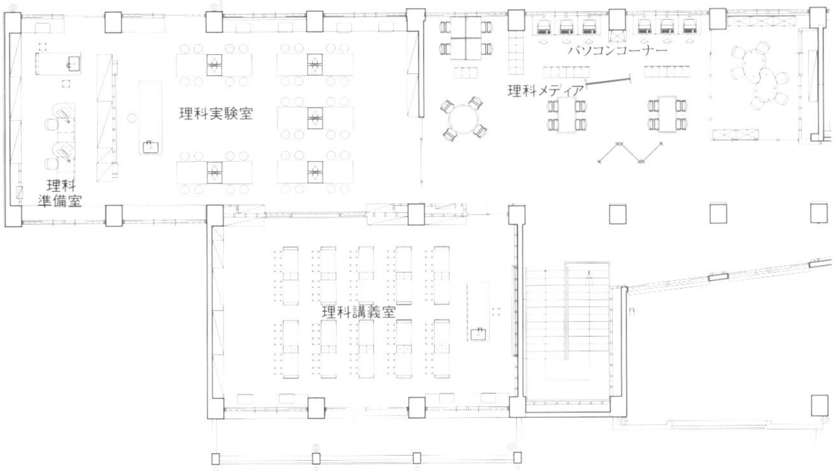

大洗町立南中学校[03]（茨城県東茨城市大洗町）

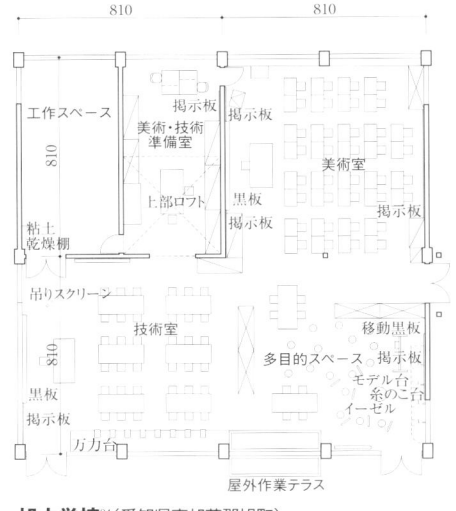

旭中学校[04]（愛知県東加茂郡旭町）

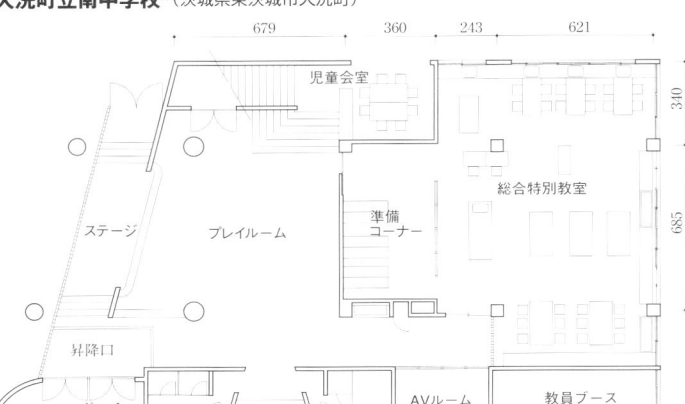

浪合学校[05]（長野県下伊那郡浪合村）

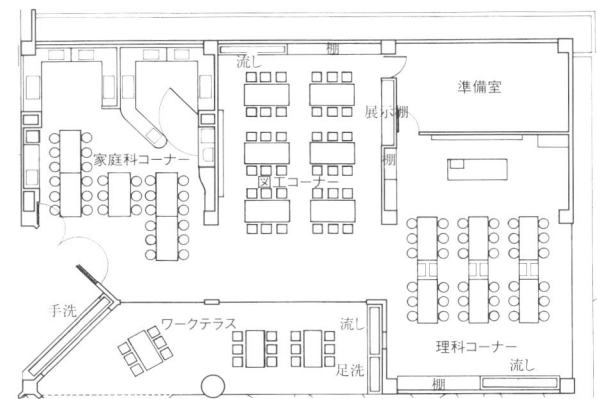

常豊小学校[06]（福島県東白川郡塙町）

特別教室の計画
特別教室の必要数は学校種別及び規模によって大きく異なる．また，生涯学習への対応から開放を求められる教室も多い．機能を特化した教室から多様な活動に応えることのできる教室まで様々な計画方法がある．

理科室の計画
実験・講義の種類や活動内容，グループの人数，グループ数，水道・ガス・電気・情報機器等の設備，可動性等を考慮して実験台の大きさ，形状を決め，それを適切な間隔で配置できる面積を確保する．器具・教材等の収納，実験準備，観察台や流し台，コンピュータ，掲示・展示，作業テラス等を組み合せる．2室以上用意する場合，実験内容による性格付けが有効である．

図画工作室・美術室・技術室の計画
図画工作・絵画・工芸・書道等の表現・創作活動，木工・金工等の実習・作業の内容に応じて，個人机かテーブルか，固定か可動かを決め，活動しやすい間隔で配置できる面積を確保する．作業音・衝撃音・振動等が周囲に影響を与えないように工夫し，安全性のため作業と機械空間を分ける．作業流し，道具の収納，機器の据付け台，制作途中の作品の保管場所，完成作品の展示場所，屋外作業，材料置き場と搬入方法等を考慮する．

千川小学校理科室
実験台は流し部分のみ固定で，4人用机は可動として自由度を持たせている．一画にプラネタリウムのドームを備えたメディアスペースを設け，屋上理科庭園に連続する．暗室を含む準備室，収納が充実している．

下山田小学校理科室・図工室
図工室と組み合わせ，共用の講義コーナーを設けることにより実験スペースとしての正確を強め，流し台・コンピュータ・掲示・教材等のコーナー，テラス，中庭等を周囲に配して，多様な活動に対応する．⇨226

大洗南中学校理科室
実験室と講義室が隣接し一体的に使用できる．両者に隣接した理科メディアには地球儀・人体模型等の教材や掲示・コンピュータが置かれ教科の雰囲気を感じさせる．

旭中学校美術・技術室
美術室と技術室を一体に組み合わせ，間に掲示・作業スペースが挟まる．共通の準備室を持ち，防塵等のため透明の間仕切で区画された工作スペースと屋外作業テラスを持つ．

浪合学校総合特別教室
中央に共通の作業・講義スペースを設け，両端に図工・理科のコーナーを設けている極小規模校の総合特別教室．家庭科室は別に設けている．

常豊小学校総合特別教室
小規模校であり，利用頻度から利用時間帯があまり重ならない図工・理科・家庭科を，一体的な空間の中のコーナーとして設けている．授業内容にあわせて場所を選択したり，グループを分けたりして利用できる．

01：岡田新一設計事務所，教育環境研究所，1997年
02：鮎川透＋環・設計工房，1999年
03：三上建築設計事務所，2000年
04：中村勉総合計画事務所，1996年
05：湯澤建築設計研究所，1988年
06：近藤道男建築設計室，1993年

Education: Music Room, Cafeteria　教育：特別教室2

1:300

社川小学校01（福島県東白川郡棚倉町）

豊富中学校02（北海道大塩郡豊富町）

桜丘小学校04（東京都杉並区）

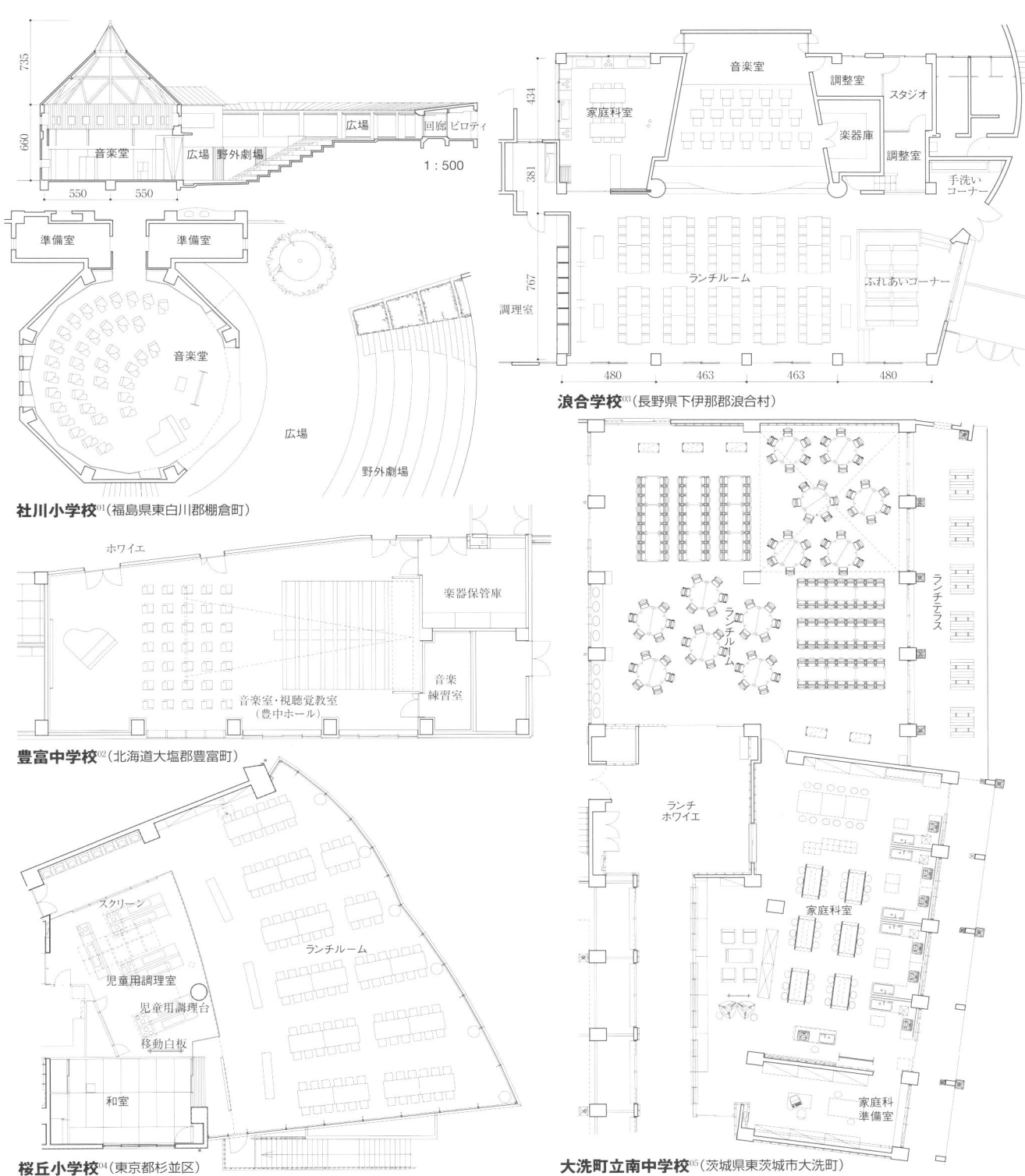

浪合学校03（長野県下伊那郡浪合村）

大洗町立南中学校05（茨城県東茨城市大洗町）

家庭科室の計画
調理・被服の作業，住居・保育の実習が行われる．2室以上設ける場合は活動内容を考慮して性格付けを行う．グループの人数，グループ数に応じて作業机，調理台の大きさ，数を決め，適切な間隔で配置できる面積を確保する．作品の展示・掲示，機器・食器・食材等の収納は十分に確保する．家との連続性から，家庭用システムキッチンを採用することや，ランチルームと連続し試食の場とする工夫は雰囲気づくり，スペースの有効活用の両面で有効である．

音楽室の計画
楽器演奏，歌唱，合奏，鑑賞，リズム運動等，多様な音楽活動に対応できる面積，形状，室構成を検討する．器楽と歌唱では音響条件が異なるので，吸音材と反射性仕上げ材を適切に配置する．2室設ける場合は性格付けを行う．小ホール的な雰囲気づくりや，個人やグループの練習室の設置も有効である．他の部屋に音の影響がないよう，位置，区画，遮音性に留意する．

ランチルームの計画
食事の機能のほか，クラスを超えた交流，集会の場としても期待される．一斉形態だけではなく，バイキングやカフェテリア方式等の食事形態に弾力的に応じられる面積・形状，家具の計画が重要．家庭科室を隣接して試食の場としたり，音楽室とつなげて発表の場としたりすることも有効．

社川小学校音楽室
中庭のシンボルとなる木造の屋根を持つ．建具を開放すると，音楽室自体が野外劇場のステージとなる．

豊富中学校音楽室・視聴覚室
音楽室と視聴覚室を組み合せてホールとした計画．移動式観覧席を設けることで冬季の軽運動の場ともなる．

浪合学校オーディトリウム
保育園児から中学生までが一緒に食事を取る．園児のコーナーは床を高くし視線の高さを揃える．隣接した音楽室はステージとなる．家庭科室と合わせて地域利用される．

桜丘小学校家庭科室・ランチルーム
隣接して透明間仕切で一体感を持たせた家庭科調理コーナーがあり，家庭科室につながる．和室も食事の場として使用される．

大洗南中学校家庭科室・ランチルーム
別に1学年が食事できる多目的ホールがあり，合わせて全校生徒に対応する．吹抜けを持つ木質の空間で太平洋を望むテラスを持つ．家庭科室に隣接し，試食などに利用される．

01：近藤道男建築設計室，1998年
02：ドーコン，2003年
03：湯澤建築設計研究所，1988年
04：船越徹＋アルコム，1999年
05：三上建築設計事務所，2000年

教育：図書室・メディアセンター　Education: School Library, Media Center　1:300

アーパスとが[01]（富山県南砺市利賀村）

川尻小学校[02]（広島県呉市）

田園調布学園中等部・高等部[03]（東京都世田谷区）

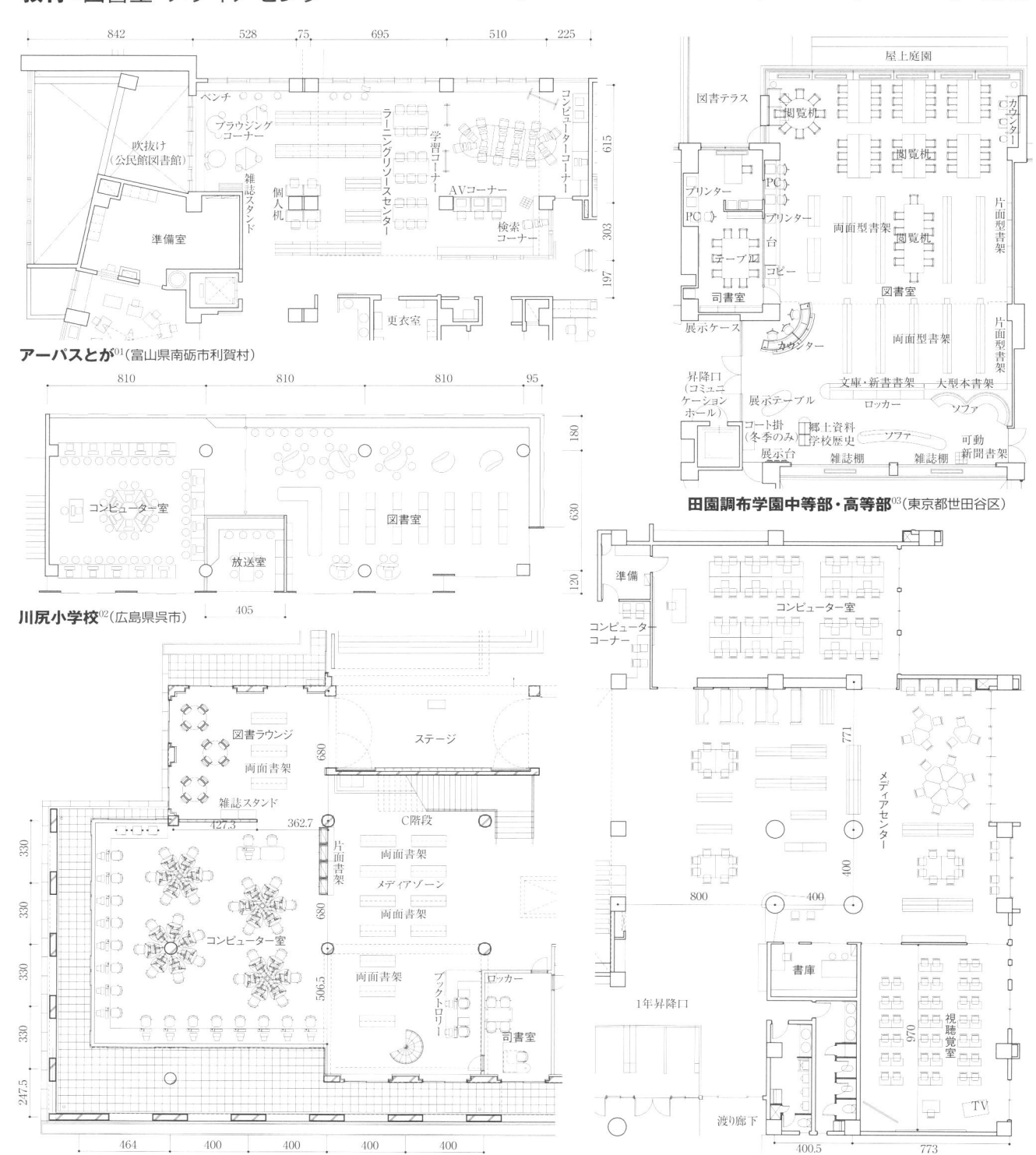

聖籠中学校[04]（新潟県北蒲原郡聖籠町）

玉島北中学校[05]（岡山県倉敷市）

図書室・メディアセンターの計画

図書室は，総合学習や調べ学習等の学習センター，学習情報を活用する情報センター，寛ぎや交流の場としての「心のオアシス」，読書の楽しさを感じる読書センター等の役割に対応する計画が求められる．視聴覚室やコンピューター室と統合し，メディアセンターとして捉えることも有効である．意識されやすく，各学年や教科の授業の流れの中で利用しやすい位置とし，入りやすい雰囲気づくりに留意する．幼稚園や小学校では本と親しむ工夫，高等学校では自習の場なども検討する．1クラス以上が同時に利用できる座席数を確保し，図書標準に示された蔵書数，司書・作業スペースの確保を目標として面積を確保する．分散配置を行う場合は，役割分担や全校の運営体制を明確にする．学校間や公共図書館との連携も課題となる．

アーパスとがメディアセンター

図書・コンピューター・視聴覚資料を一体化し，ラーニングリソースセンターとした計画で，それぞれをコーナー配置している．ブラウジングコーナー越しの吹抜けにより下階にある公民館図書館と繋がっている．⇨226

川尻小学校メディアセンター

図書室とコンピューター室をそれぞれ独立した部屋として区分しながら可動間仕切で一体的なゾーンを形成している．タイルカーペット，低層書架など子どものスケールに配慮．⇨224

田園調布学園中等部・高等部図書室

校舎中央の吹抜けに面したブラウジングコーナーは生徒の移動動線でもあり，何気なく図書に親しむ雰囲気をつくっている．閲覧席は2層吹抜けになっており図書テラスから光がやわらかく図書室を包み，明るく落ち着いた気持ちの良い空間を作り出している．

聖籠中学校メディアセンター

教科教室型の学校で，各教科のメディアスペースに図書・コンピューターは分散配置され，メディアセンターは司書・情報担当職員の居場所と合わせてそれらの中核機能を有している．1クラス分のコンピューターが配置されたコンピューターコーナーは授業以外でも自由に使え，階段を登った上階には自習室がある．

玉島北中学校メディアセンター

図書・コンピューター・視聴覚を関連付けてメディアセンターとして充実させ，さらに隣接する階段状のオーディトリウムが発表の場となって，全校の学習の中心を形成している．

01：藤野雅統＋ファブリカ・アルティス，1998年
02：村上徹建築設計事務所，2003年
03：近藤道男建築設計室，2003年
04：香山壽夫建築研究所，2001年
05：いるか設計集団，1996年

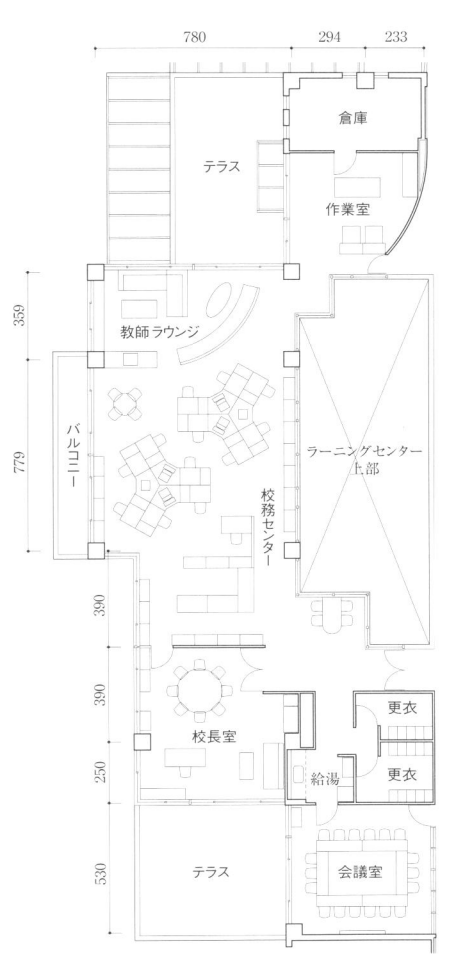

Education: Administration, Gymnasium **教育：管理諸室・屋内運動場** 241

社川小学校[01]（福島県東白川郡棚倉町） 1:300 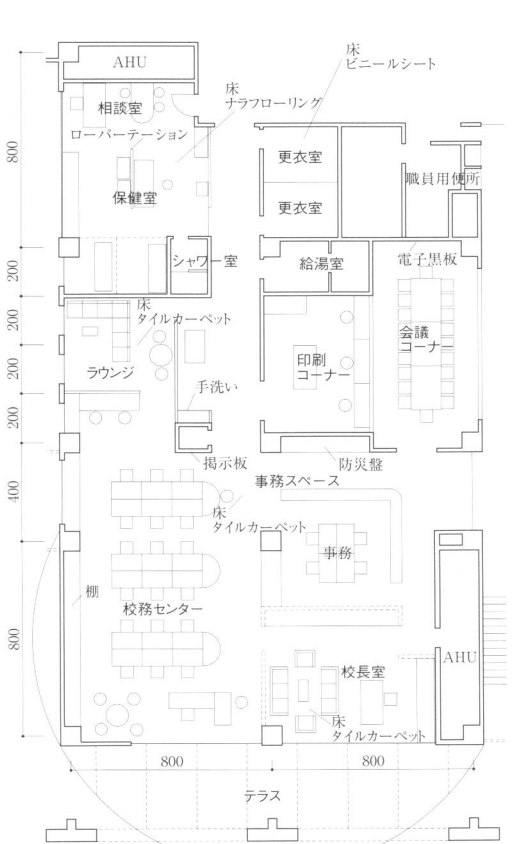
千川小学校[02]（東京都武蔵野市） 1:300 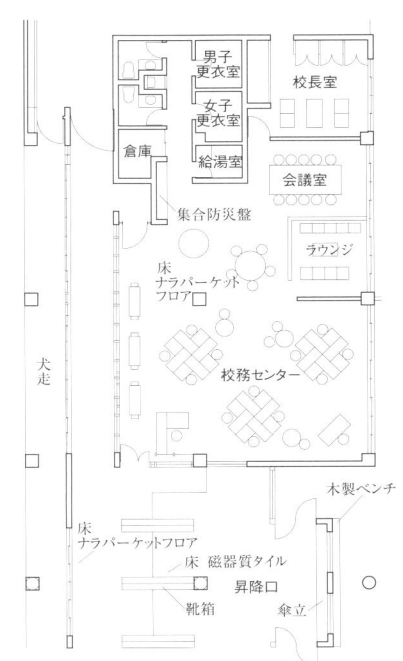
桜中学校[03]（福島県田村郡三春町） 1:300

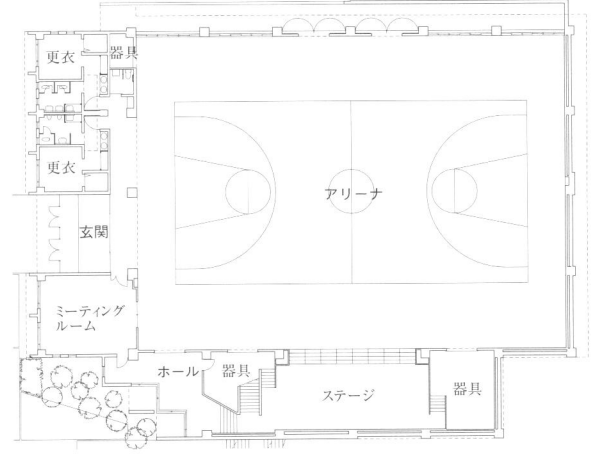

社川小学校[01]（福島県東白川郡棚倉町） 1:600
旭中学校[04]（愛知県東加茂郡旭町） 1:600 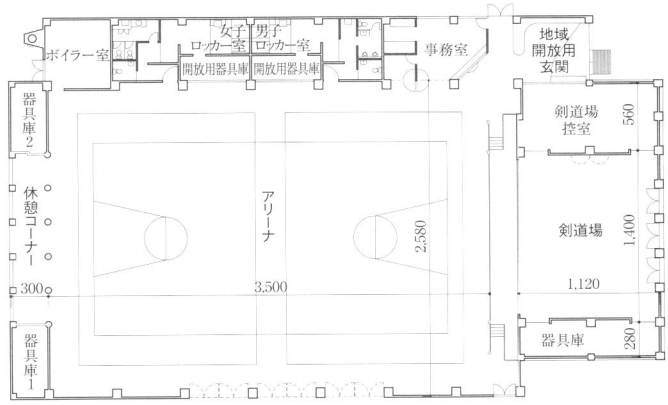

職員室・校務センターの計画

学校の種類・規模、職員の数や組織体制に応じた諸室を設定する．物の量や組織の変化に柔軟に対応できるよう、一体的な校務センター（⇨062）として計画することも有効である．教育の多様化に対する教材の製作・管理機能の充実、情報化対応、リフレッシュ空間の確保、相談機能の充実を図り、開放的な空間計画を行う．また、校舎内外に目が届き、防犯・防災に対応しやすい配置が重要である．教員の執務拠点を検討し、学年や教科ごとに分散した教員室・コーナーを設定することも有効である．PTAや地域活動室との連携にも考慮する．

社川小学校

北側の運動場・アプローチを見渡せる位置とし、トップライトの吹抜けと透明間仕切により日照と校舎内の見通しを確保している．個人の執務環境の充実が図られている．

千川小学校

校長、事務、教員、打合せ、ラウンジ、印刷、会議等が一体の空間の中に有機的・連続的に配置された校務センター．保健室が隣接する．

桜中学校

執務、ラウンジ、会議、作業の場が一体の空間に設定されている．廊下・昇降口との間は透明間仕切により開放的で入りやすい雰囲気を持つ．

屋内運動場の計画 ⇨078, 079

学校段階に応じた教科体育、体育的行事、部活動および学校開放について各種の運動種目を想定し、長短辺寸法、天井高、面積・形状を計画する．観覧のための空間を必要に応じて設ける．一般に儀式・集会・発表等の利用も想定され、ステージ、視聴覚機器等の設置にも配慮する．ステージを設ける場合は、その有効利用も検討するとよい．学校開放用にクラブハウスを付属する．地域の防災拠点として、一時避難の対応を考慮しておくことも有効である．

社川小学校

体育館の側面にステージを設けた例．ステージ前面は階段状となり、見学席としても利用される．丸太を圧縮材とした張弦梁のハイブリッド構造をとる．学校開放用クラブハウスが付属する．

旭中学校

アリーナと剣道場が一体に計画され、地域開放用クラブハウスが付属する．アリーナは木造で12mの天井高を持ち、RCの柱頭から6本の方杖が内外に枝を張り、薄いボールト屋根を支える立体的な桁架構をとる．剣道場は地域伝承の歌舞伎が上演できるステージとして、照明・幕・袖・後舞台をもつ．

01：近藤道男建築設計室, 1998年
02：岡田新一設計事務所, 1997年
03：香山壽夫建築研究所, 1991年
04：中村勉総合計画事務所, 1996年

図書：概要—現況と動向 Library: Abstract—Current Situation

図書館の種類

国立図書館	●国家が設置し国費で運営する図書館で、国民全体が奉仕対象 ●国を代表する図書館
公共図書館	●地方自治体が設置する公立図書館と公益法人が設置する私立図書館。一般には公共図書館＝公立図書館と考えてよい。 ●誰に対しても公開、図書館サービスは無料、自治体の費用で運営、法律に設置の根拠を置き、権力からの自由を原則とする。
学校図書館	●高等学校以下の学校に設けられる図書館
大学図書館	●大学に設置される図書館
専門図書館	●議会図書館、裁判所図書館、官公庁図書館、公的機関や公益法人の図書館、企業の図書館、学協会・団体の図書館、大学図書館のうち特定分野に関する専門の図書館 ●専門(特殊)図書館(病院図書館、刑務所図書館、軍隊図書館等)

館数・蔵書冊数と貸出冊数の伸び

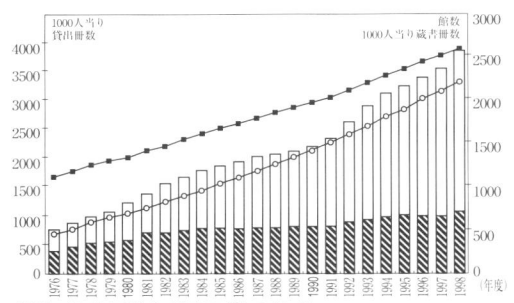

1976年から四半世紀間の図書館サービスの量的な拡大傾向。貸出冊数・蔵書数では5倍、館数は建替えを入れ2.3倍増となった

凡例：1000人の貸出冊数／うち児童1000人の貸出冊数／1000人の蔵書冊数／図書館数

典拠：日本図書館協会編『日本の図書館』各年度版

公共図書館の概況

	都道府県立	政令都市・特別区立	市立	町立	村立	合計
自治体数	47	25	659	1989	567	3287
図書館設置自治体数設置率(%)	47(100)	25(100)	644(97.7)	874(43.9)	874(43.9)	1682(51.2)
図書館数(館)	65	370	1226	895	95	2681
一館平均* 蔵書冊数(千冊)	535.0	123.0	133.8	59.4	29.5	113.1
年間受入図書冊数(千冊)	25.2	9.8	9.7	4.7	2.5	8.0
年間受入雑誌種数(種)	1,874	180.5	119.5	70.0	41.3	152.4
個人貸出冊数(千冊)	254.5	347.6	258.5	83.0	42.8	201.4
専任正規職員数(人)	30.2	10.1	6.2	2.1	0.9	5.8
延床面積(m²)	7698	1619	1492	901	547	1429

＊回答のあった館のみでの平均
資料：日本図書館協会：『日本の図書館』2001.04(2001年3月31日時点)

大学図書館の概況

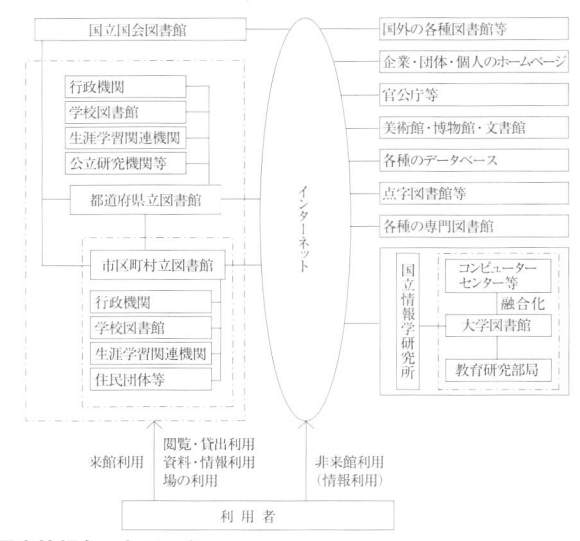

	国立	公立	私立	合計
大学数	99	71	479	649
一大学平均* 図書館数(館)	3.0	1.5	1.7	1.9
学生数(人)	8039	1871	7265	6788
蔵書冊数(千冊)	932.7	932.7	313.1	397.2
年間受入図書冊数(千冊)	18.5	18.5	10.8	11.7
年間受入雑誌種数(種)	5665	5665	1802	2340
年間貸出冊数(千冊)	75.0	75.0	36.1	40.5
個人貸出冊数(千冊)	22.4	22.4	10.1	11.6
専任正規職員数(人)	9199	3421	4461	5065
延床面積(m²)	653	240	475	477
閲覧座席数(席)				

＊回答のあった館のみでの平均
資料：日本図書館協会：『日本の図書館』2001.04(2001年3月31日時点)

人口段階別貸出活動上位の公立図書館における整備状況

人口段階別	1万人未満	1〜3万人	3〜10万人	10〜30万人	30万人以上
平均人口(人)	6,500	17,900	49,800	140,800	403,700
延床面積(m²)	896	1,591	2,937	5,437	8,853
蔵書冊数(冊)	53,067	93,373	213,984	547,353	850,812
開架冊数(冊)	44,615	73,657	153,181	335,203	558,362
開架に占める新規図書比(%)	9.8	9.2	10.9	10.9	9.1
視聴覚資料点数(点)	1,582	3,277	8,299	18,809	47,400
年間購入雑誌点数(点)	124	130	255	615	955
資料費(千円)*	9,841	17,635	35,398	74,629	143,361
人口1人概算(円)	1,500	1,000	700	550	350
人口1人年間貸出点数(点)	14.4	13.8	11.4	10.4	7.8
職員数(有資格者)**(人)	5(3)	8(4)	19(11)	53(25)	98(58)

注：『日本の図書館1999』(日本図書館協会編)をもとに、全国の市町村(政令指定都市および特別区を除く)の公立図書館のうち、人口1人当たりの「資料貸出」点数の多い上位10%の図書館の平均数値を算出したもの。
* 1998年度決算額
** 非常勤、臨時職員を含むフルタイム相当人数
出典：『公立図書館の設置及び運営上の望ましい基準』(生涯学習審議会社会教育分科審議会計画部会図書館専門委員会：2000年12月)

図書情報ネットワーク

国立国会図書館 — 国外の各種図書館等／企業・団体・個人のホームページ／官公庁等／美術館・博物館・文書館／各種のデータベース／点字図書館等／各種の専門図書館

行政機関／学校図書館／生涯学習関連機関／公立研究機関等 → 都道府県立図書館 → 市区町村立図書館 → 行政機関／学校図書館／生涯学習関連機関／住民団体等

インターネット — コンピューターセンター等／大学図書館／教育研究部局（融合化）／国立情報学研究所

来館利用：閲覧・貸出利用／資料・情報利用／場の利用　　非来館利用(情報利用)
利用者

図書館の資料

図書資料		図書(表裏の表紙を除き49ページ以上の非定期刊行物)、製本後の雑誌や新聞
図書以外の資料	文字によるもの	●逐次刊行物(雑誌、新聞、年鑑等) ●パンフレット、リーフレット、マイクロフィルム類 ●CD-ROM、パソコンソフトウェア ●古文書、写本、手紙
	視聴覚資料	●映像資料(ビデオ、スライド、フィルム、写真等) ●音声・音響資料(CD、カセット等) ●実物(地図、楽譜、文書類、絵画、道具、模型、標本類等)

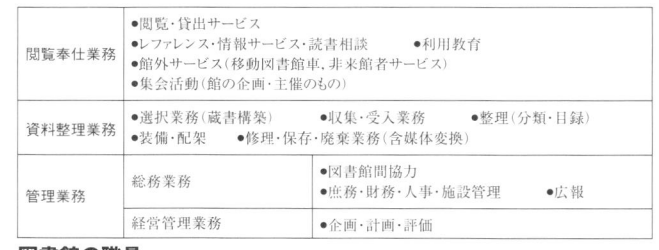

図書館の職員

閲覧奉仕業務	●閲覧・貸出サービス ●レファレンス・情報サービス・読書相談　●利用教育 ●館外サービス(移動図書館車、非来館者サービス) ●集会活動(館の企画・主催のもの)
資料整理業務	●選択業務(蔵書構築)　●収集・受入業務　●整理(分類・目録) ●装備・配架　●修理・保存・廃棄業務(含媒体変換)
管理業務	総務業務 — ●図書館間協力／●庶務・財務・人事・施設管理／●広報 経営管理業務 — ●企画・計画・評価

図書館とは

あらゆる情報が移動・複製・共有を可能にする媒体として記録された形態資料を、収集・整理・保存し、知の体系として構築表現して利用に供するのが図書館である。図書館の分類は運営主体別に分類され、活動・業務としては総括される。図書館はサービスの仕組みとして定義されるが、その利用要求に十分に応えるには、単独個々の図書館では限界があり、館種を越えた相互協力・ネットワークが不可欠であるが日本の現状は不十分であり、広域のライブラリーシステム構築が課題である。

公共図書館の現状と課題

わが国の公共図書館は1990年以降の自治体財政の逼迫にもかかわらず、年間で90館(市区立で30館、町村で60館)前後ずつ設置され、蔵書数、貸出冊数ともに順調な伸びを示している。近年、町村での設置率は急速に向上しつつあるもののまだ36%にとどまっており、図書館サービス実績を示す指標の一つである個人貸出冊数も市区立の1/3弱である。町村での設置率とサービス水準の向上が急務の課題である。また市立でも複数の分館を設置できている例は少なく、今後の大きな課題である。

大学図書館の現状と課題

設置主体別にみると国立と公立・私立大学間での数的指標での格差が大きく、それが年間貸出冊数に反映されている。しかし私立では研究室購入図書が図書館蔵書に算入されないこともある。機構としては中央館・分館・学部図書館等で組織化され、機能としては学習・研究・保存および総合(中央館機能)に分けられる。近年は、IT環境の普及で、図書館とコンピューター(メディア)センターの融合が計られることが多く、目録・インターネット・利用管理・保存等の設備周辺のしつらえに変化が著しい。

図書館計画のかたち

図書館施設の計画では、サービス目標の設定(奉仕対象、利用頻度の想定)、資料構築計画(開架・閉架の分類別資料数、年間増加数、経営的資料費)、職員体制等が確定される必要がある。運営主体が運営プログラムを立案し、後に施設プログラムを設計の条件として確認するのが計画の基本である。すなわち、サービス基本計画を立案することが図書館計画の入口であり、今後、最も充実と社会的認知が望まれる課題といえる。

Library: Abstract—Planning and Designing　図書：概要—計画と設計　243

図書館のサービス	サービス・業務内容	関連諸室および機器等
閲覧	利用者が図書館の所蔵する資料を館内で利用すること．館内閲覧．国立国会図書館からの相互貸借資料や貴重資料，禁帯出資料に付いては貸し出しをせず館内で利用させる．	開架室・読書席・キャレル
貸出し	利用者に図書館資料を一定期間貸出して館外での利用に供すること．コンピューター，ディテクション（BDS等），セルフチェックシステムの導入により職員の作業環境は変化してきている．	貸出しデスク，サーキュレーションカウンター
レファレンス	図書館員が図書館の資料と検索ツールを活用して，利用者の求める資料や情報の提供および質問に回答するサービス．参考調査．情報サービスともいう．資料所在案内はレフェラルサービスという．	相談デスク，参考図書室
児童サービス	0歳から中学生くらいまでを対象とした奉仕業務．紙芝居，絵本，知識，物語等の資料をそろえ，読み聞かせ・読書案内，また近年は調べ学習援助なども要求されている．	児童コーナー，お話室
YAサービス	ヤングアダルトサービスのこと．10代の青少年を対象にした資料とスペースの提供．図書館ごとに資料構築の独自性がある．作品の発表や交流の場と機会の提供を重視．	YAコーナー，交流掲示ボード
視聴覚サービス	映像・音声・音楽資料の館内での個人視聴や館外貸出し，視聴覚室での映写会等の利用に供する．著作権処理された資料の散逸防止．貸し出し・選択の機械化技術が進歩．	視聴覚室，視聴席　送出し装置
リクエスト・サービス	自館にない資料の利用予約のこと．貸出中資料は返却時に，他館から相互協力で借りるか新規購入して提供する．ベストセラーの予約集中で，複本過多の議論がある．	予約取り置き棚
ハンディキャップサービス	視覚・聴覚・肢体に障害，高齢や怪我で図書館利用に不自由がある場合の援助業務．対面朗読・録音奉仕・点字録音資料・大活字本，施設のバリアフリー化は必須条件．	音声翻訳機　音声誘導
移動図書館	図書館施設への日常的な来館が困難な地区に，全域公平奉仕の理念から資料を積んだ車両で貸出しに出かける．アウトリーチサービスの一形態．近年郵送奉仕へと移行．	BM（ブックモビル）サービスポイント
指定図書制度（課題図書）	大学等において特定の科目のため教員が学生に必読を課した資料を，受講者数に応じた複本を用意して館内に別置し利用規則を指定する．小中高生への課題図書も類似．	指定図書コーナー　閲覧席
選書・資料選択	それぞれの図書館の目的に合わせ選定基準を定め，収集する資料を選択する．中長期の資料構築計画のもとに年間予算に応じて新刊，定期刊行物，リクエスト対応等を調整する．	見計らいコーナー　選書会議室
受入・整理・装備・補修	購入・寄贈・他の方法で収集した資料を登録（受入れ），分類し目録を作成（整理），複数の主題での分類（典拠目録），ラベル貼付けと表紙カバー（装備），破損の補修．	受入れ整理事務室　荷解きコーナー
保存	知的資産を長期にわたり安定的に保管し，要求に応じて速やかに提供するのが本来の目的．選びやすい開架室の展示のために，利用頻度の低下した資料を調整保管する．	閉架書庫，利用型（公開）書庫　BM書庫
相互協力	個々の図書館が連帯して（協定を結ぶなどして），資料の分担収集・保存や相互の資料提供，参考業務の応援などで協力し合う．方式や程度は様々である．	共通書誌

図書館のサービス・業務内容と諸室

基本空間・部門	計画上の留意点
(1) 入口，エントランスホール	●利用者用の入口は1ヶ所を原則とする．総合案内，展示・掲示のスペースとする． ●休館時に利用者が返却できるブックポストが資料に目に付きやすい場所に設ける． ●大きな荷物を持参した利用者のためにロッカーを設ける． ●エントランスホールで，閲覧室利用者と集会部門利用者の動線を分離する． ●公共図書館でも閲覧室入口にブックディテクション装置（BDS）を設置する傾向にある．
(2) 開架閲覧室　⇨095	●細かく部屋に仕切らず，ワンルームを家具等で分節化することを基本とする．分節化には，児童，青少年，成人など利用対象者別，図書・調査研究利用資料など資料形態別，ポピュラー資料と調査研究利用資料別，図書，雑誌・新聞，視聴覚資料など資料形態別，人文・社会，自然など資料の主題別（主題部門別制）などがある． ●資料検索のための利用者開放端末（OPAC）を設置する．OPACは開架閲覧室内に適宜分散して配置するのがよい．児童スペースにもOPACを設置する． ●雑誌や新聞の調査研究用資料としての性格から，新聞・雑誌コーナーにも閲覧座席を設ける． ●利用者が持参するノートパソコン用に情報コンセントを備えた閲覧机も設置する． ●視聴覚資料の観賞席やOPAC，インターネットサービスでは，プライバシー保護の観点から画面が他人から見られないように配慮する．
(3) カウンター・デスク　⇨107, 245	●貸出・返却カウンターの前はピーク時を想定して十分な広さをとる．小規模図書館では，カウンターと業務スペースを近接させ，繁閑に応じて対応ができるようにする． ●小規模図書館では，貸出・返却カウンターとは別にレファレンス（インフォメーション）デスクを開架書架群の近くに設けるのが望ましい．
(4) 書庫　⇨095	●通常型書架並列配置形式，移動式書架による集密書庫形式，積層書架による積層書庫形式がある．いずれも床荷重が大きくなることに注意する． ●収納効率と探しやすさの両立を測る．正方形に近い平面形である方が収納効率は高い ●温湿度の変化，直射日光，ほこりは資料保存に有害である．熱容量の大きな外壁による無窓建築とし，空調により恒温恒湿環境とするのが望ましい．地下に設ける場合は浸水や職員の作業環境に配慮する． ●貴重書庫にはガス消火設備を備える．
(5) 集会・研修エリア	●閉館後や休館時にも使用する場合には，専用の出入口や単独で運転できる空調を要する． ●企画展示や常設展示のスペースを設ける．
(6) 事務・作業室	●一般には事務室と作業室を分離する必要はない． ●公共図書館における館長室に関しては，個室とするか事務室内に机を置くにとどめるか2通りがある． ●作業スペースは8～10m²/人程度を目安とする．

主要諸室の計画上の留意点

環境要素	環境計画上の留意点
(1) 採光・照明	●大きな輝度対比が生じないこと． ●書架の照明：書架最下段まで十分な照度が得られることが必須要件．天井器具の配置は，書架間通路の中央に書架と平行，書架と直角方向，格子状など光天井方式のいずれかになろう．天井が高い場合には高輝度ランプの採用や，器具を天井から吊り下げることも行われている．吹抜けなど天井が高い場合には，書架自体に照明器具を取り付けた書架付照明方式をとることも多い． ●座席の照明：一般的に照度は机面上で800ルックスが必要とされる．また，パソコンを用いる環境ではグレアや映り込みがないようにする．
(2) 空調	図書館として特段のことはない．書庫も快適に作業できる温湿度とする．
(3) 音響	●特殊な図書館や特定の閲覧室を除いて，過度に静かさを求める必要はない．公共図書館でも静かさが必要な人用に静かな読書席や室を設ける． ●コピー機など騒音を発する機器はブースに囲うなど騒音の拡散を防ぐ．
(4) 書架の地震対策	書架の転倒を防止する方策としては，書架の支柱の上部を相互につなぐ「頭つなぎ」方式と，床にホールインアンカーを埋め込み，これに書架の足を固定する2方法がある．強い地震では低書架も動くので床に固定する．
(5) サインと表示	●幼児から高齢者まで，それぞれの目的に応じて意味の通じるものとする． ●個々の表示は，自立性・個別性の高いものとする． ●視認性・識別性の高いものとする． ●図書館はレイアウトの変更が多く，後々の移設，追加や書き替えの可能性が高いことから，簡単に制作できる互換性の高いものであること． ●ゾーンごとに基調色を定めて，書架や机・いす，壁などに用いることも効果的である．

環境計画における留意点

図書館建築の全体計画・設計

あらゆる年齢層を対象とする公共図書館を例に望ましい図書館の姿をまとめる．他の館種であっても基本的には同じである．

(1) 安全であり，快適である
●安全では日常安全の延長上に災害時の安全があると考えるべきである．
●転倒や転落，衝突の恐れがないこと．防災設備を備えその適正な維持管理が容易であること．
●温度・湿度，空気の質，照明・採光，音などの室内環境が，快適なレベルに保たれている．それらが，個人の好みや利用目的に応じてできる限り調節可能である．

(2) 入りやすく，親しみやすい
●入りやすさ：入口が分かりやすい，アプローチ路と段差がない，自動ドアなど物理的な入りやすさと，人を引きつける魅力を持つ建物，館内の様子が外から見えるなど心理的な入りやすさの両面を満たす．
●親しみやすさ：明るく開放的で，見通しがきく．適当なにぎわいがある．

(3) 使いやすく，働きやすい
●できる限り一層当たりの面積を大きくとり，低層の建物とする．
●各部屋やスペース相互の位置関係を合理的かつコンパクトに配置する．
●職員のスペースの面積，配置，環境にも配慮する．

(4) あらゆる人が魅力を感じる
●利用者は様々な目的をもって来館する．単に読書でも，ソファで読みたい，広い机にいろいろな本を広げて読み比べたい，個人席や個室で読書に没頭したい，グループで読書会をもちたいなど様々である．これら来館者がそれぞれの目的と好みで選択できるよう多様な雰囲気，環境の場を用意する．
●地域コミュニティのサロンとして，人と人との出会いや交流の場となる雰囲気をもたせる．

(5) 身体障害者も支障なく利用でき働ける
●様々な障害，ハンディをもった利用者が支障なく利用できる．
●障害をもつ職員が支障なく働ける．

(6) 美しく，長寿命の建築
●用と美の調和した建物．
●図書館の質と量の変化と発展に，長い年月にわたって耐用性を保ち続けるよう成長・変化を見込んだ計画・設計．
●固定の壁を最小限にする．床に段差をつくらないなどフレキシビリティの高い建築．
●増築を見込んだ建築計画，増築余地を確保した配置計画など．

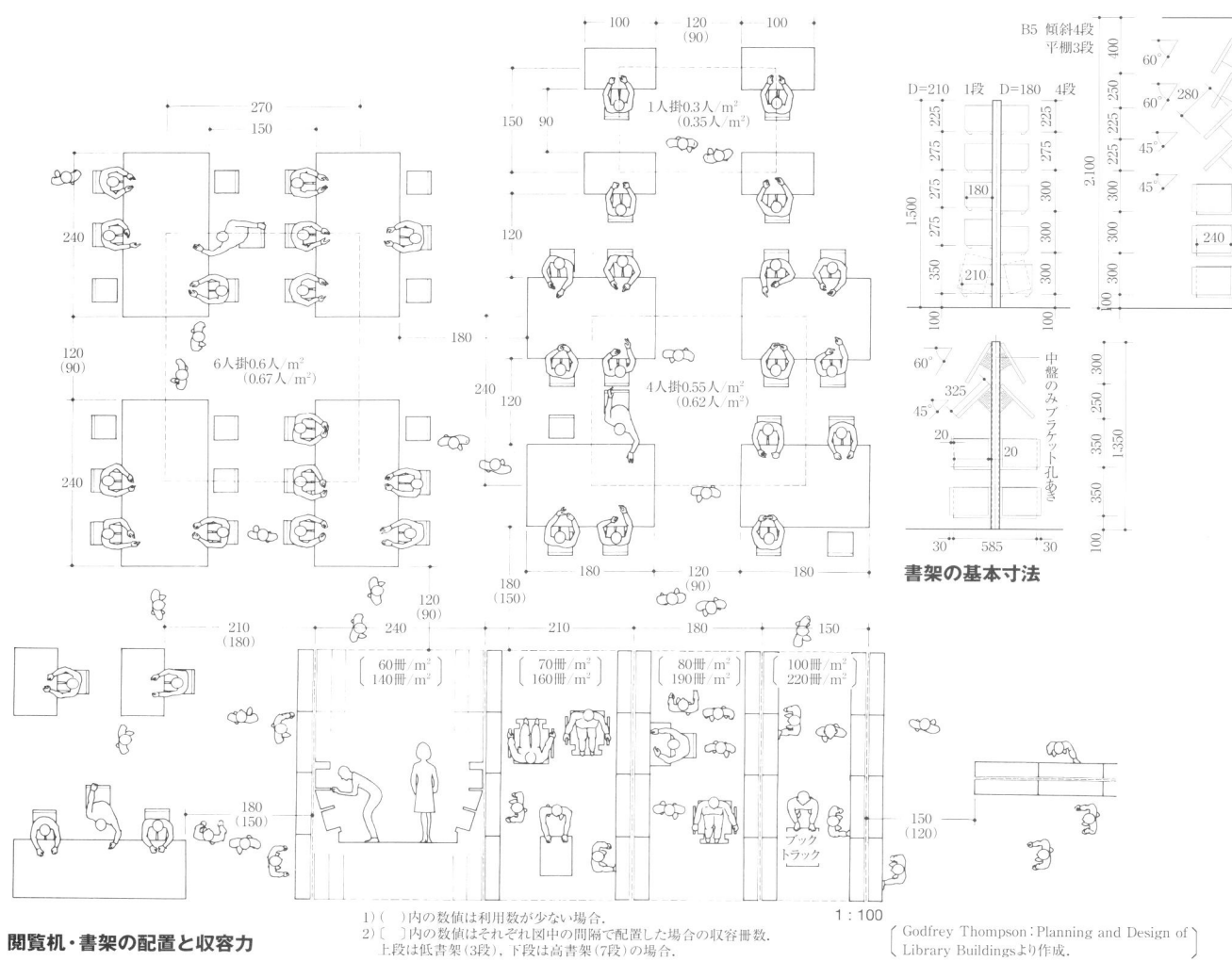

図書：構成要素—閲覧机と書架 Library: Component

閲覧机・書架の配置と収容力

1) ( )内の数値は利用数が少ない場合．
2) 〔 〕内の数値はそれぞれ図中の間隔で配置した場合の収容冊数．上段は低書架(3段)，下段は高書架(7段)の場合．

書架の基本寸法

(Godfrey Thompson: Planning and Design of Library Buildingsより作成．)

接架・出納方式

閲覧者が書架にある資料を手にするまでの方法を接架・出納方式という．開架式とは閲覧者が直接書架に接して自由に資料を手にする方式で，自由接架式ともいう．利用者は自分の望むものを見つけ出しやすく，自由に接架することで思いがけない発見もできる．しかし配架順が乱れやすいなど管理の手間はかかる．一方，閉架式は出納カウンターを経由して資料を手にする方式で，利用頻度の低い資料や貴重書などに対して用いられる．図書館としては資料の紛失を防ぐことができるが，出納業務の手間がかかる．閲覧者にとっては目録で選択したものが期待したものとは違ったものであることも少なくない．このほかに，出納カウンターで職員のチェックを経て書庫内を利用する安全開架式もある．

接架・出納方式は個々の資料について決定するもので，一つの図書館で複数の方式が混在し得る．

閲覧のための基本寸法 ⇒095

閲覧空間内の基本的な要素のレイアウトに関する基本寸法で，数値は一般的な閲覧室に対応する常用寸法である．利用者の少ない場合には( )内の数値を用いてよい．閲覧机，書架などの間隔は本来独立して決められるべきものであるが，フレキシビリティのためには，ある基準寸法に従うことが望ましい．

書架の収容力については，一連寸法90cmの棚板には一般書30冊，児童書(絵本をのぞく)で50冊程度が並ぶと考えてよい．実際にはもっと並ぶが，NDCなどの配架分類の区切りごとに，将来の増加を見込んで空きを確保しておくので，この数としておくのがよい．しかし，小説など活発に利用されている分野では，常時20％以上の本が館外に貸し出されているので，その分を見込んだ冊数が並ぶと考えてもよいとされる．

書架間隔は複式(両面使用型)書架の中央支柱の芯々距離を指す．

床面積(m²)当たりの収納冊数は，書架1連の幅を90cmとして，

$$\frac{段数 \times 棚当たりの冊数 \times 2}{0.9 \times 書架間隔}$$

で求めることができる．計画上は，通路などによる配置上のロスを30％程度見込むのが適当である．

図書の基本寸法と書架寸法

主な図書の判型別の寸法は表の通りである．最も一般的なものはA5判で，A4判は比較的少ない．美術書などこれ以上大きな図書は大型本として別置する．したがって，書架の棚間隔は30cm程度，奥行は18cm程度を上限と考えてよい．

表紙を見せる形式や最下段をやや上向きにすることも効果的である．

無線LANシステム

パソコンと館内LANをイーサーネットのかわりに電波で結ぶ方式を呼ぶ．一般にイーサーネットにアクセス・ポイント(AP)を繋ぎ，子機端末からAP経由で有線LANに接続するというものである．

1999年秋に高速無線LANの規格が定まり急速に通信速度と付加機能，価格性に優れた製品が発表されて図書施設に採用が始まっている．動画などの重い情報の通信速度や電波の到達距離，APで異なる通信チャンネルを複数の使い分けができるマルチチャンネル機能など，課題が克服されて，導入が進むと考えられる．

開架室や書庫の天井近くにAPを設置して，職員がノートパソコンで移動しながら蔵書点検ができる(埼玉県小川町立図書館)方式や，利用者が貸出用ノートパソコンを開架室の好みの座席で活用し目録検索をする方法など，図書館施設のIT化による新たな展開を想像させる．かつて同様の目標を達成させるために全床にフリーアクセスフロアを敷き，書架転倒防止のために首長のアンカーを打つ時代が劇的に終わるだろう．一方で，通信線は床だけでなく天井に伸び，設計当初に通信システムの想定やAPへの給電を検討することになる．

なお，施設内の無線LANによる情報配信はよいが，敷地外のネットワーク拠点や利用者との送受信に無線LANを用いることは，当面公衆放送法と著作権の解釈問題で具体化が難しいと言われている．

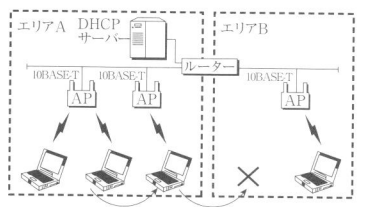

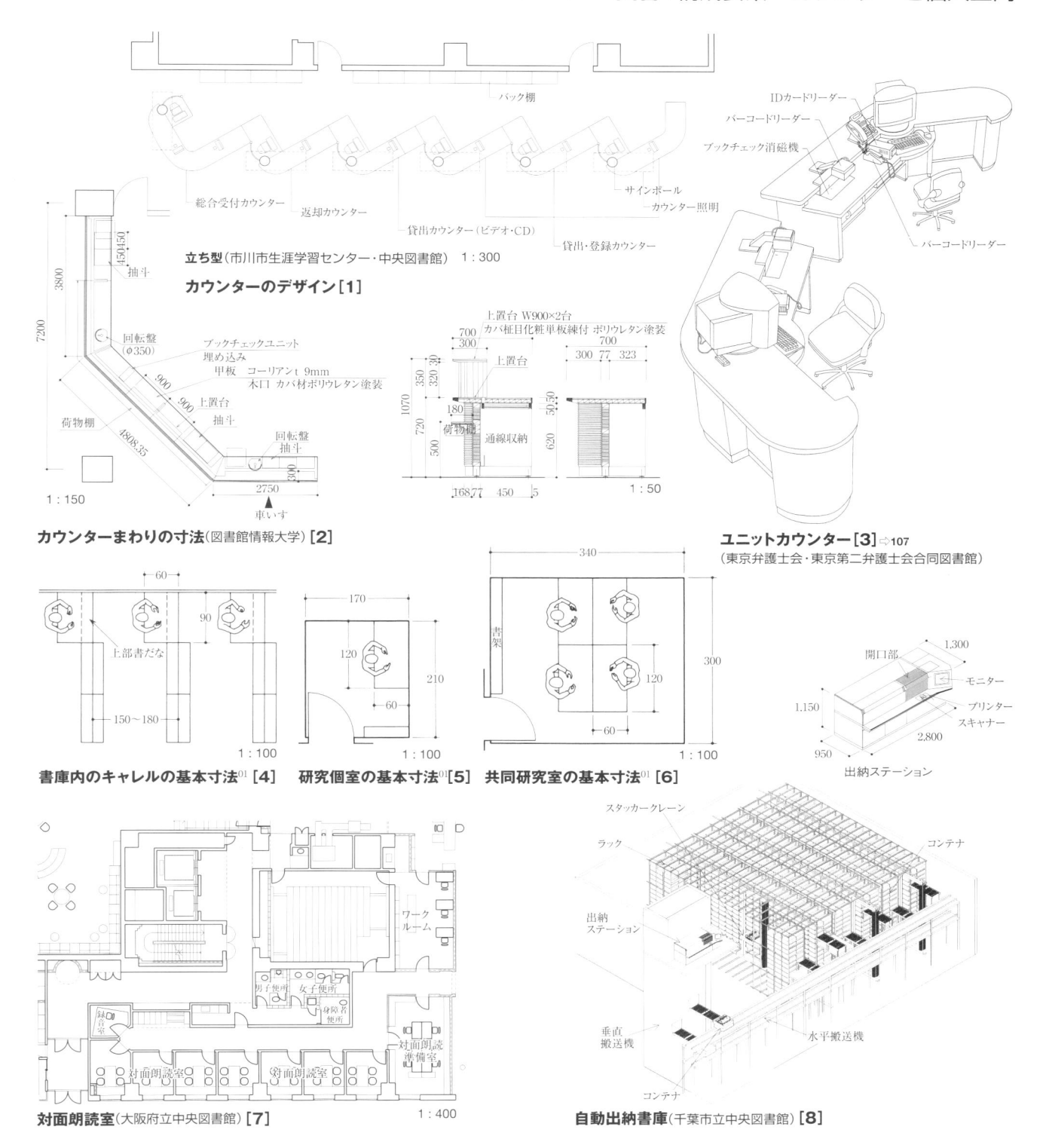

Library: Component **図書：構成要素—カウンターと個人空間**　245

カウンターのデザイン[1]
立ち型（市川市生涯学習センター・中央図書館） 1:300

カウンターまわりの寸法（図書館情報大学）[2]　1:150

ユニットカウンター[3]
（東京弁護士会・東京第二弁護士会合同図書館）

書庫内のキャレルの基本寸法[01][4]　1:100

研究個室の基本寸法[01][5]　1:100

共同研究室の基本寸法[01][6]　1:100

対面朗読室（大阪府立中央図書館）[7]　1:400

自動出納書庫（千葉市立中央図書館）[8]

カウンターの計画[1]～[3]
カウンターは図書館の特質と機能に合わせた形状でなければならないから、個別に設計するのがよい[1].

カウンターの長さは職員1人当たり2.5m程度が一般的である．高さは館員が着座する場合は70cm程度，立って業務に当たる時には80～90cmを標準とする．着座の場合には，利用者が書類に記入するための記載台を近傍に設置するか，[2]のように上置台を設ける．利用の激しい貸出返却カウンターの甲板は摩耗に強い素材で，肌触りの良いものが要件である．またBDSのための機器，回転盤にのせたモニターをカウンターに埋め込む方式にすると作業効率が向上する[3]．カウンターの下部に荷物棚を設けると，カバン類からの図書の出し入れがしやすくなる．

利用者も着席するレファレンスデスクは車いす利用でも支障がないように配慮する．

キャレル，研究個室，共同研究室[4]～[6]
利用者が一定期間資料を専有して利用・研究するためには，個室あるいは個席を設けることが望ましい．閉鎖性の高い個席をキャレルという．

個室や共同研究室は施錠可能とし，パソコンのための情報コンセント，書架，コート掛けを備える．遮音に留意しつつも，目的外使用を防止するため，壁と扉を透明ガラス張りとしたり窓を設ける．また，換気や空調にも留意する．

対面朗読室・録音室[7]
視覚障害者に対して晴眼者が資料の朗読を行うための部屋である．採光の得られる部屋とする．また，壁と扉をガラス張りとする．朗読を録音するための設備を備えた部屋が録音室である．いずれも遮音性に留意する．

自動出納書庫[8]
コンピューター制御により，両側のラックに積み上げられている図書を納めたコンテナを自走式スタッカークレーンが取り出す方式である．高い収納効率と迅速な出納を可能にし，書庫の照明や空調の負荷を減らすことができる．収蔵量の増加に対応してクレーンとラックの組合せを増設することもできる．3層分の高さに組み上げた例もあり，高さには基本的に制約はない．連の長さも同様である．

千葉市立中央図書館では現在は40万冊規模の1群が設置されており将来は3群100万冊が予定されている．また水平・垂直搬送設備を備え自動出納書庫システムを構築している．

01：Godfrey Thompson : Planning and Design of Library Buildingsより作成．

図書：戦後の公共図書館建築の系譜
Library: The Genealogy of Public Library Building after WWⅡ

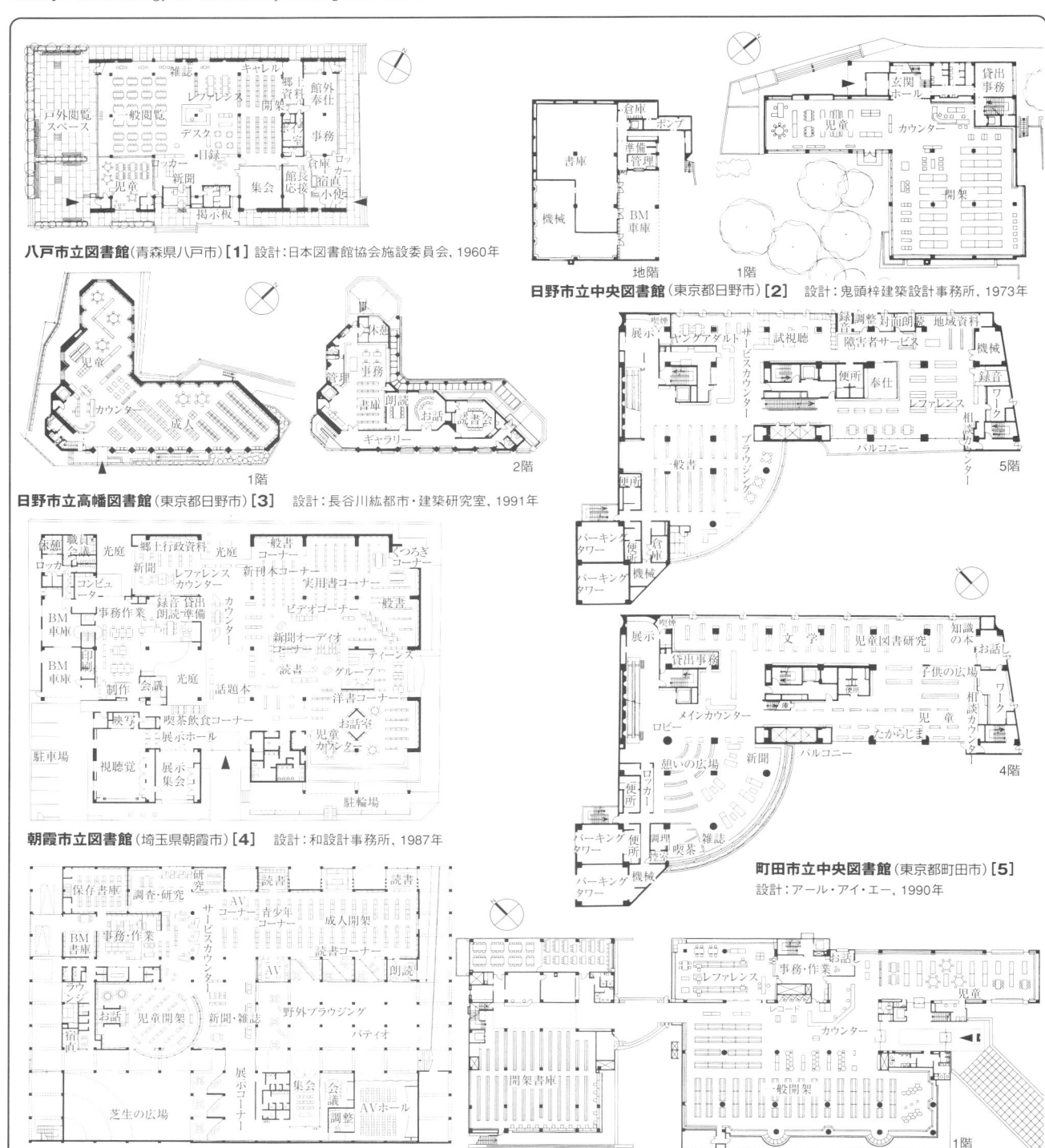

1:1000

八戸市立図書館(青森県八戸市)[1]　設計：日本図書館協会施設委員会, 1960年

日野市立中央図書館(東京都日野市)[2]　設計：鬼頭梓建築設計事務所, 1973年

日野市立高幡図書館(東京都日野市)[3]　設計：長谷川紘都市・建築研究室, 1991年

朝霞市立図書館(埼玉県朝霞市)[4]　設計：和設計事務所, 1987年

町田市立中央図書館(東京都町田市)[5]　設計：アール・アイ・エー, 1990年

苅田町立図書館(福岡県京都郡苅田町)[6]　設計：山手総合計画研究所, 1990年

浦安市立図書館(千葉県浦安市)[7]　設計：佐藤総合計画, 1982年(増築1989年)

戦後公共図書館建築

1. 勉強部屋型図書館時代

日本の公共図書館は戦後の1950年に図書館法が制定され法的な保証を獲得したが，戦災復興が優先され近代図書館の理念は置き去りにされた．来館者の多くは学生で，図書館は本来のサービスである資料を利用しない学校や受験勉強のための勉強部屋としての利用が中心であった．その中でも，当時の世相を色濃く反映しつつも開架式書架と閲覧室を持ち，児童図書や集会室のある図書館も少しずつ建設された(八戸市立図書館[1])．

2. 貸出型図書館時代

1960から70年代にかけて日本図書館協会の働き，国や都道府県の図書館振興策などによって本来の図書館を追求する動きが高まった．貸出を主体として市民全員に対する全域サービスこそ大切であるとされた．また児童へのサービスも重視された．この時代，図書館数，貸出冊数ともに飛躍的に増加した．施設計画としては，成人と児童を区分する，閲覧席を少数にする，自習室は設けないなどの考え方の原型が作られた(日野市立中央図書館[2], 日野市立高幡図書館[3])．

3. 多様化・ネットワーク化の時代

(1) 大規模化・高機能化　1980年代以降は様々な住民要求に応える形で高機能化した図書館が建設された．床面積と開架冊数の増加が図られ，住民の交流の場や調べものへの対応などが取り入れられた(朝霞市立図書館[4])．

(2) 複合化　1990年代以降は他施設との複合建築型図書館が多く建設され，複合する施設内容も多様化してきている．複合化により交通の利便性の高い立地を実現する事例も多い(町田市立中央図書館[5])．

(3) 生涯学習時代　図書館は生涯学習の大きな担い手の一つとして期待されている．家族が休日に揃って利用できる，多様な世代が多様な居方を実現できる図書館(苅田町立図書館[6])，ビジネス等の専門的な内容を扱う図書館，多様なニーズを扱いながら，成人等の需要の大きいカテゴリにシフトした図書館(図書館浦安市立図書館[7])など多様な図書館が建設されている．

(4) デジタル情報化　さらに近年インターネットに代表される情報通信技術の発達により社会的にデジタル化が進行し，図書館も対応を迫られているがサービスの本質は旧来と変わらない．

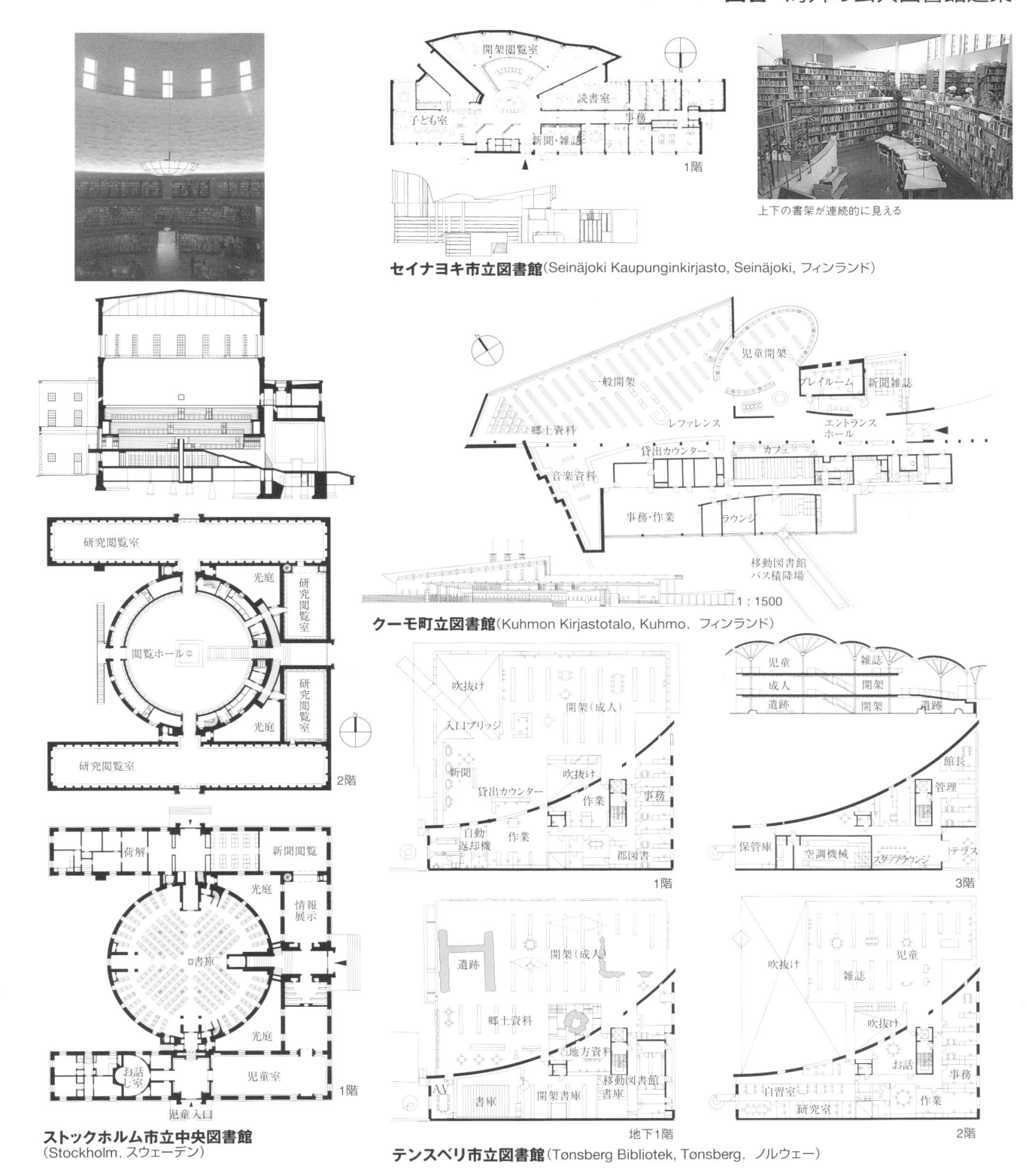

1:1000　　Library: Foreign Example　**図書：海外の公共図書館建築**　247

上下の書架が連続的に見える

セイナヨキ市立図書館（Seinäjoki Kaupunginkirjasto, Seinäjoki, フィンランド）

クーモ町立図書館（Kuhmon Kirjastotalo, Kuhmo, フィンランド）

ストックホルム市立中央図書館
（Stockholm, スウェーデン）

テンスベリ市立図書館（Tønsberg Bibliotek, Tønsberg, ノルウェー）

ストックホルム市立中央図書館
- 設計：Gunner Asplund
- 建設：1927年
- 資料数：成人図書65万冊
  　　　　児童図書12万冊など
- 利用対象人口：70+170万人
- 延床面積：7,153m²

後の図書館建築に大きな影響を与えたスウェーデン初の公共図書館建築．市の中央図書館としての機能に加えて，国の保存図書館，朗読テープ作成提供センターの機能などを有する全国的な中心図書館の役割を担う．知識の宝庫と呼ぶにふさわしい円筒形の大閲覧室と，そこへ至るアプローチからのシークエンスが秀逸．

セイナヨキ市立図書館
- 設計：Alvar Aalto
- 建設：1965年
- 蔵書収容力：20万冊
- 延床面積：1,600m²

ヴィープリ図書館から続くトップライトだけで窓の無い閲覧室，壁面書架を連続的に見せる手法を踏襲しつつ，扇型平面の閲覧室と要の位置のサービスデスク，壁面書架に直交する書架を配置することで本に囲まれた雰囲気をさらに強調している．

クーモ町立図書館
- 設計：Matti Nurmela, Kari Raimoranta, Jyrki Tasa
- 建設：1988年
- 蔵書収容力：書籍11.5万冊，レコード1.5万点
- 利用対象人口：1.3万人
- 延床面積：1,904m²

ロシア国境に近い小都市の図書館．東西を貫く壁を軸に湖面側に利用者空間と反対側にバックヤードを配置．湖面を眺めるロケーションを絡めて機能的かつ繊細な施設計画を実現している．

テンスベリ市立図書館
- 設計：Ivar Lunde, Morten Lovseth
- 建設：1992年
- 蔵書収容力：15.2万冊
- 利用対象人口：5.1万人
- 延床面積：4,900m²

発掘された遺跡を地下1階に郷土資料として残す図書館．史跡をなぞる曲線で開架室とその他が区分されている．ガラスの壁面と樹木のような形状の鉄骨柱に支えられた開架室のシルエットが美しい．

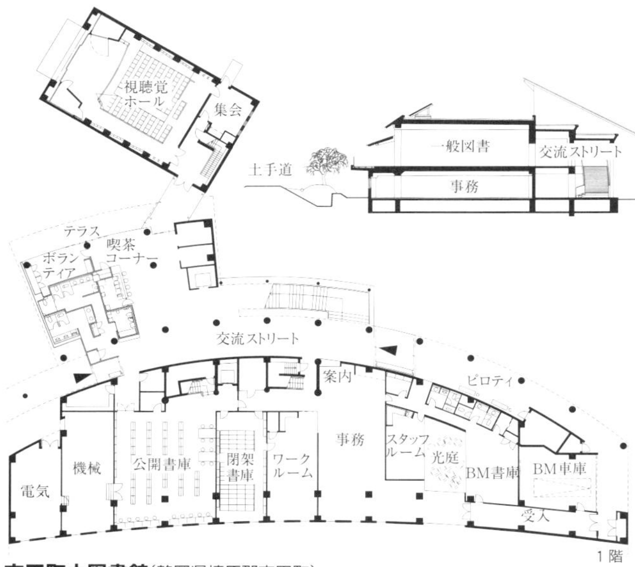

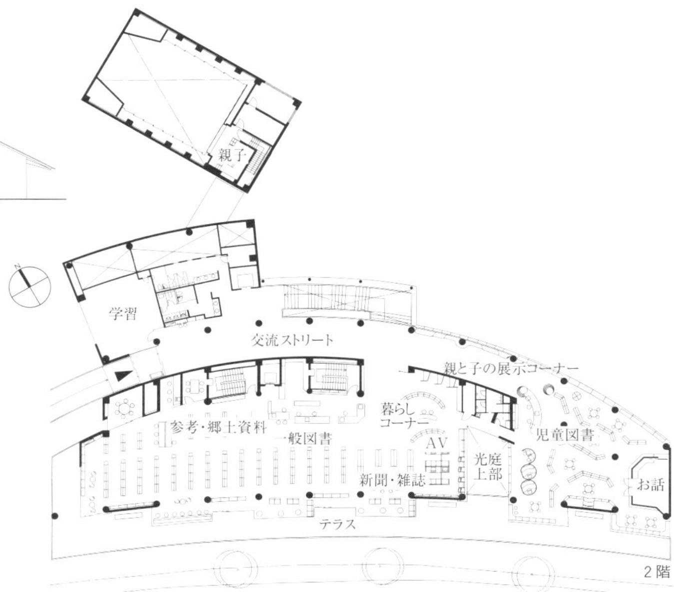

248　図書：小規模公共図書館　Library: Public Library—Small scale　　1:800

吉田町立図書館(静岡県榛原郡吉田町)　1階

2階

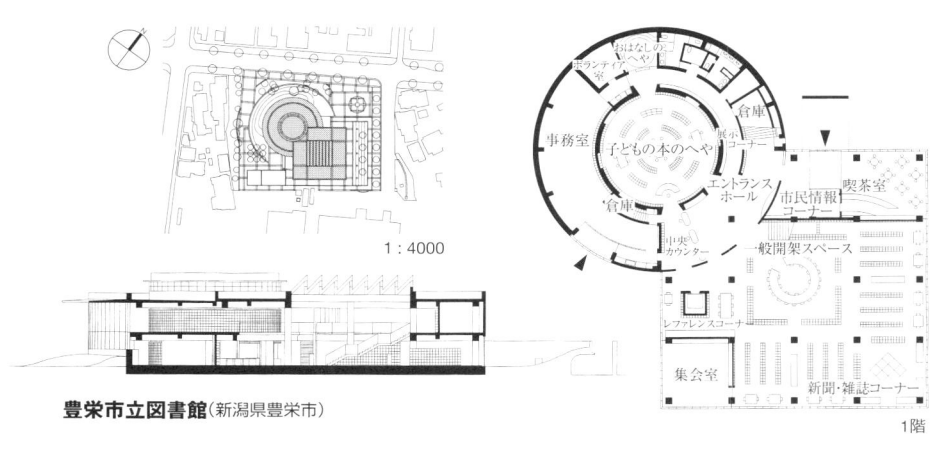

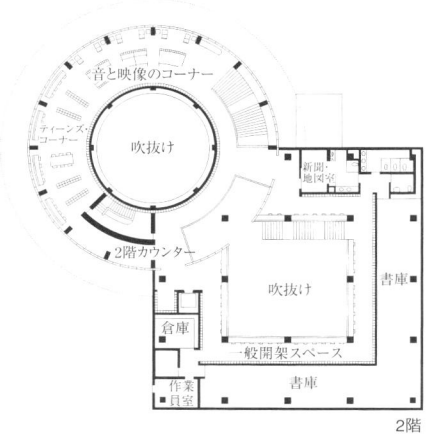

豊栄市立図書館(新潟県豊栄市)　1:4000

1階

2階

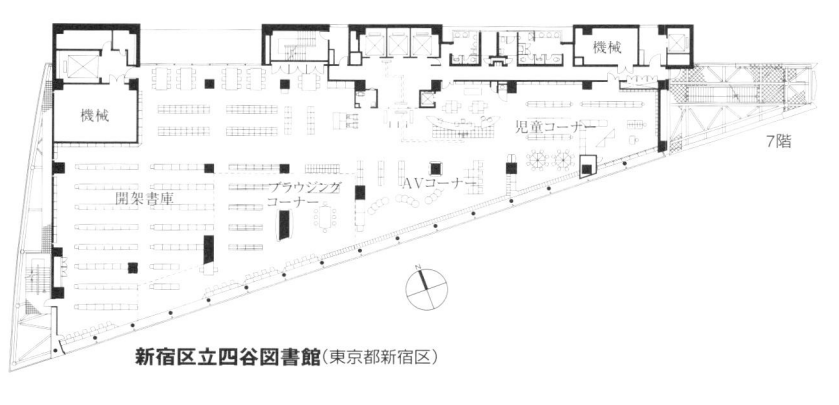

新宿区立四谷図書館(東京都新宿区)

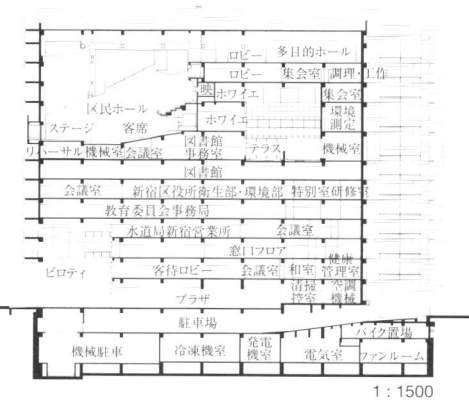

1:1500

吉田町立図書館
- 設計：岡田新一設計事務所
- 建設：1999年
- 蔵書収容力：開架9.5万冊，閉架3.5万冊
- 延床面積：2,955m²
- 階数：地上2階

緩勾配の階段で結ばれた交流ストリートと呼ぶ曲線軸に対して南側に図書館本体，反対側に喫茶コーナーや視聴覚ホールなどが配されている．2階の一般開架室は典型的なフロア構成であり明るく眺めが良い．光庭をとって独立性を高めた児童フロアはキャスター付きの書架で北欧風のレイアウト法を取り入れている．

豊栄市立図書館
- 設計：安藤忠雄建築研究所
- 建設：2000年
- 蔵書収容力：8.3万冊
- 延床面積：2,145m²
- 階数：地上2階

壁面書架で囲まれた北欧の図書館空間に似た雰囲気をもち，どこにいても本に包まれている感じが平面的にも立体的にも連続する図書館である．円形と正方形を組み合わせた平面からなり，円形は「子どもの本のへや」に正方形は一般開架室に対応し，一般開架室の床置き書架と閲覧席も円形と正方形で構成されている．

子ども室はストックホルム市立図書館(⇨247)のロトンダを踏襲する閉ざされた空間で，本に囲まれた世界を生み出している．ハイサイドライトと透明ガラスによる開放的な1階の一般開架室に対し，2階の一般開架室は壁面書架に囲まれた回廊でこの図書館を象徴する空間の一つである．

2階の円形外周部は壁面書架と曇りガラス壁に挟まれた閉鎖と開放の半ばする空間となっている．

新宿区立四谷図書館
- 設計：現代建築研究所
- 建設：1997年
- 蔵書収容力：8.3万冊
- 延床面積：17,828m²
　(図書館部分：3,393m²)
- 階数：地下2階地上13階(図書館は7・8階のみ)

区の出張所や分庁舎，水道局および区民ホールとの複合施設で，7階を閲覧空間，8階の一部を事務室として使用している．7階であることが市街地にありながら隣接する新宿御苑等の眺望と静かな閲覧空間をもたらしている．

閲覧室は三角形であることを巧みに利用した合理的なゾーン区分であり，カウンターと平行して主通路を配した視認性の高い書架レイアウトである．色彩計画なども含め，計画と設計がよく調和した開放的で親しみやすい図書館に仕上げられている．

Library: Public Library—Middle scale **図書：中規模公共図書館**

武雄市図書館(佐賀県武雄市)

1:800

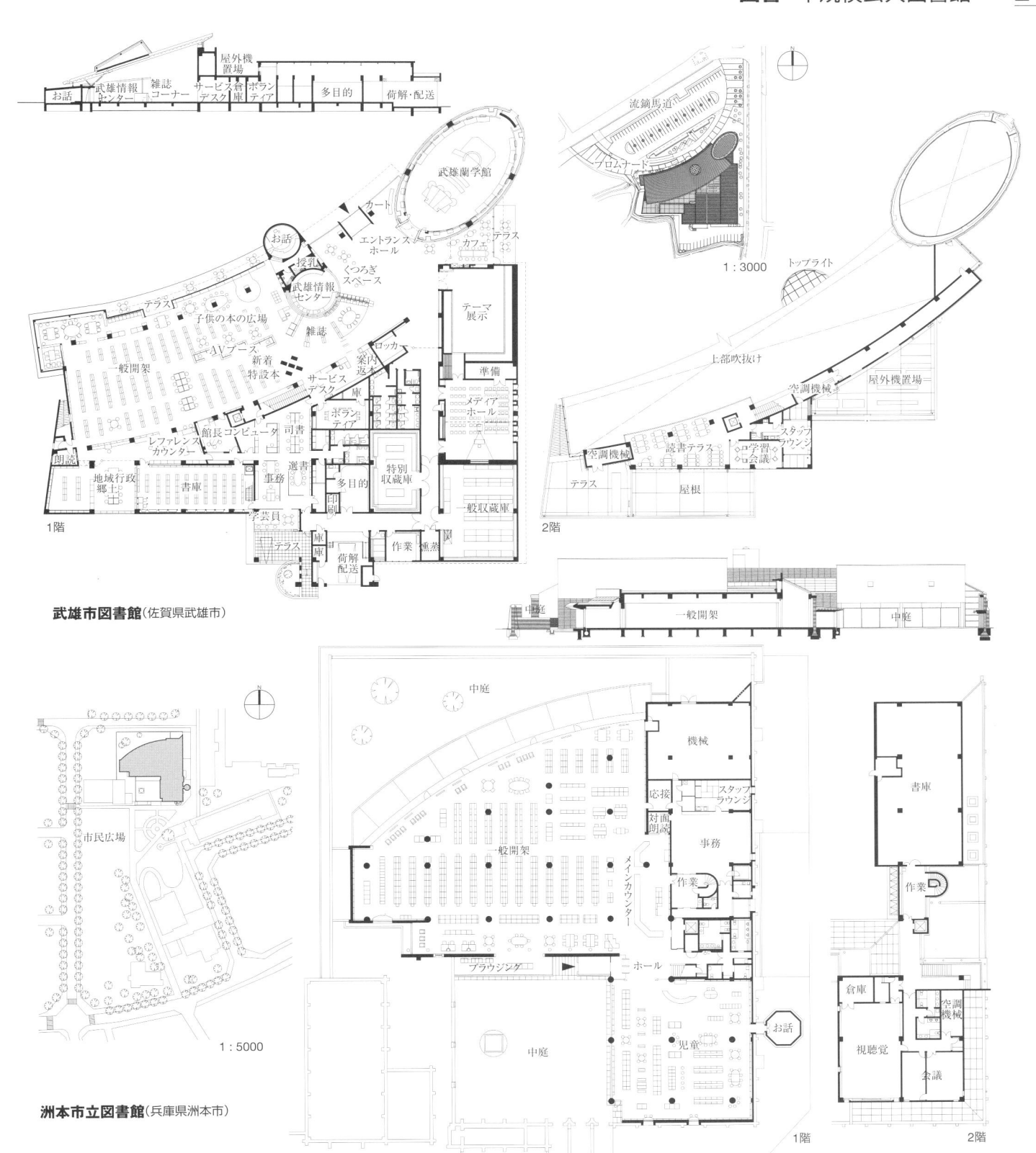

洲本市立図書館(兵庫県洲本市)

1:5000

武雄市図書館
- 設計：佐藤総合計画
- 建設：2000年
- 蔵書収容力：開架8万冊，閉架10万冊
- 延床面積：1,140m²
- 階数：地上1階一部2階

図書館前に設けられている流鏑馬場の関係から扇型の平面が規定されている．歴史資料館との複合施設であるが，両者の建築的な融合は少なく単独施設の図書館と変わらない．

インターネット端末の置かれた円形の情報センターのために，エントランスホールから館内の様子が窺えないことと，これを回り込む図書館の入口がやや窮屈な印象を受けることは好ましいとはいえない．片流れの勾配屋根の下に配列された開架書架はその間隔と高さ，通路の設定が適正で，見通しがきいて使いやすい．そして，窓際にさまざまなタイプの閲覧席を設ける標準的な手法を踏襲している．2階は座席だけが並ぶ読書テラスである．木の床と天井梁が包み込む空間のおおらかさと光のコントロールの巧みさは特筆できる．

洲本市立図書館
- 設計：鬼頭梓建築設計事務所
- 建設：1998年
- 蔵書収容力：開架12万冊，閉架12万冊
- 延床面積：3,191m²
- 階数：地上2階

この市の近代化のシンボルであった旧紡績工場のレンガ壁を活用した外観が印象的である．児童室に続くレンガ塀をくぐり入口前の中庭に至る．

カウンターと事務室を軸に一般開架と児童室をふり分けた全体構成は模範的である．

一般開架室は設計者の長い経験に基づく打ち放しコンクリートの柱，照明器具を千鳥配置にした高い天井，タイルカーペットの床に下段傾斜型の書架が並ぶ構成で，ゆとりと落ち着きがある．レンガ壁を積極的に利用した児童室も独立性と一体性，開放感と閉ざされた感じが両立し完成度が高い．

浜風対策で入口ドアを横にしたことはカウンターとBDSゲートを近づける効用をもたらしている．

図書：大規模公共図書館—センターコア形式の大規模閲覧室
Library: Public Library—Large scale

1:1200

千葉市中央図書館・生涯学習センター
- 設計：I.N.A.新建築研究所
- 建設：2001年
- 蔵書収容力：開架30万冊，閉架100万冊
- 延床面積：19,639m²
- 階数：地下2階地上3階

生涯学習センターとの複合施設であるが，両者はアトリウムガーデンを共有するだけなのでほぼ単独施設の中央図書館と変わらない．

図書館は地下から2階までの3層構成で，地下の自動出納書庫からの搬送設備とエレベーターのある情報サービスコアが中央を貫いている．

調査研究図書館機能を担う2階では，吹抜けとトップライトによりコアへの求心性を一層高めているが，利用スペースはこれを核にセンターコア形式の主題部門制で構成されている．この構成により利用者のレファレンスデスクの見つけやすさ，職員の動線の短縮と担当領域への視認性の高さ，そして四方向にそれぞれ雰囲気の異なる閲覧空間の形成を導き出している．なお，地域資料部門のみ独立したデスクと書庫を備えている．また，コアには貸出用カウンターも設置されている．

1階は児童書関連，視覚障害者関連，ポピュラーな雑誌や視聴覚資料のスペースで，2階と同様にコアを囲むカウンターが対応している．充実した内容の視覚障害者サービス部門と児童書研究部門を設けていることが特色である．

市立図書館としては最初の導入例であり，通常型の書庫を全くもたない点でも画期的な地下の自動出納書庫は，2層分の階高をもち現在の40万冊から100万冊まで増設できる面積を備えている．このほか，地下では96席の自習室が図書館部分である．

メディアマーケットをコンセプトとする生涯学習センターの施設と設備の充実度も高い．

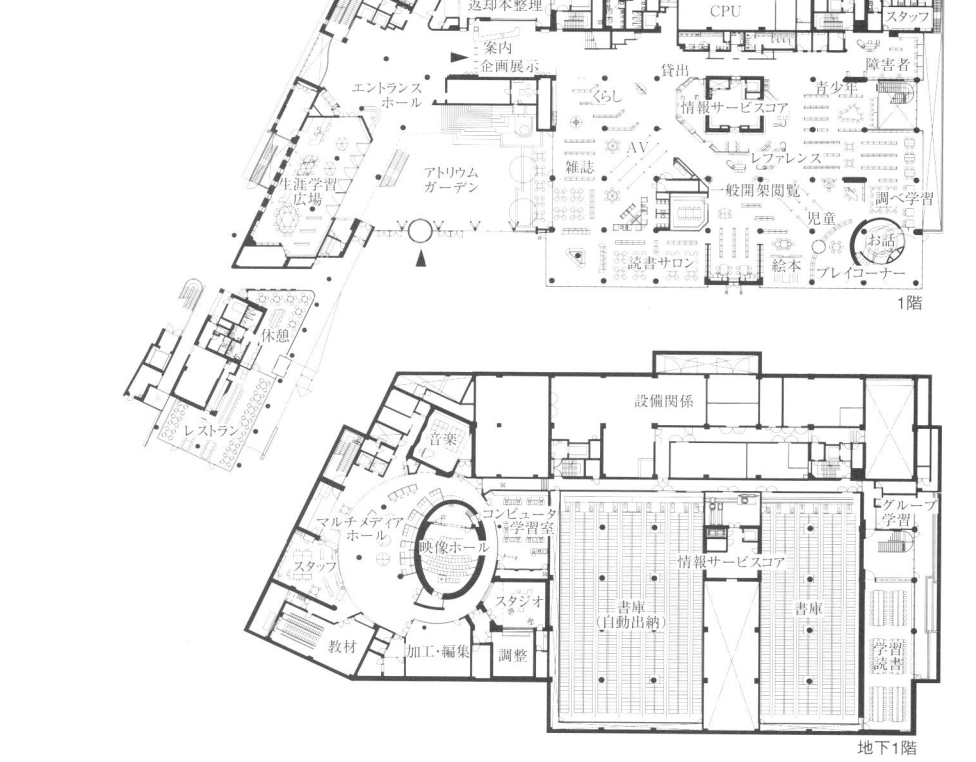

千葉市中央図書館・生涯学習センター（千葉市）

Library: Public Library—Large scale　**図書：大規模公共図書館—都心部における解法**

大阪市立中央図書館（大阪市）

大阪市立中央図書館
- 設計：石本建築事務所
- 建設：1996年
- 蔵書収容力：開架 約40万冊，閉架 約330万冊
- 延床面積：34,533m²
- 階数：地下6階地上5階一部6階

21世紀にふさわしいヒューマンライブラリーを標榜して建設された床面積，収蔵可能冊数とも国内最大規模の公共図書館である．地下鉄駅に接続する入口をもつことが大きな特徴で，その規模と利便性から極めて多数の来館者を得ている．

北側隣地への配慮から地下にも閲覧室を設け地上部のボリュームを低減するとともにセットバックする断面としている．約40万冊の開架閲覧室は3階から地下1階までのL字形で，それぞれの2辺が主題と資料種別で区分されている．要の位置にカウンターを置く家具レイアウトは主題ごとの利用特性に対応させているが，全体として小規模館の拡大版のようでやや明解さに欠ける．特に一部で開架書架の中に読書席を混在させる形式をとっているが，この図書館のように多数の利用者が見込まれる場合には，書架群の配列と座席を単純にゾーン区分する形式の方がよい．これら4層の閲覧階を結ぶのがエントランスホールにも広がり象徴的な天井をもつ吹抜けと階段である．地下6階から地下3階まで300万冊規模の書庫には，閲覧室階の作業室と連絡する垂直搬送設備が設置されている．

これほどの巨大館といえども1日平均7000人もの来館者には利用者エリアの面積が足りない印象を受ける．

252 図書：大学図書館—文科系大学の巨大図書館　Library: University Library　1:1000

1階

3階

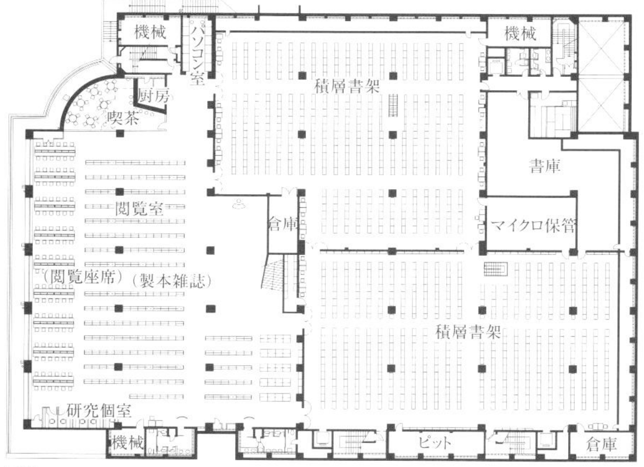

2階

地階

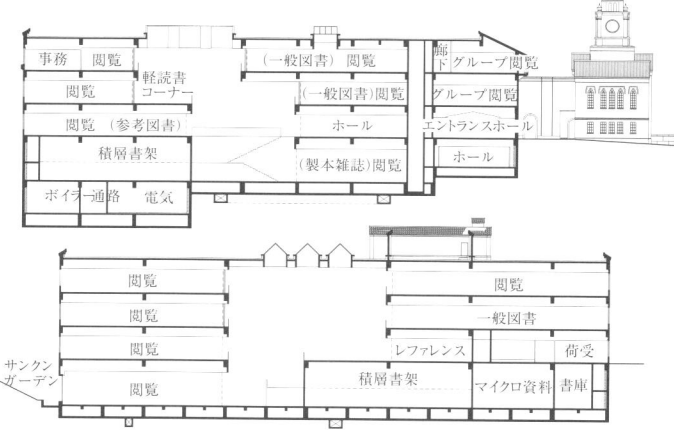

関西学院大学図書館（兵庫県西宮市）　1:6000

section10 図書

大学図書館

大学図書館は，大学における教育研究の基盤施設として，学術情報を収集・組織・保管し，これを利用者の研究・教育・学習そして教養の涵養などのための利用要求に対し効果的に提供することが主な機能である．そのため，これらの利用目的に適した資料とふさわしい環境・設備を提供することが必要である．さらに，誰にも開かれた施設として，学生が自由な時間を過ごすことができる交流・出会いの場としての機能も求められ，自然と人が集まるような魅力的な空間の提供が課題である．

関西学院大学図書館

- 設計：日本設計
- 建設：1997年
- 蔵書収容力：150万冊
- 延床面積：19,481m²
- 階数：地下2階地上3階塔屋1階

この大学ではキャンパスの学舎群を20年以上の年月をかけて昭和4年以来のW.M.ヴォーリズ設計のスパニッシュミッションスタイル様式に戻しつつ再整備を進めてきた．その最終段階として全面開架制による学習図書館と研究図書館機能の兼備を標榜して建設された図書館である．

正門に続く中央広場の景観への配慮からその存在感はむしろ抑制され，広場からは時計台をもつ旧館の裏側に隠れた形である．一方でサンクンガーデンから採光を確保しつつ実質2階分の深さの地下にも閲覧空間と利用者の入庫を許す積層式書庫を設けることで必要面積を確保している．

エントランスホールを抜けて入る1階には大きなカウンターが設けられ大学図書館とは思えない広さが感じられる．館内は基本的に階ごとの主題部門別閲覧室制を採用し，3階には専用の資料などを有する産業研究所も包含している．中地下階を含む延べ5層の閲覧空間を統合しているのがほぼ中央部を貫く吹抜けである．階構成および吹抜けを挟んで適当な広さに分節され，開架書架と閲覧座席が配置された各構成要素のゾーニングは適切である．吹抜けに張り出した2階の軽読書コーナーなど楽しさの演出も仕掛けられ，知的活動の場としての気品と活気との調和がうまく図られている．

床面積の多くを利用者用のスペースに充てているため，職員の事務・作業スペースが，現状でも相当に窮屈な状態にあることは問題点として指摘できる．

図書：大学図書館―情報化への対応

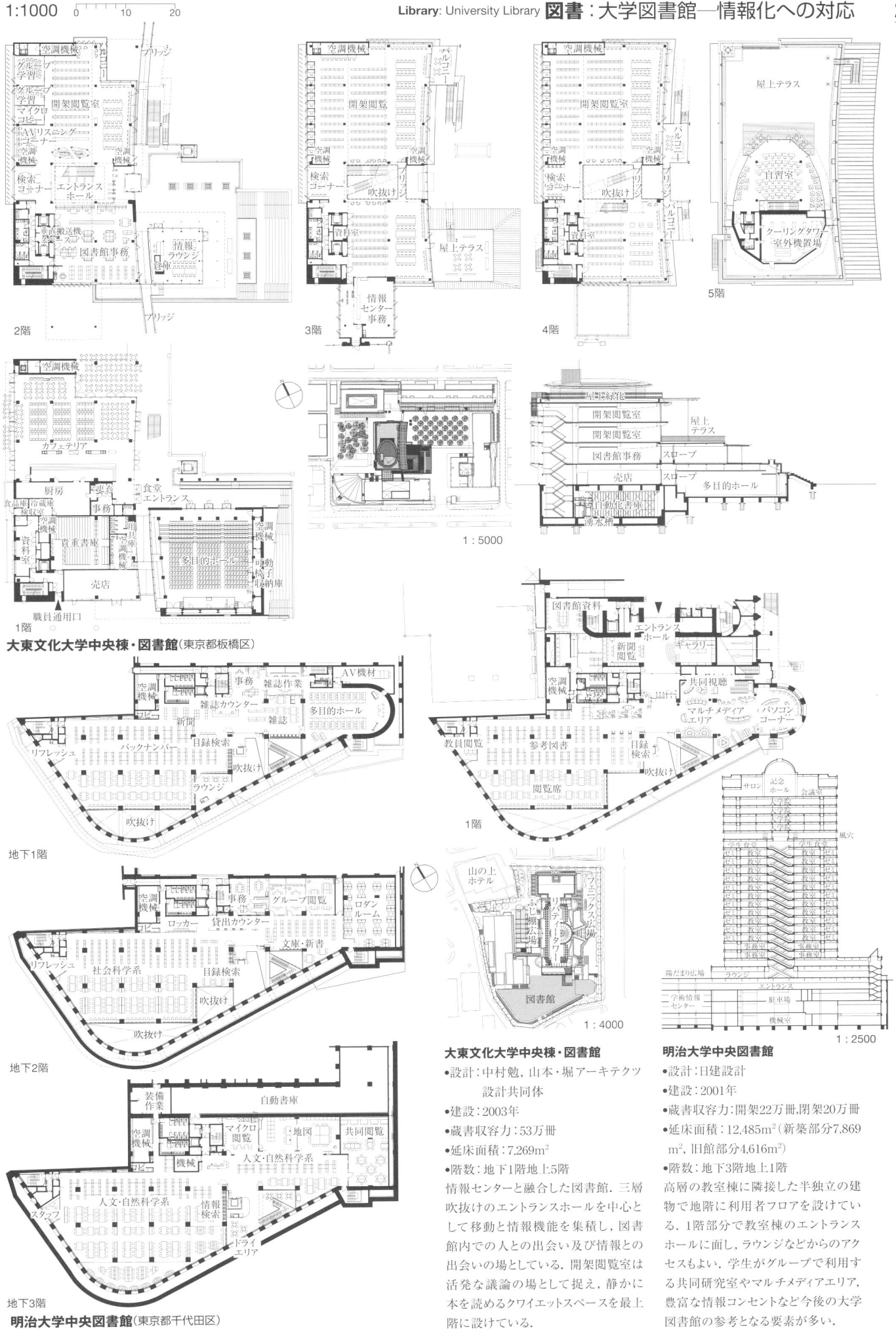

大東文化大学中央棟・図書館（東京都板橋区）

大東文化大学中央棟・図書館
- 設計：中村勉，山本・堀アーキテクツ設計共同体
- 建設：2003年
- 蔵書収容力：53万冊
- 延床面積：7,269m²
- 階数：地下1階地上5階

情報センターと融合した図書館．三層吹抜けのエントランスホールを中心として移動と情報機能を集約し，図書館内での人との出会い及び情報との出会いの場としている．開架閲覧室は活発な議論の場として捉え，静かに本を読めるクワイエットスペースを最上階に設けている．

明治大学中央図書館
- 設計：日建設計
- 建設：2001年
- 蔵書収容力：開架22万冊，閉架20万冊
- 延床面積：12,485m²（新築部分7,869m²，旧館部分4,616m²）
- 階数：地下3階地上1階

高層の教室棟に隣接した半独立の建物で地階に利用者フロアを設けている．1階部分で教室棟のエントランスホールに面し，ラウンジなどからのアクセスもよい．学生がグループで利用する共同研究室やマルチメディアエリア，豊富な情報コンセントなど今後の大学図書館の参考となる要素が多い．

明治大学中央図書館（東京都千代田区）

254 展示：展示空間の変遷と動向 Exhibition: Transition and Current Situation

展示空間の動向

1. フレキシブルな空間

どんな展示物に対しても自由にレイアウトでき，フレキシブルに対応できる展示空間が欲しいという要望は相変わらず根強くある．大型可動展示パネルによるレイアウト構成は，コンピュータに何通りかのパターンを記憶させて，その選択により自動配置することも可能になった（⇨070）．ただ，これですべてがうまくいくわけではない．展示設営側の労力は軽減されても，必ずしも鑑賞者側にとって満足できる結果をもたらすとは限らないからだ．有効なのは頻繁に展示物の出し入れのあるイベント展示会や展示点数の多い公募展展示などであろう．実際に導入した美術館での展覧会レイアウト調査をしてみると，いくつかのパターンに集約できることが明らかになった（岡山県立美術館1991年〜1996年調査⇨070）．それであれば「どこでも自由に」でなくてもいい．適切な位置に必要に応じて設置できる展示パネルシステムが求められている．それでこそ展示物に相応しい展示空間のプロポーションが確保できる．⇨257

フレキシブルな展示空間を目指していたポンピドーセンターのパリ国立近代美術館（⇨257）が，可動展示パネル方式を廃し固定的な壁に囲われた限定された展示空間に改装されたことはエポックメイキングな事件であったといえる（1986年）．

2. ホワイトキューブ

展示作品を阻害するような余計な装飾，色を極力排した展示室「ホワイトキューブ」は美術館には必要不可欠のものになった．展示室の基本として，ホワイトキューブというひとつのスタイルが定着したといえる．⇨259,260

今後の展開としては，自然採光の方法であろう（⇨257）．国内では依然展示室に自然光を入れることには否定的な意見が多い．ヨーロッパとは異なる緯度にある日本の場合には自然光の強さも異なり，収蔵品の保存環境を考慮すれば当然のことである．それでも「自然光の元で鑑賞したい」気持ちは，それが本当の色，制作者が見たであろう色と同じ色という認識にある．

3. ワークショップ的空間

一方でホワイトキューブへの批判もある．どことも縁を切った白い空間の中でしか存在しえないアートとは何なのか．生活や風土と結びつかずして，何が故のアートなのか．展示室から街へ，自然の中へ飛び出すアートへと繋がっていく．アートが存在する場所が展示の場所であり，そこに住民であったり，ワークショップの参加者であったりまちまちではあるが，人が介在することによって何らかの関係が生まれることが作品そのものとする認識である．このとき展示スペースは地勢的地域であり，経済的地域であり，政治的地域でもありうる．

越後妻有アートトリエンナーレでは，アーティストを現地へ呼んで一定期間一緒に暮らし，地域住民と協働のワークショップを通じて作品を創りあげる．その作品は公共工事として予定されていた道路整備の一部であったり，廃校になった小学校の再生であったりと，地域振興の可能性を拡げるものであった．

4. 固有な空間

展示物のための固有な空間とは，その展示物の特質を引き立て最大限活かす空間である．展示物とそれを包む空間が1対1の関係で密接に結びついた至福の関係といっていい．

赤い展示壁面は一般的ではないが，金色の額縁に飾られた宮廷絵画においては相応しいし（リール美術館，フランス），ナショナル・ギャラリー（ロンドン）のイギリス風景絵画の展示壁は深緑の壁面で，絵画の色調とよく調和している．額縁から抜け出た現代美術にとっては，ホワイトキューブもまた固有な空間ということができる．

コレクションとして展示物にあるまとまりがあること，常設の展示空間とし

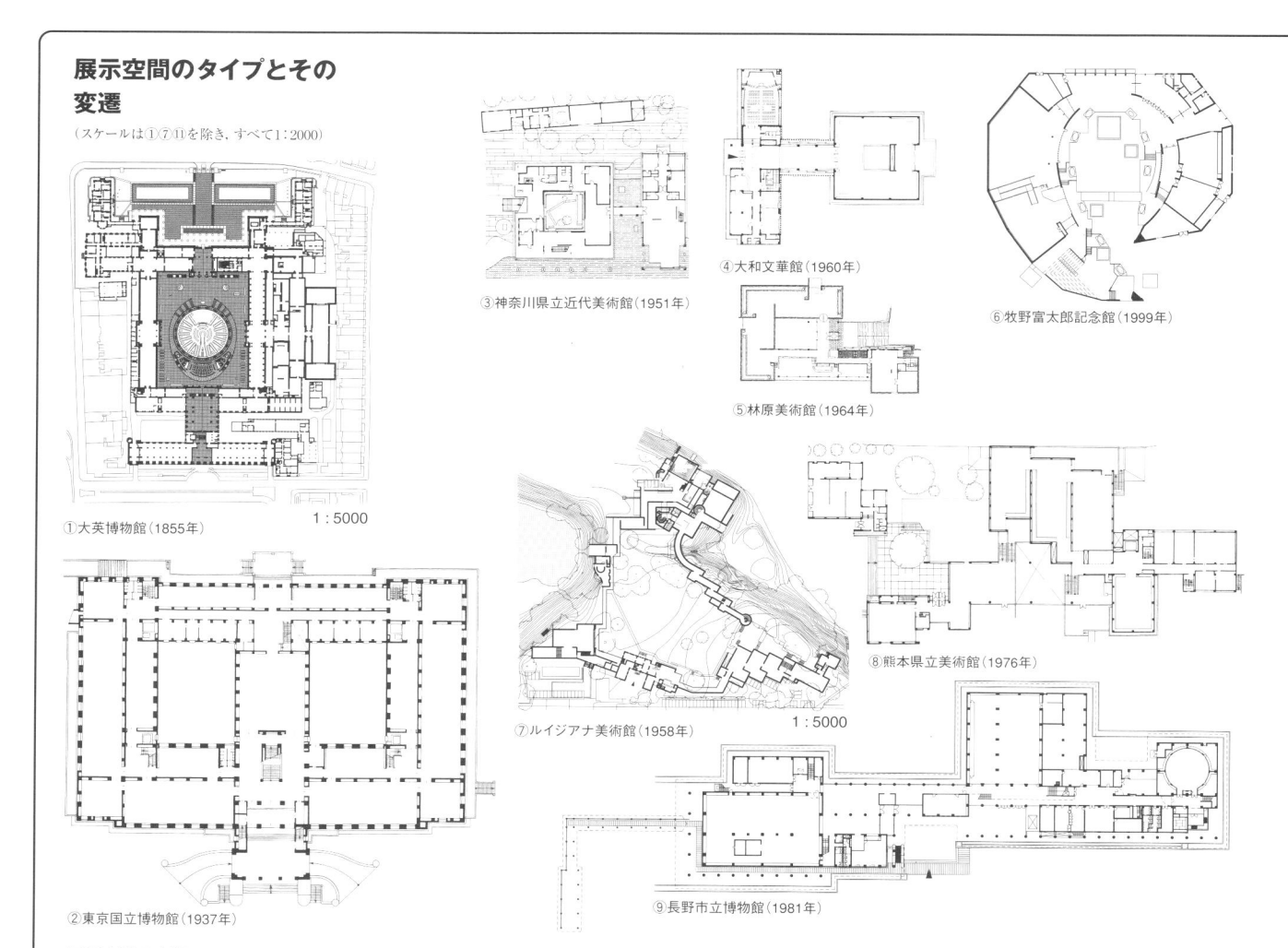

展示空間のタイプとその変遷

（スケールは①⑦⑪を除き，すべて1：2000）

① 大英博物館（1855年） 1：5000
② 東京国立博物館（1937年）
③ 神奈川県立近代美術館（1951年）
④ 大和文華館（1960年）
⑤ 林原美術館（1964年）
⑥ 牧野富太郎記念館（1999年）
⑦ ルイジアナ美術館（1958年） 1：5000
⑧ 熊本県立美術館（1976年）
⑨ 長野市立博物館（1981年）

展示空間の変遷

1. 王宮タイプ
① 大英博物館（1855年）
② 東京国立博物館（1937年）

王宮や宮殿の歴史的建造物を博物館として公開した近代博物館誕生期の形式を，日本では帝冠洋式に置き換えて，王宮の形式を博物館に当てはめた．

2. 中庭タイプ
③ 神奈川県立近代美術館（1951年）
④ 大和文華館（1960年）
⑤ 林原美術館（1964年）
⑥ 牧野富太郎記念館（1999年）

王宮タイプの中庭が閉じたものであったのに対して，内と外との連続感を求めて開かれた中庭を中心に持つタイプ．ロの字の一辺が展示室として大きく独立してくると，分棟回遊タイプに発展していく．

3. 分棟タイプ
⑦ ルイジアナ美術館（1958年）
⑧ 熊本県立美術館（1976年）
⑨ 長野市立博物館（1981年）
⑩ 宇都宮美術館（1996年）
⑪ 酒田市美術館（1997年）

独立した展示室が棟として連続する

Exhibition: Transition and Current Situation **展示**：展示空間の変遷と動向　255

て成り立つことが固有な空間を創る上での条件となる．

5. 場所に根ざした空間
歴史・風土をテーマとする展示の場合，ジオラマ的手法による再現または復元展示が主流であったが，近年もっとライブな本物志向の展示が求められている．集客力という面でも魅力ある展示が必要なのである．

遺跡を覆うように博物館を建てることは，文化財保護の点から工事の際，非常に細やかな配慮と施工が求められるが，シェルターを掛けることによって良好な保存環境を整えることができる．同時に，来観者にとっては，周辺環境と一体となった本物の遺跡を真直に体験できる大きな魅力がある（⇒071）．またその場所でなければ観られない展示は他にない固有性を持つことができ，リピーターを増やすことにも繋がる．⇒261.262

自然環境保護の視点から生態系全体への関心が高まっている．どんな生物が棲んでいるのかという個体への興味に加えて，どんな環境に護られて生育しているのか，それが地球規模でどんな影響を与えているのか，丸ごとダイナミックに展示する生態展示（モントレー湾水族館，サンディエゴ）は，自然科学系・動植物博物館の方向性を示している．⇒072,073

6. 再生された空間
都市財産として建築物を長く存続させることは，まちづくりの上で重要なことである．長く人々に親しまれ利用されてきた建物には，変えがたい思いと記憶が込められている．また博物館や美術館として使われてき建築物も，まさに都市の記憶の詰まった記念碑として人々の心の中に存在しているはずである．魅力ある都市にするには，記憶に留められた建築物を都市の財産として存続させることが必要なのである．

古くは貴族の館や宮殿が美術館として開放され（ルーブル美術館，パリ），さらにその都市景観を壊さないよう大部分を地下に増築しシンボルとしてのガラスピラミッドを建てたグラン・ルーブル増築，城郭を美術館として改築再生したキャッスル・ベッキオ美術館（ベローナ）等，歴史的事例は数多い．近代産業のシンボルであった発電所を現代アートのギャラリーに再生したテイト・モダン（ロンドン）（⇒264）も記憶に新しい（2000年）．

7. 仮設的空間＝時間の中の展示
期間限定，ある時間の中にしか存在しない展示は極めて今日的である．インスタレーションは，期間限定であるが故になおさら強く場所性を訴えかける．その場所に関わる人々，住民やワークショップへの参加者に何らかの出来事や関係をもたらすことで，リアルな存在になりうる可能性を持っている．

博覧会パビリオンにはその時代の先端技術が応用されて，技術の可能性を追求する傾向が強かった．1990年代以降，「夢多き明るい未来」に対する黄信号が共通認識となり，「環境」「自然」「人間」というホモサピエンスであるはずの人間にとって，根源に関わるテーマが多く見られるようになる．その展示の中心は視覚・聴覚・触覚に直接刺激を与える感覚ミュージアムというべきもので，物理的な「もの」は存在しない（ハノーバー国際博覧会「健康館」2000年）．

8. デジタル・アーカイブ
世界中のネットワーク・データベースには様々な情報が蓄積されている．それらを繋いでデジタル・ミュージアムを創る構想が，世界中の大学，博物館，美術館，図書館，企業を中心に進められている．コンピュータの飛躍的発達により双方向のやり取りが可能になりつつある．それでも現実の空間でじかに展示物から受ける刺激とは異なるものであろう．その感受性をもちつつ，ヴァーチャルな展示の可能性を探らなければならない．

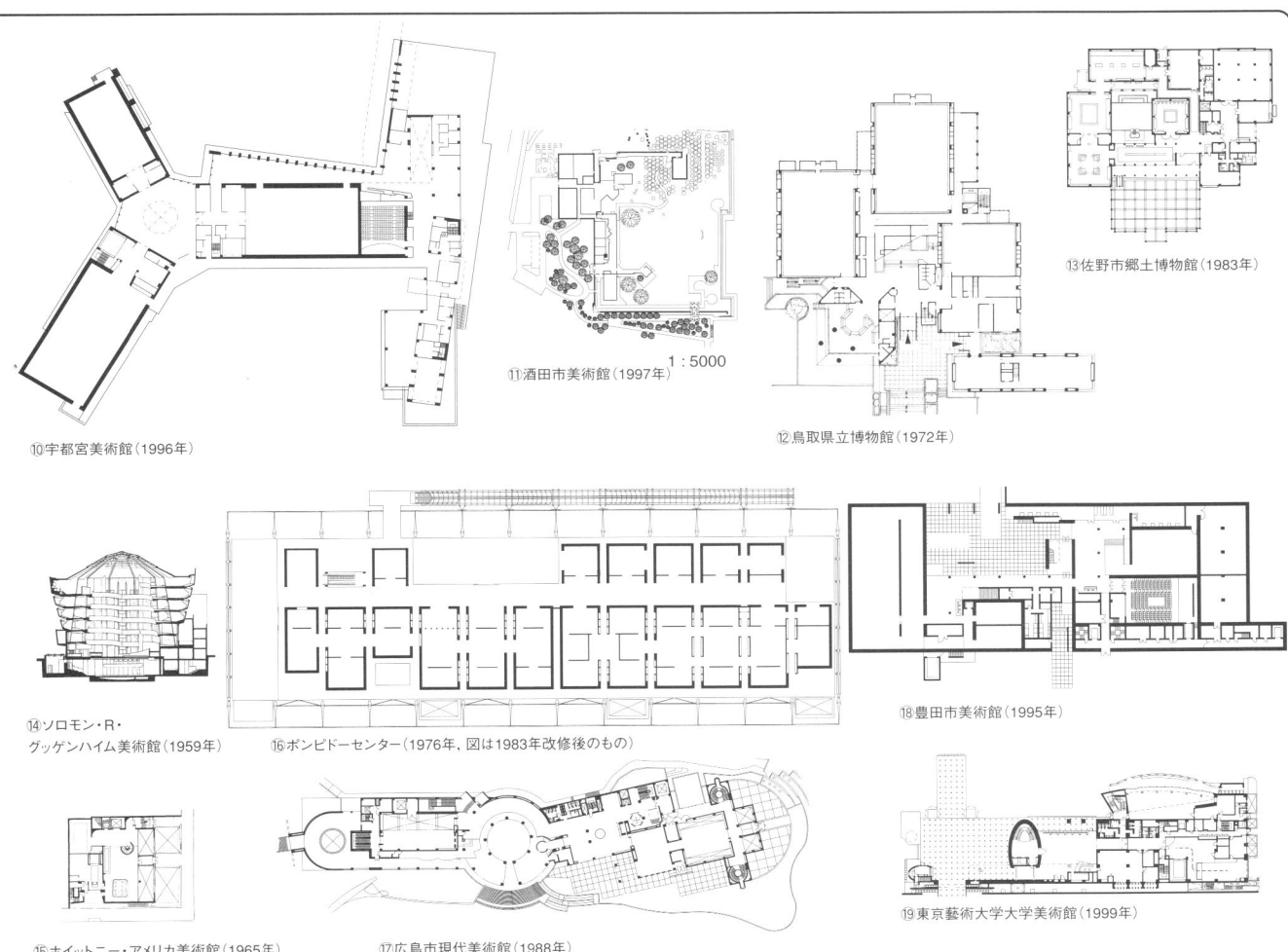

⑩宇都宮美術館（1996年）
⑪酒田市美術館（1997年）　1:5000
⑫鳥取県立博物館（1972年）
⑬佐野市郷土博物館（1983年）
⑭ソロモン・R・グッゲンハイム美術館（1959年）
⑯ポンピドーセンター（1976年，図は1983年改修後のもの）
⑱豊田市美術館（1995年）
⑮ホイットニー・アメリカ美術館（1965年）
⑰広島市現代美術館（1988年）
⑲東京藝術大学大学美術館（1999年）

タイプ．自然環境の中にウィングを伸ばし，展示室とは異なるゆったりした外部空間を取り入れたタイプ．
4. 分棟回遊タイプ
⑫鳥取県立博物館（1972年）
⑬佐野市郷土博物館（1983年）
中庭タイプから発展したタイプ．展示動線が回遊して元の位置に戻ってくる案内性の良さが評価される．収蔵搬出入動線とも分離しやすい．
5. 積層タイプ
⑭ソロモン・R・グッゲンハイム美術館（1959年）
⑮ホイットニー・アメリカ美術館（1965年）
⑯ポンピドーセンター（1976年）
⑰広島市現代美術館（1988年）
⑱豊田市美術館（1995年）
⑲東京藝術大学大学美術館（1999年）
都市型美術館に求められるコンパクトな平面計画，複雑化する機能構成を満足させるには積層させるしかない．大型エレベータの安全性，地下防水工法の確実性等の技術的裏づけに支えられ定着した．

展示：部門構成と所要室 Exhibition: Departmental Composition

分類	内容
「登録博物館」(博物館法第2条)	都道府県の教育委員会に備える博物館登録原簿に登録をしたもの
「博物館に相当する施設」(同法第29条)	その他文部科学大臣が文部科学省令で定めるもの
「博物館類似施設」	それ以外のもので、博物館と同等の事業を行い博物館相当施設と同等以上の規模のもの

博物館の定義

分野	対象	種別
総合	人文＋自然	総合博物館
人文科学系	歴史,民族	歴史博物館
	郷土資料,民族芸術	民族博物館
	美術,工芸	郷土資料館
	音楽	美術館
	文芸文学	音楽資料館・記念館
		文学館・文学資料館 記念館
自然科学系	自然科学	動物園・水族館
	生物	植物園
	地学,天文	天文台・プラネタリウム
	科学技術	科学館・こども館
	産業	産業展示館・博覧会パビリオン

博物館の展示種類別分類

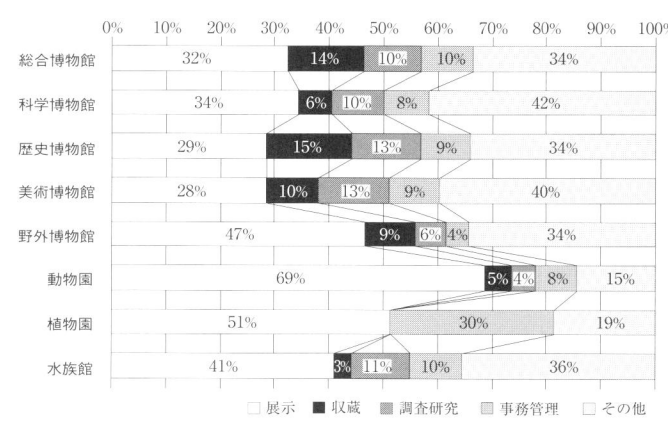

	展示	収蔵	調査研究	事務管理	その他
総合博物館	32%	14%	10%	10%	34%
科学博物館	34%	6%	10%	8%	42%
歴史博物館	29%	15%	13%	9%	34%
美術博物館	28%	10%	13%	9%	40%
野外博物館	47%	9%	6%	4%	34%
動物園	69%	5%	4%	8%	15%
植物園	51%		30%		19%
水族館	41%	3%	11%	10%	36%

登録博物館面積構成比[01]

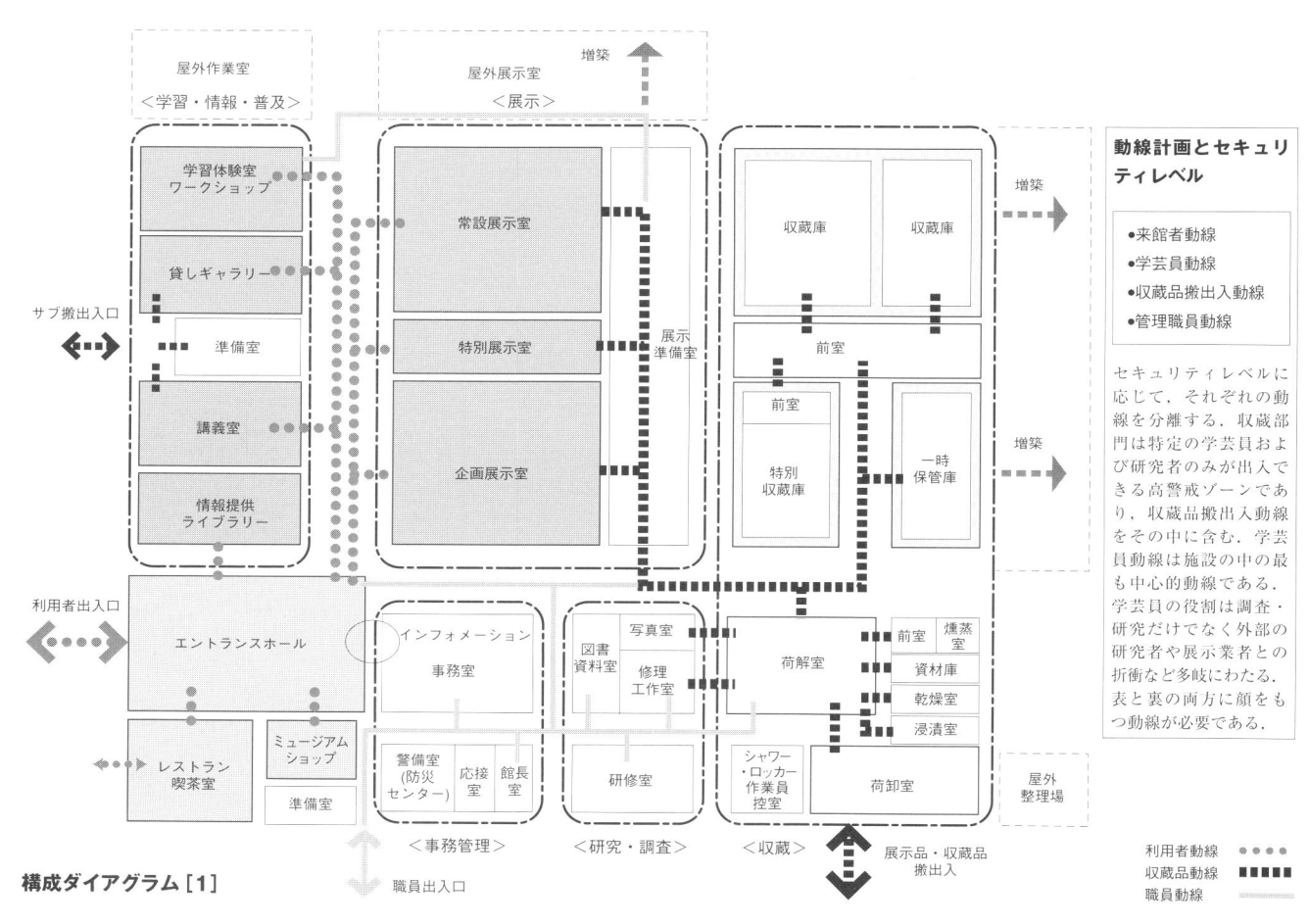

構成ダイアグラム[1]

動線計画とセキュリティレベル

- 来館者動線
- 学芸員動線
- 収蔵品搬出入動線
- 管理職員動線

セキュリティレベルに応じて，それぞれの動線を分離する．収蔵部門は特定の学芸員および研究者のみが出入できる高警戒ゾーンであり，収蔵品搬出入動線をその中に含む．学芸員動線は施設の中の最も中心的動線である．学芸員の役割は調査・研究だけでなく外部の研究者や展示業者との折衝など多岐にわたる．表と裏の両方に顔をもつ動線が必要である．

利用者動線 ••••
収蔵品動線 ■■■■
職員動線 ―――

部門構成と所要室[1]

展示を目的とした施設は多岐にわたるが、分野としては総合、人文科学系(歴史博物館、美術館、文学館等)、自然科学系(動物園、水族館、科学館、産業展示館等)に大別される．本書で扱うのは独立形態のものに限られるが、我が国ではオフィス建築に併設された美術館や、百貨店における展示等も多く見られる．近年では野外展示を中心とした博物館も生まれている．

部門構成と所要室[1]

文部省告示第164号「公立博物館の設置および運営に関する基準」に設置すべき部門の基準が示されている．

収蔵部門

搬入荷解室から収蔵庫に至る動線上には梱包資材室，燻蒸室，整理・修復・工作室等の諸室が配される．

収蔵庫の配置については収蔵品の移動距離が最短になるよう計画する．敷地に余裕がなく立体的部門構成になる場合，収蔵庫は地下配置または最上階配置になることが多い．いずれの場合も浸水，漏水および日射熱負荷に対する配慮が必要であり，外壁，屋根の二重化が有効である．収蔵庫は保存環境の異なる収蔵品の種類に合わせて複数設置する．保存環境を一定に保つため前室を設ける．前室は一時的な研究作業もできる程度の広さが望ましい．

展示部門

大別して常設展示室，企画展示室(特別展示室)，貸しスペースとしてのギャラリーがある．展示部門においては，それをサポートする展示準備室の重要性が増している．展示ケースや展示パネル，展示台などを収納するスペースを想定し，最低幅5mの準備スペースを設ける．部門構成が立体化される場合，搬入ゾーンと直結する専用エレベーターを設置する．近年，展示物の大型化が著しい．搬出入通路，搬入エレベーター等の大きさは運送コンテナを目安に計画する．

教育・普及・情報部門

従来の鑑賞するだけの展示から，ワークショップなどの参加型企画が増えている．アトリエの利用も展示室と一体となった使われ方や屋外での活動も多い．講義室も音楽，演劇，パフォーマンスなど他の表現も含めた計画が必要であり，劇場など他機能施設との積極的複合も視野に入れるべきである．情報端末機器の急速な発達により，利用者への情報公開，館相互の情報の共有化が容易になった．情報を提供する図書館機能が重視されつつある．

調査・研究部門

本来，研究部門は収蔵部門と近接すべきである．研究対象である収蔵品を不必要に移動させることのないよう同じ警備ゾーン内に配置する．

往々にして事務室のなかに管理課と学芸課が配置されることが多いが，本来異なる機能であることを踏まえ，調査研究に相応しい集中熟考できる環境を整える．

管理・共用部門

導入部となるエントランスホールは展示スペースの延長としての設えを整えておく．外光の入る展示室でもあり，大勢の入館者を待機させる場所として十分な広さを確保する．

01：文部省大臣官房調査統計企画課編：平成8年度社会教育調査報告書, p.140, p.144, 大蔵省印刷局 (1998)

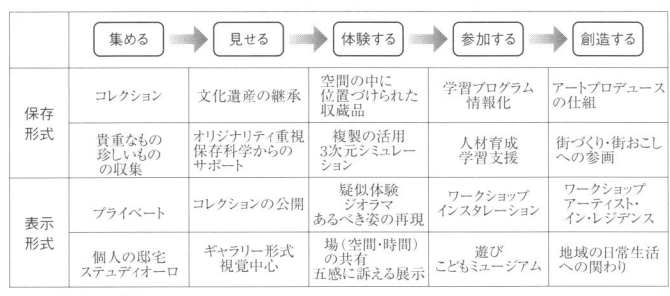

Exhibition: Exhibition System and Lighting Plan **展示：展示方法と照明計画** 257

	集める	見せる	体験する	参加する	創造する
保存形式	コレクション	文化遺産の継承	空間の中に位置づけられた収蔵品	学習プログラム情報化	アートプロデュースの仕組
	貴重なもの珍しいものの収集	オリジナリティ重視保存科学からのサポート	複製の活用3次元シミュレーション	人材育成学習支援	街づくり・街おこしへの参画
表示形式	プライベート	コレクションの公開	疑似体験ジオラマあるべき姿の再現インスタレーション	ワークショップ	ワークショップアーティスト・イン・レジデンス
	個人の邸宅ステュディオーロ	ギャラリー形式視覚中心	場(空間・時間)の共有五感に訴える展示	遊びこどもミュージアム	地域の日常生活への関わり

展示方法の変遷

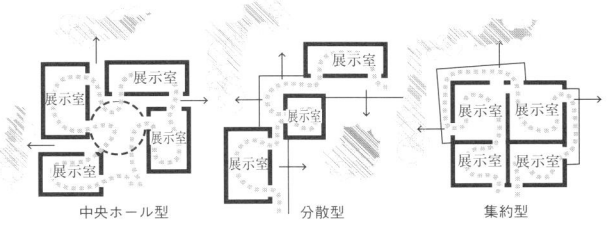

ポンピドーセンター(1977年)[1]

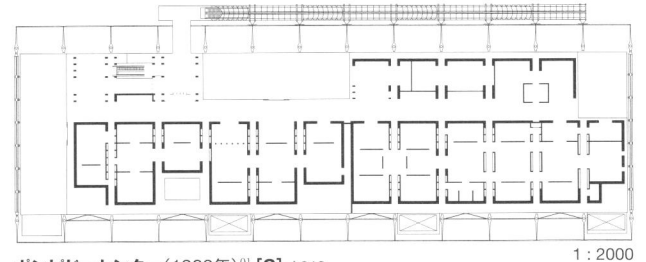

ポンピドーセンター(1983年)[01][2] ⇒313 1:2000

展示空間

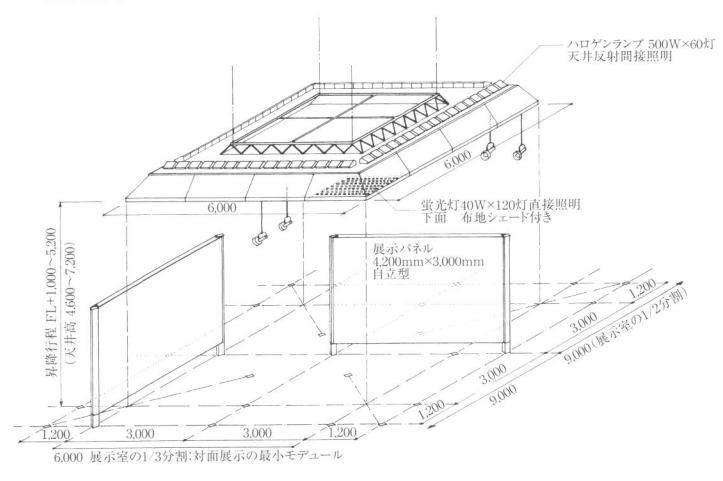

企画展示室は、18m×18m(天井最高部7.2m、周囲部6.4m)の無柱大空間を2単位つなげるフレキシブルな大室間構成をとっている。新考案の自立型可動展示壁を種々のパターンに配置することにより、展示空間を構成している。1単位の中央には昇降式照明装置(間接照明：ハロゲン電球500W×60台、直接照明：3,000K蛍光灯40W×120灯)が設けられ、スカイライトをもった全般間接照明を主体としている。この照明は調光可能であり、最高600lxの照度を確保するとともに、3mごとに設けられた配線ダクトからのスポット照明とともに種々の照明効果を可能としている。

企画展示室の照明計画と自立型可動展示パネル(岡山県立美術館)⇒070

展示室レイアウトと外部空間との繋がり ⇒073,099

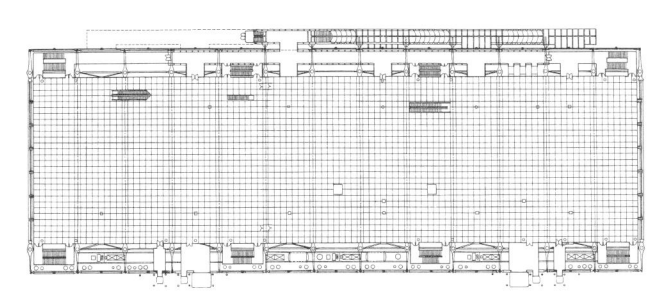

中央ホール型　　分散型　　集約型

保存環境のみを優先すると外部に面さない収蔵庫のような展示空間になりがちである。鑑賞する側としては緊張した神経を随時休められる鑑賞ルートが欲しい。外が見え、自然の光、緑を感じることができる展示室構成の工夫が必要である。自然の諸要素(水・風・土等)をテーマにした作品の見せ方も視野に入れる。

複合化(「収蔵＋展示」から「研究＋展示」へ、「鑑賞」から「参加＋創造」へ)

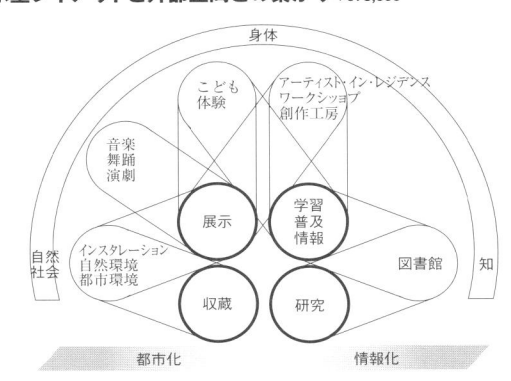

情報は受け取るだけでなく発信することにより新たな価値を持ち始める。同じ鑑賞という機能から音楽・演劇施設との複合や関連する文献資料を閲覧できる図書館との複合など、より多方面から情報提供を得る機能的複合のほかに、創造する側と見る側の垣根をなくし一緒に体験することによって知的興味を深める仕組み(ワークショップ、アーティスト・イン・レジデンス等)を受け入れられる空間づくりが必要になる。

	目的	問題点・検討事項	摘要
自然採光 ⇒032	拡散光による展示室全体(特に展示壁面)の均質な照度を確保する。	●拡散方法 ●自然光の変化に伴う調光方法 ●夜間の照明方法	●創作現場(アトリエ、工房、書斎等)の再現展示 ●自然環境の再現展示
人工照明	展示保存の面から展示物に相応しい照度を個々の条件に合わせて確保する。	●セッティングの手間 ●調光方法 ●ランニングコスト ●光源の選択(点光源,線光源,面光源) ●球種の選択(白熱灯,蛍光灯,ハロゲンランプ,HID等) ●色温度の設定(3,000K〜9,000K)	●演出性の高い展示 ●保存上適正な照度を必要とする展示

採光・照明形式 [3]

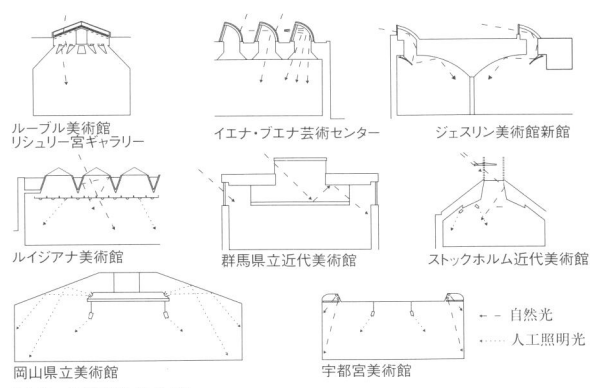

ルーブル美術館リシュリー宮ギャラリー　イエナ・ブエナ芸術センター　ジェスリン美術館新館

ルイジアナ美術館　群馬県立近代美術館　ストックホルム近代美術館

岡山県立美術館　宇都宮美術館

―自然光　‥‥人工照明光

採光・照明形式 [4]

展示空間

巨大化：フレキシブルな入れ物
展示物に合わせて展示空間を創るシステムは、「間仕切る」という日本的発想から天井吊可動展示パネルを普及させたが、展示物の大型化・多様化といった、それまで壁掛け中心だった展示物そのものの変化が空間を大架構システムへと発展させている[1]。直接搬入車が会場まで乗り入れできるような機能性や展示内容ごとに組立を行う場の装置化を図る。⇒265

固有な場：展示物のための固有な空間
展示物をどのように見せるか、採光条件、保存条件等をそれぞれ固有の条件を満たしながら最も相応しい空間を創造する[2](⇒070〜073)。コレクションを前提として、展示されるものが最初から決まっているような場合に初めて可能になる。

照明計画 [3][4]
どの照明方法を採用するかは展示物が創られた、あるいは使われた時代の環境と展示する側の意図に依存する。実際にはどちらか一方というより両方の組合せによることが一般的である。自然採光によって空間全体の均質照度を確保し、展示物ごとの効果的な演出照明をスポットライトで照らすことが多い(⇒072)。日本では、保存資料として紙や染色、版画など紫外線による退色劣化の影響が出やすい資料が多いため、自然光は絶対に入れないという考えが強かった。

しかし、赤外線・紫外線除去フィルムなどの性能向上や空調条件の技術的解決が可能になってきたことにより、今後は資料が創造されたのと同じ場所、時代の光環境を再現することによって、展示物への理解をより深めることができるような鑑賞する立場からの展示空間のあり方を求める姿勢も見られるようになった。

01：岡田新一：美術館—芸術と空間の至福な関係、p.20、彰国社(1999)

258 展示：光のコントロール　Exhibition: Light Control

デュ・メニル美術館　採光部断面図　1:100

デュ・メニル美術館「リーフ」
フェロセメントで成形された「リーフ」と呼ばれる日除けルーバーは，ダクタイル・アイアンによる鉄骨部材と一体化して12mの梁を構成する．「リーフ」は直射光を展示室内に入れることなく，どの角度からももらなく反射した間接光をもたらす．鉄骨部材には空調・電気設備が付帯し，ガラス面を透過した熱気をリーフ上部で回収して輻射熱を軽減している．紫外線は空気層を挟んだ三重のガラス面で遮蔽している．

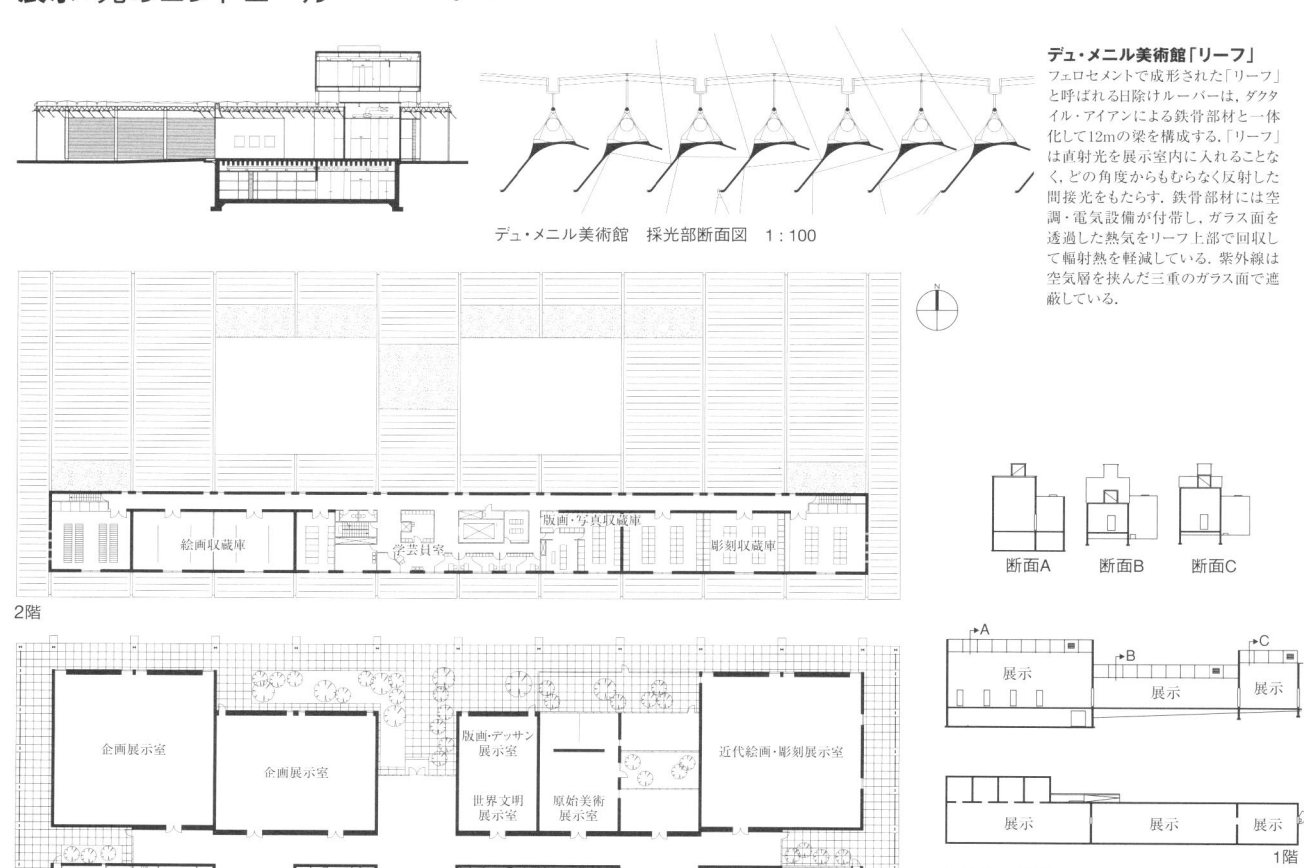

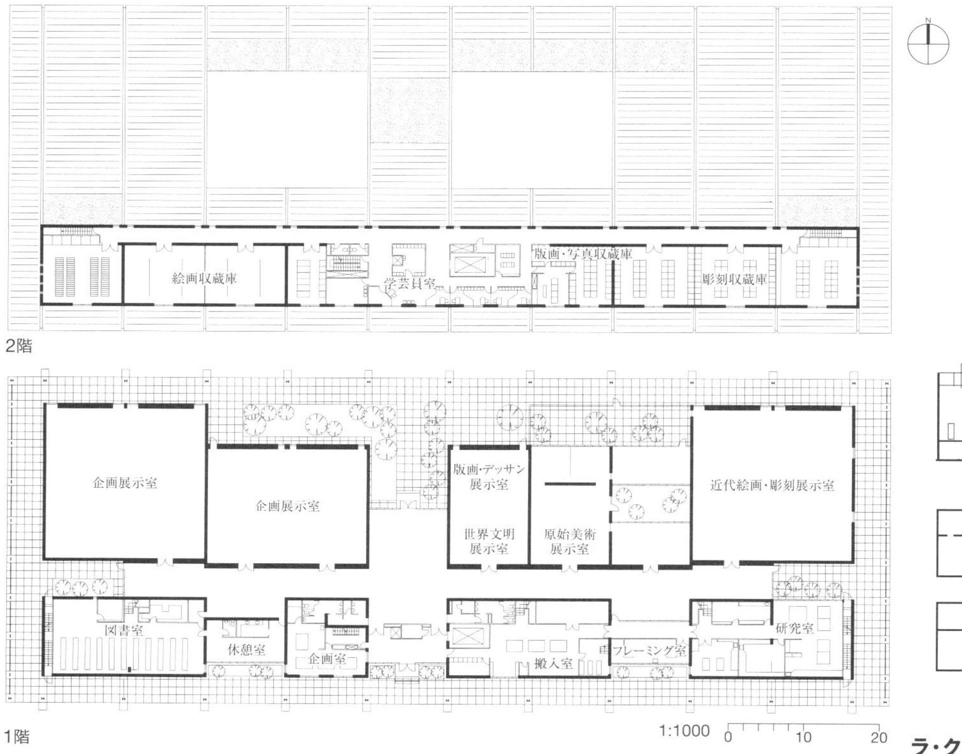

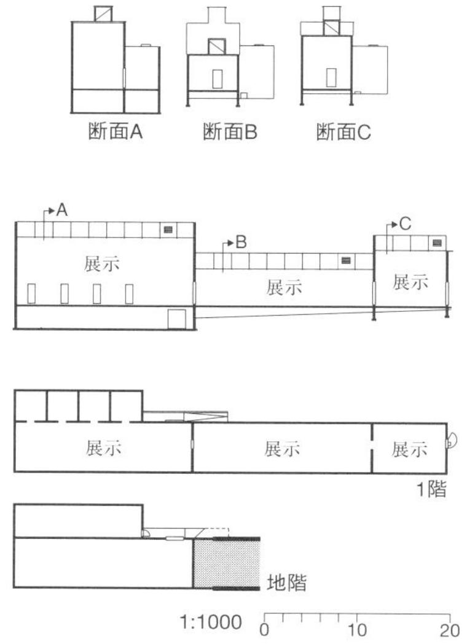

2階

1階　1:1000

デュ・メニルコレクション美術館（The Menil Collection Museum, Houston, Texas, アメリカ）

断面A　断面B　断面C

1階

地階　1:1000

ラ・クンジュンター彫刻の家（La Congiunta-House for Sculptures, Giornico, Ticino, スイス）

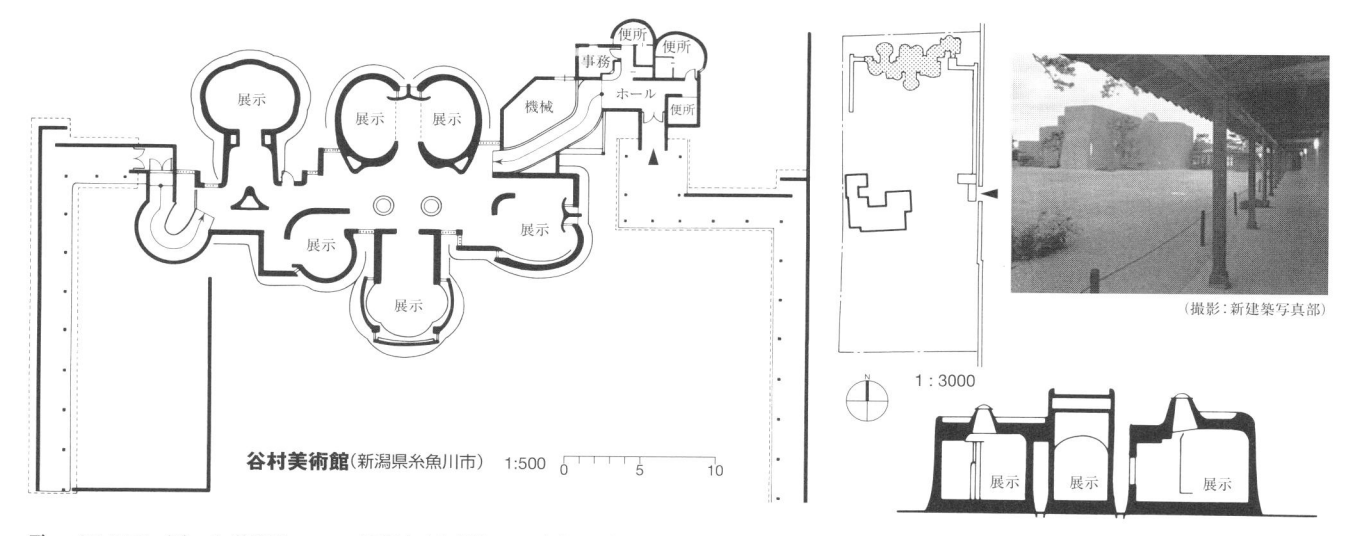

谷村美術館（新潟県糸魚川市）　1:500

1:3000

（撮影：新建築写真部）

デュ・メニルコレクション美術館
- 建設：1986年
- 構造：S造，RC造
- 階数：地下1階地上2階
- 延床面積：9,347m²

これほどまでに自然光をコントロールし展示室内に取り入れた美術館は他に例がない．オーナーであるドミニク・デュ・メニル夫人の「すべての芸術作品は自然の元に置かれ，しかもその移ろいを感じ取れる環境で鑑賞されなければならない」という強いコンセプトに基づいている．

自然光を展示室内に入れた場合の問題点は紫外線による劣化・退色であるが，技術的解決とともに，この美術館では「展示品を頻繁に入れ替える」という運営方針がこのコンセプトを支えている．自然光を多く入れる代りに露光時間を短くし，展示作品の保存状態を保っている．

敷地周辺には研究者や芸術家が長期滞在するためのメニル家所有の住宅が建ち並び，この地域全体が芸術村の趣をもっている．

ラ・クンジュンター彫刻の家
- 設計：Peter Mäkli
- 建設：1992年
- 構造：RC造，屋根S造
- 階数：地下1階地上1階

彫刻家ハンス・ヨゼフゾーンの作品を一般に公開する施設である．「家」と名付けられていることから見ても，美術館といえるか微妙ではあるが，作品とそれの置かれる空間の関係を考えるうえでの一例として取り上げた．

彫刻の家は内外ともにコンクリート打放しの単一素材で造られており，彫刻のブロンズの量感と対を成す，厳しい空間である．保存環境という面では全く考慮されていないが，屋外彫刻を思えば問題としないというべきか．天井面からの採光のみが両者の関係を創っている．

谷村美術館
- 設計：村野・森建築事務所
- 建設：1983年
- 構造：RC造
- 階数：平屋建
- 延床面積：551m²

澤田政廣の木彫仏像作品を常設展示するための美術館．白砂の前庭を囲む回廊によって導かれる．壁でつつまれた展示空間は自然光が効果的に配され，各アルコーブがそこに置かれた仏像と一体の空間となっている．

section 11　展示

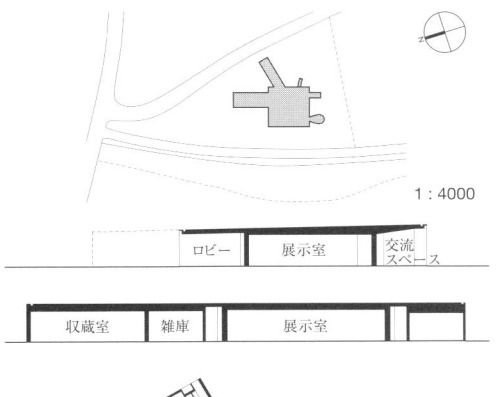

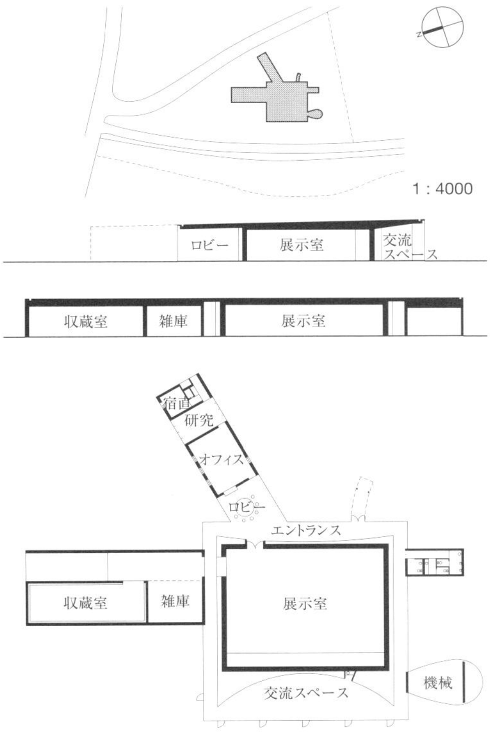

Exhibition: White Cube 展示：ホワイトキューブ

熊野古道なかへち美術館
- 設計：妹島和世建築設計事務所
- 建設：1997年
- 構造：RC造
- 階数：地上1階
- 敷地面積：4,000m²
- 延床面積：752m²

山深い熊野大社への巡礼路の中間点に建つ日本画の展示・収蔵施設．展示室を必要展示壁面長を確保することのできる広いワンルームとし，その周囲に展示室の環境条件を一定に保つためのバッファーゾーンとして公民館的な機能をもつ交流スペースが取り囲む構成．

田崎美術館
- 設計：原広司，都市・建築計画センター・ベーシック，アトリエ・ファイ建築研究所
- 建設：1986年
- 構造：RC造＋木造小屋
- 階数：地上2階
- 敷地面積：2,975m²
- 延床面積：594m²

自然，特に山を描いた油絵画家の作品を展示している美術館．軽井沢という立地から，気軽に立ち寄れる開かれた美術館にするため，ロビーや休憩室が広めに取られ，それらが中庭に向かって開放されている．

丸亀市猪熊弦一郎現代美術館・丸亀市立図書館 ⇒101,313
- 設計：谷口建築設計研究所
- 建設：1991年
- 構造：SRC造
- 階数：地下1階地上4階塔屋1階
- 延床面積：11,414m²

1階に図書館，2～4階に美術館を積層配置した複合施設である．駅前広場に向かって大きく開いた，プロセニアムに縁取られたステージのようなファサードを持ち，美術館の非日常性（イベント性）を効果的に表している．逆に図書館は日常施設としてアプローチしやすい1階に配置されている．

猪熊弦一郎という芸術家に焦点を当てた施設だけにテーマ性があり，その人となりに関する情報を図書館で得るなど，情報・研究部門の延長として捉えることができる．

熊野古道なかへち美術館（和歌山県西牟婁郡中辺路町）

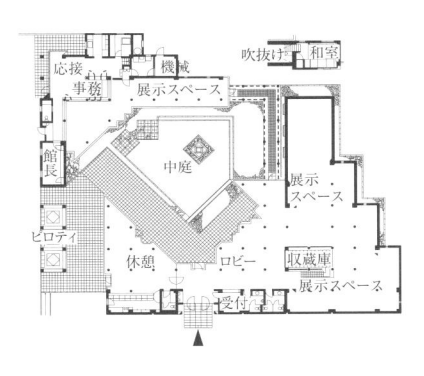

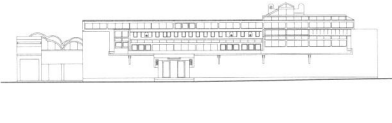

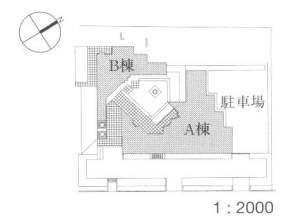

田崎美術館（長野県北佐久郡軽井沢町）

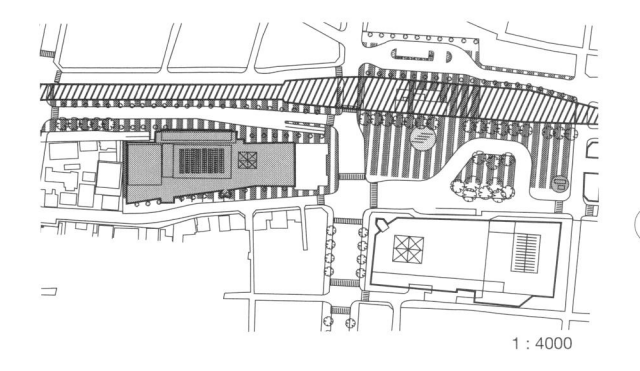

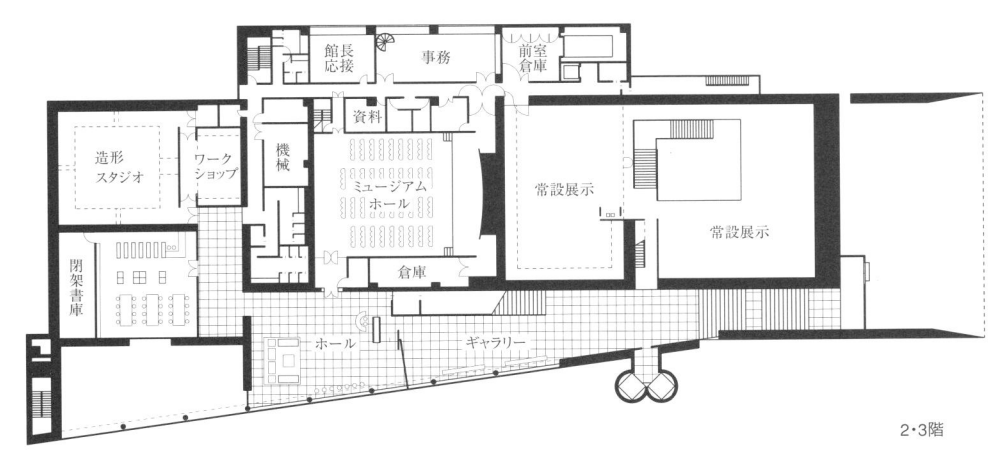

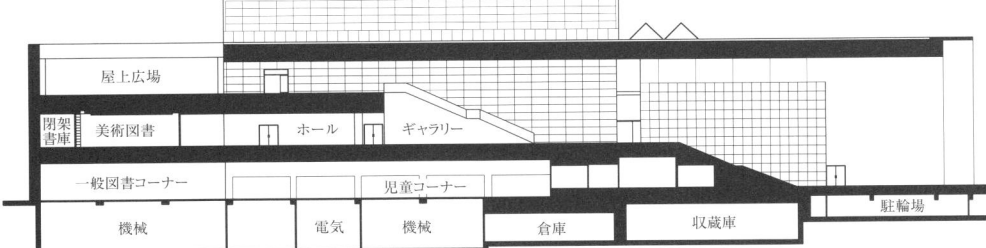

丸亀市猪熊弦一郎現代美術館（香川県丸亀市）

（撮影：新建築写真部）

260 展示：ホワイトキューブ Exhibition: White Cube

1:2000

(撮影：Ralph Richter)

2階

1階

(撮影：Ralph Richter)

ビルバオ・グッゲンハイム美術館（Museo Guggenheim Bilbao, Bilbao, スペイン）

ビルバオ・グッゲンハイム美術館
- 設計：Frank.O.Gehry
- 建設：1997年
- 構造：S造一部RC造
- 階数：地上4階
- 敷地面積：32,700m²
- 延床面積：24,290m²

この美術館は，バスク自治政府が推進した一連のウォーターフロント再開発の一環で，文化的拠点として位置づけられている。チタン板葺きの屋根を持つ彫塑的な形態は町のランドマークとなっている。

石灰岩張りの様々な形態の建物が結合したようなこの建物には，展示施設をはじめミュージアムショップ，350席のオーディトリアム，レストランなどの公共施設が収められている。三層にわたる展示空間は10,560m²の広さを持ち，光に満ちた中央アトリウムを囲むように配置されている。

東側にある舟形の展示ギャラリーはこの館で最大の展示空間で，長さ130m，幅30mの無柱空間である。

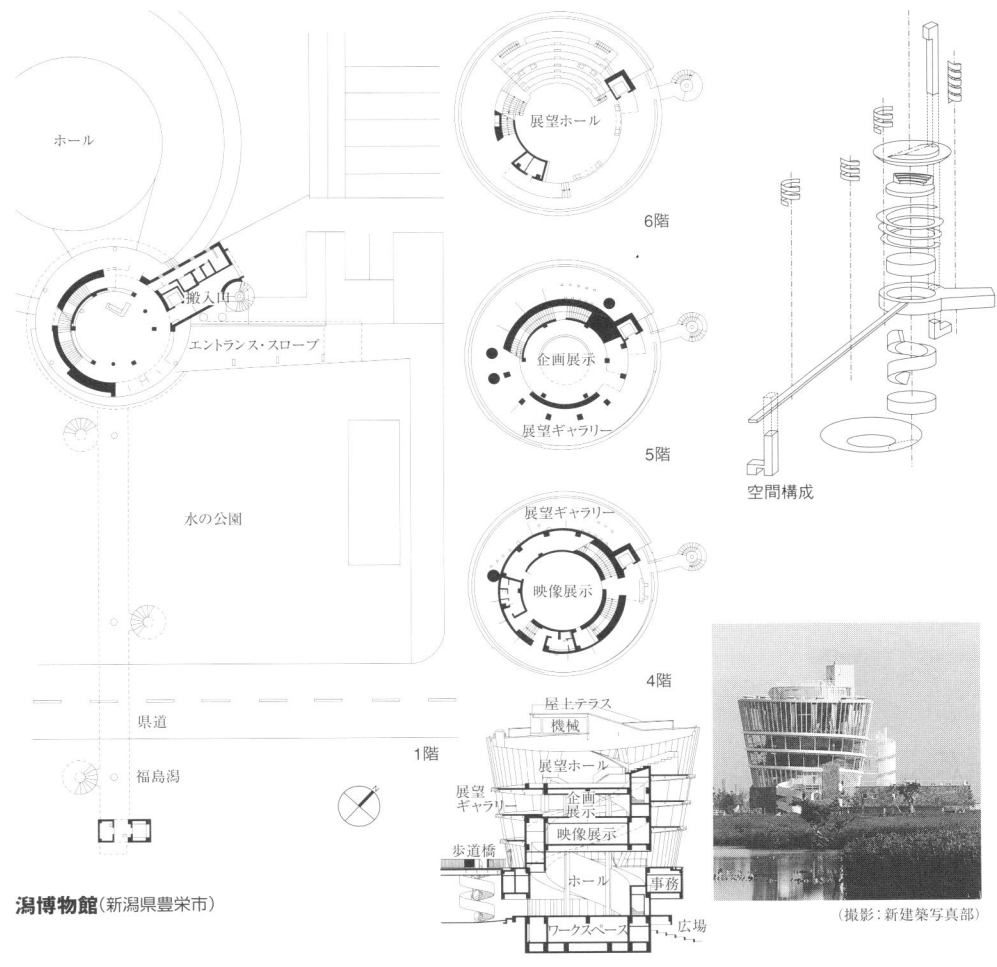

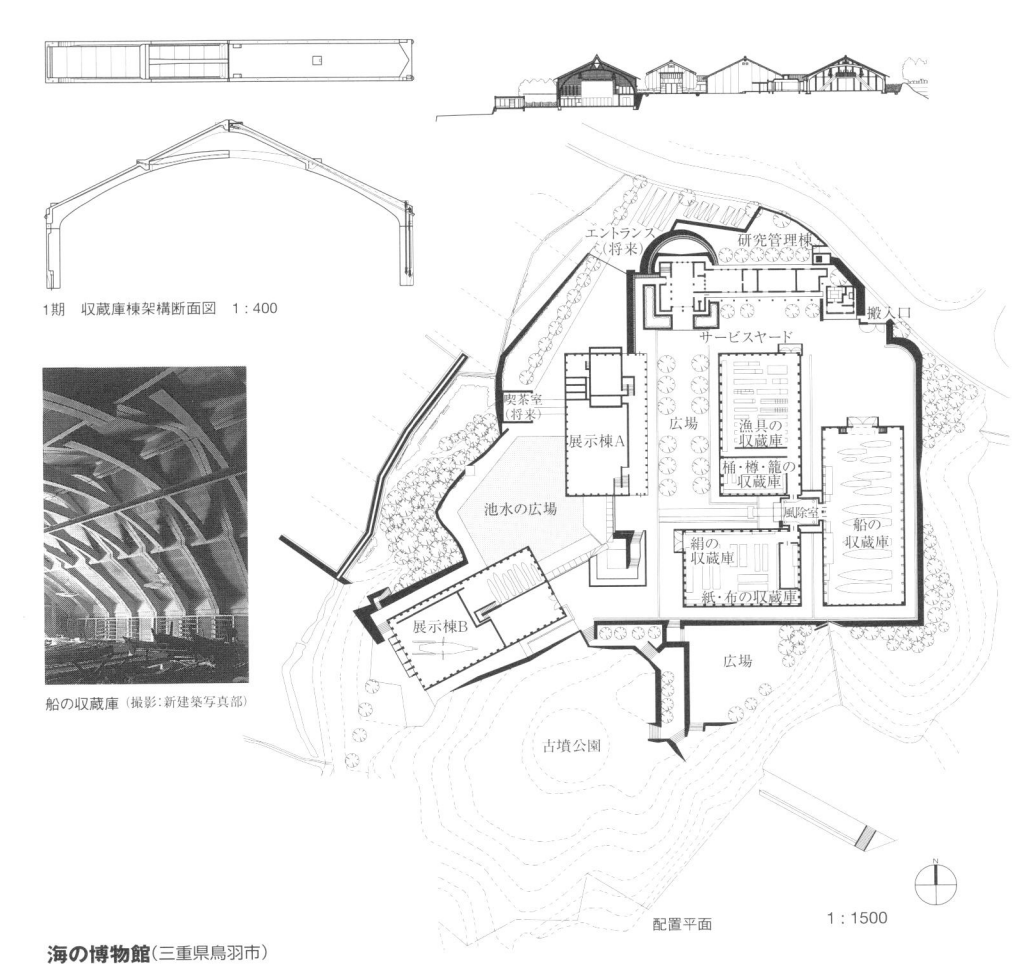

1:1000   0 10 20   **Exhibition: Characteristic Place for Exhibited Objects**　展示：展示物のための固有な場　261

潟博物館
- 設計：青木淳建築計画事務所
- 建設：1997年
- 構造：SRC造一部RC造
- 階数：地下1階地上7階
- 敷地面積：30,785m²
- 延床面積：2,608m²

新潟県に残された最後の大きな潟である「福島潟」の自然観察・展望施設．来館者の動きに従い潟の姿が連続的に変化するよう，地上10mから20mの間を螺旋階段とし，約100人が収容できる最上階の展望ホールと直結させている．

何のジョイント空間も介さず，まさに動線空間のみで構成されている点がこの博物館の空間構成上の大きな特徴となっている（⇨098）．

海の博物館
- 設計：内藤廣建築設計事務所
- 建設：1988〜1992年
- ［収蔵庫棟］プレキャストコンクリート造（ポストテンション組立て工法），RC造
- ［展示棟］木造，RC造
- 階数：地上2階
- 延床面積：4,425m²

伊勢志摩地方を中心として全国から収集した漁労用具を展示する博物館である．全体計画のうち，まず収蔵庫の建設から始まったことが，この施設の特徴を表している．

それまで海に漬かっていた船や漁網を地上で保存展示するため，収蔵方法についてきめ細かい検討がなされている．すべての保存環境の維持を空調設備のみに頼らず，在来の建築的構法の工夫による解決が見られる．船の保存など高い湿度が必要な部屋の床仕上げをたたき土間（真砂土，厚150mm）とし，コンクリートからのアルカリ成分の影響を低く抑えるためのプレキャストコンクリートの採用，塩害に対する瓦屋根の採用など，地域性を踏まえながら，性能，コスト，耐久性が検討された「収蔵品のための空間」が実現されている．

PC板については，壁，屋根スラブ，梁の5ピースで1モジュール（2.25m×18.7m）を構成し，各々をポストテンションで結合させる構法を採っている．外装はPC板に白い樹脂を吹き付けた蔵のようなイメージとしている．

展示棟は大架構木構造である．展示棟Bはスパン18.6m×37.8m，天井高10.9mの広さがあり，収蔵庫と同様，間仕切壁のない大空間に展示品が独立して置かれている．壁面展示がほとんどないことが，展示空間の開放性，外との繋がりを可能にし，水を配したランドスケープデザインと一体となった環境を創り出している．

集成材による架構フレームは3.6m×18.6mをモジュールとし，下弦材をアーチにしたトラスに組まれている．外装はタール状の塗装を掛けた黒い板張りで仕上げられている．

潟博物館（新潟県豊栄市）

1期　収蔵庫棟架構断面図　1：400

船の収蔵庫（撮影：新建築写真部）

（撮影：新建築写真部）

配置平面　1：1500

海の博物館（三重県鳥羽市）

262 展示：場所に根ざした展示空間　Exhibition: Exhibition Space resulted from Place Character　1:800

神長官守矢史料館（長野県茅野市）

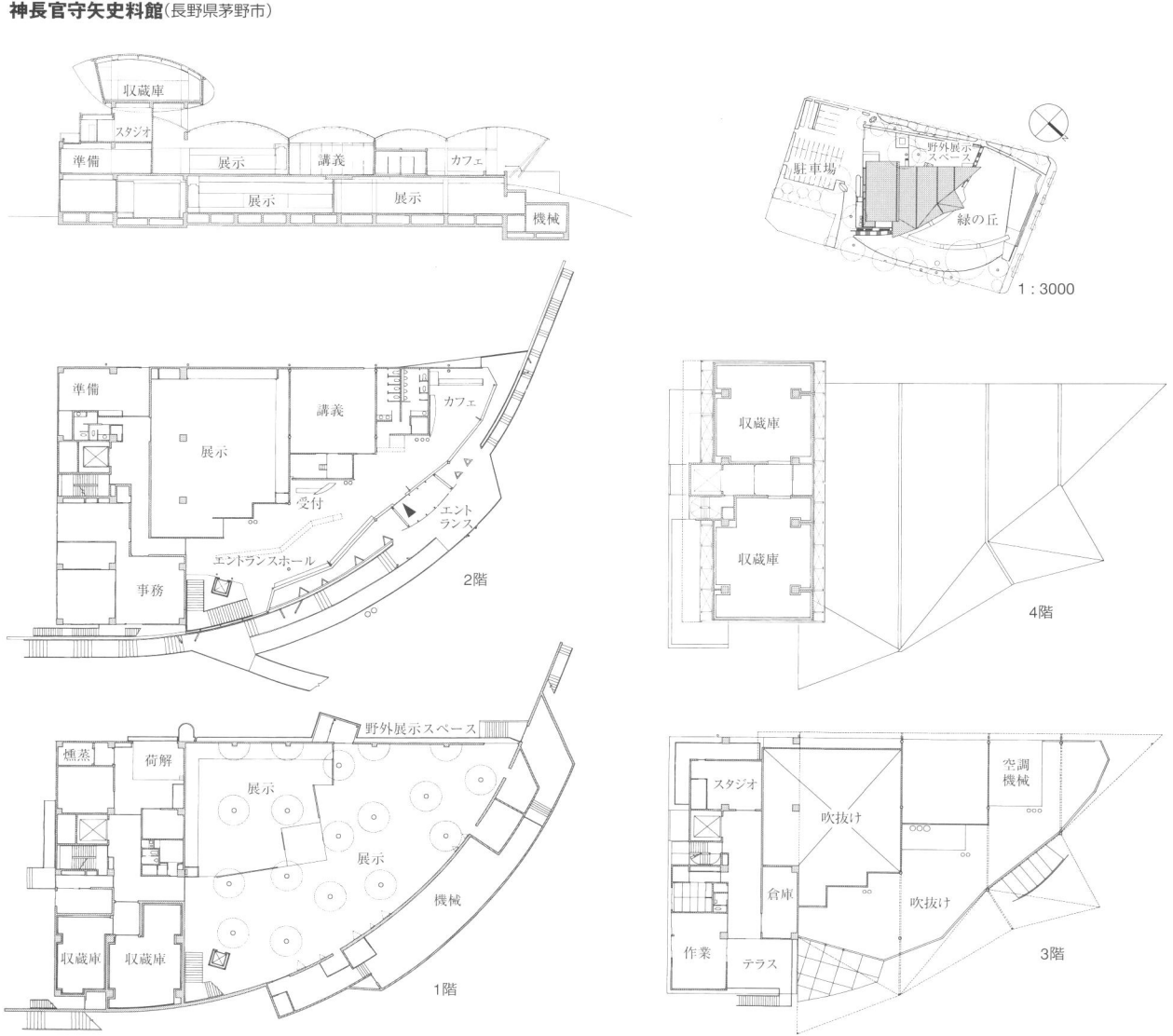

（撮影：新建築写真部）

八代市立博物館・未来の森ミュージアム（熊本県八代市）

神長官守矢史料館
- 設計：藤森照信＋内田祥士（習作舎）
- 建設：1991年
- 構造：RC造，低層部一部木造
- 階数：地上2階
- 敷地面積：973.5m²
- 延床面積：184.4m²

諏訪大社筆頭神官である神長官を世襲してきた守矢家に伝わる諏訪大社の祭祀や歴史文書を収めた史料館である．外観は比較的単純なものの，材料の用い方が特徴的な建築である．徹底して目の触れるところには工業製品を使わないという意図に沿って，失われつつある材料，技術を模索しながら，地場産鉄平石の屋根，スレート，手割りさわら材とわら入り着色モルタル黒土吹付け外壁，手吹きガラス等，手の痕跡を残した，その場所に根ざした建築となっている．展示空間を越えて建物そのものが展示物になっている．

八代市立博物館・未来の森ミュージアム
- 設計：伊東豊雄建築設計事務所
- 建設：1991年
- 構造：RC造一部S造
- 階数：地下1階地上4階
- 敷地面積：8,223m²
- 延床面積：3,418m²

城址や厚生会館などの集まる文教地区に立地する博物館である．八代城址公園の一角に築かれた丘に，ヴォリュームを抑えるため半分埋められたこの建物は，2階にメインエントランスが設けられている．八代市の歴史と生活をテーマとする常設展示室は丘に埋められた1階にあり，収蔵庫が最上階にある．人工のランドスケープのようにつくられた展示室部，マッシブで建築的な印象の管理棟部，上部に持ち上げられた収蔵庫が融合し，全体として軽やかな形態が生み出されている．また，透明感のある材料の使い方が，周辺環境によく馴染んでいる．

（撮影：岡本公二）

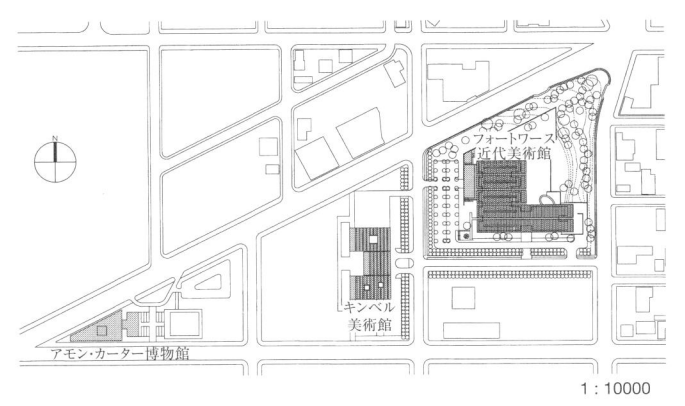

Exhibition: Communication with Site Condition　展示：敷地環境との対話

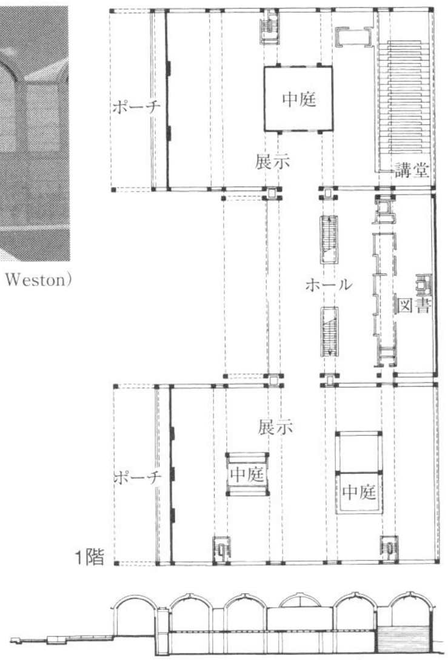

キンベル美術館（Kimbell Art Museum, Fort Worth, Texas，アメリカ）

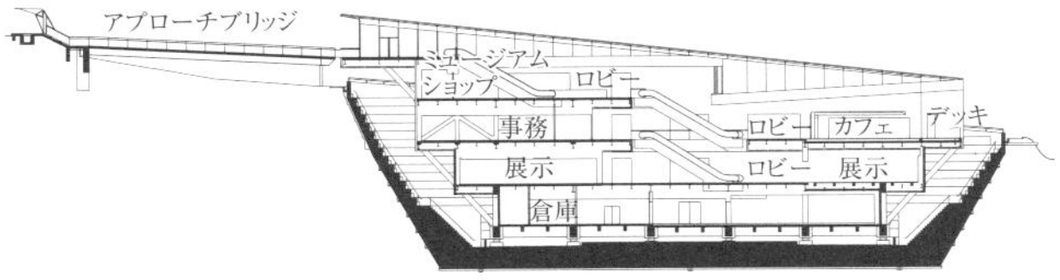

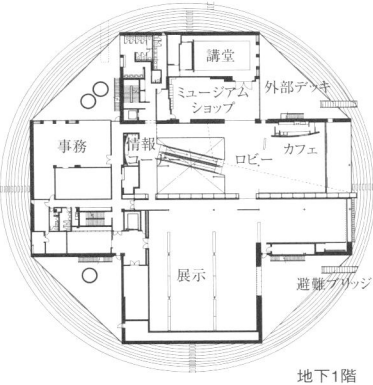

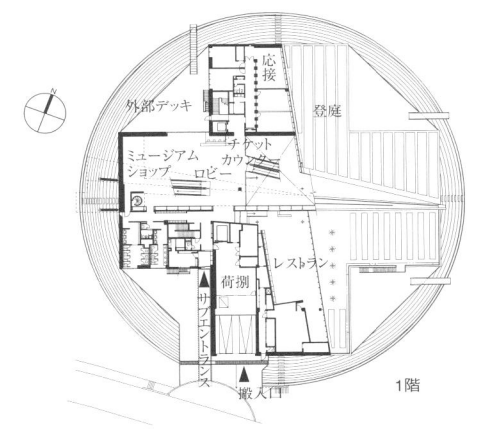

ポーラ美術館（POLA Museum of Art，神奈川県足柄下郡箱根町）

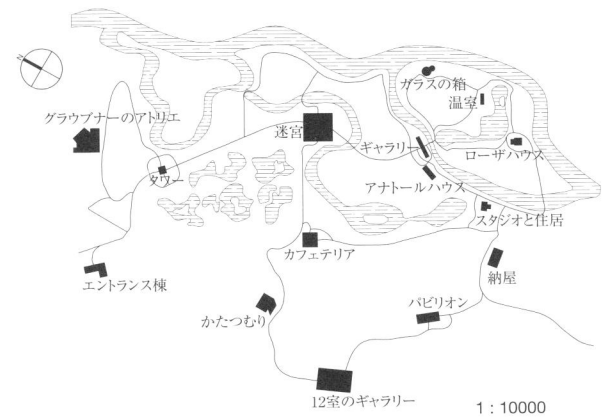

インゼル・ホムブロイヒ美術館（Museum Insel Hombroich, Neuss，ドイツ）

キンベル美術館
- 設計：Louis I. Kahn
- 建設：1972年
- 構造：RC造
- 階数：地下1階地上1階
- 延床面積：11,100m²

展示室は幅約7m, 長さ約30mのサイクロイド曲線を用いたヴォールト空間（⇨104）を基本とし, 頂部の約75cmの隙間から自然光を導入している. 規則的なヴォールト空間の繰り返しの中に配置された中庭が内と外とを連続させる.

ポーラ美術館
- 設計：日建設計
- 建設：2002年
- 構造：S造一部RC造, 免震構造
- 階数：地上2階地下3階
- 敷地面積：120,021m²
- 延床面積：8,098m²

印象派絵画を中心とする9千点を超える個人コレクションを展示・収蔵するための美術館.
敷地は富士箱根伊豆国立公園内の仙石原に位置し, 周囲にはブナの巨木やヒメシャラが群生する. 計画では生態系や景観を極力損なわないよう配慮され, 建物は地下3階直径約80mのすり鉢状の擁壁の中に埋め込まれ, 免震構造となっている. 高さは自然公園の基準8mに抑えられている. アプローチの橋を渡り2階エントランスを入ると, ガラスで覆われた地下2階までの巨大なアトリウムが計画されており, 美術館の構成が把握しやすいよう意図されている. 展示室は地下1階と2階の十字型平面の翼部に計画されている. 絵画の劣化を防ぐため, 熱源を離した光ファイバー照明が採用されている.

インゼル・ホムブロイヒ美術館
- 設計：Erwin Heerich
- 建設：1984年
- 構造：煉瓦造, RC造
- 階数：地上1階

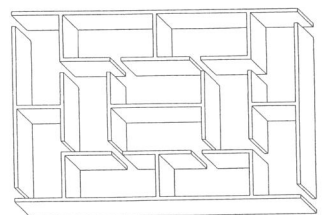

建築物というより, ランドスケープ＋彫刻群といった方が正確であろう. 自然の湿地に溶け込むように10ばかりのパビリオンが点在し, 来館者は散策しながらひとつひとつの美術品に出会う仕掛けである. 作品を観るというより, ゆったりとした時間を味わうというべきか. 美術館を計画するに当たって, 数世紀前の風景を復元するため地形を変え植樹し直したという経緯からも, その意図が伺える. 単に屋外展示とはいえない, 自然のあるがままの姿を復元する力強さの中に, 端正なプロポーションの白い空間が散りばめられている.

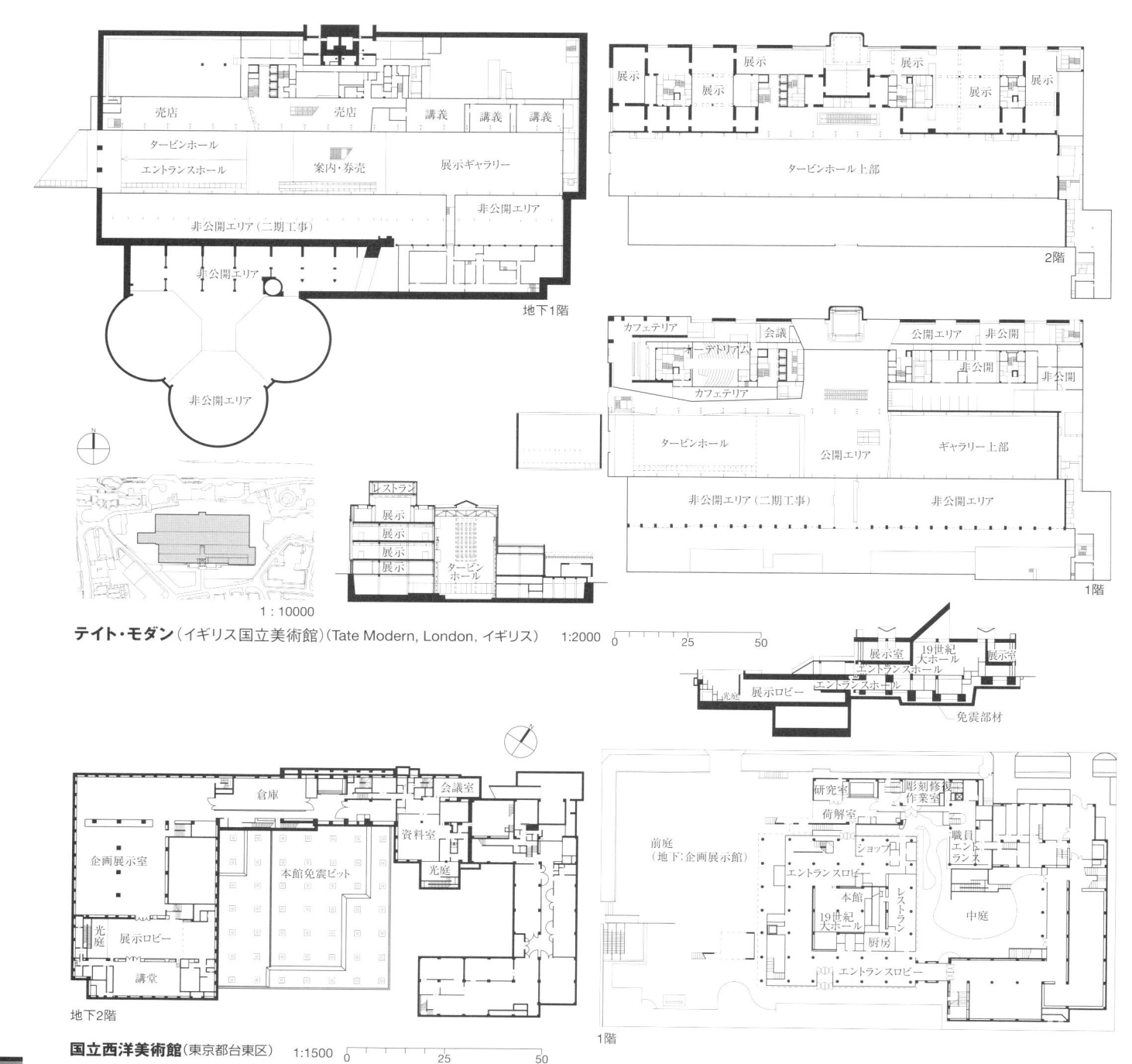

展示：都市財産の再生と拡張　Exhibition: Regeneration and Extension of Urban Property

テイト・モダン（イギリス国立美術館）(Tate Modern, London, イギリス)　1:2000

国立西洋美術館（東京都台東区）　1:1500

テイト・モダン（イギリス国立美術館）
- 設計：Herzog & de Meuron
- 建設：2000年
- 構造：レンガ造＋S造＋RC造
- 階数：地下1階地上6階
- 敷地面積：34,800m²
- 延床面積：34,500m²

火力発電所を美術館として転用するという大胆かつユニークなコンペによって選ばれたプロジェクトである．都市の生命維持装置として電力供給を担った発電所という20世紀的シンボルであったこの施設は，建築形態的にも中央にタワー（かつての煙突）の建つ左右シンメトリーなファサードを持つ．煉瓦造の巨大な量塊は，テムズ川を挟んでセントポール寺院と対を成す都市景観上のシンボリックな存在でもあった．その都市の文脈を壊さず美術館として再構築している．

展示室はホワイトキューブタイプで，モダンアートに徹した展示を行っている．作品は巨大なもの，重いもの（鉄や石の塊など）が多く，それらの重量に耐えうるよう床材はモルタル塗り仕上げや荒削りの無塗装縁甲板を用いている．テムズ川に面した北側の展示室では，既存の縦長窓をそのまま活かして外の景色（水面や対岸のロンドンの街並み）を見ることができる．タービン・ホールと称された5層吹抜けの中心空間は，エントランスホールであり，インスタレーション等の展示室であり，イベント広場である．各階の展示フロアを視覚的にもつなげている．二期工事である南側の棟の整備が完了すると，もうひとつのファサードが立ち上がり，ガレリア的都市スケールの空間となるであろう．

国立西洋美術館
- 設計：建設省関東地方建設局，前川建築設計事務所，横山建築構造設計事務所，清水建設
- 建設：1959年竣工
  1979年新館増築
  1998年企画展示館増築
  本館改修

＜企画展示館＞
- 構造：SRC造
- 階数：地下4階地上2階
- 延床面積：8,057m²

＜本館免震レトロフィット＞
- 構造：RC造
- 階数：地下1階地上3階塔屋1階
- 延床面積：4,354m²

＜新館＞
- 構造：RC造
- 階数：地下2階地上2階
- 延床面積：4,788m²

ル・コルビュジエ設計の本館の改修にあたって，美術館建築本体を保存活用するために免震レトロフィット工法が採用された．竣工時の形を損うことなく地震に対する安全性を高めたこの計画は，「保存」に対する新しい方向性を導くものである．

常設展示場となった新館に代わる企画展示場としての企画展示館は，その8割を地下に埋め，上野公園の景観環境を保全している．

地上面の前庭に置かれた彫刻も免震台座の上に設置されている．

企画展示館での照明計画では全面的にスポットライトを採用し，作品ごとに照度調整を行う方式としている．設営の手間はかかっても，展示品に最も相応しい照明環境を整えるという展示方針であろう．

section 11 展示

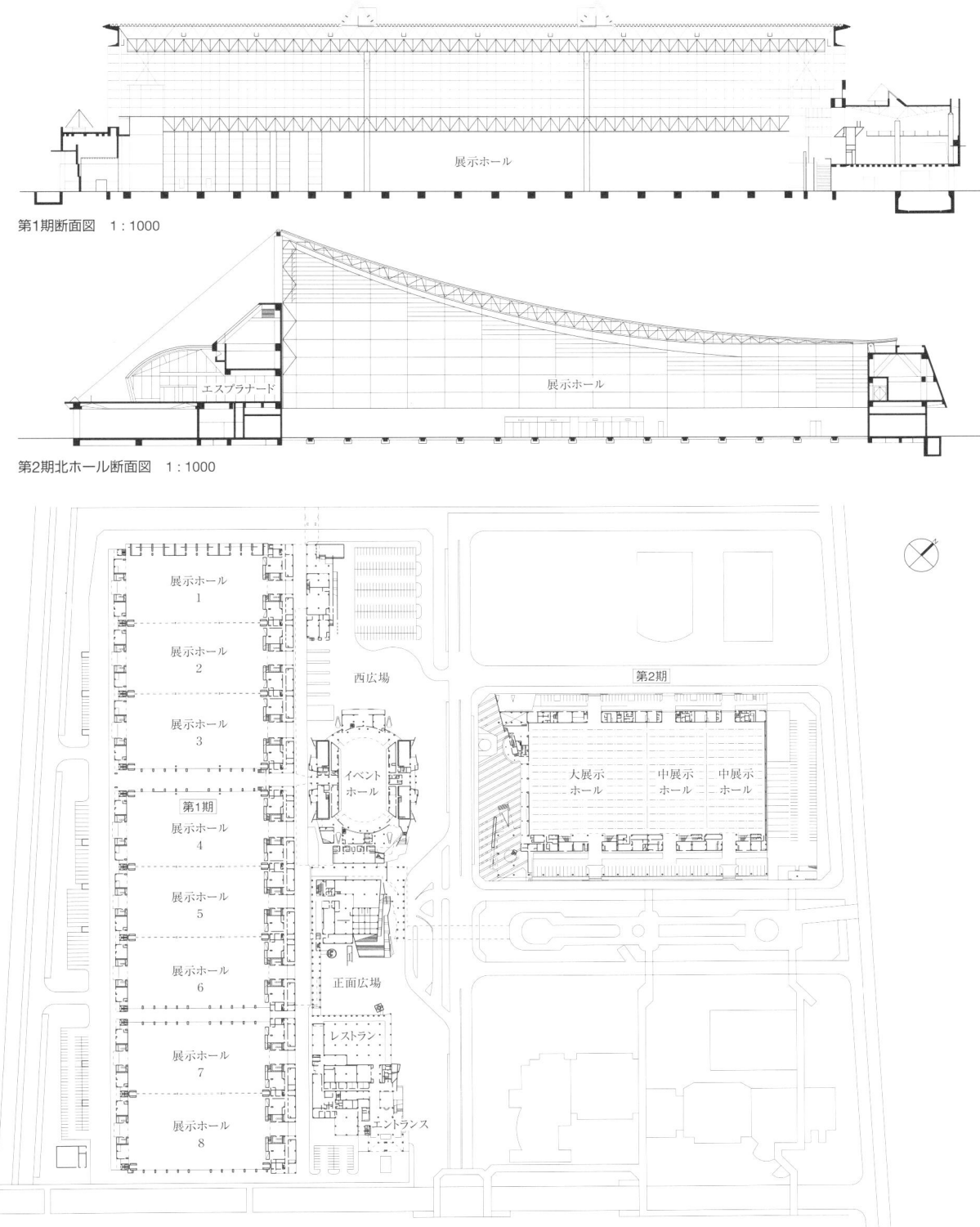

Exhibition: Making Huge Buildings-Flexible Container **展示**：巨大化—フレキシブルな容れ物

第1期断面図　1:1000

第2期北ホール断面図　1:1000

幕張メッセ展示場（千葉市美浜区）

1階　1:5000

幕張メッセ展示場
- 設計：槇総合計画事務所
- 建設：1期1989年，2期1997年
- 構造：S造，SRC造，RC造
- 階数：1期　地上4階地下1階
  　　　2期　地上2階
- 延床面積：1期　131,043m²
  　　　　　2期　37,176m²

1989年に完成した第1期に続きその8年後に完成した第2期はフレキシビリティを最大限追求した大空間展示スペースである。大規模なモーターショーや小規模な商品開発展示会，それに伴う会議等，様々な用途を想定している。そこで求められる機能は，展示替えのスムーズさと空間的フレキシビリティである。

第1期計画の54,000m²の展示空間は8つの展示ユニット6,750m²（112.5m×60m）に分割でき，防炎・遮音機能を備えた高さ10mの可動間仕切カーテンウォールで仕切られている。第2期は9,000m²の大展示ホール1室と4,500m²の中展示ホール2室に分割可能な展示空間から構成されており，第1期を補完する計画である。第1期，第2期ともに観客の主動線を長手に取り，それに並行して中央に展示スペース，桁行方向にローディングスペースを配したリニアな空間構成とし，いずれも展示フロアには直接資材や展示物の搬入ができるよう車両の乗入れが可能である。観客の動線を2階レベルに上げ車両搬入動線を1階とすることによって，ある部分が展示替え中でも別の展示空間が利用できるように空間のフレキシビリティを高めている。

第1期の大架構はスペースフレームの屋根と60mスパンのキールアーチと呼ばれる同システムの梁で支えられている。

第2期の北ホールに掛かる大屋根は96mスパンのワンウェイ・サスペンション構造で支えられ，35mのマストから吊られた2種類の曲面屋根は，ワイヤーケーブルのバックステーに張力を掛けてバランスをとっている。

芸能：ホールの変遷と動向　Entertainment: Abstract

芸能の起源と劇場・ホールの分類

歴史的に見ると，劇場・ホールは，その目的・場所・時代の建築技術などに応じて非常に多様な形態を持っている．人類が演劇や音楽に親しみ始めたのは，その誕生と起源を同じにするといわれるほど，我々の日常生活には欠かせないものである．ただし，それを皆で享受する場として本格的な集会施設としての機能を持ったのは，紀元前4世紀頃に誕生した古代ギリシャ劇場といえる．

現在，我が国に現在ある劇場・ホールを大別すると，①古代ギリシャ劇場を起源とするオープンステージ，オペラを契機に誕生したプロセニアムステージ，その両者の可変を考慮したアダプタブルステージを持つ劇場や多目的ホールなどの演劇的性格の強い空間，②会所・農村舞台・社寺拝殿で行われていた能やその流れをくむ歌舞伎などの我が国の伝統芸能空間，③宮廷サロンや教会にその端を発するクラシック音楽のための空間が挙げられる．

1. プロセニアムとオープンステージとアダプタブル

西洋では16世紀後半から17世紀にかけて，プロセニアムを持たないシェークスピア劇場の誕生は見られたが，透視画法の劇場空間への引用（テアトロ・オリンピコ，1584年）やプロセニアム概念の出現（テアトロ・ファルネーゼ，1628年）の後，オペラの誕生を契機として，舞台と客席を分離するプロセニアム形式が，劇場の最も一般的な舞台-客席形式として固定化されていった．19世紀前半からの新しい舞台演出への挑戦する動きに伴い，プロセニアム形式一辺倒からの脱却を目指し計画された第6劇場（1907年），ベルリン大劇場（1919年），トータルシアター（1927年，ペーパープラン）などを経て，現代では多く見られるオープンステージ形式（1957年，ストラトフォード・フェスティバル劇場など）や様々な舞台空間をつくり出せるアダプタブルシアター（1957年，マンハイム国立劇場など）の誕生となる．現在の劇場・ホールでは，セリトセンター（1993年）など，より本格的なプロセニアム形式とオープンステージ形式，さらにはそのほか数種類の形式の共存も可能なほどスペックが発達している．

2. オペラハウスと歌舞伎劇場

古代ギリシャ劇を起源とするオペラと能を起源とする歌舞伎は，共に今から約400年前に誕生した．各々，西洋と我が国を代表する文化として，現在では共にプロセニアム形式を基本として行われること，舞台装置・音楽による伴奏・演技者（歌い手）を持つこと，桟敷席のある劇場空間であること，などからその類似点も多いことから，しばしば比較される．オペラハウスの特長は，プロセニアム形式・オーケストラピット・多面舞台などであるが，歌舞伎劇場の特長は，海外の舞台演出にも影響を与えた廻り盆や花道がまず挙げられる．その他，歌舞伎劇場は元来プロセニアム形式ではなく，明治以降，劇場の多目的化，バトンを使った演出，防災の観点からの舞台と客席の分離などが相俟って，羅漢台や通天と呼ばれる舞台前縁より舞台側に設けられていた座席が見られなくなったという経緯は特筆すべき点である．

3. 音楽と音楽ホール

クラシック音楽のための空間といえば，コンサートホール・室内楽ホール・オペラハウスという言葉から想像できる，ある程度定着した概念をもつ空間がある．一方，ジャズ・ロックをはじめとするポピュラー音楽は，コンサートホール・室内楽ホール・多目的ホールといった空間のみならず，そのジャンルや演奏目的・内容によって，野外・ストリート・ライブハウス・レストランシアター・大規模集客施設・仮設会場など，様々な場所で演奏が行われ，その規模や演出手法も多岐に及ぶため，一概に適切な固定化した演奏空間を見出しにくい．

4. シューボックス型とアリーナ型

クラシック音楽の起源が，宮廷サロンや教会であることから考えると，ハイド

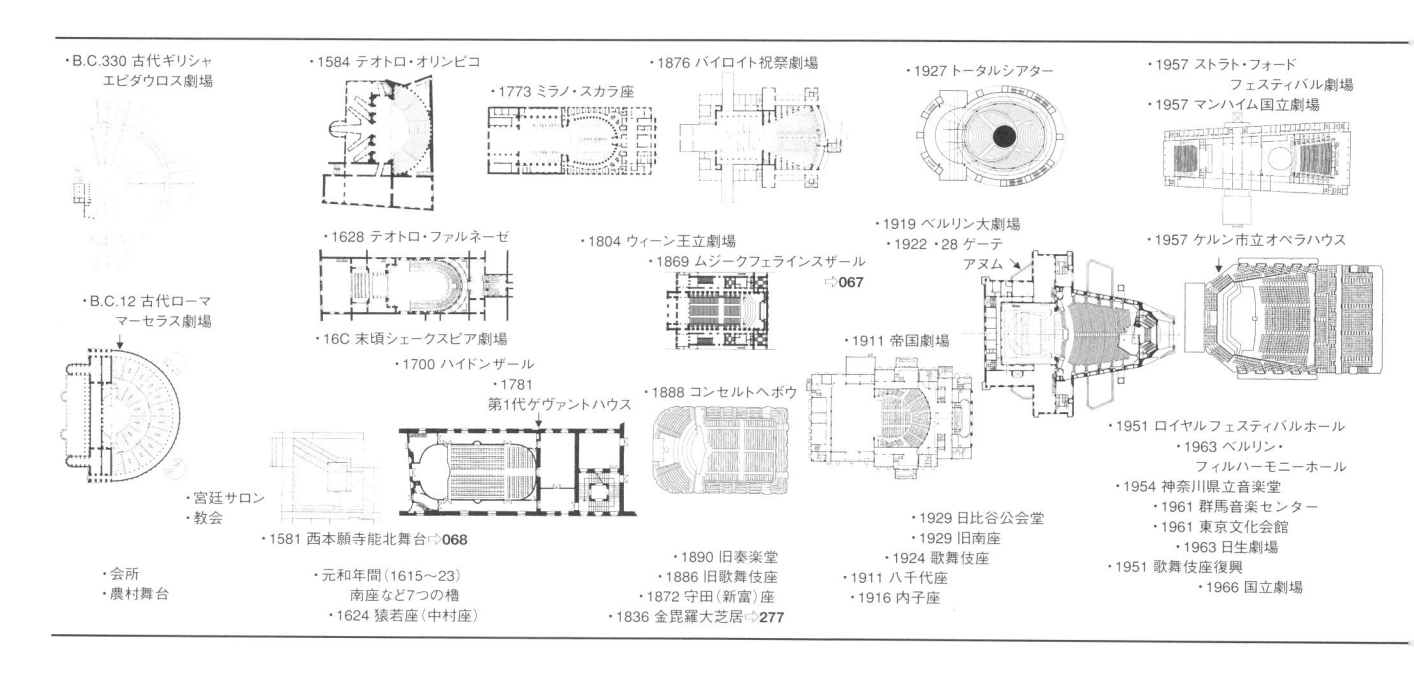

- B.C.330 古代ギリシャ エピダウロス劇場
- B.C.12 古代ローマ マーセラス劇場
- 宮廷サロン
- 教会
- 会所
- 農村舞台
- 1584 テオトロ・オリンピコ
- 1628 テオトロ・ファルネーゼ
- 16C 末頃シェークスピア劇場
- 1700 ハイドンザール
- 1781 第1代ゲヴァントハウス
- 1581 西本願寺能北舞台 ⇒068
- 元和年間（1615〜23）南座など7つの櫓
- 1624 猿若座（中村座）
- 1773 ミラノ・スカラ座
- 1804 ウィーン王立劇場
- 1869 ムジークフェラインスザール ⇒067
- 1888 コンセルトヘボウ
- 1890 旧奏楽堂
- 1886 旧歌舞伎座
- 1872 守田（新富）座
- 1836 金毘羅大芝居 ⇒277
- 1876 バイロイト祝祭劇場
- 1919 ベルリン大劇場
- 1922 28 ゲーテアヌム
- 1911 帝国劇場
- 1929 日比谷公会堂
- 1929 旧南座
- 1924 歌舞伎座
- 1911 八千代座
- 1916 内子座
- 1927 トータルシアター
- 1957 ストラト・フォード フェスティバル劇場
- 1957 マンハイム国立劇場
- 1957 ケルン市立オペラハウス
- 1951 ロイヤルフェスティバルホール
- 1963 ベルリン・フィルハーモニーホール
- 1954 神奈川県立音楽堂
- 1961 群馬音楽センター
- 1961 東京文化会館
- 1963 日生劇場
- 1951 歌舞伎座復興
- 1966 国立劇場

近年の動き

1. 地域性

戦後，我が国では文化の普及などの目的から，全国各地にステレオタイプな多目的ホールが建設されてきた．ある時期までは一応の成果が得られたが，時代を経るにつれ，各地域の文化的差異とステレオタイプな多目的ホールとのミスマッチが顕著に現れはじめた．

そこで，地域に相応しい施設の事前のスタディ，ワークショップを通じた地域住民の要望を規模計画や施設内容に反映し，地域の人々にとって身近で利用価値が高く，時には地域をアピールし特徴づける劇場・ホールの計画がなされるようになった．群馬音楽センター（1961年）・ピッコロ・シアター（1978年）・中新田文化会館バッハホール（1981年）などがそのはしりで，現在では地域ごとに中から小規模で特色ある劇場・ホールが建設される傾向にある．

2. 教育と劇場・ホール

現在も芸術系の大学で，学生の教育を目的として劇場・ホールを併設する例が多く見られる．しかしその他にも，ルドルフ・シュタイナーのゲーテアヌムに見られるように（第1：1922年，第2：1928年），コミュニケーション能力・プレゼンテーション能力の育成や舞台芸術に対する理解者を広める目的から，教育と劇場・ホールとの関わりが，特に西洋においては深い．目的は必ずしも一致しないが，我が国でもかつては学校に講堂が造られていた．学力偏重からの脱皮し多様な教育が求められている現在，劇場・ホールをホームグラウンドとする様々な芸術家・専門家が教育施設に出向して授業を行ったり（アウトリーチ活動），反対に児童・生徒が劇場・ホールに出向いて学習を行うなど（インリーチ活動）の試みがなされている．また，我が国でも少数ではあるが，学校と公民館の合築や学校内に劇場・ホール機能が複合される事例も見られるようになった．

3. リニューアル

劇場・ホール自体を改修する例も含めて，既存空間を新しい劇場・ホールとして利用・再生する事例が増えている．特に前者の場合は，劇場・ホールは永年使用され，竣工後にしか分からない不都合な部分を関係者・利用者の意見をもとに改修して，より良く息の長い劇場・ホールになる例も多い（⇒275）．その実現のためには，まず改修に値する劇場・ホールであることが前提になるが，初期の建設コストのみに予算の比重を置くのではなく，その改修費や維持費も含めて長い目で予算配分を考えるなど，劇場・ホールに携わる数多くの人々の理解と協力が必要となる．

ンザール（1700年），第1代ゲヴァントハウス（1781年）などを経て誕生した，ムジークフェラインスザール（1869年）⇒067に代表されるシューボックス型ホールが，現在でも数多く建設されるのは当然なことかも知れない．近年の海外事例でも，ルツェルン文化・会議センターのコンサートホール（1998年）⇒274，カーザ・デ・ムジカ（2004年）など，シューボックス型ホールの建設が見られる．

一方，ベルリン・フィルハーモニーホール（1963年）を皮切りに，シドニーオペラハウス・コンサートホール（1973年），ミュンヘン・フィルハーモニーホール（1985年），音楽都市コンサートホール（1995年）など，アリーナ型をはじめとするシューボックスではないホール型が世界的に広がりを見せた．我が国でも，ザ・シンフォニーホール（1981年）・サントリーホール（1986年）・水戸芸術館コンサートホールATM（1990年）⇒067など，その影響を受けたホールが誕生し，20世紀末のホール建設ラッシュの時にも，札幌コンサートホールkitara（1997年）・新潟市民芸術文化会館コンサートホール（1998年）⇒273などシューボックスでない型のホールが数多く建てられた．

クラシック音楽ホールは，「音は安定しているが，規模が大きくなると視距離などに難のあるシューボックス型」と「聴衆が演奏者を取り囲み一体感はあるが，音の安定供給に難があるアリーナ型およびその発展型」と非常に大雑把に2タイプに分けられる感があるが，実際には個々に工夫され特長あるホールとなっていることはいうまでもない．

5. 演劇と音楽

西洋，特にドイツなどでは中規模の地方都市であっても，同程度のキャパシティで，演劇的側面も持つオペラのための劇場とクラシック音楽専用のコンサートホールを備えていることも珍しくない．我が国に数多く建設された多目的ホールは，その演劇的要素を持つ演目とコンサートを，効率よく同じホールで上演しようとするものである．

その一番の特徴は，音響反射板にある．演劇時には，フライに吊るされているバトンや主舞台以外の付属スペース（側舞台・奥舞台など）を上演中にも頻繁に使用するために，音響反射板はそれらの障害にならない場所に格納されなければならず，逆に，コンサート時には，舞台から客席方向へ音を拡散させるために，演奏者を包むように音響反射板をセットできる必要がある．

6. 映画館と公会堂

我が国の劇場・ホール建築の西洋近代化に寄与したものとして，映画館と公会堂が挙げられる．

フランスのリュミエール兄弟がパリのグラン・カフェで映画の有料試写会を行ったのが映画館の幕開け（1895年）といえる．我が国初の常設映画館は浅草電気館（1903年）であったが，以降，我が国では大衆娯楽として映画の広がりとともに映画館を建設する気運が高まり，全国各地にあった芝居小屋の多くがスクリーンとそれに対峙するように並べられたいす席を持つ映画館に改造された．

また，有楽座（1907年）の後，帝国劇場（1911年）がプロセニアムアーチによる舞台・客席空間の分離や全席いす席とするなど西洋劇場の範を示す建築として建設された．以降，大阪市中央公会堂（1918年）から幕を開ける公会堂建築は，当初市民の集会施設として計画されたが，日比谷公会堂（1929年）には多目的ホール化をおもわせる可動式の音響反射板，名古屋市公会堂（1930年）には固定式ホリゾントが設置されるなど，西洋の舞台芸術を上演する施設として意識され，その後の劇場・ホール建築に大きな影響を与えた．

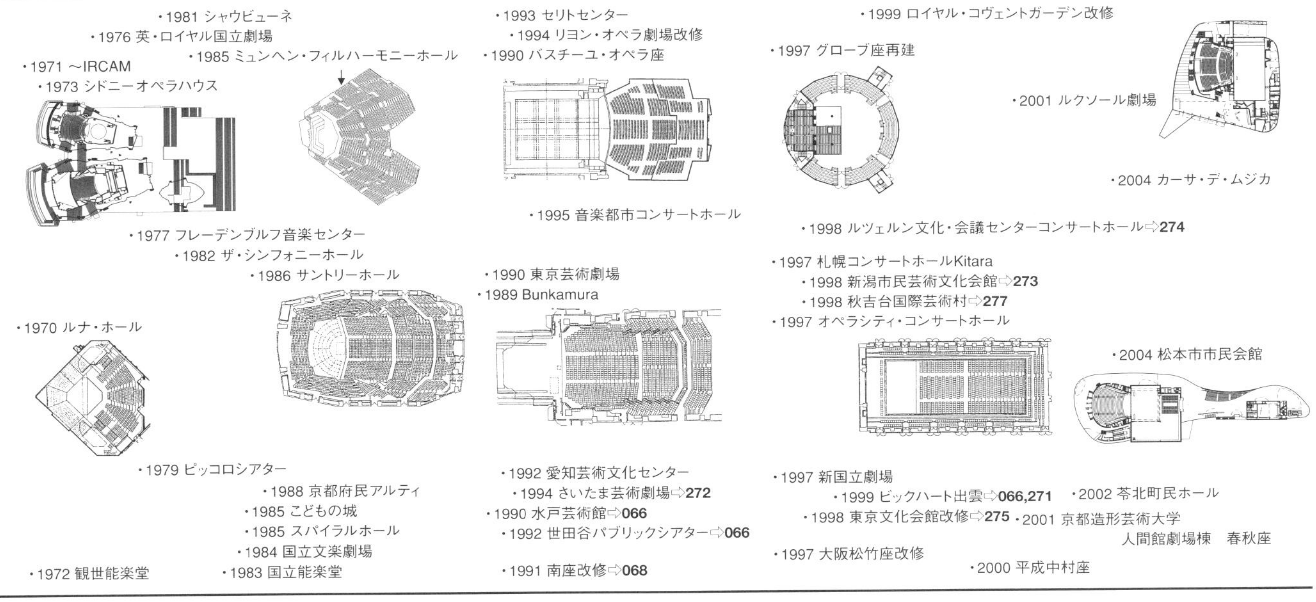

- 1981 シャウビューネ
- 1976 英・ロイヤル国立劇場
- 1985 ミュンヘン・フィルハーモニーホール
- 1971〜IRCAM
- 1973 シドニーオペラハウス
- 1977 フレーデンブルフ音楽センター
- 1982 ザ・シンフォニーホール
- 1986 サントリーホール
- 1970 ルナ・ホール
- 1979 ピッコロシアター
- 1988 京都府民アルティ
- 1985 こどもの城
- 1985 スパイラルホール
- 1984 国立文楽劇場
- 1972 観世能楽堂
- 1983 国立能楽堂
- 1993 セリトセンター
- 1994 リヨン・オペラ劇場改修
- 1990 バスチーユ・オペラ座
- 1995 音楽都市コンサートホール
- 1990 東京芸術劇場
- 1989 Bunkamura
- 1992 愛知芸術文化センター
- 1994 さいたま芸術劇場⇒272
- 1990 水戸芸術館⇒066
- 1992 世田谷パブリックシアター⇒066
- 1991 南座改修⇒068
- 1999 ロイヤル・コヴェントガーデン改修
- 1997 グローブ座再建
- 1998 ルツェルン文化・会議センターコンサートホール⇒274
- 1997 札幌コンサートホールKitara
- 1998 新潟市民芸術文化会館⇒273
- 1998 秋吉台国際芸術村⇒277
- 1997 オペラシティ・コンサートホール
- 1997 新国立劇場
- 1999 ビックハート出雲⇒066,271
- 1998 東京文化会館改修⇒275
- 1997 大阪松竹座改修
- 2001 ルクソール劇場
- 2004 カーザ・デ・ムジカ
- 2004 松本市市民会館
- 2002 苓北町民ホール
- 2001 京都造形芸術大学 人間館劇場棟　春秋座
- 2000 平成中村座

---

4. 複合化

サントリーホールを含むアークヒルズ（1986年）が皮切りとなった，劇場・ホールを含む都市型大規模複合建築は，21世紀に入っても第一生命ホールを含むトリトン・スクエア（2001年），シネコンを含むリバーウォーク北九州と六本木ヒルズ（共に2003年），四季劇場・海を含むカレッタ汐留（2003年）が完成するなど，施設間の相乗効果を狙って劇場・ホールを複合する例は後を絶たない．

一方で，中島町文化センター（1995年），つくばカピオ（1996年）⇒067，大社文化プレイス（1999年），ルネッサながと（2000年）など，小規模ながら劇場・ホールがより重要な位置を占め，図書館や体育館などと複合し地域コミュニティの核となっている事例も増えてきている．

5. 練習施設

プロフェッショナルな個人・集団と違って，アマチュアやそれに近い個人・集団の練習施設は，管理や騒音の問題から皆が集まれる夜間に施設利用ができない，利用料金が適切でない，空室がない，などの理由から楽器演奏や芝居の練習が気軽にできる場所が少ないといわれる．そういった人々が，文化芸術活動の土台を支えていると考えると切実な問題である．その要望に応えるために，近年は計画段階から文化施設内のリハーサル室の開放を盛り込んだり，練習施設を複合する事例に加え，富山市民芸術創造センター（1995年），金沢市民芸術村（1996年），せんだい演劇工房10-BOX（2002年）など，練習を中心に据えた充実した施設を持つ事例が多く見られるようになった．

6. 表と裏

特に劇場は，大舞台やフライタワーによって一般の人々が寄り付き難い，いわゆる裏側ができてしまう傾向にある．むろん敷地条件に影響されるが，大規模な施設でも裏側を可能な限り小さくすることを試みている事例が見られる．古くはシドニー・オペラハウス（1973年），近年では静岡県コンベンションアーツセンター（1998年），新潟市民芸術文化会館（1998年）⇒265，松本市市民会館（2004年）などは，劇場・ホールの舞台を中央に位置させ敷地境界まで余白を持たせ，周囲に人々が寄り付きやすい空間を配置している．また，ルクソール劇場（2001年）は，表と裏をほとんど意識させないファサードである．

観客・聴衆が使う表側と比較して，楽屋や楽屋周辺も裏側の空間として処理してしまいがちであるが，出演者が出番を待つ大切な空間である．敷地条件などに拠るところも大きいが，非常に伸びやかな楽屋・楽屋周辺となっている事例も多くなっている．

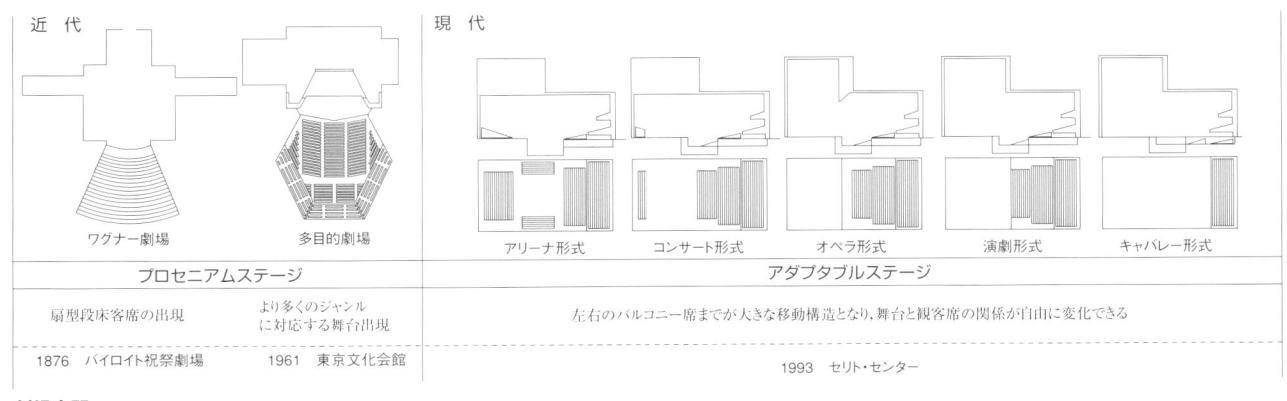

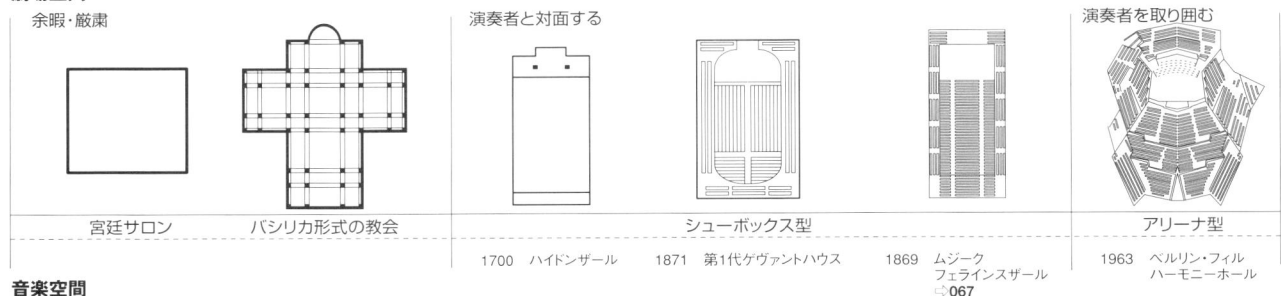

268 芸能：概要 Entertainment: Abstract

劇場空間

近代
- ワグナー劇場 / 多目的劇場
- プロセニアムステージ
- 扇型段床客席の出現 / より多くのジャンルに対応する舞台出現
- 1876 バイロイト祝祭劇場
- 1961 東京文化会館

現代
- アリーナ形式 / コンサート形式 / オペラ形式 / 演劇形式 / キャバレー形式
- アダプタブルステージ
- 左右のバルコニー席までが大きな移動構造となり，舞台と観客席の関係が自由に変化できる
- 1993 セリト・センター

余暇・厳粛
- 宮廷サロン / バシリカ形式の教会

演奏者と対面する
- シューボックス型

演奏者を取り囲む
- アリーナ型

- 1700 ハイドンザール
- 1871 第1代ゲヴァントハウス
- 1869 ムジークフェラインスザール →067
- 1963 ベルリン・フィルハーモニーホール

音楽空間

劇場・ホールの舞台空間の変遷［1］

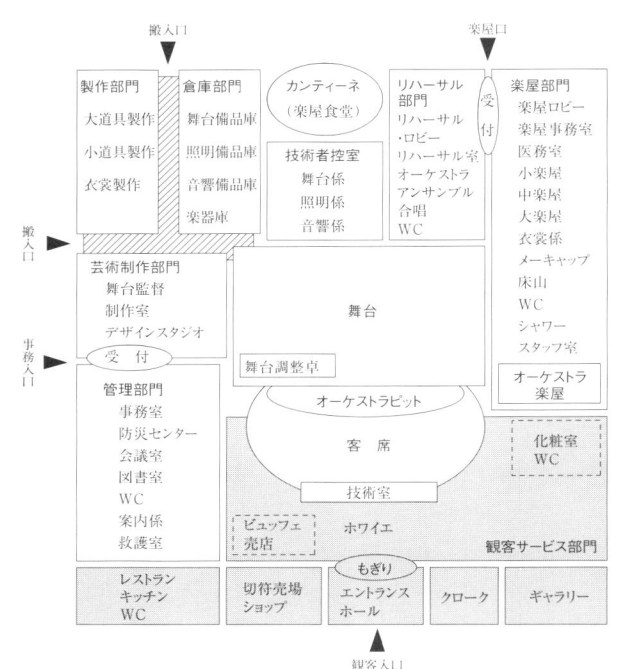

劇場・ホールの部門構成

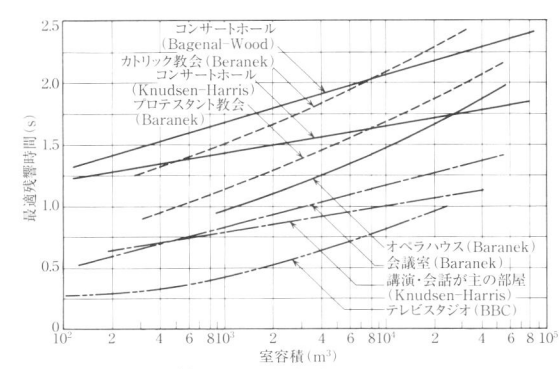

音とオーディトリウム［2］

500Hzの最適残響時間と室容積

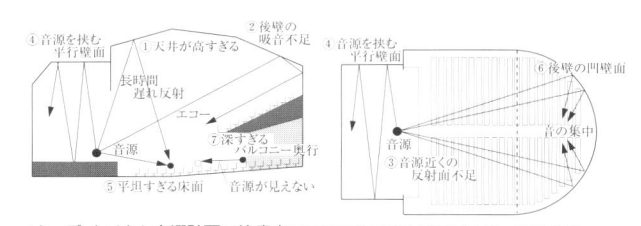

オーディトリウム音響計画の注意点 [前川訳:建築の環境と音響設計,丸善,p.130より作成]

劇場・ホールの舞台空間の変遷［1］

我が国の劇場・ホール空間は，その歴史的なつながりからおおむね次の3つに大別できる．①古代ギリシャ劇場に起源を持つオープンステージやオペラ劇場に代表されるプロセニアムステージおよび両者の可変性を考慮したアダプタブルステージ，さらに我が国特有の多目的ホールなど演劇的性格の強い芸能空間，②能，歌舞伎などの伝統的芸能空間，③貴族のサロンやバシリカ形式の教会を起源としたクラシック音楽のための空間である．

我が国では様々な批判を受けながらも伝統芸能空間から音楽空間まで幅広い目的に対応するため，音響反射板や脇花道などを持った独特の多目的ホールが数多く建設されてきた．現代では，大胆な客席移動や客席勾配の変化など劇場技術が多機能・高性能になり，様々なジャンルの多様性に応える劇場も現れている．伝統芸能空間においては，屋外の仮設舞台や社寺の拝殿を利用して様々な見所から観劇していた演能舞台が，内部化された現在の能舞台になった．歌舞伎劇場は，その起源を能舞台に持ちながらも，江戸時代には全く独自の舞台・客席形式を発展させた．しかし，明治以降の西欧型プロセニアムの導入によってその独自性は薄められた．

音楽空間は，アリーナ型コンサートホールの先進例である1963年のベルリン・フィルハーモニーホールの誕生まではシューボックス時代といえる．現代では，音響性能はもとより視覚を含めて総合的に音楽を楽しむ空間づくりが求められている．

音とオーディトリウム［2］ →067

音響計画は，劇場・ホールの良し悪しを決定づける大きな要因で，特にコンサートホールにおいて重要性が高い．音響設計では，縮尺模型実験のほか，コンピューターシミュレーションによって音場を可視化した検討などが行われる．設計段階に応じて，基本的室形から室容積や残響時間，さらに反射面や吸音面の構成，座席の特性などが繰り返し検討される．特に初期反射音の性格が重要で，側壁までの距離が遠くなりがちなアリーナ型では客席部を小ブロックに分けその壁面を利用する，またステージ上部に吊り式の天井反射板を設置するなどの工夫が行われる．

一般に回避すべき音響設計上の問題点として，①高すぎる天井面，②後壁の吸音不足，③音源近くの反射面不足，④音源を挟む平行壁面，⑤平坦すぎる客席床面，⑥後壁の凹壁面，⑦深すぎるバルコニー奥行などがあげられる．その他，ホール間や練習室・リハーサル室との遮音や空調騒音の低減，さらに鉄道など交通振動からの遮断も音響計画上重要な検討事項である．

Entertainment: Abstract **芸能：概要** 269

可視限界距離[1]

客席好感帯の分布[2]

チェックすべきサイトライン[3]

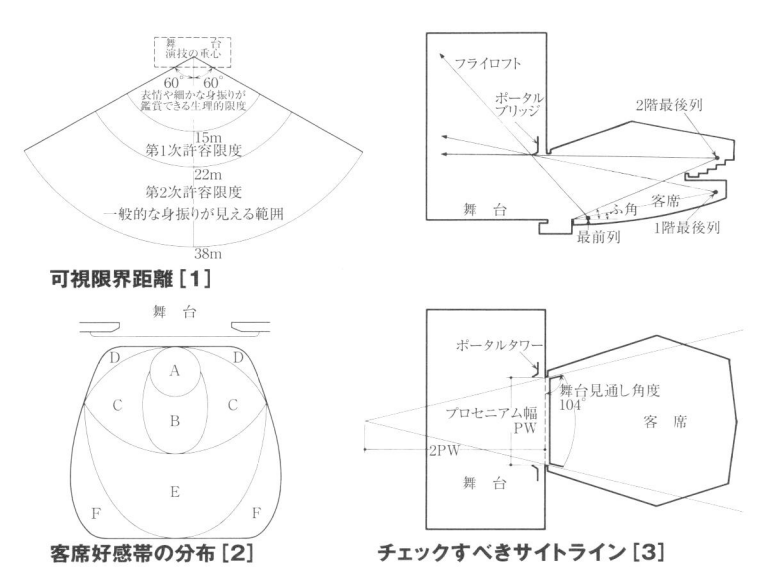

	単一の芸能空間＋他機能施設	複数の芸能空間＋他機能施設
事務所機能	例：浜離宮朝日ホール⇒067＋朝日新聞東京本社ビル 新聞社という情報発信基地＝オフィスとクラシック室内楽ホールという文化活動の場を複合.リベラルな最新情報を文化的姿勢で送り出すイメージの融合.	例：世田谷パブリックシアター⇒066／シアタートラム／世田谷区生活情報センター＋オフィス・商業 高層のオフィス棟と中・低層の商業・文化施設の複合．商業・住宅混合地区に高級住宅地の接近も含めた再開発事業による新しい生活拠点の再編．
他文化施設	例：日立シビックセンター音楽ホール＋日立シビックセンター 駅前多目的広場に接続して文化機能を複合化.図書館.科学館.会議室.多用途ホール.ギャラリー等と利便性の良い場に集約し.利用の向上と文化交流を促進.	例：愛知県芸術劇場／コンサートホール＋愛知芸術文化センター 各種劇場・ホール.美術館.情報文化センターを複合した大型文化施設.隣接する都市公園・NHKとの連続性.地下鉄・バスターミナルとの接続による都市機能の集約化.
商業施設	例：紀伊國屋サザンシアター＋タイムズスクエアビル 都心ターミナル駅に接続された巨大商業施設群と劇場の複合.文化情報産業の代表例である書店との密接な関係が特徴的.	例：オーチャードホール／シアターコクーン＋東急百貨店を含めた街区 百貨店に接続された劇場.ホール.美術館.映画館等による複合施設.商業と高級住宅地の接点という難しい敷地条件を逆手に.ハイカルチャーとポピュラリティを融合した芸術文化の創造・発信施設.賑わいのある商業との合築により魅力的な街区を形成.
その他施設	例：つくばカピオ⇒066＋多目的集会施設 演劇に焦点を当てて計画されたホールと集会.ショー等多目的利用を考慮したスポーツアリーナの複合.静と動の相反する機能融合.	例：新国立劇場（オペラ・中・小劇場）＋新国立劇場・東京オペラシティ街区 オペラからコンサート.リサイタル.大・小規模の演劇に至る多様かつ本格的な舞台芸術に加えて.メディア・アートセンターまで幅広い芸術文化を集約した複合体.これらがガレリアといわれる半屋外の公開空地や多くの飲食店・ショップ等を含む高層オフィス棟と一体的に複合化されたシンボル性を持つ劇場都市.
多種業施設	例：サントリーホール＋ホテル・放送局・住宅等（アークヒルズ） 再開発による文化施設を含めた大規模な都市型複合.都市部における芸能空間を含む大規模複合化の先駆け.レセプショニスト.ランチタイムコンサート等新しい観客サービスを誕生させた.	

複合タイプ[4]

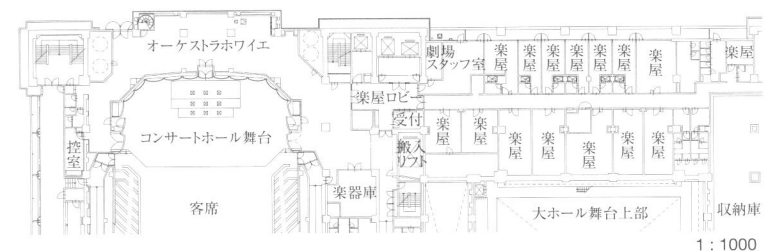

コンサート用楽屋（愛知芸術文化センター・コンサートホール） 1:1000

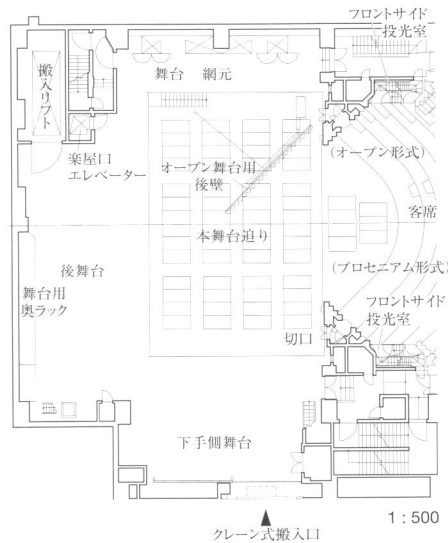

中規模劇場の舞台（世田谷パブリックシアター⇒066） 1:500

可視限界距離[1] ⇒042,061
表情や細かな身振りが理想的に鑑賞できる生理的限界は15mで，人形劇・児童劇などの客席はこの範囲に納める．収容人数との兼合いで，せりふを主体とする演劇や小規模な演奏用ホールでは22m（第1次許容限度），オペラや大規模なコンサートホールでは38m（第2次許容限度）が限界と考えられる．

客席好感帯の分布[2] ⇒066
舞台での上演を鑑賞する際に，観客が最も好む座席は，客席中央前部のAの領域である．自由席の場合には，A～Fの順番に座席が占められる．ただし，映画のために最も良い座席領域は，これよりも少し後方になる．

チェックすべきサイトライン[3]
断面上では，すべての客席からオーケストラピットないし前舞台端部が見える必要があり，このときの各座席のふ角は15°以下が望ましく，最大の場合でも30°を超えないよう，また，2階席を持つ場合，1階客席最後列の観客の目とプロセニアム頂部を結ぶ線に2階席が掛からないようにすること．また，最前部の客席から舞台を見上げたとき，舞台照明などが直接目に入らないよう十分なフライロフトを備え，最頂部客席の高さがプロセニアム頂部と同等以下であることが望ましい．⇒067
平面的には，舞台見通し角度（最端部の座席とプロセニアム端部とを結んだ線がポータルラインとなす角度）を104°（舞台中心線上2PWの点まで見える角度）から108°（1.5PWの点まで見える角度）程度に納めることが望ましい．

舞台 ⇒066,067
プロセニアム劇場では，その開口Wと高さHが舞台計画上の重要なポイントになる．そのW×Hは，オペラ・バレエで14.5×9.0m，演劇で10.8×7.2m程度を標準として考える．建築的な舞台開口はこれよりも若干大きくなる．平面計画では，この開口を基準として袖幕部分（3.6m程度）とその外側に通行スペース（2m程度）を加えた寸法を主舞台幅の基準寸法とする．奥行きに関しては，開口と同等寸法を緞帳ラインから確保してさらに舞台裏通行スペース（2m程度）を加えた寸法が基準となる．フライタワー高さに関しては，最低限建築開口分の高さ（PH）×2＋2mをすのこレベルの高さとして確保する．

異種機能を複合する[4]
多くの人々が集う場所は，商業施設や他の文化施設と複合することによって，施設間の相乗効果が見込める．様々な文化活動・交流の場として，都市や地域のコミュニティの中心となることが期待できる．近年，異種機能を複合した劇場・ホールが多く見られるのは，その有効性への期待感を示している．劇場・ホール機能でも，対象ホール複合の時代から，多種の練習室・スタジオなど文化活動を日常的に支援する機能まで多様な複合体が計画されるようになってきた．

芸能：スタジオ劇場・ライブハウス　Entertainment: Studio Theater/Club

ベニサン・ピット
- 設計：ウリュウ企画建築事務所（改修）
- 建設：1985年（改修）
- 構造：RC造＋鉄骨耐火被覆造
- 階数：地上4階
- 敷地面積：865m²
- 延床面積：1,498m²
- 客席数：最大176席

東京下町の染色工場の地方移転に伴って，廃業となった工場をそのまま再利用した施設である．1983年当初にできたのは2つのスタジオと稽古場で，その後1985年にボイラー室を改修した劇場「ベニサン・ピット」が公演を行う場としてオープンし，現在では9つのスタジオ・稽古場・倉庫を持つ充実した文化創造空間となっている．

劇場内部の空間は，2階に技術ギャラリーを持つ約12m×14mの平土間スペースで，ロビーとはスライド式の鉄扉で区切られている．客席規模に比して，道具倉庫・楽屋・控室が大きめに取られ，また，施設入口脇の2階にはカフェ・バーもあり，小規模ながら快適で居心地の良い劇場施設となっている．

シアター・トップス（トップスハウス）
- 設計：木立工房
- 建設：1985年
- 客席数：約160席

喫茶・レストランから成るビルの4階にある小劇場．客席は12の段差を持つ．舞台は間口約6m・奥行6m・高さ約4mで，ラワンベニヤ素材の可動式舞台からなる浅い奈落を備えている．主に演劇公演を対象として計画されたが，そのほか多目的に使えるよう，客席前部3段は後段の固定スラブの下にスライド収納でき，その部分と舞台部分を合わせて約140m²の平土間スペースが作れるよう配慮されている．楽屋は舞台下の3階にある．

SHIBUYA-AX
- 設計：みかんぐみ
- 建設：2000年
- 構造：S造，RC造
- 階数：地上2階
- 敷地面積：4,882m²
- 延床面積：2,285m²
- 収容人数：1922人

国立屋内総合競技場に隣接して建つ，小規模なライブハウスである．

ロッカーを建物の外，入口右手の長辺方向に沿って配置し，動線の混乱を避けている．ホワイエは，FRP波板と蛍光灯による壁面，コンパクトディスクが貼り付けられた天井としている．客席1階は基本的に平土間席で，2階は列ごとに段差を持ち舞台中心に向かって弧を描いたバルコニー席である．LD・PAブースは，1階席後方中央に配置されている．楽屋口を下手に，搬入口を上手に分け舞台に直接搬入できる．

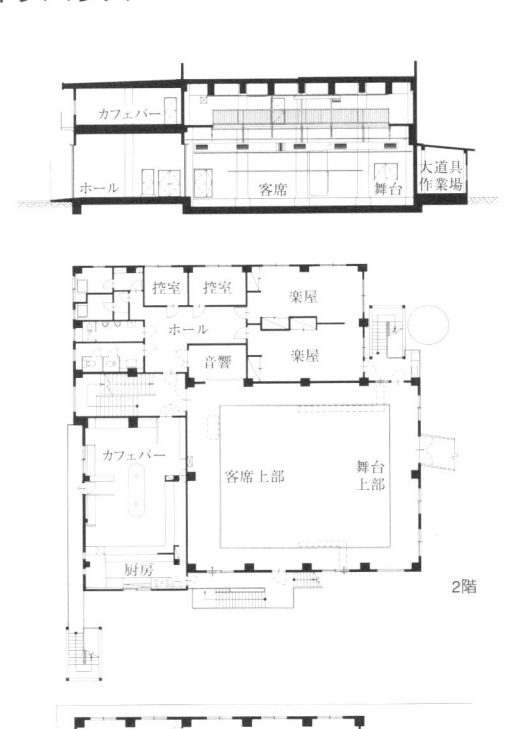

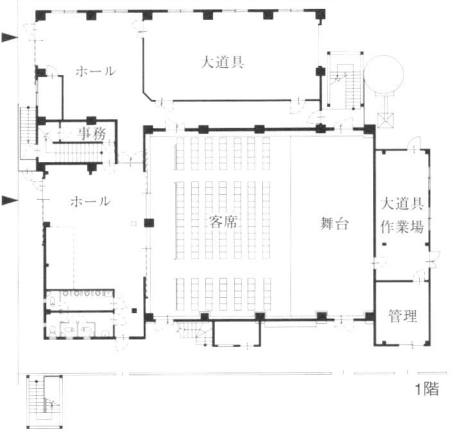

ベニサン・ピット（東京都江東区）

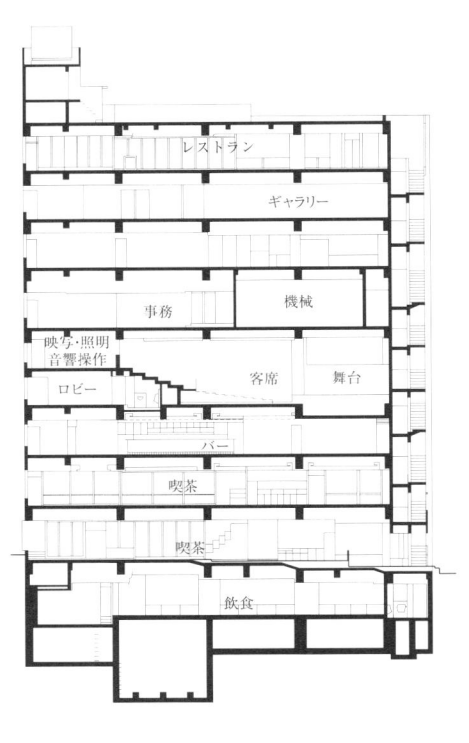

シアター・トップス（トップスハウス）（東京都新宿区）

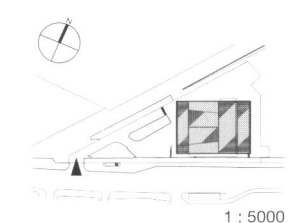

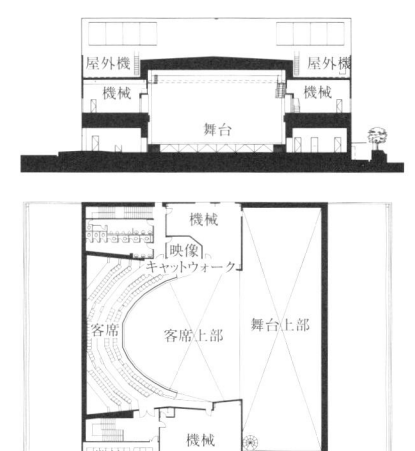

SHIBUYA-AX（東京都渋谷区）　1:1000

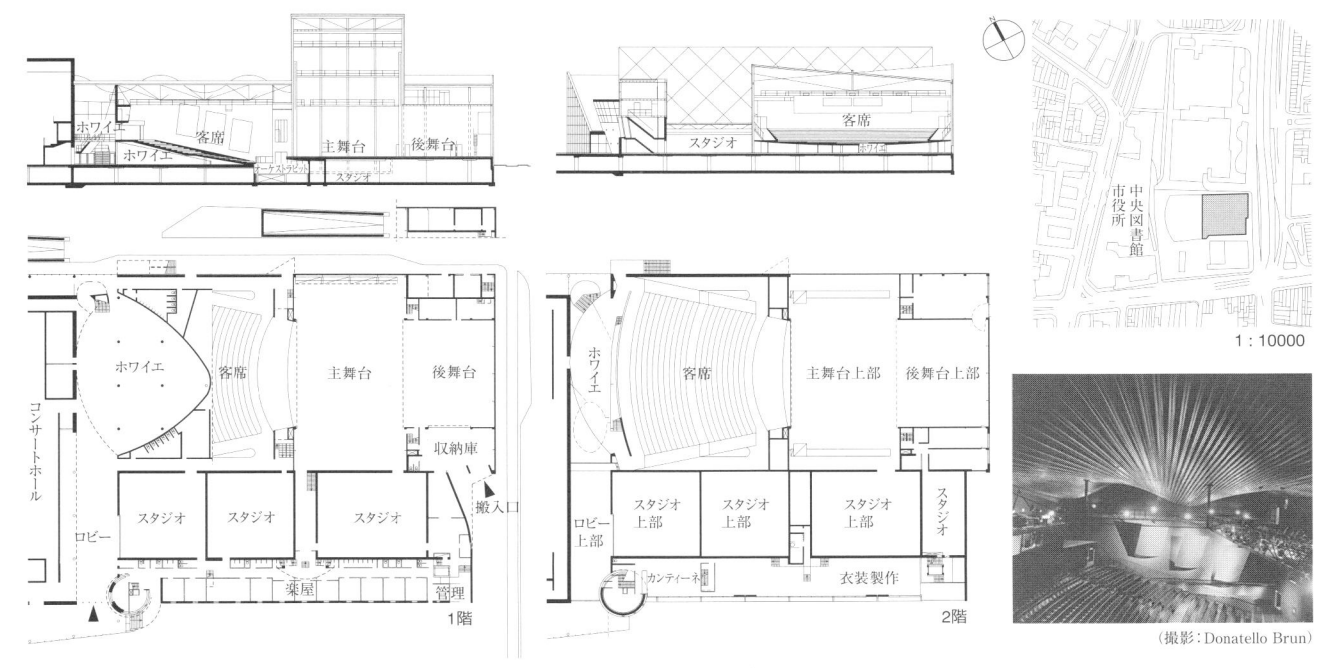

Entertainment: Small scale Theater　芸能：小規模ホール

ネザーランド・ダンスシアター (Dancetheater, Den Haag, オランダ)

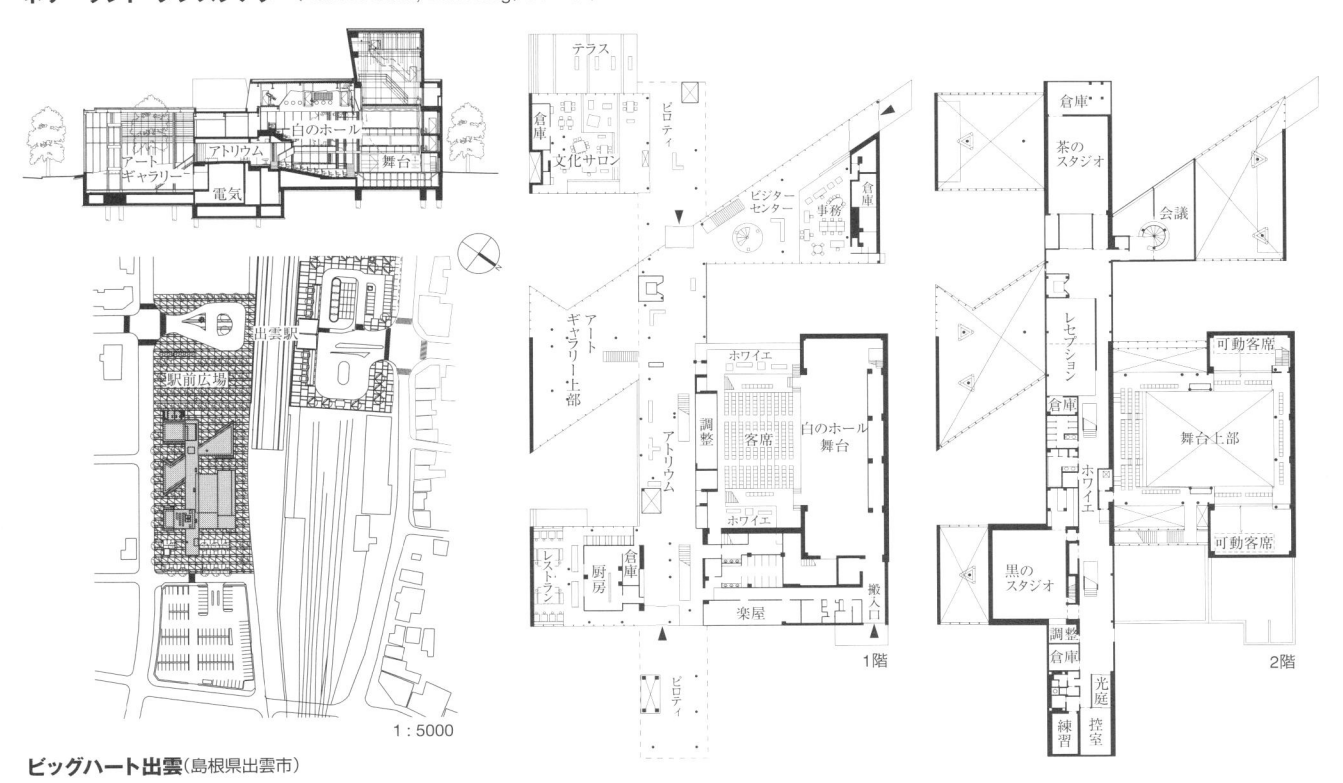

ビッグハート出雲 (島根県出雲市)

ネザーランド・ダンスシアター
- 設計：Rem Koolhaas/OMA
- 建設：1987年
- 客席数：1,001席

ハーグ中心部に立地するホールである．
全体はスプイ複合施設であり，劇場のほかに広場を共有する形でホテル，コンサートホールさらに地下駐車場などの施設が配置されている．
立方体や円錐形など，いくつかの幾何学形態を組み合わせた外観となっている．
主舞台の大きさは18m×20mで，後舞台まで入れると33mの奥行を確保でき，左右側舞台も7.5mの幅をもっている．200m²を越える3つのスタジオは，グループ毎の日常練習用に供されている．
客席形状はワンスロープ・扇型というシンプルな構成で金属製の天井仕上げに舞台照明用のギャラリーが巡らされた暗いインテリアはクールな印象である．一方，ホワイエ部分は一転してビビッドな色彩計画で，楕円形のバーを浮かべたり，上階のホワイエが柔らかな曲線を描いて張り出したり，さらに客席下の斜め天井にホワイエが潜り込むように延び上部客席を細い柱で支えるなど動きを感じさせる．

ビッグハート出雲
- 設計：小嶋一浩＋小泉雅生/C+A
- 建設：1999年
- 構造：S造，RC造一部SRC造
- 階数：地下1階地上2階
- 敷地面積：5,532m²
- 延床面積：4,875m²
- 客席数：白のホール341～441席

出雲駅前に立地する，ホール，アートギャラリーなどからなる複合文化施設である．
立地性から，駐車場と駅を結ぶ通抜け街路空間を背骨のように計画し，そこに接続された各機能が見え隠れするように配置されている．
閉鎖的になりがちなホール部分も例外ではなく，客席とホワイエの間を明確な区画をせず連続的に扱っている．ホールは，音楽・演劇の両方に対応するため，2層のバルコニー席を持つ可動客席と天井反射板および可動プロセニアムで，音楽時にはシューボックス型，演劇時にはプロセニアム形式の劇場となるように計画されている．ホールのガラス面はもちろん遮光可能となっている．
カーテンウォールの上半分はコンピューター制御のダブルガラスルーバーとなっており，室内外の環境の変化に応じて自動的に開閉する．

272　芸能：ホール複合　Entertainment: Complex　　1:1500

2階

1階

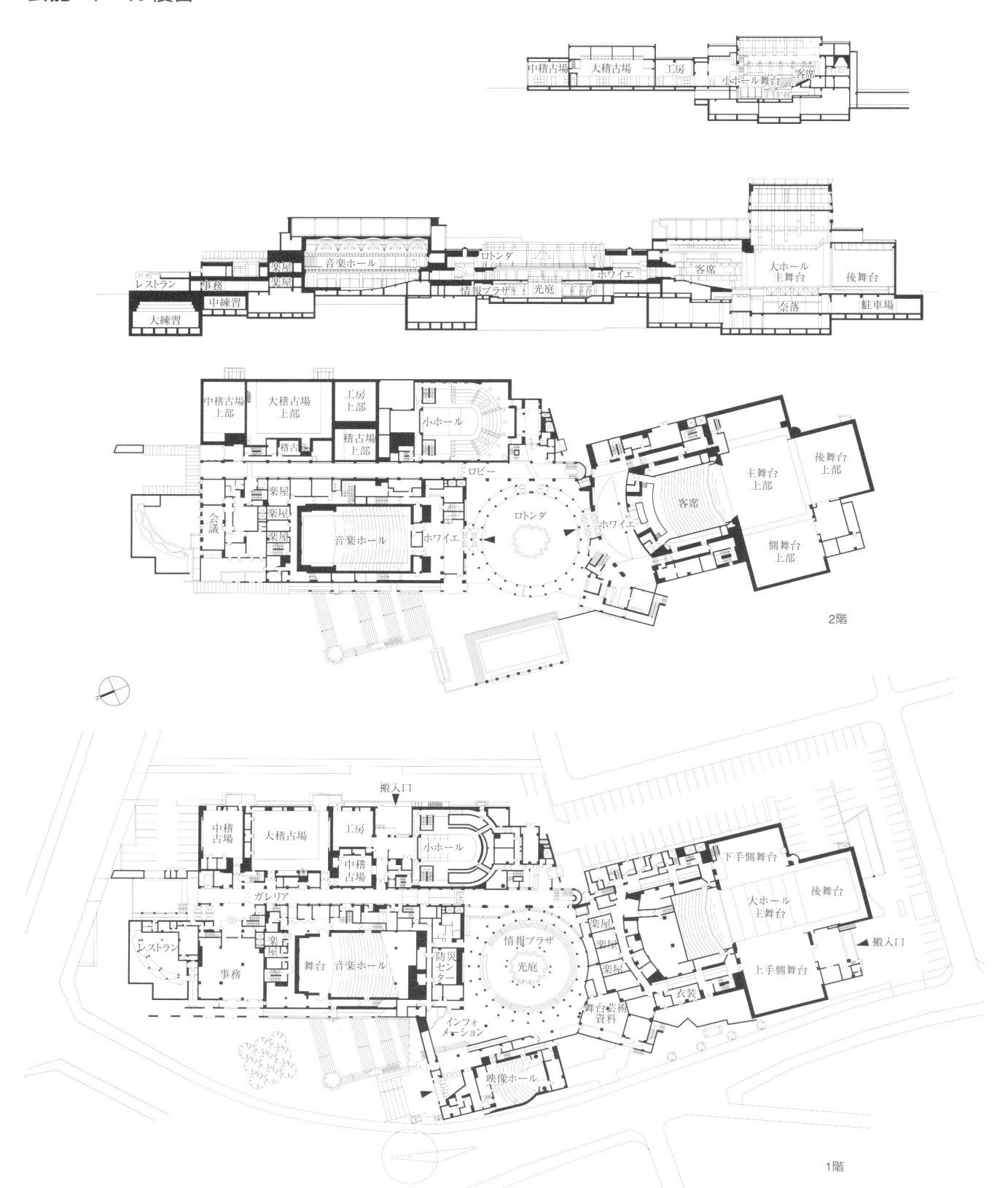

彩の国さいたま芸術劇場（さいたま市）

彩の国さいたま芸術劇場
- 設計：香山壽夫＋環境造形研究所
- 建設：1994年
- 構造：RC造一部SRC, S造
- 階数：地下2階地上4階
- 敷地面積：18,970m²
- 延床面積：23,856m²
- 客席数：大ホール776席，音楽ホール604席，小ホール266～346席，映像ホール150席

地域の文化創造活動拠点を目指し，専門性を有する中・小規模の劇場・ホール並びに創造活動を支援する稽古場・工房・練習室などを十分に確保している．芸術監督である館長を中心に，テーマに沿った活動方針が策定され，海外の劇場・カンパニーとの交流も盛んに行われている．大ホールは，演劇やダンスなどに焦点を当てて計画された劇場で，主舞台と同程度の後舞台・上手側舞台を有し，複数の作品を連続して公演できる．

ロトンダと呼ばれる円形の吹抜け空間を中心に全体が構成されている．そこは，大ホール・音楽ホール・小ホールを訪れる観客・聴衆が共有する広場空間で，施設群をまとめると同時に，誰もが訪れることができる交流と賑わいの場を形成している．一方，ガレリアは稽古場群のロビーであると同時にギャラリーとしての利用も考えられたモール状の空間で，ロトンダとともにこの施設の骨格を形成している．これらの空間に接続して，各楽屋口や事務受付・リハーサル室出入口を設け，演ずる側と鑑賞する側の垣根を低くし，地域的な交流の場となることを意図している．

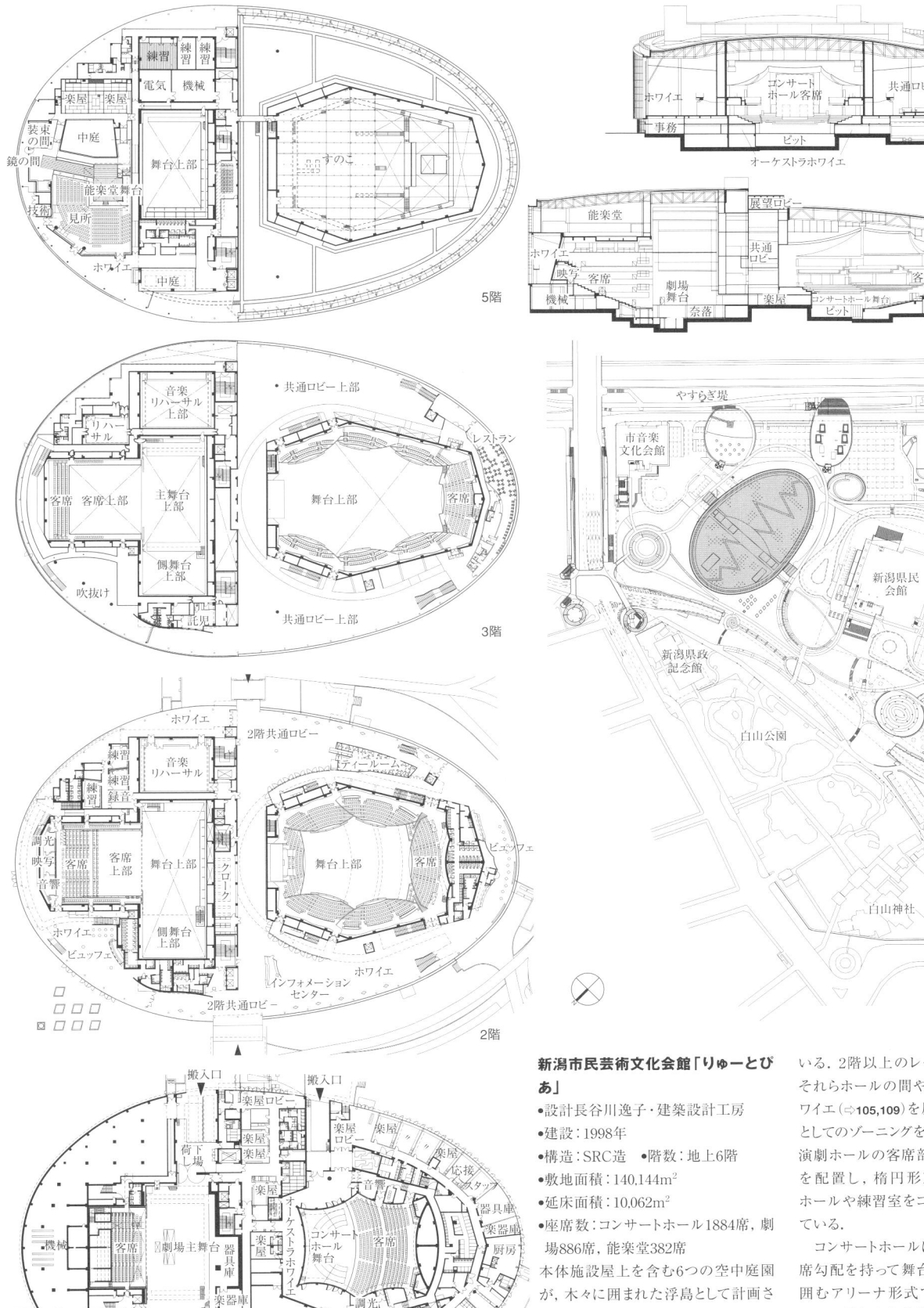

Entertainment: Concert Hall 芸能：コンサートホール

新潟市民芸術文化会館「りゅーとぴあ」

- 設計：長谷川逸子・建築設計工房
- 建設：1998年
- 構造：SRC造　●階数：地上6階
- 敷地面積：140,144m²
- 延床面積：10,062m²
- 座席数：コンサートホール1884席，劇場886席，能楽堂382席

本体施設屋上を含む6つの空中庭園が，木々に囲まれた浮島として計画され，それらを回遊性を持ったペデストリアンデッキで結んだランドスケープが気持ちよい．周辺環境整備も含め公園と一体化したパブリックスペースの形成，また隣接する音楽文化会館と連動した文化活動の在り方や県民文化会館との棲み分けなど，公共建築の一つの在り方を示している．

1階では各ホールの舞台を背中合わせとし，裏動線を集約的に配置している．2階以上のレベルにおいては，それらホールの間や周囲にロビー・ホワイエ（⇒105,109）を展開し，交流空間としてのゾーニングを図っている．また，演劇ホールの客席部上部には能楽堂を配置し，楕円形態の中に複数のホールや練習室をコンパクトに構成している．

コンサートホールは，比較的急な客席勾配を持って舞台を立体的に取り囲むアリーナ形式である．各バルコニーの柔らかな曲線の構成と視線が通る手摺りが特徴的である．演劇ホールは，演劇・オペラ・歌舞伎など多目的に対応できる機能を持ち，良好な視線を得られる舞台正面の急な客席勾配と3層のギャラリー席から成る．能楽堂は，竹林を持つ中庭を見せることができ，また目付柱が取り外せるなど，能以外の利用についての工夫がされている．

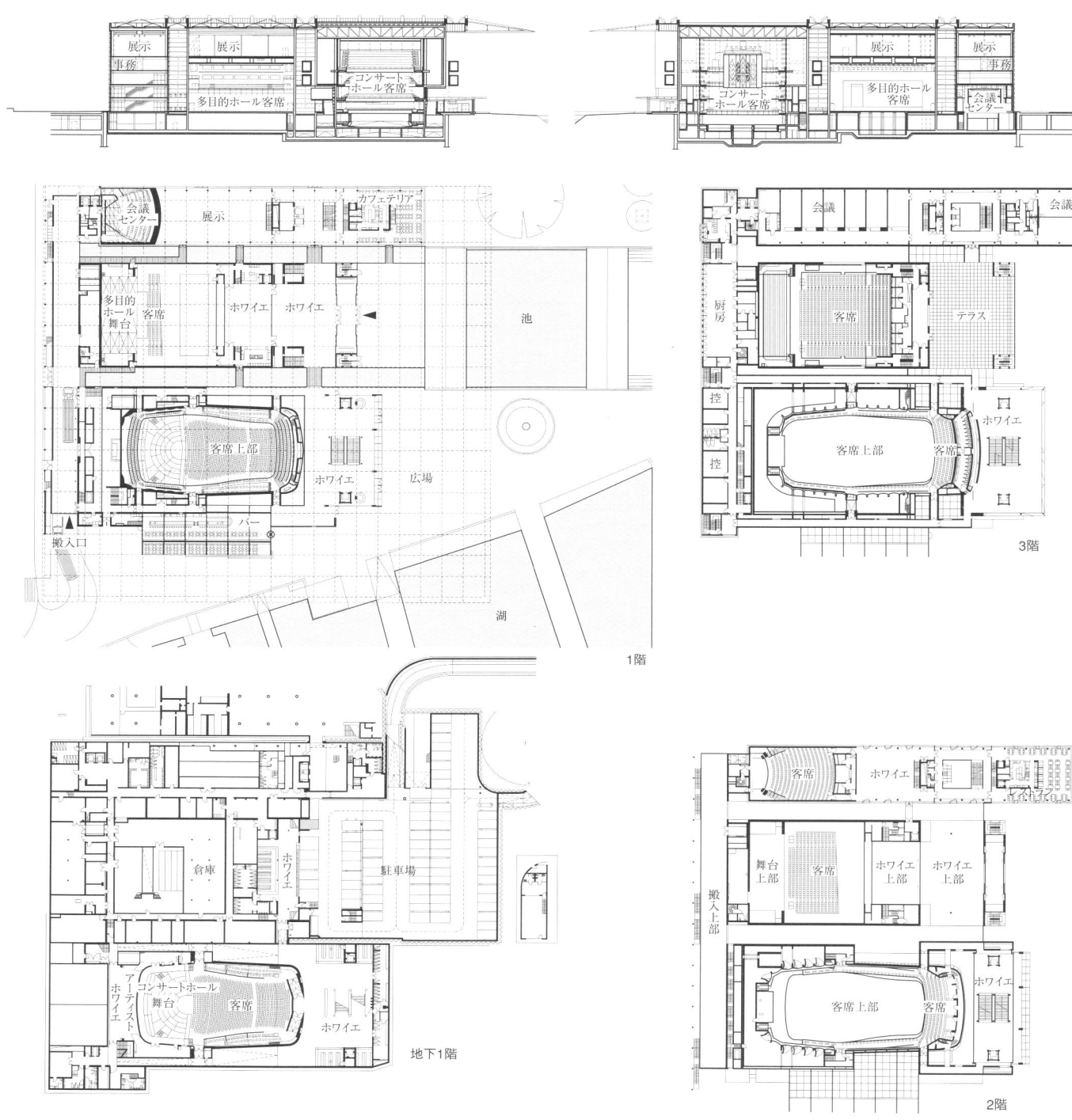

274　芸能：コンサートホール Entertainment: Concert Hall　1:1500

ルツェルン文化・会議センター（Kultur-und Kongresszentrum Luzern, Luzern, スイス）

ルツェルン文化・会議センター
- 設計：Jean Nouvel
- 建設：1998年（コンサートホール），1999年（多目的ホール・会議センター・美術館）
- 延床面積：35,000m²
- 客席数：コンサートホール1840席，多目的ホール900席，会議センター300席

湖に面し美しい展望を持つこの施設は，毎夏行われるルツェルン国際音楽祭のメイン会場でもある．コンサートホール・多目的ホール・会議センター・美術館が3つの棟に配置され，湖に突き出た大屋根で覆われている．各棟の間には，湖から引き込まれた水路があり，3棟すべてに湖を臨む展望テラスが設けられている．アプローチ側にある広場には，噴水・溜池があり，湖畔という立地を活かして施設全体が親水空間として計画されている．あたかも湖畔に船を停泊させたような棟配置や中央に向かって肉厚になる力強い大屋根は，周囲の山並みと対比的な調和を見せている．対角線方向で45mにも及ぶキャンティ・レヴァー大屋根には，湖面などが写り込みダイナミックなアプローチ空間をつくり出している．

エントランスを入ると，柔らかな曲線を描いたコンサートホールの形状が，各階のホワイエや最上階のテラスに現れている．コンサートホール内部は，カエデ合板と白色のプラスター塗りで仕上げられている．長手方向の長さが約46mのシューボックス型といえるが，4層のバルコニー席が設けられ立体的な扱いにおいて従来のシューボックスとは異なる．バルコニー席列間の大きな段差や上階のサイドバルコニー席が1列であることなど視覚面でも配慮されている．残響可変の仕方も特徴的で，壁面に設けられた回転パネルを開閉し側面にある残響室を増減することで室容積を18000m³から25000m³に変化させるというものである．

コンサートホールと別の2棟に分散するエンドステージ型の多目的ホール・会議センターは，すべて舞台を同じ南側に向け，サービス動線が分散しないように計画されている．

（撮影：初見学）

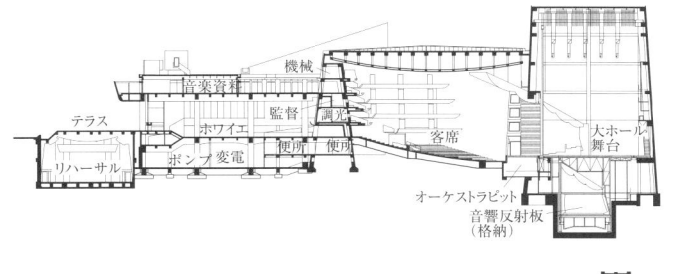

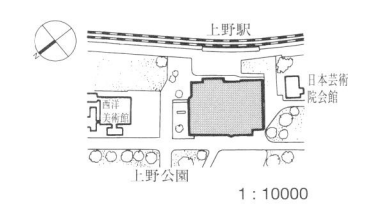

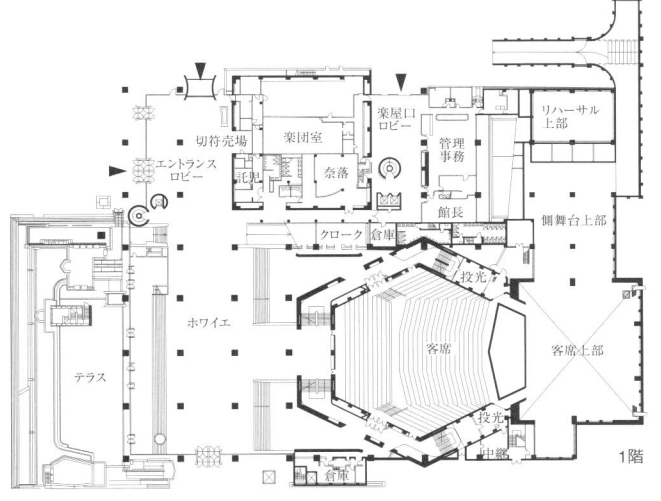

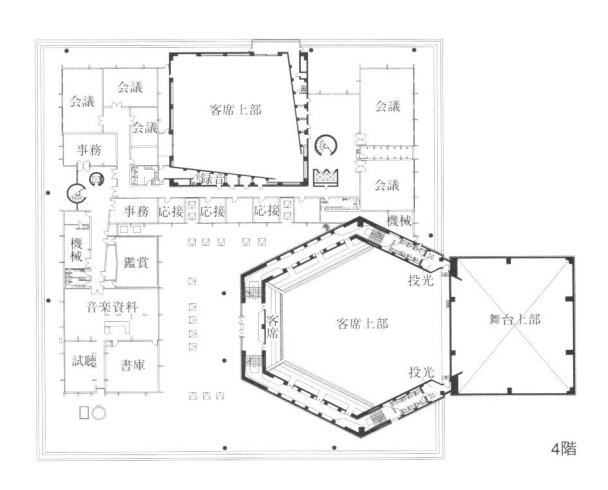

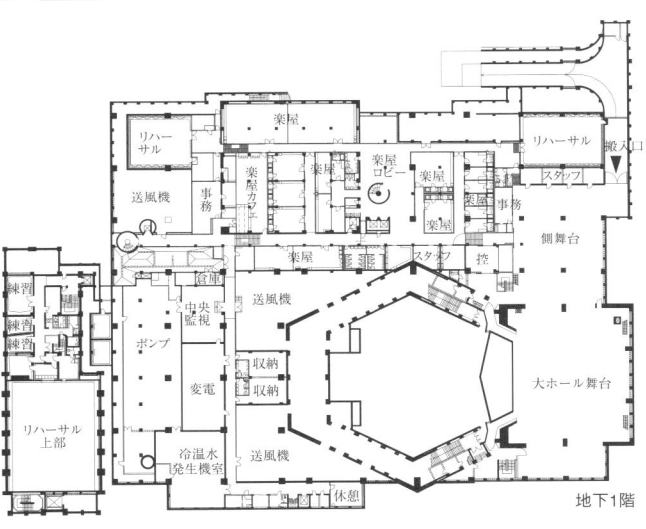

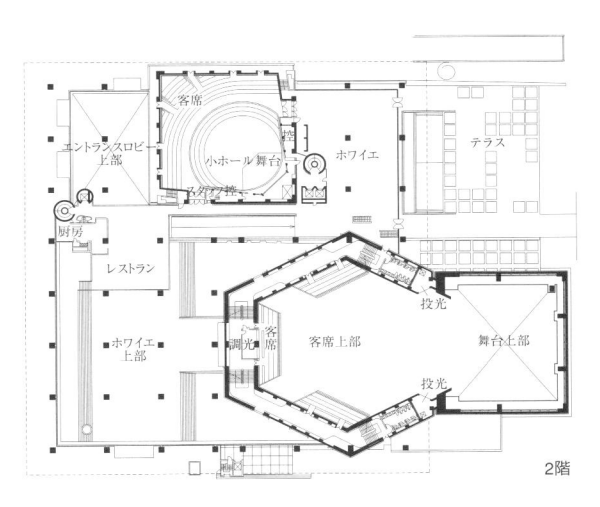

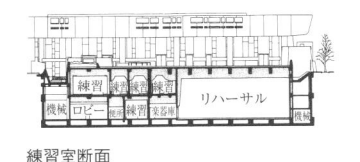

Entertainment: Concert Hall　芸能：コンサートホール

東京文化会館（東京都台東区）

東京文化会館
- 設計：前川國男建築設計事務所
- 建設：1961年，1994年（改修）
- 構造：SRC造
- 階数：地下2階地上5階
- 敷地面積：19,558m²
- 延床面積：21,423m²
- 客席数：大ホール2317席，小ホール649席

開館以来オペラ，バレエ，クラシックコンサートを中心に国内外の第一級の公演を行ってきた拠点的な施設．それを支えてきた主な要因は，舞台の基本的寸法関係の良さ，楽屋数の多さ，大規模ながら巧みに構成された客席，伸びやかなホワイエなどバランスのとれた全体計画や建築空間としての魅力が挙げられる．

観客同士の交歓性や演技者との一体感を考慮しながら，近代的に馬蹄型をデザインし直した大ホールの客席空間は今日でも有効性がある．客席に至るアプローチ空間は，2階レストランによる緩衝空間を介して，エントランスホールからホワイエを経て流れるように配置されている．緩やかなスロープによって外部テラスに面したホワイエへと導かれる小ホールも自然なアプローチを感じさせる．小ホール客席は，演奏者を聴衆が取り囲むように配置され，親近感を感じさせる．

1998～99年の改修工事では，多目的機能を充実させる新たな展開を示した．また，テラス下の地下リハーサル室棟の増築（1984年）など増築・改修が必要に応じて繰り返されてきた．基本的な建築性能がしっかりとしていれば，改修し使い続けることができ，世代を越えて多くの人に親しまれることを示す好例である．

276　芸能：多目的ホール Entertainment: Multipurpose Hall

1:2000

東京国際フォーラム
- 設計：Rafael Vinoly
- 建設：1997年
- 客席数：ホールA5012席，ホールB1,440m²，ホールC1502席，ホールD380m²

旧都庁舎跡地に建てられた東京初のコンベンションおよびアートセンターである．ビジネス街と商業との接点に位置する文化・情報拠点に相応しく，音楽・演劇公演のみならず芸術展・商業イベント・国際会議などを開催できる機能を持つ．船底のような大屋根を持つシンボリックなガラスホール棟は，巨大なアトリウムで常時開放されている．一方，4つのマッシブなヴォリュームが並ぶホール棟は，有料入場者ゾーンで，その間に南北に通り抜けできる都市的なオープンスペースが計画されている．

ホールAは国際会議・集会や様々な音楽イベントに対応できる多目的ホールで，客席両脇に設けられた光壁・木リブのプロセニアムアーチが特徴的である．ホールBが国際会議・集会・展示用に計画されているのに対し，ホールCはクラシックコンサートに焦点を当て考えられた．客席壁の裏側に残響可変パネルを備え，舞台を天井反射板と側面反射板で覆い，さらに音響反射板をその中に設けるという2層式音響反射板を設備し，音響性能を高めている．ホールDは展示・映画・演劇など多様な用途に対応できる平土間スペースである．

敷地四周が地下鉄に囲まれ，ホールが隣接していることから，地中連続壁と浮構造を併用し，防振・遮音対策を図っている．その他にも，映像ホールやレセプションホール，展示場，生涯学習センターなどがある．

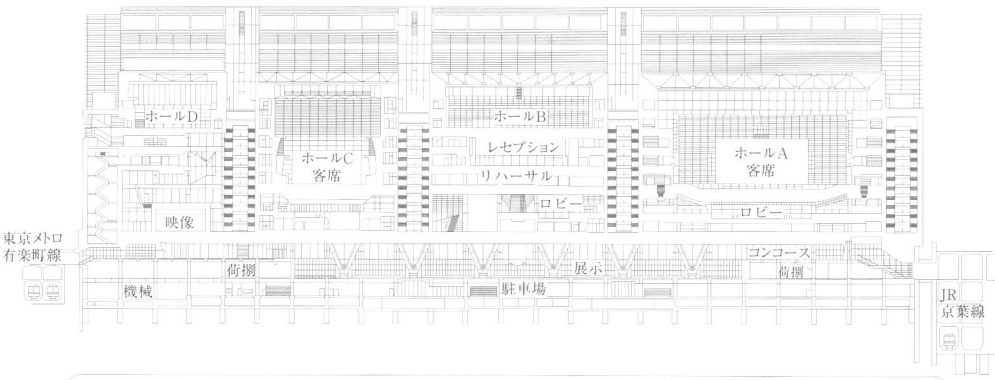

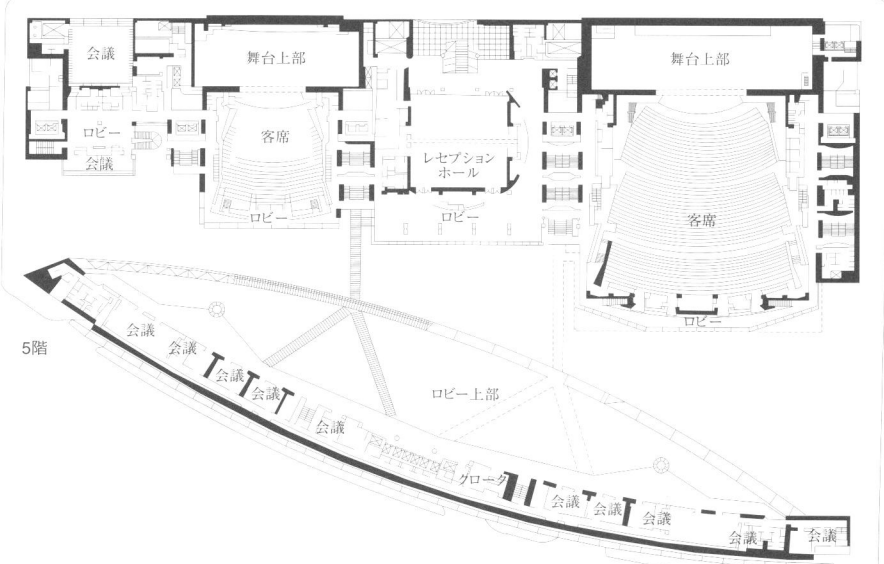

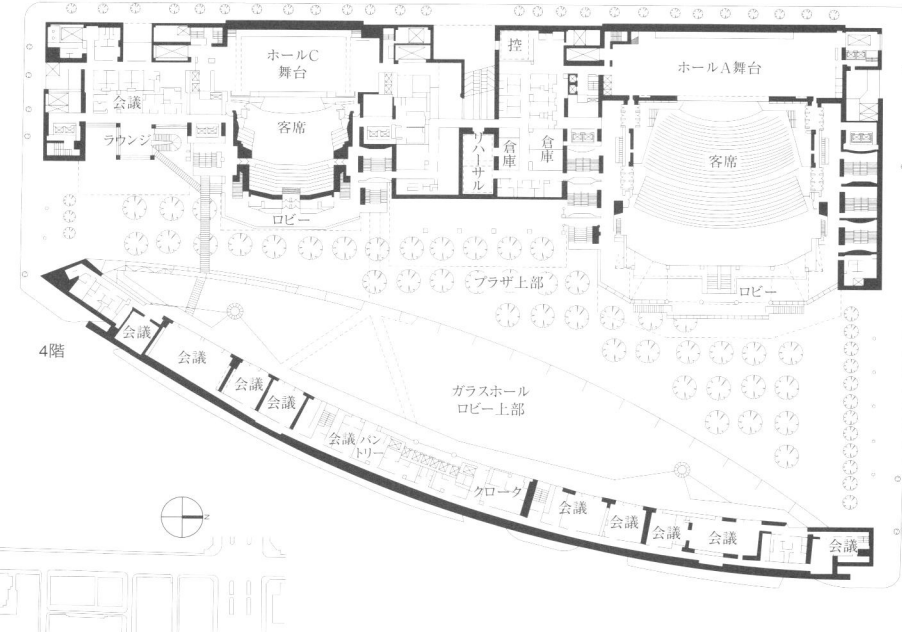

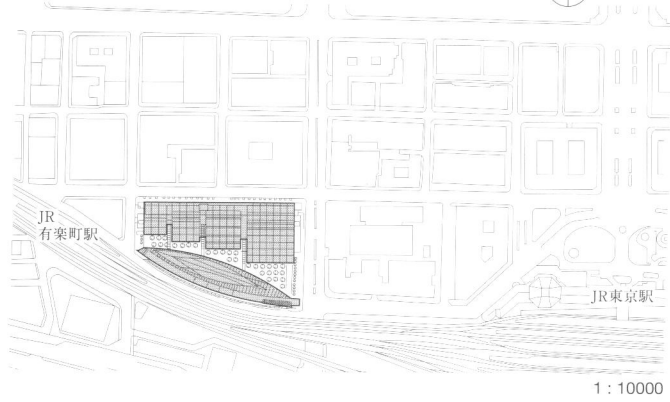

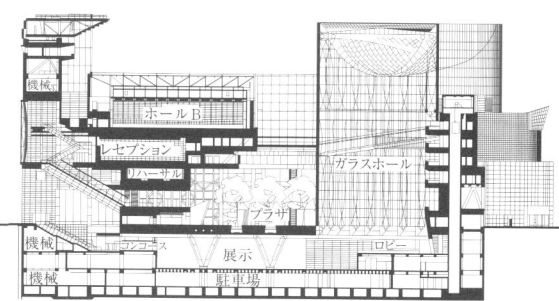

東京国際フォーラム（東京都千代田区）

1:10000

1:1500 Entertainment: Cinema, Traditional Theater　**芸能：シネマコンプレックス・伝統劇場**　277

秋吉台国際芸術村（山口県美祢郡秋芳町）

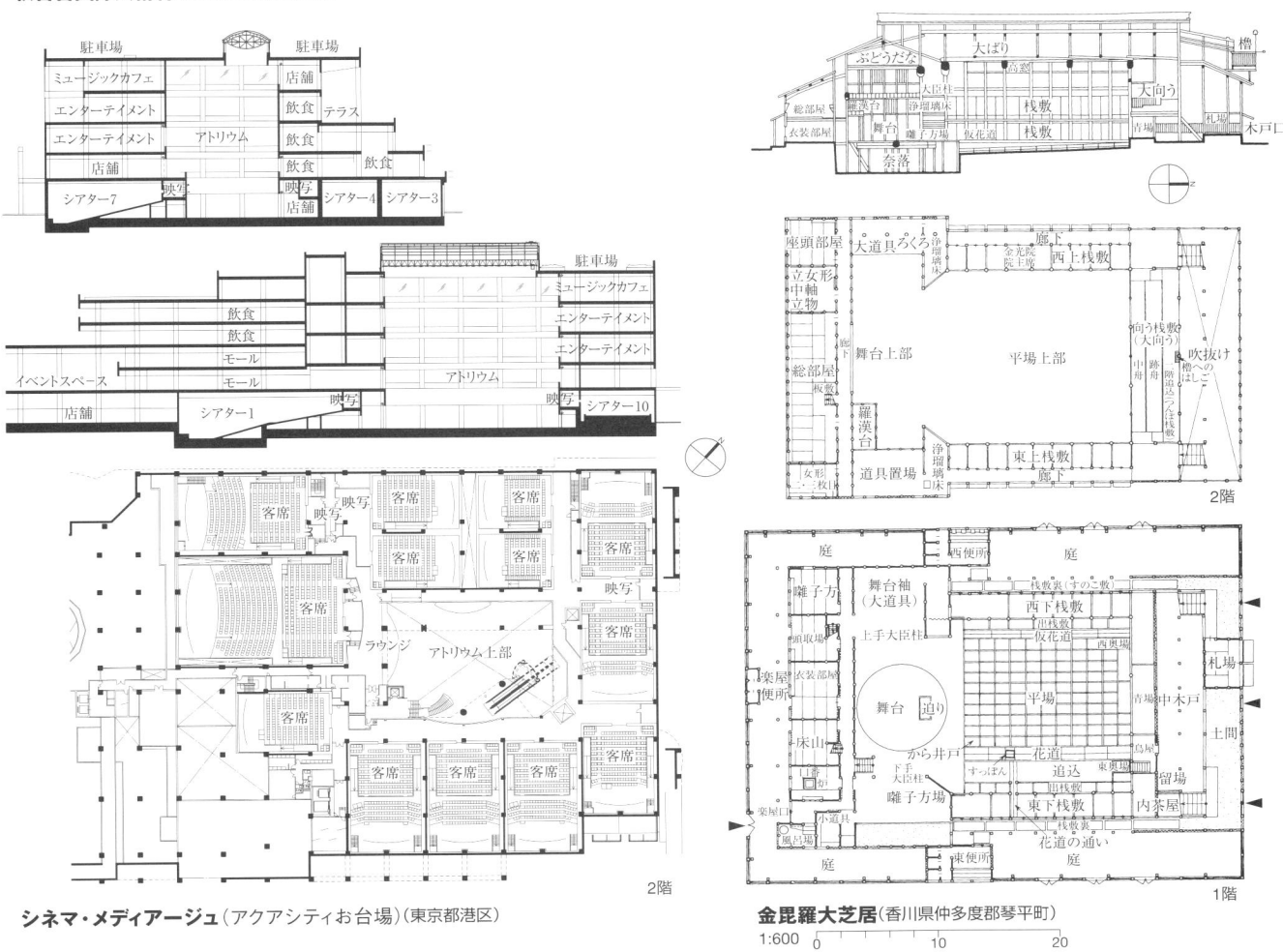

シネマ・メディアージュ（アクアシティお台場）（東京都港区）

金毘羅大芝居（香川県仲多度郡琴平町）
1:600

秋吉台国際芸術村
- 設計：磯崎新アトリエ
- 建設：1998年
- 構造：RC造＋S造
- 階数：地下1階地上4階
- 敷地面積：330,000m²
- 延床面積：5,165m²

滞在型施設として，発表に至る創作プロセスに重点をおいた運営を行っている．アプローチ部分が狭く奥に広がった袋状の敷地に，棚田をイメージして建築が構成されている．

本館（セミナーハウス）は，パフォーマンス空間にもなる中庭を囲み，コンサートホール・研修室・ギャラリーが配されている．

ホール内部は，1階席を平土間可動客席とし，4分割された迫りにより舞台を自由に設定できる．2・3階は演奏空間としても使用できるバルコニーと固定客席が島状に連結して配置されている．このように，演奏場所に選択性を持たせ，舞台と客席の柔軟な関係を生み出している．

シネマ・メディアージュ（アクアシティお台場）
- 基本構想：ソニー・デベロップメント，アトリウム設計：日建スペースデザイン＋竹中工務店
- 映画館設計：竹中工務店＋ソニー・シネマチェック
- 建設：2000年
- 延床面積：8,359m²（シネマ部分）
- 客席数：13館合計3034席

東京・お台場の東京湾沿いに位置する新しい娯楽スポット．商業施設の1・2階にシネマ・メディアージュが複合されている．自然光が差し込む大きなアトリウムを取り囲むように13の映画館が配置されている．バーがあるアトリウム1階ロビーは誰もが自由にアクセスでき，イベントや発表会なども行われる．

13の映画館は，最小114席～最大612席と様々な規模で設定され，スクリーンの縦サイズも最小約3.2m～最大7mとバラエティに富んでいる．

金毘羅大芝居
- 建設：1835年（1976年復元）
- 客席数：約810人収容

我が国に現存する芝居小屋の中で最も古く，江戸時代の劇場空間を伝える貴重な遺構で，間口12間×奥行19間1尺で木造2階建てのボリュームからなる．常時一般公開されており，現在でも毎年4月に「四国こんぴら歌舞伎大芝居」が上演されている．

舞台は，開口6間×奥行4間，廻り盆は直径3間4尺，花道の長さは6間4尺5寸である．客席は，平場追込・青場・向う桟敷の追込などの大衆席，引舟・平場・上下桟敷の上席まで，江戸時代の階級制そのままの客席割りが見られる．舞台内に羅漢台があるのも江戸時代の名残である．

宿泊：概要 Accommodations: Abstract

分類		定義	所属団体名称（監督官庁）	関連法規・基準等名称（主管官庁）
ホテル	シティホテル	宿泊,宴会,料飲等を総合的に装備したホテル		国際観光ホテル整備法（国土交通省総合政策局）
	リゾートホテル	観光地,保養地に立地するホテル	日本ホテル協会（国土交通省）	
	コミュニティホテル	地域社会にあって宴会,料飲を主体とするホテル		旅館業法（ホテル営業）（厚生労働省健康局）
	ビジネスホテル	宿泊機能主体型のホテル	全日本シティホテル連盟（国土交通省）日本観光旅館連盟（国土交通省）	旅館業法（ホテル営業）（厚生労働省健康局）
旅館		和式客室を主体とする旅館施設	国際観光旅館連盟（国土交通省）日本観光旅館連盟（国土交通省）全国旅館環境衛生同業者組合連合会（厚生労働省）	旅館業法（旅館営業）（厚生労働省健康局）

ホテル・旅館の分類・定義・関連法規[1]

		主たる利用者	特徴	呼称・代表例
明治維新 1868年	宿の時代	宗教的・経済的動機による旅行者	宿泊・料飲の必要条件の確保	旅籠 宿場
第2次大戦終戦 1945年	グランドホテルの時代	特権階級者 外国人	西洋文化としてのホテル	築地ホテル 富士屋ホテル 帝国ホテル
高度経済成長 1960年	コマーシャルホテルの時代		ホテル基本性能の整備	シティホテル
バブル経済崩壊 1990年		商用旅行者 観光旅行者	宿泊以外の機能の充実	ビジネスホテルチェーン リゾートホテル
	新しいホテルの時代	一般市民	ホテル機能の多様化	コミュニティホテル 特化型ホテル

宿泊施設の多様化・個性化[2]

（ペントハウス等 / 最上階（トップレストラン,ラウンジ等客室以外）／ 客室階 ／ 客室階以外の諸施設：ポディアム部門（屋内駐車場面積は除外），客室部門）

機能構成[3]

→ 客動線
---> サービス動線

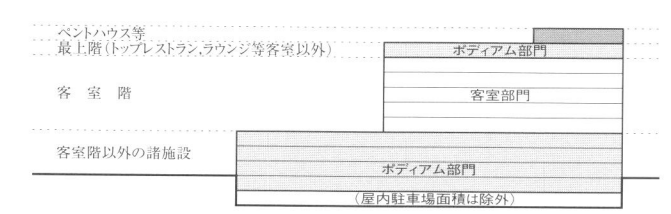

宿泊施設の分類[1]

宿泊施設はもともと巡礼や行商・隊商に短期間の滞在と飲食を提供する施設として始まったものであるが，立地や利用目的，滞在日数により様々に分化してきた．

ホテルと旅館の違いは，厚生労働省主管の旅館業法に基づく都道府県知事の営業許可の種別の違いによるものである．ホテルは施設の機能・立地などにより大きく四つに分類されるが，近年は個性を強調した多様なホテルが多く開設される傾向にある．

国立少年自然の家や各自治体によって設置されている自然研修施設なども宿泊施設に含めて考えることができ，単に宿泊や飲食，宴会といったホテル内の機能だけでなく，ホテル周辺の自然環境も含めて楽しむことを目的としたエコツーリズム型の宿泊施設として位置づけることができる．さらに，滞在型の文化体験施設，宿泊者同士やスタッフとの交流が特徴であるユースホステル，研修センター，民宿などの宿泊施設も存在する．

宿泊施設の多様化・個性化[2]

宿泊施設の基本機能は宿泊と飲食であるが，宴会・エクササイズなど機能が拡張する方向にあった．シティホテルはこれら様々な機能をバランスよく組み合わせた宿泊施設と言える．さらには様々な娯楽施設をも取り込み，ホテル内ですべての生活が完結するエンターテインメント型のホテルも生まれている．ホテル数の増加と利用者の要求の多様化に伴い，オーベルジュホテル（食事），コンベンションホテル（会議）など機能特化をはかったものやスパ・美術館・医療など独自の付加機能を持つ宿泊施設も現れ，多様化・個性化が一層進む傾向にある．

機能構成[3]

宿泊施設は，客室を中心とした宿泊機能以外にもレストランなどの飲食機能，宴会場・会議室などの集会機能をはじめとした様々な機能が複合して成り立っており，計画に際しては十分な検討が必要となる．

これらの機能はおおまかには宿泊機能を受け持つ客室部門とそれ以外の機能を分担するポディアム部門に分配される．ポディアム部門はパブリック部分（ロビー，飲食，宴会，店舗，アスレチックなど）とサービス部分（厨房，ハウスキーピング，事務，防災など），その他（駐車場・機械室など）の三つの部分によって構成される．

全体の機能と動線は各部門の平面的・断面的な関連性を考えながら整理しなくてはならない．利用客の動線とサービス動線が交錯するのは極力避けるよう計画する．特にロビー部分は宿泊客・宴会客・一般外来客の三種類の客動線が集まる部分であるので注意が必要となる．

利用客を目的の場所へ明確に誘導する明確な動線計画が，利用客に安心感とゆとりを感じさせるだけでなく，非常時の避難に際しても有効となる．

サービス動線については効率化と同時に維持管理にも配慮した動線計画とすることが望まれる．

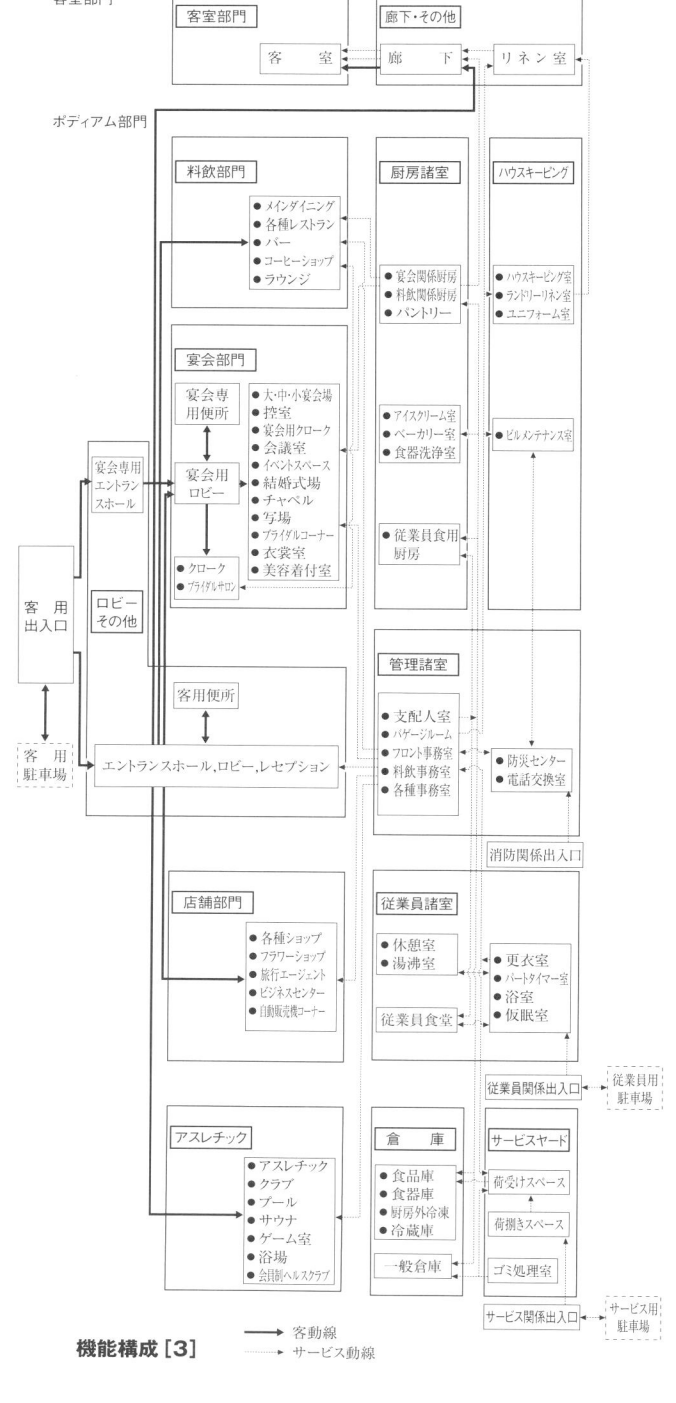

Accommodations: Abstract 宿泊：概要

分類	宿泊施設名称	延床面積 (m^2)	総客室数 (室)	客室部門比 (％)	I 客室部門		II ポディアム部門										機械室・廊下その他
					1.客室	2.廊下その他	1.パブリック					2.サービス					
							A.ロビーその他	B.料飲部門	C.店舗部門	D.宴会部門	E.アスレチック	A.厨房諸室	B.従業員諸室	C.管理諸室	D.ハウスキーピング	E.倉庫	F.サービスヤード	
シティ	平均値（25例）	51,566.21	481	44.50														
リゾート	平均値（24例）	32,358.35	265	45.13														
コミュニティ	平均値（5例）	25,379.98	186	31.38														
ビジネス	平均値（9例）	9,460.36	234	71.07														
旅館	平均値（12例）	22,689.34	121	48.42														

割合（%） 0　20　40　60　80　100

（注）客室部門の客室面積には，客室のみに付属する専用設備シャフト面積は含まない．

面積構成 [4]

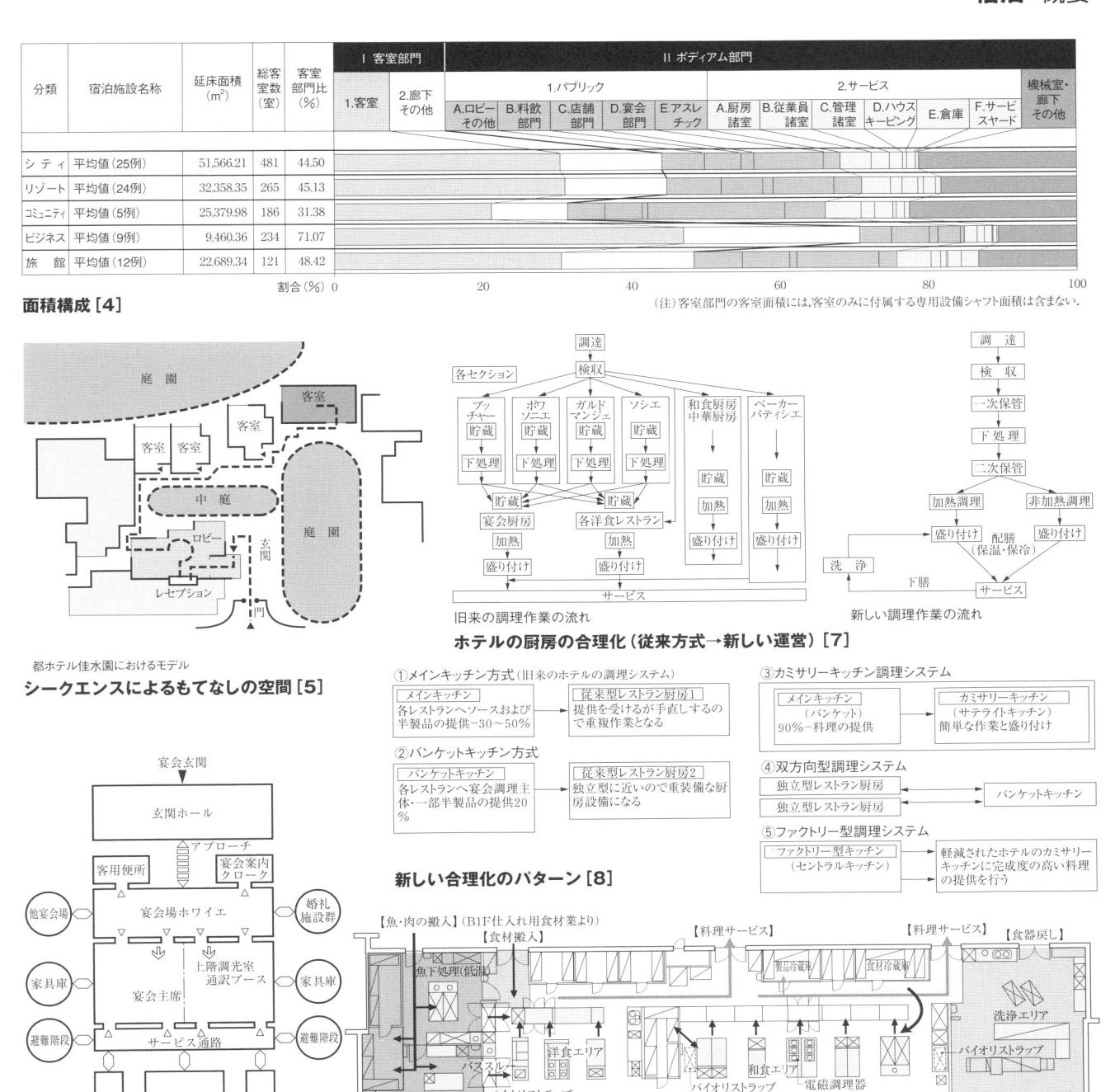

都ホテル佳水園におけるモデル
シークエンスによるもてなしの空間 [5]

ホテルの厨房の合理化（従来方式→新しい運営）[7]
旧来の調理作業の流れ　新しい調理作業の流れ

新しい合理化のパターン [8]
①メインキッチン方式（旧来のホテルの調理システム）
メインキッチン：各レストランへソースおよび半製品の提供 -30～50%
従来型レストラン厨房1：提供を受けるが手直しするので重複作業となる
②バンケットキッチン方式
バンケットキッチン：各レストランへ宴会調理主体・一部半製品の提供20%
従来型レストラン厨房2：独立型に近いので重装備な厨房設備になる
③カミサリーキッチン調理システム
メインキッチン（バンケット）90%-料理の提供　→　カミサリーキッチン（サテライトキッチン）簡単な作業と盛り付け
④双方向型調理システム
独立型レストラン厨房　⇄　バンケットキッチン
⑤ファクトリー型調理システム
ファクトリー型キッチン（セントラルキッチン）　→　軽減されたホテルのカミサリーキッチンに完成度の高い料理の提供を行う

宴会部門の計画 [6]

合理化・衛生化を考慮したホテル主厨房計画事例 [9]

面積構成 [4]

宿泊施設の特性や規模ごとに，必要とされる機能への面積配分は変わってくる．特に客室部門と飲食・宴会などのパブリック部分への配分が大きく異なってくる．

客室部門の面積構成比は，一般にシティホテル・旅館が45～50％程度，コミュニティホテルはパブリック部門の比重が大きくなるため，客室部門は30～35％程度，効率化によってサービスの集約をはかるビジネスホテルでは客室部門への面積配分が70％以上となっている．また，客室部門内でもシングルルームとダブルルームの配分が宿泊施設によって違ってくる．

シークエンスによる演出 [5]

宿泊施設においては「もてなし」や「非日常性」は欠かせない要素である．エントランスからロビー，レセプション，客室までの動線や宴会場へ至る動線においては外部空間や吹抜け，大階段などシークエンスを演出する工夫が求められる．

平面計画，断面計画だけでなく素材，ディテール，照明，調度品まで繊細な配慮によって利用客の目を愉しませ，印象に残る空間づくりを心がける．

宴会部門計画 [6]

複数の宴会場が同時使用される機会も多いのでホワイエは十分な広さが要求され，宴会場への動線は多人数の利用客をさばく必要がある．エスカレーターや幅の広い階段を設置するとともに，宴会場をエントランスの近くに配置したり，宴会場専用エントランスを設けるなどの配慮が必要となる．大宴会場，中宴会場は小規模での催しにも対応するため可動間仕切りなどで仕切れるようにしておくことが望ましい．

宴会場への料理や飲料のサービスは客用動線とは独立したサービス動線を通って供給する．宴会場主厨房やサービスエレベーターとの連絡もサービスの円滑化，材料搬入，ゴミ搬出などを考慮に入れて計画する．

また，短時間でのレイアウト替えが要求される場合もあり，家具庫からの円滑な搬出入が可能となるようにする．

厨房計画 [7] [8] [9]

これまでのシティホテルにおける厨房は役割分担が細分化され，合理化や衛生管理の妨げとなる場合があった．新しい運営形態では調理・食材の流れを一元化するとともに調理場所もなるべく同じ場所で行う工夫が取り入れられ，合理化をはかっている．

また，加熱調理と非加熱調理をするエリアを区分する配慮も必要となる．食材保管や下処理，食器洗浄などのダーティーエリアと調理そのものを行うクリーンエリアは空間的に明確に分離し，衛生管理を強化する．

短時間に大量の調理を行う必要があるので換気，排水などについても十分な検討が必要である．⇨**084, 085**

280 宿泊：客室基準階平面　Accommodations: Floor Plans

0　25　50　1:1500

客室基準階計画

客室基準階平面は外観，構造計画，設備計画，避難防災計画とも密接に関連し，事業上も客室基準階の有効比は重要である．運営，メインテナンス，改修の観点も忘れることはできない．

客室配置：単純で効率のよい中廊下一文字型をはじめ高層ホテルでのセンターコア型，アトリウム型，リゾートホテルでよく見られる片廊下型など様々であるが，階当たりの客室数，客室からの眺望なども含め決定される．客室のプライバシーの面からは廊下が一直線に見渡せないことが好ましいとされる．

客室寸法：客室自体の間口，奥行きと客室配置，構造計画の調整が必要となる．

動線計画：客動線，サービス動線，避難動線を分離する．縦動線はポディアムにおける各機能の配置と相反しないようにする．高層建築では避難エレベーターとサービスエレベーターを兼用することも多い．サービスエレベーター周りにリネン室などサービス諸室をまとめる．

構造計画：客室寸法に関わると同時に，地下駐車場における柱スパン，大宴会場など大空間の配置との調整が必要である．客室内を柱，梁が邪魔しないことが望ましい．

設備計画：客室ごとにパイプシャフトを設ける場合と階ごとに集中してPSを設ける場合がある．集中PSは客室有効比や改修時のメリットが大きいが横引き配管のための階高の余裕が必要となる．

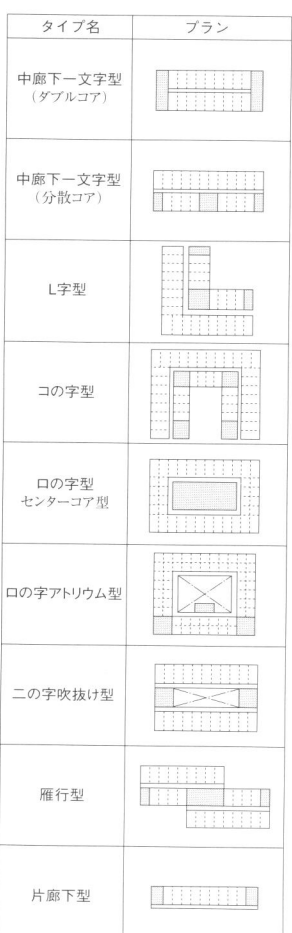

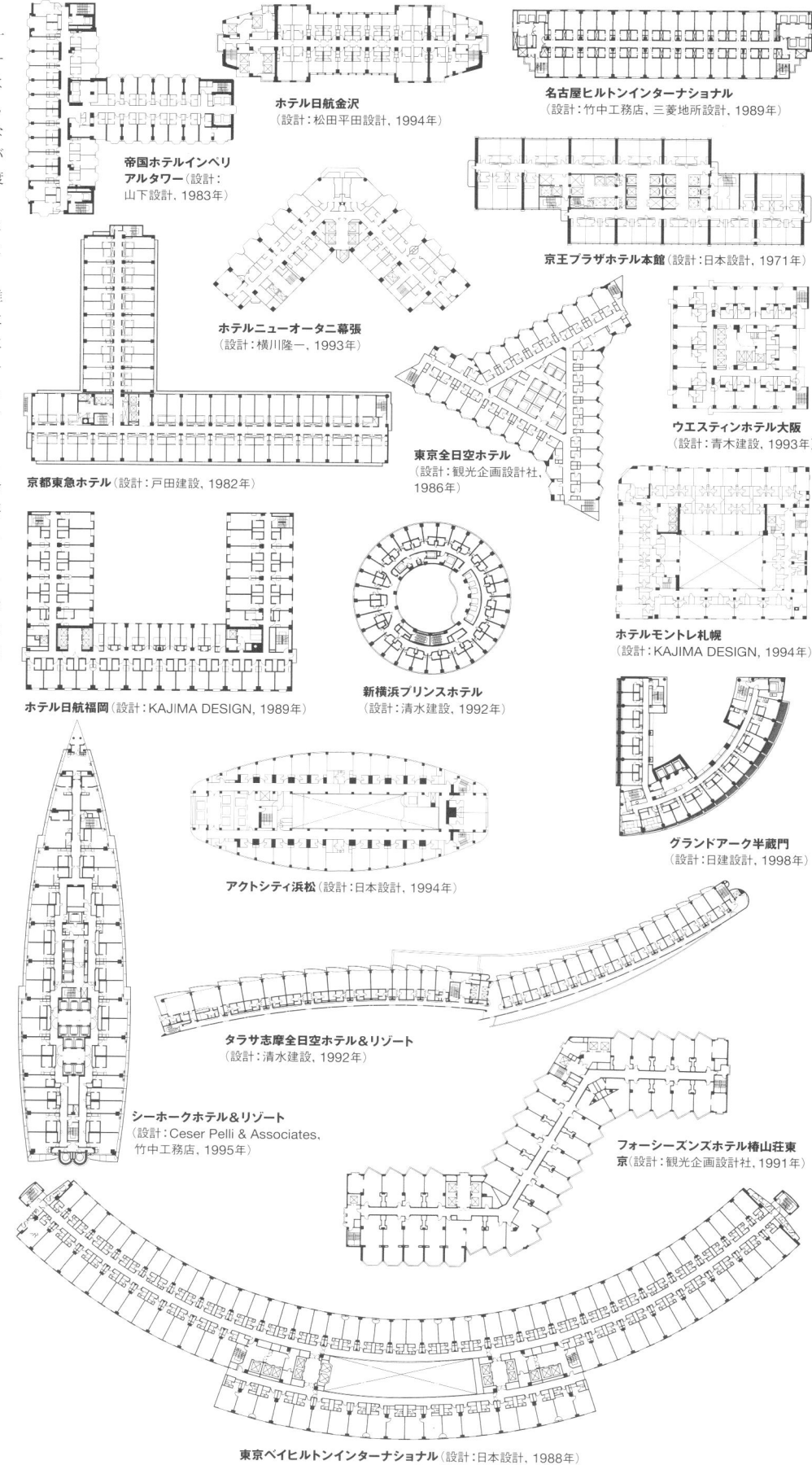

タイプ名	プラン
中廊下一文字型（ダブルコア）	
中廊下一文字型（分散コア）	
L字型	
コの字型	
ロの字型センターコア型	
ロの字アトリウム型	
二の字吹抜け型	
雁行型	
片廊下型	

客室配置形式のタイプ

新高輪プリンスホテル（設計：村野・森建築事務所，1982年）

ホテル日航金沢（設計：松田平田設計，1994年）

名古屋ヒルトンインターナショナル（設計：竹中工務店，三菱地所設計，1989年）

帝国ホテルインペリアルタワー（設計：山下設計，1983年）

京王プラザホテル本館（設計：日本設計，1971年）

ホテルニューオータニ幕張（設計：横川隆一，1993年）

ウエスティンホテル大阪（設計：青木建設，1993年）

京都東急ホテル（設計：戸田建設，1982年）

東京全日空ホテル（設計：観光企画設計社，1986年）

ホテルモントレ札幌（設計：KAJIMA DESIGN，1994年）

ホテル日航福岡（設計：KAJIMA DESIGN，1989年）

新横浜プリンスホテル（設計：清水建設，1992年）

グランドアーク半蔵門（設計：日建設計，1998年）

アクトシティ浜松（設計：日本設計，1994年）

タラサ志摩全日空ホテル＆リゾート（設計：清水建設，1992年）

シーホークホテル＆リゾート（設計：Ceser Pelli & Associates，竹中工務店，1995年）

フォーシーズンズホテル椿山荘東京（設計：観光企画設計社，1991年）

東京ベイヒルトンインターナショナル（設計：日本設計，1988年）

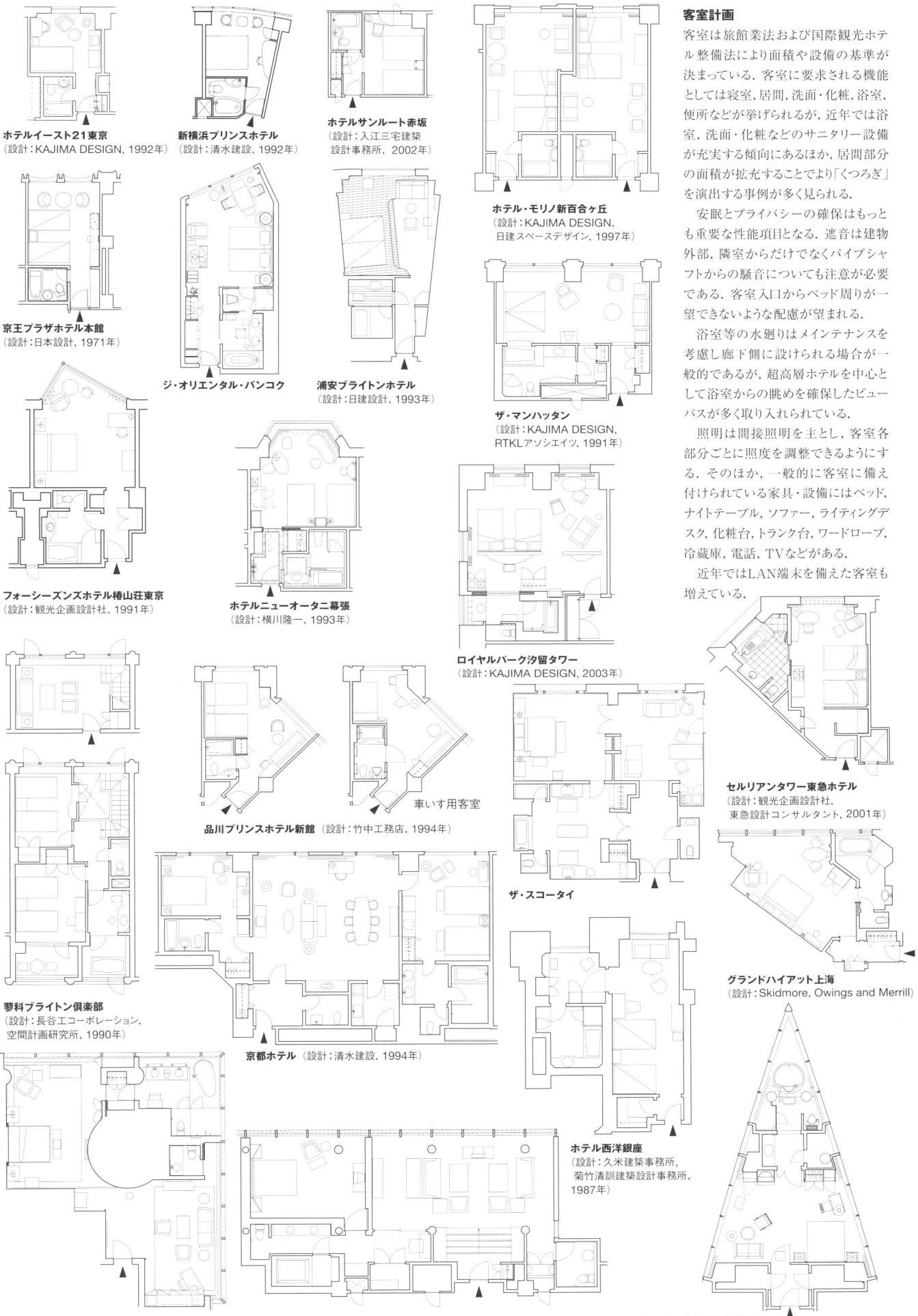

Accommodations: Room Plans 宿泊：客室平面

客室計画

客室は旅館業法および国際観光ホテル整備法により面積や設備の基準が決まっている．客室に要求される機能としては寝室，居間，洗面・化粧，浴室，便所などが挙げられるが，近年では浴室，洗面・化粧などのサニタリー設備が充実する傾向にあるほか，居間部分の面積が拡充することでより「くつろぎ」を演出する事例が多く見られる．

安眠とプライバシーの確保はもっとも重要な性能項目となる．遮音は建物外部，隣室からだけでなくパイプシャフトからの騒音についても注意が必要である．客室入口からベッド周りが一望できないような配慮が望まれる．

浴室等の水廻りはメインテナンスを考慮し廊下側に設けられる場合が一般的であるが，超高層ホテルを中心として浴室からの眺めを確保したビューバスが多く取り入れられている．

照明は間接照明を主とし，客室各部分ごとに照度を調整できるようにする．そのほか，一般的に客室に備え付けられている家具・設備にはベッド，ナイトテーブル，ソファー，ライティングデスク，化粧台，トランク台，ワードローブ，冷蔵庫，電話，TVなどがある．

近年ではLAN端末を備えた客室も増えている．

ホテルイースト21東京
（設計：KAJIMA DESIGN, 1992年）

新横浜プリンスホテル
（設計：清水建設, 1992年）

ホテルサンルート赤坂
（設計：入江三宅建築設計事務所, 2002年）

ホテル・モリノ新百合ヶ丘
（設計：KAJIMA DESIGN, 日建スペースデザイン, 1997年）

京王プラザホテル本館
（設計：日本設計, 1971年）

ジ・オリエンタル・バンコク

浦安ブライトンホテル
（設計：日建設計, 1993年）

ザ・マンハッタン
（設計：KAJIMA DESIGN, RTKLアソシエイツ, 1991年）

フォーシーズンズホテル椿山荘東京
（設計：観光企画設計社, 1991年）

ホテルニューオータニ幕張
（設計：横川隆一, 1993年）

ロイヤルパーク汐留タワー
（設計：KAJIMA DESIGN, 2003年）

車いす用客室

品川プリンスホテル新館　（設計：竹中工務店, 1994年）

ザ・スコータイ

セルリアンタワー東急ホテル
（設計：観光企画設計社, 東急設計コンサルタント, 2001年）

蓼科ブライトン倶楽部
（設計：長谷エコーポレーション, 空間計画研究所, 1990年）

京都ホテル　（設計：清水建設, 1994年）

グランドハイアット上海
（設計：Skidmore, Owings and Merrill）

ホテル西洋銀座
（設計：久米建築事務所, 菊竹清訓建築設計事務所, 1987年）

フォーシーズンズホテル丸の内東京
（設計：PCP共同設計室, 2002年）

グランドハイアット東京
（設計：Kohn Pedersen Fox Association, 森ビル, 入江三宅設計事務所, 2003年）

シーホークホテル＆リゾート
（設計：Ceser Pelli & Associates, 竹中工務店, 1995年）

1:250

宿泊：シティホテル　Accommodations: City Hotel

京都東急ホテル（京都市）

パークホテル東京（汐留メディアタワー）（東京都港区）

京都東急ホテル
- 設計：戸田建設
- 建設：1982年
- 構造：SRC・RC・S造
- 階数：地下2階地上7階塔屋1階
- 延床面積：30,592m²
- 客室数：437室

メインロビーを地下1階に下げることで前面道路（堀川通り）からの高さ制限20mをクリアするとともに宴会客をエントランスホール部分で分離する計画としている。このことにより、客動線の整理だけでなく、1階から客室を配置することができ、T字型中廊下の効率的な客室基準階平面とあわせて容積率375%を獲得することに成功している。

宴会場など大空間が必要な部分は客室部門から中庭を挟んで別棟的に配置されており客室部分の構造的制約を受けないよう配慮されている。中庭は地下1階において宿泊客と飲食客を分離する機能も担っている。

1階車寄せ脇にある水盤からの水を地下階の中庭池へと階段状の滝によって引き落としメインロビーへの客動線のシークエンスを演出することで、通常採用しない地下階からの宿泊客のアクセスを自然なものにしている。メインロビーやラウンジに満ちる水音は演出効果を高めるとともに適切な遮音効果を生んでいる。この水には現在暗渠となっている堀川の記憶を留める意図も込められている。

パークホテル東京（汐留メディアタワー）
- 設計：デ・スィーニュ，KAJIMA DESIGN
- 建設：2003年
- 構造：CFT，SRC造
- 階数：地下4階地上34階塔屋2階
- 延床面積：13,610m²（ホテル部分）
- 客室数：274室

超高層複合開発であり、通信社の本社屋と同居している。ホテルロビー階へは地上よりシャトルエレベーターでアクセスし、客室へはロビー階よりローカルエレベーターに乗り換えて到達する。宿泊機能に重心をおいた計画であり、レストラン、ビジネスセンター、コンシェルジュデスクといった基本的な補完機能を備える一方で宴会場を持たず、プライベートダイニングルーム、アロマテラピーサロン、フラワースクールなど独自の施設を26階に併設している。

ホテル全層を貫いて10層分吹き抜けたアトリウムがホテルの中心的な空間である。アトリウムを取り囲むように客室基準階の廊下が巡り、小広場的な雰囲気を持つロビー階のにぎわいを見下ろすことができる。

客室はすべて外周に面し、開口を大きく取っている。標準的な客室の面積はそれほど広くはないが、眺望の優れた隅部には面積の大きな客室を配している。

1:600

Accommodations: Small Scale Hotel 宿泊：小規模ホテル

283

客室　　　　　　　　（撮影：清水昭）

エントランスホール内観パース

クラスカ(東京都目黒区)　　　　　**KITA HOTEL**(札幌市)

クラスカ
- 設計：都市デザインシステム，インテンショナリーズ
- 建設：2003年（改修）
- 構造：SRC造
- 階数：地下1階地上8階
- 延床面積：3,115m²
- 客室数：36室

休業していたホテルを改修し再生した事例．従前の客室，宴会場，レストランといった構成を大幅に変更し，都市型の新しいライフスタイルの提案を目指している．

1階にはホテルロビーのほか終夜営業のカフェレストラン，洋書専門店，犬のトリミングサロンが入り，間仕切りを極力少なくし前面道路に向けて全面ガラス張りとすることで開放的な空間としている．1階ラウンジ奥の吹抜けは以前2階へのエスカレーターが設置されていた部分を再利用したもの．2階にはギャラリー，3階はシェアリングオフィス，4・5階が短期滞在者向けの客室，6～8階が長期滞在者向けのレジデンシャルホテルと多様な用途を併設し，各用途の相乗効果が生まれることを期待している．

4・5階の客室は17m²～120m²のバリエーションを持たせ，宿泊客の多様な要求に応えることができる．小さな客室でもガラス張りの浴室を外壁側に配置して視覚的な空間の広がりを確保している．

KITA HOTEL
- 設計：黒川雅之建築設計事務所
- 建設：1991年
- 構造：SRC造
- 階数：地下1階地上7階
- 延床面積：6,647m²
- 客室数：74室

客室主体の小規模宿泊施設であるが，客室構成はいくつかのバリエーションを有している．ドライエリア形状のパティオと称するプライベートな中庭を持つ客室，隣接する公園に面し比較的大きな開口部を有する客室などが基準客室以外に設定されている．

地階には料理・宴会機能が設定されており地方都市における小規模コミュニティホテルとしての機能も兼ね備えている．1階エントランスロビーは上下階と吹抜けを介した内部階段で連続しており，ハイサイドライト等外部からの自然光を効果的に引き込む断面計画となっている．

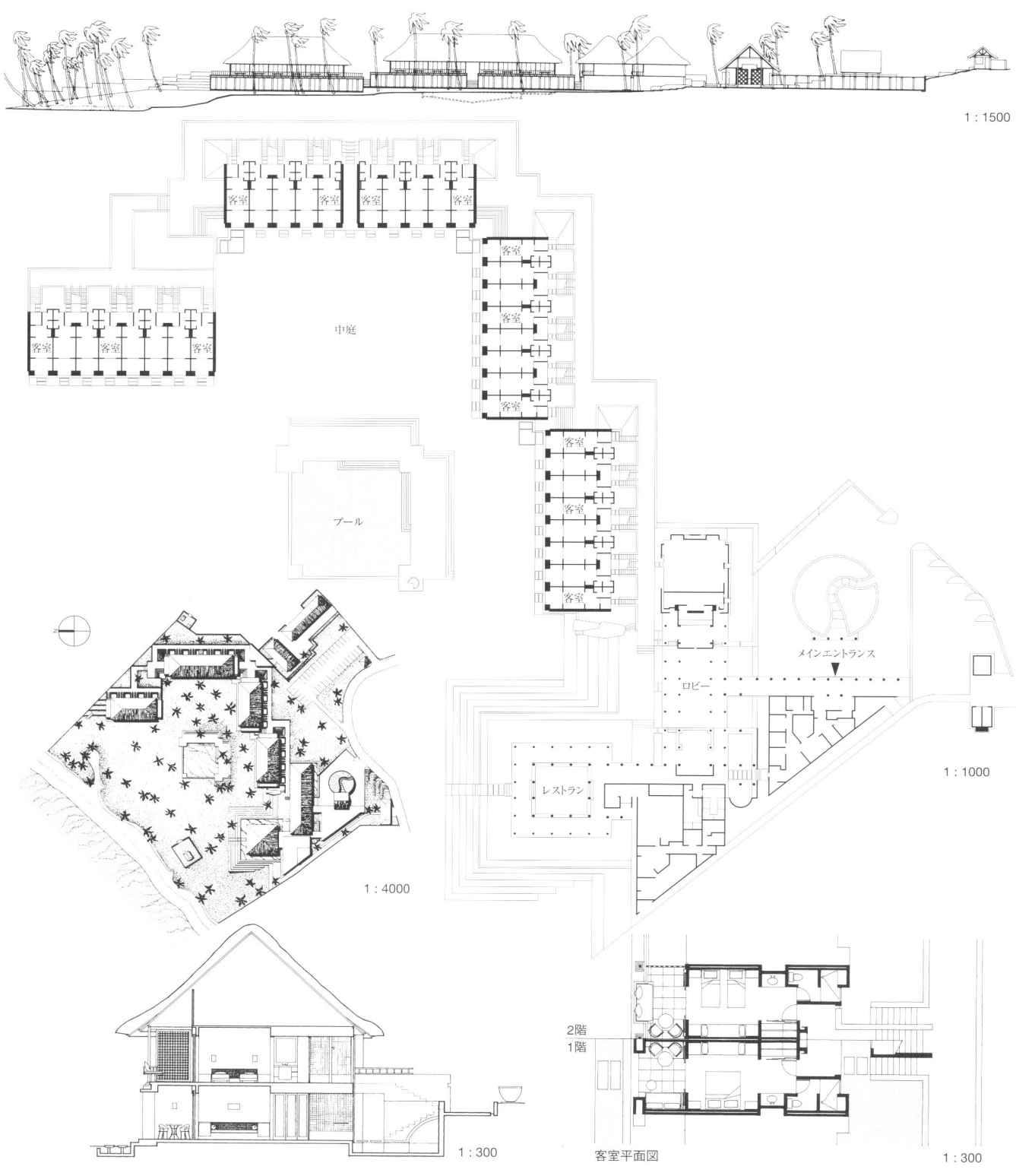

284　宿泊：リゾートホテル　Accommodations: Resort Hotel

アリラ・マンギス(旧セライ)(Alila Manggis, Bali, インドネシア)

アリラ・マンギス(旧セライ)
- 設計：Kerry Hill
- 建設：1994年
- 階数：地上2階
- 客室数：56室

インド洋に面して建つパームツリーに包まれたこのリゾートは，伝統的構法を取り入れた勾配屋根と白い外壁とが印象的な低層客室群によって，プールのある中庭を取り囲む構成のシンプルな配置計画である．

メインハウスに設けられたロビー，レストラン等はオープンエアの半屋外空間となっていて，温暖な気候ゆえの高揚感，開放感溢れる空間となっている．客室へのアプローチには，水面を渡るステップによって上下階へ誘導されるプライベートなエントランスが個々に設けられており，邸宅に招かれるようなシークエンスの展開と共に，開放的な外部空間からプライバシーを確保した計画となっている．

それぞれの客室には中庭に面する奥行のあるバルコニーが設けられていて，中庭と連続した親密な一つの外部空間として，あるいは寝室からつながるプライベートな半外部空間として，遠望する南洋の輝きとともにリゾートとしての落ち着きのあるくつろぎの空間となっている．客室は，ローカルテイストを織り込んだヨーロピアンインテリアデザインによってまとめられており訪れる人々に快適な滞在空間を提供している．

中庭
(撮影：Roland Bauer & Martin N. Kunz)

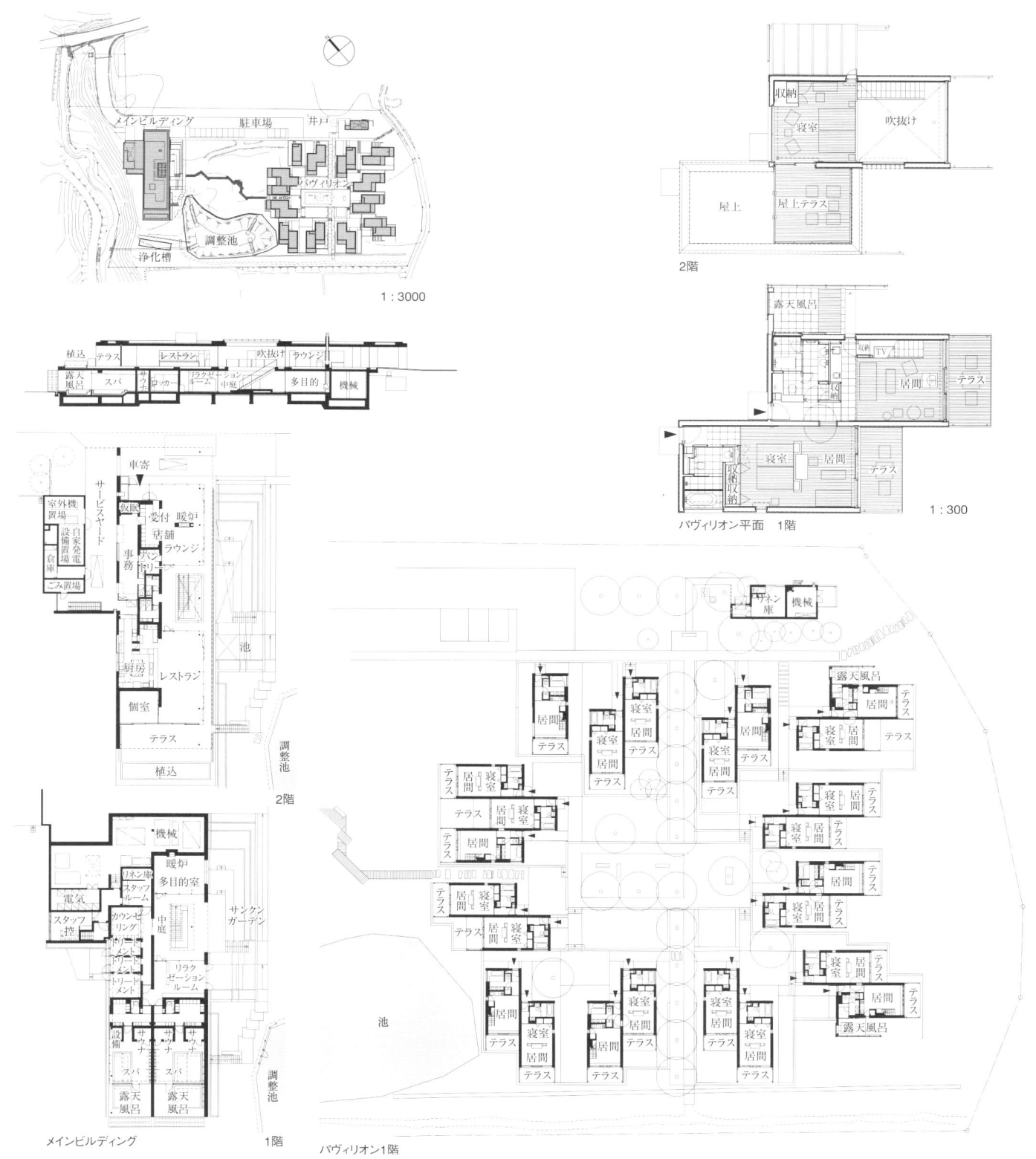

Accommodations: Resort Hotel　宿泊：リゾートホテル

二期倶楽部東館（栃木県那須郡那須町）

二期倶楽部東館
- 設計：コンラン＆パートナーズ，山本・堀アーキテクツ
- 建設：2003年
- 構造：RC・S造
- 階数：地上2階塔屋1階
- 敷地面積：15,409m²
- 延床面積：2,544m²
- 客室数：24室

高原の森林の中に建ち，滞在客が四季の自然に親しむことを狙った宿泊施設である．そのために効率は悪くなるが分棟形式を採用することで，宿泊客が移動しながら屋外の自然と屋内のくつろぎの対比を体験できるようになっている．

メインビルディングは敷地の傾斜を利用して2階からアプローチし，建物の見かけの高さを抑えている．2階のラウンジと地場産の素材を用いたレストランからは周囲の木立への開放的な眺めを楽しむことができ，対照的に1階のリラクゼーションルームと呼ばれるもう一つのラウンジ（多目的室）はサンクンガーデンに囲まれてこぢんまりと落ち着いた空間である．

メインビルディングから木立を抜けていくとパヴィリオンと呼ばれる客室にたどり着く．客室はパヴィリオン群に取り囲まれた中庭側に玄関または居間が面するが植栽によって視線を遮るように工夫されている．2つまたは3つの客室がずれながら1棟のパヴィリオンを形成することで外観に変化を与え，隣室との音の干渉を最小限としている．居間の開口は最大限に取られ，室内に周囲の自然を取り込んでいる．客室には必ず木床のテラスが付属し，屋外の居間として活用することができる．コネクティングルーム的な使い方のできる客室も用意されている．

286 宿泊：旅館 Accommodations: Ryokan

俵屋（京都市） 1:400

仙寿庵（群馬県利根郡水上町） 1:800

俵屋
- 設計：吉村順三
- 建設：1965年（増築）
- 構造：RC・S造
- 階数：地上3階
- 延床面積：226m²（新館）

京都市内の老舗旅館の新館増築（図上アミカケ部分）．同じ設計者により以前に木造本館の増築も行われている（図下アミカケ部分）．

増築にあたっては既存本館の雰囲気を損なわないよう様々な工夫が行われている．新館のグリッドを本館にあわせることで建物全体のスケール感をそろえ，これにより室内のスケールも極力既存の空間に近づけることができている．

客室（⇒057）はそれぞれが庭と連続するように設計されながら，客室内が覗き込まれることのないように開口等は慎重に設けられている．

建物高さも本館の棟高にあわせ，中庭への採光の邪魔にならないようにすると同時に，前面道路への威圧感が生まれないよう配慮されている．

仙寿庵
- 設計：羽深隆雄
- 建設：1997年
- 構造：RC造
- 階数：地下1階地上3階
- 延床面積：3,335m²
- 客室数：18室

渓流を見下ろす自然の中に埋もれるように建つ温泉宿である．周囲の自然になじむよう高さを抑えたアプローチを通り，ロビーから客室へと向かう曲面廊下は一面ガラスの開口となり，周囲の自然を大きく切り取って見せている．

客室の大半は畳の続き間という伝統的なスタイルをとっている．吹き放ちの広縁を介して周囲の雄大な自然と一体となった滞在が味わえる空間である．曲面廊下とは中庭を挟み客室の独立性を高めている．全室に露天風呂がつき，室内のみならず露天風呂からも西の谷川岳への眺望が望めるようになっている．共用浴室は石を基調としたものと木を基調としたものの2種類を用意し，いずれも周囲の木立に囲まれた閑静な雰囲気である．

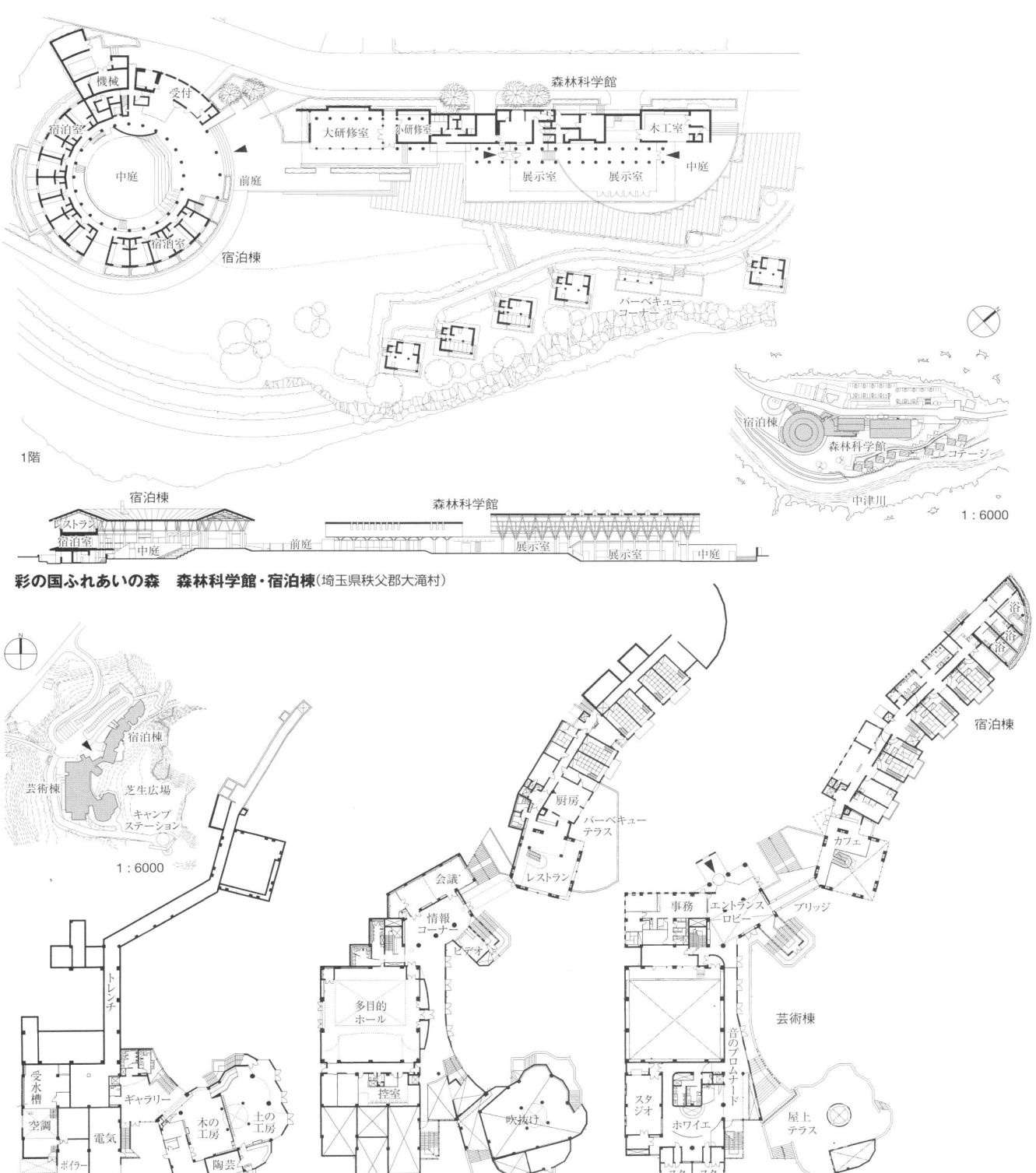

Accommodations: Experience and Creative Activities 宿泊：体験

1:1200

彩の国ふれあいの森　森林科学館・宿泊棟（埼玉県秩父郡大滝村）

藤野芸術の家（神奈川県津久井郡藤野町）

彩の国ふれあいの森　森林科学館・宿泊棟

- 設計：片山和俊＋DIK設計室
- 建設：1994年
- 構造：木造・RC壁式造
- 階数：地下1階地上2階
- 延床面積：2,431m²
- 客室数：23室

県有林の木製品や自然環境について体験学習しながら滞在するエコツーリズム型の宿泊施設である．屋内の展示室，研修室だけでなく，屋外，半屋外の多様な場所が体験学習の場として敷地内に準備されている．

宿泊室は円形の中庭を囲みながら，周囲の自然に向けて配置されている．中庭へは前庭からピロティをくぐって入るが，渓流に向けてトンネル状の抜けが取られている．宿泊棟には2人用と4人用の部屋があり，コテージは5人部屋となっている．

森林科学館，宿泊棟とも森林をイメージした木構造によって作られている．

藤野芸術の家

- 設計：仙田満＋環境デザイン研究所
- 建設：1995年
- 構造：RC・SRC・S造
- 階数：地上5階
- 延床面積：5,422m²
- 客室数：17室

第2次大戦中に芸術家の疎開地となって以来，多くの芸術家のアトリエが周囲にあるという立地を生かし，一般の人々も含め芸術活動を楽しむための体験宿泊施設である．同時に周囲の豊かな自然を楽しむための自然体験施設でもある．

建物は芸術棟と宿泊棟に大きく分かれるが，用途ごとにさらに小さなスケールに分節し等高線に沿って配置することで周囲になじむように計画されている．木，土，絵画，音楽などの各室に加え，平土間になるホール，ギャラリーに使える「音のプロムナード」，会議室など多様な創作活動に応える機能を持つ．

客室は規模の違う3種類を用意し，計100人を収容できる．カップルから家族，グループ単位の利用まで対応が可能である．

業務：概要──種類・コアタイプ　Office: Abstract

業務建築の種類[1]

入居する企業/組織の業務形態により，業務建築に要求される機能は多様化の傾向にある．また，立地環境の広域化，異種用途との複合化など社会的要請の変化に伴い，業務建築の全体構成や都市的役割の検討の重要性が高まっている．

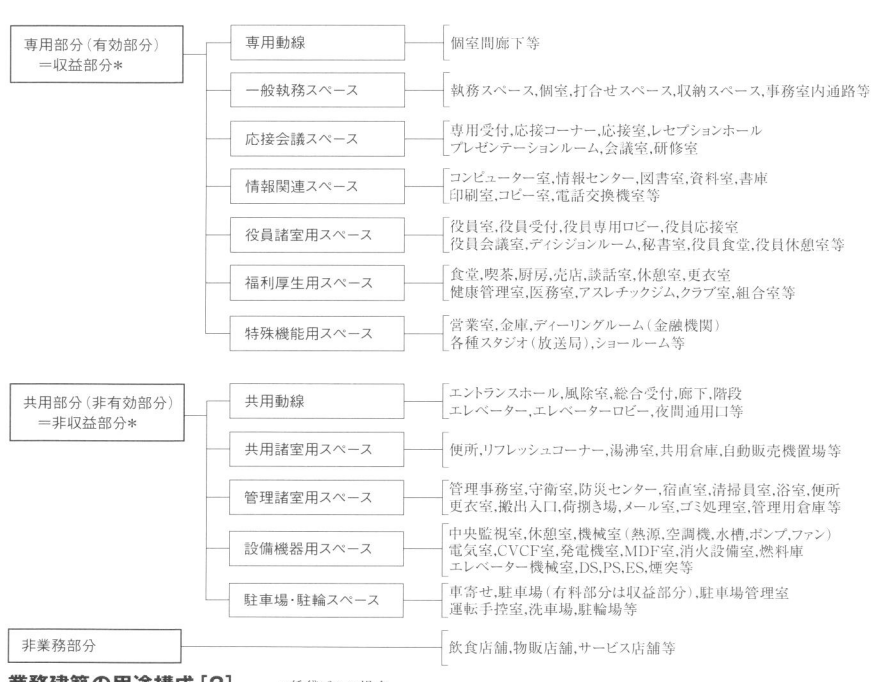

業務建築の用途構成[2]

業務建築の用途は，業務系，生活厚生系，交通動線系，管理運営系の各機能から構成される．

業務建築の用途を事業的側面から分類すると，専用部分（有効部分）と共用部分（非有効部分）とに区分される．この有効部分が延床面積に占める比率が有効率であり，賃貸ビルにおいては事業計画の評価に不可欠の指標となっている．また，自社ビルの場合でも投資効果を評価する上で有効な指標である．

企業/組織の業態によっては，特殊機能スペースが重要な役割を担う．

コアタイプ[3]

構造的要素，設備的要素，水まわり，動線などの機能を集約させ，高い有効率を達成する手段として，「コア」という概念が成立している．

業務建築のコアには，エレベーターシャフト・階段・便所・湯沸し・空調機械室・PS・ESなどの機能的要素と，構造的に荷重や水平力を集中して受け持つ要素とが複合していることが多い．架構形式と空調形式の組合せによってはそれらを統合的に扱うことが必ずしも得策でない場合もある．

執務室との位置関係で，いくつかのタイプに分類することができる．

なお，高層ビルのエレベーター計画については**102，103**を参照．

	分類	内容	要求条件の特徴
所有形態	自社ビル型	計画時点から特定の企業/組織が自社使用の建築として計画するタイプ．	要求条件が具体的に把握できる．企業CI面での要求が強く，特殊業務スペースの比率が高い．
	賃貸ビル型	不特定多数の企業/組織を誘致する目的で計画されるタイプ．	不特定多数に対応したフレキシビリティを持つ必要がある．高有効率の要求など事業的な要求が高い．
機能特性	本社型	企業/組織の中枢機能を有する．業務内容，業務形態は，企業/組織の特徴により構成が異なる．	企業CI面での要求が強く，高層化される場合も多い．役員室等，特殊業務スペースの比率が高い．
	ブランチ型	業務対象が広域にわたる場合に分散配置されるタイプ．	コンピュータールーム，金融機関のディーリングルームなど，特殊業務スペースを主体とする場合が多く，特定機能に突出した設備の必要性が高い．
	バックアップ型	企業/組織の一部機能を集約し本社をバックアップするタイプ．業務内容，業務形態は限定される場合が多い．	銀行の支店，放送局のサテライトスタジオ等，企業/組織の業務形態の特徴を直接反映する場合が多い．
	研究開発型	先端企業の研究/開発部門が入居するタイプ．	高度の情報化に対応した設備計画，将来対応へのフレキシビリティなどへの要求が強い．
立地特性	都心型	既成業務立地地域に計画されるタイプ．	本社型機能を主体とする場合が多い．
	郊外型	既成業務立地地域以外に計画されるタイプ．サポート施設や都市インフラが少ない．	バックアップ型，研究開発型の場合が多く，サポート施設を組み込む必要がある．
複合機能	単機能型	業務機能のみを有するタイプ．	
	異種機能複合型	非業務用途と複合するタイプ．	動線，防災，運営，セキュリティ，法規面での検討が重要．

業務建築の種類[1]　注）各分類の中間型，混合型も存在する．

専用部分（有効部分）＝収益部分＊
- 専用動線 — 個室間廊下等
- 一般執務スペース — 執務スペース，個室，打合せスペース，収納スペース，事務室内通路等
- 応接会議スペース — 専用受付，応接コーナー，応接室，レセプションホール，プレゼンテーションルーム，会議室，研修室
- 情報関連スペース — コンピューター室，情報センター，図書室，資料室，書庫，印刷室，コピー室，電話交換機室等
- 役員諸室用スペース — 役員室，役員受付，役員専用ロビー，役員応接室，役員会議室，ディビジョンルーム，秘書室，役員食堂，役員休憩室等
- 福利厚生用スペース — 食堂，喫茶，厨房，売店，談話室，休憩室，更衣室，健康管理室，医務室，アスレチックジム，クラブ室，組合室等
- 特殊機能用スペース — 営業室，金庫，ディーリングルーム（金融機関），各種スタジオ（放送局），ショールーム等

共用部分（非有効部分）＝非収益部分＊
- 共用動線 — エントランスホール，風除室，総合受付，廊下，階段，エレベーター，エレベーターロビー，夜間通用口等
- 共用諸室用スペース — 便所，リフレッシュコーナー，湯沸室，共用倉庫，自動販売機置場等
- 管理諸室用スペース — 管理事務室，守衛室，防災センター，宿直室，清掃員室，浴室，便所，更衣室，搬出入口，荷捌き場，メール室，ゴミ処理室，管理用倉庫等
- 設備機器用スペース — 中央監視室，休憩室，機械室（熱源，空調機，水槽，ポンプ，ファン），電気室，CVCF室，発電機室，MDF室，消火設備室，燃料庫，エレベーター機械室，DS，PS，ES，煙突
- 駐車場・駐輪スペース — 車寄せ，駐車場（有料部分は収益部分），駐車場管理室，運転手控室，洗車場，駐輪場等

非業務部分 — 飲食店舗，物販店舗，サービス店舗等

業務建築の用途構成[2]　＊賃貸ビルの場合

分類	基本的特徴	コアタイプ		一般的特徴	構造上の特徴
集中方式 	コアの機能がまとまっているため共用部の管理がしやすい．	片コア 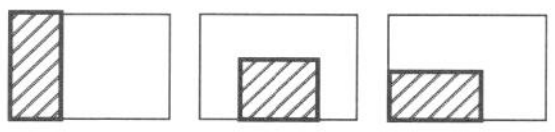		外壁に面する部分が多くとれるため，コア部分に外光・眺望・外気を導入しやすい．	重心と剛心を一致させ，偏心を防ぐ計画が必要である．
		センターコア 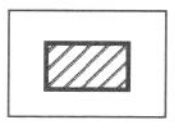		比較的面積の大きい場合に適する．有効率の高い計画としやすい．	構造コアとして好ましい配置．外周フレームをチューブ構造として中央コアと一体化した耐震架構とする場合が多い．
				比較的面積の大きい場合に適する．外壁に面する部分がとれるが，執務室が二つに分断される．通称「三枚おろし」．	構造コアとして好ましい配置．
分散方式 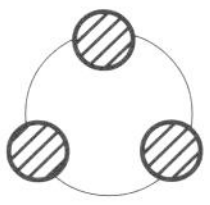	外壁に面する部分が多くとれるため，コア部分に外光・眺望・外気を導入しやすい．メンテナンス動線が執務室内を通る可能性がある．部屋を分割して使用する場合，コア間をつなぐ廊下が必要になる．	両端コア 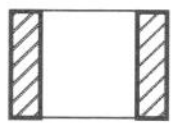		大きい柱スパンとしやすいため，特殊階のフレキシビリティが高い．	コアの間隔が大きい場合には中央部の耐震性を検討する必要がある．
		分散コア 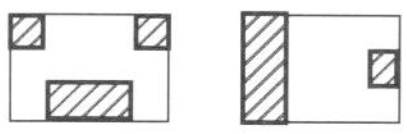		片コアからの発展形．メインコア以外に避難施設・設備シャフトなどのサブコアがあるタイプ．	重心と剛心を一致させ，偏心を防ぐ計画が必要である．
				各コアを柱とみなしたメガストラクチャーにより大空間を確保するタイプ．特殊階のフレキシビリティが高い．	メガストラクチャーを成立させるためにトラス梁等で構成される特殊な階が必要となる．
外コア方式 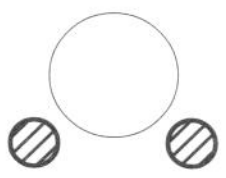	上記分類の特徴に加えて，コアの開放性が高く，また，整形な執務室を確保しやすい．	外コア 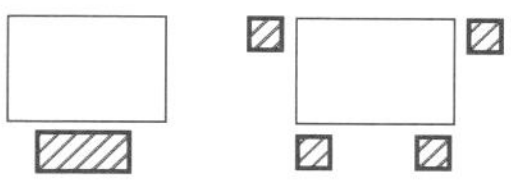			コアの接合部での変形が過大とならない計画が必要である．執務室部分の耐震要素は外周部のみとなる場合が多い．

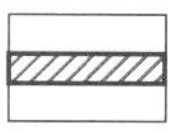

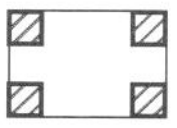

コアタイプ[3] ⇒293

Office: Planning Points 業務：計画上の留意点

大項目	中項目	小項目		基準階	深く関連する他の計画項目 その他の計画
企画・基本計画	基本的条件整理	事業計画把握	業務建築の種類,必要機能,諸室規模,有効率 職種別人員構成,職種間の関連性,業務形態,要求性能 非業務部分の種別と面積構成,建設費 所有形態(区分所有,共有),事業形態(単独,共同)	○	
		立地条件・敷地特性把握	周辺状況,インフラ,環境調査,法規制		
	全体構成設定	ボリューム計画	最大容積,建蔽率,形態制限,地下ボリューム 周辺への影響(日影,風害,電波障害,交通等)	○	
		建物配置計画	開発手法,空地の設定,方位,コア配置	○	平面計画,窓タイプ,眺望,省エネルギー
		動線計画	メイン,時間外,サービス,避難,緊急,維持管理,更新	○	平面計画,昇降機
		機能配置計画	非業務用途の配置と面積比率 管理諸室,設備機器用スペースの構成と面積比率 断面構成:ロビー,基準階,特殊階,非業務 平面構成	○	建物配置計画,断面計画 有効率,供給/排気系システム計画 特殊階計画,エレベーター計画,駐車場計画 コア計画,アプローチ階計画,管理計画
		その他	構造基本計画,環境・設備基本計画,防災・防犯基本計画	○	
	性能設定 (基本設計条件設定)	グレード,バランス,余裕	機能(許容量,可変性,フレキシビリティ,電源,冷・温熱,情報,セキュリティ) 人間(快適性,居住性,温湿度,照度,騒音等)⇒058〜063 時間(耐久性,拡張更新性,メンテナンス性,寿命) 危機(安全性,安定性,信頼性) 環境(長寿命,省エネルギー,省資源,室内環境汚染) コスト(経済性,採算性)	○ ○ ○ ○ ○ ○	インフラ事前協議
基本設計	平面計画 ⇒292,293	基準階	コアタイプと方位 平面寸法　執務室面積⇒291 　　　　　執務室奥行 　　　　　モデュール,柱スパン⇒059 専用部分　(基準階計画⇒292) 共用部分　(基準階計画⇒292)	○ ○ ○ ○ ○ ○	外壁計画,空調計画 防火・防煙区画,執務空間区画,空調区画 避難計画,オフィスレイアウト 防災機器,架構計画,階高 構造計画,外壁計画,セキュリティ計画 防災計画,維持管理計画
		特殊階	情報交換・管理,役員諸室,福利厚生,特殊機能 非業務部分		断面計画 断面計画,動線・物流計画
		アプローチ階,共用階	動線処理,防犯,公共空間,ビル管理		維持・更新計画
	断面計画 ⇒290	階高	天井高 天井ふところ 床ふところ	○	空調方式,防災計画,照明計画 構造計画,空調設備 ワイヤリングシステム
	外壁計画	窓タイプと方位⇒104,290	採光,眺望,排煙,空調負荷低減,収納,配線	○	ペリメーター空調,省エネルギー
		外観	周辺との調和,企業イメージ,ビルイメージ		ペリメーター空調,省エネルギー
		材料,工法	外壁と構造体の関係,仕上材,ガラス種類,エコマテリアル	○	
		性能	耐風圧,耐震,水密,気密,断熱,遮音,耐火,耐候性 電波(吸収・反射・シールド),生産性,メンテナンス性	○	
	構造計画	基本構成	構造種別,架構形式,柱スパン,階数・階高	○	平面計画,断面計画,駐車場計画
		全体フレーム	耐震性能,風揺れ性能,耐風性能	○	制振装置,免震装置
		床	床積載荷重(標準部とヘビーデューティーゾーン),床振動性能	○	
	環境・設備計画 ⇒032〜041	電気　電力 　　　管理運営 　　　情報通信 　　　照明	受電電圧,契約電力,信頼性,発電機,蓄電池,CVCF 中央監視,防犯,防災,ビルマネジメント ネットワーク,ワイヤリング,モバイルアンテナ,通信事業者対応 照度,均整度,グレア防止,明るさ感,演色性	○ ○ ○ ○	管理計画 セキュリティ計画,床ふところ 天井ふところ
		空調　熱源 　　　空調・換気 　　　排煙 　　　自動制御	中央方式と分散方式,エネルギー計画 中央方式と個別方式,空調ゾーニング,増強対応 吸引排煙,加圧防煙,兼用排煙 管理システム,計量計画	○ ○ ○ ○	地域冷暖房 天井ふところ,床ふところ 防災計画 管理計画
		給排水衛生　給排水 　　　　　　給湯 　　　　　　衛生器具 　　　　　　ガス 　　　　　　消火	上水,中水,汚水,雑排水,雨水,湧水,厨房排水 中央方式と個別方式 衛生器具数の算定,ユニットシステム 中圧供給と低圧供給,安全対策 スプリンクラー,消火栓,消火器,ガス系消火設備	○ ○ ○ ○ ○	排水再利用計画 コア計画 防災計画
	動線・物流計画	エントランス⇒106	ロビー,受付,案内,サイン		
		駐車場⇒096,097	台数,方式,出入口,車寄せ,管制システム,案内・誘導		柱スパン
		荷捌き	台数,許容寸法,荷重		
		エレベーター⇒102,103	乗用,人荷用,バンク分け,台数	○	コア計画,断面計画
		ゴミ	収集,一時保管,移動,保管,搬出		管理計画
		その他	郵便,新聞,宅配便,バイク便		管理計画
	防災・防犯計画 ⇒290	防災対策	建築・設備への直接災害に対する対応 インフラへの災害に対するバックアップ		
		火災対策	防止,発見,区画,避難,排煙,消火	○	コア計画,設備計画
		セキュリティ計画	セキュリティゾーニング,キーシステム,監視システム	○	防災計画
	インテリア計画		内装仕上,不燃性能,色彩計画,オフィスプランニング	○	
	維持・管理計画	ライフサイクル計画	更新性,耐久性,可変性,保全性,省エネルギー性 イニシャルコスト,ランニングコスト	○	平面計画,外壁計画,環境・設備計画
		維持・管理計画	設備管理,保安管理,保全管理,清掃衛生管理,事務管理	○	平面計画,外壁計画,環境・設備計画

計画上の留意点 [1]

扱う建物の範囲

業務建築は，企業/組織の活動のうち，主に知的生産活動を行うための建築であり，産業の近代化とともに発達した比較的新しいビルディングタイプである．

　計画上の基本的プログラムに加えて，収容する企業あるいは組織の業態によっては特殊なスペースを必要とするため，プログラム上のバリエーションが生まれる．現存する業態の中では，金融機関，放送局，証券取引所などにおいて，際だって特徴的なプログラムが認められる．

要求条件の把握と計画への反映

企画・基本計画の段階で，発注者や入居する企業/組織からの基本的要求条件を把握・整理する必要がある．また，計画/設計の各段階に応じて，より具体的に条件把握を重ねてゆくことが重要である．

　入居する企業/組織が特定できる場合と，不特定多数の企業/組織をいわゆるテナントとして対象にする場合とでは，条件設定すべき項目とその重要度が異なる(例えば，有効率，役員関連諸室など)．

計画上の留意点 ⇒292

要求条件に基づいて計画/設計を進める上で留意すべき主な項目は[1]に示すとおりである．常に建築全体のグレードを意識して計画し，各項目でのバランス良いグレード設定をすることが必要である．

　計画要素の中には，基準階(一般執務室階)計画に関わるものが非常に多い．また，どの計画要素も，他の計画要素と密接かつ複雑に関係しているため，それぞれに最良の計画を追求する一方で，関連要素を同時に検討する統合的な視点が不可欠である．

計画上の課題

業務建築において経済価値と寿命とは不可分の要素である．業務環境の変化に対する容量の余裕，時間・風雨・加重に対する物理的余裕，部分の交換や機能更新が可能な空間的余裕を十分に確保し，寿命を考慮した維持管理計画による持続的使用を計画する．

　場合によっては，補強・再生・再利用などにより建築に新たな命を与えることも重要である．またあらゆる災害に遭遇しても機能を停止できない企業/組織が多く建築的危機管理計画が強く求められる．

業務：ペリメーターゾーン・防災計画

Office: Perimeter Zone/Disaster Prevention Planning

1:100

外壁まわりとペリメーターゾーンの断面計画 104,105

外壁・ペリメーターゾーン断面の基本的計画要素

[建築計画]
- 眺望，方位
- コア計画（開口部の方位）
- 開口部まわりの寸法
- ガラスの種類
- 水平庇・垂直庇，バルコニー
- ブラインド
- 太陽光発電
- 壁面緑化
- 屋上（バルコニー）緑化
- 構造体との関係
- メンテナンス・清掃
- [採光]
- 自然光導入・自然採光のコントロール
- 人工照明のコントロール

[空調]
- □冷房負荷軽減
  - 直達日射の抑制・制御
  - 日射制御部分からの再放射抑制
  - 内部への伝熱の抑制
  - 内部への放射の抑制
- □冷房
  - 対流による冷房
  - 放射による冷房
- [換気・通風]
  - 窓による直接自然換気
  - 半屋外空間を介した間接自然換気
  - 機械動力による換気
- [排煙・その他]
  - 自然排煙の場合の排煙窓
  - ナイトパージ

□暖房負荷軽減
- 直達日射の導入
- 外部への伝熱の抑制
- 内部への冷放射の抑制
□暖房
- 対流による暖房
- 放射による暖房

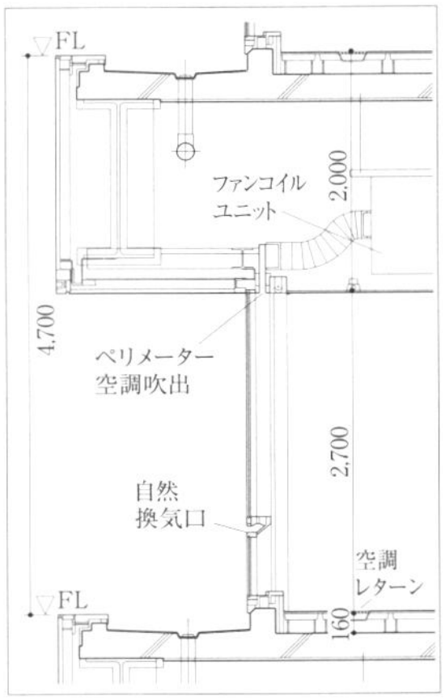

住友スリーエム本社ビル新館
（東京都世田谷区）8F／1993年
- エアフローウィンドー方式

ガラススクリーンによる室内のリターンエアを二重ガラスの間に導いて排気するエアフローウィンドー方式．腰から上の外スクリーンには日射調整フィルムを貼り，内スクリーンはオイルダンパーによってメンテナンス時に開放可能な機構としている．天井高さ一杯の開口を確保するため，腰の部分もガラスとして，冬期のコールドドラフトの防止と断熱性能向上のために複層ガラスとしている．

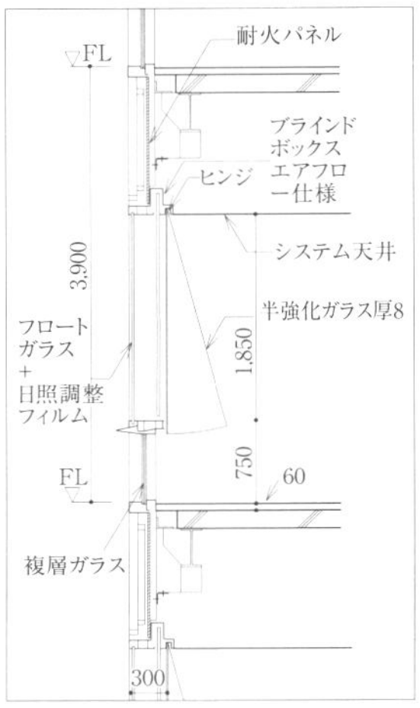

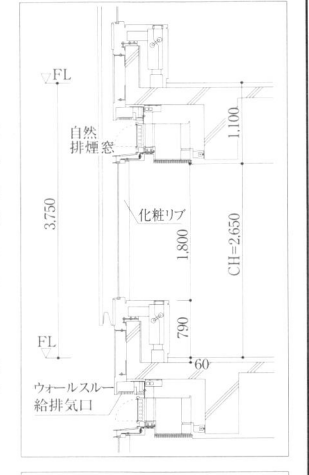

新宿アイランドタワー
（東京都新宿区）44F／1995年
- エアバリア方式

電算機等の多用される現代の執務空間では排除したい熱源としての冷温水や，ドレーン等の「水」を用いないオールエア方式を採用．ダクトを天井から柱沿いに立下げてペリカウンターを通し，ブラインドの内外2箇所に作られた風量調整可能な吹出口から天井の排熱回収リターンに向けて吹き出し，エアバリアを形成している．ブラインドボックスは，ロールブラインドを追加可能なように奥行を多めにとり，窓台高さはデスクとほぼ同じ高さに設定されている．

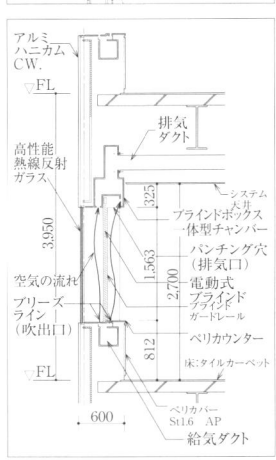

ホワイト・オフィス
（東京都武蔵野市）9F／1998年
- 庇による日射遮蔽
- ファンコイル（天井吹出し）
- 床ドレターン
- 自然換気可能な中間無目

天井吹出しのファンコイルと配線スペースを利用した床下ドレターンの組合せにより，電子製品を扱う企業の本社に相応しいクリーンな執務環境を作り出している．夏至と冬至の日射角度を考慮した庇による日射遮蔽と，中間無目に組み込まれた自然換気口の利用により，省エネルギーにも配慮している．

第3ディックビル
（東京都千代田区）9F／1993年
- ウォールスルー方式
- 自然排煙

止水ラインは層間部の躯体と横連窓サッシにより形成し，躯体部分をカバーした切板アルミパネルとの間にできたスペースを，ウォールスルー型ヒートポンプ方式空調機の給排気のルートとしている．アルミパネル下部に設けたスリットには，ウォールスルー給排気口と自然排煙窓とを組み込んでおり，取り入れた外気は熱交換のみに用い，火災時においても排煙が上階に進入することはないように計画している．

Debis H.Q. Building
（Berlin, ドイツ）21F／1998年
- 自然通風型ダブルスキン方式
- 自然換気

年間を通じて換気が冷房となり，空調による冷房は補助にしか過ぎないこの地域の特徴を生かし，外側の全面の可動ジャロジーと内部の内倒しサッシの開閉によって外部環境の変化に対応した安定した自然換気を行い，省エネルギー化を図っている．内部側内倒しサッシの外側には，外部ロールブラインドを設置し，日射遮蔽を行っている．

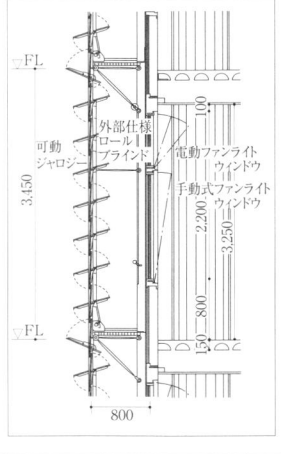

高層ビルの防災計画

賃貸ビルでは間仕切の可変性が求められるため，センタータイプや中央リニアタイプが多い．自社ビルの場合，事務室を大空間で使用することが多く，また設計時に間仕切を確定しやすいため分散タイプの避難計画とすることが多い．片寄せタイプは避難上は好ましくなく，各種実験での安全性の確認が必要である．

事務所建築の防災計画上の原則

出火拡大防止：出火の可能性の高い場所や避難経路は防火区画を有効に設け，出火の拡大を防止する．屋内消火栓やスプリンクラーなどの初期消火設備の設置はもとより，不燃性の内装材の積極的な活用を図る．

煙の拡散防止：事務室をはじめ廊下や特別避難階段附室に排煙設備を設置する．煙の伝播経路になりやすいエレベーターや階段・パイプスペースなどの縦シャフトは防火・防煙区画によって確実に煙から守る工夫が必要である．

避難経路の確保：どの居室からも2方向以上に避難が可能なように計画する．第1次安全区画である廊下やバルコニーを通じて，避難階段や特別避難階段附室（第2次安全区画）に2箇所以上に逃げ込めるよう計画するのが一般的である．

01：彰国社編：インテリジェントビルの計画とディテール，p.42, 43（1987）より作成

← ○○○○○ 避難経路
○ 非常用エレベーター　　□ バルコニー
□ 非常用階段　　　　　　■ 附室

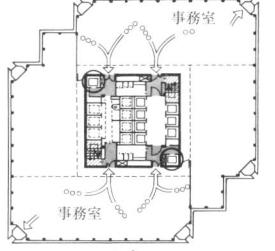

センタータイプ（梅田センタービル）
中央リニアタイプ（第一勧業銀行） 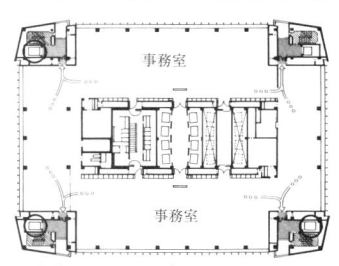
分散タイプ（東京ガスビルディング） 
片寄せタイプ（センチュリータワー） 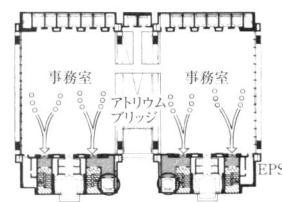

超高層ビルのエレベーター方式 01

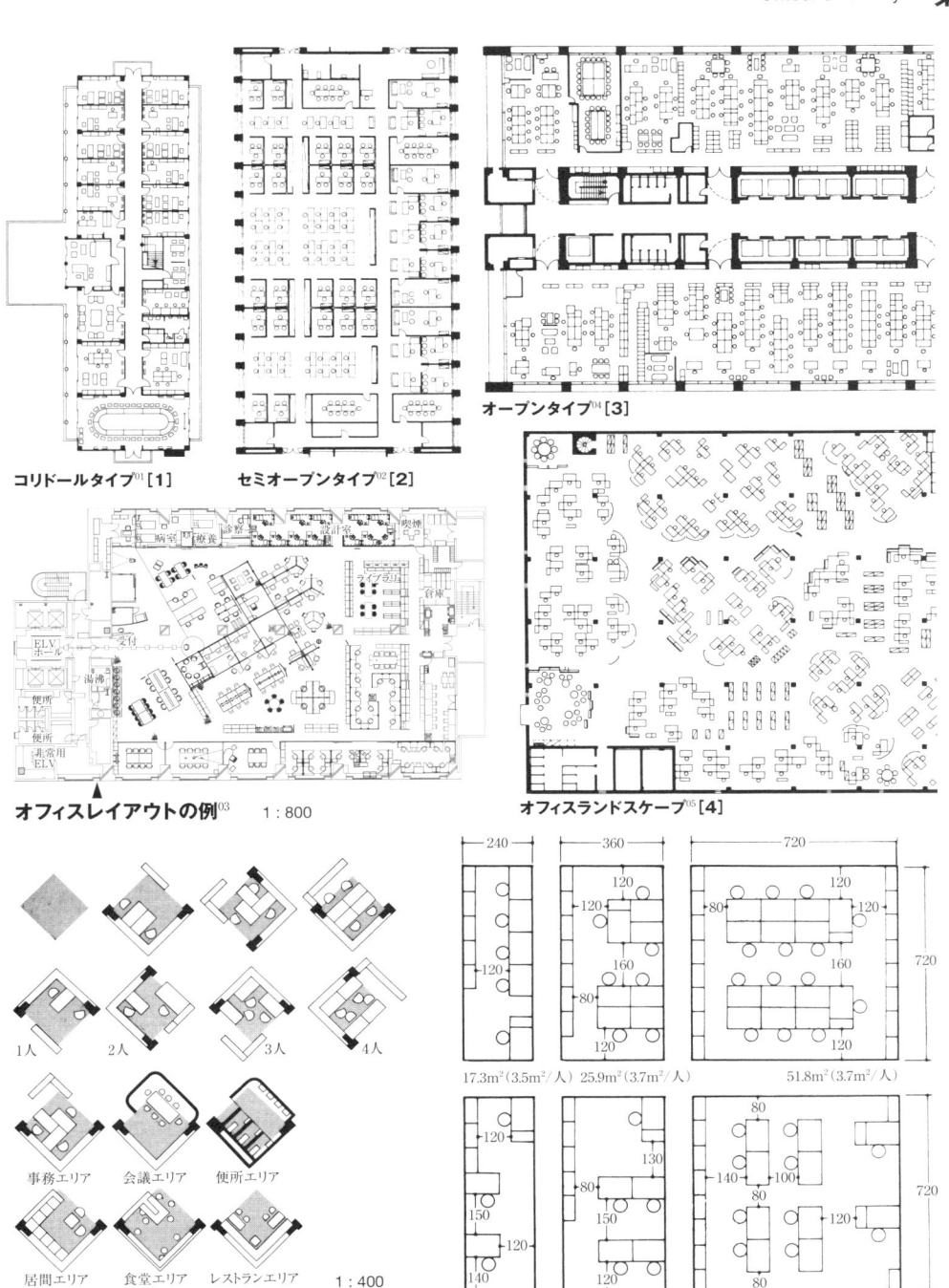

Office: Office Layout 業務：オフィスレイアウト

コリドールタイプ[1]
セミオープンタイプ[2]
オープンタイプ[3]
オフィスレイアウトの例 1:800
オフィスランドスケープ[4]

1人　2人　3人　4人
事務エリア　会議エリア　便所エリア
居間エリア　食堂エリア　レストランエリア
1:400
「ユニット」の使われ方のバリエーション[5]

デスクレイアウトの例　1:250
17.3m²(3.5m²/人)　25.9m²(3.7m²/人)　51.8m²(3.7m²/人)

事務所面積は家具・備品，動作域・通路の面積，余裕面積をはじめ，情報交換（受付・応接・会議）や情報ストック（書庫・倉庫），厚生（更衣・休憩・食事）などの面積を加算して求められる．
一人当たりの必要面積は，業務の内容を調査・分析して決定される．職制別1人当たり面積の目安は，役員18.0〜25.0 m²・部長13.0〜18.0m²・課長6.5〜8.5m²・一般事務4.5〜7.0m²・設計職7.0〜10.0m²である．
オフィスのモデュールは家具配置[5]，スプリンクラーの保護範囲，間仕切りパネルの経済寸法など様々な理由から設定される．⇒59

オフィスレイアウト
コリドールタイプ[1]　各室を窓に面した小規模事務所用の貸しビルや研究室・幹部個室ゾーンに見られる．
セミオープンタイプ[2]　一般事務職の大部屋にパーティションで仕切られた管理職用執務ブースが共存する．
オープンタイプ[3]　広い事務空間の中に，業務内容に適したデスクレイアウトをもつグループが，人や情報の動き方に対応して配置される．
オフィスランドスケープ[4]　固定間仕切りを使わず，ローパーティション・家具・植物を使って適度なプライバシーを保った事務空間を形成．組織の変動に対応するため照明・通信の配線，家具などがシステム化されている．
間仕切高さ⇒058，会議室⇒060，フリーアドレスオフィス⇒062,063

01：明治鍼灸短期大学（京都府船井郡日吉町），1978年，設計：住建建築設計事務所
02：日本アイ・ビー・エム本社ビル（東京都港区），1971年，設計：日建設計
03：東京美術倶楽部ビル（東京都港区），設計：ファシリティ環境システムズ
04：三井物産ビル（東京都千代田区），1976年，設計：日建設計
05：Post Banken Giro（Stockholm，スウェーデン），1972年，設計：AGL建築設計事務所，Christiansson建築設計事務所（インテリア）
06：Centraal Beheer Group本社ビル（Apeldoorn，オランダ），1972年，設計：Herman Hertzberger

オフィス建築の変遷

18世紀末，イギリスで始まった「産業革命（Industrial revolution）」によって，工業生産による大量生産が可能になった．本格的な資本主義経済が成立することになり，工場や倉庫の管理や発注業務といった生産機能の支援を行う場所が必要となった．これがいわゆる「オフィス（事務室）」の始まりである．工場や倉庫の一部を利用していたオフィスはそこから分離・独立し，専用のビルとして街の中心部に建設されるようになった．1857年に世界初の乗用エレベーターがニューヨークの建物に設置され，また，1871年のシカゴ大火を機に「耐火性の鉄骨骨組構造」が多く使用されるようになった．これらのことは建物内の縦動線の制約を取り払い，組積造による壁や構造の制約を大幅に軽減した．これによりオフィス空間は積層され，建物は高層化していった．

第一次大戦後の1920年代，事務所建築の急激な需要増と社会構造の変化に対応するため，そして名誉と権力を誇示するため，都心部の建物は超高層化していった．

一方で高層化に伴うエレベーターシャフト面積の増大や富を象徴する（アール・デコ様式の）外観に合わせた基準階は，オフィス空間の割合が低い非合理なものであった．しかし，1929年の世界大恐慌とともに建物への華美な装飾などは減少し，建設時の人件費，資材費，収益性，経済性を考慮した建築計画や，土地に対する収益の計算など，合理性が求められていくようになった．

第二次世界大戦後，新しい工業技術の発展により建築も工業化し，鉄とガラスによるファサードはそれまでの様式を脱却した新しい建築として浸透していった．また，壁や柱に邪魔されない「何もない」オフィス空間は，多様な要求，間取りに対応して利用できる柔軟な空間「ユニバーサルスペース（普遍的空間）」として普及していった．このように合理的で，経済性を重視したオフィス建築のプロトタイプ（原型）が1950年代に発生した．

近年，情報技術の加速度的進歩によって企業組織，雇用形態，業務形態は変化している．また，商業や住宅などの用途と複合化し，規模を拡大するものも現れている．一方で，省エネルギーへの課題や環境問題に対応すべく，オフィス建築というビルディングタイプも変化してきている．

ホーウトビル：初めて客用エレベーターを装備．
エンパイヤステートビル：アール・デコ様式． 
モナドノックビル：積石造による彫塑的なオフィスビル． 
シーグラムビル：鉄とガラスによるファサード．

業務：基準階計画 Office: Typical Floor Planning

基準階全体

基準階の規模　敷地の形状・大きさ，延床面積と階数のバランス，基準階有効率，防火・防煙区画最大面積などにより計画する．

平面形状とコア配置　平面形状とコア配置により基準階の基本的性格が決まる．執務室の向きは，前面道路や景観等の周辺状況を考慮しながら，東西面の窓を少なくして熱負荷の影響を軽減する方向で検討する必要がある．アプローチ階，地下階の計画との整合が必要．

モジュール　執務室内では，天井設備レイアウト，間仕切位置等，計画の基準寸法となるモジュールを設定する．コアも含めた全体の柱スパンもモジュール寸法またはその倍数が基本となる．地下に駐車場を配置する場合には駐車場計画との整合性も重要な要素．一般的には3,000〜3,600mmの値が多い．この事例は3,200mm×3,200mmである．

付室　排煙と給気の方法に注意する．廊下，事務室と一体で加圧防排煙システムを採用する場合もある．

階段　建物規模等により法的位置付けが異なる．この事例では特別避難階段であるため，防災計画上の第2次安全区画となる付室を設けている．上下階移動が多い場合は，内外に面する窓の設置，吹抜けの併設が有効である．

湯沸室　シンクの数，給湯システム，ゴミ箱，冷蔵庫等の配置を計画．給茶のシステム，ゴミ処理計画との整合が必要．この事例では窓のとれる配置としている．スペースを広くとり，リフレッシュコーナーとして計画する事例もある．

便所　執務室規模などから算出される男女の人員数を元に器具数の設定を行う．設備システム上は各階同一位置に配置することが望ましい．下階天井内配管による事故を防ぐために床上配管方式のシステムトイレとする場合が多い．歯磨きコーナー，化粧コーナー等の配慮も必要である．この事例では窓のとれる配置としている．

リフレッシュコーナー　コア内に設ける事例が多くなっている．自動販売機置場を兼ねる場合が多く，喫煙の扱いを整理する必要がある．

塵芥室　基準階における部屋の必要性も含めて，建物全体のゴミ処理・清掃管理との整合が必要．ゴミの一時集積，清掃用具置場，SK等の機能が計画されることが多い．

避難バルコニー　条例により設置を義務付けられる場合がある．この事例では廊下突き当たりに大きな窓面とともに計画している．

コア内貸室　低層エレベーターバンクの上部は貸室とする場合が多い．高層ビルで設備系の中間機械（水槽・ポンプ）室として利用する場合は防水等の配慮を要する．平面的位置によっては吹抜けとする事例もある．

間仕切壁　防火性能，不燃性能，遮音性能，厚さ，コスト等により仕様を選択する．

物流システム　ゴミや書類の自動搬送システムを計画する場合もある．

共用部分

コア計画　基準階の共用部全体がコアとして計画されることが多い．便所・湯沸室等の目的室，水平動線，垂直動線，設備諸室，設備シャフト，耐震要素（ブレース，耐震壁）等を集中配置する場合が多い．専用部分面積を多く確保するために合理的な計画が求められる．

廊下　防災計画上の第1次安全区画．賃貸ビルの場合，共用諸室は共用廊下からアクセスできるようにするとともに，テナントの小割に対応できる廊下配置とする．廊下配置は有効率への影響が大きい．

執務室出入口　組織/企業に対応するセキュリティシステムとの連携として，電気錠＋各種カード/個人識別装置による入退室管理と，照明/空調設備との連動を行うことが多い．

乗用エレベーター　台数・乗員数・速度は交通計算により計画する．1バンク最大8台を目安とし，乗込み階の動線を同時に計画する．エレベーターロビーは，避難経路とせず区画する等，防災上の配慮が必要．外光と眺望の得られるロビーやシースルーエレベーターが好まれる場合が多い．大規模ビルではスカイロビー方式を採用する場合もある．

人荷用/非常用エレベーター　個数，大きさ，耐荷重は法規と建物規模により計画する．非常用エレベーターロビーの広さは，法的要求と想定最大荷物の寸法により決定する．この事例のように特別避難階段の付室と兼用する場合が多い．

空調機械室　インテリアゾーンとペリメーターゾーンのシステム構成，空調ゾーニングにより配置と面積が異なる．外気の給排気，執務室への展開などダクト納まりに配慮した配置が必要．機器更新が可能な計画とする．

PS（衛生配管スペース）　各階で同一の位置とすることが望ましい．エレベーターバンク内に便所を配置する場合はPSの配置がプランニングのキーポイントとなる．

各種設備シャフト　共用部からのメンテナンス，配管等の更新に配慮したスペース計画とする．配管・配線を過度に集中させないため供給エリアに合わせた分散配置とする場合が多い．

排煙用DS（ダクトスペース）　執務室内の排煙は天井チャンバー方式とする場合が多い．各階の空調ダクトを利用して排煙する方法もある．

EPS（電気設備・盤スペース）　組織やテナントの変化に対応する余裕が必要．賃貸ビルでは通信事業者やテナント専用盤への対応を考慮する．2次側配線のため分散配置が望ましい．通信系のセキュリティ確保もポイントとなる．

専用部分

執務室の面積　1人当たりの執務室面積は5〜15m²程度の幅があり，業務形態や収納方法により異なる．

執務室の奥行　自然採光を得るには奥行が浅い方が望ましいが，深い方がレイアウトのフレキシビリティが高い．標準レイアウトにより検証する必要がある．

床積載荷重　使用方法，オフィスレイアウトの検討に基づき，標準積載荷重・ヘビーデューティーゾーン積載荷重を設定する．

フレキシビリティ　執務内容の変化に柔軟に対応する必要がある．適切な奥行，1フロアの広さ，整形な平面形状，均質なシステム配置，想定間仕切単位，設備システムの整合等が重要な要素である．将来，階段・電気シャフト等を増設する際の対応として床開口可能位置を設定する場合もある．

断面計画　天井高，天井ふところ，床ふところの各寸法が基準階階高の決定要素である．天井ふところ寸法は，主に大梁と空調ダクトなどの設備によるが，柱スパンの設定，ダクト梁貫通のサイズ・本数等も含め，構造/設備両システムの統合が必要である．

床　配線システムとしてOAフロアとする場合が多い．床吹出し等の空調システムに利用する例もある．配線システムの選択がスラブ厚に影響する場合もある．

天井　照明・防災・空調等の設備システム，天井内点検方法，間仕切対応（モジュール），各種性能（吸音・遮音・不燃），工法（在来・システム天井）を統合的に計画する．

執務室内の柱　フレキシビリティ確保のため執務室内には柱を配置しない計画が望ましいが，平面形，梁成，コストとのバランスで判断する．

構造と外装仕上　柱・梁・床など構造部材と外壁・内装など仕上との納まり・支持方法により必要寸法が異なる．

防火区画・防煙区画　空調ゾーニング，想定間仕切ラインと整合させる．法的面積制限値を執務室規模の目安とする場合が多い．

窓，窓台　窓まわりでの空調負荷低減（ペリメーター空調）により，設備システムで必要となる寸法が異なる．採光，眺望，メンテナンス，給排気，外観等と合わせて総合的に計画する．

角部分　角の欠けた形状の方が，避難距離，周辺風環境等に有利な場合が多い．外壁清掃方法は特殊となる．この事例では3モジュール分を切り欠いている．

基準階計画　*日石横浜ビル（設計：日本設計，建設：1997年）

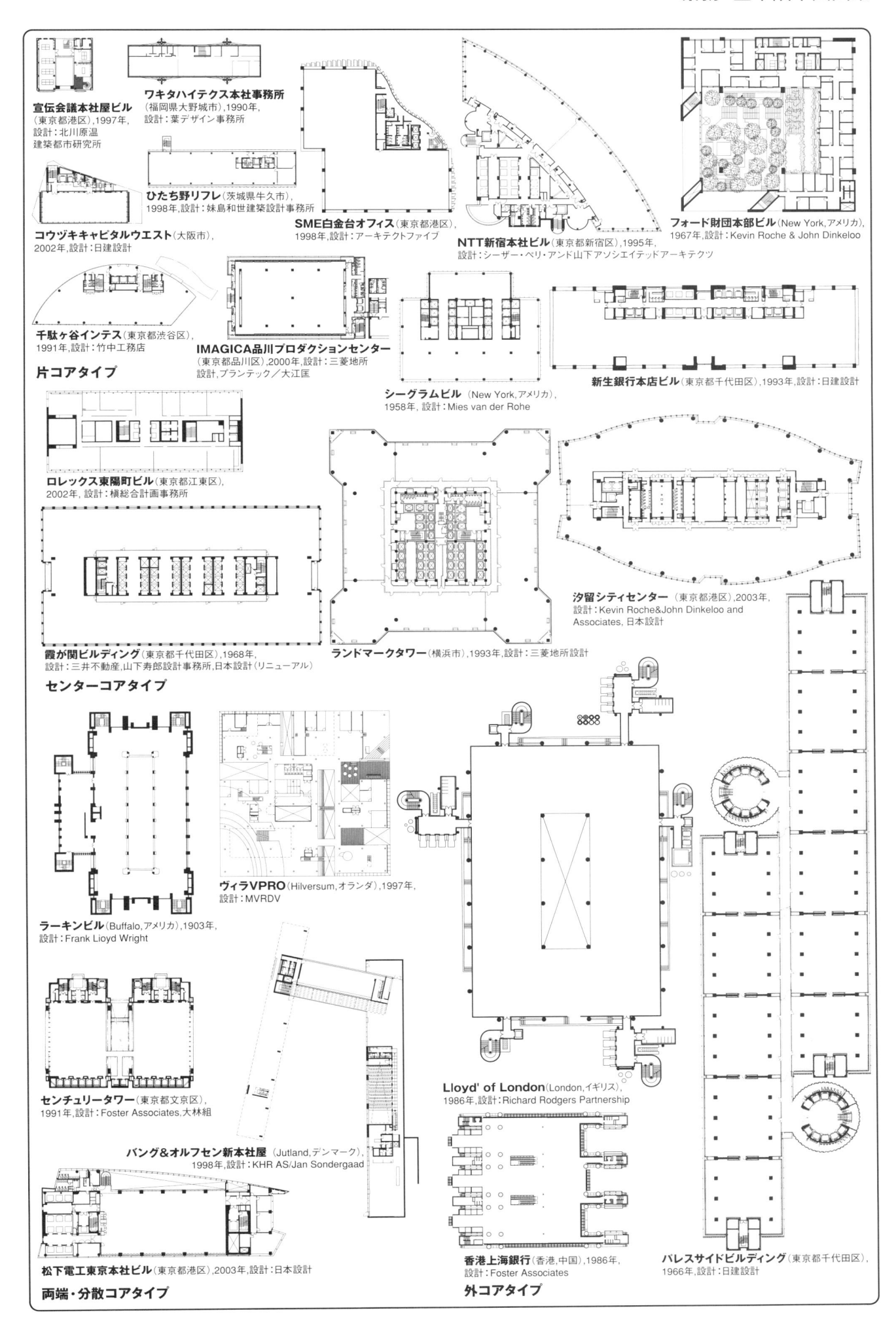

1:1500　0　25　50　　　Office: Plan Selection of Standard Floor 業務：基準階平面図集　293

宣伝会議本社屋ビル（東京都港区）,1997年,
設計：北川原温
建築都市研究所

ワキタハイテクス本社事務所
（福岡県大野城市）,1990年,
設計：葉デザイン事務所

ひたち野リフレ（茨城県牛久市）,
1998年,設計：妹島和世建築設計事務所

コウヅキキャピタルウエスト（大阪市）,
2002年,設計：日建設計

SME白金台オフィス（東京都港区）,
1998年,設計：アーキテクトファイブ

NTT新宿本社ビル（東京都新宿区）,1995年,
設計：シーザー・ペリ・アンド山下アソシエイテッドアーキテクツ

フォード財団本部ビル（New York,アメリカ）,
1967年,設計：Kevin Roche & John Dinkeloo

千駄ヶ谷インテス（東京都渋谷区）,
1991年,設計：竹中工務店

IMAGICA品川プロダクションセンター
（東京都品川区）,2000年,設計：三菱地所
設計,プランテック／大江匡

シーグラムビル（New York,アメリカ）,
1958年,設計：Mies van der Rohe

新生銀行本店ビル（東京都千代田区）,1993年,設計：日建設計

片コアタイプ

ロレックス東陽町ビル（東京都江東区）,
2002年,設計：槇総合計画事務所

霞が関ビルディング（東京都千代田区）,1968年,
設計：三井不動産,山下寿郎設計事務所,日本設計（リニューアル）

ランドマークタワー（横浜市）,1993年,設計：三菱地所設計

汐留シティセンター（東京都港区）,2003年,
設計：Kevin Roche&John Dinkeloo and
Associates, 日本設計

センターコアタイプ

ラーキンビル（Buffalo,アメリカ）,1903年,
設計：Frank Lioyd Wright

ヴィラVPRO（Hilversum,オランダ）,1997年,
設計：MVRDV

センチュリータワー（東京都文京区）,
1991年,設計：Foster Associates,大林組

バング＆オルフセン新本社屋（Jutland,デンマーク）,
1998年,設計：KHR AS/Jan Sondergaad

Lloyd' of London（London,イギリス）,
1986年,設計：Richard Rodgers Partnership

松下電工東京本社ビル（東京都港区）,2003年,設計：日本設計

香港上海銀行（香港,中国）,1986年,
設計：Foster Associates

パレスサイドビルディング（東京都千代田区）,
1966年,設計：日建設計

両端・分散コアタイプ　　**外コアタイプ**

業務：小規模 Office: Compact

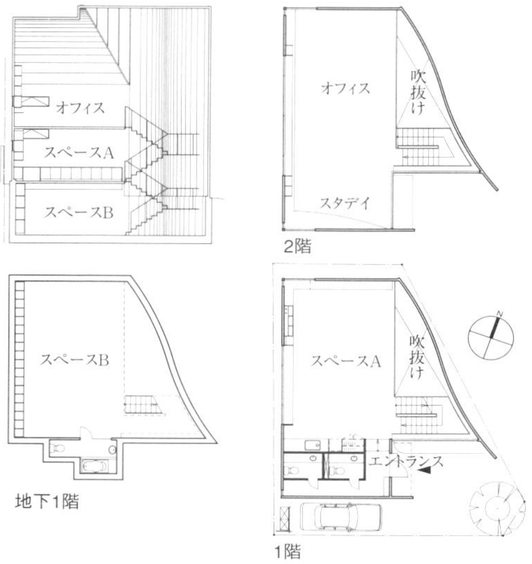

IRONY SPACE(東京都世田谷区)

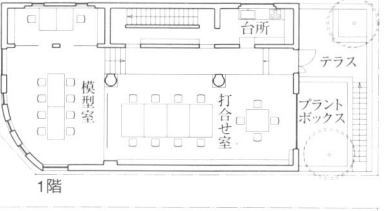

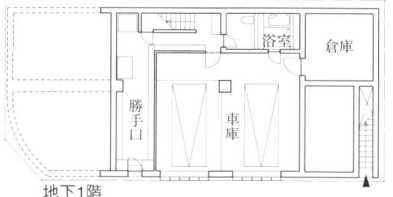

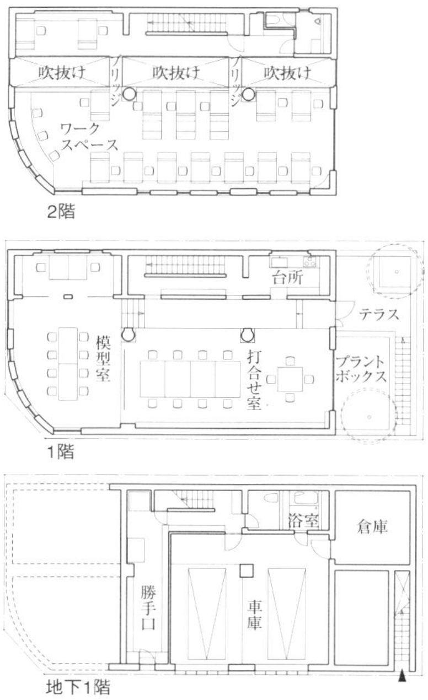

アトリエ・ファイ オフィス(東京都渋谷区)

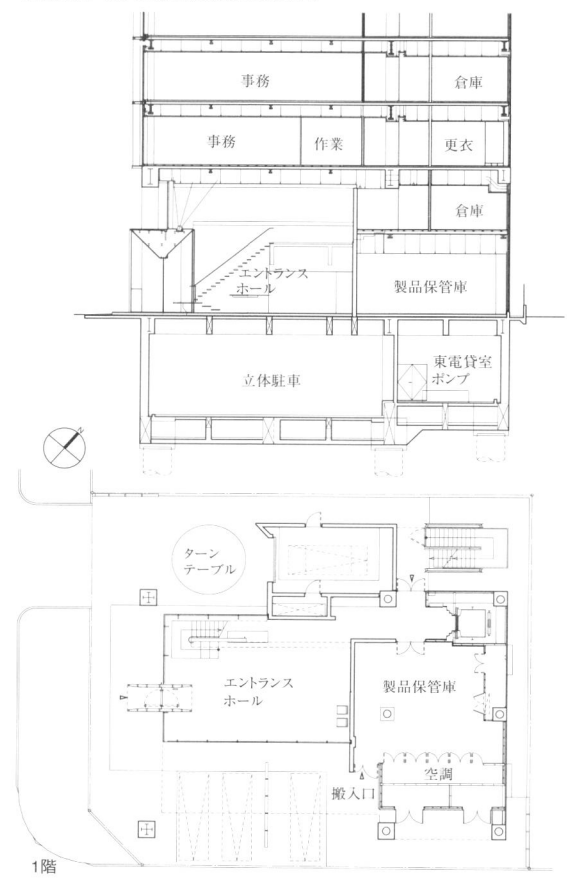

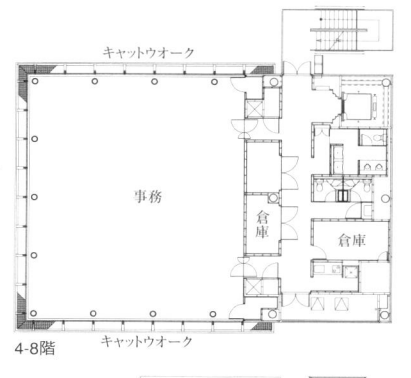

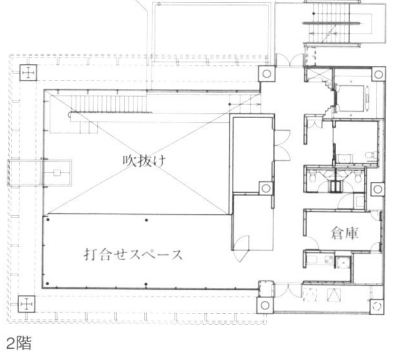

グラスオフィス・ヒロシマ(広島市)

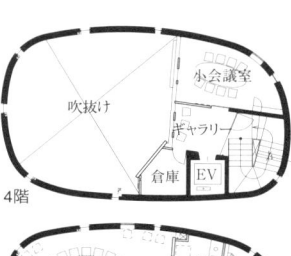

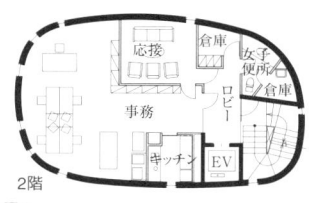

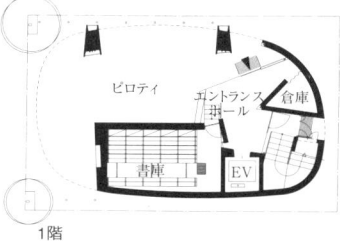

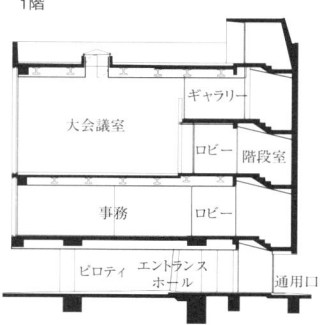

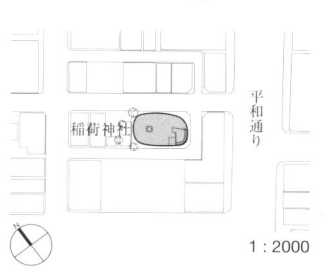

日本ペンクラブ(東京都中央区)

IRONY SPACE
- 設計：アーキテクトファイブ
- 建設：2003年
- 構造：地下RC造, 地上S造
- 階数：地下1階地上2階
- 敷地面積：131m²
- 延床面積：196m²
- 基準階床面積：64m²

構造設計者のアトリエ兼住宅で, リブの代わりに考案したサンドイッチ折板プレート構造を採用した. 床は6mm厚の鉄板で折板をサンドイッチし, スラブ厚は112mmと薄い. 屋根, 床, 壁は35枚のパネルを全面防水溶接で組み立てたもので, 室内の温熱環境などに対し実験的な要素を多く含んでいる.

アトリエ・ファイ オフィス
- 設計：原広司+アトリエ・ファイ建築研究所
- 建設：1995年
- 構造：RC造一部S造
- 階数：地下1階地上2階
- 敷地面積：198m²
- 延床面積：294m²(車庫50m²)

1階は打合せ室, 模型室, 台所などの共用スペース, 2階はスタッフのワークスペースという構成となっている. ブリッジが架かった吹抜けが縦のつながりをもたらし, 建物全体が一体の空間となっている.

グラスオフィス・ヒロシマ
- 設計：横河健/横河設計工房
- 建設：2001年
- 構造：SRC造+S造
- 階数：地下1階地上8階
- 敷地面積：496m²
- 延床面積：2,470m²
- 基準階床面積：264m²

1・2階を街並みに対して開放的な吹抜け空間, 基準階を総ガラス張りのオフィス空間として, 外観, 内部ともに独自の空間をつくり出している. 張り出したキャットウォークはメンテナンスを兼ねた庇であり, 先端にはブラインドを組み込んだ外部ダブルスキンにより日射負荷を80%軽減している.

日本ペンクラブ
- 設計：北川原温建築都市研究所
- 建設：2002年
- 構造：RC造一部S造
- 階数：地上4階
- 敷地面積：170m²
- 延床面積：344m²

周辺の歴史的な記憶の表現として黒い瓦タイルで覆われた変形楕円形の形状が採用されている. 1階はピロティにより開放され, 2階を事務室, 3階を2層分の高さと30席の円卓を持つ大会議室としている. 外部の黒とは対照的に内部は白漆喰を基調とし, 壁面のもつ曲面と相俟って開放的で柔らかな空間が演出されている.

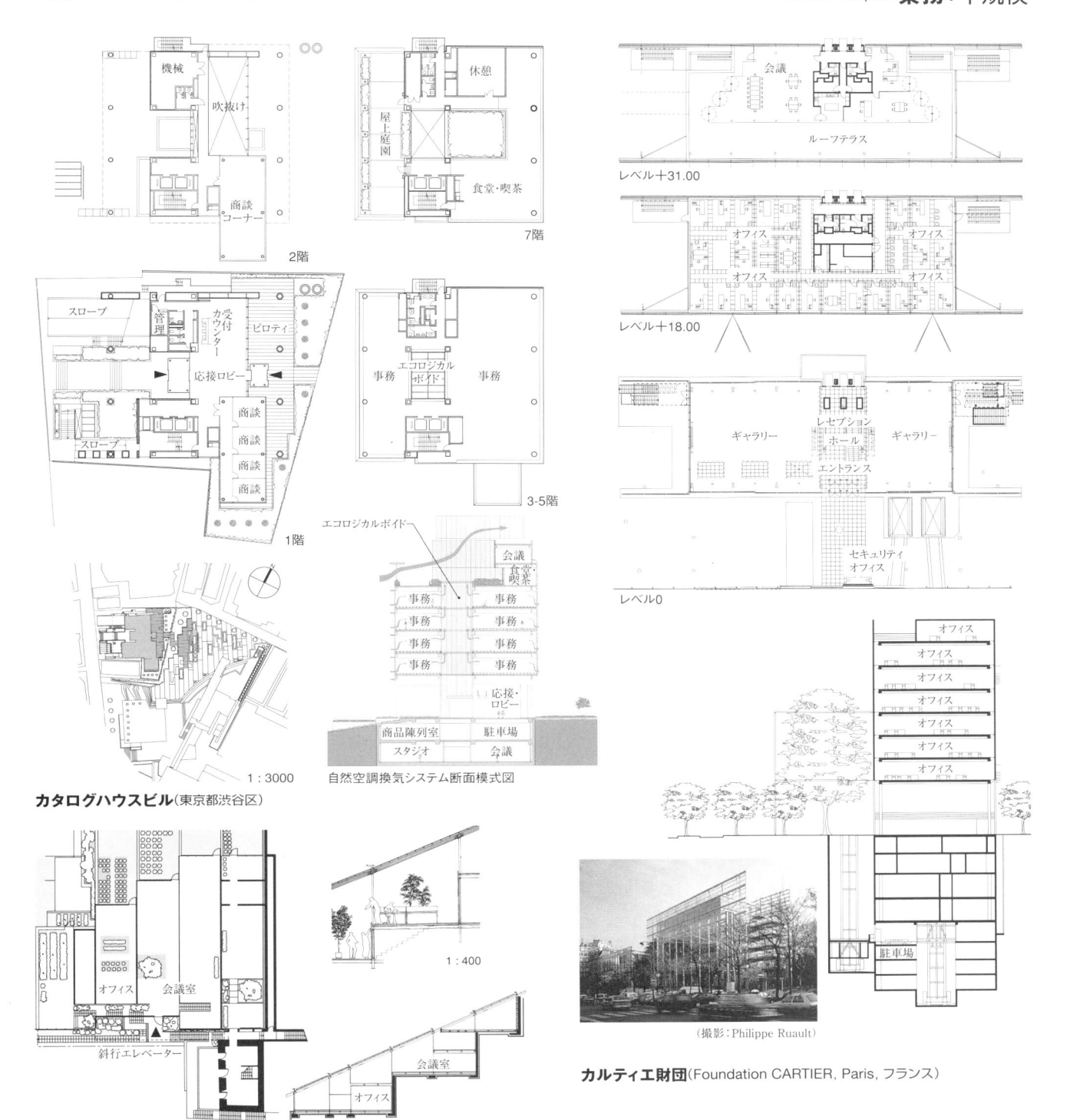

1:800　　　　　　　　　　　　　　　　　　　　　　　　　　　　　　　　　Office: Compact 業務：中規模　295

カタログハウスビル(東京都渋谷区)

自然空調換気システム断面模式図

ユネスコ＆ワークショップ研究所(Genova, イタリア)

カルティエ財団(Foundation CARTIER, Paris, フランス)
(撮影：Philippe Ruault)

カタログハウスビル
- 設計：石本建築事務所
- 建設：1999年
- 構造：S造一部SRC造，RC造
- 階数：地下2階地上8階塔屋1階
- 敷地面積：1,151m²
- 延床面積：5,347m²
- 基準階床面積：595m²

大通りから一歩入り込んだ静かな場所に位置する敷地で，既存の公開空地と植栽が連続し視覚的に一体化した空間構成となっている．建物中心に設けられた外部の吹抜け「エコロジカルボイド」は，事務空間に自然光をもたらすとともに，視覚的に各フロアを一体化させ社員同士のコミュニケーションを促す．また，エコロジカルボイド内の上部を吹く風の誘引効果と温度差による上昇気流により，自然通風・換気を効率的に行うことができる．空調は床吹出しシステムとし，エアディヒューズパーティションによって各人の温冷感に合わせ最適の状態にでき，かつ，余分なスペースのエネルギー消費を削減している．リサイクル素材の利用，雨水利用など，地球環境に対して徹底した検討が行われている．

ユネスコ＆ワークショップ研究所
- 設計：Renzo Piano Building Workshop
- 建設：1991年
- 構造：S造・W造　● 階数：地上6階
- 延床面積：700m²

地中海を望む，丘の中腹に建設されたスタジオは，斜面を下る多層式グリーンハウスとして構成されている．丘の麓を通る海岸通りの前面道路とは，ガラス製の斜行エレベーターで連絡されている．内部では，互いの視線が届く階段状のフロアにワークステーションや会議スペースが分散配置され，建物の側面を貫く内階段と外階段が主動線となっている．眼前の眺望を取り入れるため，外壁，天井はほぼすべてガラスで，傾斜した屋根のガラスパネルには，電動式の日射遮蔽スクリーンを装備している．

カルティエ財団
- 設計：Jean Nouvel
- 建設：1994年
- 階数：地下8階地上8階

中央にエントランスを含むコア部分を配し，その両側の1，2階部分を吹抜けのギャラリーとしている．この展示スペースの開口部は高さ8mのガラスドアで，夏になるとこのスライド式の巨大なガラスドアは開け放たれ，高い柱がリズミカルに並ぶホールは庭の一部となる．ガラスドアは建物の全面と裏側のファサードにおいて両サイドに戸袋のように突出するスティール製ガラス張りの敷居と鴨居に収納される．

道路側のガラスのカーテンウォールは主体構造を超えて伸び，境界線はぼかされその背後の樹木が曖昧な存在感を帯びる．

業務：高層—中央コア Office: High-rise Building=Central Core

1:1500

基準階

49階

1:3000

六本木ヒルズ森タワー（東京都港区）

1:8000

18-22階

24階

7階

泉ガーデンタワー（東京都港区）

1:6000

1:3000

六本木ヒルズ森タワー
- 設計：森ビル，入江三宅設計事務所，KPF (Kohn Pedersen Fox Associates PC)，The JERDE PARTNERSHIP, GLUCKMAN MAYNER ARCHITECTS
- 建設：2003年
- 構造：S造＋SRC造 一部RC造
- 階数：地下6階地上54階塔屋2階
- 延床面積：380,105m²

六本木ヒルズは施工区域約11ha，オフィス，住宅，商業施設，ホテルなど総延床面積約720,000m²の建築群から成る再開発事業である．

とくに六本木ヒルズ森タワーは高さ238m，下部は店舗，上部は基準階床面積約5,500m²の事務所となっている．外装デザインは日本の鎧と兜をモチーフとし，電波障害も考慮した曲線的な形状としている．

フロアの貸付面積は約4,500m²で国内最大級を有し，コア面積を縮小するため2階建てのエレベーターを導入している．

8～48階のテナントオフィスでは非接触型のICカードによるキーシステムを採用し，最大6段階のアクセス制限が可能なセキュリティーシステムとなっている．

また地下には発電プラントがあり震災時にもビル機能を失わないようバックアップ体制がとられている．

泉ガーデンタワー
- 設計：日建設計
- 建設：2002年
- 構造：S造＋SRC造 一部RC造
- 階数：地下2階地上45階
- 敷地面積：23,869m²（全体）
- 延床面積：157,365m²（タワー）
- 基準階床面積：3,410m²

各国の大使館が点在する通称「尾根道」沿いの住友会館を公開空地として美術館を建設し，その容積を新地下鉄駅に隣接した形でオフィスタワーとしてまとめている．2.4haの敷地に約210,000m²の複合再開発プロジェクトである．

元の地形に沿った緑地をもつアーバンコリドーを設け，1階～7階をコリドーに望む吹抜けとすることで地下鉄の駅や店舗など地下空間に光と風をもたらしている．

壁面を滑るように昇降する効率的でダイナミックなシースルーシャトルエレベーターや展望のよいリブガラスカーテンウォール，開放感がありオフィスのフレキシビリティを確保するボイドコアなど魅力的な技術が展開されている．

また外観としてボリュームを分割しセットバックすることで威圧感を軽減し周辺の街並みとの調和をはかっている．

section14 業務

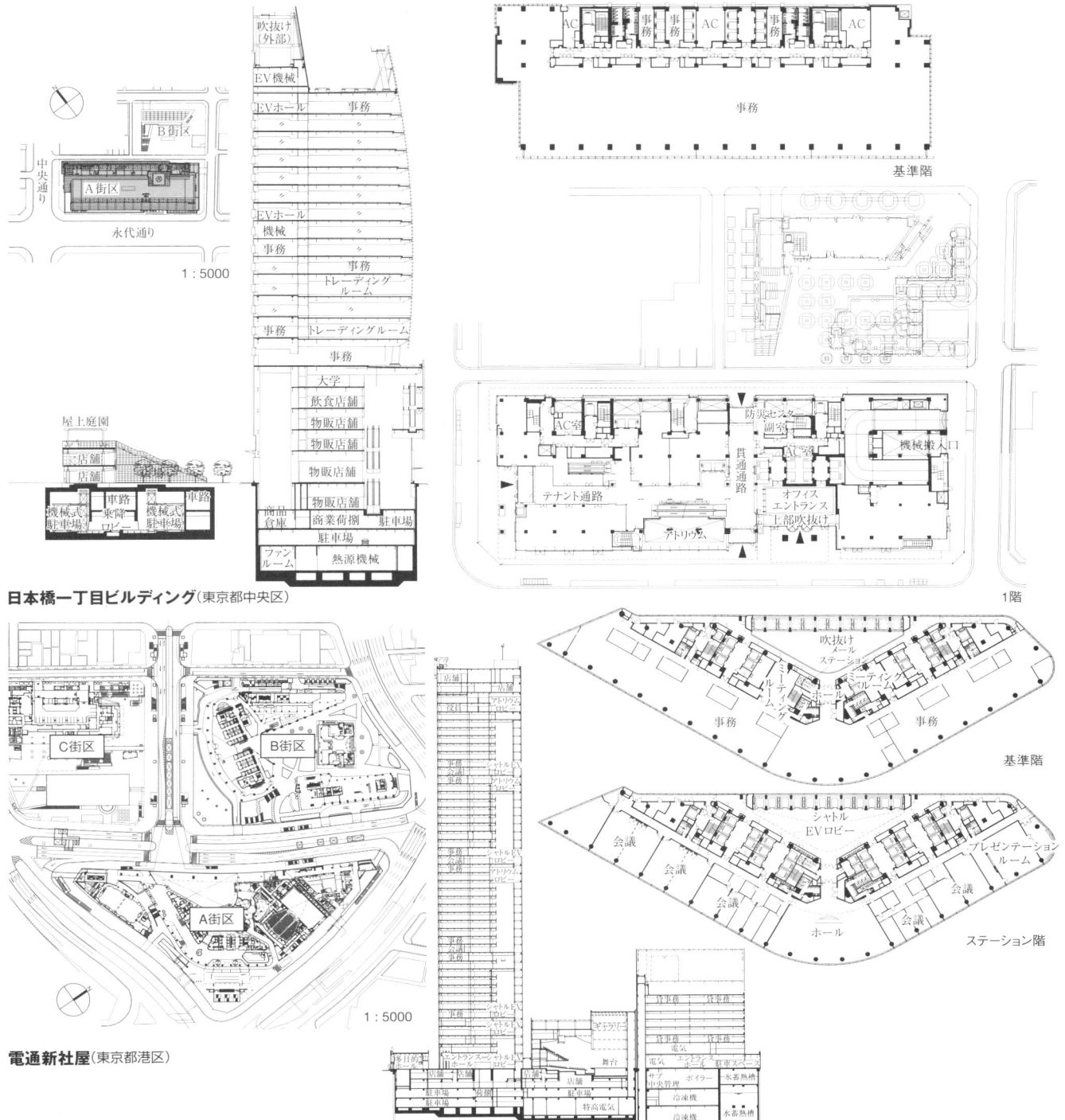

Office: High-rise Building=Unilateral Core　業務：高層―片寄コア

日本橋一丁目ビルディング
- 設計：日本設計
  　　　東急設計コンサルタント
  　　　Kohn Pedersen Fox Association
- 建設：2004年
- 構造：CFT造，SRC造，RC造
- 階数：地下4階地上20階塔屋1階
- 敷地面積：8,185㎡
- 延床面積：98,064㎡
- 基準階床面積：3,765㎡～4,023㎡

中央区における特定街区適用の第一号として建設された．敷地は，旧東急百貨店日本橋店跡地（A街区）と道路を挟んだ旧配送センター・駐車場跡地（B街区）からなり，一団地認定によりB街区の容積をA街区へ移転し，容積割増条件の必要な公開空地をB街区の中央広場に集約している．

建物は周辺の既存ビルの高さ31mで分節され，低層部分を店舗とし，オフィスからなる高層部は低層部にかぶさるような横フィンをまとったガラスの曲面で構成されている．曲面ガラスは電波障害対策上も有効である．また，平面計画は7.2m（3.6m×2）グリッドを基本とし，基準階高は4.5mで600mm角のグリッド型システム天井を採用し，間仕切りの変更しやすさを重視したフレキシブルな計画となっている．

電通新社屋
- 総合プロデュース：電通新社屋建設推進室
- 設計：大林組東京本社
- デザインパートナー：Atelier Jean Nouvel/The Jarde Partnership International Inc.
- 建設：2002年
- 構造：S造一部SRC造，RC造
- 階数：地下5階地上48階塔屋1階
- 敷地面積：17,244㎡
- 延床面積：231,701㎡
- 基準階（6階～45階）面積：3,127～3,753㎡

基準階は緩やかに湾曲したブーメラン形状で，純白からダークグレーまで変化するセラミックプリントガラスを全面に張ったファサードは，四季の移り変わりを豊かに映し出す．

オフィスのゾーニングおよびシャトルエレベーターとローカルエレベーターを併用したデュアルエレベーターシステムにより効率的な館内移動を図っている．建物全体をアトリウムとこのエレベーターシステムおよび制震・減衰装置，CFT，スーパーメガフレーム等最新技術を導入した構造システムによって大きく4つのブロックに分け，将来のビル所有形態の変化やセキュリティの変更等に対処している．

業務：高層—外コア・分散コア　Office: High-rise Building=Bilateral Core/Dispersed Core

1:1500

基準階　　会議室階　　28階

地下1階

RWE AG ESSEN（Konzernverwaltung RWE AG, Essen, ドイツ）

3-5階

1階

基準階

1：窓を閉めて機械換気
2：窓を開けて自然換気
3：ルーバーで外光を調節
4：天井の空調機を使うことも可能

オフィス自然通風経路

Commerzbank 本社ビル（Frankfurt, ドイツ）

1：3000

飯田橋ファーストビル・ファーストヒルズ飯田橋（東京都文京区）

RWE AG ESSEN
- 設計：Ingenhoven Overdiek und Partner
- 建設：1997年
- 構造：RC造
- 階数：地下3階地上29階塔屋2階
- 延床面積：36,000m²

エッセン中央駅近くに建つこの建物は、半透明のファサードや通りからの後退、周辺建物の軒高にあわせたパーゴラ等により、街並みとの調和を図っている。地下1階は会議室や食堂、1階はエントランス、2～24階は一般事務室（19階は機械室）、25～28階は役員および会議フロアで構成されている。オフィスの奥行の最大値が法的に定められているという条件の中で円形プランを採用することにより、外側の多くの部屋に自然の光や空気を取り入れることができ、また外壁面積も最小になるためエネルギー損失やファサード維持費用も最小限に抑えられている。RC造の2重の円筒とフラットなスラブが基本的な構造で、横力は2本のコアが受け持っている。

Commerzbank 本社ビル
- 設計：Sir Norman Foster and Partners
- 建設：1997年
- 構造：S造
- 階数：地下2階、地上57階、塔屋5階

自然通風型ダブルスキンにより、300m級の超高層で全執務室の自然換気を可能にしている。12層ごとの4階分の高さの空中庭園は、分散コアによって創出された中央アトリウムに連結して螺旋状に配置されており、視覚的・心理的効果に加えて、執務室の両面採光・換気と煙突効果による換気効率向上に貢献している。

飯田橋ファーストビル・ファーストヒルズ飯田橋
- 設計：日建設計、日建ハウジングシステム
- 建設：2000年
- 構造：SRC造一部RC造、中間層免震構造、CFT造
- 階数：地下2階地上14階塔屋1階
- 敷地面積：8,985m²
- 延床面積：62,947m²
- 基準階床面積：5,274m²(3-6階)

木造密集市街地の再開発に伴い建設されたオフィス、住宅、地権者店舗の複合ビル。住民の多数が再開発後も移転せず高層部の集合住宅に入居した。オフィス部分はエレベーターや水周りなどのコアを南北の両端に集約し無柱の4,350m²の空間を生み出している。オフィスの上部に空中庭園が設けられ、この庭園をグランドレベルとした5階建ての集合住宅は、入居者が決まっていたため、すべてが異なったプランとなっており動線上もオフィスと分離されている。

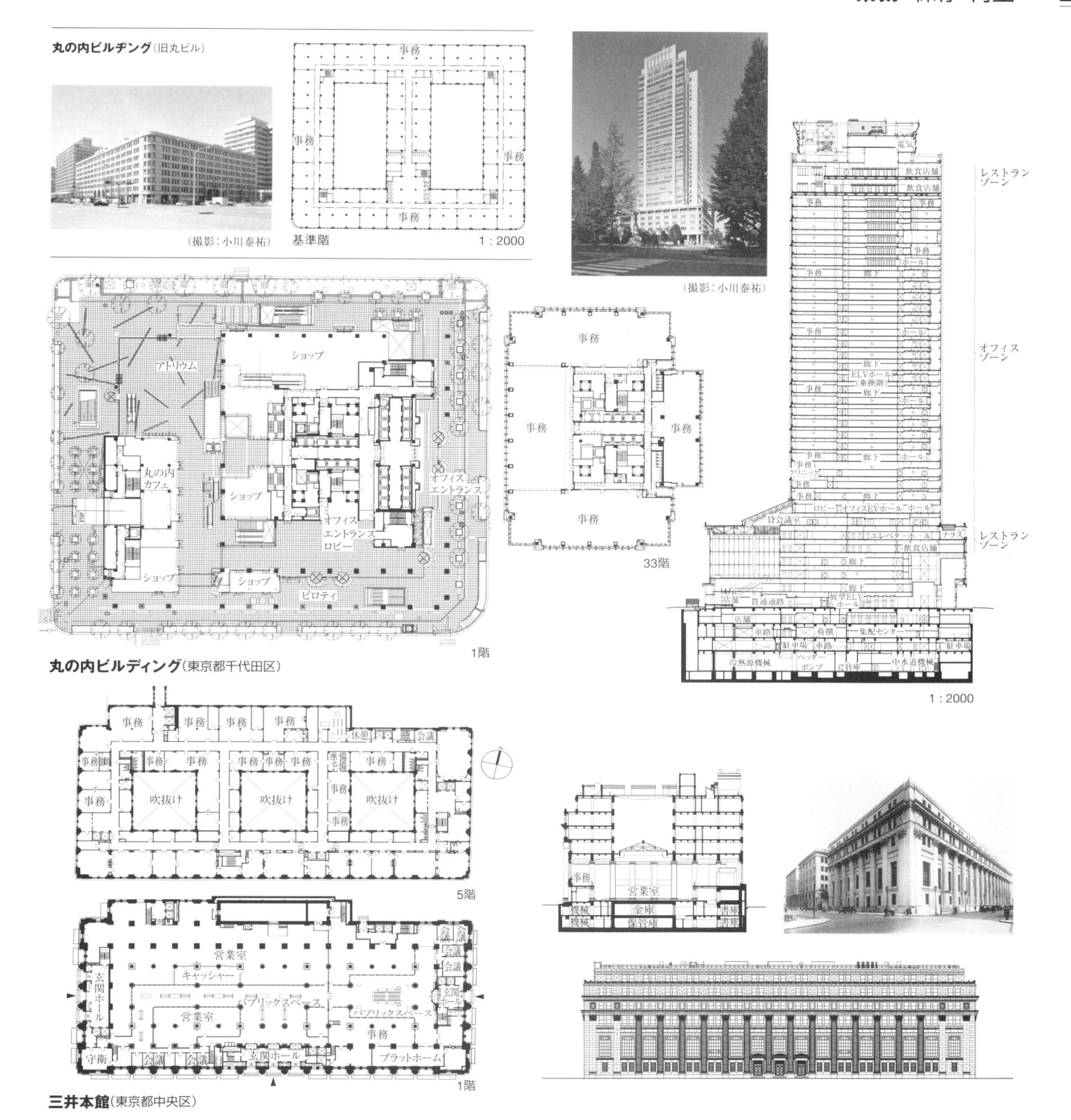

1:1500　　0　　25　　50　　　　　　　　　　　　　　　Office: Preservation and Regeneration　業務：保存・再生　299

丸の内ビルヂング（旧丸ビル）

（撮影：小川泰祐）

基準階　1:2000

（撮影：小川泰祐）

丸の内ビルディング（東京都千代田区）

1階

5階

1:2000

三井本館（東京都中央区）

1階

丸の内ビルディング
- 設計：三菱地所設計
- 建設：2002年
- 構造：地上部S造、地下部SRC造
- 階数：地下4階地上37階塔屋2階
- 敷地面積：10,029m²
- 延床面積：15,908m²
- 基準階床面積：1,949～2,284m²

旧丸の内ビルヂングは大正12年（1923年）2月20日、三菱合資会社地所部と米国フラー社により設立されたフラー建築株式会社の施工により、わが国初の本格アメリカ式オフィスビルとして竣工した．その後、耐震性能を確保できないことから1999年に建替えに着工し、大手町、丸の内・有楽町地区再開発の拠点ビルとして2002年に新丸の内ビルディングが竣工した．

低層部分は旧丸ビルのファサードである3層構成と高さ31mのフォルムを継承し都市景観に配慮している．また、街路の延長としてのアトリウムを設けることにより旧丸ビルの十字アーケードを発展的に継承している．高層部は日差しの遮蔽を考慮した総リブを2層ごとにカットすることにより陰影のあるファサードを構成している．

三井本館
- 設計：Trowbridge & Livingston
- 建設：1929年
- 構造：RC造
- 階数：地下2階地上5階（現地上7階）
- 延床面積：32,334m²
- 基準階床面積：3,863m²

建物は鉄骨鉄筋コンクリート造で不燃化構法の発想を実現し、さまざまな工事を同時並行に行う工程管理や構法の合理化、材料の規格化、建設の圧倒的な機械力による工業化は当時の日本建築に多大なる影響を与えた．

外観は数層分にわたるコリント式オーダーの列柱（建物の角の柱が角柱となっている）が道路に面して並んでいる．その上に3層分の壁面が重ねられ、最上階は道路面からセットバックしている．

1階の営業所と地下1階の金庫室へ続く大階段によってゾーニングを明快にし、高さ約11mの吹抜けと光をもたらすトップライトを設けた銀行営業所は、トップライトの真下に客溜まりを設け、その脇に営業室を配している．4階以上を事務室とし、1階から立ち上がった吹抜けをライトコートとして採光を行っている．

1998年には意匠的にも歴史的にも昭和を代表する建築としてオフィスビルとしては初めて国の重要文化財に指定された．現在も従来の銀行、オフィスの役割を果たしており、文化財の「保存と活用」の好例となっている．

都市のオープンスペース：概要1 Open Space in City: Abstract

都市におけるオープンスペースは「空間」・「社会」・「用途」に対してオープンな場として捉えることができる．ここでは主に街路・広場・ウォーターフロントおよびそのネットワーク化を取り上げ，都市と建築が不即不離であることを示していく．

図と地[1]

都市構造の読解方法として，建物を黒く，外部空間である道路や広場を白く塗りつぶして，建物(図)と外部空間(地)とすることによって，建物を主体とした外部空間との関係を読み取り，この図の白黒反転させ，建物(地)・外部空間(図)とすることによって，外部空間を主体とした建物との関係を読み取る方法がある．

芦原義信は「街並みの美学」の中で，この方法を用いて，建物の内部空間と街路などの外部空間の質が近似しているイタリアと，建物と道路の間にあいまいな残用空間が多い日本の空間の違いを示している．

都市のオープンスペースにおける人間の行為と物理的環境の質[2]

J.ゲールは，オープンスペース内の人間の行為には，単なる通行といった〈必然的〉行為，個々の人間の自由意志に基づく「見る」「立つ」「座る」といった〈随意的〉行為，他人との間で起こる「話す」「聞く」といった〈社交的〉行為があることを示した．

都市生活の豊かさは，随意的行為や社交的行為の発生頻度や内容の多様性によってはかることができる．これらの行為の質と物理的環境の質の間には比例関係が成立する．

都市のオープンスペースのデザイン

都市のオープンスペースは，建築の残余空間や単なる通行といった必然的行為の場ではなく，積極的に随意的行為や社交的行為を伴う人々が参加可能な場となるべきであり，その点で社会的接触を促進するように部分から全体までデザインすべき対象である．その際に，歩行者(ペデストリアン)を中心としてオープンスペースをつなぎネットワーク化することも重要となる．

随意的行為をアフォードするデザイン[3]

南イタリア・サレルノ市の旧市街地再生計画のコンペー等案．同市は中世都市の骨格をもち，海に面した北側の斜面に自然地形と一体となった建物群がある．東西方向の道は等高線に沿ってつながり，南北方向は急な勾配をもつ地形であり，計画案では，街路に直接サインや記号を描き，上下レベルをつないで，街全体を歩く公園都市となるよう計画されている．各個人に通行以外の行為を引き出し(随意的行為をアフォード)，他人との社会的接触(社交的行為をアフォード)するデザインとなっている．

01：芦原義信：街並みの美学，岩波書店(1990)
02：Jan Gehl：Life Between Buildings, p.12, 13, Arkitektens Forlag(2001)
03：EL croquis 99(2000), p.199, 205, 207

ローマ（ジャンバティスタ・ノリーによるローマ中心部の地図(1748年)）[01]　京島

図と地[1]

必然的行為　(撮影：Jan Gehl) 
随意的行為　(撮影：Jan Gehl) 
社交的行為　(撮影：Jan Gehl)

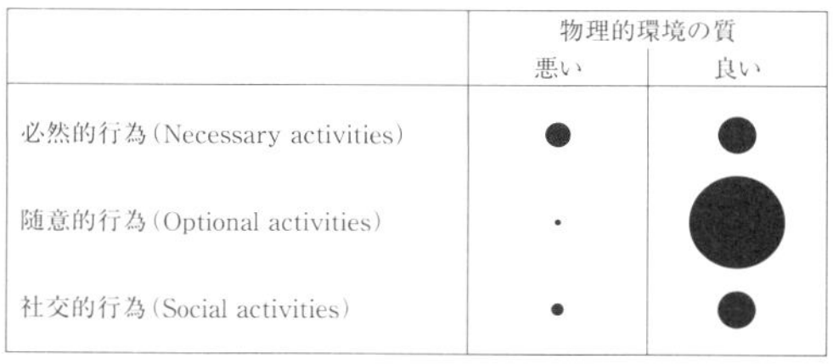

	物理的環境の質	
	悪い	良い
必然的行為 (Necessary activities)	●	●
随意的行為 (Optional activities)	・	●
社交的行為 (Social activities)		●

行為と物理的環境の質

都市のオープンスペースにおける人間の行為[02][2]

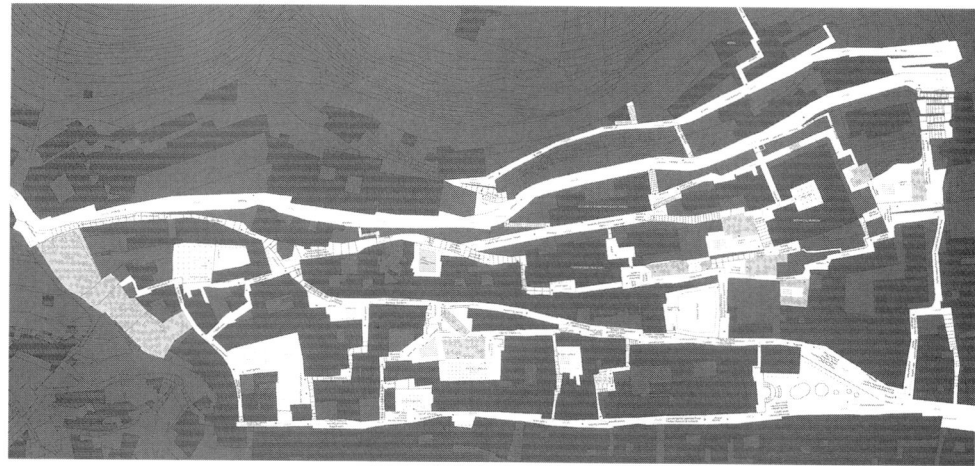

随意的行動をアフォードする空間デザイン[03][3]

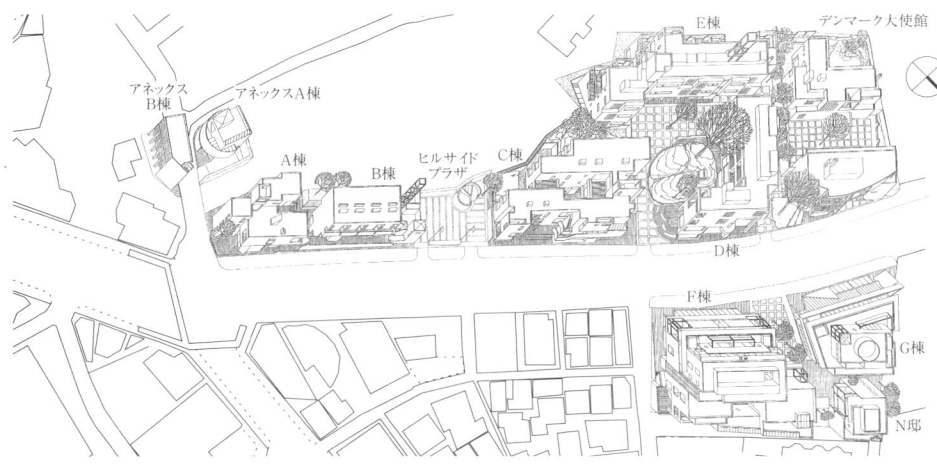

Open Space in City: Abstract **都市のオープンスペース：概要2** 301

現代のオープンスペースの例をキーワードとともに示す．

リ・デザイン：サレルノ市の旧市街地再生計画（SANAA）⇨300 [3]
中世時代の骨格を持つ「図」と「地」の関係である建築とオープンスペースの関係をデフォルメし再生した例．

オープンスペースの浸透：代官山ヒルサイドテラス（槇文彦）[1]
約30年にわたり複数の街区を一人の建築家が設計した集合住宅と商業施設を持つ建築群である．

外部空間が建物同様に人間の視点レベルで丁寧にデザインされ，歩行移動によるシークエンスの変化を伴って，敷地内の外部空間同士がうまく連携している．また，長期にわたる竣工過程の中で，周辺コンテクストもヒルサイドテラスに呼応しながら変化し，その結果，代官山のオープンスペースのネットワークが浸透し拡大している．

建築の都市化：横浜大さん橋国際フェリーターミナル（foa）[2]
横浜の都市コンテクストを建築内部まで貫入し，建築に都市のオープンスペースを入れ込んだ構造になっている．

この建物の特徴は，一般的なさん橋がもつ動線の強い方向性や直線的な構造ではなく，地表面の延長性，多方向性，ループ性が重視されている点である．これらは，折りたたみによる構造により，内部と外部の連続性と異なるレベル間の連続性で実現されている．

代官山ヒルサイドテラス[01] **[1]** 1:2500

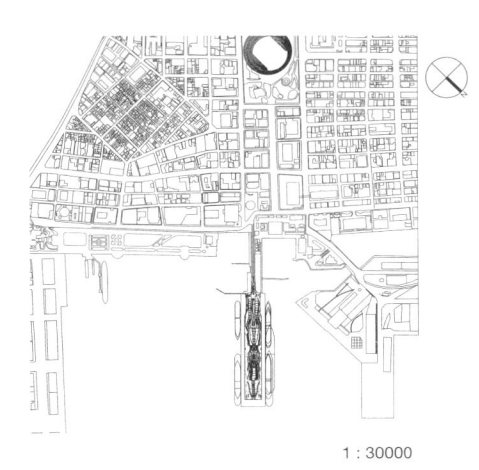

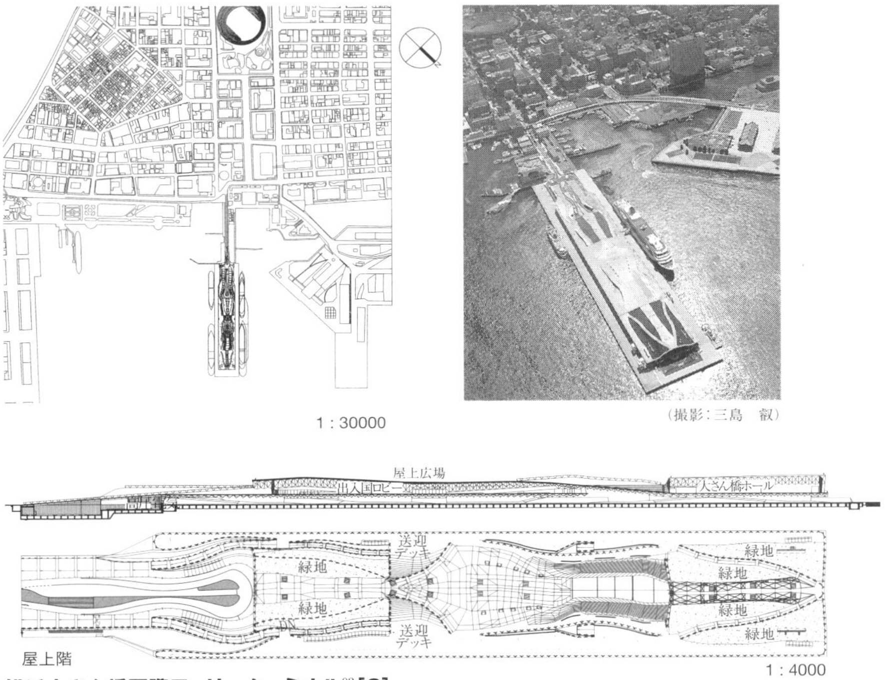

1:30000 （撮影：三島 叡）

横浜大さん橋国際フェリーターミナル[02] **[2]** 1:4000

01：日本建築学会編：建築設計資料集成 総合編，p.510，丸善（2001）より作成
02：横浜大さん橋国際フェリーターミナル，設計：foa，建設：2002年

都市空間の解読

都市構造の解読法としてケヴィン・リンチの「都市のイメージ」（1960）やゴードン・カレンの「都市の景観」（1971）などがある．

ケヴィン・リンチは，都市を5つのイメージ要素—「パス（path）」，「エッジ（edge）」，「ディストリクト（district）」，「ノード（node）」，「ランドマーク（landmark）」—によって分解する記述法を示し，都市構造の理解を助ける方法を提唱した．そのなかで，良い都市は多くの人々にパブリックイメージが共通しており，また都市を構成する諸要素のイメージがはっきり（imageability）していて，都市構造がわかりやすい（ligibility）都市と述べている．

ゴードン・カレンは，都市空間を歩行者の立場に立って，個々の場面の連続的（シークエンシャル）な景観なかで都市空間の特色を理解する方法を提案した．そのなかで，建物が集合することにより，個々の建物から得られない視覚的な体験を多く得ることとその必要性を，また，それが技術主義的な都市づくりでは得られないことを示した．

*1：Kevin Lynch：The Image of The City, p.33, The MIT Press（1960）
*2：Gordon Cullen：The Concise Townscape, Architectural Press（1971）

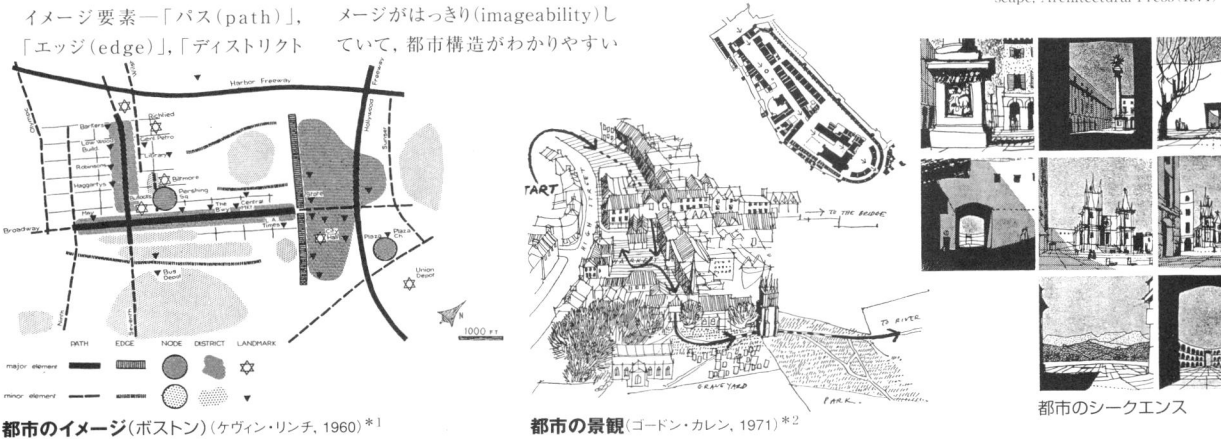

都市のイメージ（ボストン）（ケヴィン・リンチ，1960）*1
都市の景観（ゴードン・カレン，1971）*2
都市のシークエンス

都市のオープンスペース：移動とシークエンス　Open Space in City: Travel and Sequence

交通主体と都市スケール[1]〜[3]

歩行者を活動主体としてオープンスペースを考えると，身体的な移動距離の限界が現れてくる．

まず，リチャード・ロジャースの「ネイバーフッド（近隣）」論には，距離による社会的生活の基本的な構成要素と都市スケールの関係と，その関係を踏まえて移動に伴う生活空間の広がりが示されている[1]．さらに，公共交通機関（バス・トラム等）と歩行距離との関係により，これら他の交通機関を補助的に用いることで，歩行活動領域を拡張可能なことを示している．

バス・トラム停留所の利用者圏域は，約5分の歩行時間（歩行距離では半径約350m）の範囲で，停留所間の距離を500m〜700mに設定すると効率が良く，この歩行圏域と同程度の範囲内にコミュニティの中心となる諸施設があることが快適であり，そのときの人口密度は177人/haとなる[2][3]．

横浜のシークエンスデザイン[4][5]

横浜市では，都市デザインの主要テーマとして「歩行者のための都市空間づくり」を掲げている．

1970年代の横浜の都市再生への取組みは，「馬車道商店街」(1976)，「イセザキモール」(1978)等の既存商店街の歩行者空間の整備を中心としたものであった．1980年代に入ると，赤レンガ倉庫パークやみなとみらい21（MM21）等の大規模プロジェクトがウォーターフロント沿いに整備され，その後，桜木町〜クイーンモール〜MM21，桜木町〜馬車道〜赤レンガパーク，石川町〜中華街〜山下公園・元町等といったウォーターフロント沿いのオープンスペースとJR根岸線軸の間を結ぶ歩行軸が整備されていった．しかし，これらの歩行軸は約1km〜2kmの距離があり，エリア全体を縦横に歩行するのは困難であった．

現在は，これらの歩行軸の中間にみなとみらい線（2004年開通）が運行し，この線を補助的に使うことで，MM21から山下公園を含む港湾部と山手地区を含む都心部に挟まれた全く性格の異なるエリアを結んでいる．横浜みなとみらい地区・関内地区は，みなとみらい線が地下を走行しているため，一部分断されるが，歩行空間のシークエンスとして楽しむことが可能である．

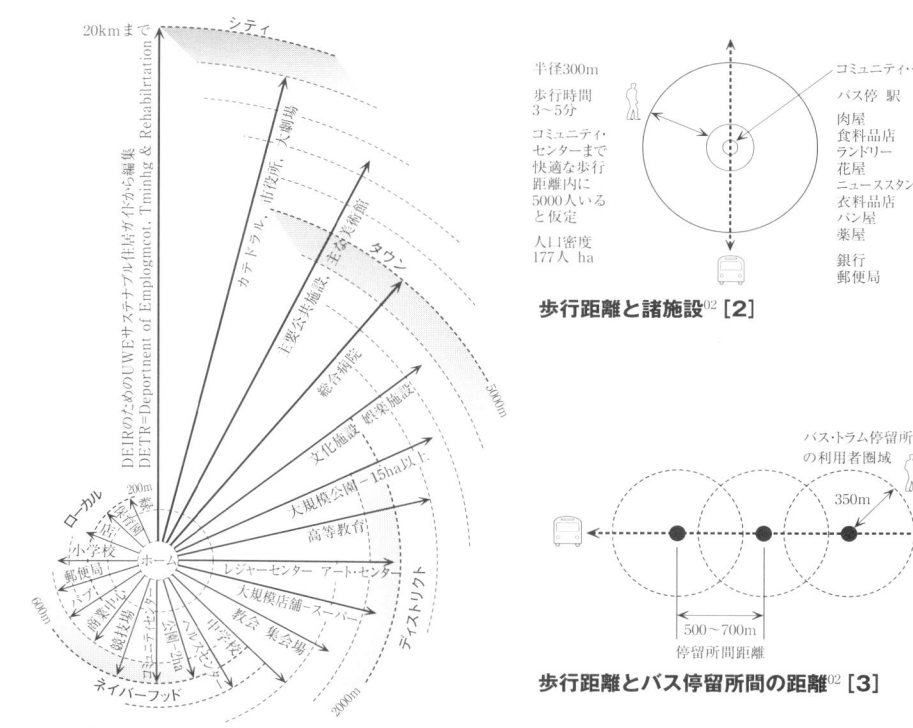

交通手段と都市スケールとの関係[01] [1]

歩行距離と諸施設[02] [2]

歩行距離とバス停留所間の距離[02] [3]

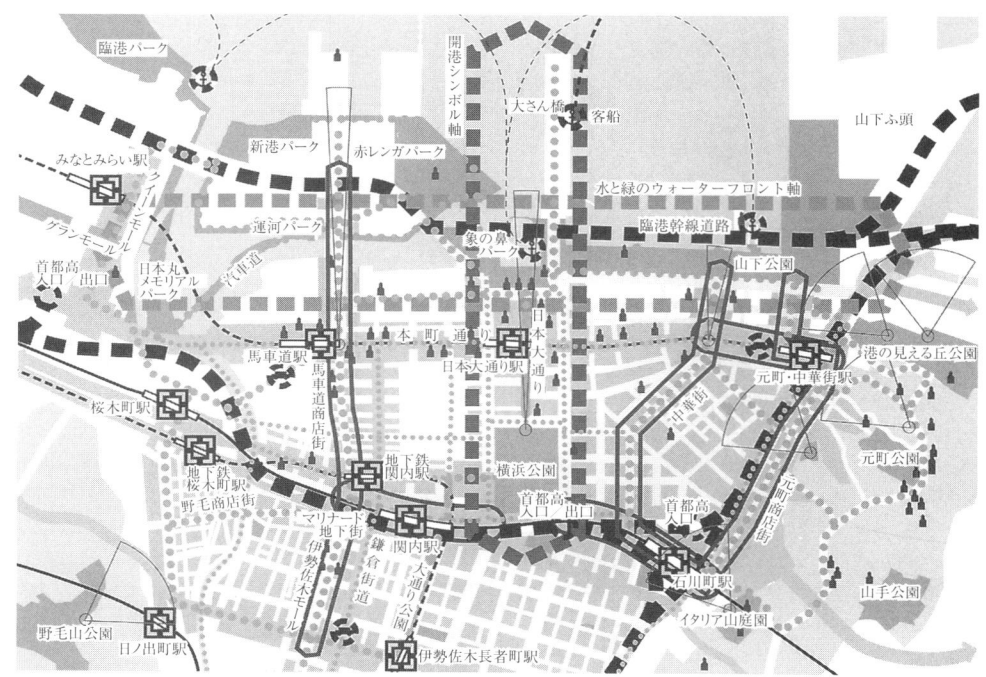

シークエンスのデザイン（横浜みなとみらい地区・関内地区）[03] [4]

シークエンスの中でのオープンスペース[5]

01：Richard Rogers, Anne Power著，太田・樫原・桑田・南 訳：都市 この小さな国の，p.184, 鹿島出版会 (2004)
02：Miguel Ruano : Eco Urbanismo, p.46, Gustavo Gili, SA (1999)
03：横浜市資料より作成

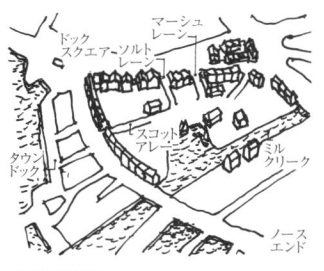

Open Space in City: Open Space Network **都市のオープンスペース：オープンスペースネットワーク**

18世紀初頭／現在 
（撮影：Shun Kanda）
ブラックストーンブロック
近隣スケールでのオープンスペースネットワーク（ボストン）01 **[1]**

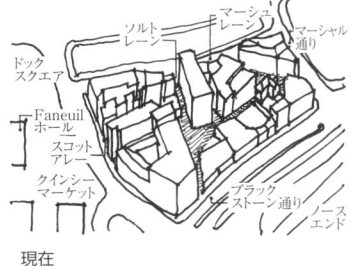

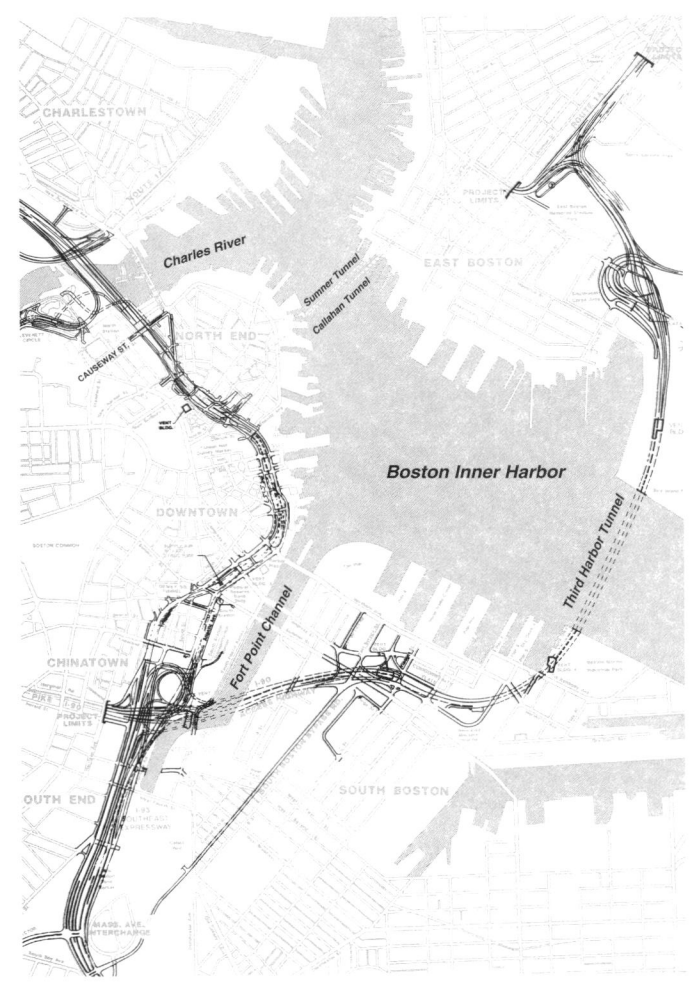

ボストン・セントラルアーテリー02
広域のオープンスペースネットワーク（ボストン・セントラルアーテリー計画）**[2]**

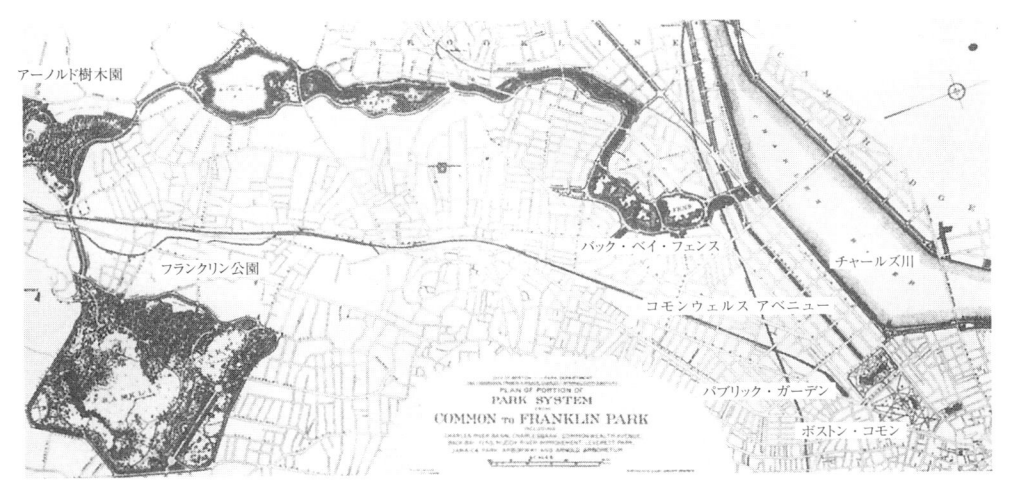

① 再開発前の状況
② 北上するレーンを先に完成（1995年），翌年南下レーン完成 
③ 地下化の完成 
④ オープンスペースの創出 
セントラルアーテリー計画のプロセス03

緑地のネットワーク（ボストン・パークシステム）04 **[3]**

オープンスペースのネットワーク化 [1]

オープンスペースという点からボストンを見ると，規模や用途の異なったオープンスペースのネットワークが形成され，それらが同時に重なり合うことによって，より複雑で豊かな外部空間が形成されている．さらにこれらのオープンスペースを連携させることにより，人々の社会的接触の機会の促進が図られている．

ボストンのオープンスペースのネットワーク [2][3]

大規模なオープンスペースのネットワークの例として，オルムステッドによる「エメラルドネックレス」と呼ばれるボストンコモンからフェンエイパークに至る緑地のネットワークがある[3]．この計画は，「都市には都市住民に安らぎの場を提供できる多様でアクセス容易なオープンシステムが必要」というオルムステッドの考えに基づくオープンスペースシステムである．

ボストンの開発の中心であるウォーターフロント地区とダウンタウンを分断しているセントラルアーテリー（高架高速道路網）を地下化するプロジェクト（Big Dig）が進められている．(注)高速道路の地下化により地表部に巨大なオープンスペースを創出し，同時に，道路によって分断されていた地区を，このオープンスペースのネットワーク越しに一体化する計画である[2]．

また，ボストンは，自然（例：ボストンコモンやウォーターフロント）・歴史（例：ビーコンヒル）・都市アメニティ（例：フィナンシャルディストリクト）というキーワードで括られたネイバーフッド（近隣）の集合体という都市構造を持っている[1]．各ネイバーフッドは，徒歩で回れる規模の快適な散策空間である．また，各ネイバーフッドは，広場や街路によって相互につながり，ネイバーフッド間のネットワークが構成されている．

ボストンは，全体としても部分としてもイメージアビリティ（⇒301）の高い都市となっている．これはボストンという都市が上記にあげた特徴のある要素で領域が分解可能であり，さらに各領域の特徴が最大限に現れるように計画され，領域内または相互にネットワーク可能な方法で都市計画が行われた結果である．

(注) 同様の高速道路地下化プロジェクトは，デュッセルドルフ・ケルン・ソウル等で進行中である．

01：Process Architecture 97 (1991), p.14, 17
02：Central Artery Tunnel Project Report, MTA (1996)
03：Process Architecture 97 (1991), p.120
04：F. L. Olmsted (1894)

都市のオープンスペース：ペデストリアンゾーンと都市再生
Open Space in City: Pedestrian Zone and Urban Regeneration

オープンスペースの連携と多様な交通の共存（ストラスブール）[1]

1980年代に，中心市街地は車の集中による交通渋滞といった問題を抱えていた．市は，1）歩行者，2）公共交通，3）自転車，4）車の優先順位で交通問題を再検討し，中心部への車の交通量を制限し，歩行者を中心とする都市再生を実現していった．

特に1995年より本格的に導入されたトラムと自動車が優先されたため地下にあった歩行者道を地上に戻し，広場等でペデストリアンゾーンを大幅に拡大した（⇒310）．また，トラムは広域からの人々を中心市街地内に取り込み，ペデストリアンのアクティビティの復活に貢献している．その他，自転車利用システムの整備（専用道・貸自転車・貸駐輪場）や電気ミニバスの導入，パーク＆ライドといった多元的な交通体系のネットワーク化と連携を効果的に実現した．

ペデストリアンの復活と屋外活動 [2]

[2]は34年間のコペンハーゲン中心市街地内のペデストリアンゾーンの変化を示している．1960年代の初めには，市中心部の自動車による交通渋滞と駐車場不足が，一方通行の指定や都市部での駐車禁止では解決不能な社会問題となり，中心商業地の衰退が起こっていた．市は，まず1962年に「散策」の意味を持つ"ストロイエ"を実験的に車両通行禁止のペデストリアンゾーンとした．その結果，通りある歴史的な広場，教会やそれをつなぐ通りに歩行者が集まるようになり，その後，徐々にペデストリアンゾーンは増加し，1996年には面積で約6倍まで拡がっている．⇒308

また，ペデストリアンゾーンの拡大に伴い，地域内で滞在行為をしている歩行者の数も着実に増えているが，これらの一行為者が占める面積は，年代を通して一定面積が保たれているため，ペデストリアン地域内の快適性は保たれている．

01：ストラスブールガイドブック
02：（財）計量計画研究所資料
03：Jan Gehl, Lars Gemzoe: Public Spaces Public Life-Copenhagen, p.24, 59, Arkitektens Forlag (2004)

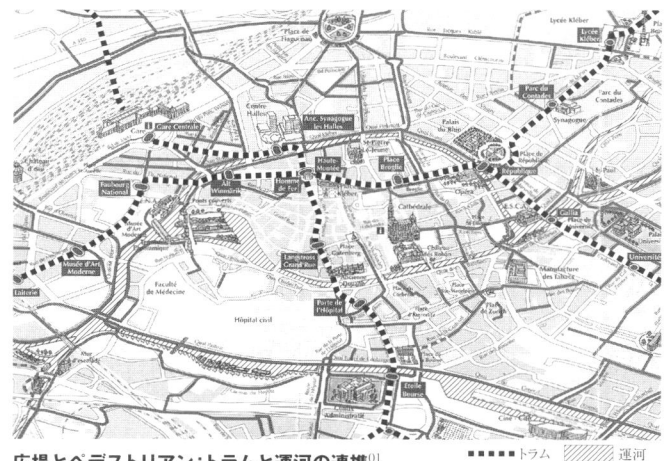

広場とペデストリアン；トラムと運河の連携 01
道路空間の再配分 02
オープンスペースの連携と多様な交通の共存（ストラスブール）[1]

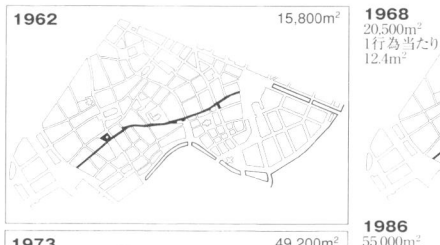

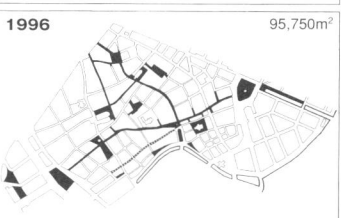

1989年以前（トラム導入前）
トラム導入後（撮影：Ciudad de Estrasburgo）

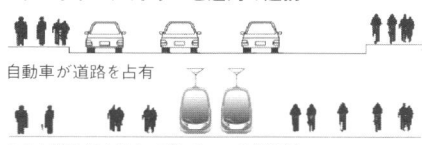

ペデストリアンゾーン面積の経年変化
ペデストリアンゾーンにおける1滞在行為が占める平均面積（各年とも夏季の午後12時〜16時の調査） 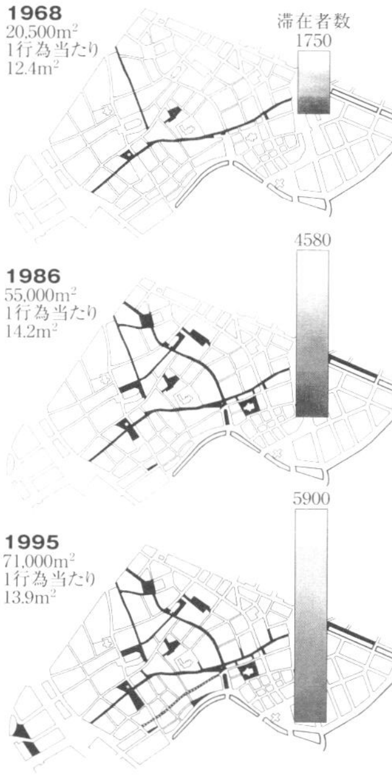
ペデストリアンの復活と屋外活動（コペンハーゲン）03 [2]

1962年以前
2004年（撮影：Jan Gehl, Lars Gemzoe）

ペデストリアンゾーンの変化
自動車通行可能広場／歩行者優先道路／歩行者専用道路

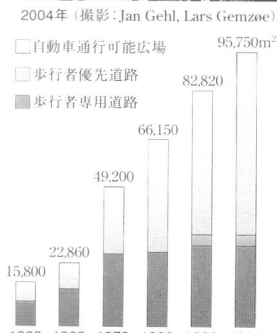

パーメアビリティ

都市ネットワークの経路のひとつとして街路を捉えると，街路上の移動者（特に歩行者）は，都市空間を地図上では捨象される建築物個々の情報を盛り込んだシークエンシャルな景観の変化をもとに空間把握している．

この場合，次の場面への展開を呼び起こす街路のパーメアビリティ（permeavility＝見通しやすさ・通り抜けやすさ）が重要になる．

この点から，西欧と日本の街路をCGを用いて比較してみると，西欧では建物の両側壁によって囲まれた街路は視線の奥まで見通せ，街路の奥がどのようになっているか良くわかるのに対して，日本では視界の手前すぐから植栽・電線などが壁の部分を隠しているため，街路の奥がどのようになっているか見えなくなっている．

これは，西欧では，街路と広場の関係が深いため，パーメアビリティが高い空間が必要となるが，日本では，街路は広場との関係がないことが影響している．

*1：安藤直見：建築探訪1 ヨーロッパ広場紀行, p.13, 丸善 (1997)

ローテンブルグ　サン・ジミニアーノ　シエナ　ミュンヘン
根津1丁目　谷中1丁目　本郷1丁目　月島2丁目

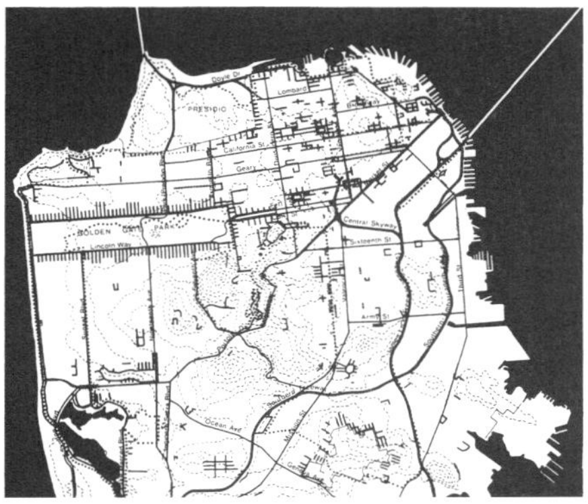

Open Space in City: Component & Scale of Street **都市のオープンスペース：街路の要素とスケール**

都市パターンにおいて重要な街路
公共のオープンスペースに連続する街路　主要な建物景観を有する街路
方向感覚を与える景観を有する街路　49マイル景勝ドライブルート

都市の知覚において重要な街路[01][1]

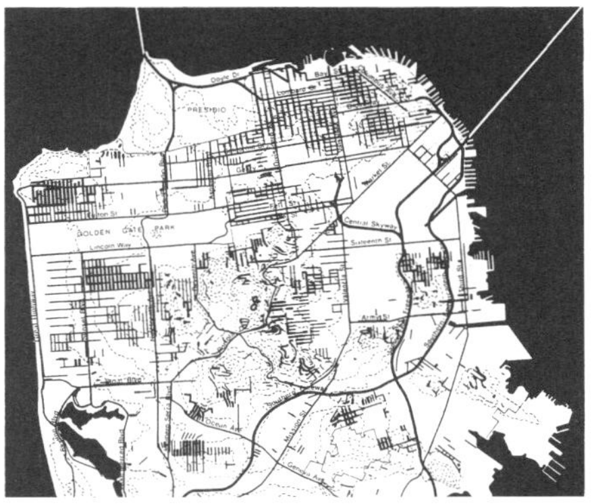

― 優 ― 良 ― 平均
眺望の優れている街路[01][2]

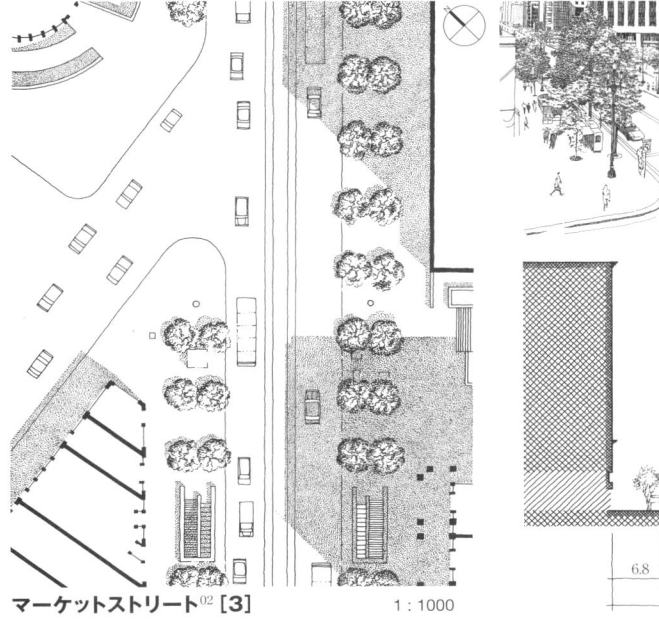

マーケットストリート[02][3]　1：1000

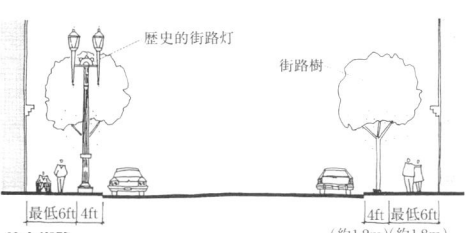

6.8　3.8　15.2　1.7　4.3　4.7
36.5m

歴史的街路灯　街路樹
最低6ft　4ft　4ft　最低6ft
（約1.2m）（約1.8m）
基本街路

街路タイプ	歩道上カフェ (Sidewalk Cafes)	屋台・大道芸 (Vendors/Street Artist)
基本街路 (Base Case St.)	・歩行者過混雑でなければ許可 ・Ellis St.では奨励	・奨励されない
第2水準街路 (The Second Level St.)	・歩行者過混雑な街路を除き強く奨励	・歩行者過混雑な街路を除き強く奨励
特定街路 (Special Level St.)	・Montgomery St.を除き強く奨励	・Montgomery St.を除き強く奨励

歩道上カフェ・屋台等に対する街路タイプ別対応基準

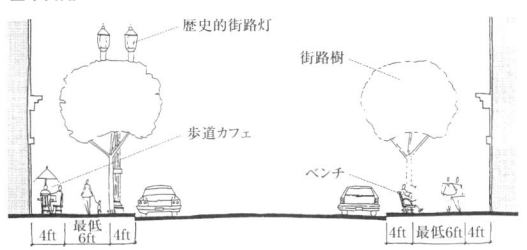

歴史的街路灯　街路樹
歩道カフェ
ベンチ
4ft　最低6ft　4ft　　4ft　最低6ft　4ft
第2水準街路

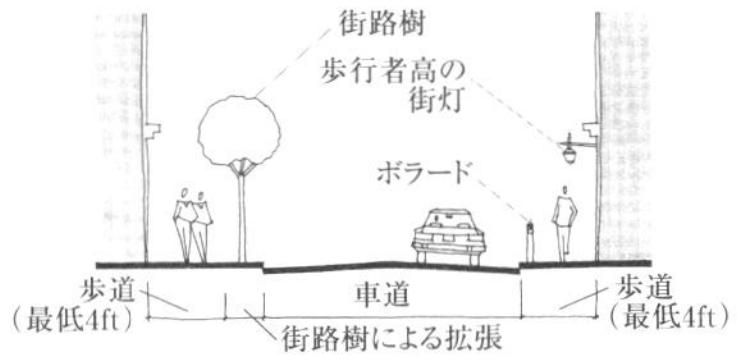

街路樹
歩行者高の街灯
ボラード
歩道（最低4ft）　車道　歩道（最低4ft）
街路樹による拡張
通り抜け路地〈Walkthrough Alley〉の標準横断

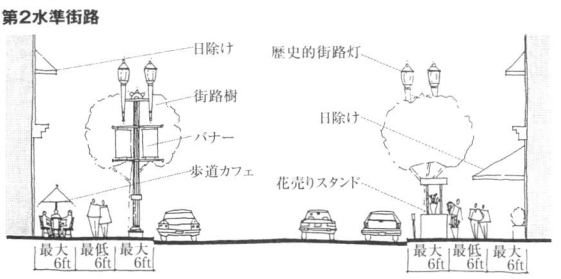

日除け　歴史的街路灯
街路樹　日除け
バナー　街路樹
歩道カフェ　花売りスタンド
最低6ft　最低6ft　最大6ft　　最大6ft　最低6ft　最大6ft
特定街路

バナー　歩行者高の街灯
街路樹
プランター
屋外テーブル
ストリートファニチャー
自動車進入禁止
歩道（最低4ft）　歩道（最低4ft）
目的地的路地〈Destination Alley〉の標準横断

街路水準と各街路の構成要素（サンフランシスコ・ダウンタウン街路景観計画1995）[03][4]

サンフランシスコの都市計画[1][2]

1967年から1974年の間，サンフランシスコ市都市計画局局長であったアラン・ジェイコブス主導のもと，サンフランシスコ全市を対象とする「都市デザイン計画」が作成された．

「都市デザイン計画」の中では，都市デザインを「人と環境の関係を人の感覚」から扱い，「人の環境に対する要求に対応した環境の質」を明らかにするプロセスと定義している．そのため，この計画の中では「既存のアーバンフォーム（都市形態）のイメージ」を捉えることと「都市デザインの基本原則」を提示することが大事な要点となっている．

[1]，[2]に示した図は，市全域を対象として，人々の知覚と眺望に対する街路の分析図である．

マーケットストリート[3]

北東から南西に通るマーケットストリートは，ケーブルカーの発着所，ミュニ・メトロ，ミュニ・バス，バートといったすべての公共交通機関の路線が走っており，サンフランシスコの公共交通の中心となる通りである．

この通りは，市のダウンタウン街路計画によって，路面を走っているミュニ・メトロとともに歩道幅も十分に取られている．そのため，快適な歩行や立ち止まって人と話すといった人々の社交的行為を活発に行うことができる．街全体からは，眺望に優れた丘を持ちかつ格子状の街路を持つ北側の地域と，ループ上のアクセス路を持つ南側の地域の境界が，マーケットストリートであることが見て取れる．

こうした異なる地域を地上で結ぶミュニ・メトロやバスは，地域やコミュニティの変化をシークエンスの変化として体験させる．その結果，これらの公共交通は，シークエンスをネットワーク化する要素として働いている．

街路水準と各街路の構成要素[4]

1995年に採択された「ダウンタウン街路計画」では，街路幅をベースに地区内の街路をタイプ分けし，それに対する修景上のガイドラインが示されている．ガイドラインからは，街路幅で街路が担うべき役割が異なることが見て取れる．また，歩行者の随意的行為や，他者との間で発生する社交的行為を増やす要素となる「歩道上のカフェ」や「屋台・大道芸」等が，すべての街路において積極的に奨励されている．

01：日本建築学会編：建築設計資料集成　地域・都市Ⅰ―プロジェクト編，p.86（2003）
02：Allan B.Jacobs：Great Streets，p.87, 90, 91, The MIT Press（1993）
03：日本建築学会編：建築設計資料集成　地域・都市Ⅰ―プロジェクト編，p.89（2003）

都市のオープンスペース：街路の役割 Open Space in City: Role of Street

1:1200

バルセロナの街路空間
中世の面影を残す旧市街地とその周辺に広がる新市街地で構成されているバルセロナの中心市街は，歩道だけでなく車道も持つ街路の主要な例である．

ランブラス通り[1]
旧市街地に位置するランブラス通りはカタルーニャ広場から南へ1.5km伸びてコロンブスの塔を結び，バルセロナ港につながる並木道である．この通りの特徴は車道よりも広く歩道となっている中央分離帯である．この歩道の両側にさまざまな種類の露天が立ち並び，人々が滞在し，散歩し，出会ったり，話したりといった社交的行為が活発に行われている．

グラシア通り[2]
新市街地に位置するグラシア通りは，カタルーニャ広場から北へ1.6km伸びてディアゴナル通りに至る，平均幅61mの大並木道である．19世紀の都市計画によって整備された幅広の通りは，
1) 両端に商店が立ち並ぶ歩道
2) 車スペース兼遅い制限速度を持つ1車線
3) 7～8mの高さの街路樹（プラタナス）を持つ歩道の役割を持った分離帯
4) 中央に交通量の多い4車線

で構成されている．

この交通量の多い車道と両端の歩道間に，街路樹に挟まれた分離帯と車道が緩衝地帯となり，その結果，車の交通量の多さを気にすることなく歩道を歩くことができる．

上記のいずれの街路も車道を持っているが，その設計思想は歩行者中心であり，人々がより豊かな街路生活を送れるように車道幅の総計よりも歩道幅の総計の方が広く，車道の制限速度を遅くしたり，歩道の隣にすぐに車道を置かず駐車場を置くといった工夫がなされている．

01：Allan B.Jacobs：Great Streets, p.94, 95, 97, The MIT Press (1993)
02：Allan B.Jacobs：Great Streets, p.39, The MIT Press (1993)

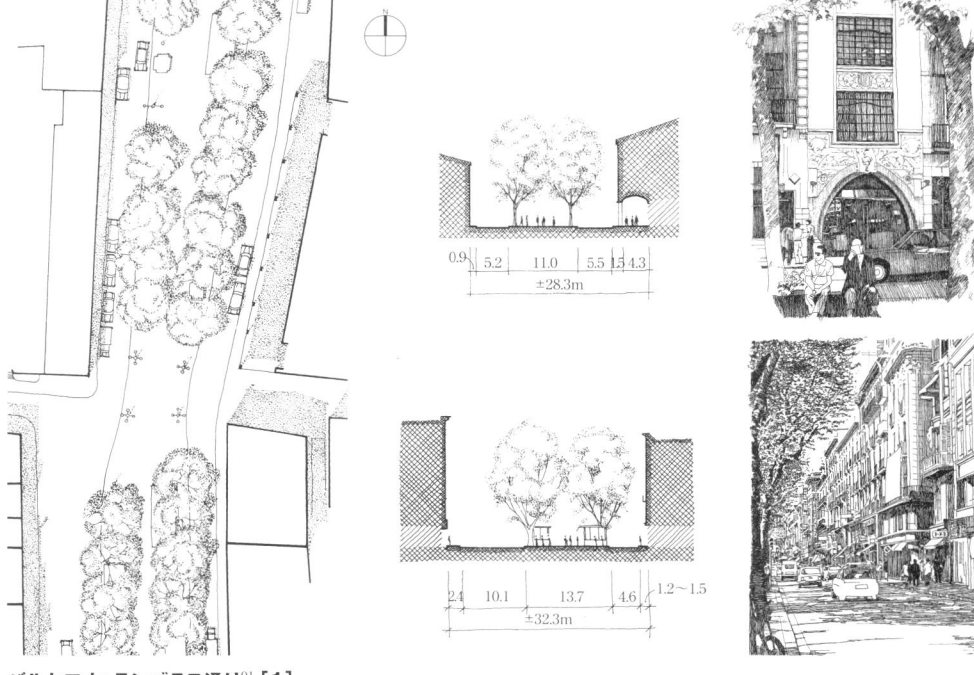

バルセロナ：ランブラス通り[01] [1]

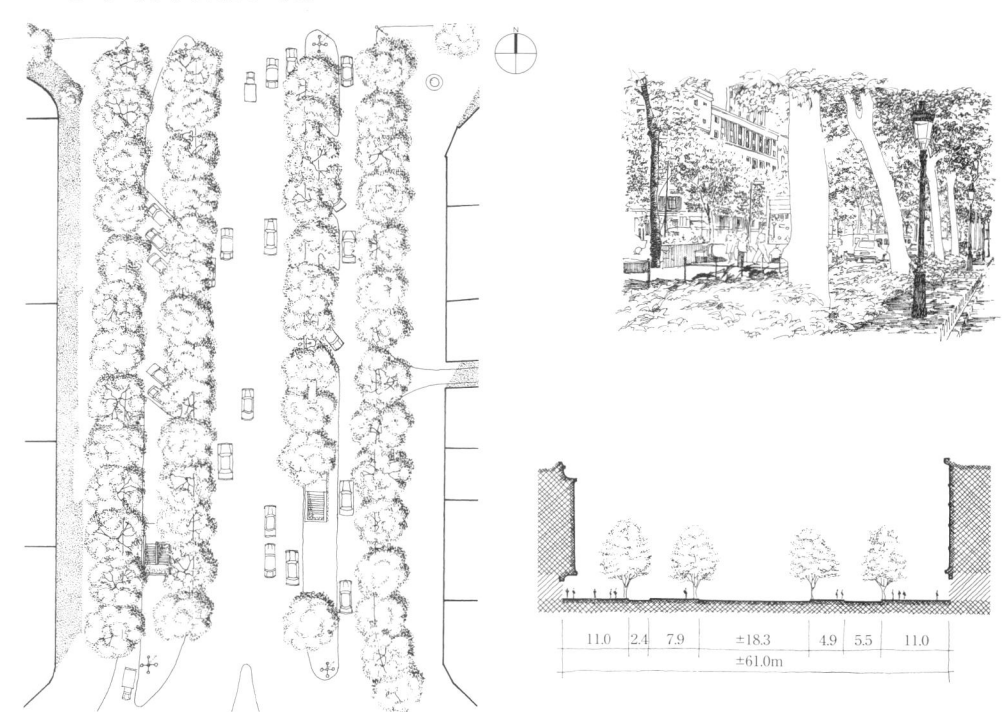

バルセロナ：パセオ・デ・グラシア[02] [2]

街路空間のスケール

ドライバーと歩行者の知覚の相違

移動主体の速度によって一瞬で周辺環境を読み取れる内容・範囲が異なる．

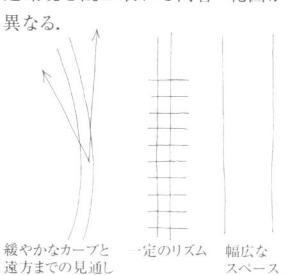

自動車ドライバーの場合は，移動速度が速いため，複雑なものを読み取れず，より単調な・滑らかな・規則的なリズムを持つものが知覚しやすい．

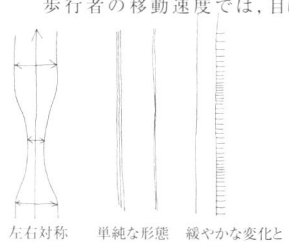

歩行者の移動速度では，目に入った刺激を十分に脳で処理する時間を有するため，より複雑で不規則なリズムを持つものまで知覚することが可能となる．

そのため各街路の個性を出すためには，歩行者に対してデザインするほうが良く，それが都市のデザインの多様性を引き出していく結果となる．

*1：Redrawn from Rapoport (1977), p.244

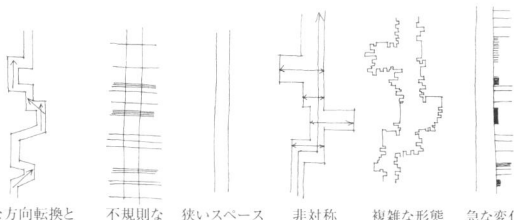

緩やかなカーブと遠方までの見通し／一定のリズム／幅広なスペース／左右対称／単純な形態の建物／緩やかな変化とわずかに複雑な幅
自動車[*1]

急な方向転換と近場までの見え／不規則なリズム／狭いスペース／非対称／複雑な形態の建物／急な変化と大きく複雑な幅
歩行空間[*1]

Open Space in City: Historical Street **都市のオープンスペース：歴史的な街路** 307

歴史的な街路

歴史的な街路の事例として，西欧の都市（イタリア）の街路，イスラム都市の街路，パサージュなどがある．これらは，ヒューマンスケールであることが共通している．

西欧[1]

ヴェローナ（イタリア）のマッツィーニ通りである．典型的な西欧の街路のひとつであるこの通りは，ブラ広場とエルベ広場をつなぎ，さらに小さな広場に通じている．

これらの街路の特徴は，街路が平行な直線ではなく，緩やかに左右に大きく折れ曲がっている．つまり，歩行者の目線からは通りの片側の壁面が良く見え，遠方では反対側に曲がった壁面によって行く手は見えない．その結果，街路により包み込まれる空間がつくられる．

また，この通りでは，街路の入口に街路の歴史を示した配置図や道路中央部にある雨水溝により街路の軸を示し，こうしたストリートファニチャーにより街路に豊かな表情をつけている．

イスラム都市[2]

地図を見てわかるように，モスクや広場に通ずるメインの通りから外れて脇に入っていくと，狭い通りが網の目状に分岐している．それぞれの街路幅に応じて街区の性質が異なり，幅広のメインの通りはスークなどの商業用街路，網の目状の狭い通りはよそ者の侵入をしにくくした住宅街へ至る路地といった役割を持つ．

パサージュ[3]

パリのパサージュは18世紀末から19世紀に建設されたガラス屋根に覆われた街路である．路地としての性格を持ち，これに回廊風のふくらみや小広場を持つものはギャラリィと呼ばれる．

これらのパサージュは，建物の内部空間を利用した街区間のショートカット用街路としての役割が大きいが，パサージュ内部・建物外観とも，同等にファサードとしてデザインされていた．しかし，今日の同様の形式（天蓋を持つ街路）では，商業空間として機能が内部に集中しているため，その外観に重きを置かず，ファサードのデザインがおざなりになるケースが多く見られる．その結果，この形式の建築物は，良い都市空間を形成する要素とはなり得なくなっている．

ストリートデザイン（ヴェローナ：マッツィーニ通り）01 [1]

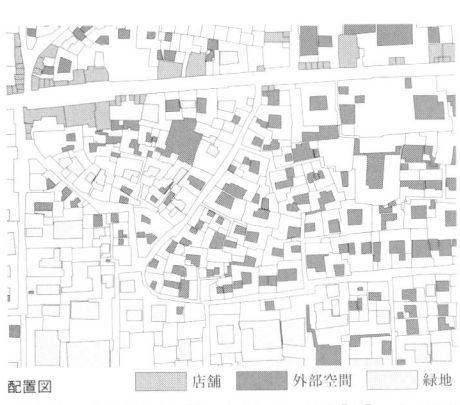

雨水溝　（撮影：Oskar Dariz）

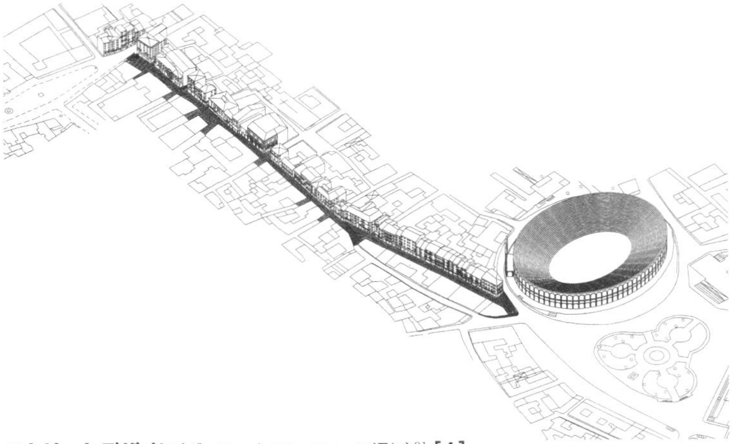

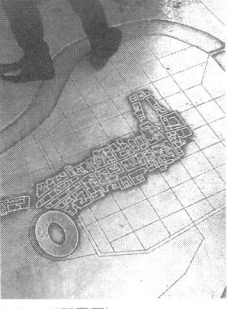

レリーフ（配置図）　（撮影：Alberto Lagomaggiore）

ストリートファニチャー（噴水）　（撮影：Boris Podrecca）

配置図　店舗　外部空間　緑地
イスラム都市のストリート（ダマスカス）[2]　1：4000

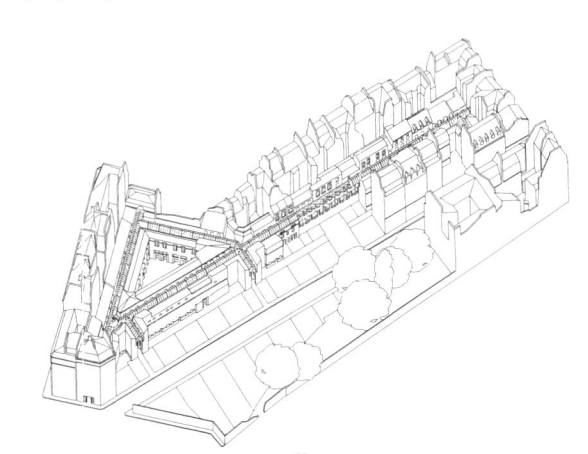

バザール

路地02

パサージュ・ド・ケール（Passage du Caire）03
パサージュ（パリ）[3]

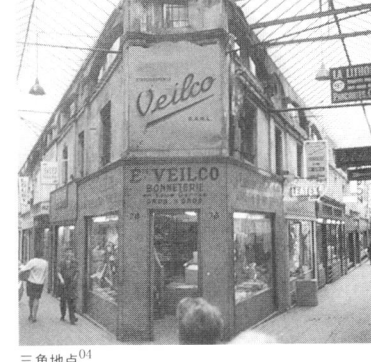

三角地点04

01：Plätze Urban squares, Topos, p.96〜100（2002）
02：陣内秀信，新井勇治編：イスラーム世界の都市空間, p.223, 法政大学出版局（2002）
03：鈴木恂：建築巡礼2　光の街路, p.21, 丸善（1998）
04：Herman Hertzberger：Lessons for Students in Architecture, Uitgeverij010（1991）

都市のオープンスペース：都市のコンテクストと広場の類型　Open Space in City: Plaza in Urban Context

都市空間と広場

広場の起源は古く，欧米ではギリシャのアゴラ，ローマのフォルムなど，民主主義の象徴の場として，または都市国家の祭礼の場として，都市空間の中心的空間として設けられてきた．象徴としての機能のほかにも，市場が立つイスラムのハーン，火事の延焼を防ぐ目的もあった江戸の広小路，交通の要衝である現代の駅前広場など，広場には多くの類型がある．それらは都市空間が多様な用途のオープンスペースを必要としていることの表れであり，広場の適切な配置が，いかに都市の機能や活性度と関連するかを示している．

広場のネットワーク[1]

東西ドイツ統一後のベルリンでは，荒廃した広場を再生しつつ，オープンスペースのネットワークを都市に築き直している．ブランデンブルグ門を備えるバロック的なパリ広場，東ドイツ時代の面影が残るアレキサンダー広場，ベルリンの壁によって壊滅状態だったポツダム広場で，それぞれの特徴を活かした再開発が進められている．

ポツダム広場のオープンスペース[2]

R.ピアノによるマスタープランは，交通の要衝であるポツダム広場とH.シャロウン設計のベルリン国立図書館を多様なオープンスペースによって結びつけている．ショッピングモール，戦災を生き延びた建物の前の小さなフォンタネ広場[3]，イベントスペースを持つディートリッヒ広場が，建築と一体化するように計画されている．

マレーネ・デートリッヒ広場[4]

• 設計：Renzo Piano

緩やかな傾斜の広場を抱え，オープンスペースのネットワークの核となっている建築である．ポツダム広場から続く街路，背後の図書館への抜け道など，周囲の都市的文脈を周到に計算し，都市に活気を与えている．

01：Plätze Urban squares, p.23, Topos
02：Renzo Piano HPおよびProjekt Potsdamer Platz, NiSHEN (2001)より作成
03：Renzo Piano HPより作成
04：Jan Gehl & Lars Gemzøe：Public Spaces Public Life-Copenhagen, p.62 (2004)

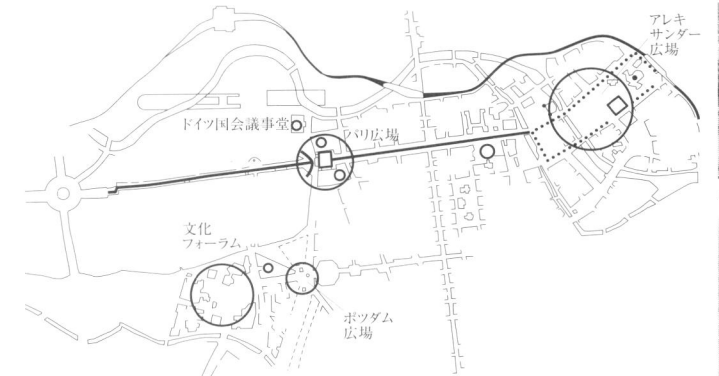

都市再生の戦略としての広場のネットワーク[01] [1]

パリ広場

アレキサンダー広場

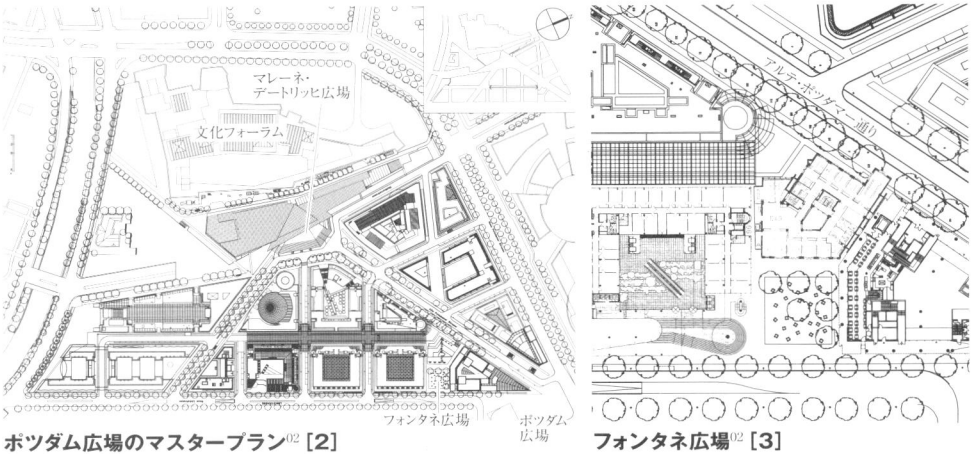

ポツダム広場のマスタープラン[02] [2]

フォンタネ広場[02] [3]

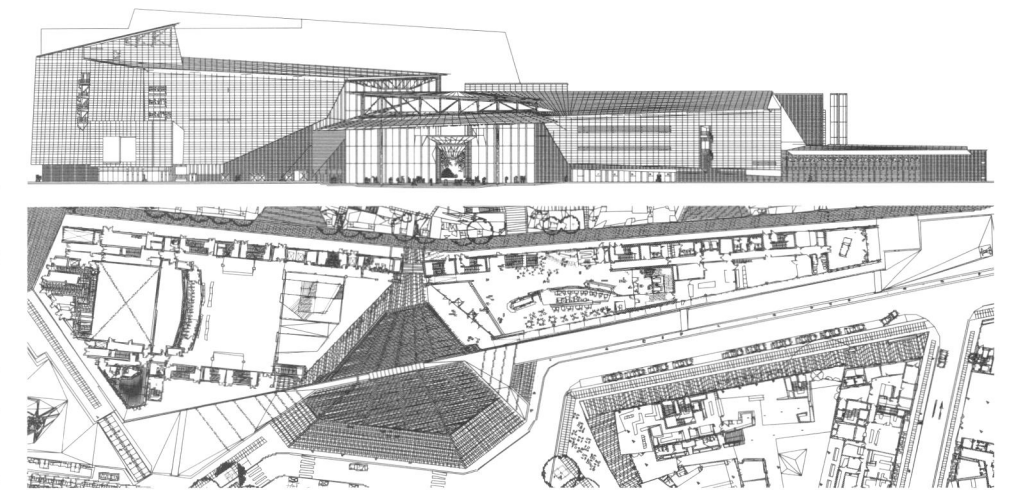

マレーネ・デートリッヒ広場と一体化した建築[03] [4]

広場と都市のアクティビティ

J.ゲールによるコペンハーゲンの実態調査では，形態やロケーションによって広場の利用方法に差が生まれることが示されている．人通りの多いペデストリアンでは段差や柵などに補助的に人々が座る一方で，囲まれた小広場ではベンチやカフェなどの利用が多い．都市の文脈を読み取り，随意的な行為や社交的な行為を発生させる空間的仕掛けを設けることが広場のデザインには重要であることが分かる．

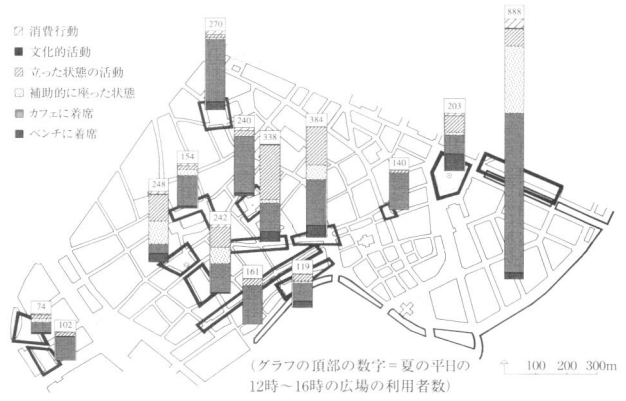

（グラフの頂部の数字＝夏の平日の12時〜16時の広場の利用者数）

コペンハーゲン中心市街地のペデストリアンでの行為[04]

（3枚とも撮影：Jan Gehl og Lars Gemzøe）

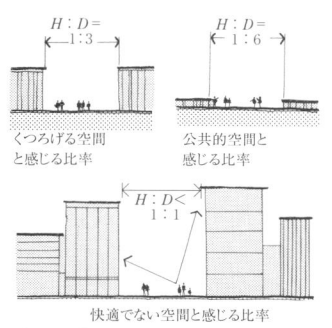

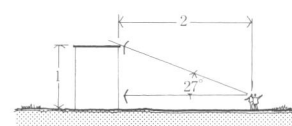

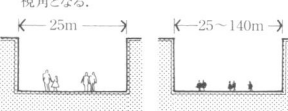

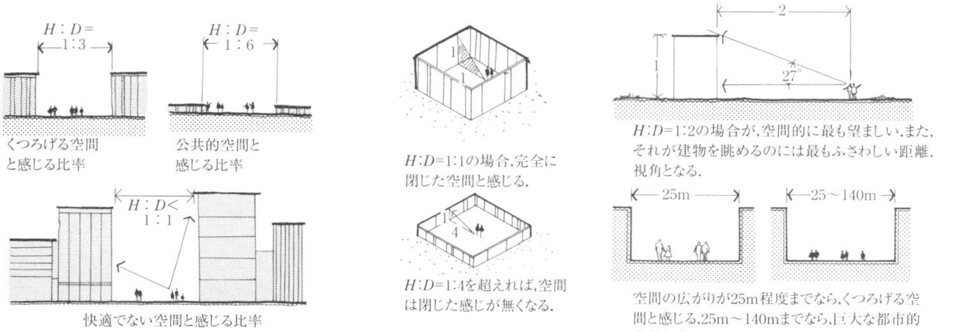

Open Space in City: Spatial Composition of Plaza **都市のオープンスペース：広場の空間構成**

広場の奥行きと建物の高さ[1]

広場を心地よく分節された空間とするためには、建築やランドスケープ要素などによって外部空間を適切に囲い込む必要がある。なかでも「建築の高さ(H)」と「外部空間の奥行き(D)」の比率については、適切な比率が存在することが知られている(⇒113)。この比率は周囲の都市環境の密度計画と関連するから、立体的な観点からボリューム配置を行い、適切な比率の建築の立面と奥行きを計画することが望ましい。

広場の平面操作[2]

建築の配置によっても広場の囲まれ感、特徴は左右される。主な操作としては

(1) 平面を整形、シンメトリーなものとするか

(2) ストリート型のオープンスペース、一方に開いた開放的な広場など、周囲の環境とどのように接続するか

(3) 四隅をどのように処理し、完結性をどこまで広場に持たせるか

(4) 広場の主空間に対して、小さな窪みのようなサブスペースを付随させるかどうか

などが挙げられる。周辺環境への開き方、サブスペースの設け方については、イタリアのロッジア(回廊)や、イスラムのイーワーン(半ドーム)など、いくつかの建築的手法が存在する。また構成要素を建築のみに限らず、植栽や地形、壁などの要素を用いて広場の分節を行う考え方もある。さらにオープンカフェ、広場を見渡すことができる場所など、利用者の視線をどのように交錯させるか、という課題もある。いずれの場合でも、建築と広場の相乗効果がオープンスペースの活気の前提となる。

建物と広場の関係[01]**[1]**

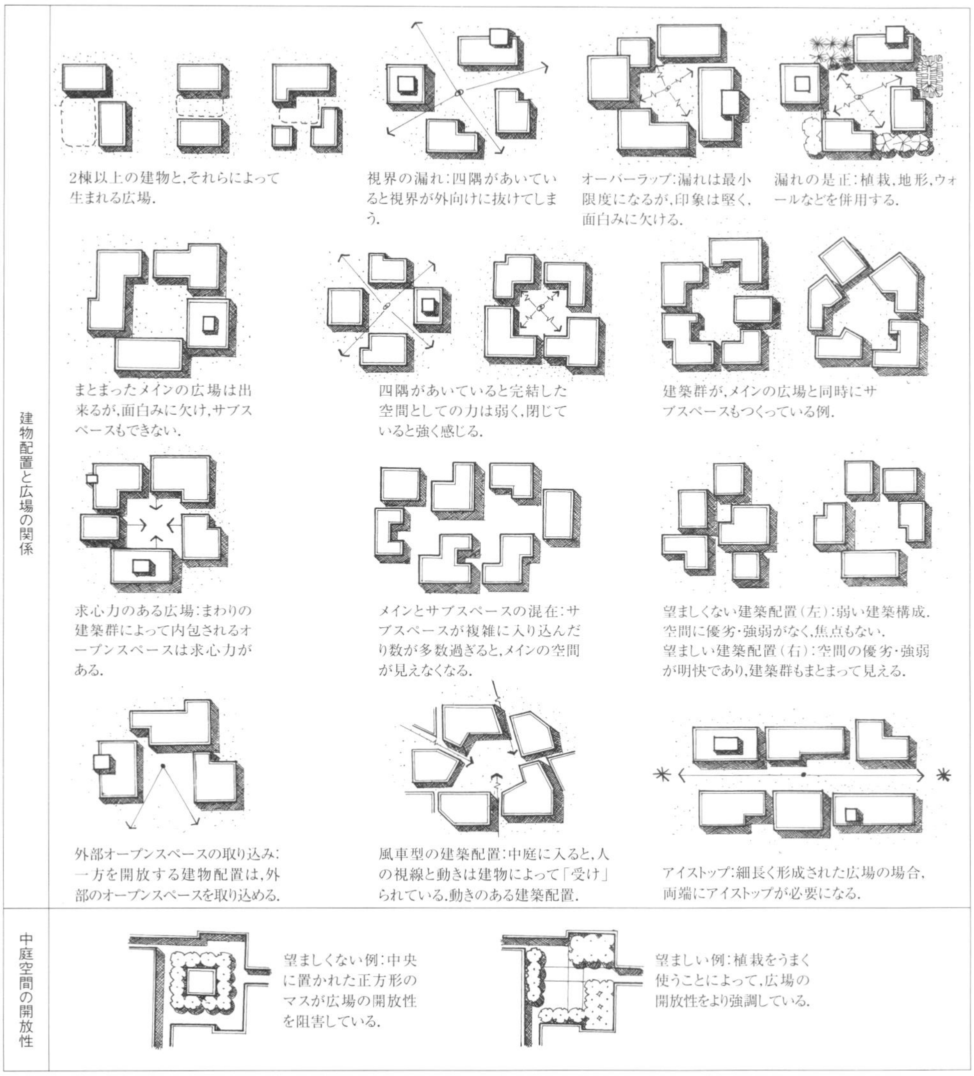

建物配置と広場[01]**[2]**

01：日本建築学会編：建築設計資料集成 総合編, p.498(2001), 丸善

多様な立面による囲い込み

広場に対する建築への応答として、空間の抑揚を創り出す立面がある。シエナのカンポ広場、ベネツィアのサン・マルコ広場など、イタリア都市の広場では塔や規則的な開口部によって統一感を高め、劇場のような広場空間をつくり出している。⇒311

広場の形態や囲まれ方を見極めながら、建築の立面の効果を把握することが重要である。

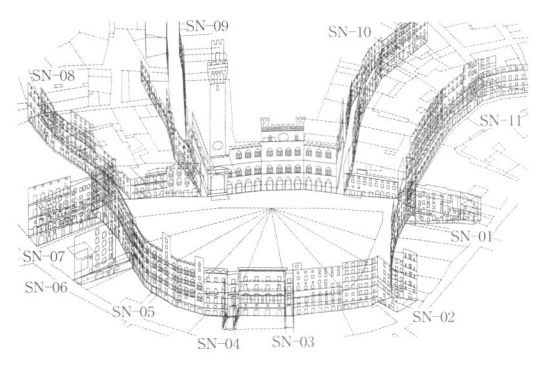

シエナ・カンポ広場[*1]

*1 安藤直見：建築探訪1ヨーロッパ広場紀行, p.23, 81(1997), 丸善

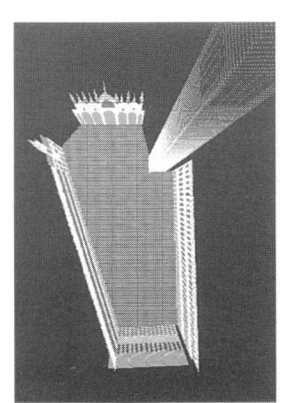

サン・マルコ広場[*1]

310 都市のオープンスペース：都市空間の再編と広場
Open Space in City: Urban Regeneration & Plaza

1:3000

都市空間の再編と広場
広場の戦略的な再生によって，オープンスペースのネットワークを活性化し，人の歩きやすい，活気のある都市空間を実現した事例である．

■**交通再編と広場の再生[1]**
ストラスブール市は1990年代にトラムを導入し，歩行者優先の都市デザインを進めてきた（⇒304）．周囲から切断されていたクレベール広場は，車道部分に植栽を施し，人が集まることができる空間へとつくり替えられた．隣接するオム・ド・フェール広場も，車の行き交う交差点を，象徴的な円形の駅のある広場へとデザインされた．都市再生という市の方針のもとで，交通再編と広場のデザインが連動させられている．

■**劇場の付加と広場の再生[2]**
WEST8が設計したロッテルダムのショーブルグ広場の再生計画では，広場の一角を占めるように映画館が付加された．単純な方形の平面に生じたサブスペースは空間に抑揚を与え，映画館も発光するファサードによって広場に活気を与えている．自分で動かすことができるクレーン状の照明，ローラーブレードやスケートボードに対応した段差のない舗装など，新しい広場の造形言語を提案する事例である．

■**再開発によって生じた広場[3]**
丹下健三設計による旧東京都庁舎の跡地に建てられた東京国際フォーラム（⇒276）は，巨大なボリュームを2分した配置計画により，丸の内と有楽町をつなぐオープンスペースを生み出した事例である．周辺環境の解読と建築の構成が不可分であることが示されている．

■**歴史的街区の再編と広場の創出[4]**
バルセロナでは1980年より，建築家のO.ボイガスが提唱した小広場の創出のプロジェクトであるPERIが続いている．稠密な歴史的街区の建物を計画的に撤去し，生じた広場を地域のコミュニティの核としている．広場はペデストリアンでネットワーク化され，市場や教会などの公共建築もそのネットワークに統合される．その結果，地域の犯罪の発生率が低下し，安全な街へと街が再生しつつある．

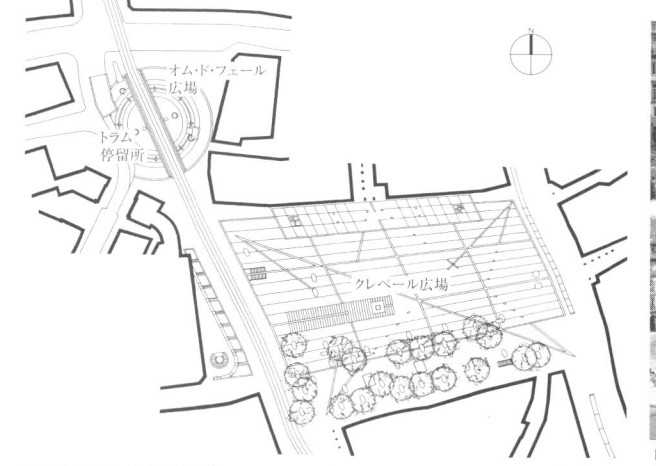

交通再編と広場の再生：クレベール広場とオム・ド・フェール広場01 **[1]**

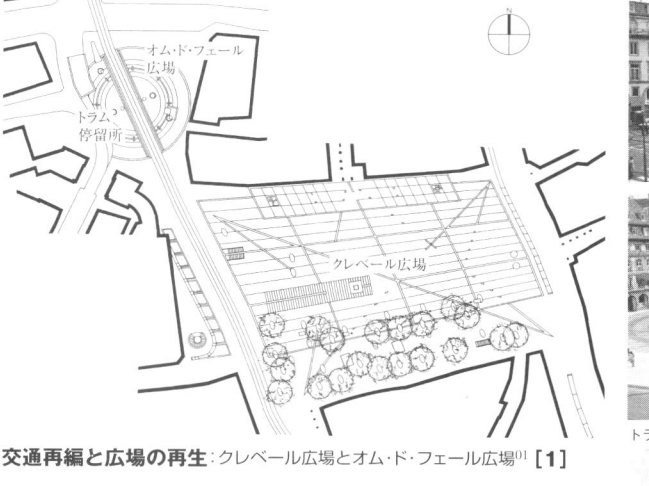

トラム導入前と導入後02

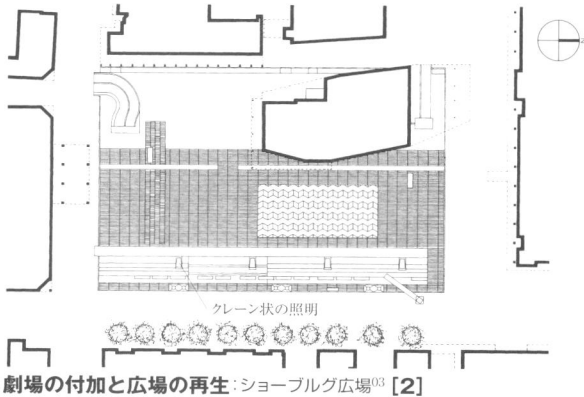

劇場の付加と広場の再生：ショーブルグ広場03 **[2]**

再生前　（撮影：Jeroen Musch）

再生後

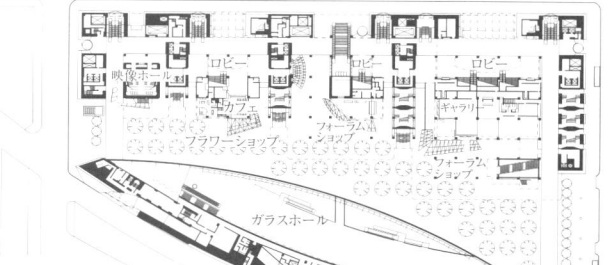

敷地の再開発による広場の創出：東京国際フォーラム04 **[3]**

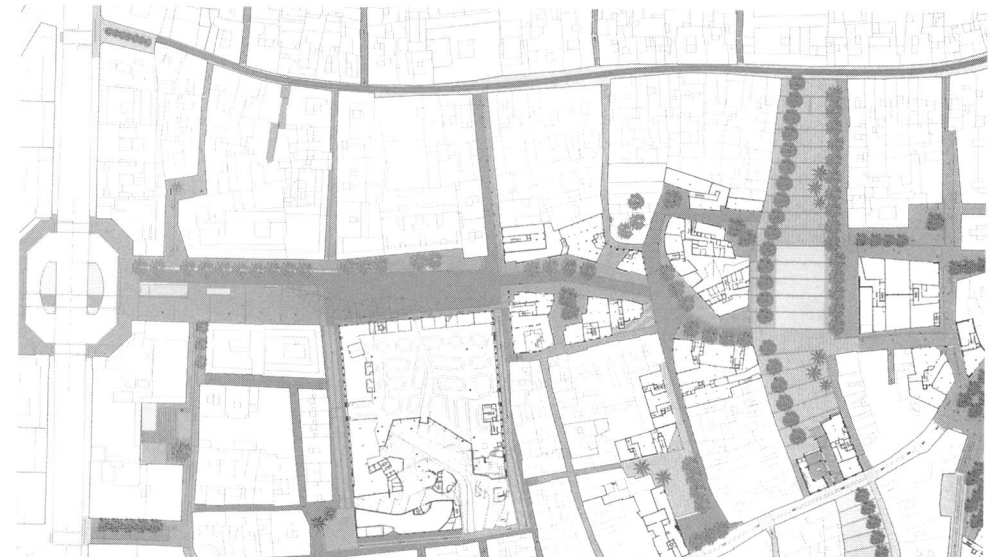

歴史的街区の再編と広場の創出：バルセロナ旧市街05 **[4]**

01：Jan Gehl y Lars Gemzøe：nuevos espacios urbanos, p.148, 152（2002）
02：Strasbourg市ホームページ
03：Jan Gehl y Lars Gemzøe：nuevos espacios urbanos, p.116（2002）
04：設計：Rafael Vinoly（1997）
05：BARCELONA PROGRÉS, p.72, Ajuntament de Barcelona

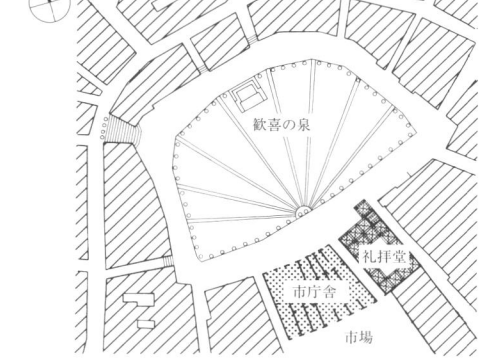

1:3000　　　0　　50　　100　　　　Open Space in City: Historical Plaza　**都市のオープンスペース：歴史的な広場**　　311

ローマ：カンピドリオ広場[1]

シエナ：カンポ広場[2]

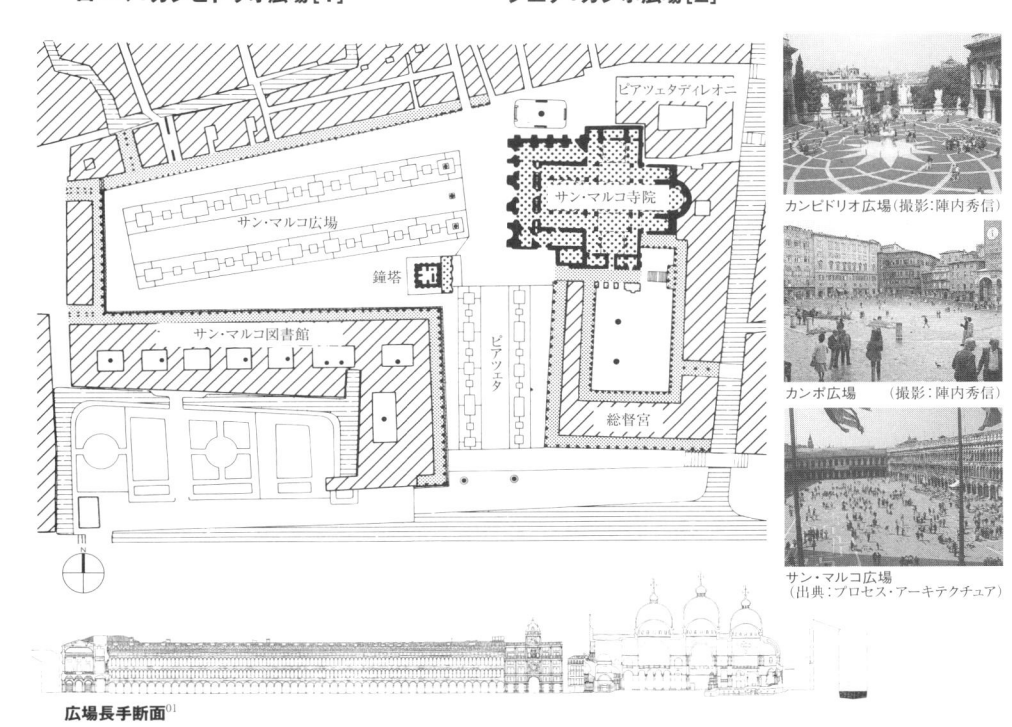

ヴェネツィア：サン・マルコ広場[3]

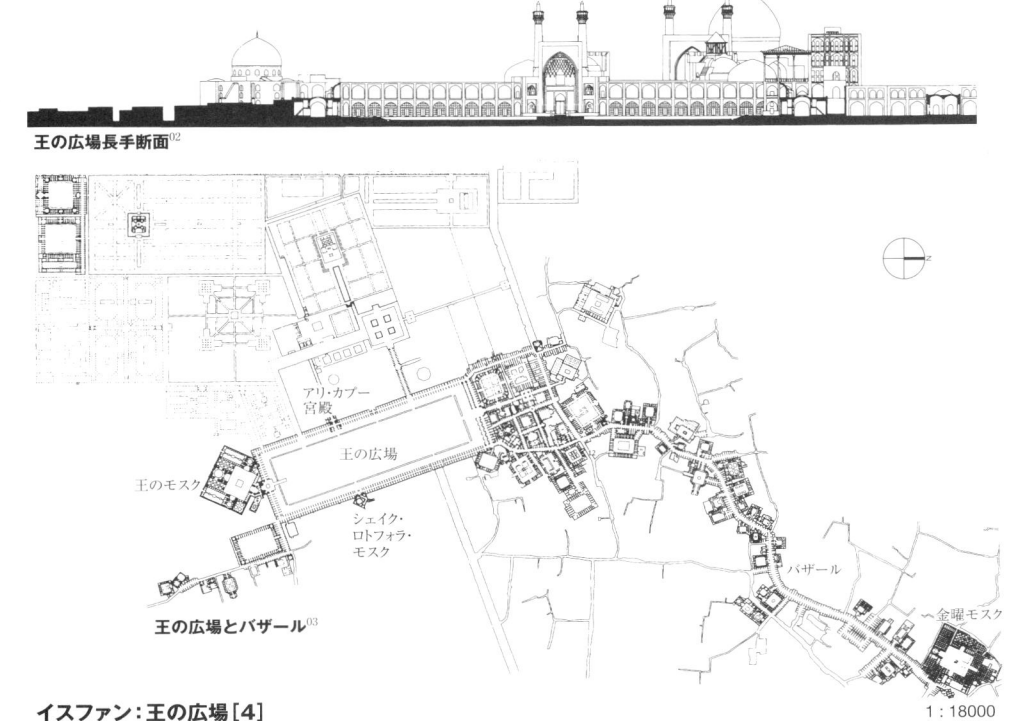

広場長手断面01

王の広場長手断面02

王の広場とバザール03

イスファン：王の広場[4]　　　　　　　　　1:18000

カンピドリオ広場（撮影：陣内秀信）

カンポ広場（撮影：陣内秀信）

サン・マルコ広場
（出典：プロセス・アーキテクチュア）

歴史的な広場
広場の長い歴史の中で，劇的な効果を持つ事例が数々生み出されてきた．あるものは建築家によって，あるものは無名の先人達の共同作業によって，広場と，それを取り囲む建築の造形言語が提案されている．

階段による演出とパースペクティブ[1]
ミケランジェロ設計であるローマのカンピドリオ広場は，丘の上に立ち，緩やかな階段の先に台形の広場を配した演劇の舞台のような作品である．階段を上がりきった場所からの建物の高さと広場の奥行きはちょうど1:2であり，計算されたパースペクティブによりバロック的な視覚効果が生まれている．

すり鉢状の地形を持つ広場[2]
市庁舎と，その脇に聳えるマンジャの塔を中心に，緩やかな勾配を持つ広場である．中世都市らしく不整形の平面と迷路のようなアプローチを持っており，建て込んだ市内から突如目の前に広がる広場の風景は圧巻である．周囲の建物の1階にはカフェが設けられ，社交の場としての公共空間を支えている．

L字状の空間が展開する広場[3]
11世紀から16世紀の拡張計画まで，遠大な時間を掛けて完成された広場である．パースペクティブを強調した平面形，海を望む円柱の門，水平に展開する規則的な柱廊と，垂直に聳える鐘楼といった要素が巧みに構成され，ドラマチックな空間を実現している．建築的なスケールの操作が，都市のスケールで効果を発揮していることに留意すべき事例である．

広場のネットワーク[4]
イスラム建築の最盛期でもある16世紀，イスラム帝国サファビー朝の首都として壮大な都市計画が行われた際に建設された広場である．500mを超える長大な王の広場に，王のモスク，アリ・カプー宮殿，シェイク・ロトフォラ・モスクなどが配置されている．王のモスクの反対側にはバザールへの入口があり，大小の中庭や広場を持った空間が数珠繋ぎのように連なっている．王のモスクのエントランスには巨大なイーワーン（半ドーム）が穿たれ，広場との緩衝領域として機能する．

01：Piazza San Marco : l'architettura la storia le funzioni, Marsilio Editori (1970)
02：Klaus Herdeg : Formal Structure in Islamic Architecture of Iran & Turkistan, Rizzoli International Pub. (1990)
03：Florindo Fusaro : La Città islamica, Editore Laterza (1984)

都市のオープンスペース：植樹された広場 Open Space in City: Green Urban Plaza

1:800

植栽のある広場

広場の構成要素として，適切な緑陰を与える植栽がある．植栽は広場というよりも公園のランドスケープ要素であるが，広場としても利用されるポケットパーク（⇒112）のように，現代都市では広場と公園の境界は曖昧になりつつある．特に日本においては，樹木はアメニティとスケール感，視線の分節を与える要素として多用される．

■ケヤキの列植をほどこした広場[1]
ケヤキの樹形を活かし，トンネル状の空間を連続させた広場である．駅へと続く人工地盤上に220本の姿形の揃ったケヤキを植樹し，そこにパビリオン，サンクンプラザ，芝生広場の3つの施設を点在させている．ライトアップやパフォーマンスなど，イベントスペースとしても利用される．

■三井55ひろば[2]
メインアプローチからステップ状に降りていく広場に，大きく育ったケヤキが影を落とすポケットパーク．広場の周りにはカフェやパントリーが並び，食べ物や飲み物を片手に時を過ごすことができる．数々の公開空地の中でも長く親しまれ，人々の生活に溶け込んだ名作である．

■IBM本部ビルのアトリウム[3]
マンハッタンの高層ビルの足下を巨大なアトリウムで覆った全天候型の広場である．3角形の建築平面の空隙を満たすようなアトリウムの柔らかい光の中で，背の高い竹林が颯爽とした印象を与えている．音響的にも外界と遮られ，竹の葉のかすれる音がマスキング効果をもたらしてもいる．現代的な広場と，植栽の効果がうまく連動した事例である．

■ランブラ・デ・ラバル[4]
バルセロナ旧市街の広場建設計画であるPERIプロジェクトの中でも，最大級の大きさを持つ広場である．1つの街区をすべて撤去することでおよそ300m×60mの空地を生み出し，そこに樹列と花壇を設け，暑い夏の日差しに対する緑陰を市民に提供している．象徴的に植樹された高い椰子の木は，地中海の気候に映え，広場の特性を良く物語っている．

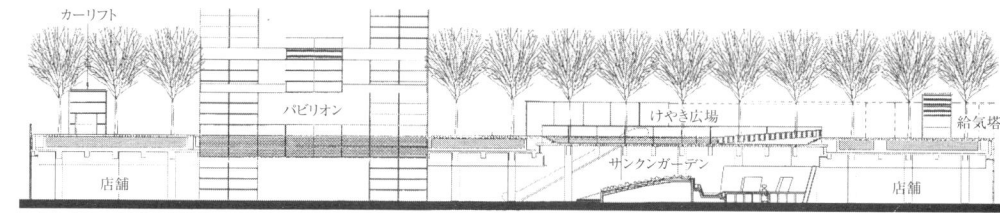

さいたま けやき広場（さいたま市）01 [1]

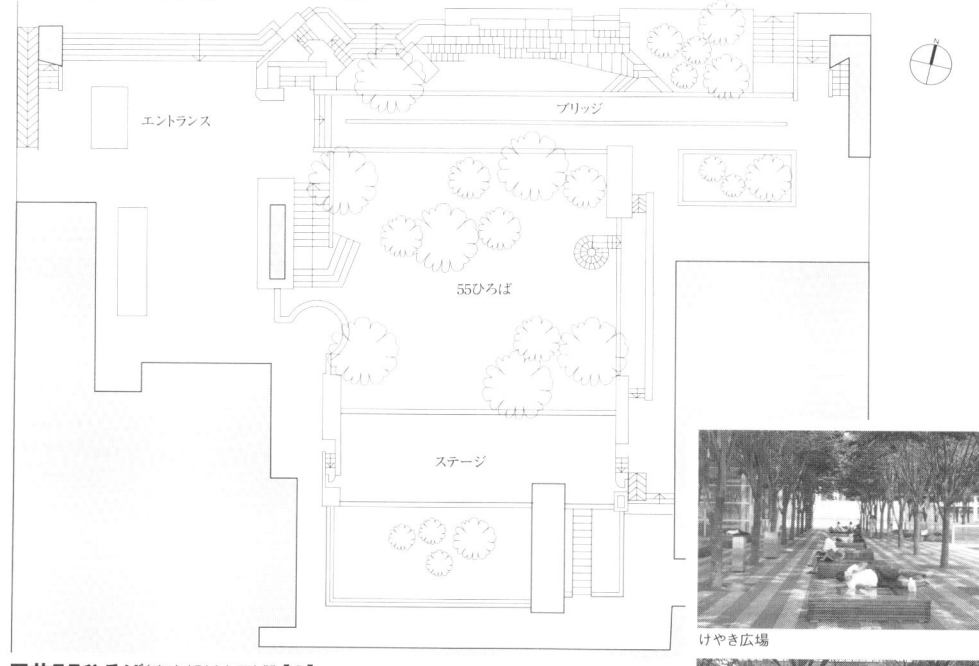

三井55ひろば（東京都新宿区）02 [2]

IBM本部ビルのアトリウム（New York, アメリカ）03 [3]

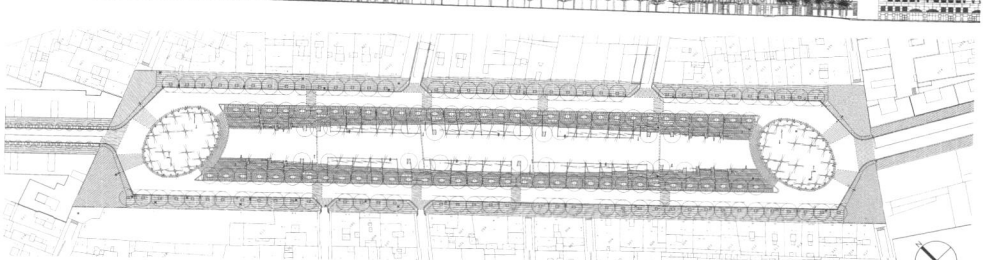

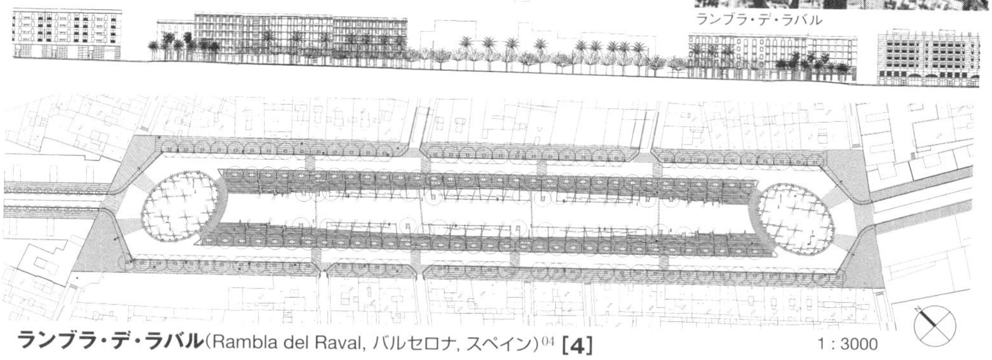

ランブラ・デ・ラバル（Rambla del Raval, バルセロナ, スペイン）04 [4] 1:3000

けやき広場

三井55ひろば （撮影：日本設計）

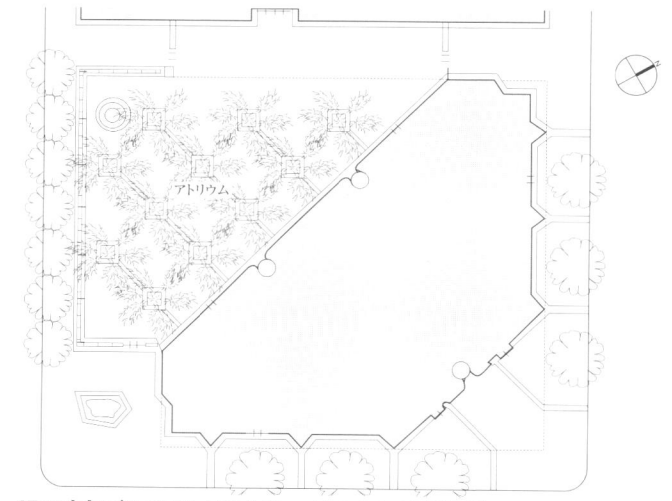

IBM本部ビルのアトリウム （撮影：越山芳行）

ランブラ・デ・ラバル

01：設計：鳳コンサルタント環境デザイン研究所＋NTT都市開発一級建築士事務所，建設：2000年，延床面積：23,328m²
02：設計：日本設計，三井不動産，建設：1974年
03：設計：Larrabee Barnes, Zion & Breen Associates, 建設：1983年
04：設計：Jaume Artigues, Pere Cabrera, 建設：2000年，延べ面積：19,150m²

Open Space in City: Architecture & Plaza **都市のオープンスペース：建築と広場** 313

広場と連続するピロティと中庭：東京大学先端科学技術センター01 **[1]**　1：1000

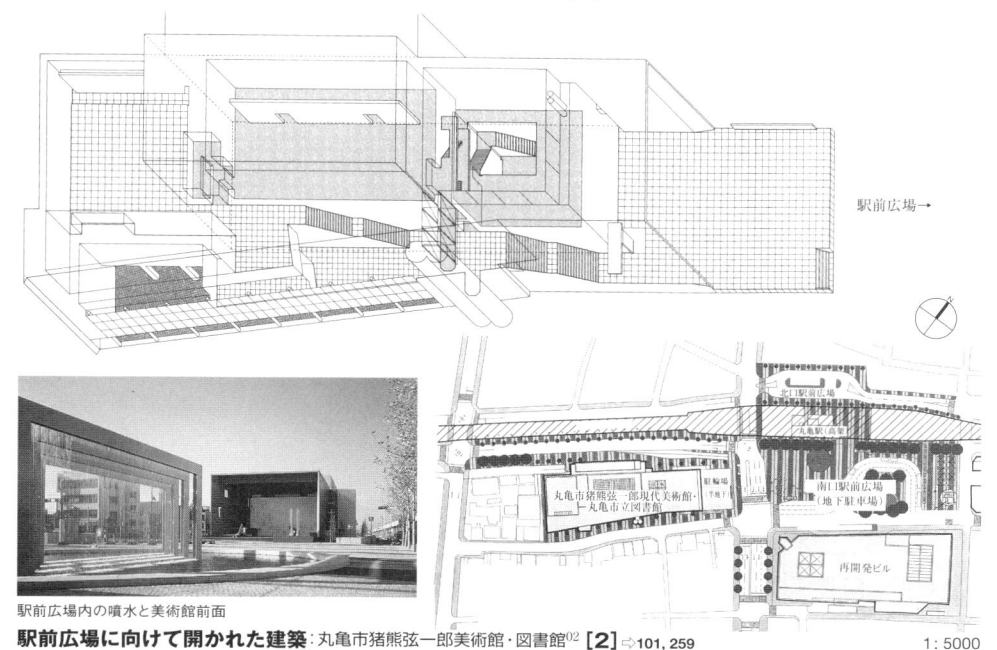

駅前広場に向けて開かれた建築：丸亀市猪熊弦一郎美術館・図書館02 **[2]** ⇒101, 259　1：5000

広場を見下ろす動的要素：ポンピドーセンターとボーブール広場03 **[3]** ⇒257

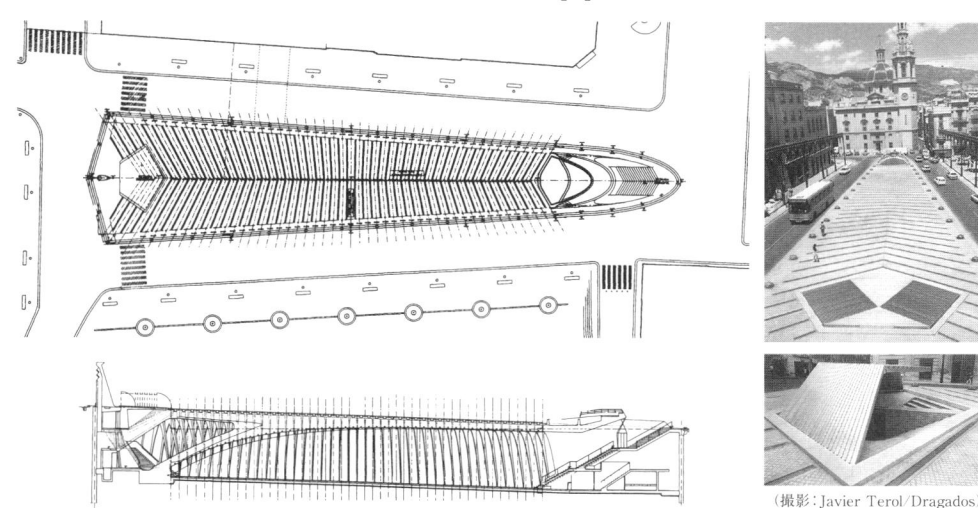

（撮影：Javier Terol/Dragados）

景観要素となる地下集会所の入口：アルコイの広場04 **[4]**　1：1000

建築と広場

広場を構成する建築には，その状況を活かしたデザイン手法がある．広場の奥行きに対する高さのプロポーションやファサードの重要性についてはすでに述べたが，ロッジア（開廊）などのサブスペースをつくる仕掛け，階段や見晴台など視点を交錯させる仕掛け，アーティスティックな手法で広場のランドマークとする手法など，多様な手法が存在する．

■**広場に面するピロティと中庭[1]**
大学の広場に向かって，ロッジア状のピロティを持ち，そこからさらに階段で上っていく劇的なエントランスを持つ建築である．上層部には広場を見下ろす巨大な共用空間を持ち，隣の建築の言語も巧みに取り入れつつ広場を構成している．

■**巨大な緩衝空間[2]**
駅前広場のランドスケープ（設計：P.ウォーカー）に対して巨大な庇を掲げつつ，緩やかに内部空間へと誘おうとする美術館である．緩衝空間である公共空間には現代美術が置かれ，施設の性格を示すとともに，広場のアイストップとなっている．さらに広場から連続するように続く半屋外の階段が空間的な連続性を与えている．

■**広場を見下ろすエレベーター[3]**
美術館の高密度さと引き替えに，パリの中心市街に広大なオープンスペースを生み出し，エレベーターという動的要素を用いて広場に活気をもたらした例である．エレベーターからは広場で行われる大道芸の風景が，広場からはエレベーターでゆっくりと移動する人々の姿が望め，視点が交錯する劇場のような効果がもたらされている．

■**景観要素となるエントランス[4]**
広場の地下に設けられた集会所への入口が動く現代美術のように広場を彩っている事例である．入口は広場の両端に2つあり，普段は地面と同一平面で納まっているが，集会がある場合には起こし絵のように巧妙に持ち上がる．広場を囲む建築だけではなく，このように広場と一体化した建築も可能であり，デザインのきっかけは至る所に存在する．

01：設計：小嶋一浩＋赤松佳珠子/C＋A，設計統括：東京大学キャンパス計画室・東京大学施設部，建設：2003年
02：設計：谷口吉生，建設：1991年
03：設計：Renzo Piano (1978); RPBW : Giornale di bordo, p.41 (1997)
04：設計：Santiago Calatrava; Carles Broto I Comerma : new urban design, p.74, 75.

314　都市のオープンスペース：ウォーターフロント1　Open Space in City: Waterfront

都市におけるウォーターフロントの役割

■都市のアメニティ空間の創出…水面に接する開放的な空間，五感で感じる自然の存在，水辺ならではのレクリエーション性，等の性質による．

■大規模施設の立地…都市構造のきめが粗く大きな面の確保や大規模交通を捌くことができるため，スタジアム，コンベンションセンター，美術館といった集客の大きなプログラムに適する．

■都市を印象付ける景観の形成…視覚的に開けており，都市固有の印象的なシーンを形づくることが多い．

ウォーターフロントデザインの手がかり

■都市再生のキーポイント…近代以降工業用地として栄えた水際空間が産業構造変化とともに衰退すると，1970〜80年代からアメリカおよび西欧諸都市で，水辺の再開発による都市再生の動きが活発になった．近年その動きが結実しつつあり，産業遺構のリノベーションなど歴史文化を生かすデザインがなされるケースが少なくない．

■都市の他のエリアとの連続性…市街地に対して土地利用やスケールが異なるため，都市の一部でありながら隔絶された空間となりがちである．いかに市街地の賑わいを水辺まで連続させ，都市生活の中に馴染ませていくかが一つの課題となる．

■ウォーターフロントのネットワーク…水涯線に沿った多様な空間体験のシークエンスを計画することで，人間的なスケールとの調和が図られる．水際遊歩道，後背地からのアクセス，性質の異なるオープンスペースの配置等，様々な手法の組合せによる．

■水際のデザイン…よりミクロなスケールで，水面に近づけるデザインや，水辺を楽しみながら食事や散歩や休息ができる空間構成によって，親しみやすい空間が計画される．

01：BARCELONA PROGRÉS, p.170, Ajuntament de Barcelona (2004)
02：Arquitectura Viva 94-95, p.79, 85, 91, 93, 99 (2004, 1-4)

バルセロナ・フォーラム地区配置図[01]
① フォーラムビル (Herzog & de Meuron)
② バルセロナ国際会議センター (Josep Lluis Mateo)
③ フォーラム遊歩広場 (Martinez Lapeña & Torres)
④ サウスウエスト海浜公園 (foa, Teresa Galí)
⑤ 海水浴広場 (Beth Galí)
⑥ ノースイーストマリーナ (BCQ)
⑦ ノースイースト海浜公園 (Ábalos & Herreros)
⑧ ディアゴナル・マル公園 (Miralles & Tagliabue)

太陽光発電パーゴラ　（撮影：Bet Figueras）
フォーラム遊歩広場　（撮影：A.Bagué） 
フォーラム遊歩広場[02] 
ノースイースト海浜公園[02] 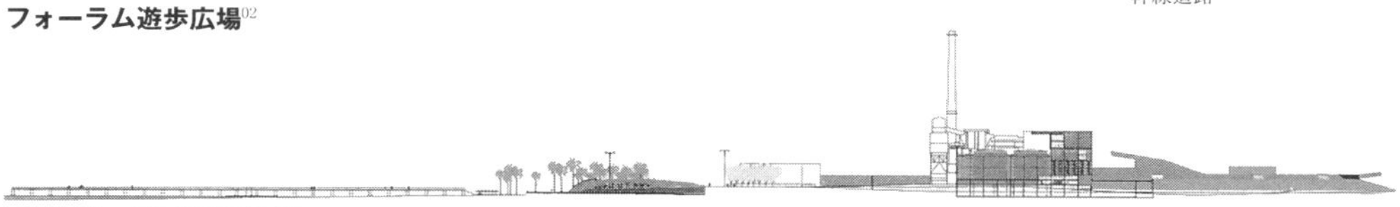
マリーナに面した商業施設と遊歩道[02] 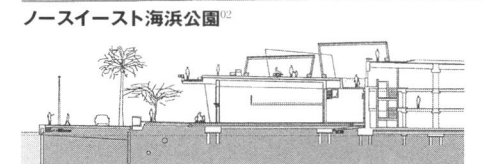
歩行者橋[02] 
海水浴エリア[02] 　（撮影：Fernando Alda） 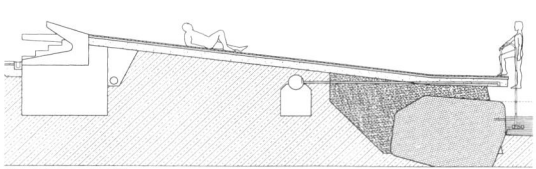

海辺の開発におけるオープンスペースのネットワーク（スペイン，バルセロナ）

ウォーターフロントの要素

陸地と水面とが接するウォーターフロントでは，固有のデザイン要素が生じる．これらは都市文脈において，(1) 水部が深刻な障壁とならないよう交通を助ける，(2) 水上での非日常的な視点を提供する，(3) 水部周りのダイナミクスを強調する，(4) 遠景でも目に付きやすいため都市景観を印象付ける，という機能がある．

■歩行者橋　歩行者橋は川や運河の両岸をつないで往来を促し，分断線を賑わいの中心に転ずる．橋桁が回転して船を通すゲイツヘッドの歩行者橋は，船通過中の待合室として両岸の橋の袂にガラスボックスを付設し，橋と船のダイナミクスを都市の楽しみの一つに加えている．

■船　船は交通・運輸および遊覧や旅行などのレジャーに利用される．バーミンガムでは，係留した運河舟をレストランや住居として利用し，水辺の賑わいを後押ししている．陸上交通と船との接点であるロッテルダムのボート停泊所は2本の支柱でつなぎとめられた浮橋であり，サインボード兼シェルターの鮮やかな色彩が，交通結節点としてのわかりやすさと，水路への彩りを与えている．

■劇場　イベントは都市の楽しみの一つであるが，水辺ではイベント空間の非日常的体験が強調される．サンアントニオの水上劇場や水上の舞台である浮かぶ劇場はその好例である．

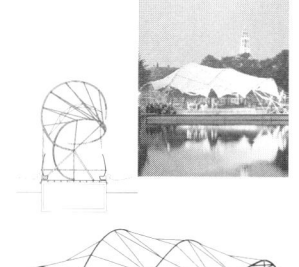

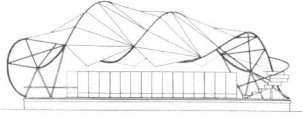

浮かぶ劇場[*1]　1:700　（オランダ，フローニンゲン）
ミレニアム橋[*2]　（イギリス，ゲイツヘッド） 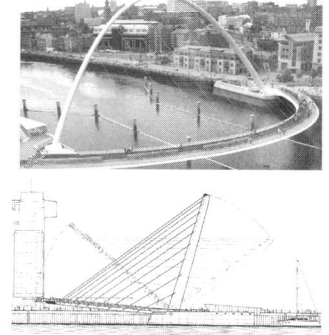
ボート停泊所（オランダ，ロッテルダム）[*3]　© Rob't Hart

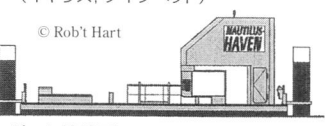

[*1]設計：槇総合計画事務所
[*2]設計：Wilkinson Eyre Architects (2001)
[*3]設計：Dorst + van Veen (2000)

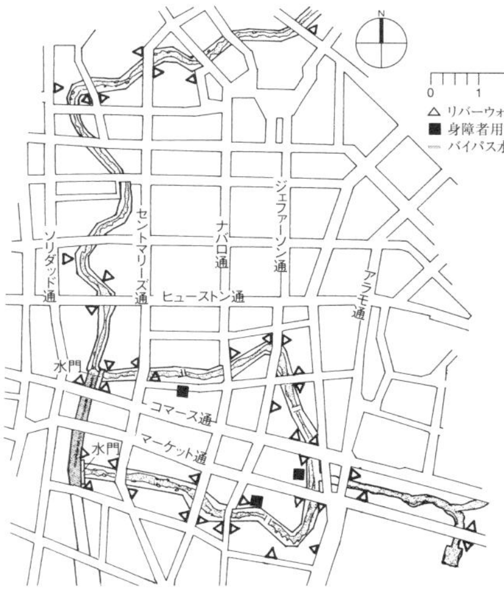

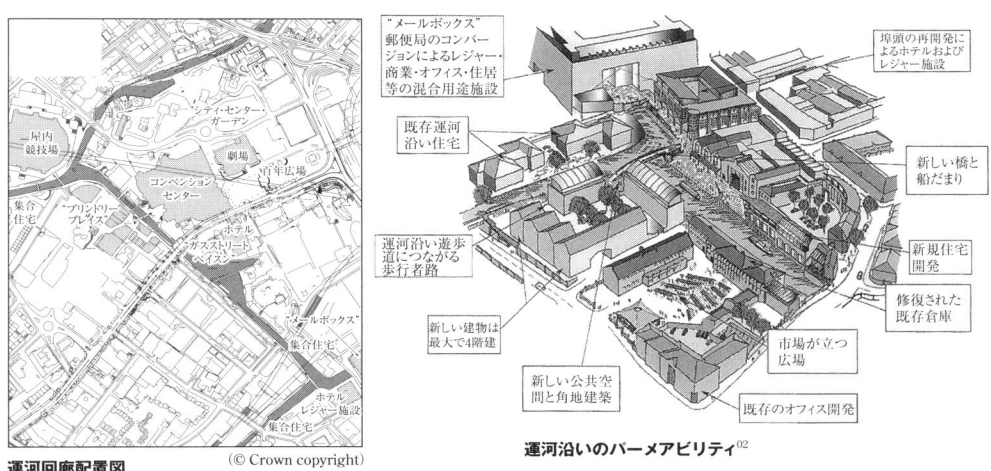

Open Space in City: Waterfront **都市のオープンスペース：ウォーターフロント2**　315

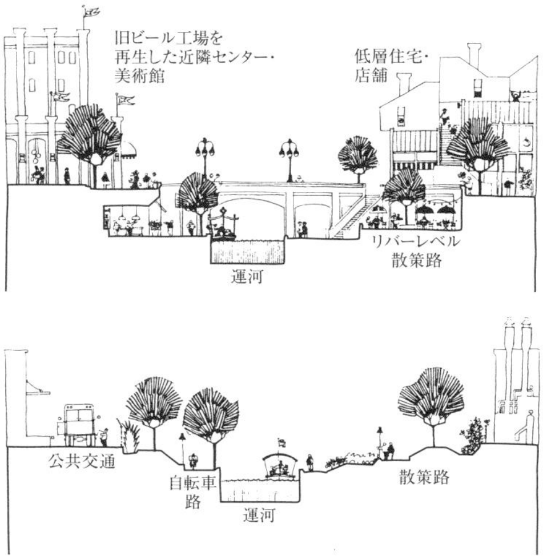

バルセロナ・フォーラム地区⇒314
国際的集客エリアとしての海辺開発の例．海岸沿いの幹線道路を地下化してオープンスペースの下に通し，都市の軸である大幅員街路を海辺まで延長して取り込むことによって，既存市街地との分断を避けている．広場・タイプの異なるいくつかの公園・海水浴エリアなど多様なオープンスペースが用意され，近隣住居エリアの住民から国際会議の参加者までが交錯する活気あるウォーターフロントが計画されている．

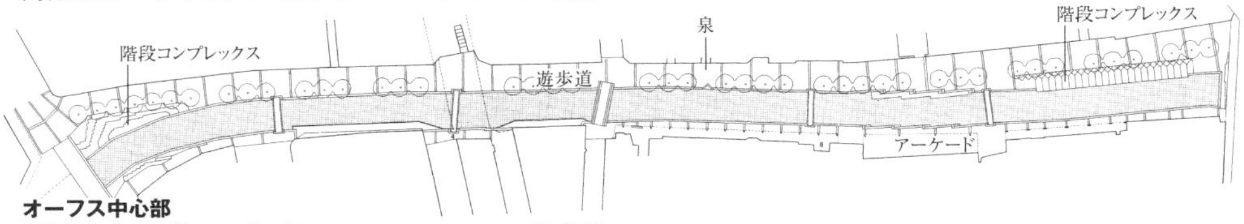

サンアントニオ・リバーウォーク[1]
中心市街地再生計画の核となる運河を中心とした開発の例．周囲の市街地道路より6m程度低い運河レベルに遊歩道，レストラン，水上劇場などが配され，閉じた環境に濃密な賑わいを呼び込んでいる．川辺に建つ高層ホテルのアトリウム内にも水の流れを作り，川に連なるように見せている．

バーミンガム運河回廊[2]
疲弊していた運河沿いの開発による都市再生事例．運河を取り囲むエリアは遺構のリノベーションや同等の素材を用いた建築とし，住居や商業・文化・娯楽・宿泊施設など混合用途の計画がなされている．水際に遊歩道・引き船道・小広場・歩行者橋・住宅の庭などオープンスペースのネットワークが巡らされるだけでなく，背後の中庭・広場・街路とも繋がり合い，きめ細かなパーメアビリティが実現されている．

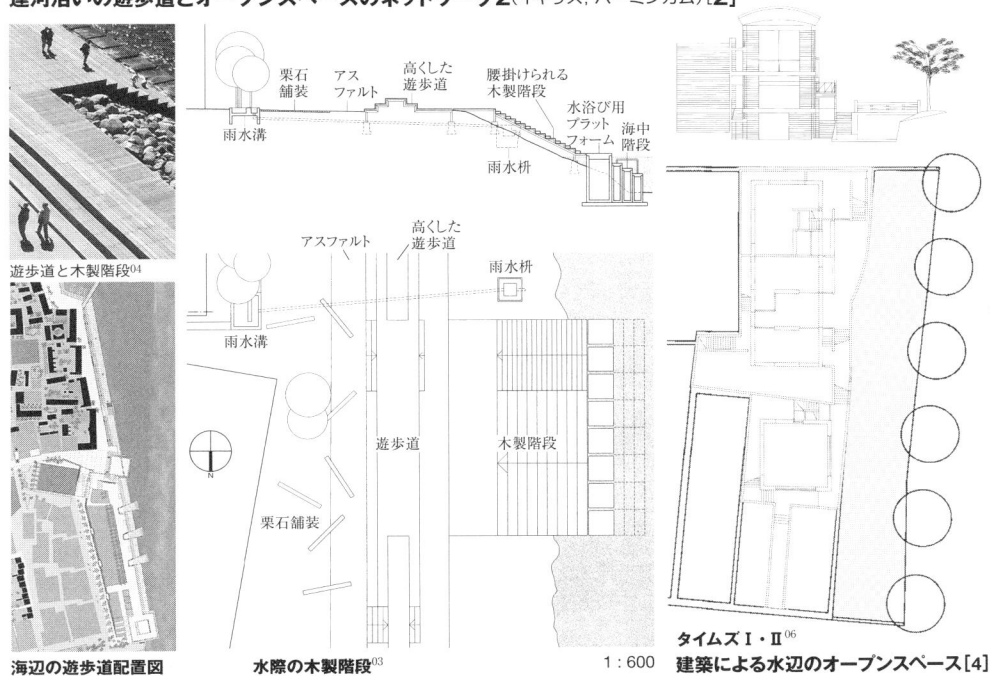

マルメのプロムナード[3]
岬突端の住居開発エリアの海沿いに巡らされた遊歩道．広場や住居棟の残余空間を生かしたオープンスペースが取り付く．40cm程度高くなった木製の小道が海側を走り，舗装や高さの違いによって住居ゾーンと海岸を緩く分ける．水面にアクセスできる木製階段も用意されている．

タイムズⅠ・Ⅱ[4]
水面レベルに近接するプラザを建築内に包含する．傍らの橋から川レベルのプラザに降りる階段，川沿いのプラザの連なり，路地的な通路を通して，川辺の回遊性を建築によって実現している．

オーフス中心部[5]
数十年に渡り幹線道路下の暗渠とされていた川が再び表に出され，周囲の歩行者ゾーンが整備された事例．日当たりの良い川の北側に配された遊歩空間は，買い物やカフェに利用される．水面へ降りる複合的な階段は休憩の場を兼ね，潮位によって水上に現れる要素が変化する．

01：日本建築学会編：建築設計資料集成 総合編, p.550, 551より作成
02：Ciy Centre Canal Corridor, p.11, Birmingham City Council (2002.4)
03：DETAIL 2004.6, p.644, 645
04：撮影：Lotta Swahn Karlsson, mima arkitekter ab
05：設計：Jeppe Andersen, Helsingor
06：設計：安藤忠雄 (1991)
07：設計：Fronde Birk Nielsens Tenestue

316 都市のオープンスペース：ストリートファニチャー Open Space in City: Street Furniture

都市における行為をアフォードする装置

ストリートファニチャーは二重の機能をもつ．座る，日陰をつくる，ディスプレイする，照らすなど固有の機能と同時に，それらが単体であるいは連携して，都市における行為や活動をアフォードする役割を担う．

■「憩い」のアフォード：都市空間における腰掛けるしつらえの適切な配置は，多くの随意的行為・社交的行為を生む．[1]では一つのベンチの上で様々な行為の共存がデザインされ，[2]ではベンチの配置によって行為の分布がデザインされる．日除け傘[3]はその下に空間をつくり出し，「憩い」をアフォードする．

■「娯楽」のアフォード：都市の文化的・娯楽的側面を賑わいに結びつけるのが，広告塔[4]，キオスク[5]，インフォメーションコーナーなどである．情報や商品のディスプレイが第一目的であるが，閉鎖時も含めてそれ自体が都市の景観を形づくる．

■「移動」のアフォード：交通や歩行に関連するストリートファニチャーは，必然的行為としての移動や随意的行為としてのぶらぶら歩きを促し補助する．サイン[6][7]は都市を巡る楽しみの助けとなる．停留所の待合い[8]のような交通結節点では，シームレスな交通の実現と，移動行為の中に憩う行為を差し込む「都市の句読点」の役割が重要となる．

規格化と固有性

本質的に一回性をもつ建築に対して，ストリートファニチャーはよりマスプロダクトに近い性質をもつ．標識やゴミ箱などの機能と統合される[7]の街灯ポールは，規格化しつつ多様な変奏を許容するシステムがデザインされる．[8]は，同一骨組鋼構造を用いながら，周囲の環境に応じて異なる仕上げを用いた事例である．

01：ripple，設計：伊東豊雄 (2003)
02：設計：Brandt Hell Holscher, Erik Brandt Dam；DETAIL2000・4, p.644, 645
03：設計：Frei Otto+Bodo Rasch
04：設計：Norman Foster (1990)；Josep Ma.Serra：Elementos urbanos, p.196, 197, GG (1996)
05：設計：Salvatore Re；DETAIL2000・4, p.640
06：設計：Alberto Corazon, Bilbao Ria 2000, No.4, pp.32-33
07：設計：Lifschutz Davidson；DETAIL2000・4, p.672
08：設計：Despang Architekten；DETAIL2000・4, p.667〜669

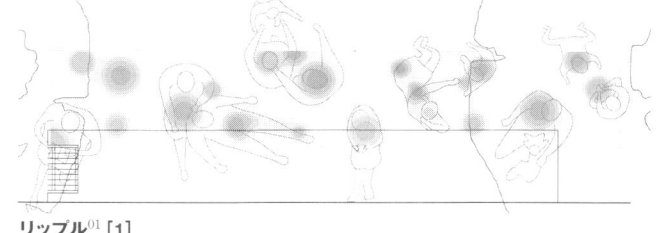

リップル[01] [1]

Jarmer広場のベンチ（デンマーク，コペンハーゲン）[02] [2]　1:50
ベンチ

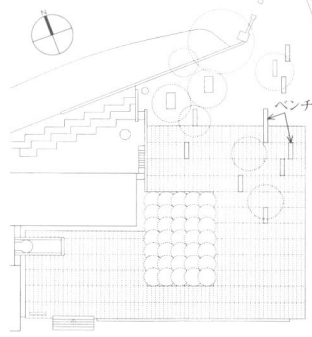

広場のベンチの配置図

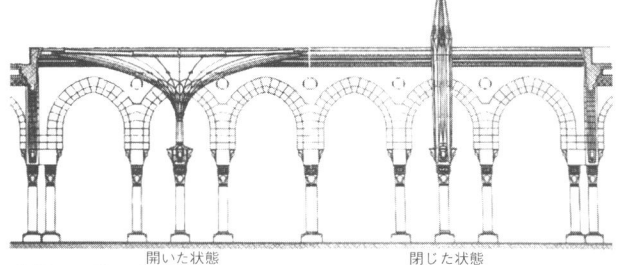

広場の日除け傘（エジプト，カイロ）[03] [3]

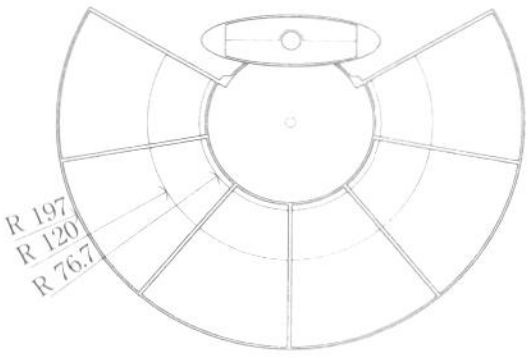

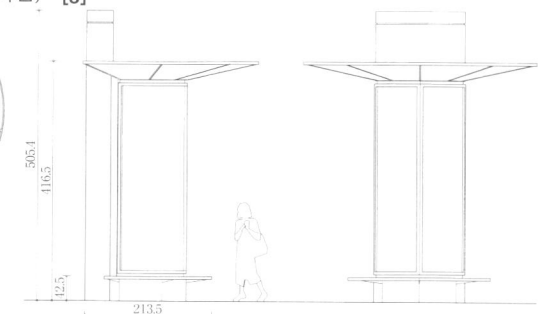

広告塔[04] [4]

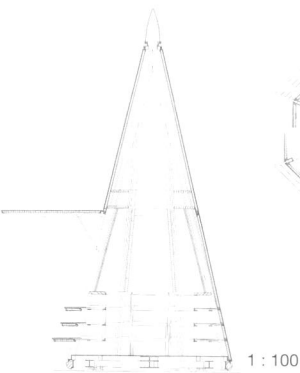

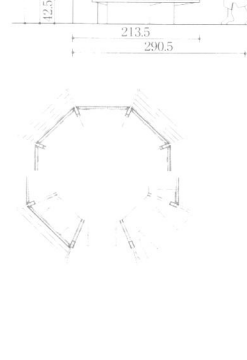

ピサのキオスク[05] [5]

歩行者用標識のピクトグラム（スペイン，ビルバオ）[06] [6]

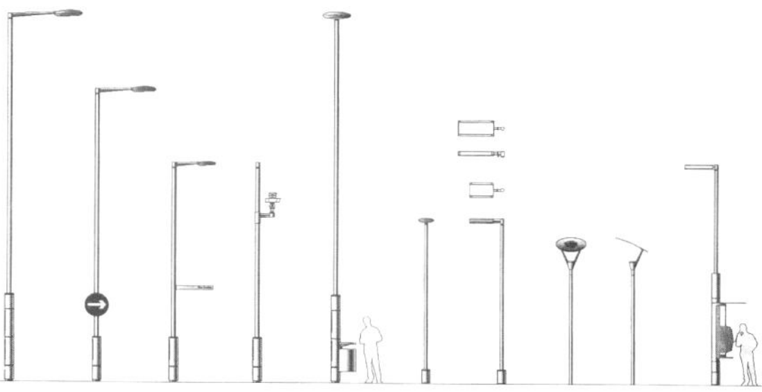

街灯ポールと各種機能の組合せのバリエーション（イギリス，ロンドン）[07] [7]

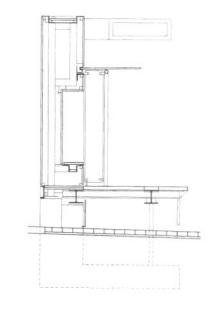

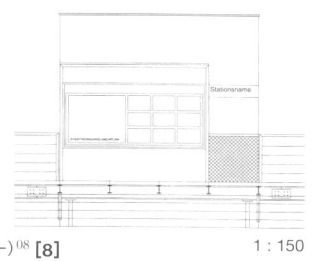

（撮影：Massimo Lenzo）

トラムの待合い（ドイツ，ハノーヴァー）[08] [8]　1:150

（撮影：Despang Architekten）

Open Space in City: Public Art **都市のオープンスペース：パブリックアート**

都市とパブリック・アート
現代のパブリック・アートは都市デザイン，建築のデザインと密接に結びつく傾向を強めながら，以下のような役割を都市空間の中で担っている．
(1)場所場所に特徴を与える．
(2)非日常的な空間体験を提供する．
(3)都市空間全体に統一感を与える．
(4)市民にメッセージを伝える．
建築や都市では伝えられないような非日常性，ユーモア，美しさをパブリック・アートによって補強しつつ，特徴のある都市空間を実現した事例を以下に上げる．

■戦略的に配置されたアート[1]
現代彫刻，ベンチなどのストリートファニチャーを世界中のアーティストがデザインすることで，場所場所に特徴を与え，敷地全体に回遊性をもたせた事例である．L.ブルジョワによる巨大な蜘蛛の彫刻は公開空地のアイストップとして，さらに人々の待ち合わせの目印として機能している．

■都市参加の契機としてのアート[2]
ファーレ立川ではまちづくりの段階からアーティストが参加をして，排風口や自転車置き場，ベンチなどをユーモアやメッセージで満たしている．街を歩く人がふと街の音に聞き入ったり，思いがけない場所に幾何学形態を見つけるなど，都市空間を楽しむことができる仕掛けが随所に設けられている．

■アートが導く広場の統一感[3]
リヨンのテロー広場では，建築家と現代芸術家のD.ビュランが共同で広場のリノベーションを手がけている．広場全体にビュランのトレードマークであるストライプ模様が施されたストリートファニチャーを配し，それと色調を合わせた照明計画，パラソルとカフェのテーブルクロスなどデザインされ，統一感のある都市空間が生まれている．広場の周囲にある道路の横断歩道もストライプ模様とされるなど，広場の統一感は徹底されている．

■アートによる公共広告[4]
バルセロナではグラフィック・デザイナーの集団が公共広告を手がけ，都市におけるマナーやイベントの告知を行っている．バナーや広告スタンドに描かれたグラフィックは街に強いアイデンティティを与え，都市空間の視覚的要素を向上させている．

人が集まるポイントを作る：ママン[01] (L.Bourgeois)

カウンター・ヴォイド[01] (宮島達雄)

①Louise Bourgeois[Maman] ②Isa Genzken[Rose] ③三浦啓子[True Love] ④Martin Puryear[Guardian Stone] ⑤Sol LeWitt[Wall Drawing#948 Bands of color] ⑥Cai Guo-Qiang[High Mountain Flowing Water] ⑦森万里子[Plant Opal] ⑧宮島達男[COUNTER VOID] ⑨Choi Jeong Hwa[roboroborobo(roborobo-en)]

1：6000

戦略的に配置されたパブリックアート：六本木ヒルズ [1]

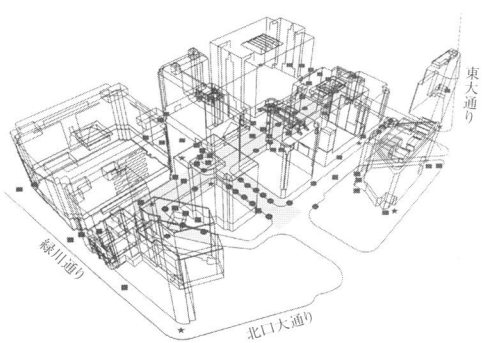

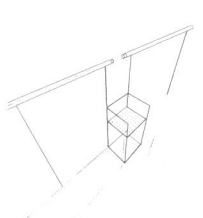

耳の椅子（藤本由起夫）

都市参加の契機としてのパブリックアート：ファーレ立川[02] **[2]**

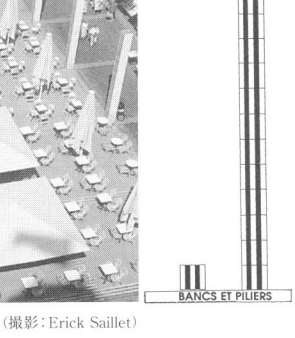

（撮影：Erick Saillet）

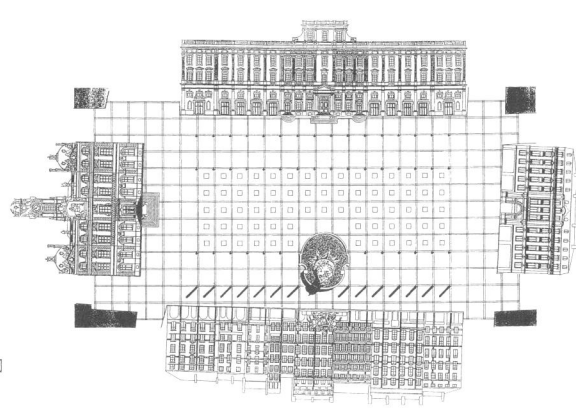

パブリックアートが先導した都市デザイン：リヨン テロー広場[03] **[3]**

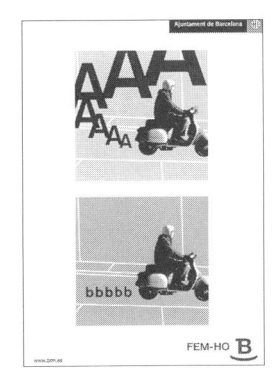

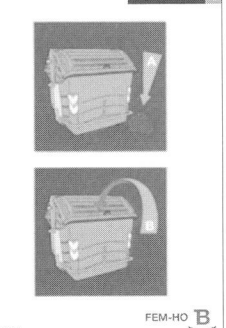

グラフィックによる都市広告[04] **[4]**

01：森美術館：アート・デザイン・都市1　六本木ヒルズ・パブリックアートの全貌, p.23, 57（2004）
02：別冊太陽, p.66,145, 161
03：Carles Broto：new urban design, p.26, Arian Mostaedi（設計：Christian Drevet & Daniel Buren）
04：Barcelona communicates, p.51, 52,56, 57, Ajuntament de Barcelona

索引：事項索引 | Index : Subject Index

事項索引 / Subject Index

あ

- ISO14040 …… 29
- アイソメトリック …… 9, 20
- IBM本部ビルのアトリウム …… 312
- アイランド型台所 …… 83
- アウトリーチ活動 …… 266
- アクセスデッキ …… 166
- アクセス方式 …… 151
- アクソノメトリック …… 9, 20
- アーケード内部の温熱環境 …… 39
- アダプタブルステージ …… 266, 268
- アトリウムの照明 …… 37
- アトリエ兼住宅 …… 294
- アメリカモダニズム住宅 …… 130
- アメリカンフットボール競技場の寸法 …… 80
- 洗い場(浴室)の寸法 …… 90
- アリーナ型ホール …… 66, 267, 268
- 暗順応 …… 31
- 安全開架式 …… 244
- アンビエント域 …… 29
  - ——の昼光利用 …… 32
- 安楽いす …… 47

い

- 意匠図面 …… 8
- 衣装戸棚の収納 …… 94
- いす(外形寸法) …… 47
- いすに座る(基本寸法) …… 46
- イスラム都市のストリート …… 307
- 1ベッド当たりの病室面積 …… 185
- 一葉双曲面 …… 7
- 1点透視 …… 6, 22
- 一般手術室 …… 193
- 一般病院 …… 189
- 移動距離 …… 302
- 移動困難者 …… 44
- 移動式書架 …… 243
- 移動図書館 …… 243
- 医療施設の変遷 …… 182
- 色温度 …… 72
- 色の機能 …… 31
- インスタレーション …… 255
- インタースティシャルスペース …… 183
- インリーチ活動 …… 266

う

- ウォーターフロント …… 302, 314
- ヴォールト空間 …… 104, 263
- 海辺開発 …… 315
- 海辺の遊歩道 …… 315
- 売場
  - ——の回遊性 …… 76
  - ——の天井高さ …… 76
- 運河沿いの遊歩道 …… 315
- 運動施設の機能構成 …… 196
- 運動の基本動作 …… 78

え

- エアディヒューズパーティション …… 295
- 映画館 …… 69, 267, 277
- 衛生機器標準取付け寸法 …… 86
- 衛生器具の所要数算定 …… 88
- AVコーナー …… 64, 236
- 駅ビルの便所 …… 89
- 駅ホームの待合 …… 55
- エクセルギー …… 28
- エコスクール …… 217, 230
- エコツーリズム …… 278, 287
- エコロジカルボイド …… 295
- エコロジーと住宅設計 …… 145
- エスカレーター …… 102
- エスキス図面 …… 8, 10
- X線検査室 …… 193
- X線CT室 …… 193
- 閲覧机 …… 244
- 閲覧のための基本寸法 …… 244
- ADA …… 180
- エネルギー代謝率 …… 30
- MRI室 …… 193
- L型敷地 …… 123
- LCA …… 29
- LDR病室 …… 50, 193
- エレベーター …… 102
  - ——の運行方式 …… 103
- 宴会部門計画 …… 279
- 縁側 …… 39, 106
- 円形テーブルの直径と席数 …… 59
- 演劇形式 …… 268
- 演劇ホール …… 273
- 園児数 …… 218
- 円錐面 …… 7
- エンゼルプラン …… 168
- 延長保育 …… 172
- 園庭 …… 111
- エンドステージ型ホール …… 274
- エントランスホール …… 108
- エントロピー …… 28
- エンベロープ …… 38

お

- 黄金比 …… 7
- 王の広場 …… 311
- 大型車両の回転軌跡 …… 97
- 屋外階段 …… 99
- 屋外球技場 …… 80
- 屋外展示 …… 263
- 屋外燈 …… 111
- 屋上庭園 …… 118, 133, 162
- 屋上緑化 …… 41
- 屋内運動場の計画 …… 241
- 屋内球技場 …… 78
- 屋内スポーツ施設の機能構成 …… 196
- オーケストラピット …… 67
- 起こし絵 …… 24
- 押入れたんす …… 94
- 押入れの収納 …… 94
- オゾン分布 …… 28
- オーディトリウム音響計画 …… 268
- 踊り場の寸法 …… 100
- OPAC(図書館) …… 243
- オフィス建築 …… 291
- オフィス基準階平面 …… 292, 293
- オフィス照明基準 …… 37
- オフィスタワー …… 296
- オフィスビルの保存・再生 …… 299
- オフィスユニット …… 59
- オフィスランドスケープ …… 63, 291
- オフィスレイアウト …… 59, 291
- オフィス中心部 …… 315
- オープンオフィス …… 63
- オープンキッチン …… 84
- オープンスクール …… 65, 217, 222, 228
- オープンステージ …… 266
- オープンスペース(学校)
  - …… 64, 217, 222, 237
  - ——の歴史(学校) …… 222
- オープンスペース(都市) …… 112, 300
- オープンスペースネットワーク(都市) …… 301, 303
- オープンタイプレイアウト …… 291
- オペラ形式 …… 268
- オペラハウス …… 266
- 折返し階段 …… 100
- オルゲーの生気候図 …… 30
- 音楽室の計画 …… 239
- 音楽ホール …… 266, 272
- 音響設計 …… 268
- 音響反射板 …… 267
- 温室効果ガス排出量 …… 28
- 温度差による圧力 …… 34
- 温熱環境要素 …… 30
- 温風蓄熱式床暖房 …… 40

か

- 開架閲覧室 …… 94, 243
- 開架式 …… 244
- 絵画の展示 …… 70
- 外観図 …… 3
- 会議センター …… 274
- 会議場面のレイアウト …… 60
- 外形線 …… 3
- 開口部 …… 104
  - ——の開閉形式 …… 104
- 介護保険制度 …… 168
- 介護利用型軽費老人ホーム …… 170
- 介護を受ける動作寸法 …… 90
- 回収廊下型手術部 …… 183
- 階段
  - ——の機能寸法 …… 98
  - ——の勾配 …… 99
  - ——の種類 …… 100
  - ——の手すり …… 101
- 階段室型集合住宅 …… 151
- 階段・斜路の勾配 …… 99
- 快適範囲 …… 36
- 快適温度範囲 …… 36
- 回転軌跡(自動車)の算出方法 …… 96
- 回転扉 …… 106
- 街灯ポール …… 316
- 外部空間(都市) …… 300
- 開閉式ドーム …… 204
- 外壁換気システム …… 29
- 外来部門 …… 183
- 海陸風 …… 35
- 街路 …… 113
  - ——水準 …… 305
  - ——の役割 …… 306
- カウンター
  - ——基本寸法 …… 46
  - ——高さ …… 10
  - ——の種類 …… 106
  - ——まわりの寸法 …… 245
- 科学博物館 …… 256
- 垣根の種類 …… 110
- 各階通路型集合住宅 …… 151
- 核家族 …… 114
- 学習拠点 …… 217
- 学習コーナーの場面 …… 64
- 学習材コーナー …… 64, 236
- 学習センター …… 63
- 学習図書館 …… 252
- 学習場面 …… 64, 236
- 各種学校の制度 …… 218
- 学生数 …… 218
- 格闘競技場 …… 78
- 学童保育所 …… 173, 226
- 学年内教科教室型 …… 220
- 楽屋 …… 269
  - ——の規模計画 …… 93
- かくれ線 …… 3
- 囲み感 …… 113, 309
- 火災予防条例 …… 66
- 可視限界距離 …… 269
- 可視光線 …… 31
- 貸出冊数 …… 242
- 貸出しサービス …… 243
- 貸出・返却カウンター …… 243
- 仮設住宅 …… 142, 143
- 仮設舞台 …… 268
- 風除室 …… 106
- 家族と住宅 …… 114
- 課題図書 …… 243
- 片コア …… 288, 297
- 片廊下型集合住宅 …… 151
- 学級編成基準 …… 218
- 学校
  - ——での行動場面 …… 65
  - ——の運営方式 …… 220
  - ——の集団編成と場面 …… 64
  - ——の机・いすの基本寸法 …… 58
  - ——の防犯計画 …… 217
  - ——のリニューアル …… 217
- 学校開放 …… 241
- 学校建築計画の課題 …… 216
- 学校建築の変遷 …… 216
- 学校施設の開放 …… 226
- 学校数 …… 218
- 学校制度 …… 218
- 学校図書館 …… 242
- 学校ビオトープ …… 230
- 家庭科室の計画 …… 239
- ガーデニング店 …… 74
- カテノイド …… 7
- 可動客席 …… 66
- 可動展示パネル …… 254, 257
- 可動ルーバー …… 105
- ガードパイプ …… 112
- ガードレール …… 112
- 矩計図 …… 9, 24
- カバリエ …… 6
- カフェテリア方式 …… 84
- カフェのデリバリーカウンター …… 84
- 歌舞伎劇場 …… 68, 266, 268, 277
- カプセルホテル …… 50
- カミサリーキッチン調理システム …… 279
- 紙の大きさ …… 3
- 紙の規格寸法 …… 2
- ガラスドア …… 295
- 空手場 …… 78
- カランの取付け位置 …… 90
- 枯山水の庭 …… 110
- 川辺のオープンスペース …… 315
- 感覚ミュージアム …… 255
- 換気 …… 34
- 雁木 …… 39
- 環境学習センター …… 213
- 環境共生住宅 …… 144
- 環境システム …… 28
- 環境への対応 …… 30
- 環境マネジメント …… 29
- 観光地の便所 …… 89
- 官公庁施設の性能項目 …… 206
- 看護単位 …… 184
- 感染症病室 …… 193
- 観覧動線 …… 72
- 緩和勾配 …… 96, 97

き

- キオスク …… 316
- 気温上昇 …… 28
- 気温分布 …… 28
- 機械換気方式 …… 34
- 企画展示室 …… 256
  - ——の照明計画 …… 257
- 気候緩和率 …… 39
- 木格子シェル …… 141
- 椅座位で手の届く範囲 …… 58
- 技術室の計画 …… 238
- 基準階計画 …… 292

索引：事項索引

き

基準線 ……………………………… 3, 4
議場の規模 ………………………… 207
机上の広さ ………………………… 58
季節風 ……………………………… 35
基礎代謝 …………………………… 29
基礎伏図 …………………………… 3
貴重品庫 ………………………… 95, 243
着付室 ……………………………… 93
機能寸法 …………………………… 42
木の学校づくり …………………… 217
基本街路 …………………………… 305
気密 ………………………………… 38
客室基準階計画 …………………… 280
客室計画 …………………………… 281
客室部門 …………………………… 278
逆スラブ方式 ……………………… 161
客席 ………………………………… 66
客席好感帯 ………………………… 269
客船のキャビン …………………… 51
客動線 ……………………………… 278
CAD ………………………………… 2
キャバレー形式（ホール）……… 268
ギャラリィ ………………………… 307
キャレルの基本寸法 ……………… 245
キャンバスの大きさ ……………… 71
キャンピングカー …………… 51, 83
球 …………………………………… 7
休暇小屋 …………………………… 52
救護施設最低基準 ………………… 171
給食センター ……………………… 85
急性期病院 ………………………… 190
弓道場 …………………………… 78, 79
教育システム ……………………… 219
競泳・飛込みプール ……………… 79
境界ブロック ……………………… 112
教科教室型運営方式 ………… 216, 220
教科クラスター …………………… 233
教科センター方式 ………………… 216
競技場
　——の観客席 ………………… 68
　——の便所 ……………………… 89
競技天井高 ………………………… 79
供給ホール型手術部 ……………… 183
教具コーナー ……………………… 236
教師コーナー ……………………… 236
教室 ……………………… 61, 236, 237
　——数の算定 ………………… 219
　——の計画 …………………… 235
教室ユニット ……………… 223, 236, 237
共同研究室 ………………………… 253
共同研究室の基本寸法 …………… 245
業務建築 …………………………… 288
業務用の厨房 ……………………… 84
共用階段 …………………………… 99
共用タイプ（複合施設）………… 195
共用庭 ……………………………… 151
極小空間 …………………………… 50
局所換気システム ………………… 34
局地気流 …………………………… 35
局部照明 …………………………… 72
居室水準 …………………………… 179
居住系施設 ………………………… 169
漁村住宅 …………………………… 115
木を生かした空間づくり ………… 216
銀行 ………………………………… 299
近代建築5原則 …………………… 154

く

空間知覚 …………………………… 51
空中庭園 ……………………… 167, 298
空調計画 …………………………… 36
空調の快適範囲 …………………… 36
雲形定規 …………………………… 2
クラシック音楽ホール …………… 267
クラスター型プラン ……………… 216
クラスルーム ………………… 220, 235

グラッドシェル型集合住宅 ……… 152
グラフィックによる都市広告 …… 317
グリッド型システム天井 ………… 297
クリニック ………………………… 186
クリモグラフ ……………………… 40
クーリング ………………………… 40
グリーン庁舎 ……………………… 211
グリーンハウス …………………… 40
クルドサック ……………………… 151
グループ学習 ……………………… 63
グループハウス …………………… 178
グループホーム ………… 174, 178, 179
車いす
　——使用者用洗面・化粧寸法 … 92
　——とカウンター ……………… 107
　——と調理スペース …………… 83
　——の衛生機器標準取付け寸法 … 91
　——の回転寸法 ………………… 98
　——用トイレブース …………… 86
　——用便所 ……………………… 87
グローブジャングル ……………… 111
クワイエットスペース …………… 253

け

ケアハウス …………………… 170, 176
警察署 ……………………………… 215
傾斜敷地（住宅）………………… 138
傾斜地集合住宅 …………………… 156
芸術文化センター ………………… 200
系列教科教室型 …………………… 220
劇場 ……………………………… 266, 272
　——の客席 ……………………… 66
　——の搬入口 …………………… 68
　——の備品と収納 ……………… 69
劇場・ホールの部門構成 ………… 268
蹴込み ……………………………… 99
化粧キャビネット ………………… 92
化粧品売場 ………………………… 74
ケーススタディハウス ……… 124, 140
げた箱の収納 ……………………… 94
結露 ………………………………… 38
　——防止 ………………………… 91
ゲートボール場 …………………… 80
煙の拡散防止 ……………………… 290
ゲル …………………………… 55, 143
玄関 ………………………………… 108
玄関まわりの動作寸法 …………… 108
研究個室の基本寸法 ……………… 245
研究室 ……………………………… 62
研究所の休憩空間 ………………… 55
研究図書館 ………………………… 252
健康福祉施設 ……………………… 210
検査部の計画 ……………………… 183
懸垂曲面 …………………………… 7
現代建築と環境 …………………… 30
建築環境システム ………………… 28
建築時期別住宅数 ………………… 114
建築製図 …………………………… 2
建築と広場 ………………………… 313
建築のライフサイクル …………… 145
建築模型 ………………………… 9, 26
県庁舎 ……………………………… 209
剣道場 ……………………………… 78

こ

コアタイプ（事務所ビル）……… 288
更衣室 ……………………………… 93
　——の採光・照明 …………… 92
公開空地 …………………………… 296
公会堂 ……………………………… 267
工業化工法による高層住宅 ……… 167
工業化住宅 …………………… 140, 143
公共サービス ……………………… 206
公共図書館 ………………………… 242
　——建築の系譜 ……………… 246
広告塔 ……………………………… 316

格子戸の種類 ……………………… 105
公私分離型（福祉施設）………… 179
校舎改造 …………………………… 225
校舎保有面積 ……………………… 218
公衆便所 …………………………… 89
公衆浴場 …………………………… 91
光色 ………………………………… 37
　——の設定 ……………………… 72
公私隣接型（福祉施設）………… 179
高層集合住宅 ………………… 164, 165
構造図面 …………………………… 9
高層ビル
　——のエレベーター計画 …… 102
　——の防災計画 ……………… 290
交通手段と都市スケール ………… 302
交通手段による所要時間の違い … 28
高低測量図 ………………………… 12
高等学校 …………………………… 233
　——の制度 …………………… 218
　——の設置基準 ……………… 218
高等専門学校の制度 ……………… 218
合同庁舎 …………………………… 211
交番 ………………………………… 215
甲板モデュール …………………… 59
高密度集住 ………………………… 165
公民館 ………………… 194, 201, 210
校務センター ………………… 62, 241
交流施設 …………………………… 194
高齢者
　——の運動能力 ……………… 44
　——の台所 …………………… 82
　——の能力と環境圧力 ……… 170
高齢者居住関連施設の施設基準 … 171
高齢者居住施設の一日 …………… 179
高齢者生活福祉センター …… 170, 181
高齢者保健福祉サービス ………… 170
告解室 ……………………………… 50
小型車の回転軌跡 ………………… 96
国立図書館 ………………………… 242
腰掛便器の寸法 …………………… 86
個室オフィス ……………………… 62
個室型ブースの便所 ……………… 88
個室空間 …………………………… 50
個室群住居 ………………………… 134
51C型公共住宅 …………………… 149
古代ギリシャ劇場 ………………… 266
個体空間 …………………………… 52
こたつ ……………………………… 57
こたつまわりの基本寸法 ………… 46
コテージ …………………………… 287
コートハウス形式 ………………… 121
こども館 …………………………… 201
こども病院 ………………………… 191
こども部屋 ………………………… 54
こども用洗面器 …………………… 92
コの字形校舎 ……………………… 229
コ・ハウジング …………………… 179
コーポラティブハウジング … 157, 179
コーポラティブハウスの集会室 … 55
ゴミ処理場 ………………………… 212
こみせ ……………………………… 39
コミュニティ施設計画上の留意点 … 195
コミュニティセンター …………… 194
コミュニティホテル ………… 278, 283
コモンアクセス …………………… 151
コモンスペース ………… 217, 220, 223
小屋裏通気層 ……………………… 38
小屋伏図 …………………………… 3
コリドールタイプ ………………… 291
ゴールドプラン …………………… 168
コレクティブハウジング …… 157, 179
混構造住宅 ………………………… 121
コンサート形式 …………………… 268
コンサートホール … 266, 271, 273, 274, 275
　——の空間形式 ……………… 66
　——の断面形 ………………… 67

コンビオフィス …………………… 63
コンビニエンスストア …………… 74
コンピューターコーナー（学校） … 64, 236
コンベンショナルゾーニング方式 … 103
コンベンションセンター ………… 276
コンロの高さ ……………………… 82

さ

再開発（業務）……………… 296, 299
最小限住宅 …………… 52, 128, 133, 136
座いす ……………………………… 57
座位寸法の国際比較 ……………… 45
在宅介護支援センター …………… 170
最適残響時間 ……………………… 268
サイトライン ……………………… 269
裁判所 ……………………………… 211
作業空間容量 ……………………… 50
作業台と手の動き ………………… 82
作業と照度 ………………………… 62
桟敷席 …………………………… 68, 266
座席配置 …………………………… 60
座卓 ………………………………… 57
　——周辺の寸法 ……………… 47
サッカー …………………………… 80
サナトリウム ……………………… 192
座の配置 …………………………… 48
サービス動線（宿泊施設）……… 278
座ぶとん …………………………… 57
サンアントニオ・リバーウォーク … 315
三角スケール ……………………… 2
参加による学校づくり …………… 217
産業廃棄物の削減目標 …………… 213
3軸測投象 ………………………… 6
山荘 ………………………… 125, 128, 134
3点透視 …………………………… 6, 22
サンフランシスコの都市計画 …… 305
サンルーム ………………………… 120

し

シェアードハウジング …………… 179
歯科医院 …………………………… 186
紫外線による劣化・退色 ………… 258
視覚障害者のための階段標示 …… 101
視覚の順応 ………………………… 31
色彩計画 …………………………… 31
識別距離 …………………………… 61
　——と競技場 ………………… 81
仕切りの高さと視覚 ……………… 58
シークエンスデザイン …………… 302
軸組図 ………………………………… 3, 24
自在定規 …………………………… 2
システムズ・ビルディング ……… 216
シースルーシャトルエレベーター … 296
次世代基準（省エネルギー）…… 38
施設基準（社会福祉施設）……… 171
自然エネルギー利用 ……………… 40
　——住宅 ……………………… 28
自然換気の利用 …………………… 34
自然観察・展望施設 ……………… 261
自然研修施設 ……………………… 278
視線制御トラップ ………………… 89
視聴覚サービス …………………… 243
視聴覚室 …………………………… 239
市庁舎 ……………………………… 208
シックハウス ……………………… 216
シックハウス症候群 ……………… 34
実験集合住宅 ……………………… 161
実験住宅 …………………………… 145
室内楽ホール ……………………… 266
室内気温分布 ……………………… 37
室内輝度分布実測 ………………… 32
室内空気汚染 ……………………… 34
実物展示 …………………………… 71
執務室
　——の自然換気 ……………… 298
　——の面積 …………………… 292

索引：事項索引 | Index : Subject Index

執務面積	206
指定図書制度	243
シティホテル	278, 282
児童開架室	95
児童館	173, 181, 194
児童サービス	243
自動車の最大寸法	97
自動車販売店舗	74
自動出納書庫	95, 245, 250
児童数	218
児童青少年センター	197
児童センター	194
自動扉	106
児童福祉施設	168
——最低基準	171
シネマコンプレックス	277
芝居小屋	277
市民シアター	201
市民センター	201
事務所建築の防災計画	290
事務所ビル	288
——の基準階平面	292, 293
事務用机の甲板モデュール	59
社会福祉サービス	168
社会保障制度	169
シャーク	7
斜行エレベーター	295
社交的行為	300
写真スタジオ	126
車体間隔	96
シャトルエレベーター	297
斜路	96
——延長	97
——の機能寸法	98
ジャングルジム	111
自由遊び	172
集会系施設の機能構成	196
集会施設	199
就学前教室	221
住居集合の計画要素	150
住居の分類	115
集合化のシステム	167
集合住宅	148
——計画のスケール別検討	150
——の建替え	161
——の密度特性	150
住戸平面の変遷	149
重心線	3
自由接架式	244
収蔵庫	261
収蔵品の保存環境	254
収蔵部門	256
住宅	152
——の型	114
——の個室	—
——の省エネルギー基準	38
住宅公団標準設計	149
住宅ストック数	114
住宅着工戸数	114
集中治療病室	193
充填断熱	38
柔道場	78
収納冊数	244
収納スペース	94
収納の動作空間	94
週末住宅	120
集密書庫形式	243
住民参加による施設づくり	194
宿泊施設の分類	278
手術部の計画	183
主題部門別閲覧室制	252
出火拡大防止	290
出張所	210
シューボックス型ホール	66, 267, 268
樹木の根の分布図	110
準接地型住宅の計画手法	151
省エネルギー基準	38
生涯学習施設	202
生涯学習（推進）センター	194, 200, 250
小学校	223
——の授業時間数	219
——の昇降口	107
——の制度	218
——の設置基準	218
——の便所	89
——のワークスペース	55
小学校複合化	227
小規模校	223, 224, 228
小規模公共図書館	248
小規模事務所	294
小規模病院	187, 188
小規模ホテル	283
小規模ホール	271
昇降口	106
詳細図	9, 24
上肢の動作寸法	58
小住宅	133
常設展示	258
常設展示室	256
小中一貫校	216
少年自然の家	194
蒸発冷却効果	35
蒸発冷却の利用	40
消防署	214
照明計画	36
照明の快適範囲	37
乗用車	—
——の車体間隔	96
——の寸法	97
書架の配置	244
書架並列配置形式	243
職員室の計画	241
食事（基本寸法）	46
植樹された広場	312
食堂のテーブル周辺の寸法	47
食品スーパー	75
植物園	72, 256
植物に必要な土壌の厚さ	110
書庫	94, 243
書庫形状と収納効率	95
書斎	62
書斎付洋室	47
女子寮	54
女性センター	194, 200
処置室	193
ショッピングセンター	75
書店	74
ショートステイ	170, 174, 175
史料館	262
資料検索端末	243
シングルケアユニット	190
シングルルーム	50
人工地盤	125
人口重心方式	194
新ゴールドプラン	170
診察室	183, 193
新設住宅着工戸数	114
身体を洗う動作寸法	90
身体機能	44
人体計測値	45
寝台車の個室	50
身体障害者	—
——の台所	82
——の出入口	109
——用扉まわりの寸法	98
身体障害者更正援護施設	168
身体障害者更生施設等の最低基準	171
人体寸法	42, 45
人体と尺度	44
新有効温度	30
診療所	186
診療所数	182
随意的行為	300
錘状面	7
水素経済社会	28
水族館	72, 256
垂直投象	6
出納ステーション	245
スイートルーム	54
水平投象	6
水平面全天日射量	40
スカイロビー方式	103
図画工作室の計画	238
スカッシュコート寸法	79
スキップ型集合住宅	151
スキップ通路型集合住宅	151
スキャナー	2
スクリーン	104
スケルトン・インフィル分離方式	161
すし店	84
スタジオ劇場	270
スタジオハウス式住宅	130
図と地	300
ストリートデザイン	307
ストリートファニチャー	307, 316
スーパーマーケット	74
スーパーメガフレーム	297
スペーススタンダード	59
スペースフレーム	122
すべり台	111
スポーツ店	75
スポットライト照明	264
相撲場	68, 78
素焼深ばち	110
スライドと観客席	61
スラストステージ	66
スリット	104
スロープ	98
——の勾配	99
寸法線	3
寸法補助線	3
生活空間の構成	115
生活圏方式（交流・集会施設）	194
生活ユニット	176
精神障害者社会復帰施設	168
精神病院	192
製図板	2
製図用具	2
生態展示	255
生徒数	218
生物コーナー	236
生物の展示	72
生理検査部	183
セカンドハウス	139
積層式書庫	243, 252
積層書架	243
セキュリティシステム	296
世帯数	114
接架・出納方式	244
設計基準濃度	34
設計事務所	294
設計のプロセス	8
切断線	3
接地型集合住宅	153
接地型住宅の計画手法	151
セッティングスペース	55
SET*	30
設備階	183
設備図面	9
セミオープンタイプ（オフィス）	291
セミナーハウス	277
セルフサービス形式	84
セルフビルド	143
扇形敷地（住宅）	118
専修学校の制度	218
洗濯室	93
選択制	216
センターコア	167, 288
銭湯	91
セントラルアーテリー計画	303
線の種類	—
ぜんの配列形式	47
洗面器ユニット	92
洗面・化粧室の照明基準	92
洗面化粧台	—
——の機能寸法	92
——の寸法	92
専門図書館	242
専門病院	187
専用住宅	115
双曲放物面	7
総合学科	218
総合学科高校	232
総合教室方式	220
総合高校	233
総合選択制	218
総合庁舎	211
総合特別教室	238
総合博物館	256
総合窓口	207
相互利用タイプ	195
葬祭場	194
葬斎場	203
掃除用具の収納	94
蔵書冊数	242
想像線	3
双方向型調理システム	279
外コア	288, 298
外断熱	38
外張り断熱	38
ソフトボール	81
SOHO	62, 165
ソーラーチムニー	35
ソーラーハウス	144
体育館	194, 204
対応線	3
大学院の制度	218
大学食堂	85
大学図書館	242, 252
——の開架閲覧室	95
大学の制度	218
大架構木構造	261
大学校の制度	218
大規模公共図書館	250
大規模店舗の柱スパン	77
大空間空調	36
大空間建築と環境	30
大空間照明	36
大空間展示スペース	265
体形変化	44
体験学習	287
体験宿泊施設	287
滞在型施設	277
対人距離	53, 60
台所	82
第2水準街路	305
ダイニングキッチン	82
対面朗読室	245
太陽位置図	33
ダイレクトゲイン	40, 144
楕円球	7
楕円放物面	7
タスク域	29
——の空調・照明設備	37
畳コーナー	57

Index：Subject Index　索引：事項索引

卓球 ……… 79
建物周辺気流と風圧分布 ……… 34
建物と外部空間の関係 ……… 309
棚・作業台の高さ ……… 83
ダブルスキン ……… 104
ダブルデッキ方式エレベーター ……… 103
ダブルルーム ……… 51
多目的スペースの場面 ……… 61
多目的便所 ……… 88
多目的ホール ……… 267, 274, 276
単位制高校 ……… 218
短期大学の制度 ……… 218
単曲面 ……… 7
男女平等推進センター ……… 197
ターンテーブル ……… 97
断熱 ……… 38
断面図 ……… 3, 8, 16
　——の書き方 ……… 5
断面線 ……… 3
断面パース ……… 3

ち

地域開放 ……… 241
地域開放ゾーン ……… 231
地域中核病院 ……… 190
地域特性 ……… 30, 31
地下居住 ……… 138
置換換気システム ……… 34
地球温暖化 ……… 29
地区センター ……… 194, 198
地中温度の利用 ……… 40
知的障害者援護施設 ……… 168
　——の最低基準 ……… 171
痴呆性老人グループホームの施設基準 ……… 171
地窓 ……… 105
チームティーチング ……… 65
着衣熱抵抗 ……… 29, 35
茶室 ……… 56
チャータースクール ……… 217, 232
ちゃぶ台 ……… 57
中央コア ……… 296
中央図書館 ……… 247, 250
中学校 ……… 229
　——の授業時間数 ……… 219
　——の制度 ……… 218
　——の設置基準 ……… 218
中華料理店 ……… 85
中規模オフィス ……… 295
中規模公共図書館 ……… 249
中高一貫校 ……… 216
昼光照明 ……… 29
昼光利用 ……… 32
注視野 ……… 74
駐車スペース ……… 96
駐車パターンと標準寸法 ……… 96
駐車方式（集合住宅） ……… 151
中心市街地再生計画 ……… 315
中心線 ……… 3
中層集合住宅 ……… 158, 159
駐輪場の基本寸法 ……… 97
調光スクリーン ……… 105
超高層事務所ビル ……… 296
超高層集合住宅 ……… 167
彫刻の展示 ……… 70
調査研究図書館 ……… 250
調査・研究部門 ……… 256
庁舎
　——の駐車台数 ……… 207
　——の窓口形態 ……… 207
　——の面積基準 ……… 206
　——の面積構成 ……… 207
手水鉢の種類 ……… 110
調理室
　——の換気・排気 ……… 82
　——の面積 ……… 84

　——面積の算定 ……… 85
調理台高さ ……… 82
調理台まわりの寸法 ……… 83
調理の基本寸法 ……… 82
陳列棚の動作域 ……… 74

つ

ツインルーム ……… 51
ツイン廊下型集合住宅 ……… 151
通所系施設 ……… 169
通風 ……… 34
通路寸法といす（劇場） ……… 66
通路の必要寸法 ……… 60
杖使用者の動作寸法 ……… 98
使われ方調査 ……… 48
机の甲板寸法 ……… 59
坪庭 ……… 104
つり戸棚の収納 ……… 94

て

デイケア ……… 170
デイサービス ……… 170, 175
デイサービスセンター ……… 176, 180, 181, 198
T定規 ……… 2
ディスプレイ ……… 75
ディスプレイ商品 ……… 74
低層集合住宅 ……… 154, 155
出入口の設計 ……… 106
D/H ……… 113, 309
適風環境 ……… 35
テコンドー場 ……… 78
デジタル・アーカイブ ……… 255
デスクレイアウト ……… 291
手すり ……… 101
鉄骨系ユニット構法住宅 ……… 140
テニスコート寸法 ……… 79
テーブル
　——と座の配置 ……… 46
　——の甲板寸法 ……… 59
　——の席数と必要スペース ……… 46
　——のセッティング ……… 55
デュアルエレベーターシステム ……… 297
テラスハウス ……… 166
デン ……… 221
展開図 ……… 3, 24
展示ギャラリー ……… 260
展示空間 ……… 254
　——の採光・照明形式 ……… 257
展示・掲示コーナー ……… 64, 236
展示室 ……… 70
展示室レイアウト ……… 257
展示準備室 ……… 256
展示場 ……… 265
展示のストーリー性 ……… 73
展示パネルシステム ……… 254
展示物との距離 ……… 70
展示部門 ……… 256
展示壁面長 ……… 259
天井伏図 ……… 3
テント ……… 50
伝統芸能空間 ……… 68, 268
伝統劇場 ……… 277
伝統的建築と環境 ……… 30
伝統的尺度 ……… 44
伝統的住宅 ……… 116
電波障害 ……… 296, 297
店舗
　——の柱スパン ……… 77
　——の防煙区画・防火区画 ……… 75
転用集会施設 ……… 197
転用美術館 ……… 264

と

等高線 ……… 12
動作空間 ……… 46
等軸測投象 ……… 6

透視図 ……… 22
同潤会 ……… 160
投象 ……… 6
動物園 ……… 72, 256
燈ろう ……… 110
登録博物館 ……… 256
通り抜けやすさ ……… 304
独身寮の個室 ……… 50
特定街区 ……… 297
特定街路 ……… 305
特別教室の計画 ……… 238
特別教室方式 ……… 220
特別展示室 ……… 256
特別避難階段附室 ……… 290
特別養護老人ホーム ……… 170, 174, 175, 176
　——の3床室 ……… 54
　——の個室 ……… 50
　——の施設基準 ……… 171
　——の便所 ……… 89
独立住宅 ……… 114
独立建 ……… 152
都市
　——のアメニティ空間 ……… 303, 314
　——のオープンスペース ……… 300
　——のコンテクスト ……… 301, 308
　——のシークエンス ……… 301
都市空間
　——の解読 ……… 301
　——の再編 ……… 310
都市構造 ……… 301
都市再生 ……… 304
都市住居の分類 ……… 115
都市住宅 ……… 115
　——の原型 ……… 132
図書館
　——のカウンター ……… 107, 245
　——のサービス ……… 243
　——の種類 ……… 242
　——の資料 ……… 242
図書コーナー ……… 64, 236
図書室の計画 ……… 240
図書情報ネットワーク ……… 242
都心居住 ……… 118
飛込プール ……… 78, 79
土俵の寸法 ……… 78
扉開閉に伴う標準的寸法 ……… 98
扉開閉方式 ……… 106
ドーム ……… 204
ドライバーと歩行者の知覚の相違 ……… 306
トラス ……… 7
トラック・フィールドの大きさ ……… 81
ドラフター ……… 2
トラム導入 ……… 304
トラムの待合い ……… 316
トリプレックス ……… 153
トリプレックスタイプ ……… 158
トレーラー式の週末住居 ……… 143

な

内視鏡センター ……… 193
ナイチンゲール病棟 ……… 185
ナイトパージ ……… 34, 37
内部階段 ……… 99
中庭 ……… 121, 125, 136
中庭型住居 ……… 138
中廊下型集合住宅 ……… 151
なぎなた場 ……… 78
ナースステーションの計画 ……… 184

に

2階建エレベーター ……… 296
2戸建 ……… 152
2軸測投象 ……… 6
2床室 ……… 51
2世帯住宅 ……… 125, 128, 137
2段階供給方式 ……… 161

2段手すり ……… 101
2段ベッド ……… 47
日射遮蔽 ……… 29
日射のコントロール ……… 33
2点透視 ……… 6, 22
入居者のプライバシー ……… 177
入浴の分類 ……… 90

ね

寝いす ……… 47
ネイバーフッド ……… 303
熱橋対策 ……… 38
熱損失係数 ……… 38
寝る（基本寸法） ……… 46
年間照明消灯率シミュレーション ……… 32
燃料電池 ……… 28

の

能楽堂 ……… 273
農家の間取り ……… 116
農山村住宅 ……… 115
能舞台 ……… 68, 268
ノギス ……… 2

は

ハイウェイ灯 ……… 111
バイオクリーン（無菌）手術室 ……… 193
バイカーウォール ……… 166
排気フード ……… 82
ハイサイドライト ……… 105
配色の秩序 ……… 31
配置図 ……… 8, 12
ハイドログラフの変化 ……… 28
博物館 ……… 261, 262
　——の定義 ……… 256
博物館再生 ……… 255
博覧会パビリオン ……… 255
パーゴラ ……… 111
パサージュ ……… 307
はしごの機能・寸法 ……… 98
パース ……… 22
バスケットボールコート寸法 ……… 78
パーソナル空調 ……… 29, 37
パーソナルスペース ……… 53
破断線 ……… 3
8畳間と座の配置 ……… 47
パッシブソーラーハウス ……… 144
パッシブデザイン ……… 40
ハッチング ……… 3
バッテリー型校舎 ……… 216
発電プラント ……… 296
馬蹄型ホール ……… 275
バドミントンコート寸法 ……… 79
バトン ……… 266
花道 ……… 266
パブリックアート ……… 317
パーメアビリティ ……… 304
場面の採集 ……… 48
バリアフリーデザイン ……… 180
バリアフリーの今後 ……… 129
バルコニー ……… 106
バレーボールコート寸法 ……… 78
半屋外 ……… 39, 122
半屋外ブリッジ ……… 158
半外部空間⇨半屋外
バンケットキッチン方式 ……… 279
バンダリズム ……… 166
パンチングスクリーン ……… 105
ハンディキャップサービス ……… 243
ハンドシャワーの取付け位置 ……… 90
ハンドボールコート寸法 ……… 79
搬入口 ……… 68, 106, 107

ひ

PFI ……… 217, 234
BDS ……… 243

索引：事項索引 | Index : Subject Index

ビオトープ	230
光環境	32
光と雰囲気	72
引出線	3
飛行機の便所	86
比視感度	31
ビジターセンター	194
ビジネスホテル	278
美術館	258, 259, 260, 263
──の再生	255
──の搬入口	107
美術室の計画	238
美術博物館	256
非接地型住宅の計画手法	151
必然的行為	300
ピッチ線	3
ヒーティング	40
避難階段	290
避難経路	290
ビームコンパス	2
百貨店	75
百貨店の女性化粧室	93
病院	
──の個室	50
──の多床室	54
──の延床面積	182
──の部門構成	182
──の便所	89
病院数	182
病室の便所	87
病室ベッド配置の変遷	185
病室面積	185
病棟部門計画	184
平土間	46
ピロティ	120, 162
広場	
──と連続するピロティ	313
──の空間構成	309
──の再生	310
──のネットワーク	308
──の日除け傘	316
──のベンチ	316

ふ

ファクトリー型調理システム	279
ファサード	18
フィンガープラン	216
風圧力	34
風配図	35
吹抜け・アトリウムの意味	103
複曲面	7
複合教育施設	226
複合劇場建築	267
複合施設	210
──のタイプ	195
複合集合住宅	162
複合図書館	246, 248
複合美術館	259
複合文化施設	271
福祉サービスの利用形態	169
福祉施設	
──の最低基準	171
──の地域配置計画	168
福祉センター	181
藤だな	111
婦人会館	194
伏図	24
付設温室	40
舞台空間	66, 268
舞台計画	269
普通教室の寸法	61, 235
ブックディテクション装置	243
ブックポスト	243
武道場	78
部分共用タイプ（交流・集会施設）	195
プライバシー	54

プライベートな場面	50
フライロフト	269
ブラインドの日射遮蔽効果	33
ブラウジングコーナー	240
フラットタイプ住戸	158
プラネタリウム	69
ブランコ	111
プランター	110
フリーアドレスオフィス	62, 63
フリースクール	232
ブリーズソレイユ	105
プレイルーム	221
プレカット集成材	142
フレキシブルな展示空間	255
プレハブ住宅	143
プロセニアムステージ	66, 266, 268
プロッター	2
プロポーザルコンペ方式	201
文化系施設の機能構成	196
文化財保護	255
分散コア	288, 298

へ

閉架式	244
閉架書庫	94
ベイ型病棟	185
平行定規	2
閉鎖性（住宅）	121
平面図	3, 8, 14
──の書き方	4
併用住宅	115
壁面緑化	41
ベッド間隔	185
ベッドまわりのあき	46
ベッドまわりのプライバシー	185
ペデストリアンゾーン	304
ペニンシュラ型台所	83
ペリメーターゾーンの断面計画	104, 290
ペリメーターブロック	166
変形敷地（住宅）	118
便所	86
──の換気	86
──の仕上げ	87
──の通路スペース	87
便所設計の基本作法	89
ベンチ	111, 316
ベンチューリ効果	35
ペントハウス	167

ほ

保育園の便所	89
保育室	221
──の計画	219
保育所	172
ボイドコア	296
ボイドラーメン壁	166
防災拠点	206, 241
防災センター	214
防湿	38
放射線部の計画	183
放射冷却の利用	40
訪問介護員	170
ボクシング場	78
ポケットパーク	112, 312
保健室	241
歩行距離と諸施設	302
歩行軸	302
歩行者橋	314
歩行者空間の整備	302
歩行者用標識のピクトグラム	316
保護施設	168
保護室	193
母子福祉施設	168
ボストン・セントラルアーテリー計画	303
ボストン・パークシステム	303
ホスピス	192

ホスピタル・ストリート	189
細長敷地（住宅）	118, 122, 132
保存改修（学校）	203
ポータルライン	269
ボックスインボックス構造	197
ホッケー場	80
ポディアム部門	278
ホテリング	62
ホテル	
──のエントランスロビー	109
──のダイニングルーム	55
──の厨房	279
──のバー	55
──の分類	278
──の浴室	91
ボート停泊所	314
ホームセンター	74
ホームベース	220, 223, 237
ホームヘルパー	170
ホームルーム教室	237
ホール	266
ホール複合	272
ホワイエ	271
ホワイトキューブ	254, 259, 260, 264

ま

マクロ空調	36
桝席	69
待合・診療室・処置室の関係	183
まちかど図書館	210
町庁舎	208
町並み景観と色	31
町家格子	105
町屋の間取り	117
松葉杖使用者の動作寸法	98
窓換気システム	29
窓口業務	207
廻り盆	266

み

見えがかり線	3
ミクロ空調	36
水際空間	314
水辺の回遊性	315
水輸入フロー	28
道の駅	198
見通しやすさ	304
ミリタリ	6
民家気候図	30
民家再生	146

む

無線LANシステム（図書館）	244
ムーブネット	118

め

明順応	31
メインキッチン方式	279
メゾネット	52, 153
メゾネットタイプ	151, 158
Met	30
メディアセンター	63, 220
──の計画	240
メディアモール	223
免震レトロフィット	264

も

盲学校の制度	218
模型	9, 26
モダニズム建築	154
モダンアート	264
持ち帰り弁当店	84
モデュロール	44
物干し場	93
モンテージュバース	22
門	106

や

野外活動センター	194
野外博物館	256
夜間換気の利用	40
野球場	80, 81
役場	210
屋台	85
屋根伏図	3
ヤングアダルトサービス	243

ゆ

遊戯室	221
有料老人ホームの施設基準	171
床に座る（基本寸法）	46
床伏図	3
ユースホステル	54
ユニットカウンター	245
ユニットケア	177, 179
ユニットプラン	216
ユニバーサルスペース	130, 291
ユニバーサルデザイン	180

よ

要援護高齢者数	170
養護学校の制度	218
養護老人ホームの最低基準	171
洋食レストラン	84
容積割増	297
幼稚園	221
──の制度	218
──の設置基準	218
幼稚園教育要領	219
洋品店	74
洋風大便器	86
幼保一元化	221
浴室の規模	91
浴槽の寸法	90
寄席	68
ヨットキャビン	51
4床室	185

ら

ライトウェル	153
ライトシェルフ	29, 32
ライフサイクル（家族）	114
ライフサイクルアセスメント	29
ライフスタイルの多様化	129
ライブハウス	270
ライブラリーシステム	242
ラウンジコーナー	236
羅漢台	277
ラグビー場	80
ラクロス場	80
螺旋階段	100
螺旋面	7
ラドバーン方式	152
ラーニングリソースセンター	226
ランチルーム	229
──の計画	239
ランドスケープ空間	309

り

理科室の計画	238
リクエストサービス	243
陸上競技場	80, 81
リサイクル施設の計画	213
リサイクルセンター	212, 213
リゾートホテル	278, 284, 285
離着の必要寸法	60
立体感のつくり方	72
立体駐車設備	96, 97
立体螺旋	
立面図	3, 8, 18
リハーサル室	267, 275
リハビリテーション部の計画	190
リビングアクセス形式	53

リビングスペース……………154	**れ**	連続住宅……………………153	**わ**
リーフ（ルーバー）…………258	歴史的な街路………………307		枠組壁構法…………………142
リブガラスカーテンウォール……296	歴史的な広場………………311	**ろ**	ワークショップ……………254
利用圏方式（交流・集会施設）……194	歴史博物館…………………256	廊下形状……………………98	ワークスペース………223, 224, 227
量産化集合住宅……………152	レコード店…………………75	聾学校の制度………………218	和室…………………………56
利用水準方式（交流・集会施設）……194	レーザー距離計………………2	老人施設の浴室………………91	和紙の種類…………………71
両端コア……………………288	レジデンシャルホテル……283	老人福祉施設………………168	和食レストラン……………85
療養型病床群の施設基準……171	レストランのオープンキッチン……85	老人訪問看護ステーション……170	ワンストップ窓口…………207
旅館……………………278, 286	レスリング場………………78	老人保健施設………………170	ワンルーム……52, 125, 130, 131, 139
──客室………………57	列車	──の施設基準………171	ワンルームマンション……159
──の分類……………278	──の個室……………50	老人ホーム入居者の属性……170	──住戸……………50, 164
緑地のネットワーク…………303	──の食堂……………55	録音室………………………245	
緑化計画……………………41	──のボックス席………51	路地アクセス………………151	
	レファレンスサービス……243	ローハウス……………153, 154	
る	レフェラルサービス………243	ロフト……………………160, 221	
ルーバー……………………104	練習施設（演奏）……………267		

324　事例索引・文献リスト　Building and Project Index/Bibliography

建物名	設計者名	竣工年	掲載頁	文献
[居住―独立住宅]				
アライグマ・ギンとの家	石山修武	1996	129	住宅特集9507;9605/GA JAPAN No. 21
アルミ・エコハウス	難波和彦+堺工作舎	1999	145	建築文化0004/GA JAPAN No. 41/「図説　日本の間取り」(建築資料研究社・2001)
E-1027海辺の家	Eileen Gray	1929	124	「L'Archtecture Vivante 1928, 1929」(DA Capo Press・1975)/「EILEEN GRAY」(Hary N. Abrams・1987)
伊藤邸	原広司, 富田玲子	1967	131	建築6805/建築文化6804/SD6801
今宿の家	坂本一成	1978	16	新建築7902
イームズ自邸	Charles & Ray Eames	1949	140	新建築9101臨時増刊「建築20世紀PART1」/「Houses of the Century」(Editorial Gustavo Gili, SA・1998)
ウィークエンドハウス	西沢立衛建築設計事務所	1998	131	SD9712/住宅特集9811/新建築9811/GA JAPAN No. 35
ヴィラ・クウクウ	吉阪隆正	1957	133	建築文化5712/6402/新建築5712;6901/建築6105/「日本の住宅　戦後50年」(彰国社・1995)
ヴィラ・アドリアーナ	―	A.D. 2世紀	12	「図説　都市の世界史1」(佐野敬彦, 林寛治訳, 相模書房, 1983)
上原通りの住宅	篠原一男	1976	11	SD7901/建築知識7902建築文化7701;7810;8002;8810/新建築7701;7810
梅ヶ丘の住宅	佐藤光彦	1998	118	住宅特集9806/日経アーキテクチュア981130/モダンリビング0109
SH-1	広瀬鎌二	1953	131	建築文化6402;7201/新建築5309;5311/都市住宅8201/「日本の住宅　戦後50年」(彰国社・1995)
s-tube	納谷建築設計事務所	1999	146	住宅特集9906/日経アーキテクチュア990628/室内9908/住宅建築0103
S-PRH(Steel-Perfect Recycle House)	早稲田大学理工学部建築学科　尾島俊雄研究室	2001	145	住宅特集0106
SY HOUSE	吉野眞二建築研究所	1991	141	住宅建築9205
N-house(計画案)	藤本壮介+a. s. o. f.	2001	27	Japan Architect 45
F'HOUSE	北山恒+architecture WORKSHOP	1995	125	室内9509/建築知識9607/住宅建築9804/住宅特集9804/建築文化9903/GA HOUSES No. 47
M-HOUSE	妹島和世+西沢立衛	1997	123	住宅特集9709/a+u9711/GA JAPAN No. 25;No. 28
大泉学園の家	小野正弘, 小野建築・環境計画事務所	1994	128	住宅特集9503/住宅建築9507-9511
丘の上のガラスの家(計画案)	Mies van der Rohe	1934	11	「Mies in America」(Phyllis Lanbert, CCA WHITNEY ABRAMS, 2001)
岡山の住宅	山本理顕	1992	136	建築文化9301/住宅特集9301/日経アーキテクチュア930719/The Japan Architect9401/SD9501/GA JAPAN No. 19
開拓者の家	石山修武	1986	143	建築文化8610/住宅特集8610
カーテンウォールの家	坂茂建築設計	1995	127	住宅特集9510/「The Un-Private House」(The Museum of Modern Art・1999)
鎌倉の住宅	西沢立衛	1999	10	住宅特集0110/建築文化0112/GA JAPAN 52
紙のログハウス	坂茂建築設計	1995	142	新建築9511/建築文化9512/住宅特集9512/GA JAPAN No. 17
ガラウ・アグスティ邸	Enric Miralles	1993	136	「Modern House」(Phaidon Press Ltd. ・1995)
から傘の家	篠原一男	1961	134	SD7901/近代建築6208/建築文化6402
軽井沢の山荘	吉村順三	1963	16, 128	建築6312/建築文化9005/新建築6801/「日本の住宅　戦後50年」(彰国社・1995)
ガルシュの家	Le Corbusier	1927	18, 132	a+u8712
木とカーテンウォールの家	押野見邦英, 仙波武士	1996	142	日本建築学会作品選集1996/室内9609/日経アーキテクチュア960909;970217/住宅特集9610/The Japan Architect 37
木箱210	葛西潔建築設計事務所	1996	142	日本建築学会作品選集2000/住宅特集9704/住宅建築9801
銀座の小住宅	堀口捨己	1936	132	SD8201/住宅建築7609/「昭和住宅史」(新建築社・1976)
グックルフブフ	Hans Peter Wörndl	1993	143	a+u9805/「waterfront｜HOMES」(Loft Publications s. l. and HBI・2000)
栗の木のある家	生田勉	1956	124	建築6207/建築文化5702/新建築5702/「日本の住宅　戦後50年」(彰国社・1995)
ケクリン邸	Herzog & de Meuron	1994	125	a+u9611
ケース・スタディ・ハウス#22(シュタール邸)	Pierre Koenig	1960	124	「巨匠たちのディテール Vol. 2」(丸善, 1999)
幻庵	石山修武	1975	20	建築文化8610
小暮邸(スタジオK)	室伏次郎, スタジオアルテック	1998	126	新建築9810/室内9801-9810
斉藤助教授の家	清家清	1952	130	新建築5302;6505/都市住宅8510
サヴォア邸	Le Corbusier	1929	23, 120	都市住宅810/a+u8712/「Le Corbusier 1910-29」(D'Architecture erlenbach・1948)/「Houses of the Century」(Editorial Gustavo Gili, SA・1998)
相模原の家	山田初江	1965	134	―
c	青木淳建築計画事務所	2000	119	建築文化9911/GA HOUSES No. 63/住宅特集0009/室内0011/10+1 No. 23/The Japan Aachitect No. 43
シュレーダー邸	Gerrit Thomas Rietveld	1924	132	a+u7312/都市住宅6808;7602;8502;8511/SD7603/新建築9101臨時増刊「建築20世紀PART1」
松庵の住宅1989	富永譲+フォルムシステム設計研究所	1990	128	SD9010/ディテール9010/住宅特集9012
正面のない家-H	坂倉準三建築研究所	1962	14, 121	新建築6210/建築6303
書架の家	前田光一, 包建築計画工房	1994	141	住宅特集9504/住宅建築9603/室内9503
シルバーハット	伊東豊雄建築設計事務所	1984	122	建築文化8501/新建築8501/都市住宅8502;8601/住宅建築8507/SD8609/「日本の住宅　戦後50年」(彰国社・1995)
新小岩の家	六角鬼丈計画工房		22	新建築8312
数学者の家	清家清	1954	131	
スカイハウス(菊竹自邸)	菊竹清訓	1958	8, 9, 118	SD6611;6710臨時増刊号;8010/近代建築5901/建築6104;7201/建築文化5712;5901;6306;6402;8905/The Japan Architect8111;8112/新建築5901;9106臨時増刊「建築20世紀PART2」/都市住宅8201;8501/ディテール1983春季号/日経アーキテクチュア860922/「日本の住宅　戦後50年」(彰国社・1995)
スズキハウス	Peter L. Wilson	1995	21	EL CROQUIS 67
すまい(藤木自邸)	藤木忠善	1963	118	建築7201/新建築6501/都市住宅8201/別冊都市住宅第3集
住吉の長屋	安藤忠雄建築研究所	1976	14, 22, 122	建築文化7702;8002/新建築7702/都市住宅7702;8407;8502/SD8106/「日本の住宅　戦後50年」(彰国社・1995)
諏訪のハウス	西沢大良建築設計事務所	1999	129	住宅特集9909;0211

1) 本書に掲載した事例の建物名索引およびそれらの文献リストを示す. 2) 文献は雑誌を主としている. 3) 配列は建物名称の五十音とした. 4) 建物名称は固有名として特定できない場合を除き, 市町村等の設置者名は省略している.

Building and Project Index/Bibliography 事例索引・文献リスト

建物名	設計者名	竣工年	掲載頁	文献
世界最小の村	椎名英三	1994	136	日経アーキテクチュア941205；950220増刊号／新建築9501／ディテール1995夏季号／日経BPムック住まい図鑑1号
セキスイハイムM-1	大野勝彦	1971	140	「日本の住宅　戦後50年」（彰国社・1995）
「ゼンカイ」ハウス	宮本佳明／アトリエ第5建築界	1997	146	住宅特集9802／室内9810／建築知識9901／The Japan Architect 9904／GA JAPAN No. 25；No. 31
仙川の住宅	佐藤光彦建築設計事務所	1995	137	住宅特集9512
Soft and Hairy House	牛田英作, Kathryn Findlay	1993	138	日本建築学会作品選集1996／住宅特集9410
ダイマキシオン・ハウス	Richard Buckminster Fuller	1927	143	新建築9101臨時増刊「建築20世紀PART1」／「バックミンスター・フラー」（鹿島出版会・1995）／「巨匠たちのディテール Vol. 2」（丸善, 1999）
TATA	象設計集団	1991	123	建築文化9303
立川のハウス	西沢大良建築設計事務所	1996	119	SD9612／室内9612／住宅特集9704／The Japan Architect No. 39／Arch+0006／Miui hauser Japan
ダラヴァ邸	Rem Koolhaas	1991	135	a+u8810／「GA International '89」(A. D. A. Edita・1989)／「Modern House」(Phaidon Press Ltd.・1995)／「Houses of the Century」(Editorial Gustavo Gili, SA・1998)
小さな家	妹島和世	2000	119	GA JAPAN No. 65
地の家	篠原一男	1966	138	建築文化6707／新建築6707／The Japan Architect6710；7903／SD7901
つくばの家	小玉祐一郎	1983	144	Process Architecture No. 98
辻堂の家	手塚建築研究所	1999	142	SD9812／新建築9912／住宅特集9912／日経アーキテクチュア000124／住宅建築0005
土浦邸	土浦亀城	1935	130	建築6411；7201／SD8807；9607／住宅建築9601／別冊都市住宅第1集／「昭和住宅史」（新建築社・1976）
綱島の家	石田敏明	1991	135	日本建築学会作品選集1994-1995／建築文化9205／SD9209
津山の家	村上徹建築設計事務所	1994	123	住宅特集9408／建築知識9701／GA HOUSES No. 42
T平面の家	岩岡竜夫／東海大学岩岡研究室	1999	119	住宅特集9912
塔の家（東自邸）	東孝光	1967	16, 101, 118	建築6706；7201／住宅建築8001／住宅特集9802／新建築6701／都市住宅6807；7603；8201；8407；8511／「日本の住宅　戦後50年」（彰国社・1995）
中野本町の家	伊東豊雄	1976	14, 121	建築文化7611／新建築7611／都市住宅7701；8407／建築知識8008／住宅建築8507／SD8609
南湖の家	坂本一成	1978	20	新建築7902
ナンシーの家	Jean Prouvé	1954	140	a+u0010臨時増刊「20世紀モダンハウス：理想の実現Ⅱ」
2家族の家	Aris Konstantinidis	1967	125	「landscapes and modernisation」(METAPOLIS Press・1999)
日本橋の家	岸和郎+K. ASSOCIATES/Architects	1992	118	日本建築学会作品選集1995／SD9703／住宅特集9206／建築文化9305；9707／住宅建築9308／The Japan Architect No. 61／GA JAPAN No. 2
HOUSE 6	Peter Eisenman		147	
HOUSE SA 1999	坂本一成研究室	1999	131	住宅特集9908／建築文化9908／The Japan Architect0001
House F 1988	坂本一成研究室	1988	122	建築雑誌9007／建築文化8809／住宅特集8809／The Japan Architect8901／L'architettura8902／At Architecture106／Technique & Architecture390
箱の家-Ⅰ	難波和彦	1995	136	日本建築学会作品選集1997／住宅特集9508／建築文化9508／住宅建築9606
母の家（ヴァンナ・ヴェンチューリ邸）	Venturi and Rauch	1961	18, 147	都市住宅6810／a+u臨時増刊号「ロバート・ベンチューリ作品集」(1981)
バラガン自邸	Luis Barragan	1947	133	a+u8008／「Houses of the Century」(Editorial Gustavo Gili, SA・1998)
原邸	原広司+アトリエ・ファイ建築研究所	1974	101, 121	建築文化7509；7912／住宅特集7509；7609／住宅建築8201；8409；8510／別冊都市住宅第11集／GA HOUSE No. 4／「日本の住宅　戦後50年」（彰国社・1995）
反住器	毛綱モン太	1972	147	建築7211／建築文化7211／SD7511／都市住宅7603；8502／「日本の住宅　戦後50年」（彰国社・1995）
B	青木淳建築計画事務所	1999	137	住宅特集9910／GA JAPAN No. 61
東川口の住宅	谷口宗彦	1990	129	住宅特集9102／建築文化9205
東玉川の住宅	長谷川逸子・建築計画工房	1987	122	住宅特集8708／建築文化8708；8712；8805／SD9511
ひばりが丘の家	谷内田章夫	1983	141	日本建築学会作品選集1996／住宅特集9406／日経アーキテクチュア940523
ファンズワース邸	Mies van der Rohe	1950	25, 124	a+u8101／都市住宅8510／「Mies van der Rohe at Work」(Pall Mall Press・1974)／「Houses of the Century」(Editorial Gustavo Gili, SA・1998)
フィッシャー邸	Louis I. Kahn	1969	134	住宅特集9403／「ルイス・カーン」(a+u・1976)／「Louis I. Kahn-complete work 1935-1974」(Birkhauser・1987)
夫婦屋根の家	山下和正	1968	128	建築6809
富士裾野の山荘	石田敏明建築設計事務所	1991	125	住宅特集9208／GA HOUSES No. 38／建築文化0005
ブラボの家	Ricardo Legorreta	1973	138	GA HOUSES No. 25
ブラント・ジョンソン・ハウス	Robert Venturi	1976	23	Architectural Monographs-Venturi and Rauch (1978)
ぶるーぼっくす	宮脇檀	1971	138	新建築7110／都市住宅7603／別冊都市住宅第2集
ブロイヤーⅡハウス	Marcel Breuer	1948	130	「巨匠たちのディテール Vol. 1」（丸善, 1999）
House in Wales（プロジェクト222）	Future Systems	1998	139	「Modern House 2」(Phaidon Press Ltd.・2000)
ベルリン建築展住宅初期プラン	Mies van der Rohe	1931	130	「Mies van der Rohe」(Architect as Educator・1986)／「Philip Johnson：Mies van der Rohe」(The Museum of Modern Art・1978)
Hofhaus-ケルンの庶民住宅	Bau Coop Köln, Wolfgang Felder	1993	144	—
ボルドーの住宅	Rem Koolhaas	1998	127	a+u9611／「Experimental Houses」(Calmann & King Ltd.・2000)／「The Un-Private House」(The Museum of Modern Art・1999)
マーキーズ	Eduard Böhtlingk	1986	143	「Quaderns」(Col-legi d' Arquitectes de Catalunya・2000)
増沢自邸	増沢洵	1952	4, 5, 24, 133	新建築5207／建築文化6402／建築7201／都市住宅8201／住宅建築9012
まつかわぼっくす	宮脇檀	1971	121	新建築7208／都市住宅7603
ミニ・ハウス	塚本由晴+貝島桃代	1998	119	住宅特集9802；9901／日経アーキテクチュア990125／住宅建築9909
妙喜庵茶室待庵（おこし絵）	堀口捨己（作図）	—	25	「茶室おこし絵図集第五集」（堀口捨己, 墨水書房, 1964）
ムーラッツァロの実験住宅	Alvar Aalto	1952-1954	120	建築文化9809／住宅建築9602
山川山荘	山本理顕設計工場	1977	134	新建築7808／建築文化8808
山口邸（自邸）	山口文象	1940	132	建築6310；7201／SD6601臨時増刊号／都市住宅7603／住宅建築9705／「建築学体系38」（彰国社・1969）
山崎邸	黒沢隆	1966	134	都市住宅6805；7603
ユトレヒトの2連戸住宅（ダブルハウス）	MVRDV	1997	23, 137	a+u9809
読売メディア・ミヤギゲストハウス	阿部仁史アトリエ	1997	129	GA JAPAN No. 17; No. 30／住宅特集9603；9712／建築文化9712
落水荘	Frank Lloyd Wright	1936	22, 53	住宅特集8511／住宅建築9408／日経アーキテクチュア020218
立体最小限住居	池辺陽	1950	52, 133	新建築5007／建築文化6402／建築知識8901
リバ・サン・ビターレの家	Mario Botta	1973	139	「Houses of the Century」(Editorial Gustavo Gili, SA・1998)
ルーディン邸	Herzog & de Meuron	1997	147	a+u9811

建物名	設計者名	竣工年	掲載頁	文献
ロッハウの住宅	Carlo Baumschlager and Dietmar Eberle	1996	126	a+u9805
ロビー邸	Frank Lloyd Wright	1906	130	都市住宅8510
Y-HOUSE	篠原聡子/空間研究所	1996	126	日本建築学会作品選集1999/住宅特集9611/日経アーキテクチュア961104；970210
私たちの家	林昌二、林雅子	1978	146	新建築8102/都市住宅8201/SD8006
私の家	清家清	1954	25, 53	都市住宅8201

[居住―集合住宅]

建物名	設計者名	竣工年	掲載頁	文献
芦屋浜シーサイドタウン	ASTM企業連合	1979	167	建築7310；7311/建築画報7905/Process Architecture No. 45/建築計画・設計シリーズ4「高層・超高層集合住宅」（市ヶ谷出版社）
アバンドーネ原5番街	住宅・都市整備公団+ディーワーク	1996	149	建築計画・設計シリーズ4「高層・超高層集合住宅」（市ヶ谷出版社）
アムステルダム・アパートメントタワー	Wiel Arets	1995	167	a+u9402/「Housing in the Netherlands 1990-2000」
茨城県営長町アパート	富永譲+フォルムシステム設計研究所	1999	160	日本建築学会作品選集2001/新建築9608；9909/建築技術9909/ディテールNo. 130/現代集合住宅設計モデル集（新日本法規出版）/建築設計資料65「公共住宅建て替え」（建築資料研究社）
ヴァイセンホーフ・ジードルング	Mies van der Rohe 他	1927	154	a+u8101/a+u臨時増刊号「現代集合住宅-作品21題-」(1975)/WEISSENHOF-SIEDLUNG STUTTGART/「Mies van der Rohe at Work」(Pall Mall Press・1974)
Mポート	もやい住宅設計者集団	1992	56, 157	建築文化9306/at9310
カーレラのテラスハウス	Kaija Heikki Siren	1960	151	—
岐阜県営住宅ハイタウン北方	妹島和世建築設計事務所、高橋章子+高橋寛/ワークステーション、クック・アンド・ホーリィ・アーキテクツ、ディラー+スコフィディオ	1998(1期)、2000(2期)	149, 166	日経アーキテクチュア980420/新建築9805；0005/GA JAPAN No. 32；No. 44/SD9908
熊本県営保田窪第一団地	山本理顕設計工場	1991	158	The Japan Architect9104；9302/SD9101；9510/建築文化9206；9305/新建築9206/日経アーキテクチュア920525/住宅特集9301/GA JAPAN No. 1/GA DOCUMENT No. 25/「日本の住宅 戦後50年」（彰国社・1995）
熊本県営竜蛇平団地	スタジオ建築計画	1994	161	建築雑誌9508/新建築9302/住宅特集9412/SD9601/The Japan Architect 10/「日本の住宅 戦後50年」（彰国社・1995）
群馬県営下細井団地	市浦都市開発コンサルタンツ	1977	149	
51C型公営住宅	東京大学吉武研究室	1951	149	—
コモンシティ星田A2	坂本一成研究室、加藤建築設計事務所	1992	152	建築文化9107；9206；9207/新建築9107/日経アーキテクチュア920622；930614/住宅特集9207/GA JAPAN9208/「日本の住宅 戦後50年」（彰国社・1995）
コンパスシリーズ	長谷川コーポレーション	1973, 1975	149	
再春館製薬女子寮	妹島和世建築設計事務所	1991	54, 154	新建築9110/建築文化9111/日経アーキテクチュア910931/「Elcroquis 77(1)(2) SEJIMA/KISHI」El Croquis Editorial. 1996
実験集合住宅NEXT21	大阪ガスNEXT21建築委員会（総括：内田祥哉+集工舎建築都市デザイン研究所）	1993	141, 166	新建築9401/建築文化9401/住宅特集9401/GA JAPAN No. 6/ディテールNo. 119/SD別册25/現代集合住宅設計モデル集（新日本法規出版）/「日本の住宅 戦後50年」（彰国社・1995）
東雲キャナルコート	基本設計：山本理顕設計工場、実施設計：三井建設（1街区）、伊東豊雄建築設計事務所（2街区）	2003	149, 165	GA JAPAN No. 47/住宅特集0012/新建築0012/日経アーキテクチュア001225
すすき野第三団地	都市整備公団本社・関東支社+白石建築設計事務所	1982	149	建築文化8803
スペースブロック上新庄	小嶋一浩/C+A（シーラカンスアンドアソシエイツ）	1998	52, 159	建築文化9804/新建築9804/SD9807/住宅特集9804/GA JAPAN No. 33/de Architect0004/MONUMENT 31
代官山ヒルサイドテラス	槇総合計画事務所	1968-1992	163	A・B棟：新建築6912/建築文化6912/C棟：新建築7310/建築文化7310/D・E棟：新建築7804/建築文化7804/F・G棟：新建築9206/建築文化9206/日経アーキテクチュア880111；19920525；930222
高の原駅前団地	住宅・都市整備公団	1986	149	
ダブルハウス	MVRDV	1997	23	EL CROQUIS 86+11
つくば・さくら団地	住宅・都市整備公団関東支社+アルセッド建築研究所+千代田建設	1985	149	建築文化8505/新建築8505
同潤会江戸川アパート	同潤会	1934	160	都市住宅7207/住まい学体系49（住まいの図書館出版局・1992）/「同潤会アパート生活史」/SDS9「集合」
都営高輪アパート	東京都	1947	149	
中銀カプセルタワービル〈銀座〉	黒川紀章建築・都市設計事務所	1972	51, 164	建築文化7206/近代建築7207/新建築7201；7206/別册新建築10「黒川紀章」(1986)/日経アーキテクチュア871019；870420
ネクサスワールド香椎	Steven Holl	1991	21	日経アーキテクチュア920615
ネクサスワールド/レム・コールハース棟	Rem Koolhaas/OMA	1991	153	住宅特集9105/新建築9105/日経アーキテクチュア910527/「Floor Plan Atlas housing」(Grundri ßatlas)/現代集合住宅設計モデル集/S, M, L, XL
ネモージュス1	Jean Nouvel	1987	158	a+u8807/GA HOUSING No. 23/「Floor Plan Atlas housing」(Grundri ßatlas)/El Croquis65, 66 Jean Nouvel 1987-1998」(El Croquis Editrial)
バイカー再開発	Ralph Erskine	1969-1980	161	都市住宅7908；8010
バケタ島の住宅地	Francisco Bolonha	1954	151	—
羽根木の森	坂茂建築設計	1997	155	新建築9803/GA JAPAN No. 31
晴海高層アパート	前川國男建築設計事務所	1958	164	近代建築5902/建築文化5902/国際建築5902/新建築5902/SD9204/住宅建築9608/「日本の住宅 戦後50年」（彰国社・1995）
ハーレン・ジードルンク	Atelier5	1961	156	建築6405
船橋アパートメント	西沢立衛建築設計事務所	2004	155	新建築0406/GA JAPAN No. 68
プリンセンホーク	W. J. Neutelings	1995	162	a+u9609/「New concepts Housing」(2001)
プレストゴーズハーゲン	Gunhild Skoog, Anders Thiberg	1984	157	「コレクティブハウジングのすすめ」（丸善・1997）
From 1st	山下和正建築研究所	1975	163	建築雑誌7705/The Japan Architect 7610；7710；7711/建築文化7606/ジャパンインテリア7606/新建築7606/都市住宅7606/ディテール7704
ペサックの集合住宅	Le Corbusier	1926	20, 152	
ベーシックスペースブロック6×6×6	小嶋一浩+日色真帆+東京理科大学小嶋研究室	1998	10	
ベルコリーヌ南大沢5-22住宅	住宅・都市整備公団	1990	149	建築画報9002/新建築住宅特集9005/日経アーキテクチュア900416
ボルネオ/スポーレンブルグ	Jose Luis Mateo, de architectengroep, 他	2000	153	Domus Febbraio 0101/L' ARCHITECTURE D' AUJOURD' HUI・331
幕張パークタワー	鹿島建設	2003	167	近代建築0203

建物名	設計者名	竣工年	掲載頁	文献
幕張ベイタウンパティオス4番街	近代建築研究所, 坂本一成研究室	1995	111, 159	新建築9503/建築文化9508
Marienlundの集合住宅	Friis, Nielsen	—	151	
基町団地（広島県営）	大高建築設計事務所	1972	164	新建築6905;7305/建築と社会7012/建築文化7212;8002/SD7205/都市住宅7307;7308
ユニテ・ダ・ビタシオン（マルセイユ）	Le Corbusier	1952	105, 162	都市住宅8510/a+u8712/a+u臨時増刊号「現代集合住宅-作品21題-」(1975)/「Le Corbusier 1952-57」(Les Editions d' Architecture Zurich・1957)
ラドバーン	Clarence S. Stein, Henry Wright	—	152	
レイクショアドライブアパートメント	Mies van der Rohe	1951	12, 167	a+u8101/都市住宅8511/Process Architecture No. 102/近代建築図集（彰国社・1976)/「Mies van der Rohe-less is more」(Waser Verlag Zurich・1986)
63-3・4・5N-2DK	日本住宅公団	1963	149	
六甲の集合住宅	安藤忠雄建築研究所	1983(Ⅰ), 1993(Ⅱ), 1999(Ⅲ)	17, 27, 156	新建築8310;9310;9909/日経アーキテクチュア930927
YKK黒部寮	アルシテクトゥール ステュディオ・ヘルマン・ヘルツベルハー＋小澤丈夫＋鴻池組一級建築士事務所	1998	50, 160	新建築9811

[福祉]

建物名	設計者名	竣工年	掲載頁	文献
いくの喜楽苑	生活空間研究所　竹山清明, 山中道子	1992	177	建築とまちづくり9307
いなさ愛光園	公共施設研究所	1997	177	建築画報9511;No. 286/病院建築No. 123;No. 126/建築設計資料71「特別養護老人ホーム」（建築資料研究社）/保健・医療・福祉施設建築情報シート集1999（日本医療福祉建築協会）
ウェルポート鹿嶋の郷	公共施設研究所, 設計指導：外山義	1998	177	建築画報No. 286/建築設計資料71「特別養護老人ホーム」（建築資料研究社）/保健・医療・福祉施設建築情報シート集1999（日本医療福祉建築協会）
おらはうす宇奈月	公共施設研究所, 設計指導：外山義	1994	175	ディテールNo. 146/建築画報9511/No. 286/病院9706/病院建築No. 107/建築設計資料71「現代の医療福祉建築」（建築資料研究社）/保健・医療・福祉施設建築情報シート集1996（日本医療福祉建築協会）
カリタス21	建築設計フシオン	1997	177	建築設計資料71「特別養護老人ホーム」（建築資料研究社）
グループハウス尼崎	兵庫県住宅供給公社, 京都大学小林正美研究室, 積水ハウス	1998	178	日経アーキテクチュア991004
ケアタウンたかのす	コスモス設計	1998	177	日経アーキテクチュア990531/病院建築No. 128
ケアハウスふねひき福寿荘	清水公夫研究所	1996	177	建築設計資料66「老人保健施設・ケアハウス」（建築資料研究社）
ケアポートよしだ	MIA＋中林建築設計事務所	1994	177	造景9710/ディテール2000年秋号/建築設計資料75「木造の医療・保健・福祉施設」（建築資料研究社）
国分寺市立しんまち児童館	開発設計（現：開発設計コンサルタント）	1995	173	建築ジャーナル9804
しせいホーム	矢向建築設計事務所	1995	178	建築設計資料3「老人の住環境」（建築資料研究社）
下山田学童保育所もりのいえ	鮎川透＋環・設計工房	1999	173	日経アーキテクチュア990809/建築ジャーナル9908;9912/教育と施設1999年夏号/スクールアメニティ9910/新建築9912
神港園しあわせの家グループホーム棟	NAK建築事務所	1995	174	建築設計資料71「特別養護老人ホーム」（建築資料研究社）
末広保育園＋デイサービスふくじゅ	藤木隆男建築研究所	1998	181	新建築0008
せいがの森保育園	学習研究社一級建築士事務所	1997	173	—
世田谷区立特別養護ホーム芦花ホーム	長島孝一＋AUR建築都市研究コンサルタント	1995	177	病院建築9507/新建築9508/福祉と設備1997年春号/Sustainable Architecture0006
筑穂町高齢者生活福祉センター	葉デザイン事務所	1996	181	日経アーキテクチュア950619/新建築9507/SD9701/GA JAPAN No. 15
デイ・ホーム玉川田園調布	ヘルム	2000	180	日本建築学会作品選集2002/新建築0004/病院建築No. 132
特別養護老人ホーム　愛知たいようの杜	NOV建築工房	1991	177	建築設計資料34「老人ホーム」（建築資料研究社）
特別養護老人ホーム親の家	象設計集団	2001	175	—
特別養護老人ホームせんねん村	キット・プランニング, 大久手計画工房	2000	176	日経アーキテクチュア020513
特別養護老人ホームとかみ共生苑	羽田設計事務所	1997	174	病院建築No. 121
ファンタジアの家1, ファンタジアの家2	（ファンタジアの家1）八島正年,（ファンタジアの家2）八島正年＋高瀬夕子	1995(1), 1999(2)	172	住宅特集9902/新建築0002/住宅建築0008/The Japan Architect No. 39/a+u No. 369
保育園るんびいに	小川信子＋小川建築工房	1992	172	新建築9312/建築設計資料51「保育園・幼稚園2」（建築資料研究社）
ボーゲン	Gjert Bjøkmann, Owe Ålund	1992	178	
水俣市南部もやい直しセンターおれんじ館	高木富士川計画事務所	1997	181	日経アーキテクチュア980518/建築ジャーナル9911/建築設計資料75「木造の医療・保険・福祉施設」（建築資料研究社）
武蔵野市立0123吉祥寺	平瀬計画設計研究所	1992	173	建築設計資料51「保育園・幼稚園2」（建築資料研究社）
屋久町地域福祉センターこまどり館	溝口駿（創建建築画研究所）	1997	181	新建築9809
高田あけぼの保育園　八代の保育園	みかんぐみ	2001	173	The Japan Architect No. 39 PROCESS2000年;No. 44 YEAR BOOK 2001年/新建築0106/日経アーキテクチュアNo. 685;No. 699
ラポール藤沢	群研究所	1994	177	日経アーキテクチュア940815/病院建築9601/建築設計資料71「特別養護老人ホーム」（建築資料研究社）
老人保健施設みやじま	高野重文建築事務所	1998	177	建築ジャーナル0103

[医療]

建物名	設計者名	竣工年	掲載頁	文献
伊藤病院	KAJIMA DESIGN	1997	187	病院9804/病院建築9910/保健・医療・福祉施設建築情報シート集1998（日本医療福祉建築協会）
稲城市立病院	共同建築設計事務所	1998	185	建築画報No. 262/病院建築No. 122
医療法人愛心会葉山ハートセンター	SUM建築研究所	2000	188	建築ジャーナル0012/ランドスケープデザインNo. 21
NTT東日本関東病院	NTTファシリティーズ	2000	184, 193	近代建築vol. 51;vol. 55/病院設備No. 244/病院建築No. 132;No. 133/BE建築設備0103/設備と管理0103/ディテール011230別冊/建築設計資料83「ホスピス・綾和ケア病棟」（建築資料研究社）
大牟田市立総合病院	共同建築設計事務所	1995	189	病院建築No. 112/建築画報9409;9704/全国自治体病院協議会雑誌9603/MEDICAL FACILITIES現代建築・医療施設9509/SIGNS in japan 9509/Better Storage138/ゆかMonthly9707
金沢社会保険病院	共同建築設計事務所	1998	184	建築ジャーナル9809;0012/病院建築0007/保健・医療・福祉施設建築情報シート集1999（日本医療福祉建築協会）

328　事例索引・文献リスト Building and Project Index/Bibliography

建物名	設計者名	竣工年	掲載頁	文献
かねこクリニック	アトリエ環	1999	187	日本建築学会作品選集2002
亀田クリニック	アーキテクト・ハワイ・リミテッド, 日本設計, 一級建築士事務所モノリス, フジタ一級建築士事務所	1995	187	日経アーキテクチュア960325
熊本赤十字病院	内藤建築事務所	1999	184, 189	病院建築9907/近代建築9711/日経アーキテクチュア000221/保健・医療・福祉施設建築情報シート1999年
けいゆう病院	伊藤喜三郎建築研究所	1995	184	日経アーキテクチュア960325/病院9703/近代建築9711
康生歯科医院	ツルヤ建築設計室, 森本連一	1999	186	商店建築0002
神戸市立中央病院	伊藤喜三郎建築研究所	1980	185	建築情報8106;8108;8202;8410/建築文化8105/日経アーキテクチュア830511
国立医療センター	厚生省医務局整備課, 千葉大学建築計画研究室, 建築計画総合研究所	1973	185	SD7212/新建築7404/病院建築No. 7; No. 8
国立成育医療センター	厚生労働省健康局国立病院部, 日建設計, 仙田満＋環境デザイン研究所	2002	191	近代建築0107;0211
慈友クリニック	富永譲＋フォルムシステム設計研究所	2000	186	新建築0103
不知火病院"海の病棟"(ストレス・ケア・センター)	長谷川逸子・建築計画工房	1989	54, 185, 192	新建築9004/建築文化9004/日経アーキテクチュア900402/SD9511/病院建築No. 92
市立長浜病院	石本建築事務所	1996	183	近代建築9711/建築画報No. 262
聖トーマス病院東棟	—	1966	185	—
聖トーマス病院南棟	—	1871	185	—
聖隷三方原病院ホスピスの改築	公共施設研究所	1997	192	病院建築0007/建築画報No. 286/保健, 医療, 福祉施設建築情報シート集1999 (日本医療福祉建築協会)/建築設計資料83「ホスピス・緩和ケア病棟」(建築資料研究社)
聖路加国際病院	メディカルプランニング・アソシエイツ, 日建設計	1992	185, 190	近代建築9011;9511;0008/新建築9206/日経アーキテクチュア920706/建築文化9209/病院建築No. 96/建築画報No. 253; No. 275; No. 284
高木医院	原広司＋アトリエ・ファイ建築研究所	1992	186	日経アーキテクチュア990419/新建築9905/GA JAPAN No. 38
檀国国際病院計画案	—	1989	185	—
千葉県立精神科医療センター	相和技術研究所	1984	193	—
筑波大学付属病院	建築計画総合研究所, 山下設計＋伊藤誠	1976	183, 184	建築画報7806
東京大学医学部附属病院外来診療棟・中央診療棟・入院棟	東京大学施設部＋東大新病院整備企画室＋東京大学建築学科長澤研究室＋岡田新一設計事務所	2001	184, 185	建築画報No. 262/病院建築No. 82; No. 114; No. 134
東京都立駒込病院	日建設計	1974	193	—
東京臨海病院	佐藤総合計画	2001	184, 193	近代建築0211
東芝中央病院	東芝建設部・大成建設＋長澤泰	1993	183	—
富田林病院	日建設計	1977	193	建築画報7806;7808
西神戸医療センター	共同建築設計事務所	1994	59, 185, 190	建築画報No. 245/病院建築No. 105; No. 120
日本赤十字社医療センター	浦良一, 伊藤誠, 建築計画総合研究所, 伊藤喜三郎建築研究所	1976	184	新建築7608/近代建築7608/建築画報8202
パイミオのサナトリウム	Alvar Aalto	1933	51, 192	建築6405;7203/住宅建築9506/SD7702/建築文化9809
福島県立南会津病院	共同建築設計事務所	1994	185	建築画報No. 262
碧南市民病院	指導：名古屋大学工学部柳澤研究室, 監理：久米設計	1988	183	病院建築8810
三井記念病院	三井不動産建築設計部, 日本設計	1970	184	建築文化7011/近代建築7104;7710/SD7107/建築7209/建築界7301
龍の医院「安藤医院」	多田善昭建築設計事務所	1993	186	新建築9310/現代建築集成「医療施設」(メイセイ出版)

[交流]

建物名	設計者名	竣工年	掲載頁	文献
朝日町エコミュージアムコアセンター創遊館	スタジオ建築計画	2000	202	新建築0011/日経アーキテクチュア001030
風の丘葬斎場	槇総合計画事務所	1997	105, 203	新建築9707/日経アーキテクチュア970630/GA JAPAN No. 18; No27/SD9809
金沢市民芸術村	水野一郎＋金沢計画研究所	1996	203	日本建築学会作品選集1999/新建築9705/日経アーキテクチュア971229/建築設計資料63「演劇の劇場」(建築資料研究社)
さわやかちば県民プラザ	岡設計	1996	200	新建築9801/公共建築9501
駿府匠宿	髙木滋生建築設計事務所	1999(本館), 2000(別館)	202	新建築9910
所沢市中富南コミュニティセンター・ひかり児童館	武澤秀一/用美強・建築都市設計	1996	197	新建築9702
所沢市民体育館	坂倉建築研究所	2004	204	新建築0409/GA JAPAN No. 70/建築技術0410/近代建築0412/日経アーキテクチュア030901/ディテール2004年秋季号/月刊体育施設0409
西ノ島町リバティ若者宿	峯建築設計事務所	1993	197	建築設計資料70「コミュニティセンター 2」(建築資料研究社)
兵庫県立但馬ドーム	仙田満＋環境デザイン研究所・大建設計共同企業体	1998	205	新建築9901/日経アーキテクチュア981214
ひらたタウンセンター	富永譲＋フォルムシステム設計研究所	2000(1期), 2002(2期)	199	新建築0210
藤沢市湘南台文化センター	長谷川逸子・建築計画工房	1990	201	新建築9101/建築文化9101/SD9101/日経アーキテクチュア901224
道の駅「香南楽湯」・香南町保健センター・社会福祉センター	宮崎浩/プランツアソシエイツ	2002	198	新建築0207/ディテールNo. 154
モデナ墓地設計競技	Aldo Rossi	1971	25	a+u7605
ゆう杉並(杉並区立児童青少年センター・杉並区立男女平等推進センター)	六角鬼丈計画工房	1997	197	新建築9803/建築設計資料76「児童館・児童文化活動施設」(建築資料研究社)
横浜市下和泉地区センター・下和泉地域ケアプラザ	山本理顕設計工場	1996	198	新建築9704/GA JAPAN No. 26

[公共サービス]

建物名	設計者名	竣工年	掲載頁	文献
あきる野市庁舎	佐藤総合計画	2001	208	近代建築0205/公共建築0101/建築設備士0108
足立区リサイクルセンター・あだち再生館	西野建築研究所	1998	212	日経アーキテクチュア971020/建築設計資料79「清掃工場・リサイクル関連施設」(建築資料研究社)
出石町庁舎	宮脇檀建築研究室	1993	208	新建築9306/日経アーキテクチュア930524

建物名	設計者名	竣工年	掲載頁	文献
板橋区立エコポリスセンター	久米設計+板橋区建築環境部	1995	213	近代建築9604/建築知識9601/JIA NEWS 1996:サスティナブル・デザイン・ガイド/
ヴィトラ・ファイヤー・ステーション	Zaha Hadid	1991	22	EL CROQUIS 52
香川県庁舎	丹下健三・都市・建築設計研究所	2000	209	近代建築0007/新建築9804;0006/日経アーキテクチュア000515
鎌倉市笛田リサイクルセンター	八千代エンジニヤリング	1997	213	ディテールNo. 141/日経アーキテクチュア970811/建築設計資料79「清掃工場・リサイクル関連施設」(建築資料研究社)
熊本北警察署	篠原一男アトリエ+太宏設計事務所	1990	215	SD9101/建築文化9101/新建築9101/日経アーキテクチュア901224
桜田門の交番(警視庁丸の内警察署桜田門警備派出所)	日建設計	1993	215	新建築9403/GA JAPAN No. 7/SD1995年08月/ディテール1995年秋季号/ARCHITECTURAL REVIEW 9403
地震の科学館 北区防災センター	防災都市計画研究所	1982	214	建築設計資料52「地域防災施設」(建築資料研究社)
墨田区庁舎	久米設計	1990	207	新建築9101/建築文化9102/近代建築9102/建築画報No. 231
世田谷区松沢出張所	長島孝一+AUR建築都市研究コンサルタント	1992	210	新建築9204/建築文化9204
高崎シティホール	久米設計	1998	209	建築画報No. 266/新建築9806
調布駅北口交番	妹島和世建築設計事務所	1994	215	新建築9503/The Japan Architect 9504/GA JAPAN No. 13
東京都新庁舎(コンペ案)	磯崎新アトリエ	1986	17	SD9110/建築文化8605;8606/新建築8605/日経アーキテクチュア860519
豊田市役所	梓設計	1999	207	建築画報No. 292
浪合フォーラム	中村勉総合計画事務所	1997	210	新建築9710/日経アーキテクチュア971006
兵庫県西播磨総合庁舎	設計組織ADH+法政大学渡辺研究室	2002	211	新建築0210/日経アーキテクチュア021014
広島市環境局中工場	谷口建築設計研究所	2004	212	新建築0407
広島市西消防署(西消防署及び福島コミュニティ消防センター)	山本理顕設計工場	2000	214	新建築0007/ディテールNo. 146/「山本理顕―システムズ・ストラクチュアのディテール」(彰国社)
横浜地方・簡易裁判所	国土交通省関東地方整備局	2001	211	建築画報0110

[教育]

建物名	設計者名	竣工年	掲載頁	文献
旭中学校(旭町立)	中村勉総合計画事務所,設計計画指導:長澤悟	1996	238, 241	ディテールNo. 130;No. 132;No. 134/新建築9611/スクールアメニティ9704/建築デザインワークブック[1]「スクール・リボリューション」(彰国社)
アーバスとが(利賀村立)	基本構想:利賀村複合教育施設基本構想策定委員会,計画指導:長澤悟,基本設計:藤野雅統+ファブリカ・アルティス,実施設計:創建築事務所・ファブリカ・アルティス共同企業体	1998	226, 240	新建築9912/ディテール1999年春季号/教育と施設9812;0003/学校建築年報(公立学校編)平成9年度版/建築デザインワークブック[1]「スクール・リボリューション」(彰国社)
アポロスクール	Herman Hertzberger	1983	61, 228	a+u 8312
育英学院サレジオ小学校	藤木隆男建築研究所	1993	65, 236	GA JAPAN No. 4/SD9907/建築文化9306/新建築9306/日経アーキテクチュア930524
池田小学校	谷口汎邦,原担,K構造研究所	1978	222	建築文化8110
出石中学校(出石町立)	宮脇檀建築研究所	1999	229	新建築0001
イースト・ロチェスター小学校			228	
稲荷台小学校(板橋区立)	日本大学関沢研究室	1975	222	建築文化7606
イブリンロウ小学校	Department of Education & Science	1965	228	建築知識7208/建築文化7305/Building Bulletin No. 36;No. 47
イリノイ工科大学キャンパス配置計画	Mies van der Rohe	1942-46	12	Phyllis Lanbert:Mies in America, , CCA WHITNEY ABRAMS(2001)
岩江幼稚園(三春町立)	山下和正建築研究所	1993	221	Process ArchitectureNo. 132
打瀬小学校(千葉市立)	シーラカンス,東京都立大学長倉研究室	1995	217	GA JAPAN No. 15/SD9807/建築文化9507/日経アーキテクチュア950619
南中学校(大洗町立)	三上建築事務所	2000	237, 238, 239	文教施設02 2001年春号
緒方中学校(緒方町立)	重村力+Team Zoo いるか設計集団	2000(校舎棟), 2001(体育館棟)	230	日本建築学会作品選集2004/新建築0208/LANDSCAPE DESIGN 0406/近代建築0207/文教施設2004年秋号
緒川小学校(西浦町立)	田中・西野設計事務所	1978	222	建築画法8012/新建築7909/日経アーキテクチュア921221
海浜打瀬小学校(千葉市立)	桑田建築設計事務所	2001	225	近代建築0207
笠原小学校(宮代町立)	象設計集団	1982	50, 217	日経アーキテクチュア830926/新建築8309/建築文化8309/SD8511
加藤学園暁秀初等学校	槇総合計画事務所	1972	222	SD 7306;7906/建築文化7301;7210/新建築7301
神山小学校	松村正恒	1962	216	建築文化5812;9409
川尻小学校(呉市立)	村上徹建築設計事務所	2003	224, 240	新建築0307/GA JAPAN No. 63
吉備高原小学校(吉備中央町立)	小泉雅生+小嶋一浩/C+A,建築計画アドバイザー:上野淳(東京都立大学教授)	1998	223	GA JAPAN No. 33/SD 9807;9907/建築文化9808/新建築9807/日経アーキテクチュア980629
吉備高原幼稚園	小泉雅生/C+A	1999	221	GA JAPAN No. 39/SD 9807/新建築 9807;9907
港北小学校(横浜市立)	計画指導:長澤悟,基本計画・設計監修:中村勉総合計画事務所,基本設計・実施設計:横浜市建築設計協同組合	2002	225	文教施設2003年新春号
桜丘小学校(世田谷区立)	船越徹+ARCOM	1999	239	新建築0004
桜中学校(三春町立)	香山壽夫建築研究所	1991	222, 241	新建築9112/SD9907/日経アーキテクチュア910722;920224/建築デザインワークブック[1]「スクール・リボリューション」(彰国社)
下山田小学校(山田市立)	鮎川透+環・設計工房	1999	226, 236, 238	日経アーキテクチュア990809/新建築9912/教育と施設1999年夏号/スクールアメニティ9910/建築ジャーナル9908;9912
城南小学校(七戸町立)	東京大学吉武研究室	1965	216	建築文化6311
小門間小学校(取手町立)	東京都立大学長倉研究室	1963	216	建築文化6406
白浜中学校(白浜町立)	早稲田大学池原研究室	1970	217	建築文化7011/新建築7011
白浜幼児園[白浜第1幼稚園,白浜保育園](和歌山県白浜町立)	アーキ・クラフト一級建築士事務所(建築設計協同組合ジオットデザイン)	2001	221	―
白金幼稚園	SUDA設計室	2000	221	新建築0006
ステンスビー幼稚園	Kristin Jarmund	1993	221	―
成蹊小学校	吉武泰水	1952	216	新建築5204
青渓中学校	東京大学吉武研究室	1957	216	新建築5805
聖籠中学校(聖籠町立)	香山壽夫建築研究所	2001		新建築0109/近代建築0109;0207
千川小学校(武蔵野市立)	岡田新一設計事務所	1997	238, 241	新建築9711/建築デザインワークブック[1]「スクール・リボリューション」(彰国社)
相洋中高等学校インテリジェントセンター21	横浜建築研究所	1998	237	ディテールNo. 140
多治見中学校(多治見市立)	象設計集団,アトリエ修羅	2001	229, 237	日経アーキテクチュア021126/近代建築0207/文教施設2002年夏
玉島北中学校(倉敷市立)	いるか設計集団,倉建築設計センター(青木建築設計事務所)	1996	240	新建築9712/GA JAPAN 9605-06/近代建築0006/SD9601/ディテール1999年春季号

事例索引・文献リスト Building and Project Index/Bibliography

建物名	設計者名	竣工年	掲載頁	文献
中部小学校(福光町立)	福見建築設計事務所	1978	222	建築知識8110/建築文化7911/日経アーキテクチュア921221
繁小学校(山形村立)	ゼロ建築都市研究所	2001	223	新建築0112/日経アーキテクチュア011112/文教施設2002年夏号/東北ジャーナル0102
常豊小学校(塩町立)	近藤道男建築設計室	1993	238	教育と施設41夏号/アイスパンvol. 9;vol. 10
田園調布学園中・高等学校	近藤道男建築設計室	2003	240	
豊富中学校(豊富町立)	ドーコン,計画指導:長澤悟	2003	230,239	—
浪合学校	湯澤建築設計研究所,計画指導:長澤悟	1988	217,238,239	SD9907/建築文化9101/新建築8907/DA建築図集「学校Ⅰ 小学校・小中学校」(彰国社)/建築デザインワークブック[1]「スクール・リボリューション」(彰国社)
西会津中学校(西会津町立)	清水公夫研究所,建築計画協力:長澤悟	2001(校舎),2002(屋内運動場・他)	231	—
西戸山小学校(新宿区立)	東京都建築局工事課	1950	216	新建築5112
日本女子大学附属豊明小学校	内井昭蔵建築設計事務所	1997	236	近代建築9801/日経アーキテクチュア980126/スクールアメニティ9811/教育と施設9809/建築デザインワークブック[1]「スクール・リボリューション」(彰国社)
博多小学校+奈良屋公民館(福岡市立)	工藤和美+堀場弘/シーラカンスK&H,計画指導アドバイザー:長澤悟	2001	227,236	新建築0108;0112;0205/日経アーキテクチュア011112/建築文化0108/建築技術0107/GA JAPAN No. 50
迫桜高等学校	小嶋一浩+三瓶満真/C+A	2002	232	近代建築0006
バーンヒル・コミュニティ高等学校	Terrence O' Rourke plc	1999	234	
ブラックホーク中学校	Wold Architects and Engineers	1994	234	「アメリカの学校建築 米国学校建築調査報告書」(柳沢要,鈴木賢一,上野淳,1988)/Educational Facilities 1995-96 Review
本町小学校(横浜市立)	内井建築設計事務所	1984	222	新建築8504
ミネソタ・ニューカントリースクール		1994	232	
(旧)宮前小学校(目黒区立)	宮前小学校設計グループ	1955	216	建築文化5812
宮前小学校(目黒区立)	ARCOM	1985	65,222	日経アーキテクチュア850520/新建築8606/建築文化8505/建築設計資料16「学校-小学校・中学校・高等学校」(建築資料研究社)/日本建築学会作品選集1989/ディテールNo. 95
明安小学校(金山町立)	小澤明建築研究室	2002	224	日経アーキテクチュア
メツォーラ・ジュニアスクール	Bitumi Manner	1991	228	
社川小学校(棚倉町立)	近藤道男建築設計室	1997(校舎),1998(体育館)	236,239,241	新建築9810/School Amenity9707/教育と施設No. 59;No. 63/ディテールNo. 132/DA建築図集「学校Ⅰ 小学校・小中学校」(彰国社)/建築デザインワークブック[1]「スクール・リボリューション」(彰国社)/建築設計資料67「学校2」(建築資料研究社)
山北小学校(玉東町立)	大栄設計	1975	222	
湯山小学校(水上村立)	下瀬哲郎	1998	223	
横須賀総合高等学校(横須賀市立)	船越徹+ARCOM	2002(1期),2005(2期)	233	新建築0304
六本木中学校(港区立)	基本構想:長澤悟,基本・実施設計:豊建築事務所	2000	231,237	

[図書]

建物名	設計者名	竣工年	掲載頁	文献
朝霞市立図書館	和設計事務所	1987	246	近代建築9206/図書館建築22選
市川市生涯学習センター・中央図書館	山下設計	1994	245	日経アーキテクチュア95012/ディテール1999年夏季号/現代建築集成/図書館(メイセイ出版)/SD別冊31「本と人のための空間」
浦安市立中央図書館	佐藤総合計画	1982,増築:1989	246	建築画報8501
大阪市立中央図書館	石本建築事務所	1996	251	建築画報No. 269
大阪府立中央図書館	日建設計	1996	245	建築画報9804/新建築9705/空調衛生工学9705
苅田町立図書館	山手総合計画研究所	1990	246	日本建築学会作品選集1991/図書館建築22選/建築設計資料43「図書館2」(建築資料研究社)/SD別冊31「本と人のための空間」/現代建築集成「図書館」(メイセイ出版)
関西学院大学図書館	日本設計	1997	95,252	近代建築9802
クーモ町立図書館	Matti Nurmela. Kari Raimoranta. Jyrki Tasa	1988	247	SD別冊31「本と人のための空間」/arkitehti 8902/「LIBRARY BUILDERS」(MICHAEL BRAWNE. ACADEMY EDITIONS・1997)
新宿区立四谷図書館	現代建築研究所	1997	248	新建築 9710/建築画報No. 263;No. 269
ストックホルム市立中央図書館	Gunner Asplund	1927	247	SD8210
洲本市立図書館	鬼頭梓建築設計事務所	1998	249	ディテールNo. 141/日経アーキテクチュア990322/建築設計資料97「図書館3」(建築資料研究社)
セイナヨキ市立図書館	Alvar Aalto	1965	247	インテリア8201/建築7303/建築文化9810/住宅建築9604/「Le biblioteche di Alvar Aalto(Florindo Fusaro, EDIZIONI KAPPA・1981)/「Alvar Aalto Band I 1922-1962」(Les Editions d' Architecture Artemis Zurich・1963)
せんだいメディアテーク	伊東豊雄建築設計事務所	1995	11,26	GA JAPANNo. 15;49/近代建築0103/建築技術0103/建築文化9906;0104/商店建築0103/新建築9611;0103/日経アーキテクチュア961104;010305
大東文化大学板橋キャンパス中央棟・図書館	中村勉,山本・堀アーキテクツ	2003	253	日経アーキテクチュア040322/新建築0404/近代建築0407
武雄市図書館	佐藤総合計画	2000	249	生涯学習空間28 010515/図書館雑誌0102/図書館の学校0101;0207/建築計画・設計シリーズ13「図書館」(市ヶ谷出版社)/建築設計資料97「図書館3」(建築資料研究社)
千葉市立中央図書館・生涯学習センター	I. N. A. 新建築研究所	2001	245,250	
テンスベリ市立図書館	Ivar Lunde, Morten Løvseth	1992	247	SD別冊31「本と人のための空間」
東京弁護士会・東京第二弁護士会合同図書館	図書館計画:丸善(協力:木野修造)	—	107,245	
図書館情報大学	文部省,ARCOM	1978	245	建築画報8103
豊栄市立図書館	安藤忠雄建築研究所	2000	248	GA JAPAN No. 51/新建築0107/建築設計資料97「図書館3」(建築資料研究社)
八戸市立図書館	日本図書館協会施設委員会	1960	246	建築界7310/建築文化6207/新建築8703
パリ大学図書館(コンペ案)	Rem Koolhaas/OMA	1994	25	S. M. L. XL
日野市立高幡図書館	長谷川紘都市・建築研究室	1991	246	新建築8007/建築設計資料7「図書館」(建築資料研究社)
日野市立中央図書館	鬼頭梓建築設計事務所	1973	246	SD7410/新建築7308/日経アーキテクチュア860127
フランス国会図書館(コンペ案)	Rem Koolhaas/OMA	1989	15	EL CROQUIS 53

建物名	設計者名	竣工年	掲載頁	文　　献
町田市立中央図書館	アール・アイ・エー	1990	246	近代建築 9008／公共建築 9510／SD別冊31「本と人のための空間」／建築設計資料43「図書館2」（建築資料研究社）／現代建築集成「図書館」（メイセイ出版）
明治大学中央図書館	日建設計，インテリア設計：日建スペースデザイン	2001	253	近代建築9606／建築画報 No. 275／日経アーキテクチュア990111／建築設計資料97「図書館3」（建築資料研究社）
吉田町立図書館	岡田新一設計事務所	1999	248	図書館の学校0004／Texture and Matiere（INAX）／全国学校図書館協議会「図書館学演習資料　前編」／建築設計資料97「図書館3」（建築資料研究社）

[展示]

建物名	設計者名	竣工年	掲載頁	文　　献
青森県立美術館（コンペ案）	青木淳建築計画事務所	1999	27	GA JAPAN 53／建築文化0204／新建築0003
安曇野ちひろ美術館	内藤廣建築設計事務所	1996	13	SD9312／建築文化9711／新建築9706／日経アーキテクチュア970602
インゼル・ホムブロイヒ美術館	Erwin Heerich	1984	263	—
宇都宮美術館	岡田新一設計事務所	1996	255	新建築9706
海の博物館	内藤廣建築設計事務所	1989	261	日経アーキテクチュア900625／建築文化9007／新建築9007
岡山県立美術館	岡田新一設計事務所	1987	70, 257	日経アーキテクチュア880627／建築文化8807／新建築8807／建築画報8903
潟博物館	青木淳建築計画事務所	1997	98, 261	新建築9710
神奈川県立近代美術館	坂倉準三建築研究所	1951（本館，改修：1968），1966（新館）	254	近代建築7012／建築知識7810；8302；8307／建築文化9409／GA JAPAN No. 12／Process Architecture No. 110
キンベル美術館	Louis I. Kahn	1972	104, 263	a+u7301／建築文化6901／建築6908
熊野古道なかへち美術館	妹島和世＋西沢立衛／SANAA	1997	259	GA JAPAN No. 27／新建築9707／SD9710
熊本県立美術館	前川國男建築設計事務所	1976	254	近代建築7801／建築画報7803／新建築7801／SD9204／建築文化7801
国立西洋美術館	建設省関東地方建設局，前川建築設計事務所，横山建築構造設計事務所，清水建設	竣工：1959，新館増築：1979，企画展示館増築・本館改修：1998	264	国際建築5803；5908；6102／新建築5907；8001；9807／建築文化5908／近代建築7012；9810／建築画報8007；8409；No. 298／建築界8003／Process Architecture No. 43／建築知識8008；8307／a+u8712／SD9204／GA JAPAN No. 12
酒田市美術館	池原義郎・建築設計事務所	1997	106, 255	GA DOCUMENT No. 47／新建築9712／GA JAPAN No. 30／ディテール No. 136／The Japan Architect9801
佐野市郷土博物館	戸尾任宏，建築研究所アーキヴィジョン	1983	255	新建築8404／建築文化8406／建築雑誌8507／建築設計資料5「地方博物館・資料館」
神長官守矢史料館	藤森照信＋内田祥士（習作舎）	1991	262	建築文化9106／新建築9106／日経アーキテクチュア920224
ソロモン・R・グッゲンハイム美術館	Frank Lloyd Wright	1959	255	国際建築5208；6001／新建築6003／a+u8409／住宅建築9408
大英博物館	Foster & Partners	1855	254	a+u0201／SD0010／日経アーキテクチュア991213
田崎美術館	原広司＋アトリエ・ファイ建築研究所	1986	259	建築文化8505；8608／日経アーキテクチュア860728／新建築8608／GA DOCUMENT No. 15／ディテール No. 93／SD9401
谷村美術館	村野・森建築事務所	1983	258	新建築8401
小さな都市のための美術館（計画案）	Mies van der Rohe	1942	22	Mies van der Rohe：The Art of Structure
テイトモダン（イギリス国立美術館）	Herzog & de Meuron	2000	264	Domus828
デュ・メニルコレクション美術館	Renzo Piano	1986	258	a+u8711／SD8711／住宅特集8711／Process Architecture No. 100
東京藝術大学大学美術館	基本構想：東京芸術大学美術学部将来計画準備室，基本設計：東京芸術大学施設課＋六角鬼丈・宮崎浩一，実施設計：日本設計	1999	255	新建築9909；9910／GA JAPAN No. 40
東京国立博物館本館	渡邉仁	1937	254	近代建築7012
鳥取県立博物館	日建設計	1972	255	新建築7212／建築と社会7301；7503／近代建築7302／建築界7501／建築画報7803
豊田市美術館	谷口建築設計事務所	1995	104, 255	日経アーキテクチュア960101／新建築9601／SD9809
トレド美術館ガラスセンター	妹島和世＋西沢立衛		27	GA JAPAN 59
長野市立博物館	宮本忠長建築設計事務所	1981	254	建築画報8402；8605／建築文化9111
林原美術館	前川國男建築設計事務所	1964	254	
東村山新富弘美術館	ヨコミゾマコト+aat		27	建築文化0310
ビルバオ・グッゲンハイム美術館	Frank. O. Gehry	1997	27, 260	建築文化9803／a+u9807
広島市現代美術館	黒川紀章建築・都市設計事務所	1988	255	Process Architecture No. 66／新建築8706；8906／日経アーキテクチュア890529；900813／SD8906／建築文化8906
ヘルシンキ現代美術館	Steven Holl	1998	10, 23	a+u9808／建築文化9807／EL CROQUIS 93
ホイットニー・アメリカ美術館	Marcel Breuer	1965	255	建築文化6406；6610／新建築6610／Process Architecture No. 32
ポーラ美術館	日建設計	2002	263	新建築0208
ポンピドーセンター	Renzo Piano + Richard Rogers	1977	19, 255, 257	Process Architecture No. 100
牧野富太郎記念館	内藤廣建築設計事務所	1999	254	日経アーキテクチュア991227／新建築0001／建築文化0002
幕張メッセ展示場	槇総合計画事務所	1989（1期），1997（2期）	265	新建築8611；8912；9703；9801／日経アーキテクチュア861103；891127；960422；971229；970421／建築文化8701；8912／建築画報9007／SD9301；0001／GA JAPAN No. 30
丸亀市猪熊弦一郎現代美術館・丸亀市立図書館	谷口建築設計事務所	1991	101, 259	ジャパンランドスケープ9506／建築文化9207／新建築9207／日経アーキテクチュア920622／文化施設9312
八代市立博物館・未来の森ミュージアム	伊東豊雄建築設計事務所	1991	262	新建築9111／建築文化9112
大和文華館	吉田五十八	1960	254	国際建築6101／新建築6101／日経アーキテクチュア840312
ラ・クンジュンター彫刻の家	Peter Mäkli	1992	258	a+u9611／ARCHITECTURAL REVIEW9802
ルイジアナ近代美術館	Jorgen Bo, Vilhelm Wohler	1958, 1971, 1975, 1980	99, 254	SD9103

[芸能]

建物名	設計者名	竣工年	掲載頁	文　　献
愛知芸術文化センター	A&T建築研究所	1992	269	新建築9212／建築文化9212／日経アーキテクチュア921123／近代建築9212／ディテール No. 115／建築設計資料48「コンサートホール」（建築資料研究社）
秋吉台国際芸術村	磯崎新アトリエ，笹戸建築事務所	1998	277	新建築9905

建物名	設計者名	竣工年	掲載頁	文献
ウォルト・ディズニー・コンサートホール	Frank O. Gehry	2003	11	a+u9008/GA ARCHITECT 10
コロセウム	—	A.D.1世紀	15	「図説 都市の世界史1」(佐野敬彦, 林寛治訳, 相模書房, 1983)
金毘羅大芝居	—	1835, 復元:1976	277	SD別冊24「演劇のための空間」
彩の国さいたま芸術劇場	香山壽夫+環境造形研究所	1994	272	新建築9409/近代建築9501/日経アーキテクチュア940829/GA JAPAN9409-10/JA '94建築年鑑
シアター・トップス	木立工房	1985	270	JATET42「東京の小劇場」
シドニーオペラハウス	Jørn Utzon	1973	10	a+u7310/建築7309/建築文化5801/国際建築5704;5711;6511/日経アーキテクチュア881212
シネマ・メディアージュ	竹中工務店	2000	277	日経アーキテクチュア000515/商店建築0007
SHIBUYA-AX	みかんぐみ	2000	270	新建築0103
新国立劇場(コンペ案)	Jean Nouvel	1986	19	「Monolithic Architecture」(Prestel-Verlag, 1995)
スパイラル	槇総合計画事務所	1985	18, 99	日経アーキテクチュア851216/SD8601/建築文化8601/新建築8601/建築画報8604
世田谷パブリックシアター・シアタートラム	アトリエR	1997	66, 269	新建築9702/日経アーキテクチュア970210
東京国際フォーラム	Rafael Viñoly	1997	96, 276	日経アーキテクチュア891127;891217;910318;911111;960729;961125/建築文化8912;9203;9608/新建築8912;9306;9608/a+u9006;9010;9103/SD9010;9106;9703/近代建築9407/商店建築9703/GA JAPAN No. 22/建築画報No. 263
東京文化会館	前川建築設計事務所	1961, 改修:1994	275	新建築6106;8502/国際建築6107/建築文化6106/Process Architecture No. 43/SD9204/近代建築9908
新潟市民芸術文化会館「りゅーとぴあ」	長谷川逸子・建築計画工房	1998	105, 109, 273	新建築9901/GA JAPAN No. 36/建築技術9902/近代建築9901/建築ジャーナル9901/日経アーキテクチュア981214/ディテール2000年冬号/Architectural Record9905
ネザーランド・ダンスシアター	Rem Koolhaas/OMA	1987	271	SD別冊24「演劇のための空間」
ビッグハート出雲	小島一浩+小泉雅生/C&A	1999	66, 271	新建築0003/日経アーキテクチュア000306/GA JAPAN No. 43
ベニサン・ピット	ウリュウ企画建築事務所	1985	270	JATET42「東京の小劇場」
ルツェルン文化・会議センター	Jean Nouvel	1991(コンサートホール), 1999(多目的ホール他)	274	a+u9812/建築文化9902/GA DOCUMENT No. 57

[宿泊]

建物名	設計者名	竣工年	掲載頁	文献
アクトシティ浜松	日本設計, 三菱地所, 鹿島, 清水建設, 竹中工務店	1994	280	商店建築9412;9503/近代建築9501/新建築9412/日経アーキテクチュア941121;950220;950620/建築設計資料59「シティホテル2」(建築資料研究社)
アリラ・マンギス	Kerry Hill	1994	284	
ウェスティンホテル大阪	青木建設	1993	280	日経アーキテクチュア931129
浦安ブライトンホテル・ビジネスコート新浦安	日建設計	1993	281	日経アーキテクチュア930913/建築設備9312/建築画報No. 253/建築設計資料59「シティホテル2」(建築資料研究社)/現代建築集成「宿泊施設」(メイセイ出版)
Kita Hotel	黒川雅之建築設計事務所	1991	283	新建築9109/日経アーキテクチュア910902;920224/建築計画・設計シリーズ28「宿泊施設」(市ヶ谷出版社)
京都東急ホテル	戸田建設一級建築士事務所	1982	280, 282	新建築8212/建築と社会8301/商店建築8302/The Japan Architect 8302/建築画報8304
京都ホテル	三菱地所, 清水建設	1994	281	日経アーキテクチュア940829/新建築9409
クラスカ	都市デザインシステム, インテンショナリーズ	2003	283	日経アーキテクチュア031208
グランドアーク半蔵門	日建設計	1998	280	日本建築学会作品選集2001/建築技術9906
グランドハイアット上海	SOM	1999	281	商店建築0003
グランドハイアット東京	チャダ・シェンベーダー・レメディオス	2003	281	商店建築0407
京王プラザホテル	日本設計	1971	280, 281	新建築7107/建築文化7107/近代建築7006;7107;7312/SD7007;7309/建築界7107;7301/建築と社会7203/建築7209
彩の国ふれあいの森 森林科学館・宿泊棟	片山和俊+DIK設計室	1994	287	GA JAPAN No. 9/新建築9407/日経アーキテクチュア940704/建築画報No. 254/住宅建築9502/建築計画・設計シリーズ31「自然体験学習施設」(市ヶ谷出版)/現代建築集成「寮・保養所・研修施設」(メイセイ出版)
ザ・スコータイ	—		281	TOTO通信2003夏号
ザ・マンハッタン	KAJIMA DESIGN, RTKLアソシエイツ	1991	281	日経アーキテクチュア911202/近代建築9203/SD9210/建築画報No. 261
ジ・オリエンタル・バンコク	—		281	DACO No. 133
品川プリンスホテル本館	竹中工務店	1978	281	建築画報7809;No. 260/日経アーキテクチュア950130/新建築9502/商店建築9502/近代建築9603
シーホーク・ホテル&リゾート	シーザー・ペリ&アソシェーツ, 竹中工務店	1995	280, 281	日本建築学会作品選集1997/商店建築9506/新建築9506/日経アーキテクチュア950612増刊号/近代建築9507/SD9510/建築画報No. 260/ディテールNo. 128/現代建築集成「宿泊施設」(メイセイ出版)
新高輪プリンスホテル	村野・森建築事務所	1982	280	近代建築8208/新建築8207;8508/日経アーキテクチュア820705/建築画報8304/Process Architecture No. 38
新横浜プリンスホテル	清水建設一級建築士事務所	1992	280, 281	日経アーキテクチュア920427/新建築9205
セルリアンタワー(東急ホテル)	観光企画設計社, 東急設計コンサルタント	2001	281	商店建築0107/新建築0107/日経アーキテクチュア010806
仙寿庵	羽深隆雄	1997	286	日経アーキテクチュア970714/新建築9708/建築設計資料81「旅館」(建築資料研究社)
タラサ志摩全日空ホテル&リゾート	清水建設設計一級建築士事務所	1992	280	日本建築学会作品選集1992/日経アーキテクチュア920831/商店建築9209/新建築9209
俵屋	吉村順三	1965	57, 286	新建築6606
帝国ホテルインペリアルタワー	山下設計	1983	280	建築画報8304;8705;8812/建築文化8305/新建築8305/商店建築8306/ディテールNo. 77/Process Architecture No. 80
東京全日空ホテル	観光企画設計社	1986	280	建築画報8604;8804/近代建築8703/新建築8607/建築設計資料24「シティホテル」(建築資料研究社)
東京ベイヒルトンインターナショナル	日本設計	1988	280	近代建築8709/建築画報8709/No. 230/建築設計資料24「シティホテル」(建築資料研究社)
二期倶楽部東館	コンラン&パートナーズ, 山本・堀アーキテクツ	2003	285	新建築0310/商店建築0309
パークホテル東京(汐留メディアタワー)	デ・スィーニュ, KAJIMA DESIGN	2003	282	新建築0310/商店建築0311/ランドスケープデザイン0406/建築文化0112増刊

建物名	設計者名	竣工年	掲載頁	文献
フォーシーズンズホテル椿山荘東京	観光企画設計社	1991	280, 281	新建築9202/日経アーキテクチュア920203/近代建築9203/商店建築9203/建築画報No. 233；No. 273/建築設計資料59「シティホテル2」(建築資料研究社)
フォーシーズンズホテル丸の内東京	PCP共同設計室(日建設計・竹中工務店)	2002	281	商店建築0407/新建築0211
藤野芸術の家	仙田満+環境デザイン研究所	1995	287	新建築9606/日経アーキテクチュア960603
ホテルイースト21東京	KAJIMA DESIGN	1992	281	建築画報No. 261
ホテルサンルート赤坂	シー・アール・ジー・ジャパン+ハーシュ・ベドナーアソシエイツ	2002	281	商店建築0407
ホテル西洋銀座	久米建築事務所, 菊竹清訓建築設計事務所	1987	281	建築文化8706/新建築8706/建築画報8710/日経アーキテクチュア890220
ホテル日航福岡	KAJIMA DESIGN	1989	280	近代建築9006/新建築8908/建築画報No. 223；No. 261/日経アーキテクチュア900813
ホテルニューオータニ幕張	日建設計大阪本社	1993	280, 281	日経アーキテクチュア931129/建築と社会9312
ホテル・モリノ新百合ヶ丘(中島ビル)	鹿島横浜支店(内装：日建スペースデザイン)	1997	281	商店建築9803/日経アーキテクチュア980608増刊号
ホテルモントレ札幌	KAJIMA DESIGN	1994	280	商店建築9411/日経アーキテクチュア950612
(ポルテ金沢)ホテル日航金沢	松田平田設計	1994	280	新建築9405/日経アーキテクチュア940613/現代建築集成「宿泊施設」(メイセイ出版)
明治生命AMMNATタワー(名古屋ヒルトンインターナショナル)	竹中工務店	1989	280	近代建築8907/日経アーキテクチュア890724/建築画報No. 223；No. 260
ロイヤルパーク汐留タワー	鹿島建設+ハーシュ・ベドナーアソシエイツ	2003	281	商店建築0311/新建築0310

[業務]

建物名	設計者名	竣工年	掲載頁	文献
IRONY SPACE	アーキテクトファイブ	2003	294	新建築0305
アトリエ・ファイ・オフィス	原広司+アトリエ・ファイ建築研究所	1995	294	未発表
RWE AG ESSEN	Ingenhoven Overdiek und Partner	1997	298	「High-Rise RWE AG ESSEN」
泉ガーデンタワー	日建設計	2002	296	新建築0301/近代建築0302/日経アーキテクチュア021223
IMAGICA品川プロダクションセンター	三菱地所設計	2000	293	新建築0105
ヴィラVPRO	MVRDV	1997	293	a+u 9809/日経アーキテクチュア990222
梅田センタービル	竹中工務店	1987	290	新建築8705/日経アーキテクチュア870518/近代建築8808/Process Architecture No. 123
NTT新宿本社ビル	シーザー・ペリ・アンド山下アソシエイテッドアーキテクツ	1995	293	日経アーキテクチュア950925/新建築9510/近代建築9510/建築設備9511/建築文化9603
カタログハウスビル	石本建築事務所	1999	293, 295	新建築9909/近代建築9912/BE建築設備0002；0307/日経アーキテクチュア000306；000821/建築設備と配管工事0008/INAX REPORT 0009/建築ジャーナル0210
カルティエ財団	Jean Nouvel	1994	295	GA DOCUMENT No. 41/建築文化9408
グラスオフィス・ヒロシマ	横河健/横河設計工房	2001	293, 294	新建築0110/建築文化0112/日経アーキテクチュア020204
コウヅキキャピタルウエスト	日建設計	2002	293	新建築0211/建築技術0210/ディテール2002年秋季号
Commerzbank本社ビル	Sir Norman Foster	1997	298	日経アーキテクチュア940411/建築文化9407/a+u9802/SD9901
シーグラム・ビル	Mies van der Rohe	1958	293	a+u 8101/近代建築6910/建築文化9802/国際建築5511；5902/新建築9106臨時増刊「建築20世紀PART II」
新宿アイランドタワー	日本設計, 住宅・都市整備公団	1995	102, 290	建築雑誌9608/SD別冊271995年7月号, 新建築956/日経アーキテクチュア9505；960219/商店建築9506/建築知識9507
新生銀行本店ビル	日建設計	1993	293	新建築9401/建築文化9401/GA JAPAN No. 6/日経アーキテクチュア931220/ディテールNo. 119/建築設備9404/建築設備士9404/現代建築集成「オフィス・ビルディング」(メイセイ出版)
住友スリーエム本社ビル新館	日建設計	1993	290	SD7407/建築文化7407/新建築7407
住友不動産 飯田橋ファーストビル・ファーストヒルズ飯田橋	日建設計(住戸内設計協力：日建ハウジングシステム)	2000	298	新建築0007/日経アーキテクチュア000612/建築技術0007/建築画報No. 284/建築設計資料85「屋上緑化・壁面緑化」(建築資料研究社)
千駄ヶ谷インテス	竹中工務店	1991	293	新建築9206/日経アーキテクチュア920525/ディテールNo. 114；No. 115/GA JAPAN No. 3/現代建築集成「オフィス・ビルディング」(メイセイ出版)
センチュリータワー	フォスターアソシエイツ	1991	88, 290, 293	日経アーキテクチュア910627；920224/建築文化9107/新建築9107/SD9108/建築画報No. 226
宣伝会議本社屋ビル	北川原温建築都市研究所	1997	293	新建築9707
Centraal Benheer Group本社ビル	Herman Hertzberger	1972	291	a+u7408
SME白金台オフィス	アーキテクトファイブ	1998	293	新建築9808
第一勧業銀行ビル	芦原建築設計研究所	1981	290	近代建築8104/建築文化8104/新建築8104/日経アーキテクチュア810330
第3ディックビル	竹中工務店, 藤岡尋+菅順二+小吹達哉	1993	290	日本建築学会作品選集1996/新建築9405/ディテール1996年春季号/建築技術9702
Debis H. Q. Building	レンゾ・ピアノ, クリストフ・コールベッカー	1998	290	a+u9802/日経アーキテクチュア981214
電通新社屋	総合プロデュース：電通新社屋建設推進室, 設計：大林組東京本社, デザインパートナー：Atelier Jean Nouvel/The Jarde Partnership International Inc.	2002	297	a+u 0210/GA JAPAN No. 42/近代建築0212/建築画報No. 278/新建築0212/日経アーキテクチュア020722；021125
東京ガスビルディング	三菱地所	1984	290	建築画報8602
日石横浜ビル	日本設計	1997	292	新建築9711/日経アーキテクチュア971103/建築画報No. 265
日本アイ・ビー・エム本社ビル	日建設計	1971	291	SD7508/日経アーキテクチュア870323
日本橋一丁目ビルディング	日本設計, 東急設計コンサルタント, Kohn Pedersen Fox Associates	2004	297	新建築0311臨時増刊「日本設計100 Solutions/都市を再生する建築」
日本ペンクラブ	北川原温建築都市研究所	2001	294	新建築0207/GA JAPAN No. 57
パレスサイド・ビルディング	日建設計	1966	293	新建築6612/建築文化6612/建築界6612/6612/SD6612/近代建築6612/建築材料6612/インテリア6612/建築画報6606/国際建築6611
バング&オルフセン新本社屋	KHR AS/Jan Sondergaard	1998	293	a+u 0008
ひたち野リフレ	妹島和世/妹島和世建築設計事務所	1998	293	GA JAPAN No. 35/建築文化9906/新建築9811/日経アーキテクチュア981102
フォード財団本部ビル	Kevin Roche & John Dinkeloo	1967	293	SD6805；7001/建築文化7009/SDS10/新建築9106臨時増刊「建築20世紀PART II」
Post Banken Giro	AGL建築設計事務所	1972	291	—
ホワイト・オフィス	横河健/横河設計工房+横河建築設計事務所	1998	290	新建築9808
香港上海銀行	Foster Associates Hong Kong	1985	11, 293	a+u 8606/GA DOCUMENT No. 16/SD 8203/Process ArchitectureNo. 70/日経アーキテクチュア830131；840507；860224/新建築9106臨時増刊「建築20世紀PART II」

建物名	設計者名	竣工年	掲載頁	文　　献
松下電工東京本社ビル	日本設計	2003	293	新建築0304/新建築0311臨時増刊「日本設計100Solutions/都市を再生する建築」
丸の内ビルヂング	三菱合資会社地所部	1923	299	別冊新建築No.15/新建築9101臨時増刊「建築20世紀PARTⅠ」/「丸ビルの世界」(かのう書房・1985)
丸の内ビルディング	三菱地所設計	2002	293, 299	新建築0210/The Japan Architect 48 YEARBOOK2002
三井物産ビル	日建設計	1976	291	新建築7701/建築文化7701/近代建築7701/建築画報7808
三井本館	Trowbridge & Livingston	1929	299	新建築9101臨時増刊「建築20世紀PARTⅠ」/「三井本館図面集」(三井本館記念誌編集委員会編，三井不動産・1989)
明治鍼灸短期大学	住建建築設計事務所	1978	291	—
ユネスコ&ワークショップ研究所	Renzo Piano Workshop	1991	295	SD9710
横浜ランドマークタワー	三菱地所設計	1993	106, 293	日経アーキテクチュア911224；930816/建築文化9307/新建築9308/近代建築9309/建築画報238
四谷テンポラリーオフィス	宇野求+竹内晶洋/フェイズアソシエイツ	1990	293	新建築9008/建築文化9008/日経アーキテクチュア900723/施工9008/The Japan Architect 9102/Baumeister 9110/DOMUS 9206
六本木ヒルズ森タワー	森ビル，入江三宅設計事務所，Kohn Pedersen Fox Associates PC，The JERDE PARTNERSHIP, GLUCKMAN MAYNER ARCHITECTS	2003	296	新建築0306/日経アーキテクチュア030609/近代建築0308
ロレックス東陽町ビル	横総合計画事務所	2002	293	新建築0301/GA JAPAN No.60
ワキタハイテクス	葉デザイン事務所	1990	293	SD 9701/新建築8806；9005

[その他]

建物名	設計者名	竣工年	掲載頁	文　　献
アーバン・スケープ・ファーニチャー(計画案)	原広司	1993	26	GA JAPAN No.4
インスタント・シティ	Archigram	1968	23	都市住宅6809
関西国際空港	Renzo Piano	1994	16, 17	GA JAPAN No.09/SD9411/Process Architecture No.122/近代建築9410/建築画報No.253/建築文化9401；9404；9406；9408/新建築9302；9408/日経アーキテクチュア940718
京都駅ビル(コンペ案)	Bernard Tschumi		23	TSCHUMI EVWNT CITIES(The MIT Press, 1994)
現代都市(計画案)	Le Corbusier	1922	22	Le Corbusier Architect of the Century (1987)
コングレスポ	Rem Koolhaas/OMA	1991	23	EL CROQUIS 53
シグナルボックス	Herzog & de Meuron	1988	19	ヘルツォーク&ド・ムーロン作品集 Vol 2
シャンティガール	Le Corbusier	1956	13	新建築5701/ル・コルビュジエ全作品集第5巻
プラダ・ブティック青山	Herzog & de Meuron	2003	10, 18	EL CROQUIS 109
横浜港国際客船ターミナル(コンペ案)	foa	1995	17	EL CROQUIS 115/116
ラ・ヴィレット公園(コンペ案)	Rem Koolhaas/OMA	1982	21	a+u8810/建築文化0011/S, M, L, XL
ラ・ヴィレット公園	Bernard Tschumi	1983	23	a+u8809/SD8908/建築文化8907；0011/日経アーキテクチュア890918
ロンシャンの礼拝堂	Le Corbusier	1955	15	a+u8712/新建築9105

第3版　コンパクト建築設計資料集成	
平成 17 年 3 月 20 日	発　　行
平成 28 年 1 月 25 日	第13刷発行

編　者　　一般社団法人　**日本建築学会**

発行者　　池　田　和　博

発行所　　**丸善出版株式会社**

〒101-0051　東京都千代田区神田神保町二丁目17番
編集：電話（03）3512-3266／FAX（03）3512-3272
営業：電話（03）3512-3256／FAX（03）3212-3270
http://pub.maruzen.co.jp/

Ⓒ一般社団法人日本建築学会，2005

組版印刷・三美印刷株式会社／製本・株式会社 松岳社

ISBN 978-4-621-07509-8　C 3052　　　　　　　Printed in Japan

本書の無断複写は著作権法上での例外を除き禁じられています。

全面改訂版
日本建築学会編　**建築設計資料集成**　[全14巻]

[総合編]　全1巻
　　目次　第1章　構築環境　　　　　　第2章　室と場面
　　　　　第3章　空間配列とプログラム　第4章　地域とエコロジー
A4判・688ページ・上製・事例検索用CD-ROM付　本体価格23,000円（税別）

[拡張編]　全13巻
　■環　境　A4判　240ページ　CD-ROM付　12,000円（税別）
　■人　間　A4判　168ページ　9,400円（税別）
　■物　品　A4判　300ページ　11,000円（税別）
　■居　住　A4判　204ページ　12,000円（税別）
　■福祉・医療　A4判　190ページ　12,000円（税別）
　■集会・市民サービス　A4判　188ページ　12,000円（税別）
　■教育・図書　A4判　196ページ　12,000円（税別）
　■展示・芸能　A4判　176ページ　12,000円（税別）
　■余暇・宿泊　A4判　164ページ　12,000円（税別）
　■業務・商業　A4判　146ページ　12,000円（税別）
　■生産・交通　A4判　168ページ　12,000円（税別）
　■地域・都市Ⅰ　A4判　216ページ　12,000円（税別）
　■地域・都市Ⅱ　A4判　210ページ　12,000円（税別）

〈好評コンパクトシリーズ〉

日本建築学会編
第2版　コンパクト建築設計資料集成〈住居〉　A4判　322ページ　6,200円（税別）
民家／近代住宅の歴史（日本）／近代住宅の歴史（海外）／現代の独立住宅／現代の集合住宅／
寸法・規模／行為・場面・室／物品／環境／構法・構造

日本建築学会編
コンパクト建築設計資料集成〈バリアフリー〉　A4判　162ページ　8,000円（税別）
空間編／建物編／用語・法制度編

日本建築学会編
コンパクト建築設計資料集成〈インテリア〉　A4判　236ページ　4,800円（税別）
人間／室と場面／環境／インテリア装備／インテリアの表現／近代インテリアデザイン史／
住居／展示・集会・鑑賞／学習／医療／執務／宿泊／飲食・物販

日本建築学会編
コンパクト建築設計資料集成〈都市再生〉　A4判　238ページ　5,800円（税別）
都市再生の背景／都市の要素／再生の手法／手法の重ね合わせ

（2015年12月現在）

インデックス Index

Section 1
建築の表現

Section 2
環境

Section 3
室と場面

Section 4
居住

Section 5
福祉

Section 6
医療

Section 7
交流

Section 8
公共サービス

Section 9
教育

Section 10
図書

Section 11
展示

Section 12
芸能

Section 13
宿泊

Section 14
業務

Section 15
都市のオープンスペース